DICCIONARIO
ESPAÑOL ► INGLÉS
INGLÉS ► ESPAÑOL

SP
E

ESPAÑOL ► INGLÉS ENGLISH ► SPANISH

grijalbo

COLLINS

DICCIONARIO
Easy Learning

INGLÉS

ESPAÑOL ▶ INGLÉS   ENGLISH ▶ SPANISH

grijalbo

COLLINS

Easy Learning

SPANISH

DICTIONARY

HarperCollins*Publishers*

first published 1998
© **HarperCollins Publishers 1998**
ISBN 0 00 470933-0
Grijalbo Mondadori S. A.
Aragón 385, Barcelona 08013
ISBN 84-253-3210-9

---

general editor/dirección
Jeremy Butterfield

contributors/colaboradores

Teresa Álvarez	Cordelia Lilly
Fernando León Solís	Gerry Breslin
Malihé Forghani-Nowbari	Jane Horwood
Anna Jené Palat	Lesley Johnston
Victoria Ordóñez Diví	Carol Styles
Eduardo Vallejo	José María Ruiz Vaca

editorial coordination/coordinación editorial
Sharon Hunter   Val McNulty
Emma Aeppli

computing staff/informática editorial
Jane Creevy   Ann Rautenbach

concept development/proyecto editorial
Michela Clari
Ray Carrick

series editor/directora de la colección
Lorna Sinclair

Corpus Acknowledgements
We would like to acknowledge the assistance of the many hundreds of individuals and companies who have kindly given permission for copyright material to be used in The Bank of English. The written sources include many national and regional newspapers in Britain and overseas; magazine and periodical publishers; and book publishers in Britain, the United States and Australia. Extensive spoken data has been provided by radio and television broadcasting companies; research workers at many universities and other institutions; and numerous individual contributors. We are grateful to them all.

A catalogue record for this book is available from the British Library

Printed and bound in Great Britain by
Caledonian International Book Manufacturing Ltd, Glasgow, G64

ÍNDICE

CONTENTS

INTRODUCCIÓN

Collins Easy Learning Spanish Dictionary es un diccionario innovador, especialmente concebido para cualquier persona que empiece a aprender inglés. Queremos agradecer su colaboración a todos los que han participado en la creación de la serie Easy Learning, y especialmente a los profesores y examinadores que nos han pedido valiosas listas de palabras y exámenes que hemos analizado detalladamente para realizar un diccionario que satisfaga plenamente las necesidades de los alumnos.

INTRODUCTION

Collins Easy Learning Spanish Dictionary is an innovative new dictionary designed specifically for anyone starting to learn Spanish. We are grateful to everyone who has contributed to the development of the Easy Learning series, and acknowledge the help of the examining boards in providing us with word lists and exam papers, which we carefully studied when compiling this dictionary.

CÓMO USAR ESTE DICCIONARIO

El uso de un diccionario es una destreza que consigue mejorarse con un poco de ejercicio y con el seguimiento de unas pocas reglas básicas. En las páginas siguientes puedes encontrar l información necesaria que te ayudará a sacar el máximo provecho de este diccionario.

Las soluciones a las preguntas sobre esta sección se encuentran en la página 11.

CÓMO SABER SI ESTAMOS EN LA PARTE CORRECTA DEL DICCIONARIO

La parte de español-inglés viene en primer lugar, seguida de la parte de inglés-español. En la esquina superior de cada página puede verse la inscripción Español - Inglés o Inglés - Españo de modo que podemos identificar inmediatamente en qué parte del diccionario nos encontramos. Las páginas centrales están bordeadas en azul para que podamos ver dónde acaba una parte y dónde empieza la siguiente.

> **Pregunta: 1** ¿En qué parte del diccionario tendríamos que buscar *la mesa*?

CÓMO ENCONTRAR LA PALABRA QUE BUSCAMOS

Si estamos buscando una palabra, por ejemplo *temprano*, tendremos que ver por qué letra empieza - **t** - y por ello nos vamos a la letra **T** de la parte de español-inglés. En la esquina de cada página pueden leerse la primera y la última palabra de cada página. Cuando encontremos la página con las palabras que empiezan por **tem**, tendremos que seguir mirando más abajo hasta que encontremos la palabra que buscamos. Es importante recordar que incluso las palabras que llevan acento siguen un riguroso orden alfabético: por tanto la á aparecerá dentro de la **a**, la **ó** dentro de la **o**, etc.

> **Pregunta: 2** ¿En qué página encontraremos la palabra *ayer*?
> **3** ¿Qué viene antes - *cándido* o *centro*?

CÓMO SABER SI ESTAMOS EN LA ENTRADA CORRECTA

Una entrada léxica consta de una **palabra**, sus *traducciones* y, con frecuencia, de algunos ejemplos que nos sirven de guía en el uso de las traducciones. Si hay más de una entrada para la misma palabra, entonces aparece un recuadro que nos remite a la otra entrada. Observa el siguiente ejemplo:

flat ADJECTIVE
see also **flat** NOUN
   llano ◇ *a flat surface* una superficie llana
◆ **flat shoes** zapatos bajos
◆ **I've got a flat tyre.** Tengo una rueda desinflada.

flat NOUN
see also **flat** ADJECTIVE
   el *piso*

> **Pregunta: 4** ¿Qué entrada habría que consultar para traducir la frase *"My car has a flat tyre"*?

En numerosas ocasiones aparecen recuadros con información adicional sobre algún punto de interés gramatical o sobre las diferencias culturales entre España y el Reino Unido.

CÓMO ELEGIR LA TRADUCCIÓN CORRECTA

La traducción principal de una palabra aparece subrayada y en una línea aparte para destacarla del resto de la entrada. Si existe más de una traducción principal para una palabra, cada una de ellas aparece numerada y si una entrada continúa en la página siguiente aparece una señal indicándolo.

Con frecuencia aparecen algunos ejemplos en cursiva, precedidos de un rombo blanco ◇, que nos servirán de ayuda a la hora de elegir la traducción que queremos pues muestran el uso que hay que dar a la traducción que estamos buscando.

Pregunta: 5 Emplea los ejemplos que aparecen en la entrada *"intención"* para traducir: *Tengo intención de irme a vivir al extranjero.*

Las palabras suelen tener más de un significado y más de una traducción y cuando estamos traduciendo del español al inglés hay que tener cuidado de usar la palabra que tiene el significado específico que queremos. Este diccionario te facilita toda la ayuda que necesitas para esto.

El siguiente ejemplo muestra la división de una de estas entradas. Las traducciones principales van subrayadas, la numeración advierte que hay más de una traducción y las palabras escritas en cursiva entre paréntesis nos ayudan a elegir el ejemplo correcto.

el **casco** SUSTANTIVO
    helmet ◇ *El ciclista llevaba casco.* The cyclist was wearing a helmet.
  ✦ **el casco antiguo de la ciudad** the old part of the town
  ✦ **los cascos** (*para escuchar música*) headphones

adelantado ADJETIVO
    1 *advanced* ◇ *Suecia es un país muy adelantado.* Sweden is a very advanced country.
  ✦ **los niños más adelantados de la clase** the children who are doing best in the class
    2 *fast* ◇ *Este reloj va adelantado.* This watch is fast.

Pregunta: 6 ¿Cómo podríamos traducir: *Para conducir en moto hay que llevar casco?*

Es importante recordar que nunca hay que tomar la primera traducción que nos encontramos sin antes mirar a las demás. Hay que leer siempre toda la entrada para comprobar si hay más de una traducción subrayada.

Los ejemplos que aparecen en negrita precedidos de un rombo negro ✦ son construcciones de uso bastante frecuente, que a veces tienen una traducción completamente distinta de la traducción principal; otras veces la traducción es la misma. Por ejemplo:

cancer NOUN
    el *cáncer* ◇ *He's got cancer.* Tiene cáncer.
  ✦ **I'm Cancer.** Soy Cáncer.
  ✦ **a Cancer** un/una Cáncer

la **intuición** SUSTANTIVO
    intuition ◇ *la intuición femenina* feminine intuition
  ✦ **por intuición** intuitively

Cuando consultamos una palabra conviene mirar siempre más allá de las traducciones principales para comprobar si la entrada contiene algunas frases en negrita.

Pregunta: 7 Consulta **out** para poder traducir *We're out of sugar.*

CÓMO UTILIZAR LOS EJEMPLOS DEL DICCIONARIO

Cuando consultamos una palabra, encontramos con frecuencia no sólo la palabra sino la frase exacta que estamos buscando. Por ejemplo, si queremos decir *¿qué hora es?* consultamos la palabra **hora** y encontraremos el ejemplo completo y su traducción.

En otras ocasiones tenemos que adaptar la información que encontramos en el diccionario. Si queremos decir *No me gusta viajar en tren* y miramos la palabra **tren** encontraremos:

el **tren** SUSTANTIVO
    train
  ✦ **viajar en tren** to travel by train
  ✦ **Tomé un tren directo.** I took a through train.
  ✦ **con este tren de vida** with such a hectic life

Hay que sustituir la forma de infinitivo to *travel* por el gerundio *travelling*: I don't like travelling by train. Conviene consultar la sección dedicada a las tablas de verbos para ayudarnos en este uso.

Pregunta: 8 ¿Cómo dirías *Jugamos al fútbol?*

Los ejemplos que contienen sustantivos también hay que adaptarlos, especialmente si el sustantivo que buscamos tiene un plural irregular, que viene indicado en la entrada.

> **Pregunta:** 9 ¿Cómo dirías *Las flores rojas son muy bonitas*?
> 10 ¿Cómo dirías *Mandó una carta a sus hijos*?

CÓMO HACER EL MEJOR USO DEL DICCIONARIO

Consultar una palabra requiere su tiempo, por lo que aconsejamos evitar el uso del diccionario cuando no sea necesario, especialmente en los exámenes. Primero hay que pens detenidamente en lo que queremos decir y después ver si podemos expresarlo de otra manera, utilizando las palabras que ya conocemos o cambiando la estructura de la frase, par lo que podremos recurrir a los siguientes trucos:

Utilizar una palabra de sentido similar. Esto es especialmente fácil con los adjetivos, ya que existen muchas palabras que significan bueno, malo, grande, etc y seguramente conoceremo más de una.

Emplear las expresiones contrarias: si la tarta que hemos hecho nos ha salido muy mala, siempre podremos decir que no ha salido muy buena.

Usar ejemplos particulares en lugar de generalidades innecesarias. En lugar de decir: "En nuestra ciudad hay varias instalaciones deportivas" si no conocemos alguna palabra del ejemplo, podemos decir, por ejemplo: "En nuestra ciudad hay una piscina y un campo de fútbol".

> **Pregunta:** 11 ¿Cómo podrías decir *Madrid es una ciudad enorme*, sin necesidad de mirar la palabra *enorme*?

También podemos tratar de adivinar el significado de una palabra inglesa mediante el uso d otras que nos sirvan como pista. Si vemos la frase *My father drives a red car*, a lo mejor no conocemos el significado de la palabra **drives**, pero sabemos que es un verbo, porque va precedida de un nombre y sabemos que tiene algo que ver con un coche. Por tanto debe tratarse de algo que podemos hacerle a un coche, o sea, ... **conducir**. Así que la traducción sería: *Mi padre conduce un coche rojo*.

> **Pregunta:** 12 Sin usar el diccionario, intenta averiguar el significado de la frase *The girl is writing a letter to her grandparents in Spanish*.

SUSTANTIVOS, PRONOMBRES, ADJETIVOS, VERBOS, ADVERBIOS, PREPOSICIONES

Si consultamos la palabra **plano**, veremos que hay dos entradas para esta palabra, ya que puede tratarse de un sustantivo o de un adjetivo. Si aprendemos a distinguir unos tipos de palabras de otros, esto nos ayudará a escoger la entrada correcta.

SUSTANTIVOS

Los sustantivos suelen venir acompañados de palabras como **a**, **the**, **this**, **that**, **your** and **his** y aparecen marcados en la parte de inglés-español con la palabra NOUN:

> *a* friend   *the* street   *this* year   *my* dog   *your* cat

Además pueden ser el sujeto de un verbo:

> La *verdura* es buena para la dieta.

O el objeto de un verbo:

> Como *manzanas*.

Si queremos traducir un sustantivo en plural al inglés, lo primero que hay que hacer es encontrar en la parte español-inglés la forma en singular. Así, si queremos decir *"los cuadros"* en inglés, tendremos que buscar *"el cuadro"*.

> **Pregunta:** 13 ¿Dónde tenemos que buscar *"los libros"*?

El plural se construye en inglés, por regla general, añadiendo una "s" a la forma del singular:

> many books   two houses

Los sustantivos acabados en -s, -ch, -sh o -x construyen el plural mediante la colocación de "**es**":

> many kiss**es**   three brush**es**   some box**es**

Algunos sustantivos que acaban en -y, forman el plural cambiando a "**ies**":

> several bab**ies** two pupp**ies**

Algunos sustantivos tienen una forma irregular en plural:

> two *children*   many *mice*   six *loaves* of bread

Si el plural no se construye añadiendo una "s" a la forma del singular, la forma del plural vendrá dada en el diccionario. Cuando no se forma sólo añadiendo una -s al final, el plural aparece también tras la traducción en la parte de español-inglés y tras la forma singular en la parte de inglés-español.

Cuando el plural es una forma irregular, como por ejemplo *children,* aparece además como entrada con una remisión a la forma singular.

> **mice** PL NOUN *see* **mouse**

Normalmente, los sustantivos vienen en la forma del singular. Sin embargo, algunos no tienen esta forma, por lo que aparecen en plural, señalados por la abreviatura PL NOUN.

> **French fries** PL NOUN
>   las *patatas fritas*

> *The children gave their teacher a box of chocolates.*
>
> > 14 ¿Cuántos sustantivos contiene esta frase?
> > 15 ¿Cuántos sustantivos en plural hay en esta frase?
> > 16 ¿Cuál es el singular de *children*?
> > 17 Busca en el diccionario el plural de la palabra inglesa *calf*.

ADJETIVOS

Los adjetivos son palabras que describen las cualidades del sustantivo. En la parte de inglés-español aparecen marcadas como ADJECTIVE. Los adjetivos en español pueden cambiar de género o número, según el sustantivo al que acompañen, pero el adjetivo en inglés no varía:

> a *black* cat   *black* dogs   the cat is *black*

> **Pregunta:** ¿Qué tipo de palabra es *"sweet"* en las siguientes oraciones?
>
> > 18 The cake is very *sweet*.
> > 19 *Sweets* are bad for your teeth.
> > 20 How *sweet* of you!

PRONOMBRES

Los pronombres son palabras como *yo, tú, él, ella* o *nosotros,* que pueden ocupar el lugar de un sustantivo en una oración. En la parte de inglés-español aparecen marcadas como PRONOUN.

VERBOS

Los verbos van precedidos generalmente de pronombres como *I, you, he, she, it, we, you, they,* o bien de sustantivos. En este diccionario los verbos se distinguen también porque aparecen precedidos de la partícula "to" y además están marcados por la palabra VERB.

> **Pregunta:** ¿La palabra *"fight"* es un sustantivo o un verbo en las siguientes oraciones?
>
> 21 He is always *fighting* with his brothers.
> 22 Tyson won most of his *fights*.

Los verbos pueden aparecer en distintos tiempos, por ejemplo, en presente (**"Leo un libro"** o en pasado (**"Leí un libro"** o **"He leído un libro"**). Todas estas formas verbales pueden ser deducidas a partir de la forma base o forma terminada en **-ar, -er** o **-ir**, también llamada infinitivo. Por eso, si tenemos que traducir **"Ella lee un libro"** tendremos que buscar en la entrada correspondiente a **"leer"**.

> **Pregunta:** ¿En qué palabra tendríamos que buscar las siguientes formas verbales?
>
> 23 *Ha cantado* una canción.
> 24 *Es* tonto.

Al igual que en español, en inglés existen también verbos irregulares. Para facilitar la localización de la forma base del verbo, aparecen dentro de la lista de palabras de la parte inglés-español las formas verbales irregulares, en orden alfabético y haciendo una remisión a la forma base. En la parte de inglés-español aparecen después del verbo inglés en infinitivo la forma irregular de pasado y de participio de perfecto.

En las páginas 298-309 se puede encontrar más información sobre las formas más importantes de los verbos ingleses.

> **Pregunta:** Traduce las siguientes frases al inglés:
>
> 25 Ella va al colegio.
> 26 Él fue al cine.
> 27 Ya se han ido.

ADVERBIOS

Los adverbios se utilizan para modificar el sentido de los adjetivos o de los verbos. En la parte de inglés-español del diccionario aparecen marcados como ADVERB y en inglés se identifican además normalmente por terminar en **"ly"**.

PREPOSICIONES

Las preposiciones aparecen habitualmente delante de los sustantivos y los pronombres y es importante reconocerlas, ya que a veces pueden tener la misma forma que un adverbio. En la parte de inglés-español aparecen marcadas por PREPOSITION.

> *The party's over.*
> *The shop's just over the road.*
>
> 28 ¿En qué oración es "over" una preposición?
> 29 Traduce al inglés: *una película sobre África.*

SOLUCIONES

1 en la parte de español-inglés
2 53
3 cándido
4 flat
5 I intend to go and live abroad
6 you need to wear a helmet to ride a
   motorbike
7 se nos ha acabado el azúcar
8 we're playing football
9 the red flowers are very pretty
10 he sent a letter to his children
11 Madrid is a very big city
12 la chica está escribiendo una carta en
   español a sus abuelos
13 libro
14 children, teacher, box, chocolates

15 children, chocolates
16 child
17 calves
18 adjetivo
19 sustantivo
20 adjetivo
21 verbo
22 sustantivo
23 cantar
24 ser
25 she goes to school
26 he went to the cinema
27 they've already left
28 the shop's just over the road
29 a film about Africa

HOW TO USE THE DICTIONARY

Using a dictionary is a skill you can improve with practice and by following some basic guidelines. This section gives you a detailed explanation of how to use this dictionary to ensure you get the most out of it.

The answers to all the checks in this section are on page 17.

MAKE SURE YOU LOOK ON THE RIGHT SIDE OF THE DICTIONARY

The Spanish-English side comes first, followed by the English-Spanish. At the top of the page you will see either "Spanish ~ English" or "English ~ Spanish", so you know immediately if you're looking up the side you want. The middle pages of the book have a blue border so that you can see where one side finishes and the other starts.

> **Check: 1** Which side of the dictionary would you look up to translate *la mesa*?

FINDING THE WORD YOU WANT

When looking for a word, for example *feliz*, look at the first letter - f - and find the **F** section in the Spanish-English side. At the top of each page, you'll find the first and last words on that page. When you find the page with the words starting with **fe**, scan down the page until you find the word you want. Remember that even if a word has an accent on it, for example *fórmula,* it makes no difference to the alphabetical order. The exception to this rule is **ñ** (*n tilde*), which is treated as a separate letter in Spanish, so that *leña* follows *lento*.

> **Check: 2** On which page will you find the word *hermana*?
> **3** Which comes first - *francesa* or *francés*?

MAKE SURE YOU LOOK AT THE RIGHT ENTRY

An entry is made up of a **word**, its <u>translations</u>, and, often, example phrases to show you how to use the translations. If there is more than one entry for the same word, then there is a warning box to tell you so. Look at the following example entries:

flat ADJECTIVE
> *see also* **flat** NOUN

<u>llano</u> ◇ *a flat surface* una superficie llana
- **flat shoes** zapatos bajos
- **I've got a flat tyre.** Tengo una rueda desinflada.

flat NOUN
> *see also* **flat** ADJECTIVE

el <u>piso</u>

> **Check: 4** Which entry should you look at if you want to translate the phrase *My car has a flat tyre?*

Always pay attention to information boxes - they tell you if there is more than one entry for the same word, give you guidance on grammatical points, or tell you about differences between Spanish and British life.

CHOOSING THE RIGHT TRANSLATION

The main translation of a word is shown on a new line and is underlined to make it stand out from the rest of the entry. If there is more than one main translation for a word, each one is numbered. If an entry continues over the page there is a signpost to indicate this.

Often you will see example phrases in *italics,* preceded by a white diamond ◇ . These help you to choose the translation you want because they show how the translation they follow can be used.

> **Check:** 5 Use the phrases given at the entry *hard* to help you translate:
> *This bread is hard.*

Words often have more than one meaning and more than one translation. For example, a pool can be a puddle, a pond or a swimming pool; **pool** can also be a game. When you are translating from English into Spanish, be careful to choose the Spanish word that has the particular meaning you want. The dictionary offers you a lot of help with this. Look at the following entry:

pool NOUN
  1 el *estanque* (*pond*)
  2 la *piscina* (*swimming pool*)
  3 el *billar americano* (*game*)
 • **a pool table** una mesa de billar
 • **the pools** las quinielas ◇ *I do the pools
    every week.* Juego a las quinielas todas las
    semanas.

The underlining highlights all the main translations, the numbers tell you that there is more than one possible translation and the words in brackets in *italics* after the translations help you choose which translation you want.

> **Check:** 6 How would you translate *I like playing pool?*

Never take the first translation you see without looking at the others. Always look to see if there is more than one underlined translation.

Phrases in **bold type** preceded by a black diamond ◆ are phrases which are particularly common or important. Sometimes these phrases have a completely different translation from the main translation; sometimes the translation is the same. For example:

cancer NOUN
  el *cáncer* ◇ *He's got cancer.* Tiene cáncer.
 • **I'm Cancer.** Soy Cáncer.
 • **a Cancer** un/una Cáncer

la **intuición** SUSTANTIVO
  intuition ◇ *la intuición femenina* feminine
  intuition
 • **por intuición** intuitively

When you look up a word, make sure you look beyond the main translations to see if the entry includes any **bold phrases**.

> **Check:** 7 Look up *ir* to help you translate the sentence *Voy a casa mañana.*

MAKING USE OF THE PHRASES IN THE DICTIONARY

Sometimes when you look up a word you will find not only the word, but the exact phrase you want. For example, you might want to say *What's the date today?* Look up **date** and you will find that exact phrase and its translation.

Sometimes you have to adapt what you find in the dictionary. If you want to say *I ate a sandwich* and look up **eat** you will find:

to **eat** VERB
  (ate, eaten)
  comer ◇ *Would you like something to eat?*
  ¿Quieres comer algo?

You have to substitute *comí* for the infinitive form *comer*. You will often have to adapt the infinitive in this way, adding the correct ending and choosing the present, future or past form. For help with this, look at the verb tables. **Comer** is a regular verb and it is set out on page 314.

> **Check:** 8 How would you say *I don't eat meat?*

Phrases containing nouns and adjectives may also need to be adapted. You may need to make the noun plural, or the adjective feminine or plural. Remember that some nouns have irregular feminine or plural forms and that this is shown in the entry.

> **Check: 9** How would you say *The children are French*?

DON'T OVERUSE THE DICTIONARY

It takes time to look up words so try to avoid using the dictionary unnecessarily, **especially in exams**. Think carefully about what you want to say and see if you can put it another way using the words you already know. To rephrase things you can:

Use a word with a similar meaning. This is particularly easy with adjectives, as there are a lot of words which mean "good", "bad", "big" etc and you're sure to know at least one.

Use negatives: if the cake you made was a total disaster, you could just say that it wasn't very good.

Use particular examples instead of general terms. If you are asked to describe the sports facilities in your area, and time is short, you could say something like "In our town there is a swimming pool and a football ground."

> **Check: 10** How could you say *Argentina is huge* without looking up the word *huge*?

You can also guess the meaning of a Spanish word by using others to give you a clue. If you see the sentence *María lee un buen libro,* you may not know the meaning of the word **lee**, but you know it's a verb because it's preceded by **María.** Therefore it must be something you can do to a book: **read.** So the translation is: *María is reading a good book.*

> **Check: 11** Try NOT to use your dictionary to work out the meaning of the sentence *La chica escribe una carta a su amiga en español.*

NOUNS, PRONOUNS, ADJECTIVES, VERBS, ADVERBS, PREPOSITIONS

If you look up the word **flat,** you will see that there are two entries for this word as it can be a noun or an adjective. It helps to choose correctly between entries if you know how to recognize these different types of words.

Nouns and pronouns

Nouns often appear with words like *a, the, this, that, my, your* and *his.* They can be singular (abbreviated to SING in the dictionary):

> *a* friend *the* street *this* year *my* cat *your* dog

or plural (abbreviated to PL in the dictionary):

> *the* facts *those* people *his* shoes *our* holidays

They can be the subject of a verb:

> *Vegetables* are good for you

or the object of a verb:

> I play *tennis*

Words like *I, me, you, he, she, him, her* and *they* are pronouns. They can be used instead of nouns. You can refer to a person as *he* or *she* or to a thing as *it.*

> **Check:** *I bought my mother a box of chocolates.*
>
> **12** Which three words in this sentence are nouns?
> **13** Which of the nouns is plural?
> **14** Which word is a pronoun in this sentence?

Spanish nouns are either masculine or feminine (abbreviated to MASC or FEM in the dictionary). Masculine nouns are shown by **el**:

el hombre *el* gato *el* fútbol

Feminine nouns are shown by **la**:

la mujer *la* economía *la* fábrica

The plural forms of **el** and **la** are **los** and **las**. The plural of most Spanish nouns is made by adding **s** if the word ends in a vowel, or **es** if it ends in a consonant:

los gatos *las* mujer*es*

Adjectives

Flat can be an adjective as well as a noun. Adjectives describe nouns: your tyre can be **flat**, or you can have a pair of **flat** shoes.

> **Check:** *I'm afraid of the dark.*
> *The girl has dark hair.*
>
> **15** In which sentence is *dark* an adjective?

Spanish adjectives can be masculine or feminine, singular or plural, depending on the noun they describe:

un chico *guapo* (MASCULINE SINGULAR)
una chica *guapa* (FEMININE SINGULAR: replace **-o** of masculine with **-a**)
unos chicos *guapos* (MASCULINE PLURAL = masculine singular + **s**)
unas chicas *guapas* (FEMININE PLURAL = feminine singular + **s**)

Only the masculine singular form of regular adjectives is shown in the dictionary. So if you want to find out what kind of houses **unas casas viejas** are, look under **viejo**.

If the feminine or the plural form of an adjective does not follow the above rules, then the irregular form is shown in the dictionary:

feliz ADJETIVO (PL **felices**)
  happy ◇ *Se la ve muy feliz.* She looks very happy.
  ◆ **¡Feliz cumpleaños!** Happy birthday!
  ◆ **¡Feliz Año Nuevo!** Happy New Year!
  ◆ **¡Felices Navidades!** Happy Christmas!
francés ADJETIVO (FEM **francesa**, MASC PL **franceses**)
  French

hablador ADJETIVO (FEM **habladora**)
  1 *chatty* (*parlanchín*)
  2 *gossipy* (*chismoso*)

happy ADJECTIVE
  feliz (PL *felices*) ◇ *Janet looks happy.* Janet parece feliz.
  ◆ **to be happy with something** estar* contento con algo ◇ *I'm very happy with your work.* Estoy muy contento con tu trabajo.
  ◆ **Happy birthday!** ¡Feliz cumpleaños!
  ◆ **a happy ending** un final feliz
French ADJECTIVE
  see also French NOUN
  francés (PL *franceses*, FEM *francesa*)
talkative ADJECTIVE
  hablador (FEM *habladora*)

There are separate masculine and feminine, singular and plural forms for adjectives of nationality, and those ending in **-án, -ín, -ón**, eg **español** MASCULINE SINGULAR, **española**, FEMININE SINGULAR, **españoles** MASCULINE PLURAL, **españolas** FEMININE PLURAL.

Adjectives ending in **-or** also follow the above pattern unless they are comparatives. The feminine is shown in the dictionary for adjectives of this type.

Other adjectives ending in a consonant do not have a separate feminine form, but do change in the plural, eg **azul** MASCULINE and FEMININE SINGULAR, **azules** MASCULINE and FEMININE PLURAL.

If the masculine form of an adjective ends in -e or -a, the feminine form is the same, and both the masculine and feminine plurals are formed by adding -s to the masculine, eg **verde** MASCULINE and FEMININE SINGULAR, **verdes** MASCULINE and FEMININE PLURAL.
Some adjectives remain the same whether they're masculine, feminine or plural. This is also shown in the dictionary:

el **rosa**   ADJETIVO, SUSTANTIVO
    pink   ◇ *Va vestida de rosa.* She's wearing
    pink.
  ◆ **Llevaba unos calcetines rosa.** He was
    wearing pink socks.

> **Check: 16** What is the feminine singular form of *negro*?
> **17** What is the basic form of the adjective in the sentence *Las flores son hermosas*?

Verbs

> *His time in the race was a new world record.*
> *She's going to record the programme for me.*

Record is a noun in the first sentence, and a verb in the second.

One way to recognize a verb is that it frequently comes with a pronoun such as **I**, **you** or **she**, or with somebody's name. Verbs can relate to the present, the past or the future. They have a number of different forms to show this: **I'm going** (present), **he will go** (future), and **Nicola went by herself** (past). Often verbs appear with **to**: **they promised to go**. This basic form of the verb is called the infinitive.

In this dictionary verbs are preceded by "to", so you can identify them at a glance. No matter which of the four previous examples you want to translate, you should look up **to go**, not **going** or **went**. If you want to translate **I thought**, look up **think**.

> **Check: 18** What would you look up to translate the verbs in these phrases?
>
> I **came**   she**'s crying**   they**'ve done** it   he**'s out**

Verbs have different endings in Spanish, depending on whether you are talking about **yo**, **nosotros** etc: **yo hablo, tú hablas, nosotros hablamos** etc. They also have different forms for the present, future, past etc. **Hablamos** (*we speak* = present), **hemos hablado** (*we spoke* = past), **hablaremos** (*we will speak* = future). **Hablar** is the infinitive and is the form that appears in the dictionary.

Sometimes the verb changes completely between the infinitive form and the **yo, tú, él** etc form. For example, *to give* is **dar**, but *I give* is **doy**, and **digo** comes from **decir** (*to say*).

On pages 313-316 of the dictionary, you will find tables of regular Spanish verbs. On pages 317-333 you will find tables of the most important irregular verbs, followed by a list of other irregular verbs with the number of the model verb they are like. Irregular Spanish verbs are marked in the dictionary with an asterisk.

to **fulfil**   VERB
    realizar*

ir*   VERBO
    ① _to go_   ◇ *Anoche fuimos al cine.* We
    went to the cinema last night. ◇ *¿A qué
    colegio vas?* What school do you go to?
  ◆ **ir de vacaciones** to go on holiday
  ◆ **ir por** to go and get

> **Check: 19** Look up the dictionary to find the imperfect and perfect tenses of *comer*.

Adverbs

An adverb is a word which describes a verb or an adjective:

Write **soon.** *Check your work* **carefully.** *The film was* **very** *good.*

In the sentence *The swimming pool is open daily,* **daily** is an adverb describing the adjective **open.** In the phrase *my daily routine,* **daily** is an adjective describing the noun **routine.** We use the same word in English for both adjective and adverb forms, but to get the right Spanish translation, it is important to know if it's being used as an adjective or an adverb. When you look up **daily** you find:

daily ADJECTIVE, ADVERB
1 *diario* ◇ *daily life* la vida diaria
◆ **It's part of my daily routine.** Forma parte de mi rutina diaria.

◆ **a daily paper** un periódico
2 *todos los días* ◇ *The pool is open daily.* La piscina abre todos los días.

The examples show you **daily** being used as an adjective and as an adverb and will help you choose the right Spanish translation.

> **Check:** Take the sentence *The menu changes daily.*
>
> 20 Is *daily* an adverb or an adjective here?

Prepositions

Prepositions are words like **for, with** and **across**, which are followed by nouns or pronouns:

I've got a present **for** *David. Come* **with** *me. He ran* **across** *the road.*

> **Check:** *The party's over.*
> *The shop's just over the road.*
>
> 21 Which sentence shows a preposition followed by a noun?

Answers

1 the Spanish side
2 on page 151
3 francés comes first
4 the first (ADJECTIVE) entry
5 este pan está duro
6 me gusta jugar al billar americano
7 I'm going home tomorrow
8 no como carne
9 los niños son franceses
10 Argentina es muy grande
11 the girl is writing a letter to her friend in Spanish

12 mother, box and chocolates are nouns
13 chocolates is plural
14 I is a pronoun
15 in the second sentence
16 negra
17 hermoso
18 to come, to cry, to do, to be
19 the imperfect tense is comía, the perfect tense is he comido
20 daily is an adverb
21 the second sentence

DICCIONARIO
ESPAÑOL-INGLÉS

SPANISH-ENGLISH
DICTIONARY

A

a *(a + el = al)* PREPOSICIÓN

1 *to*

Se usa **to** *hablando de movimiento, dirección.*
◇ *Fueron a Madrid.* They went to Madrid.

Pero a menudo depende de cómo se entienda la dirección: dentro, encima de..., así como del verbo que la preceda.

- **Me caí al río.** I fell into the river.
- **Se subieron al tejado.** They climbed onto the roof.
- **Marta llegó a la oficina.** Marta arrived at the office.
- **Está a 15 km de aquí.** It's 15 km from here.

2 *at*

Se usa **at** *hablando de la hora, la fecha, la edad, la velocidad.*
◇ *a las 10* at 10 o'clock ◇ *a medianoche* at midnight ◇ *a los 24 años* at the age of 24 ◇ *Íbamos a más de 90 km por hora.* We were going at over 90 km an hour.

- **Estamos a 9 de julio.** It's the 9th of July.
- **Los huevos están a 125 pesetas la media docena.** Eggs are 125 pesetas the dozen.
- **una vez a la semana** once a week

También se usa **to** *delante de un infinitivo.*
◇ *Voy a verle.* I'm going to see him. ◇ *Vine a decírtelo.* I came to tell you. ◇ *Me obligaban a comer.* They forced me to eat.

- **Al verlo, lo reconocí inmediatamente.** When I saw him, I recognized him immediately.
- **Nos cruzamos al salir.** We bumped into each other as we were going out.

Cuando **a** *forma parte del complemento indirecto también se traduce por* **to**, *a menos que siga directamente al verbo.*
◇ *Se lo di a Ana.* I gave it to Ana. ◇ *Le enseñé a Pablo el libro que me dejaste.* I showed Pablo the book you lent me.

- **Se lo compré a él.** I bought it from him.

En muchas otras ocasiones, como por ejemplo en complementos directos de persona, no se traduce.

- **Vi a Juan.** I saw Juan.
- **Llamé al médico.** I called the doctor.
- **Gira a la derecha.** Turn right.
- **Me voy a casa.** I'm going home.
- **¡A comer!** Lunch is ready!

la **abadía** SUSTANTIVO
abbey (PL *abbeys*)

abajo ADVERBIO

1 *below* ◇ *Los platos y las tazas están abajo.* The plates and cups are below. ◇ *La montaña no parece tan alta desde abajo.* The mountain doesn't seem so high from below.

- **Mete las cervezas abajo del todo.** Put the beers at the bottom.
- **El estante de abajo.** The bottom shelf.
- **La parte de abajo del contenedor.** The bottom of the container.

2 *downstairs*

Se usa **downstairs** *hablando de los distintos pisos de un edificio.*
◇ *Abajo están la cocina y el salón.* The kitchen and lounge are downstairs. ◇ *Hay una fiesta en el piso de abajo.* There's a party in the flat downstairs.

- **más abajo** further down
- **ir calle abajo** to go down the street
- **Todos los bolsos son de 15.000 pesetas para abajo.** All the bags are 15,000 pesetas or under.
- **abajo de** ⟦Latin America⟧ under

abandonado ADJETIVO

- **un pueblo abandonado** a deserted village

abandonar VERBO

1 *to leave* (lugar, zona, edificio) ◇ *Decidieron abandonar el país.* They decided to leave the country.

- **Abandonó a su familia.** He deserted his family.
- **Mucha gente abandona a sus perros en Navidad.** A lot of people abandon their dogs at Christmas.

2 *to give up* (planes, proyecto) ◇ *Tuve que abandonar la idea de comprarme otro coche.* I had to give up the idea of buying another car.

el **abanico** SUSTANTIVO
fan

abarrotado ADJETIVO
packed ◇ *abarrotado de gente* packed with people

la **abarrotería** SUSTANTIVO
⟦Mexico⟧
grocer's (PL *grocers' shops*) ◇ *Lo compré en la abarrotería.* I bought it at the grocer's.

los **abarrotes** SUSTANTIVO
⟦Mexico, Chile⟧
groceries

abastecer* VERBO

- **abastecer de algo a alguien** to supply somebody with something ◇ *Este embalse abastece de agua a la ciudad.* This reservoir supplies the city with water.
- **Nos abastecimos bien de comida para el viaje.** We stocked up with food for the trip.

el **abdomen** SUSTANTIVO
stomach

los **abdominales** SUSTANTIVO
sit-ups ◇ *hacer abdominales* to do sit-ups

el **abecedario** SUSTANTIVO
alphabet

la **abeja** SUSTANTIVO
bee

el **abeto** SUSTANTIVO
fir

abierto (1) VERBO *ver* **abrir**

abierto (2) ADJETIVO

1 *open* ◇ *¿Están abiertas las tiendas?* Are the shops open?

② *on* ◇ *No dejes el gas abierto.* Don't leave the gas on.

el **abogado,** la **abogada** SUSTANTIVO
lawyer

abolir VERBO
to abolish

abollar VERBO
to dent ◇ *Me han abollado el coche.* Someone has dented my car.
◆ **abollarse** to get dented

abombarse VERBO
Latin America
to go bad

abonar VERBO
① *to pay* ◇ *abonar dinero en una cuenta* to pay money into an account
② *to fertilize* ◇ *Hay que abonar el terreno antes de sembrar.* The land has to be fertilized before sowing.
◆ **abonarse a (1)** (*canal de televisión*) to take out a subscription to
◆ **abonarse a (2)** (*polideportivo*) to join

el **abono** SUSTANTIVO
① *fertilizer* (*para las plantas*)
② *season ticket* (*de transporte, fútbol*)

abortar VERBO
① *to have an abortion* (*de manera provocada*)
② *to miscarry* (*espontáneamente*)

el **aborto** SUSTANTIVO
① *abortion* (*provocado*)
② *miscarriage* (*espontáneo*)

abrasar VERBO
to burn ◇ *El fuego le abrasó las manos.* The fire burned his hands.
◆ **abrasarse** to be burned ◇ *Mucha gente se abrasó viva en el incendio.* A lot of people were burned alive in the fire.

abrazar* VERBO
to hug ◇ *Al verme me abrazó.* He hugged me when he saw me.
◆ **¡Abrázame fuerte!** Give me a big hug!
◆ **abrazarse** to hug ◇ *Se abrazaron y se besaron.* They hugged and kissed.

el **abrazo** SUSTANTIVO
hug ◇ *¡Dáme un abrazo!* Give me a hug!
◆ **Siempre están dándose besos y abrazos.** They're always hugging and kissing.
◆ **"un abrazo"** (*en cartas*) "with best wishes"

el **abrebotellas** SUSTANTIVO (PL los abrebotellas)
bottle opener

el **abrelatas** SUSTANTIVO (PL los abrelatas)
tin opener

la **abreviatura** SUSTANTIVO
abbreviation

el **abridor** SUSTANTIVO
① *bottle opener* (*de botellas*)
② *tin opener* (*de latas*)

abrigar* VERBO
◆ **Esta chaqueta abriga mucho.** This jacket's great for keeping warm.
◆ **Ponte algo que te abrigue.** Put something warm on.
◆ **Abriga bien al niño, que hace frío.** Wrap the baby up well – it's chilly out.
◆ **abrigarse** to wrap up well

el **abrigo** SUSTANTIVO
coat ◇ *un abrigo de pieles* a fur coat
◆ **ropa de abrigo** warm clothing

abril SUSTANTIVO MASC
Los meses se escriben con mayúscula.
April ◇ *en abril* in April ◇ *Nació el 20 de abril.* He was born on 20 April.

abrir* VERBO
① *to open* ◇ *Las tiendas abren a las diez.* The shops open at ten o'clock. ◇ *Abre la ventana.* Open the window.
◆ **¡Abre, soy yo!** Open the door, it's me!
② *to turn on* ◇ *¿Has abierto el gas?* Have you turned on the gas?
◆ **abrirse** to open ◇ *De repente se abrió la puerta.* Suddenly the door opened.

abrocharse VERBO
to do up ◇ *Abróchate la camisa.* Do your shirt up.
◆ **Abróchense los cinturones.** Please fasten your seatbelts.

absoluto ADJETIVO
absolute ◇ *Nos dio garantía absoluta.* He gave us an absolute guarantee.
◆ **La operación fue un éxito absoluto.** The operation was a complete success.
◆ **en absoluto** at all ◇ *¿Te molesta que fume? – En absoluto.* Do you mind if I smoke? – Not at all. ◇ *nada en absoluto* nothing at all

absorber VERBO
to absorb

abstemio ADJETIVO
teetotal ◇ *Soy abstemio.* I'm teetotal.

la **abstención** SUSTANTIVO (PL las abstenciones)
abstention

abstenerse* VERBO
to abstain (*en una votación*) ◇ *Yo me abstengo.* I'm abstaining.
◆ **abstenerse de hacer algo** to refrain from doing something

abstracto ADJETIVO
abstract

absurdo ADJETIVO
absurd
◆ **lo absurdo es que...** the absurd thing is that...

la **abuela** SUSTANTIVO
grandmother ◇ *mi abuela* my grandmother
◆ **¿Dónde está la abuela?** Where's Gran?

el **abuelo** SUSTANTIVO
grandfather ◇ *mi abuelo* my grandfather
◆ **¿Dónde está el abuelo?** Where's Grandad?
◆ **mis abuelos** my grandparents

abultado ADJETIVO
bulky

abultar VERBO

A

to be bulky ◇ *No abulta mucho.* It isn't very bulky.
* **Tus cosas apenas abultan.** Your things hardly take up any space at all.

abundante ADJETIVO
① *plenty of* ◇ *Habrá comida y bebida abundante.* There'll be plenty of food and drink.
② *enormous* ◇ *El año pasado tuvimos abundantes pérdidas.* We had enormous losses last year.

aburrido ADJETIVO
① *bored* ◇ *Estaba aburrida y me marché.* I was bored so I left.
② *boring* ◇ *una película muy aburrida* a very boring film ◇ *No seas aburrida y vente al cine, mujer.* Don't be boring and come to the film.
③ *tired* (harto) ◇ *Estaba aburrido de esperarte, así que me fui.* I was tired of waiting for you, so I left.

el **aburrimiento** SUSTANTIVO
* **¡Qué aburrimiento!** What a bore this is!
* **Estoy muerto de aburrimiento.** I'm bored stiff.

aburrirse VERBO
to get bored ◇ *Me aburro viendo la tele.* I get bored watching television.

abusar VERBO
* **abusar de alguien (1)** (de su confianza, hospitalidad) to take advantage of somebody
* **abusar de alguien (2)** (sexualmente) to abuse somebody
* **Está bien beber de vez en cuando pero sin abusar.** Drinking every so often is fine as long as you don't overdo it.
* **No conviene abusar del aceite en las comidas.** You shouldn't use too much oil in food.
* **Abusó de nuestra hospitalidad.** He abused our hospitality.

el **abuso** SUSTANTIVO
abuse ◇ *el abuso de las drogas* drug abuse
* **los abusos sexuales** sexual abuse SING
* **Lo que han hecho me parece un abuso.** I think what they've done is outrageous.

acá ADVERBIO
here ◇ *¡Vente para acá!* Come here!
* **Hay que ponerlo más acá.** You'll have to bring it closer.

acabar VERBO
to finish ◇ *Cuando acabe esta cerveza me voy.* When I've finished this beer I'm going. ◇ *Ayer acabé de pintar la valla.* Yesterday I finished painting the fence.
* **acabar con (1)** to put an end to ◇ *Hay que acabar con tanto desorden.* We must put an end to all this confusion.
* **acabar con (2)** (agotar) to finish ◇ *Hemos acabado con todas las provisiones.* We've finished all our provisions.
* **Acabo de ver a tu padre.** I've just seen your father. ◇ *Acababa de entrar cuando sonó el*

teléfono. I had just come in when the phone rang.
* **acabarse** to run out ◇ *La impresora te avisa cuando se acaba el papel.* The printer tells you when the paper runs out. ◇ *Se me acabó el tabaco.* I ran out of cigarettes.

la **academia** SUSTANTIVO
school ◇ *una academia de idiomas* a language school
* **una academia militar** a military academy

académico ADJETIVO
academic ◇ *el curso académico* the academic year ◇ *los títulos académicos* academic qualifications

la **acampada** SUSTANTIVO
* **ir de acampada** to go camping

acampar VERBO
to camp

el **acantilado** SUSTANTIVO
cliff

acariciar VERBO
① *to stroke* (pelo, animal)
② *to caress* (mejilla, niño, amante)

acaso ADVERBIO
* **¿Acaso tengo yo la culpa?** Is it MY fault?
* **por si acaso** just in case ◇ *Lleva el paraguas por si acaso.* Take your umbrella just in case.
* **No necesito nada; si acaso, un poco de leche.** I don't need anything; well maybe a little milk.
* **Si acaso lo vieras, dile que me llame.** If you should see him, tell him to call me.

acatarrarse VERBO
to catch cold

acceder VERBO
* **acceder a (1)** to agree to ◇ *Al final accedió a venir.* In the end he agreed to come.
* **acceder a (2)** (un lugar) to gain access to

accesible ADJETIVO
① *accessible* ◇ *Es un lugar sólo accesible por barco.* The place is only accessible by boat.
② *approachable* ◇ *Es una persona muy accesible.* He's very approachable.

el **acceso** SUSTANTIVO
access ◇ *La casa tiene acceso por delante y por detrás.* Access to the house is from the front and from the rear. ◇ *Tiene acceso a información confidencial.* He has access to confidential information.
* **Quieren mejorar los accesos al aeropuerto.** They want to improve access to the airport.
* **las pruebas de acceso a la universidad** university entrance exams

el **accesorio** SUSTANTIVO
accessories ◇ *accesorios para el automóvil* car accessories

accidentado ADJETIVO
① *rough* (terreno)
② *eventful* (viaje)

el **accidente** SUSTANTIVO
accident ◇ *los accidentes de trabajo*

accidents in the workplace

+ **Han tenido un accidente.** They've had a car accident.

la **acción** SUSTANTIVO (PL las **acciones**)

⟦1⟧ *action* ◇ *una película llena de acción* an action-packed film

+ **entrar en acción** to go into action

⟦2⟧ *share* ◇ *comprar acciones de una empresa* to buy shares in a company

el/la **accionista** SUSTANTIVO
shareholder

el **aceite** SUSTANTIVO
oil

+ **el aceite de girasol** sunflower oil
+ **el aceite de oliva** olive oil

aceitoso ADJETIVO
oily

la **aceituna** SUSTANTIVO
olive ◇ *aceitunas rellenas* stuffed olives

el **acelerador** SUSTANTIVO
accelerator

acelerar VERBO
to accelerate ◇ *Aceleré para adelantarlos.* I accelerated to overtake them.

+ **¡Acelera, que no llegamos!** Speed up or we'll never get there!
+ **acelerar el paso** to walk faster

las **acelgas** SUSTANTIVO
Swiss chard SING

el **acento** SUSTANTIVO

⟦1⟧ *accent* (tilde, pronunciación) ◇ *"Té" lleva acento cuando significa "bebida".* "Té" has an accent when it means "drink". ◇ *Tiene un acento cerrado del sur.* He has a strong southern accent.

⟦2⟧ *stress* (en sílaba sin tilde) ◇ *¿Qué sílaba lleva el acento en "microphone"?* Which syllable is the stress on in "microphone"?

acentuarse* VERBO
to have an accent ◇ *No se acentúa.* It doesn't have an accent.

aceptable ADJETIVO
acceptable

aceptar VERBO
to accept ◇ *Acepté su invitación.* I accepted his invitation. ◇ *Cuesta aceptar la derrota.* It's hard to accept defeat.

+ **aceptar hacer algo** to agree to do something ◇ *Aceptó casarse con él.* She agreed to marry him.

la **acequia** SUSTANTIVO
irrigation channel

la **acera** SUSTANTIVO
pavement

acerca ADVERBIO

+ **acerca de** about ◇ *un documental acerca de la fauna africana* a documentary about African wildlife

acercar* VERBO

⟦1⟧ *to pass* ◇ *¿Me acercas los alicates?* Could you pass me the pliers?

⟦2⟧ *to bring over* ◇ *Acerca la silla.* Bring your chair over here.

+ **¿Acerco más la cama a la ventana?.** Shall I put the bed nearer the window?
+ **Nos acercaron al aeropuerto.** They gave us a lift to the airport.
+ **acercarse (1)** to come closer ◇ *Acércate, que te vea.* Come closer so that I can see you.
+ **acercarse (2)** to go over ◇ *Me acerqué a la ventana.* I went over to the window. ◇ *Acércate a la tienda y trae una botella de agua.* Go over to the shop and get a bottle of water.
+ **Ya se acerca la Navidad.** Christmas is getting near.

el **acero** SUSTANTIVO
steel ◇ *acero inoxidable* stainless steel

acertar* VERBO

⟦1⟧ *to get...right* (pregunta, respuesta, solución) ◇ *He acertado todas las respuestas.* I got all the answers right.

+ **No acerté.** I got it wrong.
+ **Creo que hemos acertado con estas cortinas.** I think these curtains were a good choice.

⟦2⟧ *to guess* ◇ *Si aciertas cuántos caramelos hay, te los regalo todos.* If you guess how many sweets there are, I'll give you them all.

+ **Acerté en el blanco.** I hit the target.

ácido ADJETIVO
acid

el **ácido** SUSTANTIVO
acid

acierto VERBO *ver* **acertar**

el **acierto** SUSTANTIVO

⟦1⟧ *right answer* ◇ *Tuve más aciertos que fallos en el examen.* I got more right answers than wrong ones in the exam.

⟦2⟧ *good idea* ◇ *Fue un acierto ir de vacaciones a la montaña.* Going to the mountains on holiday was a good idea.

aclarar VERBO

⟦1⟧ *to rinse* ◇ *Aclara la ropa antes de tenderla.* Rinse the washing before hanging it out.

⟦2⟧ *to clear up* ◇ *Necesito que me aclares unas dudas.* I need you to clear up some doubts for me. ◇ *No me iré hasta que no se aclare este asunto.* I shan't go until this business is cleared up.

+ **Con tantos números no me aclaro.** There are so many numbers that I can't get it straight.

el **acné** SUSTANTIVO
acne

acobardarse VERBO

+ **No se acobarda por nada.** He isn't frightened by anything.

acogedor ADJETIVO (FEM **acogedora**)
cosy ◇ *un cuarto muy acogedor* a very cosy room

acoger* VERBO

⟦1⟧ *to receive* ◇ *La ciudad acoge todos los*

A

años a miles de visitantes. The city receives thousands of visitors every year.

- **Me acogieron muy bien en Estados Unidos.** I was made very welcome in the United States.

  [2] *to take in* ◇ *Lo acogieron en un asilo de ancianos.* He was taken into an old people's home.

acomodado ADJETIVO
well-off

el **acomodador** SUSTANTIVO
usher

la **acomodadora** SUSTANTIVO
usherette

acompañar VERBO
[1] *to come with* ◇ *Si vas al centro te acompaño.* If you're going to the centre of town I'll come with you.
[2] *to go with* ◇ *Me pidió que la acompañara a la estación.* She asked me to go with her to the station.

- **¿Quieres que te acompañe a casa?** Would you like me to see you home?
[3] *to stay with* ◇ *Me acompañó hasta que llegó el autobús.* He stayed with me until the bus arrived.

aconsejar VERBO
[1] *to advise*

- **aconsejar a alguien que haga algo** to advise somebody to do something ◇ *Nos aconsejaron que no saliéramos solos.* They advised us not to go out alone.
- **Te aconsejo que lo hagas.** I'd advise you to do it.
[2] *to recommend* ◇ *Debe de ser bueno cuando lo aconseja el médico.* It must be good if the doctor recommends it.

el **acontecimiento** SUSTANTIVO
event

acordar* VERBO
to agree on ◇ *Acordamos un precio y unas condiciones.* We agreed on a price and terms.

- **acordar hacer algo** to agree to do something ◇ *Acordaron reunirse en una semana.* They agreed to meet in a week's time.

acordarse* VERBO
to remember ◇ *Ahora mismo no me acuerdo.* Right now I can't remember.

- **acordarse de** to remember ◇ *¿Te acuerdas de mí?* Do you remember me? ◇ *Acuérdate de cerrar la puerta con llave.* Remember to lock the door.
- **acordarse de haber hecho algo** to remember doing something ◇ *Me acuerdo de habértelo preguntado ya antes.* I remember asking you before.

el **acordeón** SUSTANTIVO (PL los **acordeones**)
accordion

acostarse* VERBO
[1] *to lie down* (*para descansar*)
[2] *to go to bed*

- **acostarse con alguien** to go to bed with

somebody

acostumbrarse VERBO

- **acostumbrarse a** to get used to ◇ *No me acostumbro a la vida en la ciudad.* I can't get used to city life.
- **acostumbrarse a hacer algo** to get used to doing something ◇ *Ya me he acostumbrado a trabajar de noche.* I've got used to working at night now.

el/la **acróbata** SUSTANTIVO
acrobat

la **actitud** SUSTANTIVO
attitude

la **actividad** SUSTANTIVO
activity (PL *activities*)

activo ADJETIVO
active ◇ *Es una mujer muy activa.* She's a very active woman.

el **acto** SUSTANTIVO
[1] *act* ◇ *Romper el carnet fue un acto de rebeldía.* Tearing his ID card up was an act of rebellion.
[2] *ceremony* (PL *ceremonies*) ◇ *Grandes personalidades acudieron al acto.* There were some important people at the ceremony.

- **acto seguido** immediately afterwards ◇ *Acto seguido la gente echó a correr.* Immediately afterwards people began running.
- **en el acto** instantly ◇ *Lo arrestaron en el acto.* He was instantly arrested.
- **Te arreglan tus zapatos en el acto.** They will repair your shoes while you wait.

el **actor** SUSTANTIVO
actor

la **actriz** SUSTANTIVO (PL las **actrices**)
actress (PL *actresses*)

la **actuación** SUSTANTIVO (PL las **actuaciones**)
[1] *performance* ◇ *Fue una actuación muy buena.* It was a very good performance.
[2] *gig* ◇ *Esta noche tenemos una actuación en el Café del Jazz.* Tonight we're doing a gig at the Café del Jazz.

actual ADJETIVO

No confundir con el inglés **actual**, *que significa "de verdad, real".*

present ◇ *la situación actual del país* the country's present situation

- **uno de los mejores pintores del arte actual** one of the greatest painters of today

la **actualidad** SUSTANTIVO

- **un repaso a la actualidad nacional** a round-up of the national news
- **un tema de gran actualidad** a very topical issue
- **en la actualidad (1)** (*ahora*) currently ◇ *Hay en la actualidad más de 2 millones de parados.* There are currently over 2 million unemployed.
- **en la actualidad (2)** (*hoy día*) nowadays ◇ *Eso ya no ocurre en la actualidad.* That doesn't happen nowadays.

actualmente ADVERBIO

> No confundir con el inglés **actually**, *que significa* "verdaderamente".

1 *nowadays* (*hoy día*) ◇ *Actualmente apenas se utilizan las máquinas de escribir.* Typewriters are hardly used nowadays.

2 *currently* (*ahora*) ◇ *Soy geólogo, pero actualmente estoy en paro.* I'm a geologist but I'm currently out of work.

actuar* VERBO

1 *to act* ◇ *Es difícil actuar con naturalidad delante de las cámaras.* It's hard to act naturally in front of the cameras.

◆ **Hay que actuar con cautela.** We'll have to be cautious.

◆ **No comprendo tu forma de actuar.** I can't understand your behaviour.

◆ **No actuó en esa película.** He wasn't in that film.

2 *to perform* (*grupo musical, teatral, humorista*) ◇ *Hoy actúan en el Café del Jazz.* Today they'll be performing at the Café del Jazz.

la **acuarela** SUSTANTIVO
watercolour

el **acuario** SUSTANTIVO
aquarium

Acuario SUSTANTIVO MASC
Aquarius ◇ *Soy Acuario.* I'm Aquarius.

acuático ADJETIVO

◆ **esquí acuático** water skiing

◆ **aves acuáticas** waterfowl PL

acudir VERBO

1 *to go* ◇ *Acudieron en su ayuda.* They went to her aid. ◇ *Acudió a un amigo en busca de consejo.* He went to a friend for advice.

◆ **No tengo a quien acudir.** I have no one to turn to.

◆ **acudir a una cita** to keep an appointment

2 *to come* ◇ *El perro acude cuando lo llamo.* The dog comes when I call.

acuerdo VERBO *ver* **acordar**

el **acuerdo** SUSTANTIVO
agreement ◇ *Al final no hubo acuerdo.* In the end there was no agreement. ◇ *llegar a un acuerdo* to reach an agreement

◆ **estar de acuerdo con alguien** to agree with somebody

◆ **ponerse de acuerdo** to agree ◇ *Al final no nos pusimos de acuerdo.* In the end we couldn't agree. ◇ *Nos pusimos de acuerdo para prepararle una bienvenida.* We agreed to organize a welcome for him. ◇ *¡De acuerdo!* All right!

la **acupuntura** SUSTANTIVO
acupuncture

acurrucarse* VERBO
to curl up

acusar VERBO

1 *to accuse* ◇ *Su novia lo acusaba de mentiroso.* His girlfriend accused him of being a liar.

◆ **Los otros te acusan a ti de haber roto el**
jarrón. The others say it was you who broke the vase.

2 *to charge* ◇ *Me acusan de homicidio.* They're charging me with homicide.

acústico ADJETIVO
acoustic ◇ *una guitarra acústica* an acoustic guitar

adaptar VERBO
to adapt ◇ *Es la misma receta pero adaptada.* It's the same recipe, but I've adapted it.

◆ **adaptarse** to adapt ◇ *No consigo adaptarme a la vida en el campo.* I can't seem to adapt to country life.

adecuado ADJETIVO

1 *suitable* ◇ *No es la ropa más adecuada para ir de boda.* They aren't the most suitable clothes to wear to a wedding.

2 *right* ◇ *Has entrado en el momento adecuado.* You've arrived at just the right moment. ◇ *el hombre adecuado para el puesto* the right man for the job

a. de J.C. ABREVIATURA (= *antes de Jesucristo*) *B.C.* (= before Christ)

adelantado ADJETIVO

1 *advanced* ◇ *Suecia es un país muy adelantado.* Sweden is a very advanced country.

◆ **los niños más adelantados de la clase** the children who are doing best in the class

2 *fast* ◇ *Este reloj va adelantado.* This watch is fast.

◆ **pagar por adelantado** to pay in advance

adelantar VERBO

1 *to bring...forward* ◇ *Tuvimos que adelantar la boda.* We had to bring the wedding forward.

2 *to overtake* ◇ *Adelanta a ese camión cuando puedas.* Overtake that lorry when you can.

3 *to put...forward* ◇ *El domingo hay que adelantar los relojes una hora.* On Sunday we'll have to put the clocks forward an hour.

◆ **Así no adelantas nada.** You won't get anywhere that way.

◆ **Tu reloj adelanta.** Your watch gains.

adelantarse VERBO
to go on ahead ◇ *Me adelanté para coger asiento.* I went on ahead to get a seat.

◆ **adelantarse a alguien** to get ahead of somebody ◇ *Se nos adelantaron los de la competencia.* The competition got ahead of us.

adelante (1) ADVERBIO
forward ◇ *Se inclinó hacia adelante.* He leant forward.

◆ **¿Nos vamos adelante para ver mejor?** Shall we sit near the front to get a better view?

◆ **más adelante (1)** (*más allá*) further on ◇ *El pueblo está más adelante.* The village is further on.

◆ **más adelante (2)** (*después*) later ◇ *Más*

adelante hablaremos de los resultados. Later we'll discuss the results.
- **adelante de** `Latin America` in front of
- **Hay que seguir adelante.** We must go on.
- **de ahora en adelante** from now on

adelante (2) EXCLAMACIÓN
[1] *come on!* (para animar)
[2] *come in!* (autorizando a entrar)

el **adelanto** SUSTANTIVO
advance ◇ *los adelantos de la ciencia* the advances in science ◇ *Le pidió un adelanto a su jefe.* He asked his boss for an advance.

adelgazar* VERBO
to lose weight ◇ *¡Cómo has adelgazado!* What a lot of weight you've lost!
- **He adelgazado cinco kilos.** I've lost five kilos.

además ADVERBIO
[1] *as well* ◇ *Es profesor y además carpintero.* He's a teacher and a carpenter as well.
[2] *what's more* ◇ *El baño es demasiado pequeño y, además, no tiene ventana.* The bathroom's too small and, what's more, it hasn't got a window.
[3] *besides* ◇ *Además, no tienes nada que perder.* Besides, you've got nothing to lose.
- **además de** as well as
- **El ordenador es, además de rápido, eficaz.** The computer is efficient as well as fast.

adentro ADVERBIO
inside ◇ *Empezó a llover y se metieron adentro.* It began to rain so they went inside.
- **tierra adentro** inland
- **adentro de** `Latin America` inside ◇ *desde adentro de la casa* from inside the house

adhesivo ADJETIVO
sticky ◇ *cinta adhesiva* sticky tape

el **adhesivo** SUSTANTIVO
sticker ◇ *un adhesivo para el coche* a sticker for the car

la **adicción** SUSTANTIVO (PL las **adicciones**)
addiction

la **adición** SUSTANTIVO
`River Plate` (PL las **adiciones**)
bill

adicto ADJETIVO
addicted ◇ *Es adicto a la cafeína.* He is addicted to caffeine.

el **adicto**, la **adicta** SUSTANTIVO
addict ◇ *un adicto a las drogas* a drug addict

adinerado ADJETIVO
wealthy

adiós EXCLAMACIÓN
[1] *goodbye!* (para despedirse)
- **decir adiós a alguien** to say goodbye to somebody
[2] *hello!* (al pasar)

el **aditivo** SUSTANTIVO
additive

la **adivinanza** SUSTANTIVO
guess (PL *guesses*)

adivinar VERBO

to guess ◇ *Adivina quién viene.* Guess who's coming.
- **adivinar el pensamiento a alguien** to read somebody's mind
- **adivinar el futuro** to see into the future

el **adjetivo** SUSTANTIVO
adjective

adjunto ADJETIVO
[1] *enclosed* (en el mismo sobre)
[2] *attached* (con grapas, clips)
[3] *deputy* ◇ *el director adjunto* the deputy head

la **administración** SUSTANTIVO (PL las **administraciones**)
[1] *administration* ◇ *Master de Administración de Empresas* Master of Business Administration
[2] *civil service* ◇ *Carmen trabaja en la administración.* Carmen works for the civil service.

administrativo ADJETIVO
administrative ◇ *gastos administrativos* administrative expenses
- **trabajo administrativo** clerical work

el **administrativo**, la **administrativa** SUSTANTIVO
clerk

la **admiración** SUSTANTIVO
[1] *admiration* ◇ *Siento profunda admiración por él.* I have great admiration for him.
[2] *amazement* ◇ *para admiración de todos* to everyone's amazement
- **Su franqueza causó admiración entre los presentes.** His frankness amazed everyone there.
- **signo de admiración** exclamation mark

admirar VERBO
to admire ◇ *Todos la admiran.* Everyone admires her.
- **Me admira lo poco que gastas en ropa.** I'm amazed at how little you spend on clothes.

admitir VERBO
[1] *to admit* ◇ *Admite que estabas equivocado.* Admit you were wrong.
[2] *to accept* ◇ *La máquina no admite monedas de 500 pesetas.* The machine doesn't accept 500-peseta coins.
- **Espero que me admitan a la universidad.** I hope I'll get a place at university.
[3] *to allow in* ◇ *Aquí no admiten perros.* Dogs aren't allowed in here.

el/la **adolescente** SUSTANTIVO
teenager

adonde CONJUNCIÓN
where
- **la ciudad adonde nos dirigimos** the city we're going to

adónde ADVERBIO
where ◇ *¿Adónde ibas?* Where were you going?

la **adopción** SUSTANTIVO (PL las **adopciones**)
adoption

adoptar VERBO
to adopt
adoptivo ADJETIVO
* **un hijo adoptivo** an adopted child
* **mis padres adoptivos** my adoptive parents
adorar VERBO
1 *to adore* ◇ *Adora a sus hijos.* He adores his children.
2 *to worship* ◇ *adorar a Dios* to worship God
adornar VERBO
to decorate
el **adorno** SUSTANTIVO
1 *ornament* ◇ *Quitó los adornos de la estantería para limpiarla.* He took the ornaments off the shelf to clean it.
2 *decoration* ◇ *Habían puesto adornos en las calles.* Decorations had been put up in the streets. ◇ *Es sólo de adorno.* It's only for decoration.
adosado ADJETIVO
* **un chalet adosado** a semi-detached house
adquirir* VERBO
to acquire ◇ *adquirir conocimientos de algo* to acquire a knowledge of something
* **adquirir velocidad** to gain speed
* **adquirir fama** to achieve fame
* **adquirir una vivienda** to purchase a property
* **adquirir importancia** to become important
* **Lo podrá adquirir en tiendas especializadas.** You'll be able to get it from specialist shops.
adrede ADVERBIO
on purpose
la **aduana** SUSTANTIVO
customs SING
el **aduanero,** la **aduanera** SUSTANTIVO
customs officer
el **adulto** SUSTANTIVO
adult ◇ *Los niños copian a los adultos.* Children copy adults.
* **educación de adultos** adult education
el **adverbio** SUSTANTIVO
adverb
el **adversario,** la **adversaria** SUSTANTIVO
opponent
la **advertencia** SUSTANTIVO
warning
advertir* VERBO
1 *to warn* ◇ *Ya te advertí que no intervinieras.* I warned you not to get involved.
* **advertir a alguien de algo** to warn somebody about something
* **Te advierto que no va a ser nada fácil.** I must warn you that it won't be at all easy.
2 *to notice* ◇ *No advertí nada extraño en su comportamiento.* I didn't notice anything strange about his behaviour.
aéreo ADJETIVO
air
> **air** *en este caso va siempre delante del sustantivo.*

◇ *un ataque aéreo* an air raid ◇ *una base*

aérea an air base
* **por vía aérea** by air mail
* **una fotografía aérea** an aerial photograph
el **aerobic** SUSTANTIVO
aerobics SING
el **aeromozo,** la **aeromoza** SUSTANTIVO
> *Latin America*

flight attendant
el **aeropuerto** SUSTANTIVO
airport
el **aerosol** SUSTANTIVO
aerosol
el **afán** SUSTANTIVO (PL los **afanes**)
1 *ambition* (*deseo*) ◇ *Todo su afán era ser pintora.* Her great ambition was to be a painter.
2 *effort* (*empeño*)
* **Trabajan con mucho afán.** They put a lot of effort into their work.
afectado ADJETIVO
upset ◇ *Está muy afectado por la noticia.* He's very upset at the news.
afectar VERBO
to affect ◇ *Esto a ti no te afecta.* This doesn't affect you.
* **Me afectó mucho la noticia.** The news upset me terribly.
afectivo ADJETIVO
emotional ◇ *problemas afectivos* emotional problems
el **afecto** SUSTANTIVO
affection ◇ *Me cuesta demostrar afecto.* I find it difficult to show affection.
* **tener afecto a alguien** to be fond of somebody
afectuoso ADJETIVO
affectionate ◇ *Es un chico muy afectuoso.* He's a very affectionate boy.
* **"Un saludo afectuoso"** (*en cartas*) "With best wishes"
afeitar VERBO
to shave
* **afeitarse** to shave ◇ *Voy a afeitarme.* I'm going to shave.
* **Me afeité la barba.** I shaved off my beard.
Afganistán SUSTANTIVO MASC
Afghanistan
el **afiche** SUSTANTIVO
> *Latin America*

poster
la **afición** SUSTANTIVO (PL las **aficiones**)
1 *hobby* (PL **hobbies**) ◇ *Mi afición es la filatelia.* My hobby is stamp collecting. ◇ *por afición* as a hobby
* **Tengo mucha afición por el ciclismo.** I'm very keen on cycling.
* **En este país hay poca afición al teatro.** In this country people aren't very interested in the theatre.
2 *fans* PL ◇ *la afición del Athletic* the Athletic fans
aficionado ADJETIVO
1 *keen* ◇ *Es muy aficionada a la pintura.*

She's very keen on painting.
[2] *amateur* ◇ *un equipo de fútbol aficionado* an amateur football team
el aficionado, la **aficionada** SUSTANTIVO
[1] *enthusiast* ◇ *un libro para los aficionados al bricolaje* a book for DIY enthusiasts
[2] *lover* ◇ *los aficionados al teatro* theatre lovers
[3] *amateur* ◇ *un partido para aficionados* a game for amateurs
aficionarse VERBO
• **aficionarse a algo (1)** *(como participante)* to take up something ◇ *Raúl se aficionó al billar.* Raúl took up billiards.
• **aficionarse a algo (2)** *(como espectador)* to become interested in something ◇ *Me he aficionado al teatro.* I've become interested in the theatre.
• **Me he aficionado al chocolate suizo.** I've developed a taste for Swiss chocolate.
afilado ADJETIVO
sharp
afilar VERBO
to sharpen
afiliarse VERBO
• **afiliarse a algo** to join something
afinar VERBO
to tune ◇ *afinar un violín* to tune a violin
afirmar VERBO
• **afirmar que...** to say that... ◇ *Afirmaba que no la conocía.* He said that he didn't know her.
• **Afirma haberla visto aquella noche.** He says that he saw her that night.
afirmativo ADJETIVO
affirmative
aflojar VERBO
to loosen *(cuerda, corbata, tornillo)*
• **Tengo que aflojarme la corbata.** I must loosen my tie.
• **aflojarse** to come loose ◇ *Se ha aflojado un tornillo.* A screw has come loose.
el afluente SUSTANTIVO
tributary (PL *tributaries*)
afónico ADJETIVO
• **Estoy afónico.** I've lost my voice.
el aforo SUSTANTIVO
capacity *(de teatro, cine)* (PL *capacities*)
◇ *El teatro tiene un aforo de 2.000 personas.* The theatre has a capacity of 2000 people.
afortunado ADJETIVO
lucky ◇ *Es un tipo afortunado.* He's a lucky guy.
Africa SUSTANTIVO FEM
Africa
el africano, la **africana** ADJETIVO, SUSTANTIVO
African
afrontar VERBO
to face up to ◇ *afrontar un problema* to face up to a problem
afuera ADVERBIO
outside ◇ *Vámonos afuera.* Let's go outside.

• **afuera de** Latin America *outside*
las afueras SUSTANTIVO
outskirts ◇ *en las afueras de Barcelona* on the outskirts of Barcelona
• **un barrio a las afueras de Londres** a London suburb
agacharse VERBO
[1] *to crouch down* *(en cuclillas)*
[2] *to bend down* *(hacia delante)*
la agarradera SUSTANTIVO
Latin America
handle
agarrado ADJETIVO
stingy *(coloquial)*
agarrar VERBO
[1] *to grab* ◇ *Agarró al niño por el hombro.* He grabbed the child by the shoulder.
[2] *to hold* ◇ *Agarra bien la sartén.* Hold the frying pan firmly.
[3] *to catch* ◇ *Ya han agarrado al ladrón.* They've already caught the thief. ◇ *He agarrado un buen resfriado.* I've caught an awful cold.
[4] *to take* Latin America ◇ *Agarré otro pedazo de pastel.* I took another piece of cake.
• **agarrarse** to hold on ◇ *Agárrate a la barandilla.* Hold on to the rail.
la agencia SUSTANTIVO
agency (PL *agencies*) ◇ *una agencia de noticias* a news agency ◇ *una agencia de publicidad* an advertising agency
• **una agencia inmobiliaria** an estate agent's
• **una agencia de viajes** a travel agent's
la agenda SUSTANTIVO
[1] *diary* *(de notas, trabajo)* (PL *diaries*)
[2] *address book* *(de direcciones, teléfonos)*
el/la agente SUSTANTIVO
agent *(secreto, de artistas)*
• **un agente de bolsa** a stockbroker
• **un agente de seguros** an insurance broker
• **un agente de policía** a police officer
ágil ADJETIVO
agile
agitado ADJETIVO
hectic
agitar VERBO
[1] *to stir* ◇ *Agitaba su café con una cucharilla.* He was stirring his coffee with a teaspoon.
[2] *to shake* ◇ *Agítese antes del uso.* Shake before use.
[3] *to wave* ◇ *La gente agitaba los pañuelos.* People were waving their handkerchiefs.
aglomerarse VERBO
• **La gente se aglomeraba a la entrada.** People were crowding around the entrance.
agobiante ADJETIVO
[1] *stifling* *(calor)*
[2] *overwhelming* *(situación)*
[3] *exhausting* *(trabajo)*
agobiar VERBO
• **Le agobian sus problemas.** His problems

are getting on top of him.
- ◆ **agobiarse** to worry ◇ *No te agobies; ya encontraremos una solución.* Don't worry, we'll find a solution.

agosto SUSTANTIVO MASC
> Los meses se escriben con mayúscula.

August ◇ *en agosto* in August ◇ *Nació el 8 de agosto.* He was born on 8 August.

agotado ADJETIVO
1 *exhausted* ◇ *Estoy agotado.* I'm exhausted.
2 *sold out* ◇ *Ese modelo en concreto está agotado.* That particular model is sold out.

agotador ADJETIVO (FEM **agotadora**)
exhausting

agotar VERBO
1 *to use up* ◇ *Agotamos todas nuestras reservas de combustible.* We used up all our fuel supplies.
2 *to tire out* ◇ *Me agota tanto ejercicio.* All this exercise is tiring me out.
- ◆ **agotarse** to run out ◇ *Se está agotando la leña.* The firewood's running out.
- ◆ **Se agotaron todas las entradas.** The tickets sold out.

agradable ADJETIVO
nice

agradar VERBO
- ◆ **Esto no me agrada.** I don't like this.

agradecer* VERBO
- ◆ **agradecer algo a alguien** to thank somebody for something
- ◆ **Te agradezco tu interés.** Thank you for your interest.
- ◆ **Le agradecería me enviara...** I should be grateful if you would send me...

agradecido ADJETIVO
- ◆ **estar agradecido a alguien por algo** to be grateful to somebody for something

agrario ADJETIVO
agricultural ◇ *la política agraria* agricultural policy

agredir VERBO
to attack

agresión SUSTANTIVO (PL las **agresiones**)
1 *attack* ◇ *una brutal agresión de dos jóvenes* a brutal attack on two young people
2 *aggression* ◇ *un acto de agresión* an act of aggression

agresivo ADJETIVO
aggressive

agrícola ADJETIVO
agricultural

el **agricultor,** la **agricultora** FEM
SUSTANTIVO
farmer

la **agricultura** SUSTANTIVO
farming

agridulce ADJETIVO
sweet-and-sour ◇ *salsa agridulce* sweet-and-sour sauce

agrio ADJETIVO

1 *sour* (*leche*)
2 *tart* (*limón, vino*)

la **agrupación** SUSTANTIVO (PL las **agrupaciones**)
group

agrupar VERBO
1 *to group* ◇ *agrupados en distintas categorías* grouped into different categories ◇ *Los insectos se agrupan en varias categorías.* Insects can be grouped into several categories.
2 *to bring together* ◇ *una organización que agrupa a varios países* an organization which brings several countries together
- ◆ **Los ecologistas se han agrupado en varios partidos.** The ecologists have formed several parties.
- ◆ **Se agruparon en torno a su jefe.** They gathered round their boss.

el **agua** SUSTANTIVO FEM
water
- ◆ **agua corriente** running water
- ◆ **agua potable** drinking water
- ◆ **agua dulce** fresh water
- ◆ **agua salada** salt water
- ◆ **agua de colonia** cologne
- ◆ **agua oxigenada** peroxide

el **aguacate** SUSTANTIVO
avocado (PL **avocados**)

el/la **aguafiestas** SUSTANTIVO (PL los/las **aguafiestas**)
spoilsport

el **aguanieve** SUSTANTIVO FEM
sleet

aguantar VERBO
1 *to stand* ◇ *No aguanto la ópera.* I can't stand opera. ◇ *Su vecina no la aguanta.* Her neighbour can't stand her.
2 *to take* ◇ *La estantería no va a aguantar el peso.* The shelf won't take the weight. ◇ *¡No aguanto más!* I can't take any more!
3 *to hold* ◇ *Aguántame el martillo un momento.* Can you hold the hammer for me for a moment? ◇ *Aguanta la respiración.* Hold your breath.
4 *to last* ◇ *Este abrigo ya no aguanta otro invierno.* This coat won't last another winter.
- ◆ **No pude aguantar la risa.** I couldn't help laughing.
- ◆ **Últimamente estás que no hay quien te aguante.** You've been unbearable lately.
- ◆ **¿Puedes aguantarte hasta que lleguemos a casa?** Can you hold out until we get home?
- ◆ **Si no puede venir, que se aguante.** If he can't come, he'll just have to lump it.

el **aguante** SUSTANTIVO
- ◆ **tener aguante (1)** (*paciencia*) to be patient
- ◆ **tener aguante (2)** (*resistencia*) to have stamina

agudo ADJETIVO
1 *sharp* (*oído, dolor*)

2 *high-pitched* (*sonido, voz*)

3 *acute* (*enfermedad*)

4 *witty* (*comentario*)

el **aguijón** SUSTANTIVO (PL los **aguijones**)
sting (*de avispa, escorpión*)

el **águila** SUSTANTIVO FEM
eagle

la **aguja** SUSTANTIVO
needle (*de coser, tocadiscos*)

◆ **las agujas del reloj** the hands of the clock

el **agujero** SUSTANTIVO
1 *hole*

◆ **hacer un agujero** to make a hole

2 *pocket* (*en billar*)

la **agujeta** SUSTANTIVO
Mexico
shoe lace

as **agujetas** SUSTANTIVO
◆ **tener agujetas** to be stiff

ahí ADVERBIO
there ◇ ¡Ahí están! There they are! ◇ Ahí
llega el tren. There's the train.

◆ **Ahí está el problema.** That's the problem.

◆ **ahí arriba** up there

◆ **Están ahí dentro.** They're in there.

◆ **Lo tienes ahí mismo.** You've got it right
there.

◆ **de ahí que** that's why

◆ **por ahí (1)** (*en ese lugar*) over there ◇ Tú
busca por ahí. You look over there.

◆ **por ahí (2)** (*en algún lugar*) somewhere
◇ Nos iremos por ahí a celebrarlo. We'll go
out somewhere to celebrate.

◆ **¿Las tijeras? Andarán por ahí.** The
scissors? They must be somewhere around.

◆ **por ahí (3)** (*aproximadamente*) thereabouts
◇ 200 o por ahí 200 or thereabouts

ahogarse* VERBO
1 *to drown* ◇ Se ahogó en el río. He
drowned in the river.

2 *to suffocate* ◇ Se ahogaron por falta
de aire. They suffocated for lack of air.

3 *to get breathless* ◇ Me ahogo
subiendo las cuestas. I get breathless going
uphill.

ahora ADVERBIO
now ◇ ¿Dónde vamos ahora? Where are
we going now?

◆ **Ahora te lo digo.** I'll tell you in a moment.

◆ **ahora mismo** right now ◇ Ahora mismo
está de viaje. He's away on a trip right now.
◇ Ahora mismo voy. I'm just coming.

◆ **de ahora en adelante** from now on

◆ **hasta ahora (1)** so far ◇ Hasta ahora
nadie se ha quejado. Nobody has
complained so far.

◆ **hasta ahora (2)** till now ◇ Hasta ahora
nadie se había quejado. Nobody had
complained till now.

◆ **¡Hasta ahora!** See you shortly!

◆ **ahora bien** however ◇ Aceptó las
condiciones. Ahora bien, hace falta que las
cumpla. He accepted the conditions.
However, he now needs to comply with

them.

◆ **por ahora** for the moment ◇ Por ahora no
cambies nada. Don't change anything for
the moment.

ahorcar* VERBO
to hang

◆ **ahorcarse** to hang oneself

ahorita ADVERBIO
Latin America
now

ahorrar VERBO
to save

los **ahorros** SUSTANTIVO
savings

ahumado ADJETIVO
smoked

el **aire** SUSTANTIVO
1 *air* ◇ Necesitamos aire para respirar.
We need air to breathe.

◆ **aire acondicionado** air conditioning

◆ **tomar el aire** to get some fresh air

2 *wind* ◇ El aire se le llevó el sombrero.
The wind blew his hat off.

◆ **Hace mucho aire.** It's very windy.

◆ **al aire libre (1)** outdoors ◇ Comimos al
aire libre. We had lunch outdoors.

◆ **al aire libre (2)** outdoor ◇ una fiesta al
aire libre an outdoor party

aislado ADJETIVO
isolated ◇ Es un caso aislado. It's an
isolated case.

◆ **El pueblo estaba aislado por la nieve.** The
village was cut off by the snow.

el **ajedrez** (PL los **ajedreces**) SUSTANTIVO
1 *chess* ◇ jugar al ajedrez to play chess

2 *chess set* ◇ Tráete el ajedrez y
echamos una partida. Get the chess set and
we'll have a game.

ajeno ADJETIVO
◆ **No respeta la opinión ajena.** He doesn't
respect other people's opinions.

◆ **por razones ajenas a nuestra voluntad** for
reasons beyond our control

ajetreado ADJETIVO
busy ◇ Ha sido un día muy ajetreado. It
has been a very busy day.

el **ají** SUSTANTIVO
River Plate
chili sauce

el **ajo** SUSTANTIVO
garlic

ajustado ADJETIVO
tight ◇ Lleva ropa muy ajustada. He wears
very tight clothes. ◇ La falda me queda un
poco ajustada. The skirt's a bit tight on me.

ajustar VERBO
1 *to adjust* ◇ Hay que ajustar los frenos.
The brakes need adjusting.

2 *to tighten* ◇ Ajusté bien todas las
tuercas. I tightened up all the nuts.

3 *to fit* ◇ Esta puerta no ajusta bien. This
door doesn't fit very well.

◆ **ajustarse a (1)** to fit in with ◇ Tendremos
que ajustarnos al horario previsto. We'll

have to fit in with the programme. ◇ *Tu versión no se ajusta a la realidad.* Your version doesn't fit in with the facts.
- **ajustarse a (2)** to keep to ◇ *Nos ajustaremos al presupuesto.* We'll keep to the budget.

al PREPOSICIÓN
(= *a + el*) *ver* **a**

el **ala** SUSTANTIVO FEM
1 *wing* (*de ave, avión*)
2 *brim* (*de sombrero*)

alabar VERBO
to praise

la **alambrada** SUSTANTIVO
fence ◇ *una alambrada eléctrica* an electric fence

el **alambre** SUSTANTIVO
wire

el **álamo** SUSTANTIVO
poplar

alardear VERBO
- **alardear de algo** to boast about something

el **alargador** SUSTANTIVO
extension lead

alargar* VERBO
1 *to lengthen* ◇ *Hay que alargar un poco las mangas.* We'll need to lengthen the sleeves a little.
2 *to extend* ◇ *Van a alargar esta línea de metro.* This underground line is going to be extended. ◇ *Decidieron alargar las vacaciones.* They decided to extend their holidays.
3 *to stretch out* ◇ *Alargué el brazo para apagar la luz.* I stretched out my arm to put out the light.
4 *to pass* ◇ *¿Me alargas la llave inglesa?* Will you pass me the wrench?
- **alargarse (1)** to get longer ◇ *Ya van alargándose los días.* The days are getting longer.
- **alargarse (2)** to go on ◇ *La fiesta se alargó hasta el amanecer.* The party went on into the early hours.

la **alarma** SUSTANTIVO
alarm ◇ *Saltó la alarma.* The alarm went off.
- **dar la voz de alarma** to raise the alarm
- **alarma de incendios** fire alarm

el **alba** SUSTANTIVO FEM
dawn
- **al alba** at dawn

el/la **albañil** SUSTANTIVO
1 *builder* (*más cualificado*)
2 *bricklayer* (*que sólo pone ladrillos*)

el **albaricoque** SUSTANTIVO
apricot

la **alberca** SUSTANTIVO
Latin America
swimming pool

el **albergue** SUSTANTIVO
1 *mountain refuge* (*de montaña*)
2 *hostel* (*para gente sin hogar*)

- **un albergue juvenil** a youth hostel

las **albóndigas** SUSTANTIVO
meatballs

el **albornoz** SUSTANTIVO (PL los **albornoces**)
bathrobe

el **alboroto** SUSTANTIVO
racket ◇ *¡Vaya alboroto que estaban montando los niños!* What a racket the kids were making!

el **álbum** SUSTANTIVO (PL los **álbumes**)
album

la **alcachofa** SUSTANTIVO
1 *artichoke* (*verdura*)
2 *shower head* (*de ducha*)
3 *rose* (*de regadera*)

el **alcalde**, la **alcaldesa** SUSTANTIVO
mayor

el **alcance** SUSTANTIVO
1 *range* (*de arma, cohete*) ◇ *misiles de largo alcance* long-range missiles
2 *scale* (*de problema*) ◇ *Se desconoce el alcance de la catástrofe.* The scale of the disaster isn't yet known.
- **Está al alcance de todos.** It's within everybody's reach.

la **alcantarilla** SUSTANTIVO
1 *sewer* (*para residuos*)
2 *drain* (*para la lluvia*)
- **una boca de alcantarilla** a manhole

alcanzar* VERBO
1 *to catch up with* ◇ *La alcancé cuando salía por la puerta.* I caught up with her just as she was going out of the door.
2 *to reach* ◇ *alcanzar la cima de la montaña* to reach the top of the mountain
3 *to find* ◇ *alcanzar la fama* to find fame
4 *to pass* ◇ *¿Me alcanzas las tijeras?.* Could you pass me the scissors?
- **Con dos botellas alcanzará para todos.** Two bottles will be enough for all of us.

el **alcaucil** SUSTANTIVO
River Plate
artichoke

la **alcoba** SUSTANTIVO
bedroom
No confundir con el inglés **alcove**, que significa "hueco en la pared".

el **alcohol** SUSTANTIVO
alcohol ◇ *No bebo alcohol.* I don't drink alcohol.
- **cerveza sin alcohol** non-alcoholic beer

alcohólico ADJETIVO
alcoholic

la **aldea** SUSTANTIVO
village

alegrar VERBO
to cheer up ◇ *Intenté alegrarlos con unos chistes.* I tried to cheer them up with a few jokes.
- **Me alegra que hayas venido.** I'm glad you've come.
- **alegrarse** to be glad ◇ *¿Te gusta? Me alegro.* You like it? I'm glad.

- **alegrarse de algo** to be glad about something ◇ *Me alegro de tu ascenso.* I'm glad about your promotion.
- **Me alegro de oír que estás bien.** I'm glad to hear that you're well.
- **alegrarse por alguien** to be happy for somebody ◇ *Me alegro por ti.* I'm happy for you.

alegre ADJETIVO
  cheerful (tela, música, carácter) ◇ *Pon algo alegre y vamos a bailar.* Put something cheerful on and let's dance.
- **Estoy muy alegre.** I'm feeling very happy.

a **alegría** SUSTANTIVO
- **Sentí una gran alegría.** I was really happy.
- **¡Qué alegría!** How lovely!

alejarse VERBO
  to move away ◇ *Aléjate un poco del fuego.* Move a bit further away from the fire.
- **El barco se iba alejando de la costa.** The boat was getting further and further away from the coast.

el **alemán**, la **alemana** ADJETIVO, SUSTANTIVO
  German

el **alemán** SUSTANTIVO
  German (idioma)

Alemania SUSTANTIVO FEM
  Germany

alentador ADJETIVO (FEM **alentadora**)
  encouraging

a **alergia** SUSTANTIVO
  allergy (PL *allergies*)
- **la alergia al polen** hay fever

a **alerta** ADJETIVO, SUSTANTIVO, ADVERBIO
  alert
- **dar la alerta** to give the alert
- **estar alerta** to be alert

a **aleta** SUSTANTIVO
  1 *fin* (de pez)
  2 *flipper* (para bucear)
  3 *mudguard* (de automóvil)

el **alfabeto** SUSTANTIVO
  alphabet

a **alfarería** SUSTANTIVO
  pottery (PL *potteries*)

el **alfarero**, la **alfarera** SUSTANTIVO
  potter

el **alféizar** SUSTANTIVO
  sill

el **alfil** SUSTANTIVO
  bishop

el **alfiler** SUSTANTIVO
  pin

a **alfombra** SUSTANTIVO
  1 *rug* (pequeña)
  2 *carpet* (más grande)

a **alfombrilla** SUSTANTIVO
  mat

as **algas** SUSTANTIVO
  seaweed SING

algo (1) PRONOMBRE
  1 *something*
  En oraciones afirmativas y en preguntas si se espera una respuesta afirmativa.

◇ *Algo se está quemando.* Something is burning. ◇ *¿Quieres algo de comer?* Would you like something to eat? ◇ *¿Te pasa algo?* Is something the matter?
- **Aún queda algo de café.** There's still some coffee left.
  2 *anything*
  En preguntas en general.

◇ *¿Algo más?* Anything else? ◇ *¿Has visto algo que te guste?* Have you seen anything you liked?
- **algo así como** a bit like ◇ *Es algo así como una nave espacial.* It's a bit like a spaceship.
- **o algo así** or something of the sort ◇ *Es jefa de producción o algo así.* She's head of production or something of the sort.
- **Por algo será.** There must be a reason for it.

algo (2) ADVERBIO
  rather ◇ *La falda te está algo corta, pero puede valer.* The skirt's rather short on you, but it may be all right.

el **algodón** SUSTANTIVO (PL los **algodones**)
  cotton ◇ *ropa de algodón* cotton clothes
- **Me puse algodones en los oídos.** I put cotton wool in my ears.

alguien PRONOMBRE
  1 *somebody*
  En oraciones afirmativas y en preguntas si se espera una respuesta afirmativa.

◇ *Alguien llama a la puerta.* There's somebody knocking at the door.
◇ *¿Necesitas que te ayude alguien?* Do you need somebody to help you?
  2 *anybody*
  En preguntas en general.

◇ *¿Conoces a alguien aquí?* Do you know anybody here?

algún ADJETIVO (FEM **alguna**, MASC PL **algunos**)
  1 *some*
  En oraciones afirmativas.

◇ *Algún día iré.* I'll go there some day. ◇ *Me quedan algunas esperanzas de aprobar.* I've still got some hope of passing.
  2 *any*
  Se usa any *en preguntas, con un sustantivo en plural.*

◇ *¿Compraste algún cuadro?* Did you buy any pictures?
- **¿Quieres alguna cosa más?** Was there anything else?
- **algún que otro...** the odd... ◇ *He leído algún que otro libro sobre el tema.* I've read the odd book on the subject.

alguno PRONOMBRE (FEM **alguna**)
  1 *somebody* ◇ *Siempre hay alguno que se queja.* There's always somebody who complains.
- **Algunos piensan que no ocurrió así.** Some people think that it didn't happen like that.
  2 *one* ◇ *Tiene que haber sido alguno de ellos.* It must have been one of them.
◇ *Tiene que estar en alguna de estas cajas.*

It must be in one of these boxes.

③ *some* ◇ *Son tantas maletas que alguna siempre se pierde.* There are so many suitcases that some inevitably get lost.

◆ **Sólo conozco a algunos de los vecinos.** I only know some of the neighbours.

④ *any* ◇ *Necesito una aspirina. ¿Te queda alguna?* I need an aspirin. Have you got any left? ◇ *Si alguno quiere irse que se vaya.* If any of them want to leave, fine. ◇ *¿Lo sabe alguno de vosotros?* Do any of you know?

el **aliado**, la **aliada**　SUSTANTIVO
　ally　(PL *allies*)

la **alianza**　SUSTANTIVO
　① *alliance*　◇ *formar una alianza* to form an alliance
　② *wedding ring*　(anillo)

aliarse*　VERBO
◆ **aliarse con alguien** to form an alliance with somebody

los **alicates**　SUSTANTIVO
　pliers

el **aliento**　SUSTANTIVO
　breath　◇ *Tengo mal aliento.* I've got bad breath.
◆ **Llegué sin aliento.** I arrived out of breath.

aligerar　VERBO
　to make...lighter　◇ *aligerar la carga del barco* to make the cargo lighter
◆ **¡Aligera o llegaremos tarde!** Hurry up or we'll be late!

la **alimentación**　SUSTANTIVO
　diet　◇ *Hay que cuidar la alimentación.* You need to be sensible about your diet.
◆ **una tienda de alimentación** a grocer's shop

alimentar　VERBO
　to feed　◇ *alimentar a un niño* to feed a child
◆ **Esto no alimenta.** That's not very nutritious.
◆ **alimentarse de algo** to live on something

el **alimento**　SUSTANTIVO
　food
◆ **alimentos congelados** frozen food　SING
◆ **Las legumbres tienen mucho alimento.** Vegetables are very nutritious.

la **alineación**　SUSTANTIVO　(PL las **alineaciones**)
　line-up

aliñar　VERBO
　to season

el **aliño**　SUSTANTIVO
　dressing

aliviar　VERBO
　to make...better　◇ *El jarabe te aliviará la tos.* The syrup will make your cough better. ◇ *Estas pastillas te aliviarán.* These pills will make you better.

el **alivio**　SUSTANTIVO
　relief
◆ **¡Qué alivio!** What a relief!

allá　ADVERBIO
　there　◇ *allá arriba* up there
◆ **más allá** further on　◇ *Más allá está el puerto.* Further on is the harbour.

◆ **Échate un poco más allá.** Move over that way a bit.
◆ **más allá de** beyond
◆ **¡Allá tú!** That's up to you!
◆ **el más allá** the next world

allanar　VERBO
　to level

allí　ADVERBIO
　there　◇ *Allí está.* There it is.
◆ **Allí viene tu hermana.** Here comes your sister.
◆ **allí abajo** down there
◆ **allí mismo** right there
◆ **Marta es de por allí.** Marta comes from somewhere around there.

el **alma**　SUSTANTIVO FEM
　soul
◆ **Lo siento en el alma.** I'm really sorry.

el **almacén**　SUSTANTIVO　(PL los **almacenes**)
　store
◆ **unos grandes almacenes** a department store

almacenar　VERBO
　to store

la **almeja**　SUSTANTIVO
　clam

la **almendra**　SUSTANTIVO
　almond

el **almíbar**　SUSTANTIVO
　syrup
◆ **en almíbar** in syrup

el **almirante**　SUSTANTIVO
　admiral

la **almohada**　SUSTANTIVO
　pillow

la **almohadilla**　SUSTANTIVO
　cushion

almorzar*　VERBO
　to have lunch　◇ *No he almorzado todavía.* I haven't had lunch yet.
◆ **¿Qué has almorzado?** What did you have for lunch?

almuerzo　VERBO　ver **almorzar**

el **almuerzo**　SUSTANTIVO
　lunch　(PL *lunches*)

aló　EXCLAMACIÓN
　Latin America
　hello!

alocado　ADJETIVO
　crazy　◇ *una decisión alocada* a crazy decision
◆ **una chica un poco alocada** a rather silly girl

el **alojamiento**　SUSTANTIVO
　accommodation

alojarse　VERBO
　to stay　◇ *¿Dónde os alojáis?* Where are you staying?

la **alpargata**　SUSTANTIVO
　espadrille

los **Alpes**　SUSTANTIVO
　the Alps

el **alpinismo**　SUSTANTIVO

---

* Verbs marked with this symbol are irregular. See pages 332–333 for further details

mountaineering

a alpinista SUSTANTIVO
  mountaineer

alquilar VERBO
  ⃞1 *to rent* (el inquilino) ◇ *Alquilaremos un apartamento en la playa.* We'll rent an apartment near the beach.
  ⃞2 *to let* (el dueño) ◇ *Alquilan habitaciones a estudiantes.* They let rooms to students.
  ◆ **"se alquila"** "to let"
  ⃞3 *to hire* (coche, bicicleta, traje) ◇ *Alquilamos un coche.* We hired a car.

el alquiler SUSTANTIVO
  rent ◇ *pagar el alquiler* to pay the rent
  ◆ **un piso de alquiler** a rented flat
  ◆ **un coche de alquiler** a hire car
  ◆ **alquiler de automóviles** car-hire

alrededor ADVERBIO
  ◆ **alrededor de (1)** around ◇ *El satélite gira alrededor de la Tierra.* The satellite goes around the Earth. ◇ *A su alrededor todos gritaban.* Everybody around him was shouting.
  ◆ **alrededor de (2)** about ◇ *Deben de ser alrededor de las dos.* It must be about two o'clock.

los alrededores SUSTANTIVO
  ◆ **Ocurrió en los alrededores de Madrid.** It happened near Madrid.
  ◆ **Hay muchas tiendas en los alrededores del museo.** There are a lot of shops in the area around the museum.

el alta SUSTANTIVO FEM
  ◆ **dar de alta a alguien** (en hospital) to discharge somebody
  ◆ **darse de alta** (en club, asociación) to join

el altar SUSTANTIVO
  altar

el altavoz SUSTANTIVO (PL los **altavoces**)
  loudspeaker

alterar VERBO
  to change ◇ *Alteraron el orden.* They changed the order.
  ◆ **alterar el orden público** to cause a breach of the peace
  ◆ **alterarse** to get upset ◇ *¡No te alteres!* Don't get upset!

alternar VERBO
  ◆ **alternar algo con algo** to alternate something with something ◇ *Procuran alternar la diversión con el aprendizaje.* They try to alternate fun with learning.
  ◆ **Alterna con gente del teatro.** He mixes with people from the theatre.

a alternativa SUSTANTIVO
  alternative
  ◆ **No tenemos otra alternativa.** We have no alternative.

alterno ADJETIVO
  alternate ◇ *en días alternos* on alternate days
  ◆ **corriente alterna** alternating current

los altibajos SUSTANTIVO
  ups and downs ◇ *tener altibajos* to have

ups and downs

la altitud SUSTANTIVO
  altitude

alto (1) ADJETIVO
  ⃞1 *tall* ◇ *Es un chico muy alto.* He's a very tall boy. ◇ *un edificio muy alto* a very tall building
  ⃞2 *high* ◇ *El Everest es la montaña más alta del mundo.* Everest is the highest mountain in the world. ◇ *Sacó notas altas en todos los exámenes.* He got high marks in all his exams. ◇ *El desempleo está muy alto.* Unemployment is very high.
  ⃞3 *loud* ◇ *La música está demasiado alta.* The music's too loud.
  ◆ **a altas horas de la noche** in the middle of the night
  ◆ **Celebraron la victoria por todo lo alto.** They celebrated the victory in style.
  ◆ **alta fidelidad** hi-fi
  ◆ **una familia de clase alta** an upper-class family

alto (2) ADVERBIO
  high ◇ *subir muy alto* to go up very high
  ◆ **Pepe habla muy alto.** Pepe has got a very loud voice.
  ◆ **¡Más alto, por favor!** Speak up, please!
  ◆ **Pon el volumen más alto.** Turn the volume up.

el alto SUSTANTIVO
  ◆ **La pared tiene dos metros de alto.** The wall is two metres high.
  ◆ **en lo alto de** at the top of ◇ *en lo alto de la colina* at the top of the hill
  ◆ **hacer un alto** to stop ◇ *A las dos haremos un alto para comer.* We'll stop to have lunch at two o'clock.
  ◆ **pasar algo por alto** to overlook something
  ◆ **el alto el fuego** ceasefire

alto (4) EXCLAMACIÓN
  stop!

el altoparlante SUSTANTIVO
  Latin America
  loudspeaker

la altura SUSTANTIVO
  height ◇ *Volamos a una altura de 15.000 pies.* We're flying at a height of 15,000 feet.
  ◆ **La pared tiene dos metros de altura.** The wall's two metres high.
  ◆ **cuando llegues a la altura del hospital** when you reach the hospital
  ◆ **a estas alturas** at this stage ◇ *A estas alturas no podemos hacer nada.* There's nothing we can do at this stage.

las alubias SUSTANTIVO
  beans

alucinar VERBO
  to be amazed ◇ *Alucino con las cosas que haces.* I'm amazed at the things you do.

el alud SUSTANTIVO
  avalanche

aludir VERBO
  to refer ◇ *No aludió a lo del otro día.* He didn't refer to that business the other day.

◆ **No se dio por aludida.** She didn't take the hint.

el **aluminio** SUSTANTIVO
aluminium

el **alumno,** la **alumna** SUSTANTIVO
pupil

la **alusión** SUSTANTIVO (PL las **alusiones**)
◆ **hacer alusión a** to refer to

la **alverja** SUSTANTIVO
Latin America
pea

el **alza** SUSTANTIVO FEM
rise ◇ *un alza de los precios* a rise in prices
◆ **El balonmano es un deporte en alza.** Handball is becoming increasingly popular.

alzar* VERBO
to raise ◇ *alzar la voz* to raise one's voice
◆ **alzarse** to rise ◇ *Se alzó el telón.* The curtain rose.
◆ **alzarse en armas** to take up arms

el **ama** SUSTANTIVO FEM
owner
◆ **ama de casa** housewife
◆ **ama de llaves** housekeeper

amable ADJETIVO
kind
◆ **Es usted muy amable.** You're very kind.

amamantar VERBO
1 *to breast-feed* (niño)
2 *to suckle* (animal)

amanecer* VERBO
1 *to get light* ◇ *Amanece a las siete.* It gets light at seven.
2 *to wake up* ◇ *El niño amaneció con fiebre.* The boy woke up with a temperature. ◇ *Amanecimos en Lugo.* We woke up in Lugo.

el **amanecer** SUSTANTIVO
dawn

el/la **amante** SUSTANTIVO
lover ◇ *Tiene un amante.* She has a lover.
◆ **amantes del cine** cinema lovers

la **amapola** SUSTANTIVO
poppy (PL *poppies*)

amar VERBO
to love

amargado ADJETIVO
bitter
◆ **estar amargado por algo** to be bitter about something

amargar* VERBO
to spoil ◇ *Ya me habéis amargado la tarde.* You've spoilt my evening.
◆ **amargar la vida a alguien** to make somebody's life a misery
◆ **amargarse** to get upset ◇ *No te amargues por tan poca cosa.* It's not worth getting upset about such a little thing.

amargo ADJETIVO
bitter

el **amarillo** ADJETIVO, SUSTANTIVO
yellow
◆ **la prensa amarilla** the gutter press

amarrar VERBO
1 *to moor* (barco)
2 *to tie up* (animal, persona)
3 *to do up* Latin America ◇ *Se amarró los zapatos.* He did up his shoes.

el/la **amateur** ADJETIVO, SUSTANTIVO (PL los/las amateurs)
amateur

el **Amazonas** SUSTANTIVO
the Amazon

el **ámbar** SUSTANTIVO
amber

la **ambición** SUSTANTIVO (PL las **ambiciones**)
ambition

ambicioso ADJETIVO
ambitious

el **ambientador** SUSTANTIVO
air freshener

el **ambiente** SUSTANTIVO
atmosphere ◇ *Se respira un ambiente tenso.* There's a tense atmosphere.
◆ **Había un ambiente muy cargado en la habitación.** It was very stuffy in the room.
◆ **Necesito cambiar de ambiente.** I need a change of scene.
◆ **el medio ambiente** the environment

ambiguo ADJETIVO
ambiguous

el **ámbito** SUSTANTIVO
scope

ambos PRONOMBRE (FEM **ambas**)
both ◇ *Vinieron ambos.* They both came.
◇ *Ambos tenéis los ojos azules.* You've both got blue eyes.

la **ambulancia** SUSTANTIVO
ambulance

el **ambulatorio** SUSTANTIVO
out-patients' department

amén EXCLAMACIÓN
amen

amenace VERBO *ver* **amenazar**

la **amenaza** SUSTANTIVO
threat

amenazar* VERBO
to threaten
◆ **amenazar a alguien con hacer algo** to threaten to do something ◇ *Le amenazó con decírselo al profesor.* He threatened to tell the teacher.

ameno ADJETIVO
enjoyable

América SUSTANTIVO FEM
the Americas (continente)
◆ **América Central** Central America
◆ **América Latina** Latin America
◆ **el español de America** Latin American Spanish

la **americana** SUSTANTIVO
1 *jacket* (chaqueta)
2 *American* (persona)

el **americano** ADJETIVO, SUSTANTIVO
American

la **ametralladora** SUSTANTIVO

A

machine gun

amígdalas SUSTANTIVO
  tonsils

amigo, la amiga SUSTANTIVO
  friend
- **hacerse amigos** to become friends
- **ser muy amigos** to be good friends

amistad SUSTANTIVO
  friendship
- **hacer amistad con alguien** to make friends with somebody
- **las amistades** friends

amistoso ADJETIVO
  friendly

amo SUSTANTIVO
  owner ◇ *el amo del perro* the dog's owner

amontonar VERBO
  to pile up
- **Se me amontona el trabajo.** My work's piling up.

amor SUSTANTIVO
  love
- **hacer el amor** to make love
- **amor propio** self-esteem

amoratado ADJETIVO
  [1] *blue* (por el frío)
  [2] *black and blue* (por los golpes)

amortiguar* VERBO
  [1] *to cushion* (golpe)
  [2] *to muffle* (ruido)

ampliar* VERBO
  [1] *to expand* (negocio)
  [2] *to enlarge* (fotografía)
  [3] *to extend* (plazo, local)

amplificador SUSTANTIVO
  amplifier

amplio ADJETIVO
  [1] *wide* ◇ *una calle muy amplia* a very wide street
  [2] *spacious* ◇ *una habitación amplia* a spacious room
  [3] *loose* ◇ *ropa amplia* loose clothing

ampolla SUSTANTIVO
  blister

amputar VERBO
  to amputate

amueblar VERBO
  to furnish ◇ *un piso amueblado* a furnished flat
- **un piso sin amueblar** an unfurnished flat

analfabeto ADJETIVO
  illiterate

analgésico SUSTANTIVO
  painkiller

análisis SUSTANTIVO (PL los análisis)
  [1] *analysis* (estudio) (PL *analyses*) ◇ *un análisis de la situación* an analysis of the situation
  [2] *test* (prueba) ◇ *un análisis de sangre* a blood test

analizar* VERBO
  to analyse

anarquía SUSTANTIVO

anarchy

la anatomía SUSTANTIVO
  anatomy

ancho ADJETIVO
  [1] *wide* ◇ *una calle ancha* a wide street
  [2] *loose* ◇ *Le gusta llevar ropa ancha.* He likes to wear loose clothing.
- **Me está ancho el vestido.** The dress is too big for me.
- **Es ancho de espaldas.** He's broad-shouldered.

el ancho SUSTANTIVO
  width ◇ *el ancho de la tela* the width of the cloth
- **¿Cuánto mide de ancho?** How wide is it?
- **Mide tres metros de ancho.** It's three metres wide.
- **Le hice un corte a lo ancho.** I cut it crossways.

la anchoa SUSTANTIVO
  anchovy

la anchura SUSTANTIVO
  width ◇ *la anchura del la mesa* the width of the table
- **¿Qué anchura tiene?** How wide is it?

la anciana SUSTANTIVO
  elderly woman

anciano ADJETIVO
  elderly

el anciano SUSTANTIVO
  elderly man
- **los ancianos** the elderly

el ancla SUSTANTIVO FEM
  anchor

anda EXCLAMACIÓN
  [1] *hey!* ◇ *¡Anda, un billete de 5.000!* Hey, a 5000-peseta note!
  [2] *come on* (para animar) ◇ *¡Anda, ponte el abrigo y vámonos!* Come on, put your coat on and let's go!
- **¡Anda ya!** You're not serious!

Andalucía SUSTANTIVO FEM
  Andalusia

el andaluz, la andaluza ADJETIVO, SUSTANTIVO (MASC PL **andaluces**)
  Andalusian

el andamio SUSTANTIVO
  scaffolding ◇ *Ya han quitado los andamios.* They've taken the scaffolding down now.

andar* VERBO
  [1] *to walk* (caminar) ◇ *Anduvimos varios kilómetros.* We walked several kilometres.
- **Iremos andando a la estación.** We'll walk to the station.
  [2] *to be* ◇ *Últimamente ando muy liado.* I've been very busy lately. ◇ *No sé por dónde anda.* I don't know where he is.
  ◇ *¿Qué tal andas?* How are you? ◇ *Ando buscando un socio.* I'm looking for a partner.
- **andar mal de dinero** to be short of money
- **Anda por los cuarenta.** He's about forty.
- **Siempre andan a gritos.** They're always shouting.

⊐

3 *to go* (*funcionar*) ◇ *Este reloj anda muy bien.* This watch goes very well.
- ◆ **¡No andes ahí!** Keep away from there!
- ◆ **Ándate con cuidado.** Take care.

el **andén** SUSTANTIVO (PL los **andenes**)
platform

los **Andes** SUSTANTIVO
the Andes

anduve VERBO *ver* **andar**

la **anécdota** SUSTANTIVO
anecdote

la **anemia** SUSTANTIVO
anaemia

la **anestesia** SUSTANTIVO
anaesthetic
- ◆ **poner anestesia a alguien** to give somebody an anaesthetic

el **ángel** SUSTANTIVO
angel

las **anginas** SUSTANTIVO
- ◆ **tener anginas** to have tonsillitis

el **anglosajón**, la **anglosajona** ADJETIVO, SUSTANTIVO (MASC PL los **anglosajones**)
Anglo-Saxon

el **anglosajón** SUSTANTIVO
Anglo-Saxon (*idioma*)

el **ángulo** SUSTANTIVO
angle
- ◆ **en ángulo recto** at right angles

el **anillo** SUSTANTIVO
ring
- ◆ **un anillo de boda** a wedding ring

animado ADJETIVO
1 *cheerful* ◇ *Últimamente parece que está más animada.* She has seemed more cheerful lately.
2 *lively* ◇ *Fue una fiesta muy animada.* It was a very lively party.
- ◆ **dibujos animados** cartoons

el **animador**, la **animadora** SUSTANTIVO
1 *entertainments officer* (*en centro turístico*)
2 *animator* (*gráfico*)
- ◆ **un animador cultural** an events organizer

el **animal** SUSTANTIVO
animal
- ◆ **los animal domésticos** pets

animar VERBO
1 *to cheer up* ◇ *Lo ha pasado muy mal y necesita que la animen.* She has had a rough time and needs cheering up.
2 *to cheer on* ◇ *Estuvimos animando al equipo.* We were cheering the team on.
3 *to liven up* ◇ *Sus chistes animaron la fiesta.* His jokes livened up the party.
- ◆ **animar a alguien a que haga algo** to encourage somebody to do something ◇ *Yo la animé a presentarse al concurso.* I encouraged her to take part in the competition.
- ◆ **animarse** to cheer up ◇ *¡Vamos, anímate hombre!* Come on, cheer up mate!
- ◆ **animarse a hacer algo** to make up one's

mind to do something

el **ánimo** SUSTANTIVO
- ◆ **Está muy mal de ánimo.** He's in very low spirits.
- ◆ **dar ánimos a alguien (1)** (*si está triste*) to cheer somebody up
- ◆ **dar ánimos a alguien (2)** (*si necesita apoyo*) to give somebody moral support
- ◆ **tener ánimos para hacer algo** to feel like doing something

ánimo EXCLAMACIÓN
cheer up! ◇ *¡Ánimo, chaval, que no es el fin del mundo!* Cheer up mate, it's not the end of the world!

el **anís** SUSTANTIVO (PL los **anises**)
anisette (*licor*)

el **aniversario** SUSTANTIVO
anniversary (PL *anniversaries*) ◇ *su aniversario de boda* their wedding anniversary

anoche ADVERBIO
last night
- ◆ **antes de anoche** the night before last

anochecer* VERBO
to get dark ◇ *En invierno anochece muy temprano.* It gets dark very early in winter.

anónimo ADJETIVO
anonymous

el **anónimo** SUSTANTIVO
anonymous threat ◇ *Le han llegado varios anónimos.* He has received a number of anonymous threats.

el **anorak** SUSTANTIVO (PL los **anoraks**)
anorak

anormal ADJETIVO
odd ◇ *Yo no noté nada anormal en su comportamiento.* I didn't notice anything odd about his behaviour.
- ◆ **¡Soy anormal!** What a fool I am!

anotar VERBO
1 *to take a note of* ◇ *Anota mi dirección.* Take a note of my address.
2 *to score* ◇ *Jones anotó 34 puntos.* Jones scored 34 points.

la **ansiedad** SUSTANTIVO
anxiety

ansioso ADJETIVO
- ◆ **estar ansioso por hacer algo** to be eager to do something ◇ *Estaba ansioso por conocerla.* I was eager to meet her.

el **Antártico** SUSTANTIVO
the Antarctic

ante PREPOSICIÓN
1 *before* ◇ *Le da vergüenza aparecer ante tanta gente.* She's shy about appearing before so many people.
2 *in the face of* ◇ *Mantuvo la calma ante el peligro.* He remained calm in the face of danger.

el **ante** SUSTANTIVO
suede

anteanoche ADVERBIO
the night before last

anteayer ADVERBIO
the day before yesterday

antecedentes SUSTANTIVO
- **antecedentes penales** criminal record SING

antelación SUSTANTIVO
- **hacer una reserva con antelación** to make an advance booking
- **Deben avisarte con un mes de antelación.** They must give you a month's notice.

antemano ADVERBIO
- **de antemano** in advance ◇ *Yo lo sabía de antemano.* I knew in advance.

antena SUSTANTIVO
aerial (*de radio, televisión*)
- **una antena parabólica** a satellite dish

anteojos SUSTANTIVO
Latin America
glasses
- **los anteojos de sol** sunglasses

antepasados SUSTANTIVO
ancestors

anterior ADJETIVO (FEM **anterior**)
☐ *before* ◇ *La semana anterior llovió mucho.* It rained a lot the week before. ◇ *Su boda fue anterior a la nuestra.* Their wedding was before ours.
☐ *front* ◇ *las extremidades anteriores* the front limbs

anteriormente ADVERBIO
previously

antes ADVERBIO
☐ *before* ◇ *Esta película ya la he visto antes.* I've seen this film before. ◇ *Él estaba aquí antes que yo.* He was here before me. ◇ *la noche antes* the night before
- **El supermercado está antes del semáforo.** The supermarket is just before the lights.
- **antes de** before ◇ *antes de la cena* before dinner ◇ *antes de ir al teatro* before going to the theatre ◇ *antes de que te vayas* before you go
☐ *first* ◇ *Nosotros llegamos antes.* We arrived first.
- **Antes no había tanto desempleo.** There didn't use to be so much unemployment.
- **cuanto antes mejor** the sooner the better
- **lo antes posible** as soon as possible
- **antes de nada** first and foremost
- **Antes que verle prefiero esperar aquí.** I'd rather stay here than see him.

antibiótico SUSTANTIVO
antibiotic

anticipado ADJETIVO
early ◇ *convocar elecciones anticipadas* to call early elections
- **por anticipado** in advance ◇ *pagar por anticipado* to pay in advance

anticipar VERBO
☐ *to foresee* ◇ *Es imposible anticipar lo que va a ocurrir.* It's impossible to foresee what will happen.
☐ *to bring...forward* ◇ *Habrá que anticipar la reunión.* We'll have to bring the meeting forward.

☐ *to pay...in advance* ◇ *Tuvimos que anticipar el alquiler de dos meses.* We had to pay two months' rent in advance.
- **anticiparse a alguien** to get in before somebody ◇ *Se me anticipó y pagó la cuenta.* He got in before me and paid the bill.
- **Se anticipó a su tiempo.** He was ahead of his time.

el **anticipo** SUSTANTIVO
advance ◇ *pedir un anticipo* to ask for an advance
- **ser un anticipo de algo** to be a foretaste of something

el **anticonceptivo** ADJETIVO, SUSTANTIVO
contraceptive

anticuado ADJETIVO
outdated
- **quedarse anticuado** to become outdated

el **anticuario** SUSTANTIVO
☐ *antique shop* (*tienda*)
☐ *antique dealer* (*persona*)

el **antifaz** SUSTANTIVO (PL los **antifaces**)
mask

antiguamente ADVERBIO
☐ *in the past* ◇ *Antiguamente no se gastaba tanto.* In the past people didn't spend so much money.
☐ *formerly* ◇ *Antiguamente tenía el nombre de Sociedad de Naciones.* Formerly it was called the Society of Nations.

la **antigüedad** SUSTANTIVO
- **Es un monumento de gran antigüedad.** It's a very old monument.
- **en la antigüedad** in ancient times
- **las antigüedades** antiques
- **una tienda de antigüedades** an antique shop

antiguo ADJETIVO
☐ *old* ◇ *Este reloj es muy antiguo.* This clock is very old.
☐ *ancient* ◇ *Estudia historia antigua.* He studies ancient history.
☐ *former* ◇ *el antiguo secretario general del partido* the former general secretary of the party

las **Antillas** SUSTANTIVO
the West Indies

antipático ADJETIVO
unfriendly

antirrobo ADJETIVO (PL **antirrobo**)
anti-theft ◇ *un sistema antirrobo* an anti-theft system

el **antiséptico** ADJETIVO, SUSTANTIVO
antiseptic

antojarse VERBO
☐ *to feel like* (*apetecer*)
- **Siempre hace lo que se le antoja.** He always does what he feels like.
☐ *to have cravings* (*como capricho*) ◇ *Se me ha antojado un helado.* I've got cravings for an ice-cream.

la **antorcha** SUSTANTIVO
torch (PL *torches*)

la **antropología**   SUSTANTIVO
  anthropology
anual   ADJETIVO
  annual
anular   VERBO
  ⊡ *to call off*   ◇ *Anularon el partido por la lluvia.* The match was called off owing to the rain.
  ⊡ *to disallow*   ◇ *El árbitro anuló el gol.* The referee disallowed the goal.
  ⊡ *to overturn*   ◇ *El Tribunal Supremo anuló la sentencia.* The Supreme Court overturned the sentence.
el **anular**   SUSTANTIVO
  ring finger
anunciar   VERBO
  ⊡ *to advertise*   ◇ *anunciar detergente* to advertise washing powder
  ⊡ *to announce*   ◇ *anunciar una decisión* to announce a decision
el **anuncio**   SUSTANTIVO
  ⊡ *advertisement*   ◇ *Pusieron un anuncio en el periódico.* They put an advertisement in the paper.
  • **anuncios por palabras** small ads
  ⊡ *announcement*   ◇ *Tengo que hacer un anuncio importante.* I have an important announcement to make.
el **anzuelo**   SUSTANTIVO
  hook
la **añadidura**   SUSTANTIVO
  • **por añadidura** in addition
añadir   VERBO
  to add
los **añicos**   SUSTANTIVO
  • **hacer algo añicos** to smash something to pieces
  • **hacerse añicos** to smash to pieces
el **año**   SUSTANTIVO
  year   ◇ *Estuve allí el año pasado.* I was there last year.
  • **el año que viene** next year
  • **el año escolar** the school year
  • **¡Feliz Año Nuevo!** Happy New Year!
  • **los años 80** the 80s
  • **¿Cuántos años tiene?** How old is he?
  • **Tiene 15 años.** He's 15.
apagado   ADJETIVO
  switched off   ◇ *La tele estaba apagada.* The TV was switched off.   ◇ *Deja la luz apagada.* Leave the light switched off.
apagar*   VERBO
  ⊡ *to switch off*   ◇ *Apaga la tele.* Switch the TV off.   ◇ *No apagues la luz.* Don't switch the light off.
  ⊡ *to put out*   ◇ *Por favor, apaguen sus cigarrillos.* Please put out your cigarettes.
  ⊡ *to put a fire out*
el **apagón**   SUSTANTIVO (PL los **apagones**)
  power cut
apañado   ADJETIVO
  resourceful   ◇ *¡Qué apañada eres!* How resourceful you are!

apañarse   VERBO
  to manage   ◇ *¿Podrás hacerlo solo? – Ya me apañaré.* Can you do it on your own? – I'll manage.   ◇ *¿Cómo te apañaste para levantar el armario sola?* How did you manage to lift that cupboard on your own?
  • **apañarse con algo** to make do with something   ◇ *Nos apañaremos con la comida que sobró.* We can make do with the leftovers.
el **aparador**   SUSTANTIVO
  ⊡ *sideboard*   (mueble)
  ⊡ *shop window*   (en tienda) ⟦Mexico⟧
el **aparato**   SUSTANTIVO
  • **No sé manejar este aparato.** I don't know how to operate this.
  • **un aparato de televisión** a television
  • **los aparatos de gimnasia** the apparatus
  • **Fabrican aparatos electrónicos.** They make electronic equipment.
  • **un aparato electrodoméstico** an electrical appliance
el **aparcamiento**   SUSTANTIVO
  ⊡ *car park*   (para muchos coches)   ◇ *un aparcamiento subterráneo* an underground car park
  ⊡ *parking place*   (para un coche)   ◇ *buscar aparcamiento* to look for a parking place
aparcar*   VERBO
  to park
  • **"prohibido aparcar"** "no parking"
aparecer*   VERBO
  ⊡ *to appear*   ◇ *De repente apareció la policía.* Suddenly the police appeared.
  ⊡ *to turn up*   ◇ *Aparecieron casi una hora tarde.* They turned up nearly an hour late.   ◇ *¿Han aparecido ya las tijeras?* Have the scissors turned up yet?
  ⊡ *to come out*   ◇ *Su nueva novela aparecerá el mes próximo.* His latest novel will come out next month.
aparentar   VERBO
  to appear   ◇ *Aparentaba no enterarse.* He appeared not to understand.
  • **Aparenta más edad de la que tiene.** He looks older than he is.
aparente   ADJETIVO
  apparent
aparentemente   ADVERBIO
  apparently
la **apariencia**   SUSTANTIVO
  • **Tiene la apariencia de un profesor de universidad.** He looks like a university lecturer.
  • **En apariencia nada ha cambiado.** On the surface, nothing had changed.
  • **guardar las apariencias** to keep up appearances
apartado   ADJETIVO
  isolated   ◇ *un lugar apartado* an isolated place
  • **Vive apartado de todos.** He lives a secluded life.

A

el **apartado** SUSTANTIVO
section ◇ *en el siguiente apartado* in the following section
- **apartado de correos** PO box

el **apartamento** SUSTANTIVO
apartment

apartar VERBO
1 *to remove* ◇ *Lo apartaron del equipo.* They removed him from the team.
2 *to move out of the way* ◇ *Aparta todas las sillas.* Move all the chairs out of the way.
- **¡Aparta!** Stand back!
3 *to set aside* ◇ *Hay que apartar algo del sueldo para las vacaciones.* You'll have to set aside some of your pay for the holidays.
- **apartarse** to stand back ◇ *Apártense de la puerta.* Stand back from the door.

aparte (1) ADVERBIO
separately ◇ *Cada caso será tratado aparte.* Each case will be dealt with separately.
- **La ropa que no valga ponla aparte.** Put the clothes that aren't any use on one side.
- **aparte de (1)** (*excepto*) apart from ◇ *Nadie protestó aparte de ella.* Nobody complained apart from her.
- **aparte de (2)** (*además de*) as well as ◇ *Aparte de los patines, también quería una bici.* I'd like a bike as well as the skates.
- **punto y aparte** full stop, new paragraph

aparte (2) ADJETIVO
separate ◇ *El tuyo es un caso aparte.* You're a separate case.

apasionante ADJETIVO
exciting

apasionar VERBO
- **Le apasiona el fútbol.** He's crazy about football.

apdo. ABREVIATURA (= *apartado de correos*)
PO box (= Post Office box)

apearse VERBO
- **apearse de** to get off

el **apego** SUSTANTIVO
- **tener apego a algo** to be attached to something

apellidarse VERBO
- **Se apellida Pérez.** His surname is Pérez.

el **apellido** SUSTANTIVO
surname

apenas ADVERBIO, CONJUNCIÓN
1 *hardly* ◇ *No tenemos apenas nada de comer.* We've got hardly anything to eat.
◇ *Apenas podía levantarse.* He could hardly stand up.
2 *hardly ever*
Se usa **hardly ever** *cuando se refiere a la frecuencia de una acción.*
◇ *Apenas voy al cine.* I hardly ever go to the cinema.
3 *barely*
Se usa **barely** *cuando precede a un número.*
◇ *El niño tenía apenas 10 años.* The boy was barely 10 years old. ◇ *Hace apenas 10*

minutos que hablé con ella. I spoke to her barely 10 minutes ago.
- **Terminé en apenas dos horas.** It only took me two hours to finish.
4 *as soon as* ◇ *Apenas me vio, se puso a llorar.* As soon as he saw me he began to cry.

la **apendicitis** SUSTANTIVO
appendicitis

el **aperitivo** SUSTANTIVO
aperitif

la **apertura** SUSTANTIVO
opening ◇ *el acto de apertura* the opening ceremony

apestar VERBO
to stink ◇ *Te apestan los pies.* Your feet stink.
- **apestar a** to stink of ◇ *La casa apesta a tabaco.* The house stinks of cigarettes.

apetecer* VERBO
- **¿Te apetece una tortilla?** Do you fancy an omelette?
- **No, gracias, ahora no me apetece.** No, thanks, I don't feel like it just now.

el **apetito** SUSTANTIVO
appetite ◇ *Eso te va a quitar el apetito.* You won't have any appetite left.
- **No tengo apetito.** I'm not hungry.

el **apio** SUSTANTIVO
celery

aplastante ADJETIVO
overwhelming

aplastar VERBO
to squash ◇ *Me senté encima del regalo y lo aplasté.* I sat on the present and squashed it.

aplaudir VERBO
to clap ◇ *Todos aplaudían.* Everyone clapped.

el **aplauso** SUSTANTIVO
applause
- **Los aplausos duraron varios minutos.** The applause lasted for several minutes.

aplazar* VERBO
to postpone

la **aplicación** SUSTANTIVO (PL las **aplicaciones**)
application ◇ *un producto con muchas aplicaciones* a product with a lot of applications

aplicado ADJETIVO
hard-working ◇ *un alumno aplicado* a hard-working pupil

aplicar* VERBO
1 *to apply* ◇ *Aplíquese sobre la zona afectada.* Apply to the affected area.
2 *to enforce* ◇ *No se aplicaron las normas.* The rules weren't enforced.

apoderarse VERBO
- **apoderarse de un lugar** to take over a place
- **Se apoderaron de las joyas.** They went off with the jewels.

el **apodo** SUSTANTIVO
nickname

el **apogeo** SUSTANTIVO
height ◇ *en el apogeo de su poder* at the

height of his power
- **La fiesta estaba en su apogeo.** The party was in full swing.

aportar VERBO
to provide

aposta ADVERBIO
on purpose

apostar* VERBO
to bet
- **apostar por algo** to bet on something
- **¿Qué te apuestas a que...?** What's the betting that...?

el **apóstrofo** SUSTANTIVO
apostrophe

apoyar VERBO
1. *to lean* ◇ *Apoya el espejo contra la pared.* Lean the mirror against the wall.
2. *to rest* ◇ *Apoya la espalda en este cojín.* Rest your back against this cushion.
3. *to support* ◇ *Todos mis compañeros me apoyan.* All my colleagues support me.
- **apoyarse** to lean ◇ *No te apoyes en la mesa.* Don't lean on the table.

el **apoyo** SUSTANTIVO
support

apreciar VERBO
- **apreciar a alguien** to be fond of somebody ◇ *Lo apreciábamos mucho.* We were very fond of him.
- **Aprecio mucho mi tiempo libre.** I really value my free time.

el **aprecio** SUSTANTIVO
- **tener aprecio a alguien** to be fond of somebody

aprender VERBO
to learn ◇ *Ya me he aprendido los verbos irregulares.* I've already learnt the irregular verbs.
- **aprender a hacer algo** to learn to do something ◇ *aprender a conducir* to learn to drive
- **aprender algo de memoria** to learn something by heart

el **aprendiz**, la **aprendiza** SUSTANTIVO
(MASC PL los **aprendices**)
trainee ◇ *Es aprendiz de mecánico.* He's a trainee mechanic.
- **estar de aprendiz** to be doing an apprenticeship

aprensivo ADJETIVO
overanxious

apresurado ADJETIVO
hasty (decisión)

apresurarse VERBO
- **No nos apresuremos.** Let's not be hasty.
- **Me apresuré a sugerir que...** I hastily suggested that...

apretado ADJETIVO
1. *tight* ◇ *Estos pantalones me están muy apretados.* These trousers are very tight on me. ◇ *Tenemos un programa muy apretado.* We've got a very tight programme.
2. *cramped* ◇ *Íbamos muy apretados en*

el autobús. We were very cramped on the bus.

apretar* VERBO
1. *to tighten* ◇ *Aprieta bien los tornillos.* Tighten up the screws.
2. *to press* ◇ *Aprieta este botón.* Press this button.
- **apretar el gatillo** to press the trigger
- **Me aprietan los zapatos.** My shoes are too tight.
- **La apretó contra su pecho.** He clasped her to his bosom.
- **Apretaos un poco para que me siente yo también.** Move up a bit so I can sit down too.
- **apretarse el cinturón** to tighten one's belt

el **aprieto** SUSTANTIVO
- **estar en un aprieto** to be in a tight spot

aprisa ADVERBIO
fast ◇ *No vayas tan aprisa.* Don't go so fast.
- **¡Aprisa!** Hurry up!

aprobar* VERBO
1. *to pass* ◇ *aprobar un examen* to pass an exam
- **Han aprobado una ley antitabaco.** They've passed an anti-smoking law.
- **aprobar por los pelos** to scrape through
2. *to approve* ◇ *La decisión fue aprobada por mayoría.* The decision was approved by a majority.
3. *to approve of* ◇ *No apruebo esa conducta.* I don't approve of that sort of behaviour.

apropiado ADJETIVO
suitable

aprovechar VERBO
1. *to make good use of* ◇ *No aprovecha el tiempo.* He doesn't make good use of his time. ◇ *Mi madre aprovecha toda la comida que le sobra.* My mother makes good use of any leftovers.
2. *to use* ◇ *Aprovecharé los ratos libres para estudiar.* I'll use the free time to study.
- **aprovecho la ocasión para decirles...** I'd like to take this opportunity to tell you...
- **Aprovecharé ahora que estoy solo para llamarle.** I'll call him now while I'm on my own.
- **¡Que aproveche!** Enjoy your meal!
- **aprovecharse de** to take advantage of ◇ *Me aproveché de la situación.* I took advantage of the situation. ◇ *Todos se aprovechan del pobre chico.* Everyone takes advantage of the poor boy.

aproximadamente ADVERBIO
about

aproximado ADJETIVO
approximate

aproximarse VERBO
to approach ◇ *Se aproximaba un barco.* A boat was approaching.

apruebo VERBO *ver* **aprobar**

A

apto ADJETIVO
* **ser apto para algo** to be suitable for something ◇ *No es apta para el puesto.* She isn't suitable for the job.
* **una película no apta para niños** an unsuitable film for children

apuesta SUSTANTIVO
bet ◇ *Hicimos una apuesta.* We had a bet.

apuesto VERBO *ver* **apostar**

apuntar VERBO
[1] *to write down* ◇ *Apúntalo o se te olvidará.* Write it down or you'll forget.
* **Apunta mis datos.** Can you take a note of my details?
[2] *to point* ◇ *Apuntó el arma hacia nosotros.* He pointed the gun at us.
* **Me apuntó con el dedo.** He pointed at me.
* **Luis me apuntó en el examen.** Luis gave me the answers in the exam.
* **apuntarse** to put one's name down ◇ *Nos hemos apuntado para el viaje a Marruecos.* We've put our names down for the trip to Morocco.
* **apuntarse a un curso** to enrol on a course
* **¡Yo me apunto!** Count me in!

apuntes SUSTANTIVO
notes
* **tomar apuntes** to take notes

apuñalar VERBO
to stab

apurado ADJETIVO
difficult ◇ *Estábamos en una situación bastante apurada.* We were in rather a difficult situation.
* **Si estás apurado de dinero, dímelo.** If you're short of money, tell me.
* **estar apurado** (*avergonzado*) to feel embarrassed

apurar VERBO
to finish up ◇ *Apura la cerveza que nos vamos.* Finish up your beer and let's go.
* **apurarse (1)** to hurry up ◇ *¡Apúrate!* Hurry up!
* **apurarse (2)** to worry ◇ *Yo me encargo; no te apures por nada.* I'll deal with it–don't you worry about anything.

apuro SUSTANTIVO
fix ◇ *El dinero de la herencia los sacó del apuro.* The money they inherited got them out of the fix.
* **Pasé muchos apuros para salir del agua.** I had a lot of trouble getting out of the water.
* **Me da mucho apuro no llevar ningún regalo.** I feel very embarrassed about not taking a present.
* **estar en apuros** to be in trouble

aquel ADJETIVO (FEM **aquella**)
that ◇ *Me gusta más aquella mesa.* I prefer that table.

aquél PRONOMBRE (FEM **aquélla**)
that one ◇ *Éste no, aquél.* Not this one, that one.
* **Aquél no era el que yo quería.** That wasn't the one I wanted.

aquello PRONOMBRE
* **aquello que hay allí** that thing over there
* **Me fui; aquello era insoportable.** I left. It was just unbearable.
* **¿Qué fue de aquello del viaje alrededor del mundo?** What ever happened to that round-the-world trip idea?

aquellos ADJETIVO PL (FEM **aquellas**)
those ◇ *¿Ves aquellas montañas?* Can you see those mountains?

aquéllos PRONOMBRE PL (FEM **aquéllas**)
those ones ◇ *Aquellos de allí son mejores.* Those ones over there are better.
* **Aquellos no eran los que vimos ayer.** Those aren't the ones we saw yesterday.

aquí ADVERBIO
[1] *here* (*en este lugar*) ◇ *Aquí está el informe que me pediste.* Here's the report you asked me for.
* **aquí abajo** down here
* **aquí arriba** up here
* **aquí mismo** right here
[2] *now* (*ahora*)
* **de aquí en adelante** from now on
* **de aquí a siete días** a week from now
* **hasta aquí (1)** up to here ◇ *Hasta aquí el camino es cuesta abajo.* Up to here the path goes downhill.
* **hasta aquí (2)** up to now ◇ *Hasta aquí todos han ido pagando.* Up to now everyone has paid.
* **por aquí (1)** around here ◇ *Lo tenía por aquí en alguna parte.* I had it around here somewhere.
* **por aquí (2)** this way ◇ *Pasen por aquí, si son tan amables.* Please come this way.

el/la **árabe** ADJETIVO, SUSTANTIVO
Arab

el **árabe** SUSTANTIVO
Arabic (*idioma*)

Arabia SUSTANTIVO FEM
* **Arabia Saudí** Saudi Arabia

el **arado** SUSTANTIVO
plough

la **araña** SUSTANTIVO
spider

arañar VERBO
to scratch ◇ *Me arañó el gato.* The cat scratched me. ◇ *Me arañé la cara con las zarzas.* I scratched my face on the brambles.
* **Pedro se arañó las rodillas al caer.** Pedro grazed his knees when he fell over. .

el **arañazo** SUSTANTIVO
scratch (PL *scratches*)

arar VERBO
to plough

el **árbitro**, la **árbitra** SUSTANTIVO
referee

el **árbol** SUSTANTIVO
tree ◇ *un árbol frutal* a fruit tree
* **el árbol de Navidad** the Christmas tree
* **un árbol genealógico** a family tree

el **arbusto** SUSTANTIVO
[1] *bush* (*salvaje*) (PL *bushes*)

2 *shrub* (*plantado*)

el **arca** SUSTANTIVO FEM
chest
- **el Arca de Noé** Noah's Ark

las **arcadas** SUSTANTIVO
- **Me dieron arcadas con el olor.** The smell made me retch.

el **arcén** SUSTANTIVO (PL los **arcenes**)
hard shoulder

el **archivador** SUSTANTIVO
1 *filing cabinet* (*mueble*)
2 *file* (*carpeta*)
archivar VERBO
to file

el **archivo** SUSTANTIVO
1 *archive* (*lugar*) ◇ *Trabajo en el archivo de la filmoteca.* I work in the film archive.
2 *file* (*documento*) ◇ *Se abre un archivo para cada caso.* A file is opened for every case.
- **los archivos policiales** police files

la **arcilla** SUSTANTIVO
clay

el **arco** SUSTANTIVO
1 *bow* (*de flechas*)
2 *arch* (*en edificio, monumento*) (PL *arches*)
- **el arco iris** the rainbow

arder VERBO
to burn ◇ *Ese tronco no va a arder.* That log won't burn.
- **¡La sopa está ardiendo!** The soup's boiling hot!
- **El jefe está que arde.** The boss is seething.

la **ardilla** SUSTANTIVO
squirrel

el **ardor** SUSTANTIVO
passion
- **Defiende sus ideas con ardor.** He defends his ideas passionately.
- **tener ardor de estómago** to have heartburn

el **área** SUSTANTIVO FEM
1 *area* ◇ *el área del triángulo* the area of the triangle ◇ *en áreas muy pobladas* in highly populated areas
- **en distintas áreas del país** in different parts of the country
- **un área de descanso** a lay-by
- **un área de servicios** (*en autopista*) a service area
2 *penalty area* ◇ *una falta al borde del área* a foul on the edge of the penalty area

la **arena** SUSTANTIVO
sand
- **arenas movedizas** quicksand SING

el **arenque** SUSTANTIVO
herring
- **arenques ahumados** kippers

Argelia SUSTANTIVO FEM
Algeria

el **argelino,** la **argelina** ADJETIVO, SUSTANTIVO
Algerian

Argentina SUSTANTIVO FEM
Argentina

el **argentino,** la **argentina** ADJETIVO, SUSTANTIVO
Argentinian

la **argolla** SUSTANTIVO
ring

el **argot** SUSTANTIVO (PL los **argots**)
1 *slang* (*de la calle*)
2 *jargon* (*de una profesión*)

el **argumento** SUSTANTIVO
1 *argument* ◇ *los argumentos a favor del desarme* the arguments in favour of disarmament
2 *plot* ◇ *el argumento de la película* the plot of the film

árido ADJETIVO
arid

Aries SUSTANTIVO MASC
Aries ◇ *Soy Aries.* I'm Aries.

el/la **aristócrata** SUSTANTIVO
aristocrat

el **arma** SUSTANTIVO FEM
1 *weapon* ◇ *Los guerrilleros entregaron las armas.* The guerrillas handed over their weapons. ◇ *Se prohibió el uso de armas químicas.* The use of chemical weapons was banned.
- **un fabricante de armas** an arms manufacturer
2 *gun* ◇ *Nos apuntaba con un arma.* He pointed a gun at us.
- **un arma de fuego** a firearm

la **armada** SUSTANTIVO
navy (PL *navies*)

la **armadura** SUSTANTIVO
armour
- **una armadura medieval** a medieval suit of armour

el **armamento** SUSTANTIVO
arms PL ◇ *negociaciones para la limitación de armamento* talks on arms control

armar VERBO
1 *to arm* ◇ *No iban armados.* They weren't armed.
2 *to assemble* ◇ *El armario viene desmontado y luego tú lo armas.* The cupboard comes in pieces and you assemble it.
3 *to make* ◇ *Los vecinos de arriba arman mucho jaleo.* Our upstairs neighbours make a lot of noise. ◇ *No armes tanto ruido.* Don't make so much noise.
- **Si no me aceptan voy a armar un escándalo.** If they don't agree I'm going to make a fuss.
- **armarse un lío** to get in a muddle
- **armarse de paciencia** to be patient
- **armarse de valor** to summon up one's courage
- **Se armó la gorda.** All hell broke loose. (*coloquial*)

el **armario** SUSTANTIVO
1 *cupboard*
- **un armario de cocina** a kitchen cupboard

A

2 *wardrobe* (de ropa)
* **un armario empotrado** a built-in wardrobe

el **armazón** SUSTANTIVO (PL los **armazones**)
frame

la **armonía** SUSTANTIVO
harmony

la **armónica** SUSTANTIVO
mouth organ

el **aro** SUSTANTIVO
1 *ring* ◇ los aros olímpicos the Olympic rings
2 *hoop* (para gimnasia, juegos)

el **aroma** SUSTANTIVO
aroma

el **arpa** SUSTANTIVO FEM
harp

la **arqueóloga** SUSTANTIVO
archaeologist

la **arqueología** SUSTANTIVO
archaeology

el **arqueólogo** SUSTANTIVO
archaeologist

el **arquero, la arquera** SUSTANTIVO
Latin America
goalkeeper

el **arquitecto, la arquitecta** SUSTANTIVO
architect

la **arquitectura** SUSTANTIVO
architecture

arrancar* VERBO
1 *to pull up* (planta) ◇ Estaba arrancando malas hierbas. I was pulling up weeds.
* **El viento arrancó varios árboles.** Several trees were uprooted by the wind.
* **arrancar algo de raíz** to pull something up by the roots
2 *to pull out* (clavo, espina) ◇ Le arranqué una espina del dedo. I pulled a thorn out of his finger.
3 *to tear out* (hoja, página) ◇ Arrancó una hoja del cuaderno. He tore a page out of the exercise book.
4 *to pull off* (cartel, etiqueta, esparadrapo) ◇ Me arranqué la tirita. I pulled off the sticking plaster.
5 *to snatch* ◇ Me lo arrancaron de las manos. They snatched it from me.
* **Arranca y vámonos.** Start the engine and let's get going.
* **arrancarle información a alguien** to drag information out of somebody

arrasar VERBO
1 *to sweep away* ◇ El pueblo fue arrasado por las inundaciones. The village was swept away by the floods.
2 *to destroy* ◇ El fuego arrasó la cosecha. The harvest was destroyed by fire.
* **Los socialistas arrasaron en las elecciones.** The socialists swept the board in the elections.

arrastrar VERBO
1 *to drag* ◇ Arrastraba una enorme maleta. He was dragging an enormous

suitcase. ◇ Rosa iba arrastrando los pies. Rosa was dragging her feet.
2 *to sweep along* ◇ El aire nos arrastraba. The wind swept us along.
3 *to trail on the ground* ◇ Las cortinas arrastran un poco. The curtains trail on the ground slightly. ◇ Llevas la falda arrastrando. Your skirt's trailing on the ground.
* **arrastrarse** to crawl ◇ Llegaron hasta la valla arrastrándose. They crawled up to the fence.

arrebatar VERBO
snatch ◇ Me lo arrebató de las manos. He snatched it from me.

el **arrecife** SUSTANTIVO
reef
* **los arrecifes de coral** coral reefs

arreglar VERBO
1 *to fix* (aparato, mecanismo) ◇ ¿Sabrás arreglarme el grifo? Could you fix the tap for me?
* **Están arreglando las aceras.** The pavements are being repaired.
2 *to do up* (casa, habitación) ◇ Este verano hemos arreglado la cocina. This summer we did up the kitchen.
3 *to sort out* ◇ Si tienes algún problema, él te lo arregla. If you have any problems, he'll sort them out for you.
* **Deja tu cuarto arreglado antes de salir.** Leave your room tidy before going out.
* **arreglarse (1)** to get ready ◇ Se arregló para salir. She got ready to go out.
* **arreglarse (2)** to work out ◇ Ya verás como todo se arregla. It'll all work out, you'll see.
* **arreglarse (3)** to manage ◇ ¿Qué tal te arreglas sin coche? How are you managing without a car?
* **arreglarse el pelo** to do one's hair
* **arreglárselas para hacer algo** to manage to do something ◇ Siempre se las arregla para no pagar. He always manages not to pay.

el **arreglo** SUSTANTIVO
1 *repair* ◇ El tostador sólo necesita un pequeño arreglo. The toaster only needs a minor repair.
* **Esta tele no tiene arreglo.** This TV is unrepairable.
* **Este problema no tiene arreglo.** There's no solution to this problem.
2 *compromise* ◇ Llegamos a un arreglo. We reached a compromise.
* **con arreglo a** in accordance with

arrepentirse* VERBO
* **arrepentirse de algo** to regret something ◇ No me arrepiento de nada. I don't regret anything.
* **arrepentirse de haber hecho algo** to regret doing something ◇ ¿Te arrepientes de haberlo hecho? Do you regret doing it?

arrestar VERBO

to arrest

el **arresto** SUSTANTIVO

  arrest ◇ *un arresto domiciliario* a house arrest

arriba ADVERBIO

  above ◇ *Los platos y las tazas están arriba.* The plates and mugs are above. ◇ *Visto desde arriba parece más pequeño.* Seen from above it looks smaller.

+ **Pon esos libros arriba del todo.** Put those books on top.

+ **la parte de arriba del biquini** the bikini top

> *Se usa* **upstairs** *hablando de los distintos pisos de un edificio.*

  ◇ *Arriba están los dormitorios.* The bedrooms are upstairs. ◇ *los vecinos de arriba* our upstairs neighbours

+ **allí arriba** up there

+ **más arriba** further up

+ **ir calle arriba** to go up the street

+ **Tenemos bolsos de 4.000 para arriba.** We've got bags from 4000 pesetas upwards.

+ **arriba de (1)** Latin America on top of ◇ *Lo dejé arriba del refrigerador.* I left it on top of the fridge.

+ **arriba de (2)** Latin America above ◇ *Viven en el departamento arriba del mío.* They live in the flat above mine.

+ **mirar a alguien de arriba abajo** to look somebody up and down

arriesgado ADJETIVO

  risky

arriesgar* VERBO

  to risk ◇ *Carlos arriesgó su vida para salvar a su perro.* Carlos risked his life to save his dog.

+ **arriesgarse** to take a risk ◇ *Se arriesgó pero salió ganando.* He took a risk but he came out on top.

+ **arriesgarse a hacer algo** to risk doing something ◇ *Me arriesgo a perderlo todo.* I risk losing everything.

arrimar VERBO

  to bring...closer ◇ *Arrima tu silla a la mía.* Bring your chair closer to mine.

+ **Vamos a arrimar la mesa a la pared.** Let's put the table by the wall.

+ **arrimarse** to get close ◇ *Al aparcar procura arrimarte a la acera.* Try to get close to the pavement when parking.

+ **Arrímate a mí.** Come closer.

arrodillarse VERBO

  to kneel down

arrogante ADJETIVO

  arrogant

arrojar VERBO

  [1] *to throw* ◇ *Arrojaban piedras y palos.* They were throwing sticks and stones.

+ **arrojar a alguien de un sitio** to throw somebody out of a place

  [2] *to dump* ◇ *"Prohibido arrojar basuras"* "No dumping"

+ **arrojarse** to throw oneself ◇ *Un hincha se*

arrojó al campo. A fan threw himself onto the pitch.

arropar VERBO

  [1] *to tuck in* (*en la cama*) ◇ *Voy a arropar al niño.* I'll go and tuck the baby in.

  [2] *to wrap up* ◇ *Arrópala bien.* Wrap her up well.

+ **arrópate bien (1)** (*en la cama*) tuck yourself up warmly

+ **arrópate bien (2)** (*antes de salir*) wrap up well

el **arroyo** SUSTANTIVO

  stream

el **arroz** SUSTANTIVO (PL los **arroces**)

  rice

+ **arroz blanco** white rice

+ **arroz con leche** rice pudding

la **arruga** SUSTANTIVO

  [1] *wrinkle* (*en la piel*)

  [2] *crease* (*en la ropa, el papel*)

arrugarse* VERBO

  [1] *to get wrinkled* ◇ *La piel se va arrugando.* Skin gets increasingly wrinkled.

  [2] *to get creased* ◇ *Se me han arrugado los pantalones.* My trousers have got creased. ◇ *Procura que no se arrugue el sobre.* Try not to let the envelope get creased.

arruinar VERBO

  to ruin ◇ *Esto arruinó mis planes.* That ruined my plans.

+ **arruinarse** to be ruined ◇ *Con aquel negocio se arruinó.* He was ruined thanks to that deal.

el **arte** SUSTANTIVO (PL las **artes**)

  [1] *art* ◇ *el arte del Renacimiento* Renaissance art

+ **el arte abstracto** abstract art

+ **las artes plásticas** plastic arts

  [2] *flair* (*maña*) ◇ *Tiene arte para la cocina.* She has a flair for cooking.

+ **por arte de magia** by magic

el **artefacto** SUSTANTIVO

  device ◇ *un artefacto explosivo* an explosive device

la **arteria** SUSTANTIVO

  artery (PL *arteries*)

la **artesana** SUSTANTIVO

  craftswoman (PL *craftswomen*)

la **artesanía** SUSTANTIVO

+ **la artesanía local** local crafts

+ **una feria de artesanía** a craft fair

+ **objetos de artesanía** hand-crafted goods

el **artesano** SUSTANTIVO

  craftsman (PL *craftsmen*)

ártico ADJETIVO

  arctic

la **articulación** SUSTANTIVO (PL las **articulaciones**)

  joint

el **artículo** SUSTANTIVO

  article (*en periódico, de ley*) ◇ *el artículo determinado* the definite article ◇ *el artículo*

A

indeterminado the indefinite article
- **artículos de lujo** luxury goods
- **artículos de escritorio** stationery
- **artículos de tocador** toiletries

artificial ADJETIVO
  artificial

artista SUSTANTIVO
  artist (*pintor, escultor*)
- **un artista** (*de cine, teatro*) actor
- **una artista** (*de cine, teatro*) actress

arveja SUSTANTIVO
  Latin America
  pea

arzobispo SUSTANTIVO
  archbishop

as SUSTANTIVO
  ace ◇ *el as de picas* the ace of spades
- **ser un as de la cocina** to be a wizard at cooking

asa SUSTANTIVO FEM
  handle

asado ADJETIVO
  roast ◇ *pollo asado* roast chicken

asado SUSTANTIVO
  [1] *roast* (*en horno*)
  [2] *barbecue* Latin America

asaltar VERBO
  [1] *to storm* ◇ *Los rebeldes asaltaron la embajada.* The rebels stormed the embassy.
  [2] *to raid* ◇ *Asaltaron un banco.* They raided a bank.
  [3] *to mug* ◇ *Me asaltaron a la salida del banco.* I was mugged coming out of the bank.

asalto SUSTANTIVO
  [1] *raid* ◇ *un asalto a una gasolinera* a raid on a petrol station
- **durante el asalto al parlamento** during the storming of parliament
  [2] *round* (*en boxeo*)

asamblea SUSTANTIVO
  [1] *meeting* (*reunión*) ◇ *organizar una asamblea* to organize a meeting
  [2] *assembly* (*corporación*) ◇ *una asamblea legislativa* a legislative assembly

asar VERBO
  to roast (*al horno*) ◇ *asar un pollo* to roast a chicken
- **asar algo a la parrilla** to grill something
- **Me aso de calor.** I'm boiling.
- **Aquí se asa uno.** It's boiling in here.

ascender* VERBO
  [1] *to rise* ◇ *El globo comenzó a ascender.* The balloon began to rise.
  [2] *to be promoted* ◇ *Ascendió a teniente.* He was promoted to lieutenant.
- **ascender a primera división** to go up to the first division

ascenso SUSTANTIVO
  promotion (*de empleado, militar*)

ascensor SUSTANTIVO
  lift ◇ *tomar el ascensor* to take the lift

asciendo VERBO *ver* **ascender**

asco SUSTANTIVO

- **El ajo me da asco.** I think garlic's revolting.
- **¡Puaj! ¡Qué asco!** Yuk! How revolting!
- **La casa está hecha un asco.** The house is filthy.

asegurar VERBO
  [1] *to insure* ◇ *Hemos asegurado la casa.* We've insured the house.
  [2] *to assure* ◇ *Te aseguro que es verdad.* I assure you it's true.
- **No he sido yo. Te lo aseguro.** It wasn't me, I assure you.
- **Ella asegura que no lo conoce.** She says that she doesn't know him.
  [3] *to fasten securely* ◇ *Asegura bien la cuerda.* Fasten the rope securely.
- **asegurarse de** to make sure ◇ *Asegúrate de que los grifos están cerrados.* Make sure the taps are turned off.

aseo SUSTANTIVO
- **el cuarto de aseo** the toilet
- **el aseo personal** personal hygiene
- **los aseos** the toilets

asequible ADJETIVO
  [1] *affordable* ◇ *un precio asequible* an affordable price
  [2] *achievable* ◇ *una meta asequible* an achievable goal

asesina SUSTANTIVO
  murderer

asesinar VERBO
  to murder

asesinato SUSTANTIVO
  murder

asesino SUSTANTIVO
  murderer

asesor, la **asesora** SUSTANTIVO
  consultant
- **asesor fiscal** tax consultant
- **asesor de imagen** public relations consultant

asfalto SUSTANTIVO
  tarmac

asfixia SUSTANTIVO
  suffocation

asfixiarse VERBO
  to suffocate
- **Me asfixio de calor.** I'm suffocating in this heat.

así ADVERBIO
  [1] *like this* ◇ *Se hace así.* You do it like this.
  [2] *like that* ◇ *Es así: como lo hace Jorge.* It's like that: the way Jorge is doing it.
  ◇ *¿Ves aquel abrigo? Quiero algo así.* Do you see that coat? I'd like something like that.
- **un tomate así de grande** a tomato this big
- **Así es la vida.** That's life.
- **así, así** so-so ◇ *¿Te gusta?–Así, así.* Do you like it?–So-so.
- **así es** that's right ◇ *¿Y ocurrió todo en un día?–Así es.* And it all happened the same day?–That's right.
- **¿No es así?** Isn't that so?
- **así que...** so ◇ *No me gusta, así que lo*

tiraré. I don't like it, so I'll throw it away.

◆ **...o así** ...or thereabouts   ◇ *mil pesetas o así* a thousand pesetas or thereabouts

◆ **y así sucesivamente** and so on

Asia SUSTANTIVO FEM
Asia

el **asiático**, la **asiática** ADJETIVO, SUSTANTIVO
Asian

el **asiento** SUSTANTIVO
seat

◆ **el asiento delantero** the front seat

◆ **el asiento trasero** the back seat

la **asignatura** SUSTANTIVO
subject

◆ **Tiene dos asignaturas pendientes.** He's got two subjects to retake.

el **asilo** SUSTANTIVO
  1 *home*

◆ **un asilo de ancianos** an old people's home

◆ **un asilo de pobres** a hostel for the poor
  2 *asylum*   ◇ *asilo político* political asylum

asimilar VERBO
to assimilate   ◇ *Hay que asimilar lo aprendido.* You have to assimilate what you've learnt.

◆ **El cambio es grande y cuesta asimilarlo.** It's a big change and it takes getting used to.

la **asistencia** SUSTANTIVO

◆ **asistencia médica (1)** medical attention ◇ *Tuvieron que recibir asistencia médica.* They needed medical attention.

◆ **asistencia médica (2)** medical care   ◇ *El seguro cubre la asistencia médica.* The insurance covers medical care.

◆ **asistencia técnica** technical support

la **asistenta** SUSTANTIVO
cleaner

el/la **asistente** SUSTANTIVO
assistant

◆ **asistente social** social worker

◆ **los asistentes al acto** those present at the ceremony

asistir VERBO
  1 *to go*   ◇ *No asistieron a la ceremonia.* They didn't go to the ceremony.
  2 *to treat*   ◇ *Le asistió un médico que había de guardia.* He was treated by a duty doctor.

el **asma** SUSTANTIVO FEM
asthma

la **asociación** SUSTANTIVO (PL las **asociaciones**)
association   ◇ *por asociación de ideas* by an association of ideas

asociar VERBO
to associate   ◇ *Asocio la lluvia con Londres.* I associate rain with London.

◆ **asociarse** to go into partnership   ◇ *Los dos empresarios decidieron asociarse.* The two businessmen decided to go into partnership.

◆ **asociarse a** to join   ◇ *Me he asociado a Amnistía Internacional.* I've joined Amnesty International.

asolearse VERBO
  Latin America
  to sunbathe

asomar VERBO

◆ **Te asoma el pañuelo por el bolsillo.** Your handkerchief's sticking out of your pocket.

◆ **No asomes la cabeza por la ventanilla.** Don't lean out of the window.

◆ **Me asomé a la terraza a ver quién gritaba.** I went out onto the balcony to see who was shouting.

◆ **Asómate a la ventana.** Look out of the window.

asombrar VERBO
to amaze   ◇ *Me asombra que no lo sepas.* I'm amazed you don't know.

◆ **Intentaba asombrarnos con sus conocimientos.** He was trying to stun us with his knowledge.

◆ **asombrarse** to be amazed   ◇ *Se asombró de lo tarde que era.* He was amazed at how late it was.

el **asombro** SUSTANTIVO
amazement   ◇ *La gente la observaba con asombro.* People were looking at her in amazement.

asombroso ADJETIVO
amazing

el **aspecto** SUSTANTIVO
  1 *appearance*   ◇ *A ver si cuidas más tu aspecto.* Try taking a bit more trouble with your appearance.
  2 *aspect*   ◇ *Nos interesa mucho el aspecto económico.* We are very interested in the financial aspect.

◆ **tener buen aspecto (1)** (*persona*) to look well

◆ **tener buen aspecto (2)** (*comida*) to look good

áspero ADJETIVO
  1 *rough* (*mano, toalla*)
  2 *harsh* (*voz*)

la **aspiradora** SUSTANTIVO
vacuum cleaner

aspirar VERBO
  1 *to breathe in*

◆ **Aspire profundamente.** Take a deep breath.

◆ **aspirar a hacer algo** to hope to do something   ◇ *Aspira a convertirse en escritora.* She hopes to become a writer.
  2 *to hoover* Latin America

la **aspirina** SUSTANTIVO
aspirin

asqueroso ADJETIVO
  1 *disgusting* (*comida, olor*)
  2 *filthy* (*cocina, manos*)   ◇ *Esta cocina está asquerosa.* This kitchen is filthy.
  3 *horrible*   ◇ *Esta gente es asquerosa.* They're horrible people.

la **astilla** SUSTANTIVO
splinter

el **astro** SUSTANTIVO
star

A

la **astrología** SUSTANTIVO
  astrology
la **astronauta** SUSTANTIVO
  astronaut
la **astronomía** SUSTANTIVO
  astronomy
astuto ADJETIVO
  clever
asumir VERBO
  to accept ◇ *Ya he asumido que no voy a ganar.* I've already accepted that I'm not going to win.
  ◆ **Asumo toda la responsabilidad.** I take full responsibility.
  ◆ **No estoy dispuesta a asumir ese riesgo.** I'm not prepared to take that risk.
el **asunto** SUSTANTIVO
  matter ◇ *Es un asunto muy delicado.* It's a very delicate matter.
  ◆ **el ministro de asuntos exteriores** the minister for foreign affairs
  ◆ **No me gusta que se metan en mis asuntos.** I don't like anyone meddling in my affairs.
  ◆ **¡Eso no es asunto tuyo!** That's none of your business!
asustar VERBO
  ⏺1 *to frighten* ◇ *No me asustan los fantasmas.* I'm not frightened of ghosts.
  ⏺2 *to startle* ◇ *¡Huy! Me has asustado.* Goodness! You startled me.
  ◆ **asustarse** to get frightened ◇ *Se asusta por nada.* He gets frightened over nothing.
  ◆ **No te asustes.** Don't be frightened.
atacar* VERBO
  to attack
el **atado** SUSTANTIVO
  River Plate
  ◆ **un atado de cigarrillos** a packet of cigarettes
el **atajo** SUSTANTIVO
  short cut ◇ *Cogeremos un atajo.* We'll take a short cut.
el **ataque** SUSTANTIVO
  attack ◇ *un ataque contra alguien* an attack on somebody
  ◆ **un ataque cardíaco** a heart attack
  ◆ **Le dio un ataque de risa.** He burst out laughing.
  ◆ **un ataque de nervios** a fit of panic
atar VERBO
  to tie ◇ *Ata al perro a la farola.* Tie the dog to the lamppost. ◇ *¿Puedes atarme la corbata?* Could you tie my tie for me?
  ◆ **Átate los cordones.** Tie your shoelaces up.
atardecer* VERBO
  to get dark ◇ *Está atardeciendo.* It's getting dark.
el **atardecer** SUSTANTIVO
  dusk
  ◆ **al atardecer** at dusk
atareado ADJETIVO
  busy
el **atasco** SUSTANTIVO

traffic jam
el **ataúd** SUSTANTIVO
  coffin
Atenas SUSTANTIVO FEM
  Athens
la **atención** SUSTANTIVO (PL las **atenciones**)
  ◆ **Hay que poner más atención.** You should pay more attention.
  ◆ **Escucha con atención.** He listens attentively.
  ◆ **Me llamó la atención lo grande que era la casa.** I was struck by how big the house was.
  ◆ **El director del colegio le llamó la atención.** The headmaster gave him a talking-to.
  ◆ **Estás llamando la atención con ese sombrero.** You're attracting attention in that hat.
atención EXCLAMACIÓN
  Attention! (*a los soldados*)
  ◆ **¡Atención, por favor!** May I have your attention please?
  ◆ **"¡Atención!"** (*como aviso*) "Danger!"
atender* VERBO
  ⏺1 *to serve* (*en un bar, tienda*) ◇ *¿Le atienden?* Are you being served?
  ⏺2 *to attend to* (*en un banco, oficina*) ◇ *Tengo que atender a dos clientes.* I've got a couple of clients to attend to.
  ⏺3 *to look after* ◇ *atender a los enfermos* to look after the sick
  ⏺4 *to pay attention to* ◇ *Todos en clase atendían al profesor.* Everyone in the class was paying attention to the teacher.
  ◆ **atender los consejos de alguien** to listen to somebody's advice
  ◆ **La recepcionista atiende al teléfono** . The receptionist answers the telephone.
  ◆ **No atendieron nuestra petición.** They didn't take any notice of our petition.
atentamente ADVERBIO
  ⏺1 *Yours sincerely*
  Se usa cuando se conoce personalmente al destinatario.
  ⏺2 *Yours faithfully*
  Se usa en cartas más formales cuando no se conoce personalmente al destinatario.
atento ADJETIVO
  thoughtful ◇ *Es un chico muy atento.* He's a very thoughtful boy.
  ◆ **Estaban atentos a las explicaciones del instructor.** They were listening attentively to the instructor's explanations.
el **aterrizaje** SUSTANTIVO
  landing
  ◆ **un aterrizaje forzoso** an emergency landing
aterrizar* VERBO
  to land
atestado ADJETIVO
  packed ◇ *El local estaba atestado de gente.* The place was packed with people.
atiborrarse VERBO
  to stuff oneself ◇ *Se atiborró de pasteles.* He stuffed himself with cakes.
el **ático** SUSTANTIVO

top-floor flat
+ **un ático de lujo** a luxurious penthouse
atiendo VERBO *ver* **atender**
atlántico ADJETIVO
　atlantic
+ **el Océano atlántico** the Atlantic Ocean
el **atlas** SUSTANTIVO (PL los **atlas**)
　atlas (PL *atlases*)
el/la **atleta** SUSTANTIVO
　athlete
el **atletismo** SUSTANTIVO
　athletics
la **atmósfera** SUSTANTIVO
　atmosphere
atolondrado ADJETIVO
　scatterbrained
atómico ADJETIVO
　atomic
el **átomo** SUSTANTIVO
　the atom
atónito ADJETIVO
　amazed
+ **quedarse atónito** to be amazed
el **atracador,** la **atracadora** SUSTANTIVO
　[1] *robber* ◇ *un atracador de bancos* a
　bank robber
　[2] *mugger* ◇ *Unos atracadores le robaron
　el bolso.* She had her bag stolen by muggers.
atracar* VERBO
　[1] *to hold up* ◇ *atracar un banco* to hold
　up a bank
　[2] *to mug* ◇ *La atracaron en la plaza.* She
　was mugged in the square.
la **atracción** SUSTANTIVO (PL las **atracciones**)
　attraction ◇ *una atracción turística* a
　tourist attraction
+ **sentir atracción por algo** to be attracted to
　something ◇ *Sentía atracción por él.* I was
　attracted to him.
el **atraco** SUSTANTIVO
　[1] *hold-up* ◇ *un atraco a un banco* a
　hold-up at a bank
　[2] *mugging* ◇ *un atraco en plena calle* a
　mugging in broad daylight
atractivo ADJETIVO
　attractive ◇ *un hombre muy atractivo* a
　very attractive man
el **atractivo** SUSTANTIVO
　attraction ◇ *uno de los grandes atractivos
　de esta zona* one of the great attractions of
　this area
+ **Es una chica con un atractivo especial.**
　She's a really charming girl.
atraer* VERBO
　to attract ◇ *Si bajamos los precios
　atraeremos a más clientes.* If we put our
　prices down we'll attract more customers.
+ **Esa chica me atrae mucho.** I find that girl
　very attractive.
+ **No me atrae mucho lo del viaje a Turquía.**
　That Turkey trip doesn't appeal to me much.
atrapar VERBO
　to catch

atrás ADVERBIO
　Se usa **the back**, *como sustantivo, cuando nos
　referimos a la parte posterior de algo.*
　◇ *Los niños viajan siempre atrás.* The
　children always travel in the back.
+ **la parte de atrás** the back
+ **el asiento de atrás** the back seat
　Se usa **back**, *como adverbio, cuando se habla de
　la dirección o de una posición posterior en general.*
　◇ *Mirar hacia atrás.* To look back. ◇ *Está
　más atrás.* It's further back.
+ **Ir para atrás.** To go backwards.
　Se usa **behind** *cuando se habla de una posición
　posterior en relación a otra delantera.*
　◇ *El coche de atrás va a adelantarnos.* The
　car behind is going to overtake us. ◇ *Yo me
　quedé atrás porque iba muy cansado.* I
　stayed behind because I was very tired.
+ **años atrás** years ago ◇ *Ocurrió años atrás.*
　It happened years ago.
atrasado ADJETIVO
　[1] *backward* ◇ *Es un país muy atrasado.*
　It's a very backward country.
　[2] *back* ◇ *números atrasados de una
　revista* back numbers of a magazine
　◇ *pagos atrasados* back payments
　[3] *behind* ◇ *Va bastante atrasado en la
　escuela.* He's rather behind at school.
+ **Tengo mucho trabajo atrasado.** I'm very
　behind with my work.
+ **El reloj está atrasado.** The clock's slow.
　[4] *late* Latin América ◇ *Siempre llega
　atrasada al trabajo.* She's always late for
　work.
atravesar* VERBO
　[1] *to cross* ◇ *Atravesamos el río.* We
　crossed the river.
　[2] *to go through* ◇ *La navaja le atravesó
　el hígado.* The blade went through his liver.
　◇ *Atravesamos un mal momento.* We're
　going through a bad patch.
atravieso VERBO *ver* **atravesar**
atreverse VERBO
　to dare ◇ *No me atreví a decírselo.* I
　didn't dare tell him.
+ **No me atrevo.** I daren't.
+ **La gente no se atreve a salir de noche.**
　People are afraid of going out at night.
atrevido ADJETIVO
　[1] *daring* ◇ *El periodista le hizo preguntas
　muy atrevidas.* The reporter asked him some
　very daring questions. ◇ *un escote muy
　atrevido* a very daring neckline
　[2] *cheeky* ◇ *No seas tan atrevido con el
　jefe.* Don't be so cheeky to the boss.
atropellar VERBO
　to run over ◇ *Un coche atropelló al perro.*
　The dog was run over by a car.
el **atún** SUSTANTIVO (PL los **atunes**)
　tuna (PL *tuna* o *tunas*)
audaz ADJETIVO (PL **audaces**)
　daring
la **audiencia** SUSTANTIVO

A

audience ◇ *Su programa tiene mucha audiencia.* His programme has a large audience.

audiovisual ADJETIVO
audiovisual

el **auditorio** SUSTANTIVO
[1] *auditorium* ◇ *El auditorio estaba lleno.* The auditorium was full.
[2] *audience* ◇ *Todo el auditorio aplaudió a la orquesta.* The whole audience applauded the orchestra.

el **aula** SUSTANTIVO FEM
classroom

aumentar VERBO
to increase ◇ *El gobierno ha aumentado el presupuesto de educación.* The government has increased the education budget.
◆ **aumentar de peso** to put on weight

el **aumento** SUSTANTIVO
increase ◇ *Se ha producido un aumento de la productividad.* There has been an increase in productivity.
◆ **Los precios van en aumento.** Prices are going up.

aun ADVERBIO
even ◇ *Aun sentado me duele la pierna.* Even when I'm sitting down, my leg hurts.
◆ **aun así** even so ◇ *Sé que es un experto, aun así no me convence.* I know he's an expert, but even so I'm not convinced.
◆ **aun cuando** even if ◇ *Aun cuando me lo suplicaran, no lo haría.* I wouldn't do it even if they begged me.

aún ADVERBIO
[1] *still*
En oraciones afirmativas o preguntas.
◇ *Aún me queda un poco para terminar.* I've still got a little bit left to finish. ◇ *¿Aún te duele?* Is it still hurting?
[2] *yet*
En oraciones o preguntas negativas.
◇ *Aún no han llegado los periódicos de hoy.* Today's papers haven't arrived yet. ◇ *¿No ha venido aún?* Hasn't he got here yet?
Cuando se usa de forma enfática en una oración o pregunta negativa se puede usar **still**.
◇ *Y aún no me has devuelto el libro.* You still haven't given me the book back.
[3] *even*
Cuando aún *es parte de una comparación.*
◇ *La película es aún más aburrida de lo que creía.* The film's even more boring than I thought it would be. ◇ *Aquello nos unió aún más.* That brought us even closer together.

aunque CONJUNCIÓN
[1] *although* ◇ *Me gusta el francés, aunque prefiero el alemán.* I like French, although I prefer German.
Lo mismo puede expresarse de una forma más coloquial con **though**.
◇ *Estoy pensando en ir, aunque no sé cuando.* I'm thinking of going, though I don't know when.

[2] *even though* ◇ *Seguí andando, aunque me dolía mucho la pierna.* I went on walking, even though my leg was hurting badly. ◇ *Aunque insistí, no me lo dio.* Even though I kept asking, he wouldn't give it to me.
◆ **No te lo daré, aunque protestes.** I won't give it to you however much you complain.
[3] *even if* ◇ *Pienso irme, aunque tenga que salir por la ventana.* I shall leave, even if I have to climb out of the window.
◇ *Aunque pudiera no te lo diría.* I wouldn't tell you even if I could.

el **auricular** SUSTANTIVO
receiver (del teléfono)
◆ **los auriculares** (de radio, aparato de música) headphones

la **ausencia** SUSTANTIVO
absence

ausente ADJETIVO
absent

Australia SUSTANTIVO FEM
Australia

el **australiano,** la **australiana** ADJETIVO, SUSTANTIVO
Australian

Austria SUSTANTIVO FEM
Austria

el **austriaco,** la **austriaca** ADJETIVO, SUSTANTIVO
Austrian

auténtico ADJETIVO
[1] *real* (no sintético) ◇ *Es de cuero auténtico.* It's real leather. ◇ *Es un auténtico campeón.* He's a real champion.
[2] *genuine* (no falso) ◇ *El cuadro era auténtico.* The painting was genuine.

el **auto** SUSTANTIVO
car

la **autobiografía** SUSTANTIVO
autobiography (PL *autobiographies*)

el **autobús** SUSTANTIVO (PL los **autobuses**)
bus (PL *buses*)
◆ **un autobús de línea** a coach

el **autocar** SUSTANTIVO
coach (PL *coaches*)

la **autoescuela** SUSTANTIVO
driving school

el **autógrafo** SUSTANTIVO
autograph

automático ADJETIVO
automatic

el **automóvil** SUSTANTIVO
car

el/la **automovilista** SUSTANTIVO
motorist

la **autonomía** SUSTANTIVO
[1] *autonomy* ◇ *un estatuto de autonomía* a statute of autonomy ◇ *Tengo mucha autonomía en mi trabajo.* I have a lot of autonomy in my work.
[2] *autonomous region* ◇ *Andalucía es una de las autonomías más extensas.* Andalusia is one of the biggest autonomous

regions.

autonómico ADJETIVO
regional

autónomo ADJETIVO
[1] *autonomous* ◇ *las comunidades autónomas* the autonomous regions
[2] *self-employed* ◇ *Ser autónomo tiene sus ventajas.* Being self-employed has its advantages.

la **autopista** SUSTANTIVO
motorway
- **autopista de peaje** toll motorway

el **autor**, la **autora** SUSTANTIVO
author ◇ *el autor de la novela* the author of the novel
- **el autor del cuadro** the painter
- **los presuntos autores del crimen** the suspected killers

autorizado ADJETIVO
authorized

autorizar* VERBO
to authorize ◇ *No le han autorizado la entrada al país.* His entry into the country hasn't been authorized.
- **Eso no te autoriza a tratarlo así.** That doesn't give you the right to treat him this way.

el **autoservicio** SUSTANTIVO
[1] *supermarket* ◇ *Sale más económico comprar en el autoservicio.* It's cheaper to shop at the supermarket.
[2] *self-service restaurant* ◇ *Comimos en un autoservicio.* We ate at a self-service restaurant.

el **autostop** SUSTANTIVO
hitch-hiking
- **hacer autostop** to hitch-hike

el/la **autostopista** SUSTANTIVO
hitch-hiker

la **autovía** SUSTANTIVO
dual carriageway

el **auxilio** SUSTANTIVO
help ◇ *una llamada de auxilio* a call for help
- **los primeros auxilios** first aid
auxilio EXCLAMACIÓN
help!

avanzar* VERBO
to make progress ◇ *Isabel avanzó mucho el pasado trimestre.* Isabel made a lot of progress last term.
- **¿Qué tal avanza el proyecto?** How's the project coming on?

avaro ADJETIVO
miserly

Avda. ABREVIATURA (= *Avenida*)
Ave. (= Avenue)

el **AVE** ABREVIATURA (= *Alta Velocidad Española*)
high-speed train

el **ave** SUSTANTIVO FEM
bird
- **un ave de rapiña** a bird of prey
- **aves de corral** poultry SING

la **avellana** SUSTANTIVO
hazelnut

la **avena** SUSTANTIVO
oats PL

la **avenida** SUSTANTIVO
avenue

aventajar VERBO
- **El Salamanca aventaja en tres puntos al Córdoba.** Salamanca has a three-point lead over Córdoba.

aventar* VERBO
Mexico
to throw

el **aventón** SUSTANTIVO
Mexico (PL los **aventones**)
lift ◇ *Le di un aventón.* I gave him a lift.

la **aventura** SUSTANTIVO
[1] *adventure* ◇ *Te contaré nuestras aventuras en África.* I'll tell you about our adventures in Africa.
[2] *affair* ◇ *Tuvo una aventura con su vecino.* She had an affair with her neighbour.

avergonzar* VERBO
to embarrass ◇ *Me avergonzaste delante de todos.* You embarrassed me in front of everyone.
- **Me avergüenzan estas situaciones.** I find this sort of situation embarrassing.
- **No me avergüenza nuestra relación.** I'm not ashamed of our relationship.
- **avergonzarse** to be ashamed ◇ *No hay de qué avergonzarse.* There's nothing to be ashamed of.
- **Me avergüenzo de haberme portado tan mal.** I'm ashamed of myself for behaving so badly.

la **avería** SUSTANTIVO
- **El coche tiene una avería.** The car has broken down.

averiarse* VERBO
to break down

averiguar* VERBO
find out ◇ *La policía no ha conseguido averiguar dónde se escondió el arma.* The police haven't managed to find out where the weapon was hidden.

el **avestruz** SUSTANTIVO (PL los **avestruces**)
ostrich (PL *ostriches*)

la **aviación** SUSTANTIVO (PL las **aviaciones**)
[1] *aviation* ◇ *aviación civil* civil aviation
[2] *air force* ◇ *Es oficial de aviación.* He's an officer in the air force.

aviento VERBO *ver* **aventar**

el **avión** SUSTANTIVO (PL los **aviones**)
plane
- **ir en avión** to fly
- **correo por avión** air mail

la **avioneta** SUSTANTIVO
light aircraft

avisar VERBO
[1] *to warn* ◇ *Ya nos avisaron de que había nieve en la carretera.* They had

warned us that there was snow on the roads.

2 _to let...know_ ◇ _Avísanos si hay alguna novedad._ Let us know if there's any news.

3 _to call_ ◇ _avisar al médico_ to call the doctor ◇ _Avisaron a una ambulancia._ They called an ambulance.

el **aviso** SUSTANTIVO

1 _warning_ ◇ _El árbitro le dio un aviso._ The referee gave him a warning.

2 _notice_ ◇ _Había un aviso en la puerta._ There was a notice on the door.

◆ **Dejaron un aviso en el contestador automático.** They left a message on the answering-machine.

◆ **hasta nuevo aviso** until further notice

la **avispa** SUSTANTIVO
wasp

ay EXCLAMACIÓN

1 _ow!_ ◇ _¡Ay! ¡Me has pisado!_ Ow! You've trodden on my toe!

2 _oh no!_ ◇ _¡Ay! ¡Creo que nos han engañado!_ Oh no! I think they've cheated us!

ayer ADVERBIO
yesterday

◆ **antes de ayer** the day before yesterday

◆ **ayer por la mañana** yesterday morning

◆ **ayer por la tarde (1)** (_si es de día_) yesterday afternoon

◆ **ayer por la tarde (2)** (_si no es de día_) yesterday evening

◆ **ayer por la noche** last night

la **ayuda** SUSTANTIVO
help ◇ _Necesitan ayuda._ They need help.

◆ **la ayuda humanitaria** humanitarian aid

la **ayudante** SUSTANTIVO
assistant

ayudar VERBO
to help ◇ _¿Me ayudas con los ejercicios?_

Could you help me with these exercises?

◆ **ayudar a alguien a hacer algo** to help somebody do something

el **ayuntamiento** SUSTANTIVO

1 _council_ ◇ _El ayuntamiento recauda sus propios impuestos._ The council collects its own taxes.

2 _town hall_ (_en pueblo_) ◇ _¿Dónde está el ayuntamiento?_ Where's the town hall?

3 _city hall_ (_en ciudad grande_) ◇ _¿Dónde está el ayuntamiento?_ Where's the city hall?

la **azafata** SUSTANTIVO
air-hostess (_de avión_)

◆ **una azafata de congresos** a conference hostess

el **azar** SUSTANTIVO
chance ◇ _Nos encontramos por azar._ We met by chance.

◆ **al azar** at random ◇ _Escoge uno al azar._ Pick one at random.

azotar VERBO
to whip

la **azotea** SUSTANTIVO
roof

el/la **azteca** ADJETIVO, SUSTANTIVO
Aztec

el **azúcar** SUSTANTIVO
sugar ◇ _un paquete de azúcar_ a packet of sugar

◆ **azúcar moreno** brown sugar

◆ **un caramelo sin azúcar** a sugar-free sweet

el **azul** ADJETIVO, SUSTANTIVO
blue ◇ _una puerta azul_ a blue door ◇ _Yo iba de azul._ I was dressed in blue.

◆ **azul celeste** sky blue

◆ **azul marino** navy blue

el **azulejo** SUSTANTIVO
tile

B

el **babero** SUSTANTIVO
bib

el **babi** SUSTANTIVO
smock

la **baca** SUSTANTIVO
roof rack

el **bacalao** SUSTANTIVO
cod

el **bache** SUSTANTIVO

1 _pothole_ (_socavón_)

2 _bump_ (_saliente_)

el **Bachillerato** SUSTANTIVO

The **Bachillerato** is a two-year secondary school course leading to university.

la **bacteria** SUSTANTIVO
bacterium (PL _bacteria_)

el **bafle** SUSTANTIVO

loudspeaker

la **bahía** SUSTANTIVO
bay (PL _bays_)

bailar VERBO
to dance ◇ _¿Quieres bailar conmigo?_ Would you like to dance with me?

◆ **sacar a bailar a alguien** to ask someone to dance

el **bailarín,** la **bailarina** SUSTANTIVO (MASC PL los bailarines)
dancer

el **baile** SUSTANTIVO
dance ◇ _Me han invitado a un baile._ I have been invited to a dance.

la **baja** SUSTANTIVO

◆ **darse de baja** to leave ◇ _Se dieron de baja en el club._ They left the club.

◆ **estar de baja** to be on sick leave
la **bajada** SUSTANTIVO
  drop ◇ Han anunciado una bajada de las temperaturas. They forecast a drop in temperatures.
◆ **Me caí en la bajada de la montaña.** I fell going down the mountain.
◆ **La bajada hasta la playa es muy pronunciada.** The road down to the beach is very steep.
bajar VERBO
  1 *to go down*
  Cuando el hablante está arriba.
  ◇ Bajó la escalera muy despacio. He went down the stairs very slowly.
  2 *to come down*
  También cuando el hablante está abajo.
  ◇ Baja y ayúdame. Come down and help me. ◇ Han bajado los precios. Prices have come down.
◆ **Los coches han bajado de precio.** Cars have come down in price.
  3 *to take down*
  Cuando el hablante está arriba.
  ◇ ¿Has bajado la basura? Have you taken the rubbish down?
  4 *to bring down*
  Cuando el hablante está abajo.
  ◇ ¿Me bajas el abrigo? Hace frío aquí fuera. Could you bring my coat down, it's cold out here.
  5 *to get down*
  Cuando no se alcanza algo.
  ◇ ¿Me bajas la maleta del armario? Could you get me the suitcase down from the wardrobe?
  6 *to put down* ◇ ¿Bajo la persiana? Shall I put the blind down? ◇ Los comercios han bajado los precios. Businesses have put their prices down.
◆ **¡Baja la voz, que no estoy sordo!** Keep your voice down, I'm not deaf!
  7 *to turn down* ◇ Baja la radio que no oigo nada. Turn the radio down, I can't hear a thing.
◆ **bajarse de (1)** to get off (del autobús, tren, avión) ◇ Se bajó del autobús antes que yo. He got off the bus before me.
◆ **bajarse de (2)** to get out of (del coche) ◇ ¡Bájate del coche! Get out of the car!
◆ **bajarse de (3)** (de un árbol, escalera, silla) to get down from ◇ ¡Bájate de ahí! Get down from there!
bajo (1) ADJETIVO
  1 *low* (notas, temperaturas, nivel) ◇ una silla muy baja a very low chair
◆ **la temporada baja** the low season
  2 *short* ◇ Mi hermano es muy bajo. My brother is very short.
◆ **Viven en la planta baja.** They live on the ground floor.
◆ **Hablaban en voz baja.** They spoke quietly.
bajo (2) PREPOSICIÓN

  under ◇ bajo el título de... under the title of... ◇ Juan llevaba un libro bajo el brazo. Juan was carrying a book under his arm.
◆ **bajo tierra** underground
bajo (3) ADVERBIO
  1 *low* ◇ El avión volaba muy bajo. The plain was flying very low.
  2 *quietly* ◇ ¡Habla bajo! Speak quietly!
el **bajo** SUSTANTIVO
  1 *bass* (instrumento) (PL basses) ◇ Elena toca el bajo en un grupo. Elena plays bass in a group.
  2 *ground floor* (de un edificio) ◇ Vivo en un bajo. I live on the ground floor.
la **bala** SUSTANTIVO
  bullet
el **balcón** SUSTANTIVO (PL los balcones)
  balcony (PL balconies)
la **baldosa** SUSTANTIVO
  tile
el **baldosín** (PL los baldosines) SUSTANTIVO
  wall tile
balear ADJETIVO
  Balearic
Baleares SUSTANTIVO FEM PL
  the Balearic Islands
la **ballena** SUSTANTIVO
  whale
el **ballet** SUSTANTIVO (PL los ballets)
  ballet
el **balneario** SUSTANTIVO
  spa
el **balón** SUSTANTIVO (PL los balones)
  ball
el **baloncesto** SUSTANTIVO
  basketball
el **balonmano** SUSTANTIVO
  handball
el **balonvolea** SUSTANTIVO
  volleyball
la **balsa** SUSTANTIVO
  raft
la **banana** SUSTANTIVO
  Latin America
  banana
el **banco** SUSTANTIVO
  1 *bank* (para el dinero)
  2 *bench* (de un parque) (PL benches)
  3 *pew* (de iglesia)
la **banda** SUSTANTIVO
  1 *band* ◇ Toca la trompeta en la banda del pueblo. He plays the trumpet in the village band.
  2 *gang* ◇ La policía ha cogido a toda la banda. The police have caught the whole gang.
  3 *sash* (PL sashes) ◇ Las autoridades llevaban una banda azul. The dignitaries were wearing a blue sash.
◆ **la banda sonora** the soundtrack
la **bandeja** SUSTANTIVO
  tray (PL trays)
la **bandera** SUSTANTIVO

flag
- **la bandera blanca** the white flag

el bandido SUSTANTIVO
bandit

el bando SUSTANTIVO
side ◇ *Un bando está a favor y el otro en contra.* One side is in favour and the other is against.

a banqueta SUSTANTIVO
1. *stool* (*asiento*)
2. *pavement* Mexico

el banquete SUSTANTIVO
banquet
- **el banquete de bodas** the wedding reception

el banquillo SUSTANTIVO
bench (PL *benches*) ◇ *El entrenador siempre se sienta en el banquillo.* The trainer always sits on the bench.
- **el banquillo de los acusados** the dock

el bañador SUSTANTIVO
1. *swimming trunks* PL (*de hombre*)
2. *swimming costume* (*de mujer*)

bañarse VERBO
1. *to have a bath* ◇ *Me gusta más bañarme que ducharme.* I prefer having a bath to having a shower.
2. *to go for a swim* ◇ *Estuve en la playa pero no me bañé.* I was on the beach but I didn't go for a swim.

a bañera SUSTANTIVO
bath

el baño SUSTANTIVO
bathroom ◇ *¿Podría decirme dónde está el baño?* Could you tell me where the bathroom is?
- **darse un baño (1)** (*en la bañera*) to have a bath
- **darse un baño (2)** (*en el mar*) to go for a swim

el bar SUSTANTIVO
bar

a baraja SUSTANTIVO
pack of cards

a barandilla SUSTANTIVO
1. *banisters* PL (*de una escalera*)
2. *railing* (*de un balcón*)

a barata SUSTANTIVO
Mexico
sale

barato (1) ADJETIVO
cheap ◇ *Esta marca es más barata que aquélla.* This brand is cheaper than that one.

barato (2) ADVERBIO
cheaply ◇ *Aquí se come muy barato.* You can eat really cheaply here.

a barba SUSTANTIVO
beard
- **dejarse barba** to grow a beard

a barbacoa SUSTANTIVO
barbecue

a barbaridad SUSTANTIVO
atrocity (PL *atrocities*) ◇ *Hicieron barbaridades en la guerra.* They committed

atrocities during the war.
- **Pablo come una barbaridad.** Pablo eats an awful lot.
- **decir barbaridades** to talk nonsense ◇ *No le hagas caso, sólo dice barbaridades.* Don't pay any attention to him, he's just talking nonsense.
- **¡Qué barbaridad!** Good grief!

la barbilla SUSTANTIVO
chin

la barca SUSTANTIVO
boat

el barco SUSTANTIVO
1. *ship* (*más grande*)
- **un barco de guerra** a warship
2. *boat* (*más pequeño*)
- **un barco de vela** a sailing boat

la barda SUSTANTIVO
Mexico
fence

el barniz (PL los *barnices*) SUSTANTIVO
varnish (PL *varnishes*)
- **el barniz de uñas** nail varnish

barnizar* VERBO
to varnish

la barra SUSTANTIVO
bar ◇ *una barra metálica* a metal bar ◇ *Me tomé un café en la barra.* I had a coffee at the bar.
- **una barra de pan** a French loaf
- **una barra de labios** lipstick
- **las barras paralelas** the parallel bars

la barraca SUSTANTIVO
small farmhouse
- **una barraca de feria** a fairground stall

el barranco SUSTANTIVO
ravine

barrer VERBO
to sweep

la barrera SUSTANTIVO
barrier ◇ *Levantó la barrera para dejarnos pasar.* He lifted the barrier to let us through.
- **una barrera de seguridad** a safety barrier

la barriga SUSTANTIVO
belly (*coloquial*) (PL *bellies*) ◇ *Estás echando barriga.* You're getting a bit of a belly.
- **Me duele la barriga.** I have a sore stomach.

el barril SUSTANTIVO
barrel

el barrilete SUSTANTIVO
River Plate
kite

el barrio SUSTANTIVO
area ◇ *Ese chico no es del barrio.* That boy's not from this area.
- **la pescadería del barrio** the local fishmonger's
- **el barrio chino** the red-light district

el barro SUSTANTIVO
1. *mud* ◇ *Metí el pie en un charco y me llené de barro.* I stood in a puddle and got covered in mud.
2. *clay* ◇ *una vasija de barro* a clay pot

el **barrote** SUSTANTIVO

bar ◇ *los barrotes de la ventana* the bars on the window

el **barullo** SUSTANTIVO

1 *racket*

◆ **armar barullo** to make a racket

2 *mess* ◇ *Esta habitación está hecha un barullo.* This room is a mess.

basarse VERBO

◆ **Mi conclusión se basa en los datos.** My conclusion is based on the facts.

◆ **¿En qué te basas para decir eso?** What grounds have you got for saying that?

◆ **Me he basado en la novela.** I have taken the novel as my basis.

la **báscula** SUSTANTIVO

scales PL

la **base** SUSTANTIVO

1 *base* ◇ *la base de la columna* the base of the column

2 *basis* (PL *bases*) ◇ *El esfuerzo es la base del éxito.* Effort is the basis for success.

◆ **las bases del concurso** the rules of the competition

◆ **Lo consiguió a base de mucho trabajo.** She managed it through hard work.

◆ **una base militar** a military base

◆ **una base de datos** a database

básico ADJETIVO

basic

bastante (1) ADJETIVO, PRONOMBRE

1 *enough*

Cuando significa suficiente.

◇ *No tengo bastante dinero.* I haven't enough money. ◇ *Ya hay bastantes libros en casa.* There are enough books in the house. ◇ *¿Hay bastante?* Is there enough?

2 *quite a lot of*

Cuando significa una cantidad considerable.

◇ *Tengo bastantes discos de U2.* I have quite a lot of U2 records. ◇ *Vino bastante gente.* Quite a lot of people came.

◆ **Se tarda bastante tiempo en llegar.** It takes quite a while to get there.

◆ **Voy a tardar bastante.** I'm going to take quite a while.

bastante (2) ADVERBIO

1 *quite* ◇ *Son bastante ricos.* They are quite rich. ◇ *Juegas bastante bien.* You play quite well.

2 *quite a lot* ◇ *Sus padres ganan bastante.* Their parents earn quite a lot. ◇ *Me gusta bastante.* I like it quite a lot.

bastar VERBO

to be enough ◇ *Con esto basta.* That's enough. ◇ *¡Basta ya de tonterías!* That's enough of your nonsense!

◆ **¡Basta!** That's enough!

◆ **bastarse** to manage ◇ *Yo me basto solo.* I can manage on my own.

basto ADJETIVO

coarse ◇ *Esta tela es muy basta.* It's a very coarse material.

◆ **¡Qué basto eres!** You've got no manners!

el **bastón** (PL los **bastones**) SUSTANTIVO

stick ◇ *Necesita llevar bastón para andar.* He needs a stick for walking.

◆ **un bastón de esquí** a ski stick

los **bastos** SUSTANTIVO

clubs

Bastos are clubs, one of the suits in the Spanish card deck.

la **basura** SUSTANTIVO

1 *rubbish* ◇ *Eso es basura.* That's rubbish.

◆ **tirar algo a la basura** to put something in the bin

2 *litter* ◇ *Hay mucha basura en la calle.* There's a lot of litter in the street.

el **basurero** SUSTANTIVO

1 *dustman* (*persona*) (PL *dustmen*)

2 *rubbish dump* (*vertedero*)

3 *rubbish bin* Chile, Mexico

la **bata** SUSTANTIVO

1 *dressing gown*

2 *lab coat* (*de laboratorio*)

la **batalla** SUSTANTIVO

battle

la **batería** SUSTANTIVO

1 *battery* (PL *batteries*) ◇ *Se ha agotado la batería.* The battery is flat.

2 *drums* PL ◇ *¿Tocas la batería?* Do you play the drums?

◆ **aparcar en batería** to park at an angle to the kerb

◆ **una batería de cocina** a set of kitchen equipment

3 *drummer* (*en grupo*) ◇ *La batería del grupo se llama Amanda.* The group's drummer is called Amanda.

el **batería** SUSTANTIVO

drummer ◇ *El batería del grupo se llama Juan.* The group's drummer is called Juan.

el **batido** SUSTANTIVO

milkshake ◇ *un batido de fresa* a strawberry milkshake

la **batidora** SUSTANTIVO

mixer

batir VERBO

1 *to beat* (*un huevo*)

2 *to whip* (*nata*)

3 *to break* (*un récord*)

el **baúl** SUSTANTIVO

1 *chest* (*para ropa*)

2 *trunk* (*para viajar*)

3 *boot* (*de un coche*) River Plate

el **bautizo** SUSTANTIVO

christening

la **bayeta** SUSTANTIVO

cloth

◆ **¿Has pasado la bayeta por la mesa?** Have you wiped the table?

el **bebe,** la **beba** SUSTANTIVO

River Plate

baby (PL *babies*)

el **bebé** (PL los **bebés**) SUSTANTIVO

baby (PL *babies*)
el **bebedero** SUSTANTIVO
Chile, Mexico
drinking fountain
beber VERBO
to drink ◇ *No bebo alcohol.* I don't drink alcohol.
★ **Se bebió la leche de un trago.** He drank the milk in one gulp.
la **bebida** SUSTANTIVO
drink
★ **bebidas alcohólicas** alcoholic drinks
bebido ADJETIVO
drunk
★ **estar bebido** to be drunk
la **beca** SUSTANTIVO
1 *grant* (ayuda económica general)
2 *scholarship* (dada por méritos o en concurso)
el **béisbol** SUSTANTIVO
baseball
el **belén** SUSTANTIVO (PL los **belenes**)
crib
la **belga** ADJETIVO, SUSTANTIVO
Belgian
Bélgica SUSTANTIVO FEM
Belgium
la **belleza** SUSTANTIVO
beauty (PL *beauties*)
bendecir* VERBO
to bless
la **bendición** SUSTANTIVO (PL las **bendiciones**)
blessing
beneficiar VERBO
to benefit
★ **beneficiarse de algo** to benefit from something
el **beneficio** SUSTANTIVO
profit ◇ *Obtuvieron un beneficio de 4.000 millones de pesetas.* They made a profit of 4000 million pesetas.
★ **No han tenido beneficios este año.** They didn't make any profit this year.
★ **sacar beneficio de algo** to benefit from something ◇ *Seguro que espera sacar algún beneficio.* He definitely expects to benefit from it.
★ **a beneficio de** in aid of ◇ *un concierto a beneficio de las víctimas del terremoto* a concert in aid of the earthquake victims
benéfico ADJETIVO
charity (PL *charities*)
charity en este caso va siempre delante del sustantivo.
◇ *un concierto benéfico* a charity concert
el **berberecho** SUSTANTIVO
cockle
la **berenjena** SUSTANTIVO
aubergine
las **bermudas** SUSTANTIVO
Bermuda shorts
★ **unas bermudas** a pair of Bermuda shorts
la **berza** SUSTANTIVO
cabbage

besar VERBO
to kiss
★ **Ana y Pepe se besaron.** Ana and Pepe kissed each other.
el **beso** SUSTANTIVO
kiss (PL *kisses*)
★ **dar un beso a alguien** to give somebody a kiss
la **bestia** SUSTANTIVO
beast
bestia ADJETIVO
★ **¡Qué bestia eres!** You're so rough! (coloquial)
★ **Tiró de él a lo bestia.** He pulled him roughly.
el **besugo** SUSTANTIVO
sea bream
el **betún** SUSTANTIVO
shoe polish
el **biberón** (PL los **biberones**) SUSTANTIVO
baby's bottle ◇ *¿Has visto el biberón?* Have you seen the baby's bottle?
★ **Voy a dar el biberón al niño.** I'm going to give the baby his bottle.
la **Biblia** SUSTANTIVO
Bible
la **biblioteca** SUSTANTIVO
library (PL *libraries*)
el **bicarbonato** SUSTANTIVO
bicarbonate
el **bicho** SUSTANTIVO
insect ◇ *Me ha picado un bicho.* I've been bitten by an insect.
★ **un bicho raro** an oddball (coloquial)
la **bici** SUSTANTIVO
bike
la **bicicleta** SUSTANTIVO
bicycle
★ **una bicicleta de montaña** a mountain bike
el **bidé** (PL los **bidés**) SUSTANTIVO
bidet
el **bidón** (PL los **bidones**) SUSTANTIVO
drum
el **bien** SUSTANTIVO
1 *good* ◇ *Lo digo por tu bien.* I'm telling you for your own good.
2 *to do good*
★ **los bienes** possessions ◇ *todos los bienes de la familia* all the family's possessions
bien ADVERBIO
1 *well* ◇ *Habla bien el español.* He speaks Spanish well. ◇ *Viven bien.* They live well. ◇ *El traje me está bien.* The suit fits me well.
2 *good*
Con verbos que expresan una sensación física.
◇ *Huele bien.* It smells good. ◇ *Sabe bien.* It tastes good.
★ **Has contestado bien.** You gave the right answer.
★ **Lo pasamos muy bien.** We had a very good time.
3 *very*
Cuando acompaña a un adjetivo.

◇ **un café bien caliente** a very hot coffee

* **¿Estás bien?** Are you OK?
* **¡Está bien! Lo haré.** OK! I'll do it.
* **Ese libro está muy bien.** That's a very good book.
* **Está muy bien que ahorres dinero.** It's good that you're saving.
* **¡Eso no está bien!** That's not very nice!
* **Hiciste bien en decírselo.** You were right to tell him.
* **¡Ya está bien!** That's enough!
* **¡Qué bien!** Excellent!

el **bienestar** SUSTANTIVO
  well-being

la **bienvenida** SUSTANTIVO
* **dar la bienvenida a alguien** to welcome somebody
* **una fiesta de bienvenida** a welcome party

bienvenido (1) ADJETIVO
  welcome ◇ *Siempre serás bienvenido aquí.* You will always be welcome here.

bienvenido (2) EXCLAMACIÓN
  welcome!

el **bife** SUSTANTIVO
  Chile, River Plate
  steak

la **bifurcación** SUSTANTIVO (PL las bifurcaciones)
  fork

el **bigote** SUSTANTIVO
  moustache

bilingüe ADJETIVO
  bilingual

el **billar** SUSTANTIVO
  billiards SING ◇ *El billar es un juego difícil.* Billiards is a difficult game.
* **el billar americano** pool

el **billete** SUSTANTIVO
  1 *ticket* ◇ *un billete de metro* an underground ticket
* **sacar un billete** to buy a ticket
* **un billete de ida y vuelta** a return ticket
  2 *note* ◇ *un billete de mil pesetas* a thousand peseta note

el **billón** (PL los billones) SUSTANTIVO
* **un billón** a million millions
  La palabra **billion** equivale a mil millones.

el **bingo** SUSTANTIVO
  1 *bingo* ◇ *jugar al bingo* to play bingo
  2 *bingo hall* ◇ *Van a abrir un bingo aquí.* They're opening a bingo hall here.

biodegradable ADJETIVO
  biodegradable

la **biografía** SUSTANTIVO
  biography (PL biographies)

la **biología** SUSTANTIVO
  biology

el **biombo** SUSTANTIVO
  folding screen

el **biquini** SUSTANTIVO
  bikini (PL bikinis)

la **birome** SUSTANTIVO
  River Plate

  ballpoint pen

la **birria** SUSTANTIVO
  (coloquial)
* **ser una birria** to be rubbish ◇ *Esta película es una birria.* This film is rubbish.

la **bisabuela** SUSTANTIVO
  great-grandmother

el **bisabuelo** SUSTANTIVO
  great-grandfather
* **mis bisabuelos** my great-grandparents

la **bisagra** SUSTANTIVO
  hinge

bisiesto ADJETIVO
* **un año bisiesto** a leap year

la **bisnieta** SUSTANTIVO
  great-granddaughter

el **bisnieto** SUSTANTIVO
  great-grandson
* **tus bisnietos** your great-grandchildren

el **bistec** SUSTANTIVO (PL los bistecs)
  steak

la **bisutería** SUSTANTIVO
  costume jewellery
* **Son de bisutería.** They're costume jewellery.

bizco ADJETIVO
  cross-eyed

el **bizcocho** SUSTANTIVO
  sponge cake

blanco ADJETIVO
  white ◇ *un vestido blanco* a white dress

el **blanco** SUSTANTIVO
  white ◇ *Me gusta el blanco.* I like white.
* **dar en el blanco** to hit the target
* **dejar algo en blanco** to leave something blank ◇ *Dejé el examen en blanco.* I left the exam paper blank.
* **Cuando iba a responder me quedé en blanco.** Just as I was about to reply my mind went blank.

blando ADJETIVO
  1 *soft* ◇ *Este colchón es muy blando.* This mattress is very soft.
  2 *easy* ◇ *Es muy blando con sus alumnos.* He's very easy on his pupils.

el **bloc** SUSTANTIVO (PL los blocs)
  writing pad
* **un bloc de dibujo** a drawing pad

el **bloque** SUSTANTIVO
  block
* **un bloque de pisos** a block of flats

bloquear VERBO
  to block ◇ *La nieve bloqueó las carreteras.* The snow blocked the roads.

la **blusa** SUSTANTIVO
  blouse

la **bobada** SUSTANTIVO
* **hacer bobadas** to do stupid things ◇ *Cuando está borracho no para de hacer bobadas.* When he's drunk he's always doing stupid things.
* **Este programa es una bobada.** This programme is stupid.

→ decir bobadas to talk nonsense

la **bobina** SUSTANTIVO
reel

bobo ADJETIVO
silly

la **boca** SUSTANTIVO
mouth ◇ *No debes hablar con la boca llena.* You shouldn't talk with your mouth full. ◇ *No abrió la boca en toda la tarde.* He didn't open his mouth all afternoon.
→ boca abajo face down
→ boca arriba face up
→ Me quedé con la boca abierta. I was dumbfounded.
→ la boca del metro the entrance to the underground

la **bocacalle** SUSTANTIVO
→ Es una bocacalle del Paseo Central. It's a side street off the Paseo Central.
→ La primera bocacalle a la derecha. The first road on the right.

el **bocadillo** SUSTANTIVO
→ Ya me he comido el bocadillo. I've already had my roll.
→ un bocadillo de queso a cheese baguette

el **bocado** SUSTANTIVO
[1] *bite* ◇ *Le he dado sólo un bocado a tu tortilla.* I've only had a bite out of your omelette.
→ No he probado bocado desde ayer. I haven't had a bite to eat since yesterday.
[2] *mouthful* ◇ *Intentaba hablar entro bocado y bocado.* I was trying to talk between mouthfuls.

el **bocata** SUSTANTIVO = **bocadillo**

el **bochorno** SUSTANTIVO
→ Hace bochorno. It's muggy.

la **bocina** SUSTANTIVO
[1] *horn* (*del coche*)
[2] *to sound the horn*
[3] *receiver* (*del teléfono*) Chile, River Plate

la **boda** SUSTANTIVO
wedding ◇ *Me han invitado a su boda.* They have invited me to their wedding.
→ las bodas de oro golden wedding SING
→ las bodas de plata silver wedding SING

la **bodega** SUSTANTIVO
[1] *cellar* (*de una casa*)
[2] *wine cellar* (*para guardar el vino*)
[3] *wine shop* (*para vender vino*)
[4] *hold* (*de un avión*)

la **bofetada** SUSTANTIVO
slap ◇ *dar una bofetada a alguien* to give somebody a slap

el **boicot** SUSTANTIVO (PL los **boicots**)
boycott
→ hacer el boicot a algo to boycott something

la **boina** SUSTANTIVO
beret

la **bola** SUSTANTIVO
ball
→ una bola de nieve a snowball

la **bolera** SUSTANTIVO
bowling alley

la **boletería** SUSTANTIVO
Latin America
ticket office

el **boletín** (PL los **boletines**) SUSTANTIVO
bulletin
→ un boletín informativo a news bulletin

el **boleto** SUSTANTIVO
ticket ◇ *un boleto de lotería* a lottery ticket ◇ *un boleto de quinielas* a pools coupon

el **boli** SUSTANTIVO
pen

el **bolígrafo** SUSTANTIVO
pen

el **bolillo** SUSTANTIVO
Mexico
bun

Bolivia SUSTANTIVO FEM
Bolivia

el **boliviano**, la **boliviana** ADJETIVO, SUSTANTIVO
Bolivian

el **bollo** SUSTANTIVO
[1] *bun* ◇ *Me he comido un bollo para desayunar.* I had a bun for breakfast.
[2] *dent* ◇ *Tengo el coche lleno de bollos.* My car is full of dents.

los **bolos** SUSTANTIVO
[1] *bowls* SING (*juego al aire libre*)
[2] *tenpin bowling* SING (*juego en bolera*)

la **bolsa** SUSTANTIVO
[1] *bag* ◇ *una bolsa de plástico* a plastic bag
→ una bolsa de deportes a sports bag
→ una bolsa de viaje a travel bag
[2] *handbag* Mexico
→ la Bolsa the Stock Exchange

el **bolsillo** SUSTANTIVO
pocket ◇ *Sacó las llaves del bolsillo.* He took the keys out of his pocket.
→ un libro de bolsillo a paperback

el **bolso** SUSTANTIVO
bag

la **bomba** SUSTANTIVO
[1] *bomb* ◇ *la bomba atómica* the atomic bomb
[2] *pump* ◇ *una bomba de agua* a water pump
→ pasarlo bomba to have a brilliant time

la **bombacha** SUSTANTIVO
River Plate
panties PL

bombardear VERBO
to bombard
→ bombardear a alguien a preguntas to bombard somebody with questions

el **bombero** SUSTANTIVO
fireman (PL *firemen*)
→ llamar a los bomberos to call the fire brigade

la **bombilla** SUSTANTIVO
lightbulb

la **bombita** SUSTANTIVO

River Plate
  lightbulb
el **bombo** SUSTANTIVO
  bass drum
el **bombón** SUSTANTIVO (PL los **bombones**)
  chocolate
la **bombona** SUSTANTIVO
  gas cylinder
la **bondad** SUSTANTIVO
  kindness ◇ *un acto de bondad* an act of
  kindness
  ◆ **¿Tendría la bondad de...?** Would you be so
  kind as to...?
el **boniato** SUSTANTIVO
  sweet potato (PL *sweet potatoes*)
  bonito ADJETIVO
  pretty ◇ *una casa muy bonita* a very
  pretty house
el **bonito** SUSTANTIVO
  tuna (PL *tuna* o *tunas*)
el **bonobús** SUSTANTIVO (PL los **bonobuses**)
  bus pass (PL *bus passes*)
el **boquerón** SUSTANTIVO (PL los **boquerones**)
  anchovy (PL *anchovies*)
el **boquete** SUSTANTIVO
  hole ◇ *Abrieron un boquete en el muro.*
  They made a hole in the wall.
la **borda** SUSTANTIVO
  ◆ **echar algo por la borda** to throw
  something overboard
  bordar VERBO
  to embroider
el **borde** SUSTANTIVO
  edge ◇ *al borde de la mesa* at the edge of
  the table
  ◆ **estar al borde de algo** to be on the verge of
  something
  borde ADJETIVO
  ◆ **¡No seas borde!** Don't be so horrible!
el **bordillo** SUSTANTIVO
  kerb ◇ *Los coches no pueden subirse al*
  bordillo. Cars are not allowed onto the kerb.
el **bordo** SUSTANTIVO
  ◆ **subir a bordo** to get on board
la **borrachera** SUSTANTIVO
  ◆ **coger una borrachera** to get drunk
  borracho ADJETIVO
  drunk ◇ *Estás borracho.* You're drunk.
el **borrador** SUSTANTIVO
  ① *rough draft* ◇ *Escribe primero un*
  borrador. First write a rough draft.
  ② *duster* ◇ *Usó un trapo como borrador.*
  He used a rag as a duster.
  borrar VERBO
  ① *to rub out* ◇ *Borra toda la palabra.*
  Rub out the whole word.
  ② *to clean* ◇ *Borra la pizarra.* Clean the
  blackboard.
  ③ *to wipe* ◇ *No borres esa cinta.* Don't
  wipe that tape.
  ◆ **borrarse de (1)** to take one's name off
  ◇ *Voy a borrarme de la lista.* I'm going to
  take my name off the list.

◆ **borrarse de (2)** to leave ◇ *Se borró del*
  club. He left the club.
la **borrasca** SUSTANTIVO
  ◆ **Viene una borrasca por el Atlántico.**
  There's low pressure over the Atlantic.
el **borrón** (PL los **borrones**) SUSTANTIVO
  stain
  borroso ADJETIVO
  blurred ◇ *Lo veo muy borroso.* It looks
  very blurred.
  Bosnia SUSTANTIVO FEM
  Bosnia
el **bosnio**, la **bosnia** ADJETIVO, SUSTANTIVO
  Bosnian
el **bosque** SUSTANTIVO
  ① *wood* (*pequeño*)
  ② *forest* (*más grande*)
  bostezar* VERBO
  to yawn
la **bota** SUSTANTIVO
  boot
  ◆ **unas botas de agua** a pair of wellingtons
  ◆ **una bota de vino** a wineskin
la **botana** SUSTANTIVO
  Mexico
  snack
la **botánica** SUSTANTIVO
  botany
  botánico ADJETIVO
  botanical
  botar VERBO
  ① *to bounce* ◇ *Esta pelota no bota.* This
  ball isn't bouncing.
  ② *to jump* ◇ *Botar de alegría.* To jump
  with joy.
  ③ *to throw out* Latin America ◇ *Boté los*
  libros. I threw the books out.
el **bote** SUSTANTIVO
  ① *can* (*de bebidas*)
  ② *tin* (*de pintura*)
  ③ *jar* (*de mermelada*)
  ④ *boat* (*barco*)
  ◆ **un bote salvavidas** a lifeboat
  ◆ **pegar un bote** to jump
la **botella** SUSTANTIVO
  bottle
el **botellín** SUSTANTIVO (PL los **botellines**)
  bottle ◇ *un botellín de cerveza* a bottle of
  beer
el **botijo** SUSTANTIVO
  A **botijo** *is an earthenware water container with*
  spouts.
el **botín** SUSTANTIVO (PL los **botines**)
  ① *ankle boot* (*bota*)
  ② *haul* (*de un robo*)
el **botiquín** SUSTANTIVO (PL los **botiquines**)
  ① *medicine cupboard* (*armario*)
  ② *first-aid kit* (*conjunto de medicinas*)
  ③ *sick bay* (*enfermería*)
el **botón** SUSTANTIVO (PL los **botones**)
  button ◇ *He perdido un botón de la*
  camisa. I've lost a button off my shirt.
  ◆ **pulsar un botón** to press a button

bóveda SUSTANTIVO
vault

boxeador, la **boxeadora** SUSTANTIVO
boxer

boxear VERBO
to box

boxeo SUSTANTIVO
boxing

bozal SUSTANTIVO
muzzle

bragas SUSTANTIVO
knickers
* **unas bragas** a pair of knickers

bragueta SUSTANTIVO
fly (PL *flies*)

brasa SUSTANTIVO
* **carne a la brasa** barbecued meat
* **las brasas** the embers

brasier SUSTANTIVO
Mexico
bra

Brasil SUSTANTIVO MASC
Brazil

brasileño, la **brasileña** ADJETIVO, SUSTANTIVO
Brazilian

brasilero, la **brasilera** ADJETIVO, SUSTANTIVO
Latin America = **brasileño**

bravo (1) ADJETIVO
* **un toro bravo** a fighting bull

bravo (2) EXCLAMACIÓN
well done!

braza SUSTANTIVO
breaststroke
* **nadar a braza** to do the breaststroke

brazalete SUSTANTIVO
bracelet

brazo SUSTANTIVO
arm ◇ *Me duele el brazo.* My arm hurts.
◇ *Estaba sentada con los brazos cruzados.*
She was sitting with her arms folded.
* **ir del brazo** to walk arm-in-arm
* **un brazo de gitano** a swiss roll

brecha SUSTANTIVO
opening (en un muro)
* **Me he hecho una brecha en la cabeza.** I've
split my head open.

breve ADJETIVO
[1] *brief* ◇ *por breves momentos* for a few
brief moments ◇ *Para no aburrirlos seré
breve.* To avoid boring you I will be brief.
[2] *short* ◇ *un relato breve* a short story
* **en breve** shortly

bricolaje SUSTANTIVO
DIY ◇ *una tienda de bricolaje* a DIY shop

brillante ADJETIVO
[1] *shiny* ◇ *Tenía el pelo brillante.* Her hair
was shiny.
* **El coche estaba brillante.** The car was
shining.
* **blanco brillante** brilliant white
[2] *outstanding* ◇ *una brillante victoria* an
outstanding victory ◇ *un alumno brillante*

an outstanding student

el **brillante** SUSTANTIVO
diamond

brillar VERBO
[1] *to shine* (muebles, metal) ◇ *Hoy brilla el
sol.* The sun is shining today.
[2] *to sparkle* (diamantes, agua)
* **¡Cómo brilla esa bombilla!** That bulb is so
bright!

el **brillo** SUSTANTIVO
[1] *shine* (de muebles, metal)
[2] *sparkle* (de joyas)
* **La pantalla tiene mucho brillo.** The screen
is too bright.
* **sacar brillo a algo** to polish something

brincar* VERBO
to jump up and down ◇ *¡Deja de
brincar!* Stop jumping up and down!
* **brincar de alegría** to jump for joy

el **brinco** SUSTANTIVO
* **pegar un brinco** to jump
* **Bajé tres escalones de un brinco.** I
jumped down three steps.

brindar VERBO
* **brindar por** to drink a toast to ◇ *Brindaron
por los novios.* They drank a toast to the
newly-weds.
* **brindarse a hacer algo** to offer to do
something ◇ *Se brindó a ayudarme.* He
offered to help me.

el **brindis** SUSTANTIVO (PL los **brindis**)
toast
* **hacer un brindis** to make a toast

la **brisa** SUSTANTIVO
breeze

británico ADJETIVO
British

el **británico,** la **británica** SUSTANTIVO
British person
* **los británicos** the British

la **brocha** SUSTANTIVO
[1] *paintbrush* (para pintar) (PL
paintbrushes)
[2] *shaving brush* (para afeitarse) (PL
shaving brushes)

el **broche** SUSTANTIVO
[1] *brooch* (joya) (PL *brooches*)
[2] *clasp* (de un collar, pulsera)

la **broma** SUSTANTIVO
joke
* **gastar una broma a alguien** to play a joke
on someone
* **decir algo en broma** to say something as a
joke
* **una broma pesada** a practical joke

bromear VERBO
to joke

el/la **bromista** SUSTANTIVO
joker

la **bronca** SUSTANTIVO
[1] *row* (pelea) ◇ *Tuvieron una bronca muy
gorda.* They had a huge row.
* **echar una bronca a alguien** to tell
somebody off

  2 *fuss* (*escándalo*)
* **armar una bronca** to kick up a fuss

el **bronce** SUSTANTIVO
  bronze

bronceado ADJETIVO
  tanned

el **bronceado** SUSTANTIVO
  suntan

el **bronceador** SUSTANTIVO
  suntan lotion

la **bronquitis** SUSTANTIVO
  bronchitis

brotar VERBO
  to sprout

bruces ADVERBIO
* **Me caí de bruces.** I fell flat on my face.

la **bruja** SUSTANTIVO
  witch (PL *witches*)

el **brujo** SUSTANTIVO
  wizard

la **brújula** SUSTANTIVO
  compass (PL *compasses*)

la **bruma** SUSTANTIVO
  mist

brusco ADJETIVO
  1 *sudden* ◇ *un movimiento brusco* a sudden movement
  2 *abrupt* ◇ *una persona brusca* an abrupt person

bruto ADJETIVO
  gross ◇ *el salario bruto* gross salary
* **¡No seas bruto!** Don't be so rough!
* **un diamante en bruto** a rough diamond

bucear VERBO
  to dive

buen ADJETIVO = **bueno**

bueno ADJETIVO
  good ◇ *Es un buen libro.* It's a good book.
  ◇ *Hace buen tiempo.* The weather's good.
  ◇ *Tiene buena voz.* She has a good voice.
  ◇ *Es buena persona.* He's a good person.
  ◇ *un buen trozo* a good slice ◇ *Le eché un buen rapapolvo.* I gave him a good telling-off.
* **ser bueno para** to be good for ◇ *Esta bebida es buena para la salud.* This drink is good for your health.
* **Está muy bueno este bizcocho.** This sponge cake is lovely.
* **Lo bueno fue que ni siquiera quiso venir.** The best thing was that he didn't even want to come.
* **¡Bueno! (1)** (*para aceptar una sugerencia*) OK!
* **¡Bueno! (2)** (*al teléfono*) Mexico Hello!
* **Bueno. ¿Y qué?** Well?
* **¡Buenas! (1)** (*buenos días*) Good morning!
* **¡Buenas! (2)** (*buenas tardes*) Good afternoon!
* **¡Buenas! (3)** (*buenas noches*) Good evening!
* **Irás por las buenas o por las malas.** You'll go whether you like it or not.

el **buey** SUSTANTIVO
  ox (PL *oxen*)

la **bufanda** SUSTANTIVO

  scarf (PL *scarves*)

el **bufete** SUSTANTIVO
* **un bufete de abogados** a legal practice

el **buffet** SUSTANTIVO (PL los **buffets**)
  buffet
* **buffet libre** free buffet

la **buhardilla** SUSTANTIVO
  attic

el **búho** SUSTANTIVO
  owl

el **buitre** SUSTANTIVO
  vulture

la **bujía** SUSTANTIVO
  spark plug

Bulgaria SUSTANTIVO FEM
  Bulgaria

el **búlgaro,** la **búlgara** ADJETIVO, SUSTANTIVO
  Bulgarian

el **búlgaro** SUSTANTIVO
  Bulgarian (*idioma*)

el **bulto** SUSTANTIVO
  1 *lump* ◇ *Tengo un bulto en la frente.* I have a lump on my forehead.
  2 *figure* ◇ *Sólo vi un bulto.* I only saw a figure.
* **Llevábamos muchos bultos.** We were carrying a lot of bags.

el **buñuelo** SUSTANTIVO
  doughnut

BUP SUSTANTIVO MASC (= *Bachillerato Unificado y Polivalente*)
  The **BUP** *was a three-year secondary course leading to university.*

el **buque** SUSTANTIVO
  ship
* **un buque de guerra** a warship

la **burbuja** SUSTANTIVO
  bubble ◇ *Este jabón hace muchas burbujas.* This soap makes lots of bubbles.
* **un refresco sin burbujas** a still drink
* **un refresco con burbujas** a fizzy drink

la **burla** SUSTANTIVO
* **hacer burla de alguien** to make fun of someone

burlarse VERBO
* **burlarse de alguien** to make fun of someone

el **buró** SUSTANTIVO
  Mexico (PL los **burós**)
  bedside table

la **burocracia** SUSTANTIVO
  bureaucracy (PL *bureaucracies*)

la **burrada** (*coloquial*) SUSTANTIVO
* **hacer burradas** to do stupid things ◇ *No hagas burradas con el coche.* Don't do anything stupid with the car.

el **burro** SUSTANTIVO
  1 *donkey* (*animal*) (PL *donkeys*)
  2 *idiot* (*persona*) ◇ *Eres un burro.* You're an idiot.

burro ADJETIVO
  1 *thick* (*estúpido*)
  2 *rough* (*bruto*)

---

* Verbs marked with this symbol are irregular. See pages 332–333 for further details

busca SUSTANTIVO
- **en busca de** in search of

busca SUSTANTIVO
- _bleeper_

buscar* VERBO
- _to look for_ ◇ _Estoy buscando las gafas._ I'm looking for my glasses. ◇ _Ana busca trabajo._ Ana's looking for work.
- **Te voy a buscar a la estación.** I'll come and get you at the station.
- **Mi madre siempre me viene a buscar al colegio en coche.** My mother always picks me up from school in the car.
- **buscar una palabra en el diccionario** to look up a word in the dictionary

- **Él se lo ha buscado.** He was asking for it.

la **búsqueda** SUSTANTIVO
- _search_ (PL _searches_)

la **butaca** SUSTANTIVO
- 1 _armchair_ (_sillón_)
- 2 _seat_ (_en el cine_)

el **butano** SUSTANTIVO
- _bottled gas_
- **color butano** bright orange

el **buzo** SUSTANTIVO
- _diver_

el **buzón** SUSTANTIVO (PL los **buzones**)
- 1 _letterbox_ (_en casa_) (PL _letterboxes_)
- 2 _postbox_ (_en la calle_) (PL _postboxes_)
- **echar una carta al buzón** to post a letter

B

C

C

C/ ABREVIATURA (= _calle_)
- _St_ (= Street)

caballero SUSTANTIVO
- _gentleman_ (PL _gentlemen_) ◇ _damas y caballeros_ ladies and gentlemen
- **¿Dónde está la sección de caballeros?** Where is the men's department?
- **"Caballeros"** (_en aseos_) "Gents"

caballo SUSTANTIVO
- 1 _horse_
- **¿Te gusta montar a caballo?** Do you like riding?
- **un caballo de carreras** a racehorse
- 2 _knight_ (_en ajedrez_)

cabaña SUSTANTIVO
- _hut_

cabello SUSTANTIVO
- _hair_

caber* VERBO
- _to fit_ ◇ _Tu guitarra no cabe en mi armario._ Your guitar won't fit in my cupboard.
- **En mi coche caben dos maletas más.** There's room for two more suitcases in my car.
- **No cabe nadie más.** There's no room for anyone else.

cabeza SUSTANTIVO
- _head_ ◇ _Se arrascó la cabeza._ He scratched his head.
- **Al oírlos volví la cabeza.** When I heard them I looked round.
- **Se tiró al agua de cabeza.** He dived headfirst into the water.
- **estar a la cabeza de la clasificación** to be at the top of the league

cabina SUSTANTIVO
- 1 _phone box_ (_de teléfonos_) (PL _phone boxes_)
- 2 _booth_ (_de disc-jockey, intérprete_) (PL _booths_)
- 3 _cockpit_ (_del piloto_)

- 4 _cubicle_ (_en vestuarios_)

el **cable** SUSTANTIVO
- _cable_

el **cabo** SUSTANTIVO
- 1 _cape_
- **Cabo Cañaveral** Cape Canaveral
- 2 _corporal_ (_en el ejército_)
- **al cabo de dos días** after two days
- **llevar algo a cabo** to carry something out

la **cabra** SUSTANTIVO
- _goat_
- **¡Estás como una cabra!** You're crazy! (_coloquial_)

cabrá VERBO _ver_ **caber**

cabreado ADJETIVO
- _annoyed_

cabrear VERBO
- **Lo que más me cabrea es que me mientas.** What really annoys me is when you lie to me.
- **cabrearse** to get annoyed

la **caca** SUSTANTIVO
- **hacer caca (1)** (_en lenguaje infantil_) to do a pooh
- **hacer caca (2)** (_entre adultos_) to go to the loo

el **cacahuate** SUSTANTIVO
- _Mexico_
- _peanut_

el **cacahuete** SUSTANTIVO
- _peanut_

el **cacao** SUSTANTIVO
- 1 _cocoa_ (_polvo_)
- 2 _lipsalve_ (_para los labios_)

la **cacerola** SUSTANTIVO
- _saucepan_

el **cacharro** SUSTANTIVO
- **los cacharros** the pots and pans

el **cachondeo** SUSTANTIVO
- **Las clases eran un cachondeo.** The classes were a joke. (_coloquial_)
- **No le hagas caso, está de cachondeo.**

Don't pay any attention to him, he's having you on. *(coloquial)*

el **cachorro**, la **cachorra** SUSTANTIVO
1. *puppy* *(de perro)* (PL *puppies*)
2. *cub* *(de león, lobo)*

el **cactus** SUSTANTIVO (PL los **cactus**)
cactus (PL *cacti*)

cada ADJETIVO
1. *each* ◇ *Cada libro es de un color distinto.* Each book is a different colour. ◇ *Le di un caramelo a cada niño.* I gave a sweet to each child.
- **cada uno** each one
2. *every* *(con tiempo, números)* ◇ *cada año* every year ◇ *cada diez kilómetros* every ten kilometres ◇ *cada vez que la veo* every time I see her ◇ *uno de cada diez* one out of every ten
- **Viene cada vez más gente.** More and more people are coming.
- **Viene cada vez menos.** He comes less and less often.
- **Cada vez hace más frío.** It's getting colder and colder.
- **¿Cada cuánto vas al dentista?** How often do you go to the dentist?

el **cadáver** SUSTANTIVO
corpse

la **cadena** SUSTANTIVO
1. *chain* ◇ *una cadena de oro* a gold chain
- **una reacción en cadena** a chain reaction
- **tirar de la cadena del wáter** to flush the toilet
- **la cadena de montaje** the assembly line
2. *channel* ◇ *Por la cadena 3 dan una película.* There's a film on channel 3.
- **cadena perpetua** life imprisonment

la **cadera** SUSTANTIVO
hip

caducar* VERBO
to expire *(pasaporte, carnet)*
- **Esta leche está caducada.** This milk is past its sell-by date.

caer* VERBO
to fall ◇ *Me hice daño al caer.* I fell and hurt myself.
- **El avión cayó al mar.** The plane came down in the sea.
- **Su cumpleaños cae en viernes.** Her birthday falls on a Friday.
- **caerse** to fall ◇ *Tropecé y me caí.* I tripped and fell.
- **El niño se cayó de la cama.** The child fell out of bed.
- **No te vayas a caer del caballo.** Be careful not to fall off the horse.
- **Se cayó por la ventana.** He fell out of the window.
- **Se me cayeron las monedas.** I dropped the coins.
- **¡No caigo!** I don't get it!
- **Su hermano me cae muy bien.** I really like

his brother.

el **café** SUSTANTIVO (PL los **cafés**)
1. *coffee*
- **un café con leche** a white coffee
- **un café solo** a black coffee
2. *café* *(establecimiento)*
En Gran Bretaña no se venden bebidas alcohólicas en los cafés y éstos cierran, por lo general, a las 5.30 p.m.

la **cafetera** SUSTANTIVO
coffee pot

la **cafetería** SUSTANTIVO
café

cagar* VERBO
to have a crap *(vulgar)*

caigo VERBO *ver* **caer**

el **caimán** SUSTANTIVO (PL los **caimanes**)
alligator

la **caja** SUSTANTIVO
1. *box* (PL *boxes*) ◇ *una caja de zapatos* a shoe box
2. *case* *(de vino, champán)*
3. *crate* *(de cervezas, refrescos)*
4. *checkout* *(en supermercado)*
5. *till* *(en tienda, restaurante)*
6. *cash desk* *(en banco)*
- **la caja de ahorros** the savings bank
- **la caja de cambios** the gearbox
- **la caja fuerte** the safe

el **cajero** SUSTANTIVO
- **un cajero automático** a cash dispenser

el **cajero**, la **cajera** SUSTANTIVO
- **Trabajo de cajera en un supermercado.** I work on the checkout in a supermarket.

el **cajón** SUSTANTIVO (PL los **cajones**)
1. *drawer* *(de mueble)*
2. *crate* *(para embalaje)*
3. *coffin* *(ataúd)* Latin America

la **cajuela** SUSTANTIVO
Mexico
boot

la **cala** SUSTANTIVO
cove

el **calabacín** SUSTANTIVO (PL los **calabacines**)
courgette

la **calabacita** SUSTANTIVO
Mexico
courgette

la **calabaza** SUSTANTIVO
pumpkin

calado ADJETIVO
soaked ◇ *Estaba calado hasta los huesos.* He was soaked to the skin.

el **calamar** SUSTANTIVO
squid
- **calamares a la romana** squid fried in batter

el **calambre** SUSTANTIVO
1. *cramp* ◇ *Tengo un calambre en la pierna.* I've got cramp in my leg.
2. *electric shock* ◇ *Si tocas el cable te dará calambre.* If you touch the cable you'll get an electric shock.

calar VERBO

---

to soak ◇ *La lluvia me caló hasta los huesos.* I got soaked to the skin in the rain.
- **Se le caló el coche.** He stalled the car.

la **calavera** SUSTANTIVO
skull

calcar* VERBO
to trace
- **Es calcado a su abuelo.** He's the spitting image of his grandfather.

el **calcetín** SUSTANTIVO (PL los **calcetines**)
sock

el **calcio** SUSTANTIVO
calcium

la **calculadora** SUSTANTIVO
calculator

calcular VERBO
to calculate ◇ *Calculé lo que nos costaría.* I calculated what it would cost us.
- **Calculo que nos llevará unos tres días.** I reckon that it will take us around three days.

el **cálculo** SUSTANTIVO
calculation
- **según mis cálculos** according to my calculations

el **caldo** SUSTANTIVO
broth ◇ *Yo tomaré el caldo de verduras.* I'll take the vegetable broth.
- **una pastilla de caldo** a stock cube

la **calefacción** SUSTANTIVO
heating **calefacción central** central heating

el **calendario** SUSTANTIVO
calendar

el **calentador** SUSTANTIVO
heater

el **calentamiento** SUSTANTIVO
- **el calentamiento del planeta** global warming
- **ejercicios de calentamiento** warm-up exercises

calentar* VERBO
  1. *to heat up* (comida, agua) ◇ *¿Quieres que te caliente la leche?* Do you want me to heat up the milk for you?
  2. *to warm up* (habitación)
- **calentarse (1)** (comida, agua) to heat up ◇ *Espera a que se caliente el agua.* Wait for the water to heat up.
- **calentarse (2)** (habitación, persona) to warm up ◇ *Deja que se caliente el motor.* Let the engine warm up.

la **calentura** SUSTANTIVO
  1. *temperature* ◇ *Tiene un poco de calentura.* He's got a bit of a temperature.
  2. *cold sore* (en los labios)

la **calidad** SUSTANTIVO
quality (PL *qualities*) ◇ *Lo que importa es la calidad.* What matters is quality.

caliente (1) VERBO *ver* **calentar**

caliente (2) ADJETIVO
  1. *hot*
  Cuando nos referimos a una temperatura que puede quemar.
  ◇ *Esta sopa está muy caliente.* This soup is very hot.
  2. *warm*
  Cuando nos referimos a algo que está templado, que no quema o que no está suficientemente frío.
  ◇ *¡Esta cerveza está caliente!* This beer is warm!
- **Mi habitación está calentita.** My room is nice and warm.

la **calificación** SUSTANTIVO (PL las **calificaciones**)
mark (nota escolar) ◇ *Siempre saca buenas calificaciones.* He always gets good marks.
- **boletín de calificaciones** school report

calificar* VERBO
to mark ◇ *El profesor califica los ejercicios.* The teacher marks the exercises.
- **Me calificó con sobresaliente.** He gave me an A.

callado ADJETIVO
quiet ◇ *Estuvo callado bastante rato.* He was quiet for quite a while. ◇ *una persona muy callada* a very quiet person

callar VERBO
to be quiet ◇ *Calla, que no me dejas concentrarme.* Be quiet, I can't concentrate.
- **callarse (1)** to keep quiet ◇ *Prefirió callarse.* He preferred to keep quiet.
- **callarse (2)** to stop talking ◇ *Al entrar el profesor todos se callaron.* When the teacher came in, everyone stopped talking.
- **¡Cállate!** Shut up! (coloquial)

la **calle** SUSTANTIVO
  1. *street* ◇ *Viven en la calle Peñalver, 13.* They live at number 13, Peñalver Street.
- **Hoy no he salido a la calle.** I haven't been out today.
- **una calle peatonal** a pedestrian precinct
  2. *lane* (en circuito, piscina)

el **callejero** SUSTANTIVO
street map

el **callejón** SUSTANTIVO (PL los **callejones**)
alley (PL *alleys*)

el **callo** SUSTANTIVO
  1. *corn* (en los pies)
  2. *callus* (en las manos) (PL *calluses*)
- **callos** (comida) tripe SING

la **calma** SUSTANTIVO
calm
- **Todo estaba en calma.** Everything was calm.
- **Logró mantener la calma.** He managed to keep calm.
- **Piénsalo con calma.** Think about it calmly.
- **Tómatelo con calma.** Take it easy.

el **calmante** SUSTANTIVO
  1. *painkiller* (para el dolor)
  2. *tranquillizer* (para los nervios)

calmar VERBO
  1. *to calm down* ◇ *Intenté calmarla un poco.* I tried to calm her down a little.
  ◇ *¡Cálmate!* Calm down!
  2. *to relieve* (dolor)

el **calor** SUSTANTIVO

heat ◇ *No se puede trabajar con este calor.* It's impossible to work in this heat.
- **Hace calor.** It's hot.
- **Tengo calor.** I'm hot.
- **entrar en calor** to get warm

la **caloría** SUSTANTIVO
   calorie

calvo ADJETIVO
   bald
- **Se está quedando calvo.** He's going bald.

los **calzoncillos** SUSTANTIVO
   underpants
- **unos calzoncillos** a pair of underpants

los **calzones** SUSTANTIVO
   Chile
   panties (*de mujer*)

la **cama** SUSTANTIVO
   bed
- **hacer la cama** to make the bed
- **Está en la cama.** He's in bed.
- **meterse en la cama** to get into bed

la **cámara** SUSTANTIVO
   1 *camera* (*de cine, fotos*)
- **a cámara lenta** in slow motion
   2 *inner tube* (*de neumático*)
- **la cámara de comercio** the Chamber of Commerce
- **música de cámara** chamber music

la **camarera** SUSTANTIVO
   1 *waitress* (*de restaurante*) (PL *waitresses*)
   2 *maid* (*de hotel*)

el **camarero** SUSTANTIVO
   1 *waiter* (*de restaurante*)
   2 *bellboy* (*de hotel*)

cambiar VERBO
   1 *to change* ◇ *No has cambiado nada.* You haven't changed a bit.
- **Quiero cambiar este abrigo por uno más grande.** I want to change this coat for a larger size.
- **Tenemos que cambiar de tren en París.** We have to change trains in Paris.
- **He cambiado de idea.** I've changed my mind.
   2 *to swap* ◇ *Te cambio mi bolígrafo por tu goma.* I'll swap my ballpoint for your rubber.
- **Me gusta el tuyo, te lo cambio.** I like yours, let's swap.
- **cambiarse** to get changed ◇ *Voy a cambiarme.* I'm going to get changed.
- **Se han cambiado de coche.** They have changed car.
- **cambiarse de sitio** to move
- **cambiarse de casa** to move house

el **cambio** SUSTANTIVO
   1 *change* ◇ *un cambio brusco de temperatura* a sudden change in temperature ◇ *¿Tiene cambio de cien?* Have you got change of a hundred? ◇ *¿Te han dado bien el cambio?* Have they given you the right change?
   2 *small change* ◇ *Necesito cambio.* I

need small change.
   3 *exchange* ◇ *¿A cómo está el cambio?* What's the exchange rate?
- **Me lo regaló a cambio del favor que le hice.** He gave it to me in return for the favour I did him.
- **en cambio** on the other hand

el **camello** SUSTANTIVO
   1 *camel* (*animal*)
   2 *drug pusher* (*coloquial: traficante*)

la **camilla** SUSTANTIVO
   1 *stretcher* (*de ambulancia*)
   2 *couch* (*en consultorio médico*) (PL *couches*)

caminar VERBO
   to walk

el **camino** SUSTANTIVO
   1 *path* (*sendero*)
- **un camino de montaña** a mountain track
   2 *way* ◇ *¿Sabes el camino a su casa?* Do you know the way to his house?
- **A medio camino paramos a comer.** Half-way there, we stopped to eat.
- **La farmacia me queda de camino.** The chemist's is on my way.

el **camión** SUSTANTIVO (PL los **camiones**)
   1 *lorry* (PL *lorries*)
- **un camión cisterna** a tanker
- **el camión de la basura** the dustcart
   2 *bus* Mexico (PL *buses*)

el **camionero**, la **camionera** SUSTANTIVO
   lorry driver

la **camioneta** SUSTANTIVO
   van

la **camisa** SUSTANTIVO
   shirt

la **camiseta** SUSTANTIVO
   1 *T-shirt* (*de manga corta*)
   2 *vest* (*ropa interior*)
   3 *shirt* (*de deportes*)

el **camisón** SUSTANTIVO (PL los **camisones**)
   nightdress (PL *nightdresses*)

el **camote** SUSTANTIVO
   Mexico
   sweet potato (PL *sweet potatoes*)

el **campamento** SUSTANTIVO
   camp ◇ *un campamento de verano* a summer camp

la **campana** SUSTANTIVO
   bell

la **campaña** SUSTANTIVO
   campaign
- **la campaña electoral** the election campaign
- **una campaña publicitaria** an advertising campaign

el **campeón**, la **campeona** SUSTANTIVO
   champion

el **campeonato** SUSTANTIVO
   championship

el **camping** SUSTANTIVO (PL los **campings**)
   1 *camping* ◇ *ir de camping* to go camping
   2 *campsite* ◇ *Estamos en un camping.*

We're at a campsite.

campo SUSTANTIVO

[1] *country* ◇ *Prefiero vivir en el campo.* I prefer living in the country.

[2] *countryside* (*paisaje*) ◇ *El campo se pone verde en primavera.* The countryside turns green in springtime.

- **Corrían campo a través.** They were running cross-country.
- **el trabajo del campo** farm work
- **Ya no se ven bueyes en el campo.** You don't see oxen in the fields any more.

[3] *pitch* (*de fútbol*)

- **un campo de golf** a golf course
- **un campo de concentración** a concentration camp

cana SUSTANTIVO

grey hair

- **Tiene canas.** He's got grey hair.
- **Le están saliendo canas.** He's going grey.

Canadá SUSTANTIVO MASC

Canada

canadiense ADJETIVO, SUSTANTIVO

Canadian

canal SUSTANTIVO

[1] *channel* ◇ *Por el canal 2 dan una película.* They're showing a film on channel 2.

- **el Canal de la Mancha** the English Channel

[2] *canal* (*artificial*) ◇ *un canal de riego* an irrigation canal

- **el Canal de Panamá** the Panama Canal

canapé SUSTANTIVO (PL los **canapés**)

canapé

Canarias SUSTANTIVO FEM PL

the Canaries

- **las Islas Canarias** the Canary Islands

canario SUSTANTIVO

canary (PL *canaries*)

canasta SUSTANTIVO

basket

cancelar VERBO

to cancel

cáncer SUSTANTIVO

cancer ◇ *cáncer de mama* breast cancer

Cáncer SUSTANTIVO MASC

Cancer ◇ *Soy Cáncer.* I'm Cancer.

cancha SUSTANTIVO

[1] *court* (*de baloncesto, tenis*)

[2] *pitch* (*de fútbol, rugby*) Latin America (PL *pitches*)

canción SUSTANTIVO (PL las **canciones**)

song

- **una canción de cuna** a lullaby

candado SUSTANTIVO

padlock

- **Estaba cerrado con candado.** It was padlocked.

candidato, la **candidata** SUSTANTIVO

candidate

- **presentarse como candidato a la presidencia** to stand for president

canela SUSTANTIVO

cinnamon

los **canelones** SUSTANTIVO

cannelloni

el **cangrejo** SUSTANTIVO

[1] *crab* (*de mar*)

[2] *crayfish* (*de río*) (PL *crayfish*)

el **canguro** SUSTANTIVO

kangaroo

el/la **canguro** SUSTANTIVO

baby-sitter (*de niños*)

- **hacer de canguro** to baby-sit

la **canica** SUSTANTIVO

marble

- **jugar a las canicas** to play marbles

la **canilla** SUSTANTIVO

River Plate

tap

la **canoa** SUSTANTIVO

canoe

cansado ADJETIVO

[1] *tired* ◇ *Estoy muy cansado.* I'm very tired.

- **Estoy cansado de hacer lo mismo todos los días.** I'm tired of doing the same thing every day.

[2] *tiring* ◇ *Es un trabajo muy cansado.* It's a very tiring job.

el **cansancio** SUSTANTIVO

- **¡Qué cansancio!** I'm so tired!

cansar VERBO

- **Es un viaje que cansa.** It's a tiring journey.
- **cansarse** to get tired ◇ *Está muy débil y enseguida se cansa.* He is very weak and gets tired quickly.
- **Me cansé de esperarlo y me marché.** I got tired of waiting for him and I left.

el/la **cantante** SUSTANTIVO

singer

cantar VERBO

to sing

la **cantidad** SUSTANTIVO

[1] *amount* ◇ *una cierta cantidad de dinero* a certain amount of money

[2] *quantity* (PL *quantities*) ◇ *La calidad es más importante que la cantidad.* Quality is more important than quantity.

- **¡Qué cantidad de gente!** What a lot of people!
- **Había cantidad de turistas.** There were loads of tourists.

la **cantimplora** SUSTANTIVO

water bottle

el **canto** SUSTANTIVO

[1] *edge* (*de mesa, moneda*)

[2] *singing* (*arte*) ◇ *Mi hermana estudia canto.* My sister is studying singing.

[3] *song* (*de pájaro*)

la **caña** SUSTANTIVO

cane

- **caña de azúcar** sugar cane
- **Me tomé dos cañas.** I had two beers.
- **una caña de pescar** a fishing rod

la **cañería** SUSTANTIVO

pipe

el **caos** SUSTANTIVO

chaos ◇ *Aquello fue un verdadero caos.* That was absolute chaos.

la **capa** SUSTANTIVO
  1 *layer* (*de nieve, polvo*)
  ◆ **la capa de ozono** the ozone layer
  2 *cloak* (*prenda*)

la **capacidad** SUSTANTIVO
  1 *ability* (*aptitud*) (PL *abilities*) ◇ *Nadie duda de tu capacidad.* No one doubts your ability.
  ◆ **Tiene capacidad para los idiomas.** He has a talent for languages.
  2 *capacity* (*de recipiente, lugar*) (PL *capacities*) ◇ *El teatro tiene capacidad para mil espectadores.* The theatre has a seating capacity of a thousand.

capaz ADJETIVO (PL **capaces**)
  capable ◇ *Es capaz de olvidarse el pasaporte.* He's quite capable of forgetting his passport.
  ◆ **Por ella sería capaz de cualquier cosa.** He would do anything for her.

la **capilla** SUSTANTIVO
  chapel

la **capital** SUSTANTIVO
  capital

el **capitán**, la **capitana** SUSTANTIVO
  captain ◇ *la capitana del equipo español* the captain of the Spanish team

el **capítulo** SUSTANTIVO
  1 *chapter* (*de un libro*)
  2 *episode* (*de una serie*)

el **capricho** SUSTANTIVO
  whim ◇ *Hacer un crucero fue un puro capricho.* Going on a cruise was just a whim.
  ◆ **Lo compré por capricho.** I bought it on a whim.
  ◆ **Decidí viajar en primera para darme un capricho.** I decided to travel first class to give myself a treat.

Capricornio SUSTANTIVO MASC
  Capricorn ◇ *Soy Capricornio.* I'm Capricorn.

capturar VERBO
  to capture

la **capucha** SUSTANTIVO
  1 *hood* (*de ropa*)
  2 *top* (*de bolígrafo*)

caqui ADJETIVO (PL **caqui**)
  khaki

la **cara** SUSTANTIVO
  1 *face* ◇ *Tiene la cara alargada.* He has a long face.
  ◆ **Tienes mala cara.** You don't look well.
  ◆ **Tenía cara de pocos amigos.** He looked very unfriendly.
  ◆ **No pongas esa cara.** Don't look like that.
  2 *cheek* (*coloquial: descaro*) ◇ *¡Qué cara!* What a cheek!
  3 *side* (*de disco, papel*) ◇ *un folio escrito por las dos caras* a sheet written on both sides
  ◆ **¿Cara o cruz?** Heads or tails?

  ◆ **Lo echamos a cara o cruz.** We tossed for it.

el **caracol** SUSTANTIVO
  1 *snail* (*de tierra*)
  2 *winkle* (*de mar*)

el **carácter** SUSTANTIVO (PL los **caracteres**)
  nature ◇ *Tiene el carácter de su padre.* He has his father's nature.
  ◆ **tener buen carácter** to be good-natured
  ◆ **tener mal carácter** to be bad-tempered
  ◆ **La chica tiene mucho carácter.** The girl has a strong personality.

la **característica** SUSTANTIVO
  characteristic

el **caramelo** SUSTANTIVO
  sweet ◇ *¿Quieres un caramelo?* Do you want a sweet?

la **caravana** SUSTANTIVO
  caravan (*remolque*)
  ◆ **Había una caravana de dos kilómetros.** There was a two kilometre tailback.

el **carbón** SUSTANTIVO
  coal
  ◆ **carbón de leña** charcoal

la **carcajada** SUSTANTIVO
  ◆ **soltar una carcajada** to burst out laughing
  ◆ **reírse a carcajadas** to roar with laughter

la **cárcel** SUSTANTIVO
  prison ◇ *Todavía está en la cárcel.* He's still in prison.

el **cardenal** SUSTANTIVO
  1 *bruise* (*moretón*)
  2 *cardinal* (*prelado*)

cardiaco ADJETIVO
  cardiac ◇ *ataque cardiaco* cardiac arrest

la **careta** SUSTANTIVO
  mask

la **carga** SUSTANTIVO
  1 *load* ◇ *carga máxima* maximum load
  2 *burden* ◇ *No quiero ser una carga para ellos.* I don't want to be a burden to them.
  3 *refill* (*de bolígrafo, pluma*)

cargado ADJETIVO
  1 *loaded* (*arma, cámara*)
  2 *stuffy* (*ambiente, habitación*)
  3 *strong* (*café*)
  ◆ **Venía cargada de paquetes.** She was laden with parcels.

el **cargamento** SUSTANTIVO
  1 *cargo* (*de avión, barco*) (PL *cargoes*)
  2 *load* (*de camión*)

cargar* VERBO
  1 *to load* ◇ *Cargaron el coche de maletas.* They loaded the car with suitcases.
  2 *to fill* (*bolígrafo, encendedor*)
  3 *to charge* (*batería, pilas*)
  ◆ **Tuve que cargar con todo.** I had to take responsibility for everything.
  ◆ **cargarse algo** to break something (*coloquial*) ◇ *Te vas a cargar el vídeo.* You're going to break the video.

el **cargo** SUSTANTIVO
  post ◇ *un cargo de mucha responsabilidad* a very responsible post

- **Está a cargo de la contabilidad.** He's in charge of keeping the books.

Caribe SUSTANTIVO
the Caribbean

caribeño, la **caribeña** ADJETIVO, SUSTANTIVO
Caribbean

caricatura SUSTANTIVO
caricature

caricia SUSTANTIVO
caress (PL *caresses*)
- **Le hacía caricias al bebé.** She was caressing the baby.

caridad SUSTANTIVO
charity (PL *charities*)

caries SUSTANTIVO (PL las **caries**)
1 *tooth decay* ◇ *Es importante prevenir la caries dental.* It's important to prevent tooth decay.
2 *cavity* (*agujero*) (PL *cavities*)

cariño SUSTANTIVO
affection ◇ *Lo recuerdo con cariño.* I remember him with affection.
- **Les tengo mucho cariño.** I'm very fond of them.
- **Le ha tomado cariño al gato.** He has become fond of the cat.
- **Ven aquí, cariño.** Come here, darling.

cariñoso ADJETIVO
affectionate ◇ *La maestra es muy cariñosa con los niños.* The teacher is very affectionate towards the children.

carnaval SUSTANTIVO
carnival
The **carnaval** *is the traditional period of celebrating prior to the start of Lent.*

carne SUSTANTIVO
meat ◇ *No como carne.* I don't eat meat.
- **carne de cerdo** pork
- **carne de puerco** Mexico pork
- **carne molida** Latin America mince
- **carne picada** mince
- **carne de ternera** veal
- **carne de vaca** beef
- **carne de res** Mexico beef

carnet SUSTANTIVO (PL los **carnets**)
card ◇ *el carnet de la biblioteca* library card
- **el carnet de identidad** identity card
- **un carnet de conducir** a driving licence

carnicería SUSTANTIVO
butcher's (PL *butchers' shops*) ◇ *Lo compré en la carnicería.* I bought it at the butcher's.

caro ADJETIVO, ADVERBIO
expensive ◇ *Las entradas me costaron muy caras.* The tickets were very expensive. ◇ *Aquí todo lo venden tan caro.* Everything is so expensive here.

carpeta SUSTANTIVO
folder

carpintería SUSTANTIVO
1 *carpenter's shop* (*taller*)
2 *carpentry* (*actividad*)

carrera SUSTANTIVO
1 *race* ◇ *una carrera de caballos* a horse race
- **Me di una carrera para alcanzar el autobús.** I had to run to catch the bus.
2 *degree* ◇ *Está haciendo la carrera de derecho.* He's doing a law degree.
3 *career* ◇ *Estaba en el mejor momento de su carrera.* He was at the height of his career.
4 *ladder* ◇ *Tienes una carrera en las medias.* You've got a ladder in your tights.

carrete SUSTANTIVO
1 *film* (*de fotos*)
2 *reel* (*de hilo*)

carretera SUSTANTIVO
road
- **una carretera nacional** an A-road
- **una carretera de circunvalación** a bypass

carretilla SUSTANTIVO
wheelbarrow

carril SUSTANTIVO
1 *lane* (*de carretera, autopista*)
2 *rail* (*de vía de tren*)

carrito SUSTANTIVO
trolley (PL *trolleys*)

carro SUSTANTIVO
1 *cart* (*vehículo*)
2 *trolley* (*en aeropuerto, supermercado*) (PL *trolleys*)
3 *car* Latin America
- **un carro de combate** a tank

carroza SUSTANTIVO
1 *coach* (*de caballos*) (PL *coaches*)
2 *float* (*de carnaval*)

carta SUSTANTIVO
1 *letter* ◇ *Le he escrito una carta a Juan.* I've written Juan a letter.
- **echar una carta** to post a letter
2 *card* ◇ *jugar a las cartas* to play cards
3 *menu* ◇ *El camarero nos trajo la carta.* The waiter brought us the menu.
- **la carta de vinos** the wine list

cartel SUSTANTIVO
1 *poster* (*de propaganda*)
2 *sign* ◇ *Un cartel que pone "prohibida la entrada".* A sign which says "no entry".

cartera SUSTANTIVO
1 *wallet* (*para el dinero*)
2 *briefcase* (*para documentos*)
3 *satchel* (*de colegial*)
4 *handbag* (*bolso de mujer*) Latin America
5 *postwoman* (*empleada de Correos*) (PL *postwomen*)

cartero SUSTANTIVO
postman (PL *postmen*)

cartón SUSTANTIVO (PL los **cartones**)
1 *cardboard* ◇ *una caja de cartón* a cardboard box
2 *carton* (*de tabaco, leche*)

cartucho SUSTANTIVO
cartridge

cartulina SUSTANTIVO
card

la **casa** SUSTANTIVO
　　① _house_
　　| Cuando nos referimos al edificio. |
　　◇ _una casa de dos plantas_ a two-storey house
　　② _home_
　　| Cuando nos referimos al hogar. |
　　◇ _Estábamos en casa._ We were at home.
　　◇ _Le dolía la cabeza y se fue a casa._ She had a headache so she went home.
　◆ **Estábamos en casa de Juan.** We were at Juan's.
　◆ **una casa de discos** a record company

casado ADJETIVO
　　married ◇ _una mujer casada_ a married woman
　◆ **Está casado con una francesa.** He's married to a French woman.

casarse VERBO
　　to get married ◇ _Quieren casarse._ They want to get married.
　◆ **Se casó con una periodista.** He married a journalist.

el **cascabel** SUSTANTIVO
　　small bell

la **cascada** SUSTANTIVO
　　waterfall

cascar* VERBO
　　to crack (nuez, huevo)

la **cáscara** SUSTANTIVO
　　① _shell_ (de huevo, nuez)
　　② _skin_ (de plátano, patata)

el **casco** SUSTANTIVO
　　helmet ◇ _El ciclista llevaba casco._ The cyclist was wearing a helmet.
　◆ **el casco antiguo de la ciudad** the old part of the town
　◆ **los cascos** (para escuchar música) headphones

casero ADJETIVO
　　homemade ◇ _mermelada casera_ homemade jam

la **caseta** SUSTANTIVO
　　① _kennel_ (de perro)
　　② _bathing hut_ (en la playa)
　　③ _stall_ (de feria)

el **casete** SUSTANTIVO
　　① _cassette player_ (magnetófono)
　　② _cassette_ (cinta)

la **casete** SUSTANTIVO
　　cassette

casi ADVERBIO
　　almost ◇ _Casi me ahogo._ I almost drowned. ◇ _Son casi las cinco._ It's almost five o'clock.
　　| En oraciones afirmativas se pueden usar tanto **almost** como **nearly**. |
　　◇ _Casi me ahogo._ I nearly drowned.
　　| En oraciones negativas se suele usar **hardly**. |
　　◇ _Casi no comí._ I hardly ate. ◇ _No queda casi nada en la nevera._ There's hardly anything left in the refrigerator. ◇ _Casi nadie estuvo de acuerdo._ Hardly anybody

agreed. ◇ _Casi nunca se equivoca._ He hardly ever makes a mistake.

la **casilla** SUSTANTIVO
　　① _box_ (en formulario) (PL _boxes_)
　　② _square_ (en crucigrama, tablero de ajedrez)
　◆ **Casilla de Correos** River Plate post-office box number

el **casino** SUSTANTIVO
　　casino (PL _casinos_)

el **caso** SUSTANTIVO
　　case ◇ _En casos así es preferible callarse._ In such cases it's better to keep quiet.
　◆ **en ese caso** in that case
　◆ **En caso de que llueva, iremos en autobús.** If it rains, we'll go by bus.
　◆ **El caso es que no me queda dinero.** The thing is, I haven't got any money left.
　◆ **No le hagas caso.** Don't take any notice of him.
　◆ **Hazle caso que ella tiene más experiencia.** Listen to her, she has more experience.

la **caspa** SUSTANTIVO
　　dandruff

la **cassette** = casete

el **cassette** = casete

la **castaña** SUSTANTIVO
　　chestnut

castaño ADJETIVO
　　chestnut ◇ _Mi hermana tiene el pelo castaño._ My sister has chestnut hair.

las **castañuelas** SUSTANTIVO
　　castanets

el **castellano,** la **castellana** ADJETIVO, SUSTANTIVO
　　Castilian

el **castellano** SUSTANTIVO
　　Spanish (idioma)

castigar* VERBO
　　to punish ◇ _Mi padre me castigó por contestarle._ My father punished me for answering him back.

el **castigo** SUSTANTIVO
　　punishment ◇ _Tuve que escribirlo diez veces, como castigo._ I had to write it out ten times, as punishment.

Castilla SUSTANTIVO FEM
　　Castile

el **castillo** SUSTANTIVO
　　castle

la **casualidad** SUSTANTIVO
　　coincidence ◇ _Fue una casualidad._ It was a coincidence.
　◆ **¡Qué casualidad!** What a coincidence!
　◆ **Nos encontramos por casualidad.** We met by chance.
　◆ **Da la casualidad que nacimos el mismo día.** It so happens that we were born on the same day.

el **catalán,** la **catalana** ADJETIVO, SUSTANTIVO
　　(MASC PL los **catalanes**)
　　Catalan

el **catalán** SUSTANTIVO
　　Catalan (idioma)

C

el **catálogo** SUSTANTIVO
  catalogue
Cataluña SUSTANTIVO FEM
  Catalonia
la **catarata** SUSTANTIVO
  waterfall
  ◆ **las cataratas del Niágara** Niagara Falls
el **catarro** SUSTANTIVO
  cold ◇ *Vas a pillar un catarro.* You're
  going to catch a cold.
la **catástrofe** SUSTANTIVO
  catastrophe
la **catedral** SUSTANTIVO
  cathedral
el **catedrático,**la **catedrática** SUSTANTIVO
  [1] *professor* (*de universidad*)
  [2] *principal teacher* (*de instituto*)
la **categoría** SUSTANTIVO
  category (PL *categories*) ◇ *Cada grupo
  está dividido en tres categorías.* Each group
  is divided into three categories.
  ◆ **un hotel de primera categoría** a first-class
  hotel
  ◆ **un puesto de poca categoría** a low-ranking
  position
el **católico,**la **católica** ADJETIVO, SUSTANTIVO
  Catholic ◇ *Soy católico.* I am a Catholic.
catorce ADJETIVO, PRONOMBRE
  fourteen
  ◆ **el catorce de enero** the fourteenth of
  January
el **caucho** SUSTANTIVO
  rubber
la **causa** SUSTANTIVO
  cause ◇ *No se sabe la causa del
  accidente.* The cause of the accident is
  unknown.
  ◆ **a causa de** because of ◇ *Suspendieron el
  vuelo a causa del mal tiempo.* They
  postponed the flight because of bad weather.
causar VERBO
  to cause ◇ *La lluvia causó muchos daños.*
  The rain caused a lot of damage.
  ◆ **Su visita me causó mucha alegría.** His visit
  made me very happy.
  ◆ **Rosa me causó buena impresión.** Rosa
  made a good impression on me.
cavar VERBO
  to dig ◇ *cavar un hoyo* to dig a hole
cayendo VERBO *ver* **caer**
la **caza** SUSTANTIVO
  [1] *hunting* (*de animales grandes*)
  [2] *shooting* (*de aves*)
el **cazador** SUSTANTIVO
  hunter
la **cazadora** SUSTANTIVO
  [1] *jacket* (*chaqueta*)
  [2] *hunter* (*mujer*)
cazar* VERBO
  [1] *to hunt* (*animales grandes*) ◇ *Salieron a
  cazar ciervos.* They went deer-hunting.
  [2] *to shoot* (*aves*) ◇ *Cazaron muchas
  codornices.* They shot a lot of quail.
el **cazo** SUSTANTIVO

  [1] *saucepan* (*cacerola*)
  [2] *ladle* (*cucharón*)
la **cazuela** SUSTANTIVO
  pot
la **CE** ABREVIATURA (= *Comunidad Europea*)
  EC (= European Community)
el **cebo** SUSTANTIVO
  bait
la **cebolla** SUSTANTIVO
  onion
la **cebolleta** SUSTANTIVO
  [1] *spring onion*
  [2] *pickled onion* (*en vinagre*)
la **cebra** SUSTANTIVO
  zebra
  ◆ **un paso de cebra** a zebra crossing
ceder VERBO
  [1] *to give in* ◇ *Al final tuve que ceder.*
  Finally I had to give in.
  [2] *to give way* ◇ *La estantería cedió por
  el peso de los libros.* The shelves gave way
  under the weight of the books.
  ◆ **"Ceda el paso"** "Give way"
la **ceguera** SUSTANTIVO
  blindness
la **ceja** SUSTANTIVO
  eyebrow
la **celda** SUSTANTIVO
  cell
la **celebración** SUSTANTIVO (PL las
  celebraciones)
  celebration (*fiesta*)
celebrar VERBO
  [1] *to celebrate* (*cumpleaños, Navidad*)
  ◇ *La fiesta de San José no celebra aquí.*
  Saint Joseph's Day is not celebrated here.
  [2] *to hold* (*reunión, elecciones*)
el **celo** SUSTANTIVO
  Sellotape ®
el **celofán** SUSTANTIVO
  cellophane
los **celos** SUSTANTIVO
  jealousy SING ◇ *Lo hizo por celos.* He did
  it out of jealousy.
  ◆ **Tiene celos de su mejor amiga.** She's
  jealous of her best friend.
  ◆ **Lo hace para darle celos.** He does it to
  make her jealous.
celoso ADJETIVO
  jealous ◇ *Está celoso de su hermano.*
  He's jealous of his brother.
la **célula** SUSTANTIVO
  cell
la **celulitis** SUSTANTIVO
  cellulite
el **cementerio** SUSTANTIVO
  cemetery (*para difuntos*) (PL *cemeteries*)
  ◆ **un cementerio de coches** a scrapyard
el **cemento** SUSTANTIVO
  [1] *cement* (*material de construcción*)
  ◆ **el cemento armado** reinforced concrete
  [2] *glue* (*pegamento*) Latin America
la **cena** SUSTANTIVO
  dinner ◇ *La cena es a las nueve.* Dinner

is at nine o'clock.

cenar VERBO

to have dinner ◇ *No he cenado.* I haven't had dinner.

* **¿Qué quieres cenar?** What do you want for dinner?

el **cenicero** SUSTANTIVO

ashtray (PL *ashtrays*)

la **ceniza** SUSTANTIVO

ash (PL *ashes*)

la **censura** SUSTANTIVO

censorship

la **centésima** SUSTANTIVO

* **una centésima de segundo** a hundredth of a second

centígrado ADJETIVO

centigrade ◇ *veinte grados centígrados* twenty degrees centigrade

el **centímetro** SUSTANTIVO

centimetre

* **un centímetro cuadrado** a square centimetre

central ADJETIVO

central

la **central** SUSTANTIVO

head office (*oficina principal*)

* **una central eléctrica** a power-station
* **una central nuclear** a nuclear power-station

la **centralita** SUSTANTIVO

switchboard

céntrico ADJETIVO

central ◇ *Está en un barrio céntrico.* It's in a central area.

* **Es un piso céntrico.** The flat is in the centre of town.

el **centro** SUSTANTIVO

centre ◇ *en pleno centro de la ciudad* right in the town centre

* **Fui al centro a hacer unas compras.** I went into town to do some shopping.
* **un centro comercial** a shopping centre

el **centroamericano**, la **centroamericana** ADJETIVO, SUSTANTIVO

Central American

ceñido ADJETIVO

tight

* **Esta falda me queda muy ceñida.** This skirt's too tight for me.

cepillar VERBO

to brush (*chaqueta, pelo*)

* **Se está cepillando los dientes.** He's brushing his teeth.

el **cepillo** SUSTANTIVO

brush (PL *brushes*)

* **un cepillo de dientes** a toothbrush

la **cera** SUSTANTIVO

wax

la **cerámica** SUSTANTIVO

pottery ◇ *Me gusta la cerámica.* I like pottery.

* **una cerámica** a piece of pottery

cerca ADVERBIO

near ◇ *El colegio está muy cerca.* The

school is very near.

* **¿Hay algún banco por aquí cerca?** Is there a bank nearby?
* **cerca de la iglesia** near the church
* **cerca de dos horas** nearly two hours
* **Quería verlo de cerca.** I wanted to see it close up.

cercano ADJETIVO

nearby ◇ *Viven en un pueblo cercano.* They live in a nearby village.

* **una de las calles cercanas a la catedral** one of the streets close to the cathedral
* **el Cercano Oriente** the Near East

el **cerdo** SUSTANTIVO

[1] *pig* ◇ *Tienen cerdos.* They keep pigs.

[2] *pork* ◇ *No comemos cerdo.* We don't eat pork.

el **cereal** SUSTANTIVO

cereal

* **Los niños desayunan cereales.** The children have cereal for breakfast.

el **cerebro** SUSTANTIVO

brain

la **ceremonia** SUSTANTIVO

ceremony (PL *ceremonies*)

la **cereza** SUSTANTIVO

cherry (PL *cherries*)

la **cerilla** SUSTANTIVO

match (PL *matches*) ◇ *una caja de cerillas* a box of matches

el **cerillo** SUSTANTIVO

Mexico

match (PL *matches*)

el **cero** SUSTANTIVO

zero (PL *zeros* o *zeroes*)

* **Estamos a cinco grados bajo cero.** It's five degrees below zero.
* **cero coma tres** zero point three
* **Van dos a cero.** The score is two-nil.
* **Empataron a cero.** It was a no-score draw.
* **quince a cero** (*en tenis*) fifteen-love
* **Tuve que empezar desde cero.** I had to start from scratch.

el **cerquillo** SUSTANTIVO

Latin America

fringe

cerrado ADJETIVO

closed ◇ *Las tiendas están cerradas.* The shops are closed.

* **una curva muy cerrada** a very sharp bend

la **cerradura** SUSTANTIVO

lock

cerrar* VERBO

[1] *to close* ◇ *No cierran al mediodía.* They don't close at noon. ◇ *Cerró el libro.* He closed the book.

En la mayoría de los casos se puede usar tanto **shut** *como* **close**.

◇ *No puedo cerrar la maleta.* I can't shut this suitcase.

[2] *to turn off* (*grifo*) ◇ *Cierra el grifo.* Turn off the tap.

* **Cerré la puerta con llave.** I locked the door.

C

◆ **La puerta se cerró de golpe.** The door slammed shut.
◆ **Se me cierran los ojos.** I can't keep my eyes open.

el **cerrojo** SUSTANTIVO
bolt
◆ **echar el cerrojo** to bolt the door

certificado ADJETIVO
registered (*carta*)
◆ **Mandé el paquete certificado.** I sent the parcel by registered post.

el **certificado** SUSTANTIVO
certificate

la **cerveza** SUSTANTIVO
beer ◇ *Fuimos a tomar unas cervezas.* We went to have a few beers.
◆ **la cerveza de barril** draught beer

el **césped** SUSTANTIVO
grass ◇ *"no pisar el césped"* "keep off the grass"

la **cesta** SUSTANTIVO
basket
◆ **una cesta de Navidad** a Christmas hamper

el **cesto** SUSTANTIVO
basket

el **chabacano** SUSTANTIVO
Mexico
apricot

la **chabola** SUSTANTIVO
shack
◆ **un barrio de chabolas** a shantytown

el **chaleco** SUSTANTIVO
waistcoat
◆ **un chaleco salvavidas** a life-jacket

el **chalet** SUSTANTIVO (PL los **chalets**)
1 *cottage* (*en el campo*)
2 *villa* (*en centro turístico*)
3 *house* (*adosado*)

el **champán** (PL los **champanes**) SUSTANTIVO
champagne

el **champiñón** (PL los **champiñones**)
SUSTANTIVO
mushroom

el **champú** SUSTANTIVO (PL los **champús**)
shampoo (PL *shampoos*)

el **chancho,** la **chancha** SUSTANTIVO
River Plate
pig

la **chancleta** SUSTANTIVO
flip-flop
◆ **unas chancletas** a pair of flip-flops

el **chándal** SUSTANTIVO (PL los **chándals**)
tracksuit

el **chantaje** SUSTANTIVO
blackmail
◆ **hacer chantaje a alguien** to blackmail somebody

la **chapa** SUSTANTIVO
1 *badge* (*insignia*)
2 *top* (*de botella*)
3 *sheet* (*de metal*)
4 *panel* (*de madera*)
5 *number plate* (*de coche*) Latin America

chapado ADJETIVO

◆ **chapado en oro** gold-plated

el **chaparrón** SUSTANTIVO (PL los **chaparrones**)
◆ **Anoche cayó un buen chaparrón.** There was a real downpour last night.
◆ **Es sólo un chaparrón.** It's just a shower.

chapotear VERBO
to splash around

la **chapuza** SUSTANTIVO
botched job ◇ *Esto es una chapuza.* This is a botched job.
◆ **hacer chapuzas** (*arreglos, trabajillos*) to do odd jobs

el **chapuzón** (PL los **chapuzones**) SUSTANTIVO
◆ **darse un chapuzón** to go for a dip

la **chaqueta** SUSTANTIVO
1 *cardigan* (*de punto*)
2 *jacket* (*americana*)

la **charca** SUSTANTIVO
pond

el **charco** SUSTANTIVO
puddle ◇ *¡No pises el charco!* Don't step in that puddle!

la **charcutería** SUSTANTIVO
delicatessen

la **charla** SUSTANTIVO
1 *chat* ◇ *Estuvimos de charla.* We had a chat.
2 *talk* ◇ *Dio una charla sobre teatro clásico.* He gave a talk on classical theatre.

charlar VERBO
to chat

el **chasco** SUSTANTIVO
◆ **llevarse un chasco** to be disappointed

la **chatarra** SUSTANTIVO
scrap metal

la **chava** SUSTANTIVO
Mexico
girl

el **chavo** SUSTANTIVO
Mexico
boy

checar* VERBO
Mexico
to check

el **checo,** la **checa** ADJETIVO, SUSTANTIVO
Czech
◆ **la República Checa** the Czech Republic

el **checo** SUSTANTIVO
Czech (*idioma*)

el **chef** (PL los **chefs**) SUSTANTIVO
chef (PL *chefs*)

el **cheque** SUSTANTIVO
cheque
◆ **los cheques de viaje** traveller's cheques

el **chequeo** SUSTANTIVO
check-up (PL *check-ups*) ◇ *hacerse un chequeo* to have a check-up

chévere ADJETIVO, ADVERBIO
Latin America
great (*coloquial*)

la **chica** SUSTANTIVO
girl

el **chícharo** SUSTANTIVO
Mexico

P

pea

el **chichón** SUSTANTIVO (PL los **chichones**)
bump ◇ *Me ha salido un chichón en la frente.* I've got a bump on my forehead.

el **chicle** SUSTANTIVO
chewing gum

chico ADJETIVO
small

el **chico** SUSTANTIVO
1 *boy* ◇ *los chicos de la clase* the boys in the class
2 *guy* ◇ *Me parece un chico muy majo.* He seems like a nice guy.

Chile SUSTANTIVO MASC
Chile

el **chileno**, la **chilena** ADJETIVO, SUSTANTIVO
Chilean

chillar VERBO
1 *to scream* (*persona*)
2 *to squeak* (*ratón*)
3 *to squeal* (*cerdo*)
4 *to screech* (*gaviotas*)

la **chimenea** SUSTANTIVO
1 *chimney* (PL *chimneys*) ◇ *Salía humo de la chimenea.* There was smoke coming out of the chimney.
2 *fireplace* ◇ *sentado frente a la chimenea* sitting in front of the fireplace
◆ **Enciende la chimenea.** Light the fire.

el **chimpancé** SUSTANTIVO (PL los **chimpancés**)
chimpanzee

la **china** SUSTANTIVO
1 *Chinese woman* (*persona*)
2 *stone* ◇ *Se me ha metido una china en el zapato.* I've got a stone in my shoe.

China SUSTANTIVO FEM
China

la **chinche** SUSTANTIVO
Mexico, River Plate
drawing pin

la **chincheta** SUSTANTIVO
drawing pin

chino ADJETIVO
Chinese

el **chino** SUSTANTIVO
1 *Chinese man* (*persona*)
◆ **los chinos** the Chinese
2 *Chinese* (*idioma*)

Chipre SUSTANTIVO MASC
Cyprus

la **chirimoya** SUSTANTIVO
custard apple

chirriar* VERBO
to squeak

chismorrear VERBO
to gossip

chismoso ADJETIVO
◆ **¡No seas chismoso!** Don't be such a gossip!

el **chiste** SUSTANTIVO
1 *joke* ◇ *contar un chiste* to tell a joke
◆ **un chiste verde** a dirty joke
2 *cartoon* ◇ *el chiste del periódico* the newspaper cartoon

chocar* VERBO
◆ **chocar contra (1)** to hit ◇ *El coche chocó contra un árbol.* The car hit a tree.
◆ **chocar contra (2)** (*andando*) to bump into ◇ *Me choqué contra una farola.* I bumped into a lamppost.
◆ **Los trenes chocaron de frente.** The trains crashed head-on.
◆ **Me choca que no sepas nada.** I'm shocked that you don't know anything about it.

el **chocolate** SUSTANTIVO
chocolate ◇ *chocolate con leche* milk chocolate
◆ **Nos tomamos un chocolate.** We had a cup of hot chocolate.

la **chocolatina** SUSTANTIVO
chocolate bar

el **chófer**, la **chófer** SUSTANTIVO
1 *driver* (*de autobús, camión*)
2 *chauffeur* (*empleado particular*)

el **chopo** SUSTANTIVO
black poplar

el **choque** SUSTANTIVO
1 *crash* (*de vehículos*) (PL *crashes*)
2 *clash* (*entre personas, culturas*) (PL *clashes*)

el **chorizo** SUSTANTIVO
Chorizo *is a kind of spicy sausage.*

el **chorrito** SUSTANTIVO
dash ◇ *Échame un chorrito de leche.* Just a dash of milk, please.

el **chorro** SUSTANTIVO
◆ **salir a chorros** to gush out

la **choza** SUSTANTIVO
hut

el **chubasco** SUSTANTIVO
heavy shower

el **chubasquero** SUSTANTIVO
cagoule

la **chuleta** SUSTANTIVO
chop ◇ *una chuleta de cerdo* a pork chop

chulo ADJETIVO
1 *cocky* (*coloquial*)
◆ **ponerse chulo con alguien** to get cocky with someone
2 *neat* (*coloquial*) ◇ *¡Qué mochila más chula!* What a neat rucksack!

chupar VERBO
to suck ◇ *Se chupaba el dedo.* He was sucking his thumb.

el **chupete** SUSTANTIVO
dummy (PL *dummies*)

la **cicatriz** SUSTANTIVO (PL las **cicatrices**)
scar ◇ *Me quedó una cicatriz en la cara.* I was left with a scar on my face.

el **ciclismo** SUSTANTIVO
cycling
◆ **Mi hermano hace ciclismo.** My brother is a cyclist.

el/la **ciclista** SUSTANTIVO
cyclist

el **ciclo** SUSTANTIVO
cycle

la **ciega** SUSTANTIVO

blind woman (PL *blind women*)
- **Avanzábamos a ciegas.** We couldn't see where we were going.
- **Tomaron la decisión a ciegas.** They took the decision blindly.

ciego ADJETIVO
blind
- **quedarse ciego** to go blind

el **ciego** SUSTANTIVO
blind man
- **los ciegos** the blind

el **cielo** SUSTANTIVO
1. *sky* (PL *skies*) ◇ *No había ni una nube en el cielo.* There wasn't a single cloud in the sky.
2. *heaven* ◇ *ir al cielo* to go to heaven

cien ADJETIVO, PRONOMBRE
a hundred ◇ *Había unos cien invitados a la boda.* There were about a hundred guests at the wedding. ◇ *cien mil* a hundred thousand
- **cien por cien** a hundred percent ◇ *Es cien por cien algodón.* It's a hundred percent cotton.

la **ciencia** SUSTANTIVO
science ◇ *Me gustan mucho las ciencias.* I really enjoy science. ◇ *ciencias sociales* social sciences
- **ciencias empresariales** business studies

la **ciencia-ficción** SUSTANTIVO
science fiction ◇ *novelas de ciencia-ficción* science fiction novels

la **científica** SUSTANTIVO
scientist

científico ADJETIVO
scientific ◇ *descubrimientos científicos* scientific discoveries

el **científico** SUSTANTIVO
scientist

ciento ADJETIVO, PRONOMBRE
a hundred
- **ciento cuarenta y dos libras** a hundred and forty two pounds
- **Recibimos cientos de cartas.** We received hundreds of letters.
- **el diez por ciento de la población** ten percent of the population

el **cierre** SUSTANTIVO
1. *clasp* (de pulsera, bolso)
2. *closing-down* (de empresa, hospital)
- **un cierre relámpago** River Plate a zip

cierro VERBO *ver* **cerrar**

cierto ADJETIVO
1. *true* (verdadero) ◇ *No, eso no es cierto.* No, that's not true.
2. *certain* ◇ *Viene ciertos días a la semana.* He comes certain days of the week.
- **por cierto** by the way

el **ciervo** SUSTANTIVO
deer (PL *deer*)

la **cifra** SUSTANTIVO
figure ◇ *un número de cuatro cifras* a four-figure number

el **cigarrillo** SUSTANTIVO

cigarette

el **cigarro** SUSTANTIVO
cigarette

la **cigüeña** SUSTANTIVO
stork

la **cima** SUSTANTIVO
top ◇ *Quiere llegar a la cima.* He wants to get to the top.

los **cimientos** SUSTANTIVO
foundations

cinco ADJETIVO, PRONOMBRE
five
- **Son las cinco.** It's five o'clock.
- **el cinco de enero** the fifth of January

cincuenta ADJETIVO, PRONOMBRE
fifty ◇ *Tiene cincuenta años.* He's fifty.
- **el cincuenta aniversario** the fiftieth anniversary

el **cine** SUSTANTIVO
cinema
- **ir al cine** to go to the cinema
- **una actriz de cine** a film actress

cínico ADJETIVO
cynical

la **cinta** SUSTANTIVO
1. *ribbon* (de adorno, para el pelo)
2. *tape* (para grabar)
- **una cinta de vídeo** a videotape
- **cinta aislante** insulating tape
- **una cinta transportadora** a conveyor belt

la **cintura** SUSTANTIVO
waist ◇ *¿Cuánto mides de cintura?* What's your waist size?

el **cinturón** SUSTANTIVO (PL los **cinturones**)
belt
- **el cinturón de seguridad** the safety belt

el **ciprés** SUSTANTIVO (PL los **cipreses**)
cypress

el **circo** SUSTANTIVO
circus (PL *circuses*)

el **circuito** SUSTANTIVO
1. *track* (deportivo) ◇ *El corredor dio cuatro vueltas al circuito.* The runner ran four laps of the track.
2. *circuit* (eléctrico)
- **circuito cerrado de televisión** closed-circuit television

la **circulación** SUSTANTIVO
1. *traffic* (de vehículos) ◇ *un accidente de circulación* a traffic accident
2. *circulation* (de la sangre)

circular VERBO
1. *to drive* (en coche) ◇ *En Australia se circula por la derecha.* In Australia they drive on the left.
- **¡Circulen!** Move along please!
2. *to circulate* (sangre)
3. *to go round* (rumor) ◇ *Circula el rumor de que se van casar.* There's a rumour going round that they're getting married.

el **círculo** SUSTANTIVO
circle ◇ *Las sillas estaban puestas en círculo.* The chairs were set out in a circle.

la **circunferencia** SUSTANTIVO

circumference

la **circunstancia** SUSTANTIVO
circumstance

la **ciruela** SUSTANTIVO
plum
+ **una ciruela pasa** a prune

la **cirugía** SUSTANTIVO
surgery (PL *surgeries*)
+ **hacerse la cirugía plástica** to have plastic surgery

el **cirujano,** la **cirujana** SUSTANTIVO
surgeon

el **cisne** SUSTANTIVO
swan

la **cisterna** SUSTANTIVO
cistern (*del wáter*)

la **cita** SUSTANTIVO
1 *appointment* (*profesional*) ◇ *Tengo cita con el Sr. Pérez.* I've got an appointment with Mr. Pérez.
2 *date* (*romántica*) ◇ *No llegues tarde a la cita.* Don't be late for your date.
3 *quotation* (*textual*) ◇ *una cita de Quevedo* a quotation from Quevedo

citar VERBO
1 *to quote* (*frase, texto*) ◇ *Siempre está citando a los clásicos.* He's always quoting the classics.
2 *mention* ◇ *Citó el caso que ocurrió el otro día.* He mentioned as an example what happened the other day.
+ **Nos han citado a las diez.** We've been given an appointment for ten o'clock.

la **ciudad** SUSTANTIVO
1 *city* (PL *cities*) ◇ *una ciudad como Salamanca* a city like Salamanca
2 *town* ◇ *una pequeña ciudad al norte de Londres* a small town north of London
+ **la ciudad universitaria** the university campus

el **ciudadano,** la **ciudadana** SUSTANTIVO
citizen ◇ *ser ciudadano español* to be a Spanish citizen

civil ADJETIVO
civil ◇ *la guerra civil* the Civil War

la **civilización** SUSTANTIVO (PL las civilizaciones)
civilization

civilizado ADJETIVO
civilized

la **clara** SUSTANTIVO
white (*de huevo*)

el **clarinete** SUSTANTIVO
clarinet

claro (1) ADJETIVO
1 *clear* (*explicación, idea*) ◇ *Lo quiero mañana. ¿Está claro?* I want it tomorrow. Is that clear?
+ **Está claro que esconden algo.** It's obvious that they are hiding something.
+ **No tengo muy claro lo que quiero hacer.** I'm not very sure about what I want to do.
2 *light* (*color*) ◇ *una camisa azul claro* a light blue shirt

claro (2) ADVERBIO
clearly ◇ *Lo oí muy claro.* I heard it very clearly.
+ **Quiero que me hables claro.** I want you to be frank with me.
+ **No he sacado nada en claro de la reunión.** I'm none the wiser after that meeting.
+ **¡Claro! (1)** Sure! ◇ *¿Te gusta el fútbol? – ¡Claro!* Do you like football? – Sure!
+ **¡Claro! (2)** Of course! ◇ *¿Te oyó? – ¡Claro que me oyó!* Did he hear you? – Of course he heard me!

la **clase** SUSTANTIVO
1 *class* (PL *classes*) ◇ *A las diez tengo clase de física.* At ten o'clock I have a physics class. ◇ *Somos veinte en mi clase.* There are twenty people in my class.
+ **Mi hermana da clases de inglés.** My sister teaches English.
+ **Hoy no hay clase.** There's no school today.
+ **clases de conducir** driving lessons
+ **clases particulares** private classes
2 *classroom* (*aula*) ◇ *No hay nadie en la clase.* There's no one in the classroom.
3 *kind* (*tipo*) ◇ *Había juguetes de todas clases.* There were all kinds of toys.
+ **la clase media** the middle class

clásico ADJETIVO
1 *classical* ◇ *Me gusta la música clásica.* I like classical music.
2 *classic* (*típico*) ◇ *Es el clásico ejemplo de malnutrición.* It's the classic case of malnutrition.

la **clasificación** SUSTANTIVO (PL las clasificaciones)
classification (*de libros, plantas*)
+ **estar a la cabeza de la clasificación** to be at the top of the table

clasificar* VERBO
to classify (*libros, plantas*)
+ **Esperan clasificarse para la final.** They hope to qualify for the final.
+ **Se clasificaron en tercer lugar.** They came third.

clavar VERBO
+ **clavar una punta en algo** to hammer a nail into something
+ **Las tablas están mal clavadas.** The boards aren't properly nailed down.
+ **Me he clavado una espina en el dedo.** I got a thorn in my finger.
+ **Aquí te clavan.** You get ripped off in this place. (*coloquial*)

la **clave** SUSTANTIVO
1 *code* (*de caja fuerte, secreta*)
+ **un mensaje en clave** a coded message
2 *key* ◇ *la clave del éxito* the key to success
+ **la clave de sol** the treble clef

el **clavel** SUSTANTIVO
carnation

la **clavícula** SUSTANTIVO

---

* Verbs marked with this symbol are irregular. See pages 332–333 for further details

collar bone
clavo SUSTANTIVO
nail
cliente, la **clienta** SUSTANTIVO
[1] *customer* (de tienda, restaurante)
[2] *client* (de empresa, banco)
[3] *guest* (de hotel)
clima SUSTANTIVO
climate ◇ *Es un país de clima tropical.* It's a country with a tropical climate.
climatizado ADJETIVO
[1] *air-conditioned* (cine)
[2] *heated* (piscina)
clínica SUSTANTIVO
hospital
clínico ADJETIVO
clinical
clip SUSTANTIVO (PL los **clips**)
[1] *paper clip* (para papeles)
[2] *clip* (para el pelo)
cloaca SUSTANTIVO
sewer
cloro SUSTANTIVO
chlorine
club SUSTANTIVO (PL los **clubs**)
club ◇ *el club de tenis* the tennis club
cobarde ADJETIVO
cowardly ◇ *una actitud cobarde* a cowardly attitude
◆ **¡No seas cobarde!** Don't be such a coward!
cobarde SUSTANTIVO
coward ◇ *Es un cobarde.* He's a coward.
cobaya SUSTANTIVO
guinea-pig
cobija SUSTANTIVO
Latin America
blanket
cobrar VERBO
to charge ◇ *Me cobró dos mil pesetas por la reparación.* He charged me two thousand pesetas for the repair.
◆ **cuando cobre el sueldo de este mes** when I get my wages this month
◆ **¿Me cobra los cafés?** How much do I owe for the coffees?
◆ **¡Cóbrese, por favor!** Can I pay, please?
cobre SUSTANTIVO
copper
cobro SUSTANTIVO
◆ **llamar a cobro revertido** to reverse the charges
Coca-Cola ® (PL las **Coca-Colas**) SUSTANTIVO
Coke ®
cocaína SUSTANTIVO
cocaine
cocer* VERBO
[1] *to boil* (hervir) ◇ *Cocer las verduras durante tres minutos.* Boil the vegetables for three minutes.
[2] *to cook* (cocinar) ◇ *Las zanahorias no están cocidas todavía.* The carrots aren't properly cooked yet.
◆ **Tarda diez minutos en cocerse.** It takes ten minutes to cook.

el **coche** SUSTANTIVO
[1] *car* ◇ *Fuimos a París en coche.* We went to Paris by car.
◆ **un coche de carreras** a racing car
◆ **los coches de choque** the bumper cars
[2] *pram* (para el bebé)
[3] *carriage* (de tren)
◆ **Fuimos en coche cama.** We took the sleeper.
◆ **un coche de bomberos** a fire engine
cochino ADJETIVO
filthy
el **cochino** SUSTANTIVO
pig
el **cocido** SUSTANTIVO
stew
The **cocido madrileño** is a stew of chickpeas, vegetables and meat.
la **cocina** SUSTANTIVO
[1] *kitchen* ◇ *Comemos en la cocina.* We eat in the kitchen.
[2] *cooker* ◇ *una cocina de gas* a gas cooker
◆ **la cocina vasca** Basque cuisine
◆ **un libro de cocina** a cookery book
cocinar VERBO
to cook ◇ *No sabe cocinar.* He can't cook.
◆ **Cocinas muy bien.** You're a very good cook.
el **cocinero**, la **cocinera** SUSTANTIVO
cook ◇ *Soy cocinero.* I'm a cook.
el **coco** SUSTANTIVO
coconut (fruto)
el **cocodrilo** SUSTANTIVO
crocodile
el **código** SUSTANTIVO
code
◆ **el código de la circulación** the highway code
◆ **el código postal** the postcode
el **codo** SUSTANTIVO
elbow
la **codorniz** SUSTANTIVO (PL las **codornices**)
quail
coger* VERBO
[1] *to take* (tomar) ◇ *Coge el que más te guste.* Take the one which you like best. ◇ *Coja la primera calle a la derecha.* Take the first street on the right.
[2] *to catch* (pillar) ◇ *¡Coge la pelota!* Catch the ball! ◇ *La cogieron robando.* They caught her stealing.
◆ **coger un resfriado** to catch a cold
[3] *to pick up* (levantar) ◇ *Coge al niño, que está llorando.* Pick up the baby, he's crying.
[4] *to get* (obtener) ◇ *¿Nos coges dos entradas?* Would you get us two tickets?
[5] *to borrow* (tomar prestado) ◇ *¿Te puedo coger el bolígrafo?* Can I borrow your pen?
◆ **Voy a coger el autobús.** I'm going to get the bus.
◆ **Le cogió cariño al gato.** He took a liking to the cat.

◆ **Iban cogidos de la mano.** They were walking hand in hand.

el **cohete** SUSTANTIVO
  rocket
◆ **un cohete espacial** a rocket

cohibido ADJETIVO
  inhibited
◆ **sentirse cohibido** to feel inhibited

la **coincidencia** SUSTANTIVO
  coincidence
◆ **¡Qué coincidencia!** What a coincidence!

coincidir VERBO
  to match ◇ *Las huellas dactilares coinciden.* The fingerprints match.
◆ **Es que esas fechas coinciden con mi viaje.** The problem is, those dates clash with my trip. ◇ *Coincidimos en el tren.* We happened to meet on the train.

cojear VERBO
  1 *to limp* ◇ *Todavía cojea un poco.* He's still limping a little.
  2 *to be lame* (ser cojo)
◆ **Cojea del pie izquierdo.** He's lame in his left leg.
  3 *to wobble* (silla, mesa)

el **cojín** SUSTANTIVO (PL los **cojines**)
  cushion

cojo (1) VERBO ver **coger**

cojo (2) ADJETIVO
  1 *lame*
◆ **Está cojo.** He's lame.
◆ **Vas un poco cojo.** You're limping a bit.
  2 *wobbly* (mueble)

la **col** SUSTANTIVO
  cabbage
◆ **las coles de Bruselas** Brussels sprouts

la **cola** SUSTANTIVO
  1 *tail* (de animal)
  2 *queue* (de gente) ◇ *Había mucha cola para los lavabos.* There was a long queue for the toilets.
◆ **hacer cola** to queue
  3 *glue* (pegamento)

colaborar VERBO
◆ **Todo el pueblo colaboró.** Everyone in the village joined in.
◆ **Se negó a colaborar con nosotros.** He refused to cooperate with us.

el **colador** SUSTANTIVO
  1 *strainer* (para líquidos)
  2 *sieve* (para arroz, verduras)

colar VERBO
  to strain (verduras, té)
◆ **colarse** to push in (coloquial) ◇ *No te cueles.* Don't push in.
◆ **Nos colamos en el cine.** We sneaked into the cinema without paying.

la **colcha** SUSTANTIVO
  bedspread

el **colchón** SUSTANTIVO (PL los **colchones**)
  mattress (PL *mattresses*)

la **colchoneta** SUSTANTIVO
  1 *mat* (gimnasia)

  2 *air bed* (de aire)

la **colección** SUSTANTIVO (PL las **colecciones**)
  collection

coleccionar VERBO
  to collect

la **colecta** SUSTANTIVO
  collection
◆ **Hicieron una colecta para comprarle el billete.** They had a collection to buy him the ticket.

el **colectivo** SUSTANTIVO
  River Plate
  bus (PL *buses*)

el/la **colega** SUSTANTIVO
  1 *colleague* (de profesión)
  2 *mate* (coloquial: amigo)

el **colegio** SUSTANTIVO
  school ◇ *Voy al colegio en bicicleta.* I cycle to school. ◇ *¿Todavía vas al colegio?* Are you still at school? ◇ *Mi hermano estaba en el colegio.* My brother was at school.
◆ **un colegio de curas** a Catholic boys' school
◆ **un colegio de monjas** a convent school
◆ **un colegio público** a state school
◆ **un colegio mayor** a hall of residence

el **colesterol** SUSTANTIVO
  cholesterol

la **coleta** SUSTANTIVO
  ponytail (una sólo)
◆ **La niña llevaba coletas.** The girl wore her hair in bunches.

colgado ADJETIVO
  hanging ◇ *Había varios cuadros colgados en la pared.* There were several pictures hanging on the wall.
◆ **Debe de tener el teléfono mal colgado.** He must have the telephone off the hook.

el **colgante** SUSTANTIVO
  pendant

colgar* VERBO
  to hang ◇ *Colgamos un cuadro en la pared.* We hung a picture on the wall.
◆ **¡No dejes la chaqueta en la silla, cuélgala!** Don't leave your jacket on the chair, hang it up!
◆ **Me colgó el teléfono.** He hung up on me.
◆ **¡Cuelga, por favor, que quiero hacer una llamada!** Hang up, please. I want to use the phone!
◆ **No cuelgue, por favor.** Please hold.

la **coliflor** SUSTANTIVO
  cauliflower

la **colilla** SUSTANTIVO
  cigarette end

la **colina** SUSTANTIVO
  hill

el **collar** SUSTANTIVO
  1 *necklace* (joya)
  2 *collar* (de perro, gato)

la **colmena** SUSTANTIVO
  beehive

el **colmillo** SUSTANTIVO

[1] *canine tooth* (de persona, perro)

[2] *fang* (de vampiro, cobra)

[3] *tusk* (de elefante)

el **colmo** SUSTANTIVO

* **¡Esto ya es el colmo!** This really is the last straw!
* **Para colmo de males, empezó a llover.** To make matters worse, it started to rain.

colocar* VERBO

[1] *to put* (poner) ◇ *Colocamos la mesa en medio del comedor.* We put the table in the middle of the dining room.

[2] *to arrange* (ordenar) ◇ *He colocado los libros por temas.* I've arranged the books by subject.

* **colocarse (1)** to get a job ◇ *Se colocó de aprendiz en un taller mecánico.* He got a job as an apprentice in a garage workshop.
* **colocarse (2)** (coloquial: con alcohol) to get plastered
* **colocarse (3)** (coloquial: con drogas) to get high
* **¡Colocaos en fila!** Get into a line!
* **El equipo se ha colocado en quinto lugar.** The team are now in fifth place.

Colombia SUSTANTIVO FEM

Colombia

el **colombiano,** la **colombiana** ADJETIVO, SUSTANTIVO

Colombian

la **colonia** SUSTANTIVO

[1] *perfume* (de buen olor)

[2] *colony* (de otro país) (PL *colonies*)

[3] *district* Mexico

* **una colonia de verano** a summer camp

colonizar* VERBO

to colonize

coloquial ADJETIVO

colloquial

el **color** SUSTANTIVO

colour ◇ *¿De qué color son?* What colour are they?

* **un vestido de color azul** a blue dress
* **una televisión en color** a colour television

colorado ADJETIVO

red

* **ponerse colorado** to blush

la **columna** SUSTANTIVO

column

* **la columna vertebral** the spine

el **columpio** SUSTANTIVO

swing

* **ir a los columpios** to go to the swings

la **coma** SUSTANTIVO

comma ◇ *palabras separadas por comas* words separated by commas

* **cero coma ocho** zero point eight

el **coma** SUSTANTIVO

coma

* **estar en coma** to be in a coma

la **comadrona** SUSTANTIVO

midwife (PL *midwives*)

la **comandante** SUSTANTIVO

major

* **el comandante en jefe** the commander in chief

la **comba** SUSTANTIVO

skipping rope (cuerda)

* **saltar a la comba** to skip

el **combate** SUSTANTIVO

battle ◇ *entrar en combate* to go into battle

* **un piloto de combate** a fighter pilot
* **un combate de boxeo** a boxing match

combinar VERBO

[1] *to combine* ◇ *Combina los estudios con el trabajo.* He combines his studies with work.

[2] *to match* (ropa, colores) ◇ *colores que combinan con el azul* colours which match with blue

el **combustible** SUSTANTIVO

fuel

la **comedia** SUSTANTIVO

comedy (PL *comedies*)

el **comedor** SUSTANTIVO

[1] *dining room* (en casa, hotel)

[2] *refectory* (en colegio) (PL *refectories*)

[3] *canteen* (en lugar de trabajo)

comentar VERBO

[1] *to say* ◇ *Comentó que le había parecido muy joven.* He said that she had seemed very young.

[2] *to discuss* ◇ *Comentamos el tema en clase.* We discussed the subject in class.

* **Me han comentado que es una película muy buena.** I've been told that is a very good film.

el **comentario** SUSTANTIVO

comment (observación) ◇ *No hizo ningún comentario.* He made no comment.

* **Fue un comentario desagradable.** It was an unpleasant remark.

el/la **comentarista** SUSTANTIVO

commentator

comenzar* VERBO

to begin

* **Comenzó a llover.** It began to rain.

comer VERBO

[1] *to eat* ◇ *¿Quieres comer algo?* Do you want something to eat?

* **Me comí una manzana.** I had an apple.

[2] *to have lunch* (al mediodía) ◇ *Comimos en el hotel.* We had lunch in the hotel.

* **Comimos paella.** We had paella for lunch.
* **¿Qué hay para comer?** What is there for lunch?

[3] *to have dinner* Latin America

* **Le estaba dando de comer a su hijo.** She was feeding her son.
* **No te comas el coco por eso.** Don't worry too much about it. (coloquial)

comercial ADJETIVO

[1] *business* (relación, zona, estructura)
business *en este caso va siempre delante del sustantivo.*

[2] *trade* (déficit, guerra)

trade *en este caso va siempre delante del sustantivo.*

[3] *commercial* ◇ *una película muy comercial* a very commercial film

el **comercio** SUSTANTIVO

[1] *trade* ◇ *el comercio exterior* foreign trade

[2] *shop* ◇ *¿A qué hora cierran los comercios?* What time do the shops close?

el **cometa** SUSTANTIVO
comet

la **cometa** SUSTANTIVO
kite

cometer VERBO

[1] *to commit* (*un delito*)

[2] *to make* (*un error*)

el **cómic** SUSTANTIVO (PL los **cómics**)
comic ◇ *un cómic nuevo* a new comic

◆ **un personaje de cómic** a comic-book character

cómico ADJETIVO

[1] *comical* ◇ *Fue muy cómico.* It was very comical.

[2] *comic* ◇ *un actor cómico* a comic actor

la **comida** SUSTANTIVO

[1] *food* ◇ *La comida es muy buena en el hotel.* The food in the hotel is very good.

[2] *lunch* (*al mediodía*) (PL *lunches*) ◇ *La comida es a la una y media.* Lunch is at half past one.

[3] *supper* (*por la noche*) Latin America

[4] *meal* ◇ *Es la comida más importante del día.* It's the most important meal of the day.

comienzo VERBO *ver* **comenzar**

las **comillas** SUSTANTIVO
quotation marks

◆ **entre comillas** in quotation marks

la **comisaría** SUSTANTIVO
police station

la **comisión** SUSTANTIVO (PL las **comisiones**)

[1] *commission* ◇ *una comisión del 20%* a 20% commission

[2] *committee* ◇ *La comisión organizadora del festival.* The festival organizing committee.

el **comité** SUSTANTIVO (PL los **comités**)
committee

como ADVERBIO, CONJUNCIÓN

[1] *like* ◇ *Tienen un perro como el nuestro.* They've got a dog like ours. ◇ *Se portó como un imbécil.* He behaved like an idiot.

◆ **Sabe como a cebolla.** It tastes a bit like onion.

[2] *as* ◇ *Lo hice como me habían enseñado.* I did it as I had been taught. ◇ *Lo usé como cuchara.* I used it as a spoon. ◇ *blanco como la nieve* as white as snow ◇ *Como ella no llegaba, me fui.* As she didn't arrive, I left.

◆ **Hazlo como te dijo ella.** Do it the way she told you.

◆ **Es tan alto como tú.** He is as tall as you.

◆ **tal como lo había planeado** just as I had planned it

◆ **como si** as if ◇ *Siguió leyendo, como si no hubiera oído nada.* He kept on reading, as if he had heard nothing. ◇ *Se comporta como si me odiara.* He behaves as if he hated me.

[3] *if* ◇ *Como lo vuelvas a hacer se lo digo a tu madre.* If you do it again I'll tell your mother.

[4] *about* ◇ *Vinieron como unas diez personas.* About ten people came. ◇ *Llegó como a las cuatro.* He arrived about four o'clock.

cómo ADVERBIO

how ◇ *¿Cómo se dice en inglés?* How do you say it in English? ◇ *¿Cómo están tus padres?* How are your parents? ◇ *No sé cómo voy a explicárselo.* I don't know how I'm going to explain it to him.

◆ **¿A cómo están las manzanas?** How much are the apples?

◆ **¿Cómo es de grande?** How big is it?

◆ **¿Cómo es su novio? (1)** (*de personalidad*) What's her boyfriend like?

◆ **¿Cómo es su novio? (2)** (*de físico*) What does her boyfriend look like?

◆ **Perdón, ¿cómo has dicho?** Sorry, what did you say?

◆ **¡Cómo! ¿Mañana?** What? Tomorrow?

◆ **¡Cómo corría!** Boy, was he running!

la **cómoda** SUSTANTIVO
chest of drawers (PL *chests of drawers*)

la **comodidad** SUSTANTIVO

[1] *comfort* ◇ *Sólo le interesa su propia comodidad.* He's only interested in his own comfort.

[2] *convenience* ◇ *la comodidad de vivir en el centro* the convenience of living in the centre

cómodo ADJETIVO

[1] *comfortable* ◇ *un sillón cómodo* a comfortable chair ◇ *Me siento cómodo en tu casa.* I feel comfortable in your house.

[2] *convenient* ◇ *Tener un coche es muy cómodo.* Having a car is very convenient.

el **compact disc** SUSTANTIVO (PL los **compact discs**)

[1] *compact disc* (*disco*)

[2] *compact disc player* (*aparato*)

compadecer* VERBO
to feel sorry for ◇ *Te compadezco.* I feel sorry for you.

el **compañero**, la **compañera** SUSTANTIVO

[1] *classmate* (*de clase*)

[2] *workmate* (*de trabajo*)

[3] *partner* (*pareja*)

◆ **un compañero de piso** a flatmate

la **compañía** SUSTANTIVO
company (PL *companies*) ◇ *Un perro puede ser una buena compañía.* A dog can be good company.

◆ **El chico andaba en malas compañías.** The boy was keeping bad company.

---

* Verbs marked with this symbol are irregular. See pages 332–333 for further details

→ **Ana vino a hacerme compañía.** Ana came to keep me company. ◇ *una compañía de seguros* an insurance company

→ **una compañía aérea** an airline

comparación SUSTANTIVO (PL las comparaciones)
comparison ◇ *Hizo una comparación entre los dos períodos.* He made a comparison between the two periods.

→ **Mi coche no tiene comparación con el tuyo.** There's no comparison between my car and yours.

→ **Mi cuarto es pequeñísimo en comparación con el tuyo.** My room is tiny compared to yours.

comparar VERBO
to compare ◇ *Siempre me comparan con mi hermana.* I'm always being compared to my sister.

compartir VERBO
to share

compás SUSTANTIVO (PL los **compases**)
compass (*para dibujo*) (PL *compasses*)

→ **bailar al compás de la música** to dance in time to the music

compatible ADJETIVO
compatible

compensar VERBO
[1] *to make up for* ◇ *Intentan compensar la falta de medios con imaginación.* What they lack in resources they try to make up for in imagination.
[2] *to compensate* (*económicamente*) ◇ *El gobierno compensará a los agricultores por la mala cosecha.* The government will compensate farmers for the bad harvest.

→ **No me compensa con el sueldo que pagan.** It's not worth my while for the salary they pay.

→ **No compensa viajar tan lejos por tan poco tiempo.** It's not worth travelling that far for such a short time.

→ **No sé si compensa.** I don't know if it's worth it.

competencia SUSTANTIVO
[1] *rivalry* ◇ *la competencia entre dos hermanos* the rivalry between two brothers
[2] *competition* ◇ *Una campaña para desacreditar a la competencia.* A campaign to discredit the competition.

→ **una competencia deportiva** Latin America a sports competition

→ **No quiere hacerle la competencia a su mejor amigo.** He doesn't want to compete with his best friend.

competente ADJETIVO
competent

competición SUSTANTIVO (PL las competiciones)
competition

competir* VERBO
to compete ◇ *No pueden competir con los grandes supermercados.* They can't compete with the large supermarkets.

→ **Van a competir contra los mejores del mundo.** They're going to compete against the best in the world.

→ **competir por un título** to compete for a title

complacer* VERBO
to please

el **complejo** SUSTANTIVO
complex (PL *complexes*)

→ **Tiene complejo porque es gordo.** He's got a complex about being fat.

→ **un complejo deportivo** a sports complex

completar VERBO
to complete

completo ADJETIVO
[1] *complete* ◇ *las obras completas de Lorca* the complete works of Lorca
[2] *full* (*lleno*) ◇ *Los hoteles estaban completos.* The hotels were full.

→ **Me olvidé por completo.** I completely forgot.

complicado ADJETIVO
complicated

complicar* VERBO
to complicate

→ **complicarse** to get complicated ◇ *La situación se fue complicando cada día más.* The situation was getting more complicated by the day.

→ **No quiero complicarme la vida.** I don't want to make life more difficult for myself.

el/la **cómplice** SUSTANTIVO
accomplice

componer* VERBO
to compose ◇ *Él compuso la música.* He composed the music. ◇ *El comité se compone de seis miembros.* The committee is made up of six members.

el **comportamiento** SUSTANTIVO
behaviour

comportarse VERBO
to behave

la **compra** SUSTANTIVO
shopping ◇ *Había puesto la compra en el coche.* I had put the shopping in the car.

→ **hacer la compra** to do the shopping

→ **Hice unas compras en el centro.** I did some shopping in the centre.

→ **ir de compras** to go shopping

comprar VERBO
to buy ◇ *Les compré un helado a los niños.* I bought an ice-cream for the children.

→ **Le compré el coche a mi amigo.** I bought my friend's car.

→ **Quiero comprarme unos zapatos.** I want to buy a pair of shoes.

comprender VERBO
to understand ◇ *¡No lo comprendo!* I don't understand it!

comprensivo ADJETIVO
understanding ◇ *Mi padre es muy comprensivo.* My father is very understanding.

la **compresa** SUSTANTIVO
sanitary towel

el **comprobante** SUSTANTIVO
receipt
comprobar* VERBO
to check
comprometerse VERBO ◇ *Me he comprometido a ayudarlos.* I have promised to help them.
• **No quiero comprometerme si después no puedo ir.** I don't want to commit myself in case I can't go.
el **compromiso** SUSTANTIVO
engagement ◇ *El ministro canceló sus compromisos.* The minister cancelled his engagements. ◇ *Se iban a casar pero rompieron el compromiso.* They were going to get married but they broke off their engagement.
• **Puede probarlo sin ningún compromiso.** You can try it with no obligation.
• **Iba a ir pero sólo por compromiso.** I was going to go but only out of duty.
• **poner a alguien en un compromiso** to put someone in a difficult situation
compruebo VERBO *ver* **comprobar**
compuesto VERBO *ver* **componer**
compuesto ADJETIVO
• **un jurado compuesto de seis miembros** a jury made up of six members
la **computadora** SUSTANTIVO
Latin America
computer
común ADJETIVO
common (*frontera, característica, objetivo*) ◇ *un apellido muy común* a very common surname
• **No tenemos nada en común.** We have nothing in common.
• **Hicimos el trabajo en común.** We did the work between us.
• **las zonas de uso común** the communal areas
la **comunicación** SUSTANTIVO (PL las **comunicaciones**)
communication ◇ *la falta de comunicación entre padres e hijos* the lack of communication between parents and children
• **Se ha cortado la comunicación.** We've been cut off.
comunicar* VERBO
to be engaged (*teléfono*) ◇ *Siempre está comunicando.* The line is always engaged.
• **comunicarse** to communicate ◇ *Le cuesta comunicarse con los demás.* He finds it hard to communicate with others.
• **Los dos despachos se comunican.** The two offices are connected.
la **comunidad** SUSTANTIVO
community (PL *communities*)
• **la Comunidad Europea** the European Community
• **una comunidad autónoma** an autonomous region

la **comunión** SUSTANTIVO (PL las **comuniones**)
communion
• **Voy a hacer la primera comunión.** I'm going to make my first communion.
el/la **comunista** ADJETIVO, SUSTANTIVO
communist
con PREPOSICIÓN
with ◇ *Vivo con mis padres.* I live with my parents. ◇ *¿Con quién vas a ir?* Who are you going with?
• **Lo he escrito con bolígrafo.** I wrote it in pen.
• **Voy a hablar con Luis.** I'll talk to Luis.
• **café con leche** white coffee
• **Ábrelo con cuidado.** Open it carefully.
• **Con estudiar un poco apruebas.** With a bit of studying you should pass.
• **Con que me digas tu teléfono basta.** If you just give me your phone number that'll be enough.
• **con tal de que no llegues tarde** as long as you don't arrive late
el **concejal,** la **concejala** SUSTANTIVO
town councillor
concentrarse VERBO
[1] *to concentrate* ◇ *Me cuesta concentrarme.* I find it hard to concentrate.
• **Concéntrate en lo que estás haciendo.** Concentrate on what you're doing.
[2] *to gather* ◇ *Los manifestantes se concentraron en la plaza.* The demonstrators gathered in the square.
concertar* VERBO
to arrange (*entrevista*)
la **concha** SUSTANTIVO
shell (*de molusco*)
la **conciencia** SUSTANTIVO
conscience ◇ *Tengo la conciencia tranquila.* My conscience is clear.
• **Le remuerde la conciencia.** His conscience is pricking him.
• **Lo han estudiado a conciencia.** They've studied it thoroughly.
el **concierto** SUSTANTIVO
[1] *concert* ◇ *Van a dar varios conciertos en Madrid.* They're going to give several concerts in Madrid.
[2] *concerto* (PL *concertos*) ◇ *un concierto para violín* a violin concerto
la **conclusión** SUSTANTIVO (PL las **conclusiones**)
conclusion ◇ *Llegamos a la conclusión de que no valía la pena.* We reached the conclusion that it wasn't worthwhile.
concreto ADJETIVO
[1] *specific* ◇ *por poner un ejemplo concreto* to take a specific example
• **No hablo de personas concretas.** I don't mean anyone in particular.
[2] *definite* ◇ *Todavía no hay fechas concretas.* There are no definite dates yet.
• **este modelo en concreto** this particular model

◆ **No me refiero a nadie en concreto.** I don't mean anyone in particular.

◆ **Todavía no hemos decidido nada en concreto.** We still haven't decided anything definite.

concursante SUSTANTIVO
competitor

concurso SUSTANTIVO
[1] *game show* (*de televisión*)
[2] *competition* ◇ *un concurso de poesía* a poetry competition

◆ **un concurso de belleza** a beauty contest

conde SUSTANTIVO
count

condecoración SUSTANTIVO (PL las **condecoraciones**)
decoration

condena SUSTANTIVO
sentence

◆ **cumplir una condena** to serve a sentence

condenar VERBO
to sentence ◇ *Lo condenaron a tres años de prisión.* He was sentenced to three years in prison.

condesa SUSTANTIVO
countess

condición SUSTANTIVO (PL las **condiciones**)
condition ◇ *Sí, pero con dos condiciones...* All right, but with two conditions...

◆ **a condición de que apruebes** on condition that you pass

◆ **El piso está en muy malas condiciones.** The flat is in a very bad state.

◆ **No está en condiciones de viajar.** He's not fit to travel.

condón SUSTANTIVO (PL los **condones**)
condom

conducir* VERBO
[1] *to drive* (*coche*)

◆ **No sé conducir.** I can't drive.
[2] *to ride* (*moto*)

◆ **Enfadarse no conduce a nada.** Getting angry won't get you anywhere.

conducta SUSTANTIVO
behaviour

conductor, la **conductora** SUSTANTIVO
driver

conduzco VERBO *ver* **conducir**

conectar VERBO
to connect ◇ *conectar dos cables* to connect two cables

◆ **Vamos a conectar ahora con el estadio.** Now we go over to the stadium.

◆ **Le cuesta conectar con la gente.** He has trouble relating to people.

conejillo SUSTANTIVO

◆ **un conejillo de Indias** a guinea-pig

conejo SUSTANTIVO
rabbit

conexión SUSTANTIVO (PL las **conexiones**)
connection

conferencia SUSTANTIVO
[1] *lecture* (*de un experto*)

[2] *conference* (*congreso*)
[3] *long-distance call* (*de teléfono*)

confesar* VERBO
[1] *to confess to* ◇ *confesar un crimen* to confess to a crime
[2] *to admit* ◇ *Confesó que había sido él.* He admitted that it had been him.

◆ **confesarse** to go to confession ◇ *Se confiesa todos los domingos.* He goes to confession every Sunday.

el confeti SUSTANTIVO
confetti

la confianza SUSTANTIVO
trust ◇ *Han puesto toda su confianza en él.* They have put all their trust in him.

◆ **Tengo confianza en ti.** I trust you.

◆ **No tiene confianza en sí mismo.** He has no self-confidence.

◆ **un empleado de confianza** a trusted employee

◆ **Se lo dije porque tenemos mucha confianza.** I told her about it because we're very close.

◆ **Los alumnos se toman muchas confianzas con él.** The pupils take too many liberties with him.

confiar* VERBO
to trust ◇ *No confío en ella.* I don't trust her.

◆ **Confiaba en que su familia le ayudaría.** He was confident that his family would help him.

◆ **No hay que confiarse demasiado.** You mustn't be over-confident.

confidencial ADJETIVO
confidential

confieso VERBO *ver* **confesar**

confirmar VERBO
to confirm

el conflicto SUSTANTIVO
conflict

conformarse VERBO

◆ **conformarse con** to be satisfied with ◇ *Tengo que conformarme con lo que tengo.* I have to be satisfied with what I've got.

◆ **Se conforman con poco.** They're easily satisfied.

◆ **Tendrás que conformarte con uno más barato.** You'll have to make do with a cheaper one.

conforme ADJETIVO
satisfied ◇ *No se quedó muy conforme con esa explicación* He wasn't very satisfied with that explanation.

◆ **estar conforme** to agree ◇ *¿Estáis todos conformes?* Do you all agree? ◇ *No estoy conforme con ella en eso.* I don't agree with her on that.

confundir VERBO
[1] *to mistake* ◇ *confundir la sal con el azúcar* to mistake the salt for the sugar ◇ *La gente me confunde con mi hermana.* People mistake me for my sister.
[2] *to confuse* ◇ *Su explicación me*

confundió todavía más. His explanation confused me even more.
- **Confundí las fechas.** I got the dates mixed up.
- **¡Vaya! ¡Me he confundido!** Oh! I've made a mistake!
- **Me confundí de piso.** I got the wrong flat.

la **confusión** SUSTANTIVO (PL las **confusiones**)
confusion

confuso ADJETIVO
confused

congelado ADJETIVO
frozen

el **congelador** SUSTANTIVO
freezer

congelar VERBO
to freeze
- **Me estoy congelando.** I'm freezing.

congestionado ADJETIVO
1. *blocked* (nariz)
2. *congested* (carretera)

el **congreso** SUSTANTIVO
conference
- **un congreso médico** a medical conference
- **el Congreso de los Diputados**
  The Lower Chamber of the Spanish Parliament.

la **conjunción** SUSTANTIVO (PL las conjunciones)
conjunction

el **conjunto** SUSTANTIVO
1. *collection* ◇ *El libro es un conjunto de poemas de amor.* The book is a collection of love poems.
2. *group* ◇ *un conjunto de música pop* a pop group
- **un conjunto de falda y blusa** a matching skirt and blouse
- **Hay que estudiar esos países en conjunto.** You have to study these countries as a whole.

conmemorar VERBO
to commemorate

conmigo PRONOMBRE
with me ◇ *¿Por qué no vienes conmigo?* Why don't you come with me?
- **Rosa quiere hablar conmigo.** Rosa wants to talk to me.
- **No estoy satisfecho conmigo mismo.** I'm not proud of myself.

conmovedor ADJETIVO (FEM conmovedora)
moving

conmover* VERBO
to move

el **cono** SUSTANTIVO
cone
- **el Cono Sur** the Southern Cone

conocer* VERBO
1. *to know* ◇ *Conozco a todos sus hermanos.* I know all his brothers.
  ◇ *Conozco un restaurante donde se come bien.* I know a restaurant where the food is very good.
- **Nos conocemos desde el colegio.** We know each other from school.

- **Me encantaría conocer China.** I would love to visit China.
2. *to meet* (por primera vez) ◇ *La conocí en una fiesta.* I met her at a party.
  ◇ *¿Dónde os conocisteis?* Where did you first meet?

la **conocida** SUSTANTIVO
acquaintance ◇ *Es una conocida mía.* She's an acquaintance of mine.

conocido ADJETIVO
well-known ◇ *un actor muy conocido* a well-known actor

el **conocido** SUSTANTIVO
acquaintance ◇ *Son conocidos nuestros.* They are acquaintances of ours.

el **conocimiento** SUSTANTIVO
consciousness
- **perder el conocimiento** to lose consciousness
- **Tengo algunos conocimientos de francés.** I have some knowledge of French.

conozco VERBO ver **conocer**

conque CONJUNCIÓN
so ◇ *Hemos terminado, conque podéis iros.* We've finished, so you may leave now.
  ◇ *¿Conque ya te lo habían dicho?* So you had been told?

conquistar VERBO
1. *to conquer* ◇ *los países conquistados por los romanos* the countries conquered by the Romans
2. *to win...over* ◇ *La conquistó con su sonrisa.* He won her over with his smile.

consciente ADJETIVO
conscious ◇ *El enfermo no esta consciente.* The patient wasn't conscious.
- **Es plenamente consciente de sus limitaciones.** He's fully aware of his shortcomings.

la **consecuencia** SUSTANTIVO
consequence ◇ *Todo es una consecuencia de su falta de disciplina.* Everything is a consequence of his lack of discipline.
- **Perdió el conocimiento a consecuencia del golpe.** He lost consciousness as a result of the blow.

consecutivo ADJETIVO
consecutive ◇ *tres semanas consecutivas* three consecutive weeks

conseguir* VERBO
1. *to get* (trabajo, billete) ◇ *Él me consiguió el trabajo.* He got me the job.
2. *to achieve* (objetivo) ◇ *Consiguió las mejores calificaciones de la clase.* He achieved the best results in the class.
- **Nuestro equipo consiguió el triunfo.** Our team won.
- **Después de muchos intentos, al final lo consiguió.** After many attempts, he finally succeeded.
- **Finalmente conseguí convencerla.** I finally managed to convince her.

◆ **No conseguí que se lo comiera.** I couldn't get him to eat it.

consejo SUSTANTIVO
advice ◇ *Fui a pedirle consejo.* I went to ask him for advice.

◆ **¿Quieres que te dé un consejo?** Would you like me to give you some advice?

consentir* VERBO
1 *to allow* ◇ *No consiento que me faltes al respeto.* I won't allow you to be disrespectful to me.
2 *to spoil* ◇ *Su abuela lo consiente demasiado.* His grandmother spoils him too much.

conserje SUSTANTIVO
1 *caretaker* (de edificio)
2 *janitor* (de colegio)
3 *porter* (de hotel)

conserva SUSTANTIVO
◆ **No comemos muchas conservas.** We don't eat much tinned food.
◆ **atún en conserva** tinned tuna

conservador ADJETIVO (FEM **conservadora**)
conservative

conservante SUSTANTIVO
preservative

conservar VERBO
1 *to keep* ◇ *Debe conservarse en la nevera.* It should be kept in the fridge.
◇ *conservar las amistades* to keep friends
2 *to preserve* ◇ *El frío conserva mejor los alimentos.* The cold preserves food better.
◆ **Enrique se conserva joven.** Enrique looks good for his age.

conservatorio SUSTANTIVO
music school

considerable ADJETIVO
considerable ◇ *un número considerable de errores* a considerable number of errors

considerado ADJETIVO
considerate ◇ *Es muy considerado con su madre.* He's very considerate towards his mother.
◆ **Está muy bien considerada entre los profesores.** She's very highly regarded among the teachers.

considerar VERBO
to consider ◇ *Lo considero una pérdida de tiempo.* I consider it a waste of time.

consiento VERBO *ver* **consentir**

consigna SUSTANTIVO
left-luggage office

consigo (1) VERBO *ver* **conseguir**

consigo (2) PRONOMBRE
1 *with him* (con él)
2 *with her* (con ella)
3 *with you* (con usted, ustedes)
◆ **No está satisfecho consigo mismo.** He is not proud of himself.

consiguiendo VERBO *ver* **conseguir**
consintiendo VERBO *ver* **consentir**
consistir VERBO
◆ **El menú consiste en tres platos.** The menu consists of three courses.

◆ **¿En qué consiste el trabajo?** What does the job involve?
◆ **En eso consiste el secreto.** That's the secret.

consolar* VERBO
to console ◇ *No conseguíamos consolarla.* We were unable to console her.
◆ **Para consolarme me compré un helado.** I bought an ice cream to cheer myself up.

la **consonante** SUSTANTIVO
consonant

constante ADJETIVO
constant ◇ *el ruido constante de los coches* the constant noise of the cars
◆ **Tienes que ser más constante.** You should keep working at it.

constantemente ADVERBIO
constantly

constar VERBO
◆ **La obra consta de siete relatos.** The work consists of seven stories.
◆ **¡Que conste que yo pagué mi parte!** Don't forget that I paid my share!

constipado ADJETIVO
No confundir con el inglés **constipated**, que significa "estreñido".
◆ **estar constipado** to have a cold

el **constipado** SUSTANTIVO
cold ◇ *coger un constipado* To catch a cold

la **constitución** SUSTANTIVO (PL las **constituciones**)
constitution

la **construcción** SUSTANTIVO (PL las **construcciones**)
construction ◇ *un edificio en construcción* a building under construction
◆ **Trabajan en la construcción.** They work in the building industry.

construir* VERBO
to build

consuelo VERBO *ver* **consolar**

el **consuelo** SUSTANTIVO
consolation ◇ *Mi único consuelo es que...* My only consolation is that...

el/la **cónsul** SUSTANTIVO
consul

el **consulado** SUSTANTIVO
consulate

la **consulta** SUSTANTIVO
surgery (PL *surgeries*) ◇ *La doctora no tiene consulta los martes.* The doctor doesn't hold a surgery on Tuesdays.
◆ **horas de consulta** surgery hours
◆ **un libro de consulta** a reference book

consultar VERBO
to consult ◇ *consultar a un médico* to consult a doctor
◆ **Tengo que consultarlo con mi familia.** I must discuss it with my family.

la **consumición** SUSTANTIVO (PL las **consumiciones**)
drink ◇ *Con la entrada tienes una consumición.* The admission price includes a

drink.

consumir VERBO

☐1 *to use* (*energía, drogas*) ◇ *Mi coche consume mucha gasolina.* My car uses a lot of petrol.

☐2 *to drink* (*alcohol*)

◆ **No podemos estar en el bar sin consumir.** We can't stay in the pub without buying a drink.

◆ **Sólo piensan en consumir.** Spending money is all they think about.

el **consumo** SUSTANTIVO

consumption ◇ *el consumo de bebidas alcohólicas* alcohol consumption

◆ **una charla sobre el consumo de drogas** a talk on drug use

◆ **la sociedad de consumo** the consumer society

la **contabilidad** SUSTANTIVO

accountancy ◇ *Estudia contabilidad.* He's studying accountancy.

◆ **Mi madre lleva la contabilidad.** My mother keeps the books.

el/la **contable** SUSTANTIVO

accountant

el **contacto** SUSTANTIVO

☐1 *contact* ◇ *el contacto físico* physical contact

☐2 *touch* ◇ *Hace años que perdí contacto con ella.* I lost touch with her years ago. ◇ *Nos mantenemos en contacto por teléfono.* We keep in touch by phone. ◇ *Me puse en contacto con su familia.* I got in touch with her family.

contado: al contado ADVERBIO

◆ **Lo pagué al contado.** I paid cash for it.

el **contador** SUSTANTIVO

meter ◇ *el contador de la luz* the electricity meter

el **contador,** la **contadora** SUSTANTIVO

Latin America
accountant

contagiar VERBO

◆ **No quiero contagiarte.** I don't want to give it to you.

◆ **Tiene la gripe y no quiere que los niños se contagien.** He has the flu and doesn't want the children to catch it.

contagioso ADJETIVO

infectious

la **contaminación** SUSTANTIVO

pollution ◇ *la contaminación del aire* air pollution

contaminar VERBO

to pollute ◇ *El humo contamina la atmósfera.* Smoke pollutes the atmosphere.

contar* VERBO

☐1 *to count* (*dinero*) ◇ *Sabe contar hasta diez.* He can count to ten.

☐2 *to tell* (*historia*) ◇ *Les conté un cuento a los niños.* I told the children a story. ◇ *Cuéntame lo que pasó.* Tell me what happened.

◆ **Cuento contigo.** I'm counting on you.

◆ **¿Qué te cuentas?** How's things? (*coloquial*)

contendrá VERBO *ver* **contener**

contener* VERBO

to contain ◇ *La caja contenía monedas viejas.* The box contained old coins.

◆ **contenerse** to control oneself ◇ *No pudo contenerse y se echó a llorar.* He couldn't control himself and began to cry.

el **contenido** SUSTANTIVO

contents PL ◇ *el contenido de la maleta* the contents of the suitcase

contentarse VERBO

◆ **Se contenta con cualquier juguete.** She is happy with any toy.

◆ **Tuve que contentarme con el segundo premio.** I had to be satisfied with second prize.

contento ADJETIVO

happy ◇ *Estaba contento porque era su cumpleaños.* He was happy because it was his birthday.

◆ **estar contento con algo** to be pleased with something

la **contestación** SUSTANTIVO (PL las contestaciones)

reply (PL *replies*)

◆ **No me des esas contestaciones.** Don't answer back.

el **contestador** SUSTANTIVO

◆ **el contestador automático** the answering machine

contestar VERBO

to answer ◇ *Contesté a todas las preguntas.* I answered all the questions.

◆ **Les he llamado varias veces y no contestan.** I've phoned them several times and there's no answer.

◆ **Me escribieron y tengo que contestarles.** They wrote to me and I have to reply to them.

contigo PRONOMBRE

with you ◇ *Quiero ir contigo.* I want to go with you.

◆ **Necesito hablar contigo.** I need to talk to you.

el **continente** SUSTANTIVO

continent

continuamente ADVERBIO

constantly ◇ *El teléfono ha estado sonando continuamente.* The phone has been ringing constantly.

continuar* VERBO

to continue ◇ *Continuaremos la reunión por la tarde.* We will continue the meeting in the afternoon. ◇ *Si continúa así habrá que llevarlo al hospital.* If he continues like this, he'll have to be taken to hospital.

◆ **Continuó estudiando toda la noche.** He carried on studying right through the night.

continuo ADJETIVO

☐1 *constant* (*viajes, quejas*)

☐2 *continuous* (*línea*)

---

contra PREPOSICIÓN
against ◇ *Eran dos contra uno.* They were two against one. ◇ *El domingo jugamos contra el Málaga.* We play against Malaga on Sunday.
- **Me choqué contra una farola.** I bumped into a lamppost.
- **Estoy en contra de la pena de muerte.** I'm against the death penalty.

contrabajo SUSTANTIVO
double bass (PL *double basses*)

contrabando SUSTANTIVO
smuggling ◇ *el contrabando de drogas* drug smuggling
- **Lo trajeron al país de contrabando.** They smuggled it into the country.

contradecir* VERBO
to contradict

contradicción SUSTANTIVO (PL las contradicciones)
contradiction

contradicho VERBO *ver* **contradecir**
contradigo VERBO *ver* **contradecir**
contradije VERBO *ver* **contradecir**
contradiré VERBO *ver* **contradecir**

contraer* VERBO
[1] *to tense* (*músculo*)
[2] *to contract* (*enfermedad*)
- **contraerse** (*material, metal*) to contract

contraria SUSTANTIVO
- **llevar la contraria a alguien (1)** (*en discusión*) to contradict somebody
- **llevar la contraria a alguien (2)** (*en comportamiento*) to do the opposite of what somebody wants

contrario ADJETIVO
[1] *opposing* (*equipo, argumento*)
[2] *opposite* (*dirección, lado*) ◇ *Los dos coches viajaban en dirección contraria.* The two cars were travelling in opposite directions.
- **Ella opina lo contrario.** She thinks the opposite.
- **Al contrario, me gusta mucho.** On the contrary, I like it a lot.
- **De lo contrario, tendré que castigarte.** Otherwise, I will have to punish you.

contraseña SUSTANTIVO
password

contrastar VERBO
to contrast ◇ *El rojo contrasta con el negro.* Red contrasts with black.

contraste SUSTANTIVO
contrast

contratar VERBO
[1] *to hire* (*empleado*)
[2] *to sign up* (*deportista, artista*)

contrato SUSTANTIVO
contract

contribución SUSTANTIVO (PL las contribuciones)
[1] *contribution* ◇ *Le agradecemos su contribución.* Thank you for your contribution.

[2] *tax* (PL *taxes*) ◇ *la contribución municipal* local tax

contribuir* VERBO
to contribute ◇ *Todos contribuyeron al éxito de la fiesta.* Everyone contributed to the success of the party. ◇ *Cada uno contribuyó con mil pesetas para el regalo.* Each person contributed a thousand pesetas towards the present.

el/la **contribuyente** SUSTANTIVO
taxpayer

el/la **contrincante** SUSTANTIVO
opponent

el **control** SUSTANTIVO
[1] *control* ◇ *Nunca pierde el control.* He never loses control.
[2] *road-block* ◇ *Hay un control a 3 kilómetros.* There's a road-block 3 kilometres further on.

controlar VERBO
to control (*situación, personas, impulsos*)
- **Tuve que controlarme para no pegarle.** I had to control myself, otherwise I would have hit him.
- **No te preocupes, todo está controlado.** Don't worry, everything is under control.
- **De este tema no controlo.** I really don't know a lot about the subject.

convencer* VERBO
[1] *to convince* ◇ *Su argumento me convenció.* His argument convinced me. ◇ *La convencí de que era necesario.* I convinced her that it was necessary.
- **No me convence nada la idea.** I'm not convinced by the idea.
[2] *to persuade* ◇ *La convencimos para que nos acompañara.* We persuaded her to go with us.

convencional ADJETIVO
conventional

conveniente ADJETIVO
convenient (*hora, lugar*) ◇ *Cuando te sea más conveniente.* Whenever is more convenient for you.
- **Sería conveniente que se lo dijeras.** It would be advisable to tell him.

convenir* VERBO
[1] *to suit* ◇ *el método que más le convenga* the method that suits you best
[2] *to be good for* ◇ *No sabe lo que le conviene.* He doesn't know what's good for him. ◇ *Te conviene descansar un poco.* It would be good for you to get some rest.
- **Quizá convenga recordar que...** It might be appropriate to recall that...

la **conversación** SUSTANTIVO (PL las conversaciones)
conversation ◇ *Necesito clases de conversación.* I need conversation classes.
- **las conversaciones de paz** peace talks

convertir* VERBO
to turn ◇ *Convirtieron la casa en colegio.* They turned the house into a school.
- **convertirse** to convert ◇ *Se convirtió al*

cristianismo. He converted to Christianity.

◆ **convertirse en (1)** to become ◇ *Se convirtió en un hombre rico.* He became a rich man. ◇ *El convento se convirtió en hotel.* The convent became a hotel.

◆ **convertirse en (2)** to turn into ◇ *Se convirtió en una pesadilla.* It turned into a nightmare. ◇ *La oruga se convierte en mariposa.* The caterpillar turns into a butterfly.

convocar* VERBO
to call (reunión, huelga) ◇ *Nos convocaron a una reunión.* They called us to a meeting.

el **coñac** SUSTANTIVO (PL los **coñacs**)
brandy (PL *brandies*)

la **cooperación** SUSTANTIVO
cooperation

cooperar VERBO
to cooperate ◇ *Cooperaron con la policía en el caso.* They cooperated with the police on the case.

la **copa** SUSTANTIVO
⬚1 *glass* (vaso) (PL *glasses*) ◇ *Sólo tomé una copa de champán.* I only had one glass of champagne.
⬚2 *drink* (bebida)
◆ **Fuimos a tomar unas copas.** We went for a few drinks.
⬚3 *top* (de árbol)
◆ **copas**
copas are goblets, one of the suits in the Spanish card deck.

la **copia** SUSTANTIVO
copy (PL *copies*) ◇ *hacer una copia* to make a copy

copiar VERBO
to copy

el **copo** SUSTANTIVO
◆ **un copo de nieve** a snowflake
◆ **copos de avena** rolled oats

el **corazón** SUSTANTIVO (PL los **corazones**)
heart ◇ *Está mal del corazón.* He has heart trouble.
◆ **Tiene muy buen corazón.** He is very kind-hearted.

la **corbata** SUSTANTIVO
tie

el **corcho** SUSTANTIVO
cork
◆ **un tapón de corcho** a cork

el **cordel** SUSTANTIVO
cord

el **cordero** SUSTANTIVO
lamb ◇ *Comimos chuletas de cordero.* We had lamb chops.

el **cordón** SUSTANTIVO (PL los **cordones**)
⬚1 *shoelace* (para los zapatos)
⬚2 *cable* (eléctrico)

la **corneta** SUSTANTIVO
bugle

el **coro** SUSTANTIVO
⬚1 *choir* (de iglesia, colegio) ◇ *Canto en un coro.* I sing in a choir.

⬚2 *chorus* (en obra musical)

la **corona** SUSTANTIVO
crown (de rey)
◆ **una corona de flores** a garland

el **coronel** SUSTANTIVO
colonel

corporal ADJETIVO
⬚1 *body* (temperatura, olor, fluidos)
body en este caso va siempre delante del sustantivo.
⬚2 *corporal* (castigo)
⬚3 *personal* (higiene)

el **corral** SUSTANTIVO
⬚1 *farmyard* (para gallinas)
⬚2 *playpen* (para niños)

la **correa** SUSTANTIVO
⬚1 *belt* (cinturón)
⬚2 *lead* (de perro)
⬚3 *strap* (de reloj)

correcto ADJETIVO
correct ◇ *Las respuestas eran correctas.* The answers were correct.

el **corredor**, la **corredora** SUSTANTIVO
runner

corregir* VERBO
⬚1 *to correct* (error, postura) ◇ *Corrígeme si me equivoco.* Correct me if I get it wrong.
⬚2 *to mark* ◇ *Tengo que corregir los exámenes.* I have to mark the exams.

el **correo** SUSTANTIVO
post ◇ *Me lo mandó por correo.* He sent it to me by post.
◆ **Correos** post office ◇ *Fui a Correos a comprar unos sellos.* I went to the post office to buy some stamps.
◆ **el servicio de correos** the postal service

correr VERBO
⬚1 *to run* ◇ *Tuve que correr para alcanzar el autobús.* I had to run to catch the bus.
◆ **El ladrón echó a correr.** The thief started to run.
⬚2 *to hurry* ◇ *Corre que llegamos tarde.* Hurry or we'll be late.
◆ **No corras que te equivocarás.** Don't rush or you'll make a mistake.
⬚3 *to go fast* ◇ *No corras tanto, que hay hielo en la carretera.* Don't go so fast, the road's icy.
⬚4 *to move* ◇ *Corre un poco la silla para allá.* Move the chair that way a little.
◇ *Córrete un poco hacia la izquierda.* Move a bit to the left.
◆ **¿Quieres que corra la cortina?** Do you want me to draw the curtains?

la **correspondencia** SUSTANTIVO
◆ **un curso por correspondencia** a correspondence course

corresponder VERBO
◆ **Me pagó lo que me correspondía.** He paid me my share.
◆ **Estas fotos corresponden a otro álbum.** These photos belong to another album.
◆ **No me corresponde a mí hacerlo.** It's not

for to me to do it.

corresponsal SUSTANTIVO
correspondent

corrida SUSTANTIVO
bullfight

corriente ADJETIVO
common ◇ *Pérez es un apellido muy corriente.* Pérez is a very common surname.
- **Es un caso poco corriente.** It's an unusual case.
- **Tengo que ponerle al corriente de lo que ha pasado.** I have to let him know what has happened.

corriente SUSTANTIVO
1 *current* (*de agua, electricidad*)
- **Te va a dar corriente.** You'll get an electric shock.
2 *draught* (*de aire*)
- **Si está de mal humor es mejor seguirle la corriente.** If he's in a bad mood it's best just to humour him.

corrijo VERBO *ver* **corregir**

corro SUSTANTIVO
ring ◇ *Los niños hicieron un corro.* The children formed a ring.

corrupción SUSTANTIVO
corruption

cortado ADJETIVO
1 *sour* (*leche*)
2 *chapped* (*piel, labios*)
3 *closed* (*calle, carretera*)
- **Juan estaba muy cortado con mis padres.** Juan was very shy with my parents.

cortado SUSTANTIVO
A **cortado** *is a small white coffee with only a little milk.*

cortar VERBO
1 *to cut* (*carne, pastel*) ◇ *Corta la manzana por la mitad.* Cut the apple in half. ◇ *Me corté el dedo con un cristal.* I cut my finger on a piece of broken glass.
- **Te vas a cortar.** You're going to cut yourself.
- **Estas tijeras no cortan.** These scissors are blunt.
2 *to cut off* (*agua, luz*) ◇ *Han cortado el gas.* The gas has been cut off.
3 *to close* (*calle, carretera*)
- **Fui a cortarme el pelo.** I went to get my hair cut.
- **De repente se cortó la comunicación.** Suddenly we were cut off.

cortaúñas SUSTANTIVO (PL los **cortaúñas**)
nail clippers PL

corte SUSTANTIVO
cut ◇ *Tenía un corte en la frente.* He had a cut on his forehead.
- **un corte de pelo** a hair-cut
- **Me da corte pedírselo.** I'm embarrassed to ask him.

cortesía SUSTANTIVO
courtesy
- **por cortesía** as a courtesy

corteza SUSTANTIVO
1 *crust* (*del pan*)
2 *rind* (*del queso*)
3 *bark* (*de árbol*)

cortina SUSTANTIVO
curtain

corto ADJETIVO
short ◇ *Susana tiene el pelo corto.* Susana has short hair.
- **Las mangas me están cortas.** The sleeves are too short for me.
- **ser corto de vista** to be short-sighted
- **¡Carlos es más corto...!** Carlos is so dim! (*coloquial*)

cortocircuito SUSTANTIVO
short-circuit

cosa SUSTANTIVO
thing ◇ *¿Qué es esa cosa redonda?* What's that round thing? ◇ *Cogí mis cosas y me fui.* I picked up my things and left.
- **cualquier cosa** anything ◇ *Haría cualquier cosa por ella.* I'd do anything for her.
- **¿Me puedes decir una cosa?** Can you tell me something?
- **¡Qué cosa más rara!** How strange!
- **Son cosas de la edad.** It's just old age.

cosecha SUSTANTIVO
harvest

cosechar VERBO
to harvest

coser VERBO
to sew ◇ *Me estaba cosiendo un botón.* I was sewing on a button.

cosmético SUSTANTIVO
cosmetic

cosquillas SUSTANTIVO
- **hacer cosquillas a alguien** to tickle someone
- **Tiene muchas cosquillas.** He's very ticklish.

costa SUSTANTIVO
coast ◇ *Pasamos el verano en la costa.* We spend the summer on the coast.
- **Vive a costa de los demás.** He lives at the expense of others.

costado SUSTANTIVO
side
- **Estaba tumbado de costado.** He was lying on his side.

costar* VERBO
to cost ◇ *Cuesta mucho dinero.* It costs a lot of money. ◇ *¿Cuánto cuesta?* How much does it cost? ◇ *Me costó dos mil pesetas.* It cost me two thousand pesetas.
- **Las matemáticas le cuestan mucho.** He finds maths very difficult.
- **Me cuesta hablarle.** I find it hard to talk to him.

Costa Rica SUSTANTIVO FEM
Costa Rica

costarricense ADJETIVO, SUSTANTIVO
Costa Rican

costarriqueño, la costarriqueña
ADJETIVO, SUSTANTIVO
Costa Rican

el **coste** SUSTANTIVO
cost ◇ *el coste de la vida* the cost of living

la **costilla** SUSTANTIVO
rib

el **costo** SUSTANTIVO
cost

la **costra** SUSTANTIVO
[1] *scab* (*de herida*)
[2] *crust* (*del pan*)

la **costumbre** SUSTANTIVO
[1] *habit* (*de persona*) ◇ *Tiene la mala costumbre de morderse las uñas.* He has the bad habit of biting his nails.
[2] *custom* (*de país, pueblo*) ◇ *una costumbre británica* a British custom
• **Se le olvidó, como de costumbre.** He forgot, as usual.
• **Nos sentamos en el sitio de costumbre.** We sat in our usual place.

la **costura** SUSTANTIVO
[1] *seam* ◇ *Se te ha descosido la costura de la falda.* Your skirt has come apart at the seam.
[2] *sewing* ◇ *No me gusta la costura.* I don't like sewing.

el/la **cotilla** SUSTANTIVO
gossip

cotillear VERBO
to gossip

el **cotilleo** SUSTANTIVO
gossip

COU ABREVIATURA (= *Curso de Orientación Universitaria*)
Former term for the final year at school before university.

el **cráneo** SUSTANTIVO
skull

la **creación** SUSTANTIVO (PL las **creaciones**)
creation

crear VERBO
to create
• **No quiero crearme problemas.** I don't want to create problems for myself.
• **crearse enemigos** to make enemies

creativo ADJETIVO
creative

crecer* VERBO
[1] *to grow* ◇ *Me crece mucho el pelo.* My hair grows very fast. ◇ *¡Cómo has crecido!* Haven't you grown!
[2] *to grow up* ◇ *Crecí en Sevilla.* I grew up in Seville.

el **crecimiento** SUSTANTIVO
growth

el **crédito** SUSTANTIVO
[1] *loan* ◇ *Pedí un crédito al banco.* I asked for a loan at the bank.
[2] *credit* ◇ *comprar algo a crédito* to buy something on credit

la **creencia** SUSTANTIVO
belief

creer* VERBO
[1] *to believe* ◇ *¿Crees en los fantasmas?*

Do you believe in ghosts? ◇ *Nadie me cree.* Nobody believes me.
• **Eso no se lo cree nadie.** No one will believe that.
[2] *to think* ◇ *No creo que pueda ir.* I don't think I'll be able to go.
• **Se cree muy lista.** She thinks she's pretty clever.
• **Creo que sí.** I think so.
• **Creo que no.** I don't think so.

creído ADJETIVO
• **Es muy creído.** He's so full of himself.

la **crema** SUSTANTIVO
cream ◇ *Me pongo crema en las manos.* I put cream on my hands.
• **la crema de afeitar** shaving cream
• **crema de champiñones** cream of mushroom soup
• **una blusa de color crema** a cream-coloured blouse

la **cremallera** SUSTANTIVO
zip ◇ *Súbete la cremallera.* Pull up your zip.

el **crematorio** SUSTANTIVO
crematorium (PL *crematoria*)

creyendo VERBO *ver* **creer**

el/la **creyente** SUSTANTIVO
believer

crezco VERBO *ver* **crecer**

la **cría** SUSTANTIVO
• **una cría de cebra** a baby zebra
• **La leona tuvo dos crías.** The lioness had two cubs.
• **La hembra es muy protectora de sus crías.** The female is very protective of her young.

la **criada** SUSTANTIVO
maid

el **criado** SUSTANTIVO
servant

criar* VERBO
[1] *to raise* (*ganado*)
[2] *to breed* (*conejos, perros*)
[3] *to bring up* ◇ *Me criaron mis abuelos.* My grandparents brought me up.
• **Me crié en Sevilla.** I grew up in Seville.

el **crimen** SUSTANTIVO (PL los **crímenes**)
[1] *murder* ◇ *cometer un crimen* to commit murder
[2] *crime* ◇ *los crímenes de guerra* war crimes

el/la **criminal** SUSTANTIVO
criminal

la **crisis** SUSTANTIVO (PL las **crisis**)
crisis (PL *crises*) ◇ *una crisis política* a political crisis ◇ *en los momentos de crisis* in moments of crisis
• **una crisis nerviosa** a nervous breakdown

el **cristal** SUSTANTIVO
[1] *glass* (*vidrio normal*) (PL *glasses*) ◇ *una botella de cristal* a glass bottle
• **Me corté con un cristal.** I cut myself on a piece of broken glass.
• **En el suelo había cristales rotos.** There

was some broken glass on the floor.
[2] *window pane* (de ventana) ◇ *Los niños rompieron el cristal.* The children broke the window pane.
- **limpiar los cristales** to clean the windows
[3] *crystal* (vidrio fino, mineral) ◇ *una estatuilla de cristal* a crystal statuette

cristiano, la **cristiana** ADJETIVO, SUSTANTIVO
Christian

Cristo SUSTANTIVO MASC
Christ

crítica SUSTANTIVO
[1] *criticism*
- **No hagas caso de sus críticas.** Pay no attention to his criticism.
[2] *review* ◇ *La película ha tenido muy buenas críticas.* The film got very good reviews.
[3] *critic* ◇ *Es crítica de cine.* She's a film critic.

criticar* VERBO
to criticize ◇ *Siempre me está criticando.* He's always criticizing me.

crítico ADJETIVO
critical ◇ *Llegó en un momento crítico.* He arrived at a critical moment.

crítico SUSTANTIVO
critic ◇ *Es crítico de cine.* He's a film critic.

croissant SUSTANTIVO (PL los **croissants**)
croissant

cromo SUSTANTIVO
picture card

crónico ADJETIVO
chronic

cronometrar VERBO
to time

cronómetro SUSTANTIVO
stopwatch (PL *stopwatches*)

croqueta SUSTANTIVO
croquette ◇ *croquetas de pollo* chicken croquette

cruce SUSTANTIVO
crossroads ◇ *En el cruce hay un semáforo.* There are traffic lights at the crossroads.
- **un cruce de peatones** a pedestrian crossing

crucial ADJETIVO
crucial

crucifijo SUSTANTIVO
crucifix (PL *crucifixes*)

crucigrama SUSTANTIVO
crossword

crudo ADJETIVO
[1] *raw* (sin cocinar) ◇ *las zanahorias crudas* raw carrots
[2] *underdone* (poco hecho) ◇ *El filete estaba crudo.* The fillet was underdone.

cruel ADJETIVO
cruel

crueldad SUSTANTIVO
cruelty

crujiente ADJETIVO

[1] *crunchy* (galletas, zanahoria)
[2] *crusty* (pan)

crujir VERBO
[1] *to rustle* (hojas secas)
[2] *to creak* (ramas, tablas)
[3] *to crunch* (nieve, galletas)

la **cruz** SUSTANTIVO (PL las **cruces**)
cross (PL *crosses*)
- **la Cruz Roja** the Red Cross

cruzado ADJETIVO
- **Había un tronco cruzado en la carretera.** There was a tree trunk lying across the road.

cruzar* VERBO
[1] *to cross* (calle, desierto, río)
[2] *to fold* (brazos)
- **Nos cruzamos en la calle.** We passed each other in the street.

el **cuaderno** SUSTANTIVO
notebook
- **un cuaderno de ejercicios** an exercise book

la **cuadra** SUSTANTIVO
[1] *stable*
[2] *block* Latin America ◇ *Está a dos cuadras de aquí.* It's two blocks from here.

el **cuadrado** ADJETIVO, SUSTANTIVO
square
- **dos metros cuadrados** two square metres

cuadrar VERBO
to tally ◇ *Las cuentas no cuadran.* The accounts don't tally.
- **Eso no cuadra con lo que ella nos contó.** That doesn't fit in with what she told us.

cuadriculado ADJETIVO
- **papel cuadriculado** squared paper

el **cuadro** SUSTANTIVO
[1] *painting* (pintura) ◇ *un cuadro de Picasso* a painting by Picasso ◇ *¿Quién pintó ese cuadro?* Who did that painting?
[2] *picture* (reproducción) ◇ *Hay varios cuadros en la pared.* There are several pictures on the wall.
- **un mantel a cuadros** a checked tablecloth

cuajar VERBO
[1] *to set* (flan, yogur)
[2] *to lie* (nieve)
- **cuajarse** (leche) to curdle

cual PRONOMBRE
[1] *who*
Se usa **who** *cuando nos referimos a una persona.*
◇ *el primo del cual te estuve hablando* the cousin who I was speaking to you about
◇ *las familias con las cuales me hospedé* the families who I stayed with
[2] *which*
Se usa **which** *cuando nos referimos a una cosa.*
◇ *la ventana desde la cual nos observaban* the window from which they were watching us
- **lo cual** which ◇ *Se ofendió, lo cual es comprensible.* He took offence, which is understandable.
- **con lo cual** with the result that ◇ *Juan se puso enfermo, con lo cual tuve que hacerlo yo solo.* Juan fell ill, with the result that I

had to do it alone.

◆ **sea cual sea la razón** whatever the reason may be

cuál PRONOMBRE

　1　*what* ◇ *¿Cuál es la solución?* What is the solution? ◇ *No sé cuál es la solución.* I don't know what the solution is.

　2　*which one* (*entre varios*) ◇ *¿Cuál te gusta más?* Which one do you like best?

la **cualidad** SUSTANTIVO

　quality (PL *qualities*)

cualquier ADJETIVO *ver* **cualquiera**

cualquiera (1) ADJETIVO

　any ◇ *en cualquier ciudad española* in any Spanish town ◇ *Puedes usar un bolígrafo cualquiera.* You can use any pen.

◆ **No es un empleo cualquiera.** It's not just any job.

◆ **cualquier cosa** anything

◆ **cualquier persona** anyone

◆ **en cualquier sitio** anywhere

cualquiera (2) PRONOMBRE

　1　*anyone* (*personas*) ◇ *Cualquiera puede hacer eso.* Anyone can do that.

◆ **cualquiera que le conozca** anyone who knows him

　2　*any one* (*de varias cosas*) ◇ *Me da igual, cualquiera.* It doesn't matter, any one.

◆ **en cualquiera de las habitaciones** in any one of the rooms

◆ **cualquiera que elijas** whichever one you choose

　3　*either* (*entre dos personas o cosas*) ◇ *¿Cuál de los dos prefieres? – Cualquiera.* Which of the two do you prefer? – Either.

cuando CONJUNCIÓN

　when ◇ *cuando vienen a vernos* when they come to see us ◇ *Lo haré cuando tenga tiempo.* I'll do it when I have time.

◆ **Puedes venir cuando quieras.** You can come whenever you like.

cuándo ADVERBIO

　when? ◇ *¿Cuándo te va mejor?* When suits you? ◇ *No sabe cuándo ocurrió.* He doesn't know when it happened.

◆ **¿Desde cuándo trabajas aquí?** Since when have you worked here?

cuanto ADJETIVO, PRONOMBRE (FEM **cuanta**)

◆ **Termínalo cuanto antes.** Finish it as soon as possible.

◆ **Cuanto más lo pienso menos lo entiendo.** The more I think about it, the less I understand it.

◆ **Cuantas menos personas haya mejor.** The fewer people the better.

◆ **En cuanto oí su voz me eché a llorar.** As soon as I heard his voice I began to cry.

◆ **Había sólo unos cuantos invitados.** There were only a few guests.

cuánto ADJETIVO, PRONOMBRE (FEM **cuánta**)

　1　*how much* ◇ *¿Cuánto dinero?* How much money? ◇ *¿Cuánto le debo?* How much do I owe you? ◇ *Me dijo cuánto*

costaba. He told me how much it was.

　2　*how many* ◇ *¿Cuántas sillas?* How many chairs? ◇ *No sé cuántos necesito.* I don't know how many I need.

◆ **¿A cuántos estamos?** What's the date?

◆ **¡Cuánta gente!** What a lot of people!

◆ **¿Cuánto hay de aquí a Bilbao?** How far is it from here to Bilbao?

◆ **¿Cuánto tiempo llevas estudiando inglés?** How long have you been studying English?

cuarenta ADJETIVO, PRONOMBRE

　forty ◇ *Tiene cuarenta años.* He's forty.

◆ **el cuarenta aniversario** the fortieth anniversary

el **cuartel** SUSTANTIVO

　barracks (PL *barracks*)

◆ **el cuartel general** the headquarters

cuarto ADJETIVO, PRONOMBRE (FEM **cuarta**)

　fourth ◇ *Vivo en el cuarto piso.* I live on the fourth floor.

el **cuarto** SUSTANTIVO

　1　*room* ◇ *Los niños jugaban en su cuarto.* The children were playing in their room.

◆ **el cuarto de estar** the living room

◆ **el cuarto de baño** the bathroom

　2　*quarter* ◇ *He leído un cuarto del libro.* I've read a quarter of the book. ◇ *un cuarto de hora* a quarter of an hour

◆ **Son las once y cuarto.** It's a quarter past eleven.

◆ **A las diez menos cuarto.** At a quarter to ten.

◆ **Es un cuarto para las diez.** │Latin America│ It's a quarter to ten.

el **cuate** SUSTANTIVO

　│Mexico│

　1　*twin brother* (*hermano*)

　2　*guy* (*coloquial: tipo*)

cuatro ADJETIVO, PRONOMBRE

　four

◆ **Son las cuatro.** It's four o'clock.

◆ **el cuatro de julio** the fourth of July

cuatrocientos ADJETIVO, PRONOMBRE (FEM **cuatrocientas**)

　four hundred

Cuba SUSTANTIVO FEM

　Cuba

el **cubano,** la **cubana** ADJETIVO, SUSTANTIVO

　Cuban

la **cubertería** SUSTANTIVO

　cutlery

cúbico ADJETIVO

　cubic ◇ *tres metros cúbicos* three cubic metres

la **cubierta** SUSTANTIVO

　1　*cover* (*de libro*)

　2　*tyre* (*de neumático*)

　3　*deck* (*de barco*)

cubierto VERBO *ver* **cubrir**

cubierto ADJETIVO

　covered ◇ *Estaba todo cubierto de nieve.* Everything was covered in snow.

◆ **una piscina cubierta** an indoor swimming pool

cubiertos SUSTANTIVO PL
cutlery SING

cubito de hielo SUSTANTIVO
ice-cube

cubo SUSTANTIVO
bucket ◇ *Llené un cubo de agua.* I filled a bucket of water.
◆ **el cubo de la basura** the dustbin
◆ **tres elevado al cubo** three cubed

cubrir* VERBO
to cover ◇ *Son capaces de cubrir grandes distancias.* They can cover great distances.
◆ **Las mujeres se cubren la cara con un velo.** The women cover their face with a veil.
◆ **El agua casi me cubría.** I was almost out of my depth.

cucaracha SUSTANTIVO
cockroach

cuchara SUSTANTIVO
spoon

cucharada SUSTANTIVO
spoonful ◇ *una cucharada de jarabe* a spoonful of syrup

cucharilla SUSTANTIVO
teaspoon

cucharón SUSTANTIVO (PL los **cucharones**)
ladle

cuchichear VERBO
to whisper

cuchilla SUSTANTIVO
blade
◆ **una cuchilla de afeitar** a razor blade

cuchillo SUSTANTIVO
knife (PL **knives**)

cuclillas: en cuclillas ADVERBIO squatting
◆ **ponerse en cuclillas** to squat down

cucurucho SUSTANTIVO
cone (*helado*)

cuelgo VERBO *ver* **colgar**

cuello SUSTANTIVO
1 *neck* (*de persona, botella*)
2 *collar* (*de camisa, chaqueta*)

cuenta SUSTANTIVO
1 *bill* (*factura*) ◇ *El camarero nos trajo la cuenta.* The waiter brought us the bill.
2 *account* (*de banco*)
◆ **una cuenta corriente** a current account
◆ **Ahora trabaja por su cuenta.** He's self-employed now.
◆ **darse cuenta (1)** (*enterarse*) to realize ◇ *Perdona, no me daba cuenta de que eras vegetariano.* Sorry, I didn't realize you were a vegetarian.
◆ **darse cuenta (2)** (*ver*) to notice ◇ *¿Te has dado cuenta de que han cortado el árbol?* Did you notice they've cut down that tree?
◆ **tener algo en cuenta** to bear something in mind ◇ *También hay que tener en cuenta su edad.* You must also bear in mind her age.

cuento VERBO *ver* **contar**

cuento SUSTANTIVO
story (PL *stories*) ◇ *La abuela nos contaba un cuento.* Grandma used to tell us a story.
◆ **un cuento de hadas** a fairy-tale

cuerda SUSTANTIVO
1 *rope* (*gruesa*) ◇ *Le ataron las manos con una cuerda.* They tied his hands together with a rope.
2 *string* (*fina*) ◇ *Necesito una cuerda para atar este paquete.* I need some string to tie up this parcel. ◇ *La guitarra tiene ocho cuerdas.* The guitar has eight strings.
◆ **la cuerda floja** the tightrope
◆ **dar cuerda a un reloj** to wind up a watch

cuerno SUSTANTIVO
horn

cuero SUSTANTIVO
leather ◇ *una chaqueta de cuero* a leather jacket

cuerpo SUSTANTIVO
body (PL *bodies*) ◇ *el cuerpo humano* the human body
◆ **el cuerpo de bomberos** the fire-brigade

cuervo SUSTANTIVO
raven

cuesta VERBO *ver* **costar**

cuesta SUSTANTIVO
slope ◇ *una cuesta muy empinada* a very steep slope
◆ **ir cuesta abajo** to go downhill
◆ **ir cuesta arriba** to go uphill
◆ **Llevaba la caja a cuestas.** He was carrying the box on his back.

cuestión SUSTANTIVO (PL las **cuestiones**)
matter ◇ *Eso es otra cuestión.* That's another matter.
◆ **Llegaron en cuestión de minutos.** They arrived in a matter of minutes.

cueva SUSTANTIVO
cave

cuezo VERBO *ver* **cocer**

cuidado SUSTANTIVO
care ◇ *Pone mucho cuidado en su trabajo.* He takes great care over his work.
◆ **Conducía con cuidado.** He was driving carefully.
◆ **Debes tener mucho cuidado al cruzar la calle.** You must be very careful crossing the street.
◆ **¡Cuidado!** Careful!
◆ **Carlos está al cuidado de los niños.** Carlos looks after the children.

cuidadoso ADJETIVO
careful

cuidar VERBO
to look after (*libros, plantas, niño*) ◇ *Ella cuida de los niños.* She looks after the children.
◆ **cuidarse** to look after oneself ◇ *Tienes que cuidarte.* Make sure you look after yourself.
◆ **¡Cuídate!** Take care!

culebra SUSTANTIVO
snake

el **culo** SUSTANTIVO
  bum (coloquial)

la **culpa** SUSTANTIVO
  fault ◇ *La culpa es mía.* It's my fault.
  ◆ **Tú tienes la culpa de todo.** It's all your fault.
  ◆ **Siempre me echan la culpa a mí.** They're always blaming me.
  ◆ **por culpa del mal tiempo** because of the bad weather

culpable ADJETIVO
  guilty ◇ *Yo no soy culpable.* I'm not guilty. ◇ *Se siente culpable de lo que ha pasado.* He feels guilty about what has happened.

el/la **culpable** SUSTANTIVO
  culprit (de delito)
  ◆ **Ella es la culpable de todo.** She is to blame for everything.

cultivar VERBO
  1 *to grow* (cereales, hortalizas)
  2 *to farm* (la tierra)

culto ADJETIVO
  1 *cultured* (persona)
  2 *formal* (lenguaje)

la **cultura** SUSTANTIVO
  culture

el **culturismo** SUSTANTIVO
  body-building

la **cumbre** SUSTANTIVO
  summit (de montaña)

el **cumpleaños** SUSTANTIVO (PL los cumpleaños)
  birthday (PL birthdays) ◇ *Mañana es mi cumpleaños.* It's my birthday tomorrow.
  ◆ **¡Feliz cumpleaños!** Happy birthday!

cumplir VERBO
  1 *to carry out* (orden, objetivo)
  2 *to keep* (promesa)
  3 *to observe* (ley)
  4 *to serve* (condena)
  ◆ **Sólo he cumplido con mi deber.** I have only done my duty.
  ◆ **Mañana cumplo dieciséis años.** I'll be sixteen tomorrow.
  ◆ **El viernes se cumple el plazo para entregar las solicitudes.** Friday is the deadline for handing in applications.

la **cuna** SUSTANTIVO
  cradle

la **cuneta** SUSTANTIVO
  ditch (PL ditches)

la **cuñada** SUSTANTIVO
  sister-in-law (PL sisters-in-law)

el **cuñado** SUSTANTIVO
  brother-in-law (PL brothers-in-law)

la **cuota** SUSTANTIVO
  fee ◇ *La cuota de socio son 10.000 Ptas. anuales.* The membership fee is 10,000 pesetas per year.

cupo VERBO ver **caber**

el **cupón** SUSTANTIVO (PL los **cupones**)
  1 *voucher* (vale)
  2 *ticket* (para sorteo)

la **cura** SUSTANTIVO
  1 *cure* ◇ *No tiene cura.* There is no cure for it.
  2 *therapy* (PL therapies) ◇ *una cura de reposo* rest therapy

el **cura** SUSTANTIVO
  priest

curar VERBO
  1 *to cure* (enfermo, enfermedad)
  2 *to treat* (herida)
  ◆ **Espero que te cures pronto.** I hope that you get better soon.
  ◆ **Ya se le ha curado la herida.** His wound has already healed.

la **curiosidad** SUSTANTIVO
  curiosity
  ◆ **Lo pregunté por curiosidad.** I asked out of curiosity.
  ◆ **Tengo curiosidad por saber cuánto gana.** I'm curious to know how much he earns.

curioso ADJETIVO
  1 *curious* ◇ *Tiene una forma muy curiosa.* It's a very curious shape.
  ◆ **¡Qué curioso!** How odd!
  2 *nosy* ◇ *No seas curioso.* Don't be nosy.

la **curita** SUSTANTIVO
  Latin America
  sticking plaster

cursi ADJETIVO
  1 *affected* (persona)
  2 *twee* (objeto)

el **cursillo** SUSTANTIVO
  course ◇ *un cursillo de cocina* a cookery course
  ◆ **hacer un cursillo de natación** to have swimming lessons

el **curso** SUSTANTIVO
  1 *year* ◇ *un chico de mi curso* a boy in my year
  ◆ **el curso académico** the academic year
  ◇ *Hago segundo curso.* I'm in the second year.
  2 *course* ◇ *Hice un curso de idiomas.* I did a language course.

la **curva** SUSTANTIVO
  1 *bend* (en carretera) ◇ *Hay algunas curvas muy cerradas.* There are some very sharp bends.
  2 *curve* (línea) ◇ *dibujar una curva* to draw a curve

cuyo ADJETIVO
  whose ◇ *El marido, cuyo nombre era Ricardo, estaba jubilado.* The husband, whose name was Ricardo, was retired. ◇ *La señora en cuya casa me hospedé.* The lady whose house I stayed in.

D

dado SUSTANTIVO
dice (PL *dice*)
- **jugar a los dados** to play dice

dama SUSTANTIVO
lady (PL *ladies*) ◇ *Damas y caballeros...*
Ladies and gentlemen...
- **las damas** draughts ◇ *jugar a las damas*
to play draughts

damasco SUSTANTIVO
Latin America
apricot

danés ADJETIVO (FEM **danesa**, MASC PL
daneses)
Danish

danés, la **danesa** (MASC PL los **daneses**)
SUSTANTIVO
Dane

danés SUSTANTIVO
Danish (idioma)

daño SUSTANTIVO
damage ◇ *El daño producido no es muy
grave.* The damage isn't very serious.
- **ocasionar daños** to cause damage ◇ *La
sequía ha ocasionado grandes daños.* The
drought has caused a lot of damage.
- **hacer daño a alguien** to hurt somebody
- **hacerse daño** to hurt oneself

dar* VERBO
1 *to give* ◇ *Le dio un bocadillo a su hijo.*
He gave his son a sandwich. ◇ *Se lo di a
Teresa.* I gave it to Teresa.
- **Me dio mucha alegría verla.** I was very
pleased to see her.
- **Déme 2 kilos.** 2 kilos please.
2 *to strike* ◇ *El reloj dio las 6.* The clock
struck 6.
- **dar a** to look out onto ◇ *Mi ventana da al
jardín.* My window looks out onto the
garden.
- **dar con** to find ◇ *Dimos con él dos horas
más tarde.* We found him two hours later.
- **Al final di con la solución.** I finally came
up with the answer.
- **El sol me da en la cara.** The sun's shining
in my face.
- **¿Qué más te da?** What does it matter to
you?
- **Se han dado muchos casos.** There have
been a lot of cases.
- **Se me dan bien las ciencias.** I'm good at
science.
- **darse un baño** to have a bath
- **darse por vencido** to give up

dátil SUSTANTIVO
date

dato SUSTANTIVO
- **Ése es un dato importante.** That's an
important piece of information.
- **Necesito más datos para poder juzgar.** I
need more information to be able to judge.
- **reunir datos para un proyecto de**
investigación to gather data for a research
project
- **los datos personales** personal details

de (*de + el = del*) PREPOSICIÓN
1 *of* ◇ *un paquete de caramelos* a packet
of sweets
- **una copa de vino (1)** (*llena*) a glass of wine
- **una copa de vino (2)** (*vacía*) a wine glass
- **la casa de Isabel** Isabel's house
- **las clases de inglés** English classes
- **un anillo de oro** a gold ring
- **una máquina de coser** a sewing machine
- **es de ellos** it's theirs
- **a las 8 de la mañana** at 8 o'clock in the
morning
2 *from* ◇ *Soy de Gijón.* I'm from Gijón.
- **salir del cine** to leave the cinema
3 *than* ◇ *Es más difícil de lo que creía.*
It's more difficult than I thought it would be.
- **más de 500 personas** over 500 people
- **De haberlo sabido...** If I'd known...

dé VERBO *ver* **dar**

debajo ADVERBIO
underneath ◇ *Levanta la maceta, la llave
está debajo.* Lift up the flowerpot, the key's
underneath.
- **debajo de** under ◇ *debajo de la mesa*
under the table

el **debate** SUSTANTIVO
debate

debatir VERBO
to debate

el **deber** SUSTANTIVO
duty (PL *duties*) ◇ *Sólo cumplí mi deber.* I
simply did my duty.
- **los deberes** homework SING (*escolares*)

deber VERBO
1 *must* ◇ *Debo intentar verla.* I must try
to see her. ◇ *No debes preocuparte.* You
mustn't worry.
- **Debería dejar de fumar.** I should stop
smoking.
- **No deberías haberla dejado sola.** You
shouldn't have left her alone.
- **como debe ser** as it should be
- **deber de** must ◇ *Debe de ser canadiense.*
He must be Canadian. ◇ *Debe de haberse
ido a casa.* He must have gone home.
- **No debe de tener mucho dinero.** He can't
have much money.
2 *to owe* ◇ *¿Cuánto le debo?* How
much do I owe you?
- **deberse a** to be due to ◇ *El retraso se
debió a una huelga.* The delay was due to a
strike.

debido ADJETIVO
- **debido a** owing to ◇ *Debido al mal
tiempo, el vuelo se suspendió.* Owing to the
bad weather, the flight was cancelled.
- **Habla como es debido.** Speak properly.

débil ADJETIVO

weak

la **debilidad** SUSTANTIVO
　weakness (PL *weaknesses*)
- **tener debilidad por algo** to have a weakness for something　◇ *Tiene debilidad por los bombones.* He has a weakness for chocolates.
- **tener debilidad por alguien** to have a soft spot for somebody　◇ *Tiene debilidad por su nieta mayor.* He has a soft spot for his eldest granddaughter.

debilitar VERBO
　to weaken

la **década** SUSTANTIVO
　decade

la **decena** SUSTANTIVO
　ten　◇ *No llegan a la decena.* There are fewer than ten.　◇ *decenas de miles de* tens of thousands of
- **Habrá una decena de libros.** There must be about ten books.

decente ADJETIVO
　decent　◇ *Exigen un sueldo decente.* They are demanding a decent wage.

la **decepción** SUSTANTIVO (PL las **decepciones**)
　disappointment

decepcionar VERBO
　to disappoint　◇ *Me has decepcionado de nuevo.* You've disappointed me again.
- **La película me decepcionó.** The film was disappointing.

decidido ADJETIVO
　determined　◇ *Estoy decidido a hacerlo.* I'm determined to do it.　◇ *Julia es una mujer muy decidida.* Julia is a very determined woman.

decidir VERBO
　to decide　◇ *Tú decides.* You decide.
- **decidirse a hacer algo** to decide to do something
- **decidirse por algo** to decide on something
- **¡Decídete!** Make up your mind!

el **decimal** ADJETIVO, SUSTANTIVO
　decimal

décimo ADJETIVO, PRONOMBRE (FEM **décima**)
　tenth
- **Vivo en el décimo.** I live on the tenth floor.

el **décimo** SUSTANTIVO
- **un décimo de lotería** a tenth part of a lottery ticket
　*In Spain's National Lottery, whole tickets are very expensive so smaller shares such as **décimos** are also sold.*

decir* VERBO
　[1] *to say*　◇ *¿Qué dijo?* What did he say?　◇ *¿Cómo se dice "casa" en inglés?* How do you say "casa " in English?
- **es decir** that's to say
- **es un decir** it's a manner of speaking
- **¡Diga!** (al teléfono) Hello?
　[2] *to tell*　◇ *Me dijo que no vendría.* He told me that he wouldn't come.
- **decirle a alguien que haga algo** to tell somebody to do something　◇ *Me dijo que*

esperara fuera. He told me to wait outside.
- **¡No me digas!** Really?
- **querer decir** to mean　◇ *No sé lo que quiere decir.* I don't know what it means.

la **decisión** SUSTANTIVO (PL las **decisiones**)
　decision　◇ *tomar una decisión* to take a decision

decisivo ADJETIVO
　decisive

la **declaración** SUSTANTIVO (PL las **declaraciones**)
　[1] *statement*　◇ *El ministro no quiso hacer ninguna declaración.* The minister didn't want to make a statement.
　[2] *evidence*　◇ *Prestó declaración ante el juez.* He gave evidence before the judge.
- **una declaración de amor** a declaration of love
- **la declaración de la renta** the income tax return

declarar VERBO
　[1] *to declare*　◇ *¿Algo que declarar?* Anything to declare?　◇ *El presidente declaró que apoyaría el proyecto.* The president declared his support for the project.
　[2] *to give evidence*　◇ *declarar en un juicio* to give evidence at a trial
- **declarar culpable a alguien** to find somebody guilty
- **declararse (1)** to declare oneself　◇ *Se declaró partidario de hacerlo.* He declared himself in favour of doing it.
- **declararse (2)** to break out　◇ *Se declaró un incendio en el bosque.* A fire broke out in the forest.
- **declararse a alguien** to propose to somebody

el **decorador,** la **decoradora** SUSTANTIVO
　interior decorator

decorar VERBO
　to decorate

el **decreto** SUSTANTIVO
　decree

el **dedal** SUSTANTIVO
　thimble

dedicar* VERBO
　[1] *to devote*　◇ *Dedicó su vida a los demás.* He devoted his life to others.
　[2] *to dedicate*　◇ *Dedicó el poema a su padre.* He dedicated the poem to his father.
- **¿A qué se dedica?** What does he do for a living?
- **Ayer me dediqué a arreglar los armarios.** I spent yesterday tidying the cupboards.

la **dedicatoria** SUSTANTIVO
　dedication

el **dedo** SUSTANTIVO
　[1] *finger* (de la mano)　◇ *Lleva un anillo en el dedo meñique.* She wears a ring on her little finger.
- **hacer dedo** to hitch a lift
- **no mover un dedo** not to lift a finger
　[2] *toe* (del pie)

D

- **el dedo gordo (1)** (*de la mano*) the thumb
- **el dedo gordo (2)** (*del pie*) the big toe

deducir* VERBO
to deduce ◇ *Deduje que había mentido.* I deduced that he'd lied.

el **defecto** SUSTANTIVO
1 *defect* ◇ *El jarrón tiene un pequeño defecto.* The vase has a small defect.
2 *fault* ◇ *Le encuentra defectos a todo.* He finds fault with everything.

defender* VERBO
to defend ◇ *Defendió a su amigo de las críticas.* He defended his friend against criticisms.
- **defenderse** to defend oneself ◇ *Tenemos que defendernos del enemigo.* We have got to defend ourselves against the enemy.
- **Me defiendo en inglés.** I can get by in English.

la **defensa** SUSTANTIVO
defence
- **salir en defensa de alguien** to come to somebody's defence
- **en defensa propia** in self-defence

el **defensor**, la **defensora** SUSTANTIVO
defender

deficiente ADJETIVO
poor ◇ *Su trabajo es muy deficiente.* His work is very poor.

la **definición** SUSTANTIVO (PL las **definiciones**)
definition

definir VERBO
to define

definitivo ADJETIVO
definitive ◇ *Esta solución no es definitiva.* This is not a definitive solution.
- **en definitiva** in short

deformar VERBO
1 *to deform* (*pie, mano*)
- **No cuelgues el jersey así que lo deformarás.** Don't hang the jersey up like that or you'll pull it out of shape.
2 *to distort* (*imagen, metal*)
- **deformarse** (*pie, mano*) to become deformed
- **Si lo lavas en la lavadora, se deformará.** If you wash it in the washing machine, it'll lose its shape.

defraudar VERBO
1 *to disappoint* ◇ *Su comportamiento la defraudó.* His behaviour disappointed her.
2 *to defraud* ◇ *Defraudar dinero a Hacienda es delito.* It's an offence to defraud the Treasury of money.

dejar VERBO
1 *to leave* ◇ *He dejado las llaves en la mesa.* I've left the keys on the table. ◇ *Su novio la ha dejado.* Her fiancé has left her. ◇ *Déjame tranquilo.* Leave me alone. ◇ *Dejó todo su dinero a sus hijos.* He left all his money to his children.
- **¡Déjalo ya!** Don't worry about it!
- **Deja mucho que desear.** It leaves a lot to be desired.
2 *to let* ◇ *Mis padres no me dejan salir de noche.* My parents won't let me go out at night.
3 *to lend* ◇ *Le dejé mi libro de matemáticas.* I lent him my maths book.
4 *to give up* ◇ *Dejó el esquí después del accidente.* He gave up skiing after the accident.
- **dejar de** to stop ◇ *dejar de fumar* to stop smoking
- **dejarse** to leave ◇ *Se dejó el bolso en un taxi.* She left her bag in a taxi.

del PREPOSICIÓN
(= *de + el*) *ver* **de**

el **delantal** SUSTANTIVO
apron

delante ADVERBIO
in front ◇ *Siéntate delante.* You sit in front.
- **de delante** front ◇ *la rueda de delante* the front wheel
- **la parte de delante** the front
- **delante de** in front of ◇ *No digas nada delante de los niños.* Don't say anything in front of the children.
- **Mi casa está delante de la escuela.** My house is opposite the school.
- **pasar por delante de** to go past ◇ *Ayer pasé por delante de tu casa.* I went past your house yesterday.
- **hacia delante** forward ◇ *Se inclinó hacia delante.* He leaned forward.

delantero ADJETIVO
front ◇ *los asientos delanteros* the front seats
- **la parte delantera del coche** the front of the car

delatar VERBO
1 *to inform on* ◇ *el hombre que delató a los dos secuestradores* the man who informed on the two kidnappers
- **Los delató a la policía.** He tipped the police off about them.
2 *to give away* ◇ *Tu sonrisa te delata.* Your smile gives you away.

la **delegación** SUSTANTIVO
Mexico (PL las **delegaciones**)
police station

el **delegado**, la **delegada** SUSTANTIVO
delegate
- **el delegado de clase** the class representative

deletrear VERBO
to spell out

el **delfín** SUSTANTIVO (PL los **delfines**)
dolphin

delgado ADJETIVO
1 *slim* ◇ *Todas las modelos están delgadas.* All models are slim.
2 *thin* ◇ *Esta tela es demasiado delgada.* This material is too thin.

delicado ADJETIVO
1 *delicate* ◇ *Estas copas son muy delicadas.* These glasses are very delicate. ◇ *Se trata de un asunto muy delicado.* It's a

very delicate subject.

[2] *thoughtful* ◇ *Enviarte flores ha sido un gesto muy delicado.* Sending you flowers was a very thoughtful gesture.

la **delicia** SUSTANTIVO

delight ◇ *¡Qué delicia!* What a delight!

◆ **Este guiso es una delicia.** This stew is delicious.

delicioso ADJETIVO

delicious

el/la **delincuente** SUSTANTIVO

criminal ◇ *Es uno de los delincuentes más buscados.* He's one of the most wanted criminals.

◆ **un delincuente juvenil** a juvenile delinquent

la **demanda** SUSTANTIVO

demand ◇ *la oferta y la demanda* supply and demand

◆ **Se manifestaron en demanda de un aumento salarial.** They demonstrated for a wage increase.

◆ **presentar una demanda contra alguien** to sue somebody

demás (1) ADJETIVO

other ◇ *los demás niños* the other children

demás (2) PRONOMBRE

◆ **los demás** the others ◇ *Los demás vendrán más tarde.* The others will come later.

◆ **lo demás** the rest ◇ *Yo limpio las ventanas y lo demás lo limpias tú.* I'll clean the windows and you clean the rest.

◆ **todo lo demás** everything else ◇ *Los discos y los libros son míos, todo lo demás es tuyo.* The records and books are mine, everything else is yours.

demasiado (1) ADJETIVO

[1] *too much* ◇ *demasiado vino* too much wine

[2] *too many* ◇ *demasiados libros* too many books

demasiado (2) ADVERBIO

[1] *too* ◇ *Es demasiado pesado para levantarlo.* It's too heavy to lift. ◇ *Caminas demasiado deprisa.* You walk too quickly.

[2] *too much* ◇ *Hablas demasiado.* You talk too much.

la **democracia** SUSTANTIVO

democracy (PL *democracies*)

democrático ADJETIVO

democratic

el **demonio** SUSTANTIVO

devil ◇ *No creo en el demonio.* I don't believe in the devil.

◆ **¡Jaime es un auténtico demonio!** Jaime's a real devil! (*coloquial*)

◆ **¡Demonios!** Hell! (*coloquial*)

◆ **¿Qué demonios será?** What the devil can it be? (*coloquial*)

la **demostración** SUSTANTIVO (PL las **demostraciones**)

[1] *demonstration* (*de funcionamiento, método*)

[2] *proof* (*de teoría*)

demostrar* VERBO

[1] *to demonstrate* (*funcionamiento, método*)

[2] *to prove* (*teoría*) ◇ *Tendrá que demostrar su inocencia.* He will have to prove his innocence.

◆ **Así sólo demuestras tu ignorancia.** That way you only show how ignorant you are.

la **densidad** SUSTANTIVO

density ◇ *la densidad de población* population density

denso ADJETIVO

[1] *thick* (*humo, niebla*)

[2] *heavy* (*novela, discurso*)

la **dentadura** SUSTANTIVO

teeth PL

◆ **la dentadura postiza** false teeth PL

el **dentífrico** SUSTANTIVO

toothpaste

el/la **dentista** SUSTANTIVO

dentist

dentro ADVERBIO

inside ◇ *¿Qué hay dentro?* What's inside? ◇ *Mira bien por dentro.* Have a good look inside.

◆ **por dentro** inside

◆ **Está aquí dentro.** It's in here.

◆ **dentro de** in ◇ *Métela dentro del sobre.* Put it in the envelope. ◇ *dentro de tres meses* in three months

◆ **dentro de poco** soon ◇ *Cristina llegará dentro de poco.* Cristina will be here soon.

◆ **dentro de lo que cabe** as far as it goes ◇ *No está mal, dentro de lo que cabe.* It's not bad, as far as it goes.

la **denuncia** SUSTANTIVO

◆ **Voy a ponerle una denuncia por hacer tanto ruido.** I'm going to report him for making so much noise.

◆ **Le pusieron una denuncia por verter residuos en el río.** He was reported to the authorities for tipping waste into the river.

denunciar VERBO

to report (*un delito*)

el **departamento** SUSTANTIVO

[1] *department* (*de grandes almacenes, empresa*)

[2] *compartment* (*de tren*)

[3] *flat* (*apartamento*) Latin America

depender VERBO

◆ **depender de** to depend on ◇ *El precio depende de la calidad.* The price depends on the quality.

◆ **Depende.** It depends.

◆ **No depende de mí.** It's not up to me.

el **dependiente,** la **dependienta** SUSTANTIVO

sales assistant

el **deporte** SUSTANTIVO

sport ◇ *No hago mucho deporte.* I don't do much sport. ◇ *los deportes de invierno* winter sports

deportista ADJETIVO

sporty   ◇ *Alicia es poco deportista.* Alicia is not very sporty.

el **deportista** SUSTANTIVO

sportsman (PL *sportsmen*)

la **deportista** SUSTANTIVO

sportswoman (PL *sportswomen*)

deportivo ADJETIVO

[1] *sports* (*ropa, coche*)

sports *en este caso va siempre delante del sustantivo.*

◇ *un club deportivo* a sports club

[2] *sporting* (*actitud, espíritu*)

el **depósito** SUSTANTIVO

[1] *tank* (*de agua, gasolina*)

[2] *deposit* (*de dinero*)

la **depresión** SUSTANTIVO (PL las **depresiones**)

[1] *depression* (*enfermedad*)

→ **tener una depresión** to be suffering from depression

[2] *hollow* (*de terreno*)

deprimir VERBO

to depress

→ **deprimirse** to get depressed

→ **deprimirse por algo** to get depressed about something

deprisa ADVERBIO

quickly   ◇ *Acabaron muy deprisa.* They finished very quickly.

→ **¡Deprisa!** Hurry up!

→ **Lo hacen todo deprisa y corriendo.** They do everything in a rush.

la **derecha** SUSTANTIVO

[1] *right hand* (*mano*)   ◇ *Escribo con la derecha.* I write with my right hand.

[2] *right* (*dirección, grupo político*)   ◇ *doblar a la derecha* to turn right   ◇ *La derecha ganó las elecciones.* The elections were won by the right.

→ **ser de derechas** to be right-wing   ◇ *un partido de derechas* a right-wing party

→ **a la derecha** on the right   ◇ *la segunda calle a la derecha* the second turning on the right   ◇ *A la derecha vemos la iglesia.* On the right we can see the church.

→ **a la derecha del castillo** to the right of the castle

→ **conducir por la derecha** to drive on the right

derecho (1) ADJETIVO

[1] *right*   ◇ *Me duele el ojo derecho.* I've got a pain in my right eye.   ◇ *Escribo con la mano derecha.* I write with my right hand.

→ **a mano derecha** on the right-hand side

[2] *straight*   ◇ *¡Ponte derecho!* Stand up straight!

derecho (2) ADVERBIO

straight   ◇ *Vino derecho hacia mí.* He came straight towards me.   ◇ *Siga derecho.* Carry straight on.

el **derecho** SUSTANTIVO

[1] *right*   ◇ *tener derecho a hacer algo* to have the right to do something   ◇ *No tienes derecho a decir eso.* You have no right to say that.   ◇ *los derechos humanos* human rights

→ **¡No hay derecho!** It's not fair!

[2] *law*   ◇ *Estudio derecho.* I'm studying law.

→ **Ponte la camiseta del derecho.** Put your T-shirt on the right way out.

derramar VERBO

to spill   ◇ *Derramó vino sobre el mantel.* He spilt wine on the tablecloth.

derrapar VERBO

to skid

derretir* VERBO

to melt

→ **derretirse** to melt   ◇ *El queso se ha derretido.* The cheese has melted.   ◇ *El hielo se está derritiendo.* The ice is melting.

→ **derretirse de calor** to be melting

derribar VERBO

[1] *to demolish* (*construcción*)

[2] *to shoot down* (*avión*)

[3] *to overthrow* (*persona, gobierno*)

la **derrota** SUSTANTIVO

defeat   ◇ *sufrir una derrota* to suffer a defeat

derrotar VERBO

to defeat

derrumbar VERBO

to pull down   ◇ *Han derrumbado el cine.* The cinema has been pulled down.

→ **derrumbarse** to collapse   ◇ *El edificio se derrumbó.* The building collapsed.

desabrochar VERBO

to undo

→ **desabrocharse (1)** to undo   ◇ *Me desabroché la blusa.* I undid my blouse.

→ **desabrocharse (2)** to come undone   ◇ *Se te ha desabrochado la cremallera.* Your zip has come undone.

el **desacuerdo** SUSTANTIVO

disagreement

desafiar* VERBO

to challenge   ◇ *Mi hermano me desafió a una carrera.* My brother challenged me to a race.

desafinar VERBO

to go out of tune

el **desafío** SUSTANTIVO

challenge

desafortunado ADJETIVO

unfortunate

desagradable ADJETIVO

unpleasant   ◇ *un olor muy desagradable* a very unpleasant smell

→ **ser desagradable con alguien** to be unpleasant to somebody

desagradecido ADJETIVO

ungrateful

el **desagüe** SUSTANTIVO

[1] *wastepipe* (*de lavabo*)

[2] *drain* (*de patio, terraza*)

desahogarse* VERBO

→ **Se desahogó conmigo.** He poured out his

D

heart to me.
* **Lloraba para desahogarse.** He was crying to let off steam.

desalojar VERBO
to clear ◇ *La policía desalojó a los manifestantes.* The police cleared the demonstrators. ◇ *Los bomberos desalojaron el edificio.* The firemen cleared the building.

desanimado ADJETIVO
1. *downhearted* (persona)
2. *dull* (espectáculo, fiesta)

desanimar VERBO
to discourage ◇ *Me desanimó su falta de interés.* His lack of interest discouraged me.
* **desanimarse** to lose heart

desaparecer* VERBO
to disappear ◇ *Me han desaparecido las gafas.* My glasses have disappeared. ◇ *La mancha ha desaparecido.* The stain has disappeared.
* **¡Desaparece de mi vista!** Get out of my sight!

la **desaparición** SUSTANTIVO (PL las **desapariciones**)
disappearance

desapercibido ADJETIVO
* **pasar desapercibido** to go unnoticed

desaprovechar VERBO
to waste ◇ *Han desaprovechado una gran oportunidad.* They've wasted a great opportunity.

el **desarme** SUSTANTIVO
disarmament ◇ *el desarme nuclear* nuclear disarmament

desarrollar VERBO
to develop ◇ *El estudio desarrolla la mente.* Study develops the mind.
* **La UNICEF desarrolla una labor importante.** UNICEF carries out important work.
* **desarrollarse (1)** to develop ◇ *La empresa se desarrolla rápidamente.* The business is developing rapidly.
* **desarrollarse (2)** to take place ◇ *La reunión se desarrolló sin incidentes.* The meeting took place without incident.

el **desarrollo** SUSTANTIVO
development ◇ *La alimentación es importante para el desarrollo del niño.* Diet is important for a child's development.
* **La industria está en pleno desarrollo.** The industry is expanding steadily.
* **un país en vías de desarrollo** a developing country

el **desastre** SUSTANTIVO
disaster ◇ *un gran desastre económico* a major economic disaster ◇ *La función fue un desastre.* The show was a disaster.
* **Soy un desastre para la gimnasia.** I'm hopeless at gymnastics.
* **Siempre va hecho un desastre.** He always looks a mess.

desastroso ADJETIVO
disastrous

desatar VERBO
1. *to undo* (nudo, lazo)
2. *to untie* (cordones, cuerda)
* **desatarse (1)** (nudo, cordones) to come undone
* **desatarse (2)** (perro) to get loose
* **desatarse (3)** (tormenta) to break

desayunar VERBO
1. *to have breakfast* ◇ *Nunca desayuno.* I never have breakfast.
2. *to have...for breakfast* ◇ *Desayuné café con leche y un bollo.* I had coffee and a roll for breakfast.

el **desayuno** SUSTANTIVO
breakfast

descalzarse* VERBO
to take one's shoes off

descalzo ADJETIVO
barefoot (fuera de casa) ◇ *Paseaban descalzos por la playa.* They walked barefoot along the beach.
* **No entres en la cocina descalzo.** Don't come into the kitchen in bare feet.

el **descampado** SUSTANTIVO
open space

descansar VERBO
1. *to rest* ◇ *Tienes que descansar.* You must rest.
* **descanse en paz** may he rest in peace
2. *to sleep* ◇ *¡Que descanses!* Sleep well!

el **descansillo** SUSTANTIVO
landing

el **descanso** SUSTANTIVO
1. *rest* ◇ *He caminado mucho, necesito un descanso.* I've done a lot of walking, I need a rest.
2. *break* ◇ *Cada dos horas me tomo un descanso.* I have a break every two hours.
3. *relief* (alivio) ◇ *¡Qué descanso!* What a relief!
4. *interval* (en el teatro, cine)
5. *half time* (en un partido)
* **tomarse unos días de descanso** to take a few days off

el **descapotable** SUSTANTIVO
convertible

descarado ADJETIVO
cheeky ◇ *¡No seas descarado!* Don't be cheeky!

la **descarga** SUSTANTIVO
1. *unloading* (de mercancías)
2. *discharge* (de electricidad)

descargar* VERBO
1. *to unload* ◇ *Me ayudó a descargar los muebles de la camioneta.* He helped me unload the furniture from the van.
2. *to take out* ◇ *Descarga su mal humor sobre mí.* He takes his bad moods out on me.
* **descargarse** to run down ◇ *Se ha descargado la batería.* The battery has run down.

el **descaro** SUSTANTIVO

nerve ◦ ¡Qué descaro! What a nerve!
descender* VERBO
to go down ◦ Descendieron por la
escalinata. They went down the staircase.
◦ Ha descendido el nivel del pantano. The
level of the reservoir has gone down.
- **descender de** to be descended from
◦ Desciende de una familia noble. He is
descended from a noble family.
- **Mi equipo ha descendido de categoría.** My
team has been relegated.
a **descendiente** SUSTANTIVO
descendant
el **descenso** SUSTANTIVO
[1] *drop* ◦ El descenso de la temperatura
ha causado heladas. The drop in
temperature has brought frosts.
[2] *descent* ◦ Los ciclistas iniciaron el
descenso del puerto. The cyclists began the
descent from the mountain pass.
[3] *relegation* ◦ el descenso a segunda
división relegation to the second division
descolgar* VERBO
[1] *to take down* ◦ Descolgó las cortinas
para lavarlas. He took down the curtains to
wash them.
[2] *to pick up the phone* ◦ Descolgó y
marcó el número. He picked up the phone
and dialled the number.
- **descolgar el teléfono** (para contestar) to
pick up the phone
- **descolgarse por una pared** to lower oneself
down a wall
descomponerse* VERBO
Latin America
to break down
desconcertar* VERBO
to disconcert
- **desconcertarse** to be disconcerted ◦ Se
desconcertó al verla allí. He was
disconcerted to see her there.
desconectar VERBO
[1] *to unplug* (aparato)
[2] *to disconnect* (línea)
desconfiado ADJETIVO
distrustful
a **desconfianza** SUSTANTIVO
distrust
desconfiar* VERBO
- **Desconfío de él.** I don't trust him.
- **Desconfía siempre de las apariencias.**
Always beware of appearances.
descongelar VERBO
to defrost (comida, nevera)
- **descongelarse** to defrost (comida, nevera)
el **desconocido,** la **desconocida**
SUSTANTIVO
stranger
desconocido ADJETIVO
unknown ◦ un actor desconocido an
unknown actor
- **Está desconocido.** He's unrecognizable.
descontar* VERBO
to deduct ◦ Me descuentan un porcentaje

del sueldo por impuestos. A percentage of
my salary is deducted for tax.
- **Descuentan el 5% si se paga en metálico.**
They give a 5% discount if you pay cash.
- **Descontaron mil pesetas del precio
marcado.** They took a thousand pesetas off
the marked price.
descontento ADJETIVO
unhappy ◦ Están descontentos de mis
notas. They're unhappy with my marks.
descoser VERBO
to unpick
- **descoserse** to come apart at the seams
descremado ADJETIVO
skimmed
describir* VERBO
to describe
la **descripción** SUSTANTIVO (PL las
descripciones)
description
el **descubierto** SUSTANTIVO
overdraft
el **descubrimiento** SUSTANTIVO
discovery (PL discoveries) ◦ hacer un
descubrimiento to make a discovery
descubrir* VERBO
[1] *to discover* ◦ Colón descubrió América
en 1492. Columbus discovered America in
1492.
[2] *to find out* ◦ ¡Me has descubierto!
You've found me out!
el **descuento** SUSTANTIVO
discount ◦ Me hicieron un descuento del
3%. They gave me a 3% discount.
- **con descuento** at a discount
descuidado ADJETIVO
[1] *careless* ◦ Es muy descuidada con sus
juguetes. She's very careless with her toys.
[2] *neglected* ◦ El jardín estaba
descuidado. The garden was neglected.
descuidar VERBO
to neglect ◦ Descuidó su negocio. He
neglected his business.
- **Descuida, que yo lo haré.** Don't worry, I'll
do it.
- **descuidarse** to let one's attention wander
◦ Se descuidó un segundo y el niño cruzó la
calle. He let his attention wander for a
second and the child crossed the road.
el **descuido** SUSTANTIVO
oversight ◦ Me olvidé de invitarla, fue un
descuido. I forgot to invite her, it was an
oversight.
- **Viste con mucho descuido.** He doesn't
worry about what he wears.
desde PREPOSICIÓN
[1] *from* ◦ Desde Burgos hasta mi casa
hay 30 km. It's 30km from Burgos to my
house. ◦ Le llamaré desde la oficina. I'll
ring him from the office.
[2] *since* ◦ Desde que llegó no ha salido.
He hasn't been out since he arrived. ◦ La
conozco desde niño. I've known her since I
was a child. ◦ desde entonces since then

+ **¿Desde cuándo vives aquí?** How long have you been living here?
+ **desde hace tres años** for three years
+ **desde ahora** from now on
+ **desde luego** of course

desdichado ADJETIVO
1. *ill-fated* (*suceso*)
2. *unlucky* (*persona*)

desdoblar VERBO
to unfold ◇ *Desdobló el plano.* He unfolded the map.

desear VERBO
to wish ◇ *Te deseo mucha suerte.* I wish you lots of luck.
+ **Estoy deseando que esto termine.** I'm longing for this to finish.
+ **¿Qué desea?** What can I do for you?
+ **dejar mucho que desear** to leave a lot to be desired

desechable ADJETIVO
disposable

los **desechos** SUSTANTIVO
waste SING ◇ *los materiales de desecho* waste material ◇ *los desechos nucleares* nuclear waste

desembarcar* VERBO
1. *to disembark* ◇ *Fue el primero en desembarcar.* He was the first to disembark.
2. *to unload* ◇ *Han desembarcado la mercancía.* They've unloaded the goods.

el **desembarco** SUSTANTIVO
landing

desembocar* VERBO
+ **desembocar en** to flow into ◇ *El Ebro desemboca en el Mediterráneo.* The Ebro flows into the Mediterranean.
to lead into ◇ *Este callejón desemboca en la Avenida Pablo Casals.* This alley leads into Avenida Pablo Casals.

desempacar* VERBO
Latin America
to unpack

el **desempate** SUSTANTIVO
play-off
+ **el partido de desempate** the deciding match
+ **En el minuto veinte llegó el gol del desempate.** The goal which broke the deadlock came in the twentieth minute.

el **desempleado**, la **desempleada** SUSTANTIVO
unemployed person
+ **los desempleados** the unemployed

el **desempleo** SUSTANTIVO
unemployment

desenchufar VERBO
to unplug

desengañar VERBO
+ **Su traición la desengañó.** His betrayal opened her eyes.
+ **¡Desengáñate! No está interesada en ti.** Stop fooling yourself! She isn't interested in you.

el **desengaño** SUSTANTIVO

disappointment ◇ *¡Qué desengaño!* What a disappointment!
+ **llevarse un desengaño** to be disappointed
+ **sufrir un desengaño amoroso** to be disappointed in love

desenredar VERBO
1. *to untangle* (*pelo*)
2. *to resolve* (*asunto*)

desenrollar VERBO
1. *to unwind* (*hilo, cinta*)
2. *to unroll* (*papel*)

desenroscar* VERBO
to unscrew

desenvolver* VERBO
to unwrap ◇ *Desenvolvió todos los regalos.* He unwrapped all the presents.
+ **desenvolverse** to cope ◇ *No sabe desenvolverse en este tipo de situaciones.* He can't cope in this sort of situation.
+ **desenvolverse bien** to do well ◇ *Se desenvuelve muy bien en las situaciones difíciles.* He does very well in difficult situations.

el **deseo** SUSTANTIVO
wish (PL *wishes*) ◇ *Pide un deseo.* Make a wish.

desequilibrado ADJETIVO
unbalanced

desértico ADJETIVO
desert
desert *en este caso va siempre delante del sustantivo.*
◇ *una región desértica* a desert region

desesperado ADJETIVO
desperate

el **desesperado**, la **desesperada** SUSTANTIVO
+ **Corría como un desesperado.** He was running like mad. (*coloquial*)

desesperante ADJETIVO
infuriating

desesperar VERBO
1. *to drive...mad* ◇ *Los atascos me desesperan.* Traffic jams drive me mad.
2. *to despair* ◇ *No desesperes y sigue intentándolo.* Don't despair, just keep trying.
+ **desesperarse** to get exasperated ◇ *Cuando veo tanto desorden me desespero.* I get exasperated when I see the place so untidy.

desfavorable ADJETIVO
unfavourable

el **desfiladero** SUSTANTIVO
gorge

desfilar VERBO
to parade

el **desfile** SUSTANTIVO
parade (*de soldados*)
+ **un desfile de modas** a fashion show

la **desgana** SUSTANTIVO
1. *loss of appetite* (*falta de apetito*)
2. *reluctance* (*falta de entusiasmo*)
+ **hacer algo con desgana** to do something

reluctantly

desganado ADJETIVO
- **estar desganado** to have little appetite
  ◇ *Está muy desganado desde que se puso enfermo.* He has had very little appetite since he got ill.
- **Está muy desganada últimamente.** She has seemed rather apathetic lately.

desgarrar VERBO
to tear up ◇ *Desgarró la sábana para hacer trapos.* He tore up the sheet to make rags.
- **desgarrarse** to rip ◇ *La cortina se desgarró.* The curtain ripped.

el **desgarrón** SUSTANTIVO (PL los **desgarrones**)
rip

desgastar VERBO
1 *to wear out* (ropa, zapatos)
2 *to wear away* (roca)
- **desgastarse** to get worn out

el **desgaste** SUSTANTIVO
1 *wear and tear* (de ropa, zapatos)
2 *erosion* (de roca)

la **desgracia** SUSTANTIVO
tragedy (PL *tragedies*) ◇ *La muerte de su marido fue una auténtica desgracia.* Her husband's death was an absolute tragedy.
- **Ha tenido una vida llena de desgracias.** He's had a lot of misfortune in his life.
- **por desgracia (1)** sadly ◇ *Por desgracia no se salvó nadie.* Sadly there were no survivors.
- **por desgracia (2)** unfortunately ◇ *Por desgracia he vuelto a suspender.* Unfortunately I've failed again.
- **tener la desgracia de** to be unfortunate enough to ◇ *Tuvo la desgracia de perder un brazo en la guerra.* He was unfortunate enough to lose an arm in the war.
- **No hubo desgracias personales.** There were no casualties.

desgraciado ADJETIVO
1 *unhappy* ◇ *Desde que Ana le dejó ha sido muy desgraciado.* He has been very unhappy since Ana left him.
2 *tragic* ◇ *Murió en un desgraciado accidente.* He died in a tragic accident.

deshabitado ADJETIVO
1 *uninhabited* (edificio)
2 *unoccupied* (zona)

deshacer* VERBO
1 *to untie* (nudo)
2 *to unpack* (maleta)
3 *to melt* (helado, mantequilla)
4 *to unpick* (labor)
- **deshacerse (1)** (nudo, labor) to come undone
- **deshacerse (2)** (helado, mantequilla) to melt
- **deshacerse de algo** to get rid of something

deshecho ADJETIVO
1 *undone* (nudo, costura)
2 *unmade* (cama)
3 *broken* (matrimonio)
4 *melted* (helado, mantequilla)
- **Estoy deshecho. (1)** (cansado) I'm shattered.

- **Estoy deshecho. (2)** (apenado) I'm devastated.

deshidratarse VERBO
to become dehydrated

el **deshielo** SUSTANTIVO
thaw

deshinchar VERBO
to let down (globo, neumático)
- **deshincharse (1)** (globo) to go down
- **deshincharse (2)** (neumático) to go flat

desierto ADJETIVO
deserted ◇ *El pueblo parecía desierto.* The village seemed deserted.

el **desierto** SUSTANTIVO
desert

desigual ADJETIVO
1 *different* (tamaño)
2 *uneven* (escritura, terreno)
3 *unequal* (lucha)

la **desilusión** SUSTANTIVO (PL las **desilusiones**)
disappointment ◇ *¡Qué desilusión!* What a disappointment!
- **llevarse una desilusión** to be disappointed

desilusionar VERBO
to disappoint ◇ *No quiero desilusionarte, pero...* I don't want to disappoint you, but...
- **Su conferencia me desilusionó.** His lecture was disappointing.
- **desilusionarse** to be disappointed

el **desinfectante** SUSTANTIVO
disinfectant

desinfectar VERBO
to disinfect

desinflar VERBO
to let down ◇ *Alguien me ha desinflado los neumáticos.* Somebody has let my tyres down.

el **desinterés** SUSTANTIVO
lack of interest ◇ *Muestra un total desinterés por sus estudios.* He shows a total lack of interest in his studies.

deslizarse* VERBO
to slide ◇ *El trineo se deslizaba por la nieve.* The sledge slid over the snow.

deslumbrar VERBO
to dazzle ◇ *Las luces del coche me deslumbraron.* The car headlights dazzled me. ◇ *Tanta riqueza la deslumbró.* She was dazzled by so much wealth.

desmayarse VERBO
to faint

el **desmayo** SUSTANTIVO
faint
- **sufrir un desmayo** to faint

desmemoriado ADJETIVO
forgetful

desmontar VERBO
1 *to take apart* (mueble)
2 *to take down* (tienda de campaña)
3 *to strip down* (motor)
4 *to dismount* (jinete)

desnatado ADJETIVO
1 *skimmed* (leche)
2 *low-fat* (yogur)

desnudar VERBO
to undress
+ **desnudarse** to get undressed

desnudo ADJETIVO
[1] *naked* ◇ *una escultura de un hombre desnudo* a sculpture of a naked man
+ **Duerme desnudo.** He sleeps in the nude.
[2] *bare* ◇ *Sin los cuadros la pared parece desnuda.* The wall looks bare without the paintings.

desobedecer* VERBO
to disobey

desobediente ADJETIVO
disobedient

el **desodorante** SUSTANTIVO
deodorant

el **desorden** SUSTANTIVO (PL los **desórdenes**)
mess ◇ *Toda la casa estaba en desorden.* The whole house was in a mess.
+ **los desórdenes callejeros** street disturbances

desordenado ADJETIVO
untidy

desordenar VERBO
to mess up ◇ *Los niños han desordenado la habitación.* The children have messed up the room.

la **desorganización** SUSTANTIVO
disorganization

desorientar VERBO
to confuse ◇ *Sus consejos la desorientaron todavía más.* His advice confused her even more.
+ **desorientarse** to lose one's way ◇ *Se desorientó al salir del metro.* He lost his way when he came out of the underground.

despachar VERBO
[1] *to sell* ◇ *También despachamos sellos.* We also sell stamps.
[2] *to serve* ◇ *Me despachó un dependiente muy educado.* I was served by a very polite sales assistant.
[3] *to dismiss* ◇ *Me despachó sin ninguna explicación.* He dismissed me without any explanation.

el **despacho** SUSTANTIVO
[1] *office* ◇ *La secretaria tiene un despacho muy amplio.* The secretary has a very spacious office.
+ **los muebles de despacho** office furniture
+ **una mesa de despacho** a desk
[2] *study* (PL *studies*) ◇ *Cuando llega a casa se encierra en el despacho.* When he gets home he shuts himself away in the study.
+ **un despacho de billetes** a booking office

despacio ADVERBIO
slowly ◇ *Conduce despacio.* Drive slowly.
+ **¡Despacio!** Take it easy!

despectivo ADJETIVO
[1] *contemptuous* ◇ *Habla a sus alumnos en un tono muy despectivo.* He speaks to his pupils in a very contemptuous tone.

[2] *pejorative* ◇ *"Mujerzuela" es una palabra despectiva.* "Mujerzuela" is a pejorative term.

la **despedida** SUSTANTIVO
+ **Le hicimos una buena despedida a Marta.** We gave Marta a good send-off.
+ **una fiesta de despedida** a farewell party
+ **una despedida de soltero** a stag party
+ **una despedida de soltera** a hen party

despedir* VERBO
[1] *to say goodbye to* ◇ *Salí a la calle a despedirla.* I went out into the street to say goodbye to her.
+ **Fueron a despedirlo al aeropuerto.** They went to the airport to see him off.
[2] *to dismiss* ◇ *Lo despidieron por llegar tarde.* He was dismissed for being late.
+ **despedirse** to say goodbye ◇ *Se despidieron en la estación.* They said goodbye at the station. ◇ *despedirse de alguien* to say goodbye to somebody

despegar* VERBO
to take off ◇ *Despegó la etiqueta del precio.* He took the price label off. ◇ *El avión despegó con retraso.* The plane took off late.
+ **despegarse** to come unstuck ◇ *El papel estaba mal encolado y se despegaba.* The paper was badly glued and came unstuck.

el **despegue** SUSTANTIVO
takeoff

despeinar VERBO
+ **despeinar a alguien** to mess somebody's hair up
+ **No me toques el pelo, que me despeinas.** Don't touch my hair, you'll mess it up.
+ **Se despeinó al vestirse.** She messed up her hair getting dressed.

despejado ADJETIVO
clear ◇ *El cielo estaba despejado.* The sky was clear.
+ **Por las mañanas tengo la mente más despejada.** My head's clearer in the mornings.

despejar VERBO
to clear ◇ *La policía ha despejado la zona.* The police have cleared the area. ◇ *El aire fresco te despejará.* The fresh air will clear your head.
+ **¡Despejen!** Move along!
+ **Tomaré un café para despejarme.** I'll have a coffee to wake myself up.

despellejar VERBO
to skin

la **despensa** SUSTANTIVO
larder

desperdiciar VERBO
[1] *to waste* ◇ *Está mal desperdiciar la comida.* It's wrong to waste food.
[2] *to throw away* ◇ *Desperdició la oportunidad de hacerse rico.* He threw away the chance to get rich.

el **desperdicio** SUSTANTIVO

---

waste ◇ *Tirar toda esta comida es un desperdicio.* It's a waste to throw away all this food.
- **los desperdicios** scraps ◇ *Le dimos los desperdicios al perro.* We gave the dog the scraps.
- **El libro no tiene desperdicio.** It's an excellent book from beginning to end.

desperezarse* VERBO
to stretch

desperfecto SUSTANTIVO
flaw
- **El pantalón tenía un pequeño desperfecto.** There was a slight flaw in the trousers.
- **sufrir desperfectos** to get damaged

despertador SUSTANTIVO
alarm clock

despertar* VERBO
[1] _to wake up_ ◇ *No me despiertes hasta las once.* Don't wake me up until eleven o'clock.
[2] _to arouse_ ◇ *El debate despertó un gran interés.* The debate aroused a lot of interest.
- **despertarse** to wake up

despido SUSTANTIVO
dismissal

despierto ADJETIVO
[1] _awake_ ◇ *A las siete ya estaba despierto.* He was already awake by seven o'clock.
[2] _bright_ ◇ *Es un niño muy despierto.* He's a very bright boy.

despistado, la despistada SUSTANTIVO
scatterbrain ◇ *Eres un despistado.* You're a scatterbrain.

despistado ADJETIVO
absent-minded ◇ *Es tan despistado que siempre se olvida las llaves.* He's so absent-minded that he's always forgetting his keys.

despistar VERBO
[1] _to shake off_ ◇ *Despistaron al coche que los seguía.* They managed to shake off the car that was following them.
[2] _to be misleading_ ◇ *Estas instrucciones más que ayudar despistan.* These instructions are more misleading than helpful.
- **Me despisté y salí de la autopista demasiado tarde.** I wasn't concentrating and I turned off the motorway too late.

despiste SUSTANTIVO
absent-mindedness ◇ *Su despiste es conocido por todos.* His absent-mindedness is notorious.
- **¡Vaya despiste que tienes!** How absent-minded can you get!

desplegar* VERBO
[1] _to unfold_ ◇ *Desplegó el mapa.* He unfolded the map.
[2] _to spread_ ◇ *El águila desplegó las alas.* The eagle spread its wings.
- **desplegarse** to be deployed ◇ *El ejército se desplegó por la ciudad.* The army was deployed throughout the city.

desplomarse VERBO
to collapse ◇ *Se ha desplomado el techo.* The roof collapsed.

despreciar VERBO
to despise

el **desprecio** SUSTANTIVO
contempt ◇ *Su desprecio era evidente.* His contempt was obvious.
- **Habló de ellos con desprecio.** He spoke of them contemptuously.
- **Le hicieron el desprecio de no acudir.** They snubbed him by not turning up.

desprender VERBO
to give off (olor, calor)
- **desprenderse** to fall off ◇ *Se desprendió una baldosa.* A tile fell off.
- **desprenderse de algo** to give something up ◇ *No quería desprenderse de la casa.* He didn't want to give the house up.

despreocuparse VERBO
to stop worrying ◇ *Despreocúpate porque ya no tiene remedio.* Stop worrying because there's nothing we can do about it now.
- **despreocuparse de** to show no concern for ◇ *Se despreocupó de su familia.* He showed no concern for his family.

desprevenido ADJETIVO
- **pillar a alguien desprevenido** to catch somebody unawares

después ADVERBIO
[1] _afterwards_ ◇ *Después todos estábamos muy cansados.* Afterwards we were all very tired.
- **Primero cenaré y después saldré.** I'll have dinner first and go out after that.
[2] _later_ ◇ *Ellos llegaron después.* They arrived later. ◇ *un año después* a year later
[3] _next_ ◇ *¿Qué viene después?* What comes next?
- **después de** after ◇ *Tu nombre está después del mío.* Your name comes after mine. ◇ *Después de comer fuimos de paseo.* After lunch we went for a walk.
- **después de todo** after all
- **después de que** after ◇ *después de que te acostaras* after you had gone to bed

destacar* VERBO
[1] _to stress_ ◇ *Me gustaría destacar la importancia de esto.* I'd like to stress the importance of this.
[2] _to stand out_ ◇ *Isabel destacaba por su generosidad.* Isabel's generosity made her stand out.

el **destapador** SUSTANTIVO
Latin America
bottle opener

destapar VERBO
[1] _to open_ (botella)
[2] _to take the lid off_ (cacerola)
- **destaparse** to get uncovered ◇ *El niño se destapa por las noches.* The child gets uncovered at night.

desteñir* VERBO

1 *to run* ◇ *Estos pantalones destiñen.* These trousers run.

2 *to fade* ◇ *El sol ha desteñido las cortinas.* The sun has faded the curtains.

◆ **desteñirse** to fade ◇ *Se ha desteñido el jersey.* This jumper has faded.

desternillarse VERBO

◆ **desternillarse de risa** to split one's sides laughing (*coloquial*)

destinar VERBO

1 *to post* ◇ *Lo han destinado a Madrid.* He has been posted to Madrid.

2 *to earmark* ◇ *Destinaron los fondos a la compra de maquinaria.* The funds were earmarked for purchasing machinery.

◆ **El libro está destinado al público infantil.** The book is aimed at children.

el destinatario, la destinataria SUSTANTIVO
addressee

el destino SUSTANTIVO

1 *destination* ◇ *Por fin llegamos a nuestro destino.* We finally arrived at our destination.

◆ **el tren con destino a Valencia** the train to Valencia

◆ **salir con destino a** to leave for

2 *posting* ◇ *Cada dos años me cambian de destino.* They give me a new posting every two years.

3 *use* ◇ *Quiero saber qué destino tendrá este dinero.* I want to know what use will be made of this money.

el destornillador SUSTANTIVO
screwdriver

destornillar VERBO
to unscrew

la destreza SUSTANTIVO
skill

destrozar* VERBO
to wreck ◇ *Tu perro ha destrozado la silla.* Your dog has wrecked the chair.

◆ **La noticia le destrozó el corazón.** The news broke his heart.

los destrozos SUSTANTIVO
damage SING ◇ *La lluvia ocasionó grandes destrozos.* The rain caused a lot of damage.

la destrucción SUSTANTIVO
destruction

destruir* VERBO

1 *to destroy* ◇ *Los huracanes destruyen edificios enteros.* Hurricanes can destroy whole buildings.

2 *to ruin* ◇ *Aquello destruyó su carrera.* That business ruined his career.

3 *to demolish* ◇ *Con cuatro palabras destruyó todos mis argumentos.* He demolished all my arguments with a few words.

desvalijar VERBO

1 *to burgle* (*casa*)

2 *to rob* (*persona*)

el desván SUSTANTIVO (PL los **desvanes**)
attic

desvelar VERBO

1 *to keep...awake* ◇ *El café me desvela.* Coffee keeps me awake.

2 *to reveal* ◇ *Nos desveló todos sus secretos.* He revealed all his secrets to us.

◆ **Se desvelan por sus hijos.** They're devoted to their children.

la desventaja SUSTANTIVO
disadvantage ◇ *La fama también tiene sus desventajas.* Fame also has its disadvantages.

◆ **estar en desventaja** to be at a disadvantage

la desviación SUSTANTIVO (PL las **desviaciones**)
diversion ◇ *una desviación de la circulación* a traffic diversion

◆ **Hicimos una desviación para evitar el tráfico del centro.** We made a detour to avoid the traffic in the town centre.

desviar* VERBO
to divert ◇ *Desviaron la circulación.* Traffic was diverted.

◆ **Quería desviar mi atención.** He wanted to divert my attention.

◆ **desviar la mirada** to look away

◆ **desviarse** to turn off ◇ *No debes desviarte de la carretera principal.* You mustn't turn off the main road. ◇ *Nos estamos desviando del tema.* We're getting off the point.

el desvío SUSTANTIVO

1 *turning* ◇ *Coge el primer desvío a la derecha.* Take the first turning on the right.

2 *diversion* ◇ *Hay un desvío por obras.* There's a diversion due to road works.

el detalle SUSTANTIVO
detail ◇ *No recuerdo todos los detalles.* I don't remember all the details.

◆ **No pierde detalle.** He doesn't miss a trick.

◆ **Quiero comprarte un detalle.** I want to buy you a little something.

◆ **tener un detalle con alguien** to be considerate towards somebody

◆ **¡Qué detalle!** How thoughtful!

◆ **vender al detalle** to sell retail

detectar VERBO
to detect

el/la detective SUSTANTIVO
detective ◇ *un detective privado* a private detective

detener* VERBO

1 *to stop* ◇ *¡Detenlos!* Stop them!

2 *to arrest* ◇ *Han detenido a los ladrones.* They've arrested the thieves.

◆ **detenerse** to stop ◇ *Nos detuvimos en el semáforo.* We stopped at the lights.

◆ **¡Deténgase!** Stop!

el detergente SUSTANTIVO
detergent

deteriorar VERBO
to damage ◇ *La lluvia ha deteriorado el tejado.* The rain has damaged the roof.

+ **deteriorarse** to deteriorate ◇ *Su salud se ha deteriorado.* His health has deteriorated.

determinación SUSTANTIVO
determination ◇ *Luchó contra su enfermedad con gran determinación.* He fought his illness with great determination.
+ **tomar una determinación** to take a decision

determinado ADJETIVO
1 *certain* ◇ *En determinadas ocasiones es mejor callarse.* There are certain occasions when it's better to say nothing.
+ **No hemos quedado a una hora determinada.** We haven't fixed a definite time.
2 *particular* ◇ *¿Buscas algún libro determinado?* Are you looking for a particular book?

determinar VERBO
1 *to determine* ◇ *Trataron de determinar la causa del accidente.* They tried to determine the cause of the accident.
2 *to fix* ◇ *determinar la fecha de una reunión* to fix the date of a meeting
3 *to bring about* ◇ *Aquello determinó la caída del gobierno.* That brought about the fall of the government.
4 *to state* ◇ *El reglamento determina que...* The rules state that...

detestar VERBO
to detest

detrás ADVERBIO
behind ◇ *El resto de los niños vienen detrás.* The rest of the children are coming on behind.
+ **detrás de** behind ◇ *Se escondió detrás de un árbol.* He hid behind a tree.
+ **uno detrás de otro** one after another
+ **La critican por detrás.** They criticize her behind her back.

deuda SUSTANTIVO
debt
+ **contraer deudas** to get into debt
+ **estar en deuda con alguien** to be in somebody's debt

devolución SUSTANTIVO (PL las devoluciones)
1 *return* (*de carta, libro*)
2 *repayment* (*de dinero*)
+ **No se admiten devoluciones.** Goods cannot be returned.

devolver* VERBO
1 *to give back* ◇ *¿Me puedes devolver la cinta que te presté?* Could you give me back the tape I lent you?
+ **Me devolvieron mal el cambio.** They gave me the wrong change.
+ **Te devolveré el favor cuando pueda.** I'll return the favour when I can.
2 *to take back* ◇ *Devolví la falda porque me iba pequeña.* I took the skirt back as it was too small for me.
3 *to throw up* (*coloquial*) ◇ *Devolvió toda la cena.* He threw up his dinner.

devorar VERBO

to devour ◇ *Los leones devoraron un ciervo.* The lions devoured a deer.
+ **devorar un bocadillo** to wolf down a sandwich

di VERBO *ver* **decir**

día SUSTANTIVO
day (PL *days*) ◇ *Pasaré dos días en la playa.* I'll spend a couple of days at the beach. ◇ *Duerme de día y trabaja de noche.* He sleeps during the day and works at night.
+ **Es de día.** It's daylight.
+ **el día de mañana** tomorrow
+ **al día siguiente** the following day
+ **todos los días** every day
+ **un día de estos** one of these days
+ **un día sí y otro no** every other day
+ **¡Buenos días!** Good morning!
+ **un día de fiesta** a public holiday
+ **un día feriado** Latin America a public holiday
+ **un día laborable** a working day
+ **pan del día** fresh bread

diablo SUSTANTIVO
devil ◇ *No creo en el diablo.* I don't believe in the devil. ◇ *Juanito es un verdadero diablo.* Juanito's a real little devil.
+ **¿Cómo diablos lo has hecho?** How the devil did you do it? (*coloquial*)
+ **un pobre diablo** a poor devil (*coloquial*)
+ **Hace un frío de mil diablos.** It's hellishly cold. (*coloquial*)

diagnóstico SUSTANTIVO
diagnosis (PL *diagnoses*)

diagonal ADJETIVO, SUSTANTIVO
diagonal
+ **en diagonal** diagonally

dialecto SUSTANTIVO
dialect

dialogar* VERBO
+ **dialogar con alguien** to hold talks with somebody ◇ *El ministro dialogará con los sindicatos.* The minister will hold talks with the unions.

diálogo SUSTANTIVO
conversation ◇ *Fue un diálogo interesante.* It was an interesting conversation.
+ **No hay diálogo entre los dos bandos.** There's no dialogue between the two sides.

diamante SUSTANTIVO
diamond
+ **diamantes** (*en naipes*) diamonds

diámetro SUSTANTIVO
diameter

diana SUSTANTIVO
1 *bull's-eye* ◇ *dar en la diana* to get a bull's-eye
2 *dartboard* ◇ *En el bar hay una diana y dardos.* There's a dartboard and darts in the bar.

diapositiva SUSTANTIVO
slide

diario ADJETIVO
daily ◇ *la rutina diaria* the daily routine
+ **la ropa de diario** everyday clothes

D

◆ **a diario** every day   ◇ *Va al gimnasio a diario.* He goes to the gym every day.

el **diario** SUSTANTIVO
 1 *newspaper* (*periódico*)
 2 *diary* (*libro diario*) (PL *diaries*)

la **diarrea** SUSTANTIVO
 diarrhoea

el/la **dibujante** SUSTANTIVO
 1 *artist* (*en general*)
 2 *cartoonist* (*de dibujos animados*)
 3 *draughtsman* (*de dibujo técnico*) (PL *draughtsmen*)

dibujar VERBO
 to draw   ◇ *No sé dibujar.* I can't draw.
 ◇ *Dibujó un árbol en la pizarra.* He drew a tree on the blackboard.

el **dibujo** SUSTANTIVO
 drawing   ◇ *el dibujo técnico* technical drawing
◆ **los dibujos animados** cartoons

el **diccionario** SUSTANTIVO
 dictionary (PL *dictionaries*)

dicho (1) VERBO *ver* **decir**

dicho (2) ADJETIVO
◆ **en dichos países** in the countries mentioned above
◆ **mejor dicho** or rather   ◇ *Vendré el lunes, mejor dicho, el martes.* I'll come on Monday, or rather, on Tuesday.
◆ **dicho y hecho** no sooner said than done

el **dicho** SUSTANTIVO
 saying

dichoso ADJETIVO
 1 *happy* (*feliz*)
 2 *lucky* (*afortunado*)
◆ **¡Dichoso ruido!** Damned noise! (*coloquial*)

diciembre SUSTANTIVO MASC
 Los meses se escriben con mayúscula.
 December   ◇ *en Diciembre* in December
 ◇ *Llegaron el 6 de diciembre.* They arrived on 6 December.

diciendo VERBO *ver* **decir**

el **dictado** SUSTANTIVO
 dictation   ◇ *La maestra nos hizo un dictado.* The teacher gave us a dictation.
◆ **escribir al dictado** to take dictation

el **dictador**, la **dictadora** SUSTANTIVO
 dictator

la **dictadura** SUSTANTIVO
 dictatorship

dictar VERBO
 to dictate   ◇ *El maestro nos dictó un párrafo del libro.* The teacher dictated a paragraph of the book to us.
◆ **dictar sentencia** to pass sentence

diecinueve ADJETIVO, PRONOMBRE
 nineteen   ◇ *Tengo diecinueve años.* I'm nineteen.
◆ **el diecinueve de julio** the nineteenth of July
◆ **en el siglo diecinueve** in the nineteenth century

dieciocho ADJETIVO, PRONOMBRE
 eighteen   ◇ *Tengo dieciocho años.* I'm eighteen.
◆ **el dieciocho de abril** the eighteenth of April
◆ **en el siglo dieciocho** in the eighteenth century

dieciséis ADJETIVO, PRONOMBRE
 sixteen   ◇ *Tengo dieciséis años.* I'm sixteen.
◆ **el dieciséis de febrero** the sixteenth of February
◆ **en el siglo dieciséis** in the sixteenth century

diecisiete ADJETIVO, PRONOMBRE
 seventeen   ◇ *Tengo diecisiete años.* I'm seventeen.
◆ **el diecisiete de enero** the seventeenth of January
◆ **en el siglo diecisiete** in the seventeenth century

el **diente** SUSTANTIVO
 tooth (PL *teeth*) (*de persona, sierra*)
 ◇ *lavarse los dientes* to clean one's teeth
◆ **un diente de leche** a milk tooth
◆ **un diente de ajo** a clove of garlic

la **dieta** SUSTANTIVO
 diet   ◇ *una dieta vegetariana* a vegetarian diet
◆ **estar a dieta** to be on a diet
◆ **ponerse a dieta** to go on a diet
◆ **dietas** (*de viaje, hotel*) expenses

diez ADJETIVO, PRONOMBRE
 ten   ◇ *Tengo diez años.* I'm ten.
◆ **Son las diez.** It's ten o'clock.
◆ **el diez de agosto** the tenth of August
◆ **el siglo diez** the tenth century

la **diferencia** SUSTANTIVO
 difference   ◇ *No hay diferencia entre los dos.* There's no difference between them.
◆ **a diferencia de** unlike   ◇ *A diferencia de su hermana, a ella le encanta viajar.* Unlike her sister, she loves travelling.

diferenciar VERBO
◆ **¿En qué se diferencian?** What's the difference between them?
◆ **Sólo se diferencian en el tamaño.** The only difference between them is their size.
◆ **Se diferencia de los demás por su bondad.** His kindness sets him apart from the rest.
◆ **No diferencia el color rojo del verde.** He can't tell the difference between red and green.

diferente ADJETIVO
 different

difícil ADJETIVO
 difficult   ◇ *Es un problema difícil de entender.* It's a difficult problem to understand.   ◇ *Resulta difícil concentrarse.* It's difficult to concentrate.   ◇ *Es un hombre difícil.* He's a difficult man.

la **dificultad** SUSTANTIVO
 difficulty (PL *difficulties*)   ◇ *con dificultad* with difficulty
◆ **tener dificultades para hacer algo** to have difficulty doing something

◆ **Nos pusieron muchas dificultades para obtener el visado.** They made it very difficult for us to get a visa.

dificultar VERBO
to make...difficult ◇ *La niebla dificultaba la visibilidad.* The fog made visibility difficult.

digerir* VERBO
to digest

digestión SUSTANTIVO
digestion ◇ *Las infusiones de manzanilla son buenas para la digestión.* Camomile tea is good for the digestion.
◆ **hacer la digestión** to digest

digestivo ADJETIVO
digestive

digital ADJETIVO
digital ◇ *un reloj digital* a digital watch
◆ **una huella digital** a fingerprint

dignidad SUSTANTIVO
dignity ◇ *Se comportó con mucha dignidad.* He behaved with great dignity.

digno ADJETIVO
1 *decent* (sueldo, vivienda)
2 *honourable* (comportamiento)
◆ **digno de mención** worth mentioning
◆ **digno de verse** worth seeing

digo VERBO *ver* **decir**

dije VERBO *ver* **decir**

diluir* VERBO
to dilute

diluviar VERBO
◆ **Está diluviando.** It's pouring with rain.

diluvio SUSTANTIVO
downpour ◇ *Cayó un diluvio.* There was a downpour.
◆ **un diluvio de cartas** a flood of letters

dimensión SUSTANTIVO (PL las **dimensiones**)
dimension ◇ *en tres dimensiones* in three dimensions
◆ **un cine de grandes dimensiones** a huge cinema

diminutivo SUSTANTIVO
diminutive

diminuto ADJETIVO
tiny

dimisión SUSTANTIVO (PL las **dimisiones**)
resignation ◇ *presentar la dimisión* to hand in one's resignation

dimitir VERBO
to resign ◇ *Ha dimitido de su cargo.* He has resigned from his post.

Dinamarca SUSTANTIVO FEM
Denmark

dinámico ADJETIVO
dynamic

dinero SUSTANTIVO
money ◇ *No tengo más dinero.* I haven't got any more money.
◆ **una familia de dinero** a wealthy family
◆ **andar mal de dinero** to be short of money
◆ **dinero suelto** loose change

dinosaurio SUSTANTIVO
dinosaur

dio VERBO *ver* **dar**

Dios SUSTANTIVO MASC
God ◇ *¡Gracias a Dios!* Thank God!
◇ *¡Dios mío!* My God!
◆ **¡Por Dios!** For God's sake!
◆ **¡Si Dios quiere!** God willing!
◆ **¡Vaya por Dios!** Good God!
◆ **No vino ni Dios.** Nobody turned up. (coloquial)

el dios SUSTANTIVO (PL los **dioses**)
god

la diosa SUSTANTIVO
goddess (PL *goddesses*)

el diploma SUSTANTIVO
diploma

la diplomacia SUSTANTIVO
diplomacy

diplomático ADJETIVO
diplomatic

el diplomático, la diplomática SUSTANTIVO
diplomat

el diptongo SUSTANTIVO
dipthong

el diputado, la diputada SUSTANTIVO
Member of Parliament

dirá VERBO *ver* **decir**

la dirección SUSTANTIVO (PL las **direcciones**)
1 *direction* ◇ *Íbamos en dirección equivocada.* We were going in the wrong direction.
◆ **Tienes que ir en esta dirección.** You have to go this way.
◆ **una calle de dirección única** a one-way street
◆ **"dirección prohibida"** "no entry"
◆ **"todas direcciones"** "all routes"
2 *address* (PL *addresses*) ◇ *Apúntame tu dirección aquí.* Can you write your address down here for me?
3 *management* ◇ *la dirección de la empresa* the management of the company ◇ *Ha tomado la dirección del proyecto.* He's taken over the management of the project.

directo ADJETIVO
1 *direct* ◇ *Hay un tren directo a Valencia.* There's a direct train to Valencia. ◇ *una pregunta directa* a direct question
2 *straight* ◇ *Se fue directa a casa.* She went straight home.
◆ **transmitir en directo** to broadcast live

el director, la directora SUSTANTIVO
1 *manager* (de empresa)
2 *headteacher* (de colegio)
3 *director* (de cine)
4 *conductor* (de orquesta)
5 *editor* (de periódico)

el directorio SUSTANTIVO
1 *directory* (PL *directories*)
2 *phone book* Latin America

el/la dirigente SUSTANTIVO
1 *leader* (de partido político)
2 *manager* (de empresa)

dirigir* VERBO

1 *to manage* ◇ *Dirige la empresa desde hace diez años.* He has been managing the company for ten years.

2 *to lead* ◇ *Dirigirá la expedición.* He'll be leading the expedition.

3 *to aim at* ◇ *Este anuncio va dirigido a los niños.* This advertisement is aimed at children.

◆ **no dirigir la palabra a alguien** not to speak to somebody ◇ *Desde que se enfadaron no le dirige la palabra.* Since they quarrelled, he hasn't spoken to her.

4 *to direct* (*película*)

5 *to conduct* (*orquesta*)

◆ **dirigirse a (1)** to address ◇ *El Rey se dirigió a la nación.* The King addressed the nation.

◆ **dirigirse a (2)** to write to ◇ *Me dirijo a ustedes para pedirles información sobre sus cursos de idiomas.* I am writing to you to ask you for information about language courses.

◆ **dirigirse a (3)** to make one's way to ◇ *Se dirigió a la terminal del aeropuerto.* He made his way to the airport terminal.

discar* VERBO

Latin America

to dial

la **disciplina** SUSTANTIVO

discipline

el **disco** SUSTANTIVO

1 *record* (*de música*)

2 *light* (*de semáforo*)

3 *discus* (*en deporte*)

◆ **un disco compacto** a compact disc

◆ **el disco duro** the hard disk

la **discoteca** SUSTANTIVO

discotheque

la **discreción** SUSTANTIVO

discretion

◆ **Ha actuado con mucha discreción.** He was very discreet.

discreto ADJETIVO

discreet ◇ *No dirá nada porque es muy discreto.* He won't say anything because he's very discreet.

◆ **un color discreto** a sober colour

◆ **un sueldo discreto** a modest salary

la **discriminación** SUSTANTIVO ◇ *la discriminación racial* racial discrimination

la **disculpa** SUSTANTIVO

◆ **pedir disculpas a alguien por algo** to apologize to somebody for something

disculpar VERBO

to excuse ◇ *Disculpa ¿me dejas pasar?* Excuse me, can I go past?

◆ **disculparse** to apologize ◇ *Se disculpó por llegar tarde.* He apologized for being late.

el **discurso** SUSTANTIVO

speech (PL *speeches*) ◇ *pronunciar un discurso* to make a speech

la **discusión** SUSTANTIVO (PL las **discusiones**)

discussion ◇ *El tema fue sometido a*

discusión. The subject came up for discussion.

◆ **tener una discusión con alguien** to have an argument with somebody

discutir VERBO

1 *to quarrel* ◇ *Siempre discuten por dinero.* They're always quarrelling about money. ◇ *Siempre estaba discutiendo con mi hermana.* He was always quarrelling with my sister.

◆ **Discutió con su madre.** He had an argument with his mother.

2 *to discuss* ◇ *Tenemos que discutir el nuevo proyecto.* We've got to discuss the new project.

diseñar VERBO

to design

el **disfraz** SUSTANTIVO (PL los **disfraces**)

1 *disguise* ◇ *Llevaba un disfraz para que no lo reconocieran.* He wore a disguise so as not to be recognized.

2 *costume* ◇ *un disfraz de vaquero* a cowboy costume

◆ **una fiesta de disfraces** a fancy-dress party

disfrazarse* VERBO

◆ **disfrazarse de (1)** to disguise oneself as ◇ *Se disfrazó de mujer para escapar.* He disguised himself as a woman in order to escape.

◆ **disfrazarse de (2)** to dress up as ◇ *Su hija se disfrazó de hada.* His daughter dressed up as a fairy.

disfrutar VERBO

to enjoy oneself ◇ *Disfruté mucho en la fiesta.* I really enjoyed myself at the party.

◆ **Disfruto leyendo.** I enjoy reading.

◆ **disfrutar de buena salud** to enjoy good health

disgustar VERBO

to upset ◇ *Me disgustó su tono.* His tone upset me.

◆ **disgustarse** to get upset ◇ *Me disgusté cuando descubrí que mentía.* I got upset when I found out he was lying.

◆ **disgustarse con alguien** to fall out with somebody

el **disgusto** SUSTANTIVO

◆ **dar un disgusto a alguien** to upset somebody

◆ **llevarse un disgusto** to get upset

◆ **hacer algo a disgusto** to do something unwillingly

◆ **estar a disgusto** to be ill at ease

◆ **tener un disgusto con alguien** to have an argument with somebody

disimular VERBO

to hide ◇ *Intentó disimular su enfado.* He tried to hide his annoyance.

◆ **No disimules, sé que has sido tú.** Don't bother pretending, I know it was you.

la **disminución** SUSTANTIVO (PL las **disminuciones**)

fall ◇ *una disminución del número de*

---

robos a fall in the number of thefts

disminuido, la disminuida SUSTANTIVO

◆ **un disminuido mental** a mentally handicapped person

◆ **un disminuido físico** a physically handicapped person

disminuir* VERBO

to fall ◇ *Ha disminuido el número de accidentes.* The number of accidents has fallen.

disolver* VERBO

1 *to dissolve* (*azúcar*)

2 *to break up* (*manifestación*)

◆ **disolverse** (*manifestantes, reunión*) to break up

disparar VERBO

to shoot ◇ *Le dispararon en la pierna.* They shot him in the leg.

◆ **disparar a alguien** to shoot at somebody

◆ **Disparó dos tiros.** He fired two shots.

◆ **dispararse (1)** (*pistola*) to go off

◆ **dispararse (2)** (*precios*) to shoot up

disparate SUSTANTIVO

silly thing ◇ *He hecho muchos disparates en mi vida.* I've done a lot of silly things in my life.

◆ **decir disparates** to talk nonsense

◆ **¡Qué disparate!** How absurd!

disparo SUSTANTIVO

shot

disponer* VERBO

to arrange ◇ *Dispusieron las sillas en un círculo.* They arranged the chairs in a circle.

◆ **disponer de** to have ◇ *Disponéis de diez minutos para leer las preguntas.* You have ten minutes to read the questions.

◆ **disponerse a hacer algo** to get ready to do something ◇ *Me disponía a salir cuando sonó el teléfono.* I was getting ready to go out when the phone rang.

disponible ADJETIVO

available ◇ *El director no estará disponible hasta las 4.* The manager won't be available until 4 o'clock.

dispuesto ADJETIVO

1 *prepared* ◇ *estar dispuesto a hacer algo* to be prepared to do something

2 *ready* ◇ *Todo está dispuesto para la fiesta.* Everything's ready for the party.

disquete SUSTANTIVO

diskette

distancia SUSTANTIVO

distance ◇ *la distancia entre los dos coches* the distance between the two cars

◆ **mantenerse a distancia** to keep at a distance

◆ **¿Qué distancia hay entre Madrid y Barcelona?** How far is Madrid from Barcelona?

◆ **¿A qué distancia está la estación?** How far's the station?

◆ **a 20 kilómetros de distancia** 20 kilometres away

distinción SUSTANTIVO (PL las **distinciones**)

distinction ◇ *hacer una distinción entre...*

to make a distinction between...

◆ **No hace distinciones entre sus alumnos.** He treats all his pupils the same.

distinguido ADJETIVO

distinguished

distinguir* VERBO

1 *to distinguish* ◇ *Resulta difícil distinguir el macho de la hembra.* It's difficult to distinguish the male from the female.

◆ **No distingue entre el rojo y el verde.** He can't tell the difference between red and green.

◆ **No sé distinguir entre un coche u otro.** I can't tell one car from another.

◆ **Se parecen tanto que no los distingo.** They're so alike that I can't tell them apart.

2 *to make out* ◇ *No pude distinguirla entre tanta gente.* I couldn't make her out amongst so many people.

◆ **distinguirse** to stand out ◇ *No le gusta distinguirse de los demás.* He doesn't like to stand out.

distinto ADJETIVO

different ◇ *Carlos es distinto a los demás.* Carlos is different from other people.

◆ **distintos** several ◇ *distintas clases de coches* several types of car

la **distracción** SUSTANTIVO (PL las **distracciones**)

pastime ◇ *Coser es mi distracción favorita.* My favourite pastime is sewing.

◆ **En el pueblo hay pocas distracciones.** There isn't much to do in the village.

distraer* VERBO

1 *to keep...entertained* ◇ *Les pondré un vídeo para distraerlos.* I'll put a video on to keep them entertained.

2 *to distract* ◇ *No me distraigas, que tengo trabajo.* Don't distract me. I've got work to do.

◆ **Me distrae mucho escuchar música.** I really enjoy listening to music.

◆ **Me distraje un momento y me pasé de parada.** I let my mind wander for a minute and missed my stop.

distraído ADJETIVO

absent-minded ◇ *Mi padre es muy distraído.* My father is very absent-minded.

◆ **Perdona, estaba distraído.** Sorry, I wasn't concentrating.

la **distribución** SUSTANTIVO (PL las **distribuciones**)

1 *layout* ◇ *la distribución de las habitaciones* the layout of the rooms

2 *distribution* ◇ *la distribución de la riqueza* the distribution of wealth

distribuir* VERBO

1 *to distribute* ◇ *Esta empresa distribuye nuestros productos en el extranjero.* This company distributes our products abroad.

2 *to hand out* ◇ *La profesora distribuyó los folios del examen.* The teacher handed out the exam papers.

distribuyendo VERBO *ver* **distribuir**

el **distrito** SUSTANTIVO
district ◇ *un distrito postal* a postal district
◆ **un distrito electoral** a constituency

la **diversión** SUSTANTIVO (PL las **diversiones**)
entertainment

diverso ADJETIVO
different ◇ *España y Francia dieron explicaciones muy diversas del incidente.* France and Spain gave very different explanations for the incident.
◆ **diversos** various ◇ *diversos libros* various books

divertido ADJETIVO
1 *funny* (*película, cómic*)
2 *enjoyable* (*fiesta*)
◆ **Fue muy divertido.** It was great fun.

divertir* VERBO
to entertain ◇ *Nos divirtió con sus anécdotas.* He entertained us with his stories.
◆ **divertirse** to have a good time

dividir VERBO
to divide ◇ *El libro está dividido en dos partes.* The book is divided into two parts.
◇ *Dividió sus tierras entre sus tres hijas.* He divided his land between his three daughters.
◇ *Divide cuatro entre dos.* Divide four by two.
◆ **dividirse (1)** to divide ◇ *Nos dividimos el trabajo entre los tres.* We divided the work between the three of us.
◆ **dividirse (2)** to share ◇ *Se dividieron el dinero de la lotería.* They shared the lottery money.

divierto VERBO *ver* **divertir**

divino ADJETIVO
divine

la **división** SUSTANTIVO (PL las **divisiones**)
division ◇ *en primera división* in the first division ◇ *Ya sabe hacer divisiones.* He already knows how to do division.

divorciarse VERBO
to get divorced
◆ **Se ha divorciado de su mujer.** He has got divorced from his wife.

el **divorcio** SUSTANTIVO
divorce

divulgar* VERBO
to spread ◇ *divulgar rumores* to spread rumours

DNI ABREVIATURA (= *Documento Nacional de Identidad*) *ver* **documento**

doblar VERBO
1 *to double* ◇ *Le han doblado el sueldo.* They've doubled his salary.
2 *to fold* ◇ *Dobla los pañuelos y guárdalos.* Fold the handkerchiefs and put them away.
3 *to turn* ◇ *Cuando llegues al cruce, dobla a la derecha.* When you reach the junction, turn right.
4 *to dub* ◇ *Doblan todas las películas extranjeras.* All foreign films are dubbed.

5 *to toll* ◇ *Las campanas de la iglesia doblan cuando hay un funeral.* The church bells toll when there's a funeral.

doble ADJETIVO
double ◇ *una frase con doble sentido* an expression with a double meaning ◇ *una habitación doble* a double room

el **doble** SUSTANTIVO
twice as much ◇ *Su sueldo es el doble del mío.* His salary's twice as much as mine.
◇ *Comes el doble que yo .* You eat twice as much as I do.
◆ **Trabaja el doble que tú.** He works twice as hard as you do.
◆ **jugar un partido de dobles** to play doubles

doce ADJETIVO, PRONOMBRE
twelve ◇ *Tengo doce años.* I'm twelve.
◆ **Son las doce.** It's twelve o'clock.
◆ **el siglo doce** the twelfth century

la **docena** SUSTANTIVO
dozen

el **doctor**, la **doctora** SUSTANTIVO
doctor

la **doctrina** SUSTANTIVO
doctrine

el **documental** SUSTANTIVO
documentary (PL *documentaries*)

el **documento** SUSTANTIVO
document ◇ *un documento oficial* an official document
◆ **el documento nacional de identidad** the identity card

el **dólar** SUSTANTIVO
dollar

doler* VERBO
to hurt ◇ *Me duele el brazo.* My arm hurts. ◇ *Esta inyección no duele.* This injection won't hurt. ◇ *Me dolió que me mintiera.* I was hurt that he lied to me.
◆ **Me duele la cabeza.** I've got a headache.
◆ **Me duele el pecho.** I've got a pain in my chest.
◆ **Me duele la garganta.** I've got a sore throat.

el **dolor** SUSTANTIVO
pain ◇ *Gritó de dolor.* He cried out in pain
◆ **Tengo dolor de cabeza.** I've got a headache
◆ **Tengo dolor de estómago.** I've got stomach ache.
◆ **Tengo dolor de muelas.** I've got toothache.
◆ **Tengo dolor de oídos.** I've got earache.
◆ **Tengo dolor de garganta.** I've got a sore throat.

doméstico ADJETIVO
domestic ◇ *para uso doméstico* for domestic use
◆ **las tareas domésticas** the housework
◆ **un animal doméstico** a pet

el **domicilio** SUSTANTIVO
residence ◇ *su domicilio particular* their private residence
◆ **servicio a domicilio** home delivery

dominar VERBO
1 *to dominate* ◇ *El padre dominaba*

totalmente a los hijos. The father totally dominated his children.

- **tener dominado a alguien** to have somebody at one's mercy
  [2] *to control* ⋄ *No pudo dominar su mal genio.* He couldn't control his temper.
  [3] *to be fluent in* ⋄ *Mi hermana domina el inglés.* My sister is fluent in English.
  [4] *to bring under control* ⋄ *Los bomberos tardaron en dominar el incendio.* The fire brigade took a long time to bring the fire under control.
- **dominarse** to control oneself

domingo SUSTANTIVO

Los días de la semana se escriben con mayúscula.

Sunday ⋄ *La vi el domingo.* I saw her on Sunday. ⋄ *todos los domingos* every Sunday ⋄ *el domingo pasado* last Sunday ⋄ *el domingo que viene* next Sunday ⋄ *Jugamos los domingos.* We play on Sundays.

dominicano, la dominicana ADJETIVO, SUSTANTIVO
Dominican

dominio SUSTANTIVO
  [1] *command* ⋄ *Tiene un gran dominio del inglés.* He has a good command of English.
  [2] *rule* ⋄ *Francia estuvo bajo el dominio romano.* France was under Roman rule.
  [3] *control* ⋄ *Ejerció un dominio absoluto sobre sus seguidores.* He exercised absolute control over his followers.

- **dominio de sí mismo** self-control
- **ser del dominio público** to be public knowledge

dominó SUSTANTIVO
  [1] *domino* (pieza)
  [2] *dominoes* SING (juego) ⋄ *jugar al dominó* to play dominoes

don SUSTANTIVO
  gift ⋄ *Tiene un don para la música.* He has a gift for music.

- **tener don de gentes** to be good with people
- **don Juan Gómez** Mr Juan Gómez

Cuando don *va seguido sólo del nombre de pila, se traduce por "Mr" más el apellido.*

- **Es un don nadie.** He's a nobody.

dona SUSTANTIVO
  Mexico
  doughnut

donante SUSTANTIVO
  donor ⋄ *un donante de órganos* an organ donor

donativo SUSTANTIVO
  donation

donde ADVERBIO
  where ⋄ *la casa donde nací* the house where I was born ⋄ *La nota está donde la dejaste.* The note's where you left it.

dónde ADVERBIO
  where ⋄ *¿Dónde vas?* Where are you going? ⋄ *Le pregunté dónde estaba la catedral.* I asked him where the cathedral was. ⋄ *¿Sabes dónde está?* Do you know where he is?

- **¿De dónde eres?** Where are you from?
- **¿Por dónde se va al cine?** How do you get to the cinema?

la doña SUSTANTIVO
- **doña Marta García** Mrs Marta García
  Cuando doña *va seguido sólo del nombre de pila, se traduce por "Mrs" más el apellido.*

dorado ADJETIVO
  golden

dormir* VERBO
  to sleep ⋄ *Antonio durmió 10 horas.* Antonio slept for 10 hours.

- **Se me ha dormido el brazo.** My arm has gone to sleep.
- **dormir la siesta** to have a nap
- **dormir como un tronco** to sleep like a log
- **estar medio dormido** to be half asleep
- **dormirse** to fall asleep

el dormitorio SUSTANTIVO
  [1] *bedroom* (de una casa)
  [2] *dormitory* (de un internado) (PL *dormitories*)

el dorso SUSTANTIVO
  back ⋄ *Se apuntó el teléfono en el dorso de la mano.* He wrote the telephone number on the back of his hand.

- **"véase al dorso"** "see over"

dos ADJETIVO, PRONOMBRE
  [1] *two* ⋄ *¿Tienes los dos libros que te dejé?* Have you got the two books I lent you? ⋄ *Tiene dos años.* He's two.

- **Son las dos.** It's two o'clock.
- **de dos en dos** in twos
- **el dos de enero** the second of January
- **cada dos por tres** every five minutes
  [2] *both* (ambos) ⋄ *Al final vinieron los dos.* In the end they both came. ⋄ *Nos han suspendido a los dos.* We have both failed. ⋄ *Mis dos hijos han emigrado.* Both of my sons have emigrated. ⋄ *Los hemos invitado a los dos.* We've invited both of them.

doscientos (FEM **doscientas**) ADJETIVO, PRONOMBRE
  two hundred ⋄ *dos cientos cincuenta* two hundred and fifty

la dosis SUSTANTIVO (PL las **dosis**)
  dose

doy VERBO *ver* **dar**

el dragón SUSTANTIVO (PL los **dragones**)
  dragon

el drama SUSTANTIVO
  drama

dramático ADJETIVO
  dramatic

la droga SUSTANTIVO
  drug ⋄ *las drogas blandas* soft drugs ⋄ *las drogas duras* hard drugs ⋄ *el problema de la droga* the drug problem

el drogadicto, la drogadicta SUSTANTIVO
  drug addict

drogar* VERBO
  to drug

- **drogarse** to take drugs

la droguería SUSTANTIVO

A shop selling cleaning materials, paint and toiletries.

la **ducha** SUSTANTIVO
shower ◇ *darse una ducha* to have a shower

ducharse VERBO
to have a shower

la **duda** SUSTANTIVO
doubt
- **Tengo mis dudas.** I have my doubts.
- **sin duda** no doubt
- **sin duda alguna** without a doubt
- **no cabe duda** there's no doubt about it
- **Tengo una duda.** I have a query.
- **poner algo en duda** to call something into question
- **¿Alguna duda?** Any questions?

dudar VERBO
to doubt ◇ *Lo dudo.* I doubt it.
- **Dudo que sea cierto.** I doubt if it's true.
- **Dudó si comprarlo o no.** He wasn't sure whether to buy it or not.

dudoso ADJETIVO
[1] *doubtful* ◇ *Es dudoso que vengan.* It's doubtful whether they'll come.
[2] *dubious* ◇ *un chiste de dudoso gusto* a joke in dubious taste

duelo VERBO *ver* **doler**

el **dueño**, la **dueña** SUSTANTIVO
owner ◇ *Es el dueño del piso.* He's the owner of the flat.
- **ser dueño de sí mismo** to have self-control

duermo VERBO *ver* **dormir**

el **Duero** SUSTANTIVO
the Douro

dulce ADJETIVO
[1] *sweet* (pastel)
[2] *gentle* (persona)

el **dulce** SUSTANTIVO
sweet

el **dúo** SUSTANTIVO
duet
- **cantar a dúo** to sing a duet

la **duración** SUSTANTIVO
length ◇ *Depende de la duración de la película.* It depends on the length of the film.

- **una pila de larga duración** a long-life battery

duradero ADJETIVO
[1] *lasting* (fe, paz)
[2] *hard-wearing* (material)

durante ADVERBIO
during ◇ *Laura tuvo que trabajar durante las vacaciones.* Laura had to work during the holidays.
- **durante toda la noche** all night long
- **Habló durante una hora.** He spoke for an hour.

durar VERBO
to last ◇ *La película duraba dos horas.* The film lasted two hours. ◇ *Sólo duró dos meses como director.* He only lasted two months as manager. ◇ *Todavía le dura el enfado.* He's still angry.

el **durazno** SUSTANTIVO
Latin America
peach (PL *peaches*)

la **dureza** SUSTANTIVO
[1] *hardness* ◇ *la dureza del acero* the hardness of steel
[2] *harshness* ◇ *la dureza de sus palabras* the harshness of his words
[3] *callus* (PL *calluses*) ◇ *Tiene una dureza en la planta del pie.* He has a callus on the sole of his foot.

durmiendo VERBO *ver* **dormir**

duro (1) ADJETIVO
[1] *hard* ◇ *Los diamantes son muy duros.* Diamonds are very hard.
[2] *tough* ◇ *Esta carne está dura.* This meat's tough.
[3] *harsh* ◇ *El clima es muy duro.* The climate is very harsh.
- **a duras penas** with great difficulty
- **ser duro con alguien** to be hard on somebody
- **ser duro de oído** to be hard of hearing

duro (2) ADVERBIO
hard ◇ *trabajar duro* to work hard

el **duro** SUSTANTIVO
five-peseta coin
- **estar sin un duro** to be broke (coloquial)

E

e CONJUNCIÓN
e *is used instead of* **y** *in front of words beginning with "i" and "hi", but not "hie".*
and ◇ *Pablo e Inés.* Pablo and Inés.

echar VERBO
[1] *to throw* (lanzar) ◇ *Échame las llaves.* Throw me the keys over.
- **Eché la carta en el buzón.** I posted the letter.

[2] *to put* (poner) ◇ *Tengo que echar gasolina.* I need to put petrol in the car. ◇ *¿Has echado sal a la sopa?* Have you put salt in the soup?
- **¿Te echo más whisky?** Shall I pour you some more whisky?
[3] *to throw out* (expulsar) ◇ *Me echó de su casa.* He threw me out of the house.
[4] *to expel* ◇ *Lo han echado del colegio.*

He's been expelled from school.
- **La echaron del trabajo.** They sacked her.
- **La chimenea echa humo.** Smoke is coming out of the chimney.
- **¿Qué echan hoy en la tele?** What's on TV today?
- **echar de menos a alguien** to miss somebody ◇ *Echo de menos a mi familia.* I miss my family.
- **¿Cuántos años me echas?** How old do you think I am?
- **echarse (1)** (*tumbarse*) to lie down ◇ *Me eché en el sofá y me quedé dormido.* I lay down on the sofa and fell asleep.
- **echarse (2)** (*lanzarse*) to jump ◇ *Los niños se echaron al agua.* The children jumped into the water.

eco SUSTANTIVO
echo (PL *echoes*)

ecología SUSTANTIVO
ecology

ecológico ADJETIVO
ecological ◇ *un desastre ecológico* an ecological disaster
- **un producto ecológico** an environmentally friendly product

ecologista ADJETIVO
environmental ◇ *un grupo ecologista* an environmental group

ecologista SUSTANTIVO
environmentalist

economía SUSTANTIVO
[1] *economy* (PL *economies*) ◇ *Un país de economía capitalista.* A country with a capitalist economy.
[2] *economics* SING ◇ *Quiero estudiar economía.* I want to study economics.

económico ADJETIVO
[1] *economic* (*financiero*) ◇ *una profunda crisis económica* a deep economic crisis
[2] *economical* (*de poco gasto*)
- **un motor económico** an economical engine
[3] *inexpensive* ◇ *Comimos en un restaurante económico.* We ate in an inexpensive restaurant.

economista SUSTANTIVO
economist

economizar* VERBO
to economize on ◇ *Economiza en la comida para comprarse joyas.* She economizes on food to buy herself jewels.

Ecuador SUSTANTIVO MASC
Ecuador

ecuatoriano, la ecuatoriana ADJETIVO, SUSTANTIVO
Ecuadorean

edad SUSTANTIVO
age ◇ *Tenemos la misma edad.* We're the same age.
- **¿Qué edad tienen?** How old are they?
- **No tiene edad para votar.** She isn't old enough to vote.
- **Está en la edad del pavo.** She's at that difficult age.

la edición SUSTANTIVO (PL las **ediciones**)
edition ◇ *una edición de bolsillo* a pocket edition

edificar* VERBO
to build ◇ *Están edificando un centro deportivo.* They're building a sports centre.

el edificio SUSTANTIVO
building

Edimburgo SUSTANTIVO MASC
Edinburgh

editar VERBO
to publish (*publicar*)

el editor, la editora SUSTANTIVO
publisher

la editorial SUSTANTIVO
publisher

el edredón SUSTANTIVO (PL los **edredones**)
[1] *eiderdown* (*cubrecama*)
[2] *duvet* (*nórdico*)

la educación SUSTANTIVO
[1] *education* ◇ *Han aumentado el presupuesto de educación.* They've increased the education budget.
- **educación física** PE
[2] *upbringing* ◇ *Rosa recibió una educación muy estricta.* Rosa had a very strict upbringing.
- **Señalar es de mala educación.** It's rude to point.
- **Se lo pedí con educación.** I asked her politely.
- **Es una falta de educación hablar con la boca llena.** It's bad manners to speak with your mouth full.

educado ADJETIVO
polite
- **Me contestó de forma educada.** He answered me politely.
- **Es un chico bien educado.** He's a well-mannered boy.

educar* VERBO
[1] *to educate* ◇ *Se educó en un colegio alemán.* He was educated in a German school.
[2] *to bring up* ◇ *Educaron a sus hijos de una manera muy estricta.* They brought their children up very strictly.

educativo ADJETIVO
educational

EE.UU. ABREVIATURA (= *Estados Unidos*)
USA

efectivamente ADVERBIO
◇ *Efectivamente, estaba donde tú decías.* You were right, he was where you said.
◇ *Entonces, ¿Es usted su padre? – Efectivamente.* So, are you his father? – That's right.

efectivo ADJETIVO
effective (*eficaz*) ◇ *un medicamento muy efectivo* a very effective medicine
- **pagar en efectivo** to pay in cash

el efecto SUSTANTIVO
effect
- **efectos especiales** special effects

E

+ **hacer efecto** to take effect ◇ *La aspirina enseguida me hizo efecto.* The aspirin took effect on me immediately.
+ **Devolvió la pelota con efecto.** He put some spin on the ball.

efectuar* VERBO
to carry out (*operación, maniobra*)

eficaz ADJETIVO
1 *effective* ◇ *un remedio eficaz* an effective remedy
2 *efficient* (*persona*) ◇ *un funcionario eficaz* an efficient civil servant

eficiente ADJETIVO
efficient

el **egipcio,** la **egipcia** ADJETIVO, SUSTANTIVO
Egyptian

Egipto SUSTANTIVO MASC
Egypt

el **egoísmo** SUSTANTIVO
selfishness

egoísta ADJETIVO
selfish

el/la **egoísta** SUSTANTIVO ◇ *María es una egoísta.* Maria's very selfish.

Eire SUSTANTIVO MASC
Eire

el **eje** SUSTANTIVO
1 *axle* (*de ruedas*)
2 *axis* (*de la Tierra*)

la **ejecución** SUSTANTIVO (PL las **ejecuciones**)
execution (*de condenado*)

ejecutar VERBO
1 *to carry out* ◇ *Ejecutaron el proyecto según lo previsto.* They carried out the project according to plan.
2 *to execute* ◇ *La ejecutaron al amanecer.* They executed her at dawn.

el **ejecutivo,** la **ejecutiva** SUSTANTIVO
executive

el **ejemplar** SUSTANTIVO
copy (*de libro, periódico*) (PL *copies*)

el **ejemplo** SUSTANTIVO
example ◇ *¿Puedes ponerme un ejemplo?* Can you give me an example?
+ **por ejemplo** for example
+ **Debes dar ejemplo a tu hermano pequeño.** You must set your younger brother an example.

ejercer* VERBO
+ **Ejerce de abogado.** He's a practising lawyer.
+ **Ejerce mucha influencia sobre sus hermanos.** He has a lot of influence on his brothers.

el **ejercicio** SUSTANTIVO
exercise ◇ *La maestra nos puso varios ejercicios.* The teacher gave us several exercises to do.
+ **hacer ejercicio** to exercise ◇ *Hago ejercicio todas las mañanas.* I exercise every morning.

el **ejército** SUSTANTIVO
army (PL *armies*)

el **ejote** SUSTANTIVO
green bean

el ARTÍCULO (FEM SING **la**, PL **los**)
the ◇ *Perdí el autobús.* I missed the bus.
+ **el del sombrero rojo** the one with the red hat
+ **Yo fui el que lo encontró.** I was the one who found it.

El artículo se traduce por el posesivo en inglés cuando se refiere a una parte del cuerpo, una prenda que se lleva puesta o algo que nos pertenece. ◇ *Ayer me lavé la cabeza.* I washed my hair yesterday. ◇ *Me puse el abrigo.* I put my coat on. ◇ *Tiene un coche bonito, pero prefiero el de Juan.* He's got a nice car, but I prefer Juan's.

El artículo a veces no se traduce en inglés; por ejemplo cuando se refiere a algo en general, con algunas expresiones de tiempo, o con apellidos. ◇ *No me gusta el pescado.* I don't like fish. ◇ *Vendrá el lunes que viene.* He's coming next Monday. ◇ *Ha llamado el Sr. Sendra.* Mr. Sendra called.

él PRONOMBRE
1 *he* (*como sujeto*) ◇ *Me lo dijo él.* He told me.
2 *him* (*con preposición, en comparaciones*) ◇ *Se lo di a él.* I gave it to him. ◇ *Su mujer es más alta que él.* His wife is taller than him.
+ **él mismo** himself ◇ *No lo sabe ni él mismo.* He doesn't even know himself.
+ **de él** his ◇ *El coche es de él.* The car's his.

elaborar VERBO
to produce (*producto*)

elástico ADJETIVO
+ **un tejido elástico** a stretchy material
+ **una goma elástica** an elastic band

la **elección** SUSTANTIVO (PL las **elecciones**)
1 *election* (*votación*) ◇ *Han convocado elecciones generales.* General elections have been called.
2 *choice* (*selección*) ◇ *Esa es una buena elección.* That's a good choice. ◇ *No tuve otra elección que irme.* I had no choice but to leave.

electoral ADJETIVO
+ **la campaña electoral** the election campaign

la **electricidad** SUSTANTIVO
electricity

el/la **electricista** SUSTANTIVO
electrician ◇ *Mi primo es electricista.* My cousin's an electrician.

eléctrico ADJETIVO
1 *electric* ◇ *una guitarra eléctrica* an electric guitar
2 *electrical* ◇ *a causa de un fallo eléctrico* due to an electrical fault

electric se usa para referirnos a objetos que funcionan con electricidad, mientras que electrical es menos frecuente y se emplea en términos de física y mecánica.

E

electrodoméstico SUSTANTIVO
domestic appliance

electrónica SUSTANTIVO
electronics SING

electrónico ADJETIVO
electronic
+ **el correo electrónico** email

elefante SUSTANTIVO
elephant

elegante ADJETIVO
smart

elegir* VERBO
[1] *to choose* ◇ *No sabía qué color elegir.* I didn't know what colour to choose.
+ **Te dan a elegir entre dos modelos.** You're given a choice of two models.
[2] *to elect* ◇ *Me eligieron delegado de curso.* I was elected class representative.

elemento SUSTANTIVO
element

elevado ADJETIVO
high (terreno, precio, temperatura)

elevar VERBO
to raise (nivel, precio, voz)

eligiendo VERBO ver **elegir**

elijo VERBO ver **elegir**

eliminar VERBO
[1] *to remove* ◇ *un detergente que elimina las manchas* a washing powder that removes the stains
[2] *to eliminate* ◇ *Fueron eliminados de la competición.* They were eliminated from the competition.

elixir bucal SUSTANTIVO
mouthwash

ella PRONOMBRE
[1] *she* (como sujeto) ◇ *Ella no estaba en casa.* She was not at home.
[2] *her* (con preposición, en comparaciones) ◇ *El regalo es para ella.* The present's for her. ◇ *Él estaba más nervioso que ella.* He was more nervous than her.
+ **ella misma** herself ◇ *Me lo dijo ella misma.* She told me herself.
+ **de ella** hers ◇ *Este abrigo es de ella.* This coat's hers.

ellos PRONOMBRE PL (FEM **ellas**)
[1] *they* ◇ *Ellos todavía no lo saben.* They don't know yet.
[2] *them* (con preposición, en comparaciones) ◇ *Yo me iré con ellas.* I'll leave with them. ◇ *Somos mejores que ellos.* We're better than them.
+ **ellos mismos** themselves ◇ *Me lo dijeron ellos mismos.* They told me themselves.
+ **de ellos** theirs ◇ *El coche era de ellos.* The car was theirs.

elogiar VERBO
to praise

elote SUSTANTIVO
Mexico
[1] *corncob* (mazorca)
[2] *sweetcorn* (granos)

embajada SUSTANTIVO

embassy (PL *embassies*)

el **embajador**, la **embajadora** SUSTANTIVO
ambassador

embalar VERBO
to pack

el **embalse** SUSTANTIVO
reservoir

embarazada ADJETIVO
pregnant ◇ *Estaba embarazada de cuatro meses.* She was four months pregnant.
+ **quedarse embarazada** to get pregnant

embarazoso ADJETIVO
embarrassing

embarcar* VERBO
to board ◇ *Los pasajeros ya estaban embarcando.* The passengers were already boarding.

el **embargo** SUSTANTIVO
+ **sin embargo** nevertheless

embobado ADJETIVO
+ **Se quedaron mirándola embobados.** They watched her in fascination.
+ **Está embobado con su novia.** His girlfriend has got him under her spell.

emborracharse VERBO
to get drunk

embotellado ADJETIVO
bottled (agua, vino)

el **embotellamiento** SUSTANTIVO
traffic jam

el **embrague** SUSTANTIVO
clutch

embrollarse VERBO
[1] *to get tangled up* ◇ *Las cuerdas se embrollaron.* The ropes got tangled up.
[2] *to get muddled up* ◇ *Me embrollé con tanta información.* With so much information, I got muddled up.

el **embrollo** SUSTANTIVO
tangle (de hilos, cuerdas)

embrujado ADJETIVO
haunted ◇ *una casa embrujada* a haunted house

el **embudo** SUSTANTIVO
spout

el **embustero**, la **embustera** SUSTANTIVO
fibber

el **embutido** SUSTANTIVO
cold meats ◇ *No comemos mucho embutido.* We don't eat a lot of cold meats.

la **emergencia** SUSTANTIVO
emergency (PL *emergencies*)
+ **la salida de emergencia** the emergency exit
+ **en caso de emergencia** in case of emergency

emigrar VERBO
[1] *to emigrate* (personas)
[2] *to migrate* (pájaros)

la **emisión** SUSTANTIVO (PL las **emisiones**)
[1] *broadcast* (de programa) ◇ *Han interrumpido la emisión.* They've interrupted the broadcast.
[2] *emission* (de gases) ◇ *debido a la emisión de gases tóxicos* due to the

emission of toxic gases

emitir VERBO
1. *to broadcast* (*programa*)
2. *to give off* (*gases, olores*)

la **emoción** SUSTANTIVO (PL las **emociones**)
emotion ◇ *Me temblaba la voz de emoción.* My voice was trembling with emotion.
- **Su carta me produjo gran emoción.** I was very moved by his letter.
- **¡Qué emoción!** How exciting!

emocionado ADJETIVO
1. *moved* (*conmovido*)
2. *excited* (*entusiasmado*)

emocionante ADJETIVO
1. *moving* (*conmovedor*) ◇ *La despedida fue muy emocionante.* The farewell was very moving.
2. *exciting* (*apasionante*) ◇ *El final del partido fue muy emocionante.* The end of the match was very exciting.

emocionarse VERBO
to be moved ◇ *Me emocioné mucho con la película.* I was very moved by the film.
- **Se emocionó al volver a ver a su padre.** She got emotional when she saw her father again.

emotivo ADJETIVO
1. *moving* (*acto, discurso*)
2. *emotional* ◇ *La vuelta a casa fue muy emotiva.* It was a very emotional homecoming.

empacharse VERBO
to get a tummy upset ◇ *Me empaché por comer tanto chocolate.* I got a tummy upset through eating so much chocolate.

empalagoso ADJETIVO
sickly (*pastel, dulce*)

empalmar VERBO
1. *to connect* ◇ *Empalma los dos cables para hacer la conexión.* Connect the two wires to make the connection.
2. *to join* ◇ *Esta carretera empalma con la autopista.* This road joins the motorway.

la **empanada** SUSTANTIVO
pasty (PL *pasties*)

empañarse VERBO
to get steamed up ◇ *Se me empañaron las gafas al entrar en el museo.* My glasses got steamed up when I went into the museum.
- **Los cristales del dormitorio estaban empañados.** There was condensation on the bedroom windows.

empapar VERBO
to soak ◇ *Apaga la ducha que me estás empapando.* Can you turn the shower off, you're soaking me.
- **Se me empaparon los calcetines.** My socks got soaked.
- **estar empapado hasta los huesos** to be soaked to the skin

empapelar VERBO

to paper

empaquetar VERBO
to pack ◇ *Empaqueta todos tus libros.* Pack all your books.

el **emparedado** SUSTANTIVO
Latin America
sandwich (PL *sandwiches*)

empastar VERBO
- **Me han empastado dos muelas.** I've had two fillings.

el **empaste** SUSTANTIVO
filling

empatar VERBO
to draw ◇ *Empatamos a uno y tuvimos que jugar la prórroga.* We drew one-all and had to play extra time. ◇ *Los dos candidatos empataron en la votación.* The two candidates got the same number of votes.

el **empate** SUSTANTIVO
1. *draw* (*en partido*) ◇ *un empate a cero* a goalless draw
2. *tie* (*en votación, concurso*)

empedernido ADJETIVO
- **un fumador empedernido** a chronic smoker
- **Es un lector empedernido.** He's a compulsive reader.

empeñado ADJETIVO
determined ◇ *Está empeñado en aprobar el curso.* He's determined to get through the course.
- **Está empeñada en que yo soy mayor que ella.** She insists that I'm older than she is.

empeñarse VERBO
- **empeñarse en hacer algo (1)** to be determined to do something ◇ *Se había empeñado en irse con él.* She was determined to go with him.
- **empeñarse en hacer algo (2)** to insist on doing something ◇ *Se empeñó en que nos quedáramos a cenar.* He insisted that we should stay for dinner.

empeorar VERBO
1. *to get worse* (*enfermo, situación*) ◇ *Mi padre empeoró con aquel medicamento.* My father got worse with that medicine.
2. *to make...worse* ◇ *Tu comentario sólo empeorará las cosas.* Your comment will only make matters worse.

empezar* VERBO
to start ◇ *Las vacaciones empiezan el 20.* The holidays start on the 20th.
- **empezar a hacer algo** to start doing something ◇ *Ha empezado a nevar.* It's started snowing. ◇ *Mi hermana empezó a llorar.* My sister started crying.
- **volver a empezar** to start again

empinado ADJETIVO
steep (*calle, pendiente*)

el **empleado**, la **empleada** SUSTANTIVO
1. *employee*
2. *shop assistant* Latin America
- **una empleada del hogar** a servant

emplear VERBO

[1] *to use* ◇ *Puedes emplear cualquier jabón.* You can use any soap.

[2] *to employ* ◇ *La fábrica emplea a veinte trabajadores.* The factory employs twenty workers.

◆ **Le está bien empleado.** It serves her right.

empleo SUSTANTIVO
job ◇ *Ha encontrado empleo en un restaurante.* He has found a job in a restaurant.

◆ **estar sin empleo** to be unemployed
◆ **"modo de empleo"** "how to use"

empollar VERBO
to swot ◇ *Me pasé la noche empollando.* I spent the whole night swotting.

empollón,la empollona FEM SING (MASC PL los **empollones**) SUSTANTIVO
swot

empresa SUSTANTIVO
firm ◇ *Trabaja en una empresa de informática.* He works in a computer firm.

empresaria SUSTANTIVO
businesswoman (PL *businesswomen*)

empresario SUSTANTIVO
businessman (PL *businessmen*)

empujar VERBO
to push ◇ *Tuvimos que empujar al coche.* We had to push the car.

empujón SUSTANTIVO (PL los **empujones**)
◆ **dar un empujón a alguien** to push somebody ◇ *Me dieron un empujón y caí a la piscina.* They pushed me and I fell into the pool.

◆ **abrirse paso a empujones** to shove one's way through

en PREPOSICIÓN

[1] *in* ◇ *en el armario* in the wardrobe ◇ *Viven en Granada.* They live in Granada. ◇ *Nació en invierno.* He was born in winter. ◇ *Lo hice en dos días.* I did it in two days. ◇ *Hablamos en inglés.* We speak in English. ◇ *Está en el hospital.* She's in hospital.

[2] *into* (*con verbos que indican movimiento*) ◇ *Entré en el banco.* I went into the bank. ◇ *Me metí en la cama a las diez.* I got into bed at ten o'clock.

[3] *on* ◇ *Las llaves están en la mesa.* The keys are on the table. ◇ *Lo encontré tirado en el suelo.* I found it lying on the floor. ◇ *La librería está en la calle Pelayo.* The bookshop is on Pelayo street. ◇ *La oficina está en el quinto piso.* The office is on the fifth floor.

◆ **Mi cumpleaños cae en viernes.** My birthday falls on a Friday.

[4] *at* ◇ *Yo estaba en casa.* I was at home. ◇ *Te veo en el cine.* See you at the cinema. ◇ *Vivía en el número 17.* I was living at number 17. ◇ *en aquella época* at that time ◇ *en ese momento* at that moment ◇ *en Navidades* at Christmas

[5] *by* ◇ *Vinimos en avión.* We came by plane.

◆ **ser el primero en llegar** to be the first to arrive

enamorado ADJETIVO
◆ **estar enamorado de alguien** to be in love with somebody

enamorarse VERBO
to fall in love ◇ *Se ha enamorado de Yolanda.* He's fallen in love with Yolanda. ◇ *Se enamoraron tan sólo con verse.* They fell in love at first sight.

el **enano,**la **enana** SUSTANTIVO
dwarf (PL *dwarves*)

encabezar* VERBO
to head ◇ *El Betis encabeza la clasificación de Liga.* Betis are heading the League. ◇ *la cita que encabeza el artículo* the quote heading the article

encajar VERBO

[1] *to fit* ◇ *Las piezas no encajan.* The pieces don't fit.

[2] *to cope with* ◇ *Ha encajado muy bien la muerte de su madre.* She's coped very well with her mother's death.

encaminarse VERBO
◆ **Nos encaminamos hacia el pueblo.** We headed towards the village.

encantado ADJETIVO

[1] *delighted* (*muy contento*) ◇ *Está encantada con su nuevo coche.* He's delighted with his new car.

[2] *enchanted* (*hechizado*) ◇ *un castillo encantado* an enchanted castle

◆ **¡Encantado de conocerle!** Pleased to meet you!

encantador ADJETIVO (FEM **encantadora**)
charming

encantar VERBO
to love ◇ *Me encantan los animales.* I love animals. ◇ *Les encanta esquiar.* They love skiing. ◇ *Me encantaría que vinieras.* I'd love you to come.

el **encanto** SUSTANTIVO
charm ◇ *El pueblecito tiene mucho encanto.* The village has a lot of charm.

◆ **Eugenia es un encanto.** Eugenia is charming.

encarcelar VERBO
to imprison

el **encargado,**la **encargada** SUSTANTIVO
manager ◇ *Quiero hablar con el encargado.* I'd like to talk to the manager.

encargar* VERBO

[1] *to order* ◇ *Encargamos dos pizzas.* We ordered two pizzas.

[2] *to ask* ◇ *Le encargó que le recogiera los documentos.* She asked him to fetch the documents for her.

◆ **Yo me encargaré de avisar a los demás.** I'll take care of letting the others know.

◆ **Estoy encargada de vender las entradas.** I'm in charge of selling the tickets.

encariñarse VERBO
◆ **encariñarse con** to grow fond of ◇ *Los niños se encariñaron con el gato.* The children grew fond of the cat.

E

el **encendedor** SUSTANTIVO
  lighter

encender* VERBO
  1 *to light* (vela, hoguera, cigarro)
  2 *to switch on* (luz, calefacción)

encendido ADJETIVO
  1 *on* (luz, calefacción) ◇ *La tele estaba encendida.* The telly was on.
  2 *lit* (fuego, hoguera) ◇ *El cigarro no está bien encendido.* Your cigarette isn't properly lit.

el **encerado** SUSTANTIVO
  blackboard (pizarra)

encerrar* VERBO
  1 *to shut up* ◇ *Encerré el gato en la cocina.* I shut the cat up in the kitchen. ◇ *Me encerré en mi cuarto para estudiar.* I shut myself up in my room to study.
  2 *to lock up* ◇ *Lo encerraron en un calabozo.* They locked him up in a cell.
  + **Los manifestantes se encerraron en el ayuntamiento.** The demonstrators held a sit-in in the town hall.

la **enchilada** SUSTANTIVO
  Mexico
  stuffed tortilla

el **enchufado**, la **enchufada** SUSTANTIVO
  + **Amelia es la enchufada del profesor.** Amelia's the teacher's pet. (*coloquial*)

enchufar VERBO
  to plug in ◇ *Enchufa la tele.* Plug the TV in.

el **enchufe** SUSTANTIVO
  1 *plug* (macho)
  2 *socket* (hembra)
  + **Consiguió ese puesto por enchufe.** He got that job through pulling strings.

la **encía** SUSTANTIVO
  gum

la **enciclopedia** SUSTANTIVO
  encyclopaedia

enciendo VERBO *ver* **encender**
encierro VERBO *ver* **encerrar**

encima ADVERBIO
  on ◇ *Pon el cenicero aquí encima.* Put the ashtray on there. ◇ *No llevo dinero encima.* I haven't got any money on me.
  + **encima de (1)** on ◇ *Ponlo encima de la mesa.* Put it on the table.
  + **encima de (2)** on top of ◇ *Mi maleta está encima del armario.* My case is on top of the wardrobe.
  + **Lo leí por encima.** I glanced at it.
  + **por encima de (1)** above ◇ *Los helicópteros volaban por encima de nuestras cabezas.* The helicopters were flying above our heads. ◇ *Las temperaturas han subido por encima de lo normal.* Temperatures have been above average.
  + **por encima de (2)** over ◇ *Tuve que saltar por encima de la mesa.* I had to jump over the table.
  + **¡Y encima no te da ni las gracias!** And on

top of it he doesn't even thank you!

la **encina** SUSTANTIVO
  oak tree

encoger* VERBO
  to shrink ◇ *Este jersey ha encogido.* This jumper has shrunk.
  + **Antonio se encogió de hombros.** Antonio shrugged his shoulders.

encontrar* VERBO
  to find ◇ *Mi hermano ha encontrado trabajo.* My brother has found a job. ◇ *Lo encuentro un poco arrogante.* I find him a bit arrogant.
  + **No encuentro las llaves.** I can't find the keys.
  + **encontrarse (1)** (*sentirse*) to feel ◇ *Ahora se encuentra mejor.* Now she's feeling better.
  + **encontrarse (2)** (*verse*) to meet ◇ *Nos encontramos en el cine.* We met at the cinema.
  + **Me encontré con Manolo en la calle.** I bumped into Manolo in the street.

el **encuentro** SUSTANTIVO
  1 *meeting* (reunión)
  + **punto de encuentro** meeting point
  2 *match* (partido) (PL *matches*)

la **encuesta** SUSTANTIVO
  survey

enderezar* VERBO
  to straigthen

endulzar* VERBO
  to sweeten

endurecer* VERBO
  to tone up (músculos)

el **enemigo**, la **enemiga** ADJETIVO, SUSTANTIVO
  enemy (PL *enemies*) ◇ *el ejército enemigo* the enemy army

enemistarse VERBO
  to fall out ◇ *Se enemistó con la familia de su mujer.* He fell out with his wife's family.

la **energía** SUSTANTIVO
  energy ◇ *Los niños tienen mucha energía.* Children have lots of energy. ◇ *ahorrar energía* to save energy
  + **la energía solar** solar power
  + **la energía eléctrica** electricity

enérgico ADJETIVO
  energetic ◇ *Es una persona muy enérgica.* She's very energetic.

enero SUSTANTIVO MASC
  Los meses se escriben con mayúscula.
  January ◇ *en enero* in January ◇ *Nació el 6 de enero.* He was born on 6 January.

enfadado ADJETIVO
  angry ◇ *Mi padre estaba muy enfadado conmigo.* My father was very angry with me.
  + **Ana y su novio están enfadados.** Ana and her boyfriend have fallen out.

enfadarse VERBO
  to be angry ◇ *Papá se va a enfadar mucho contigo.* Dad will be very angry with you.

---

* Verbs marked with this symbol are irregular. See pages 332–333 for further details

- **Mi hermano y su novia se han enfadado.**
My brother and his girlfriend have fallen out.

el **enfado** SUSTANTIVO
- **Ya se le ha pasado el enfado.** He isn't angry anymore.

enfermarse VERBO
Latin America
to fall ill

la **enfermedad** SUSTANTIVO
[1] *illness* (PL *illnesses*) ◇ *Adelgazó mucho durante su enfermedad.* He lost a lot of weight during his illness.
[2] *disease* ◇ *Tiene una enfermedad contagiosa.* He's got an infectious disease.

la **enfermería** SUSTANTIVO
sick bay

el **enfermero,** la **enfermera** SUSTANTIVO
nurse ◇ *Mi madre es enfermera.* My mother's a nurse.

enfermo ADJETIVO
ill ◇ *He estado enferma toda la semana.* I've been ill all week.
- **¿Cuándo te pusiste enfermo?** When did you get ill?
- **¡Me pones enfermo!** You make me sick!

el **enfermo,** la **enferma** SUSTANTIVO
patient (*en hospital*)
- **Los enfermos deben tomar precauciones especiales.** Sick people need to take special precautions.

enfocar* VERBO
[1] *to focus on* ◇ *El fotógrafo enfocó el ciervo.* The photographer focussed on the deer.
[2] *to approach* ◇ *Depende de cómo enfoques el problema.* It depends on how you approach the problem.

enfrentar VERBO
to face ◇ *Tienes que enfrentar el problema.* You have to face the problem.

enfrente ADVERBIO
opposite ◇ *Luisa estaba sentada enfrente.* Luisa was sitting opposite.
- **La panadería está enfrente.** The baker's is across the street.
- **de enfrente** opposite
- **la casa de enfrente** the house opposite
- **enfrente de** opposite ◇ *Mi casa está enfrente del colegio.* My house is opposite the school.

enfriarse* VERBO
[1] *to get cold* ◇ *La sopa se ha enfriado.* The soup has got cold.
[2] *to cool down* ◇ *Hay que dejar que se enfríe el motor.* We must let the engine cool down.
[3] *to catch cold* ◇ *Ponte el abrigo que te vas a enfriar.* Put your coat on or you'll catch cold.

enganchar VERBO
to hook ◇ *Enganché la correa al collar del perro.* I hooked the lead onto the dog's collar.
- **engancharse** to get caught ◇ *Se me enganchó el jersey en la valla.* My jumper got caught on a rosebush.

engañar VERBO
[1] *to cheat* ◇ *Te han engañado; no es de oro.* You've been cheated. It's not gold.
[2] *to lie* ◇ *No me engañes y dime quién lo hizo.* Don't lie to me and tell me who did it.
[3] *to cheat on* ◇ *Su novio la engaña.* Her boyfriend is cheating on her.
- **Las apariencias engañan.** Appearances can be deceptive.

engordar VERBO
[1] *to put on weight* ◇ *No quiero engordar.* I don't want to put on weight.
- **He engordado dos kilos.** I've put on two kilos.
[2] *to be fattening* ◇ *Los caramelos engordan mucho.* Sweets are very fattening.

engreído ADJETIVO
conceited

la **enhorabuena** SUSTANTIVO
- **¡Enhorabuena!** Congratulations!
- **Me dieron la enhorabuena por el premio.** They congratulated me on winning the prize.

el **enlace** SUSTANTIVO
connection (*de trenes, autobuses*)
- **Perdí el enlace con Buenos Aires.** I missed the connecting flight to Buenos Aires.

enlatado ADJETIVO
tinned (*verduras, carne*)

enlazar* VERBO
to connect ◇ *Este vuelo enlaza con el de Moscú.* This flight connects with the Moscow flight.

enloquecer* VERBO
to be crazy about ◇ *Le enloquecen las motos.* He's crazy about motorbikes.

enmarcar* VERBO
to frame

enmoquetado ADJETIVO
carpeted

enojado ADJETIVO
Latin America
angry ◇ *Mi padre estaba muy enojado conmigo.* My father was very angry with me.
- **Ana y su novio están enojados.** Ana and her boyfriend have fallen out.

enojarse VERBO
Latin America
to be angry ◇ *Mi madre se va a enojar.* My mother will be angry. ◇ *Manolo y su novio se han enojado.* Manolo and his boyfriend have fallen out.

enorme ADJETIVO
enormous ◇ *Tienen una casa enorme.* They have an enormous house.

la **enredadera** SUSTANTIVO
creeper

enredarse VERBO
[1] *to get tangled up* (*hilos, cuerda*) ◇ *Se me ha enredado el pelo.* My hair's got all tangled up.
[2] *to get into a tangle* ◇ *Me enredé haciendo las cuentas.* I got into a tangle

E

with the accounts. (*coloquial*)
enrevesado ADJETIVO
difficult (*problema*)
enriquecerse* VERBO
  to get rich ◇ *Se enriquecieron tratando con armas.* They got rich dealing in arms.
enrollar VERBO
  to roll up ◇ *No dobles el póster, enróllalo.* Don't fold the poster, roll it up. ◇ *Enrolla la cuerda en este palo.* Roll the rope round the stick.
◆ **Se enrolló con Juan en la discoteca.** She got off with Juan in the disco. (*coloquial*)
enroscar* VERBO
  1 *to screw in* (*tornillo, tuerca*)
◆ **Enrosca bien la tapa.** Screw the top on tight.
  2 *to coil* (*cable, manguera*) ◇ *La manguera se le enroscó en la pierna.* The hose coiled round his leg.
la **ensalada** SUSTANTIVO
  salad
la **ensaladilla** SUSTANTIVO
◆ **una ensaladilla rusa** a Russian salad
ensanchar VERBO
  to widen ◇ *Están ensanchando la carretera.* They're widening the road.
◆ **ensancharse** to stretch ◇ *Mi jersey se ha ensanchado.* My jumper has stretched.
ensayar VERBO
  to rehearse (*obra de teatro, canción*)
el **ensayo** SUSTANTIVO
  rehearsal ◇ *Esta tarde tenemos ensayo.* We've got a rehearsal this afternoon.
enseguida ADVERBIO
  straight away ◇ *La ambulancia llegó enseguida.* The ambulance arrived straight away.
◆ **Enseguida te atiendo.** I'll be with you in a minute.
la **enseñanza** SUSTANTIVO
  1 *teaching* ◇ *la enseñanza de lenguas extranjeras* the teaching of foreign languages
  2 *education* ◇ *Debería invertirse más dinero en la enseñanza.* More money should be invested in education.
◆ **la enseñanza primaria** primary education
enseñar VERBO
  1 *to teach* ◇ *Ricardo enseña inglés en una academia de idiomas.* Ricardo teaches English at a language school. ◇ *Mi padre me enseñó a nadar.* My father taught me to swim.
  2 *to show* ◇ *Ana me enseñó todos sus videojuegos.* Ana showed me all her video games.
◆ **Les enseñé el colegio.** I showed them round the school.
ensuciar VERBO
  to get...dirty ◇ *Vas a ensuciar el sofá.* You'll get the sofa dirty.
◆ **ensuciarse** to get dirty ◇ *No toques la pintura que te vas a ensuciar.* Don't touch

the paint or you'll get dirty. ◇ *Me he ensuciado las manos.* I've got my hands dirty.
◆ **Te has ensuciado de barro los pantalones.** You've got mud on your trousers.
entender* VERBO
  to understand ◇ *No entiendo el francés.* I don't understand French. ◇ *¿Lo entiendes?* Do you understand?
◆ **¿Entiendes lo que quiero decir?** Do you know what I mean?
◆ **Creo que lo he entendido mal.** I think I've misunderstood.
◆ **Mi primo entiende mucho de coches.** My cousin knows a lot about cars.
◆ **entenderse (1)** (*llevarse bien*) to get on ◇ *Mi hermana y yo no nos entendemos.* My sister and I don't get on.
◆ **entenderse (2)** (*comunicarse*) to communicate ◇ *Se entienden por gestos.* They communicate through sign language.
◆ **Dio a entender que no le gustaba.** He implied that he didn't like it.
el **entendido**, la **entendida** SUSTANTIVO
  expert ◇ *No soy muy entendido en el tema.* I'm not an expert on the subject.
enterarse VERBO
  1 *to find out* (*averiguar*) ◇ *Me enteré por Manolo.* I found out from Manolo. ◇ *Entérate bien de todos los detalles.* Make sure you find out about all the details. ◇ *¡Que no se entere mamá de esto!* Mum mustn't find out about this!
◆ **Se enteraron del accidente por la tele.** They heard about the accident on the TV.
◆ **Me sacaron una muela y ni me enteré.** They took out a tooth and I didn't notice a thing.
  2 *to understand* (*comprender*) ◇ *No me hables en francés que no me entero.* Don't talk to me in French – I won't understand.
entero ADJETIVO
  whole ◇ *Se comió el paquete entero de galletas.* He ate the whole packet of biscuits. ◇ *Se pasó la noche entera estudiando.* He spent the whole night studying.
◆ **la leche entera** full-cream milk
enterrar* VERBO
  to bury
entiendo VERBO *ver* **entender**
entierro VERBO *ver* **enterrar**
el **entierro** SUSTANTIVO
  funeral (*ceremonia*)
entonces ADVERBIO
  1 *then* ◇ *Si no es tu padre, ¿entonces quién es?* If he isn't your father, then who is he? ◇ *Me recogió y entonces fuimos al cine.* He picked me up and then we went to the cinema. ◇ *Iban andando porque entonces no tenían coche.* They would walk because they didn't have a car then.
  2 *so* ◇ *¿Entonces, vienes o te quedas?* So, are you coming or staying?

◆ **desde entonces** since then ◇ *No he sabido de ella desde entonces.* I haven't heard from her since then.

◆ **para entonces** by then ◇ *Para entonces yo ya me había ido.* By then I had already left.

el **entorno** SUSTANTIVO
surroundings PL

la **entrada** SUSTANTIVO
1 *entrance* ◇ *Nos vemos en la entrada.* I'll see you at the entrance.

◆ "entrada libre" "free admission"
2 *ticket* ◇ *Tengo entradas para el teatro.* I've got tickets for the theatre.
3 *entry* (PL entries) ◇ *La entrada de España en la Comunidad Europea.* Spain's entry into the European Community.

◆ "prohibida la entrada" "no entry"
4 *deposit* ◇ *Pagamos una entrada de diez mil pesetas.* We paid a deposit of ten thousand pesetas.

el **entrante** SUSTANTIVO
starter

entrar VERBO
1 *to go in*
Se traduce por **go** *cuando indica dirección diferente a donde está el hablante.*
◇ *Abrí la puerta y entré.* I opened the door and went in. ◇ *Mi amiga entró al banco.* My friend went into the bank.

◆ **Pedro entra a trabajar a las 8.** Pedro starts work at 8 o'clock.

◆ **No me dejaron entrar por ser menor de 16 años.** They wouldn't let me in because I was under 16.
2 *to come in*
Se traduce por **come** *cuando indica dirección hacia el hablante.*
◇ *¿Se puede?–Sí, entra.* May I?–Yes, come in. ◇ *Entraron en mi cuarto mientras yo dormía.* They came into my room while I was asleep.
3 *to fit* ◇ *Estos zapatos no me entran.* These shoes don't fit me. ◇ *La maleta no entra en el maletero.* The case won't fit in the boot.

◆ **El vino no entra en el precio.** The wine is not included in the price.

◆ **Le entraron ganas de reír.** She wanted to laugh.

◆ **De repente le entró sueño.** He suddenly felt sleepy.

◆ **Me ha entrado hambre al verte comer.** Watching you eat made me hungry.

entre PREPOSICIÓN
1 *between* (dos personas o cosas) ◇ *Lo terminamos entre los dos.* Between the two of us we finished it. ◇ *Vendrá entre las diez y las once.* He'll be coming between ten and eleven.
2 *among* (más de dos personas o cosas) ◇ *Había un baúl entre las maletas.* There was a trunk in among the cases. ◇ *Las mujeres hablaban entre sí.* The women were talking among themselves.

◆ **Le compraremos un regalo entre todos.** We'll buy her a present between all of us.
3 *by* ◇ *15 divido entre 3 es 5.* 15 divided by 3 is 5

entreabierto ADJETIVO
ajar (puerta)

entregar* VERBO
1 *to hand in* (deberes, trabajo) ◇ *Marta entregó el examen.* Marta handed her exam paper in.
2 *to deliver* (carta, pedido) ◇ *El cartero entregó el paquete.* The postman delivered the parcel.
3 *to present with* ◇ *El director le entregó la medalla.* The director presented him with the medal.

◆ **El ladrón se entregó a la policía.** The thief gave himself up.

los **entremeses** SUSTANTIVO
appetizers

el **entrenador**, la **entrenadora** SUSTANTIVO
coach (PL coaches)

el **entrenamiento** SUSTANTIVO
training ◇ *Después del colegio tenemos entrenamiento.* After school we've got training.

entrenar VERBO
to train

entretener* VERBO
1 *to entertain* (divertirse)

◆ **La tele entretiene mucho.** TV is very entertaining.
2 *to keep* (retener) ◇ *Una vecina me entretuvo hablando en las escaleras.* A neighbour kept me talking on the stairs.

◆ **entretenerse (1)** (divertirse) to amuse oneself ◇ *Se entretienen viendo los dibujos animados.* They amuse themselves by watching cartoons.

◆ **entretenerse (2)** (distraerse) to get distracted ◇ *Se entretiene con una mosca que pase.* He gets distracted at the slightest thing.

◆ **No os entretengáis jugando.** Don't hang about playing.

entretenido ADJETIVO
entertaining ◇ *La película es muy entretenida.* The film is very entertaining.

la **entrevista** SUSTANTIVO
interview

◆ **hacer una entrevista a alguien** to interview somebody ◇ *Le hicieron una entrevista por la radio.* They interviewed her on the radio.

el **entrevistador**, la **entrevistadora** SUSTANTIVO
interviewer

entrevistar VERBO
to interview

entrometerse VERBO
to meddle ◇ *No te entrometas en mis asuntos.* Don't meddle in my affairs.

entusiasmado ADJETIVO
excited ◇ *Estaba entusiasmado con su*

fiesta de cumpleaños. He was excited about his birthday party.

entusiasmarse VERBO
to get excited ◇ *Se entusiasmó con la idea de hacer una fiesta.* He got very excited about the idea of having a party. ◇ *No te entusiasmes, que todavía no tenemos permiso.* Don't get too excited, we still haven't got permission.

el **entusiasmo** SUSTANTIVO
enthusiasm
 ◆ **con entusiasmo** enthusiastically

enumerar VERBO
to list

el **envase** SUSTANTIVO
container ◇ *Viene en envases de plástico.* It comes in a plastic container.
 ◆ **"envase no retornable"** "non-returnable bottle"

envejecer* VERBO
to age ◇ *Sus padres han envejecido mucho.* His parents have aged a lot.

enviar* VERBO
to send ◇ *Envíame las fotos.* Send me the photos.
 ◆ **Juan me envió el regalo por correo.** Juan posted me the present.

la **envidia** SUSTANTIVO
envy
 ◆ **¡Qué envidia!** I'm so jealous!
 ◆ **Le tiene envidia a Ana.** She's jealous of Ana.
 ◆ **Le da envidia que mi coche sea mejor.** He's jealous that my car is better.

envidiar VERBO
to envy ◇ *¡No te envidio!* I don't envy you!

envidioso ADJETIVO
envious

envolver* VERBO
to wrap up ◇ *Llevaba al niño envuelto en una manta.* She carried the baby wrapped up in a blanket.
 ◆ **¿Desea que se lo envuelva para regalo?** Would you like it gift-wrapped?

envuelto VERBO *ver* **envolver**

la **epidemia** SUSTANTIVO
epidemic

el **episodio** SUSTANTIVO
episode

la **época** SUSTANTIVO
time ◇ *En aquella época vivíamos en Alicante.* At that time we were living in Alicante. ◇ *en esta época del año* at this time of year

equilibrado ADJETIVO
balanced (persona, dieta)

el **equilibrio** SUSTANTIVO
balance ◇ *Perdí el equilibrio y me caí.* I lost my balance and fell over. ◇ *Luis podía mantener el equilibrio en la cuerda floja.* Luis managed to keep his balance on the tightrope.

el **equipaje** SUSTANTIVO

luggage
 ◆ **equipaje de mano** hand luggage

el **equipo** SUSTANTIVO
 1 *team* ◇ *un equipo de baloncesto* a basketball team
 2 *equipment* ◇ *Me robaron todo el equipo de esquí.* They stole all my skiing equipment.
 ◆ **el equipo de música** the stereo

equivaler* VERBO
 ◆ **equivaler a algo** to be equivalent to something ◇ *Un kilómetro equivale a mil metros.* A kilometre is equivalent to a thousand metres.

la **equivocación** SUSTANTIVO (PL las equivocaciones)
mistake ◇ *Fue una equivocación contárselo a Gonzalo.* Telling Gonzalo about it was a mistake.
 ◆ **He marcado otro número por equivocación.** I dialled another number by mistake.

equivocado ADJETIVO
wrong ◇ *Estás equivocada.* You're wrong. ◇ *Elena me dio el número equivocado.* Elena gave me the wrong number.

equivocarse* VERBO
 1 *to make a mistake* ◇ *Me equivoqué muchas veces en el examen.* I made a lot of mistakes in the exam.
 2 *to be wrong* ◇ *Si crees que voy a dejarte ir, te equivocas.* If you think I'm going to let you go, you're wrong.
 ◆ **Perdone, me he equivocado de número.** Sorry, wrong number.
 ◆ **Se equivocaron de tren.** They caught the wrong train.

era VERBO *ver* **ser**

eres VERBO *ver* **ser**

el **erizo** SUSTANTIVO
hedgehog
 ◆ **un erizo de mar** a sea urchin

el **error** SUSTANTIVO
mistake ◇ *Fue un error contárselo a Luisa.* Telling Luisa about it was a mistake. ◇ *Cometí muchos errores en el examen.* I made a lot of mistakes in the exam.

eructar VERBO
to burp

el **eructo** SUSTANTIVO
burp

es VERBO *ver* **ser**

esa ADJETIVO *ver* **ese**

ésa PRONOMBRE *ver* **ése**

esbelto ADJETIVO
slender

escabullirse* VERBO
 1 *to slip away* ◇ *Se escabulló de la fiesta.* He managed to slip away from the party.
 2 *to wriggle out of* ◇ *No debes escabullirte de tus deberes.* You mustn't try

to wriggle out of your responsibilities.

escala SUSTANTIVO

[1] *scale* ◇ *a escala nacional* on a national scale

[2] *stopover* ◇ *Tenemos una escala de tres horas en Bruselas.* We've got a three-hour stopover in Brussels.

◆ **Hicimos escala en Roma.** We stopped over in Rome.

escalar VERBO
to climb

escalera SUSTANTIVO
stairs PL ◇ *bajar las escaleras* to go down the stairs

◆ **una escalera de mármol** a marble staircase
◆ **una escalera de mano** a ladder
◆ **la escalera de incendios** the fire escape
◆ **una escalera mecánica** an escalator

escalofrío SUSTANTIVO

◆ **Tengo escalofríos.** I'm shivering.
◆ **La escena te produce escalofríos.** The scene makes you shudder.

escalón SUSTANTIVO (PL los **escalones**)
step

escama SUSTANTIVO
scale (*de pez*)

escandalizarse* VERBO
to shock ◇ *Mi abuela se escandalizó.* My grandmother was shocked.

escándalo SUSTANTIVO

[1] *scandal*
◆ **La boda produjo un gran escándalo.** The wedding caused a huge scandal.
[2] *racket* ◇ *¿Qué escándalo es éste?* What's all this racket?

escandaloso ADJETIVO
noisy

escandinavo, la **escandinava**
ADJETIVO, SUSTANTIVO
Scandinavian

◆ **un escandinavo** a Scandinavian
◆ **una escandinava** a Scandinavian
◆ **los escandinavos** the Scandinavians

escapar VERBO
to escape ◇ *Conseguí escapar de la fiesta.* I managed to escape from the party.

◆ **No quiero dejar escapar esta oportunidad.** I don't want to let this opportunity slip.
◆ **escaparse** to escape ◇ *El ladrón se escapó de la cárcel.* The thief escaped from prison. ◇ *El calor se escapa por esta rendija.* The heat escapes through this grill.
◆ **Se me escapó un eructo.** I let out a burp.

escaparate SUSTANTIVO
shop window (*de tienda*)

escape SUSTANTIVO
leak ◇ *Había un escape de gas.* There was a gas leak.

escaquearse VERBO
◆ **escaquearse de clase** to skip school

escarabajo SUSTANTIVO
beetle

escarbar VERBO
to dig ◇ *Los niños escarbaban en la arena.* The children were digging in the sand.

escarcha SUSTANTIVO
frost

escasez SUSTANTIVO
shortage ◇ *Hay escasez de medicamentos.* There is a shortage of medicine.

escaso ADJETIVO
scarce ◇ *Los alimentos están muy escasos.* Food is scarce.

◆ **Habrá escasa visibilidad en las carreteras.** Visibility on the roads will be poor.
◆ **Duró una hora escasa.** It lasted barely an hour.

escayola SUSTANTIVO
plaster (*para fracturas*) ◇ *Mañana me quitan la escayola.* I'm getting my plaster taken off tomorrow.

escayolar VERBO
◆ **Le escayolaron la pierna.** They put his leg in plaster.

escena SUSTANTIVO
scene

escenario SUSTANTIVO
stage

escéptico ADJETIVO
sceptical

esclavo, la **esclava** SUSTANTIVO
slave

escoba SUSTANTIVO
broom

escocer* VERBO
to sting ◇ *Me escuecen los ojos.* My eyes are stinging.

escocés, escocesa FEM (MASC PL **escoceses**) ADJETIVO
Scottish

◆ **el whisky escocés** Scotch whisky
◆ **una falda escocesa** a kilt

escocés (MASC PL los **escoceses**) SUSTANTIVO
Scotsman (PL *Scotsmen*) ◇ *los escoceses* Scottish people

escocesa SUSTANTIVO
Scotswoman (PL *Scotswomen*)

Escocia SUSTANTIVO FEM
Scotland

escoger* VERBO
to choose ◇ *Yo escogí el azul.* I chose the blue one. ◇ *Escoge una carta.* Choose a card.

escolar ADJETIVO
school

school en este caso va siempre delante del sustantivo.

◇ *el uniforme escolar* school uniform

escombros SUSTANTIVO
rubble SING

esconder VERBO
to hide ◇ *Lo escondí en el cajón.* I hid it in the box.

◆ **Me escondí debajo de la cama.** I hid under the bed.

escondidas SUSTANTIVO

- **jugar a las escondidas** Latin America to play hide-and-seek
- **a escondidas** in secret ◇ *Beben alcohol a escondidas.* They drink in secret.

el **escondite** SUSTANTIVO
- **jugar al escondite** to play hide-and-seek

la **escopeta** SUSTANTIVO
shotgun

Scorpio SUSTANTIVO MASC
Scorpio
- **Soy Escorpio.** I'm Scorpio.

el **escorpión** SUSTANTIVO (PL los **escorpiones**)
scorpion

escribir* VERBO
to write ◇ *Les escribí una carta.* I wrote them a letter. ◇ *Escribe pronto.* Write soon.
- **Nos escribimos de vez en cuando.** We write to each other from time to time.
- **¿Cómo se escribe tu nombre?** How do you spell your name?
- **escribir a máquina** to type

escrito ADJETIVO
written ◇ *un examen escrito* a written exam

el **escritor**, la **escritora** SUSTANTIVO
writer ◇ *Pablo es escritor.* Pablo's a writer.

el **escritorio** SUSTANTIVO
1 *desk* (mueble)
2 *office* (oficina) Latin America

la **escritura** SUSTANTIVO
writing

escrupuloso ADJETIVO
fussy ◇ *No come en los bares porque es muy escrupuloso.* He doesn't eat in bars because he's very fussy.

escuchar VERBO
to listen ◇ *Juan escuchaba con atención.* Juan was listening attentively. ◇ *Escucha el consejo de tus padres.* Listen to your parents' advice. ◇ *Me gusta escuchar música.* I like listening to music.

el **escudo** SUSTANTIVO
1 *shield* (de soldado)
2 *badge* (en la solapa)

la **escuela** SUSTANTIVO
school ◇ *Hoy no tengo que ir a la escuela.* I don't have to go to school today.
- **la escuela primaria** primary school
- **Escuela Oficial de Idiomas**

The Escuelas Oficiales are state-run language schools where you can study a wide range of foreign languages. The qualification obtained is highly regarded.

esculcar* VERBO
Mexico
to search

la **escultura** SUSTANTIVO
sculpture

escupir VERBO
to spit

escurridizo ADJETIVO
slippery (jabón, piel)

el **escurridor** SUSTANTIVO
1 *colander* (para pasta, verduras)
2 *plate rack* (para los platos)

escurrir VERBO
1 *to wring* (ropa)
2 *to drain* (verdura, pasta)

ese ADJETIVO (FEM **esa**)
that ◇ *Dame ese libro.* Give me that book.
- **A partir de ese momento empezó a mejorar.** From then on it began to get worse.

ése PRONOMBRE (FEM **ésa**)
that one ◇ *Prefiero ésa.* I prefer that one.
- **¿Quién es ése?** Who's that?

esencial ADJETIVO
essential ◇ *Es esencial traer ropa de abrigo.* It's essential to bring warm clothing.
- **He entendido lo esencial de la conversación.** I understood the main points of the conversation.

esforzarse* VERBO
to make an effort ◇ *Tienes que esforzarte si quieres ganar.* You have to make an effort if you want to win.
- **Se esforzó todo lo que pudo por aprobar el examen.** He did all he could to pass the exam.

el **esfuerzo** SUSTANTIVO
effort ◇ *Tuve que hacer un esfuerzo para comer.* I had to make an effort to eat.

esfumarse VERBO
to vanish (persona, dinero)

la **esgrima** SUSTANTIVO
fencing

el **esguince** SUSTANTIVO
sprain
- **Me hice un esguince en el tobillo.** I've sprained my ankle.

el **esmalte** SUSTANTIVO
- **el esmalte de uñas** nail varnish

esmerarse VERBO
- **Se esmeró para que todo saliera bien.** He did his best so that everything came out right.
- **No necesitas esmerarte tanto en la presentación.** You don't need to make such an effort with the presentation.

esnob ADJETIVO (PL **esnobs**)
snobbish

eso PRONOMBRE
that ◇ *Eso es mentira.* That's a lie.
◇ *¡Eso es!* That's it!
- **a eso de las cinco** at about five
- **En eso llamaron a la puerta.** Just then there was a ring at the door.
- **Por eso te lo dije.** That's why I told you.
- **¡Y eso que estaba lloviendo!** And it was raining and everything!

esos ADJETIVO PL (FEM **esas**)
those ◇ *Trae esas sillas aquí.* Bring those chairs over here.

ésos PRONOMBRE PL (FEM **ésas**)
those ones ◇ *Ésos de ahí son mejores.* Those ones over there are better.

- **Ésos no eran los que vimos ayer.** Those aren't the ones we saw yesterday.

espabilar VERBO = **despabilar**

el **espacio** SUSTANTIVO

[1] *room* (*sitio*) ◇ *No hay espacio para tantas sillas.* There isn't room for so many chairs. ◇ *¿Me haces un espacio para que me siente?* Can you make a bit of room for me to sit down? ◇ *El piano ocupa mucho espacio.* The piano takes up a lot of room.

[2] *space* (*entre dos cosas, palabras*) ◇ *Deja más espacio entre las líneas.* Leave more space between the lines.

- **un espacio en blanco** a gap
- **viajar por el espacio** to travel in space

la **espada** SUSTANTIVO

sword

- **espadas**

  Espadas *are swords, one of the suits in the Spanish card deck.*

los **espaguetis** SUSTANTIVO

spaghetti SING

la **espalda** SUSTANTIVO

back ◇ *Me duele la espalda.* My back aches.

- **Estaba tumbada de espaldas.** He was lying on his back.
- **Ana estaba de espaldas a mí.** Ana had her back to me.
- **Le dispararon por la espalda.** They shot him from behind.
- **Me encanta nadar a espalda.** I love swimming backstroke.

el **espantapájaros** SUSTANTIVO (PL los **espantapájaros**)

scarecrow

espantoso ADJETIVO

awful ◇ *un monstruo espantoso* an awful monster ◇ *Los niños hicieron un ruido espantoso.* The children made an awful noise.

- **Hacía un frío espantoso.** It was awfully hot.

España SUSTANTIVO FEM

Spain

español ADJETIVO (FEM **española**)

Spanish

el **español**, la **española** SUSTANTIVO

Spaniard

el **español** SUSTANTIVO

Spanish (*idioma*)

el **esparadrapo** SUSTANTIVO

plaster ◇ *Me puse un esparadrapo en el dedo.* I put a plaster on my finger.

el **espárrago** SUSTANTIVO

asparagus ◇ *¿Te gustan los espárragos?* Do you like asparagus?

- **La mandé a freír espárragos.** I told him to buzz off. (*coloquial*)

la **especia** SUSTANTIVO

spice

especial ADJETIVO

special ◇ *Fue un día muy especial.* It was a very special day.

- **en especial** particularly ◇ *No me gusta ninguno en especial.* I don't like any of them particularly. ◇ *¿Desea ver a alguien en especial?* Is there anybody you particularly want to see?

la **especialidad** SUSTANTIVO

speciality (PL *specialities*) ◇ *la especialidad de la casa* the speciality of the house

el/la **especialista** SUSTANTIVO

specialist

especializarse* VERBO

- **Rosario especializó en pediatría.** Rosario specialized in paediatrics.

especialmente ADVERBIO

[1] *especially* (*sobre todo*) ◇ *Me gusta mucho el pan, especialmente el integral.* I love bread, especially wholemeal bread.

[2] *specially* (*expresamente*) ◇ *un vestido diseñado especialmente para ella* a dress designed specially for her

la **especie** SUSTANTIVO

species (*animal, planta*)

específico ADJETIVO

specific

espectacular ADJETIVO

spectacular

el **espectáculo** SUSTANTIVO

performance (*función*) ◇ *El espectáculo empieza a las ocho.* The performance starts at eight.

- **Dio el espectáculo delante de todo el mundo.** He made a spectacle of himself in front of everyone.

el **espectador**, la **espectadora** SUSTANTIVO

spectator (*en estadio, pista de tenis*)

- **los espectadores** (*en teatro, concierto*) the audience

el **espejo** SUSTANTIVO

mirror ◇ *Me miré en el espejo.* I looked at myself in the mirror.

- **el espejo retrovisor** rearview mirror

espeluznante ADJETIVO

hair-raising

la **esperanza** SUSTANTIVO

hope

- **No tengo esperanzas de aprobar.** I have no hope of passing.
- **No pierdas las esperanzas.** Don't give up hope.

esperar VERBO

[1] *to wait* ◇ *Espera en la puerta. Ahora mismo voy.* Wait at the door. I'm just coming.

- **Espera un momento, por favor.** Hang on a moment, please.

[2] *to wait for* ◇ *Yo estaba esperando el tren.* I was waiting for the train. ◇ *No me esperéis.* Don't wait for me.

- **Me hizo esperar una hora.** He kept me waiting for an hour.

[3] *to expect* ◇ *Llegaron antes de lo que yo esperaba.* They arrived sooner than I

E

expected. ⋄ *Esperaban que Juan les pidiera perdón.* They were expecting Juan to apologize. ⋄ *Llamará cuando menos lo esperes.* He'll call when you're least expecting it. ⋄ *No esperes que venga a ayudarte.* Don't expect him to come and help you.

+ **esperar un bebé** to be expecting a baby
+ **Me espera un largo día de trabajo.** I've got a long day of work ahead of me.
+ **Era de esperar que no viniera.** He was bound not to come.
  4 *to hope* ⋄ *Espero que no sea nada grave.* I hope it isn't anything serious.
+ **¿Vendrás a la fiesta? – Espero que sí.** Are you coming to the party? – I hope so.
+ **¿Crees que Carmen se enfadará? – Espero que no.** Do you think Carmen will be angry? – I hope not.
+ **Fuimos a esperarla a la estación.** We went to the station to meet her.

espeso ADJETIVO
thick (*salsa, chocolate*)

el/la **espía** SUSTANTIVO
spy (PL *spies*)

espiar* VERBO
to spy on ⋄ *Los vecinos nos estaban espiando.* The neighbours were spying on us.

la **espina** SUSTANTIVO
1 *thorn* (*de rosal*)
2 *bone* (*de pez*)
+ **espina dorsal** backbone

la **espinaca** SUSTANTIVO
spinach ⋄ *No me gustan las espinacas.* I don't like spinach.

la **espinilla** SUSTANTIVO
1 *shin* (*de la pierna*)
2 *blackhead* (*grano*)

el **espionaje** SUSTANTIVO
spying
+ **una novela de espionaje** a spy story

espirar VERBO
to breathe out

el **espíritu** SUSTANTIVO
spirit

espiritual ADJETIVO
spiritual

espléndido ADJETIVO
splendid (*día, comida*)

la **esponja** SUSTANTIVO
sponge

esponjoso ADJETIVO
spongy

espontáneo ADJETIVO
spontaneous ⋄ *Fue una reacción espontánea.* It was a spontaneous reaction.
+ **de manera espontánea** spontaneously

la **esposa** SUSTANTIVO
wife (PL *wives*)
+ **las esposas** (*para detenidos*) handcuffs

el **esposo** SUSTANTIVO
husband

la **espuma** SUSTANTIVO
1 *foam* (*de jabón, champú*)
2 *head* (*de cerveza*)
+ **la espuma de afeitar** shaving cream

el **espumoso** SUSTANTIVO
+ **vino espumoso** sparkling wine

el **esqueleto** SUSTANTIVO
skeleton

el **esquema** SUSTANTIVO
1 *outline* (*resumen*)
2 *diagram* (*croquis*)

el **esquí** SUSTANTIVO (PL los **esquís**)
1 *skiing* (*deporte*) ⋄ *Me gusta mucho el esquí.* I enjoy skiing a lot.
+ **el esquí acuático** water skiing
+ **una pista de esquí** a ski slope
2 *ski* (*tabla*) (PL *skis*)

esquiar* VERBO
to ski ⋄ *¿Sabes esquiar?* Can you ski?

el/la **esquimal** ADJETIVO, SUSTANTIVO
Eskimo (PL *Eskimos*)

la **esquina** SUSTANTIVO
corner
+ **doblar la esquina** to turn the corner

esquivar VERBO
to dodge (*coche, golpe*)

esta ADJETIVO *ver* **este**

ésta PRONOMBRE *ver* **éste**

está VERBO *ver* **estar**

estable ADJETIVO
stable

establecer* VERBO
to establish (*relación*) ⋄ *Se ha establecido una buena relación entre los dos países.* A good relationship has been established between the two countries.
+ **Han logrado establecer contacto con el barco.** They've managed to make contact with the boat.
+ **La familia se estableció en Madrid.** The family settled in Madrid.

el **establo** SUSTANTIVO
stable

la **estación** SUSTANTIVO (PL las **estaciones**)
1 *station* ⋄ *la estación de autobuses* the bus station
2 *season* ⋄ *las cuatro estaciones del año* the four seasons of the year
+ **una estación de esquí** a ski resort

estacionarse VERBO
Chile, River Plate, Mexico
to park

la **estadía** SUSTANTIVO
Latin America
stay

el **estadio** SUSTANTIVO
stadium

el **estado** SUSTANTIVO
state ⋄ *La carretera está en mal estado.* The road is in a bad state.
+ **El Estado Español** The Spanish State
+ **estado civil** marital status
+ **María está en estado.** María is expecting.

Estados Unidos SUSTANTIVO PL
the United States ⋄ *en Estados Unidos*
in the United States
A menudo se les llama simplemente "The States".

estadounidense ADJETIVO, SUSTANTIVO
American

estafar VERBO
to swindle ⋄ *Les estafaron 8 millones de
pesetas.* They swindled 8 million pesetas
out of them.

estallar VERBO
1 *to explode* (*bomba*)
2 *to burst* (*neumático, globo*)
3 *to break out* (*guerra, revolución*)

estampilla SUSTANTIVO
Latin America
stamp

estancado ADJETIVO
stagnant (*agua*)

estancia SUSTANTIVO
1 *stay* (*permanencia*)
2 *ranch* (*rancho*) (PL *ranches*)

estanco SUSTANTIVO
tobacconist's

estándar ADJETIVO
standard ⋄ *Estos son los modelos
estándar.* These are the standard models.

estanque SUSTANTIVO
pond

estante SUSTANTIVO
shelf (PL *shelves*) ⋄ *Puse los libros en el
estante.* I put the books on the shelf.

estantería SUSTANTIVO
1 *shelves* PL ⋄ *la estantería de la cocina*
the kitchen shelves
2 *bookshelves* PL (*para libros*)
3 *shelf unit* (*mueble*)

estaño SUSTANTIVO
tin

estar* VERBO
Indicando una posición.
1 *to be*
*El verbo **to be** en presente suele usarse en las
formas contraídas, particularmente al hablar.*
⋄ *En la cama se está muy bien.* It's nice
being in bed. ⋄ *¿Dónde estabas?* Where
were you? ⋄ *Madrid está en el centro de
España.* Madrid is in the centre of Spain.
⋄ *No está aquí.* He isn't here.
♦ *¿Está Mónica?* Is Mónica there?
Indicando una situación o estado.
⋄ *¿Cómo estás?* How are you? ⋄ *Estoy
muy cansada.* I'm very tired. ⋄ *¿Estás
casado o soltero?* Are you married or single?
⋄ *Estamos de vacaciones.* We're on holiday.
♦ *Hoy no estoy para bromas.* I'm not in the
mood for jokes today.
Indicando el aspecto de algo.
2 *to look* ⋄ *¡Qué guapa estás esta
noche!* You look really pretty tonight! ⋄ *El
sofá estará mejor al lado de la ventana.* The
sofa will look better next to the window.
⋄ *Ese vestido te está muy bien.* That dress
looks very good on you.

Indicando el precio de algo.
⋄ *¿A cuánto está el kilo de naranjas?* What
price are oranges per kilo?
Con fechas y temperaturas.
⋄ *Estamos a 30 de enero.* It's 30 January.
⋄ *Estábamos a 40°C.* The temperature was
40°C.
*Cuando **estar** va seguido de un gerundio o un
participio también se traduce por **to be**.*
⋄ *Estamos esperando a Manolo.* We're
waiting for Manolo. ⋄ *María estaba sentada
en la arena.* María was sitting on the sand.
⋄ *La radio está rota.* The radio's broken.
♦ *¡Ya está! Ya sé lo que podemos hacer.*
That's it! I know what we can do.
♦ **estarse** to be ⋄ *¡Estáte quieto!* Be quiet!

estas ADJETIVO *ver* **estos**

éstas PRONOMBRE *ver* **éstos**

estatal ADJETIVO
state
*state en este caso va siempre delante del
sustantivo.*
⋄ *un colegio estatal* a state school

la **estatua** SUSTANTIVO
statue

la **estatura** SUSTANTIVO
height ⋄ *¿Cuál es tu estatura?* What
height are you? ⋄ *Mide casi dos metros de
estatura.* He's over six and half feet tall.

el **este** SUSTANTIVO, ADJETIVO
east ⋄ *el este del país* the east of the
country ⋄ *en la costa este* on the east coast
⋄ *en el este de España* in the East of Spain
♦ *vientos del este* easterly winds
♦ *los países del Este* the Eastern bloc
countries

este ADJETIVO (FEM **esta**)
this ⋄ *este libro* this book

éste PRONOMBRE (FEM **ésta**)
this one ⋄ *Ésta me gusta más.* I prefer
this one.
♦ *Éste no es el que vi ayer.* This is not the
one I saw yesterday.

esté VERBO *ver* **estar**

la **estera** SUSTANTIVO
mat

el **estéreo** SUSTANTIVO (PL los **estéreos**)
stereo (PL *stereos*)

esterlina ADJETIVO
♦ *diez libras esterlinas* ten pounds sterling

estético ADJETIVO
♦ *Se ha hecho la cirugía estética.* He's had
plastic surgery.

el **estiércol** SUSTANTIVO
manure (*abono*)

el **estilo** SUSTANTIVO
style ⋄ *Ése no es mi estilo.* That's not my
style.
♦ *un estilo de vida similar al nuestro* a
similar lifestyle to ours
♦ *Tiene mucho estilo vistiendo.* He dresses
very stylishly.

la **estima** SUSTANTIVO
♦ *Lo tengo en gran estima.* I think very

highly of him.

estimulante ADJETIVO
stimulating (trabajo)

estimular VERBO
1 *to encourage* (persona) ◇ *Es una forma de estimular a los jugadores a esforzarse más.* It's a way of encouraging the players to try harder.
2 *to stimulate* (economía)

estirar VERBO
to stretch ◇ *Si lo estiras más se romperá.* If you stretch it any more it'll break. ◇ *Voy a salir a estirar las piernas.* I'm going to go out and stretch my legs.

esto PRONOMBRE
this ◇ *¿Para qué es esto?* What's this for?
◆ **En esto llegó Juan.** Just then Juan arrived.

el **estofado** SUSTANTIVO
stew

el **estómago** SUSTANTIVO
stomach ◇ *Me dolía el estómago.* I had stomach ache.

estorbar VERBO
to be in the way ◇ *Estas maletas estorban aquí.* These cases are in the way here.

estornudar VERBO
to sneeze

estos ADJETIVO PL (FEM **estas**)
these
◆ **estas maletas** these cases

éstos PRONOMBRE PL (FEM **éstas**)
these ones ◇ *Éstos son los míos.* These ones are mine.
◆ **Éstos no son los que vimos ayer.** These are not the ones we saw yesterday.
◆ **un día de éstos** one of these days

estoy VERBO *ver* **estar**

estrafalario ADJETIVO
1 *eccentric* (persona, ideas)
2 *outlandish* (ropa)

estrangular VERBO
to strangle

estratégico ADJETIVO
strategic

estrechar VERBO
to take in ◇ *¿Me puedes estrechar esta falda?* Can you take in this skirt for me?
◆ **La carretera se estrecha en el puente.** The road gets narrower over the bridge.
◆ **Se estrecharon la mano.** They shook hands.

estrecho ADJETIVO
1 *narrow* (calle, pasillo)
2 *tight* ◇ *La falda me va muy estrecha.* The skirt is very tight on me.

el **estrecho** SUSTANTIVO
strait
◆ **el estrecho de Gibraltar** the straits of Gibraltar

la **estrella** SUSTANTIVO
star
◆ **una estrella de cine** a film star
◆ **una estrella de mar** a starfish

estrellarse VERBO
to smash ◇ *El camión se estrelló contra un árbol.* The lorry smashed into a tree.

estrenar VERBO
to premiere ◇ *La película se estrenó en Junio.* The film was premiered in June.
◆ **Mañana estrenaré el vestido.** I'll wear the dress for the first time tomorrow.

el **estreno** SUSTANTIVO
premiere (de película)

estreñido ADJETIVO
constipated

el **estrés** SUSTANTIVO
stress

estricto ADJETIVO
strict

estridente ADJETIVO
loud

el **estropajo** SUSTANTIVO
scourer

estropeado ADJETIVO
1 *broken* (lavadora, tele, radio)
2 *broken down* (coche, motor)

estropear VERBO
1 *to break* (juguete, lavadora)
2 *to ruin* ◇ *Ese detergente me estropeó la ropa.* That detergent ruined my clothes.
◇ *La lluvia nos estropeó las vacaciones.* The rain ruined our holidays.
◆ **estropearse** to break ◇ *Se nos ha estropeado la tele.* The TV's broken.
◆ **Se me estropeó el coche en la autopista.** My car broke down on the motorway.
◆ **La fruta se está estropeando con este calor.** The fruit's going off in this heat.

la **estructura** SUSTANTIVO
structure

estrujar VERBO
1 *to squeeze* (limón, naranja)
2 *to wring* (bayeta, trapo)

el **estuche** SUSTANTIVO
case (de gafas, lápices)

el/la **estudiante** SUSTANTIVO
student

estudiar VERBO
1 *to study* ◇ *Quiere estudiar medicina.* She wants to study medicine.
2 *to learn* ◇ *Tengo que estudiar cuatro lecciones para el examen.* I have to learn four lessons for the exam.

el **estudio** SUSTANTIVO
1 *studio* (de televisión)
2 *studio flat* (apartamento)
◆ **Ha dejado los estudios.** He's given up his studies.

estudioso ADJETIVO
studious

la **estufa** SUSTANTIVO
1 *heater* ◇ *una estufa de gas* a gas heater ◇ *una estufa eléctrica* an electric heater
2 *stove* Mexico

estupendamente ADVERBIO
+ **Me encuentro estupendamente.** I feel great. (*coloquial*)
+ **Nos lo pasamos estupendamente.** We had a great time. (*coloquial*)

estupendo ADJETIVO
great (*coloquial*) ◇ *Pasamos unas Navidades estupendas.* We had a great Christmas.
+ **¡Estupendo!** Great! ◇ *No te preocupes, yo lo hago – ¡Estupendo!* Don't worry, I'll do it – Great!

a **estupidez** SUSTANTIVO (PL las **estupideces**)
+ **No dice más que estupideces.** He just talks rubbish.
+ **Lo que hizo fue una estupidez.** What he did was stupid.

estúpido ADJETIVO
stupid

l **estúpido,** la **estúpida** SUSTANTIVO
idiot ◇ *Ese tío es un estúpido.* That guy's an idiot.

estuve VERBO *ver* **estar**

a **etapa** SUSTANTIVO
stage ◇ *Lo hicimos por etapas.* We did it in stages.

etc. ABREVIATURA (= *etcétera*)
etc.

eterno ADJETIVO
eternal

ético ADJETIVO
ethical

Etiopía SUSTANTIVO FEM
Ethiopia

a **etiqueta** SUSTANTIVO
label ◇ *Quítale la etiqueta a la camisa.* Take the label off the shirt.
+ **traje de etiqueta** formal dress

étnico ADJETIVO
ethnic

eufórico ADJETIVO
ecstatic

Europa SUSTANTIVO FEM
Europe

l **europeo,** la **europea** ADJETIVO, SUSTANTIVO
European

Euskadi SUSTANTIVO
the Basque Country

l **euskera** SUSTANTIVO
Basque

> *Basque is one of Spain's four official languages, and there is Basque-language radio and television. It is not from the same family of languages as Spanish.*

evacuar* VERBO
to evacuate

evadir VERBO
1 *to avoid* (*peligro, pregunta*)
2 *to evade* (*impuestos*)

a **evaluación** SUSTANTIVO (PL las **evaluaciones**)
assessment ◇ *evaluación contínua* continuous assessment

evaluar* VERBO
to assess (*pérdidas, daños, estudiante*)

el **evangelio** SUSTANTIVO
gospel

evaporarse VERBO
to evaporate

evasivo ADJETIVO
evasive

eventual ADJETIVO
+ **un trabajo eventual** a temporary job

la **evidencia** SUSTANTIVO
evidence
+ **Ante la evidencia de las hechos, se confesó culpable.** Faced with the evidence, he pleaded guilty.
+ **Carlos la puso en evidencia delante de todos.** Carlos showed her up in front of everyone.

evidente ADJETIVO
obvious ◇ *Es evidente que no sabe nada.* It's obvious that he doesn't know anything.
+ **Era evidente que estaba agotada.** He was obviously exhausted.

evidentemente ADVERBIO
obviously

evitar VERBO
1 *to avoid* (*eludir*) ◇ *Quiero evitar ese riesgo.* I want to avoid that risk. ◇ *Intento evitar a Luisa.* I'm trying to avoid Luisa.
+ **No pude evitarlo.** I couldn't help it.
2 *to save* (*ahorrar*) ◇ *Esto nos evitará muchos problemas.* This will save us a lot of problems.

la **evolución** SUSTANTIVO (PL las **evoluciones**)
progress ◇ *Seguimos de cerca la evolución del paciente.* We are keeping a close watch on the patient's progress.
+ **la teoría de la evolución** the theory of evolution

evolucionar VERBO
1 *to develop* ◇ *Este país no ha evolucionado en la última década.* This country hasn't developed in the last decade.
+ **El enfermo evoluciona favorablemente.** The patient is making good progress.
2 *to evolve* (*especie*)

ex PREFIJO
ex
+ **su ex-marido** her ex-husband

exactamente ADVERBIO
exactly

la **exactitud** SUSTANTIVO
+ **No lo sabemos con exactitud.** We don't know exactly.

exacto ADJETIVO
1 *exact* ◇ *el precio exacto* the exact price
+ **El tren salió a la hora exacta.** The train left bang on time.
2 *accurate* ◇ *Tus conclusiones no son muy exactas.* Your conclusions aren't very accurate.
+ **Tenemos que defender nuestros derechos. – ¡Exacto!** We have to stand up for our rights. – Exactly!

la **exageración** SUSTANTIVO (PL las **exageraciones**)

E

exaggeration

exagerado ADJETIVO
  exaggerated (descripción)
  ◆ **¡No seas exagerada, no era tan alto!** Don't exaggerate! He wasn't that tall.
  ◆ **El precio me parece exagerado.** I think the price is excessive.

exagerar VERBO
  to exaggerate

el **examen** SUSTANTIVO (PL los **exámenes**)
  exam
  ◆ **el examen de conducir** driving test

examinar VERBO
  to examine ◇ *El médico la examinó.* The doctor examined her. ◇ *Nos examinaron dos profesores.* We were examined by two teachers.
  ◆ **Mañana me examino de inglés.** Tomorrow I've got an English exam.

la **excavadora** SUSTANTIVO
  digger

excavar VERBO
  to dig ◇ *Los niños excavaban en la arena.* The children were digging in the sand.
  ◇ *Están excavando un túnel.* They're digging a tunnel.

excelente ADJETIVO
  excellent

excéntrico ADJETIVO
  excentric

la **excepción** SUSTANTIVO (PL las **excepciones**)
  exception
  ◆ **a excepción de** except for

excepcional ADJETIVO
  exceptional

excepto PREPOSICIÓN
  except for ◇ *todos, excepto Juan* everyone, except for Juan

excesivo ADJETIVO
  excessive

el **exceso** SUSTANTIVO
  ◆ **Anoche bebí en exceso.** Last night I drank to excess.
  ◆ **exceso de equipaje** excess luggage
  ◆ **Me multaron por exceso de velocidad.** They fined me for speeding.

excitarse VERBO ◇ *Se excitó mucho en la discusión.* He got very worked up in the argument.

exclamar VERBO
  to exclaim

excluir* VERBO
  to exclude ◇ *Me excluyeron de la lista.* They excluded me from the list.

exclusivo ADJETIVO
  exclusive (club, diseño)

excluyendo VERBO *ver* **excluir**

la **excursión** SUSTANTIVO (PL las **excursiones**)
  trip ◇ *Mañana vamos de excursión con el colegio.* Tomorrow we're going on a school trip.

la **excusa** SUSTANTIVO
  excuse

la **exhibición** SUSTANTIVO (PL las **exhibiciones**)
  exhibition (de arte)

exhibir VERBO
  to exhibit (obras de arte)
  ◆ **Le gusta mucho exhibirse.** He likes drawing attention to himself.

exigente ADJETIVO
  demanding ◇ *El jefe es muy exigente con nosotros.* The boss is very demanding with us.

exigir* VERBO
  [1] *to demand* ◇ *Exigió hablar con el encargado.* He demanded to speak to the manager.
  ◆ **La maestra nos exige demasiado.** Our teacher is too demanding.
  [2] *to require* ◇ *Ese puesto exige mucha paciencia.* This job requires a lot of patience.
  ◆ **Exigen tres años de experiencia para el puesto.** The're asking for three years' experience for the job.

el **exiliado**, la **exiliada** SUSTANTIVO
  exile

existir VERBO
  to exist ◇ *¿Existen los fantasmas?* Do ghosts exist?
  ◆ **Existen dos maneras de hacerlo.** There are two ways of doing it.

el **éxito** SUSTANTIVO
  success (PL *successes*) ◇ *Esa novela será un gran éxito.* That novel will be a great success.
  ◆ **Su película tuvo mucho éxito.** His film was very successful.
  ◆ **Acabaron con éxito el proyecto.** They completed the project successfully.

exótico ADJETIVO
  exotic

la **expansión** SUSTANTIVO (PL las **expansiones**)
  expansion

la **expedición** SUSTANTIVO (PL las **expediciones**)
  expedition

el **expediente** SUSTANTIVO
  file (documentación)
  ◆ **expediente académico** student record
  ◆ **Le han abierto expediente por mala conducta.** He has been disciplined for bad behaviour.

el **expendio** SUSTANTIVO
  Latin America
  shop (tienda)

las **expensas** SUSTANTIVO
  ◆ **a expensas de su salud** at the cost of her health
  ◆ **vivir a expensas de alguien** to live at somebody's expense

la **experiencia** SUSTANTIVO
  experience ◇ *"Se requiere experiencia laboral"* "Work experience required"
  ◆ **con experiencia** experienced
  ◆ **sin experiencia** inexperienced

experimental ADJETIVO

experimental

experimentar VERBO
1 *to experiment* ◇ *experimentar con animales* to experiment on animals
2 *to experience* (*dolor, alegría*)

experimento SUSTANTIVO
experiment

experto, la experta SUSTANTIVO
expert
▸ **Es un experto en informática.** He's a computer expert.

explanada SUSTANTIVO
open area

explicación SUSTANTIVO (PL las **explicaciones**)
explanation

explicar* VERBO
to explain
*La preposición **to** debe aparecer delante del objeto indirecto.*
◇ *Le expliqué cómo se hacía una paella.* I explained to her how to make a paella.
▸ **Antonio se explica muy bien.** Antonio is very good at expressing himself.
▸ **¿Me explico?** Do I make myself clear?
▸ **No me lo explico.** I can't understand it.

explorador, la exploradora SUSTANTIVO
explorer

explorar VERBO
to explore

explosión SUSTANTIVO (PL las **explosiones**)
explosion
▸ **El artefacto hizo explosión.** The device exploded.

explosivo ADJETIVO
explosive

explotación SUSTANTIVO (PL las **explotaciones**)
exploitation

explotar VERBO
1 *to exploit* (*tierra, trabajador*) ◇ *Sabe cómo explotar sus posibilidades.* He knows how to exploit his potential.
2 *to explode* ◇ *La caldera explotó.* The boiler exploded.

exponer* VERBO
1 *to display* (*cuadro, productos*)
2 *to present* (*idea*)

exportación SUSTANTIVO (PL las **exportaciones**)
export

exportar VERBO
to export

exposición SUSTANTIVO (PL las **exposiciones**)
exhibition ◇ *montar una exposición* to put on an exhibition

expresamente ADVERBIO
1 *specifically* ◇ *Mencioné expresamente tu nombre.* I specifically mentioned your name.
2 *specially* ◇ *Fui expresamente a devolvérselo.* I went specially to give it back to him.

expresar VERBO
to express ◇ *No sabe expresarse.* He doesn't know how to express himself.

la expresión SUSTANTIVO (PL las **expresiones**)
expression

expresivo ADJETIVO
expressive

el expreso SUSTANTIVO
1 *express* (*tren*)
2 *espresso* (*café*)

exprimir VERBO
to squeeze (*limón, naranja*)

expuesto VERBO *ver* **exponer**

expulsar VERBO
1 *to expel* ◇ *La expulsaron del colegio.* They expelled her from school.
2 *to send off* ◇ *El árbitro lo expulsó del terreno de juego.* The referee sent him off the pitch.

la expulsión SUSTANTIVO (PL las **expulsiones**)
expulsion (*de colegio, territorio*)
▸ **La expulsión del jugador fue injusta.** Sending the player off was unfair.

exquisito ADJETIVO
delicious ◇ *el postre estaba exquisito* the dessert was delicious

el éxtasis SUSTANTIVO
ecstasy

extender* VERBO
to spread (*mantequilla, pintura*) ◇ *Extendí la toalla sobre la arena.* I spread the towel out on the sand. ◇ *El fuego se extendió rápidamente.* The fire spread quickly.
▸ **extender los brazos** to stretch one's arms out

extendido ADJETIVO
outstretched (*brazos, alas*)

la extensión SUSTANTIVO (PL las **extensiones**)
area ◇ *una enorme extensión de tierra* an enormous area of land
▸ **¿Me pone con la extensión 212, por favor?** Can you put me through to extension 212, please?

extenso ADJETIVO
extensive (*superficie, conocimientos*)
▸ **en extenso** in full

exterior ADJETIVO (FEM **exterior**)
1 *outside* (*pared, superficie*)
2 *foreign* (*política, comercio*)

el exterior SUSTANTIVO
outside
▸ **Salimos al exterior para ver qué pasaba.** We went outside to see what was going on.

externo ADJETIVO
1 *outside* (*influencia*)
2 *outer* (*superficie*)

extiendo VERBO *ver* **extender**

la extinción SUSTANTIVO
putting out (*de incendio*)
▸ **una especie en vías de extinción** an endangered species

el extinguidor SUSTANTIVO
Latin America
fire extinguisher

extinguir* VERBO
to put out (*fuego*)
- **extinguirse** (*volcán*) to become extinct
- **El fuego se fue extinguiendo lentamente.** The fire was slowly going out.

extinto ADJETIVO
extinct

el **extintor** SUSTANTIVO
fire extinguisher

extra ADJETIVO
extra ◇ *una manta extra* an extra blanket
- **chocolate de calidad extra** top quality chocolate

el/la **extra** SUSTANTIVO
extra (*de cine*)

el **extractor** SUSTANTIVO
extractor fan ◇ *un extractor de humos* a smoke extractor

extraer* VERBO
1. *to extract* ◇ *El dentista me ha extraído la muela.* The dentist has extracted my tooth.
2. *to draw* (*conclusiones*)

extraescolar ADJETIVO
- **actividades extraescolares** extracurricular activities

extraigo VERBO *ver* **extraer**

extranjero ADJETIVO
foreign

el **extranjero**, la **extranjera** SUSTANTIVO
foreigner (*persona*)
- **vivir en el extranjero** to live abroad
- **viajar al extranjero** to travel abroad

extrañar VERBO
to miss ◇ *Extraña mucho a sus padres.* He misses his parents a lot.
- **Me extraña que no haya llegado.** I'm surprised he hasn't arrived.
- **¡Ya me extrañaba a mí!** I thought it was strange!

- **extrañarse de algo** to be surprised at something ◇ *Se extrañó de vernos juntos.* He was surprised to see us together.

la **extrañeza** SUSTANTIVO
- **Nos miró con extrañeza.** He looked at us in surprise.

extraño ADJETIVO
strange
- **¡Qué extraño!** How strange!

extraordinario ADJETIVO
extraordinary

extravagante ADJETIVO
extravagant

extraviado ADJETIVO
1. *lost* (*objeto*)
2. *missing* (*persona, animal*)

extraviar* VERBO
to mislay ◇ *Me extraviaron el equipaje en el aeropuerto.* They mislaid my luggage at the airport.

el/la **extremista** ADJETIVO, SUSTANTIVO
extremist

extremo ADJETIVO
extreme ◇ *Ese es un caso extremo.* That's an extreme case.
- **la extrema derecha** the far Right
- **extremo derecho** (*jugador*) right winger
- **el Extremo Oriente** the Far East

el **extremo** SUSTANTIVO
end (*punta*) ◇ *Cogí la cuerda por un extremo.* I took hold of one end of the rope.
- **pasar de un extremo a otro** to go from one extreme to the other
- **en último extremo** as a last resort

extrovertido ADJETIVO
outgoing ◇ *José es muy extrovertido.* José is very outgoing.

exuberante ADJETIVO
lush (*vegetación*)

F

la **fábrica** SUSTANTIVO
factory (PL *factories*)
- **una fábrica de cerveza** a brewery

el/la **fabricante** SUSTANTIVO
manufacturer

fabricar* VERBO
to make
- **"fabricado en China"** "made in China"

la **fachada** SUSTANTIVO
- **la fachada del edificio** the front of the building

fácil ADJETIVO
easy ◇ *El examen fue muy fácil.* The exam was very easy. ◇ *No es fácil admitir que se está equivocado.* It isn't easy to admit that

you're wrong.
- **Es fácil de entender.** It's easy to understand
- **Es fácil que se le haya perdido.** He may have lost it.

la **facilidad** SUSTANTIVO
- **Se me rompen las uñas con facilidad.** My nails break easily.
- **Pepe tiene facilidad para los idiomas.** Pepe has a gift for languages.
- **Te dan facilidades de pago.** They offer credit facilities.

facilitar VERBO
to make...easier ◇ *Un ordenador facilita mucho el trabajo.* A computer makes work much easier.

* Verbs marked with this symbol are irregular. See pages 332–333 for further details

> El banco me facilitó la información. The bank provided me with the information.

factor SUSTANTIVO
factor ◇ *La edad del paciente es un factor importante.* The age of the patient is an important factor.

factura SUSTANTIVO
bill ◇ *la factura del gas* the gas bill

facturar VERBO
to check in (en el aeropuerto)

facultad SUSTANTIVO
1 *faculty* (PL *faculties*) ◇ *Mi abuela está perdiendo facultades.* My grandmother is losing her faculties.
> la Facultad de Derecho the Law Faculty
2 *university*
> ir a la facultad to go to university

falda SUSTANTIVO
skirt

fallar VERBO
to fail (frenos, motor, vista) ◇ *Le falla la memoria.* His memory is failing.
> Fallé el tiro. I missed.

fallecer* VERBO
to die

fallo SUSTANTIVO
1 *fault* (defecto leve) ◇ *un pequeño fallo eléctrico* a small electrical fault
2 *failure* (defecto grave) ◇ *debido a un fallo de motor* due to engine failure
3 *mistake* (error) ◇ *¡Qué fallo!* What a stupid mistake!
> Fue un fallo humano. It was human error.

falsificar* VERBO
to forge (firma, documento)

falso ADJETIVO
1 *false* (nombre, pasaporte)
2 *forged* (billete)
> Los diamantes eran falsos. The diamonds were fakes.
> Eso es falso. That's not true.

falta SUSTANTIVO
1 *lack* (carencia) ◇ *la falta de dinero* lack of money
2 *foul* (en fútbol, baloncesto) ◇ *Ha sido falta.* It was a foul.
> Tiene cinco faltas de asistencia. He has been absent five times.
> Eso es una falta de educación. That's bad manners.
> una falta de ortografía a spelling mistake
> Me hace falta un ordenador. I need a computer.
> No hace falta que vengáis. You don't need to come.

faltar VERBO
to be missing ◇ *Me falta un bolígrafo.* One of my pens is missing.
> Faltan varios libros del estante. There are several books missing from the shelf.
> No podemos irnos. Falta Manolo. We can't go. Manolo isn't here yet.
> A la sopa le falta sal. There isn't enough salt in the soup.

> Falta media hora para comer. There's half an hour to go before lunch.
> ¿Te falta mucho? Will you be long?
> faltar al colegio to miss school

la **fama** SUSTANTIVO
fame ◇ *La fama no me interesa.* I'm not interested in fame.
> llegar a la fama to become famous
> tener mala fama to have a bad reputation
> Tiene fama de mujeriego. He has a reputation for being a womanizer.

la **familia** SUSTANTIVO
family (PL *families*) ◇ *¿Cómo está la familia?* How's the family?
> una familia numerosa a large family

familiar ADJETIVO
1 *family*

family en este caso va siempre delante del sustantivo.

◇ *la vida familiar* family life
2 *familiar* ◇ *Su cara me es familiar.* Your face is familiar.

el/la **familiar** SUSTANTIVO
relative ◇ *un familiar mío* a relative of mine

famoso ADJETIVO
famous

el/la **fan** SUSTANTIVO (PL los **fans**)
fan

la **fantasía** SUSTANTIVO
fantasy (PL *fantasies*) ◇ *un mundo de fantasía* a fantasy world ◇ *Son fantasías infantiles.* They're just children's fantasies.
> las joyas de fantasía costume jewellery SING

el **fantasma** SUSTANTIVO
ghost

fantástico ADJETIVO
fantastic

el **farmacéutico**, la **farmacéutica** SUSTANTIVO
chemist

la **farmacia** SUSTANTIVO
chemist's (PL *chemists' shops*) ◇ *Lo compré en la farmacia.* I bought it at the chemist's.
> una farmacia de guardia a duty chemist's

el **faro** SUSTANTIVO
1 *lighthouse* (en la costa)
2 *headlight* (de coche, moto)
3 *lamp* (de bicicleta)
> los faros antiniebla foglamps

el **farol** SUSTANTIVO
1 *streetlamp* (en la calle)
2 *lantern* (en el jardín)

la **farola** SUSTANTIVO
1 *streetlamp* (lámpara) ◇ *a la luz de las farolas* by the light of the streetlamps
2 *lamppost* (poste) ◇ *El coche dio contra una farola.* The car hit a lamppost.

el **fascículo** SUSTANTIVO
part ◇ *el primer fascículo del libro* the first part of the book

fascinante ADJETIVO

F

fascinating

el/la **fascista** ADJETIVO, SUSTANTIVO
fascist

la **fase** SUSTANTIVO
phase

fastidiar VERBO
1 *to annoy* ◇ *Lo que más me fastidia es tener que decírselo.* What annoys me most is having to tell him.
+ **Esa actitud me fastidia mucho.** I find this attitude very annoying.
2 *to pester* ◇ *¡Deja ya de fastidiarme!* Will you stop pestering me!
3 *to spoil* ◇ *El accidente nos fastidió las vacaciones.* The accident spoilt our holidays.

el **fastidio** SUSTANTIVO
+ **¡Qué fastidio!** What a nuisance!

fatal (1) ADJETIVO
awful ◇ *Nos hizo un tiempo fatal.* We had awful weather. ◇ *Me siento fatal.* I feel awful.
+ **Me parece fatal que le trates así.** I think it's rotten of you to treat him like that.

fatal (2) ADVERBIO
+ **Lo pasé fatal.** I had an awful time.
+ **Lo hice fatal.** I made a mess of it.

el **favor** SUSTANTIVO
favour ◇ *¿Puedes hacerme un favor?* Can you do me a favour?
+ **por favor** please
+ **estar a favor de algo** to be in favour of something

favorecer* VERBO
to suit (*vestido, peinado*) ◇ *Esa chaqueta te favorece mucho.* That jacket really suits you.

favorito ADJETIVO
favourite ◇ *¿Cuál es tu color favorito?* What's your favourite colour?

el **fax** SUSTANTIVO (PL los **fax**)
fax (PL *faxes*)
+ **mandar algo por fax** to fax something

la **fe** SUSTANTIVO
faith
+ **tener fe en algo** to have faith in something

febrero SUSTANTIVO MASC
Los meses se escriben con mayúscula.
February ◇ *en febrero* in February ◇ *Ella nació el 28 de febrero.* She was born on 28 February.

la **fecha** SUSTANTIVO
date ◇ *¿A qué fecha estamos?* What's the date today?
+ **La carta tiene fecha del 21 de enero.** The letter is dated the 21st of January.
+ **la fecha de caducidad** (*de alimentos*) the use-by date
+ **la fecha límite** (*para solicitud*) the closing date
+ **la fecha tope** the deadline

la **felicidad** SUSTANTIVO
happiness ◇ *Carmen lloraba de felicidad.* Carmen was crying with happiness.

+ **¡Felicidades! (1)** (*por cumpleaños*) Happy birthday!
+ **¡Felicidades! (2)** (*enhorabuena*) Congratulations!

la **felicitación** SUSTANTIVO (PL las **felicitaciones**)
congratulations PL ◇ *Mi felicitación al ganador.* My congratulations to the winner.
+ **He recibido muchas felicitaciones.** Lots of people have congratulated me.

felicitar VERBO
to congratulate ◇ *La felicité por sus notas.* I congratulated her on her exam results.
+ **¡Te felicito!** Congratulations!
+ **felicitar a alguien por su cumpleaños** to wish somebody a happy birthday

feliz ADJETIVO (PL **felices**)
happy ◇ *Se la ve muy feliz.* She looks very happy.
+ **¡Feliz cumpleaños!** Happy birthday!
+ **¡Feliz Año Nuevo!** Happy New Year!
+ **¡Felices Navidades!** Happy Christmas!

el **felpudo** SUSTANTIVO
doormat

femenino ADJETIVO
1 *feminine* (*modales, vestido*) ◇ *una chica muy femenina* a very feminine girl
2 *female* (*cuerpo, órganos*) ◇ *el sexo femenino* the female sex
3 *women's* (*equipo, deporte*) ◇ *el tenis femenino* women's tennis
+ **la moda femenina** women's fashion

el **femenino** SUSTANTIVO
feminine ◇ *El femenino de "lobo" es "loba".* The feminine of "lobo" is "loba".

fenomenal ADJETIVO, ADVERBIO
great (*coloquial*) ◇ *Nos hizo un tiempo fenomenal.* We had great weather.
+ **Lo pasé fenomenal.** I had a great time.

feo ADJETIVO
ugly ◇ *un edificio muy feo* a very ugly building

el **féretro** SUSTANTIVO
coffin

la **feria** SUSTANTIVO
1 *fair*
+ **una feria de muestras** a trade fair
2 *small change* (*cambio*) Mexico
3 *street market* (*mercado*) Chile, River Plate

la **ferretería** SUSTANTIVO
ironmonger's (PL *ironmongers' shops*) ◇ *Lo compré en la ferretería.* I bought it at the ironmonger's.

el **ferrocarril** SUSTANTIVO
railway

fértil ADJETIVO
fertile

el **fertilizante** SUSTANTIVO
fertilizer

festejar VERBO
Latin America
to celebrate

festival SUSTANTIVO
festival

festivo ADJETIVO
festive (ambiente)
+ **un día festivo** a holiday

feto SUSTANTIVO
foetus (PL *foetuses*)

fiable ADJETIVO
reliable

fiambres SUSTANTIVO
cold meats

fianza SUSTANTIVO
deposit ⋄ *Dejé una fianza de 2.000 pesetas.* I left a 2000 peseta deposit.

fiar* VERBO
+ **Es un hombre de fiar.** He's completely trustworthy.
+ **fiarse de alguien** to trust somebody ⋄ *No me fío de él.* I don't trust him.

fibra SUSTANTIVO
fibre ⋄ *fibras artificiales* man-made fibres

ficha SUSTANTIVO
[1] *index card* (tarjeta)
[2] *counter* (en juegos de mesa)
+ **una ficha de dominó** a domino (PL *dominoes*)

fichar VERBO
[1] *to clock in* (al entrar al trabajo)
[2] *to clock out*
[3] *to sign up* (jugador)

fichero SUSTANTIVO
[1] *filing cabinet* (archivador)
[2] *card index* (caja con fichas)

fideos SUSTANTIVO
[1] *noodles* (para sopa)
[2] *pasta* SING River Plate

fiebre SUSTANTIVO
[1] *temperature* (síntoma) ⋄ *Le bajó la fiebre.* His temperature came down.
+ **tener fiebre** to have a temperature
[2] *fever* (enfermedad) ⋄ *la fiebre amarilla* yellow fever

fiel ADJETIVO
faithful
+ **ser fiel a alguien** to be faithful to somebody

fiera SUSTANTIVO
wild animal

fiesta SUSTANTIVO
[1] *party* (PL *parties*) ⋄ *Voy a dar una fiesta para celebrarlo.* I'm going to have a party to celebrate.
+ **una fiesta de cumpleaños** a birthday party
[2] *holiday* ⋄ *El lunes es fiesta.* Monday is a holiday.
+ **El pueblo está en fiestas.** There's a fiesta on in the town.

figura SUSTANTIVO
figure ⋄ *una figura de porcelana* a porcelain figure

figurar VERBO
to appear ⋄ *Su nombre no figura en la lista.* His name doesn't appear on the list.
+ **figurarse** to imagine ⋄ *Me figuro que Ana ya habrá llegado.* I imagine that Ana will

have arrived by now. ⋄ *Figúrate lo que debió sufrir.* Just imagine how he must have suffered.
+ **¡Ya me lo figuraba!** I thought as much!

fijar VERBO
to fix ⋄ *Tienes que fijar la fecha.* You must fix the date.
+ **fijarse (1)** (prestar atención) to pay attention ⋄ *Tienes que fijarte más en lo que haces.* You must pay more attention to what you're doing.
+ **fijarse (2)** to notice ⋄ *No me fijé en la ropa que llevaba.* I didn't notice what she was wearing.
+ **¡Fíjate en esos dos!** Just look at those two!

fijo ADJETIVO
[1] *fixed* ⋄ *Gano un sueldo fijo.* I earn a fixed salary. ⋄ *La mesa está fija al suelo.* The table is fixed to the floor.
[2] *permanent* (empleo, contrato)
+ **Está fija en la empresa.** She's got a permanent job in the company.

la fila SUSTANTIVO
[1] *row* (de asientos) ⋄ *Estábamos sentados en segunda fila.* We were sitting in the second row.
[2] *line* (de personas) ⋄ *Los niños se pusieron en fila.* The children got into line.

el filete SUSTANTIVO
[1] *steak* ⋄ *un filete con patatas fritas* steak and chips
[2] *fillet* ⋄ *un filete de merluza* a hake fillet

Filipinas SUSTANTIVO FEM PL
the Philippines

filmar VERBO
to film ⋄ *Mi hermano filmó nuestra boda.* My brother filmed our wedding.
+ **filmar una película** to shoot a film

el filo SUSTANTIVO
+ **Tiene poco filo.** It isn't very sharp.

filoso ADJETIVO
Latin America
sharp

la filosofía SUSTANTIVO
philosophy

filtrar VERBO
to filter ⋄ *Hay que filtrar el agua.* The water needs filtering.
+ **filtrarse (1)** (agua) to seep ⋄ *El agua se filtraba por las paredes.* Water was seeping in through the walls.
+ **filtrarse (2)** (luz) to filter ⋄ *La luz se filtraba por las rendijas.* Light was filtering in through the cracks.

el filtro SUSTANTIVO
filter

el fin SUSTANTIVO
end ⋄ *el fin de una era* the end of an era
+ **al fin** finally ⋄ *Al fin llegaron a un acuerdo.* They finally reached an agreement.
+ **al fin y al cabo** after all
+ **En fin, ¡qué le vamos a hacer!** Oh well, what can we do about it!
+ **por fin** at last ⋄ *¡Por fin hemos llegado!*

F

We've got here at last!

- **el fin de año** New Year's Eve
- **el fin de semana** the weekend

final ADJETIVO
final ◇ *el resultado final* the final result

el **final** SUSTANTIVO
(*de pasillo, película*)
end ◇ *Al final de la calle hay un semáforo.*
At the end of the street there's a set of traffic
lights.

- **a finales de mayo** at the end of May
- **al final** in the end ◇ *Al final tuve que darle la razón.* In the end I had to admit that he was right.
- **un final feliz** a happy ending

la **final** SUSTANTIVO
final ◇ *la final de la copa* the cup final

la **finca** SUSTANTIVO
country house (*casa de campo*)

fingir* VERBO
to pretend ◇ *Fingió no haberme oído.* He
pretended not to have heard me.

finlandés (FEM **finlandesa**, MASC PL
finlandeses) ADJETIVO
Finnish

el **finlandés**, la **finlandesa** (MASC PL los
finlandeses) SUSTANTIVO
Finn

el **finlandés** SUSTANTIVO
Finnish (*idioma*)

Finlandia SUSTANTIVO FEM
Finland

fino ADJETIVO
1. *thin* (*papel, capa*)
2. *fine* (*arena, punta, pelo*)
3. *slender* (*dedos, cuello*)

la **firma** SUSTANTIVO
signature

firmar VERBO
to sign

firme ADJETIVO
1. *steady* (*mesa, andamio*) ◇ *Mantén la
escalera firme.* Can you hold the ladder
steady?
2. *firm* (*persona*) ◇ *Se mostró muy firme
con ella.* He was very firm with her.

el/la **fiscal** SUSTANTIVO
public prosecutor

fisgar* VERBO
to snoop (*coloquial*) ◇ *La encontré
fisgando en mi bolso.* I found her snooping
in my bag.

la **física** SUSTANTIVO
1. *physics* SING (*asignatura, ciencia*)
2. *physicist* (*científica*)

físico ADJETIVO
physical

el **físico** SUSTANTIVO
physicist (*científico*)

flaco ADJETIVO
thin

la **flama** SUSTANTIVO
Mexico

flame

el **flan** SUSTANTIVO
crème caramel

el **flash** SUSTANTIVO (PL los **flashes**)
flash (PL **flashes**)

la **flauta** SUSTANTIVO
1. *recorder* (*dulce*)
2. *flute* (*travesera*)

la **flecha** SUSTANTIVO
arrow

el **flechazo** SUSTANTIVO
- **Fue un flechazo.** It was love at first sight.

los **flecos** SUSTANTIVO
fringe SING ◇ *los flecos de la cortina* the
curtain fringe

el **flequillo** SUSTANTIVO
fringe

flexible ADJETIVO
flexible

flojo ADJETIVO
1. *loose* (*nudo, tornillo*)
2. *slack* (*elástico*)
3. *weak* (*té, café*)
4. *lazy* (*persona*) Latin America

- **Todavía tengo las piernas muy flojas.** My
legs are still very weak.
- **Está flojo en matemáticas.** He's weak at
maths.

la **flor** SUSTANTIVO
flower ◇ *un ramo de flores* a bunch of
flowers

el **florero** SUSTANTIVO
vase

la **floristería** SUSTANTIVO
florist's (PL *florists' shops*) ◇ *Las compré
en la floristería.* I bought them at the
florist's.

el **flotador** SUSTANTIVO
1. *rubber ring* (*para la cintura*)
2. *armband* (*para el brazo*)

flotar VERBO
to float

flote ADVERBIO
- **a flote** afloat ◇ *La barca se mantuvo a
flote.* The boat stayed afloat.

fluir* VERBO
to flow

fluorescente ADJETIVO
fluorescent

fluyendo VERBO *ver* **fluir**

la **foca** SUSTANTIVO
seal

el **foco** SUSTANTIVO
1. *spotlight* (*de teatro*)
2. *floodlight* (*de estadio, monumento*)
3. *headlight* (*de coche*) Latin America
4. *light bulb* (*bombilla*) Mexico

- **el foco de atención** the focus of attention

el **folio** SUSTANTIVO
sheet of paper (PL *sheets of paper*)
◇ *Apunté los datos en un folio.* I noted the
details down on a piece of paper.

- **un documento de 20 folios** a 20-page

document

* **un sobre de tamaño folio** an A4-size envelope

folklore SUSTANTIVO
folklore

folleto SUSTANTIVO
[1] *brochure* (*libro*)
[2] *leaflet* (*hoja*)

fomentar VERBO
to promote (*turismo, industria*)

fonda SUSTANTIVO
[1] *boarding house* (*pensión*)
[2] *restaurant* (*restaurante*)

fondo SUSTANTIVO
[1] *bottom* (*parte más honda*) ◇ *el fondo de la cazuela* the bottom of the pan

* **en el fondo del mar** at the bottom of the sea
[2] *end* (*parte trasera*) ◇ *Mi habitación está al fondo del pasillo.* My room's at the end of the corridor.

* **estudiar una materia a fondo** to study a subject in depth

* **un corredor de fondo** a long-distance runner

* **en el fondo** deep down ◇ *En el fondo es una buena persona.* Deep down, she's a good person.

* **recaudar fondos** to raise funds

fontanero, la fontanera SUSTANTIVO
plumber

footing SUSTANTIVO
jogging ◇ *Hago footing todas las mañanas.* I go jogging every morning.

forestal ADJETIVO
forest

forest *en este caso va siempre delante del sustantivo.*
◇ *un incendio forestal* a forest fire

forma SUSTANTIVO
[1] *shape* (*contorno*) ◇ *Me gusta la forma de esa mesa.* I like the shape of that table.

* **en forma de pera** pear-shaped
[2] *way* (*manera*) ◇ *Me miraba de una forma extraña.* She was looking at me in a strange way. ◇ *¡Vaya forma de tratar a la gente!* What a way to treat people!

* **de todas formas** anyway ◇ *De todas formas, yo te llamaré para asegurarme.* Anyway, I'll call you to make sure.

* **estar en forma** to be fit

formación SUSTANTIVO (PL las **formaciones**)
training (*educación*)

* **formación profesional** vocational training

formal ADJETIVO
responsible ◇ *un chico muy formal* a very responsible boy

* **Sé formal y pórtate bien.** Be good and behave yourself.

formar VERBO
to start ◇ *Quieren formar una orquesta.* They want to start an orchestra.

* **Se formó una cola enorme en la puerta.** A huge queue formed at the door.

* **estar formado por** to be made up of ◇ *El comité está formado por cinco miembros.* The committee is made up of five members.

* **formar parte de algo** to be part of something ◇ *España forma parte de la Comunidad Europea.* Spain is part of the European Community.

formidable ADJETIVO
fantastic (*coloquial*) ◇ *Pedro tiene un coche formidable.* Pedro has got a fantastic car. ◇ *Desde el despacho hay una vista formidable.* There's a fantastic view from the office.

la **fórmula** SUSTANTIVO
formula ◇ *una fórmula mágica* a magic formula

* **coches de Fórmula 1** Formula 1 cars

el **formulario** SUSTANTIVO
form ◇ *Hay que rellenar un formulario.* You have to fill in a form.

forrar VERBO
[1] *to line* (*chaqueta*)
[2] *to cover* (*libro, sofá*)

el **forro** SUSTANTIVO
[1] *lining* (*de chaqueta*)
[2] *cover* (*de libro, sillón*)

la **fortuna** SUSTANTIVO
fortune ◇ *Vale una fortuna.* It's worth a fortune.

* **por fortuna** luckily

forzar* VERBO
to force (*puerta, sonrisa*)

* **Estás forzando la vista.** You're straining your eyes.

la **fosa** SUSTANTIVO
[1] *ditch* (*zanja*) (PL *ditches*)
[2] *grave* (*tumba*)

la **foto** SUSTANTIVO
photo (PL *photos*) ◇ *Les hice una foto a los niños.* I took a photo of the children.

la **fotocopia** SUSTANTIVO
photocopy (PL *photocopies*) ◇ *Hice dos fotocopias del recibo.* I made two photocopies of the receipt.

fotocopiar VERBO
to photocopy

la **fotógrafa** SUSTANTIVO
photographer

la **fotografía** SUSTANTIVO
[1] *photograph* (*retrato*) ◇ *una fotografía de mis padres* a photograph of my parents
[2] *photography* (*arte*) ◇ *un curso de fotografía* a photography course

el **fotógrafo** SUSTANTIVO
photographer

fracasar VERBO
to fail

el **fracaso** SUSTANTIVO
failure

la **fracción** SUSTANTIVO (PL las **fracciones**)
fraction

la **fractura** SUSTANTIVO
fracture

frágil ADJETIVO

F

fragile

el **fraile** SUSTANTIVO
friar

la **frambuesa** SUSTANTIVO
raspberry (PL *raspberries*)

francés ADJETIVO (FEM **francesa**, MASC PL **franceses**)
French

el **francés** (MASC PL los **franceses**) SUSTANTIVO
  1 *Frenchman* (*persona*) (PL *Frenchmen*)
+ **los franceses** the French
  2 *French* (*idioma*)

la **francesa** SUSTANTIVO
Frenchwoman (PL *Frenchwomen*)

Francia SUSTANTIVO FEM
France

franco ADJETIVO
frank (*persona*)
+ **para serte franco...** to be frank with you...

el **franco** SUSTANTIVO
franc (*moneda*)

el **franqueo** SUSTANTIVO
postage

el **frasco** SUSTANTIVO
bottle ◇ *un frasco de perfume* a bottle of perfume

la **frase** SUSTANTIVO
sentence (*oración*)
+ **un frase hecha** a set phrase

el **fraude** SUSTANTIVO
fraud

la **frazada** SUSTANTIVO
| Latin America |
blanket

la **frecuencia** SUSTANTIVO
frequency (PL *frequencies*) ◇ *¿En qué frecuencia está?* What frequency is it on?
+ **Nos vemos con frecuencia.** We often see each other.
+ **¿Con qué frecuencia tienen estos síntomas?** How often do they get these symptoms?

frecuente ADJETIVO
  1 *common* (*común*) ◇ *un error bastante frecuente* a fairly common mistake
  2 *frequent* (*reiterado*) ◇ *los frecuentes viajes al extranjero del ministro* the minister's frequent trips abroad

el **fregadero** SUSTANTIVO
sink (*de la cocina*)

fregar* VERBO
to wash ◇ *Tengo que fregar la cazuela.* I've got to wash the pan.
+ **fregar los platos** to wash the dishes
+ **Yo estaba en la cocina, fregando.** I was in the kitchen washing the dishes.
+ **fregar el suelo** to mop the floor

la **fregona** SUSTANTIVO
mop

freír* VERBO
to fry ◇ *No sabe ni freír un huevo.* He can't even fry an egg.

frenar VERBO
to brake ◇ *Frena que viene una curva.* Brake, there's a bend coming up.

el **frenazo** SUSTANTIVO
+ **Tuve que dar un frenazo.** I had to brake suddenly.

el **freno** SUSTANTIVO
brake ◇ *Me quedé sin frenos.* My brakes failed.
+ **el freno de mano** the handbrake

la **frente** SUSTANTIVO
forehead ◇ *Tiene una cicatriz en la frente.* He has a scar on his forehead.

el **frente** SUSTANTIVO
front ◇ *un frente frío* a cold front ◇ *un frente común* a united front
+ **frente a** opposite ◇ *Frente al hotel hay un banco.* There's a bank opposite the hotel.
+ **Los coches chocaron de frente.** The cars collided head on.
+ **Viene un coche de frente.** There's a car coming straight for us.
+ **hacer frente a algo** to face up to something

la **fresa** SUSTANTIVO
strawberry (PL *strawberries*)

fresco ADJETIVO
  1 *cool* (*lugar, tela, bebida*)
  2 *fresh* (*pescado, verdura*)

el **fresco** SUSTANTIVO
+ **Hace fresco.** It's a bit chilly. ◇ *Ponte el jersey que hace fresco.* Put your sweater on, it's a bit chilly.

friego VERBO *ver* **fregar**

el **frigorífico** SUSTANTIVO
fridge

el **frijol** SUSTANTIVO
| Latin America |
bean

frío (1) VERBO *ver* **freír**

frío (2) ADJETIVO
cold ◇ *Tengo las manos frías.* My hands are cold.
+ **Estuvo muy frío conmigo.** He was very cold towards me.

el **frío** SUSTANTIVO
+ **Hace frío.** It's cold.
+ **Tengo mucho frío.** I'm very cold.

frito (1) VERBO *ver* **freír**

frito (2) ADJETIVO
fried ◇ *huevos fritos* fried eggs

la **frontera** SUSTANTIVO
border ◇ *Nos pararon en la frontera.* We were stopped at the border.

el **frontón** SUSTANTIVO (PL los **frontones**)
  1 *pelota court* (*pista*)
  2 *pelota* (*juego*)

frotar VERBO
to rub ◇ *¿Te froto la espalda?* Shall I rub your back for you?
+ **El niño se frotaba las manos para calentarse.** The child was rubbing his hands to get warm.

fruncir* VERBO
+ **fruncir el ceño** to frown

---

* Verbs marked with this symbol are irregular. See pages 332–333 for further details

frustrado ADJETIVO
frustrated ◇ *Se siente frustrado.* He feels frustrated.

fruta SUSTANTIVO
fruit ◇ *La fruta está muy cara.* Fruit is very expensive.

frutería SUSTANTIVO
greengrocer's (PL *greengrocers' shops*) ◇ *Lo compré en la frutería.* I bought it at the greengrocer's.

frutilla SUSTANTIVO
River Plate
strawberry (PL *strawberries*)

fruto SUSTANTIVO
fruit ◇ *el fruto de nuestro trabajo* the fruit of our labours
- **los frutos secos** nuts

fue VERBO *ver* **ir, ser**

fuego SUSTANTIVO
fire ◇ *encender el fuego* to light the fire
- **prender fuego a algo** to set fire to something
- **Puse la cazuela al fuego.** I put the pot on to heat.
- **cocinar algo a fuego lento** to cook something on a low heat
- **¿Tiene fuego, por favor?** Have you got a light, please?
- **fuegos artificiales** fireworks

fuente SUSTANTIVO
1 *fountain* (en la calle)
2 *dish* (plato) (PL *dishes*)

fuera (1) VERBO *ver* **ir, ser**

fuera (2) ADVERBIO
1 *outside* ◇ *Los niños estaban jugando fuera.* The children were playing outside. ◇ *Por fuera es blanco.* It is white on the outside.
- **¡Estamos aquí fuera!** We are out here!
- **Hoy vamos a cenar fuera.** We're going out for dinner tonight.
2 *away* ◇ *Mis padres llevan varios días fuera.* My parents have been away for several days.
- **El enfermo está fuera de peligro.** The patient is out of danger.
- **fuera de mi casa** outside my house

fuerte (1) ADJETIVO
1 *strong* (material, olor, carácter)
2 *loud* (ruido, voz)
3 *hard* (golpe)
4 *bad* (dolor, resfriado)
- **"un beso muy fuerte"** "lots of love"

fuerte (2) ADVERBIO
loudly ◇ *Hablaba fuerte.* He was talking loudly.
- **Agárrate fuerte.** Hold on tight.
- **No le pegues tan fuerte.** Don't hit him so hard.

fuerza SUSTANTIVO
strength ◇ *No le quedaban fuerzas.* He had no strength left.
- **tener mucha fuerza** to be very strong
- **Sólo lo conseguirás a fuerza de practicar.** You'll only manage it by practising.
- **No te lo comas a la fuerza.** Don't force yourself to eat it.
- **la fuerza de gravedad** the force of gravity
- **la fuerza de voluntad** willpower ◇ *Tiene mucha fuerza de voluntad.* He has a lot of willpower.

fuerzo VERBO *ver* **forzar**

fugarse* VERBO
to escape

fui VERBO *ver* **ir, ser**

el fumador, la fumadora SUSTANTIVO
smoker ◇ *una enfermedad frecuente entre fumadores* a disease which is common amongst smokers
- **sección para no fumadores** non-smoking section

fumar VERBO
to smoke ◇ *Quiero dejar de fumar.* I want to give up smoking.

la función SUSTANTIVO (PL **las funciones**)
1 *function* (de máquina, organismo) ◇ *Los insectos desempeñan una función muy importante.* Insects perform a very useful function.
2 *role* (de persona, institución) ◇ *la función de la policía en la sociedad* the role of the police in society
3 *show* (espectáculo) ◇ *Los niños representan una función en el colegio.* The children are putting on a show at school.

funcionar VERBO
to work ◇ *El ascensor no funciona.* The lift isn't working.
- **"No funciona."** "Out of order."
- **Funciona con pilas.** It runs on batteries.

el funcionario, la funcionaria SUSTANTIVO
civil servant

la funda SUSTANTIVO
cover (de raqueta, cojín)
- **una funda de almohada** a pillowcase

fundamental ADJETIVO
basic ◇ *Hay dos tipos fundamentales de personas.* There are two basic types of people.
- **Es fundamental que entendamos el problema.** It is essential that we understand the problem.

fundar VERBO
to found (hospital, colegio)

fundirse VERBO
to melt ◇ *La nieve se está fundiendo.* The snow's melting.
- **Se han fundido los fusibles.** The fuses have blown.

el funeral SUSTANTIVO
funeral ◇ *Fuimos a los funerales de un pariente.* We went to a relative's funeral.

la funeraria SUSTANTIVO
undertaker's

la furgoneta SUSTANTIVO
van

la furia SUSTANTIVO
fury

F

furioso ADJETIVO
  furious ◇ *Mi padre estaba furioso conmigo.* My father was furious with me.

furtivo ADJETIVO
  la pesca furtiva poaching
  un cazador furtivo a poacher

el **fusible** SUSTANTIVO
  fuse ◇ *Han saltado los fusibles.* The fuses have blown.

el **fusil** SUSTANTIVO
  rifle

el **fútbol** SUSTANTIVO
  football ◇ *jugar al fútbol* to play football

el **futbolín** SUSTANTIVO (PL los **futbolines**)
  table football

el/la **futbolista** SUSTANTIVO
  footballer ◇ *Quiere ser futbolista.* He wants to be a footballer.

el **futuro** ADJETIVO, SUSTANTIVO
  future ◇ *su futuro marido* your future husband
  El futuro de "comes" es "comerás". The future of "comes" is "comerás".
  la futura madre the mother-to-be

G

la **gabardina** SUSTANTIVO
  raincoat

el **gabinete** SUSTANTIVO
  [1] *office* (*profesional*)
  el gabinete de prensa press office
  [2] *cabinet* (*de ministros*)

las **gafas** SUSTANTIVO
  [1] *glasses* ◇ *Tengo que llevar gafas.* I have to wear glasses.
  Había unas gafas encima de la mesa. There was a pair of glasses on the table.
  [2] *goggles* (*de nadador, esquiador*)
  las gafas de sol sunglasses

la **gaita** SUSTANTIVO
  bagpipes PL ◇ *tocar la gaita* to play the bagpipes
  ¡Menuda gaita! What a pain! (*coloquial*)

los **gajes** SUSTANTIVO
  Son gajes del oficio. They're occupational hazards.

el **gajo** SUSTANTIVO
  segment

la **galaxia** SUSTANTIVO
  galaxy (PL *galaxies*)

la **galería** SUSTANTIVO
  gallery (*en edificio, teatro, mina*) (PL *galleries*) ◇ *una galería de arte* an art gallery
  una galería comercial a shopping centre

Gales SUSTANTIVO MASC
  Wales
  el País de Gales Wales

galés ADJETIVO (FEM **galesa**, MASC PL **galeses**)
  Welsh

el **galés** SUSTANTIVO (PL los **galeses**)
  [1] *Welshman* (*persona*) (PL *Welshmen*) ◇ *los galeses* the Welsh
  [2] *Welsh* (*idioma*)

la **galesa** SUSTANTIVO
  Welshwoman (PL *Welshwomen*)

el **galgo** SUSTANTIVO
  greyhound ◇ *una carrera de galgos* a greyhound race

Galicia SUSTANTIVO FEM
  Galicia

el **gallego**, la **gallega** ADJETIVO, SUSTANTIVO
  Galician

el **gallego** SUSTANTIVO
  Galician (*idioma*)

la **galleta** SUSTANTIVO
  biscuit
  una galleta salada a cracker

la **gallina** SUSTANTIVO
  hen
  Sólo pensarlo me pone la carne de gallina. It gives me goosepimples just thinking about it.
  jugar a la gallinita ciega to play blind man's buff

el/la **gallina** SUSTANTIVO
  ¡Eres un gallina! You're chicken! (*coloquial*)

el **gallinero** SUSTANTIVO
  [1] *henhouse* (*para las gallinas*)
  [2] *madhouse* (*coloquial*) ◇ *La clase era un gallinero.* The class was a madhouse.

el **gallo** SUSTANTIVO
  cock (*ave*)
  en menos que canta un gallo in an instant

el **galón** SUSTANTIVO (PL los **galones**)
  [1] *stripe* (*en uniforme*)
  [2] *gallon* (*medida*)

galopar VERBO
  to gallop

la **gama** SUSTANTIVO
  range ◇ *una amplia gama de ordenadores* a wide range of computers

la **gamba** SUSTANTIVO
  prawn

el **gamberro**, la **gamberra** SUSTANTIVO
  hooligan ◇ *Unos gamberros me rayaron el coche.* Some hooligans scratched my car.

la **gana** SUSTANTIVO
  Me visto como me da la gana. I dress the way I want to.
  ¡No me da la gana! I don't want to!
  Hazlo como te dé la gana. Do it however

you like.

* **hacer algo de mala gana** to do something reluctantly
* **tener ganas de hacer algo** to feel like doing something ◇ *Tengo ganas de ir al cine.* I feel like going to the cinema.
* **Tengo ganas de que llegue el sábado.** I'm looking forward to Saturday.

ganadería SUSTANTIVO
* **Se dedican a la ganadería.** They raise cattle.

ganado SUSTANTIVO
livestock ◇ *el alimento para el ganado* livestock feed
* **el ganado vacuno** cattle

ganador ADJETIVO (FEM **ganadora**)
winning ◇ *el equipo ganador* the winning team

ganador, la **ganadora** SUSTANTIVO
winner

ganancia SUSTANTIVO
profit ◇ *No sacamos ganancia de la venta.* We didn't make any profit from the sale.
◇ *las pérdidas y las ganancias* profits and losses

ganar VERBO
[1] *to earn* (*en un trabajo*) ◇ *Gana un buen sueldo.* He earns a good wage.
* **ganarse la vida** to earn a living
[2] *to win* (*premio, competición, guerra*)
◇ *¿Quién ganó la carrera?* Who won the race? ◇ *Lo importante no es ganar.* Winning isn't the most important thing.
[3] *to beat* (*contrincante*) ◇ *Ganamos al Olimpic tres a cero.* We beat Olimpic three-nil.
* **Con eso no ganas nada.** You won't achieve anything by doing that.
* **ganar tiempo** to save time
* **¡Te lo has ganado!** You deserve it!
* **salir ganando** to do well ◇ *Salí ganando con la venta del coche.* I did well out of the sale of the car.

ganchillo SUSTANTIVO
crochet ◇ *una aguja de ganchillo* a crochet hook
* **hacer ganchillo** to crochet

gancho SUSTANTIVO
[1] *hook* ◇ *Colgué el cuadro de un gancho.* I hung the picture on a hook.
* **Maradona tiene gancho.** Maradona is a crowd-puller.
[2] *hanger* (*para la ropa*) Latin America

gandul ADJETIVO (FEM **gandula**)
lazy

gandul, la **gandula** SUSTANTIVO
good-for-nothing ◇ *Su marido es un gandul.* Her husband is a good-for-nothing.

ganga SUSTANTIVO
bargain ◇ *A ese precio es una ganga.* It's a real bargain at that price.

gángster SUSTANTIVO (PL los **gángsters**)
gangster

ganso, la **gansa** SUSTANTIVO

goose (PL *geese*)

el garabato SUSTANTIVO
[1] *doodle* (*dibujo*) ◇ *una página llena de garabatos* a page full of doodles
* **Me pasé la clase haciendo garabatos.** I spent the whole class doodling.
[2] *scribble* (*escritura*) ◇ *una hoja cubierta de garabatos ininteligibles* a page full of unintelligible scribbles
* **Mientras pensaba iba haciendo garabatos en una libreta.** As I was thinking I scribbled away in my notebook.

el garaje SUSTANTIVO
garage ◇ *Metí el coche en el garaje.* I put the car in the garage.
* **una plaza de garaje** a parking space

la garantía SUSTANTIVO
guarantee ◇ *La lavadora está todavía bajo garantía.* The washing machine is still under guarantee.

garantizar* VERBO
to guarantee ◇ *No te lo puedo garantizar.* I can't guarantee it.

el garbanzo SUSTANTIVO
chick pea

la garganta SUSTANTIVO
throat ◇ *Me duele la garganta.* I've got a sore throat.

la gargantilla SUSTANTIVO
necklace

las gárgaras SUSTANTIVO
* **hacer gárgaras** to gargle

la garita SUSTANTIVO
sentry box (PL *sentry boxes*)

la garra SUSTANTIVO
[1] *claw* (*de tigre, gato*)
[2] *talon* (*de águila*)

la garrafa SUSTANTIVO
carafe (*pequeña*)
A **garrafa** is also a large bottle with handles.
* **vino de garrafa** cheap wine

la garúa SUSTANTIVO
Latin America
drizzle

el gas SUSTANTIVO (PL los **gases**)
gas ◇ *¿No hueles a gas?* Can you smell gas?
* **agua mineral sin gas** still mineral water
* **los gases de escape** exhaust fumes
* **gases lacrimógenos** tear gas SING
* **El niño tiene muchos gases.** The baby's got a lot of wind.
* **Pasó una moto a todo gas.** A motorbike shot past at full speed.

la gasa SUSTANTIVO
gauze

la gaseosa SUSTANTIVO
A **gaseosa** is a drink of sweet fizzy water.

el gasoil SUSTANTIVO
diesel oil

el gasóleo SUSTANTIVO
diesel oil

la gasolina SUSTANTIVO
petrol ◇ *Tengo que poner gasolina.* I

have to fill up with petrol.
- **gasolina súper** four-star petrol
- **gasolina sin plomo** unleaded petrol

la **gasolinera** SUSTANTIVO
petrol station

gastado ADJETIVO
worn ◇ *La moqueta está muy gastada.*
The carpet is very worn.

gastar VERBO
1 *to spend*
- **Javier gasta mucho en ropa.** Javier spends a lot of money on clothes.
2 *to use* (*gasolina, electricidad*)
◇ *Gastamos mucha agua.* We use a lot of water.
- **Gasté toda una caja de cerillas.** I used up a whole box of matches.
- **¿Qué numero de zapato gastas?** What size shoes do you take?
- **Le gastamos una broma a Juan.** We played a joke on Juan.
- **Se han gastado las pilas.** The batteries have run out.
- **Se me han gastado las suelas.** The soles of my shoes have worn out.

el **gasto** SUSTANTIVO
expense ◇ *Es un gasto tremendo.* It's a horrendous expense. ◇ *Este año hemos tenido muchos gastos.* We've had a lot of expenses this year.
- **gastos de envío** postage and packing SING
- **el gasto público** public spending

la **gata** SUSTANTIVO
cat
- **andar a gatas** to crawl ◇ *El niño todavía anda a gatas.* The baby is still crawling.
- **Tienes que subir las escaleras a gatas.** You have to go up the stairs on all fours.

gatear VERBO
to crawl

el **gato** SUSTANTIVO
1 *cat* (*animal*)
2 *jack* (*para coche*)

la **gaviota** SUSTANTIVO
seagull

el **gay** ADJETIVO, SUSTANTIVO (PL los **gays**)
gay

el **gel** SUSTANTIVO
gel ◇ *gel de baño* bath gel

la **gelatina** SUSTANTIVO
jelly (PL *jellies*)

el **gemelo, la gemela** ADJETIVO, SUSTANTIVO
identical twin ◇ *Son gemelos.* They're identical twins. ◇ *mi hermano gemelo* my identical twin

los **gemelos** SUSTANTIVO
1 *binoculars* (*prismáticos*)
2 *cufflinks* (*de camisa*)

Géminis SUSTANTIVO MASC
Gemini
- **Soy Géminis.** I'm Gemini.

el **gen** SUSTANTIVO
gene

la **generación** SUSTANTIVO (PL las **generaciones**)
generation

general ADJETIVO
general ◇ *medicina general* general medicine
- **en general** in general ◇ *En general las clases son interesantes.* In general the classes are interesting.
- **por lo general** generally ◇ *Por lo general me acuesto temprano.* I generally go to bed early.

el/la **general** SUSTANTIVO
general

generalizar* VERBO
to generalize ◇ *No se puede generalizar.* You can't generalize.

generalmente ADVERBIO
generally

generar VERBO
to generate

el **género** SUSTANTIVO
1 *gender* (*de sustantivo, adjetivo*)
2 *kind* ◇ *¿Qué género de música prefieres?* What kind of music do you prefer?
3 *material* ◇ *Para las cortinas necesitamos un género más grueso.* We need a thicker material for the curtains.
- **el género humano** the human race

la **generosidad** SUSTANTIVO
generosity

generoso ADJETIVO
generous

genial ADJETIVO
brilliant ◇ *Antonio tuvo una idea genial.* Antonio had a brilliant idea. ◇ *El concierto estuvo genial.* It was a brilliant concert.

el **genio** SUSTANTIVO
1 *temper* ◇ *¡Menudo genio tiene tu padre!* Your father has got such a temper!
- **tener mal genio** to have a bad temper
2 *genius* (PL *geniuses*) ◇ *¡Eres un genio!* You're a genius!
3 *genie* (*de la botella*)

los **genitales** SUSTANTIVO
genitals

la **gente** SUSTANTIVO
people
El verbo va siempre en plural.
◇ *Había poca gente en la sala.* There were few people in the room. ◇ *La gente está cansada de promesas.* People are tired of promises.
- **Son buena gente.** They're good people.
- **Oscar es buena gente.** Oscar's a good sort.
- **la gente de la calle** the people in the street

la **geografía** SUSTANTIVO
geography

la **geología** SUSTANTIVO
geology

la **geometría** SUSTANTIVO
geometry

---

* Verbs marked with this symbol are irregular. See pages 332–333 for further details

el geranio SUSTANTIVO
  geranium

la gerente SUSTANTIVO
  manager ◇ *Isabel es gerente de ventas.*
  Isabel is a sales manager.

el germen SUSTANTIVO (PL los **gérmenes**)
  germ

germinar VERBO
  to germinate

el gesto SUSTANTIVO
  ◆ **Hizo un gesto de alivio.** He looked relieved.
  ◆ **Me hizo un gesto para que me sentara.** He
  made a sign for me to sit down.

la gestoría SUSTANTIVO
  A **gestoría** is a private agency which deals with
  government departments on behalf of its clients.

Gibraltar SUSTANTIVO MASC
  Gibraltar

el gibraltareño, la gibraltareña ADJETIVO,
  SUSTANTIVO
  Gibraltarian

el gigante SUSTANTIVO
  giant

gigantesco ADJETIVO
  gigantic

la gimnasia SUSTANTIVO
  gymnastics SING ◇ *Después del recreo
  tenemos gimnasia.* After break we have
  gymnastics.
  ◆ **Mi madre hace gimnasia todas las
  mañanas.** My mother does exercises every
  morning.

el gimnasio SUSTANTIVO
  gym

la gimnasta SUSTANTIVO
  gymnast

la ginebra SUSTANTIVO
  gin

el ginecólogo, la ginecóloga SUSTANTIVO
  gynaecologist ◇ *Soy ginecóloga.* I'm a
  gynaecologist.

la gira SUSTANTIVO
  tour ◇ *Hicimos una gira por toda Europa.*
  We did a tour all round Europe.
  ◆ **estar de gira** to be on tour

girar VERBO
  ① *to turn* ◇ *Al llegar al semáforo gira a la
  derecha.* When you get to the lights turn
  right. ◇ *Giré la cabeza para ver quién era.* I
  turned my head to see who it was.
  ② *to rotate* ◇ *La Tierra gira alrededor de
  su eje.* The Earth rotates on its axis.
  ◆ **La Luna gira alrededor de la Tierra.** The
  moon revolves around the Earth.

el girasol SUSTANTIVO
  sunflower

el giro SUSTANTIVO
  ① *turn* ◇ *El avión dio un giro de 90
  grados.* The plane did a 90 degree turn.
  ② *postal order* ◇ *Voy a mandarte un giro
  de 15.000 pesetas.* I'll send you a 15,000
  peseta postal order.

el gitano, la gitana SUSTANTIVO
  gypsy (PL *gypsies*)

la glándula SUSTANTIVO
  gland

global ADJETIVO
  global ◇ *una solución global* a global
  solution

el globo SUSTANTIVO
  balloon (*de juguete, para volar*)
  ◆ **un globo terráqueo** a globe

la glorieta SUSTANTIVO
  roundabout

glotón ADJETIVO (FEM SING **glotona**, MASC PL
  glotones)
  greedy

gobernar* VERBO
  to govern

el gobierno SUSTANTIVO
  government

el gol SUSTANTIVO
  goal
  ◆ **meter un gol** to score a goal

el golf SUSTANTIVO
  golf
  ◆ **jugar al golf** to play golf

el golfo SUSTANTIVO
  gulf ◇ *el Golfo pérsico* the Persian Golf

la golondrina SUSTANTIVO
  swallow

la golosina SUSTANTIVO
  sweet

goloso ADJETIVO
  ◆ **ser goloso** to have a sweet tooth ◇ *Soy
  muy golosa.* I've got a very sweet tooth.

el golpe SUSTANTIVO
  ◆ **Me he dado un golpe en el codo.** I banged
  my elbow.
  ◆ **Se dio un golpe contra la pared.** He hit the
  wall.
  ◆ **El coche de atrás nos dio un golpe.** The
  car behind ran into us.
  knock ◇ *Oímos un golpe a la puerta.* We
  heard a knock at the door.
  ◆ **Di unos golpecitos a la puerta antes de
  entrar.** I tapped on the door before going in.
  ◆ **de golpe** suddenly ◇ *De golpe decidió
  dejar el trabajo.* He suddenly decided to give
  up work.
  ◆ **La puerta se cerró de golpe.** The door
  slammed shut.
  ◆ **no dar golpe** to be bone idle

golpear VERBO
  ① *to hit* (*pegar*) ◇ *Me golpeó en la cara
  con su raqueta.* He hit me in the face with
  his racquet.
  ② *to bang* (*objeto*) ◇ *El maestro golpeó el
  pupitre con la mano.* The teacher banged the
  desk with his hand.
  ◆ **Me golpeé la cabeza contra el armario.** I
  banged my head on the cupboard.

la goma SUSTANTIVO
  ① *rubber* ◇ *¿Me prestas la goma?* Can
  you lend me your rubber? ◇ *unos guantes
  de goma* a pair of rubber gloves
  ② *elastic band* ◇ *Necesito una goma
  para el pelo.* I need an elastic band for my

G

hair.

gordo ADJETIVO

1 *fat* ◇ *Estoy muy gordo.* I'm very fat.

2 *thick* (*libro, jersey*)

3 *big* (*problema*) ◇ *Debe de ser algo bastante gordo.* It must be something pretty big.

- **Su mujer me cae gorda.** I can't stand his wife.

el **gorila** SUSTANTIVO

gorilla

la **gorra** SUSTANTIVO

cap ◇ *una gorra de plato* a peaked cap

- **de gorra** for free ◇ *Entramos de gorra.* We got in for free.

el **gorrión** SUSTANTIVO (PL los **gorriones**)

sparrow

el **gorro** SUSTANTIVO

hat ◇ *Llevaba un gorro de lana.* He wore a woollen hat.

- **un gorro de baño** a swimming cap

- **Ya estoy hasta el gorro.** I'm absolutely fed up.

el **gorrón**, la **gorrona** SUSTANTIVO (MASC PL los **gorrones**)

scrounger

la **gota** SUSTANTIVO

drop ◇ *Sólo bebí una gota de vino.* I only had a drop of wine.

- **Están cayendo cuatro gotas.** It's spitting.

gotear VERBO

1 *to drip* (*grifo*)

2 *to leak* (*cañería*)

la **gotera** SUSTANTIVO

leak ◇ *Tenemos goteras en la cocina.* We've got some leaks in the kitchen.

gozar* VERBO

- **gozar de algo** to enjoy something ◇ *Quiere gozar de la vida.* He wants to enjoy life. ◇ *Mis abuelos gozan de buena salud.* My grandparents enjoy good health.

la **grabación** SUSTANTIVO (PL las **grabaciones**)

recording

la **grabadora** SUSTANTIVO

recorder

grabar VERBO

1 *to tape* ◇ *Quiero grabar esta película.* I want to tape this film.

2 *to record* ◇ *Lo grabaron en vivo.* It was recorded live.

3 *to engrave* (*en madera, metal*) ◇ *Grabó sus iniciales en la medalla.* He engraved his initials on the medal.

- **Lo tengo grabado en la memoria.** It's etched on my memory.

la **gracia** SUSTANTIVO

- **tener gracia** to be funny ◇ *Sus chistes tienen mucha gracia.* His jokes are very funny.

- **Yo no le veo la gracia.** I don't see what's so funny.

- **Me hizo mucha gracia.** It was so funny.

- **No me hace gracia tener que salir con este**

tiempo. I'm not too pleased about having to go out in this weather.

- **¡Muchas gracias!** Thanks very much!

- **dar las gracias a alguien por algo** to thank somebody for something ◇ *Vino a darme las gracias por las flores.* He came to thank me for the flowers.

- **Ni siquiera me dio las gracias.** He didn't even say thank you.

- **gracias a** thanks to ◇ *Gracias a él me encuentro con vida.* Thanks to him I'm still alive.

gracioso ADJETIVO

funny ◇ *¡Qué gracioso!* How funny!

las **gradas** SUSTANTIVO

terraces

el **grado** SUSTANTIVO

degree ◇ *Estaban a diez grados bajo cero.* It was ten degrees below zero. ◇ *quemaduras de primer grado* first-degree burns

graduado ADJETIVO

- **gafas graduadas** prescription glasses

gradual ADJETIVO

gradual

graduar* VERBO

to adjust (*volumen, temperatura*)

- **Tengo que graduarme la vista.** I've got to have my eyes tested.

- **Se graduó en Medicina hace dos años.** He graduated in Medicine two years ago.

la **gráfica** SUSTANTIVO

graph

gráfico ADJETIVO

graphic

el **gráfico** SUSTANTIVO

table

la **gramática** SUSTANTIVO

grammar ◇ *un libro de gramática inglesa* a book on English grammar

el **gramo** SUSTANTIVO

gram

> *En los países anglosajones el peso a menudo se expresa en onzas **ounces**. Una onza equivale a 28.35 gramos.*

gran ADJETIVO *ver* **grande**

la **granada** SUSTANTIVO

pomegranate (*fruta*)

- **una granada de mano** a hand grenade

granate ADJETIVO

maroon ◇ *una bufanda granate* a maroon scarf

Gran Bretaña SUSTANTIVO FEM

Great Britain

grande ADJETIVO

1 *big* (*de tamaño*) ◇ *Viven en una casa muy grande.* They live in a very big house.

- **¿Cómo es de grande?** How big is it?

- **La camisa me está grande.** The shirt is too big for me.

2 *large* (*de cantidad*) ◇ *un gran número de visitantes* a large number of visitors ◇ *grandes sumas de dinero* large sums of money

③ *great* (en importancia, grado) ◇ *un gran pintor* a great painter ◇ *Es una ventaja muy grande.* It's a great advantage.
+ **Me llevé una alegría muy grande.** I felt very happy.
+ **Lo pasamos en grande.** We had a great time.
+ **unos grandes almacenes** a department store

granel ADVERBIO
+ **a granel** in bulk ◇ *Venden las aceitunas a granel.* They sell olives in bulk.

el **granero** SUSTANTIVO
barn

el **granizado** SUSTANTIVO
A **granizado** is a crushed ice drink.

granizar* VERBO
to hail ◇ *Está granizando.* It's hailing.

el **granizo** SUSTANTIVO
hail

la **granja** SUSTANTIVO
farm
+ **una granja avícola** a poultry farm

el **granjero**, la **granjera** SUSTANTIVO
farmer

el **grano** SUSTANTIVO
① *grain* (de arena, arroz, azúcar)
② *bean* (de café)
③ *spot* ◇ *Me ha salido un grano en la frente.* I've got a spot on my forehead.
+ **ir al grano** to get to the point

la **grapa** SUSTANTIVO
staple

la **grapadora** SUSTANTIVO
stapler

la **grasa** SUSTANTIVO
grease ◇ *No me va bien tanta grasa.* I don't like so much grease.
+ **La cocina está llena de grasa.** The kitchen is really greasy.

grasiento ADJETIVO
greasy

graso ADJETIVO
greasy ◇ *Tengo el cutis graso.* I've got greasy skin.

gratis ADJETIVO, ADVERBIO (PL **gratis**)
① *free* ◇ *La entrada es gratis.* Entry is free.
② *for free* ◇ *Comimos gratis.* We ate for free. ◇ *Te lo arreglarán gratis.* They'll fix it for free.

gratuito ADJETIVO
free

la **grava** SUSTANTIVO
gravel

grave ADJETIVO
① *serious* (enfermedad, herida) ◇ *Tenemos un problema grave.* We've got a serious problem.
+ **Su padre está grave.** His father is seriously ill.
② *low* (nota, sonido)

la **gravedad** SUSTANTIVO
gravity ◇ *la ley de la gravedad* the law of gravity
+ **estar herido de gravedad** to be seriously injured

gravemente ADVERBIO
seriously
+ **estar gravemente enfermo** to be seriously ill

Grecia SUSTANTIVO FEM
Greece

el **griego**, la **griega** ADJETIVO, SUSTANTIVO
Greek

el **griego** SUSTANTIVO
Greek (idioma)

la **grieta** SUSTANTIVO
crack

el **grifo** SUSTANTIVO
tap ◇ *abrir el grifo* to turn on the tap ◇ *cerrar el grifo* to turn off the tap

el **grillo** SUSTANTIVO
cricket

la **gripe** SUSTANTIVO
flu ◇ *tener la gripe* to have the flu

el **gris** ADJETIVO, SUSTANTIVO
grey ◇ *una puerta gris* a grey door

gritar VERBO
① *to shout* (dar voces)
+ **El público le gritaba al árbitro.** The crowd were shouting at the referee.
+ **Niños, no gritéis tanto.** Children, stop shouting so much.
② *to scream* (dar un chillido) ◇ *El enfermo no podía dejar de gritar.* The patient couldn't stop screaming.

el **grito** SUSTANTIVO
① *shout* ◇ *gritos de protesta* shouts of protest
+ **¡No des esos gritos!** Stop shouting like that!
② *scream* (chillido) ◇ *Oímos un grito en la calle.* We heard a scream outside.
+ **Dando gritos a viva voz.** Screaming at the top of his voice.
+ **Es el último grito.** It's all the rage.

la **grosella** SUSTANTIVO
redcurrant

grosero ADJETIVO
rude

el **grosor** SUSTANTIVO
thickness
+ **La pared tiene 30cm de grosor.** The wall is 30cm thick.

la **grúa** SUSTANTIVO
crane (para construcción)
+ **La grúa se ha llevado el coche.** My car was towed away.

grueso ADJETIVO
① *thick* (jersey, pared, libro)
② *stout* (persona) ◇ *Ella es bastante gruesa.* She's quite stout.

el **grumo** SUSTANTIVO
lump

gruñir* VERBO
to grumble ◇ *El abuelo siempre está gruñendo.* Grandad is always grumbling.

G

el grupo SUSTANTIVO

  [1] *group* ◇ *Se dividieron en grupos.* They divided into groups.

  ◆ **el grupo sanguíneo** blood group

  ◆ **Los alumnos trabajan en grupo.** The students work in groups.

  [2] *band* ◇ *uno de los mejores grupos de rock* one of the best rock bands

el guacho, la guacha SUSTANTIVO

  Andes, River Plate

  homeless child

el guajolote SUSTANTIVO

  Mexico

  turkey

el guante SUSTANTIVO

  glove ◇ *Uso guantes de goma.* I use rubber gloves.

  ◆ **unos guantes** a pair of gloves

la guantera SUSTANTIVO

  glove compartment

guapo ADJETIVO

  [1] *handsome* (*hombre*)

  [2] *pretty* (*mujer*)

  [3] *beautiful* (*bebé*)

  ◆ **¡Ven, guapo!** (*a un niño*) Come here, love!

el/la guarda SUSTANTIVO

  keeper (*de parque, zoo*)

  ◆ **guarda jurado** armed security guard

el guardabarros SUSTANTIVO (PL los guardabarros)

  mudguard

el/la guardaespaldas SUSTANTIVO (MASC PL los/las guardaespaldas)

  bodyguard

guardar VERBO

  [1] *to put away* (*recoger*) ◇ *Los niños guardaron los juguetes.* The children put away their toys. ◇ *Guardé los documentos en el cajón.* I put the documents away in the drawer.

  ◆ **Raúl se guardó el pañuelo en el bolsillo.** Raúl put the handkerchief in his pocket.

  [2] *to keep* ◇ *Guarda el recibo.* Keep the receipt. ◇ *No sabe guardar un secreto.* He can't keep a secret.

  ◆ **No les guardo rencor.** I don't bear them a grudge.

  ◆ **guardar las apariencias** to keep up appearances

el guardarropa SUSTANTIVO

  cloakroom

la guardería SUSTANTIVO

  nursery (PL *nurseries*)

la guardia SUSTANTIVO

  ◆ **de guardia** on duty ◇ *Me atendió el médico de guardia.* I was seen by the doctor on duty.

  ◆ **Estoy de guardia.** I'm on duty.

  ◆ **la Guardia Civil** the Civil Guard

el/la guardia SUSTANTIVO

  police officer

el guarro, la guarra SUSTANTIVO

  (*coloquial*)

  ◆ **¡Eres un guarro!** You're disgusting!

guay ADJETIVO

  cool (*coloquial*) ◇ *¡Qué moto más guay!* What a cool bike!

güero ADJETIVO

  Mexico

  blonde

la guerra SUSTANTIVO

  war ◇ *la Segunda Guerra Mundial* the Second World War

  ◆ **declarar la guerra a un país** to declare war on a country

  ◆ **estar en guerra** to be at war

el/la guía SUSTANTIVO

  guide ◇ *El guía vino a recogernos al aeropuerto.* The guide came to pick us up at the airport.

la guía SUSTANTIVO

  guidebook (*libro*) ◇ *Compré una guía turística de Londres.* I bought a tourist guidebook of London.

  ◆ **una guía de hoteles** a hotel guide

  ◆ **una guía telefónica** a telephone directory

guiar* VERBO

  to guide ◇ *Mi amigo nos guió a la estación.* My friend guided us to the station.

  ◆ **Nos guiamos por un mapa que teníamos.** We found our way using a map that we had.

el guijarro SUSTANTIVO

  pebble

la guinda SUSTANTIVO (PL *cherries*)

  cherry

la guindilla SUSTANTIVO

  chilli pepper

guiñar VERBO

  to wink

  ◆ **Me guiñó el ojo.** He winked at me.

el guión SUSTANTIVO (PL los **guiones**)

  [1] *hyphen* (*en palabras compuestas*)

  ◆ **La palabra "self-defence" lleva guión.** The word "self-defence" is hyphenated.

  [2] *dash* (*para indicar un diálogo*)

  [3] *script* (*de una película*)

el guisante SUSTANTIVO

  pea

guisar VERBO

  to cook

la guitarra SUSTANTIVO

  guitar

el gusano SUSTANTIVO

  [1] *worm*

  ◆ **un gusano de seda** a silk worm

  [2] *maggot* (*de mosca*)

  [3] *caterpillar* (*de mariposa*)

gustar VERBO

  ◆ **Me gustan las uvas.** I like grapes.

  ◆ **¿Te gusta viajar?** Do you like travelling?

  ◆ **Me gustó como hablaba.** I liked the way he spoke.

  ◆ **Me gustaría conocerla.** I would like to meet her.

  ◆ **Me gusta su hermana.** I fancy his sister.

  ◆ **Le gusta más llevar pantalones.** She

prefers to wear trousers.

gusto SUSTANTIVO

taste ◇ *No tiene gusto para vestirse.* He has no taste in clothes. ◇ *Me he decorado la habitación a mi gusto.* I've decorated the room to my taste.

◆ **un comentario de mal gusto** a tasteless remark

◆ **Le noto un gusto a almendras.** It tastes of almonds.

◆ **¡Con mucho gusto!** With pleasure!

◆ **¡Mucho gusto en conocerle!** I'm very pleased to meet you!

◆ **sentirse a gusto** to feel at ease

H

ha VERBO *ver* **haber**

haba SUSTANTIVO
broad bean

Habana SUSTANTIVO
◆ **La Habana** Havana

haber* VERBO
to have

El verbo **to have** *suele usarse en las formas contraídas, particularmente al hablar.*

◇ *He comido.* I've eaten. ◇ *Hemos comido.* We've eaten. ◇ *Había comido.* (= had) I'd eaten. ◇ *Se ha sentado.* (= has) She's sat down.

◆ **De haberlo sabido, habría ido.** If I'd known, I would have gone.

◆ **¡Haberlo dicho antes!** You should have said so before!

◆ **hay**

Hay *seguido de complemento singular se traduce por* **there is.**

◇ *Hay una iglesia en la esquina.* There's a church on the corner. ◇ *Hubo una guerra.* There was a war.

Hay *seguido de complemento plural se traduce por* **there are.**

◇ *Hay treinta alumnos en mi clase.* There are thirty pupils in my class. ◇ *¿Hay entradas?* Are there any tickets?

◆ **¡No hay de qué!** Don't mention it!

◆ **¿Qué hay? (1)** (*¿Qué pasa?*) What's up?

◆ **¿Qué hay? (2)** (*¿Qué tal?*) How are things? (*coloquial*)

◆ **¿Qué hubo?** Mexico How are things? (*coloquial*)

◆ **hay que...**

La expresión impersonal **hay que** *se traduce normalmente utilizando el pronombre* you, *a menos que esté claro quien realiza la acción.*

◆ **Hay que ser respetuoso.** You must be respectful.

◆ **¡Habrá que decírselo!** We'll have to tell him!

hábil ADJETIVO
skilful (*diestro*) ◇ *Es un jugador muy hábil.* He's a very skilful player.

◆ **Es muy hábil con las manos.** He's very good with his hands.

◆ **Es muy hábil para los negocios.** He's a very able businessman.

la **habilidad** SUSTANTIVO
skill ◇ *Ha demostrado una gran habilidad para los negocios.* He's shown great business skill.

◆ **tener habilidad manual** to be good with one's hands

◆ **Tiene mucha habilidad para los idiomas.** She's very good at languages.

la **habitación** SUSTANTIVO (PL las **habitaciones**)
1 *bedroom* (*dormitorio*)
2 *room* (*en hotel*)

◆ **una habitación doble** a double room

◆ **una habitación individual** a single room

el/la **habitante** SUSTANTIVO
inhabitant ◇ *La ciudad tiene 20.000 habitantes.* The city has 20,000 inhabitants.

◆ **los habitantes de la zona** people living in the area

habitar VERBO
to live in ◇ *los que habitaban en la zona* those who lived in the area

◆ **La casa está todavía sin habitar.** The house is still unoccupied.

el **hábito** SUSTANTIVO
habit ◇ *Fumar es un mal hábito.* Smoking is a bad habit.

habitual ADJETIVO
usual ◇ *No resulta habitual verlos juntos.* It's not usual to see them together.

◆ **un cliente habitual** a regular customer

el **habla** SUSTANTIVO
speech

◆ **Ha perdido el habla.** He's lost the power of speech.

◆ **países de habla inglesa** English-speaking countries

◆ **¿Señor López? – Al habla.** Señor López? – Speaking.

hablador ADJETIVO (FEM **habladora**)
1 *chatty* (*parlanchín*)
2 *gossipy* (*chismoso*)

las **habladurías** SUSTANTIVO
gossip SING

el/la **hablante** SUSTANTIVO
speaker

hablar VERBO
1 *to speak* ◇ *¿Hablas español?* Do you speak Spanish?

◆ **¿Quién habla?** (*al teléfono*) Who's calling?

G
H

2 *to talk* ◇ *Estuvimos hablando toda la tarde.* We were talking all afternoon.
- **hablar con alguien (1)** to speak to someone ◇ *¿Has hablado ya con el profesor?* Have you spoken to the teacher yet?
- **hablar con alguien (2)** to talk to someone ◇ *Necesito hablar contigo.* I need to talk to you.
- **hablar de algo** to talk about something ◇ *Acabamos de hablar del premio.* We were just talking about the prize.
- **¿Vas a ayudarle en la mudanza? – ¡Ni hablar!** Are you going to help him with the move? – No way!

habré VERBO *ver* **haber**

hacer* VERBO
1 *to make* ◇ *Tengo que hacer la cama.* I've got to make the bed. ◇ *Voy a hacer una tortilla.* I'm going to make an omelette. ◇ *Están haciendo mucho ruido.* They're making a lot of noise.
2 *to do* ◇ *¿Qué haces?* What are you doing? ◇ *Estoy haciendo los deberes.* I'm doing my homework. ◇ *Hago mucho deporte.* I do a lot of sport. ◇ *¿Qué hace tu padre?* What does your father do?
3 *to be* (*hablando del tiempo atmosférico*) ◇ *Hace calor.* It's hot. ◇ *Ojalá haga buen tiempo.* I hope the weather's nice. ◇ *Hizo dos grados bajo cero.* It was two degrees below zero.
- **hace... (1)** ago ◇ *Terminé hace una hora.* I finished an hour ago. ◇ *Ha estado aquí hasta hace poco.* He was here a few minutes ago.
- **hace... (2)** for ◇ *Hace un mes que voy.* I've been going for a month.
- **¿Hace mucho que esperas?** Have you been waiting long?
- **hacer hacer algo** to have something done ◇ *Hicieron pintar la fachada del colegio.* They had the front of the school painted.
- **hacer a alguien hacer algo** to make someone do something ◇ *Hace estudiar a los alumnos.* He makes the pupils study.
- **hacerse** to become ◇ *Quiere hacerse famoso.* He wants to become famous. ◇ *Se hicieron amigos.* They became friends.
- **Ya se está haciendo viejo.** He's getting old now.

el **hacha** SUSTANTIVO
axe

hacia PREPOSICIÓN
1 *towards* ◇ *Venía hacia mí.* He was coming towards me. ◇ *su actitud hacia sus padres* his attitude towards his parents
2 *at about* ◇ *Volveremos hacia las tres.* We'll be back at about three.
- **hacia adelante** forwards
- **hacia atrás** backwards
- **hacia dentro** inside
- **hacia fuera** outside
- **hacia abajo** down

- **hacia arriba** up

el **hada** SUSTANTIVO
fairy (PL *fairies*)
- **un hada madrina** a fairy godmother
- **un cuento de hadas** a fairy story

hago VERBO *ver* **hacer**

hala EXCLAMACIÓN
come on!

halagar* VERBO
to flatter

hallar VERBO
to find
- **hallarse** to be ◇ *Se halla fuera del país.* He's out of the country.

la **hamaca** SUSTANTIVO
1 *hammock*
2 *deckchair* (*asiento plegable*)
3 *swing* (*columpio*) River Plate

el **hambre** SUSTANTIVO
hunger
- **tener hambre** to be hungry ◇ *Tengo mucha hambre.* I'm very hungry.

la **hamburguesa** SUSTANTIVO
hamburger

haragán ADJETIVO (FEM **haragana**, MASC PL **haraganes**)
lazy

el **haragán**, la **haragana** SUSTANTIVO (MASC PL los **haraganes**)
layabout

haré VERBO *ver* **hacer**

la **harina** SUSTANTIVO
flour
- **harina de trigo** wheat flour

hartar VERBO
- **hartarse** to get fed up ◇ *Me harté de estudiar.* I got fed up with studying.
- **Me harté de pasteles.** I stuffed myself with cakes. (*coloquial*)
- **¡Me estás hartando!** You're getting on my nerves!

harto (1) ADJETIVO
1 *fed up*
- **estar harto de algo** to be fed up with something ◇ *Estábamos hartos de repetirlo.* We were fed up with repeating it. ◇ *¡Me tienes harto!* I'm fed up with you!
2 *a lot of* Latin America ◇ *Había harta comida.* There was a lot of food.

harto (2) ADVERBIO
Latin America
1 *very* ◇ *Es un idioma harto difícil.* It's a very difficult language.
2 *a lot* ◇ *Tenemos harto que estudiar.* We've got a lot to study.

hasta (1) ADVERBIO
even ◇ *Estudia hasta cuando está de vacaciones.* He even studies when he's on holiday.

hasta (2) PREPOSICIÓN, CONJUNCIÓN
1 *till* ◇ *Está abierto hasta las cuatro.* It's open till four o'clock.
- **¿Hasta cuándo?** How long? ◇ *¿Hasta*

---

* Verbs marked with this symbol are irregular. See pages 332–333 for further details

cuándo te quedas? – *Hasta la semana que viene.* How long are you staying? – Till next week.

- **Hasta ahora no ha llamado nadie.** No one has called up to now.
- **hasta que** until ◇ *Espera aquí hasta que te llamen.* Wait here until you're called.

Till *sustituye a "until" en la lengua hablada e informal.*

2 *up to* ◇ *Caminamos hasta la puerta.* We walked up to the door.

3 *as far as* ◇ *Desde aquí se ve hasta el pueblo vecino.* From here you can see as far as the next town.

- **¡Hasta luego!** See you!
- **¡Hasta el sábado!** See you on Saturday!

hay VERBO *ver* **haber**

haz VERBO *ver* **hacer**

he VERBO *ver* **haber**

la **hebilla** SUSTANTIVO
buckle

l **hebreo, la hebrea** ADJETIVO, SUSTANTIVO
Hebrew

l **hebreo** SUSTANTIVO
Hebrew (idioma)

l **hechizo** SUSTANTIVO
spell

hecho (1) VERBO *ver* **hacer**

hecho (2) ADJETIVO
made ◇ *¿De qué está hecho?* What's it made of?

- **hecho a mano** handmade
- **hecho a máquina** machine-made
- **Me gusta la carne bien hecha.** I like my meat well done.
- **un filete poco hecho** a rare steak
- **¡Bien hecho!** Well done!
- **un hombre hecho y derecho** a fully grown man

el **hecho** SUSTANTIVO
1 *fact* ◇ *el hecho de que...* the fact that...
- **el hecho es que...** the fact is that...
2 *event* (acontecimiento) ◇ *un hecho histórico* an historic event
- **de hecho** in fact ◇ *De hecho, yo no sé nada de eso.* In fact, I don't know anything about that.

la **helada** SUSTANTIVO
frost

la **heladera** SUSTANTIVO
River Plate
refrigerator

la **heladería** SUSTANTIVO
ice-cream parlour

helado ADJETIVO
1 *frozen* ◇ *El lago está helado.* The lake's frozen over.
2 *freezing* ◇ *Este cuarto está helado.* This room's freezing. ◇ *¡Estoy helado!* I'm freezing!

el **helado** SUSTANTIVO
ice cream ◇ *un helado de chocolate* a chocolate ice cream

helar* VERBO

to freeze ◇ *El frío ha helado las tuberías.* The cold has frozen the pipes.

- **helarse** to freeze ◇ *Me estoy helando.* I'm freezing. ◇ *Esta noche va a helar.* It's going to freeze tonight.
- **Anoche heló.** There was a frost last night.

el **helecho** SUSTANTIVO
fern

el **helicóptero** SUSTANTIVO
helicopter

la **hembra** ADJETIVO, SUSTANTIVO
female ◇ *un elefante hembra* a female elephant

hemos VERBO *ver* **haber**

heredar VERBO
to inherit

la **heredera** SUSTANTIVO
heiress (PL *heiresses*)

el **heredero** SUSTANTIVO
heir

la **herencia** SUSTANTIVO
inheritance

la **herida** SUSTANTIVO
1 *wound* ◇ *una herida de bala* a bullet wound ◇ *una herida de cuchillo* a stab wound
2 *injury* (PL *injuries*) ◇ *Murió a causa de las heridas del accidente.* He died from injuries received in the accident.

herido ADJETIVO
1 *wounded* (por un arma)
2 *injured* (en un accidente)

herir* VERBO
1 *to wound* ◇ *Lo hirieron en el pecho.* He was wounded in the chest.
2 *to injure* ◇ *Resultó gravemente herido en la caída.* He was seriously injured in the fall.

la **hermana** SUSTANTIVO
sister

la **hermanastra** SUSTANTIVO
stepsister

el **hermanastro** SUSTANTIVO
stepbrother
- **mis hermanastros (1)** (varones) my stepbrothers
- **mis hermanastros (2)** (varones y mujeres) my stepbrothers and sisters

el **hermano** SUSTANTIVO
brother
- **mis hermanos (1)** (varones) my brothers
- **mis hermanos (2)** (varones y mujeres) my brothers and sisters

hermético ADJETIVO
airtight

hermoso ADJETIVO
beautiful

la **hermosura** SUSTANTIVO
beauty ◇ *el secreto de su hermosura* the secret of her beauty
- **Su mujer es una hermosura.** His wife is really beautiful.
- **¡Qué hermosura de paisaje!** What a beautiful landscape!

H

el **héroe** SUSTANTIVO
hero (PL *heroes*)

la **heroína** SUSTANTIVO
heroine

el **heroinómano**, la **heroinómana** SUSTANTIVO
heroin addict

la **herradura** SUSTANTIVO
horseshoe

la **herramienta** SUSTANTIVO
tool

el **herrero** SUSTANTIVO
blacksmith

hervir* VERBO
to boil ◇ *El agua está hirviendo.* The water's boiling.
◆ **hervir agua** to boil water

el/la **heterosexual** ADJETIVO, SUSTANTIVO
heterosexual

hice VERBO *ver* **hacer**

hielo VERBO *ver* **helar**

el **hielo** SUSTANTIVO
ice

la **hierba** SUSTANTIVO
1 *grass* (césped)
2 *herb* (para infusión)
◆ **una mala hierba** a weed

la **hierbabuena** SUSTANTIVO
mint

el **hierbajo** SUSTANTIVO
weed

el **hierro** SUSTANTIVO
iron ◇ *una caja de hierro* an iron box

el **hígado** SUSTANTIVO
liver

la **higiene** SUSTANTIVO
hygiene

higiénico ADJETIVO
hygienic
◆ **poco higiénico** unhygienic

el **higo** SUSTANTIVO
fig
◆ **un higo chumbo** a prickly pear

la **higuera** SUSTANTIVO
fig tree

la **hija** SUSTANTIVO
daughter
◆ **Soy hija única.** I'm an only child.
◆ **Sí, hija mía, tienes razón.** Yes, my dear, you're right.

la **hijastra** SUSTANTIVO
stepdaughter

el **hijastro** SUSTANTIVO
stepson
◆ **mis hijastros (1)** (varones) my stepsons
◆ **mis hijastros (2)** (varones y mujeres) my stepsons and daughters

el **hijo** SUSTANTIVO
son ◇ *Su hijo mayor.* His oldest son.
◆ **mis hijos (1)** (varones) my sons
◆ **mis hijos (2)** (varones y mujeres) my children
◇ *¿Tienen hijos?* Have they got any children?

◆ **Soy hijo único.** I'm an only child.

la **hilera** SUSTANTIVO
1 *row* ◇ *una hilera de casas* a row of houses
2 *line* ◇ *ponerse en hilera* to get into a line

el **hilo** SUSTANTIVO
1 *thread* ◇ *hilo de coser* sewing thread
2 *linen* ◇ *un traje de hilo* a linen suit
◆ **los hilos del teléfono** the telephone wires

el **himno** SUSTANTIVO
hymn
◆ **el himno nacional** the national anthem

el/la **hincha** SUSTANTIVO
fan ◇ *los hinchas del fútbol* football fans
◇ *Es hincha del Real Madrid.* He's a Real Madrid fan.

hinchado ADJETIVO
swollen

el **hipermercado** SUSTANTIVO
hypermarket

el **hipo** SUSTANTIVO
hiccups ◇ *Tengo hipo.* I've got hiccups.
◇ *Me ha dado hipo.* It's given me hiccups.

hipócrita ADJETIVO
hypocritical
◆ **¡No seas hipócrita!** Don't be such a hypocrite!

el/la **hipócrita** SUSTANTIVO
hypocrite

el **hipódromo** SUSTANTIVO
racecourse

el **hipopótamo** SUSTANTIVO
hippo (PL *hippos*)

la **hipoteca** SUSTANTIVO
mortgage

hiriendo VERBO *ver* **herir**

hirviendo VERBO *ver* **hervir**

hispanohablante ADJETIVO
Spanish-speaking ◇ *los países hispanohablantes* Spanish-speaking countries

el/la **hispanohablante** SUSTANTIVO
Spanish-speaker

la **historia** SUSTANTIVO
1 *history* ◇ *la historia de España* Spanish history
2 *story* (PL *stories*) ◇ *El libro cuenta la historia de dos niños.* The book tells the story of two children.
◆ **la misma historia de siempre** the same old story

el **historial** SUSTANTIVO
record

histórico ADJETIVO
1 *historic* ◇ *una ciudad histórica* a historic city
2 *historical* ◇ *un personaje histórico* a historical character

la **historieta** SUSTANTIVO
comic strip

hizo VERBO *ver* **hacer**

el **hobby** SUSTANTIVO

hobby (PL *hobbies*)
- **Lo hago por hobby.** I do it as a hobby.
  The "h" in **hobby** *is pronounced like Spanish "j".*

hockey SUSTANTIVO
hockey
- **el hockey sobre hielo** ice hockey
  The "h" in **hockey** *is pronounced like Spanish "j".*

hogar SUSTANTIVO
home ◇ *en todos los hogares españoles* in every Spanish home
- **productos para el hogar** household products

hoguera SUSTANTIVO
bonfire

hoja SUSTANTIVO
[1] *leaf* (PL *leaves*) (*de árbol*)
[2] *sheet* ◇ *una hoja de papel* a sheet of paper
- **una hoja de cálculo** a spreadsheet
[3] *page* ◇ *las hojas de un libro* the pages of a book
- **una hoja de afeitar** a razor blade

hojaldre SUSTANTIVO
puff pastry

hojear VERBO
to leaf through

hola EXCLAMACIÓN
hello!

Holanda SUSTANTIVO FEM
Holland

holandés ADJETIVO (FEM **holandesa**, MASC PL **holandeses**)
Dutch

holandés SUSTANTIVO (PL los **holandeses**)
[1] *Dutchman* (*persona*) (PL *Dutchmen*)
- **los holandeses** the Dutch
[2] *Dutch* (*idioma*)

holandesa SUSTANTIVO
Dutchwoman (PL *Dutchwomen*)

holgazán ADJETIVO (FEM **holgazana**, MASC PL **holgazanes**)
lazy

hollín SUSTANTIVO
soot

hombre SUSTANTIVO
man (PL *men*)
- **un hombre de negocios** a businessman
- **la historia del hombre sobre la tierra** the history of mankind on earth

hombro SUSTANTIVO
shoulder
- **encogerse de hombros** to shrug one's shoulders

homenaje SUSTANTIVO
tribute
- **en homenaje a** in honour of

homosexual ADJETIVO, SUSTANTIVO
homosexual

hondo ADJETIVO
deep ◇ *un pozo muy hondo* a very deep well ◇ *Se ha tirado por lo mas hondo de la piscina.* He dived into the deep end of the pool.

Honduras SUSTANTIVO FEM
Honduras

el **hondureño**, la **hondureña** ADJETIVO, SUSTANTIVO
Honduran

la **honestidad** SUSTANTIVO
[1] *honesty* (*honradez*)
[2] *decency* (*decoro*)

honesto ADJETIVO
honest (*honrado*) ◇ *un vendedor honesto* an honest salesman
- **Mostró un comportamiento honesto.** He behaved honestly.

el **hongo** SUSTANTIVO
[1] *fungus* (*bacteria*)
[2] *mushroom* (*seta*) Latin America

el **honor** SUSTANTIVO
honour

la **honradez** SUSTANTIVO
honesty

honrado ADJETIVO
honest ◇ *Es una persona muy honrada.* He's a very honest person.

la **hora** SUSTANTIVO
[1] *hour* ◇ *El viaje dura una hora.* The journey lasts an hour.
[2] *time* ◇ *¿Qué hora es?* What's the time? ◇ *¿Tienes hora?* Have you got the time?
- **¿A qué hora llega?** What time is he arriving?
- **llegar a la hora** to arrive on time
- **la hora de cenar** dinnertime
- **a última hora** at the last minute
[3] *period*
- **Después de inglés tenemos una hora libre.** After English we have a free period.
[4] *appointment* ◇ *Tengo hora para el dentista.* I've got an appointment at the dentist's.
- **horas extras** overtime SING
- **en mis horas libres** in my spare time

el **horario** SUSTANTIVO
timetable
- **el horario de trenes** the train timetable
- **horario de visitas** visiting hours PL

horizontal ADJETIVO
horizontal

el **horizonte** SUSTANTIVO
horizon ◇ *en el horizonte* on the horizon

la **hormiga** SUSTANTIVO
ant

el **hormigón** SUSTANTIVO
concrete

el **hormigueo** SUSTANTIVO
pins and needles ◇ *Tengo un hormigueo en la pierna.* I've got pins and needles in my leg.

el **horno** SUSTANTIVO
oven ◇ *¡Este lugar es un horno!* This place is like an oven!
- **pescado al horno** baked fish
- **pollo al horno** roast chicken
- **un horno microondas** a microwave oven

el **horóscopo** SUSTANTIVO

H

horoscope

la **horquilla** SUSTANTIVO
hair grip (para el pelo)

horrible ADJETIVO
awful ◇ El tiempo ha estado horrible. The weather has been awful.

el **horror** SUSTANTIVO
horror ◇ los horrores de la guerra the horrors of war
- **tener horror a algo** to be terrified of something ◇ Les tengo horror a las arañas. I'm terrified of spiders.
- **¡Qué horror!** How awful!

horroroso ADJETIVO
1 *horrific* ◇ un accidente horroroso a horrific accident
2 *hideous* ◇ ¡Qué camisa mas horrorosa! What a hideous shirt!

la **hortaliza** SUSTANTIVO
vegetable

hortera ADJETIVO
naff (coloquial) ◇ Tiene un gusto muy hortera. He's got really naff taste.

hospedarse VERBO
to stay ◇ Se hospedaron en un hotel. They stayed in a hotel.

el **hospital** SUSTANTIVO
hospital ◇ La tuvieron que llevar al hospital. She had to be taken to hospital. ◇ Estudió en el hospital universitario. He studied at the university hospital.

la **hospitalidad** SUSTANTIVO
hospitality

el **hostal** SUSTANTIVO
small hotel

la **hostia** SUSTANTIVO
host

el **hotel** SUSTANTIVO
hotel

hoy ADVERBIO
today ◇ Hoy no tenemos clases. We haven't got any classes today. ◇ el periódico de hoy today's paper ◇ los jóvenes de hoy young people today
- **desde hoy en adelante** from now on
- **hoy en día** nowadays
- **hoy por la mañana** this morning

el **hoyo** SUSTANTIVO
hole

hube VERBO ver **haber**

la **hucha** SUSTANTIVO
moneybox

hueco ADJETIVO
hollow

el **hueco** SUSTANTIVO
1 *space* ◇ Deja un hueco para la respuesta. Leave a space for the answer.
- **Hazme un hueco para sentarme.** Make a bit of room so that I can sit down.
2 *free period* ◇ Los lunes tengo un hueco entre clase y clase. I have a free period between classes on Mondays.
- **Entró por un hueco que había en la valla.**

He got in through a gap in the fence.

la **huelga** SUSTANTIVO
strike ◇ una huelga general a general strike
- **estar en huelga** to be on strike
- **declararse en huelga** to go on strike

el/la **huelguista** SUSTANTIVO
striker

la **huella** SUSTANTIVO
footprint (pisada)
- **huellas** (de animal, vehículo) tracks
- **Desapareció sin dejar huella.** He disappeared without trace.
- **huella digital** fingerprint

huelo VERBO ver **oler**

huérfano ADJETIVO
- **un niño huérfano** an orphan
- **ser huérfano** to be an orphan
- **es huérfano de padre** he's lost his father
- **quedarse huérfano** to be orphaned

el **huérfano**, la **huérfana** SUSTANTIVO
orphan

la **huerta** SUSTANTIVO
1 *vegetable garden* (de hortalizas)
2 *orchard* (de árboles frutales)

el **huerto** SUSTANTIVO
1 *kitchen garden* (de hortalizas)
2 *orchard* (de arboles frutales)

el **hueso** SUSTANTIVO
1 *bone* (de humano, animal)
2 *stone* (de fruta)
- **aceitunas sin hueso** pitted olives ◇ La profesora de francés es un hueso. The French teacher's a real dragon. (coloquial)

el/la **huésped** SUSTANTIVO
guest

el **huevo** SUSTANTIVO
egg
- **un huevo duro** a hard-boiled egg
- **un huevo escalfado** a poached egg
- **un huevo frito** a fried egg
- **huevos revueltos** scrambled eggs
- **un huevo pasado por agua** a soft-boiled egg

huir* VERBO
to escape ◇ Huyó de la cárcel. He escaped from prison.
- **Huyeron del país.** They fled the country.
- **salir huyendo** to run away

el **hule** SUSTANTIVO
1 *oilcloth* (mantel)
2 *rubber* (goma) Mexico ◇ una liga de hule a rubber band

la **humanidad** SUSTANTIVO
humanity

humano ADJETIVO ◇ el cuerpo humano the human body
- **los seres humanos** human beings

el **humano** SUSTANTIVO
human being

la **humareda** SUSTANTIVO
cloud of smoke

la **humedad** SUSTANTIVO

1 *dampness* (de la ropa, las paredes)

2 *humidity* (del aire)

húmedo ADJETIVO

1 *damp* (ropa, pared) ◇ *La ropa está todavía húmeda.* The clothes are still damp.

2 *humid* (clima) ◇ *El día estaba muy húmedo.* It was a very humid day.

humilde ADJETIVO

humble ◇ *Era de familia humilde.* She was from a humble background.

humo SUSTANTIVO

smoke ◇ *El humo de la chimenea.* The smoke from the chimney.

→ **darse humos** to brag (*coloquial*)

→ **bajar los humos a alguien** to take someone down a peg or two

→ **estaba que echaba humo** she was absolutely fuming (*coloquial*)

humor SUSTANTIVO

mood ◇ *No está de humor para bromas.* He's not in the mood for jokes.

→ **estar de buen humor** to be in a good mood

→ **estar de mal humor** to be in a bad mood

→ **Tiene un gran sentido del humor.** He has got a good sense of humour.

→ **humor negro** black humour

hundirse VERBO

1 *to sink* ◇ *El barco se hundió durante la tormenta.* The boat sank during the storm.

2 *to collapse* ◇ *El techo se hundió con el peso.* The ceiling collapsed under the weight.

el **húngaro**, la **húngara** ADJETIVO, SUSTANTIVO

Hungarian

el **húngaro** SUSTANTIVO

Hungarian (idioma)

Hungría SUSTANTIVO FEM

Hungary

el **huracán** SUSTANTIVO

hurricane

hurgar* VERBO

to rummage ◇ *La encontré hurgando en los cajones.* I found her rummaging through the drawers. ◇ *Hurgó en sus bolsillos buscando las llaves.* He rummaged in his pockets for the keys.

→ **hurgarse la nariz** to pick one's nose

huyendo VERBO *ver* **huir**

I

I.B. ABREVIATURA (= *Instituto de Bachillerato*)
In Spain the **institutos de Bachillerato** *are state secondary schools for 12- to 18-year-olds.*

iba VERBO *ver* **ir**

iberoamericano, la **iberoamericana** ADJETIVO, SUSTANTIVO

Latin American

iceberg SUSTANTIVO (PL los **icebergs**)

iceberg

ictericia SUSTANTIVO

jaundice

ida SUSTANTIVO

single ◇ *¿Cuánto cuesta la ida?* How much does a single cost?

→ **¿Me da uno de ida y vuelta para Londres, por favor?** A return to London please.

→ **un billete de ida y vuelta** a return ticket

→ **un boleto de ida y vuelta** `Latin America` a return ticket

→ **a la ida** on the way there ◇ *A la ida paramos a comer.* We stopped to have lunch on the way there.

→ **El viaje de ida duró dos horas.** The journey there took two hours.

idea SUSTANTIVO

idea ◇ *¡Qué buena idea!* What a good idea! ◇ *No tengo ni idea.* I haven't the faintest idea.

→ **Mi idea era que nos juntáramos en mi casa.** I thought that we could meet at my house.

→ **Ya me voy haciendo a la idea.** I'm beginning to get used to the idea.

→ **cambiar de idea** to change one's mind ◇ *He cambiado de idea.* I've changed my mind.

ideal ADJETIVO

ideal ◇ *el lugar ideal para pasar el verano* the ideal place to spend the summer

el **ideal** SUSTANTIVO

ideal ◇ *los ideales democráticos* democratic ideals ◇ *Mi ideal sería trabajar cuatro horas diarias.* My ideal would be to work four hours a day.

idear VERBO

to devise ◇ *Idearon un nuevo sistema.* They devised a new system.

idéntico ADJETIVO

identical ◇ *Tiene una falda idéntica a la mía.* She has an identical skirt to mine.

→ **Es idéntica a su padre.** She's the spitting image of her father. (*coloquial*)

identificar* VERBO

to identify ◇ *Ya han identificado a la víctima.* They've already identified the victim.

→ **identificarse con alguien** to identify with somebody ◇ *Muchos jóvenes se identifican con él.* Many young people identify with him.

el **idioma** SUSTANTIVO

language ◇ *Habla tres idiomas a la perfección.* He speaks three languages perfectly.

H

I

idiota ADJETIVO
　　stupid ◇ ¡No seas tan idiota! Don't be so stupid!
el/la **idiota** SUSTANTIVO
　　idiot
la **idiotez** SUSTANTIVO (PL las **idioteces**)
　✦ **Deja de decir idioteces.** Stop talking nonsense.
el **ídolo** SUSTANTIVO
　　idol
la **iglesia** SUSTANTIVO
　　church (PL *churches*) ◇ Voy a la iglesia todos los domingos. I go to church every Sunday.
　✦ **la Iglesia católica** the Catholic Church
ignorante ADJETIVO
　　ignorant
ignorar VERBO
　　1 *not to know* ◇ Ignoramos su paradero. We don't know his whereabouts.
　　2 *to ignore* ◇ Es mejor ignorarla. It's best to ignore her.
igual (1) ADJETIVO
　　1 *equal* ◇ Se dividieron el dinero en partes iguales. They divided the money into equal shares.
　✦ **X es igual a Y.** X is equal to Y.
　　2 *the same* ◇ Todas las casas son iguales. All the houses are the same.
　✦ **Es igual a su madre. (1)** (físicamente) She looks just like her mother.
　✦ **Es igual a su madre. (2)** (en la personalidad) She's just like her mother.
　✦ **Tengo una falda igual que la tuya.** I've got a skirt just like yours.
　✦ **ir iguales** to be even
　✦ **Van quince iguales.** It's fifteen all.
　✦ **Es igual hoy que mañana.** Today or tomorrow, it doesn't matter.
　✦ **Me da igual.** I don't mind.
igual (2) ADVERBIO
　　1 *the same* (de la misma forma) ◇ Se visten igual. They dress the same.
　　2 *maybe* (a lo mejor) ◇ Igual no lo saben todavía. Maybe they don't know yet.
　　3 *anyway* (de todas formas) ◇ No hizo nada pero la castigaron igual. She didn't do anything but they punished her anyway.
la **igualdad** SUSTANTIVO
　　equality ◇ la igualdad racial racial equality
　✦ **la igualdad de oportunidades** equal opportunities
ilegal ADJETIVO
　　illegal
ilegible ADJETIVO
　　illegible ◇ Tiene una letra ilegible. His handwriting's illegible.
ileso ADJETIVO
　　unhurt ◇ Salió ileso del accidente. He escaped unhurt from the accident.
　✦ **Todos resultaron ilesos.** No one was hurt.
la **iluminación** SUSTANTIVO
　　lighting (de habitación, calle) ◇ La

iluminación de las calles es muy deficiente. The street lighting is poor.
　✦ **Se cortó la iluminación del estadio.** The stadium floodlighting went out.
iluminar VERBO
　　to light ◇ los faroles que iluminan la calle the streetlamps that light the street ◇ Unas velas iluminaban la habitación. The room was lit by candles.
　✦ **El flash le iluminó el rostro.** The flash lit up his face.
　✦ **Esta lámpara ilumina muy poco.** This lamp gives out very little light.
　✦ **Se le iluminó la cara.** His face lit up.
la **ilusión** SUSTANTIVO (PL las **ilusiones**)
　　1 *hope* ◇ Llegó aquí con muchísima ilusión. He arrived here full of hope. ◇ No te hagas muchas ilusiones. Don't build your hopes up.
　　2 *dream* ◇ Su ilusión era comprarlo. His dream was to buy it. ◇ Mi mayor ilusión es llegar a ser médico. My greatest dream is to become a doctor.
　　3 *illusion* ◇ una ilusión óptica an optical illusion
　✦ **Le hace mucha ilusión que vengas.** He's really looking forward to you coming.
　✦ **Tu regalo me hizo mucha ilusión.** I was delighted to get your present.
　✦ **¡Qué ilusión!** How wonderful!
ilusionar VERBO
　✦ **Me ilusiona mucho la idea.** I'm really excited about the idea.
　✦ **Nos ilusionaron con falsas promesas.** They built our hopes up with false promises.
　✦ **ilusionarse** to build up one's hopes ◇ No te ilusiones demasiado. Don't build up your hopes too much.
　✦ **ilusionarse con algo** to get really excited about something
la **ilustración** SUSTANTIVO (PL las **ilustraciones**)
　　illustration
la **imagen** SUSTANTIVO (PL las **imágenes**)
　　1 *image* ◇ Han decidido cambiar de imagen. They've decided to change their image.
　✦ **ser la viva imagen de alguien** to be the spitting image of somebody
　　2 *picture* ◇ Las películas dan una imagen falsa de América. Films give a false picture of America.
la **imaginación** SUSTANTIVO (PL las **imaginaciones**)
　　imagination ◇ Tiene mucha imaginación. He has a vivid imagination.
　✦ **Esas son imaginaciones tuyas.** You're imagining things.
　✦ **No se me pasó por la imaginación.** It never even occurred to me.
imaginarse VERBO
　　to imagine ◇ No te imaginas lo mal que me sentí. You can't imagine how bad I felt. ◇ Me imagino que seguirá en Madrid. I

imagine that he's still in Madrid.
- **Me imagino que sí.** I imagine so.
- **Me imagino que no.** I wouldn't think so.
- **¿Se enfadó mucho? – ¡Imagínate!** Was he very angry? – What do you think!

imán SUSTANTIVO (PL los **imanes**)
  magnet

imbécil ADJETIVO
  stupid ◇ *¡No seas imbécil!* Don't be stupid!

imitación SUSTANTIVO (PL las **imitaciones**)
  [1] *impression* ◇ *Es muy buena haciendo imitaciones.* She's very good at doing impressions.
  [2] *imitation* ◇ *Aprendemos a hablar por imitación.* We learn to speak by imitation. ◇ *los diamantes de imitación* imitation diamonds ◇ *Es imitación cuero.* It's imitation leather.

imitar VERBO
  to copy ◇ *Imita todo lo que hace su hermano.* He copies everything his brother does.
- **imitar a alguien** to do an impression of somebody ◇ *Imita muy bien a la directora.* She does a very good impression of the headmistress.
- **imitar un acento** to imitate an accent ◇ *Se ríe cuando le imitan el acento.* He laughs when people imitate his accent.

impaciente ADJETIVO
  impatient ◇ *Se estaba empezando a poner impaciente.* He was beginning to get impatient. ◇ *Estarás impaciente por saberlo.* You'll be impatient to know.

impar ADJETIVO (FEM **impar**)
  odd ◇ *un número impar* an odd number

impar SUSTANTIVO
  odd number

imparcial ADJETIVO
  impartial

impecable ADJETIVO
  impeccable ◇ *Su comportamiento siempre ha sido impecable.* His behaviour has always been impeccable.
- **Siempre va impecable.** He is always impeccably dressed.

impedir* VERBO
  [1] *to prevent* ◇ *Trataron de impedir la huida de los presos.* They tried to prevent the prisoners' escape. ◇ *La lluvia nos impidió ir.* The rain prevented us from going. ◇ *impedir que alguien haga algo* to prevent somebody from doing something
  [2] *to stop* ◇ *A mí nadie me lo va a impedir.* Nobody is going to stop me.
  [3] *to block* ◇ *Un camión nos impedía el paso.* A lorry was blocking our way.

imperdible SUSTANTIVO
  safety pin

imperio SUSTANTIVO
  empire

impermeable ADJETIVO
  waterproof ◇ *una tela impermeable* waterproof material

el **impermeable** SUSTANTIVO
  raincoat

impersonal ADJETIVO
  impersonal

impertinente ADJETIVO
  impertinent

impidiendo VERBO ver **impedir**

impido VERBO ver **impedir**

imponer* VERBO
  to impose ◇ *Le impusieron una multa de 5.000 pesetas.* They imposed a 5000-peseta fine on him.
- **imponerse (1)** to triumph ◇ *El corredor nigeriano se impuso en la segunda carrera.* The Nigerian runner triumphed in the second race.
- **imponerse (2)** to assert oneself ◇ *Sabe imponerse.* He knows how to assert himself.

la **importación** SUSTANTIVO (PL las **importaciones**)
  import ◇ *una empresa de importación/exportación* an import-export business
- **los artículos de importación** imported goods
- **Está prohibida su importación.** There's a ban on importing it.

la **importancia** SUSTANTIVO
  importance ◇ *un asunto de suma importancia* a matter of great importance
- **dar importancia a algo** to attach importance to something ◇ *Les da demasiada importancia a los detalles.* He attaches too much importance to details.
- **darse importancia** to give oneself airs
- **La educación tiene mucha importancia.** Education is very important.
- **¡Me he olvidado tu libro! – No tiene importancia.** I've forgotten your book! – It doesn't matter.
- **cuestiones sin importancia** unimportant matters

importante ADJETIVO
  important
- **lo importante** the important thing ◇ *Lo importante es que vengas.* The important thing is that you come.

importar VERBO
  [1] *to import* ◇ *Importa especias del Zaire.* He imports spices from Zaire.
  [2] *to matter* ◇ *¿Y eso qué importa?* And what does that matter?
- **no importa (1)** it doesn't matter ◇ *No importa lo que piensen los demás.* It doesn't matter what other people think.
- **no importa (2)** never mind ◇ *No importa, podemos hacerlo mañana.* Never mind, we can do it tomorrow.
- **No me importa levantarme temprano.** I don't mind getting up early. ◇ *¿Le importa que fume?* Do you mind if I smoke?
- **¿Y a ti qué te importa?** What's that to you?
- **Me importan mucho mis estudios.** My studies are very important to me.

◆ **Me importa un bledo.** I couldn't care less.

imposible ADJETIVO
　impossible ◇ *Es imposible predecir quién ganará.* It's impossible to predict who will win. ◇ *Es imposible de predecir.* It's impossible to predict. ◇ *El abuelo está imposible hoy.* Granddad is being impossible today.
◆ **Me es imposible comprenderla.** I can't understand her.
◆ **Es imposible que lo sepan.** They can't possibly know.

el **impostor**, la **impostora** SUSTANTIVO
　impostor

la **impresión** SUSTANTIVO (PL las **impresiones**)
　impression ◇ *Le causó muy buena impresión a mis padres.* He made a very good impression on my parents.
◆ **Tengo la impresión de que no va a venir.** I have a feeling that he won't come.
◆ **Me dio mucha impresión verlo tan delgado.** I was shocked to see him looking so thin.

impresionante ADJETIVO
　① *impressive* (hazaña) ◇ *una colección de sellos de lo más impresionante* a most impressive stamp collection
　② *amazing* (éxito, memoria) ◇ *una cantidad impresionante de coches* an amazing number of cars
　③ *striking* (belleza) ◇ *El parecido es impresionante.* The likeness is striking.
◆ **paisajes de una belleza impresionante** strikingly beautiful landscapes

impresionar VERBO
　① *to shock* ◇ *Me impresionó mucho su palidez.* I was really shocked at how pale he was.
　② *to impress* ◇ *Unos poemas me impresionaron más que otros.* Some poems impressed me more than others.
◆ **Impresiona lo rápido que es.** His speed is impressive.
◆ **impresionarse** to be impressed ◇ *Se impresiona con facilidad.* He's easily impressed.

el **impreso** SUSTANTIVO
　form ◇ *un impreso de solicitud* an application form

la **impresora** SUSTANTIVO
　printer ◇ *una impresora láser* a laser printer

imprevisible ADJETIVO
　① *unforeseeable* ◇ *acontecimientos imprevisibles* unforeseeable events
　② *unpredictable* ◇ *Tiene unas reacciones totalmente imprevisibles.* His reactions are completely unpredictable.

imprevisto ADJETIVO
　unexpected

el **imprevisto** SUSTANTIVO
◆ **si no surge algún imprevisto** if nothing unexpected comes up

imprimir* VERBO
　to print

improvisar VERBO
　to improvise

la **imprudencia** SUSTANTIVO
◆ **Saltar la tapia fue una imprudencia.** It was unwise to jump over the wall.
◆ **El accidente fue culpa de una imprudencia del conductor.** The accident was caused by reckless driving.

imprudente ADJETIVO
　unwise ◇ *Sería imprudente nadar aquí.* It would be unwise to go swimming here.
◆ **conductores imprudentes** reckless drivers

impuesto VERBO ver **imponer**

el **impuesto** SUSTANTIVO
　tax (PL *taxes*)
◆ **el impuesto sobre la renta** income tax
◆ **el impuesto sobre el valor añadido** value-added tax
◆ **el impuesto sobre el valor agregado** ⸢Latin America⸣ value-added tax
◆ **libre de impuestos** duty-free ◇ *Lo compré en la tienda libre de impuestos.* I bought it at the duty-free shop.

impulsar VERBO
　to drive ◇ *Está impulsado por un motor eléctrico.* It's driven by an electric motor. ◇ *La ambición la impulsó a mentir.* Ambition drove her to lie.
◆ **una política destinada a impulsar el comercio** a policy designed to boost trade

el **impulso** SUSTANTIVO
　impulse ◇ *Actué por impulso.* I acted on impulse.
◆ **Mi primer impulso fue salir corriendo.** My first instinct was to run outside.
◆ **Tomó impulso antes de saltar.** He took a run up before jumping.

inaceptable ADJETIVO
　unacceptable

inadecuado ADJETIVO
　unsuitable

inadvertido ADJETIVO
◆ **pasar inadvertido** to go unnoticed ◇ *Tu ausencia no pasó inadvertida.* Your absence didn't go unnoticed.

inapropiado ADJETIVO
　unsuitable ◇ *Esos zapatos son inapropiados para caminar por el bosque.* Those shoes are unsuitable for walking in the woods.

la **inauguración** SUSTANTIVO (PL las **inauguraciones**)
　opening ◇ *Había mucha gente en la inauguración.* There were a lot of people at the opening. ◇ *la ceremonia de inauguración* the opening ceremony

inaugurar VERBO
　to open ◇ *Mañana inauguran el nuevo hospital.* The new hospital is being opened tomorrow.

el/la **inca** ADJETIVO, SUSTANTIVO

Verbs marked with this symbol are irregular. See pages 332–333 for further details

Inca

incapacidad SUSTANTIVO

inability ◇ *debido a su incapacidad para concentrarse* owing to his inability to concentrate

◆ **la incapacidad física** physical disability

◆ **la incapacidad mental** mental disability

incapaz ADJETIVO (PL **incapaces**)

incapable ◇ *Es incapaz de estarse callado.* He is incapable of keeping quiet.

◆ **Hoy soy incapaz de concentrarme.** I can't concentrate today.

incendiarse VERBO

to catch fire ◇ *Se incendió la parte vieja del edificio.* The old part of the building caught fire. ◇ *Se le incendió el coche.* His car caught fire.

incendio SUSTANTIVO

fire ◇ *Se declaró un incendio en el hotel.* A fire broke out in the hotel.

incentivo SUSTANTIVO

incentive ◇ *No tengo incentivo para estudiar.* I have no incentive to study.

incidente SUSTANTIVO

incident ◇ *La reunión transcurrió sin incidentes.* The meeting passed off without incident.

incierto ADJETIVO

uncertain ◇ *un porvenir incierto* an uncertain future

inclinar VERBO

to tilt ◇ *Inclina un poco más la sombrilla.* Can you tilt the sun umbrella a bit more?

◆ **inclinar la cabeza** to nod

◆ **inclinarse (1)** to bend down ◇ *Se inclinó para besarlo.* She bent down to kiss him.

◆ **inclinarse (2)** to lean ◇ *inclinarse sobre algo* to lean over something ◇ *inclinarse hacia delante* to lean forward ◇ *inclinarse hacia atrás* to lean back

◆ **inclinarse (3)** to bow ◇ *inclinarse ante alguien* to bow to somebody

incluir* VERBO

to include ◇ *El precio incluye las comidas.* The price includes meals.

◆ **El examen no incluye este tema.** This topic doesn't come into the exam.

inclusive ADVERBIO

1 *inclusive* ◇ *Está abierto de lunes a sábado inclusive.* It's open from Monday to Saturday inclusive.

2 *including* ◇ *hasta el capítulo diez inclusive* up to and including chapter ten

incluso ADVERBIO

even ◇ *He tenido que estudiar incluso los domingos.* I've even had to study on Sundays.

incluyendo VERBO *ver* **incluir**

incómodo ADJETIVO

uncomfortable ◇ *Este asiento es muy incómodo.* This seat is very uncomfortable. ◇ *Se siente muy incómoda cuando está con él.* She feels very uncomfortable with him.

incompetente ADJETIVO

incompetent

incompleto ADJETIVO

incomplete

incomprensible ADJETIVO

incomprehensible

inconsciente ADJETIVO

1 *unconscious* ◇ *estar inconsciente* to be unconscious ◇ *Quedó inconsciente con el golpe.* The force of the blow left him unconscious. ◇ *un deseo inconsciente* an unconscious desire

2 *thoughtless* ◇ *¡Qué inconsciente eres!* How thoughtless you are!

inconveniente ADJETIVO

inconvenient ◇ *a una hora inconveniente* at an inconvenient time

el **inconveniente** SUSTANTIVO

1 *problem* ◇ *El inconveniente es que no tengo coche.* The problem is that I haven't got a car. ◇ *Ha surgido un inconveniente.* A problem has come up.

2 *drawback* ◇ *El plan tiene sus inconvenientes.* The plan has its drawbacks.

◆ **No tengo ningún inconveniente.** I have no objection.

◆ **No tengo inconveniente en preguntárselo.** I don't mind asking him.

◆ **¿Tienes algún inconveniente en que le dé tú teléfono?** Do you mind if I give him your telephone number?

incorrecto ADJETIVO

1 *incorrect* ◇ *una respuesta incorrecta* an incorrect answer

2 *impolite* ◇ *Has sido muy incorrecto.* You were very impolite.

increíble ADJETIVO

incredible

inculto ADJETIVO

ignorant (*persona*)

incurable ADJETIVO

incurable

indeciso ADJETIVO

indecisive ◇ *Es una persona muy indecisa.* She's very indecisive.

◆ **Estoy indecisa, no sé cuál comprar.** I can't make up my mind, I don't know which to buy.

indefenso ADJETIVO

defenceless

la **indemnización** SUSTANTIVO (PL las **indemnizaciones**)

compensation ◇ *Recibieron mil dólares de indemnización.* They received a thousand dollars compensation.

◆ **la indemnización por daños y perjuicios** damages PL

indemnizar* VERBO

to compensate ◇ *El gobierno compensará a las víctimas.* The government will compensate the victims.

◆ **Nos tienen que indemnizar.** They've got to pay us compensation.

la **independencia** SUSTANTIVO

independence

independiente ADJETIVO
1 *independent* ◇ *Es una chica muy independiente.* She's a very independent girl.
2 *self-contained* ◇ *Son apartamentos independientes.* They are self-contained flats.

independientemente ADVERBIO
independently ◇ *Los dos motores funcionan independientemente.* The two engines work independently.
◆ **Iremos, independientemente de lo que hayan decidido.** We'll go, regardless of what they have decided.

independizarse* VERBO
to become independent ◇ *Quiero independizarme.* I want to become independent.

la **India** SUSTANTIVO
Indian
India SUSTANTIVO FEM
◆ **La India** India

la **indicación** SUSTANTIVO (PL las **indicaciones**)
sign
◆ **Nos hizo una indicación para que siguiéramos.** He signalled to us to follow.
◆ **indicaciones (1)** instructions ◇ *Hay que seguir las indicaciones del manual.* You'll need to follow the instructions in the manual.
◆ **indicaciones (2)** directions ◇ *Me dio indicaciones de cómo llegar.* He gave me directions for getting there.

indicar* VERBO
1 *to indicate* ◇ *El termómetro indicaba treinta grados.* The thermometer indicated thirty degrees. ◇ *Todo indica que...* Everything indicates that...
2 *to tell* ◇ *¿Puede indicarme dónde hay una gasolinera?* Please can you tell where there's a petrol station? ◇ *Un guardia me indicó el camino.* A policeman told me the way.
3 *to advise* ◇ *El médico me indicó que no fumara.* The doctor advised me not to smoke.

el **índice** SUSTANTIVO
1 *index* (PL *indexes* o *indices*) ◇ *un índice alfabético* an alphabetical index
◆ **el índice de materias** the table of contents
◆ **el índice de natalidad** the birth rate
2 *index finger* (*dedo*)

la **indiferencia** SUSTANTIVO
indifference

indiferente ADJETIVO
indifferent ◇ *Parece indiferente al cariño.* She seems indifferent to affection.
◆ **Es indiferente que viva en Glasgow o Edimburgo.** It makes no difference whether he lives in Glasgow or Edinburgh.
◆ **Me es indiferente hacerlo hoy o mañana.** I don't mind whether I do it today or tomorrow.

indígena ADJETIVO

indigenous ◇ *la población indígena* the indigenous population
el/la **indígena** SUSTANTIVO
native

la **indigestión** SUSTANTIVO
indigestion

indignado ADJETIVO
angry ◇ *Están muy indignados con ella.* They're very angry with her.

indignar VERBO
to infuriate ◇ *Su comportamiento los indignó.* His behaviour infuriated them.
◆ **indignarse** to get angry ◇ **indignarse por algo** to get angry about something
◆ **indignarse con alguien** to be furious with somebody ◇ *Si se entera se va a indignar conmigo.* If he finds out he'll be furious with me.

el **indio** ADJETIVO, SUSTANTIVO
Indian

la **indirecta** SUSTANTIVO
hint ◇ *lanzar una indirecta* to drop a hint

indirecto ADJETIVO
indirect

indispensable ADJETIVO
essential ◇ *Es indispensable saber inglés.* It's essential to know English.
◆ **Llevaba sólo lo indispensable.** He was carrying only the essentials.

individual ADJETIVO
1 *individual* (*porción, rasgo*) ◇ *Los venden en paquetes individuales.* They're sold in individual packets.
2 *single* (*cama, cuarto*) ◇ *Quisiera una habitación individual.* I'd like a single room.
el **individual** SUSTANTIVO
singles PL ◇ *la final del individual femenino* the ladies' singles final

el **individuo** SUSTANTIVO
individual

la **industria** SUSTANTIVO
industry (PL *industries*) ◇ *la industria pesada* heavy industry ◇ *la industria petrolera* the oil industry

industrial ADJETIVO
industrial
el/la **industrial** SUSTANTIVO
industrialist

ineficiente ADJETIVO
inefficient

inesperado ADJETIVO
unexpected ◇ *una visita inesperada* an unexpected visit

inestable ADJETIVO
1 *unsteady* (*mueble*)
2 *changeable* (*tiempo*)

inevitable ADJETIVO
inevitable

inexacto ADJETIVO
inaccurate ◇ *La biografía contiene muchos datos inexactos.* The biography contains a lot of inaccurate details.

inexperto ADJETIVO

inexperienced

inexplicable ADJETIVO
inexplicable

infantil ADJETIVO
[1] *children's* (*parque, ropa*) ◇ *un programa infantil* a children's programme
[2] *childish* (*actitud*) ◇ *¡No seas tan infantil!* Don't be so childish!

el **infarto** SUSTANTIVO
heart attack ◇ *Le dio un infarto.* He had a heart attack.

la **infección** SUSTANTIVO (PL las **infecciones**)
infection ◇ *tener una infección* to have an infection ◇ *Tiene una infección de oídos.* He has got an ear infection.

infeliz ADJETIVO (PL **infelices**)
unhappy

inferior (FEM **inferior**) ADJETIVO
[1] *lower* ◇ *Tenía el labio inferior hinchado.* His lower lip was swollen. ◇ *Las temperaturas han sido inferiores a lo normal.* Temperatures have been lower than normal.
[2] *inferior* ◇ *de calidad inferior* of inferior quality
◆ *un número inferior a nueve* a number below nine

el **infiernillo** SUSTANTIVO
stove

el **infierno** SUSTANTIVO
hell

el **infinitivo** SUSTANTIVO
infinitive

inflable ADJETIVO
inflatable

la **inflación** SUSTANTIVO
inflation ◇ *Hay que reducir la inflación.* Inflation has to be reduced.

inflamable ADJETIVO
inflammable

inflar VERBO
[1] *to blow up* (*globo*)
[2] *to inflate* (*rueda*)

la **influencia** SUSTANTIVO
influence ◇ *Mi abuelo tuvo una gran influencia en mí.* My grandfather had a great influence on me. ◇ *Tiene una mala influencia sobre ella.* He's a bad influence on her.

influenciar VERBO
to influence

influir* VERBO
◆ *dos hombres que influyeron en su vida* two men who influenced his life
◆ *Mis padres influyeron mucho en mí.* My parents had a great influence on me.
◆ *El cansancio ha influido en su rendimiento.* Tiredness has affected his work.

la **información** SUSTANTIVO (PL las **informaciones**)
[1] *information* ◇ *Quisiera información sobre los cursos de inglés.* I'd like some information on English courses.
◆ *una información muy importante* a very

important piece of information
[2] *news* SING ◇ *Este canal tiene mucha información deportiva.* There's a lot of sports news on this channel.
[3] *directory enquiries* ◇ *Llama a información y pide que te den el número.* Call directory enquiries and ask them for the number.
◆ *Pregunta en información de dónde sale el tren.* Ask at the information desk which platform the train leaves from.

informal ADJETIVO
[1] *informal* ◇ *un ambiente muy informal* a very informal atmosphere
◆ *Prefiero la ropa informal.* I prefer casual clothes.
[2] *unreliable* ◇ *Es una persona muy informal.* He's a very unreliable person.

informar VERBO
to inform ◇ *Nos informaron que venía con retraso.* They informed us that it was going to be late.
◆ *Les han informado mal.* They've been misinformed.
◆ *¿Me podría informar sobre los cursos de inglés?* Could you give me some information about English courses?

la **informática** SUSTANTIVO
computing ◇ *los avances de la informática* advances in computing
◆ *Quiere estudiar informática.* He wants to study computer science.

el **informe** SUSTANTIVO
report ◇ *Presentó un informe detallado sobre lo ocurrido.* He gave a detailed report about what had happened.
◆ *según mis informes* according to my information
◆ *pedir informes* to ask for references

la **infusión** SUSTANTIVO (PL las **infusiones**)
herbal tea
◆ *una infusión de manzanilla* a camomile tea

ingeniar VERBO
to devise ◇ *Habían ingeniado un sistema para evadir impuestos.* They had devised a system for evading taxes.
◆ *ingeniárselas* to manage ◇ *No te preocupes, me las ingeniaré como pueda.* Don't worry, I'll manage as best I can. ◇ *No sé cómo se las ingenió para conseguir el dinero.* I don't know how he managed to get the money.

la **ingeniera** SUSTANTIVO
engineer ◇ *Quiere ser ingeniera.* She wants to be an engineer.

la **ingeniería** SUSTANTIVO
engineering

el **ingeniero** SUSTANTIVO
engineer ◇ *Quiere ser ingeniero.* He wants to be an engineer.
◆ *un ingeniero agrónomo* an agriculturist

el **ingenio** SUSTANTIVO
[1] *ingenuity* (*talento*)
[2] *wit* (*agudeza*)

◆ **un ingenio azucarero** _Latin America_ a sugar refinery

ingenioso ADJETIVO
　1 _ingenious_ ◇ _¡Qué idea más ingeniosa!_ What an ingenious idea!
　2 _witty_ ◇ _un comentario ingenioso_ a witty comment

ingenuo ADJETIVO
naïve

Inglaterra SUSTANTIVO FEM
England

inglés ADJETIVO (FEM **inglesa**, MASC PL **ingleses**)
English ◇ _la comida inglesa_ English food

el **inglés** (PL los **ingleses**) SUSTANTIVO
　1 _Englishman_ (persona) (PL _Englishmen_)
◆ **los ingleses** the English
　2 _English_ (idioma) ◇ _El inglés le resulta difícil._ He finds English difficult.

la **inglesa** SUSTANTIVO
Englishwoman (PL _Englishwomen_)

el **ingrediente** SUSTANTIVO
ingredient

ingresar VERBO
to pay in ◇ _ingresar un cheque en una cuenta_ to pay a cheque into an account
◆ **ingresar en el hospital** to go into hospital
◆ **Han vuelto a ingresar a mi abuela.** They've taken my grandmother into hospital again.
◆ **ingresar en un club** to join a club

los **ingresos** SUSTANTIVO
income SING ◇ _Tiene unos ingresos muy bajos._ He has a very low income.

la **inicial** SUSTANTIVO
initial

la **iniciativa** SUSTANTIVO
initiative ◇ _Lo hizo por iniciativa propia._ He did it on his own initiative.

la **injusticia** SUSTANTIVO
injustice ◇ _Lucharon contra las injusticias sociales._ They fought against social injustices.
◆ **Es una injusticia que lo hayan expulsado.** It was unfair of them to expel him.

injusto ADJETIVO
unfair

inmaduro ADJETIVO
　1 _immature_ (persona)
　2 _unripe_ (fruta)

inmediatamente ADVERBIO
immediately

inmediato ADJETIVO
immediate (instantáneo)
◆ **inmediato a algo** next to something ◇ _en el edificio inmediato a la embajada_ in the building next to the embassy
◆ **de inmediato** immediately

la **inmigración** SUSTANTIVO
immigration

el/la **inmigrante** SUSTANTIVO
immigrant

inmoral ADJETIVO
immoral

inmortal ADJETIVO
immortal

inmóvil ADJETIVO
motionless ◇ _Se quedó inmóvil._ He remained motionless.

innecesario ADJETIVO
unnecessary

inocente ADJETIVO
innocent ◇ _Es inocente._ He's innocent.
◆ **El jurado la declaró inocente.** The jury found her not guilty.

inofensivo ADJETIVO
harmless

inolvidable ADJETIVO
unforgettable

inquietante ADJETIVO
worrying

inquieto ADJETIVO
　1 _worried_ ◇ _Estaba inquieta porque su hijo no había llegado._ She was worried because her son hadn't come home.
　2 _restless_ ◇ _Es un niño muy inquieto y le cuesta dormirse._ He's a very restless boy and finds it hard to get to sleep.

el **inquilino**, la **inquilina** SUSTANTIVO
　1 _tenant_ (de un piso, una casa)
　2 _lodger_ (de una habitación)

insatisfecho ADJETIVO
dissatisfied

inscribirse* VERBO
to enrol ◇ _Se inscribió en un curso de idiomas._ He enrolled on a language course.

la **inscripción** SUSTANTIVO (PL las **inscripciones**)
　1 _enrolment_ ◇ _Mañana se cierra la inscripción._ Tomorrow is the last day for enrollment.
　2 _inscription_ ◇ _Sobre la puerta hay una inscripción con el año._ Above the door there's an inscription with the year on it.

inscrito VERBO _ver_ **inscribirse**

el **insecto** SUSTANTIVO
insect

la **inseguridad** SUSTANTIVO
insecurity ◇ _la inseguridad en el trabajo_ job insecurity
◆ **la inseguridad ciudadana** the lack of safety on the streets

inseguro ADJETIVO
　1 _insecure_ (persona)
　2 _unsafe_ (lugar)

insensato ADJETIVO
foolish

insensible ADJETIVO
insensitive ◇ _Se han vuelto insensibles al frío._ They have become insensitive to the cold.
◆ **Es insensible al sufrimiento ajeno.** He is blind to the suffering of others.

insignificante ADJETIVO
insignificant

insinuar* VERBO
to hint at ◇ _No lo dijo pero lo insinuó._ He

didn't say it but he hinted at it.
- **¿Insinúas que miento?** Are you insinuating that I'm lying?

insípido ADJETIVO
insipid

insistir VERBO
to insist   ◇ insistir en hacer algo to insist on doing something   ◇ *Insistió en acompañarme hasta la estación.* He insisted on accompanying me to the station.
◇ *Insiste en que vea a un médico.* He's insisting that I see a doctor.

insolación SUSTANTIVO
sunstroke

insolente ADJETIVO
insolent

insoportable ADJETIVO
unbearable

inspector, la **inspectora** SUSTANTIVO
inspector

instalaciones SUSTANTIVO
facilities   ◇ *El hotel tiene unas estupendas instalaciones deportivas.* The hotel has excellent sports facilities.

instalar VERBO
1 *to install*   ◇ *Instaló una alarma en el coche.* He installed an alarm in the car.
2 *to set up*   ◇ *Aquí van a instalar unas oficinas.* They're going to set up offices here.
- **instalarse** to settle   ◇ *Decidieron instalarse en el centro.* They decided to settle in the town centre.

instantáneo ADJETIVO
instantaneous   ◇ *Su reacción fue instantánea.* His reaction was instantaneous.
- **el café instantáneo** instant coffee

instante SUSTANTIVO
moment   ◇ *por un instante* for a moment
- **A cada instante suena el teléfono.** The phone rings all the time.
- **al instante** right away

instinto SUSTANTIVO
instinct

institución SUSTANTIVO (PL las **instituciones**)
institution

instituto SUSTANTIVO
institute   ◇ *el Instituto Británico* the Britsh Institute
- **un instituto de enseñanza secundaria** a secondary school

instrucciones SUSTANTIVO
instructions

instructivo ADJETIVO
educational

instructor, la **instructora** SUSTANTIVO
instructor   ◇ *un instructor de esquí* a ski instructor   ◇ *un instructor de autoescuela* a driving instructor

instrumento SUSTANTIVO
instrument

insuficiente ADJETIVO
insufficient   ◇ *una cantidad insuficiente de dinero* an insufficient amount of money

insuficiente SUSTANTIVO

- **Sacó un insuficiente en francés.** He got an F in French.

la **insulina** SUSTANTIVO
insulin

insultar VERBO
to insult

el **insulto** SUSTANTIVO
insult

el/la **intelectual** ADJETIVO, SUSTANTIVO
intellectual

la **inteligencia** SUSTANTIVO
intelligence

inteligente ADJETIVO
intelligent

la **intención** SUSTANTIVO (PL las **intenciones**)
intention   ◇ *No tengo la más mínima intención de hacerlo.* I haven't got the slightest intention of doing it.
- **tener intención de hacer algo** to intend to do something   ◇ *Tenía intención de descansar un rato.* He intended to rest for a while.
- **Lo que cuenta es la intención.** It's the thought that counts.

intencionado ADJETIVO
deliberate   ◇ *La patada fue intencionada.* It was a deliberate kick.
- **bien intencionado** well-meaning
- **mal intencionado** malicious

intensivo ADJETIVO
intensive   ◇ *un curso intensivo de inglés* an intensive English course

intenso ADJETIVO
intense

intentar VERBO
to try   ◇ *¿Por qué no lo intentas otra vez?* Why don't you try again?   ◇ *intentar hacer algo* to try to do something

el **intento** SUSTANTIVO
attempt   ◇ *Aprobó al primer intento.* He passed at the first attempt.

el **intercambio** SUSTANTIVO
exchange

el **interés** SUSTANTIVO (PL los **intereses**)
interest   ◇ *Tienes que poner más interés en tus estudios.* You must take more of an interest in your studies.   ◇ *El banco da un interés del 5%.* The bank gives 5% interest.
- **tener interés en hacer algo** to be keen to do something   ◇ *tengo mucho interés en visitar tu país* I'm very keen to visit your country.
- **Todo lo hace por interés.** Everything he does is out of self-interest.

interesante ADJETIVO
interesting

interesar VERBO
to interest   ◇ *Eso es algo que siempre me ha interesado.* That's something that has always interested me.
- **Me interesa mucho la física.** I'm very interested in physics.   ◇ *¿Te interesa la política?* Are you interested in politics?
- **interesarse por algo** to ask about

something

el **interfono** SUSTANTIVO
intercom

interior ADJETIVO (FEM **interior**)
1 *inside* (bolsillo)
2 *inner* (mundo)

el **interior** SUSTANTIVO
* **El tren se detuvo en el interior del túnel.**
The train stopped inside the tunnel.

el/la **interiorista** SUSTANTIVO
interior designer

intermedio ADJETIVO
1 *intermediate* (nivel)
2 *medium* (tamaño)

el **intermedio** SUSTANTIVO
interval

interminable ADJETIVO
endless

intermitente ADJETIVO
1 *intermittent* (lluvia)
2 *flashing* (luz)

el **intermitente** SUSTANTIVO
indicator

internacional ADJETIVO
international

el **internado** SUSTANTIVO
boarding school

la **Internet** SUSTANTIVO
Internet ⋄ *en Internet* on the Internet

interno ADJETIVO
* **estar interno en un colegio** to be a boarder
at a school

el **interno**, la **interna** SUSTANTIVO
1 *boarder* (alumno)
2 *houseman* (médico) (PL *housemen*)

la **interpretación** SUSTANTIVO (PL las
interpretaciones)
interpretation (de un texto, papel)
* **la interpretación simultánea** simultaneous
interpreting
* **Todo fue producto de una mala
interpretación.** It was all the result of a
misunderstanding.

interpretar VERBO
1 *to interpret* ⋄ *Sabe interpretar los
sueños.* He knows how to interpret dreams.
2 *to play* ⋄ *Interpreta el papel de Victoria.*
She plays the part of Victoria.
3 *to perform* ⋄ *Interpretó una pieza de
Mozart.* He performed a piece by Mozart.
* **No me interpretes mal.** Don't
misunderstand me.

el/la **intérprete** SUSTANTIVO
interpreter ⋄ *Quiere ser intérprete.* She
wants to be an interpreter.

interrogar* VERBO
to question ⋄ *Fue interrogado por la
policía.* He was questioned by the police.

interrumpir VERBO
1 *to interrupt* (persona)
2 *to cut short* (vacaciones)
3 *to block* (tráfico) ⋄ *Estás
interrumpiendo el paso.* You're blocking the

way.

la **interrupción** SUSTANTIVO (PL las
interrupciones)
interruption

el **interruptor** SUSTANTIVO
switch (PL *switches*)

el **intervalo** SUSTANTIVO
interval (de tiempo, intermedio)

la **intimidad** SUSTANTIVO
1 *private life* ⋄ *Protege mucho su
intimidad.* He's very protective of his private
life.
2 *privacy* ⋄ *En esta casa no tengo
ninguna intimidad.* I have no privacy in this
house.
* **La boda se celebró en la intimidad.** It was
a private wedding.

intimidar VERBO
to intimidate

íntimo ADJETIVO
intimate ⋄ *mis secretos íntimos* my
intimate secrets
* **Es un amigo íntimo.** He's a close friend.

la **introducción** SUSTANTIVO (PL las
introducciones)
introduction

introducir* VERBO
1 *to insert* ⋄ *Introdujo la moneda en la
ranura.* He inserted the coin in the slot.
2 *to bring in* ⋄ *Esperan introducir un
nuevo sistema de trabajo.* They're hoping to
bring in new working methods.
* **Han introducido cambios en el horario.**
They've made changes to the timetable.

introvertido ADJETIVO
introverted

el **intruso**, la **intrusa** SUSTANTIVO
intruder

la **intuición** SUSTANTIVO
intuition ⋄ *la intuición femenina* feminine
intuition
* **por intuición** intuitively

la **inundación** SUSTANTIVO (PL las
inundaciones)
flood

inundar VERBO
to flood ⋄ *El río inundó el pueblo.* The
river flooded the village.
* **inundarse** to be flooded ⋄ *Se nos inundó
el baño.* Our bathroom was flooded.

inútil ADJETIVO
useless ⋄ *La oficina está llena de trastos
inútiles.* The office is full of useless rubbish.
⋄ *Es inútil tratar de hacerle entender.* It's
useless trying to make him understand.
* **Es inútil que esperes.** There's no point in
your waiting.

el/la **inútil** SUSTANTIVO (PL los/las **inútiles**)
* **¡Es un inútil!** He's useless!

invadir VERBO
to invade

la **inválida** SUSTANTIVO
disabled woman (PL *disabled women*)

inválido ADJETIVO
disabled ◇ *Quedó inválida después del accidente.* She was left disabled following the accident.

inválido SUSTANTIVO
disabled man (PL *disabled men*)
◆ **los inválidos** the disabled

invasión SUSTANTIVO (PL las **invasiones**)
invasion

inventar VERBO
[1] *to invent* ◇ *Inventaron un nuevo sistema.* They invented a new system.
[2] *to make up* ◇ *Inventó toda la historia.* He made up the whole story.

invento SUSTANTIVO
invention

inventor, la **inventora** SUSTANTIVO
inventor

invernadero SUSTANTIVO
greenhouse

invernar VERBO
to hibernate

inverosímil ADJETIVO
unlikely

inversión SUSTANTIVO (PL las **inversiones**)
investment

inverso ADJETIVO
reverse ◇ *en orden inverso* in reverse order
◆ **a la inversa** the other way round ◇ *Tú le insultaste a él, y no a la inversa.* You insulted him, not the other way round.

invertir* VERBO
[1] *to invest* (*dinero*) ◇ *He invertido mucho dinero en estas acciones.* I've invested a lot of money in these shares.
[2] *to spend* (*tiempo*) ◇ *Hemos invertido muchas horas en el proyecto.* We've spent a lot of time on this project.
[3] *to reverse* (*orden*)

investigación SUSTANTIVO (PL las **investigaciones**)
[1] *research* (*estudio*) ◇ *Está haciendo una investigación sobre el envejecimiento.* He's doing some research into aging.
[2] *investigation* (*por la policía*)
[3] *inquiry* (*por una comisión*) (PL *inquiries*)
◇ *Se hará una investigación pública.* There will be a public inquiry.

invierno SUSTANTIVO
winter ◇ *en invierno* in winter ◇ *el invierno pasado* last winter

invisible ADJETIVO
invisible

invitación SUSTANTIVO (PL las **invitaciones**)
invitation

invitado, la **invitada** SUSTANTIVO
guest ◇ *Es el invitado de honor.* He's the guest of honour.

invitar VERBO
to invite ◇ *Me invitó a una fiesta.* He invited me to a party. ◇ *Me gustaría invitarla a cenar.* I'd like to invite her to dinner.
◆ **Te invito a un café.** I'll buy you a coffee.

◆ **Esta vez invito yo.** This time it's on me.

la **inyección** SUSTANTIVO (PL las **inyecciones**)
injection ◇ *ponerle una inyección a alguien* to give someone an injection

inyectar VERBO
◆ **Le tuvieron que inyectar insulina.** They had to give him insulin injections.
◆ **inyectarse algo** to inject oneself with something ◇ *Se había inyectado heroína.* He had injected himself with heroin.

ir* VERBO
[1] *to go* ◇ *Anoche fuimos al cine.* We went to the cinema last night. ◇ *¿A qué colegio vas?* What school do you go to?
◆ **ir de vacaciones** to go on holiday
◆ **ir por** to go and get
◆ **ir a por** to go and get ◇ *Voy a por el paraguas.* I'll go and get the umbrella. ◇ *Ha ido a por el médico.* She has gone to get the doctor.
◆ **Voy a hacerlo mañana.** I'm going to do it tomorrow.
◆ **vamos** let's go ◇ *Vamos a casa.* Let's go home.
◆ **¡Vamos!** Come on! ◇ *¡Vamos! ¡Di algo!* Come on! Say something!
[2] *to be* ◇ *Iba muy bien vestido.* He was very well dressed. ◇ *Iba con su madre.* He was with his mother. ◇ *como iba diciendo* as I was saying ◇ *Va a ser difícil.* It will be difficult.
[3] *to come* ◇ *¡Ahora voy!* I'm just coming!
◆ **¿Puedo ir contigo?** Can I come with you?
◆ **ir a pie** to walk
◆ **ir en avión** to fly
◆ **¿Cómo te va?** How are things?
◆ **¿Cómo te va en los estudios?** How are you getting on with your studies?
◆ **¡Que te vaya bien!** Take care of yourself!
◆ **¡Qué va!** What are you talking about! ◇ *¿Habrá terminado ya? —¡Qué va! Si ni siquiera ha empezado.* Has he finished yet? – What are you talking about! He hasn't even started yet.
◆ **¡Vaya! ¿Qué haces tú por aquí?** Well, what a surprise! What are you doing here?
◆ **¡Vaya coche!** What a car!
◆ **irse (1)** to leave ◇ *Acaba de irse.* He has just left.
◆ **irse (2)** to go out ◇ *Se ha ido la luz.* The lights have gone out.
◆ **¡Vámonos!** Let's go!
◆ **¡Vete!** Go away!
◆ **Vete a hacer los deberes.** Go and do your homework.

Irak SUSTANTIVO MASC
Iraq

Irán SUSTANTIVO MASC
Iran

el/la **iraní** ADJETIVO, SUSTANTIVO (PL los/las **iraníes**)
Iranian

el/la **iraquí** ADJETIVO, SUSTANTIVO (PL los/las **iraquíes**)
Iraqui

Irlanda SUSTANTIVO FEM

Ireland ◇ *Irlanda del Norte* Northern
Ireland

irlandés ADJETIVO (FEM **irlandesa**, MASC PL
irlandeses)
Irish ◇ *un café irlandés* an Irish coffee

el **irlandés** (PL los **irlandeses**) SUSTANTIVO
1 *Irishman* (persona) (PL *Irishmen*)
◆ **los irlandeses** the Irish
2 *Irish* (idioma)

la **irlandesa** SUSTANTIVO
Irishwoman (PL *Irishwomen*)

irónico ADJETIVO
ironic

irracional ADJETIVO
irrational

irrelevante ADJETIVO
irrelevant

irresistible ADJETIVO
irresistible

irresponsable ADJETIVO
irresponsible

irritante ADJETIVO
irritating

irrompible ADJETIVO
unbreakable

la **isla** SUSTANTIVO
island ◇ *una isla desierta* a desert island
◆ **la Isla de Pascua** Easter Island

el **Islam** SUSTANTIVO
Islam

islámico ADJETIVO
Islamic

islandés ADJETIVO (FEM **islandesa**, MASC PL
islandeses)
Icelandic

el **islandés**, la **islandesa** (MASC PL los
islandeses) SUSTANTIVO
Icelander

el **islandés** SUSTANTIVO
Icelandic (idioma)

Islandia SUSTANTIVO FEM
Iceland

el **isleño** SUSTANTIVO
islander

Israel SUSTANTIVO MASC
Israel

el/la **israelí** (PL los/las **israelíes**) ADJETIVO,

SUSTANTIVO
Israeli

Italia SUSTANTIVO FEM
Italy

el **italiano**, la **italiana** ADJETIVO, SUSTANTIVO
Italian

el **italiano** SUSTANTIVO
Italian (idioma)

el **itinerario** SUSTANTIVO
1 *route* ◇ *Hicimos el itinerario de
costumbre.* We took the usual route.
2 *itinerary* (PL *itineraries*) ◇ *Me gustaría
incluir Roma en el itinerario.* I'd like to
include Rome on our itinerary.

el **IVA (1)** ABREVIATURA (= *Impuesto sobre el Valor
Añadido*)
VAT (= Value Added Tax)

el **IVA (2)** ABREVIATURA (= *Impuesto sobre el Valor
Agregado*) Latin America
VAT (= Value Added Tax)

izar* VERBO
to hoist ◇ *Izaron la bandera a media asta.*
They hoisted the flag to half mast.

la **izquierda** SUSTANTIVO
1 *left hand* (mano)
◆ **Escribo con la izquierda.** I write with my
left hand.
2 *left* ◇ *doblar a la izquierda* to turn left
◇ *La izquierda ganó las elecciones.* The
elections were won by the left.
◆ **ser de izquierdas** to be left-wing ◇ *un
partido de izquierdas* a left-wing party
◆ **a la izquierda** on the left ◇ *la segunda
calle a la izquierda* the second turning on
the left ◇ *A la izquierda vemos la catedral.*
On the left we can see the cathedral.
◆ **a la izquierda del edificio** to the left of the
building
◆ **conducir por la izquierda** to drive on the
left

izquierdo ADJETIVO
left ◇ *Levanta la mano izquierda.* Raise
your left hand.
◆ **Escribo con la mano izquierda.** I write
with my left hand.
◆ **el lado izquierdo** the left side
◆ **a mano izquierda** on the left-hand side

J

el **jabón** SUSTANTIVO (PL los **jabones**)
soap

la **jaiba** SUSTANTIVO
Latin America
crab

jalar VERBO
Latin America
1 *to pull* ◇ *No le jales el pelo.* Don't pull

his hair.
2 *to take* ◇ *Jaló un folleto de la mesa.*
He took a leaflet from the table.

jamás ADVERBIO
never ◇ *Jamás he visto nada parecido.*
I've never seen anything like it.

el **jamón** SUSTANTIVO (PL los **jamones**)
ham ◇ *un bocadillo de jamón* a ham

---

* Verbs marked with this symbol are irregular. See pages 332–333 for further details

sandwich
- **jamón serrano** cured ham
- **jamón de York** boiled ham

Japón SUSTANTIVO MASC
Japan

japonés, la japonesa ADJETIVO,
SUSTANTIVO (MASC PL los **japoneses**)
Japanese

japonés SUSTANTIVO
Japanese (idioma)

jarabe SUSTANTIVO
syrup
- **jarabe para la tos** cough syrup

jardín SUSTANTIVO (PL los **jardines**)
garden
- **el jardín de infancia** nursery school

jardinera SUSTANTIVO
[1] *gardener* (persona)
[2] *window box* (maceta)

jardinería SUSTANTIVO
gardening

jardinero SUSTANTIVO
gardener

jarra SUSTANTIVO
[1] *jug* (de leche)
[2] *beer glass* (de cerveza)

jarrón SUSTANTIVO (PL los **jarrones**)
vase

jaula SUSTANTIVO
cage

jefe, la jefa SUSTANTIVO
[1] *boss* (PL bosses) ◇ *Carlos es mi jefe.*
Carlos is my boss.
[2] *head* ◇ *El jefe de la empresa dimitió.*
The head of the company resigned.
- **el jefe del departamento** the head of
department
- **jefe de estado** head of state
- **el jefe del grupo guerrillero** the leader of
the guerrilla group

jerez SUSTANTIVO
sherry

jeringuilla SUSTANTIVO
syringe

jersey SUSTANTIVO (PL los **jerséis**)
jumper

Jesús EXCLAMACIÓN
[1] *Bless you!* (al estornudar)
[2] *Good God!* (por asombro)

jinete SUSTANTIVO
jockey (PL jockeys)

jirafa SUSTANTIVO
giraffe

jitomate SUSTANTIVO
Mexico
tomato (PL tomatoes)

jornada SUSTANTIVO
- **jornada de trabajo** working day
- **trabajar a jornada completa** to work
full-time
- **trabajar a media jornada** to work
part-time

joven ADJETIVO (PL **jóvenes**)
young ◇ *un chico joven* a young boy

el/la **joven** SUSTANTIVO (PL los/las **jóvenes**)
- **un joven** a young man
- **una joven** a young woman
- **los jóvenes** young people

la **joya** SUSTANTIVO
jewel
- **Me han robado mis joyas.** My jewellery has
been stolen.

la **joyera** SUSTANTIVO
jeweller

la **joyería** SUSTANTIVO
jeweller's (tienda)

el **joyero** SUSTANTIVO
[1] *jeweller* (persona)
[2] *jewellery box* (estuche)

la **jubilación** SUSTANTIVO (PL las **jubilaciones**)
[1] *retirement* ◇ *La edad de jubilación es
a los 65 años.* The retirement age is 65.
[2] *pension* ◇ *cobrar la jubilación* to get
one's pension

jubilado ADJETIVO
retired
- **estar jubilado** to be retired

el **jubilado, la jubilada** SUSTANTIVO
pensioner

jubilarse VERBO
to retire

la **judía** SUSTANTIVO
Jew (hebrea)
- **judía blanca** haricot bean
- **judía verde** green bean

judío ADJETIVO
Jewish

el **judío** SUSTANTIVO
Jew

el **judo** SUSTANTIVO
judo

juego VERBO ver **jugar**

el **juego** SUSTANTIVO
[1] *game* ◇ *un juego de ordenador* a
computer game
- **juegos de cartas** card games
- **juegos de mesa** board games
[2] *gambling* ◇ *Lo perdió todo en el juego.*
He lost everything through gambling.
[3] *set* ◇ *un juego de café* a coffee set
◇ *un juego de herramientas* a tool set
- **Las cortinas hacen juego con el sofá.** The
curtains go with the sofa.

la **juerga** SUSTANTIVO
- **irse de juerga** to go out on the town

el **jueves** SUSTANTIVO (PL los **jueves**)
Los días de la semana se escriben con mayúscula.
Thursday ◇ *La vi el jueves.* I saw her on
Thursday. ◇ *todos los jueves* every
Thursday ◇ *el jueves pasado* last Thursday
◇ *el jueves que viene* next Thursday
◇ *Jugamos los jueves.* We play on
Thursdays.

el **juez, la jueza** SUSTANTIVO (MASC PL los
jueces)
judge
- **juez de línea** linesman (PL linesmen) (en el
fútbol)

J

el **jugador**, la **jugadora** SUSTANTIVO
    player

jugar* VERBO
    1 *to play* ◇ ¿*Jugamos una partida de dominó?* Shall we have a game of dominoes?
◆ **jugar al fútbol** to play football
    2 *to gamble* ◇ *Perdió un dineral jugando en el casino.* He lost a fortune gambling at the casino.
◆ **jugar a la lotería** to do the lottery

el **jugo** SUSTANTIVO
    1 *juice* (*de frutas*)
    2 *gravy* (*de carne, como salsa*)

el **juguete** SUSTANTIVO
    toy (PL *toys*)
◆ **un avión de juguete** a toy plane

la **juguetería** SUSTANTIVO
    toy shop

el **juicio** SUSTANTIVO
    trial ◇ *El juicio empieza mañana.* The trial starts tomorrow.
◆ **llevar a alguien a juicio** to take someone to court

julio SUSTANTIVO MASC
    Los meses se escriben con mayúscula.
    July ◇ *en julio* in July ◇ *Nació el 4 de julio.* He was born on 4 July.

la **jungla** SUSTANTIVO
    jungle

junio SUSTANTIVO MASC
    Los meses se escriben con mayúscula.
    June ◇ *en junio* in June ◇ *Nací el 20 de junio.* I was born on 20 June.

la **junta** SUSTANTIVO
    committee (*comité*)
◆ **La junta directiva tiene la última palabra.** The board of management has the final say.

juntar VERBO
    1 *to put together* ◇ *Vamos a juntar los pupitres.* Let's put the desks together.
    2 *to gather together* ◇ *Consiguieron juntar a mil personas.* They managed to gather together one thousand people.
◆ **juntarse (1)** to move closer ◇ *Si os juntáis más cabremos todos.* If you move closer together we'll all fit in.
◆ **juntarse (2)** to meet up ◇ *Nos juntamos los domingos para comer.* We met up for dinner on Sundays.

junto (1) ADJETIVO
    1 *close together* ◇ *Los muebles están demasiado juntos.* The furniture is too close together.

    2 *together* ◇ *Cuando estamos juntos apenas hablamos.* We hardly talk when we're together.
◆ **todo junto** all together ◇ *Ponlo todo junto en una sola bolsa.* Put it all together in one bag.

junto (2) ADVERBIO
◆ **junto a** by ◇ *Hay una mesa junto a la ventana.* There's a table by the window.
◆ **junto con** together with ◇ *Junto con el vídeo viene un libro de regalo.* You get a free book together with the video.
◆ **Mi apellido se escribe todo junto.** My surname is all in one word.

el **jurado** SUSTANTIVO
    1 *jury* (*en un juicio*) (PL *juries*)
    2 *panel* (*en un concurso*)

jurar VERBO
    to swear

la **justicia** SUSTANTIVO
    justice

justo (1) ADJETIVO
    1 *fair* ◇ *Tuvo un juicio justo.* He had a fair trial.
    2 *right*
◆ **Este reloj siempre da la hora justa.** This watch always tells the right time.
    ◇ *Apareció en el momento justo.* He appeared at the right time.
    3 *tight* ◇ *Me están muy justos estos pantalones.* These trousers are tight on me.
    4 *just enough* ◇ *Tengo el dinero justo para el billete.* I have just enough money for the ticket.

justo (2) ADVERBIO
    just ◇ *El supermercado está justo al doblar la esquina.* The supermarket is just round the corner. ◇ *La vi justo cuando entrábamos.* I saw her just as we came in.
◆ **Me dio un puñetazo justo en la nariz.** He punched me right on the nose.

la **juventud** SUSTANTIVO
    1 *youth* ◇ *Fue soldado en su juventud.* He was a soldier in his youth.
    2 *youngsters* PL ◇ *La juventud viene aquí a divertirse.* Youngsters come here to have fun.

el **juzgado** SUSTANTIVO
    court

juzgar* VERBO
    to try ◇ *Lo juzgaron por un delito menor.* He was tried on a minor charge.

K

el **kárate** SUSTANTIVO
karate

el **kilo** SUSTANTIVO
kilo ◇ un kilo de tomates a kilo of
tomatoes

el **kilogramo** SUSTANTIVO
kilogramme

*En los países anglosajones el peso a menudo se
expresa en libras **pounds**. Un kilogramo equivale
a 2.2 libras aproximadamente.*

el **kilómetro** SUSTANTIVO
kilometre

*En los países anglosajones las distancias se
expresan en millas **miles**. Un kilómetro equivale a
0.6 millas aproximadamente.*

◇ Está a tres kilómetros de aquí. It's three
kilometres from here. ◇ a 90 kilómetros por
hora at 90 kilometres per hour
* ¡Caminamos kilómetros y kilómetros! We
walked for miles!

L

la (1) ARTÍCULO
the ◇ la pared the wall
* **la del sombrero rojo** the girl in the red hat
* **Yo fui la que te desperté.** It was I who
woke you up.

*El artículo se traduce por el posesivo en inglés
cuando se refiere a una parte del cuerpo, a una
prenda que se lleva puesta o a algo que se posee.*

* **Ayer me lavé la cabeza.** I washed my hair
yesterday.
* **Abróchate la camisa.** Do your shirt up.
* **Tiene una casa bonita, pero prefiero la de
Juan.** He's got a lovely house, but I prefer
Juan's.

*El artículo a veces no se traduce en inglés; por
ejemplo cuando se refiere a algo en general, con
algunas expresiones de tiempo, o con apellidos.*

* **No me gusta la fruta.** I don't like fruit.
* **Vendrá la semana que viene.** He'll come
next week.
* **Me he encontrado a la Sra. Sendra.** I met
Mrs Sendra.

la (2) PRONOMBRE
[1] *her*

Cuando nos referimos a "ella".

◇ La quiero. I love her.
* **La han despedido.** She has been sacked.
[2] *you*

Cuando nos referimos a "usted".

◇ La acompaño hasta la puerta. I'll see you
out.
[3] *it*

Cuando nos referimos a una cosa.

◇ No la toques. Don't touch it.

el **labio** SUSTANTIVO
lip

la **labor** SUSTANTIVO
work ◇ Mi labor consiste básicamente en
regar las plantas. My work is basically
watering the plants.
* **las labores domésticas** the housework

laborable ADJETIVO

* **día laborable** working day

el **laboratorio** SUSTANTIVO
laboratory (PL *laboratories*)

la **laca** SUSTANTIVO
[1] *hairspray* (para el pelo)
[2] *lacquer* (para los muebles)
* **la laca de uñas** nail varnish

lácteo ADJETIVO

* **los productos lácteos** dairy products

la **ladera** SUSTANTIVO
hillside

el **lado** SUSTANTIVO
side ◇ a los dos lados de la carretera on
both sides of the road

*También se traduce por **-where** en palabras
compuestas.*

◇ Hay gente por todos lados. There are
people everywhere. ◇ Tiene que estar en
otro lado. It must be somewhere else.
* **Mi casa está aquí al lado.** My house is right
nearby.
* **la mesa de al lado** the next table
* **al lado de** beside ◇ La silla que está al
lado del armario. The chair beside the
wardrobe.
* **Felipe se sentó a mi lado.** Felipe sat beside
me.
* **por un lado..., por otro lado...** on the one
hand..., on the other hand...

ladrar VERBO
to bark ◇ El perro les ladró. The dog
barked at them.

el **ladrillo** SUSTANTIVO
brick

el **ladrón**, la **ladrona** SUSTANTIVO
[1] *thief* (de objetos) (PL *thieves*) ◇ Un
ladrón me quitó el bolso. A thief took my
bag.
[2] *burglar* (de una casa) ◇ Los ladrones
entraron de noche en la casa. The burglars
broke into the house during the night.
[3] *robber* (de un banco) ◇ Tres ladrones

asaltaron el banco. Three robbers raided the bank.

el lagarto SUSTANTIVO
lizard

el lago SUSTANTIVO
lake

la lágrima SUSTANTIVO
tear

la laguna SUSTANTIVO
lake ,

lamentar VERBO
- **Lamento lo ocurrido.** I am sorry about what happened.
- **lamentarse** to complain ◇ *De nada vale lamentarse.* There's no use complaining.

lamer VERBO
to lick

la lámina SUSTANTIVO
1. *sheet* (de metal)
2. *plate* (ilustración)

la lámpara SUSTANTIVO
lamp

la lana SUSTANTIVO
wool
- **una bufanda de lana** a woollen scarf

la lancha SUSTANTIVO
motorboat
- **una lancha de salvamento** a lifeboat

la langosta SUSTANTIVO
1. *lobster* (de mar)
2. *locust* (insecto)

el langostino SUSTANTIVO
king prawn

lanzar* VERBO
1. *to throw* (piedra, balón, granada) ◇ *Lanzó una piedra al río.* He threw a stone into the river.
2. *to launch* (cohete, producto) ◇ *Han lanzado dos satélites al espacio.* They have launched two satellites into space.
- **lanzarse** to dive ◇ *Los niños se lanzaron a la piscina.* The children dived into the swimming pool.

el lapicero SUSTANTIVO
pencil

la lápida SUSTANTIVO
gravestone

el lápiz SUSTANTIVO (PL los **lápices**)
pencil ◇ *Escribió mi dirección a lápiz.* He wrote my address in pencil.
- **los lápices de colores** crayons
- **un lápiz de labios** lipstick
- **un lápiz de ojos** an eyeliner

largo ADJETIVO
long ◇ *Fue una conferencia muy larga.* It was a very long conference. ◇ *Esta cuerda es demasiado larga.* This piece of string is too long.

el largo SUSTANTIVO
length ◇ *Nadé cuatro largos de la piscina.* I swam four lengths of the pool.
- **¿Cuánto mide de largo?** How long is it?
- **Tiene nueve metros de largo.** It's nine

metres long.
- **a lo largo del río** along the river
- **a lo largo de la semana** throughout the week
- **Pasó de largo sin saludar.** He passed by without saying hello.

las (1) ARTÍCULO PL
the ◇ *las paredes* the walls
- **las del estante de arriba** the ones on the top shelf

> *El artículo se traduce por el posesivo en inglés cuando se refiere a una parte del cuerpo, a una prenda que se lleva puesta o a algo que se posee.*

- **Me duelen las piernas.** My legs hurt.
- **Poneos las bufandas.** Put on your scarves.
- **Estas fotos son bonitas, pero prefiero las de Pedro.** These photos are nice, but I prefer Pedro's.

> *El artículo plural a veces no se traduce en inglés; por ejemplo cuando se refiere a algo en general o para expresar la hora.*

- **No me gustan las arañas.** I don't like spiders.
- **Vino a las seis de la tarde.** He came at six in the evening.

las (2) PRONOMBRE
1. *them*

> *Cuando nos referimos a "ellas".*

◇ *Las vi por la calle.* I saw them in the street. ◇ *No las toques.* Don't touch them.
- **Las han despedido.** They've been sacked.
2. *you*

> *Cuando nos referimos a "ustedes".*

◇ *Las acompañaré hasta la puerta, señoras.* I'll see you out, ladies.

el láser SUSTANTIVO
laser

la lástima SUSTANTIVO
- **Me da lástima de ella.** I feel sorry for her.
- **Es una lástima que no puedas venir.** It's a shame you can't come.

la lata SUSTANTIVO
1. *tin* (de sardinas, anchoas)
2. *can* (de cerveza, cola)
- **Deja de dar la lata.** Stop being a pain.

lateral ADJETIVO
side

> *side en este caso va siempre delante del sustantivo.*

◇ *la puerta lateral* the side door

el latido SUSTANTIVO
beat

el látigo SUSTANTIVO
whip

el latín SUSTANTIVO
Latin

Latinoamérica SUSTANTIVO FEM
Latin America

el latinoamericano, la **latinoamericana** ADJETIVO, SUSTANTIVO
Latin American

latir VERBO
to beat

el laurel SUSTANTIVO

laurel
- **una hoja de laurel** a bay leaf

lavabo SUSTANTIVO
1. *sink* ◇ *Llené el lavabo de agua.* I filled the sink with water.
2. *toilet* ◇ *Voy al lavabo.* I'm going to the toilet.

lavadora SUSTANTIVO
washing machine

lavandería SUSTANTIVO
launderette

lavaplatos SUSTANTIVO (PL los **lavaplatos**)
1. *dishwasher* (*electrodoméstico*)
2. *sink* Mexico

lavar VERBO
to wash ◇ *Lava estos vasos.* Wash these glasses. ◇ *Me lavo todos los días.* I wash myself every day.
- **Ayer me lavé la cabeza.** I washed my hair yesterday.
- **Lávate los dientes.** Brush your teeth.

lavarropas SUSTANTIVO
Mexico (PL los **lavarropas**)
washing machine

lavavajillas SUSTANTIVO (PL los **lavavajillas**)
1. *dishwasher* (*lavaplatos*)
2. *washing-up liquid* (*detergente*)

lazo SUSTANTIVO
1. *bow* (*nudo*)
2. *ribbon* (*cinta*)

le PRONOMBRE
1. *him*
Cuando nos referimos a "él".
◇ *Le mandé una carta.* I sent him a letter.
◇ *Le miré con atención.* I watched him carefully.
- **Le abrí la puerta.** I opened the door for him.
2. *her*
Cuando nos referimos a "ella".
◇ *Le mandé una carta.* I sent her a letter.
- **No le hablé de ti.** I didn't speak to her about you.
- **Le busqué el libro.** I looked out the book for her.
3. *you*
Cuando nos referimos a "usted".
◇ *Le presento a la Señora Gutiérrez.* Let me introduce you to Mrs. Gutiérrez. ◇ *¿Le pongo algo de beber?* Can I get you something to drink?
- **Le he arreglado el ordenador.** I've fixed the computer for you.
Con partes del cuerpo o con prendas que se llevan puestas se usa el adjetivo posesivo.
◇ *Le huelen los pies.* His feet smell. ◇ *Le arrastra la falda.* Her skirt is trailing on the floor.

lealtad SUSTANTIVO
loyalty (PL *loyalties*)

lección SUSTANTIVO (PL las **lecciones**)
lesson

leche SUSTANTIVO
milk

- **la leche desnatada** skimmed milk
- **la leche en polvo** powdered milk

lechuga SUSTANTIVO
lettuce

lechuza SUSTANTIVO
owl

lector, lectora SUSTANTIVO
1. *reader* ◇ *Varios lectores se quejaron del artículo.* Several readers complained about the article.
2. *language assistant* ◇ *Es la lectora de francés.* She's the French language assistant.

lector SUSTANTIVO
- **un lector de CD** a CD player

lectura SUSTANTIVO
reading ◇ *Me encanta la lectura.* I love reading.

leer* VERBO
to read

legal ADJETIVO
legal

legaña SUSTANTIVO
- **tener legañas** to have sleep in one's eyes

lejano ADJETIVO
distant ◇ *un sitio muy lejano* a distant place

lejía SUSTANTIVO
bleach

lejos ADVERBIO
far ◇ *¿Está lejos?* Is it far? ◇ *No está lejos de aquí.* It's not far from here.
- **De lejos parecía un avión.** From a distance it looked like a plane.

lencería SUSTANTIVO
lingerie

lengua SUSTANTIVO
1. *tongue* ◇ *Me he mordido la lengua.* I've bitten my tongue.
2. *language* ◇ *Habla varias lenguas.* He speaks several languages.
- **mi lengua materna** my mother tongue

lenguado SUSTANTIVO
sole

lenguaje SUSTANTIVO
language

lente SUSTANTIVO
lens
- **las lentes de contacto** contact lenses

lenteja SUSTANTIVO
lentil

lentes SUSTANTIVO
Latin America
glasses
- **los lentes de sol** sunglasses

lentilla SUSTANTIVO
contact lens

lento (1) ADJETIVO
slow ◇ *un proceso lento* a slow progress

lento (2) ADVERBIO
slowly ◇ *Vas un poco lento.* You're going a bit slowly.

leña SUSTANTIVO
firewood

Leo SUSTANTIVO MASC ◇ *Soy Leo.* I'm Leo.

el león SUSTANTIVO (PL los **leones**)
  lion

la leona SUSTANTIVO
  lioness (PL *lionesses*)

el leopardo SUSTANTIVO
  leopard

los leotardos SUSTANTIVO
  woolly tights

les PRONOMBRE
  [1] *them*
  Cuando nos referimos a "ellos" o "ellas".
  ◇ *Les mandé una carta.* I sent them a letter.
  ◇ *Les miré con atención.* I watched them carefully.
  • **Les abrí la puerta.** I opened the door for them.
  • **Les eché de comer a los gatos.** I gave the cats something to eat.
  [2] *you*
  Cuando nos referimos a "ustedes".
  ◇ *Les presento a la Señora Gutiérrez.* Let me introduce you to Mrs. Gutiérrez. ◇ *¿Les pongo algo de beber?* Can I get you something to drink?
  • **Les he arreglado el ordenador.** I've fixed the computer for you.
  Con partes del cuerpo o con prendas que se llevan puestas se usa el adjetivo posesivo.
  ◇ *Les huelen los pies.* Their feet smell.
  ◇ *Les arrastraban los abrigos.* Their coats were trailing on the floor.

la lesbiana SUSTANTIVO
  lesbian

la lesión SUSTANTIVO (PL las **lesiones**)
  injury (PL *injuries*)

lesionado ADJETIVO
  injured ◇ *Está lesionado.* He's injured.

la letra SUSTANTIVO
  [1] *letter* ◇ *la letra "a"* the letter "a"
  [2] *handwriting* ◇ *Tengo muy mala letra.* My handwriting's very poor.
  [3] *lyrics* PL ◇ *Él escribe la letra de sus canciones.* He writes the lyrics for his songs.

el letrero SUSTANTIVO
  sign

levantar VERBO
  to lift ◇ *Levanta la tapa.* Lift the lid.
  • **Levantad la mano si tenéis alguna duda.** Raise your hand if you are unclear.
  • **levantarse** to get up ◇ *Hoy me he levantado temprano.* I got up early this morning. ◇ *Me levanté y seguí caminando.* I got up and carried on walking.

leve ADJETIVO
  minor ◇ *Sólo tiene heridas leves.* He only has minor injuries. ◇ *Cometió una falta leve.* He committed a minor mistake.

la ley SUSTANTIVO (PL las **leyes**)
  law ◇ *la ley de la gravedad* the law of gravity

leyendo VERBO ver **leer**

liar* VERBO
  [1] *to tie up* (atar) ◇ *Lía este paquete con*

una cuerda. Tie up this parcel with some string.
  [2] *to confuse* (confundir) ◇ *Me liaron con tantas explicaciones.* They confused me with all their explanations.
  • **A mí no me líes en esto.** Don't get me mixed up in this.
  • **liarse** (confundirse) to get muddled up ◇ *Me estoy liando, empezaré otra vez.* I'm getting muddled up, I'll start again.
  • **Se lió a tortas con su hermano.** He got into a fight with his brother.
  • **Nos liamos a hablar y se nos pasó la hora.** We got talking and we forgot the time.

Líbano SUSTANTIVO MASC
  Lebanon

el/la liberal ADJETIVO, SUSTANTIVO
  liberal

liberar VERBO
  to free

la libertad SUSTANTIVO
  freedom ◇ *libertad de expresión* freedom of expression
  • **No tengo libertad para hacer lo que quiera.** I'm not free to do what I want.
  • **El rehén está en libertad.** The hostage is free.
  • **poner a alguien en libertad** to release somebody

la libra SUSTANTIVO
  pound (moneda, unidad de peso)
  En los países anglosajones el peso a menudo se expresa en libras **pounds**. Un kilogramo equivale a 2.2 libras aproximadamente.
  • **libra esterlina** pound sterling

Libra SUSTANTIVO MASC
  Libra ◇ *Soy Libra.* I'm a Libra.

librarse VERBO
  • **librarse de (1)** (evitar) to get out of ◇ *¡No te creas que te vas a librar de fregar los platos!* Don't think you're going to get out of doing the washing-up!
  • **Se libró del castigo por pura suerte.** He got away with it by pure good luck.
  • **librarse de (2)** to get rid of ◇ *Logré librarme de mi hermana.* I managed to get rid of my sister.

libre ADJETIVO
  free ◇ *¿Está libre este asiento?* Is this seat free? ◇ *El martes estoy libre, así que podemos quedar.* I'm free on Tuesday so we can meet up.
  • **los 100 metros libres** the 100 metres freestyle

la librería SUSTANTIVO
  [1] *bookshop* (tienda)
  [2] *bookshelf* (estantería) (PL *bookshelves*)

el librero SUSTANTIVO
  Chile, Mexico
  bookcase

la libreta SUSTANTIVO
  notebook
  • **una libreta de ahorros** a savings book

---

* Verbs marked with this symbol are irregular. See pages 332–333 for further details

libro SUSTANTIVO
book
- **un libro de bolsillo** a paperback
- **un libro de texto** a text book

licencia SUSTANTIVO
licence ◇ *una licencia de armas* a gun licence
- **la licencia de obras** planning permission
- **estar de licencia** Latin America to be on leave

licenciado, la licenciada SUSTANTIVO
graduate ◇ *un licenciado en historia* a history graduate

licenciatura SUSTANTIVO
degree

licor SUSTANTIVO
liqueur (*bebida dulce*) ◇ *un licor de pera* a pear liqueur
- **Bebimos cerveza y licores.** We drank beer and spirits.

líder SUSTANTIVO
leader

liebre SUSTANTIVO
hare

liga SUSTANTIVO
1 *league* (*en deportes*)
2 *garter* (*para medias*)

ligar* VERBO
- **Ayer ligué con una chica.** I got off with a girl yesterday. (*coloquial*)

ligero ADJETIVO
1 *light* ◇ *Me gusta llevar ropa ligera.* I like to wear light clothing. ◇ *Comimos algo ligero.* We ate something light.
2 *slight* ◇ *Tengo un ligero dolor de cabeza.* I have a slight headache.
- **Andaba a paso ligero.** He walked quickly.

lila SUSTANTIVO
lilac

lima SUSTANTIVO
1 *file* (*herramienta*) ◇ *una lima de uñas* a nail file
2 *lime* (*fruta*)

limitar VERBO
to limit ◇ *Limitaron el tiempo de examen a dos horas.* The exam time was limited to two hours.
- **España limita con Francia.** Spain has a border with France.
- **Yo me limité a observar.** I just watched.

límite SUSTANTIVO
1 *limit* ◇ *el límite de velocidad* the speed limit
- **fecha límite** deadline
2 *boundary* (PL *boundaries*) ◇ *Está dentro de los límites de la finca.* It's within the boundaries of the estate.

limón SUSTANTIVO (PL los **limones**)
lemon

limonada SUSTANTIVO
lemonade

limosna SUSTANTIVO
- **pedir limosna** to beg

limpiaparabrisas SUSTANTIVO (PL los

limpiaparabrisas)
windscreen-wiper

limpiar VERBO
1 *to clean* ◇ *El sábado voy a limpiar la casa.* I'm going to clean the house on Saturday.
2 *to wipe* (*con la mano, con un trapo*)
◇ *¿Has limpiado la mesa?* Have you wiped the table? ◇ *Límpiate la nariz.* Wipe your nose.

la limpieza SUSTANTIVO
cleaning ◇ *Yo hago la limpieza y tú paseas al perro.* I'll do the cleaning and you can walk the dog.
- **limpieza en seco** dry cleaning

limpio ADJETIVO
clean ◇ *El baño está muy limpio.* The bathroom's very clean.
- **Voy a pasar esto a limpio.** I'm going to write this out neat.

lindo ADJETIVO
1 *pretty* (*bonito*) ◇ *sus lindos ojos* her pretty eyes
2 *nice* (*agradable*) Latin America ◇ *un día muy lindo* a very nice day

la línea SUSTANTIVO
line ◇ *Dibujó una línea recta.* He drew a straight line.
- **Vaya en línea recta.** Go straight ahead.
- **una línea aérea** an airline

el lino SUSTANTIVO
linen

la linterna SUSTANTIVO
torch (PL *torches*)

el lío SUSTANTIVO
- **En mi mesa hay un lío enorme de papeles.** My desk is in a real muddle with all these papers.
- **hacerse un lío** to get muddled up ◇ *Se hizo un lío con tantos nombres.* He got muddled up with all the names.
- **Esta ecuación es un lío.** This equation is a real headache.
- **Si sigues así te vas a meter en un lío.** If you carry on like that you'll get yourself into a real mess.

el líquido ADJETIVO, SUSTANTIVO
liquid

Lisboa SUSTANTIVO FEM
Lisbon

liso ADJETIVO
1 *smooth* (*superficie*)
2 *straight* (*pelo*)
3 *plain* (*tela, color*)

la lista SUSTANTIVO
list ◇ *la lista de espera* the waiting list
- **pasar lista** to call the register

listo ADJETIVO
1 *clever* ◇ *Es una chica muy lista.* She's a very clever girl.
2 *ready* ◇ *¿Estás listo?* Are you ready?

la litera SUSTANTIVO
1 *bunk bed* (*en dormitorio*)
2 *berth* (*en barco, tren*)

L

la **literatura** SUSTANTIVO
   literature

el **litro** SUSTANTIVO
   litre
   *En los países anglosajones el volumen a menudo se expresa en pintas, **pints**. Una pinta equivale a 0.6 litros.*

liviano ADJETIVO
   light

la **llaga** SUSTANTIVO
   sore

la **llama** SUSTANTIVO
   flame

la **llamada** SUSTANTIVO
   call
- **hacer una llamada de teléfono** to make a phone call

llamar VERBO
   1 *to call* ◇ *Me llamaron mentiroso.* They called me a liar. ◇ *llamar a la policía* to call the police
   2 *to ring* (*al timbre*)
   3 *to knock* (*a la puerta*)
- **llamar por teléfono a alguien** to phone somebody
- **¿Cómo te llamas?** What's your name?
- **Me llamo Adela.** My name's Adela.

llano ADJETIVO
   flat

la **llanta** SUSTANTIVO
   1 *wheel rim* (*metálica*)
   2 *tyre* Latin America

la **llave** SUSTANTIVO
   1 *key* ◇ *las llaves del coche* the car keys
- **Echa la llave de la puerta cuando salgas.** Lock the door when you go out.
- **una llave inglesa** a spanner
   2 *tap* (*grifo*) Latin America

el **llavero** SUSTANTIVO
   keyring

la **llegada** SUSTANTIVO
   1 *arrival* (*de tren, avión, viajeros*)
   2 *finish* (*meta*)

llegar* VERBO
   1 *to get to*
   Cuando se menciona dónde se llega, se suele usar **get to.**
   ◇ *Cuando llegamos a Granada estaba lloviendo.* When we got to Granada it was raining.
- **¿A qué hora llegaste a casa?** What time did you get home?
   2 *to arrive*
   Cuando no se menciona dónde se llega, se usa **arrive.**
   ◇ *Carmen no ha llegado todavía.* Carmen hasn't arrived yet.
- **No llegues tarde.** Don't be late.
- **Con 200 pesetas no me llega.** 200 pesetas isn't enough.
   3 *to reach* (*alcanzar*) ◇ *No llego al estante de arriba.* I can't reach the top shelf.
- **El agua me llegaba hasta las rodillas.** The water came up to my knees.
- **llegar a ser** to become ◇ *Julia llegó a ser presidenta.* Julia became president.

llenar VERBO
   to fill ◇ *Llena la jarra de agua.* Fill the jug with water.

lleno ADJETIVO
   full ◇ *Todos los hoteles están llenos.* All the hotels are full. ◇ *El restaurante estaba lleno de gente.* The restaurant was full of people.

llevar VERBO
   1 *to take* ◇ *¿Llevas los vasos a la cocina?* Can you take the glasses to the kitchen? ◇ *No llevará mucho tiempo.* It won't be long.
   2 *to wear* ◇ *María llevaba un abrigo muy bonito.* María was wearing a nice coat.
   3 *to give a lift* (*en coche*) ◇ *Sofía nos llevó a casa.* Sofía gave us a lift home.
   4 *to carry* ◇ *Yo te llevo la maleta.* I'll carry your case.
- **Sólo llevo mil pesetas.** I've only got one thousand pesetas on me.
- **¿Cuánto tiempo llevas aquí?** How long have you been here?
- **Llevo horas esperando aquí.** I've been waiting here for hours.
- **Mi hermana mayor me lleva ocho años.** My elder sister is eight years older than me.
- **llevarse algo** to take something ◇ *Se llevó todo mi dinero.* He took all my money. ◇ *Llévatelo.* Take it with you. ◇ *¿Le gusta? – Sí, me lo llevo.* Do you like it? – Yes, I'll take it!
- **Me llevo bien con mi hermano.** I get on well with my brother.
- **Nos llevamos muy mal.** We get on very badly.

llorar VERBO
   to cry

llover* VERBO
   to rain
- **llover a cántaros** to pour down

la **llovizna** SUSTANTIVO
   drizzle

llueve VERBO *ver* **llover**

la **lluvia** SUSTANTIVO
   rain ◇ *bajo la lluvia* in the rain
- **la lluvia ácida** acid rain

lluvioso ADJETIVO
   rainy

lo (1) ARTÍCULO
- **Lo peor fue que no pudimos entrar.** The worst thing was we couldn't get in.
- **No me gusta lo picante.** I don't like spicy things.
- **Pon en mi habitación lo de Pedro.** Put Pedro's things in my room.
- **Lo mío son las matemáticas.** Maths is my thing.
- **Lo de vender la casa no me parece bien.** I don't like this idea of selling the house.

---

* Verbs marked with this symbol are irregular. See pages 332–333 for further details

- **Olvida lo de ayer.** Forget what happened yesterday.

Cuando se hace hincapié en una cualidad, a menudo se usa **how.**

- **¡No sabes lo aburrido que es!** You don't know how boring he is!
- **lo que (1)** what ◇ *Lo que más me gusta es nadar.* What I like most is swimming.
- **lo que (2)** whatever ◇ *Ponte lo que quieras.* Wear whatever you like.
- **más de lo que** more than ◇ *Cuesta más de lo que crees.* It costs more than you think.

lo (2) PRONOMBRE

[1] *him*

Cuando nos referimos a "él".

◇ *No lo conozco.* I don't know him.
- **Lo han despedido.** He's been sacked.

[2] *you*

Cuando nos referimos a "usted".

◇ *Yo a usted lo conozco.* I know you.

[3] *it*

Cuando nos referimos a "una cosa".

◇ *No lo veo.* I can't see it. ◇ *Voy a pensarlo.* I'll think about it.
- **No lo sabía.** I didn't know.
- **No parece lista pero lo es.** She doesn't seem clever but she is.

el **lobo** SUSTANTIVO
  wolf (PL *wolves*)

la **loca** SUSTANTIVO
  madwoman (PL *madwomen*)

local ADJETIVO
  local ◇ *un producto local* a local product

el **local** SUSTANTIVO
  premises PL ◇ *Lo echaron del local.* They threw him off the premises.
- **Ensayan en un local cerca de aquí.** They rehearse in a place near here.

la **localidad** SUSTANTIVO

[1] *town* (población) ◇ *una localidad al sur de Madrid* a town south of Madrid

[2] *seat* (asiento) ◇ *Reserve sus localidades con antelación.* Book your seats in advance.

localizar* VERBO

[1] *to reach* ◇ *Me puedes localizar en este teléfono.* You can reach me at this number.

[2] *to locate* ◇ *No han conseguido localizar a las víctimas.* They have been unable to locate the victims.

la **loción** SUSTANTIVO (PL las **lociones**)
  lotion

loco ADJETIVO

[1] *mad* ◇ *volverse loco* to go mad

[2] *crazy* ◇ *¿Estás loco?* Are you crazy? ◇ *Está loco con su moto nueva.* He's crazy about his new motorbike.
- **volver loco a alguien** to drive somebody mad
- **Me vuelve loco el marisco.** I'm crazy about seafood.

el **loco** SUSTANTIVO
  madman (PL *madmen*)

la **locura** SUSTANTIVO
  madness ◇ *Es una locura ir sólo.* It's madness to go on your own.

el **locutor, la locutora** SUSTANTIVO
  newsreader

lógico ADJETIVO

[1] *logical* ◇ *No es un razonamiento lógico.* It's not logical reasoning.

[2] *natural* ◇ *Es una reacción lógica.* It's a natural reaction.
- **Es lógico que no quiera venir.** It's only natural he doesn't want to come.

lograr VERBO

[1] *to get* ◇ *Lograron lo que se proponían.* They got what they wanted.

[2] *to manage* ◇ *Logré levantarme con mucho esfuerzo.* I managed to get up with great difficulty. ◇ *Logré que me concediera una entrevista.* I managed to get an interview with him.

la **lombriz** SUSTANTIVO (PL las **lombrices**)
  worm

el **lomo** SUSTANTIVO

[1] *back* (de animal)

[2] *loin* (para comer)

[3] *spine* (de un libro)

la **lona** SUSTANTIVO
  canvas (PL *canvases*)

la **loncha** SUSTANTIVO
  slice

Londres SUSTANTIVO MASC
  London

la **longitud** SUSTANTIVO
  length ◇ *Midió la longitud de la piscina.* He measured the length of the pool.
- **Tiene tres metros de longitud.** It's three metres long.

el **loro** SUSTANTIVO
  parrot

los (1) ARTÍCULO
  the ◇ *los barcos* the boats
- **los de las bufandas rojas** the people in the red scarves

El artículo se traduce por el posesivo cuando se refiere a una parte del cuerpo, a una prenda que se lleva puesta o a algo que se posee.

- **Se lavaron los pies en el río.** They washed their feet in the river.
- **Abrocháos los abrigos.** Button your coats.
- **Me gustan sus cuadros, pero prefiero los de Ana.** I like his paintings, but I prefer Ana's.

El artículo a veces no se traduce; por ejemplo cuando se refiere a algo en general o con algunas expresiones de tiempo.

- **No me gustan los melocotones.** I don't like peaches.
- **Sólo vienen los lunes.** They only come on Mondays.

los (2) PRONOMBRE

[1] *them*

Cuando nos referimos a "ellos".

◇ *Los vi por la calle.* I saw them in the street. ◇ *No los rompas.* Don't break them.

* **Los han despedido.** They've been sacked.
  2 *you*
  Cuando nos referimos a "ustedes".
  ◇ *Los acompaño hasta la puerta, señores.*
  I'll see you to the door, gentlemen.

la **lotería** SUSTANTIVO
  lottery (PL *lotteries*) ◇ *Le tocó la lotería.*
  He won the lottery.

la **lucha** SUSTANTIVO
  fight
* **lucha libre** wrestling

luchar VERBO
  to fight

lucir* VERBO
  to shine ◇ *Lucían las estrellas.* The stars
  were shining.
* **Carlos se lució en el examen.** Carlos
  performed brilliantly in the exam.

luego (1) ADVERBIO
  1 *then* (*después*) ◇ *Primero se puso de pie
  y luego habló.* First he stood up and then he
  spoke.
  2 *later* (*más tarde*) ◇ *Mi mujer viene
  luego.* My wife's coming later.
* **desde luego** of course ◇ *¡Desde luego
  que me gusta!* Of course I like it!
* **¡Hasta luego!** See you!
  3 *soon* Chile, Mexico ◇ *Vuelvo luego.* I'll
  be back soon.

luego (2) CONJUNCIÓN
  therefore ◇ *Yo he pagado, luego tengo
  derecho a verlo.* I have paid, therefore I have
  a right to see it.

el **lugar** SUSTANTIVO
  place ◇ *Este lugar es muy bonito.* This is
  a lovely place. ◇ *Llegó en último lugar.* They
  came in last place.
* **en lugar de** instead of ◇ *En lugar de
  escribir, me llamó por teléfono.* Instead of
  writing, he called me.

el **lujo** SUSTANTIVO
  luxury (PL *luxuries*)
* **un coche de lujo** a luxury car

lujoso ADJETIVO
  luxurious

la **luna** SUSTANTIVO
  1 *moon* (*satélite*)
  2 *window pane* (*de un escaparate*)
  3 *window* (*de un coche*)
* **la luna de miel** honeymoon

el **lunar** SUSTANTIVO
  mole (*en la piel*)
* **una corbata de lunares** a spotted tie

el **lunes** SUSTANTIVO (PL los **lunes**)
  Los días de la semana se escriben con mayúscula.
  Monday ◇ *La vi el lunes.* I saw her on
  Monday. ◇ *todos los lunes* every Monday
  ◇ *el lunes pasado* last Monday ◇ *el lunes
  que viene* next Monday ◇ *Jugamos los
  lunes.* We play on Mondays.

la **lupa** SUSTANTIVO
  magnifying glass

el **luto** SUSTANTIVO
* **estar de luto por alguien** to be in mourning
  for somebody

la **luz** SUSTANTIVO (PL las **luces**)
  1 *light* ◇ *Enciende la luz, por favor.* Put
  on the light please.
  2 *electricity* ◇ *No hay luz en todo el
  edificio.* There's no electricity in the whole
  building.
* **dar a luz** to give birth

M

los **macarrones** SUSTANTIVO
  macaroni SING ◇ *Los macarrones no
  engordan.* Macaroni isn't fattening.

la **macedonia** SUSTANTIVO
  fruit salad (*de fruta*)

la **maceta** SUSTANTIVO
  flowerpot

machacar* VERBO
  1 *to crush* ◇ *Machacó los ajos en el
  mortero.* He crushed the garlic in the mortar.
  2 *to thrash* ◇ *El equipo visitante los
  machacó.* The visiting team thrashed them.

el **macho** ADJETIVO, SUSTANTIVO
  male ◇ *un conejo macho* a male rabbit

la **madera** SUSTANTIVO
  wood ◇ *Está hecho de madera.* It's made
  of wood.
* **un juguete de madera** a wooden toy
* **Dame esa madera.** Give me that piece of
  wood.
* **Tiene madera de profesor.** He's got the
  makings of a teacher.

la **madrastra** SUSTANTIVO
  stepmother

la **madre** SUSTANTIVO
  mother
* **¡Madre mía!** Goodness!

Madrid SUSTANTIVO MASC
  Madrid

la **madrina** SUSTANTIVO
  1 *godmother* (*en bautizo*)
  2 *matron of honour* (*en boda*) (PL
  matrons of honour)

la **madrugada** SUSTANTIVO
  early morning
* **levantarse de madrugada (1)** (*temprano*) to
  get up early
* **levantarse de madrugada (2)** (*al amanecer*)

to get up at daybreak
→ **a las 4 de la madrugada** at 4 o'clock in the morning
madrugar* VERBO
to get up early
maduro ADJETIVO
1 *mature* (*persona*)
2 *ripe* (*fruta*)
maestro, la maestra SUSTANTIVO
teacher ◇ *Mi tía es maestra.* My aunt's a teacher.
→ **un maestro de escuela** a schoolteacher
magia SUSTANTIVO
magic
mágico ADJETIVO
magic ◇ *una varita mágica* a magic wand
magisterio SUSTANTIVO
→ **Estudia magisterio.** He's training to be a teacher.
magnífico ADJETIVO
splendid
mago, la maga SUSTANTIVO
magician
→ **los Reyes Magos** the Three Wise Men
maíz SUSTANTIVO (PL los **maíces**)
1 *maize* (*planta*)
2 *sweetcorn* (*desgranado*)
→ **una mazorca de maíz** a corn cob
majestad SUSTANTIVO
→ **Su Majestad (1)** (*rey*) His Majesty
→ **Su Majestad (2)** (*reina*) Her Majesty
majo ADJETIVO
1 *nice* (*simpático*)
2 *pretty* (*bonito*)
mal (1) ADJETIVO = **malo**
mal (2) ADVERBIO
1 *badly* ◇ *Toca la guitarra muy mal.* He plays the guitar very badly. ◇ *un trabajo mal pagado* a badly paid job
→ **Esta habitación huele mal.** This room smells bad.
→ **Lo pasé muy mal.** I had a very bad time.
→ **Me entendió mal.** He misunderstood me.
→ **hablar mal de alguien** to speak ill of someone
2 *wrong* ◇ *Han escrito mal mi apellido.* They've spelt my surname wrong. ◇ *Está mal mentir.* It's wrong to tell lies.
mal SUSTANTIVO
evil ◇ *el bien y el mal* good and evil
mala SUSTANTIVO
→ **la mala de la película** the villain in the film
malcriado ADJETIVO
badly brought up
maldito ADJETIVO
damned (*coloquial*) ◇ *¡Malditos vecinos!* Damned neighbours!
→ **¡Malditas las ganas que tengo de verle!** I really don't feel like seeing him!
→ **¡Maldita sea!** Damn it!
maleducado ADJETIVO
bad-mannered
malentendido SUSTANTIVO
misunderstanding

malestar SUSTANTIVO
discomfort
maleta SUSTANTIVO
suitcase
→ **hacer la maleta** to pack
maletero SUSTANTIVO
boot
maletín SUSTANTIVO (PL los **maletines**)
briefcase
malgastar VERBO
to waste
malhumorado ADJETIVO
bad-tempered (*por naturaleza*)
→ **Hoy parece malhumorado.** He appears to be in a bad mood today.
malicia SUSTANTIVO
1 *malice* (*mala intención*)
2 *mischief* (*picardía*)
malicioso ADJETIVO
malicious
malla SUSTANTIVO
1 *mesh* (*tejido*)
2 *leotard* (*de gimnasia*)
→ **una malla de baño** River Plate a swimsuit
→ **mallas (1)** (*con pie*) tights
→ **mallas (2)** (*hasta el tobillo*) leggings
Mallorca SUSTANTIVO FEM
Majorca
malo SUSTANTIVO
→ **el malo de la película** the villain in the film
malo ADJETIVO
Use **mal** before a masculine noun.
1 *bad* ◇ *un mal día* a bad day ◇ *Este programa es muy malo.* This is a very bad programme. ◇ *Soy muy mala para las matemáticas.* I'm very bad at maths.
→ **Lo malo es que...** the trouble is that...
2 *naughty* ◇ *¿Por qué eres tan malo?* Why are you so naughty?
3 *off* ◇ *Esta carne está mala.* This meat's off.
4 *ill* ◇ *Mi hija está mala.* My daughter's ill. ◇ *Se puso malo después de comer.* He started to feel ill after lunch.
maltratar VERBO
to ill-treat ◇ *Maltrata a su perro.* He ill-treats his dog.
→ **los niños maltratados** abused children
malvado ADJETIVO
evil
mama SUSTANTIVO
1 *breast* (*pecho*)
2 *mum* (*coloquial: madre*)
mamá SUSTANTIVO (PL las **mamás**)
mum (*coloquial*) ◇ *tu mamá* your mum ◇ *¡Hola mamá!* Hi Mum!
mamar VERBO
to suckle (*animal*) ◇ *El cordero aún mama.* The lamb is still suckling.
→ **El bebé mama cada cuatro horas.** The baby has a feed every four hours.
→ **dar de mamar** to breastfeed
mamífero SUSTANTIVO
mammal

M

el **manantial** SUSTANTIVO
  spring
la **mancha** SUSTANTIVO
  stain
manchar VERBO
  to stain ◇ *La cerveza no mancha.* Beer
  doesn't stain.
  ✦ **mancharse** to get dirty ◇ *No te manches
  la camisa.* Don't get your shirt dirty.
  ✦ **Me he manchado el vestido de tinta.** I've
  got ink stains on my dress.
mandar VERBO
  1 *to order* ◇ *El sargento le ordenó barrer
  el patio.* The sergeant ordered him to sweep
  the yard.
  ✦ **Nos mandó callar.** He told us to be quiet.
  ✦ **Aquí mando yo.** I'm the boss here.
  2 *to send* ◇ *Se lo mandaremos por
  correo.* We'll send it to you by post. ◇ *Me
  mandaron a hacer un recado.* They sent me
  on an errand.
  ✦ **mandar llamar a alguien** Latin America to
  send for someone
  ✦ **mandar a arreglar algo** Latin America to
  have something repaired
  ✦ **¿Mande?** Mexico Pardon?
  ✦ **El médico me mandó un jarabe.** The doctor
  gave me a prescription for syrup.
la **mandarina** SUSTANTIVO
  tangerine
la **mandíbula** SUSTANTIVO
  jaw
el **mando** SUSTANTIVO
  ✦ **un alto mando** a high-ranking officer
  ✦ **Está al mando del proyecto.** He's in charge
  of the project.
  ✦ **el mando a distancia** the remote control
  ✦ **los mandos** (*en avión*) the controls
la **manecilla** SUSTANTIVO
  hand ◇ *las manecillas del reloj* the hands
  of the clock
manejable ADJETIVO
  1 *manoeuvrable* ◇ *un coche muy
  manejable* a very manoeuvrable car
  2 *easy to use* ◇ *Este taladro es muy
  manejable.* This drill is very easy to use.
manejar VERBO
  1 *to operate* (*máquina*)
  2 *to manage* (*casa, negocio*)
  3 *to drive* (*coche*) Latin America
  ✦ **un examen de manejar** Latin America a
  driving test
la **manera** SUSTANTIVO
  way ◇ *Lo hice a mi manera.* I did it my
  way.
  ✦ **de todas maneras** anyway ◇ *De todas
  maneras no habría podido ir.* I wouldn't
  have been able to go anyway.
  ✦ **No hay manera de convencerla.** There's
  nothing one can do to convince her.
  ✦ **de manera que (1)** so ◇ *No has hecho los
  deberes, de manera que no hay tele.* You
  haven't done your homework so there's no
  TV.
  ✦ **de manera que (2)** so that ◇ *Lo puse de
  manera que lo pudieran verlo.* I put it so that
  they could see it.
  ✦ **¡De ninguna manera!** Certainly not!
la **manga** SUSTANTIVO
  sleeve ◇ *Súbete las mangas.* Roll your
  sleeves up.
  ✦ **de manga corta** short-sleeved
  ✦ **de manga larga** long-sleeved
el **mango** SUSTANTIVO
  1 *handle* (*asa*)
  2 *mango* (*fruta*)
la **manguera** SUSTANTIVO
  hose
la **manía** SUSTANTIVO
  ✦ **Tiene la manía de repetir todo lo que digo.**
  He has an irritating habit of repeating
  everything I say.
  ✦ **El profesor me tiene manía.** The teacher
  has it in for me. (*coloquial*)
maniático ADJETIVO
  ✦ **Es muy maniático para comer.** He's very
  fussy about eating.
  ✦ **Es una maniática del orden.** She's obsessed
  with keeping things tidy.
la **manifestación** SUSTANTIVO (PL las
  manifestaciones)
  demonstration ◇ *Hicieron una
  manifestación contra el terrorismo.* They held
  a demonstration against terrorism.
el/la **manifestante** SUSTANTIVO
  demonstrator
manifestarse* VERBO
  to demonstrate
el **manillar** SUSTANTIVO
  handlebars PL
la **maniobra** SUSTANTIVO
  manoeuvre ◇ *una maniobra política* a
  political manoeuvre
  ✦ **hacer maniobras** to manoeuvre
manipular VERBO
  1 *to handle* ◇ *La higiene es
  imprescindible para manipular alimentos.*
  Hygiene is essential when handling food.
  2 *to manipulate* ◇ *La publicidad
  manipula a la opinión pública.* Advertising
  manipulates public opinion.
el/la **maniquí** SUSTANTIVO (PL los/las **maniquíes**)
  model (*persona*)
el **maniquí** SUSTANTIVO (PL los **maniquíes**)
  dummy (*de escaparate*) (PL **dummies**)
la **manivela** SUSTANTIVO
  crank
la **mano** SUSTANTIVO
  hand ◇ *Dame la mano.* Give me your
  hand. ◇ *La tomé de la mano.* I took her by
  the hand.
  ✦ **tener algo a mano** to have something to
  hand
  ✦ **hecho a mano** handmade
  ✦ **de segunda mano** secondhand
  ✦ **echar una mano** to lend a hand

- **estrechar la mano a alguien** to shake somebody's hand
- **la mano de obra** labour
- **una mano de pintura** a coat of paint

manojo SUSTANTIVO
bunch (PL **bunches**) ◇ *un manojo de hierbas* a bunch of herbs ◇ *un manojo de llaves* a bunch of keys

manopla SUSTANTIVO
mitten ◇ *El niño llevaba manoplas.* The child was wearing mittens.
- **una manopla de cocina** an oven-glove

manso ADJETIVO
tame

manta SUSTANTIVO
blanket

manteca SUSTANTIVO
butter River Plate
- **manteca de cerdo** lard

mantel SUSTANTIVO
tablecloth

mantener* VERBO
[1] _to keep_ ◇ *Les mantendremos informados.* We'll keep you informed. ◇ *mantener la calma* to keep calm
[2] _to support_ ◇ *Mantiene a su familia.* He supports his family.
- **mantener una conversación** to have a conversation
- **mantenerse** (*económicamente*) to support oneself
- **mantenerse en forma** to keep fit
- **mantenerse en pie** to remain standing

mantenimiento SUSTANTIVO
maintenance ◇ *el encargado de mantenimiento* the person in charge of maintenance
- **ejercicios de mantenimiento** keep-fit exercises

mantequilla SUSTANTIVO
butter

mantuve VERBO *ver* **mantener**

manual ADJETIVO, SUSTANTIVO
manual

manubrio SUSTANTIVO
Latin America
handlebars PL

manuscrito SUSTANTIVO
manuscript

manzana SUSTANTIVO
[1] _apple_ (*fruta*)
[2] _block_ (*de edificios*)

maña SUSTANTIVO
- **Tiene mucha maña para hacer arreglos caseros.** She's a dab hand at mending things around the house.

mañana SUSTANTIVO
morning ◇ *Llegó a las nueve de la mañana.* He arrived at nine o'clock in the morning.
- **a media mañana** mid-morning

mañana ADVERBIO
tomorrow ◇ *¡Hasta mañana!* See you tomorrow!

- **pasado mañana** the day after tomorrow
- **Por la mañana voy al gimnasio.** In the mornings I go to the gym.
- **mañana por la mañana** tomorrow morning
- **mañana por la noche** tomorrow night

el **mapa** SUSTANTIVO
map ◇ *El pueblo no está en el mapa.* The village isn't on the map. ◇ *un mapa de carreteras* a road map

la **maqueta** SUSTANTIVO
model

el **maquillaje** SUSTANTIVO
make-up SING

maquillarse VERBO
to put one's make-up on

la **máquina** SUSTANTIVO
machine ◇ *una máquina de coser* a sewing machine ◇ *una máquina expendedora* a vending machine ◇ *una máquina tragaperras* a fruit machine
- **una máquina de escribir** a typewriter
- **escrito a máquina** typed

la **maquinilla** SUSTANTIVO
razor ◇ *una maquinilla eléctrica* an electric razor

el **mar** SUSTANTIVO
sea
- **por mar** by sea
  Note that in certain idiomatic phrases, **mar** *is feminine.*
- **en alta mar** on the high seas
- **Lo hizo la mar de bien.** He did it really well.

el **maratón** SUSTANTIVO (PL **los maratones**)
marathon

la **maravilla** SUSTANTIVO
- **¡Qué maravilla de casa!** What a wonderful house!
- **ser una maravilla** to be wonderful ◇ *Este lavaplatos es una maravilla.* This dishwasher is wonderful.
- **Se llevan de maravilla.** They get on wonderfully well together.

maravilloso ADJETIVO
marvellous

la **marca** SUSTANTIVO
[1] _mark_ ◇ *Había marcas de neumático en la arena.* There were tyre marks in the sand.
[2] _make_ (*de máquina, coche*) ◇ *¿De qué marca es tu coche?* What make's your car?
[3] _brand_ (*de detergente, café*) ◇ *una conocida marca de cigarrillos* a well-known brand of cigarettes
- **la ropa de marca** designer clothes

el **marcador** SUSTANTIVO
scoreboard

marcar* VERBO
[1] _to mark_ (*ropa, objetos personales*)
[2] _to brand_ (*ganado*)
[3] _to dial_ (*número de teléfono*)
[4] _to score_ (*gol*)
[5] _to set_ (*en peluquería*)
- **Mi reloj marca las 2.** It's 2 o'clock according to my watch.

la **marcha** SUSTANTIVO

M

1 *departure* ◇ *Su marcha les dejó muy tristes.* His departure left them feeling very sad.

2 *gear* ◇ *cambiar de marcha* to change gear

→ **salir de marcha** to go out on the town (*coloquial*)

→ **a toda marcha** at full speed

→ **estar en marcha (1)** (*motor*) to be running

→ **estar en marcha (2)** (*proyecto*) to be underway

→ **dar marcha atrás** to reverse

→ **No te subas nunca a un tren en marcha.** Never get onto a moving train.

marcharse VERBO
to leave

el **marco** SUSTANTIVO
1 *frame* (*de fotografía*)
2 *mark* (*moneda alemana*)

la **marea** SUSTANTIVO
tide
→ **una marea negra** an oil slick

marear VERBO
to make...feel sick ◇ *El olor a alquitrán me marea.* The smell of tar makes me feel sick.

→ **marearse (1)** to get dizzy ◇ *Te marearás si das tantas vueltas.* You'll get dizzy going round and round like that.

→ **marearse (2)** to get seasick ◇ *¿Te mareas cuando vas en barco?* Do you get seasick when you travel by boat?

→ **marearse (3)** to get carsick ◇ *Siempre me mareo en coche.* I always get carsick.

→ **¡No me marees!** Stop going on at me!

el **mareo** SUSTANTIVO
1 *sea sickness* (*en barco*)
2 *car sickness* (*en coche*)
→ **Le dio un mareo a causa del calor.** The heat made her feel ill.

el **marfil** SUSTANTIVO
ivory

la **margarina** SUSTANTIVO
margarine

la **margarita** SUSTANTIVO
daisy (PL *daisies*)

el **margen** SUSTANTIVO (PL los **márgenes**)
margin (*de página*) ◇ *Escribe las notas al margen.* Write your notes in the margin.

el **marido** SUSTANTIVO
husband

el **marinero** SUSTANTIVO
sailor

la **mariposa** SUSTANTIVO
butterfly (PL *butterflies*)

el **marisco** SUSTANTIVO
shellfish (PL *shellfish*) ◇ *No me gusta el marisco.* I don't like shellfish.

el **mármol** SUSTANTIVO
marble

marrón (FEM **marrón**, PL **marrones**) ADJETIVO
brown ◇ *un traje marrón* a brown suit

el **martes** SUSTANTIVO (PL los **martes**)

Los días de la semana se escriben con mayúscula.
Tuesday ◇ *La vi el martes.* I saw her on Tuesday. ◇ *todos los martes* every Tuesday ◇ *el martes pasado* last Tuesday ◇ *el martes que viene* next Tuesday ◇ *Jugamos los martes.* We play on Tuesdays.

el **martillo** SUSTANTIVO
hammer

marzo SUSTANTIVO MASC
Los meses se escriben con mayúscula.
March ◇ *en marzo* in March ◇ *Nací el 17 de marzo.* I was born on 17 March.

más ADVERBIO
more ◇ *Ahora salgo más.* I go out more these days.

→ **Últimamente nos vemos más.** We've been seeing more of each other lately.

→ **¿Quieres más?** Would you like some more?

→ **No tengo más dinero.** I haven't any more money.

La mayoría de los adjetivos y adverbios de una sílaba, o de dos sílabas con terminación en 'y', forman el comparativo añadiendo la terminación -er. A veces se produce un cambio ortográfico.

◇ *barato – más barato* cheap – cheaper
◇ *joven – más joven* young – younger
◇ *largo – más largo* long – longer
◇ *grande – más grande* big – bigger
◇ *contento – más contento* happy – happier
◇ *rápido – más rápido* fast – faster
◇ *temprano – más temprano* early – earlier

→ **lejos – más lejos** far – further

El resto de los adjetivos y adverbios forman el comparativo con **more**.

◇ *hermoso – más hermoso* beautiful – more beautiful ◇ *guapo – más guapo* handsome – more handsome

Independientemente del número de sílabas, los adverbios de modo que acaban en -ly forman el comparativo con **more**.

◇ *deprisa – más deprisa* quickly – more quickly

Para decir más...que, *se añade* than *a la forma comparativa.*

◇ *Es más grande que el tuyo.* It's bigger than yours. ◇ *Este bolígrafo es más caro que el mío.* This pen's more expensive than mine. ◇ *Corre más rápido que yo.* He runs faster than I do.

→ **Trabaja más que yo.** He works harder than I do.

→ **más de mil libros** more than a thousand books

→ **No tiene más de dieciséis años.** He isn't more than sixteen.

→ **más de lo que yo creía** more than I thought

Siguiendo las mismas normas del comparativo, el superlativo se forma añadiendo **the...-est** *o* **the most....**

◇ *el bolígrafo más barato* the cheapest pen ◇ *el niño más joven* the youngest child ◇ *el coche más grande* the biggest car ◇ *el más alto de la clase* the tallest in the class ◇ *la persona más feliz* the happiest person ⋄ *el más inteligente de todos* the most intelligent of all of them

- *su película más innovadora* his most innovative film ⋄ *Paco es el que come más.* Paco's the one who eats the most.
- *Fue el que más trabajó.* He was the one who worked the hardest.
- *el punto más lejano* the furthest point
- *¿Qué más?* What else?
- *¡Qué perro más sucio!* What a filthy dog!
- *Tenemos uno de más.* We have one too many.
- *Por más que estudio no apruebo.* However hard I study I don't pass.
- *más o menos* more or less
- *2 más 2 son 4* 2 and 2 are 4
- *14 más 20 menos 12 es igual a 22* 14 plus 20 minus 12 equals 22

masa SUSTANTIVO
[1] *mass* (PL *masses*) ⋄ *una masa de gente* a mass of people
[2] *dough* ⋄ *la masa de pan* bread dough
- *las masas* the masses
- *en masa (1)* mass

mass *en este caso va siempre delante del sustantivo.*

⋄ *la producción en masa* mass production
- *en masa (2)* en masse ⋄ *Fueron en masa a recibir al futbolista.* They went en masse to greet the footballer.

masaje SUSTANTIVO
massage ⋄ *dar un masaje a alguien* to give someone a massage

máscara SUSTANTIVO
mask

masculino ADJETIVO
[1] *male* (*hormona, sexo*) ⋄ *el sexo masculino* the male sex
[2] *men's* (*moda, deporte*) ⋄ *la ropa masculina* men's clothing
[3] *masculine* (*voz*) ⋄ *el pronombre masculino "él"* the masculine pronoun "él"

masticar* VERBO
to chew

matar VERBO
to kill ⋄ *El jefe me va a matar.* The boss will kill me.
- *matarse* to be killed ⋄ *Se mataron en un accidente de coche.* They were killed in a car accident.

matasellos SUSTANTIVO (PL los **matasellos**)
postmark

mate ADJETIVO
matt

mate SUSTANTIVO
[1] *checkmate* (*en ajedrez*)
[2] *maté* (*infusión*)

matemáticas SUSTANTIVO
mathematics SING

materia SUSTANTIVO
[1] *matter* ⋄ *materia orgánica* organic matter ⋄ *materia gris* grey matter
[2] *material* ⋄ *la materia prima* raw material
[3] *subject* ⋄ *Es un experto en la materia.* He's an expert on the subject.
- *entrar en materia* to get to the point

el material ADJETIVO, SUSTANTIVO
material

materno ADJETIVO
maternal ⋄ *mi abuela materna* my maternal grandmother
- *mi lengua materna* my mother tongue

el matiz SUSTANTIVO (PL los **matices**)
shade (*de color*)

el matorral SUSTANTIVO
bushes PL

la matrícula SUSTANTIVO
registration (*de colegio, universidad*)
- *la matrícula del coche (1)* (*número*) the registration number of the car
- *la matrícula del coche (2)* (*placa*) the number plate of the car

matricular VERBO
to register (*coche*)
- *matricularse* (*alumno*) to enrol

el matrimonio SUSTANTIVO
[1] *marriage* ⋄ *El matrimonio se celebró en la iglesia del pueblo.* The marriage took place in the village church.
[2] *couple* ⋄ *Eran un matrimonio feliz.* They were a happy couple.

maullar VERBO
to miaow

máximo ADJETIVO
maximum ⋄ *la velocidad máxima* the maximum speed

el máximo SUSTANTIVO
maximum ⋄ *un máximo de 10.000 pesetas* a maximum of 10,000 pesetas
- *como máximo (1)* at the most ⋄ *Te costará 5.000 como máximo.* It'll cost you 5,000 at the most.
- *como máximo (2)* at the latest ⋄ *Llegaré a las diez como máximo.* I'll be there by ten o'clock at the latest.

mayo SUSTANTIVO MASC

Los meses se escriben con mayúscula.

May ⋄ *en mayo* in May ⋄ *Nací el 28 de mayo.* I was born on 28 May.

la mayonesa SUSTANTIVO
mayonnaise

mayor ADJETIVO, PRONOMBRE (FEM **mayor**)
[1] *older* ⋄ *Paco es mayor que Nacho.* Paco is older than Nacho. ⋄ *Es tres años mayor que yo.* He is three years older than me.
- *el hermano mayor (1)* (*de dos hermanos*) the older brother
- *el hermano mayor (2)* (*de más de dos hermanos*) the oldest brother
- *Emilio es el mayor de los dos.* Emilio is the older of the two.
- *Juan es el mayor de todos.* Juan is the oldest.
- *Nuestros hijos ya son mayores.* Our children are grown-up now.

M

+ **la gente mayor** the elderly
  [2] *bigger* ◇ *Mi casa es mayor que la suya.* My house is bigger than his.
el/la **mayor** SUSTANTIVO
+ **un mayor de edad** an adult
+ **los mayores** grown-ups
la **mayoría** SUSTANTIVO
  majority (PL *majorities*)
+ **Somos mayoría.** We are in the majority.
+ **La mayoría de los estudiantes son pobres.** Most students are poor.
+ **la mayoría de nosotros** most of us
la **mayúscula** SUSTANTIVO
  capital letter ◇ *Empieza cada frase con una mayúscula.* Start each sentence with a capital letter.
+ **Escríbelo con mayúsculas.** Write it in capitals.
+ **una M mayúscula** a capital M
el **mazapán** SUSTANTIVO (PL los **mazapanes**)
  marzipan
me PRONOMBRE
  [1] *me* ◇ *Me quiere.* He loves me. ◇ *Me regaló una pulsera.* He gave me a bracelet.
+ **Me lo dio.** He gave it to me.
+ **¿Me echas esta carta?** Will you post this letter for me?
  [2] *myself* ◇ *No me hice daño.* I didn't hurt myself.
+ **me dije a mí mismo** I said to myself
  Con partes del cuerpo o con prendas que se llevan puestas se usa el adjetivo posesivo.
  ◇ *Me duelen los pies.* My feet hurt. ◇ *Me puse el abrigo.* I put my coat on.
mear VERBO
  to piss (vulgar)
+ **mearse** to wet oneself
+ **mearse de risa** to piss oneself laughing (vulgar)
la **mecánica** SUSTANTIVO
  [1] *mechanic* (persona) ◇ *Quiere ser mecánica.* She wants to be a mechanic.
  [2] *mechanics* SING (técnica)
mecánico ADJETIVO
  mechanical
el **mecánico** SUSTANTIVO
  mechanic ◇ *Es mecánico.* He's a mechanic.
el **mecanismo** SUSTANTIVO
  mechanism
la **mecha** SUSTANTIVO
  [1] *wick* (de vela)
  [2] *fuse* (de explosivo)
el **mechero** SUSTANTIVO
  cigarette lighter
la **medalla** SUSTANTIVO
  medal
la **media** SUSTANTIVO
  [1] *average* ◇ *Trabajo una media de seis horas diarias.* I work an average of six hours a day.
  [2] *sock* (calcetín) Latin America
+ **medias (1)** (hasta el muslo) stockings

+ **medias (2)** (hasta la cintura) tights
+ **medias bombachas** River Plate tights
+ **a las cuatro y media** at half past four
mediano ADJETIVO
  medium ◇ *de mediana estatura* of medium height
+ **de tamaño mediano** medium-sized
+ **el hijo mediano** the middle son
la **medianoche** SUSTANTIVO
  midnight ◇ *a medianoche* at midnight
mediante PREPOSICIÓN
+ **Izaron las cajas mediante una polea.** They lifted the crates using a pulley.
el **medicamento** SUSTANTIVO
  medicine
la **medicina** SUSTANTIVO
  medicine ◇ *Estudia medicina en la universidad.* He's studying medicine at university. ◇ *¿Te has tomado ya la medicina?* Have you taken your medicine yet?
el **médico,** la **médica** SUSTANTIVO
  doctor ◇ *Quiere ser médica.* She wants to be a doctor. ◇ *el médico de cabecera* the family doctor
+ **ir al médico** to go to the doctor's
la **medida** SUSTANTIVO
  measure ◇ *medidas de seguridad* security measures ◇ *tomar medidas contra la inflación* to take measures against inflation
+ **El sastre le tomó las medidas.** The tailor took his measurements.
+ **un traje a medida** a made-to-measure suit
+ **a medida que...** as... ◇ *Saludaba a los invitados a medida que iban llegando.* He greeted the guests as they arrived.
medio (1) ADJETIVO
  [1] *half* ◇ *medio litro* half a litre ◇ *medio limón* half a lemon ◇ *Nos queda media botella de leche.* We've got half a bottle of milk left. ◇ *media hora* half an hour ◇ *una hora y media* an hour and a half
+ **Son las ocho y media.** It's half past eight.
  [2] *average* ◇ *la temperatura media* the average temperature
medio (2) ADVERBIO
  half ◇ *Estaba medio dormido.* He was half asleep. ◇ *una manzana a medio comer* a half eaten apple
el **medio** SUSTANTIVO
  [1] *middle* (centro) ◇ *Está en el medio.* It's in the middle.
  [2] *means* (recurso) ◇ *un medio de transporte* a means of transport
+ **por medio de** by means of
+ **medios** means ◇ *por medios pacíficos* by peaceful means
+ **los medios de comunicación** the media
+ **el medio ambiente** the environment
el **mediodía** SUSTANTIVO
+ **al mediodía (1)** (a las 12 de la mañana) at midday
+ **al mediodía (2)** (a la hora de comer) at

lunchtime

medir* VERBO

to measure ◇ *¿Has medido la ventana?*
Have you measured the window?
- **¿Cuánto mides? – Mido 1.50 m.** How tall
are you? – I'm 1.5 m tall.
- **¿Cuánto mide esta habitación? – Mide 3 m
por 4.** How big is this room? – It measures 3
m by 4.

Mediterráneo SUSTANTIVO

the Mediterranean

mediterráneo ADJETIVO

Mediterranean

medusa SUSTANTIVO

jellyfish (PL *jellyfish*)

mejicano, la mejicana ADJETIVO,
SUSTANTIVO

Mexican

Méjico SUSTANTIVO MASC

Mexico

mejilla SUSTANTIVO

cheek

mejillón SUSTANTIVO (PL los **mejillones**)

mussel

mejor ADJETIVO (FEM **mejor**)

1 *better* ◇ *Éste es mejor que el otro.*
This one is better than the other one.
- **Es el mejor de los dos.** He's the better of
the two.
2 *best* ◇ *mi mejor amiga* my best friend
◇ *el mejor de la clase* the best in the class
◇ *Es el mejor de todos.* He's the best of the
lot.

mejor ADVERBIO

1 *better* ◇ *La conozco mejor que tú.* I
know her better than you do.
2 *best* ◇ *Cantó mejor de todos.* He sang
the best.
- **a lo mejor** probably
- **Mejor nos vamos.** We had better go.

mejora SUSTANTIVO

improvement

mejorar VERBO

to improve ◇ *El tiempo está mejorando.*
The weather's improving. ◇ *Han mejorado el
servicio.* They have improved the service.
- **¡Que te mejores!** Get well soon!

mejoría SUSTANTIVO

improvement

melena SUSTANTIVO

1 *long hair* (de persona) ◇ *Lleva una
melena rubia.* She has long blond hair.
2 *mane* (de león)

mellizo, la melliza ADJETIVO, SUSTANTIVO

twin ◇ *Son mellizos.* They're twins.

melocotón SUSTANTIVO (PL los **melocotones**)

peach (PL *peaches*)

melodía SUSTANTIVO

tune ◇ *tararear una melodía* to hum a
tune

melón SUSTANTIVO (PL los **melones**)

melon

memoria SUSTANTIVO

memory (PL *memories*) ◇ *tener mala*

memoria to have a bad memory
- **aprender algo de memoria** to learn
something by heart

memorizar* VERBO

to memorize

mencionar VERBO

to mention

el **mendigo**, la **mendiga** SUSTANTIVO

beggar

menor (FEM **menor**) ADJETIVO, PRONOMBRE

1 *younger* ◇ *Es tres años menor que yo.*
He's three years younger than me. ◇ *Juanito
es menor que Pepe.* Juanito is younger than
Pepe.
- **el hermano menor (1)** (de dos hermanos) the
younger brother
- **el hermano menor (2)** (de más de dos
hermanos) the youngest brother
- **Emilio es el menor de los dos.** Emilio is
the younger of the two.
- **Es la menor de todas.** She is the youngest
of all.
2 *smaller* ◇ *Mi casa es menor que la
suya.* My house is smaller than yours.

el/la **menor** SUSTANTIVO

- **un menor de edad** a minor
- **los menores** the under-18s

Menorca SUSTANTIVO FEM

Minorca

menos ADJETIVO, ADVERBIO

1 *less* ◇ *Ahora salgo menos.* I go out less
these days. ◇ *Últimamente nos vemos
menos.* We've been seeing less of each other
recently. ◇ *Fernando está menos deprimido.*
Fernando is less depressed.

*Para formar el comparativo con sustantivos, se
utiliza **less** si son incontables y **fewer** si son
contables.*

◇ *menos harina* less flour ◇ *menos gatos*
fewer cats ◇ *menos gente* fewer people
- **menos...que** less...than ◇ *Me gusta menos
que el otro.* I like it less than the other one.
◇ *Lo hizo menos cuidadosamente que ayer.*
He did it less carefully than yesterday.
- **Trabaja menos que yo.** He doesn't work as
hard as I do.
- **menos de 50 cajas** fewer than 50 boxes
- **Tiene menos de dieciocho años.** He's
under eighteen.
2 *least* ◇ *el chico menos desobediente de
la clase* the least disobedient boy in the
class ◇ *su película menos innovadora* his
least innovative film
- **Fue el que menos trabajó.** He was the one
who worked the least hard.

*Para formar el superlativo con sustantivos, se
utiliza **least** si son incontables y **fewest** si son
contables.*

◇ *el método que lleva menos tiempo* the
method which takes the least time ◇ *el
examen con menos errores* the exam paper
with the fewest mistakes
- **No quiero verle y menos visitarle.** I don't
want to see him, let alone visit him.

M

◆ **¡Menos mal!** Thank goodness! ◇ *¡Menos mal que habéis venido!* Thank goodness you've come!

◆ **al menos** at least

◆ **5 menos 2 son tres** 5 minus 2 is three

menos PREPOSICIÓN
except

◆ **todos menos él** everyone except him

◆ **a menos que** unless

el **mensaje** SUSTANTIVO
message

el **mensajero**, la **mensajera** SUSTANTIVO
messenger

la **menta** SUSTANTIVO
mint ◇ *un caramelo de menta* a mint sweet

la **mentalidad** SUSTANTIVO
mentality (PL *mentalities*) ◇ *Tiene una mentalidad de burócrata.* He has a bureaucratic mentality.

◆ **Tiene una mentalidad muy abierta.** He has a very open mind.

la **mente** SUSTANTIVO
mind ◇ *No me lo puedo quitar de la mente.* I can't get it out of my mind.

◆ **tener en mente hacer algo** to be thinking of doing something ◇ *Tiene en mente cambiar de empleo.* He's thinking of changing jobs.

mentir* VERBO
to lie ◇ *No me mientas.* Don't lie to me.

la **mentira** SUSTANTIVO
lie ◇ *No digas mentiras.* Don't tell lies.

◆ **Parece mentira que aún no te haya pagado.** It's incredible that he still hasn't paid you.

◆ **una pistola de mentira** a toy pistol

el **mentiroso**, la **mentirosa** SUSTANTIVO
liar

el **menú** SUSTANTIVO (PL los **menús**)
menu (*carta*)

◆ **el menú del día** the set meal

menudo ADJETIVO
slight ◇ *Es una chica muy menuda.* She's a very slight girl.

◆ **¡Menudo lío!** What a mess!

◆ **a menudo** often

el **meñique** ADJETIVO

◆ **Lleva un anillo en el dedo meñique.** He wears a ring on his little finger.

el **mercado** SUSTANTIVO
market

la **mercancía** SUSTANTIVO
commodity (PL *commodities*)

la **mercería** SUSTANTIVO
haberdasher's (PL *haberdashers' shops*)

merecer* VERBO
to deserve ◇ *Mereces que te castiguen.* You deserve to be punished.

◆ **merece la pena** it's worthwhile

merendar* VERBO
to have tea

el **merengue** SUSTANTIVO

meringue

la **merienda** SUSTANTIVO
tea

el **mérito** SUSTANTIVO
merit ◇ *una obra de gran mérito artístico* a work of great artistic merit

◆ **Eso tiene mucho mérito.** That's very commendable.

◆ **El mérito es todo suyo.** The credit is all his.

la **merluza** SUSTANTIVO
hake

la **mermelada** SUSTANTIVO
jam

mero ADVERBIO
Mexico
almost ◇ *Ya mero no vengo.* I almost didn't come.

el **mes** SUSTANTIVO (PL los **meses**)
month ◇ *el mes que viene* next month ◇ *a final de mes* at the end of the month

la **mesa** SUSTANTIVO
table

◆ **poner la mesa** to lay the table

◆ **quitar la mesa** to clear the table

la **mesera** SUSTANTIVO
Latin America
waitress (PL *waitresses*)

el **mesero** SUSTANTIVO
Latin America
waiter

la **mesilla** SUSTANTIVO

◆ **una mesilla de noche** a bedside table

la **meta** SUSTANTIVO
1 *aim* (*objetivo*)
2 *finishing line* (*en atletismo*)
3 *goal* (*en fútbol*)

el **metal** SUSTANTIVO
metal

metálico ADJETIVO
metal

metal *en este caso va siempre delante del sustantivo.*
◇ *un objeto metálico* a metal object

◆ **en metálico** in cash

meter VERBO
to put ◇ *¿Dónde has metido las llaves?* Where have you put the keys?

◆ **meterse** to go into ◇ *Se metió en la cueva.* He went into the cave.

◆ **meterse en política** to go into politics

◆ **No te metas donde no te llaman.** Don't poke your nose in where it doesn't belong.

◆ **meterse con alguien** to pick on somebody

el **método** SUSTANTIVO
method

el **metro** SUSTANTIVO
1 *underground* ◇ *coger el metro* to take the underground
2 *metre* ◇ *Mide tres metros de largo.* It's three metres long.

México SUSTANTIVO MASC
Mexico

la **mezcla** SUSTANTIVO

mixture

mezclar VERBO

to mix ◇ *Hay que mezclar el azúcar y la harina.* You need to mix the sugar and the flour.

◆ **mezclarse en algo** to get mixed up in something

mezquino ADJETIVO

mean

a **mezquita** SUSTANTIVO

mosque

mi ADJETIVO (PL **mis**)

my ◇ *mis hermanas* my sisters

mí PRONOMBRE

me ◇ *para mí* for me

◆ **Para mí que...** I think that...

◆ **Por mí no hay problema.** There's no problem as far as I'm concerned.

l **microbio** SUSTANTIVO

microbe

l **micrófono** SUSTANTIVO

microphone

l **microondas** SUSTANTIVO (PL **los microondas**)

microwave ◇ *un horno microondas* a microwave oven

l **microscopio** SUSTANTIVO

microscope

midiendo VERBO *ver* **medir**

l **miedo** SUSTANTIVO

fear ◇ *el miedo a la oscuridad* fear of the dark

◆ **tener miedo** to be afraid ◇ *Le tenía miedo a su padre.* He was afraid of his father.
◇ *Tengo miedo a morir.* I'm afraid of dying.
◇ *Tenemos miedo de que nos ataquen.* We're afraid that they may attack us.

◆ **dar miedo a** to scare ◇ *Me daba miedo hacerlo.* I was scared of doing it.

◆ **pasarlo de miedo** (*coloquial*) to have a fantastic time

miedoso ADJETIVO

◆ **¡No seas tan miedoso!** Don't be such a coward!

◆ **Mi hijo es muy miedoso.** My son gets frightened very easily.

l **miel** SUSTANTIVO

honey

l **miembro** SUSTANTIVO

1 *member* (*de organización*)
2 *limb* (*del cuerpo*)

mientras ADVERBIO, CONJUNCIÓN

while ◇ *Lava tú mientras yo seco.* You wash while I dry.

◆ **Seguiré conduciendo mientras pueda.** I'll carry on driving for as long as I can.

◆ **mientras que** while

◆ **mientras tanto** meanwhile

miércoles SUSTANTIVO (PL **los miércoles**)

Los días de la semana se escriben con mayúscula.

Wednesday ◇ *La vi el miércoles.* I saw her on Wednesday. ◇ *todos los miércoles* every Wednesday ◇ *el miércoles pasado* last Wednesday ◇ *el miércoles que viene* next

Wednesday ◇ *Jugamos los miércoles.* We play on Wednesdays.

la **mierda** SUSTANTIVO

shit (*vulgar: excremento*)

◆ **Esta película es una mierda.** This film's a load of crap. (*vulgar*)

◆ **¡Vete a la mierda!** Go to hell! (*coloquial*)

la **miga** SUSTANTIVO

crumb

◆ **hacer buenas migas** to hit it off (*coloquial*)

mil ADJETIVO, PRONOMBRE

thousand ◇ *miles de personas* thousands of people ◇ *dos mil pesetas* two thousand pesetas

◆ **miles de veces** hundreds of times

el **milagro** SUSTANTIVO

miracle ◇ *No nos hemos matado de milagro.* It was a miracle we didn't get killed.

la **mili** SUSTANTIVO

military service ◇ *hacer la mili* to do one's military service

el **milímetro** SUSTANTIVO

millimetre

el/la **militar** SUSTANTIVO

soldier

◆ **los militares** the military

militar VERBO

◆ **militar en un partido** to be an active member of a party

el **millón** SUSTANTIVO (PL **los millones**)

million ◇ *millones de personas* millions of people

◆ **mil millones** a billion

el **millonario**, la **millonaria** SUSTANTIVO

millionaire

mimado ADJETIVO

spoiled

la **mina** SUSTANTIVO

mine

el **mineral** ADJETIVO, SUSTANTIVO

mineral

la **miniatura** SUSTANTIVO

miniature

◆ **una casa en miniatura** a miniature house

la **minifalda** SUSTANTIVO

miniskirt

mínimo ADJETIVO

minimum ◇ *el salario mínimo* the minimum wage

◆ **No tienes ni la más mínima idea.** You haven't the faintest idea.

el **mínimo** SUSTANTIVO

minimum ◇ *un mínimo de 2.000 pesetas* a minimum of 2000 pesetas

◆ **lo mínimo que puede hacer** the least he can do

◆ **Como mínimo podrías haber llamado.** You could at least have called.

el **ministerio** SUSTANTIVO

ministry (PL *ministries*)

el **ministro**, la **ministra** SUSTANTIVO

minister

la **minoría** SUSTANTIVO

minority (PL *minorities*) ◇ *las minorías*

M

étnicas ethnic minorities

minucioso ADJETIVO
thorough

la **minúscula** SUSTANTIVO
small letter

la **minusválida** SUSTANTIVO
disabled woman (PL *disabled women*)

el **minusválido** SUSTANTIVO
disabled man (PL *disabled men*)
- **los minusválidos** the disabled

el **minuto** SUSTANTIVO
minute ◇ *Espera un minuto.* Wait a minute.

mío ADJETIVO, PRONOMBRE (FEM **mía**)
mine ◇ *Estos caballos son míos.* Those horses are mine. ◇ *¿De quién es esta bufanda? – Es mía.* Whose scarf is this? – It's mine. ◇ *El mío está en el armario.* Mine's in the cupboard. ◇ *Éste es el mío.* This one's mine.
- **un amigo mío** a friend of mine
- **una prima mía** a cousin of mine

miope ADJETIVO
short-sighted

la **mirada** SUSTANTIVO
look ◇ *con una mirada de odio* with a look of hatred
- **echar una mirada a algo** to have a look at something ◇ *¿Has tenido tiempo de echarle una mirada a mi informe?* Have you had time to have a look at my report?

mirar VERBO
to look ◇ *¡Mira! Un ratón.* Look! A mouse. ◇ *Mira a ver si está ahí.* Look and see if he is there.
- **mirar algo** to look at something ◇ *Mira esta foto.* Look at this photo.
- **mirar por la ventana** to look out of the window
- **mirar algo fijamente** to stare at something
- **¡Mira que es tonto!** What an idiot!
- **mirarse al espejo** to look at oneself in the mirror
- **Se miraron asombrados.** They looked at each other in amazement.

la **misa** SUSTANTIVO
mass (PL *masses*) ◇ *la misa del gallo* midnight mass ◇ *ir a misa* to go to mass

la **miseria** SUSTANTIVO
1 *poverty* ◇ *estar en la miseria* to be living in poverty
2 *pittance* ◇ *Gano una miseria.* I earn a pittance.

la **misión** SUSTANTIVO (PL las **misiones**)
mission

el **misionero**, la **misionera** SUSTANTIVO
missionary (PL *missionaries*)

mismo (1) ADJETIVO
same ◇ *Nos gustan los mismos libros.* We like the same books. ◇ *Vivo en su misma calle.* I live in the same street as him.
- **yo mismo** myself ◇ *Lo hice yo mismo.* I did it myself.

mismo (2) ADVERBIO
- **Hoy mismo le escribiré.** I'll write to him today.
- **Mañana mismo te llamo.** I'll call you tomorrow.
- **Nos podemos encontrar aquí mismo.** We can meet right here.
- **enfrente mismo del colegio** right opposite the school

mismo (3) PRONOMBRE
- **lo mismo** the same ◇ *Yo tomaré lo mismo.* I'll have the same.
- **Da lo mismo.** It doesn't matter.
- **No ha llamado pero lo mismo viene.** He hasn't phoned but he may well come.

el **misterio** SUSTANTIVO
mystery (PL *mysteries*)

misterioso ADJETIVO
mysterious

la **mitad** SUSTANTIVO
half (PL *halves*) ◇ *Se comió la mitad del pastel.* He ate half the cake. ◇ *más de la mitad de los trabajadores* more than half the workers
- **La mitad son chicas.** Half of them are girls.
- **a mitad de precio** half-price
- **a mitad de camino** halfway there
- **Corta el pan por la mitad.** Cut the loaf in half.

el **mito** SUSTANTIVO
myth

mixto ADJETIVO
mixed ◇ *una escuela mixta* a mixed school

el **mobiliario** SUSTANTIVO
furniture

la **mochila** SUSTANTIVO
rucksack

el **moco** SUSTANTIVO
- **Límpiate los mocos.** Wipe your nose.
- **tener mocos** to have a runny nose

la **moda** SUSTANTIVO
fashion
- **estar de moda** to be in fashion
- **pasado de moda** old-fashioned

los **modales** SUSTANTIVO
manners ◇ *buenos modales* good manners

el/la **modelo** ADJETIVO, SUSTANTIVO
model ◇ *una niña modelo* a model child ◇ *Quiero ser modelo.* I want to be a model.

moderado ADJETIVO
moderate

modernizar* VERBO
to modernize (*fábrica*)
- **modernizarse** (*persona*) to get up to date

moderno ADJETIVO
modern

la **modestia** SUSTANTIVO
modesty

modesto ADJETIVO
modest

modificar* VERBO

---

* *Verbs marked with this symbol are irregular. See pages 332–333 for further details*

to modify

modisto, la modista SUSTANTIVO
dressmaker ◇ *Es modista.* She's a dressmaker.

modo SUSTANTIVO
way ◇ *Le gusta hacerlo todo a su modo.* She likes to do everything her own way.
- **de todos modos** anyway ◇ *No puedo ir al cine, y de todos modos ya he visto la película.* I can't go to the cinema, and anyway I've already seen the film.
- **de modo que (1)** so ◇ *No has hecho los deberes, de modo que no puedes salir.* You haven't done your homework so you can't go out.
- **de modo que (2)** so that ◇ *Mueve la tele de modo que todos la podamos ver.* Move the TV so that we can all see it.
- **los buenos modos** good manners
- **los malos modos** bad manners
- **"modo de empleo"** "instructions for use"

moho SUSTANTIVO
[1] *mould* (*en pan, fruta*)
[2] *rust* (*en metal*)

mojar VERBO
to get...wet ◇ *¡No mojes la alfombra!* Don't get the carpet wet! ◇ *Me he mojado las mangas.* I got my sleeves wet.
- **Moja el pan en la salsa.** Dip the bread into the sauce.

molde SUSTANTIVO
mould

moler* VERBO
to grind (*café, pimienta*)
- **Estoy molido.** I'm knackered. (*coloquial*)

molestar VERBO
[1] *to bother* ◇ *¿Te molesta la radio?* Is the radio bothering you? ◇ *Siento molestarle.* I'm sorry to bother you.
[2] *to disturb* ◇ *No me molestes, que estoy trabajando.* Don't disturb me, I'm working.
- **molestarse** to get upset ◇ *Se molestó por algo que dije.* She got upset because of something I said.
- **molestarse en hacer algo** to bother to do something

molestia SUSTANTIVO
- **tomarse la molestia de hacer algo** to take the trouble to do something
- **"perdonen las molestias"** "we apologize for any inconvenience"
- **Aún tengo molestias en el hombro.** My shoulder still bothers me.

molesto ADJETIVO
annoying (*ruido*)
- **estar molesto** (*enfadado*) to be annoyed

molinillo SUSTANTIVO
- **un molinillo de café** a coffee grinder

molino SUSTANTIVO
mill ◇ *un molino de viento* a windmill

momento SUSTANTIVO
moment ◇ *Espera un momento.* Wait a moment. ◇ *en un momento* in a moment
- **en este momento** at the moment ◇ *Tenemos mucho trabajo en este momento.* We've got a lot of work at the moment.
- **de un momento a otro** any moment now ◇ *Llegarán de un momento a otro.* They'll be here any moment now.
- **por el momento** for the moment ◇ *No pensamos mudarnos por el momento.* We're not thinking of moving for the moment.
- **Llegó el momento de irnos.** The time came for us to go.

la momia SUSTANTIVO
mummy (PL *mummies*)

el/la monarca SUSTANTIVO
monarch

la monarquía SUSTANTIVO
monarchy (PL *monarchies*)

el monasterio SUSTANTIVO
monastery (PL *monasteries*)

la moneda SUSTANTIVO
coin ◇ *una moneda de 5 pesetas* a 5-peseta coin
- **la moneda extranjera** foreign currency

el monedero SUSTANTIVO
purse

el monitor, la monitora SUSTANTIVO
instructor ◇ *un monitor de esquí* a skiing instructor

el monitor SUSTANTIVO
monitor ◇ *un monitor en color* a colour monitor

la monja SUSTANTIVO
nun

el monje SUSTANTIVO
monk

mono ADJETIVO
pretty ◇ *¡Qué piso tan mono!* What a pretty flat!
- **¡Qué niña tan mona!** What a sweet little girl!

el mono SUSTANTIVO
[1] *monkey* (*animal*)
[2] *overalls* PL (*prenda entera*)
[3] *dungarees* PL (*prenda con peto*)

el monopatín SUSTANTIVO (PL los monopatines)
skateboard

monótono ADJETIVO
monotonous

el monstruo SUSTANTIVO
monster

la montaña SUSTANTIVO
mountain ◇ *Todos los años pasamos un mes en la montaña.* We spend a month in the mountains every year.
- **la montaña rusa** the roller coaster

montar VERBO
[1] *to assemble* (*máquina, armario*)
[2] *to set up* (*negocio*)
- **montar una tienda** to put up a tent
- **montar a caballo** to ride a horse
- **montar en bici** to ride a bike
- **montarse** to get on ◇ *Llegó corriendo y se montó en el autobús.* He came running up

and got on the bus.

el **monte** SUSTANTIVO
mountain

el **montón** SUSTANTIVO (PL los **montones**)
pile (*pila*) ◇ *Puso el montón de libros sobre la mesa.* He put the pile of books on the table.

- **un montón de...** (*coloquial: muchos*) loads of... ◇ *un montón de gente* loads of people ◇ *un montón de dinero* loads of money

el **monumento** SUSTANTIVO
monument

el **moño** SUSTANTIVO
bun ◇ *Mi abuela siempre lleva moño.* My grandmother always wears her hair in a bun.

la **moqueta** SUSTANTIVO
carpet ◇ *¡Qué moqueta tan bonita!* What a pretty carpet!

la **mora** SUSTANTIVO
[1] *blackberry* (*de la zarzamora*) (PL *blackberries*)
[2] *mulberry* (*del moral*) (PL *mulberries*)

morado ADJETIVO
purple ◇ *un vestido morado* a purple dress

moral ADJETIVO
moral

la **moral** SUSTANTIVO
[1] *morale* (*ánimo*)

- **levantar la moral a alguien** to cheer somebody up
- **estar bajo de moral** to be down
[2] *morals* PL (*moralidad*) ◇ *No tienen moral.* They have no morals.

la **moraleja** SUSTANTIVO
moral

la **morcilla** SUSTANTIVO
black pudding

morder* VERBO
to bite

- **morderse las uñas** to bite one's nails

el **mordisco** SUSTANTIVO
bite ◇ *Dame un mordisco de tu bocadillo.* Let me have a bite of your sandwich.

- **dar un mordisco** to bite ◇ *Me dio un mordisco.* He bit me.

moreno ADJETIVO
[1] *dark* (*pelo, piel*)

- **Es moreno. (1)** (*con pelo moreno*) He has dark hair.
- **Es moreno. (2)** (*con tez morena*) He is dark-skinned.
- **ponerse moreno** to get brown
[2] *brown* (*pan, azúcar*)

morir* VERBO
to die ◇ *Murió de cáncer.* He died of cancer.

- **morirse de hambre** to starve ◇ *¡Me muero de hambre!* I'm starving!
- **morirse de vergüenza** to die of shame
- **Me muero de ganas de ir a nadar.** I'm dying to go for a swim.

la **mortadela** SUSTANTIVO

la **mortadella**

mortal ADJETIVO
[1] *fatal* (*herida, accidente*)
[2] *mortal* (*enemigo*)

la **mosca** SUSTANTIVO
fly (PL *flies*)

- **por si las moscas** just in case

el **mosquito** SUSTANTIVO
mosquito (PL *mosquitoes*)

la **mostaza** SUSTANTIVO
mustard

el **mostrador** SUSTANTIVO
counter

mostrar* VERBO
to show ◇ *Nos mostró el camino.* He showed us the way.

- **mostrarse amable** to be kind

el **mote** SUSTANTIVO
nickname

el **motivo** SUSTANTIVO
[1] *reason* ◇ *Dejó el trabajo por motivos personales.* He left the job for personal reasons.

- **sin motivo** for no reason ◇ *Dejó de hablarme sin motivo.* He stopped talking to me for no reason.
[2] *motive* ◇ *¿Cuál fue el motivo del crimen?* What was the motive for the crime?

la **moto** SUSTANTIVO
motorbike

el **motor** SUSTANTIVO
motor

el/la **motorista** SUSTANTIVO
motorcyclist

mover* VERBO
to move ◇ *Mueve un poco las cajas para que podamos pasar.* Move the boxes a bit so that we can get past.

- **moverse** to move ◇ *¡No te muevas!* Don't move!

móvil ADJETIVO
mobile

el **movimiento** SUSTANTIVO
movement

la **moza** SUSTANTIVO
young girl

el **mozo** SUSTANTIVO
[1] *young man* (*muchacho*) (PL *young men*)
[2] *bellboy* (*en hotel*)
[3] *waiter* (*camarero*)

la **muchacha** SUSTANTIVO
[1] *girl* (*chica*)
[2] *maid* (*criada*)

el **muchacho** SUSTANTIVO
boy

la **muchedumbre** SUSTANTIVO
crowd

mucho (1) ADJETIVO
[1] *a lot of*

a lot of se usa en oraciones afirmativas, sobre todo en medio de la oración.

◇ *Había mucha gente.* There were a lot of people. ◇ *Tiene muchas plantas.* He has got a lot of plants.

2 *much* (PL *many*)

> **much** y **many** se usan en oraciones negativas e interrogativas. También se usan al principio de oraciones afirmativas.

◇ *No tenemos mucho tiempo.* We haven't got much time. ◇ *¿Conoces a mucha gente?* Do you know many people? ◇ *No había muchos patos en el lago.* There weren't many ducks on the lake. ◇ *Muchas personas creen que...* Many people think that...

- **no hace mucho tiempo** not long ago
- **Hace mucho calor.** It's very hot.
- **Tengo mucho frío.** I'm very cold.
- **Tengo mucha hambre.** I'm very hungry.
- **Tengo mucha sed.** I'm very thirsty.

mucho (2) PRONOMBRE

1 *a lot*

> **a lot** se usa en oraciones afirmativas, sobre todo en medio de la oración.

◇ *Tengo mucho que hacer.* I've got a lot to do. ◇ *¿Cuántos había? – Muchos.* How many were there? – A lot.

> **much** y **many** se usan en oraciones negativas e interrogativas. También se usan al principio de oraciones afirmativas.

2 *much* (PL *many*) ◇ *No tengo mucho que hacer.* I haven't got much to do. ◇ *¿Hay manzanas? – Sí pero no muchas.* Are there any apples? – Yes, but not many.

- **¿Vinieron muchos?** Did many people come?
- **Muchos dicen que...** Many people say that...

mucho (3) ADVERBIO

1 *very much* ◇ *Te quiero mucho.* I love you very much. ◇ *No me gusta mucho la carne.* I don't like meat very much.

> *También se usa* **really** *con el mismo significado.*

◇ *Me gusta mucho el jazz.* I really like jazz. ◇ *Me molesta mucho.* It really annoys me.

2 *a lot* ◇ *Come mucho.* He eats a lot.
- **mucho más** a lot more
- **mucho antes** long before
- **No tardes mucho.** Don't be long.
- **Como mucho leo un libro al mes.** At most I read one book a month.
- **Fue, con mucho, el mejor.** He was by far the best.
- **Por mucho que lo quieras no debes mimarlo.** No matter how much you love him, you shouldn't spoil him.

la **mudanza** SUSTANTIVO
move

mudarse VERBO
to move
- **mudarse de casa** to move house

mudo ADJETIVO
dumb
- **quedarse mudo de asombro** to be dumbfounded

el **mueble** SUSTANTIVO
- **un mueble** a piece of furniture
- **los muebles** furniture SING

- **seis muebles** six pieces of furniture

la **muela** SUSTANTIVO
tooth (PL *teeth*)
- **una muela del juicio** a wisdom tooth

el **muelle** SUSTANTIVO
1 *spring* (de colchón)
2 *quay* (de puerto)

muelo VERBO *ver* **moler**

muerdo VERBO *ver* **morder**

la **muerta** SUSTANTIVO
dead woman (PL *dead women*)

la **muerte** SUSTANTIVO
death ◇ *Lo condenaron a muerte.* He was sentenced to death.
- **Nos dio un susto de muerte.** He nearly frightened us to death. (*coloquial*)
- **un hotel de mala muerte** a grotty hotel (*coloquial*)

muerto VERBO *ver* **morir**

muerto ADJETIVO
dead
- **Está muerto de cansancio.** He's dead tired. (*coloquial*)

el **muerto** SUSTANTIVO
dead man (PL *dead men*)
- **los muertos** the dead
- **Hubo tres muertos.** Three people were killed.
- **hacer el muerto** to float

la **muestra** SUSTANTIVO
1 *sample* ◇ *una muestra gratuita* a free sample
2 *sign* ◇ *dar muestras de* to show signs of ◇ *Daba muestras de cansancio.* He was showing signs of tiredness.
3 *token* ◇ *Me lo regaló como muestra de afecto.* She gave it to me as a token of affection.

muestro VERBO *ver* **mostrar**

muevo VERBO *ver* **mover**

la **mujer** SUSTANTIVO
1 *woman* (PL *women*) ◇ *Vino a verte una mujer.* A woman came to see you.
2 *wife* (PL *wives*) ◇ *la mujer del médico* the doctor's wife

la **muleta** SUSTANTIVO
crutch (para andar) (PL *crutches*)

> *In bullfighting, the* **muleta** *is a special stick with a red cloth attached to it that the matador uses.*

la **multa** SUSTANTIVO
fine ◇ *una multa de 5.000 pesetas* a 5000-peseta fine
- **poner una multa a alguien** to fine somebody

multiplicar* VERBO
to multiply ◇ *Hay que multiplicarlo por cinco.* You have to multiply it by five.
- **la tabla de multiplicar** the multiplication tables PL

la **multitud** SUSTANTIVO
crowd ◇ *El Rey saludó a la multitud.* The King waved to the crowd.
- **multitud de** lots of

mundial ADJETIVO

M

1 *world* (*política, historia, guerra*)
world *en este caso va siempre delante del sustantivo.*
2 *worldwide* (*problema, reconocimiento*)

el **mundial** SUSTANTIVO
world championship

el **mundo** SUSTANTIVO
world ◇ *el otro mundo* the next world
→ **todo el mundo** everybody ◇ *Se lo ha dicho a todo el mundo.* He has told everybody.
→ **No lo cambiaría por nada del mundo.** I wouldn't change it for anything in the world.

el **municipio** SUSTANTIVO
1 *municipality* (*territorio*) (PL *municipalities*)
2 *town council* (*organismo*)

la **muñeca** SUSTANTIVO
1 *wrist* (*del brazo*)
2 *doll* (*juguete*)

el **muñeco** SUSTANTIVO
1 *doll* (*con forma humana*)
→ **un muñeco de peluche** a soft toy
2 *figure* (*dibujo*)

la **muralla** SUSTANTIVO
city wall

el **murciélago** SUSTANTIVO
bat

el **murmullo** SUSTANTIVO

murmur

la **murmuración** SUSTANTIVO (PL las **murmuraciones**)
gossip SING

el **muro** SUSTANTIVO
wall

el **músculo** SUSTANTIVO
muscle

el **museo** SUSTANTIVO
museum

la **música** SUSTANTIVO
1 *music* (*arte*)
2 *musician* (*persona*)

el **músico** SUSTANTIVO
musician

el **muslo** SUSTANTIVO
thigh

el **musulmán**, la **musulmana** ADJETIVO, SUSTANTIVO (MASC PL los **musulmanes**)
Moslem

mutuo ADJETIVO
mutual ◇ *de mutuo acuerdo* by mutual agreement

muy ADVERBIO
very ◇ *muy bonito* very pretty
→ **Eso es muy español.** That's typically Spanish.
→ **No me gusta por muy guapa que sea.** No matter how pretty she is, I don't like her.

N

el **nabo** SUSTANTIVO
turnip

nacer* VERBO
to be born ◇ *Nació en 1964.* He was born in 1964.

el **nacimiento** SUSTANTIVO
1 *birth* (*de persona*)
2 *crib* (*pesebre*)

la **nación** SUSTANTIVO (PL las **naciones**)
nation

nacional ADJETIVO
1 *national* (*himno, frontera*)
2 *home* (*mercado*)
home *en este caso va siempre delante del sustantivo.*
→ **vuelos nacionales** domestic flights

la **nacionalidad** SUSTANTIVO
nationality (PL *nationalities*)

el **nacionalismo** SUSTANTIVO
nationalism

el/la **nacionalista** ADJETIVO, SUSTANTIVO
nationalist

nada (1) PRONOMBRE
1 *nothing*
Se usa **nothing** *cuando el verbo está en la forma afirmativa.*

◇ *¿Qué has comprado? – Nada.* What have you bought? – Nothing. ◇ *No dijo nada.* He said nothing.
2 *anything*
Se usa **anything** *cuando el verbo está en la forma negativa.*
◇ *No quiero nada.* I don't want anything.
→ **No dijo nada más.** He didn't say anything else.
→ **Quiero uno nada más.** I only want one, that's all.
→ **Encendió la tele nada más llegar.** He turned on the TV as soon as he came in.
→ **¡Gracias! – De nada.** Thanks! – Don't mention it.
→ **Se lo advertí, pero como si nada.** I warned him but he paid no attention.
→ **No sabe nada de español.** He knows no Spanish at all.
→ **No me dio nada de nada.** He gave me absolutely nothing.

nada (2) ADVERBIO
at all ◇ *Esto no me gusta nada.* I don't like this at all. ◇ *No está nada triste.* He isn't sad at all.

nadar VERBO

Verbs marked with this symbol are irregular. See pages 332–333 for further details

to swim

nadie PRONOMBRE

1 *nobody*

Se usa **nobody** *cuando el verbo está en la forma afirmativa.*

◇ *Nadie habló.* Nobody spoke. ◇ *No había nadie.* There was nobody there.

2 *anybody*

Se usa **anybody** *cuando el verbo está en la forma negativa.*

◇ *No quiere ver a nadie.* He doesn't want to see anybody. ◇ *No vi a nadie más.* I didn't see anybody else.

nafta SUSTANTIVO

River Plate

petrol

naipe SUSTANTIVO

playing card

nalgas SUSTANTIVO

buttocks

nana SUSTANTIVO

lullaby (PL *lullabies*)

naranja ADJETIVO

orange ◇ *un anorak naranja* an orange anorak

naranja SUSTANTIVO

orange (color)

naranja SUSTANTIVO

orange (fruta)

nariz SUSTANTIVO (PL las **narices**)

nose

◆ **No metas las narices en mis asuntos.** Don't poke your nose into my business.

◆ **estar hasta las narices de algo** to be totally fed up with something

narración SUSTANTIVO (PL las **narraciones**)

story (PL *stories*)

narrar VERBO

to tell

narrativa SUSTANTIVO

fiction

nata SUSTANTIVO

1 *cream* (crema)

2 *skin* (de la leche)

◆ **la nata líquida** single cream

◆ **la nata montada** whipped cream

natación SUSTANTIVO

swimming

natal ADJETIVO

home

home *en este caso va siempre delante del sustantivo.*

◇ *su pueblo natal* his home town

natillas SUSTANTIVO

custard SING

nato ADJETIVO

◆ **un actor nato** a born actor

natural ADJETIVO

natural ◇ *con ingredientes naturales* with natural ingredients ◇ *Comes mucho y es natural que estés gordo.* You eat a lot, so it's only natural you're fat.

◆ **Es natural de Alicante.** He's from Alicante.

naturaleza SUSTANTIVO

nature

◆ **Es despistado por naturaleza.** He's naturally absent-minded.

el **naufragio** SUSTANTIVO

shipwreck

las **náuseas** SUSTANTIVO

◆ **tener náuseas** to feel sick

náutico ADJETIVO

◆ **club náutico** yacht club

la **navaja** SUSTANTIVO

clasp knife (PL *clasp knives*)

◆ **una navaja de afeitar** a razor

Navarra SUSTANTIVO FEM

Navarre

la **nave** SUSTANTIVO

ship (barco)

◆ **una nave espacial** a spaceship

navegar* VERBO

to sail

la **Navidad** SUSTANTIVO

Christmas

◆ **¡Feliz Navidad!** Happy Christmas!

la **neblina** SUSTANTIVO

mist

necesario ADJETIVO

necessary ◇ *No estudié más de lo necesario.* I didn't study more than necessary.

◆ **Ya tengo el dinero necesario para el billete.** I've now got the money I need for the ticket.

◆ **Llamaré al médico si es necesario.** I'll call the doctor if need be.

◆ **No es necesario que vengas.** You don't have to come.

la **necesidad** SUSTANTIVO

1 *need* ◇ *No hay necesidad de hacerlo.* There is no need to do it.

2 *necessity* (cosa esencial) (PL *necessities*)

◇ *Comer bien es una necesidad, no un lujo.* Eating well is a necessity, not a luxury.

◆ **Hizo sus necesidades.** He did his business.

necesitar VERBO

to need ◇ *Necesito mil pesetas.* I need a thousand pesetas. ◇ *Necesito sacar un notable en el examen.* I need to get a good mark in the exam. ◇ *Necesito que me ayudes.* I need you to help me.

◆ **"Se necesita camarero"** "Waiter wanted"

negar* VERBO

1 *to deny* ◇ *Decían que era el ladrón, pero él lo negaba.* They said that he was the thief, but he denied it.

◆ **negar con la cabeza** to shake one's head

2 *to refuse* ◇ *Me negaron el permiso para entrar en el bar.* They refused me permission to go into the bar.

◆ **Se negó a pagar la multa.** He refused to pay the fine.

negativo ADJETIVO

negative

el **negativo** SUSTANTIVO

negative (de foto)

negociar VERBO

N

◆ **Su empresa negocia con armas.** His company deals in arms.

◆ **Los dos gobiernos están negociando un acuerdo.** The two governments are negotiating an agreement.

el **negocio** SUSTANTIVO

business (empresa) (PL *businesses*)

◇ *Hemos montado un negocio de videojuegos.* We set up a video games business.

◆ **el mundo de los negocios** the business world

la **negra** SUSTANTIVO

black woman (persona) (PL *black women*)

◆ **tener la negra** to be out of luck

negro ADJETIVO

black

el **negro** SUSTANTIVO

1 *black* (color)

2 *black man* (persona) (PL *black men*)

◆ **los negros** Blacks

el **nervio** SUSTANTIVO

nerve

◆ **Me pone de los nervios.** He gets on my nerves.

el **nerviosismo** SUSTANTIVO

◆ **Me entra nerviosismo cuando la veo.** I get nervous when I see her.

nervioso ADJETIVO

nervous   ◇ *Me pongo muy nervioso en los exámenes.* I get very nervous during exams.

◆ **¡Me pone nervioso!** He gets on my nerves!

el **neumático** SUSTANTIVO

tyre

neutral ADJETIVO

neutral

la **nevada** SUSTANTIVO

snowfall

nevar* VERBO

to snow

la **nevera** SUSTANTIVO

refrigerator

ni CONJUNCIÓN

1 *or*   ◇ *No bebe ni fuma.* He doesn't drink or smoke.

2 *neither*   ◇ *Ella no fue, ni yo tampoco.* She didn't go and neither did I.

◆ **ni...ni** neither...nor   ◇ *No vinieron ni Carlos ni Sofía.* Neither Carlos nor Sofía came.

◆ **No me gustan ni el bacalao ni el hígado.** I don't like either cod or liver.

◆ **No compré ni uno ni otro.** I didn't buy either of them.

◆ **Ni siquiera me saludó.** He didn't even say hello.

Nicaragua SUSTANTIVO FEM

Nicaragua

el/la **nicaragüense** ADJETIVO, SUSTANTIVO

Nicaraguan

la **nicotina** SUSTANTIVO

nicotine

el **nido** SUSTANTIVO

nest

la **niebla** SUSTANTIVO

fog

◆ **Hay niebla.** It's foggy.

niego VERBO *ver* **negar**

la **nieta** SUSTANTIVO

granddaughter

el **nieto** SUSTANTIVO

grandson

◆ **los nietos** grandchildren

nieva VERBO *ver* **nevar**

la **nieve** SUSTANTIVO

snow

ningún PRONOMBRE *ver* **ninguno**

ninguno ADJETIVO, PRONOMBRE (FEM **ninguna**)

1 *no*

Se usa **no** cuando el verbo está en la forma afirmativa.

◇ *No tengo ningún interés en ir.* I have no interest in going.

2 *any*

Se usa **any** cuando el verbo está en la forma negativa.

◇ *No vimos ninguna serpiente en el río.* We didn't see any snakes in the river.

3 *none*   ◇ *¿Cuál eliges? – Ninguno.* Which do you want? – None of them.   ◇ *No me queda ninguno.* I have none left.

◇ *Ninguno de nosotros va a ir a la fiesta.* None of us are going to the party.

◆ **No lo encuentro por ningún sitio.** I can't find it anywhere.

◆ **ninguno de los dos (1)** neither of them   ◇ *A ninguna de los dos les gusta el café.* Neither of them likes coffee.

◆ **ninguno de los dos (2)** either of them   ◇ *No me gusta ninguno de los dos.* I don't like either of them.

la **niña** SUSTANTIVO

girl

la **niñera** SUSTANTIVO

nursemaid

la **niñez** SUSTANTIVO

childhood

niño ADJETIVO

young   ◇ *Es todavía muy niño.* He's still very young.

el **niño** SUSTANTIVO

boy

◆ **de niño** as a child

◆ **los niños** the children

el **nitrógeno** SUSTANTIVO

nitrogen

el **nivel** SUSTANTIVO

1 *level*   ◇ *el nivel del agua* the water level

2 *standard*   ◇ *Pretenden aumentar el nivel educativo.* They are trying to raise the standard of education.

◆ **el nivel de vida** the standard of living

no ADVERBIO

no   ◇ *¿Quieres venir? – No.* Do you want to come? – No.

◆ **¿Te gusta? – No mucho.** Do you like it? – Not really.

En inglés la mayoría de los verbos necesitan auxiliares para formar la negación.

◇ *No me gusta.* I don't like it. ◇ *María no habla inglés.* María doesn't speak English.

Los verbos modales y el verbo **to be** *no necesitan auxiliar.*

◇ *No puedo venir esta noche.* I can't come tonight. ◇ *No tengo tiempo.* I haven't got time. ◇ *No debes preocuparte.* You mustn't worry. ◇ *No hace frío.* It isn't cold.

En inglés no se usa la doble negación.

◇ *No conozco a nadie.* I don't know anyone. ◇ *No quiero nada.* I don't want anything.

Cuando se usa al final para confirmar, en inglés se usa un verbo auxiliar.

◇ *Esto es tuyo, ¿no?* This is yours, isn't it? ◇ *Fueron al cine, ¿no?* They went to the cinema, didn't they?

◆ **¿Puedo salir esta noche? – ¡Que no!** Can I go out tonight? – I said no!

◆ **los no fumadores** non-smokers

noble ADJETIVO
noble

noche SUSTANTIVO
night ◇ *Pasó la noche sin dormir.* He had a sleepless night. ◇ *¡Buenas noches!* (1) *(saludo)* Good evening! ◇ *¡Buenas noches!* (2) *(al acostarse)* Goodnight!

◆ **esta noche** tonight
◆ **hoy por la noche** tonight
◆ **por la noche** at night ◇ *Estudia por la noche.* He studies at night. ◇ *el sábado por la noche* on Saturday night
◆ **Era de noche cuando llegamos a casa.** It was night time when we got back home.
◆ **No me gusta conducir de noche.** I don't like driving at night.

Nochebuena SUSTANTIVO
Christmas Eve

En los países anglosajones no se celebra la cena de Nochebuena. La celebración familiar es el día de Navidad.

Nochevieja SUSTANTIVO
New Year's Eve

nociones SUSTANTIVO
◆ **Tengo nociones de informática.** I know a little about computers.

nocturno ADJETIVO
[1] *night (club)*
night en este caso va siempre delante del sustantivo.
[2] *evening (clases)*
evening en este caso va siempre delante del sustantivo.

nomás ADVERBIO
Latin America
just ◇ *Está ahí nomás.* It's just there.
◆ **así nomás** just like that

nombrar VERBO
[1] *to appoint* ◇ *Lo han nombrado director del colegio.* He was appointed Head of the school.
[2] *to mention* ◇ *Me nombró en su discurso.* He mentioned me in his speech.

el **nombre** SUSTANTIVO
[1] *name (de persona)*
◆ **nombre de pila** first name
◆ **nombre y apellidos** full name
[2] *noun (en gramática)*

la **nómina** SUSTANTIVO
pay slip (hoja de pago)
◆ **estar en nómina** to be on the payroll

la **noria** SUSTANTIVO
big wheel (atracción)

la **norma** SUSTANTIVO
rule (regla)

normal ADJETIVO
[1] *normal* ◇ *una persona normal* a normal person
[2] *ordinary* ◇ *¿Es guapo? – No, normal.* Is he handsome? – No, just ordinary. ◇ *Es normal que quiera divertirse.* It's only normal that he wants to enjoy himself.

normalmente ADVERBIO
normally ◇ *Normalmente no salgo de noche.* Normally I don't go out at night.

el **norte** SUSTANTIVO
north

el **norteamericano**, la **norteamericana**
ADJETIVO, SUSTANTIVO
American

Noruega SUSTANTIVO FEM
Norway

el **noruego**, la **noruega** ADJETIVO, SUSTANTIVO
Norwegian

el **noruego** SUSTANTIVO
Norwegian (idioma)

nos PRONOMBRE
[1] *us* ◇ *Nos vinieron a ver.* They came to see us. ◇ *Nos dio un consejo.* He gave us some advice.
◆ **Nos lo dio.** He gave it to us.
◆ **Nos tienen que arreglar el ordenador.** They have to fix the computer for us.
[2] *ourselves* ◇ *Tenemos que defendernos.* We must defend ourselves.
◆ **Nos levantamos a las ocho.** We got up at eight o'clock.
[3] *each other* ◇ *No nos hablamos desde hace tiempo.* We haven't spoken to each other for a long time.

Con partes del cuerpo o con prendas que se llevan puestas se usa el adjetivo posesivo.

◇ *Nos dolían los pies.* Our feet were hurting. ◇ *Nos pusimos los abrigos.* We put our coats on.

nosotros PRONOMBRE (FEM **nosotras**)
[1] *we* ◇ *Nosotros no somos italianos.* We are not Italian.
[2] *us* ◇ *¿Quién es? – Somos nosotros.* Who is it? – It's us. ◇ *Tu hermano vino con nosotros.* Your brother came with us. ◇ *Llegaron antes que nosotros.* They arrived before us.
◆ **nosotros mismos** ourselves

la **nota** SUSTANTIVO
[1] *mark* ◇ *Saca muy malas notas.* He gets very bad marks.

N

2 *note* ◇ *Tomó muchas notas en la conferencia.* He took a lot of notes during the lecture. ◇ *Te he dejado una nota encima de la mesa.* I've left you a note on the table.

notar VERBO

1 *to notice* ◇ *Notó que le seguían.* He noticed they were following him.

2 *to feel* ◇ *Con este abrigo no noto el frío.* I don't feel the cold with this coat on.

◆ **Se nota que has estudiado mucho este trimestre.** You can tell that you've studied a lot this term.

el **notario,** la **notaria** SUSTANTIVO
notary (PL *notaries*)

la **noticia** SUSTANTIVO
news SING ◇ *Tengo una buena noticia que darte.* I've got some good news for you.

◆ **Fue una noticia excelente para la economía.** It was an excellent piece of news for the economy.

◆ **Vi las noticias de las nueve.** I watched the nine o'clock news.

◆ **No tengo noticias de Juan.** I haven't heard from Juan.

notificar* VERBO
to notify

el **novato,** la **novata** SUSTANTIVO
beginner

novecientos ADJETIVO, PRONOMBRE (FEM **novecientas**)
nine hundred

la **novedad** SUSTANTIVO

◆ **Las últimas novedades en moda infantil.** The latest in children's fashions.

◆ **¿Cómo sigue tu hijo? – Sin novedad.** How's your son? – There's no change.

la **novela** SUSTANTIVO
novel

◆ **una novela policíaca** a detective story

noveno ADJETIVO, PRONOMBRE (FEM **novena**)
ninth

◆ **Vivo en el noveno.** I live on the ninth floor.

noventa ADJETIVO, PRONOMBRE
ninety

◆ **el noventa aniversario** the ninetieth anniversary

la **novia** SUSTANTIVO

1 *girlfriend* (*amiga íntima*)

2 *fiancée* (*prometida*)

3 *bride* (*en la boda*)

noviembre SUSTANTIVO MASC

Los meses se escriben con mayúscula.

November ◇ *en noviembre* in November ◇ *Llegará el 30 de noviembre.* He'll arrive on 30 November.

los **novillos** SUSTANTIVO

◆ **hacer novillos** to play truant

el **novio** SUSTANTIVO

1 *boyfriend* (*amigo íntimo*)

2 *fiancé* (*prometido*)

3 *bridegroom* (*en boda*)

◆ **los novios** (*en la boda*) the bride and groom

la **nube** SUSTANTIVO
cloud

nublado ADJETIVO
cloudy

nublarse VERBO
to cloud over (*cielo*)

la **nuca** SUSTANTIVO
nape

nuclear ADJETIVO
nuclear

◆ **una central nuclear** a nuclear power station

el **núcleo** SUSTANTIVO

◆ **el núcleo urbano** the city centre

el **nudo** SUSTANTIVO
knot

◆ **atar con un nudo** to tie in a knot

la **nuera** SUSTANTIVO
daughter-in-law (PL *daughters-in-law*)

nuestro ADJETIVO, PRONOMBRE (FEM **nuestra**)

1 *our* ◇ *nuestro perro* our dog ◇ *nuestras bicicletas* our bicycles

2 *ours* ◇ *¿De quién es esto? – Es nuestro.* Whose is this? – It's ours. ◇ *Esta casa es la nuestra.* This house is ours.

◆ **un amigo nuestro** a friend of ours

nueve ADJETIVO, PRONOMBRE
nine

◆ **Son las nueve.** It's nine o'clock.

◆ **el nueve de marzo** the ninth of March

nuevo ADJETIVO
new ◇ *Necesito un ordenador nuevo.* I need a new computer. ◇ *Soy nuevo en el colegio.* I'm new at the school.

◆ **El mecánico me dejó el coche como nuevo.** The mechanic left my car like new.

◆ **Tuve que leer el libro de nuevo.** I had to read the book again.

la **nuez** SUSTANTIVO (PL las **nueces**)

1 *nut*

◆ **la nuez moscada** nutmeg

2 *Adam's apple* (*en el cuello*)

el **número** SUSTANTIVO

1 *number* (*cifra*)

2 *size* (*de zapato*)

3 *issue* (*de publicación*)

◆ **Calle Aribau, sin número.** Aribau street, no number.

◆ **número de teléfono** telephone number

◆ **montar un número** to make a scene

nunca ADVERBIO

1 *never* ◇ *No viene nunca.* He never comes.

◆ **No le veré nunca más.** I'll never see him again.

◆ **No lo hizo nunca más.** He never did it again.

2 *ever* ◇ *Ninguno de nosotros había esquiado nunca.* Neither of us had ever skied before. ◇ *Casi nunca me escribe.* He hardly ever writes to me.

la **nutria** SUSTANTIVO
otter

el **nylon** SUSTANTIVO
nylon

Ñ

ñoño ADJETIVO
soppy (película, novela)

O

o CONJUNCIÓN
or ◇ ¿Quieres té o café? Would you like tea or coffee? ◇ ¿Vas a ayudarme o no? Are you going to help me or not?
- **o...o...** either...or... ◇ O ha salido o no coge el teléfono. Either he's out or he's not answering the phone.
- **O te callas o no sigo hablando.** If you're not quiet I won't go on.

obedecer* VERBO
to obey
- **obedecer a alguien** to obey someone

obediente ADJETIVO
obedient

obeso ADJETIVO
obese

el **obispo** SUSTANTIVO
bishop

la **objeción** SUSTANTIVO (PL las **objeciones**)
objection
- **No puso ninguna objeción.** He didn't object.

el **objetivo** SUSTANTIVO
objective ◇ un objetivo militar a military objective
- **Nuestro principal objetivo es ganar las elecciones.** Our main aim is to win the elections.

el **objeto** SUSTANTIVO
object ◇ un objeto metálico a metal object
- **¿Cuál es el objeto de su visita?** What's the reason for your visit?
- **con objeto de hacer algo** in order to do something
- **los objetos de valor** valuables

la **obligación** SUSTANTIVO (PL **obligaciones**)
obligation
- **Obedecer a tus padres es tu obligación.** It's your duty to obey your parents.

obligado ADJETIVO
- **estar obligado a hacer algo** to be forced to do something ◇ Se vieron obligados a vender su casa. They were forced to sell their house.
- **No estás obligado a venir si no quieres.** You don't have to come if you don't want to.

obligar* VERBO
[1] *to force* ◇ Me han obligado a venir. They forced me to come. ◇ Nadie te obliga a aceptar este empleo. Nobody's forcing you to accept this job.

[2] *to make* ◇ No puedes obligarme a ir. You can't make me go.

obligatorio ADJETIVO
compulsory

la **obra** SUSTANTIVO
[1] *work*
- **una obra de arte** a work of art
- **la obra completa de Neruda** the complete works of Neruda
- **una obra de teatro** a play
- **una obra maestra** a masterpiece
[2] *building site* (edificio en construcción)
- **"obras"** (en carretera) "roadworks"

el **obrero**, la **obrera** SUSTANTIVO
worker ◇ Mi primo es obrero de la construcción. My cousin works on a building site.

el **obsequio** SUSTANTIVO
gift ◇ como obsequio as a gift

la **observación** SUSTANTIVO (PL las **observaciones**)
[1] *observation* ◇ El paciente está en observación. The patient is under observation.
[2] *comment* ◇ hacer una observación to make a comment

observador ADJETIVO (FEM **observadora**)
observant

observar VERBO
[1] *to observe* (mirar)
[2] *to remark* (comentar)

la **obsesión** SUSTANTIVO (PL las **obsesiones**)
obsession ◇ su obsesión por la limpieza his obsession with cleanliness

obsesionar VERBO
- **Es un tema que le obsesiona.** He's obsessed by the subject.

el **obstáculo** SUSTANTIVO
obstacle ◇ Nos puso muchos obstáculos. He put many obstacles in our way.

obstinado ADJETIVO
obstinate

obstinarse VERBO
to insist ◇ ¿Por que te obstinas en hacerlo? Why do you insist on doing it?

obtener* VERBO
to obtain

obvio ADJETIVO
obvious

la **oca** SUSTANTIVO
goose (PL *geese*)

la **ocasión** SUSTANTIVO (PL las **ocasiones**)

   1 *opportunity* (PL *opportunities*) ◇ *Ésta es la ocasión que esperábamos.* This is the opportunity we've been waiting for.

   2 *occasion* ◇ *en varias ocasiones* on several occasions

◆ **un libro de ocasión** a secondhand book

ocasionar VERBO
   to cause

occidental ADJETIVO
   western

◆ **los países occidentales** the West

el **occidente** SUSTANTIVO

◆ **el Occidente** the West

el **océano** SUSTANTIVO
   ocean ◇ *el océano Atlantico* the Atlantic Ocean

ochenta ADJETIVO, PRONOMBRE
   eighty ◇ *Tiene ochenta años.* He's eighty.

◆ **el ochenta aniversario** the eightieth anniversary

ocho ADJETIVO, PRONOMBRE
   eight

◆ **Son las ocho.** It's eight o'clock.

◆ **el ocho de agosto** the eighth of August

ochocientos ADJETIVO, PRONOMBRE (FEM **ochocientas**)
   seven hundred

el **ocio** SUSTANTIVO

◆ **en mis ratos de ocio** in my spare time

octavo ADJETIVO, PRONOMBRE (FEM **octava**)
   eighth

◆ **Vivo en el octavo.** I live on the eighth floor.

octubre SUSTANTIVO MASC
   Los meses se escriben con mayúscula.
   October ◇ *en octubre* in October ◇ *Llegaré el 3 de octubre.* I'll arrive on 3 October.

el/la **oculista** SUSTANTIVO
   eye specialist ◇ *Es oculista.* He's an eye specialist.

ocultar VERBO
   to conceal ◇ *Nos ocultó su edad.* He concealed his age from us.

◆ **No nos ocultes la verdad.** Don't try to hide the truth from us.

◆ **ocultarse** to hide

la **ocupación** SUSTANTIVO (PL las **ocupaciones**)

   1 *activity* (PL *activities*) ◇ *Tiene muchas ocupaciones.* He's involved in many activities.

   2 *occupation* (empleo) ◇ *¿Qué ocupación tiene?* What's his occupation? ◇ *la ocupación de la embajada por parte de los guerrilleros* the occupation of the embassy by the guerrillas

ocupado ADJETIVO

   1 *busy* ◇ *Estoy muy ocupado.* I'm very busy.

   2 *engaged* ◇ *Si la línea está ocupada vuelva a llamar.* If the line's engaged please call back later.

◆ **"ocupado"** "engaged"

◆ **¿Está ocupado este asiento?** Is this seat taken?

ocupar VERBO

   1 *to occupy* ◇ *Los obreros han ocupado la fábrica.* The workers have occupied the factory. ◇ *El edifico ocupa todo el solar.* The building occupies the whole site.

   2 *to take up* ◇ *Ocupa casi todo mi tiempo.* It takes up almost all my time.

◆ **Los espectadores ocuparon sus asientos.** The spectators took their seats.

◆ **ocuparse de algo** to look after something ◇ *Ahora los hijos se ocupan de la empresa.* The sons look after the business now.

◆ **Yo me ocuparé de decírselo.** I'll tell him.

la **ocurrencia** SUSTANTIVO

◆ **Juan tuvo la ocurrencia de decírselo a la cara.** Juan took it into his head to tell her to her face.

◆ **¡Qué ocurrencia!** Him and his crazy ideas!

ocurrir VERBO
   to happen ◇ *Lo que ocurrió podría haberse evitado.* What happened could have been avoided.

◆ **¿Qué te ocurre?** What's the matter?

◆ **Se nos ocurrió una idea brillante.** We had a brilliant idea.

odiar VERBO
   to hate ◇ *Odio levantarme pronto.* I hate getting up early.

el **odio** SUSTANTIVO
   hate

el **oeste** SUSTANTIVO, ADJETIVO
   west ◇ *el oeste del país* the west of the country ◇ *en la costa oeste* on the west coast

◆ **al oeste de la ciudad** west of the city

◆ **Viajábamos hacia el oeste.** We were travelling west.

◆ **una película del oeste** a western

◆ **vientos del oeste** westerly winds

ofender VERBO
   offend

◆ **ofenderse** to take offence ◇ *Se ofendió cuando le dije lo que pensaba.* He took offence when I told him what I thought.

la **ofensa** SUSTANTIVO
   insult

la **oferta** SUSTANTIVO
   offer

◆ **una oferta especial** a special offer

◆ **estar de oferta** to be on special offer

◆ **"ofertas de trabajo"** "situations vacant"

oficial ADJETIVO
   official

el/la **oficial** SUSTANTIVO
   officer ◇ *Es oficial de marina.* He's an officer in the navy.

la **oficina** SUSTANTIVO
   office

◆ **la oficina de turismo** the tourist office

◆ **la oficina de empleo** the job centre

◆ **la oficina de correos** the post office

← **la oficina de objetos perdidos** the lost property office

el **oficio** SUSTANTIVO
trade ◇ *Es ingeniero de oficio.* He's an engineer by trade.

ofrecer* VERBO
to offer ◇ *Nos ofrecieron tabaco.* They offered us cigarettes.

← **ofrecerse para hacer algo** to offer to do something

← **¿Qué se le ofrece?** What can I get you?

el **ofrecimiento** SUSTANTIVO
offer

el **oído** SUSTANTIVO
[1] *hearing* (sentido)
[2] *ear* (órgano)

← **tener oído** to have a good ear *

oír* VERBO
[1] *to hear* ◇ *He oído un ruido.* I heard a noise. ◇ *¿Me oyes bien desde la habitación?* Can you hear me all right from your room?
[2] *to listen to* ◇ *Óyeme bien, no vuelvas a hacerlo.* Now listen to what I'm telling you, don't do it again.

← **oír la radio** to listen to the radio

← **¡Oye!** Hey! (coloquial)

← **¡Oiga, por favor!** Excuse me!

el **ojal** SUSTANTIVO
buttonhole

ojalá EXCLAMACIÓN
[1] *I hope* ◇ *¡Ojalá Toni venga hoy!* I hope Toni comes today!
[2] *if only*

← **¡Ojalá pudiera!** If only I could!

s **ojeras** SUSTANTIVO

← **tener ojeras** to have bags under one's eyes

el **ojo** SUSTANTIVO
eye ◇ *Tengo algo en el ojo.* I've got something in my eye.

← **ir con ojo** to keep one's eyes open for trouble

← **costar un ojo de la cara** to cost an arm and a leg (coloquial)

← **¡Ojo! Es muy mentiroso.** Be careful! He's an awful liar.

a **ola** SUSTANTIVO
wave

oler* VERBO
to smell ◇ *Me gusta oler las flores.* I like smelling the flowers.

← **Huele a tabaco.** It smells of cigarette smoke.

← **oler bien** to smell nice ◇ *Esta salsa huele muy bien.* This sauce smells very good.

← **oler mal** to smell awful ◇ *¡Qué mal huelen estos zapatos!* These shoes smell awful!

el **olfato** SUSTANTIVO
sense of smell

s **Olimpiadas** SUSTANTIVO
the Olympics

a **oliva** SUSTANTIVO
olive

← **el aceite de oliva** olive oil

el **olivo** SUSTANTIVO
olive tree

a **olla** SUSTANTIVO

pot

← **una olla a presión** a pressure cooker

el **olor** SUSTANTIVO
smell ◇ *un olor a tabaco* a smell of cigarette smoke

← **¡Qué mal olor!** What a horrible smell!

olvidar VERBO
[1] *to forget* ◇ *No olvides comprar el pan.* Don't forget to buy the bread.

← **olvidarse de hacer algo** to forget to do something ◇ *Me olvidé de decírtelo.* I forgot to tell you.

← **Se me olvidó por completo.** I completely forgot.
[2] *to leave* ◇ *Olvidé las llaves encima de la mesa.* I left the keys on top of the table.

el **olvido** SUSTANTIVO

← **Ha sido un olvido imperdonable.** It was an unforgivable oversight.

el **ombligo** SUSTANTIVO
navel

omitir VERBO
to leave out ◇ *Han omitido varios nombres de la lista.* They've left several names out of the list.

once ADJETIVO, PRONOMBRE
eleven ◇ *Tengo once años.* I'm eleven.

← **Son las once.** It's eleven o'clock.

← **el once de agosto** the eleventh of August

la **onda** SUSTANTIVO
wave

← **onda corta** short wave

ondear VERBO
to fly (bandera)

ondulado ADJETIVO
wavy ◇ *un chico con el pelo ondulado* a boy with wavy hair

la **ONU** SUSTANTIVO (= *Organización de las Naciones Unidas*)
UN (= United Nations)

opaco ADJETIVO
[1] *opaque* (no transparente)
[2] *dull* (sin brillo)

la **opción** SUSTANTIVO (PL las **opciones**)
option ◇ *No tienes otra opción.* You have no option.

la **ópera** SUSTANTIVO
opera

la **operación** SUSTANTIVO (PL **operaciones**)
operation ◇ *una operación de cataratas* a cataract operation

operar VERBO
to operate on ◇ *Le tienen que operar.* They have to operate on him.

← **Me van a operar del corazón.** I'm going to have a heart operation.

← **operarse** to have an operation ◇ *Me tengo que operar de la rodilla.* I have to have a knee operation.

opinar VERBO
to think ◇ *¿Y tú qué opinas de la propuesta?* So what do you think about the proposal?

la **opinión** SUSTANTIVO (PL las **opiniones**)

O

opinion
- **en mi opinión** in my opinion

oponerse* VERBO
to oppose ◇ *Se opuso al proyecto.* He opposed the project.
- **No me opongo.** I don't object.

la **oportunidad** SUSTANTIVO
chance ◇ *No tuvo la oportunidad de hacerlo.* He didn't have a chance to do it.
- **dar otra oportunidad a alguien** to give someone another chance

oportuno ADJETIVO
- **en el momento oportuno** at the right time

la **oposición** SUSTANTIVO (PL las **oposiciones**)
opposition
- **las oposiciones** public examinations
  Oposiciones *are exams held periodically for posts in the public sector, state education and the judiciary. Such posts are permanent, so the number of candidates is high and the exams very hard.*

optar VERBO
- **optar por hacer algo** to choose to do something ◇ *Al final, optó por ir.* In the end, she chose to go.
- **optar a** to apply for ◇ *Optaba a la plaza de catedrático.* He was applying for the professorship.

optativo ADJETIVO
optional ◇ *las asignaturas optativas* optional subjects

la **óptica** SUSTANTIVO
optician's ◇ *En la óptica de mi barrio hay una oferta de monturas.* There's a special offer on frames at my local optician's.

el **optimismo** SUSTANTIVO
optimism

optimista ADJETIVO
optimistic

el/la **optimista** SUSTANTIVO
optimist

óptimo ADJETIVO
optimum

opuesto ADJETIVO
1. *conflicting* (opinión, punto de vista)
2. *opposite* (extremos, direcciones)

opuse VERBO *ver* **oponer**

la **oración** SUSTANTIVO (PL las **oraciones**)
1. *prayer* (rezo)
2. *sentence* (frase)

el **orador**, la **oradora** SUSTANTIVO
speaker

oral ADJETIVO
oral
- **por vía oral** orally
- **un examen oral** an oral exam

la **órbita** SUSTANTIVO
1. *orbit* (de satélite)
2. *eye socket* (de ojo)

el **orden** SUSTANTIVO
order
- **por orden alfabético** in alphabetical order
- **poner en orden algo** to tidy something up
  ◇ *Tienes que poner en orden tu habitación.*

You need to tidy your room up.
- **el orden del día** the agenda

la **orden** SUSTANTIVO (PL las **órdenes**)
order
- **¡No me des más ordenes!** Stop bossing me about!

ordenado ADJETIVO
tidy ◇ *Siempre tiene la habitación muy ordenada.* He always keep his room very tidy.

el **ordenador** SUSTANTIVO
computer
- **un ordenador portátil** a laptop

ordenar VERBO
1. *to tidy up* ◇ *¿Por qué no ordenas tu habitación?* Why don't you tidy your room up?
2. *to order* ◇ *El policía nos ordenó que saliéramos del edificio.* The policeman ordered us to get out of the building.

ordeñar VERBO
to milk

ordinario ADJETIVO
1. *common* (vulgar) ◇ *Es una mujer muy ordinaria.* She's a very common woman.
2. *ordinary* (corriente) ◇ *los acontecimientos ordinarios* ordinary events
- **de ordinario** usually ◇ *De ordinario coge el autobús para ir a trabajar.* He usually takes the bus to work.

la **oreja** SUSTANTIVO
ear

orgánico ADJETIVO
organic

el **organismo** SUSTANTIVO
organization ◇ *un organismo internacional* an international organization

la **organización** SUSTANTIVO (PL las **organizaciones**)
organization

organizar* VERBO
to organize
- **organizarse** to organize oneself ◇ *Te tienes que organizar mejor.* You need to organize yourself better.

el **órgano** SUSTANTIVO
organ

el **orgullo** SUSTANTIVO
pride

orgulloso ADJETIVO
proud

la **orientación** SUSTANTIVO (PL las **orientaciones**)
- **tener sentido de la orientación** to have a good sense of direction
- **la orientación profesional** careers advice

el **oriente** SUSTANTIVO
- **el Oriente** the East

el **origen** SUSTANTIVO (PL los **orígenes**)
origin

original ADJETIVO
original

la **originalidad** SUSTANTIVO

originality

orilla SUSTANTIVO

[1] *shore* (del mar, de un lago)

[2] *bank* (de un río)

◆ **un paseo a la orilla del mar** a walk along the seashore

orina SUSTANTIVO

urine

orinar VERBO

to urinate

oro SUSTANTIVO

gold ◇ *un collar de oro* a gold necklace

◆ **oros**

Oros *are "golden coins", one of the suits in the Spanish card deck.*

orquesta SUSTANTIVO

orchestra

◆ **una orquesta de jazz** a jazz band

ortodoxo ADJETIVO

orthodox

ortografía SUSTANTIVO

spelling

oruga SUSTANTIVO

caterpillar

os PRONOMBRE

[1] *you* ◇ *No os oigo.* I can't hear you. ◇ *Os he comprado un libro a cada uno.* I've bought each of you a book.

◆ **Os lo doy.** I'll give it to you.

◆ **¿Os han arreglado ya el ordenador?** Have they fixed the computer for you yet?

[2] *yourselves* ◇ *¿Os habéis hecho daño?* Did you hurt yourselves?

◆ **Os tenéis que levantar antes de las ocho.** You have to get up before eight.

[3] *each other* ◇ *Quiero que os pidáis perdón.* I want you to say sorry to each other.

Con partes del cuerpo o con prendas que se llevan puestas se usa el adjetivo posesivo.

◇ *No hace falta que os quitéis el abrigo.* You don't need to take your coats off. ◇ *Lavaos las manos.* Wash your hands.

oscilar VERBO

to range ◇ *Las máximas han oscilado entre los 15 y los 20 grados.* Maximum temperatures have ranged from 15 to 20 degrees.

oscurecer* VERBO

to get dark

oscuridad SUSTANTIVO

darkness

◆ **Estaban hablando en la oscuridad.** They were talking in the dark.

oscuro ADJETIVO

dark ◇ *una habitación muy oscura* a very dark room

◆ **azul oscuro** dark blue

◆ **a oscuras** in darkness

oso, la osa el SUSTANTIVO

bear

◆ **un oso de peluche** a teddy bear

ostentación la SUSTANTIVO

ostentation

◆ **hacer ostentación de algo** to flaunt something

ostión el SUSTANTIVO (PL los **ostiones**)

oyster Mexico

ostra la SUSTANTIVO

oyster

◆ **¡Ostras!** (*sorpresa*) Good grief!

otoño el SUSTANTIVO

autumn ◇ *en otoño* in autumn ◇ *el otoño pasado* last autumn

otro ADJETIVO, PRONOMBRE

[1] *another* (*singular*) ◇ *otro coche* another car ◇ *¿Me das otra manzana, por favor?* Can you give me another apple, please?

◆ **¿Has perdido el lápiz? – No importa, tengo otro.** Have you lost your pencil? – It doesn't matter, I've got another one.

◆ **¿Hay alguna otra manera de hacerlo?** Is there any other way of doing it?

◆ **No quiero éste, quiero el otro.** I don't want this one, I want the other one.

[2] *other* (*plural*) ◇ *Tengo otros planes.* I have other plans.

◆ **Quiero otra cosa.** I want something else.

◆ **otra vez** again

◆ **otros tres libros** another three books

◆ **Que lo haga otro.** Let someone else do it.

◆ **Están enamorados el uno del otro.** They're in love with each other.

ovalado ADJETIVO

oval

oveja la SUSTANTIVO

sheep (PL *sheep*)

ovillo el SUSTANTIVO

ball ◇ *un ovillo de lana* a ball of wool

OVNI el SUSTANTIVO (= *objeto volador no identificado*)

UFO (= unidentified flying object)

oxidado ADJETIVO

rusty

oxidarse VERBO

to rust ◇ *Se ha oxidado la barandilla.* The rail has rusted.

oxígeno el SUSTANTIVO

oxygen

oyendo VERBO *ver* **oír**

oyente el/la SUSTANTIVO

[1] *listener* (de programa de radio)

[2] *occasional student* (en instituto, universidad)

O

P

la **paciencia** SUSTANTIVO

patience ◇ *No tengo paciencia.* I have very little patience. ◇ *Perdí la paciencia y le grité.* I lost my patience and I shouted at him.

→ **¡Ten paciencia!** Be patient!

el/la **paciente** ADJETIVO, SUSTANTIVO

patient

el **Pacífico** SUSTANTIVO

the Pacific

pacífico ADJETIVO

peaceful

el/la **pacifista** ADJETIVO, SUSTANTIVO

pacifist

→ **el movimiento pacifista** the peace movement

el **pacto** SUSTANTIVO

agreement ◇ *hacer un pacto* to make an agreement

padecer* VERBO

1 *to suffer from* ◇ *Padece de una enfermedad grave.* He suffers from a serious illness.

→ **Padece del corazón.** He has heart trouble.

2 *to suffer* ◇ *El pobrecito ha padecido mucho.* The poor man has suffered a lot.

el **padrastro** SUSTANTIVO

stepfather

el **padre** SUSTANTIVO

father

→ **Es padre de familia.** He's a family man.

→ **mis padres** my parents

→ **rezar el Padre Nuestro** to say the Lord's Prayer

el **padrino** SUSTANTIVO

godfather

→ **mis padrinos** my godparents

> At a wedding, the **padrino** is the person who escorts the bride down the aisle and gives her away, usually her father.

la **paella** SUSTANTIVO

paella

la **paga** SUSTANTIVO

1 *pocket money* ◇ *Me dan la paga los domingos.* I get my pocket money on Sundays.

2 *pay* (sueldo)

→ **la paga extra**

> In Spain, most employees receive two extra payments **pagas extras** a year, each equivalent to a month's salary.

pagar* VERBO

1 *to pay* (facturas, impuestos, deuda) ◇ *No han pagado el alquiler.* They haven't paid the rent. ◇ *Me pagan muy poco.* I get paid very little.

→ **Se puede pagar con tarjeta de crédito.** You can pay by credit card.

2 *to pay for* (producto, compra) ◇ *Tengo que pagar las entradas.* I have to pay for the tickets.

la **página** SUSTANTIVO

page ◇ *Está en la página 17.* It's on page 17.

→ **las páginas amarillas** the yellow pages

el **pago** SUSTANTIVO

payment

el **país** SUSTANTIVO (PL los **países**)

country (PL *countries*)

→ **el País Vasco** the Basque Country

→ **los Países Bajos** the Netherlands

el **paisaje** SUSTANTIVO

1 *landscape* ◇ *el paisaje de Castilla* the Castilian landscape ◇ *pintar un paisaje* to paint a landscape

2 *scenery*

> Se utiliza **scenery** cuando se habla de la belleza del paisaje.

◇ *Estaba contemplando el paisaje.* I was looking at the scenery.

la **paja** SUSTANTIVO

1 *straw* ◇ *un sombrero de paja* a straw hat

2 *padding* ◇ *El resto del texto es sólo paja.* The rest of the text is just padding.

la **pajarita** SUSTANTIVO

bow tie

el **pájaro** SUSTANTIVO

bird

la **pajita** SUSTANTIVO

drinking straw

la **pala** SUSTANTIVO

1 *spade* (para cavar, de niño)

2 *shovel* (para mover tierra, nieve)

3 *bat* (de ping pong)

4 *blade* (de remo)

la **palabra** SUSTANTIVO

word ◇ *un título de dos palabras* a two-word title ◇ *Cumplió su palabra.* He was true to his word. ◇ *sin decir palabra* without a word

→ **No me dirige la palabra.** He doesn't speak to me.

la **palabrota** SUSTANTIVO

swearword

→ **soltar palabrotas** to swear

el **palacio** SUSTANTIVO

palace

el **paladar** SUSTANTIVO

palate

la **palanca** SUSTANTIVO

lever

→ **la palanca de cambio** gear lever

la **palangana** SUSTANTIVO

washbasin

el **palco** SUSTANTIVO

box (PL *boxes*)

Palestina SUSTANTIVO FEM

Palestine

el **palestino**, la **palestina** ADJETIVO,

SUSTANTIVO
Palestinian

la **paleta** SUSTANTIVO
[1] *trowel* (*de albañil*)
[2] *palette* (*de pintor*)

pálido ADJETIVO
pale ◇ *Se puso pálida.* She turned pale.

el **palillo** SUSTANTIVO
[1] *toothpick* (*para los dientes*)
[2] *chopstick* (*para la comida oriental*)
[3] *drumstick* (*para tocar el tambor*)

la **paliza** SUSTANTIVO
[1] *beating* ◇ *Los ladrones le dieron una paliza.* The burglars gave him a beating.
[2] *thrashing* ◇ *Si mi padre se entera me va a dar una paliza.* If my father finds out he'll give me a thrashing.
* **Sus clases son una paliza.** His classes are a real pain. (*coloquial*)
* **¡No me des la paliza!** Don't be such a pain! (*coloquial*)

la **palma** SUSTANTIVO
palm
* **dar palmas** to clap

la **palmera** SUSTANTIVO
palm tree

el **palmo** SUSTANTIVO
* **Mide un palmo.** It's several inches long..
* **Se conoce el lugar de palmo a palmo.** He knows every inch of the place.

el **palo** SUSTANTIVO
[1] *stick* ◇ *Le pegó con un palo.* He hit him with a stick.
[2] *club* (*de golf*)
[3] *suit* (*de baraja*)
* **una cuchara de palo** a wooden spoon

la **paloma** SUSTANTIVO
[1] *pigeon* ◇ *una paloma mensajera* a carrier pigeon
[2] *dove* ◇ *una paloma blanca* a white dove ◇ *la paloma de la paz* the dove of peace

las **palomitas** SUSTANTIVO
* **las palomitas de maíz** popcorn SING

palpar VERBO
to feel

la **palpitación** SUSTANTIVO (PL las palpitaciones)
palpitation ◇ *tener palpitaciones* to have palpitations

palpitar VERBO
[1] *to pound* ◇ *El corazón me palpitaba de miedo.* My heart was pounding with fear.
[2] *to beat* ◇ *El corazón del enfermo dejó de palpitar.* The patient's heart stopped beating.

la **palta** SUSTANTIVO
Chile, River Plate
avocado (PL *avocados*)

el **pan** SUSTANTIVO
[1] *bread* ◇ *pan con mantequilla* bread and butter ◇ *pan integral* wholemeal bread ◇ *una barra de pan* a loaf of bread
* **pan rallado** breadcrumbs PL

* **pan tostado** toast
[2] *loaf* (PL *loaves*) ◇ *Compré dos panes.* I bought two loaves.

la **pana** SUSTANTIVO
corduroy

la **panadera** SUSTANTIVO
baker ◇ *Es panadera.* She's a baker.

la **panadería** SUSTANTIVO
bakery (PL *bakeries*)

el **panadero** SUSTANTIVO
baker ◇ *Es panadero.* He's a baker.

Panamá SUSTANTIVO MASC
Panama

el **panameño**, la **panameña** ADJETIVO, SUSTANTIVO
Panamanian

la **pancarta** SUSTANTIVO
banner

el **pancito** SUSTANTIVO
Latin America
bread roll

el **panda** SUSTANTIVO
panda (PL *pandas*)

la **pandereta** SUSTANTIVO
tambourine

la **pandilla** SUSTANTIVO
gang

el **panfleto** SUSTANTIVO
pamphlet

el **pánico** SUSTANTIVO
panic ◇ *en un momento de pánico* in a moment of panic
* **Me entró pánico.** I panicked.
* **Les tengo pánico a las arañas.** I'm terrified of spiders.

las **pantaletas** SUSTANTIVO
Mexico
panties ◇ *unas pantaletas* a pair of panties

la **pantalla** SUSTANTIVO
[1] *screen* (*de cine, televisión*)
[2] *lampshade* (*de lámpara*)

los **pantalones** SUSTANTIVO
trousers PL
* **unos pantalones** a pair of trousers
* **pantalones cortos** shorts
* **pantalones vaqueros** jeans

el **pantano** SUSTANTIVO
reservoir

la **pantera** SUSTANTIVO
panther

las **pantimedias** SUSTANTIVO
Mexico
tights ◇ *unas pantimedias* a pair of tights

los **pantis** SUSTANTIVO
tights ◇ *unos pantis* a pair of tights

la **pantorrilla** SUSTANTIVO
calf (PL *calves*)

los **pants** SUSTANTIVO
Mexico
tracksuit SING

el **pañal** SUSTANTIVO
nappy (PL *nappies*)

el **paño** SUSTANTIVO

P

cloth
+ **un paño de cocina** a dishcloth
el **pañuelo** SUSTANTIVO
  1 *handkerchief* (*para la nariz*) (PL *handkerchiefs*)
  2 *scarf* (*para el cuello*) (PL *scarves*)
  3 *headscarf* (*para la cabeza*) (PL *headscarves*)
el **papa** SUSTANTIVO
  pope ◇ *un nuevo papa* a new pope
+ **el Papa** the Pope
la **papa** SUSTANTIVO
  Latin America
  potato (PL *potatoes*)
+ **pescado frito con papas fritas** fish and chips
+ **un paquete de papas fritas** a packet of crisps
el **papá** SUSTANTIVO (PL los **papás**)
  dad
+ **mis papás** my mum and dad
+ **Papá Noel** Father Christmas
el **papalote** SUSTANTIVO
  Mexico
  kite ◇ *volar un papalote* to fly a kite
el **papel** SUSTANTIVO
  1 *paper* ◇ *una bolsa de papel* a paper bag
  2 *piece of paper* ◇ *Lo escribí en un papel.* I wrote it on a piece of paper.
+ **papel de aluminio** tinfoil
+ **papel higiénico** toilet paper
+ **papel pintado** wallpaper
  3 *role* ◇ *la actriz que tiene el papel principal* the actress who has the leading role ◇ *Jugó un papel muy importante en las negociaciones.* He played a very important part in the negotiations.
+ **¿Qué papeles te piden para sacar el pasaporte?** What documents do you need to get a passport?
el **papeleo** SUSTANTIVO
  paperwork
la **papelera** SUSTANTIVO
  1 *wastepaper bin* (*en la oficina, en casa*)
  2 *litter bin* (*en la calle*)
la **papelería** SUSTANTIVO
  stationer's (PL *stationers' shops*)
la **papeleta** SUSTANTIVO
  1 *results slip* (*de examen*)
  2 *ballot paper* (*de votación*)
  3 *raffle ticket* (*de rifa*)
las **paperas** SUSTANTIVO
  mumps ◇ *tener paperas* to have the mumps
la **papilla** SUSTANTIVO
  1 *baby food* (*para bebé*)
  2 *pap* (*para enfermos*)
el **paquete** SUSTANTIVO
  1 *packet* (*de galletas, cigarrillos*)
  2 *parcel* ◇ *Me mandaron un paquete por correo.* I got a parcel in the post.
Paquistán SUSTANTIVO MASC

Pakistan
el/la **paquistaní** ADJETIVO, SUSTANTIVO (PL los **paquistaníes**)
  Pakistani
par ADJETIVO (FEM **par**)
+ **número par** even number
el **par** SUSTANTIVO
  1 *couple* ◇ *un par de horas al día* a couple of hours a day
  2 *pair* ◇ *un par de calcetines* a pair of socks
+ **Abrió la ventana de par en par.** He opened the window wide.
para PREPOSICIÓN
  1 *for* ◇ *Es para ti.* It's for you. ◇ *Tengo muchos deberes para mañana.* I have a lot of homework to do for tomorrow. ◇ *el autobús para Marbella* the bus for Marbella
+ **¿Para qué lo quieres?** What do you want it for?
+ **¿Para qué sirve?** What's it for?
+ **Lo recordaré para siempre.** I'll remember it forever.
+ **Para entonces ya era tarde.** It was already too late by then.
  2 *to* ◇ *Estoy ahorrando para comprarme una moto.* I'm saving up to buy a motorbike. ◇ *Tengo bastante para vivir.* I have enough to live on. ◇ *Son cinco para las ocho.*
  Latin America It's five to eight.
+ **Entré despacito para no despertarla.** I went in slowly so as not to wake her.
+ **para que te acuerdes de mí** so that you remember me
la **parabólica** SUSTANTIVO
  satellite dish
el **parabrisas** SUSTANTIVO (PL los **parabrisas**)
  windscreen
el **paracaídas** SUSTANTIVO (PL los **paracaídas**)
  parachute
el/la **paracaidista** SUSTANTIVO
  1 *paratrooper* (*soldado*)
  2 *parachutist* (*civil*)
el **parachoques** SUSTANTIVO (PL los **parachoques**)
  bumper
la **parada** SUSTANTIVO
  stop ◇ *Hicimos una parada corta para descansar.* We made a short stop to rest.
+ **una parada de autobús** a bus stop
+ **una parada de taxis** a taxi rank
el **paradero** SUSTANTIVO
  Latin America
  bus stop
parado ADJETIVO
  unemployed ◇ *Hace seis meses que está parada.* She's been unemployed for six months.
+ **No te quedes ahí parado.** Don't just stand there.
+ **Estuve toda la mañana parado.**
  Latin America I was standing all morning.
el **paraguas** SUSTANTIVO (PL los **paraguas**)

umbrella
Paraguay SUSTANTIVO MASC
Paraguay
el **paraguayo,** la **paraguaya** ADJETIVO,
SUSTANTIVO
Paraguayan
el **paraíso** SUSTANTIVO
paradise
el **paralelo** ADJETIVO, SUSTANTIVO
parallel
la **parálisis** SUSTANTIVO (PL las **parálisis**)
paralysis (PL *paralyses*)
◆ **parálisis cerebral** cerebral palsy
paralítico ADJETIVO
◆ **Está paralítico.** He's paralyzed.
el **parapente** SUSTANTIVO
1 *paragliding* (*deporte*)
2 *paraglider* (*aparato*)
parar VERBO
to stop ◇ *Paramos a poner gasolina.* We
stopped to get some petrol. ◇ *No paró de
llover en toda la noche.* It didn't stop raining
all night.
◆ **Nos equivocamos de tren y fuimos a parar
a Manchester.** We got on the wrong train
and ended up in Manchester.
◆ **pararse (1)** to stop ◇ *El reloj se ha
parado.* The clock has stopped.
◆ **pararse (2)** (*ponerse de pie*) Latin America to
stand up
◆ **hablar sin parar** to talk non-stop
el **pararrayos** SUSTANTIVO (PL los **pararrayos**)
lightning conductor
la **parcela** SUSTANTIVO
plot of land
el **parche** SUSTANTIVO
patch (PL *patches*)
el **parchís** SUSTANTIVO
parchís *is a Spanish version of* ludo.
parcial ADJETIVO
1 *partial* (*retirada, victoria*) ◇ *un eclipse
parcial* a partial eclipse
◆ **a tiempo parcial** part time
2 *biased* (*árbitro, juicio*)
el **parcial** SUSTANTIVO
mid-term exam
parecer* VERBO
1 *to seem* ◇ *Parece muy simpática.* She
seems very nice. ◇ *Todo parecía indicar que
estaba muy interesado.* It all seemed to
indicate that he was interested.
◆ **Parece mentira que ya haya pasado tanto
tiempo.** I can't believe it has been so long.
2 *to look* ◇ *Parece más joven.* He looks
younger.
◆ **Parece una modelo.** She looks like a model.
◆ **Parece que va a llover.** It looks as if it's
going to rain.
3 *to think*
◆ **¿Qué te pareció la película?** What did you
think of the film? ◇ *Me parece bien que
los multen.* I think it's right that they should
be fined.
◆ **Me parece que sí.** I think so.

◆ **Me parece que no.** I don't think so.
◆ **si te parece bien** if that's all right with you
◆ **parecerse** to look alike ◇ *María y Ana se
parecen mucho.* María and Ana look very
much alike.
◆ **parecerse a** to look like ◇ *Te pareces
mucho a tu madre.* You look very much like
your mother.
parecido ADJETIVO
similar ◇ *Las casas son todas parecidas.*
The houses are all similar. ◇ *Tu blusa es
parecida a la mía.* Your blouse is similar to
mine.
◆ **o algo parecido** or something like that
la **pared** SUSTANTIVO
wall
la **pareja** SUSTANTIVO
1 *couple* (*hombre y mujer*) ◇ *Había varias
parejas bailando.* There were several couples
dancing.
2 *pair* ◇ *En este juego hay que formar
parejas.* For this game you have to get into
pairs.
3 *partner* (*compañero*) ◇ *Vino con su
pareja.* He came with his partner.
parejo ADJETIVO
Latin America
even (*superficie, color*)
el **paréntesis** SUSTANTIVO (PL los **paréntesis**)
bracket ◇ *entre paréntesis* in brackets
el/la **pariente** SUSTANTIVO
relative ◇ *Es pariente mío.* He's a relative
of mine.
París SUSTANTIVO MASC
Paris
el/la **parisiense** ADJETIVO, SUSTANTIVO
Parisian
el **parisino,** la **parisina** ADJETIVO, SUSTANTIVO
Parisian
el **parking** SUSTANTIVO (PL los **parkings**)
car park
el **parlamento** SUSTANTIVO
parliament
parlanchín (FEM **parlanchina,** MASC PL
parlanchines) ADJETIVO
chatty
el **parlante** SUSTANTIVO
Latin America
loudspeaker
parlar VERBO
to chat
el **paro** SUSTANTIVO
1 *unemployment* (*desempleo*) ◇ *Ha
bajado el paro.* Unemployment has come
down.
◆ **Mi hermano está en paro.** My brother is on
the dole.
◆ **cobrar el paro** to get the dole
2 *strike* (*huelga*) ◇ *un paro de tres días* a
three-day strike
parpadear VERBO
to blink
el **párpado** SUSTANTIVO
eyelid

P

el **parque** SUSTANTIVO
   park ◇ *un parque nacional* a national park
◆ **un parque de atracciones** an amusement park

el **parquímetro** SUSTANTIVO
   parking meter

la **parra** SUSTANTIVO
   vine

el **párrafo** SUSTANTIVO
   paragraph

la **parrilla** SUSTANTIVO
   grill
◆ **carne a la parrilla** grilled meat

la **parrillada** SUSTANTIVO
   grill

el **párroco** SUSTANTIVO
   parish priest

la **parroquia** SUSTANTIVO
   parish (PL *parishes*)

la **parte** SUSTANTIVO
   1 *part* ◇ *El examen está compuesto de dos partes.* The exam consists of two parts. ◇ *¿De qué parte de Inglaterra eres?* What part of England are you from?
   2 *share* ◇ *mi parte de la herencia* my share of the inheritance

   *También se traduce por **-where** en palabras compuestas.*

   ◇ *Tengo que haberlo dejado en alguna parte.* I must have left it somewhere. ◇ *por todas partes* everywhere
◆ **en parte** partly ◇ *Se debe en parte a su falta de experiencia.* It's partly due to his lack of experience.
◆ **la mayor parte de los españoles** most Spanish people
◆ **la parte delantera** the front
◆ **la parte de atrás** the back
◆ **la parte de arriba** the top
◆ **la parte de abajo** the bottom
◆ **por una parte..., por otra...** on the one hand..., on the other hand...
◆ **Llamo de parte de Juan.** I'm calling on behalf of Juan.
◆ **¿De parte de quién?** (*al teléfono*) Who's calling please?
◆ **Estoy de tu parte.** I'm on your side.

participar VERBO
   to take part
◆ **participar en un concurso** to take part in a competition

el **participio** SUSTANTIVO
   participle

particular ADJETIVO
   private ◇ *clases particulares* private classes
◆ **El vestido no tiene nada de particular.** The dress is nothing special.
◆ **en particular** in particular ◇ *Me gustan todas, pero ésta en particular.* I like all of them, but this one in particular.

la **partida** SUSTANTIVO
   1 *game* ◇ *echar una partida de cartas* to have a game of cards
   2 *certificate* ◇ *partida de nacimiento* birth certificate

partidario ADJETIVO
◆ **ser partidario de algo** to be in favour of something

el **partidario**, la **partidaria** SUSTANTIVO
   supporter

el **partido** SUSTANTIVO
   1 *party* (*político*) (PL *parties*)
   2 *match* (*de fútbol, tenis*) (PL *matches*)
   3 *game* Latin America ◇ *un partido de ajedrez* a game of chess
◆ **Sabe sacarle partido a todo.** He knows how to make the most out of everything.

partir VERBO
   1 *to cut* (*tarta, sandía*)
   2 *to crack* (*nuez, almendra*)
   3 *to break off* (*rama, tableta de chocolate*)
   4 *to leave* ◇ *La expedición partirá mañana de París.* The expedition is to leave from Paris tomorrow.
◆ **a partir de enero** from January ◇ *a partir de ahora* from now on
◆ **partirse** to break ◇ *El remo se partió en dos.* The oar broke in two.
◆ **partirse de risa** to split one's sides laughing

la **partitura** SUSTANTIVO
   score

el **parto** SUSTANTIVO
   birth
◆ **estar de parto** to be in labour

la **pasa** SUSTANTIVO
   raisin

la **pasada** SUSTANTIVO
◆ **¡Ese coche es una pasada!** This car is amazing!
◆ **¿Has visto cómo ha saltado? ¡Qué pasada!** Did you see him jump? Amazing!

pasado ADJETIVO
   1 *last* ◇ *el verano pasado* last summer
   2 *after* ◇ *Pasado el semáforo verás un cine.* After the traffic lights you'll see a cinema. ◇ *Volvió pasadas las tres de la mañana.* He returned after three in the morning.
◆ **pasado mañana** the day after tomorrow
◆ **un sombrero pasado de moda** an old-fashioned hat

el **pasado** SUSTANTIVO
   past ◇ *en el pasado* in the past

el **pasador** SUSTANTIVO
   1 *hair slide* (*de pelo*)
   2 *tiepin* (*de corbata*)

el **pasaje** SUSTANTIVO
   1 *ticket* (*de barco, avión*)
   2 *passage* (*de un texto*)

pasajero ADJETIVO
   1 *temporary* (*dolor, molestia*)
   2 *passing* (*moda, fase*)

el **pasajero**, la **pasajera** SUSTANTIVO
   passenger

el **pasamanos** SUSTANTIVO (PL los **pasamanos**)

banister

pasaporte SUSTANTIVO
passport

pasar VERBO

[1] *to pass* ◇ *¿Me pasas la sal, por favor?* Can you pass me the salt, please?
- **Cuando termines pásasela a Isabel.** When you've finished pass it on to Isabel.
- **La foto fue pasando de mano en mano.** The photo was passed around.
- **Cuando muera la empresa pasará al hijo.** When he dies the company will go to his son.
- **Un momento, te paso con Pedro.** Just a moment, I'll put you on to Pedro.

[2] *to go past* ◇ *Pasaron varios coches.* A number of cars went past. ◇ *El autobús nos pasó de largo.* The bus went straight past us.
- **¡Pase, por favor!** Please come in.
- **El tiempo pasa deprisa.** Time goes so quickly.
- **Pasaron cinco años.** Five years went by.
- **Ya ha pasado una hora.** It's been an hour already.

[3] *to spend* ◇ *Voy a pasar el fin de semana con ella.* I'm going to spend the weekend with her. ◇ *Me pasé el fin de semana estudiando.* I spent the weekend studying.

[4] *to happen* ◇ *¿Qué pasó?* What happened? ◇ *Por suerte no le pasó nada.* Luckily nothing happened to him. ◇ *pase lo que pase* whatever happens
- **¿Qué pasa? (1)** *(¿cuál es el problema?)* What's the matter?
- **¿Qué pasa? (2)** *(¿qué está ocurriendo?)* What's happening?
- **¿Qué le pasa a Juan?** What's the matter with Juan?
- **pasarlo bien** to have a good time
- **pasarlo mal** to have a bad time
- **Hemos pasado mucho frío.** We were very cold.
- **Están pasando hambre.** They are starving.
- **pasar algo a máquina** to type something
- **¡Paso de todo!** I couldn't care less! *(coloquial)*
- **pasar por (1)** to go though ◇ *Pasamos por un túnel muy largo.* We went through a very long tunnel. ◇ *No creo que el sofá pase por esa puerta.* I don't think the settee will go through the door. ◇ *pasar por la aduana* to go through customs ◇ *Está pasando por un mal momento.* He's going through a bad patch.
- **No pasamos por la ciudad.** We don't go through the city.
- **Podrían perfectamente pasar por gemelos.** They could easily pass for twins.
- **pasar por (2)** to go past ◇ *Ese autobús pasa por mi colegio.* That bus goes past my school. ◇ *Todos los días paso por delante de su casa.* I go past his house every day.
- **No puedo pasar sin teléfono.** I can't get by without a telephone.

- **Está bien hacer ejercicio pero no hay que pasarse.** It's OK to exercise but there's no point in overdoing it.
- **pasarse de moda** to go out of fashion

el pasatiempo SUSTANTIVO
hobby (PL *hobbies*)

la Pascua SUSTANTIVO
Easter *(Semana Santa)*
- **¡Felices Pascuas!** Happy Christmas!

el pase SUSTANTIVO
pass (PL *passes*) ◇ *un pase gratis* a free pass
- **un pase de modelos** a fashion show

pasear VERBO
to stroll ◇ *gente paseando por las calles* people strolling through the streets
- **Fuimos a pasear por el parque.** We went for a stroll in the park.
- **Tengo que pasear al perro.** I have to walk the dog.

el paseo SUSTANTIVO
stroll ◇ *Salimos a dar un paseo.* We went out for a stroll.
- **el paseo marítimo** the promenade

el pasillo SUSTANTIVO
[1] *corridor* *(de casa, oficina)*
[2] *aisle* *(de cine, avión)*

la pasión SUSTANTIVO (PL *las pasiones*)
passion

pasivo ADJETIVO
passive

pasmado ADJETIVO
amazed ◇ *Cuando me enteré me quedé pasmado.* I was amazed when I found out.

el paso SUSTANTIVO
[1] *step* ◇ *Dio un paso para atrás.* He took a step backwards. ◇ *paso a paso* step by step
- **He oído pasos.** I heard footsteps.
- **Vive a un paso de aquí.** He lives right near here.
- **A ese paso no terminarán nunca.** At this rate they'll never finish.
[2] *way* ◇ *Han cerrado el paso.* They've blocked the way. ◇ *La policía le abría paso.* The police made way for him.
- **"Ceda el paso"** "Give way"
- **"Prohibido el paso"** "No entry"
- **El banco me pilla de paso.** The bank is on my way.
- **Están de paso por Barcelona.** They're just passing through Barcelona.
- **un paso de peatones** a pedestrian crossing
- **un paso de cebra** a zebra crossing

la pasta SUSTANTIVO
[1] *pasta* *(macarrones, fideos)*
[2] *dosh* *(coloquial: dinero)*
- **pastas de té** biscuits
- **pasta de dientes** toothpaste

pastar VERBO
to graze

el pastel SUSTANTIVO
cake

la pastelería SUSTANTIVO
patisserie

P

la **pastilla** SUSTANTIVO
1 *pill* (*medicina*)
- **pastillas para la tos** cough sweets
2 *bar* (*de jabón*)
3 *piece* (*de chocolate*)
- **pastillas de caldo** stock cubes

el **pasto** SUSTANTIVO
Latin America
grass

el **pastor** SUSTANTIVO
shepherd
- **un pastor alemán** an Alsatian
- **un perro pastor** a sheepdog

la **pastora** SUSTANTIVO
shepherdess

la **pata** SUSTANTIVO
leg (*de animal, mueble*) ◇ *las patas de la silla* the chair legs
- **saltar a la pata coja** to hop
- **Encontramos la casa patas arriba.** We found the house in a right mess.
- **¡He vuelto a meter la pata!** I've gone and put my foot in it again!
- **Me parece que he metido la pata en el examen de física.** I think I messed up my physics exam.

la **patada** SUSTANTIVO
- **Me dio una patada.** He kicked me.

Patagonia SUSTANTIVO FEM
Patagonia

la **patata** SUSTANTIVO
potato (PL *potatoes*)
- **un filete con patatas fritas** steak and chips
- **una bolsa de patatas fritas** a bag of crisps

el **paté** SUSTANTIVO (PL los **patés**)
pâté

paterno ADJETIVO
paternal

la **patilla** SUSTANTIVO
1 *sideburn* ◇ *dejarse patillas* to grow sideburns
2 *arm* (*de gafas*)

el **patín** SUSTANTIVO (PL los **patines**)
1 *roller skate* (*con ruedas*)
2 *skate* (*de hielo*)
3 *pedal boat* (*de playa*)

el **patinaje** SUSTANTIVO
1 *roller skating* (*sobre ruedas*)
2 *ice skating* (*sobre hielo*)
- **patinaje artístico** figure skating

patinar VERBO
1 *to roller-skate* (*sobre ruedas*)
2 *to skate* (*sobre hielo*)
3 *to skid* (*vehículo*)

el **patinete** SUSTANTIVO
scooter

el **patio** SUSTANTIVO
1 *playground* (*de colegio*)
2 *courtyard* (*de convento, bloque de pisos*)
- **el patio de butacas** the stalls PL

el **pato** SUSTANTIVO
duck

patoso ADJETIVO
clumsy

la **patria** SUSTANTIVO
homeland

patriota ADJETIVO
patriotic

el **patrocinador,** la **patrocinadora** SUSTANTIVO
sponsor

patrocinar VERBO
to sponsor

el **patrón** SUSTANTIVO (PL los **patrones**)
1 *patron saint* (*santo*)
2 *boss* (*en trabajo*) (PL *bosses*)

la **patrona** SUSTANTIVO
1 *patron saint* (*santa*)
2 *landlady* (*de pensión*) (PL *landladies*)

la **patrulla** SUSTANTIVO
patrol ◇ *estar de patrulla* to be on patrol

la **pausa** SUSTANTIVO
1 *pause* (*al hablar, leer*)
2 *break* (*en medio de programa, reunión*)

el **pavimento** SUSTANTIVO
1 *paving* (*de calle*)
2 *surface* (*de carretera*)
3 *flooring* (*de edificio*)

el **pavo** SUSTANTIVO
turkey
- **un pavo real** a peacock

el **payaso,** la **payasa** SUSTANTIVO
clown
- **Deja de hacer el payaso.** Stop clowning around.

la **paz** SUSTANTIVO (PL las **paces**)
peace
- **¡Déjame en paz!** Leave me alone!
- **Ha hecho las paces con su novio.** She's made it up with her boyfriend.

el **PC** ABREVIATURA
PC (PL *PCs*)

P.D. ABREVIATURA (= *posdata*)
P.S.

el **peaje** SUSTANTIVO
toll

el **peatón** SUSTANTIVO (PL los **peatones**)
pedestrian

la **peca** SUSTANTIVO
freckle

el **pecado** SUSTANTIVO
sin

pecar* VERBO
to sin

el **pecho** SUSTANTIVO
1 *chest* (*tórax*)
2 *breast* (*de mujer*)
- **dar el pecho a un niño** to breastfeed a baby
- **¡No te lo tomes a pecho! Era una broma.** Don't take it to heart. I was only joking.

la **pechuga** SUSTANTIVO
breast

el **pedal** SUSTANTIVO
pedal ◇ *el pedal del freno* the brake pedal ◇ *el pedal del embrague* the clutch pedal

pedalear VERBO

to pedal

pedante ADJETIVO
pedantic

pedazo SUSTANTIVO
piece ◇ un pedazo de pan a piece of bread
- **hacer pedazos (1)** (*jarrón*) to smash
- **hacer pedazos (2)** (*carta*) to tear up

pediatra SUSTANTIVO
paediatrician

pedido SUSTANTIVO
order ◇ hacer un pedido to place an order

pedir* VERBO
[1] *to ask for* ◇ Le pedí dinero a mi padre.
I asked my father for some money. ◇ He
pedido hora para el médico. I've asked for a
doctor's appointment.
[2] *to ask* ◇ ¿Te puedo pedir un favor?
Can I ask you a favour? ◇ ¿Cuánto pide por
el coche? How much is he asking for the car?
- **Pedí que me enviaran la información por
correo.** I asked them to mail me the
information.
[3] *to order* ◇ Yo pedí paella. I ordered
paella. ◇ Pedí los folletos por teléfono. I
ordered the brochures over the phone.
- **Le pedí disculpas.** I apologized to him.
- **Tuve que pedir dinero prestado.** I had to
borrow some money.

pedo SUSTANTIVO
fart (*vulgar*)
- **tirarse un pedo** to fart (*vulgar*)

pedrisco SUSTANTIVO
hail

pega SUSTANTIVO
snag ◇ La única pega es que la oficina me
queda lejos. The only snag is that the office
is a long way away.
- **Me pusieron muchas pegas.** They made
things very difficult for me.

pegadizo ADJETIVO
catchy

pegajoso ADJETIVO
[1] *sticky* (*sustancia, calor*)
[2] *catchy* (*canción*) Latin America

pegamento SUSTANTIVO
glue

pegar* VERBO
[1] *to hit* ◇ Andrés me ha pegado. Andrés
hit me. ◇ La pelota pegó en el árbol. The
ball hit the tree.
[2] *to stick* ◇ Lo puedes pegar con celo.
You can stick it on with sellotape. ◇ Tengo
que pegar las fotos en el álbum. I have to
stick the photos in the album.
- **Se te va a pegar el arroz.** Be careful or the
rice will stick.
[3] *to give* ◇ Le pegaron un tremendo
empujón. They gave him a great push. ◇ Le
pegó una bofetada. He gave him a slap.
◇ Me has pegado la gripe. You've given me
the flu. ◇ ¡Qué susto me has pegado! What
a fright you gave me!
- **Pegó un grito.** He shouted.
- **Le pegaron un tiro.** They shot him.

[4] *to look right* ◇ Ese jarrón no pega
aquí. This vase doesn't look right here.
- **Esta camisa no pega con el traje.** This
shirt doesn't look right with the suit.
- **El niño se pegó a su madre.** The boy clung
to his mother.

la pegatina SUSTANTIVO
sticker

el peinado SUSTANTIVO
hairstyle

peinar VERBO
[1] *to comb* (*con peine*) ◇ Péinate antes de
salir. Comb your hair before you go out.
[2] *to brush* (*con cepillo*) ◇ Su madre la
estaba peinando. Her mother was brushing
her hair.
- **Mañana voy a peinarme.** I'm going to have
my hair done tomorrow.

el peine SUSTANTIVO
comb

p.ej. ABREVIATURA (= por ejemplo)
e.g.

pelar VERBO
[1] *to peel* (*patatas, naranjas*)
[2] *to shell* (*nueces*)
- **Se me está pelando la espalda.** My back is
peeling.
- **Hace un frío que pela.** It's bitterly cold.

el peldaño SUSTANTIVO
[1] *step* (*de escalera*)
[2] *rung* (*de escalera de mano*)

la pelea SUSTANTIVO
[1] *fight* (*lucha*) ◇ Hubo una pelea en la
discoteca. There was a fight at the disco.
[2] *argument* (*discusión*) ◇ Tuvo una pelea
con su novio. She had an argument with her
boyfriend.

peleado ADJETIVO
- **Están peleados.** They've fallen out.

pelear VERBO
[1] *to fight* (*luchar*) ◇ ¡Deja de pelear con
tu hermano! Stop fighting with your brother!
◇ Dos niños se estaban peleando en el patio.
There were two children fighting in the
playground.
[2] *to argue* (*discutir*) ◇ Pelean por
cualquier tontería. They argue over the
slightest thing.

el pelícano SUSTANTIVO
pelican

la película SUSTANTIVO
film ◇ A las ocho ponen una película.
There's a film on at eight.
- **una película de dibujos animados** a
cartoon
- **una película del oeste** a western
- **una película de suspense** a thriller

el peligro SUSTANTIVO
danger ◇ Está fuera de peligro. He's out
of danger.

peligroso ADJETIVO
dangerous

pelirrojo ADJETIVO
- **es pelirrojo** he has red hair

P

el **pellejo** SUSTANTIVO
skin
- **No me gustaría estar en su pellejo.** I wouldn't like to be in his shoes.
- **arriesgar el pellejo** to risk one's neck (*coloquial*)

pellizcar* VERBO
to pinch ◇ *Me pellizcó el brazo.* He pinched my arm.

el **pellizco** SUSTANTIVO
pinch ◇ *un pellizco de sal* a pinch of salt

el **pelmazo** SUSTANTIVO
bore (*coloquial*)

el **pelo** SUSTANTIVO
hair ◇ *Tiene el pelo rizado.* He has curly hair.
- **tener mucho pelo** to have thick hair
- **tener poco pelo** to have thin hair
- **No perdí el avión por un pelo.** I only just caught the plane.
- **Se me pusieron los pelos de punta.** It made my hair stand on end.
- **Me estás tomando el pelo.** You're pulling my leg.

la **pelota** SUSTANTIVO
ball ◇ *jugar a la pelota* to play ball
- **hacer la pelota a alguien** to suck up to someone (*coloquial*)

el/la **pelota** SUSTANTIVO
creep (*coloquial*)

la **peluca** SUSTANTIVO
wig

peludo ADJETIVO
hairy

la **peluquera** SUSTANTIVO
hairdresser

la **peluquería** SUSTANTIVO
hairdresser's

el **peluquero** SUSTANTIVO
hairdresser

la **pena** SUSTANTIVO
shame ◇ *Es una pena que no puedas venir.* It's a shame you can't come. ◇ *¡Qué pena!* What a shame!
- **Me dio tanta pena el pobre animal.** I felt so sorry for the poor animal.
- **Me da pena tener que marcharme.** I'm so sad to have to go away.
- **No tengas pena.** Latin America Don't be embarrassed.
- **Vale la pena.** It's worth it.
- **No vale la pena gastarse tanto dinero.** It's not worth spending so much money.
- **la pena de muerte** the death penalty

el **penalty** SUSTANTIVO (PL los **penaltys**)
penalty (PL *penalties*) ◇ *pitar penalty* to award a penalty

el **pendejo**, la **pendeja** SUSTANTIVO
Latin America
nerd (*coloquial*)

pendiente ADJETIVO
- **Tenemos un par de asuntos pendientes.** We have a couple of matters to sort out.
- **Tiene una asignatura pendiente.** He has to resit one subject.
- **Estaban pendientes de ella.** They were watching her intently.

el **pendiente** SUSTANTIVO
earring

la **pendiente** SUSTANTIVO
slope

el **pene** SUSTANTIVO
penis (PL *penises*)

penetrar VERBO
- **penetrar en** to find one's way into ◇ *Ocho hombres armados penetraron en la embajada.* Eight gunmen found their way into the embassy. ◇ *La luz a penas penetra en la cueva.* The light hardly finds its way into the cave.

la **penicilina** SUSTANTIVO
penicillin

la **península** SUSTANTIVO
peninsula
- **la Península Ibérica** the Iberian Peninsula

el **penique** SUSTANTIVO
penny (PL *pence*)

el **pensamiento** SUSTANTIVO
[1] *thought* (*mental*)
[2] *pansy* (*flor*) (PL *pansies*)

pensar* VERBO
[1] *to think* ◇ *Piénsalo bien antes de responder.* Think carefully before you answer. ◇ *¿Piensas que vale la pena?* Do you think it's worth it? ◇ *¿Qué piensas de Manolo?* What do you think of Manolo?
- **¿Qué piensas del aborto?** What do you think about abortion?
[2] *to think about* ◇ *Tengo que pensarlo.* I'll have to think about it.
- **Sólo piensa en pasarlo bien.** All he thinks about is having a good time.
- **Estaba pensando en ir al cine esta tarde.** I was thinking of going to the cinema this evening.
- **¡Ni pensarlo!** No way! (*coloquial*)
- **pensándolo bien...** on second thoughts...
- **Piénsatelo.** Think it over.

pensativo ADJETIVO
pensive

la **pensión** SUSTANTIVO (PL las **pensiones**)
[1] *pension* (*de jubilación, viudedad*)
[2] *guest house* (*casa de huéspedes*)
- **media pensión** half board

el/la **pensionista** SUSTANTIVO
pensioner

penúltimo ADJETIVO
- **la penúltima estación** the last station but one

el **penúltimo**, la **penúltima** SUSTANTIVO
- **Soy el penúltimo.** I'm second to last.

el **peñón** SUSTANTIVO (PL los **peñones**)
- **el Peñón de Gibraltar** the Rock of Gibraltar

el **peón** SUSTANTIVO (PL los **peones**)
[1] *labourer* (*albañil*)
[2] *pawn* (*en ajedrez*)

* Verbs marked with this symbol are irregular. See pages 332–333 for further details

a **peonza** SUSTANTIVO
spinning top

peor ADJETIVO, ADVERBIO (FEM **peor**)
[1] *worse* (comparativo) ◇ *Su caso es peor que el nuestro.* His case is worse than ours. ◇ *Mis notas son malas pero las tuyas son peores.* My marks are bad but yours are worse. ◇ *Hoy me siento peor.* I feel worse today.
[2] *worst* (superlativo) ◇ *el peor día de mi vida* the worst day of my life ◇ *Sacó la peor nota de toda la clase.* He got the worst mark in the whole class.
* **el restaurante donde peor se come** the restaurant with the worst food
* **y lo peor es que...** and the worst thing is that...
* **Si no viene, peor para ella.** If she doesn't come, too bad for her.

el **pepinillo** SUSTANTIVO
gherkin

el **pepino** SUSTANTIVO
cucumber
* **Me importa un pepino lo que piense.** I couldn't care less what he thinks. (*coloquial*)

a **pepita** SUSTANTIVO
[1] *pip* (de fruta)
[2] *nugget* (de oro)

pequeño ADJETIVO
small ◇ *Prefiero los coches pequeños.* I prefer small cars. ◇ *Estos zapatos me quedan pequeños.* These shoes are too small for me.
* **¿Cuál prefieres?–El pequeño.** Which one do you prefer?–The small one.
* **mi hermana pequeña** my younger sister
* **La pequeña estudia medicina.** The youngest is studying medicine.
* **Tuvimos un pequeño problema.** We had a slight problem.

el **pequinés** SUSTANTIVO
Pekinese

a **pera** SUSTANTIVO
pear

percatarse VERBO
* **percatarse de algo** to notice something

a **percha** SUSTANTIVO
[1] *coat hanger* (en un armario)
[2] *coat hook* (en la pared)

el **perchero** SUSTANTIVO
[1] *coat rack* (en la pared)
[2] *coat stand* (de pie)

a **percusión** SUSTANTIVO
percussion

perdedor (FEM **perdedora**) ADJETIVO
losing ◇ *la pareja perdedora* the losing pair

el **perdedor,** la **perdedora** SUSTANTIVO
loser ◇ *Eres mal perdedor.* You're a bad loser.

perder* VERBO
[1] *to lose* ◇ *He perdido el monedero.* I've lost my purse. ◇ *Está intentando perder peso.* He's trying to lose weight. ◇ *perder el*

conocimiento to lose consciousness ◇ *Perdimos dos a cero.* We lost two nil.
* **Se le perdieron las llaves.** He lost his keys.
[2] *to miss* (autobús, avión) ◇ *Date prisa o perderás el tren.* Hurry up or you'll miss the train. ◇ *No quiero perder esta oportunidad.* I don't want to miss this opportunity.
* **¡No te lo pierdas!** Don't miss it!
* **¡Me estás haciendo perder el tiempo!** You're wasting my time!
* **Has echado a perder la sorpresa.** You've ruined the surprise.
* **Ana es la que saldrá perdiendo.** Ana is the one who will lose out.
* **Tenía miedo de perderme.** I was afraid of getting lost.

la **perdición** SUSTANTIVO
ruin

la **pérdida** SUSTANTIVO
[1] *loss* (de calor, peso) (PL *losses*)
[2] *leak* (escape de líquido, gas)
* **Fue una pérdida de tiempo.** It was a waste of time.

perdido ADJETIVO
[1] *lost* ◇ *la oficina de objetos perdidos* the lost property office
[2] *remote* ◇ *un pueblecito perdido en la montaña* a remote little village in the mountains
* **Es tonto perdido.** He's a complete idiot.

el **perdigón** SUSTANTIVO (PL los **perdigones**)
pellet

la **perdiz** SUSTANTIVO (PL las **perdices**)
partridge

el **perdón** SUSTANTIVO
* **Le pedí perdón.** I apologized to him.
* **¡Perdón! (1)** (para disculparse) Sorry!
* **¡Perdón! (2)** (para llamar la atención) Excuse me!

perdonar VERBO
to forgive ◇ *¿Me perdonas?* Do you forgive me? ◇ *No perdona que me haya olvidado de su cumpleaños.* He hasn't forgiven me for forgetting his birthday.
* **¡Perdona! ¿Tienes hora?** Excuse me, do you have the time?
* **¡Perdona! ¿Te he hecho daño?** I'm so sorry. Did I hurt you?

el **peregrino,** la **peregrina** SUSTANTIVO
pilgrim

el **perejil** SUSTANTIVO
parsley

la **pereza** SUSTANTIVO
laziness
* **¡Qué pereza tengo!** I feel so lazy!
* **Me da pereza levantarme.** I can't be bothered to get up.

perezoso ADJETIVO
lazy

perfeccionar VERBO
to improve (mejorar) ◇ *Fue a Inglaterra para perfeccionar el inglés.* He went to England to improve his English.

perfectamente ADVERBIO

P

perfectly
perfecto ADJETIVO
perfect
el **perfil** SUSTANTIVO
profile ◇ *un retrato de perfil* a profile portrait
+ **ponerse de perfil** to stand side on
el **perfume** SUSTANTIVO
perfume
periódico ADJETIVO
periodic
el **periódico** SUSTANTIVO
newspaper
el **periodismo** SUSTANTIVO
journalism
el/la **periodista** SUSTANTIVO
journalist ◇ *Mi tío es periodista.* My uncle is a journalist.
el **periodo** SUSTANTIVO
period ◇ *un periodo de tres meses* a three-month period
+ **Tiene el periodo.** She has her period.
el **periquito** SUSTANTIVO
budgerigar
perjudicar* VERBO
[1] *to damage* (salud, reputación)
[2] *to be harmful to* (intereses, desarrollo, economía) ◇ *Esta nueva ley puede perjudicarnos.* This new law could be harmful to our interests.
+ **El cambio ha perjudicado sus estudios.** The change has had an adverse effect on his studies.
perjudicial ADJETIVO
damaging
+ **El tabaco es perjudicial para la salud.** Smoking damages your health.
la **perla** SUSTANTIVO
pearl
permanecer* VERBO
to remain
permanente ADJETIVO
permanent
la **permanente** SUSTANTIVO
perm
+ **hacerse la permanente** to have a perm
el **permiso** SUSTANTIVO
[1] *permission* ◇ *Tengo que pedirles permiso a mis padres.* I have to ask my parents' permission.
[2] *leave* ◇ *Pidió cinco días de permiso.* He requested five days' leave. ◇ *Mi hermano está de permiso.* My brother is on leave.
[3] *permit* (documento) ◇ *Necesitas un permiso de trabajo.* You need a work permit.
+ **¡Con permiso!** (para abrirse paso) Excuse me.
permitir VERBO
to allow ◇ *No nos permiten fumar en la oficina.* We're not allowed to smoke in the office.
+ **No me lo puedo permitir.** I can't afford it.
+ **¿Me permite?** May I?
pero CONJUNCIÓN

but ◇ *Me gustaría, pero no puedo.* I'd like to, but I can't.
perpendicular ADJETIVO
at right angles ◇ *una pared perpendicular a otra* one wall at right angles to another
perplejo ADJETIVO
puzzled
la **perra** SUSTANTIVO
dog ◇ *Es una perra muy buena.* She's a very good dog.
+ **¿Es perra o perro?** Is it a bitch or a dog?
la **perrera** SUSTANTIVO
dog's home
el **perrito** SUSTANTIVO
+ **un perrito caliente** a hot dog
el **perro** SUSTANTIVO
dog
+ **un perro callejero** a stray dog
+ **un perro guardián** a guard dog
+ **un perro pastor** a sheepdog
+ **un perro policía** a police dog
+ **un perro salchicha** a dachshund
el/la **persa** ADJETIVO, SUSTANTIVO
Persian
perseguir* VERBO
[1] *to chase* (delincuente) ◇ *Me persigue la policía.* The police are chasing me.
[2] *to persecute* (por ideología, raza) ◇ *Se siente perseguido por su ideología.* He feels persecuted for his ideology.
la **persiana** SUSTANTIVO
blind
persiguiendo VERBO ver **perseguir**
la **persona** SUSTANTIVO
person ◇ *Es una persona encantadora.* He's a charming person. ◇ *Se pueden llevar veinte kilos por persona.* They can carry twenty kilos per person.
+ **en persona** in person
+ **personas** people ◇ *Había unas diez personas en la sala.* There were about ten people in the hall.
el **personaje** SUSTANTIVO
[1] *character* ◇ *los personajes de la novela* the characters in the novel
[2] *figure* ◇ *un personaje público* a public figure
personal ADJETIVO
personal
el **personal** SUSTANTIVO
staff
la **personalidad** SUSTANTIVO
personality (PL *personalities*)
personalmente ADVERBIO
personally
la **perspectiva** SUSTANTIVO
perspective (espacial) ◇ *en perspectiva* in perspective
+ **perspectivas** prospects ◇ *buenas perspectivas económicas* good economic prospects
persuadir VERBO
to persuade ◇ *Me persuadió para que la*

acompañara. She persuaded me to go with her.

pertenecer* VERBO
- **pertenecer a** to belong to ◇ *Este diccionario te pertenece.* This dictionary belongs to you. ◇ *No pertenezco a ningún partido político.* I don't belong to any political party.

pertenencias SUSTANTIVO
belongings

pértiga SUSTANTIVO
pole
- **el salto con pértiga** the pole vault

Perú SUSTANTIVO MASC
Peru

peruano, la peruana ADJETIVO, SUSTANTIVO
Peruvian

perverso ADJETIVO
wicked

pervertido, la pervertida SUSTANTIVO
pervert

pesa SUSTANTIVO
weight
- **hacer pesas** to do weight training

pesadez SUSTANTIVO
- **Es una pesadez tener que madrugar.** It's such a pain having to get up early. (*coloquial*)
- **¡Qué pesadez de película!** What a boring film!

pesadilla SUSTANTIVO
nightmare

pesado ADJETIVO
1. *heavy* (*paquete, comida*)
2. *tiring* (*trabajo, viaje*)
3. *boring* (*película, novela*)
- **¡No seas pesado!** Don't be a pain in the neck! (*coloquial*)

pesado, la pesada SUSTANTIVO
- **Mi primo es un pesado.** My cousin is a pain in the neck. (*coloquial*)

pésame SUSTANTIVO
condolences PL ◇ *Fuimos a darle el pésame.* We went to offer our condolences.

pesar VERBO
1. *to weigh* ◇ *El paquete pesaba 2 kilos.* The package weighed 2 kilos. ◇ *¿Cuánto pesas?* How much do you weigh? ◇ *Tengo que pesarme.* I must weigh myself.
2. *to be heavy* ◇ *Esta maleta pesa mucho.* This suitcase is very heavy. ◇ *¡No pesa nada!* It's not heavy at all!
- **Me pesa haberlo hecho.** I regret having done it.
- **a pesar del mal tiempo** in spite of the bad weather
- **a pesar de que la quiero** even though I love her

pesca SUSTANTIVO
fishing ◇ *ir de pesca* to go fishing

pescadería SUSTANTIVO
fishmonger's (PL *fishmongers' shops*)

pescadilla SUSTANTIVO
whiting (PL *whiting*)

pescado SUSTANTIVO
fish (PL *fish*) ◇ *Quiero comprar pescado.* I want to buy some fish.

el pescador SUSTANTIVO
fisherman (PL *fishermen*) ◇ *Mi tío es pescador.* My uncle is a fisherman.

pescar* VERBO
1. *to fish* ◇ *Los domingos íbamos a pescar.* On Sundays we used to go fishing.
2. *to catch* ◇ *Pescamos varias truchas.* We caught several trout. ◇ *Me pescaron fumando.* I got caught smoking.

el pesero SUSTANTIVO
Mexico
minibus (PL *minibuses*)

la peseta SUSTANTIVO
peseta

pesimista ADJETIVO
pessimistic ◇ *una visión pesimista* a pessimistic view
- **No seas pesimista.** Don't be a pessimist.

el/la pesimista SUSTANTIVO
pessimist

pésimo ADJETIVO
terrible ◇ *La comida era pésima.* The food was terrible.

el peso SUSTANTIVO
1. *weight* ◇ *ganar peso* to gain weight ◇ *Ha perdido mucho peso.* He's lost a lot of weight.
- **La fruta se vende a peso.** Fruit is sold by weight.
2. *scales* PL (*en la cocina*)
3. *peso* (*moneda*)

pesquero ADJETIVO
fishing

fishing en este caso va siempre delante del sustantivo.

◇ *un pueblecito pesquero* a fishing village

la pestaña SUSTANTIVO
eyelash (PL *eyelashes*)

pestañear VERBO
to blink

la peste SUSTANTIVO
1. *plague* (*enfermedad*)
2. *stink* (*mal olor*) ◇ *¡Qué peste hay aquí!* There's a real stink in here!

el pesticida SUSTANTIVO
pesticide

el pestillo SUSTANTIVO
1. *bolt* (*de puerta, ventana*)
2. *latch* (*de cerradura*) (PL *latches*)

la petaca SUSTANTIVO
hip flask (*botella*)

el pétalo SUSTANTIVO
petal

el petardo SUSTANTIVO
firecracker

la petición SUSTANTIVO (PL *las peticiones*)
1. *request* (*ruego*) ◇ *Hicieron una petición al gobierno.* They made a request to the government. ◇ *a petición de la pareja* at the request of the couple
2. *petition* (*escrito*) ◇ *firmar una petición* to sign a petition

P

el **petirrojo** SUSTANTIVO
  robin
el **petróleo** SUSTANTIVO
  oil
el **petrolero** SUSTANTIVO
  oil tanker
el **pez** SUSTANTIVO (PL los **peces**)
  fish (PL *fish*) ◇ *Cogimos tres peces.* We caught three fish.
  ◆ **un pez de colores** a goldfish
  ◆ **Se sentía como el pez en el agua.** He felt in is element.
la **pezuña** SUSTANTIVO
  hoof (PL *hooves*)
el/la **pianista** SUSTANTIVO
  pianist ◇ *Soy pianista.* I'm a pianist.
el **piano** SUSTANTIVO
  piano
  ◆ **un piano de cola** a grand piano
  piar* VERBO
  to chirp
el **pibe,** la **piba** SUSTANTIVO
  River Plate
  kid (coloquial)
la **picada** SUSTANTIVO
  Latin America
  ◆ **El avión cayó en picada.** The plane nose-dived.
  picado ADJETIVO
  [1] *bad* (diente)
  [2] *choppy* (mar)
  ◆ **El avión cayó en picado.** The plane nose-dived.
la **picadura** SUSTANTIVO
  [1] *bite* (de mosquito, serpiente)
  [2] *sting* (de avispa, abeja)
  picante ADJETIVO
  hot (comida, salsa)
el **picaporte** SUSTANTIVO
  door handle
  picar* VERBO
  [1] *to bite* (mosquito, serpiente) ◇ *Me han picado los mosquitos.* I've been bitten by mosquitoes.
  [2] *to sting* (avispa, abeja)
  [3] *to chop up* (cebolla, pimiento) ◇ *Luego picas un poquito de jamón.* Then you chop up a bit of ham.
  [4] *to mince* (carne)
  ◆ **La salsa pica bastante.** The sauce is quite hot.
  ◆ **Saqué algunas cosas para picar.** I put out some nibbles.
  ◆ **Me pica la espalda.** I've got an itchy back.
  ◆ **Me pica la garganta.** My throat tickles.
la **picardía** SUSTANTIVO
  ◆ **No tiene picardía.** He's a bit innocent.
el **pichi** SUSTANTIVO
  pinafore
el **picnic** SUSTANTIVO (PL los **picnics**)
  picnic
el **pico** SUSTANTIVO
  [1] *beak* (de ave)

  [2] *peak* (de montaña)
  [3] *pick* (herramienta)
  ◆ **Eran las tres y pico.** It was just after three.
  ◆ **tres mil pesetas y pico** just over three thousand pesetas
  ◆ **cuello de pico** V-neck
  ◆ **la hora pico** Latin America the rush hour
  picoso ADJETIVO
  Mexico
  hot (comida)
  pidiendo VERBO *ver* **pedir**
el **pie** SUSTANTIVO
  foot (PL *feet*) ◇ *Fuimos a pie.* We went on foot. ◇ *Al pie de la página hay una explicación.* There's an explanation at the foot of the page.
  ◆ **Estaba de pie junto a mi cama.** He was standing next to my bed.
  ◆ **ponerse de pie** to stand up
  ◆ **de pies a cabeza** from head to foot
la **piedad** SUSTANTIVO
  mercy ◇ *tener piedad de alguien* to have mercy on someone
la **piedra** SUSTANTIVO
  stone ◇ *Nos tiraban piedras.* They were throwing stones at us.
  ◆ **una piedra preciosa** a precious stone
  ◆ **Cuando me lo dijeron me quedé de piedra.** I was stunned when they told me.
la **piel** SUSTANTIVO
  [1] *skin* ◇ *Tengo la piel grasa.* I have greasy skin.
  [2] *fur* ◇ *un abrigo de pieles* a fur coat
  [3] *leather* ◇ *un bolso de piel* a leather bag
  [4] *peel* (de naranja, patata, manzana)
  pienso VERBO *ver* **pensar**
  pierdo VERBO *ver* **perder**
la **pierna** SUSTANTIVO
  leg
  ◆ **una pierna de cordero** a leg of lamb
la **pieza** SUSTANTIVO
  piece ◇ *una pieza del rompecabezas* a piece of the jigsaw puzzle ◇ *una pieza de recambio* a spare part
el **pijama** SUSTANTIVO
  pyjamas PL
  pijo ADJETIVO
  posh (coloquial)
la **pila** SUSTANTIVO
  [1] *battery* (PL *batteries*) ◇ *Funciona con pilas.* It goes on batteries.
  [2] *pile* ◇ *una pila de revistas* a pile of magazines
  [3] *sink* (en la cocina)
el **pilar** SUSTANTIVO
  pillar
la **píldora** SUSTANTIVO
  pill ◇ *tomar la píldora* to take the pill
la **pileta** SUSTANTIVO
  River Plate
  sink
  pillar VERBO

1 *to catch* ◇ *pillar a un ladrón* to catch a thief ◇ *¡Vaya catarro que has pillado!* That's a nasty cold you've caught. ◇ *Lo pillé fumando .* I caught him smoking.
- **Se pilló los dedos en la puerta.** He caught his fingers in the door.
  2 *to hit* ◇ *La pilló una moto.* She was hit by a motorbike.
- **La estación nos pilla cerca de casa.** The station is pretty close to our house.

pillo ADJETIVO
  1 *crafty* (*astuto*)
  2 *naughty* (*travieso*)

piloto SUSTANTIVO
  1 *pilot* (*de avión*)
  2 *driver* (*de coche*)
- **piloto de carreras** racing driver

pimentón SUSTANTIVO
  paprika

pimienta SUSTANTIVO
  pepper ◇ *pimienta negra* black pepper

pimiento SUSTANTIVO
  pepper ◇ *un pimiento morrón* a red pepper

pin SUSTANTIVO (PL los **pins**)
  badge

pincel SUSTANTIVO
  paintbrush (PL *paintbrushes*)

pinchadiscos SUSTANTIVO (PL los/las **pinchadiscos**)
  disk jockey (PL *disk jockeys*)

pinchar VERBO
  1 *to prick* ◇ *Me pinché con un alfiler.* I pricked myself on a pin.
  2 *to burst* ◇ *El clavo pinchó la pelota.* The nail burst the ball.
- **Me pincharon en el brazo.** They gave me an injection in the arm.
- **Se me pinchó una rueda.** I had a puncture.
- **Los cactus pinchan.** Cactuses are prickly.

pinchazo SUSTANTIVO
  1 *puncture* ◇ *Tuve un pinchazo en la autopista.* I got a puncture in the motorway.
  2 *sharp pain* (*de dolor*)

pincho SUSTANTIVO
  1 *thorn* (*de rosal, cactus*)
  2 *snack* ◇ *Tomamos unos pinchos en el bar.* We had some snacks in the bar.
- **un pincho moruno** a kebab

ping-pong SUSTANTIVO
  table tennis ◇ *jugar al ping-pong* to play table tennis

pingüino SUSTANTIVO
  penguin

pino SUSTANTIVO
  pine tree
- **hacer el pino** to do a handstand

pinta SUSTANTIVO
- **tener buena pinta** to look good ◇ *La paella tenía muy buena pinta.* The paella looks delicious.
- **Con esas gafas tienes pinta de maestra.** You look like a teacher with those glasses on.

pintadas SUSTANTIVO

  graffiti

pintar VERBO
  1 *to paint* (*con pintura*) ◇ *Quiero pintar la habitación de azul.* I want to paint the room blue.
  2 *to colour in* (*con lápices de colores*) ◇ *Dibujó un árbol y lo pintó.* He drew a tree and coloured it in.
- **Me gusta pintar.** I like colouring.
- **Nunca me pinto.** I never wear makeup.
- **pintarse los labios** to put on lipstick
- **pintarse las uñas** to paint one's nails

el **pintor**, la **pintora** SUSTANTIVO
  painter ◇ *Soy pintor.* I'm a painter.

pintoresco ADJETIVO
  picturesque

la **pintura** SUSTANTIVO
  1 *paint* ◇ *Tengo que comprar más pintura.* I've got to buy some more paint.
  2 *painting* ◇ *Me gusta la pintura abstracta.* I like abstract painting. ◇ *varias pinturas al óleo* several oil paintings
  3 *crayon* (*lápiz de color*)

la **pinza** SUSTANTIVO
  1 *clothes peg* (*para la ropa*)
  2 *hairgrip* (*para el pelo*)
  3 *pincer* (*de cangrejo*)
- **unas pinzas** (*para depilar*) a pair of tweezers

la **piña** SUSTANTIVO
  1 *pine cone* (*de pino*)
  2 *pineapple* (*fruta tropical*)

el **piñón** SUSTANTIVO (PL los **piñones**)
  1 *pine nut* (*del pino*)
  2 *sprocket* (*de bicicleta*)

el **piojo** SUSTANTIVO
  louse (PL *lice*)

la **pipa** SUSTANTIVO
  1 *pipe* ◇ *Fuma en pipa.* He smokes a pipe.
  2 *seed* (*de girasol, calabaza*)
- **comer pipas** to eat sunflower seeds

el **pipí** SUSTANTIVO
  wee (*coloquial*) ◇ *hacer pipí* to have a wee

la **piragua** SUSTANTIVO
  canoe (PL *canoes*)

el **piragüismo** SUSTANTIVO
  canoeing

la **pirámide** SUSTANTIVO
  pyramid

pirata ADJETIVO
  pirate (*barco, vídeo*)
  | **pirate** *en este caso va siempre delante del sustantivo.* |

el/la **pirata** SUSTANTIVO
  pirate

los **Pirineos** SUSTANTIVO
  the Pyrenees

el **piropo** SUSTANTIVO
  compliment ◇ *echar piropos a alguien* to make compliments to someone

el **pirulí** SUSTANTIVO (PL los **pirulís**)
  lollipop

la **pisada** SUSTANTIVO
  1 *footprint* (*huella*)

P

2 *footstep* (sonido)

el **pisapapeles** SUSTANTIVO (PL los pisapapeles)
paperweight

pisar VERBO
1 *to walk on*
• ¿Se puede pisar el suelo de la cocina? Can I walk on the kitchen floor?
2 *to tread on* ◇ Perdona, te he pisado. Sorry, I trod on your foot.
• Pisé el acelerador a fondo. I put my foot down.

la **piscina** SUSTANTIVO
swimming pool

Piscis SUSTANTIVO MASC
Pisces ◇ Soy Piscis. I'm Pisces.

el **piso** SUSTANTIVO
1 *flat* (apartamento) ◇ Vivimos en un piso céntrico. We live in a flat in the town centre.
2 *floor* (planta, suelo) ◇ Su oficina está en el segundo piso. His office is on the second floor. ◇ El piso estaba lleno de papeles. The floor was covered in pieces of paper.

la **pista** SUSTANTIVO
1 *clue* (dato) ◇ ¿Te doy una pista? Shall I give you a clue?
2 *track* (huella) ◇ Los cazadores siguen las pistas del animal. The hunters follow the animal's tracks.
3 *court* (de deportes)
• la pista de aterrizaje the runway
• la pista de baile the dance floor
• la pista de carreras the racetrack
• la pista de esquí the ski slope
• la pista de patinaje the ice rink

la **pistola** SUSTANTIVO
pistol

pitar VERBO
1 *to blow one's whistle* (con silbato) ◇ El policía nos pitó. The policeman blew his whistle at us.
2 *to hoot* (con claxon) ◇ No sé por qué me pita. I don't know why he's hooting at me.
• Salió pitando. He was off like a shot.

pitear VERBO
Latin America
to whistle

el **pito** SUSTANTIVO
whistle
• Me importa un pito. I don't care a hoot. (coloquial)

el **piyama** SUSTANTIVO
Latin America
pyjamas PL

la **pizarra** SUSTANTIVO
1 *blackboard* (encerado)
2 *slate* (mineral)

la **pizca** SUSTANTIVO
pinch ◇ una pizca de sal a pinch of salt

la **pizza** SUSTANTIVO
pizza

la **placa** SUSTANTIVO

1 *plaque* (letrero) ◇ una placa conmemorativa a commemorative plaque
2 *badge* (de una policía)
3 *hotplate* (de una cocina eléctrica)
• una placa de matrícula a number plate

el **placer** SUSTANTIVO
pleasure

la **plaga** SUSTANTIVO
1 *pest* ◇ una plaga que estropea los cultivos a pest that damages the crops
2 *plague* ◇ las plagas de Egipto the plagues of Egypt
• la plaga del terrorismo the scourge of terrorism

el **plan** SUSTANTIVO
plan ◇ ¿Qué planes tienes para este verano? What are your plans for the summer?
• viajar en plan económico to travel cheap
• Lo dije en plan de broma. I said it as a joke.
• el plan de estudios the syllabus

la **plancha** SUSTANTIVO
iron (aparato)
• pescado a la plancha grilled fish

planchar VERBO
1 *to iron* ◇ Tengo que planchar esta camisa. I've got to iron this shirt.
2 *to do the ironing* ◇ ¿Quieres que planche? Do you want me to do the ironing?

el **planeador** SUSTANTIVO
glider

planear VERBO
1 *to plan* (organizar)
2 *to glide* (avión)

el **planeta** SUSTANTIVO
planet

la **planificación** SUSTANTIVO
planning
• planificación familiar family planning

planificar* VERBO
to plan

plano ADJETIVO
flat (superficie, zapato)

el **plano** SUSTANTIVO
1 *street plan* (de la ciudad, el metro)
2 *plan* (de edificio)
• en primer plano in close-up

la **planta** SUSTANTIVO
1 *plant* ◇ regar las plantas to water the plants
2 *floor* ◇ El edificio tiene tres plantas. The building has three floors. ◇ la planta baja the ground floor
• la planta del pie the sole of the foot

plantado ADJETIVO
• dejar a alguien plantado to stand someone up

plantar VERBO
to plant

plantear VERBO
to bring up ◇ Se lo plantearé al jefe. I'll bring it up with the boss.

Verbs marked with this symbol are irregular. See pages 332–333 for further details

◆ **Incluso me planteé dejar los estudios.** I even thought of giving up my studies.

la **plantilla** SUSTANTIVO
    [1] *insole* (*de zapato*)
    [2] *staff* (*de empresa*)

el **plástico** SUSTANTIVO
    plastic ◇ *cubiertos de plástico* plastic cutlery

la **plastilina®** SUSTANTIVO
    plasticine

la **plata** SUSTANTIVO
    [1] *silver* (*metal*)
    [2] *money* (*dinero*) Latin America

la **plataforma** SUSTANTIVO
    platform ◇ *zapatos de plataforma* platform shoes
◆ **una plataforma petrolífera** an oil rig

el **plátano** SUSTANTIVO
    banana

platicar* VERBO
    Mexico
    [1] *to talk* (*hablar*) ◇ *Estuve platicando con Manuel.* I was talking to Manuel.
    [2] *to tell* (*decir*) ◇ *¿Qué te platicaron?* What did they tell you?

el **platillo** SUSTANTIVO
◆ **un platillo volante** a flying saucer
◆ **los platillos** (*instrumento musical*) the cymbals

el **platino** SUSTANTIVO
    platinum

el **plato** SUSTANTIVO
    [1] *plate* ◇ *¿Me pasas un plato?* Could you pass me a plate?
    [2] *dish* (PL *dishes*) ◇ *un plato típico de Galicia* a typical Galician dish
    [3] *course* ◇ *¿Qué hay de segundo plato?* What's for the main course?
    [4] *saucer* (*para la taza*)

la **playa** SUSTANTIVO
    [1] *beach* (PL *beaches*) ◇ *Los niños jugaban en la playa.* The children were playing on the beach.
    [2] *seaside* (*costa*) ◇ *Prefiero la playa a la montaña.* I prefer the seaside to the mountains.

la **playera** SUSTANTIVO
    [1] *canvas shoe* (*zapatilla*)
    [2] *T-shirt* (*camiseta*) Mexico

la **plaza** SUSTANTIVO
    [1] *square* ◇ *la plaza del pueblo* the town square
    [2] *market* ◇ *No había pescado en la plaza.* There was no fish at the market.
    [3] *place* (*en colegio, sala*) ◇ *Todavía quedan plazas.* There are still some places left.
◆ **una plaza de toros** a bullring

el **plazo** SUSTANTIVO
    [1] *period* ◇ *en un plazo de diez días* within a period of ten days
◆ **El viernes se cumple el plazo.** Friday is the deadline.
    [2] *instalment* ◇ *pagar a plazos* to pay in

instalments ◇ *comprar a plazos* to buy on instalments
◆ **una solución a corto plazo** a short-term solution

plegable ADJETIVO
    folding

plegar* VERBO
    to fold

pleno ADJETIVO
◆ **en pleno verano** in the middle of summer
◆ **a plena luz del día** in broad daylight

la **pletina** VERBO
    tape deck

pliegue VERBO *ver* **plegar**

el **pliegue** SUSTANTIVO
    [1] *fold* (*en papel, tela*)
    [2] *pleat* (*de falda*)

el **plomero,** la **plomera** SUSTANTIVO
    Latin America
    plumber

el **plomo** SUSTANTIVO
    lead
◆ **gasolina sin plomo** unleaded petrol
◆ **Se han fundido los plomos.** The fuses have blown.

la **pluma** SUSTANTIVO
    [1] *feather* (*de ave*)
    [2] *pen* (*para escribir*)
◆ **una pluma atómica** Latin America a ballpoint pen
◆ **una pluma estilográfica** a fountain pen

el **plural** ADJETIVO, SUSTANTIVO
    plural

la **población** SUSTANTIVO (PL las **poblaciones**)
    [1] *population* (*habitantes*)
    [2] *town* (*ciudad*)

pobre ADJETIVO
    poor ◇ *Somos pobres.* We're poor.
◆ **¡Pobre Pedro!** Poor Pedro!
◆ **los pobres** the poor

la **pobreza** SUSTANTIVO
    poverty

poco ADJETIVO, ADVERBIO, PRONOMBRE
    not much ◇ *Hay poca leche.* There isn't much milk. ◇ *Tenemos muy poco tiempo.* We have very little time. ◇ *Cuesta poco.* It doesn't cost much.
◆ **Sus libros son poco conocidos aquí.** His books are not very well known here.
◆ **un poco** a bit ◇ *¿Tienes frío? – Un poco.* Are you cold? – A bit. ◇ *¿Me das un poco?* Can I have a bit? ◇ *Es un poco aburrido.* It's a bit boring. ◇ *He bebido un poco, pero no estoy borracho.* I had a bit to drink, but I'm not drunk.
◆ **Tomé un poco de vino.** I had a little wine.
◆ **pocos** not many ◇ *Tiene pocos amigos.* He hasn't got many friends.
◆ **unos pocos** a few ◇ *Me llevé unos pocos.* I took a few with me.
◆ **poco a poco** little by little
◆ **poco después** shortly after
◆ **dentro de poco** in a short time
◆ **hace poco** not long ago ◇ *Fuimos a verla*

P

hace poco. We went to see her not long ago.
- **por poco** nearly ◇ *Por poco me caigo.* I
nearly fell.

podar VERBO
to prune

el **poder** SUSTANTIVO
power ◇ *estar en el poder* to be in power

poder* VERBO

[1] *can*

> El verbo **can** no tiene forma de infinitivo ni
> futuro. La forma del pasado es **could.**

◇ *Yo puedo ayudarte.* I can help you. ◇ *¡No
puede ser!* That can't be true! ◇ *¿Puedo
usar tu teléfono?* Can I use your phone?
◇ *Pudiste haberte hecho daño.* You could
have hurt yourself. ◇ *¡Me lo podías haber
dicho!* You could have told me! ◇ *Aquí no
se puede fumar.* You can't smoke here.

[2] *to be able to*

> Para formar el futuro se utiliza **to be able to.**

◇ *Creo que mañana no voy a poder ir.* I
don't think I'll be able to come tomorrow.
- **¿Se puede?** May I?
- **Puede que llegue mañana.** He might arrive
tomorrow.
- **Puede ser.** It's possible.
- **No puedo con tanto trabajo.** I can't cope
with so much work.

poderoso ADJETIVO
powerful

el **podólogo,** la **podóloga** SUSTANTIVO
chiropodist

podrido ADJETIVO
rotten

podrirse VERBO = **pudrirse**

el **poema** SUSTANTIVO
poem

la **poesía** SUSTANTIVO

[1] *poetry* ◇ *Me gusta la poesía.* I like
poetry.

[2] *poem* ◇ *una poesía de Machado* a
poem by Machado

el/la **poeta** SUSTANTIVO
poet

el **póker** SUSTANTIVO
poker

polaco ADJETIVO
Polish

el **polaco,** la **polaca** SUSTANTIVO
Pole
- **los polacos** the Poles

el **polaco** SUSTANTIVO
Polish (idioma)

la **polémica** ADJETIVO
controversy (PL *controversies*)

polémico ADJETIVO
controversial

el **polen** SUSTANTIVO
pollen
- **alergia al polen** hay fever

el **policía** SUSTANTIVO
policeman (PL *policemen*)

la **policía** SUSTANTIVO

[1] *police* ◇ *Llamamos a la policía.* We
called the police.

[2] *policewoman* (mujer policía) (PL
policewomen) ◇ *Soy policía.* I'm a
policewoman.

el **polideportivo** SUSTANTIVO
sports centre

la **polilla** SUSTANTIVO
moth (PL *moths*)

la **polio** SUSTANTIVO
polio

la **política** SUSTANTIVO

[1] *politics* SING ◇ *Hablaban de política.*
They were talking about politics.

[2] *policy* (PL *policies*) ◇ *política exterior*
foreign policy

[3] *politician* (mujer) ◇ *Soy política.* I'm a
politician.

político ADJETIVO
political

el **político** SUSTANTIVO
politician

el **pollo** SUSTANTIVO
chicken
- **pollo asado** roast chicken

el **polluelo** SUSTANTIVO
chick

el **polo** SUSTANTIVO

[1] *ice lolly* (helado) (PL *ice lollies*)

[2] *polo shirt* (camisa)
- **el Polo Norte** the North Pole
- **el Polo Sur** the South Pole

Polonia SUSTANTIVO FEM
Poland

el **polvo** SUSTANTIVO
dust ◇ *Hay polvo por todas partes.* There's
dust everywhere.
- **limpiar el polvo** to dust
- **en polvo** powdered ◇ *leche en polvo*
powdered milk
- **polvos de talco** talcum powder
- **Estoy hecho polvo.** I'm shattered. (coloquial)
- **echar un polvo** to have a shag (vulgar)

la **pólvora** SUSTANTIVO
gunpowder

la **pomada** SUSTANTIVO
ointment

el **pomelo** SUSTANTIVO
grapefruit (PL *grapefruit*)

el **pomo** SUSTANTIVO
handle

la **pompa** SUSTANTIVO

[1] *bubble* (burbuja) ◇ *pompas de jabón*
soap bubbles

[2] *pomp* (ostentación)

el **pómulo** SUSTANTIVO
cheekbone

ponchar VERBO

> Mexico

- **Se nos ponchó una llanta.** We had a
puncture.

el **ponche** SUSTANTIVO
punch (PL *punches*)

---

* Verbs marked with this symbol are irregular. See pages 332–333 for further details

el **poncho** SUSTANTIVO
poncho (PL *ponchos*)
pondrá VERBO *ver* **poner**
poner* VERBO

1 *to put* (*colocar*) ◇ ¿*Dónde pongo mis cosas?* Where shall I put my things?

2 *to put on* (*prenda, televisión, obra teatral*)
◇ *Me puse el abrigo.* I put on my coat.
◇ *Voy a poner las patatas.* I'm going to put the potatoes on. ◇ ¿*Pongo música?* Shall I put some music on? ◇ *Pon el radiador.* Put the heater on.

◆ **No sé que ponerme.** I don't know what to wear.

◆ **Ponlo más alto.** Turn it up.

◆ ¿**Ponen alguna película esta noche?** Is there a film on tonight?

3 *to set* (*deberes, despertador*) ◇ *La maestra nos puso un examen.* Our teacher set us an exam. ◇ *Puse el despertador para las siete.* I set the alarm for seven o'clock. ◇ *poner la mesa* to set the table

4 *to put in* (*instalar*) ◇ *Queremos poner calefacción.* We want to put in central heating.

◆ ¿**Me pone con el Sr. García, por favor?** Could you put me through to Mr. Garcia, please?

◆ **Le pusieron Mónica.** They called her Monica.

◆ ¿**Qué te pongo?** What can I get you?

◆ **Cuando se lo dije se puso muy triste.** He was very sad when I told him.

◆ ¡**Qué guapa te has puesto!** You look beautiful!

◆ **Se puso a mi lado en clase.** He sat down beside me in class.

◆ **ponerse a hacer algo** to start doing something ◇ *Se puso a llorar.* He started crying.

el **poney** SUSTANTIVO (PL los **poneys**)
pony (PL *ponies*)
pongo VERBO *ver* **poner**
pop ADJETIVO (FEM **pop**, PL **pop**)
pop ◇ *música pop* pop music
el **popote** SUSTANTIVO
Mexico
straw
popular ADJETIVO
popular
por PREPOSICIÓN

1 *for* ◇ *Lo hice por mis padres.* I did it for my parents. ◇ *Lo vendió por dos mil pesetas.* He sold it for two thousand pesetas. ◇ *Me castigaron por mentir.* I was punished for lying.

2 *through* ◇ *La conozco por mi hermano.* I know her through my brother. ◇ *por la ventana* through the window ◇ *Pasamos por Valencia.* We went through Valencia.

3 *by* ◇ *Fueron apresados por la policía.* They were captured by the police. ◇ *por correo* by post ◇ *Me agarró por el brazo.* He grabbed me by the arm.

4 *along* ◇ *Paseábamos por la playa.* We were walking along the beach.

5 *around* ◇ *viajar por el mundo* to travel around the world ◇ *Viven por esta zona.* They live around this area.

6 *because of* ◇ *Tuvo que suspenderse por el mal tiempo.* It had to be cancelled because of bad weather.

7 *per* ◇ *100 kilómetros por hora* 100 kilometres per hour ◇ *mil pesetas por persona* a thousand pesetas per person

◆ **por aquí cerca** near here
◆ **por escrito** in writing
◆ **por la mañana** in the morning
◆ **por la noche** at night
◆ **por mí...** as far as I'm concerned...
◆ ¿**Por qué?** Why? ◇ ¿*Por qué no vienes conmigo?* Why don't you come with me?

la **porcelana** SUSTANTIVO
porcelain
el **porcentaje** SUSTANTIVO
percentage
el **porche** SUSTANTIVO
porch (*de casa*) (PL *porches*)
la **porción** SUSTANTIVO (PL las **porciones**)
portion
porno (FEM **porno**, PL **porno**) ADJETIVO
porn

porn *en este caso va siempre delante del sustantivo.*

◇ *una película porno* a porn film
la **pornografía** SUSTANTIVO
pornography
pornográfico ADJETIVO
pornographic
el **poro** SUSTANTIVO
1 *pore* (*en la piel*)
2 *leek* (*vegetal*) Mexico
el **poroto** SUSTANTIVO
Chile, River Plate
bean
porque CONJUNCIÓN
because ◇ *No fuimos porque llovía.* We didn't go because it was raining.
la **porquería** SUSTANTIVO
◆ **Este CD es una porquería.** This CD's rubbish.
la **porra** SUSTANTIVO
truncheon (*de policía*)
◆ **mandar a alguien a la porra** to send someone packing (*coloquial*)
el **porrazo** SUSTANTIVO
◆ **Me di un porrazo en la rodilla.** I banged my knee.
◆ **Daba porrazos en la puerta.** He was banging on the door.
el **porro** SUSTANTIVO
joint (*coloquial*)
la **portada** SUSTANTIVO
1 *front page* (*de periódico*)
2 *cover* (*de revista*)
el **portal** SUSTANTIVO
hallway ◇ *Los buzones están en el portal.* The letterboxes are in the hallway.

P

- **el portal de Belén** the nativity scene

portarse VERBO
- **portarse bien** to behave well
- **portarse mal** to behave badly
- **Se portó muy bien conmigo.** He treated me very well.

portátil ADJETIVO
portable

el **portavoz** SUSTANTIVO (PL los **portavoces**)
spokesman (PL *spokesmen*)

la **portavoz** SUSTANTIVO (PL las **portavoces**)
spokeswoman (PL *spokeswomen*)

el **portazo** SUSTANTIVO
- **Dio un portazo.** He slammed the door.

la **portera** SUSTANTIVO
1. *caretaker* (*de bloque de pisos*)
2. *goalkeeper* (*de equipo*)

la **portería** SUSTANTIVO
goal ◇ *El balón entró en la portería.* The ball went into the goal.

el **portero** SUSTANTIVO
1. *caretaker* (*de bloque de pisos*)
2. *goalkeeper* (*de equipo*)
- **un portero automático** an entryphone

el **portorriqueño**, la **portorriqueña**
ADJETIVO, SUSTANTIVO
Puerto Rican

Portugal SUSTANTIVO MASC
Portugal

el **portugués**, la **portuguesa** ADJETIVO, SUSTANTIVO (MASC PL los **portugueses**)
Portuguese

el **portugués** SUSTANTIVO
Portuguese (*idioma*)

el **porvenir** SUSTANTIVO
future

posar VERBO
to pose ◇ *Posó para los fotógrafos.* He posed for photographs.
- **posarse** to land ◇ *El pájaro se posó en la rama.* The bird landed on the brach.

la **posdata** SUSTANTIVO
postscript

poseer* VERBO
to possess

la **posguerra** SUSTANTIVO
- **durante la posguerra** during the postwar period
- **los años de posguerra** the years after the war

la **posibilidad** SUSTANTIVO
1. *possibility* (PL *possibilities*) ◇ *Es una posibilidad.* It's a possibility.
2. *chance* ◇ *Tendrás la posibilidad de viajar.* You'll have the chance to travel.
- **Tiene muchas posibilidades de ganar.** He has a good chance of winning.

posible ADJETIVO
possible ◇ *Es posible.* It's possible. ◇ *un posible candidato* a possible candidate
- **hacer todo lo posible** to do everything possible
- **Es posible que ganen.** They might win.

la **posición** SUSTANTIVO (PL las **posiciones**)
position ◇ *una posición estratégica* a strategic position
- **Está en primera posición.** He's in first place.

positivo ADJETIVO
positive ◇ *una actitud positiva* a positive attitude
- **El test dio positivo.** The test was positive.

posponer* VERBO
to postpone

posta: a posta ADVERBIO on purpose

la **postal** SUSTANTIVO
postcard

el **poste** SUSTANTIVO
1. *post* (*de valla, portería*)
2. *pole* (*de teléfono, telégrafo*)

el **póster** SUSTANTIVO (PL los **pósters**)
poster

posterior ADJETIVO (FEM **posterior**)
rear ◇ *los asientos posteriores* the rear seats
- **la parte posterior** the rear

postizo ADJETIVO
false

el **postizo** SUSTANTIVO
hairpiece

el **postre** SUSTANTIVO
dessert ◇ *De postre tomé un helado.* I had ice cream for dessert. ◇ *¿Qué hay de postre?* What's for dessert?

la **postura** SUSTANTIVO
position

potable ADJETIVO
- **agua potable** drinking water

el **potaje** SUSTANTIVO
stew ◇ *potaje de garbanzos* chickpea stew

la **potencia** SUSTANTIVO
power ◇ *la potencia del motor* the power of the engine
- **Es un artista en potencia.** He has the makings of an artist.

potencial ADJETIVO
potential

potente ADJETIVO
powerful

el **potro** SUSTANTIVO
1. *colt* (*animal*)
2. *horse* (*para saltar*)

el **pozo** SUSTANTIVO
well

la **práctica** SUSTANTIVO
practice ◇ *No tengo mucha práctica.* I haven't had much practice.
- **en la práctica** in practice ◇ *poner algo en práctica* to put something into practice

prácticamente ADVERBIO
practically

practicante ADJETIVO
practising ◇ *Es una católica practicante.* She is a practising Catholic.

el/la **practicante** SUSTANTIVO
nurse

practicar* VERBO

to practise (*idioma, profesión, instrumento*)
◇ *Tengo que practicar un poco más.* I need to practise a bit more.

- **No practico ningún deporte.** I don't do any sports.

práctico ADJETIVO

practical ◇ *Es una mujer muy práctica.* She is a very practical woman.

el **prado** SUSTANTIVO

meadow

la **precaución** SUSTANTIVO (PL las **precauciones**)

precaution ◇ *tomar precauciones* to take precautions

- **con precaución** with caution

precavido ADJETIVO

- **Es muy precavida.** She's always very well-prepared.

el **precinto** SUSTANTIVO

seal

el **precio** SUSTANTIVO

price ◇ *Han subido los precios.* Prices have gone up.

- **¿Qué precio tiene?** How much is it?

la **preciosidad** SUSTANTIVO

- **La casa es una preciosidad.** The house is beautiful.

precioso ADJETIVO

beautiful ◇ *¡Es precioso!* It's beautiful!

el **precipicio** SUSTANTIVO

precipice

precipitarse VERBO

- **No hay que precipitarse.** There's no need to rush into anything.

- **Reconozco que me precipité al tomar esa decisión.** I admit I rushed into the decision.

precisamente ADVERBIO

precisely

precisar VERBO

- **¿Puedes precisar un poco más?** Can you be a little more specific?

- **Precisó que no se trataba de un virus.** He said specifically that it was not a virus.

preciso ADJETIVO

1 *precise* ◇ *Recibió instrucciones precisas.* He received precise instructions. ◇ *en ese preciso momento* at that precise moment

2 *accurate* ◇ *un reloj muy preciso* a very accurate watch

- **si es preciso** if necessary ◇ *Si es preciso, iré yo mismo.* I'll go by myself if necessary.

- **No es preciso que vengas.** There's no need for you to come.

precoz ADJETIVO (FEM **precoz**, PL **precoces**)

precocious

predecir* VERBO

to predict

predicar* VERBO

to preach

la **predicción** SUSTANTIVO (PL las **predicciones**)

prediction

predicho VERBO *ver* **predecir**

preescolar ADJETIVO

pre-school

pre-school *en este caso va siempre delante del sustantivo.*

prefabricado ADJETIVO

prefabricated

la **preferencia** SUSTANTIVO

1 *preference* ◇ *No tengo ninguna preferencia.* I have no preference.

2 *priority* ◇ *Tienen preferencia los coches que vienen por la derecha.* Cars coming from the right have priority.

preferir* VERBO

to prefer ◇ *Prefiero un buen libro a una película.* I prefer a good book to a film.

- **Prefiero ir mañana.** I'd rather go tomorrow.

prefiero VERBO *ver* **preferir**

el **prefijo** SUSTANTIVO

code ◇ *¿Cuál es el prefijo de Andorra?* What is the code for Andorra?

la **pregunta** SUSTANTIVO

question ◇ *hacer una pregunta* to ask a question

preguntar VERBO

to ask ◇ *Siempre me preguntas lo mismo.* You're always asking me the same question.

- **Me preguntó por ti.** He asked after you.

- **Me pregunto si estará enterado.** I wonder if he's heard yet.

prehistórico ADJETIVO

prehistoric

el **prejuicio** SUSTANTIVO

prejudice ◇ *Es un prejuicio.* It's a prejudice.

- **Yo no tengo prejuicios.** I'm not prejudiced.

prematuro ADJETIVO

premature

premiar VERBO

1 *to award a prize to* ◇ *Han premiado su película.* His film has been awarded a prize.

- **el director premiado** the award-winning director

2 *to reward* ◇ *premiar los esfuerzos de un niño* to reward a child's efforts

el **premio** SUSTANTIVO

1 *prize* ◇ *llevarse un premio* to get a prize

2 *reward* ◇ *como premio a tu sacrificio* as a reward for your sacrifice

- **el premio gordo** the jackpot

la **prenda** SUSTANTIVO

garment (*de vestir*)

el **prendedor** SUSTANTIVO

brooch (PL **brooches**)

prender VERBO

1 *to light* (*cerilla, cigarro*)

2 *to switch on* (*luz, gas, radio*) Latin America

- **prender fuego a algo** to set fire to something

la **prensa** SUSTANTIVO

press ◇ *una conferencia de prensa* a press conference

la **preocupación** SUSTANTIVO (PL las

P

preocupaciones)
worry (PL *worries*)

preocupado ADJETIVO
worried
+ **estar preocupado por algo** to be worried
about something

preocupar VERBO
to worry ◇ *No te preocupes.* Don't worry.
◇ *Me preocupa su salud.* I'm worried about
his health.
+ **preocuparse por algo** to worry about
something
+ **Si llego un poco tarde se preocupa.** If I
arrive a bit late he gets worried.
+ **Yo me preocupo de comprar las entradas.**
I'll see to buying the tickets.

preparar VERBO
1 *to prepare* ◇ *No he preparado el
discurso.* I haven't prepared my speech.
2 *to prepare for* ◇ *¿Te has preparado el
examen?* Have you prepared for the exam?
3 *to cook* (*comida*) ◇ *Mi madre estaba
preparando la cena.* My mother is cooking
dinner.
+ **Me estaba preparando para salir.** I was
getting ready to go out.

los **preparativos** SUSTANTIVO
preparations

la **presa** SUSTANTIVO
1 *dam* (*de agua*)
2 *prey* (*de animal*)
3 *prisoner* (*en la cárcel*)

prescindir VERBO
+ **prescindir de** to do without ◇ *No puede
prescindir de su secretaria.* He can't do
without his secretary.

la **presencia** SUSTANTIVO
presence ◇ *en presencia de un sacerdote*
in the presence of a priest
+ **El puesto requiere buena presencia.** A
smart appearance is required for the position.

presenciar VERBO
to witness

el **presentador**, la **presentadora**
SUSTANTIVO
1 *presenter* (*de programa*)
2 *newsreader* (*de noticias*)

presentar VERBO
1 *to introduce* ◇ *Me presentó a sus
padres.* He introduced me to my parents.
2 *to hand in* ◇ *Mañana tengo que
presentar un trabajo.* I have to hand in an
essay tomorrow. ◇ *Presentó la dimisión.* He
handed in his resignation.
3 *to present* ◇ *J. Pérez presenta el
programa.* The programme is presented by J.
Pérez.
+ **presentarse (1)** to turn up ◇ *Se presentó
en mi casa a las doce de la noche.* He
turned up at my house at twelve o'clock at
night.
+ **presentarse (2)** to introduce oneself
◇ *Antes de nada, me voy a presentar.* First

of all, let me introduce myself.
+ **presentarse a un examen** to sit an exam

el **presente** ADJETIVO, SUSTANTIVO
present ◇ *Juan no estaba presente en la
reunión.* Juan was not present at the meeting.
+ **el presente** the present
+ **los presentes** those present
+ **¡Presente!** Present!

el **presentimiento** SUSTANTIVO
premonition ◇ *tener un presentimiento*
to have a premonition

el **preservativo** SUSTANTIVO
condom

la **presidenta** SUSTANTIVO
1 *president* (*de país*)
2 *chairperson* (*de comité, jurado, empresa*)

el **presidente** SUSTANTIVO
1 *president* (*de país*)
2 *chairman* (*de comité, jurado, empresa*) (PL
chairmen)

la **presión** SUSTANTIVO (PL las **presiones**)
pressure
+ **la presión sanguínea** blood pressure

presionar VERBO
1 *to put pressure on* ◇ *Sus amigos lo
están presionando para que se compre otro
coche.* His friends are putting pressure on
him to buy a new car.
2 *to press* (*botón, timbre*)

preso ADJETIVO
+ **Estuvo tres años preso.** He was in prison
for three years.
+ **llevarse a alguien preso** to take someone
prisoner

el **preso** SUSTANTIVO
prisoner

prestado ADJETIVO
+ **La cinta no es mía, es prestada.** It's not
my tape, someone lent it to me.
+ **Le pedí prestada la bicicleta.** I asked if I
could borrow his bicycle.
+ **Me dejó el coche prestado.** He lent me his
car.

el **préstamo** SUSTANTIVO
loan ◇ *Pidieron un préstamo al banco.*
They asked the bank for a loan.

prestar VERBO
to lend (*dinero, coche*) ◇ *Un amigo me
prestó el traje.* A friend lent me the suit.
+ **¿Me prestas el boli?** Can I borrow your
pen?
+ **Tienes que prestar atención.** You must pay
attention.
+ **Se negó a prestar ayuda.** He refused to
help.

el **prestigio** SUSTANTIVO
prestige ◇ *el prestigio del hotel* the
prestige of this hotel
+ **una marca de prestigio** a prestigious brand

presumido ADJETIVO
vain

presumir VERBO
to show off ◇ *Lleva ropa cara para*

presumir. He dresses expensively just to
show off.

◆ **Luis presume de guapo.** He thinks he's
really handsome.

el **presupuesto** SUSTANTIVO

⚊1⚊ *budget* ◇ *No puedo salirme del
presupuesto.* I can't go over the budget.

⚊2⚊ *estimate* ◇ *Le he pedido un
presupuesto al carpintero.* I've asked the
joiner for an estimate.

pretender VERBO

⚊1⚊ *to intend* ◇ *Pretendo sacar al menos
un notable.* I intend to get at least a B.

◆ **¿Qué pretendes decir con eso?** What do
you mean by that?

⚊2⚊ *to expect* ◇ *¡No pretenderás que te
pague la comida!* You're not expecting me to
pay for your meal, are you?

el **pretexto** SUSTANTIVO

excuse ◇ *Era sólo un pretexto.* It was only
an excuse.

◆ **Vino con el pretexto de ver al abuelo.** He
came in order to see Granddad, or so he said.

la **prevención** SUSTANTIVO

prevention ◇ *prevención de incendios*
fire prevention

◆ **las medidas de prevención** preventive
measures

prevenir* VERBO

⚊1⚊ *to prevent* ◇ *prevenir un accidente* to
prevent an accident

⚊2⚊ *to warn* ◇ *Mi madre ya me había
prevenido.* My mother had already warned
me.

prever* VERBO

⚊1⚊ *to foresee* (anticipar) ◇ *Nadie había
previsto esa tragedia.* Nobody had foreseen
this tragedy.

◆ **Han previsto nevadas en el norte.** Snow is
forecast for the north.

⚊2⚊ *plan* (planear) ◇ *Han previsto acabar el
metro para el 2003.* They plan to finish the
metro by the year 2003.

previo ADJETIVO

previous ◇ *No tengo experiencia previa
en ese campo.* I have no previous
experience in the field.

previsible ADJETIVO

foreseeable

previsto (1) VERBO *ver* **prever**

previsto (2) ADJETIVO

◆ **Tengo previsto volver mañana.** I plan to
return tomorrow.

◆ **El avión tiene prevista su llegada a las
dos.** The plane is due in at two o'clock.

◆ **Como estaba previsto, ganó él.** As
expected, he was the winner.

la **prima** SUSTANTIVO

⚊1⚊ *cousin* (pariente)

⚊2⚊ *bonus* (pago extra)

la **primavera** SUSTANTIVO

spring ◇ *en primavera* in spring

primer *ver* **primero**

primero (FEM **primera**) ADJETIVO, PRONOMBRE

first ◇ *el primer día* the first day ◇ *Primer
plato: sopa.* First course: soup. ◇ *Primero
vamos a comer.* Let's eat first.

◆ **en primera fila** in the front row

◆ **En primer lugar, veamos los datos.** Firstly,
let's look at the facts.

◆ **primer ministro** prime minister

◆ **Vivo en el primero.** I live on the first floor.

◆ **Fui la primera en llegar.** I was the first to
arrive.

◆ **Juan es el primero de la clase.** Juan is top
of the class.

◆ **Lo primero es la salud.** The most
important thing is your health.

◆ **El examen será a primeros de mayo.** The
exam will be at the beginning of May.

primitivo ADJETIVO

primitive

el **primo** SUSTANTIVO

cousin

◆ **primo segundo** second cousin

la **princesa** SUSTANTIVO

princess (PL *princesses*)

principal ADJETIVO

main ◇ *el personaje principal* the main
character

◆ **Lo principal es estar sano.** The main thing
is to stay healthy.

principalmente ADVERBIO

mainly

el **príncipe** SUSTANTIVO

prince

el/la **principiante** SUSTANTIVO

beginner

el **principio** SUSTANTIVO

⚊1⚊ *beginning* ◇ *El principio del libro es
muy interesante.* The beginning of the book
is very interesting.

◆ **Al principio parecía fácil.** It seemed easy at
first.

◆ **a principios de año** at the beginning of the
year

⚊2⚊ *principle* ◇ *No tiene principios.* He has
no principles.

◆ **En principio me parece una buena idea.**
On the face of it, it's a good idea.

la **prioridad** SUSTANTIVO

priority (PL *priorities*)

la **prisa** SUSTANTIVO

rush

◆ **Con las prisas me olvidé el paraguas.** In
the rush I forgot my umbrella.

◆ **¡Date prisa!** Hurry up!

◆ **Tengo prisa.** I'm in a hurry.

la **prisión** SUSTANTIVO (PL las **prisiones**)

prison ◇ *Lo condenaron a seis años de
prisión.* He was sentenced to six years in
prison.

el **prisionero**, la **prisionera** SUSTANTIVO

prisoner

los **prismáticos** SUSTANTIVO

binoculars

privado ADJETIVO

private ◇ *un colegio privado* a private

P

school

privarse VERBO
- **En vacaciones no me privo de nada.** When I'm on holiday I really spoil myself.

privatizar* VERBO
to privatize

el **privilegio** SUSTANTIVO
privilege

el **pro** SUSTANTIVO
- **los pros y contras** the pros and cons

las **probabilidades** SUSTANTIVO
- **Tiene muchas probabilidades de ganar.** He has a very good chance of winning.
- **No tengo muchas probabilidades de aprobar.** I don't have much chance of passing.

probable ADJETIVO
likely ◇ *Es muy probable.* It's very likely.
- **Es probable que llegue tarde.** He'll probably arrive late.

probablemente ADVERBIO
probably

el **probador** SUSTANTIVO
changing room

probar* VERBO
[1] *to prove* ◇ *La policía no pudo probarlo.* The police could not prove it.
[2] *to taste* ◇ *Probé la sopa para ver si le faltaba sal.* I tasted the soup to see if it needed more salt.
[3] *to try* ◇ *Prueba estas patatas a ver si te gustan.* Try these potatoes and see if you like them. ◇ *Pruébalo antes para ver si funciona bien.* Try it first and see if it works properly.
- **Me probé un vestido.** I tried on a dress.

la **probeta** SUSTANTIVO
test tube
- **un niño probeta** a test-tube baby

el **problema** SUSTANTIVO
problem ◇ *Tengo que resolver este problema.* I have to solve this problem. ◇ *El problema es que no tengo tiempo.* The problem is I don't have time.
- **Este coche nunca me ha dado problemas.** This car has never given me any trouble.
- **tener problemas de estómago** to have stomach trouble

el **procesador** SUSTANTIVO
processor
- **un procesador de textos** a word processor

el **procesamiento** SUSTANTIVO
- **el procesamiento de textos** word processing

la **procesión** SUSTANTIVO (PL las **procesiones**)
procession

el **proceso** SUSTANTIVO
process (PL *processes*) ◇ *Será un proceso muy largo.* It will be a long process.
- **el proceso de datos** data processing

proclamar VERBO
to proclaim

procurar VERBO
to try

- **Procura terminarlo mañana.** Try to finish it tomorrow.

la **producción** SUSTANTIVO (PL las **producciones**)
production
- **la producción en serie** mass production

producir* VERBO
[1] *to produce* ◇ *La película fue producida por Juan Pérez.* The film was produced by Juan Pérez. ◇ *No producimos lo suficiente.* We are not producing enough.
[2] *to cause* ◇ *Puede producir efectos secundarios.* It can cause side-effects.
- **¿Cómo se produjo el accidente?** How did the accident happen?

productivo ADJETIVO
productive

el **producto** SUSTANTIVO
product ◇ *productos de belleza* beauty products ◇ *productos de limpieza* cleaning products ◇ *productos lácteos* dairy products
- **los productos del campo** farm produce

el **productor**, la **productora** SUSTANTIVO
producer

la **profesión** SUSTANTIVO (PL las **profesiones**)
profession

el/la **profesional** ADJETIVO, SUSTANTIVO
professional

el **profesor**, la **profesora** SUSTANTIVO
teacher ◇ *Amelia es profesora de inglés.* Amelia is an English teacher.
- **mi profesor particular** my private tutor
- **un profesor universitario** a university lecturer

profundamente ADVERBIO
[1] *deeply* (respirar)
[2] *soundly* (dormir)

la **profundidad** SUSTANTIVO
depth (PL *depths*) ◇ *la profundidad de la piscina* the depth of the pool ◇ *analizar un texto en profundidad* to analyze a text in depth
- **Tiene dos metros de profundidad.** It's two metres deep.

profundo ADJETIVO
deep (pozo, voz, sueño)
- **una piscina poco profunda** a shallow pool

el **programa** SUSTANTIVO
programme ◇ *un programa de televisión* a television programme
- **un programa-concurso** a quiz show
- **el programa de estudios** the syllabus

la **programación** SUSTANTIVO
[1] *programmes* PL (de televisión)
[2] *programming* (en informática)

el **programador**, la **programadora** SUSTANTIVO
programmer ◇ *Balbino es programador.* Balbino is a programmer.

programar VERBO
to programme ◇ *Programé el vídeo para grabar el partido.* I programmed the video to tape the match.

progresar VERBO
to progress

el **progreso** SUSTANTIVO
progress ◇ *progreso tecnológico*
technological progress
+ **Carmen ha hecho muchos progresos este trimestre.** Carmen has made great progress this term.

prohibir* VERBO
to ban ◇ *Le prohibieron la entrada en el edificio.* He was banned from entering the building. ◇ *Han prohibido las armas de fuego.* Firearms have been banned.
+ **queda terminantemente prohibido** it is strictly forbidden
+ **Te prohíbo que toques mi ordenador.** I won't allow you to touch my computer.
+ **"prohibido fumar"** "no smoking"

prolijo ADJETIVO
River Plate
neat

el **prólogo** SUSTANTIVO
prologue

prolongar* VERBO
to extend

el **promedio** SUSTANTIVO
average

la **promesa** SUSTANTIVO
promise

prometer VERBO
to promise ◇ *Prometió llevarnos al cine.*
He promised to take us to the cinema.
+ **¡Te lo prometo!** I promise!

el **pronombre** SUSTANTIVO
pronoun

pronosticar* VERBO
to forecast

el **pronóstico** SUSTANTIVO
+ **el pronóstico del tiempo** the weather forecast

pronto ADVERBIO
1 *soon* (dentro de poco) ◇ *Los invitados llegarán pronto.* The guests will be here soon.
+ **lo más pronto posible** as soon as possible
+ **¡Hasta pronto!** See you soon!
2 *early* (temprano) ◇ *¿Por qué has llegado tan pronto?* Why have you arrived so early? ◇ *Hoy me he levantado muy pronto.* I got up very early today.
+ **De pronto, empezó a nevar.** All of a sudden it began to snow.

pronunciar VERBO
to pronounce ◇ *¿Cómo se pronuncia esta palabra?* How do you pronounce that word?

la **propaganda** SUSTANTIVO
1 *advertising* ◇ *Las revistas están llenas de propaganda.* Magazines are full of advertising.
+ **Han hecho mucha propaganda del concierto.** The concert has been well-advertised.
2 *junk mail* ◇ *Los buzones están llenas de propaganda.* The letterboxes are full of

junk mail.

propagarse* VERBO
to spread

la **propiedad** SUSTANTIVO
property (PL *properties*)

el **propietario**, la **propietaria** SUSTANTIVO
owner

la **propina** SUSTANTIVO
tip ◇ *¿Vamos a dejar propina?* Shall we leave a tip?
+ **Siempre doy propina a los camareros.** I always tip waiters.

propio ADJETIVO
1 *own* ◇ *Tengo mi propia habitación.* I have my own room. ◇ *¿Tienes coche propio?* Have you got your own car?
2 *himself* (FEM *herself*) ◇ *Lo anunció el propio ministro.* It was announced by the minister himself.
3 *typical* ◇ *Eso es muy propio de los países mediterráneos.* That's very typical of the Mediterranean countries.
+ **un nombre propio** a proper noun

proponer* VERBO
1 *to suggest* ◇ *Nos propuso pagar la cena a medias.* He suggested that we should share the cost of the meal.
+ **Me propuso un trato.** He made me a proposition.
2 *to nominate* ◇ *Propusieron a Manuel para alcalde.* Manuel was nominated for mayor.
+ **Se ha propuesto adelgazar.** He's decided to lose some weight.

la **proporción** SUSTANTIVO (PL las proporciones)
proportion

proporcional ADJETIVO
proportional

proporcionar VERBO
to provide ◇ *Ellos me proporcionaron la información.* They provided me with the information.

el **propósito** SUSTANTIVO
purpose ◇ *¿Cuál es el propósito de su visita?* What is the purpose of your visit?
+ **A propósito, ya tengo los billetes.** By the way, I've got the tickets.
+ **Lo hizo a propósito.** He did it deliberately.

la **propuesta** SUSTANTIVO
proposal

propuesto VERBO *ver* **proponer**

la **prórroga** SUSTANTIVO
1 *extension* (de plazo)
2 *extra time* (de partido)

el **prospecto** SUSTANTIVO
leaflet

prosperar VERBO
to do well

próspero ADJETIVO
+ **¡Próspero Año Nuevo!** A prosperous New Year!

la **prostituta** SUSTANTIVO
prostitute

P

el/la **protagonista** SUSTANTIVO
  main character ◇ _El protagonista no muere en la película._ The main character doesn't die in the film.
  ◆ **El protagonista es Tom Cruise.** Tom Cruise plays the lead.

la **protección** SUSTANTIVO
  protection

protector ADJETIVO (FEM **protectora**)
  protective ◇ _una funda protectora_ a protective cover

proteger* VERBO
  to protect ◇ _El muro le protegió de las balas._ The wall protected him from the bullets.
  ◆ **Nos protegimos de la lluvia en la cabaña.** We sheltered from the rain in the hut.

la **proteína** SUSTANTIVO
  protein

la **protesta** SUSTANTIVO
  protest ◇ _como protesta por los despidos_ as a protest against redundancies

el/la **protestante** ADJETIVO, SUSTANTIVO
  Protestant

protestar VERBO
  [1] _to protest_ ◇ _Protestaron contra la subida de la gasolina._ They protested against the rise in the price of petrol.
  [2] _to complain_ ◇ _Cómete la verdura y no protestes._ Eat your vegetables and don't complain.

el **provecho** SUSTANTIVO
  ◆ **¡Buen provecho!** Enjoy your meal!
  ◆ **Sacó mucho provecho del curso.** He got a lot out of the course.

el **proverbio** SUSTANTIVO
  proverb

la **provincia** SUSTANTIVO
  province

provisional ADJETIVO
  provisional

las **provisiones** SUSTANTIVO
  provisions

provocar* VERBO
  [1] _to provoke_ ◇ _No quería pegarle pero me provocó._ I didn't mean to hit him but he provoked me.
  [2] _to cause_ ◇ _La lluvia ha provocado graves inundaciones._ The rain caused serious flooding.
  ◆ **El incendio fue provocado.** The fire was started deliberately.

provocativo ADJETIVO
  provocative

próximo ADJETIVO
  next ◇ _Lo haremos la próxima semana._ We'll do it next week. ◇ _la próxima vez_ next time ◇ _la próxima calle a la izquierda_ the next street on the left
  ◆ **Su casa está próxima a la biblioteca.** His house is near the library.

proyectar VERBO
  [1] _to show_ (diapositivas, película)

  [2] _to cast_ (sombra)
  ◆ **la imagen que un país proyecta al extranjero** the image a country projects abroad

el **proyectil** SUSTANTIVO
  missile

el **proyecto** SUSTANTIVO
  [1] _plan_ ◇ _¿Tienes algún proyecto para este verano?_ Have you got any plans for the summer?
  [2] _project_ ◇ _el proyecto en el que estamos trabajando_ the project we are working on
  ◆ **un proyecto de ley** a bill

el **proyector** SUSTANTIVO
  projector

prudente ADJETIVO
  wise ◇ _Lo más prudente sería esperar._ It would be wisest to wait.
  ◆ **Debería ser más prudente.** He should be more careful.

prueba VERBO ver **probar**

la **prueba** SUSTANTIVO
  [1] _test_ ◇ _La maestra nos hizo una prueba de vocabulario._ Our teacher gave us a vocabulary test. ◇ _El médico me hizo más pruebas._ The doctor did some more tests.
  ◆ **pruebas nucleares** nuclear tests
  [2] _proof_ ◇ _Eso es la prueba de que lo hizo él._ This is the proof that he did it.
  ◆ **El fiscal presentó nuevas pruebas.** The prosecutor presented new evidence.
  [3] _heat_ ◇ _la prueba de los cien metros valla_ the hundred metres hurdles heat
  ◆ **a prueba de balas** bullet-proof

pruebo VERBO ver **probar**

la **psicóloga** SUSTANTIVO
  psychologist

la **psicología** SUSTANTIVO
  psychology

psicológico ADJETIVO
  psychological

el **psicólogo** SUSTANTIVO
  psychologist

el/la **psiquiatra** SUSTANTIVO
  psychiatrist

psiquiátrico ADJETIVO
  psychiatric

ptas. ABREVIATURA (= **pesetas**)
  pesetas

la **púa** SUSTANTIVO
  [1] _plectrum_ (para guitarra)
  [2] _tooth_ (de peine) (PL **teeth**)

el **pub** SUSTANTIVO (PL los **pubs**)
  bar

publicar* VERBO
  to publish

la **publicidad** SUSTANTIVO
  [1] _advertising_ (de producto) ◇ _una campaña de publicidad_ an advertising campaign
  [2] _publicity_ (de suceso, persona) ◇ _La conferencia tuvo poca publicidad._ The

conference has received little publicity.

público ADJETIVO
public

público SUSTANTIVO
[1] *public* ◇ *cerrado al público* closed to the public
[2] *audience* (en teatro, concierto)
[3] *spectators* PL (en campo de deporte)

pude VERBO *ver* **poder**

pudrirse VERBO
to rot

pueblo SUSTANTIVO
[1] *village* (pequeño)
[2] *town* (más grande)
[3] *people* PL ◇ *El pueblo está a favor de la democracia.* The people are in favour of democracy.

puedo VERBO *ver* **poder**

puente SUSTANTIVO
bridge ◇ *El puente tiene 20 metros de largo.* The bridge is 20 metres long.
◆ **el puente aéreo** the shuttle service
◆ **hacer puente** to make a long weekend of it
When a public holiday falls on a Tuesday or Thursday people often take off Monday or Friday as well to give themselves a long weekend.

puerco SUSTANTIVO
[1] *pig* (animal)
[2] *pork* (carne) Mexico

puerro SUSTANTIVO
leek

puerta SUSTANTIVO
[1] *door*
◆ **un coche de cuatro puertas** a four-door car
[2] *gate* (de jardín)
◆ **Llaman a la puerta.** Somebody's at the door.
◆ **Susana me acompañó a la puerta.** Susana saw me out.
◆ **la puerta de embarque** boarding gate

puerto SUSTANTIVO
port ◇ *un puerto pesquero* a fishing port
◆ **un puerto deportivo** a marina
◆ **un puerto de montaña** a mountain pass

Puerto Rico SUSTANTIVO MASC
Puerto Rico

puertorriqueño, la puertorriqueña ADJETIVO, SUSTANTIVO
Puerto Rican

pues CONJUNCIÓN
[1] *then* ◇ *Tengo sueño. –¡Pues vete a la cama!* I'm tired. –Then go to bed!
[2] *well* ◇ *Pues, como te iba contando...* Well, as I was saying... ◇ *¡Pues no lo sabía!* Well I didn't know!
◆ **¡Pues claro!** Yes, of course!

puesta SUSTANTIVO
◆ **la puesta de sol** sunset
◆ **la puesta en libertad de dos presos** the release of two prisoners

puesto VERBO *ver* **poner**

puesto SUSTANTIVO
[1] *place* ◇ *Acabé la carrera en primer puesto.* I finished in first place.
[2] *stall* ◇ *un puesto de verduras* a vegetable stall
◆ **un puesto de trabajo** a job
◆ **un puesto de socorro** a first aid station
◆ **puesto que** since ◇ *Puesto que no lo querías, se lo di a Pedro.* Since you didn't want it, I gave it to Pedro.

pulga SUSTANTIVO
flea

pulgada SUSTANTIVO
inch (PL *inches*)

pulgar SUSTANTIVO
thumb

pulir VERBO
to polish

pulmón SUSTANTIVO (PL los **pulmones**)
lung

pulpería SUSTANTIVO
Latin America
shop

púlpito SUSTANTIVO
pulpit

pulpo SUSTANTIVO
octopus (PL *octopuses*) ◇ *Me gusta el pulpo.* I like octopus.

pulsar VERBO
to press

pulsera SUSTANTIVO
bracelet
◆ **un reloj de pulsera** a wrist watch

pulso SUSTANTIVO
pulse ◇ *El doctor le tomó el pulso.* The doctor took his pulse.
◆ **Tengo muy mal pulso.** My hand is very unsteady.
◆ **Echamos un pulso y le gané.** We had an arm-wrestling match and I won.
◆ **Lo levantó a pulso.** He lifted it with his bare hands.

pulverizador SUSTANTIVO
spray

punk ADJETIVO, SUSTANTIVO
punk

punta SUSTANTIVO
[1] *nail* (clavo)
[2] *tip* (de dedo, lengua)
[3] *point* (de bolígrafo, cuchillo)
◆ **Sácale punta al lápiz.** Sharpen your pencil.
◆ **Vivo en la otra punta del pueblo.** I live at the other end of the town.
◆ **la hora punta** the rush hour

puntapié SUSTANTIVO (PL los **puntapiés**)
◆ **Le dió un puntapié a la piedra.** He kicked the stone.

puntería SUSTANTIVO
◆ **tener buena puntería** to be a good shot

puntiagudo ADJETIVO
pointed

puntilla SUSTANTIVO
lace edging ◇ *la puntilla de la blusa* the lace edging of a blouse
◆ **andar de puntillas** to tiptoe
◆ **ponerse de puntillas** to stand on tiptoe

punto SUSTANTIVO
[1] *point* ◇ *Perdieron por tres puntos.*

P

They lost by three points. ◇ *Ese es un punto importante.* That's an important point.
◇ *desde ese punto de vista* from that point of view

  2 *stitch* (en costura, cirugía) (PL *stitches*)

  3 *dot* (sobre la "i")

  4 *full stop* (al final de una frase)

• **punto y seguido** full stop, new sentence

• **punto y aparte** full stop, new paragraph

• **punto y coma** semi-colon

• **dos puntos** colon

• **puntos suspensivos** dot, dot, dot

• **Estábamos a punto de salir cuando llamaste.** We were about to go out when you phoned.

• **Mila estaba a punto de llorar.** Mila was on the verge of tears.

• **Estuve a punto de perder el tren.** I very nearly missed the train.

• **a la una en punto** at one o'clock sharp

• **Me gusta hacer punto.** I like knitting.

la **puntuación** SUSTANTIVO (PL las puntuaciones)

  1 *punctuation* ◇ *los signos de puntuación* punctuation marks

  2 *score* ◇ *Recibió una alta puntuación.* He got a high score.

puntual ADJETIVO

  1 *punctual* ◇ *Sé puntual.* Be punctual.

• **Jamás llega puntual.** He never arrives on time.

  2 *specific* ◇ *Sólo trató aspectos puntuales del tema.* He only dealt with specific aspects of the subject.

la **puntualidad** SUSTANTIVO

  punctuality

puntuar* VERBO

• **Este trabajo no puntúa para la nota final.** This essay doesn't count towards the final mark.

• **un profesor que puntúa muy bajo** a teacher who gives very low marks

el **puñado** SUSTANTIVO

  handful ◇ *un puñado de arena* a handful of sand

el **puñal** SUSTANTIVO

  dagger

la **puñalada** SUSTANTIVO

• **Le dieron una puñalada.** He was stabbed.

el **puñetazo** SUSTANTIVO

  punch (PL *punches*) ◇ *un puñetazo en la cara* a punch in the face

• **Le pegó un puñetazo.** He punched him.

el **puño** SUSTANTIVO

  1 *fist* (mano cerrada)

  2 *cuff* (de una camisa)

la **pupa** SUSTANTIVO

• **¿Te has hecho pupa?** Did you hurt yourself?

el **pupitre** SUSTANTIVO

  desk

el **puré** SUSTANTIVO (PL los **purés**)

• **puré de verduras** puréed vegetables

• **puré de patatas** mashed potato

puro ADJETIVO

  pure ◇ *pura lana* pure wool ◇ *por pura casualidad* by pure chance

• **Es la pura verdad.** That's the absolute truth.

• **Son puras mentiras.** [Latin America] It's all lies.

el **puro** SUSTANTIVO

  cigar

el **pus** SUSTANTIVO

  pus

puse VERBO *ver* **poner**

Q

que (1) CONJUNCIÓN

  1 *than* (en comparaciones) ◇ *Es más alto que tú.* He's taller than you.

• **Yo que tú, iría.** I'd go if I were you.

  2 *that* (en oraciones subordinadas) ◇ *José sabe que estás aquí.* José knows that you're here.

Es frecuente omitir **that** *en el habla normal.*
◇ *Dijo que vendría.* He said he'd come. ◇ *Es tan grande que no lo puedo levantar.* It's so big I can't lift it.

• **Dile a Rosa que me llame.** Ask Rosa to call me.

Cuando introduce frases exclamativas no se traduce.

• **¡Que te mejores!** Get well soon!

• **¿De verdad que te gusta? – ¡Que sí!** Do you really like it? – Of course I do!

que (2) PRONOMBRE

  1 *which* ◇ *la película que ganó el premio* the film which won the award

Es frecuente omitir el pronombre en el habla normal cuando no funciona como sujeto.
◇ *el sombrero que te compraste* the hat you bought yourself ◇ *el libro del que te hablé* the book I spoke to you about

  2 *who* ◇ *el hombre que vino ayer* the man who came yesterday

Es frecuente omitir el pronombre en el habla normal cuando no funciona como sujeto.
◇ *el hombre que vi en la calle* the man I saw in the street ◇ *la chica que conocí* the girl I met

qué ADJETIVO, ADVERBIO, PRONOMBRE

burn

quemar VERBO

[1] *to burn* ◇ *Un incendio quemó todo el bosque.* A fire burned the entire forest.

[2] *to be burning hot* ◇ *Esta sopa quema.* This soup's burning hot.

✦ **quemarse** to burn oneself ◇ *Me quemé con una cerilla.* I burned myself with a match.

quepa VERBO *ver* **caber**

querer* VERBO

[1] *to want* ◇ *No quiero ir.* I don't want to go.

✦ **Quiero que vayas.** I want you to go.

✦ **¿Quieres un café?** Would you like some coffee?

[2] *to love* ◇ *Ana quiere mucho a sus hijos.* Ana loves her children dearly.

[3] *to mean* ◇ *No quería hacerte daño.* I didn't mean to hurt you. ◇ *Lo hice sin querer.* I didn't mean to do it.

✦ **querer decir** to mean ◇ *¿Qué quieres decir?* What do you mean?

querido ADJETIVO

dear

querré VERBO *ver* **querer**

el **queso** SUSTANTIVO

cheese

el **quicio** SUSTANTIVO

✦ **sacar a alguien de quicio** to drive somebody up the wall

la **quiebra** SUSTANTIVO

✦ **ir a la quiebra** to go bankrupt

quien PRONOMBRE

who ◇ *Fue Juan quien nos lo dijo.* It was Juan who told us.

Quien *generalmente no se traduce cuando no funciona como sujeto.*

◇ *Vi al chico con quien sales.* I saw the boy you're going out with.

quién PRONOMBRE

who ◇ *¿Quién es ésa?* Who's that? ◇ *¿A quién viste?* Who did you see? ◇ *No sé quién es.* I don't know who he is.

✦ **¿De quién es...?** Whose is...? ◇ *¿De quién es este libro?* Whose is this book?

✦ **¿Quién es? (1)** *(en la puerta)* Who's there?

✦ **¿Quién es? (2)** *(al teléfono)* Who's calling?

quiero VERBO *ver* **querer**

quieto ADJETIVO

still

✦ **¡Estáte quieto!** Keep still!

la **química** SUSTANTIVO

[1] *chemistry* *(ciencia)* ◇ *clase de química* chemistry class

[2] *chemist* *(persona)* ◇ *Es química.* She's a chemist.

el **químico** SUSTANTIVO

chemist ◇ *Es químico.* He's a chemist.

quince ADJETIVO, PRONOMBRE

fifteen

✦ **el quince de enero** the fifteenth of January

✦ **quince días** a fortnight

el **quinceañero**, la **quinceañera**

---

[1] *what*

En preguntas en general.

◇ *¿Qué fecha es hoy?* What's today's date?

◇ *No sabe qué es.* He doesn't know what it is. ◇ *No sé qué hacer.* I don't know what to do.

✦ **¿qué?** What?

[2] *which*

Cuando se pregunta cuál en concreto.

◇ *¿Qué película quieres ver?* Which film do you want to see?

✦ **¡Qué asco!** How revolting!

✦ **¡Qué día más bonito!** What a glorious day!

✦ **¿Qué tal?** *(saludo)* How are things?

✦ **¿Qué tal está tu madre?** How's your mother?

✦ **No lo he hecho. ¿Y qué?** I haven't done it. So what? *(coloquial)*

el **quebrado** SUSTANTIVO

fraction

quebrar* VERBO

to go bankrupt *(un negocio)*

✦ **quebrarse** Latin America to break ◇ *Alberto se quebró una pierna.* Alberto broke his leg.

quedar VERBO

[1] *to be left* ◇ *No queda ninguno.* There are none left.

✦ **Me quedan 1.000 pesetas.** I've got 1,000 pesetas left.

[2] *to be* ◇ *Eso queda muy lejos de aquí.* That's a long way from here.

[3] *to arrange to meet* ◇ *He quedado con ella en el cine.* I've arranged to meet her at the cinema.

✦ **¿Quedamos en la parada?** Shall we meet at the bus stop?

[4] *to suit* ◇ *No te queda bien ese vestido.* That dress doesn't suit you.

✦ **quedarse** to stay ◇ *Ve tú, yo me quedo.* You go, I'll stay.

✦ **quedarse atrás** to fall behind

✦ **quedarse sordo** to go deaf

✦ **quedarse con algo** to keep something ◇ *Quédate con el cambio.* Keep the change.

s **quehaceres** SUSTANTIVO

✦ **los quehaceres de la casa** the household chores

a **queja** SUSTANTIVO

complaint

quejarse VERBO

to complain

✦ **quejarse de algo** to complain about something

✦ **quejarse de que...** to complain that... ◇ *Pablo se quejó de que nadie lo escuchaba.* Pablo complained that nobody listened to him.

el **quejido** SUSTANTIVO

[1] *moan* *(de persona)*

[2] *whine* *(de animal)*

quemado ADJETIVO

burnt

a **quemadura** SUSTANTIVO

SUSTANTIVO
teenager
la **quincena** SUSTANTIVO
fortnight
quincenal ADJETIVO
fortnightly
la **quiniela** SUSTANTIVO
football pools PL
quinientos ADJETIVO, PRONOMBRE (FEM
quinientas)
five hundred
quinto ADJETIVO, PRONOMBRE (FEM **quinta**)
fifth
 ◆ **Vivo en el quinto.** I live on the fifth floor.
el **quiosco** SUSTANTIVO
 ⟦1⟧ *news stand* (de periódicos)
 ⟦2⟧ *drinks stand* (de refrescos)
 ⟦3⟧ *flower stall* (de flores)
 ⟦4⟧ *bandstand* (de banda de música)
el **quirófano** SUSTANTIVO
operating theatre
quirúrgico ADJETIVO
surgical ◇ *el instrumental quirúrgico*
surgical instruments
 ◆ **una intervención quirúrgica** an operation
quise VERBO *ver* **querer**
quisquilloso ADJETIVO
 ⟦1⟧ *fussy* ◇ *No soy quisquillosa con la
comida.* I'm not fussy about what I eat.

 ⟦2⟧ *touchy* ◇ *Está muy quisquilloso
últimamente.* He's been very touchy lately.
el **quitaesmalte** SUSTANTIVO
nail polish remover
el **quitamanchas** SUSTANTIVO (PL los
quitamanchas)
stain remover
la **quitanieves** SUSTANTIVO (PL las **quitanieves**)
snowplough
quitar VERBO
 ⟦1⟧ *to remove* ◇ *Tardaron dos días en
quitar los escombros.* It took two days to
remove the rubble. ◇ *Este producto quita
todo tipo de manchas.* This product removes
all types of stain.
 ⟦2⟧ *to take away* ◇ *Su hermana le quitó la
pelota.* His sister took the ball away from
him.
 ◆ **Me han quitado la cartera.** I've had my
wallet stolen.
 ◆ **Esto te quitará el dolor.** This will relieve
the pain.
 ◆ **quitarse** to take off ◇ *Juan se quitó la
chaqueta.* Juan took his jacket off.
 ◆ **¡Quítate de en medio!** Get out of the way!
quizá ADVERBIO = **quizás**
quizás ADVERBIO
perhaps ◇ *Quizás tengas razón.* Perhaps
you're right.

R

el **rábano** SUSTANTIVO
radish (PL *radishes*)
 ◆ **¡Me importa un rábano!** I don't give a
monkey's!
la **rabia** SUSTANTIVO
 ⟦1⟧ *rage* ◇ *No sentía dolor sino rabia.* He
didn't feel pain only rage. ◇ *Lo hizo por
rabia.* He did it out of rage.
 ◆ **Me da mucha rabia.** It's really annoying.
 ⟦2⟧ *rabies* SING ◇ *Vacunamos al perro
contra la rabia.* We had the dog vaccinated
against rabies.
la **rabieta** SUSTANTIVO
tantrum
 ◆ **agarrarse una rabieta** to throw a tantrum
el **rabo** SUSTANTIVO
tail
la **racha** SUSTANTIVO
 ◆ **una racha de buen tiempo** a spell of good
weather
 ◆ **una racha de viento** a gust of wind
 ◆ **pasar una mala racha** to go through a bad
patch
racial ADJETIVO
racial
el **racimo** SUSTANTIVO

bunch (PL *bunches*)
la **ración** SUSTANTIVO (PL las **raciones**)
portion
el **racismo** SUSTANTIVO
racism
el/la **racista** ADJETIVO, SUSTANTIVO
racist
el **radar** SUSTANTIVO
radar
 ◆ **"velocidad controlada por radar"** "radar
speed checks in operation"
la **radiación** SUSTANTIVO
radiation
la **radiactividad** SUSTANTIVO
radioactivity
radiactivo ADJETIVO
radioactive
el **radiador** SUSTANTIVO
radiator
la **radio** SUSTANTIVO
radio ◇ *Por la mañana escucho la radio.*
In the morning I listen to the radio.
 ◆ **Lo oí por la radio.** I heard it on the radio.
el **radio** SUSTANTIVO
 ⟦1⟧ *radius* (de círculo) (PL *radii* o *radiuses*)
 ◇ *La explosión se oyó en un radio de 50*

kilómetros. The explosion could be heard within a 50-kilometre radius.

[2] *radio* (*medio de comunicación*) Latin America

[3] *spoke* (*de rueda*)

radiocasete SUSTANTIVO
radio cassette player

radiografía SUSTANTIVO
X-ray

- **Tengo que hacerme una radiografía.** I've got to have an X-ray.

radiotaxi SUSTANTIVO
radio taxi

raíl SUSTANTIVO
rail

raíz SUSTANTIVO (PL las **raíces**)
root

- **La planta está echando raíces.** The plant's taking root.

- **a raíz de** as a result of

raja SUSTANTIVO
[1] *crack* (*grieta*)
[2] *tear* (*rotura en tela*)
[3] *slice* (*de melón, limón*)

rajarse VERBO
[1] *to crack* (*pared, espejo*)
[2] *to split* (*falda, tapicería*)

rallar VERBO
to grate

rally SUSTANTIVO (PL los **rallys**)
rally (PL *rallies*)

rama SUSTANTIVO
branch (PL *branches*)

ramo SUSTANTIVO
bunch (PL *bunches*) ◇ *un ramo de claveles* a bunch of carnations

- **el ramo textil** the textile industry

rampa SUSTANTIVO
ramp

rana SUSTANTIVO
frog

ranchera SUSTANTIVO
[1] *Mexican folk song* (*canción*)
[2] *estate car* (*automóvil*)

rancho SUSTANTIVO
ranch (*hacienda*) (PL *ranches*)

rancio ADJETIVO
rancid (*mantequilla, queso*)

rango SUSTANTIVO
rank

- **políticos de alto rango** high-ranking politicians

ranura SUSTANTIVO
slot ◇ *Introduzca la moneda en la ranura.* Put the coin in the slot.

rapado ADJETIVO

- **llevar el pelo rapado** to have cropped hair

rapar VERBO
[1] *to crop* (*pelo*)
[2] *to shave* (*cabeza*)

rape SUSTANTIVO
monkfish (*pescado*) (PL *monkfish*)

rápidamente ADVERBIO
quickly

rapidez SUSTANTIVO
speed

- **con rapidez** quickly

rápido (1) ADJETIVO
[1] *fast* (*veloz*) ◇ *un coche muy rápido* a very fast car
[2] *quick* (*de poca duración*) ◇ *Fue una visita muy rápida.* It was a very quick visit.

rápido (2) ADVERBIO
fast ◇ *Conduces demasiado rápido.* You drive too fast. ◇ *Habla tan rápido que no le entiendo.* He speaks so fast that I can't understand him.

- **Lo hice tan rápido como pude.** I did it as quickly as I could.

- **¡Rápido!** Hurry up!

raptar VERBO
to kidnap

rapto SUSTANTIVO
kidnapping

raqueta SUSTANTIVO
[1] *racket* (*de tenis, bádminton*)
[2] *bat* (*de ping-pong*)

raramente ADVERBIO
rarely

raro ADJETIVO
[1] *strange* (*extraño*) ◇ *Tiene unas costumbres muy raras.* He has some very strange habits. ◇ *Es raro que no haya llamado.* It's strange that he hasn't called.

- **¡Qué raro!** How strange!

- **Sabe un poco raro.** It tastes a bit funny.
[2] *rare* (*poco frecuente*) ◇ *una especie muy rara* a very rare species

- **Es raro que haga tan buen tiempo.** It's unusual to have such good weather.

- **rara vez** seldom

rascacielos SUSTANTIVO (PL los **rascacielos**)
skyscraper

rascar* VERBO
[1] *to scratch* (*con las uñas*) ◇ *¿Me rascas la espalda?* Could you scratch my back for me?
[2] *to scrape* (*con cuchillo, espátula*) ◇ *Tuvimos que rascar la pintura de la puerta.* We had to scrape the paint off the door.

- **rascarse** to scratch ◇ *No deja de rascarse.* He can't stop scratching.

rasgar* VERBO
to rip

rasgo SUSTANTIVO
feature ◇ *Tiene unos rasgos muy delicados.* He has very fine features.

rasguño SUSTANTIVO
scratch (PL *scratches*)

- **Me he hecho un rasguño.** I've scratched myself.

rastrillo SUSTANTIVO
[1] *rake* (*herramienta*)
[2] *razor* (*de afeitar*) Mexico

rastro SUSTANTIVO
[1] *trail* (*pista, huellas*) ◇ *seguir el rastro de alguien* to follow somebody's trail
[2] *trace* ◇ *Desaparecieron sin dejar rastro.*

R

They vanished without trace.
[3] *fleamarket* (*mercadillo*)
rasurarse VERBO
Latin America
to shave
la **rata** SUSTANTIVO
rat
el **rato** SUSTANTIVO
while ◇ *después de un rato* after a while
- **Estaba aquí hace un rato.** He was here a
few minutes ago.
- **al poco rato** shortly after
- **pasar el rato** to while away the time
- **pasar un buen rato** to have a good time
- **Pasamos un mal rato.** We had a dreadful
time.
- **en mis ratos libres** in my free time
- **Tengo para rato con esta redacción.** I've
got a way to go yet with this essay.
- **Tenemos para rato; el avión tiene retraso.**
We'll be here for a while yet; the plane has
been delayed.
el **ratón** SUSTANTIVO (PL los **ratones**)
mouse (PL *mice*)
la **raya** SUSTANTIVO
[1] *line* ◇ *trazar una raya* to draw a line
- **pasarse de la raya** to overstep the mark
[2] *stripe*
- **un jersey a rayas** a striped jumper
[3] *parting* ◇ *Me hago la raya en medio.* I
have my parting in the middle.
[4] *crease* (*del pantalón*) (PL *creases*)
[5] *dash* (*guión largo*) (PL *dashes*)
rayar VERBO
to scratch
el **rayo** SUSTANTIVO
[1] *lightning* ◇ *Cayó un rayo en la torre de
la iglesia.* The church tower was struck by
lightning.
[2] *ray* ◇ *un rayo de luz* a ray of light
◇ *los rayos del sol* the sun's rays
- **los rayos X** X-rays
- **los rayos láser** laser beams
la **raza** SUSTANTIVO
[1] *race* ◇ *la raza humana* the human race
[2] *breed* (*de animal*) ◇ *¿De qué raza es tu
gato?* What breed's your cat?
- **un perro de raza** a pedigree dog
la **razón** SUSTANTIVO (PL las **razones**)
reason ◇ *¿Cuál era la razón de su visita?*
What was the reason for his visit?
- **tener razón** to be right ◇ *Tienes razón.*
You're right.
- **dar la razón a alguien** to agree that
somebody is right ◇ *Al final me dio la
razón.* In the end he agreed that I was right.
- **no tener razón** to be wrong
razonable ADJETIVO
reasonable
la **reacción** SUSTANTIVO (PL las **reacciones**)
reaction
reaccionar VERBO
to react

el **reactor** SUSTANTIVO
[1] *jet plane* (*avión*)
[2] *jet engine* (*motor*)
- **un reactor nuclear** a nuclear reactor
real ADJETIVO
[1] *real* ◇ *Esta vez el dolor era real.* This
time the pain was real. ◇ *En la vida real eso
no ocurre.* In real life that doesn't happen.
- **La película está basada en hechos reales.**
The film is based on actual events.
[2] *royal* ◇ *la familia real* the royal family
la **realidad** SUSTANTIVO
reality (PL *realities*)
- **en la realidad** in real life
- **en realidad** actually ◇ *Parece mayor, pero
en realidad es más joven que yo.* He looks
older but actually he's younger than I am.
- **Mi sueño se hizo realidad.** My dream came
true.
- **realidad virtual** virtual reality
realista ADJETIVO
realistic
realizar* VERBO
[1] *to carry out* (*proyecto, encuesta*)
◇ *realizar una investigación* to carry out an
investigation
- **Has realizado un buen trabajo.** You've
done a good job.
[2] *to realize* (*ilusión, ambición*) ◇ *Nunca
realizó su sueño de dar la vuelta al mundo.*
He never realized his dream of going round
the world.
- **realizarse** to come true ◇ *Su sueño nunca
llegó a realizarse.* His dream never came
true.
realmente ADVERBIO
[1] *really* ◇ *Fue una época realmente
difícil.* It was a really difficult period.
[2] *actually* ◇ *No creí que realmente
ganara.* I didn't think he would actually
win.
la **rebaja** SUSTANTIVO
[1] *discount* ◇ *Me hizo una rebaja por
pagar al contado.* He gave me a discount for
paying cash.
[2] *reduction* ◇ *La blusa tenía una
mancha y pedí una rebaja.* There was a mark
on the blouse so I asked for a reduction.
- **las rebajas** the sales ◇ *las rebajas de
enero* the January sales
- **Todos los grandes almacenes están de
rebajas.** There are sales on in all the
department stores.
rebajar VERBO
to reduce (*artículo, precio*) ◇ *Han rebajado
los abrigos.* Coats have been reduced.
◇ *Cada fin de temporada rebajan los precios.*
Prices are reduced at the end of every season.
- **rebajarse** to demean oneself ◇ *No quiere
rebajarse a pedirme perdón.* He won't
demean himself by apologizing to me.
la **rebanada** SUSTANTIVO
slice ◇ *Cortó el pan en rebanadas.* He cut

the bread into slices.

rebaño SUSTANTIVO
flock ◇ un rebaño de ovejas a flock of sheep

rebeca SUSTANTIVO
cardigan

rebelarse VERBO
to rebel ◇ rebelarse contra alguien to rebel against somebody

rebelde ADJETIVO
rebellious (muchacho, carácter)

rebelde SUSTANTIVO
rebel

rebelión SUSTANTIVO (PL las **rebeliones**)
rebellion

rebobinar VERBO
to rewind

rebotar VERBO
to bounce ◇ La pelota rebotó y me dio en la cara. The ball bounced and hit me in the face.
* **La pelota rebotó en el poste.** The ball bounced off the post.

rebozado ADJETIVO
1 *breaded* (empanado)
2 *battered* (con huevo y harina)

recado SUSTANTIVO
1 *message* ◇ Dejé recado de que me llamara. I left a message for him to call me.
2 *errand* ◇ Fui a hacer unos recados. I went to do some errands.

recaída SUSTANTIVO
relapse ◇ sufrir una recaída to have a relapse

recalcar* VERBO
to stress ◇ Me gustaría recalcar que... I'd like to stress that...

recámara SUSTANTIVO
Mexico
bedroom

recambio SUSTANTIVO
1 *spare* ◇ la rueda de recambio the spare wheel
* **una pieza de recambio** a spare part
2 *refill* (de bolígrafo, pluma)

recargar* VERBO
1 *to recharge* (pila)
2 *to fill up* (encendedor, bolígrafo)

recargo SUSTANTIVO
* **El taxista me cobró un recargo por el equipaje.** The taxi driver charged me extra for my luggage.

recaudar VERBO
to collect ◇ Recaudó dinero para una obra benéfica. He collected money for a charity.

recepción SUSTANTIVO (PL las **recepciones**)
reception

recepcionista SUSTANTIVO
receptionist

receptor SUSTANTIVO
receiver (de teléfono, radio)

recesión SUSTANTIVO (PL las **recesiones**)
recession

receta SUSTANTIVO

1 *recipe* ◇ Me dio la receta de los raviolis. He gave me the recipe for the ravioli.
2 *prescription* ◇ Los antibióticos sólo se venden con receta. Antibiotics are only available on prescription.

recetar VERBO
to prescribe ◇ Las enfermeras no pueden recetar medicamentos. Nurses can't prescribe drugs.
* **El médico me recetó un jarabe.** The doctor gave me a prescription for cough syrup.

rechazar* VERBO
1 *to reject* (sugerencia, idea) ◇ El director rechazó mi propuesta. The manager rejected my proposal.
2 *to turn down* (oferta, candidato) ◇ Tuve que rechazar su oferta. I had to turn down his offer.

rechoncho ADJETIVO
stocky

el **recibidor** SUSTANTIVO
entrance hall

recibir VERBO
1 *to receive* ◇ No he recibido tu carta. I haven't received your letter.
* **Recibí muchos regalos.** I got a lot of presents. (coloquial)
2 *to meet* ◇ Vinieron a recibirnos al aeropuerto. They came and met us at the airport.
* **El director me recibió en su despacho.** The manager saw me in his office.

el **recibo** SUSTANTIVO
1 *receipt* ◇ No se admiten devoluciones sin recibo. No refunds will be given without a receipt.
2 *bill* ◇ pagar el recibo del teléfono to pay the telephone bill

el **reciclaje** SUSTANTIVO
recycling

reciclar VERBO
to recycle

recién ADVERBIO
just ◇ El comedor está recién pintado. The dining room has just been painted.
* **Recién se fueron.** *Latin America* They've just left.
* **los recién casados** the newly-weds
* **un recién nacido** a newborn baby
* **"recién pintado"** "wet paint"

reciente ADJETIVO
recent ◇ una encuesta reciente a recent survey
* **pan reciente** fresh bread

recientemente ADVERBIO
recently

el **recipiente** SUSTANTIVO
container

el **recital** SUSTANTIVO
recital (de música) ◇ dar un recital de piano to give a piano recital

recitar VERBO
to recite

R

la **reclamación** SUSTANTIVO (PL las reclamaciones)
complaint ◇ *presentar una reclamación* to make a complaint
- **el libro de reclamaciones** the complaints' book

reclamar VERBO
[1] *to complain* (*protestar*) ◇ *Fui a reclamar al director.* I went and complained to the manager.
[2] *to demand* ◇ *Reclaman mejores condiciones de trabajo.* They're demanding better working conditions.

el **reclamo** SUSTANTIVO
Latin America
complaint (*queja*)

el/la **recluta** SUSTANTIVO
recruit

el **recogedor** SUSTANTIVO
dustpan

recoger* VERBO
[1] *to pick up* (*objeto, persona*) ◇ *Se agachó para recoger la cuchara.* He bent down to pick up the spoon. ◇ *Recogí el papel del suelo.* I picked the paper up off the floor. ◇ *Me recogieron en la estación.* They picked me up at the station.
- **recoger fruta** to pick fruit
[2] *to collect* (*recolectar*) ◇ *¿A qué hora recogen el correo?* What time do they collect the mail? ◇ *A las diez recogen la basura.* The rubbish gets collected at ten o'clock.
[3] *to clear up* (*ordenar*) ◇ *Recógelo todo antes de marcharte.* Clear up everything before you leave.
- **Recogí los platos y los puse en el fregadero.** I cleared away the plates and put them in the sink.
- **recoger la mesa** to clear the table

la **recogida** SUSTANTIVO
collection ◇ *la recogida de basura* the refuse collection ◇ *el horario de recogida del correo* the mail collection times
- **recogida de equipajes** baggage reclaim

la **recomendación** SUSTANTIVO (PL las recomendaciones)
[1] *recommendation* (*sugerencia*) ◇ *Fuimos a ese restaurante por recomendación de un amigo.* We went to that restaurant on the recommendation of a friend.
- **una carta de recomendación** a letter of recommendation
[2] *advice* (*consejo*) ◇ *Hago régimen por recomendación del médico.* I'm on a diet on my doctor's advice.

recomendar* VERBO
to recommend

la **recompensa** SUSTANTIVO
reward ◇ *Ofrecen una recompensa de 10.000 pesetas.* They're offering a 10,000-peseta reward.

reconciliarse VERBO
- **reconciliarse con alguien** to make it up with somebody ◇ *Riñeron, pero se han vuelto a reconciliar.* They had a row but they've made it up again.

reconocer* VERBO
[1] *to recognize* ◇ *No te he reconocido con ese sombrero.* I didn't recognize you in that hat.
[2] *to admit* ◇ *Reconócelo, ha sido culpa tuya.* Admit it, it was your fault.

el **reconocimiento** SUSTANTIVO
checkup ◇ *hacerse un reconocimiento médico* to have a checkup

la **reconquista** SUSTANTIVO
reconquest

reconstruir* VERBO
to rebuild

el **récord** SUSTANTIVO (PL los **récords**)
record ◇ *Posee el récord mundial de salto de altura.* He holds the world record in the high jump.
- **batir el récord** to break the record
- **establecer un récord** to set a record

recordar* VERBO
[1] *to remember* ◇ *No recuerdo dónde lo puse.* I can't remember where I put it.
[2] *to remind* ◇ *Recuérdame que hable con Daniel.* Remind me to speak to Daniel. ◇ *Me recuerda a su padre.* He reminds me of his father. ◇ *Este paisaje me recuerda a Escocia.* The scenery reminds me of Scotland.

recorrer VERBO
[1] *to travel around* ◇ *Recorrimos Francia en moto.* We travelled around France on a motorbike.
[2] *to do* ◇ *Ese día recorrimos 100 kilómetros.* We did 100 kilometres that day.

el **recorrido** SUSTANTIVO
- **¿Qué recorrido hace este autobús?** Which route does this bus take?
- **un recorrido turístico** a tour
- **un tren de largo recorrido** an inter-city train

recortar VERBO
to cut out ◇ *Recorté el artículo para enseñárselo a Pedro.* I cut the article out to show it to Pedro.
- **recortar el pelo a alguien** to trim somebody's hair
- **recortar gastos** to cut costs

el **recorte** SUSTANTIVO
- **recortes de prensa** press cuttings
- **recortes de personal** staff cutbacks

recostarse* VERBO
to lie down ◇ *Se recostó en el sofá.* He lay down on the settee.

el **recreo** SUSTANTIVO
break ◇ *Tenemos 20 minutos de recreo.* We have a 20-minute break.
- **Salimos al recreo a las 11.** We have a break at 11 o'clock.

- **la hora del recreo** playtime
- **recta** SUSTANTIVO
  straight line
- **la recta final** (*en carrera*) the home straight
rectangular ADJETIVO
  rectangular
- **rectángulo** SUSTANTIVO
  rectangle
recto ADJETIVO, ADVERBIO
  straight ◇ *una línea recta* a straight line
  ◇ *Mantén la espalda recta.* Keep your back straight.
- **todo recto** straight on ◇ *Siga todo recto.* Go straight on.
- **recuadro** SUSTANTIVO
  box (PL *boxes*)
recuerdo VERBO *ver* **recordar**
- **recuerdo** SUSTANTIVO
  [1] *memory* (PL *memories*) ◇ *Me trae buenos recuerdos.* It brings back happy memories.
  [2] *souvenir* ◇ *una tienda de recuerdos* a souvenir shop
- **un recuerdo de familia** a family heirloom
- **¡Recuerdos a tu madre!** Give my regards to your mother!
- **Dale recuerdos de mi parte.** Give him my regards.
- **recuperación** SUSTANTIVO (PL las **recuperaciones**)
  recovery
recuperar VERBO
  to get back ◇ *Tardé unos minutos en recuperar el aliento.* It took me a few minutes to get my breath back.
- **recuperar fuerzas** to get one's strength back
- **recuperarse de (1)** (*gripe, resfriado*) to get over ◇ *Tardé una semana en recuperarme de la gripe.* It took me a week to get over my flu.
- **recuperarse de (2)** (*operación, infarto*) to recover from ◇ *Se está recuperando de la operación.* He's recovering from the operation.
- **recuperar el tiempo perdido** to make up for lost time
recurrir VERBO
- **recurrir a algo** to resort to something ◇ *Hay que evitar recurrir a la violencia.* We must avoid resorting to violence.
- **recurrir a alguien** to turn to somebody ◇ *¿A quién puedo recurrir?* Who can I turn to?
- **recurso** SUSTANTIVO
- **como último recurso** as a last resort
- **recursos** resources ◇ *recursos naturales* natural resources
- **red** SUSTANTIVO
  [1] *net* ◇ *una red de pesca* a fishing net ◇ *La pelota dio contra la red.* The ball went into the net.
  [2] *network* (*de carreteras, ferrocarriles*) ◇ *una red informática* a computer network
- **una red de tiendas** a chain of shops

- la **redacción** SUSTANTIVO (PL las **redacciones**)
  essay (PL *essays*)
- **hacer una redacción sobre algo** to do an essay on something
- **el equipo de redacción** the editorial staff
redactar VERBO
  to write ◇ *redactar un artículo de periódico* to write a newspaper article
el **redactor**, la **redactora** SUSTANTIVO
  editor ◇ *el redactor deportivo* the sports editor ◇ *la redactora jefe* the editor in chief
la **redada** SUSTANTIVO
  raid ◇ *Fue detenido en una redada policial.* He was arrested during a police raid.
- **La policía hizo una redada en el club.** The police raided the club.
redondo ADJETIVO
  round ◇ *una mesa redonda* a round table
- **Todo salió redondo.** Everything worked out perfectly.
la **reducción** SUSTANTIVO (PL las **reducciones**)
  reduction
reducir* VERBO
  [1] *to reduce* (*producción, condena, fotografía*) ◇ *Reduzca la velocidad.* Reduce speed.
  [2] *to cut* (*gastos, impuestos*) ◇ *Van a reducir personal.* They're going to cut staff.
reembolsar VERBO
  to refund
el **reembolso** SUSTANTIVO
  refund ◇ *Cancelaron la excursión y nos hicieron un reembolso.* They cancelled the trip and gave us a refund.
- **enviar algo contra reembolso** to send something cash on delivery
reemplazar* VERBO
  to replace
la **referencia** SUSTANTIVO
  reference ◇ *un punto de referencia* a point of reference
- **con referencia a** with reference to
- **hacer referencia a** to refer to
- **referencias** references ◇ *La niñera traía muy buenas referencias.* The nanny had very good references.
el **referéndum** SUSTANTIVO (PL los **referéndums**)
  referendum (PL *referenda o referendums*)
referente ADJETIVO
- **referente a** concerning ◇ *el párrafo referente al uniforme escolar* the paragraph concerning school uniform
referirse* VERBO
- **referirse a** to refer to ◇ *¿Te refieres a mí?* Are you referring to me?
- **¿A qué te refieres? (1)** (*¿qué quieres decir?*) What exactly do you mean?
- **¿A qué te refieres? (2)** (*más en concreto*) What are you referring to?
la **refinería** SUSTANTIVO
  refinery (PL *refineries*)
refiriendo VERBO *ver* **referir**
reflejar VERBO
  to reflect

R

el **reflejo** SUSTANTIVO
reflection ◇ *el reflejo de la luna en el lago* the reflection of the moon in the lake
◆ **reflejos** reflexes ◇ *Estás bien de reflejos.* You have good reflexes.

la **reflexión** SUSTANTIVO (PL las **reflexiones**)
reflection

reflexionar VERBO
to think ◇ *Hace las cosas sin reflexionar.* He does things without thinking.
◇ *reflexionar sobre algo* to think about something
◆ **Reflexiona bien antes de tomar una decisión.** Think it over carefully before taking a decision.

reflexivo ADJETIVO
reflexive (verbo)

la **reforma** SUSTANTIVO
1 *reform* (de ley) ◇ *la reforma educativa* the education reforms PL
2 *alteration* (de edificio, casa) ◇ *Estamos haciendo reformas en el piso.* We're having alterations made to the flat.
◆ **"Cerrado por reformas"** "Closed for refurbishment"

reformar VERBO
1 *to reform* (ley)
2 *to do up* (edificio, casa)

el **refrán** SUSTANTIVO (PL los **refranes**)
saying

refrescante ADJETIVO
refreshing

refrescar* VERBO
to get cooler ◇ *En septiembre empieza a refrescar.* It starts getting cooler in September.
◆ **refrescarse** to freshen up

el **refresco** SUSTANTIVO
soft drink

el **refrigerador** SUSTANTIVO
fridge

el **refugiado**, la **refugiada** SUSTANTIVO
refugee

refugiarse VERBO
1 *to shelter* (de la lluvia) ◇ *Nos refugiamos de la lluvia en un portal.* We sheltered from the rain in a doorway.
2 *to take refuge* (de peligro, enemigo) ◇ *La gente se refugiaba en los sótanos.* People took refuge in the cellars.

el **refugio** SUSTANTIVO
refuge ◇ *un refugio de montaña* a mountain refuge
◆ **Los montañeros buscaron refugio en una cueva.** The climbers sheltered in a cave.
◆ **un refugio antiaéreo** an air-raid shelter

la **regadera** SUSTANTIVO
1 *watering can* (para las plantas)
2 *shower* (ducha) Mexico
◆ **estar como una regadera** to be as mad as a hatter (coloquial)

regalar VERBO
1 *to give* ◇ *Mi novio me regaló una*

pulsera. My boyfriend gave me a bracelet.
◇ *¿Y si le regalamos un libro?* What about giving him a book?
◆ **Ayer fue mi cumpleaños. – ¿Qué te regalaron?** It was my birthday yesterday. – What did you get?
2 *to give away* (objeto usado) ◇ *La tele vieja la vamos a regalar.* We're going to give the old TV away.

el **regaliz** SUSTANTIVO
liquorice

el **regalo** SUSTANTIVO
present ◇ *hacer un regalo a alguien* to give somebody a present
◆ **una tienda de regalos** a gift shop
◆ **papel de regalo** wrapping paper
◆ **de regalo** free ◇ *un CD de regalo con la compra del radiocasete* a free CD when you buy the radio cassette

regañadientes: a regañadientes
ADVERBIO
reluctantly

regañar VERBO
to tell off ◇ *La maestra me regañó por llegar tarde.* The teacher told me off for being late.

regar* VERBO
to water

la **regata** SUSTANTIVO
yacht race

regatear VERBO
1 *to haggle* ◇ *Si regateas te lo rebajará.* If you haggle, he'll reduce the price.
◇ *Regateaban por el precio de la alfombra.* They were haggling over the price of the carpet.
2 *to dodge past* (esquivar) ◇ *Regateó a varios defensas.* He dodged past several defenders.

el **régimen** SUSTANTIVO (PL los **regímenes**)
1 *diet*
◆ **estar a régimen** to be on a diet
◆ **ponerse a régimen** to go on a diet
2 *regime* ◇ *un régimen comunista* a communist regime

el **regimiento** SUSTANTIVO
regiment

la **región** SUSTANTIVO (PL las **regiones**)
region

regional ADJETIVO
regional

registrar VERBO
1 *to search* (inspeccionar) ◇ *Estuvieron registrando la casa.* They were searching the house. ◇ *Me registraron.* They searched me.
2 *to register* (inscribir) ◇ *Tienes que registrarte en el consulado.* You have to register at the consulate.
3 *to check in* ◇ *Fui a recepción a registrarme.* I went to reception to check in.
◆ **Me registré en el hotel.** I checked into the hotel.

el **registro** SUSTANTIVO

1 *search* (*inspección*) (PL *searches*)
+ **realizar un registro en un lugar** to carry out a search of a place

2 *register* (*libro*)
+ **el registro civil** the registry office

regla SUSTANTIVO

1 *rule* ◇ *saltarse las reglas* to break the rules

2 *period* ◇ *Estoy con la regla.* I've got my period.

3 *ruler* ◇ *Trazó la línea con una regla.* He drew the line with a ruler.

+ **por regla general** generally
+ **tener todo en regla** to have everything in order

reglamento SUSTANTIVO

regulations PL ◇ *El reglamento no lo permite.* The regulations don't allow it.

regresar VERBO

1 *to go back* (*a donde se estaba*) ◇ *Paco regresó a casa a coger el paraguas.* Paco went back home to pick up his umbrella.

2 *to come back* (*a donde se está*)
◇ *Regresaré sobre las ocho.* I'll come back at about eight.

+ **Regresamos tarde.** We got back late.

3 *to give back* (*devolver*) Latin America

+ **regresarse (1)** (*a donde se estaba*) Latin America to go back
+ **regresarse (2)** (*a donde se está*) Latin America to come back

regreso SUSTANTIVO

return

+ **a nuestro regreso** on our return
+ **de regreso** on the way back ◇ *De regreso paramos a comer en Ávila.* On the way back we stopped to have lunch in Ávila.

regulable ADJETIVO

adjustable

regular (1) ADJETIVO

regular ◇ *un verbo regular* a regular verb ◇ *a intervalos regulares* at regular intervals

+ **La obra estuvo regular.** The play was pretty ordinary.

regular (2) ADVERBIO

+ **El examen me fue regular.** My exam didn't go brilliantly.
+ **¿Cómo te encuentras? – Regular.** How are you? – Not too bad.

rehacer* VERBO

to redo

rehén SUSTANTIVO (PL los/las **rehenes**)

hostage

reina SUSTANTIVO

queen

reinado SUSTANTIVO

reign

reino SUSTANTIVO

kingdom

Reino Unido SUSTANTIVO

the United Kingdom

reír* VERBO

to laugh ◇ *No te rías.* Don't laugh.

+ **echarse a reír** to burst out laughing

+ **Siempre nos reímos con él.** We always have a good laugh with him.
+ **reírse de** to laugh at ◇ *¿De qué te ríes?* What are you laughing at? ◇ *Se ríen de ella.* They're laughing at her.

la reivindicación SUSTANTIVO (PL las **reivindicaciones**)

claim ◇ *reivindicaciones salariales* wage claims

la reja SUSTANTIVO

grille ◇ *La puerta de la joyería está protegida con una reja.* The door to the jeweller's is protected with a grille.

+ **estar entre rejas** to be behind bars

la relación SUSTANTIVO (PL las **relaciones**)

1 *link* ◇ *la relación entre el tabaco y el cáncer* the link between smoking and cancer

2 *relationship* ◇ *Tenemos una relación de amistad.* We have a friendly relationship.

+ **las relaciones entre empresarios y trabajadores** the relationship between employers and the workers
+ **tener relaciones con alguien** to have a relationship with somebody
+ **con relación a** in relation to
+ **relaciones públicas** public relations
+ **relaciones sexuales** sexual relations

relacionar VERBO

to link ◇ *Los expertos relacionan el tabaco con el cáncer.* The experts link smoking with cancer.

+ **Le gusta relacionarse con niños mayores que él.** He likes mixing with older children.
+ **No se relaciona mucho con la gente.** He doesn't mix much.

relajado ADJETIVO

1 *relaxed* (*músculo, cuerpo*) ◇ *¿Estás relajado?* Are you feeling relaxed?

2 *laid-back* (*despreocupado*) ◇ *Es un tipo muy relajado.* He's a very laid-back guy.

relajante ADJETIVO

relaxing

relajar VERBO

to relax ◇ *Relaja los músculos.* Relax your muscles. ◇ *¡Relájate!* Relax!

+ **La música clásica me relaja mucho.** I find classical music really relaxing.

el relámpago SUSTANTIVO

flash of lightning (PL *flashes of lightning*) ◇ *Vimos varios relámpagos.* We saw several flashes of lightning.

+ **No me gustan los relámpagos.** I don't like lightning.

relativamente ADVERBIO

relatively ◇ *Es relativamente fácil.* It's relatively easy.

relativo ADJETIVO

relative ◇ *un pronombre relativo* a relative pronoun ◇ *Eso es muy relativo.* That's all relative.

+ **en lo relativo a** concerning

el relevo SUSTANTIVO

+ **una carrera de relevos** a relay race
+ **tomar el relevo a alguien** to take over from

R

somebody

la **religión** (PL las **religiones**) SUSTANTIVO
religion

religioso ADJETIVO
religious

el **rellano** SUSTANTIVO
landing (*de escalera*)

rellenar VERBO
1 *to stuff* (*tomates, pollo, muñeco*) ◇ *Rellene los pimientos con el arroz.* Stuff the peppers with the rice.
2 *to fill in* (*agujero, formulario*) ◇ *Antes de pintar hay que rellenar las grietas.* Before painting we'll have to fill in the cracks.
◇ *Rellene este impreso, por favor.* Can you fill in this form please.

el **reloj** SUSTANTIVO
1 *clock* (*grande, de pared*) ◇ *El reloj de la cocina va atrasado.* The kitchen clock's slow.
✦ **un reloj despertador** an alarm clock
✦ **un reloj de cuco** a cuckoo clock
✦ **contra reloj** against the clock
2 *watch* (*de pulsera*) (PL *watches*) ◇ *Se me ha parado el reloj.* My watch has stopped.
✦ **un reloj digital** a digital watch
✦ **un reloj sumergible** a waterproof watch
✦ **El horno tiene un reloj automático.** The cooker has an automatic timer.
✦ **un reloj de sol** a sundial

la **relojera** SUSTANTIVO
watchmaker

la **relojería** SUSTANTIVO
watchmaker's (PL *watchmakers' shops*)

el **relojero** SUSTANTIVO
watchmaker

relucir* VERBO
to shine

remar VERBO
1 *to paddle* (*con pala*)
2 *to row* (*con remos*)

remediar VERBO
to solve (*problema*) ◇ *Este problema es difícil de remediar.* This is a difficult problem to solve. ◇ *Con llorar no vas a remediar nada.* You're not going to solve anything by crying.
✦ **Me puse a reír, no lo pude remediar.** I began to laugh, I couldn't help it.

el **remedio** SUSTANTIVO
remedy (PL *remedies*) ◇ *un remedio contra la tos* a cough remedy ◇ *un remedio casero* a household remedy
✦ **No tuve más remedio que hacerlo.** I had no choice but to do it.

el **remite** SUSTANTIVO
name and address of sender

el/la **remitente** SUSTANTIVO
sender

el **remo** SUSTANTIVO
1 *oar* (*objeto*)
2 *rowing* (*deporte*)

remojar VERBO
to soak

el **remojo** SUSTANTIVO
✦ **poner algo en remojo** to leave something to soak

la **remolacha** SUSTANTIVO
beetroot

remolcar* VERBO
to tow

el **remolque** SUSTANTIVO
trailer (*vehículo*)

el **remordimiento** SUSTANTIVO
remorse SING ◇ *No siente remordimientos por lo que ha hecho.* He feels no remorse for what he has done.

remoto ADJETIVO
remote

remover* VERBO
1 *to stir* (*café, guiso*)
2 *to toss* (*ensalada*)
3 *to turn over* (*tierra*)

el **renacuajo** SUSTANTIVO
tadpole

el **rencor** SUSTANTIVO
ill-feeling ◇ *Existe mucho rencor entre ella y su ex-marido.* There's a lot of ill-feeling between her and her ex-husband.
✦ **guardar rencor a alguien** to bear a grudge against somebody ◇ *No le guardo rencor.* I don't bear him a grudge.

rencoroso ADJETIVO
✦ **No soy rencoroso.** I don't bear grudges.

rendido ADJETIVO
worn out ◇ *Estaba rendido de tanto andar.* I was worn out after so much walking.

la **rendija** SUSTANTIVO
1 *crack* (*grieta*)
2 *gap* (*hueco*)

el **rendimiento** SUSTANTIVO
performance (*de máquina, empleado*)

rendir* VERBO
✦ **Este negocio no rinde.** This business doesn't pay.
✦ **El dinero rinde poco en una cuenta corriente.** You don't get much interest on your money in a current account.
✦ **rendirse (1)** to give up ◇ *No sé la respuesta; me rindo.* I don't know the answer; I give up.
✦ **rendirse (2)** to surrender ◇ *El enemigo se rindió.* The enemy surrendered.

el **renglón** SUSTANTIVO (PL los **renglones**)
line

el **reno** SUSTANTIVO
reindeer (PL *reindeer* o *reindeers*)

renovable ADJETIVO
renewable

renovar* VERBO
1 *to renew* (*contrato, carnet*) ◇ *Tengo que renovarme el pasaporte.* I must renew my passport.
2 *to renovate* (*edificio, casa*) ◇ *Van a renovar la fachada del edificio.* They're going to renovate the front of the building.

* Verbs marked with this symbol are irregular. See pages 332–333 for further details

3 *to change* (*muebles*) ◇ *Han renovado el mobiliario de la casa.* They've changed the furniture in the house.

a **renta** SUSTANTIVO
1 *income* (*ingresos*)
2 *rent* (*alquiler*)

rentable ADJETIVO
profitable (*inversión, compañía*) ◇ *No es rentable organizar cursos para tan pocos alumnos.* It isn't profitable to put on courses for so few students.
♦ **una fábrica poco rentable** an uneconomic factory

rentar VERBO
Mexico
to rent

reñido ADJETIVO
hard-fought (*partido*)

reñir* VERBO
1 *to tell somebody off* (*regañar*) ◇ *Me riñó por llegar tarde.* He told me off for being late. ◇ *No la riñas, la culpa no es suya.* Don't tell her off, it's not her fault.
2 *to quarrel* (*discutir*) ◇ *Mi hermana y yo siempre estábamos riñendo.* My sister and I were always quarrelling.
3 *to fall out* (*enemistarse*) ◇ *Ángeles y Manolo han reñido.* Ángeles and Manolo have fallen out. ◇ *Ha reñido con su novio.* She has fallen out with her boyfriend.

a **reparación** SUSTANTIVO (PL las **reparaciones**)
repair
♦ **"reparaciones en el acto"** "repairs while you wait"

reparar VERBO
to repair

repartir VERBO
1 *to hand out* (*propaganda, apuntes*) ◇ *El profesor repartió los exámenes.* The teacher handed out the examination papers.
2 *to share out* (*beneficios, trabajo, pastel*) ◇ *Nos repartimos el dinero.* We shared out the money.
3 *to deliver* (*periódicos*) ◇ *Repartimos pizzas a domicilio.* We deliver pizzas.
4 *to deal* (*barajas*)

el **reparto** SUSTANTIVO
1 *delivery* (*de mercancías*) (PL *deliveries*)
♦ **reparto a domicilio** home delivery service
2 *cast* (*de película*) ◇ *un reparto estelar* a star cast

repasar VERBO
1 *to check* (*suma, texto*) ◇ *Repasé la carta antes de firmarla.* I checked the letter before signing it.
2 *to revise* (*lección*)
♦ **repasar para un examen** to revise for an exam

el **repaso** SUSTANTIVO
revision (*para un examen*)
♦ **Tengo que darles un repaso a los apuntes.** I must revise my notes.

el **repelente** SUSTANTIVO
repellent (*para insectos*)

el/la **repelente** SUSTANTIVO
know-all (*niño, persona*) ◇ *No tiene amigos porque es un repelente.* He hasn't got any friends because he's a know-all.

repente ADVERBIO
♦ **de repente** suddenly

repentino ADJETIVO
sudden

el **repertorio** SUSTANTIVO
repertoire

la **repetición** SUSTANTIVO (PL las **repeticiones**)
repetition

repetidamente ADVERBIO
repeatedly

repetir* VERBO
1 *to repeat* (*palabra, experimento*) ◇ *¿Podría repetirlo, por favor?* Could you repeat that, please?
2 *to have a second helping* ◇ *El arroz está tan bueno que voy a repetir.* The rice is so good that I'm going to have a second helping.

repetitivo ADJETIVO
repetitive

la **repisa** SUSTANTIVO
shelf (PL *shelves*)
♦ **la repisa de la chimenea** the mantlepiece

repitiendo VERBO *ver* **repetir**

el **repollo** SUSTANTIVO
cabbage

el **reportaje** SUSTANTIVO
1 *documentary* (*en televisión*) (PL *documentaries*) ◇ *¿Viste el reportaje sobre la droga?* Did you see the documentary about drugs?
2 *article* (*en periódico*)

el **reposacabezas** (PL los **reposacabezas**) SUSTANTIVO
headrest

la **reposición** (PL las **reposiciones**) SUSTANTIVO
1 *repeat* (*en televisión*)
2 *revival* (*en teatro*)

repostar VERBO
to refuel (*avión*)

la **repostería** SUSTANTIVO
confectionery (*dulces*)

la **representación** (PL las **representaciones**) SUSTANTIVO
performance (*de teatro*)

el/la **representante** SUSTANTIVO
1 *representative* (*de organización, empresa*)
2 *agent* (*de artista*)

representar VERBO
1 *to represent* (*país, organización*) ◇ *La representaba su abogado.* Her lawyer was representing her.
2 *to put on* (*obra teatral*) ◇ *Los niños van a representar una obra de teatro.* The children are going to put on a play.
3 *to play* (*papel*) ◇ *Representa el papel de Don Juan.* He's playing the part of Don Juan.
♦ **Tiene cuarenta años pero no los representa.** He's forty but he doesn't look

R

it.

representativo ADJETIVO
representative

el reprimido, la reprimida ADJETIVO, SUSTANTIVO
- **Es una reprimida.** She's repressed.

reprobar* VERBO
Latin America
to fail ◇ *Le reprobaron en matemáticas.* He failed maths.

reprochar VERBO
- **Me reprochó que no la hubiera invitado.** He reproached me for not having invited her.

la reproducción (PL **las reproducciones**) SUSTANTIVO
reproduction

reproducirse* VERBO
to reproduce

el reproductor SUSTANTIVO
- **un reproductor de CD** a CD player

el reptil SUSTANTIVO
reptile

la república SUSTANTIVO
republic

la República Dominicana SUSTANTIVO
the Dominican Republic

el republicano, la republicana ADJETIVO, SUSTANTIVO
republican

el repuesto SUSTANTIVO
spare part (*pieza*)
- **de repuesto** spare ◇ *la rueda de repuesto* the spare wheel

repugnante ADJETIVO
revolting

la reputación SUSTANTIVO (PL **las reputaciones**)
reputation
- **tener buena reputación** to have a good reputation

el requesón SUSTANTIVO
cottage cheese

el requisito SUSTANTIVO
requirement ◇ *Cumple todos los requisitos para el puesto.* He satisfies all the requirements for the job.

la resaca SUSTANTIVO
hangover
- **tener resaca** to have a hangover

resaltar VERBO
1 *to stand out* ◇ *Lo escribí en mayúsculas para que resaltara.* I wrote it in capitals to make it stand out.
2 *to highlight* ◇ *El conferenciante resaltó el problema del paro.* The speaker highlighted the problem of unemployment.

resbaladizo ADJETIVO
slippery

resbalar VERBO
1 *to be slippery* (*superficie*) ◇ *Ten cuidado que este suelo resbala.* Be careful, this floor's slippery.
2 *to skid* (*vehículo*) ◇ *El coche resbaló y casi nos estrellamos.* The car skidded and

we almost crashed.
- **resbalarse** to slip ◇ *Me resbalé con el hielo de la acera.* I slipped on the icy pavement.

rescatar VERBO
to rescue

el rescate SUSTANTIVO
1 *rescue* (*salvamento*) ◇ *un equipo de rescate* a rescue team
2 *ransom* (*dinero*)
- **pedir un rescate por alguien** to hold somebody to ransom

el/la reserva SUSTANTIVO
reserve (*jugador*)

la reserva SUSTANTIVO
1 *reservation* ◇ *He hecho una reserva en el Hilton para dos noches.* I've made a reservation at the Hilton for two nights.
- **Tengo mis reservas al respecto.** I've got reservations about it.
2 *reserve* ◇ *una reserva natural* a nature reserve ◇ *El país tiene abundantes reservas de trigo.* The country has got plentiful reserves of wheat.

reservado ADJETIVO
reserved (*persona*)

reservar VERBO
to reserve (*mesa, entradas*)

resfriado ADJETIVO
- **estar resfriado** to have a cold ◇ *No fui porque estaba muy resfriado.* I didn't go because I had a bad cold.

el resfriado SUSTANTIVO
cold
- **agarrarse un resfriado** to catch a cold

resfriarse* VERBO
to catch a cold

el resguardo SUSTANTIVO
1 *ticket* (*de tintorería, relojería*)
2 *receipt* (*recibo de compra*)

la residencia SUSTANTIVO
residence ◇ *un permiso de residencia* a residence permit ◇ *La reunión tuvo lugar en la residencia del primer ministro.* The meeting took place at the prime minister's residence.
- **una residencia de ancianos** an old people's home
- **una residencia de estudiantes** a hall of residence
- **una residencia sanitaria** a hospital

residencial ADJETIVO
residential ◇ *una zona residencial* a residential area

los residuos SUSTANTIVO
waste SING ◇ *residuos radiactivos* radioactive waste

la resistencia SUSTANTIVO
resistance ◇ *Los manifestantes no ofrecieron resistencia.* The demonstrators didn't offer any resistance.
- **resistencia física** stamina

resistente ADJETIVO

tough ◇ *El diamante es una piedra muy resistente.* Diamond is a very tough stone.
- **resistente al calor** heat-resistant

resistir VERBO
☐1 *to resist* (*tentación*) ◇ *No pude resistir las ganas de decírselo.* I couldn't resist the urge to tell him.
☐2 *to take* (*peso, presión*) ◇ *Esta caja no va a resistir tanto peso.* This box won't take so much weight.
☐3 *to stand* (*dolor*) ◇ *No puedo resistir este frío.* I can't stand this cold.
- **Se resisten a cooperar.** They are refusing to cooperate.

resolver* VERBO
to solve (*problema, caso*)

respaldar VERBO
to back up ◇ *Mis hermanos me respaldaron.* My brothers and sisters backed me up.

respaldo SUSTANTIVO
back (*de asiento*)

respectivamente ADVERBIO
respectively

respetable ADJETIVO
respectable

respetar VERBO
☐1 *to respect* (*persona, opinión*)
☐2 *to obey* (*código, norma*) ◇ *No se respetan las normas de seguridad.* The safety regulations aren't being obeyed.

respeto SUSTANTIVO
respect ◇ *el respeto a los animales* respect for animals
- **tener respeto a alguien** to respect somebody
- **No le faltes al respeto.** Don't be disrespectful to him.

respiración SUSTANTIVO
breathing ◇ *Tenía la respiración irregular.* His breathing was irregular.
- **quedarse sin respiración** to be out of breath
- **la respiración boca a boca** the kiss of life ◇ *Le hicieron la respiración boca a boca.* They gave him the kiss of life.
- **la respiración artificial** artificial respiration

respirar VERBO
to breathe

responder VERBO
☐1 *to answer* (*pregunta*) ◇ *Eso no responde a mi pregunta.* That doesn't answer my question.
☐2 *to reply* ◇ *No han respondido a mi carta.* They haven't replied to my letter. ◇ *Respondió que habían salido con unos amigos.* He replied that they had gone out with some friends.
☐3 *to respond* (*reaccionar*) ◇ *No responde al tratamiento.* He's not responding to the treatment.

responsabilidad SUSTANTIVO
responsibility (PL *responsibilities*)

responsable ADJETIVO
responsible ◇ *Cada cual es responsable*

de sus acciones. Everybody is responsible for their own actions.

el/la **responsable** SUSTANTIVO
- **Tú eres la responsable de lo ocurrido.** You're responsible for what happened.
- **Los responsables serán castigados.** Those responsible will be punished.
- **Juan es el responsable de la cocina.** Juan is in charge of the kitchen.

la **respuesta** SUSTANTIVO
answer

resquebrajarse VERBO
to crack

la **resta** SUSTANTIVO
subtraction

restante ADJETIVO
remaining

restar VERBO
to subtract ◇ *Está aprendiendo a restar.* He's learning to subtract.
- **Tienes que restar 16 de 36.** You have to take 16 away from 36.

la **restauración** (PL las **restauraciones**) SUSTANTIVO
restoration

el **restaurante** SUSTANTIVO
restaurant

restaurar VERBO
to restore

el **resto** SUSTANTIVO
rest ◇ *Yo haré el resto.* I'll do the rest.
- **los restos (1)** (*de comida*) the leftovers
- **los restos (2)** (*de avión, naufragio*) the wreckage SING

restregar* VERBO
to rub ◇ *Cuando tiene sueño se restriega los ojos.* He rubs his eyes when he's sleepy.

la **restricción** SUSTANTIVO (PL las **restricciones**)
restriction

resuelto VERBO ver **resolver**

resuelvo VERBO ver **resolver**

el **resultado** SUSTANTIVO
☐1 *result* (*de examen, experimento*)
☐2 *score* (*de encuentro deportivo*)
- **dar resultado** to work ◇ *Nuestro plan no dio resultado.* Our plan didn't work.

resultar VERBO
to turn out ◇ *Al final resultó que él tenía razón.* In the end it turned out that he was right. ◇ *Resultó muy divertido.* It turned out to be great fun.
- **Me resultó violento decírselo.** I found it embarrassing to tell him.

el **resumen** SUSTANTIVO (PL los **resúmenes**)
summary (PL *summaries*) ◇ *un resumen de las noticias* a news summary
- **hacer un resumen de algo** to summarize something
- **en resumen** in short

resumir VERBO
to summarize (*artículo, libro*)
- **Dijo, resumiendo, que el viaje había sido un desastre.** He said, in short, that the trip had been a disaster.

R

retar VERBO
> 1 **to challenge** (desafiar)
> 2 **to tell off** (regañar) `Chile, River Plate`

retirar VERBO
> 1 **to take away** ◇ *La camarera retiró las copas.* The waitress took the glasses away. ◇ *Le han retirado el permiso de conducir.* He's had his driving licence taken away.
> 2 **to withdraw** ◇ *Fui a retirar dinero de la cuenta.* I went to withdraw some money from my account. ◇ *Se retiraron del torneo.* They withdrew from the tournament.
- **retirarse** to retire ◇ *Mi padre se retira el año que viene.* My father will be retiring next year.

el **reto** SUSTANTIVO
> **challenge**

retorcer* VERBO
> **to twist** ◇ *Me retorció el brazo.* He twisted my arm.
- **retorcerse de risa** to double up with laughter

la **retransmisión** (PL las **retransmisiones**) SUSTANTIVO
> **broadcast** ◇ *una retransmisión en directo* a live broadcast

retransmitir VERBO
> **to broadcast**

retrasado ADJETIVO
> 1 **behind** (en una actividad) ◇ *Voy retrasado con este trabajo.* I'm behind with this work.
> 2 **slow** (reloj) ◇ *Este reloj va retrasado veinte minutos.* This clock is twenty minutes slow.
- **Tienen un hijo un poco retrasado.** They've got a son with learning difficulties.

retrasar VERBO
> 1 **to postpone** (reunión, viaje) ◇ *Retrasaron la boda al quince.* They postponed the wedding until the fifteenth.
> 2 **to delay** (salida) ◇ *El mal tiempo retrasó nuestro vuelo.* Our flight was delayed due to bad weather.
> 3 **to put back** (reloj) ◇ *A las doce hay que retrasar los relojes una hora.* At twelve o'clock the clocks have to be put back one hour.
- **retrasarse** (persona, tren) to be late ◇ *El tren de las nueve se retrasó.* The nine o'clock train was late.
- **Tu reloj se retrasa.** Your watch is slow.

el **retraso** SUSTANTIVO
> **delay** (PL **delays**) ◇ *La niebla causó algunos retrasos.* The fog caused some delays.
- **Perdonad por el retraso.** Sorry I'm late.
- **El vuelo llegó con una hora de retraso.** The flight was an hour late.

el **retrato** SUSTANTIVO
> **portrait** (cuadro)
- **hacer un retrato a alguien** to paint somebody's portrait

el **retrete** SUSTANTIVO
> **toilet**

retroceder VERBO
> **to go back**

el **retroproyector** SUSTANTIVO
> **overhead projector**

el **retrovisor** SUSTANTIVO
> **rear-view mirror**

retuerzo VERBO ver **retorcer**

el **reúma** SUSTANTIVO
> **rheumatism**

la **reunión** (PL las **reuniones**) SUSTANTIVO
> 1 **meeting** (de trabajo) ◇ *Mañana tenemos una reunión.* We've got a meeting tomorrow.
> 2 **gathering** (social) ◇ *una reunión familiar* a family gathering

reunir* VERBO
> 1 **to gather together** (personas) ◇ *La maestra reunió a los niños en el patio.* The teacher gathered the children together in the playground.
> 2 **to satisfy** (requisitos) ◇ *Paula reúne los requisitos para el puesto.* Paula satisfies all the requirements for the job.
> 3 **to raise** (fondos) ◇ *Estamos reuniendo dinero para el viaje de fin de curso.* We're raising money for the end-of-year trip.
- **reunirse (1)** to gather ◇ *Miles de personas se reunieron en la plaza.* Thousands of people gathered in the square.
- **reunirse (2)** to get together ◇ *En Navidad nos reunimos toda la familia.* The whole family gets together at Christmas.
- **reunirse (3)** to meet ◇ *El comité se reúne una vez al mes.* The committee meets once a month.

revelar VERBO
> 1 **to develop** ◇ *Luis revela sus propias fotos.* Luis develops his own photos.
- **Todavía no hemos revelado las fotos.** We haven't had the photos developed yet.
- **Llevé los carretes a revelar.** I took the films to be developed.
> 2 **to reveal** ◇ *No quería revelar su identidad.* He didn't want to reveal his identity. ◇ *revelar un secreto* to reveal a secret

reventar* VERBO
> **to burst** (globo, rueda)
- **Me revienta tener que ponerme corbata.** I hate having to wear a tie.

el **revés** SUSTANTIVO (PL los **reveses**)
> **backhand** (en tenis)
- **al revés (1)** the other way round ◇ *¿Tres, tres, dos? – No, al revés: dos, dos, tres.* Three, three, two? – No, the other way round: two, two, three.
- **al revés (2)** inside out ◇ *Te has puesto los calcetines al revés.* You've put your socks on inside out.
- **al revés (3)** back to front ◇ *Miré el cuello y vi que llevaba el jersey al revés.* I looked at

* Verbs marked with this symbol are irregular. See pages 332–333 for further details

the collar and realized that I had my jumper on back to front.
* **al revés (4)** upside down ◇ *El dibujo está al revés.* The picture's upside down.

reviento VERBO *ver* **reventar**

revisar VERBO
⓵ *to check* ◇ *Un electricista me revisó la instalación.* An electrician checked the wiring for me.
* **Tengo que ir a que me revisen el coche.** I must take my car for a service.
⓶ *to search* (maleta, bolsillos) Latin America

la **revisión** SUSTANTIVO (PL las **revisiones**)
service ◇ *He llevado el coche a revisión.* I've taken the car for a service.
* **una revisión médica** a checkup

el **revisor**, la **revisora** SUSTANTIVO
ticket inspector

la **revista** SUSTANTIVO
magazine

revoltoso ADJETIVO
naughty

la **revolución** SUSTANTIVO (PL las **revoluciones**)
revolution

el **revolucionario**, la **revolucionaria** SUSTANTIVO
revolutionary (PL *revolutionaries*)

revolver* VERBO
⓵ *to mess up* (desordenar) ◇ *Los niños han revuelto la habitación otra vez.* The children have messed the room up again.
* **No revuelvas mis papeles.** Don't muddle my papers up.
⓶ *to turn upside down* ◇ *Los ladrones revolvieron toda la casa.* The burglars turned the whole house upside down.
⓷ *to rummage in* (fisgar) ◇ *No me gusta que me revuelvas el bolso.* I don't like you rummaging in my bag.

el **revólver** SUSTANTIVO (PL los **revólveres**)
revolver

revuelto (1) VERBO *ver* **revolver**

revuelto (2) ADJETIVO
in a mess (desordenado) ◇ *Todo estaba revuelto.* Everything was in a mess.
* **Las fotos están revueltas.** The photos are muddled up.
* **El tiempo está muy revuelto.** The weather's very unsettled.
* **Tengo el estómago revuelto.** I've got an upset stomach.

el **rey** SUSTANTIVO (PL los **reyes**)
king ◇ *El rey habló por televisión.* The king spoke on TV.
* **Los reyes visitaron China.** The King and Queen visited China.
* **los Reyes Magos** the Three Wise Men
As part of the Christmas festivities, the Spanish celebrate **el día de Reyes***(Epiphany) on 6th of January, when the Three Wise Men bring presents to children.*

rezar* VERBO
to pray ◇ *rezar por algo* to pray for something

* **rezar el Padrenuestro** to say the Lord's Prayer

la **ría** SUSTANTIVO
estuary (PL *estuaries*)

el **riachuelo** SUSTANTIVO
stream

la **ribera** SUSTANTIVO
bank (del río)

la **rica** SUSTANTIVO
rich woman (PL *rich women*)

el **rico** SUSTANTIVO
rich man (PL *rich men*)
* **los ricos** the rich

rico ADJETIVO
⓵ *rich* (persona, barrio) ◇ *Son muy ricos.* They're very rich.
⓶ *delicious* (comida) ◇ *¡Qué rico!* How delicious!

ridiculizar* VERBO
to ridicule

ridículo ADJETIVO
ridiculous ◇ *¿A que suena ridículo?* Doesn't it sound ridiculous?
* **hacer el ridículo** to make a fool of oneself
* **poner a alguien en ridículo** to make a fool of somebody

el **riel** SUSTANTIVO
rail

las **riendas** SUSTANTIVO
reins

riendo VERBO *ver* **reír**

el **riesgo** SUSTANTIVO
risk
* **correr riesgos** to take risks ◇ *No quiero correr ese riesgo.* I'd rather not take that risk.
* **Corres el riesgo de que te despidan.** You run the risk of being dismissed.
* **un seguro a todo riesgo** a fully comprehensive insurance policy

la **rifa** SUSTANTIVO
raffle

el **rifle** SUSTANTIVO
rifle

rígido ADJETIVO
⓵ *stiff* (tieso)
⓶ *strict* (estricto)

riguroso ADJETIVO
⓵ *strict* (control, dieta, disciplina)
⓶ *severe* (castigo)

la **rima** SUSTANTIVO
rhyme

el **rímel** SUSTANTIVO
mascara ◇ *No me he puesto rímel.* I haven't put any mascara on.

el **rincón** (PL los **rincones**) SUSTANTIVO
corner

el **rinoceronte** SUSTANTIVO
rhinoceros (PL *rhinoceroses* o *rhinoceros*)

la **riña** SUSTANTIVO
⓵ *row* (discusión)
⓶ *brawl* (pelea)

riñendo VERBO *ver* **reñir**

el **riñón** SUSTANTIVO (PL los **riñones**)

R

kidney (PL *kidneys*) ◇ *un transplante de riñón* a kidney transplant
- **Me duelen los riñones.** I've got a pain in my lower back.

la **riñonera** SUSTANTIVO
bum bag

río VERBO *ver* **reír**

el **río** SUSTANTIVO
river ◇ *el río Támesis* the River Thames

la **riqueza** SUSTANTIVO
[1] *wealth* (*posesiones*) ◇ *la distribución de la riqueza* the distribution of wealth
[2] *richness* (*abundancia*) ◇ *la riqueza de su lenguaje* the richness of his language

la **risa** SUSTANTIVO
laugh ◇ *una risa contagiosa* an infectious laugh
- **Me da risa.** It makes me laugh.
- **Daba risa la manera en que lo explicaba.** It was so funny the way he told it.
- **¡Qué risa!** What a laugh!
- **partirse de risa** to split one's sides laughing

el **ritmo** SUSTANTIVO
[1] *rhythm* ◇ *No tiene sentido del ritmo.* He has no sense of rhythm.
- **Daban palmas al ritmo de la música.** They were clapping in time to the music.
[2] *pace* ◇ *el ritmo de vida* the pace of life

el **ritual** SUSTANTIVO
ritual

el/la **rival** ADJETIVO, SUSTANTIVO
rival

la **rivalidad** SUSTANTIVO
rivalry (PL *rivalries*)

rizado ADJETIVO
curly ◇ *Tiene el pelo rizado.* He has curly hair.

rizar* VERBO
[1] *to curl* (*con rulos, rizador*) ◇ *Me rizo las pestañas.* I curl my eyelashes.
[2] *to perm* (*con permanente*)
- **Se ha rizado el pelo.** She has had her hair permed.

el **rizo** SUSTANTIVO
curl

robar VERBO
[1] *to steal* (*objeto, dinero*) ◇ *Me han robado la cartera.* My wallet has been stolen. ◇ *Les robaba dinero a sus compañeros de clase.* He was stealing money from his classmates.
[2] *to rob* (*banco, persona*) ◇ *¡Nos han robado!* We've been robbed!
[3] *to break into* (*en una casa, oficina*) ◇ *Entraron a robar en mi casa.* They broke into my house.

el **roble** SUSTANTIVO
oak

el **robo** SUSTANTIVO
[1] *theft* (*de dinero, objetos*)
[2] *robbery* (*a una persona, tienda, banco*) (PL *robberies*)
[3] *burglary* (*en una casa*) (PL *burglaries*)

- **¡Estos precios son un robo!** This is daylight robbery!

el **robot** SUSTANTIVO (PL los **robots**)
robot
- **el robot de cocina** the food processor

la **roca** SUSTANTIVO
rock

rociar* VERBO
to spray

el **rocío** SUSTANTIVO
dew

la **rodaja** SUSTANTIVO
slice ◇ *cortar algo en rodajas* to cut something into slices

el **rodaje** SUSTANTIVO
shooting (*de película*)
- **El coche está en rodaje.** The car's running in.

rodar* VERBO
[1] *to roll* ◇ *La pelota bajó rodando por la cuesta.* The ball rolled down the slope.
[2] *to shoot* ◇ *rodar una película* to shoot a film

rodear VERBO
to surround ◇ *el bosque que rodea el palacio* the forest that surrounds the palace
- **rodeado de** surrounded by ◇ *Siempre está rodeada de niños.* She's always surrounded by children.

la **rodilla** SUSTANTIVO
knee
- **ponerse de rodillas** to kneel down

el **rodillo** SUSTANTIVO
[1] *rolling pin* (*para amasar*)
[2] *roller* (*para pintar*)

rogar* VERBO
[1] *to beg* ◇ *Me rogó que le perdonara.* He begged me to forgive him.
[2] *to pray* (*rezar*) ◇ *Le rogué a Dios que se curara.* I prayed to God to make him better.
- **"Se ruega no fumar"** "Please do not smoke"

el **rojo** ADJETIVO, SUSTANTIVO
red ◇ *Va vestida de rojo.* She's wearing red.
- **ponerse rojo** to go red ◇ *Se puso rojo de vergüenza.* She went red with embarrassment.

el **rollo** SUSTANTIVO
roll (*de película, papel, tela*) ◇ *un rollo de papel higiénico* a roll of toilet paper
- **La conferencia fue un rollo.** The lecture was really boring.
- **¡Qué rollo de película!** What a boring film.
- **Nos soltó el rollo de siempre.** He gave us the same old lecture.

Roma SUSTANTIVO FEM
Rome

el **romano**, la **romana** ADJETIVO, SUSTANTIVO
Roman ◇ *los números romanos* Roman numerals
- **Es romano.** He's from Rome.
- **los romanos (1)** (*de la antigua Roma*) the

Romans
- **los romanos (2)** *(actualmente)* Romans

el **romántico, la romántica** ADJETIVO, SUSTANTIVO
romantic

el **rombo** SUSTANTIVO
rhombus (PL *rhombuses* o *rhombi*)

el **rompecabezas** SUSTANTIVO (PL los **rompecabezas**)
1. *jigsaw* *(de piezas)*
2. *puzzle* *(problema)*

romper* VERBO
1. *to break* *(cristal, objeto, pierna)* ◇ *Me rompí el brazo.* I broke my arm. ◇ *Se ha roto una taza.* A cup has got broken. ◇ *romper una promesa* to break a promise
2. *to tear up* *(papel)* ◇ *Rompí la foto de mi novia.* I tore up the photo of my girlfriend. ◇ *Rompió la carta a pedazos.* He tore the letter up.
- **Se ha roto una sábana.** A sheet has got torn.
- **Se me han roto los pantalones.** I've torn my trousers.
- **romper con alguien** to finish with somebody ◇ *Ha roto con el novio.* She has finished with her boyfriend.

el **ron** SUSTANTIVO
rum

roncar* VERBO
to snore

ronco ADJETIVO
hoarse
- **quedarse ronco** to go hoarse

la **ronda** SUSTANTIVO
round ◇ *Esta ronda la pago yo.* I'll get this round.
- **hacer la ronda** *(guarda, soldado)* to be on patrol

el **ronquido** SUSTANTIVO
snore

ronronear VERBO
to purr

la **ropa** SUSTANTIVO
clothes PL ◇ *Voy a cambiarme de ropa.* I'm going to change my clothes.
- **la ropa interior** underwear
- **ropa de deporte** sportswear
- **la ropa de cama** bed linen
- **la ropa lavada** the washing
- **la ropa sucia** the dirty washing

el **rosa** ADJETIVO, SUSTANTIVO
pink ◇ *Va vestida de rosa.* She's wearing pink.
- **Llevaba unos calcetines rosa.** He was wearing pink socks.

la **rosa** SUSTANTIVO
rose

rosado ADJETIVO
rosé

el **rosal** SUSTANTIVO
rosebush (PL *rosebushes*)

roto VERBO *ver* **romper**

roto ADJETIVO

1. *broken* *(cristal, objeto, brazo)*
2. *torn* *(papel, tela)*
3. *worn out* *(zapatos)*

el **roto** SUSTANTIVO
hole *(en prenda)*

la **rotonda** SUSTANTIVO
roundabout

el **rotulador** SUSTANTIVO
1. *felt-tip pen* *(para escribir, dibujar)*
2. *highlighter pen* *(fluorescente)*

el **rótulo** SUSTANTIVO
sign *(letrero)*

rozar* VERBO
to rub against ◇ *El perro me rozó los pantalones.* The dog rubbed against my trousers. ◇ *Los sofás rozan la pared.* The sofas are rubbing against the wall. ◇ *Las botas me rozan el tobillo.* My boots are rubbing against my ankle.
- **La rocé al pasar.** I brushed past her.

rubio ADJETIVO
fair ◇ *Luis tiene el pelo rubio.* Luis has got fair hair. ◇ *Yo soy morena pero mi hermana es rubia.* I'm dark but my sister is fair.
- **Es rubia con los ojos azules.** She has got fair hair and blue eyes.

Si nos referimos a un rubio tipo nórdico (rubio platino), o bien a un rubio teñido, se usa **blond** *(FEM:* **blonde**) *en lugar de* **fair**.
◇ *Quiero teñirme el pelo de rubio.* I want to dye my hair blond.

ruborizarse* VERBO
to blush

rudimentario ADJETIVO
basic

la **rueda** SUSTANTIVO
wheel ◇ *la rueda delantera* the front wheel ◇ *la rueda trasera* the back wheel
- **Se te ha pinchado la rueda.** You've got a puncture.
- **una rueda de prensa** a press conference

ruedo VERBO *ver* **rodar**

ruego VERBO *ver* **rogar**

el **rugby** SUSTANTIVO
rugby ◇ *jugar al rugby* to play rugby

rugir* VERBO
to roar

el **ruido** SUSTANTIVO
noise ◇ *¿Has oído ese ruido?* Did you hear that noise? ◇ *No hagáis tanto ruido.* Don't make so much noise.

ruidoso ADJETIVO
noisy

la **ruina** SUSTANTIVO
- **Su socio lo llevó a la ruina.** His business partner ruined him financially.
- **las ruinas** *(de edificio, ciudad)* the ruins ◇ *El castillo está en ruinas.* The castle is in ruins.

el **rulo** SUSTANTIVO
roller

la **rulot** SUSTANTIVO (PL las **rulots**)
caravan

la **rumana** SUSTANTIVO

R

Romanian

Rumanía SUSTANTIVO FEM
Romania

el **rumano** ADJETIVO, SUSTANTIVO
Romanian (*persona, idioma*)

la **rumba** SUSTANTIVO
rumba

el **rumor** SUSTANTIVO
[1] *rumour* ◇ *Corre el rumor de que se retira.* There's a rumour going round that he's retiring.
[2] *murmur* ◇ *el rumor de las olas* the murmur of the waves

rural ADJETIVO

rural

la **rusa** SUSTANTIVO
Russian

Rusia SUSTANTIVO FEM
Russia

el **ruso** ADJETIVO, SUSTANTIVO
Russian (*persona, idioma*)

la **ruta** SUSTANTIVO
route

la **rutina** SUSTANTIVO
routine
◆ **un chequeo de rutina** a routine check-up
◇ *la rutina diaria* the daily routine

S

el **sábado** SUSTANTIVO
Los días de la semana se escriben con mayúscula.
Saturday ◇ *La vi el sábado.* I saw her on Saturday. ◇ *todos los sábados* every Saturday ◇ *el sábado pasado* last Saturday ◇ *el sábado que viene* next Saturday ◇ *Jugamos los sábados.* We play on Saturdays.

la **sábana** SUSTANTIVO
sheet

saber* VERBO
[1] *to know* ◇ *No lo sé.* I don't know.
◇ *Sabe mucho de ordenadores.* He knows a lot about computers.
◆ **Lo dudo, pero nunca se sabe.** I doubt it, but you never know. ◇ *¡Y yo que sé!* How should I know?
[2] *to find out* ◇ *En cuanto lo supimos fuimos a ayudarle.* As soon as we found out, we went to help him.
◆ **No sé nada de ella.** I haven't heard from her.
◆ **que yo sepa** as far as I know
[3] *can* ◇ *No sabe nadar.* She can't swim.
◇ *¿Sabes inglés?* Can you speak English?
[4] *to taste* ◇ *Sabe a pescado.* It tastes of fish.
◆ **saberse** to know ◇ *Se sabe la lista de memoria.* He knows the list off by heart.

sabio ADJETIVO
wise

el **sabor** SUSTANTIVO
[1] *taste* ◇ *Tiene un sabor muy raro.* It's got a very strange taste.
[2] *flavour* ◇ *¿De qué sabor lo quieres?* What flavour do you want?

el **sabotaje** SUSTANTIVO
sabotage

sabré VERBO *ver* **saber**

sabroso ADJETIVO
tasty

el **sacacorchos** SUSTANTIVO (PL los sacacorchos)
corkscrew

el **sacapuntas** SUSTANTIVO (PL los sacapuntas)
pencil sharpener

sacar* VERBO
[1] *to take out* ◇ *Voy a sacar dinero del cajero.* I'm going to take some money out of the machine. ◇ *Se sacó las llaves del bolsillo.* He took the keys out of his pocket.
◇ *sacar la basura* to take the rubbish out
◆ **Me han sacado una muela.** I've had a tooth taken out.
◆ **sacar a pasear al perro** to take the dog out for a walk
◆ **sacar a alguien a bailar** to get somebody up for a dance
[2] *to get* ◇ *Yo sacaré las entradas.* I'll get the tickets. ◇ *sacar buenas notas* to get good marks
[3] *to release* ◇ *Han sacado un nuevo disco.* They've released a new record.
◆ **sacar algo adelante** (*proyecto, negocio*) to conclude
◆ **sacar una foto a alguien** to take a photo of somebody
◆ **sacar la lengua a alguien** to stick your tongue out at somebody
◆ **sacarse el carnet de conducir** to pass one's driving test
◆ **sacarse el título de abogado** to qualify as a lawyer
◆ **sacarse las botas** to take off one's boots

la **sacarina** SUSTANTIVO
saccharin

el **sacerdote** SUSTANTIVO
priest

el **saco** SUSTANTIVO
[1] *sack* ◇ *un saco de harina* a sack of flour
◆ **un saco de dormir** a sleeping bag
[2] *jacket* (*chaqueta*) *Latin America*

sacrificio SUSTANTIVO
sacrifice

sacudir VERBO
to shake ◇ *Hay que sacudir la alfombra.* The carpet needs shaking. ◇ *Un terremoto sacudió la ciudad.* An earthquake shook the city.

Sagitario SUSTANTIVO MASC
Sagittarius ◇ *Soy Sagitario.* I'm a Sagittarius.

sagrado ADJETIVO
[1] *sacred* (*lugar*)
[2] *holy* (*escrituras, altar*)

sal SUSTANTIVO
salt

sala SUSTANTIVO
[1] *room* (*habitación*)
[2] *ward* (*en hospital*)
[3] *hall* (*de conferencias, conciertos*)
- **sala de embarque** departure lounge
- **sala de espera** waiting room
- **sala de estar** living room
- **sala de fiestas** nightclub
- **sala de juegos recreativos** amusement arcade
- **sala de profesores** staffroom

salado ADJETIVO
[1] *salty* ◇ *La carne está muy salada.* The meat's very salty.
[2] *savoury* ◇ *¿Es dulce o salado?* Is it sweet or savoury?

salario SUSTANTIVO
pay
- **el salario mínimo** the minimum wage

salchicha SUSTANTIVO
sausage

salchichón SUSTANTIVO (PL los salchichones)
spiced salami sausage

saldo SUSTANTIVO
balance (*de cuenta*)
- **saldos** (*rebajas*) sales

saldré VERBO *ver* **salir**

salero SUSTANTIVO
salt cellar

salgo VERBO *ver* **salir**

salida SUSTANTIVO
[1] *exit* ◇ *salida de emergencia* emergency exit ◇ *salida de incendios* fire exit
- **a la salida del teatro** on the way out of the theatre
[2] *departure* ◇ *la terminal de salidas nacionales* the domestic departures terminal
- **El tren de Londres efectuará su salida por el andén número dos.** The London train will depart from platform two.
[3] *start* (*de una carrera*)
- **El juez dio la salida a la carrera.** The referee started the race.
- **la salida del sol** sunrise

salir* VERBO
[1] *to come out* ◇ *cuando salimos del cine* when we came out of the cinema ◇ *Acaba de salir un disco suyo.* A record of his has

just come out. ◇ *Nos levantamos antes de que saliera el sol.* We got up before the sun came out.
[2] *to go out* ◇ *¿Vas a salir esta noche?* Are you going out tonight?
- **Ha salido.** She's out.
- **salir con alguien** to go out with somebody ◇ *Está saliendo con un compañero de clase.* She's going out with one of her classmates.
[3] *to get out* ◇ *¡Sal de ahí ahora mismo!* Get out of here right now!
[4] *to leave* ◇ *El autocar sale a las ocho.* The coach leaves at eight. ◇ *Saldremos del hotel pronto.* We'll leave the hotel early. ◇ *Quiere salir del país.* She wants to leave the country.
[5] *to appear* ◇ *Su foto salió en todos los periódicos.* Her picture appeared in all the newspapers.
- **Sale a 10 libras por persona.** It works out at £10 each.
- **Me está saliendo una muela del juicio.** One of my wisdom teeth is coming through.
- **No sé cómo vamos a salir adelante.** I don't know how we're going to go on.
- **He intentado resolver el problema pero no me sale.** I've tried to solve the problem but I can't do it.
- **salir bien** to work out well ◇ *El plan salió bien.* The plan worked out well.
- **Espero que todo salga bien.** I hope everything works out all right.
- **salirse (1)** (*rebosar*) to boil over ◇ *Se ha salido la leche.* The milk's boiled over.
- **salirse (2)** (*filtrarse*) to leak ◇ *Se salía el aceite del motor.* Oil was leaking out of the engine.
- **salirse (3)** (*desviarse*) to come off ◇ *Nos salimos de la carretera.* We came off the road.
- **salirse (4)** to come out ◇ *Se ha salido el enchufe.* The plug has come out.

la **saliva** SUSTANTIVO
saliva

el **salmón** SUSTANTIVO (PL los salmones)
salmon
- **rosa salmón** salmon pink

el **salón** SUSTANTIVO (PL los salones)
[1] *living room* (*de una casa*)
- **salón de actos** meeting hall
- **salón de belleza** beauty salon
- **salón de juegos recreativos** amusement arcade
[2] *classroom* (*aula*) Mexico

la **salpicadera** SUSTANTIVO
mudguard Mexico

el **salpicadero** SUSTANTIVO
dashboard

salpicar* VERBO
to splash

la **salsa** SUSTANTIVO
[1] *sauce* ◇ *salsa de tomate* tomato sauce
[2] *salsa* (*música*)

S

el **saltamontes** SUSTANTIVO (PL los **saltamontes**)
grasshopper

saltar VERBO
to jump ◇ *El caballo saltó la valla.* The horse jumped over the wall. ◇ *saltar por la ventana* to jump out of the window
- **hacer saltar algo por los aires** to blow something up
- **saltarse** to skip ◇ *Nos saltamos el desayuno.* We skipped breakfast. ◇ *Te has saltado una página.* You've skipped a page.
- **saltarse un semáforo en rojo** to go through a red light

el **salto** SUSTANTIVO
1. *jump* (hacia arriba)
2. *dive* (en el agua)
- **dar un salto** to jump
- **salto de altura** high jump
- **salto de longitud** long jump
- **salto mortal** somersault
- **salto con pértiga** pole vault
- **salto de trampolín** springboard diving

la **salud** SUSTANTIVO
health

salud EXCLAMACIÓN
1. *cheers!* (al brindar)
2. *bless you!* (al estornudar)

saludable ADJETIVO
healthy

saludar VERBO
1. *to say hello* ◇ *Entré a saludarla.* I went in to say hello to her.
2. *to greet* ◇ *Me saludó dándome un beso.* He greeted me with a kiss.
- **Lo saludé desde la otra acera.** I waved to him from the other side of the street.
3. *to salute* (en el ejército)

el **saludo** SUSTANTIVO
1. *greeting* ◇ *No contestó a mi saludo.* He didn't respond to my greeting.
2. *regards* ◇ *Carolina te manda un saludo.* Carolina sends her regards. ◇ *Saludos cordiales.* Kind regards.
- **¡Saludos a Teresa de mi parte!** Say hello to Teresa for me!

salvaje ADJETIVO
wild

salvar VERBO
to save ◇ *Los bomberos nos salvaron del fuego.* The firemen saved us from the blaze. ◇ *Pocos se salvaron del naufragio.* Few were saved from the shipwreck.

el **salvavidas** SUSTANTIVO (PL los **salvavidas**)
lifebelt

salvo PREPOSICIÓN
except ◇ *todos salvo yo* everyone except me
- **salvo que** unless ◇ *Llegaré pronto, salvo que se retrase el avión.* I'll get there soon unless the plane's delayed.
- **estar a salvo** to be safe
- **Consiguieron ponerse a salvo.** They managed to reach safety.

San ADJETIVO
Saint ◇ *San Pedro* Saint Peter

la **sandalia** SUSTANTIVO
sandal
- **unas sandalias** a pair of sandals

la **sandía** SUSTANTIVO
watermelon

el **sandwich** SUSTANTIVO (PL los **sandwiches**)
1. *sandwich* (emparedado) (PL *sandwiches*)
2. *toasted sandwich* (caliente)

sangrar VERBO
to bleed ◇ *Me sangra la nariz.* My nose is bleeding.

la **sangre** SUSTANTIVO
blood

la **sangría** SUSTANTIVO
sangria (bebida)

la **sanidad** SUSTANTIVO
public health ◇ *una reforma de la sanidad pública* a reform in public health

sano ADJETIVO
healthy (con salud) ◇ *una dieta sana* a healthy diet
- **sano y salvo** safe and sound

la **santa** SUSTANTIVO
saint ◇ *Santa Clara* Saint Clara

santo ADJETIVO
holy

el **santo** SUSTANTIVO
1. *saint* ◇ *Santo Domingo* Saint Dominic
2. *name day*
Besides birthdays, some Spaniards also celebrate the feast day of the saint they are named after.

el **sapo** SUSTANTIVO
toad

el **saque** SUSTANTIVO
service (en tenis)
- **saque de esquina** corner
- **saque inicial** kick-off

el **sarampión** SUSTANTIVO (PL los **sarampiones**)
measles SING

sarcástico ADJETIVO
sarcastic

la **sardina** SUSTANTIVO
sardine

el/la **sargento** SUSTANTIVO
sergeant

el **sarpullido** SUSTANTIVO
rash (PL *rashes*) ◇ *Le ha salido un sarpullido en la cara.* His face has come out in a rash.

el **sarro** SUSTANTIVO
tartar

la **sarta** SUSTANTIVO
- **Nos contó una sarta de mentiras.** He told us a pack of lies.

la **sartén** SUSTANTIVO (PL las **sartenes**)
frying pan

el **sartén** SUSTANTIVO
Latin America (PL los **sartenes**)
frying pan

el **sastre** SUSTANTIVO

tailor

el **satélite** SUSTANTIVO
satellite ◇ *la televisión vía satélite*
satellite television

la **satisfacción** ADJETIVO (PL las **satisfacciones**)
satisfaction ◇ *Expresó su satisfacción por la victoria.* She expressed her satisfaction at the victory.
◆ **Recibió la noticia con satisfacción.** He was pleased to hear the news.

satisfactorio ADJETIVO
satisfactory

satisfecho ADJETIVO
satisfied ◇ *No estoy satisfecho con el resultado.* I'm not satisfied with the result.

la **sauna** SUSTANTIVO
sauna

el **saxofón** SUSTANTIVO (PL los **saxofones**)
saxophone

sazonar VERBO
to season

se PRONOMBRE

> *Cuando se funciona como complemento indirecto, junto a otro pronombre, se traduce por* **him, her, them** *o* **you,** *según nos refiramos a "él", "ella", "ellos" o "ellas" y "usted" o "ustedes".*

◇ *Pedro necesitaba la calculadora y se la dejé.* Pedro needed the calculator and I lent it to him. ◇ *No quiero que Rosa lo sepa. No se lo digas.* I don't want Rosa to know. Don't tell her. ◇ *He hablado con mis padres y se lo he explicado.* I've talked to my parents and explained it to them. ◇ *Aquí tiene las flores. ¿Se las envuelvo, señor?* Here are your flowers. Shall I wrap them for you, sir?

> *Pero cuando se repite el complemento, no se traduce.*

◇ *Dáselo a Enrique.* Give it to Enrique.
◇ *No se lo digas a Susana.* Don't tell Susana. ◇ *¿Se lo has preguntado a tus padres?* Have you asked your parents about it?

> *Cuando se tiene un valor reflexivo se traduce por* **himself, herself, itself, themselves, yourself** *o* **yourselves** *según nos refiramos a "él", "ella", "ellos" o "ellas", "usted" y "ustedes".*

◇ *Marcos se ha cortado con un cristal.* Marcos cut himself on a piece of broken glass. ◇ *Margarita se estaba preparando para salir.* Margarita was getting herself ready to go out. ◇ *La calefacción se apaga sola.* The heating turns itself off automatically. ◇ *¿Se ha hecho usted daño?* Have you hurt yourself?
◆ **Se está afeitando.** He's shaving.
◆ **Mi hermana nunca se queja.** My sister never complains.

> *Con partes del cuerpo o con prendas que se llevan puestas se usa el adjetivo posesivo.*

◇ *Pablo se lavó los dientes.* Pablo brushed his teeth. ◇ *Carmen no podía abrocharse el vestido.* Carmen couldn't do up her dress.

> *Cuando se tiene un valor recíproco se traduce por* **each other.**

◇ *Se dieron un beso.* They gave each other a kiss.

> *Cuando se tiene un valor impersonal suele traducirse por* **it** *o* **you.**

◇ *Se cree que el tabaco produce cáncer.* It is believed that smoking causes cancer. ◇ *Es lo que pasa cuando se come tan deprisa.* That's what happens when you eat so fast.
◆ **"se vende"** "for sale"

sé VERBO *ver* **saber**

sea VERBO *ver* **ser**

el **secador** SUSTANTIVO
hair dryer *

la **secadora** SUSTANTIVO
1 *tumble dryer* (*de ropa*)
2 *hair dryer* (*de pelo*) Mexico

secar* VERBO
to dry (*pelo, platos*) ◇ *Voy a secarme el pelo.* I'm going to dry my hair.
◆ **secarse** to dry ◇ *Sécate con la toalla.* Dry yourself with the towel.
◆ **¿Se ha secado ya la ropa?** Is the washing dry yet?
◆ **Se han secado las plantas.** The plants have dried up.

la **sección** SUSTANTIVO (PL las **secciones**)
1 *section* (*división*) ◇ *la sección de deportes del periódico* the sports section of the newspaper ◇ *la sección de cuerda* the string section
2 *department* (*en grandes almacenes*) ◇ *la sección de perfumería* the perfumery department

seco ADJETIVO
1 *dry* ◇ *El suelo ya está seco.* The floor's dry now. ◇ *Tiene una tos muy seca.* He's got a very dry cough.
2 *dried* ◇ *flores secas* dried flowers

el **secretario**

la **secretaria** SUSTANTIVO
secretary (PL *secretaries*)
◆ **una secretaria de dirección** a PA (= personal assistant)

el **secreto** SUSTANTIVO
secret ◇ *Te voy a contar un secreto.* I'm going to tell you a secret.
◆ **en secreto** in secret

secreto ADJETIVO
secret

la **secta** SUSTANTIVO
sect

el **sector** SUSTANTIVO
sector ◇ *el sector de la minería* the mining sector

la **secuencia** SUSTANTIVO
1 *sequence* (*de una película*)
2 *clip* (*de corta duración*)

el **secuestrador**, la **secuestradora** SUSTANTIVO
1 *kidnapper* (*de persona*)
2 *hijacker* (*de avión*)

secuestrar VERBO

S

① *to kidnap* (*persona*)
② *to hijack* (*avión*)
secundario ADJETIVO
  secondary
la **sed** SUSTANTIVO
  thirst
◆ **tener sed** to be thirsty ◇ *Tengo mucha sed.* I'm very thirsty.
la **seda** SUSTANTIVO
  silk ◇ *una camisa de seda* a silk shirt
el **sedal** SUSTANTIVO
  fishing line
el **sedante** SUSTANTIVO
  sedative
la **sede** SUSTANTIVO
  ① *headquarters* PL ◇ *la sede de la ONU en Zagreb* the UN headquarters in Zagreb
  ② *venue* ◇ *Barcelona fue la sede de los Juegos Olímpicos del 92.* Barcelona was the venue for the 1992 Olympics.
sediento ADJETIVO
  thirsty
segar* VERBO
  ① *to reap* (*trigo*)
  ② *to mow* (*hierba*)
seguido ADJETIVO
  in a row ◇ *La he visto tres días seguidos.* I've seen her three days in a row.
◆ **en seguida** straight away ◇ *En seguida estoy con usted.* I'll be with you straight away.
◆ **En seguida termino.** I'm just about to finish.
◆ **todo seguido** straight on ◇ *Vaya todo seguido hasta la plaza y luego...* Go straight on until the square and then...
seguir* VERBO
  ① *to carry on* (*acción, movimiento*)
  ◇ *¡Sigue, por favor!* Carry on, please!
  ◇ *Siguió hablando con nosotros.* He carried on speaking to us. ◇ *El ordenador seguía funcionando pese al apagón.* The computer carried on working despite the black out.
Cuando el verbo seguir *indica la continuidad de una situación, se traduce muchas veces por el adverbio "still".*
◆ **El ascensor sigue estropeado.** The lift's still not working.
◆ **Sigo sin comprender.** I still don't understand.
◆ **Sigue lloviendo.** It's still raining.
  ② *to follow* (*ir detrás*) ◇ *Tú ve primero que yo te sigo.* You go first and I'll follow you.
◆ **seguir adelante** to go ahead ◇ *Los Juegos Olímpicos siguieron adelante a pesar del atentado.* The Olympics went ahead despite the attack.
según PREPOSICIÓN
  ① *according to* ◇ *Según tú, no habrá problemas de entradas.* According to you there won't be any problems with the tickets.
  ② *depending on* ◇ *Iremos o no, según esté el tiempo.* We might go, depending on

the weather.
segundo ADJETIVO, PRONOMBRE (FEM **segunda**)
  second
◆ **el segundo plato** the second course
◆ **Vive en el segundo.** He lives on the second floor.
el **segundo** SUSTANTIVO
  second ◇ *Es un segundo nada más.* It'll only take a second.
seguramente ADVERBIO
  probably ◇ *Seguramente llegarán mañana.* They'll probably arrive tomorrow.
◆ **¿Lo va a comprar? – Seguramente.** Are you going to buy it? – Almost certainly.
la **seguridad** SUSTANTIVO
  ① *safety* (*falta de peligro*) ◇ *Hay que mejorar la seguridad en los autocares.* Safety on coaches must be improved.
  ② *security* (*prevención*) ◇ *Las medidas de seguridad son muy estrictas.* The security measures are very strict.
  ③ *certainty* (*certeza*) ◇ *con toda seguridad* with complete certainty
◆ **seguridad en uno mismo** self-confidence ◇ *Le falta seguridad en sí mismo.* He lacks self-confidence.
◆ **la seguridad social** social security
seguro ADJETIVO
  ① *safe* ◇ *Este avión es muy seguro.* This plane is very safe. ◇ *Aquí estaremos seguros.* We'll be safe here.
  ② *sure* ◇ *Estoy segura de que ganaremos.* I'm sure we'll win. ◇ *Pareces muy seguro.* You seem very sure. ◇ *Está muy seguro de sí mismo.* He's very sure of himself.
  ③ *certain* ◇ *No es seguro que vayan a venir.* It's not certain that they're going to come.
el **seguro** SUSTANTIVO
  insurance ◇ *el seguro del coche* car insurance
◆ **seguro de vida** life assurance
seis ADJETIVO, PRONOMBRE
  six
◆ **Son las seis.** It's six o'clock.
◆ **el seis de enero** the sixth of January
seiscientos ADJETIVO, PRONOMBRE (FEM **seiscientas**)
  six hundred
la **selección** SUSTANTIVO (PL las **selecciones**)
  ① *selection* ◇ *una selección de los mejores vídeos* a selection of the finest videos
  ② *team* ◇ *la selección nacional* the national team
seleccionar VERBO
  to pick ◇ *Lo seleccionaron para jugar en la Ryder Cup.* He was picked to play in the Ryder Cup.
sellar VERBO
  ① *to seal* (*carta, paquete*)

2 *to stamp* (*pasaporte*)

3 *to sign on* (*en el paro*)

sello SUSTANTIVO
1 *stamp* ⋄ *Colecciona sellos.* He collects stamps.
2 *seal* ⋄ *El producto lleva un sello de calidad.* The product bears a seal of quality.

selva SUSTANTIVO
jungle
◆ **la selva tropical** the rainforest

semáforo SUSTANTIVO
traffic lights PL
◆ **un semáforo en rojo** a red light

semana SUSTANTIVO
week ⋄ *dentro de una semana* in a week's time ⋄ *una vez a la semana* once a week
◆ **entre semana** during the week
◆ **Semana Santa** Holy Week

semanal ADJETIVO
weekly

sembrar* VERBO
1 *to plant* (*flor, patata*)
2 *to sow* (*semillas*)

semejante ADJETIVO
1 *similar* (*parecido*) ⋄ *Tenemos los rasgos muy semejantes.* We have very similar features.
2 *such* ⋄ *Nunca he dicho semejante cosa.* I've never said such a thing.

semicírculo SUSTANTIVO
semicircle

semifinal SUSTANTIVO
semi-final

semilla SUSTANTIVO
seed

senado SUSTANTIVO
senate

senador, la senadora SUSTANTIVO
senator

sencillamente ADVERBIO
simply ⋄ *Es sencillamente imposible.* It's simply impossible.

sencillo ADJETIVO
1 *simple* ⋄ *Es muy sencillo.* It's really simple. ⋄ *un vestido sencillo* a simple dress
2 *modest* ⋄ *Es muy sencillo en el trato.* He has a very modest manner.

sencillo SUSTANTIVO
1 *single* (*disco*)
2 *small change* (*dinero suelto*)
Latin America

senderismo SUSTANTIVO
trekking

sendero SUSTANTIVO
path

sensación SUSTANTIVO (PL las **sensaciones**)
feeling ⋄ *Tengo la sensación de que mienten.* I get the feeling they're lying. ⋄ *una sensación de picor* an itchy feeling

sensacional ADJETIVO
sensational

sensato ADJETIVO
sensible ⋄ *Lo sensato sería no moverse de aquí.* The sensible thing would be not to

move from here.

sensible ADJETIVO
sensitive ⋄ *Es un chico muy sensible.* He's a very sensitive boy. ⋄ *Tengo los ojos muy sensibles.* My eyes are very sensitive.

sensual ADJETIVO
sensuous

sentado ADJETIVO
◆ **estar sentado** to be sitting down

sentar* VERBO
1 *to suit* ⋄ *Ese vestido te sienta muy bien.* That dress really suits you.
2 *to agree with* ⋄ *No me sienta bien cenar tanto.* Having so much dinner doesn't agree with me. ⋄ *El arroz me sentó mal.* The rice didn't agree with me.
◆ **Le ha sentado mal que no lo invitaras a la boda.** He was put out that you didn't invite him to the wedding.
◆ **sentarse** to sit down ⋄ *Se sentó en el sofá.* She sat down on the sofa. ⋄ *Por favor, siéntese.* Please sit down.

la **sentencia** SUSTANTIVO
sentence

el **sentido** SUSTANTIVO
1 *sense* ⋄ *No tiene sentido.* It doesn't make sense.
2 *meaning* (*significado*) ⋄ *palabras con doble sentido* words with a double meaning
◆ **sentido común** common sense
◆ **sentido del humor** sense of humour
◆ **una calle de sentido único** a one-way street
◆ **en algún sentido** in some respects
◆ **en cierto sentido** in a certain sense

sentimental ADJETIVO
sentimental

el **sentimiento** SUSTANTIVO
feeling

sentir* VERBO
1 *to feel* ⋄ *Sentí un dolor en la pierna.* I felt a pain in my leg.
◆ **De pronto sentí un poco de frío.** Suddenly I felt a bit cold.
2 *to hear* ⋄ *No la sentí entrar.* I didn't hear her come in.
3 *to be sorry* ⋄ *Lo siento.* I'm sorry. ⋄ *Lo siento mucho.* I'm very sorry. ⋄ *Siento llegar tarde.* I'm sorry I'm late.
◆ **sentirse** to feel ⋄ *No me siento nada bien.* I don't feel at all well.

la **seña** SUSTANTIVO
sign ⋄ *Les hice una seña.* I made a sign to them. ⋄ *Nos comunicábamos por señas.* We communicated by signs.
◆ **señas** (*domicilio*) address

la **señal** SUSTANTIVO
1 *sign*
◆ **señal de tráfico** road sign
◆ **señal indicadora** signpost
◆ **señal de llamada** (*al teléfono*) dialling tone
2 *signal* ⋄ *Yo daré la señal.* I'll give the signal.
◆ **Les hice una señal para que se fueran.** I signalled to them to go.

S

③ *deposit* ◇ *Dimos una señal de 5.000 pesetas.* We paid a deposit of 5,000 pesetas.

señalar VERBO
  to mark ◇ *Señálalo con un bolígrafo rojo.* Mark it with a red pen.
 ✦ **señalar con el dedo** to point

señalizar* VERBO
  ① *to indicate* (*con la mano*)
  ② *to signpost* (*camino, carretera*)

el **señor** SUSTANTIVO
  ① *man* (PL *men*) ◇ *Este señor ha llegado antes que yo.* This man was before me.
 ✦ **¿Le ocurre algo, señor?** Is there something the matter?
 ✦ **¿Qué le pongo, señor?** What would you like, sir?
  ② *Mr* ◇ *el señor Delgado* Mr Delgado
  ③ *lord* ◇ *un señor feudal* a feudal lord
 ✦ **Muy señor mío...** Dear Sir...
 ✦ **el señor alcalde** the mayor

la **señora** SUSTANTIVO
  ① *lady* (PL *ladies*) ◇ *Deja pasar a esta señora.* Let the lady past.
 ✦ **¿Le ocurre algo, señora?** Is there something the matter?
 ✦ **¿Qué le pongo, señora?** What would you like, madam?
  ② *Mrs* ◇ *la señora Delgado* Mrs Delgado
  La forma abreviada **Mrs** *se usa en inglés cuando queremos especificar que la mujer está casada, pero cuando no damos importancia a este hecho, se prefiere el uso de* **Ms**.
  ③ *wife* ◇ *Vino con su señora.* He came with his wife.

la **señorita** SUSTANTIVO
  young lady ◇ *Deja pasar a esta señorita.* Let the young lady past. ◇ *la señorita Delgado* Miss Delgado
  La forma abreviada **Miss** *se usa en inglés cuando queremos especificar que la mujer es soltera, pero cuando no damos importancia a este hecho, se prefiere el uso de* **Ms**.

sepa VERBO *ver* **saber**

la **separación** SUSTANTIVO (PL las **separaciones**)
  ① *separation* (*entre personas, de matrimonio*)
  ② *gap* (*entre objetos*) ◇ *Había una gran separación entre el andén y la vía.* There was a large gap between the platform and the rails.

separado ADJETIVO
  ① *separate* ◇ *Duermen en camas separadas.* They sleep in separate beds.
 ✦ **por separado** separately
  ② *separated* ◇ *Está separado de su mujer.* He's separated from his wife.

separar VERBO
  to separate
 ✦ **separarse (1)** (*matrimonio*) to separate
 ✦ **separarse (2)** (*novios, grupo*) to split up

septiembre SUSTANTIVO MASC
  Los meses se escriben con mayúscula.
  September ◇ *en septiembre* in

September ◇ *Ella nació el 11 de septiembre.* She was born on 11 September.

séptimo ADJETIVO, PRONOMBRE (FEM **séptima**)
  seventh
 ✦ **Vivo en el séptimo.** I live on the seventh floor.

la **sequía** SUSTANTIVO
  drought

ser* VERBO
  to be ◇ *Es muy alto.* He's very tall. ◇ *Es médico.* He's a doctor. ◇ *La fiesta va a ser en su casa.* The party's going to be in her house. ◇ *Fue construido en 1960.* It was built in 1960. ◇ *Era de noche.* It was night.
 ✦ **Soy Lucía.** (*al teléfono*) It's Lucía.
 ✦ **Son las seis y media.** It's half past six.
 ✦ **Éramos cinco en el coche.** There were five of us in the car.
  Cuando en español decimos somos tres, son ocho, *esta estructura se traduce al inglés por* there are + *el número* + of us, of them, *etc.*
 ✦ **¡Es cierto!** That's right!
 ✦ **Me es imposible asistir.** It's impossible for me to attend.
 ✦ **ser de (1)** (*pertenecer a*) It's Joaquín's.
 ✦ **ser de (2)** (*venir de*) to be from ◇ *¿De dónde eres?* Where are you from? ◇ *Ella es de Santander.* She's from Santander.
 ✦ **ser de (3)** (*estar hecho de*) to be made of ◇ *Es de piedra.* It's made of stone.
 ✦ **a no ser que...** unless... ◇ *a no ser que salgamos mañana* unless we leave tomorrow
 ✦ **O sea, que no vienes.** So you're not coming.
 ✦ **mis hijos, o sea, Juan y Pedro** my children, that is, Juan and Pedro

el **ser** SUSTANTIVO
  being
 ✦ **un ser humano** a human being
 ✦ **un ser vivo** a living being

la **serie** SUSTANTIVO
  series ◇ *Tuvimos una serie de reuniones.* We had a series of meetings. ◇ *una serie policíaca* a police series

serio ADJETIVO
  serious
 ✦ **en serio** seriously ◇ *No hablaba en serio.* I wasn't speaking seriously.
 ✦ **¿Lo dices en serio?** Do you really mean it?

el **sermón** SUSTANTIVO (PL los **sermones**)
  sermon

la **serpiente** SUSTANTIVO
  snake
 ✦ **una serpiente de cascabel** a rattlesnake

serrar* VERBO
  to saw

el **serrucho** SUSTANTIVO
  saw

servicial ADJETIVO
  helpful

el **servicio** SUSTANTIVO
  ① *service* ◇ *el servicio militar* national service ◇ *El servicio no va incluido.* Service is not included.

✦ **Tenemos servicio a domicilio.** We have a home delivery service.

✦ **estar de servicio** to be on duty
[2] *toilet* ◇ *Está en el servicio.* He's in the toilet.

✦ **el servicio de caballeros** the gents'

✦ **el servicio de señoras** the ladies'

✦ **Al servicio, Costa.** *(en tenis)* Costa to serve.

▮ **servilleta** SUSTANTIVO
napkin

servir* VERBO
[1] *to be useful for* ◇ *Estas bolsas sirven para guardar alimentos.* These bags are useful for storing food.

✦ **¿Para qué sirve esto?** What's this for?

✦ **Esta radio aún sirve.** This radio still works.
[2] *to serve* ◇ *Yo serviré la cena.* I'll serve supper.

✦ **Sírveme un poco más de vino.** Give me a little bit more wine.

✦ **Trabaja sirviendo mesas.** She works as a waitress.

✦ **no servir para nada** to be useless

✦ **¿En qué puedo servirlo?** How can I help you?

sesenta ADJETIVO, PRONOMBRE
sixty ◇ *Tiene sesenta años.* He's sixty.

✦ **el sesenta aniversario** the sixtieth anniversary

▮ **sesión** SUSTANTIVO (PL las **sesiones**)
[1] *session* ◇ *una sesión parlamentaria* a parliamentary session
[2] *showing* ◇ *Fuimos a la última sesión del sábado.* We went to the last showing on Saturday night.

▮ **seta** SUSTANTIVO
mushroom

✦ **seta venenosa** toadstool

setecientos ADJETIVO, PRONOMBRE (FEM **setecientas**)
seven hundred

setenta ADJETIVO, PRONOMBRE
seventy ◇ *Tiene setenta años.* He's seventy.

✦ **el setenta aniversario** the seventieth anniversary

▮ **seto** SUSTANTIVO
hedge

▮ **seudónimo** SUSTANTIVO
pseudonym

severo ADJETIVO
[1] *strict* *(profesor)*
[2] *harsh* *(críticas, castigo, invierno)*

Sevilla SUSTANTIVO FEM
Seville

▮ **sexista** ADJETIVO, SUSTANTIVO
sexist

▮ **sexo** SUSTANTIVO
sex

sexto ADJETIVO, PRONOMBRE (FEM **sexta**)
sixth

✦ **Vivo en el sexto.** I live on the sixth floor.

sexual ADJETIVO
sexual ◇ *acoso sexual* sexual harrassment

✦ **educación sexual** sex education

la **sexualidad** SUSTANTIVO
sexuality

si CONJUNCIÓN
[1] *if* ◇ *Si quieres, te dejo el coche.* I'll lend you the car if you like. ◇ *¿Sabes si hemos cobrado ya?* Do you know if we've been paid yet?

✦ **¿Y si llueve?** And what if it rains?

✦ **Si me hubiera tocado la lotería...** If only I had won the lottery...
[2] *whether* ◇ *No sé si ir o no.* I don't know whether to go or not.

✦ **si no (1)** otherwise ◇ *Ponte crema. Si no, te quemarás.* Put some cream on, otherwise you'll get sunburned.

✦ **si no (2)** if...not ◇ *Avisadme si no podéis venir.* Let me know if you can't come.

sí (1) ADVERBIO
yes ◇ *¿Te gusta? – Sí.* Do you like it? – Yes. ◇ *¿Te apetece un café? – Sí, gracias.* Do you fancy a coffee? – Yes, please.

✦ **Creo que sí.** I think so.

✦ **Él no quiere pero yo sí.** He doesn't want to but I do.

sí (2) PRONOMBRE

Cuando tiene un valor reflexivo, sí se traduce por **himself, herself, itself** *o* **themselves,** *o por el pronombre* **yourself** *o* **yourselves** *cuando nos referimos a "usted", "ustedes".*

◇ *Sólo habla de sí mismo.* He only talks about himself. ◇ *Se perjudica a sí misma.* She's harming herself. ◇ *Pregúntese a sí mismo el motivo.* Ask yourself the reason. ◇ *La pregunta en sí no era difícil.* The question itself wasn't difficult. ◇ *Hablaban entre sí.* They were talking among themselves.

✦ **La Tierra gira sobre sí misma.** The Earth turns on its own axis.

Cuando se usa con valor impersonal se traduce por **yourself.**

◇ *Es mejor aprender las cosas por sí mismo.* It's better to learn things by yourself.

Sicilia SUSTANTIVO FEM
Sicily

el **sida** SUSTANTIVO
AIDS

la **sidra** SUSTANTIVO
cider

siego VERBO *ver* **segar**

siembro VERBO *ver* **sembrar**

siempre ADVERBIO
always ◇ *Siempre llega tarde.* She always arrives late.

✦ **como siempre** as usual

✦ **para siempre** forever ◇ *Su vida cambió para siempre.* Her life changed forever.

✦ **siempre y cuando** provided ◇ *siempre y cuando acepte nuestras condiciones* provided he accepts our conditions

siendo VERBO *ver* **ser**

siento VERBO *ver* **sentir**

la **sierra** SUSTANTIVO

S

[1] *saw* (*herramienta*)
[2] *mountain range* (*cordillera*)
+ **Tenemos una casa en la sierra.** We have a house in the mountains.

la **siesta** SUSTANTIVO
nap
+ **echarse la siesta** to have a nap
+ **la hora de la siesta** siesta time

siete ADJETIVO, PRONOMBRE
seven
+ **Son las siete.** It's seven o'clock.
+ **el siete de marzo** the seventh of March

las **siglas** SUSTANTIVO
abbreviation SING

el **siglo** SUSTANTIVO
century (PL *centuries*) ◇ *el siglo 20* the 20th century

el **significado** SUSTANTIVO
meaning

significar* VERBO
[1] *to mean* ◇ *¿Qué significa "wild"?* What does "wild" mean? ◇ *No sé lo que significa.* I don't know what it means.
[2] *to stand for* (*con siglas*) ◇ *"B.C."* *significa "before Christ".* "B.C." stands for "before Christ".

significativo ADJETIVO
significant

el **signo** SUSTANTIVO
sign ◇ *Ese apetito es signo de buena salud.* Such an appetite is a sign of good health.
+ **¿De qué signo del zodíaco eres?** What star sign are you?
+ **signo de admiración** exclamation mark
+ **signo de interrogación** question mark

siguiendo VERBO *ver* **seguir**

siguiente ADJETIVO
next ◇ *el siguiente vuelo* the next flight ◇ *Al día siguiente visitamos Toledo.* The next day we visited Toledo.
+ **¡Que pase el siguiente, por favor!** Next please!

la **sílaba** SUSTANTIVO
syllable

silbar VERBO
to whistle

el **silbato** SUSTANTIVO
whistle

el **silbido** SUSTANTIVO
whistle

el **silencio** SUSTANTIVO
silence
+ **guardar silencio** to keep quiet
+ **¡Silencio!** Quiet!

silencioso ADJETIVO
silent

la **silla** SUSTANTIVO
chair
+ **silla de montar** saddle
+ **silla de paseo** (*de bebé*) pushchair
+ **silla de ruedas** wheelchair

el **sillín** SUSTANTIVO (PL los **sillines**)

saddle

el **sillón** SUSTANTIVO (PL los **sillones**)
armchair

la **silueta** SUSTANTIVO
outline
+ **Tiene una silueta perfecta.** She has a perfect figure.

el **símbolo** SUSTANTIVO
symbol

simpático ADJETIVO
nice ◇ *Estuvo muy simpática con todos.* She was very nice to everybody. ◇ *Los cubanos son muy simpáticos.* Cubans are very nice people.
+ **Me cae simpático.** I think he's really nice.

simple ADJETIVO
simple

simplemente ADVERBIO
simply

simultáneo ADJETIVO
simultaneous

sin PREPOSICIÓN
without ◇ *Es peligroso ir en moto sin casco.* It's dangerous to ride a motorbike without a helmet. ◇ *Salió sin hacer ruido.* She went out without making a noise. ◇ *sin que él se diera cuenta* without him realising ◇ *sin hablar* without speaking
+ **He dejado el crucigrama sin terminar.** I left the crossword unfinished.
+ **Me quedé sin habla.** I was speechless.
+ **la gente sin hogar** the homeless

sincero ADJETIVO
honest ◇ *Fui sincera con él.* I was honest with him.

el/la **sindicalista** SUSTANTIVO
trade unionist

el **sindicato** SUSTANTIVO
trade union

la **sinfonía** SUSTANTIVO
symphony (PL *symphonies*)

el **singular** ADJETIVO, SUSTANTIVO
singular
+ **en singular** in the singular

siniestro ADJETIVO
sinister

sino CONJUNCIÓN
but ◇ *No son ingleses sino galeses.* They're not English, but Welsh.
+ **No hace sino pedirnos dinero.** All he does is ask us for money.
+ **No solo nos ayudó, sino que también nos invitó a cenar.** He didn't just help us, he also bought us dinner.

sintético ADJETIVO
synthetic

sintiendo VERBO *ver* **sentir**

el **síntoma** SUSTANTIVO
symptom

el/la **sinvergüenza** SUSTANTIVO
crook (*canalla*)
+ **Es una sinvergüenza.** She's shameless.

siquiera ADVERBIO

- **ni siquiera** not even ◇ *Ni siquiera me dirigió la palabra.* She didn't even acknowledge me.

sirena SUSTANTIVO
1 *siren* (*de alarma*)
2 *mermaid* (*personaje mitológico*)

sirviendo VERBO *ver* **servir**

sirvienta SUSTANTIVO
maid

sirviente SUSTANTIVO
servant

sistema SUSTANTIVO
system

sitio SUSTANTIVO
1 *place* ◇ *un sitio tranquilo* a peaceful place
- **cambiar algo de sitio** to move something around
- **en cualquier sitio** anywhere
- **en algún sitio** somewhere
- **en ningún sitio** nowhere
2 *room* ◇ *Hay sitio de sobra.* There's room to spare.
- **Hemos hecho sitio para ti en el coche.** We've made room for you in the car.

situación SUSTANTIVO (PL las **situaciones**)
situation

situado ADJETIVO
- **está situado en...** it's situated in...

sobaco SUSTANTIVO
armpit

soborno SUSTANTIVO
1 *bribery* (*delito*)
2 *bribe* (*cantidad de dinero*)
- **Denunció un intento de soborno.** He reported an attempted bribe.

sobra SUSTANTIVO FEM
- **Tenemos comida de sobra.** We've got more than enough food.
- **Sabes de sobra que yo no he sido.** You know full well that it wasn't me.
- **las sobras** (*de comida*) the leftovers

sobrar VERBO
1 *to be more than enough* ◇ *Con este dinero sobrará.* This money will be more than enough.
2 *to be left over* ◇ *Ha sobrado mucha comida.* There's plenty of food left over.
3 *to be spare* ◇ *Esta pieza sobra.* This piece is spare.
- **Este ejemplo sobra.** This example is unnecessary.

sobre PREPOSICIÓN
1 *on* ◇ *Dejó el dinero sobre la mesa.* He left the money on the table.
2 *about* ◇ *información sobre vuelos* information about flights ◇ *un documental sobre el Caribe* a documentary about the Caribbean
- **sobre las seis** at about six o'clock
- **sobre todo** above all

sobre SUSTANTIVO
envelope

sobredosis SUSTANTIVO (PL las **sobredosis**)
overdose

sobrenatural ADJETIVO
supernatural

el **sobresaliente** SUSTANTIVO
distinction

sobrevivir VERBO
to survive

la **sobrina** SUSTANTIVO
niece

el **sobrino** SUSTANTIVO
nephew
- **mis sobrinos (1)** (*varones*) my nephews
- **mis sobrinos (2)** (*varones y mujeres*) my nieces and nephews

sobrio ADJETIVO
sober

la **socia** SUSTANTIVO
1 *partner* (*en negocio*)
2 *member* (*de club, organización*)

social ADJETIVO
social

el **socialismo** SUSTANTIVO
socialism

el/la **socialista** ADJETIVO, SUSTANTIVO
socialist

la **sociedad** SUSTANTIVO
society (PL *societies*)

el **socio** SUSTANTIVO
1 *partner* (*en negocio*)
2 *member* (*de club, organización*)

la **sociología** SUSTANTIVO
sociology

el **socorrismo** SUSTANTIVO
life-saving

el/la **socorrista** SUSTANTIVO
lifeguard

el **socorro** SUSTANTIVO
help
- **pedir socorro** to ask for help
- **Acudió en su socorro.** She went to his aid.

socorro EXCLAMACIÓN
help!

la **soda** SUSTANTIVO
soda

el **sofá** SUSTANTIVO (PL los **sofás**)
sofa
- **un sofá-cama** a sofa bed

sofisticado ADJETIVO
sophisticated

el **software** SUSTANTIVO
software

sois VERBO *ver* **ser**

la **soja** SUSTANTIVO
soya

el **sol** SUSTANTIVO
sun
- **estar al sol** to be in the sun
- **Hace sol.** It's sunny.
- **tomar el sol** to sunbathe

solamente ADVERBIO
only

el **soldado** SUSTANTIVO
soldier

soleado ADJETIVO

S

sunny

la **soledad** SUSTANTIVO
loneliness

soler* VERBO
> En presente, soler *se traduce por el adverbio* **usually**.
> ◇ *Suele salir a las ocho.* He usually leaves at eight.
> En pasado, soler *se traduce por la construcción* **used to**.
+ **Solíamos ir todos los años a la playa.** We used to go to the beach every year.

solicitar VERBO
[1] *to ask for* (ayuda, información)
[2] *to apply for* (empleo, puesto)

la **solicitud** SUSTANTIVO
[1] *application* (de trabajo)
+ **presentar una solicitud** to submit an application
[2] *request* (de ayuda, información)

sólido ADJETIVO
solid

solitario ADJETIVO
solitary

sollozar* VERBO
to sob

solo ADJETIVO
[1] *alone* ◇ *¡Déjame solo!* Leave me alone!
◇ *Me quedé solo.* I was left alone.
+ **¿Estás solo?** Are you on your own?
+ **Lo hice solo.** I did it on my own.
[2] *lonely* ◇ *A veces me siento solo.* Sometimes I feel lonely.
[3] *single* (uso enfático) ◇ *No hubo una sola queja.* There wasn't a single complaint.
+ **Había un solo problema.** There was just one problem.
+ **Habla solo.** He talks to himself.
+ **un café solo** a black coffee

el **solo** SUSTANTIVO
solo ◇ *un solo de guitarra* a guitar solo

sólo ADVERBIO
only ◇ *Sólo cuesta diez libras.* It only costs ten pounds. ◇ *Era sólo una idea.* It was only an idea. ◇ *Yo también fumo, sólo que en pipa.* I smoke as well, only a pipe.
+ **no sólo...sino...** not only...but... ◇ *No sólo es barato sino de buena calidad.* It's not only cheap, but it's good quality too.

el **solomillo** SUSTANTIVO
sirloin

soltar* VERBO
[1] *to let go of* ◇ *Suelta la cerilla o te quemarás.* Let go of the match or you'll burn yourself. ◇ *No sueltes la cuerda.* Don't let go of the rope.
+ **¡Suéltame!** Let me go!
[2] *to put down* ◇ *Soltó la bolsa de la compra en un banco.* She put her shopping bag down on a bench.
[3] *to release* ◇ *Han soltado a los rehenes.* They've released the hostages.
[4] *to let out* (suspiro, grito) ◇ *Solté un*

suspiro de alivio. I let out a sigh of relief.

la **soltera** SUSTANTIVO
single woman
+ **Es soltera.** She's single.

soltero ADJETIVO
single ◇ *Es soltero.* He's single.

el **soltero** SUSTANTIVO
bachelor

la **solución** SUSTANTIVO (PL las **soluciones**)
[1] *solution* (de problema)
[2] *answer* (de crucigrama, preguntas)

solucionar VERBO
to solve
+ **un problema sin solucionar** an unsolved problem

la **sombra** SUSTANTIVO
[1] *shade* ◇ *Prefiero quedarme en la sombra.* I prefer to stay in the shade.
[2] *shadow* ◇ *Sólo vi una sombra.* I only saw a shadow.
+ **sombra de ojos** eye shadow

el **sombrero** SUSTANTIVO
hat

la **sombrilla** SUSTANTIVO
[1] *parasol* (de mano)
[2] *sunshade* (de playa)

el **somier** SUSTANTIVO
mattress base

el **somnífero** SUSTANTIVO
sleeping pill

el **sonajero** SUSTANTIVO
rattle

sonar* VERBO
[1] *to sound* ◇ *Sonabas un poco triste por teléfono.* You sounded a bit sad on the phone.
+ **Escríbelo tal y como suena.** Write it down just the way it sounds.
[2] *to play* (música) ◇ *Sonaba una canción de Madonna por la radio.* They were playing a Madonna song on the radio.
[3] *to ring* (timbre, teléfono)
[4] *to go off* (despertador)
+ **Me suena esa cara.** That face rings a bell.
+ **sonarse la nariz** to blow one's nose

el **sondeo** SUSTANTIVO
+ **un sondeo de opinión** an opinion poll

el **sonido** SUSTANTIVO
sound

sonreír* VERBO
to smile ◇ *Me sonrió.* She smiled at me.

la **sonrisa** SUSTANTIVO
smile

sonrojarse VERBO
to blush

soñar* VERBO
to dream ◇ *Ayer soñé con él.* I dreamed about him yesterday.

la **sopa** SUSTANTIVO
soup ◇ *sopa de pescado* fish soup

soplar VERBO
to blow ◇ *¡Sopla con fuerza!* Blow hard!
◇ *Soplaba un viento fuerte.* A strong wind

was blowing.

soportar VERBO
to stand ◇ *No lo soporto.* I can't stand him. ◇ *No soporta que la critiquen.* She can't stand being criticised.

soprano SUSTANTIVO
soprano

sorber VERBO
to sip

sordo ADJETIVO
deaf
• **quedarse sordo** to go deaf

sordomudo ADJETIVO
deaf and dumb

sorprendente ADJETIVO
surprising

sorprender VERBO
to surprise ◇ *No me sorprende.* It doesn't surprise me.
• **Me sorprendí al verlo allí.** I was surprised to see him there.

sorpresa SUSTANTIVO
surprise ◇ *¡Qué sorpresa!* What a surprise!
• **coger a alguien de sorpresa** to take somebody by surprise

sorteo SUSTANTIVO
draw

sortija SUSTANTIVO
ring

soso ADJETIVO
1 *dull* (*persona*)
2 *bland* (*sin sabor*)
• **Estas patatas fritas están sosas.** (*sin sal*) These chips need more salt.

sospechar VERBO
to suspect ◇ *Sospechan de él.* They suspect him.

sospechoso, la sospechosa
SUSTANTIVO
suspect

sospechoso ADJETIVO
suspicious

sostén SUSTANTIVO (PL los **sostenes**)
bra

sostener* VERBO
1 *to support* ◇ *Está sostenido por cuatro columnas.* It is supported by four columns.
2 *to hold* ◇ *Sostuvieron la caja entre los dos.* They held the box between the two of them.
• **¿Puedes sostener la puerta un momento?** Can you hold the door open for a moment?
• **La sombrilla no se sostiene con el viento.** The sunshade won't stay up in the wind.

sota SUSTANTIVO
jack

sótano SUSTANTIVO
1 *basement* (*habitable*)
2 *cellar* (*para almacenar cosas*)

soy VERBO *ver* **ser**

spot SUSTANTIVO
• **un spot publicitario** a commercial

Sr. ABREVIATURA

Mr.

Sra. ABREVIATURA
Mrs.

*La forma abreviada **Mrs** se usa en inglés cuando queremos especificar que la mujer está casada, pero cuando no damos importancia a este hecho, se prefiere el uso de **Ms**.*

Srta. ABREVIATURA
Miss

*La forma abreviada **Miss** se usa en inglés cuando queremos especificar que la mujer es soltera, pero cuando no damos importancia a este hecho, se prefiere el uso de **Ms**.*

su ADJETIVO
1 *his* (*de él*) ◇ *su máquina de afeitar* his razor ◇ *sus padres* his parents
2 *her* (*de ella*) ◇ *su falda* her skirt ◇ *sus amigas* her friends
3 *its* (*de cosa, animal*) ◇ *un oso y su cachorro* a bear and its cub ◇ *el coche y sus accesorios* the car and its fittings
4 *their* (*de ellos, ellas*) ◇ *su equipo favorito* their favourite team ◇ *sus amigos* their friends
5 *your* (*de usted, ustedes*) ◇ *Su abrigo, señora.* Your coat, madam. ◇ *No olviden sus paraguas.* Don't forget your umbrellas.

suave ADJETIVO
1 *smooth* (*piel, superficie*)
2 *soft* (*pelo*)
3 *gentle* (*brisa, caricia, voz*)
4 *mild* (*clima, temperaturas*)

el **suavizante** SUSTANTIVO
1 *conditioner* (*de pelo*)
2 *fabric conditioner* (*de ropa*)

la **subasta** SUSTANTIVO
auction

el **subcampeón, la subcampeona**
SUSTANTIVO (MASC PL los **subcampeones**)
runner-up (PL *runners-up*)

subdesarrollado ADJETIVO
underdeveloped

el **subdirector, la subdirectora**
SUSTANTIVO
1 *deputy head* (*de colegio*)
2 *deputy director* (*de organización*)
3 *deputy manager* (*deputy manageress*) (*de empresa*)

la **subida** SUSTANTIVO
1 *rise* ◇ *una subida de los precios* a rise in prices
2 *ascent* ◇ *una subida muy empinada* a very steep ascent

subir VERBO
1 *to go up* ◇ *Subimos la cuesta.* We went up the hill. ◇ *La gasolina ha vuelto a subir.* Petrol's gone up again.
2 *to come up* ◇ *Sube, que te voy a enseñar unos discos.* Come up, I've got some records to show you.
3 *to climb* (*montaña*) ◇ *subir una montaña* to climb a mountain
4 *to take up* ◇ *¿Me puedes ayudar a subir las maletas?* Can you help me to take

S

up the cases?

⑤ *to put up* ◇ *Los taxistas han subido sus tarifas.* Taxi drivers have put their fairs up.

⑥ *to raise* ◇ *Sube los brazos.* Raise your arms.

⑦ *to turn up* ◇ *Sube la radio, que no se oye.* Turn the radio up, I can't hear it.
- **subirse a (1)** (*coche*) to get into
- **subirse a (2)** (*bici*) to get onto
- **subirse a (3)** (*autobús, tren, avión*) to get on
- **subirse a un árbol** to climb a tree

el **subjuntivo** SUSTANTIVO
subjunctive

el **submarino** SUSTANTIVO
submarine

subrayar VERBO
to underline

el **subsidio** SUSTANTIVO
subsidy (PL *subsidies*) ◇ *subsidio de paro* unemployment benefit

el **subte** SUSTANTIVO
River Plate
underground

subterráneo ADJETIVO
underground

subtitulado ADJETIVO
subtitled

los **subtítulos** SUSTANTIVO
subtitles

el **suburbio** SUSTANTIVO
slum area (*barrio pobre*)

la **subvención** SUSTANTIVO (PL las subvenciones)
subsidy (PL *subsidies*)

subvencionar VERBO
to subsidize

suceder VERBO
to happen (*ocurrir*) ◇ *¿Les ha sucedido algo?* Has something happened to them?

la **suciedad** SUSTANTIVO
dirt

sucio ADJETIVO
dirty ◇ *Tienes las manos sucias.* You've got dirty hands.

la **sucursal** SUSTANTIVO
branch (PL *branches*)

la **sudadera** SUSTANTIVO
sweatshirt

Sudáfrica SUSTANTIVO FEM
South Africa

Sudamérica SUSTANTIVO FEM
South America

el **sudamericano**, la **sudamericana** ADJETIVO, SUSTANTIVO
South American

sudar VERBO
to sweat

el **sudeste** SUSTANTIVO
south-east

el **sudoeste** SUSTANTIVO
south-west

el **sudor** SUSTANTIVO
sweat

sudoroso ADJETIVO
sweaty

la **sueca** SUSTANTIVO
Swede

Suecia SUSTANTIVO FEM
Sweden

sueco ADJETIVO
Swedish

el **sueco** SUSTANTIVO
① *Swede* (*persona*)
② *Swedish* (*idioma*)

la **suegra** SUSTANTIVO
mother-in-law (PL *mothers-in-law*)

el **suegro** SUSTANTIVO
father-in-law (PL *fathers-in-law*)

los **suegros** SUSTANTIVO
in-laws

la **suela** SUSTANTIVO
sole (*de zapato*)

el **sueldo** SUSTANTIVO
① *salary* (*mensual*) (PL *salaries*)
② *wages* PL (*semanal*)

el **suelo** SUSTANTIVO
① *floor* (*en casa, edificio*) ◇ *un suelo de mármol* a marble floor
② *ground* (*de la calle, del exterior*)
- **Me caí al suelo.** I fell over.

suelo VERBO *ver* **soler**

suelto VERBO *ver* **soltar**

suelto ADJETIVO
loose ◇ *Tiene varias hojas sueltas.* Some of the pages are loose. ◇ *Lleva el pelo suelto.* She wears her hair loose. ◇ *No dejes al perro suelto.* Don't let the dog loose.

el **suelto** SUSTANTIVO
change (*dinero*)

sueno VERBO *ver* **sonar**

sueño VERBO *ver* **soñar**

el **sueño** SUSTANTIVO
① *dream* ◇ *Anoche tuve un mal sueño.* I had a bad dream last night.
② *sleep* ◇ *un sueño profundo* a deep sleep
- **Tengo sueño.** I'm sleepy.

la **suerte** SUSTANTIVO
luck ◇ *No ha tenido mucha suerte.* She hasn't had much luck.
- **por suerte** luckily ◇ *Por suerte estábamos allí.* Luckily we were there.
- **Tuvo suerte.** She was lucky.
- **¡Qué suerte!** How lucky!
- **¡Qué mala suerte!** What bad luck!

el **suéter** SUSTANTIVO
sweater

suficiente ADJETIVO
enough ◇ *No tenía dinero suficiente.* I didn't have enough money.

suficientemente ADVERBIO
sufficiently ◇ *No era suficientemente grande.* It wasn't sufficiently big.

sufrir VERBO
① *to have* ◇ *Sufrió un ataque al corazón.* He had a heart attack.

[2] *to suffer* ◇ *Sufre de artritis.* He suffers from arthritis.
- **sufrir un colapso** to collapse

sugerencia SUSTANTIVO
suggestion
- **hacer una sugerencia** to make a suggestion

sugerir* VERBO
to suggest ◇ *Te sugiero que dejes de fumar.* I suggest you give up smoking.

sugiero VERBO *ver* **sugerir**

suicidio SUSTANTIVO
suicide

Suiza SUSTANTIVO FEM
Switzerland

suizo, la suiza ADJETIVO, SUSTANTIVO
Swiss
- **los suizos** the Swiss

sujetador SUSTANTIVO
bra

sujetar VERBO
[1] *to hold* ◇ *Sujétame estos libros un momento.* Hold these books for me a moment. ◇ *Sujeta al perro, que no se escape.* Hold on to the dog so it doesn't get away.
[2] *to tie* ◇ *Sujeta bien la cuerda al coche.* Tie the rope firmly to the car.

sujeto SUSTANTIVO
subject

suma SUSTANTIVO
sum ◇ *una suma de dinero* a sum of money
- **¿Cuánto es la suma de todos los gastos?** What are the total expenses?
- **hacer una suma** to do a sum

sumar VERBO
to add up

suministrar VERBO
to supply

suministro SUSTANTIVO
supply (PL *supplies*)

supe VERBO *ver* **saber**

súper ADJETIVO
- **gasolina súper** four-star petrol

superar VERBO
[1] *to get over* (enfermedad, crisis)
[2] *to exceed*
[3] *to beat* (récord)
[4] *to pass* (prueba)
- **Las ventas han superado nuestras expectativas.** Sales have exceeded our expectations.

superficie SUSTANTIVO
[1] *surface* ◇ *en la superficie terrestre* on the Earth's surface
[2] *area* ◇ *una superficie de 100 metros cuadrados* an area of 100 square metres

superior ADJETIVO (FEM **superior**)
[1] *upper* (directamente encima)
- **el labio superior** the upper lip
[2] *top* (en lo más alto) ◇ *el piso superior* the top floor
- **superior a** (mejor que) superior to
- **Su inteligencia es superior a la media.** He

has above-average intelligence.
- **un curso de inglés de nivel superior** an advanced level English course

el **supermercado** SUSTANTIVO
supermarket

el/la **superviviente** SUSTANTIVO
survivor

el **suplemento** SUSTANTIVO
supplement ◇ *el suplemento dominical* the Sunday supplement

el/la **suplente** SUSTANTIVO
[1] *reserve* (jugador, deportista)
[2] *supply teacher* (profesor)
[3] *locum* (médico)

suplicar* VERBO
to beg

suponer* VERBO
[1] *to suppose* (indicando expectación) ◇ *Supongo que vendrá.* I suppose she'll come.
- **Supongo que sí.** I suppose so.
[2] *to think* (indicando decepción) ◇ *Te suponía más alto.* I thought you'd be taller. ◇ *Supusimos que no vendrías.* We didn't think you would be coming.
[3] *to involve* ◇ *Tener un coche supone más gastos.* Having a car involves more expenses.

el **supositorio** SUSTANTIVO
suppository

suprimir VERBO
to delete (borrar)

supuesto VERBO *ver* **suponer**

el **supuesto** SUSTANTIVO
- **¿Y en el supuesto de que no venga?** And supposing he doesn't come?
- **por supuesto** of course
- **¡Por supuesto que no!** Of course not!

supuse VERBO *ver* **suponer**

el **sur** SUSTANTIVO, ADJETIVO
south ◇ *el sur del país* the south of the country ◇ *en la costa sur* on the south coast
- **vientos del sur** southerly winds

sureño ADJETIVO
southern

el **sureste** SUSTANTIVO
south-east

el **surf** SUSTANTIVO
surfing
- **surf a vela** windsurfing
- **practicar el surf** to surf

surgir* VERBO
to come up ◇ *Ha surgido un problema.* A problem has come up.

el **suroeste** SUSTANTIVO
south-west

surtido ADJETIVO
assorted ◇ *pasteles surtidos* assorted cakes
- **estar bien surtido** to have a good selection

el **surtido** SUSTANTIVO
selection

el **surtidor** SUSTANTIVO
petrol pump (de gasolina)

S

susceptible ADJETIVO
touchy (*persona*)
◆ **susceptible a las críticas** sensitive to criticism

la **suscripción** SUSTANTIVO (PL las suscripciones)
subscription

suspender VERBO
[1] *to call off* (*definitivamente*) ◇ *Han suspendido la boda.* They've called the wedding off.
[2] *to postpone* (*temporalmente*) ◇ *Ha suspendido su visita hasta la semana que viene.* He's postponed his visit until next week.
◆ **El partido se suspendió a causa de la lluvia.** The game was rained off.
[3] *to fail* ◇ *He suspendido las matemáticas.* I've failed maths.

el **suspense** SUSTANTIVO
suspense ◇ *una película de suspense* a thriller

el **suspenso** SUSTANTIVO
suspense (*misterio*) Latin America ◇ *una película de suspenso* a thriller
◆ **Tengo un suspenso en inglés.** I failed English.

suspicaz ADJETIVO (PL **suspicaces**)
suspicious

suspirar VERBO
to sigh

el **suspiro** SUSTANTIVO
sigh

la **sustancia** SUSTANTIVO
substance
◆ **una sustancia química** a chemical

el **sustantivo** SUSTANTIVO
noun

sustituir* VERBO
[1] *to replace* (*para siempre*) ◇ *Lo sustituí como secretario de la asociación.* I replaced him as club secretary.
[2] *to stand in for* (*temporalmente*) ◇ *¿Me puedes sustituir un par de semanas?* Can

you stand in for me for a couple of weeks?

el **sustituto**, la **sustituta** SUSTANTIVO
[1] *replacement* (*para siempre*)
[2] *substitute* (*temporal*)
◆ **Soy el sustituto del profesor de inglés.** I'm standing in for the English teacher.

sustituyendo VERBO *ver* **sustituir**

el **susto** SUSTANTIVO
fright ◇ *¡Qué susto!* What a fright!
◆ **dar un susto a alguien** to give somebody a fright

susurrar VERBO
to whisper ◇ *Me susurró su nombre el oído.* He whispered his name in my ear.

sutil ADJETIVO
subtle

suyo PRONOMBRE, ADJETIVO (FEM **suya**)
[1] *his*
Cuando nos referimos a "él".
◇ *Todas estas tierras son suyas.* All this land is his. ◇ *¿Es éste su cuarto? – No, el suyo está abajo.* Is this his room? – No, his is downstairs.
◆ **un amigo suyo** a friend of his
[2] *hers*
Cuando nos referimos a "ella".
◇ *Es suyo.* It's hers. ◇ *¿Es éste su abrigo? – No, el suyo es marrón.* Is this her coat? – No, hers is brown.
◆ **un amigo suyo** a friend of hers
[3] *theirs*
Cuando nos referimos a "ellos" o "ellas".
◇ *Es suyo.* It's theirs. ◇ *¿Es ésta su casa? – No, la suya está más adelante.* Is this their house? – No, theirs is further on.
◆ **un amigo suyo** a friend of theirs
[4] *yours*
Cuando nos referimos a "usted" o "ustedes".
◇ *Todos estos libros son suyos.* All these books are yours. ◇ *¿Es ésta nuestra habitación? – No, la suya está arriba.* Is this our room? – No, yours is upstairs.
◆ **un amigo suyo** a friend of yours

T

el **tabaco** SUSTANTIVO
[1] *tobacco*
◆ **tabaco negro** dark tobacco
◆ **tabaco rubio** Virginia tobacco
[2] *cigarettes* PL ◇ *Voy a comprar tabaco.* I'm going to buy cigarettes.

la **taberna** SUSTANTIVO
bar

el **tabique** SUSTANTIVO
partition

la **tabla** SUSTANTIVO

plank ◇ *El agujero estaba cubierto con tablas.* The hole was covered with planks.
◆ **la tabla de multiplicar** the multiplication table
◆ **una tabla de cocina** a chopping board
◆ **la tabla de planchar** the ironing board
◆ **la tabla de surf** the surfboard
◆ **quedar en tablas** to draw

el **tablero** SUSTANTIVO
board
◆ **el tablero de ajedrez** the chessboard

---

* Verbs marked with this symbol are irregular. See pages 332–333 for further details

◆ **el tablero de mandos** the dashboard

tableta SUSTANTIVO
1. *bar* (de chocolate)
2. *tablet* (medicamento)

tablón SUSTANTIVO (PL los **tablones**)
plank ◇ *los tablones del andamio* the scaffolding planks

◆ **el tablón de anuncios** the notice board

tabú SUSTANTIVO (PL los **tabúes**)
taboo (PL taboos)

taburete SUSTANTIVO
stool

tacaño ADJETIVO
mean

tacaño, la tacaña SUSTANTIVO
skinflint

tachar VERBO
to cross out ◇ *No lo taches, bórralo.* Don't cross it out, erase it.

◆ **La tacharon de mentirosa.** They accused her of being a liar.

taco SUSTANTIVO
1. *rawlplug* (para tornillo)
2. *stud* (de botas de fútbol)
3. *cube* (de jamón, queso)
4. *cue* (en billar)
5. *swearword* (palabrota)

◆ **soltar tacos** to swear
6. *heel* (de zapato) Chile, River Plate

tacón SUSTANTIVO (PL los **tacones**)
heel

◆ **zapatos de tacón** high-heeled shoes

táctica SUSTANTIVO
tactics PL ◇ *El equipo cambió de táctica.* The team changed tactics.

tacto SUSTANTIVO
1. *touch* (sentido) ◇ *suave al tacto* smooth to the touch
2. *tact* (delicadeza)

◆ **Lo dijo con mucho tacto.** He said it very tactfully.

tajada SUSTANTIVO
slice (de melón, sandía)

tajante ADJETIVO
1. *emphatic* (actitud)
2. *sharp* (tono) ◇ *Lo dijo de manera tajante.* He said it sharply.

tal ADJETIVO, PRONOMBRE
such ◇ *En tales casos es mejor consultar con un médico.* In such cases it's better to see a doctor. ◇ *¡En el aeropuerto había tal confusión!* There was such confusion at the airport! ◇ *En el pueblo no existía tal persona.* There was no such person in the village.

◆ **Lo dejé tal como estaba.** I left it just as it was.

◆ **con tal de que** as long as ◇ *con tal de que regreséis antes de las once* as long as you get back before eleven

◆ **¿Qué tal?** How are things?

◆ **¿Qué tal has dormido?** How did you sleep?

◆ **tal vez** perhaps

taladradora SUSTANTIVO

1. *pneumatic drill* (para obras)
2. *punch* (para papel) (PL **punches**)

taladrar VERBO
to drill

el **taladro** SUSTANTIVO
drill

el **talento** SUSTANTIVO
talent ◇ *Sus hijos tienen talento para la música.* Their children have a talent for music.

la **talla** SUSTANTIVO
size ◇ *¿Tienen esta camisa en la talla cuatro?* Do you have this shirt in a size four?

tallar VERBO
1. *to carve* (madera)
2. *to sculpt* (piedra, mármol)
3. *to scrub* (suelo, cazuela) Chile, River Plate

los **tallarines** SUSTANTIVO
noodles

el **taller** SUSTANTIVO
1. *garage* (de mecánico) ◇ *Tengo el coche en el taller.* My car is in the garage.
2. *workshop* (de carpintero, electricista)

◆ **un taller de teatro** a theatre workshop

el **tallo** SUSTANTIVO
stem

el **talón** SUSTANTIVO (PL los **talones**)
1. *heel* (de pie, zapato)
2. *cheque* (cheque) ◇ *cobrar un talón* to cash a cheque

el **talonario** SUSTANTIVO
1. *chequebook* (de cheques)
2. *book of tickets* (de entradas)
3. *receipt book* (de recibos)

el **tamaño** SUSTANTIVO
size

◆ **¿Qué tamaño tiene?** What size is it?

tambalearse VERBO
1. *to wobble* (silla)
2. *to stagger* (persona)

también ADVERBIO
also ◇ *Canta flamenco y también baila.* He sings flamenco and also dances.

◆ **Tengo hambre. -Yo también.** I'm hungry. -So am I.

◆ **Yo estoy de acuerdo. -Nosotros también.** I agree. -So do we.

el **tambor** SUSTANTIVO
drum

el **Támesis** SUSTANTIVO
the Thames

el **tamiz** SUSTANTIVO (PL los **tamices**)
sieve

tampoco ADVERBIO
neither

◆ **Yo tampoco lo compré.** I didn't buy it either.

◆ **Yo no la vi. -Yo tampoco.** I didn't see her. -Neither did I.

◆ **Nunca he estado en París. -Yo tampoco.** I've never been to Paris. -Neither have I.

el **tampón** SUSTANTIVO (PL los **tampones**)
tampon

tan ADVERBIO

T

1 *so* ◇ *No creía que vendrías tan pronto.* I didn't think you'd come so soon. ◇ *¡No es tan difícil!* It's not so difficult! ◇ *Pasó tan rápido que no lo vi.* It went by so fast I didn't see it.
- **¡Qué hombre tan amable!** What a kind man!
- **tan...que...** so...that...
  A menudo se omite that *en esta construcción.*
  ◇ *Habla tan deprisa que no la entiendo.* She talks so fast that I can't understand her.
  2 *such* ◇ *No era una idea tan buena.* It wasn't such a good idea. ◇ *¡Tiene unos amigos tan simpáticos!* He has such nice friends!
- **tan...como** as...as ◇ *No es tan guapa como su madre.* She's not as pretty as her mother. ◇ *Vine tan pronto como pude.* I came as soon as I could.

el **tanque** SUSTANTIVO
  tank

tantear VERBO
  to weigh up (situación)

tanto ADJETIVO, ADVERBIO, PRONOMBRE (FEM **tanta**)
  1 *so much* ◇ *Ahora no bebo tanta leche.* I don't drink so much milk now. ◇ *Se preocupa tanto que no puede dormir.* He worries so much that he can't sleep.
- **Gano tanto como tú.** I earn as much as you.
  2 *so many* ◇ *¡Tengo tantas cosas que hacer hoy!* I have so many things to do today! ◇ *No necesitamos tantas.* We don't need so many. ◇ *Vinieron tantos que no cabían en la sala.* So many people came that they couldn't fit into the room.
- **No recibe tantas llamadas como yo.** He doesn't get as many calls as I do.
  3 *so often* ◇ *Ahora no la veo tanto.* Now I don't see her so often.
- **¡No corras tanto!** Don't run so fast!
- **tanto tú como yo** both you and I
- **tanto si viene como si no** whether he comes or not
- **¡Tanto gusto!** How do you do?
- **entre tanto** meanwhile
- **por lo tanto** therefore

el **tanto** SUSTANTIVO
  1 *goal* ◇ *Juárez marcó el segundo tanto.* Juárez scored the second goal.
  2 *amount* ◇ *Me paga un tanto fijo cada semana.* He pays me a fixed amount each week.
- **un tanto por ciento** a percentage
- **Había cuarenta y tantos invitados.** There were forty-odd guests.
- **Manténme al tanto.** Keep me informed.

la **tapa** SUSTANTIVO
  1 *lid* (de cazuela, caja)
  2 *top* (de botella, tarro)
  3 *cover* (de revista, libro)
  4 *tapa* (con bebida) ◇ *Pedimos unas tapas en el bar.* We ordered some tapas in the bar.

la **tapadera** SUSTANTIVO
  lid

el **tapado** SUSTANTIVO
  River Plate
  coat

tapar VERBO
  to cover ◇ *La tapé con una manta.* I covered her with a blanket.
- **Tapa la olla.** Put the lid on the pan.
- **Me estás tapando el sol.** You're keeping the sun off me.
- **Tápate bien que hace frío.** Wrap up well as it's cold.

el **tapete** SUSTANTIVO
  1 *embroidered tablecloth* (mantel)
  2 *rug* (alfombra) Mexico

la **tapia** SUSTANTIVO
  wall ◇ *la tapia del jardín* the garden wall

la **tapicería** SUSTANTIVO
  1 *upholstery* (de coche, mueble)
  2 *upholsterer's* (taller)

el **tapiz** SUSTANTIVO (PL los **tapices**)
  tapestry (PL *tapestries*)

tapizar* VERBO
  to upholster (sillón)

el **tapón** SUSTANTIVO (PL los **tapones**)
  1 *plug* (de bañera, lavabo)
  2 *top* (de botella, dentífrico)
  3 *cork* (de corcho)
- **tapón de rosca** screw top

la **taquigrafía** SUSTANTIVO
  shorthand

la **taquilla** SUSTANTIVO
  1 *box office* (de teatro)
  2 *ticket office* (de estadio, estación)
  3 *locker* (armario)

tararear VERBO
  to hum

tardar VERBO
  to be late (retrasarse) ◇ *Te espero a las ocho. No tardes.* I expect you at eight. Don't be late.
- **Tardaron una semana en contestar.** They took a week to reply. ◇ *El arroz tarda media hora en hacerse.* Rice takes half an hour to cook.
- **En avión se tarda dos horas.** The plane takes two hours.

la **tarde** SUSTANTIVO
  1 *afternoon* (antes de anochecer) ◇ *a las tres de la tarde* at three in the afternoon ◇ *¡Buenas tardes!* Good afternoon! ◇ *por la tarde* in the afternoon ◇ *hoy por la tarde* this afternoon
  2 *evening* (después de anochecer) ◇ *a las ocho de la tarde* at eight in the evening ◇ *¡Buenas tardes!* Good evening! ◇ *por la tarde* in the evening ◇ *hoy por la tarde* this evening

tarde ADVERBIO
  late ◇ *Se está haciendo tarde.* It's getting late.
- **más tarde** later

◆ **tarde o temprano** sooner or later

◆ **Llegaré a las nueve como muy tarde.** I'll arrive at nine at the latest.

la **tarea** SUSTANTIVO
task ◇ *Una de sus tareas es repartir la correspondencia.* One of his tasks is to hand out the mail.

◆ **las tareas domésticas** the chores

◆ **las tareas** *(deberes escolares)* Latin America homework

la **tarima** SUSTANTIVO
platform

la **tarjeta** SUSTANTIVO
card ◇ *Me mandó una tarjeta de Navidad.* He sent me a Christmas card.

◆ **una tarjeta de cajero automático** a cash card

◆ **una tarjeta de crédito** a credit card

◆ **una tarjeta de visita** a visiting card

◆ **una tarjeta telefónica** a phonecard

◆ **una tarjeta de embarque** a boarding pass

el **tarro** SUSTANTIVO
1 *jar* *(frasco)*
2 *mug* *(taza)* Mexico

la **tarta** SUSTANTIVO
1 *cake* *(pastel)* ◇ *una tarta de cumpleaños* a birthday cake
2 *tart* *(de hojaldre)*

tartamudear VERBO
to stammer

tartamudo ADJETIVO

◆ **ser tartamudo** to stutter

la **tasa** SUSTANTIVO
rate ◇ *la tasa de natalidad* the birthrate

tasar VERBO
to value

la **tasca** SUSTANTIVO
tavern

el **tata** SUSTANTIVO
Latin America
1 *daddy* *(padre)*
2 *grandpa* *(abuelo)*

el **tatuaje** SUSTANTIVO
tattoo (PL *tattoos*)

tatuar* VERBO
to tattoo

Tauro SUSTANTIVO MASC
Taurus ◇ *Soy Tauro.* I'm Taurus.

el **taxi** SUSTANTIVO
taxi ◇ *tomar un taxi* to take a taxi

el **taxímetro** SUSTANTIVO
taximeter

el **taxista** SUSTANTIVO
taxi driver

la **taza** SUSTANTIVO
1 *cup* ◇ *Tomamos una taza de café.* We had a cup of coffee.
2 *cupful* *(cantidad)* ◇ *una taza de arroz* a cupful of rice
3 *bowl* *(de retrete)*

el **tazón** SUSTANTIVO (PL los **tazones**)
bowl

te PRONOMBRE
1 *you* ◇ *Te quiero.* I love you. ◇ *Te voy a dar un consejo.* I'm going to give you some advice.

◆ **Me gustaría comprártelo.** I'd like to buy it for you.
2 *yourself* ◇ *¿Te has hecho daño?* Have you hurt yourself?

Con partes del cuerpo o con prendas que se llevan puestas se usa el adjetivo posesivo.

◇ *¿Te duelen los pies?* Do your feet hurt?
◇ *Te tienes que poner el abrigo.* You should put your coat on.

el **té** SUSTANTIVO (PL los **tés**)
tea

◆ **Me hice un té.** I made myself a cup of tea.

el **teatro** SUSTANTIVO
theatre ◇ *Por la noche fuimos al teatro.* At night we went to the theatre.

◆ **una obra de teatro** a play

el **tebeo** SUSTANTIVO
comic

el **techo** SUSTANTIVO
1 *ceiling* ◇ *El techo está pintado de blanco.* The ceiling is painted white.
2 *roof* *(tejado)* Latin America

la **tecla** SUSTANTIVO
key (PL *keys*)

◆ **pulsar una tecla** to press a key

el **teclado** SUSTANTIVO
keyboard

teclear VERBO
to type

la **técnica** SUSTANTIVO
1 *technique* *(método)* ◇ *Estamos usando una técnica nueva.* We are using a new technique.
2 *technology* *(tecnología)* (PL *technologies*)
3 *technician* *(persona)* ◇ *Mi hermana es técnica de laboratorio.* My sister is a laboratory technician.

técnico ADJETIVO
technical ◇ *Usa un lenguaje muy técnico.* He uses very technical language.

el **técnico** SUSTANTIVO
1 *technician* ◇ *un técnico de laboratorio* a laboratory technician
2 *repairman* (PL *repairmen*) ◇ *El técnico me arregló la lavadora.* The repairman fixed my washing machine.

el **tecno** SUSTANTIVO
techno

la **tecnología** SUSTANTIVO
technology (PL *technologies*)

◆ **tecnología punta** state-of-the-art technology

tecnológico ADJETIVO
technological

la **teja** SUSTANTIVO
tile

el **tejado** SUSTANTIVO
roof (PL *roofs*)

tejer VERBO
1 *to weave* *(en telar)*
2 *to knit* *(hacer punto)*

el **tejido** SUSTANTIVO

T

fabric (tela)

tel. ABREVIATURA (= *teléfono*)
tel.

la **tela** SUSTANTIVO
fabric
- **tela metálica** wire netting

la **telaraña** SUSTANTIVO
cobweb

la **tele** SUSTANTIVO
TV ◇ *Estábamos viendo la tele.* We were watching TV.

las **telecomunicaciones** SUSTANTIVO
telecommunications

el **telediario** SUSTANTIVO
news SING ◇ *el telediario de las nueve* the nine o'clock news

teledirigido ADJETIVO
remote-controlled (coche)

el **teleférico** SUSTANTIVO
cable car

telefonear VERBO
to phone ◇ *Tengo que telefonear a mis padres.* I have to phone my parents.

telefónico ADJETIVO
telephone
> **telephone** *en este caso va siempre delante del sustantivo.*
- **la guía telefónica** the telephone directory

el/la **telefonista** SUSTANTIVO
telephonist

el **teléfono** SUSTANTIVO
telephone
- **No tengo teléfono.** I don't have a telephone.
- **Hablamos por teléfono.** We spoke on the phone.
- **Está hablando por teléfono.** He's on the phone.
- **colgar el teléfono a alguien** to hang up the phone on somebody
- **un teléfono de tarjeta** a card phone
- **el teléfono móvil** the mobile phone

el **telegrama** SUSTANTIVO
telegram

la **telenovela** SUSTANTIVO
soap opera (PL *soap operas*)

la **telepatía** SUSTANTIVO
telepathy

el **telescopio** SUSTANTIVO
telescope

el **telesilla** SUSTANTIVO
chairlift

el **telespectador, la telespectadora** SUSTANTIVO
viewer

el **telesquí** SUSTANTIVO (PL los **telesquís**)
ski-lift

televisar VERBO
to televise

la **televisión** SUSTANTIVO (PL las **televisiones**)
television
- **Dieron la noticia por la televisión.** They gave the news on the television.
- **¿Qué ponen en la televisión esta noche?**

What's on the television tonight?
- **la televisión por cable** cable television

el **televisor** SUSTANTIVO
television set

el **telón** SUSTANTIVO (PL los **telones**)
curtain ◇ *Subió el telón.* The curtain rose.

el **tema** SUSTANTIVO
1 *topic* (de conferencia, redacción) ◇ *El tema de la composición era "Las vacaciones".* The theme of the essay was "The holidays".
2 *subject* (asunto) ◇ *Luego hablaremos de ese tema.* We'll talk about that subject later.
- **cambiar de tema** to change the subject
- **temas de actualidad** current affairs
- **el tema de conversación** the talking point

temblar* VERBO
to tremble ◇ *Me temblaban las manos.* My hands were trembling.
- **temblar de miedo** to tremble with fear
- **temblar de frío** to shiver

el **temblor de tierra** SUSTANTIVO
earthquake

tembloroso ADJETIVO
trembling (manos, voz)

temer VERBO
1 *to be afraid* ◇ *No temas.* Don't be afraid.
2 *to be afraid of* ◇ *Le teme al profesor.* He's afraid of the teacher. ◇ *Temo ofenderles.* I'm afraid of offending them.

temible ADJETIVO
fearsome

el **temor** SUSTANTIVO
fear ◇ *el temor a la oscuridad* fear of the dark ◇ *por temor a equivocarme* for fear of making a mistake

temperamental ADJETIVO
temperamental

el **temperamento** SUSTANTIVO
temperament

la **temperatura** SUSTANTIVO
temperature ◇ *El médico le tomó la temperatura.* The doctor took his temperature.

la **tempestad** SUSTANTIVO
storm

templado ADJETIVO
1 *lukewarm* (agua, comida)
2 *mild* (clima)

el **templo** SUSTANTIVO
temple

la **temporada** SUSTANTIVO
season ◇ *la temporada de esquí* the ski season ◇ *la temporada alta* the high season ◇ *la temporada baja* the low season

temporal ADJETIVO
temporary

el **temporal** SUSTANTIVO
storm

temporario ADJETIVO
> Latin America

temporary

temprano ADVERBIO

early ⋄ *Me gusta levantarme temprano.* I like to get up early.

★ **por la mañana temprano** early in the morning

ten VERBO *ver* **tener**

tenaz ADJETIVO (PL **tenaces**)

tenacious

tenazas SUSTANTIVO

pliers

tendedero SUSTANTIVO

① *clothes line* (con cuerda)

② *clothes horse* (extensible)

tendencia SUSTANTIVO

tendency (PL *tendencies*)

★ **Tengo tendencia a engordar.** I tend to put on weight.

tender* VERBO

① *to hang out* (ropa)

★ **Marta estaba tendiendo la ropa.** Martha was hanging out the washing.

② *to lay out* (sobre una superficie) ⋄ *Tendí la toalla sobre la arena.* I laid the towel out on the sand.

★ **Me tendió la mano.** He stretched out his hand to me.

★ **tender a hacer algo** to tend to do something ⋄ *Las prendas de lana tienden a encoger.* Woolen clothes tend to shrink.

★ **tender una trampa** to set a trap

★ **tenderse en el sofá** to lie down on the sofa

★ **tender la cama** Latin America to make the bed

★ **tender la mesa** Latin America to lay the table

tendero, la tendera SUSTANTIVO

shopkeeper

tendido ADJETIVO

★ **La ropa estaba tendida.** The washing was hanging out.

★ **Lo encontré tendido en el suelo.** I found him lying on the floor.

tendón SUSTANTIVO (PL **los tendones**)

tendon

tendrá VERBO *ver* **tener**

tenedor SUSTANTIVO

fork

tener* VERBO

① *to have* ⋄ *Tengo dos hermanas.* I have two sisters. ⋄ *¿Tienes dinero?* Do you have any money? ⋄ *Tiene el pelo rubio.* He has blond hair. ⋄ *Va a tener un niño.* She's going to have a baby. ⋄ *Luis tiene la gripe.* Luis has the flu.

② *to be* ⋄ *¿Cuántos años tienes?* How old are you? ⋄ *Tiene cinco metros de largo.* It's five metres long. ⋄ *Ten cuidado.* Be careful. ⋄ *No tengas miedo.* Don't be afraid. ⋄ *Tenía el pelo mojado.* His hair was wet.

③ *to hold* ⋄ *Tenía el pasaporte en la mano.* He was holding his passport in his hand.

★ **tener que hacer algo** to have to do

something ⋄ *Tengo que terminar esta redacción.* I have to finish this essay.

★ **Tendrías que comer más.** You should eat more.

★ **No tienes por qué ir.** There's no reason why you should go.

★ **Eso no tiene nada que ver.** That's got nothing to do with it.

★ **¡Tenga!** Here you are!

★ **tenerse en pie** to stand

tenga VERBO *ver* **tener**

el/la **teniente** SUSTANTIVO

lieutenant

el **tenis** SUSTANTIVO

tennis

★ **¿Juegas al tenis?** Do you play tennis?

★ **tenis de mesa** table tennis

el/la **tenista** SUSTANTIVO

tennis player

el **tenor** SUSTANTIVO

tenor

tensar VERBO

to tighten (cuerda, cable)

la **tensión** SUSTANTIVO (PL **las tensiones**)

tension ⋄ *Hubo mucha tensión durante la reunión.* There was a lot of tension during the meeting.

★ **un cable de alta tensión** a high-voltage cable

★ **El médico me tomó la tensión.** The doctor took my blood pressure.

tenso ADJETIVO

① *tense* (persona, situación)

② *taut* (cuerda)

la **tentación** SUSTANTIVO (PL **las tentaciones**)

temptation

★ **caer en la tentación** to give in to temptation

tentador ADJETIVO (FEM **tentadora**)

tempting

tentar* VERBO

to tempt ⋄ *Estuve tentado de marcharme.* I was tempted to leave.

★ **No me tienta la idea.** The idea isn't very tempting.

la **tentativa** SUSTANTIVO

attempt

el **tentempié** SUSTANTIVO (PL **los tentempiés**)

snack

tenue ADJETIVO

faint (luz, voz)

teñir* VERBO

to dye ⋄ *He teñido la falda de negro.* I've dyed my skirt black. ⋄ *Se ha teñido el pelo.* He's dyed his hair.

la **teología** SUSTANTIVO

theology

la **teoría** SUSTANTIVO

theory (PL *theories*) ⋄ *En teoría es fácil.* In theory it's easy.

teórico ADJETIVO

theoretical ⋄ *Ese es un caso teórico.* It's a theoretical case.

★ **un examen teórico** a theory exam

T

terapéutico ADJETIVO
therapeutic

la **terapia** SUSTANTIVO
therapy (PL *therapies*)

tercer ADJETIVO *ver* **tercero**

tercero ADJETIVO, PRONOMBRE (FEM **tercera**)
third ◇ *la tercera vez* the third time
◇ *Llegué el tercero.* I arrived third.
◆ **una tercera parte de la población** a third of the population
◆ **Vivo en el tercero.** I live on the third floor.
◆ **el Tercer Mundo** the Third World

el **tercio** SUSTANTIVO
third

el **terciopelo** SUSTANTIVO
velvet

terco ADJETIVO
obstinate

tergiversar VERBO
to distort

el **terminal** SUSTANTIVO
terminal (*ordenador*)

la **terminal** SUSTANTIVO
terminal (*en aeropuerto*)

terminante ADJETIVO
1 *categorical* (*respuesta*)
2 *strict* (*orden*)

terminantemente ADVERBIO
strictly ◇ *Está terminantemente prohibido fumar.* It is strictly forbidden to smoke.

terminar VERBO
1 *to finish* ◇ *¿Has terminado?* Have you finished? ◇ *He terminado el libro.* I've finished the book.
◆ **cuando terminó de hablar** when he finished talking
2 *to end* (*reunión, película*) ◇ *¿A qué hora termina la clase?* At what time does the class end?
◆ **Terminé rendido.** I ended up exhausted.
◆ **Terminaron peleándose.** They ended up fighting.
◆ **Se nos ha terminado el café.** We've run out of coffee.
◆ **He terminado con Andrés.** I've broken up with Andrés.

el **término** SUSTANTIVO
term ◇ *un término médico* a medical term
◆ **por término medio** on average

la **termita** SUSTANTIVO
termite

el **termo** ® SUSTANTIVO
Thermos flask ®

el **termómetro** SUSTANTIVO
thermometer
◆ **Le puse el termómetro.** I took his temperature.

el **termostato** SUSTANTIVO
thermostat

la **ternera** SUSTANTIVO
veal (*carne*)

el **ternero, la ternera** SUSTANTIVO
calf (*animal*) (PL *calves*)

la **ternura** SUSTANTIVO
tenderness
◆ **con ternura** tenderly

el/la **terrateniente** SUSTANTIVO
landowner

la **terraza** SUSTANTIVO
1 *balcony* (*balcón*) (PL *balconies*)
2 *roof terrace* (*azotea*)
◆ **Salimos a la terraza del bar a tomar algo.** We went out to the beer garden for a drink.

el **terremoto** SUSTANTIVO
earthquake

el **terreno** SUSTANTIVO
1 *land* ◇ *una granja con mucho terreno* a farm with a lot of land
◆ **un terreno** a piece of land ◇ *Hemos comprado un terreno.* We've bought a piece of land.
2 *field* ◇ *terrenos plantados de naranjos* fields planted with orange trees ◇ *en el terreno de la informática* in the field of computing science
◆ **el terreno de juego** the pitch
◆ **Lo decidiremos sobre el terreno.** We'll decide as we go along.

terrestre ADJETIVO
land (*animal, transporte*)
> **land** *en este caso va siempre delante del sustantivo.*

terrible ADJETIVO
terrible ◇ *Fue una experiencia terrible.* It was a terrible experience.
◆ **Tenía un cansancio terrible.** I was awfully tired.

el/la **terrier** SUSTANTIVO (PL los/las **terriers**)
terrier

el **territorio** SUSTANTIVO
territory (PL *territories*)

el **terrón** SUSTANTIVO (PL los **terrones**)
lump (*de azúcar*)

el **terror** SUSTANTIVO
terror ◇ *Fuimos víctimas de una campaña de terror.* We were the victims of a terror campaign.
◆ **Les tiene terror a los perros.** He's terrified of dogs.
◆ **una película de terror** a horror film

el **terrorismo** SUSTANTIVO
terrorism

el/la **terrorista** ADJETIVO, SUSTANTIVO
terrorist

la **tesis** SUSTANTIVO (PL las **tesis**)
thesis (PL *theses*)

el **tesón** SUSTANTIVO
determination

el **tesorero, la tesorera** SUSTANTIVO
treasurer

el **tesoro** SUSTANTIVO
treasure
◆ **Ven aquí, tesoro.** Come here, darling.

el **test** SUSTANTIVO (PL los **tests**)
test ◇ *Hoy nos han hecho un test.* We had a test today.

---

* Verbs marked with this symbol are irregular. See pages 332–333 for further details

el **testamento** SUSTANTIVO
will
→ **hacer testamento** to make one's will
→ **el Antiguo Testamento** the Old Testament
→ **el Nuevo Testamento** the New Testament

testarudo ADJETIVO
stubborn

el **testigo** SUSTANTIVO
witness (PL *witnesses*)
→ **un Testigo de Jehová** a Jehova's Witness
→ **Fui testigo del accidente.** I witnessed the accident.

el **tétanos** SUSTANTIVO
tetanus

la **tetera** SUSTANTIVO
1 *teapot* (para el té)
2 *kettle* (para hervir agua) Chile, Mexico
3 *baby's bottle* (para el bebé) Mexico

la **tetina** SUSTANTIVO
teat

el **textil** ADJETIVO, SUSTANTIVO
textile

el **texto** SUSTANTIVO
text
→ **un libro de texto** a textbook

la **textura** SUSTANTIVO
texture

la **tez** SUSTANTIVO
complexion

ti PRONOMBRE
you ◇ *una llamada para ti* a call for you
→ **Sólo piensas en ti mismo.** You only think of yourself.

la **tía** SUSTANTIVO
1 *aunt* (pariente) ◇ *mi tía* my aunt
2 *girl* (chica)
→ **Es una tía majísima.** She's a really nice girl.

tibio ADJETIVO
lukewarm

el **tiburón** SUSTANTIVO (PL los **tiburones**)
shark

el **tic** SUSTANTIVO
tic ◇ *un tic nervioso* a nervous tic

el **tictac** SUSTANTIVO
tick-tock

tiemblo VERBO *ver* **temblar**

el **tiempo** SUSTANTIVO
1 *time* ◇ *No tengo tiempo.* I don't have time. ◇ *¿Qué haces en tu tiempo libre?* What do you do in your spare time? ◇ *Me llevó bastante tiempo.* It took me quite a long time.
→ **¿Cuánto tiempo hace que vives aquí?** How long have you been living here?
→ **Hace mucho tiempo que no la veo.** I haven't seen her for a long time.
→ **al mismo tiempo** at the same time
→ **perder el tiempo** to waste time
→ **al poco tiempo** soon after
2 *weather*
→ **¿Qué tiempo hace ahí?** What's the weather like there?
→ **hizo buen tiempo** the weather was fine
→ **¿Qué tiempo tiene el niño?** How old is the baby?
→ **Metieron el gol durante el segundo tiempo.** They scored the goal during the second half.

la **tienda** SUSTANTIVO
1 *shop*
→ **una tienda de comestibles** a grocer's shop (PL *grocers' shops*)
→ **ir de tiendas** to go shopping
2 *tent* (de campaña)
→ **montar la tienda** to pitch the tent
→ **desmontar la tienda** to take down the tent

tiendo VERBO *ver* **tender**

tiene VERBO *ver* **tener**

tiento VERBO *ver* **tentar**

tierno ADJETIVO
1 *tender* (carne, mirada)
2 *fresh* (pan)

la **tierra** SUSTANTIVO
1 *land* ◇ *Trabajan la tierra.* They work the land.
→ **la Tierra Santa** the Holy Land
→ **viajar por tierra** to travel by land
→ **tierra adentro** inland
2 *soil* (para macetas, plantas)
→ **echar algo por tierra** to ruin something ◇ *Echó por tierra todos nuestros planes.* It ruined all our plans.
→ **la Tierra** the Earth

tieso ADJETIVO
1 *stiff* (rígido)
→ **quedarse tieso de frío** to be frozen stiff
2 *straight* (derecho) ◇ *Ponte tiesa.* Stand up straight.
→ **Estoy tieso de dinero.** I'm flat broke. (coloquial)

el **tiesto** SUSTANTIVO
flowerpot

el **tigre** SUSTANTIVO
tiger

las **tijeras** SUSTANTIVO
scissors ◇ *Es más fácil cortarlo con las tijeras.* It's easier to cut it with scissors.
→ **¿Tienes unas tijeras?** Do you have a pair of scissors?
→ **unas tijeras de podar** a pair of secateurs

timar VERBO
1 *to con* (engañar)
2 *to rip off* (cobrar demasiado) ◇ *Te han timado con ese coche.* They've ripped you off with that car.

el **timbrazo** SUSTANTIVO
ring

el **timbre** SUSTANTIVO
1 *bell* (de puerta, alarma, colegio) ◇ *Ya ha sonado el timbre.* The bell has already gone.
→ **llamar al timbre** to ring the bell
2 *stamp* (para cartas) Mexico

la **timidez** SUSTANTIVO
shyness

tímido ADJETIVO
shy

el **timo** SUSTANTIVO
1 *con* (engaño)
2 *rip off* (pago excesivo)

T

- **¡Vaya timo!** What a rip-off!

la **tinaja** SUSTANTIVO
   large earthenware vat

tiñendo VERBO *ver* **teñir**

la **tinta** SUSTANTIVO
   ink ◇ *escrito con tinta* written in ink
- **tinta China** Indian ink
- **sudar tinta** to sweat blood

el **tinte** SUSTANTIVO
   dye (*sustancia*)

el **tintero** SUSTANTIVO
   inkwell

el **tinto** SUSTANTIVO
   red wine (*vino*)

la **tintorería** SUSTANTIVO
   dry cleaner's

el **tío** SUSTANTIVO
   [1] _uncle_ (*pariente*)
- **mis tíos** (*tío y tía*) my uncle and aunt
   [2] _guy_ (*coloquial: hombre*)
- **Es un tío muy simpático.** He's a really nice guy.
- **Oye, tío, me alegro de verte.** Hey, man, nice to see you.

el **tiovivo** SUSTANTIVO
   merry-go-round (PL *merry-go-rounds*)

típicamente ADVERBIO
   typically ◇ *típicamente catalán* typically Catalan

típico ADJETIVO
   typical
- **Eso es muy típico de ella.** That's very typical of her.

el **tipo** SUSTANTIVO
   [1] _kind_ ◇ *No me gusta este tipo de fiestas.* I don't like this kind of party.
- **todo tipo de...** all sorts of... ◇ *Tuvimos todo tipo de problemas.* We had all sorts of problems.
   [2] _figure_ ◇ *Marisa tiene un tipo muy bonito.* Marisa has a lovely figure.
   [3] _bloke_ (*coloquial*) ◇ *un tipo de aspecto sospechoso* a suspicious-looking bloke

el **tíquet** SUSTANTIVO (PL los **tíquets**)
   [1] _ticket_ (*de autobús, tren*)
   [2] _receipt_ (*recibo de compra*)

la **tira** SUSTANTIVO
   strip ◇ *una tira de papel* a strip of paper
   ◇ *una tira cómica* a comic strip
- **Tiene la tira de libros.** He has lots of books.
- **Hace la tira de tiempo que no la veo.** I haven't seen her for ages.

la **tirada** SUSTANTIVO
   [1] _print run_ ◇ *La tirada inicial fue de 50.000 ejemplares.* The initial print run was 50,000 copies.
   [2] _circulation_ ◇ *La revista tiene una tirada semanal de 200.000 ejemplares.* The magazine has a weekly circulation of 200,000 copies.
- **de una tirada** in one go

tirado ADJETIVO
   [1] _dirt-cheap_ (*coloquial: barato*)
   [2] _dead easy_ (*coloquial: fácil*)

el **tirador** SUSTANTIVO
   handle (*de cajón, puerta*)

la **tirana** SUSTANTIVO
   tyrant

tiránico ADJETIVO
   tyrannical

el **tirano** SUSTANTIVO
   tyrant

tirante ADJETIVO
   [1] _tight_ (*cuerda*)
   [2] _tense_ (*situación, relación*)

el **tirante** SUSTANTIVO
   strap (*de vestido*)
- **tirantes** (*para pantalones*) braces

tirar VERBO
   [1] _to throw_ ◇ *Tírame la pelota.* Throw me the ball. ◇ *Les tiraban piedras a los soldados.* They were throwing stones at the soldiers. ◇ *Se tiró al suelo.* He threw himself to the ground.
   [2] _to throw away_ (*desechar*) ◇ *No tires la comida.* Don't throw away the food.
- **tirar algo a la basura** to throw something out
- **tirar al suelo** to knock over ◇ *La moto la tiró al suelo.* The motorbike knocked her over.
- **Tropezó con la maceta y la tiró al suelo.** He tripped on the flowerpot and knocked it to the ground.
   [3] _to knock down_ (*derribar*) ◇ *Queremos tirar esta pared.* We want to knock this wall down.
   [4] _to drop_ (*bomba*)
- **tirar a la derecha** to turn right
- **tirar de algo** to pull something
- **tirar la cadena** (*de váter*) [Latin America] to pull the chain
- **Vamos tirando.** We're getting by.
- **tirarse al agua** to plunge into the water
- **tirarse de cabeza** to dive in head first
- **tirarse en el sofá** [Latin America] to lie down on the sofa
- **Se tiró toda la mañana estudiando.** He spent the whole morning studying.

la **tirita** SUSTANTIVO
   plaster

tiritar VERBO
   to shiver
- **tiritar de frío** to shiver with cold

el **tiro** SUSTANTIVO
   shot ◇ *Oímos un tiro.* We heard a shot.
- **Lo mataron de un tiro.** They shot him dead.
- **Me salió el tiro por la culata.** It backfired on me.
- **tiro al blanco** target practice
- **un tiro libre** (*en fútbol*) a free kick

el **tiroteo** SUSTANTIVO
   shoot-out

el **títere** SUSTANTIVO
   puppet

titubear VERBO

---

to hesitate (*vacilar*) ◇ *Respondí sin titubear.* I answered without hesitating.

titulado ADJETIVO
qualified ◇ *una enfermera titulada* a qualified nurse

el **titular** SUSTANTIVO
headline (*de periódico*)

la **titular** SUSTANTIVO
[1] *holder* (*de pasaporte*)
[2] *owner* (*de vivienda*)

titular VERBO
to call ◇ *La novela se titula "Marcianos".* The novel is called "Marcianos".
◆ *¿Cómo vas a titular el trabajo?* What title are you going to give the essay?

el **título** SUSTANTIVO
[1] *title* ◇ *Tengo que pensar en un título para el poema.* I have to think of a title for the poem.
[2] *qualification* (*carrera*) ◇ *Tiene el título de enfermera.* She has a nursing qualification.
[3] *certificate* (*diploma*) ◇ *Hay varios títulos colgados en la pared.* There are several certificates hanging on the wall.

la **tiza** SUSTANTIVO
chalk (*material*)
◆ *una tiza* a piece of chalk

la **toalla** SUSTANTIVO
towel ◇ *una toalla de baño* a bath towel

el **tobillo** SUSTANTIVO
ankle ◇ *Me he torcido el tobillo.* I've twisted my ankle.

el **tobogán** SUSTANTIVO (PL los **toboganes**)
[1] *slide* (*en parque, piscina*)
[2] *toboggan* (*trineo*)

el **tocadiscos** SUSTANTIVO (PL los **tocadiscos**)
record player

el **tocador** SUSTANTIVO
dressing table

tocar* VERBO
[1] *to touch* ◇ *Si lo tocas te quemarás.* If you touch it you'll burn yourself.
[2] *to play* (*instrumento, vals*) ◇ *Toca el violín.* He plays the violin.
[3] *to ring* (*campana, timbre*)
[4] *to blow* (*bocina*)
◆ *tocar a la puerta* Latin America to knock on the door
◆ *Te toca fregar los platos.* It's your turn to do the dishes.
◆ *Le tocó la lotería.* He won the lottery.

el **tocino** SUSTANTIVO
pork fat

todavía ADVERBIO
[1] *still* ◇ *¿Todavía estás en la cama?* Are you still in bed? ◇ *¡Y todavía se queja!* And he still complains!
[2] *yet* (*en oraciones negativas*) ◇ *Todavía no han llegado.* They haven't arrived yet.
◇ *¿Todavía no has comido?* Have you not eaten yet? ◇ *Todavía no.* Not yet.

todo ADJETIVO, PRONOMBRE (FEM **toda**)
[1] *all* ◇ *todos los niños* all the children

◇ *Todos son caros.* They're all expensive.
◇ *el más bonito de todos* the prettiest of all
◆ *toda la noche* all night
◆ *todos vosotros* all of you
◆ *todos los que quieran venir* all those who want to come
[2] *every* (*cada*) ◇ *todos los días* every day
◇ *Pararon a todos los coches que pasaban.* They stopped every car that went by.
[3] *the whole* ◇ *He limpiado toda la casa.* I've cleaned the whole house. ◇ *Vino todo el equipo.* The whole team came.
◆ *Ha viajado por todo el mundo.* He has travelled throughout the world.
◆ *Todo el mundo lo sabe.* Everybody knows.
[4] *everything* ◇ *Lo sabemos todo.* We know everything. ◇ *todo lo que me dijeron* everything they told me
[5] *everybody* ◇ *Todos estaban de acuerdo.* Everybody agreed.
◆ *Vaya todo seguido.* Keep straight on.
◆ *todo lo contrario* quite the opposite

el **toldo** SUSTANTIVO
[1] *sun blind* (*de ventana*)
[2] *awning* (*de tienda*)
[3] *sunshade* (*en la playa*)

tolerante ADJETIVO
tolerant

tolerar VERBO
to tolerate ◇ *No voy a tolerar ese comportamiento.* I won't tolerate that behaviour.
◆ *Sus padres le toleran demasiado.* His parents let him get away with too much.

tomar VERBO
[1] *to take* (*tren, foto, decisión*) ◇ *En clase tomamos apuntes.* We take notes in class.
◇ *Se lo ha tomado muy en serio.* He's taken it very seriously. ◇ *Se tomó la molestia de acompañarnos.* He took the trouble to accompany us.
◆ *tomar a alguien de la mano* to take somebody by the hand
◆ *tomarse algo a mal* to take something badly
[2] *to have* (*café, bocadillo*) ◇ *¿Qué quieres tomar?* What are you going to have? ◇ *De postre tomé un helado.* I had an ice cream for dessert.
◆ *Toma, esto es tuyo.* Here, this is yours.
◆ *tomar cariño a alguien* to become fond of somebody
◆ *tomar el pelo a alguien* to pull somebody's leg
◆ *tomar el aire* to get some fresh air
◆ *tomar el sol* to sunbathe
◆ *tomar nota de algo* to note something down

el **tomate** SUSTANTIVO
tomato (PL *tomatoes*)
◆ *ponerse como un tomate* to turn as red as a beetroot

el **tomillo** SUSTANTIVO
thyme

el **tomo** SUSTANTIVO
volume

el **tonel** SUSTANTIVO
barrel

la **tonelada** SUSTANTIVO
ton

la **tónica** SUSTANTIVO
tonic

el **tono** SUSTANTIVO
[1] *tone* (de voz) ◇ *Lo dijo en tono cariñoso.* He said it in an affectionate tone.
[2] *shade* (de color) ◇ *un tono un poco más oscuro* a slightly darker shade

la **tonta** SUSTANTIVO
fool ◇ *Es una tonta.* She's a fool.
♦ **hacerse la tonta** to act dumb

la **tontería** SUSTANTIVO
silly thing (cosa sin importancia) ◇ *Se pelearon por una tontería.* They fell out over a silly thing.
♦ **tonterías** nonsense ◇ *¡Eso son tonterías!* That's nonsense! ◇ *¡No digas tonterías!* Don't talk nonsense!

tonto ADJETIVO
silly ◇ *¡Qué error más tonto!* What a silly mistake!

el **tonto** SUSTANTIVO
fool
♦ **hacer el tonto** (hacer payasadas) to act the fool
♦ **hacerse el tonto** to act dumb

toparse VERBO
♦ **toparse con alguien** to bump into somebody

los **topes** SUSTANTIVO
♦ **El autobús iba hasta los topes.** The bus was packed.

el **tópico** SUSTANTIVO
cliché (PL clichés)

topless (FEM + PL topless) ADJETIVO
topless

el **topo** SUSTANTIVO
mole

el **toque** SUSTANTIVO
♦ **dar los últimos toques a algo** to put the finishing touches to something
♦ **el toque de queda** the curfew

el **tórax** SUSTANTIVO
thorax

la **torcedura** SUSTANTIVO
♦ **una torcedura de tobillo** a sprained ankle

torcer* VERBO
[1] *to twist* ◇ *¡Me estás torciendo el brazo!* You're twisting my arm!
♦ **torcerse el tobillo** to sprain one's ankle
[2] *to turn* (cambiar de dirección) ◇ *torcer a la derecha* to turn right ◇ *torcer la esquina* to turn the corner

torcido ADJETIVO
[1] *crooked* (nariz, línea) ◇ *Tiene la boca un poco torcida.* His mouth's a bit crooked.
[2] *bent* (doblado) ◇ *El tronco está torcido.* The trunk is bent.

♦ **Ese cuadro está torcido.** That picture isn't straight.

el **toreo** SUSTANTIVO
bullfighting

el **torero**, la **torera** SUSTANTIVO
bullfighter

la **tormenta** SUSTANTIVO
storm
♦ **un día de tormenta** a stormy day

el **torneo** SUSTANTIVO
tournament

el **tornillo** SUSTANTIVO
[1] *screw*
♦ **A tu hermana le falta un tornillo.** Your sister's got a screw loose. (coloquial)
[2] *bolt* (para tuerca)

el **toro** SUSTANTIVO
bull
♦ **los toros** bullfightling ◇ *No me gustan los toros.* I don't like bullfighting.
♦ **ir a los toros** to go to a bullfight

la **toronja** SUSTANTIVO
Latin America
grapefruit (PL grapefruit)

torpe ADJETIVO
[1] *clumsy* (manazas)
[2] *dim* (zoquete)

la **torre** SUSTANTIVO
[1] *tower* (de castillo, iglesia) ◇ *la torre de control* the control tower
[2] *pylon* (de alta tensión)
[3] *rook* (en ajedrez)

la **torta** SUSTANTIVO
[1] *small flat cake* (dulce)
[2] *pie* (de verduras) Latin America
[3] *filled roll* (bocadillo) Mexico
♦ **pegar una torta a alguien** to give somebody a slap
♦ **No entiendo ni torta.** I don't understand a thing.
♦ **No ve ni torta.** He's as blind as a bat. (coloquial)

la **tortilla** SUSTANTIVO
[1] *omelette* (de huevos)
♦ **una tortilla de patatas** a Spanish omelette
[2] *tortilla* (de maíz)

la **tortuga** SUSTANTIVO
[1] *tortoise* (de tierra)
[2] *turtle* (de mar)

la **tortura** SUSTANTIVO
torture

torturar VERBO
to torture

la **tos** SUSTANTIVO (PL las toses)
cough (PL coughs)
♦ **Tengo mucha tos.** I have a bad cough.

toser VERBO
to cough

la **tostada** SUSTANTIVO
[1] *piece of toast* ◇ *¿Quieres una tostada?* Do you want a piece of toast?
♦ **tostadas** toast ◇ *Tomé café con tostadas.* I had coffee and toast.

---

* Verbs marked with this symbol are irregular. See pages 332–333 for further details

2 *fried corn tortilla* Mexico

tostado ADJETIVO
1 *toasted* (pan, avellanas)
2 *roasted* (café)
3 *tanned* (bronceado)

el **tostador** SUSTANTIVO
toaster

tostar* VERBO
1 *to toast* (pan, avellanas)
2 *to roast* (café)

el **total** ADJETIVO, SUSTANTIVO
total ◇ *Fue un fracaso total.* It was a total failure. ◇ *El total son 2.321 ptas.* The total is 2,321 pesetas.
◆ **un cambio total** a complete change
◆ **En total éramos catorce.** There were fourteen of us altogether.

total ADVERBIO
◆ **Total, que perdí mi trabajo.** So, in the end, I lost my job.

totalitario ADJETIVO
totalitarian

totalmente ADVERBIO
1 *totally* ◇ *Mario es totalmente distinto a Luis.* Mario is totally different from Luis.
2 *completely* ◇ *Estoy totalmente de acuerdo.* I completely agree.
◆ **¿Estás seguro? -Totalmente.** Are you sure? – Absolutely.

tóxico ADJETIVO
toxic

el **toxicómano**, la **toxicómana**
SUSTANTIVO
drug addict (PL *drug addicts*)

la **toxina** SUSTANTIVO
toxin

tozudo ADJETIVO
obstinate

trabajador (FEM **trabajador**) ADJETIVO
hard-working ◇ *un chico muy trabajador* a very hard-working boy

el **trabajador**, la **trabajadora** SUSTANTIVO
worker ◇ *trabajadores no cualificados* unskilled workers
◆ **un trabajador autónomo** a self-employed person

trabajar VERBO
to work ◇ *No trabajes tanto.* Don't work so hard.
◆ **¿En qué trabajas?** What's your job?
◆ **Trabajo de camarero.** I work as a waiter.
◆ **trabajar jornada completa** to work full-time
◆ **trabajar media jornada** to work part-time

el **trabajo** SUSTANTIVO
1 *work* ◇ *Tengo mucho trabajo.* I have a lot of work. ◇ *Me puedes llamar al trabajo.* You can call me at work.
◆ **estar sin trabajo** to be unemployed
◆ **trabajo en equipo** teamwork
◆ **el trabajo de la casa** the housework
2 *job* (empleo) ◇ *Le han ofrecido un trabajo en el banco.* He's been offered a job in the bank. ◇ *No encuentro trabajo.* I can't find a job.

◆ **quedarse sin trabajo** to find oneself out of work
3 *essay* (escolar) (PL *essays*) ◇ *Tengo que entregar dos trabajos mañana.* I have to hand in two essays tomorrow.

el **tractor** SUSTANTIVO
tractor

la **tradición** SUSTANTIVO (PL las **tradiciones**)
tradition

tradicional ADJETIVO
traditional

la **traducción** SUSTANTIVO (PL las **traducciones**)
translation ◇ *Una traducción del italiano al inglés.* A translation from Italian into English.

traducir* VERBO
to translate ◇ *traducir del inglés al francés* to translate from English into French

el **traductor**, la **traductora** SUSTANTIVO
translator

traer* VERBO
1 *to bring* ◇ *He traído el paraguas por si acaso.* I've brought the umbrella just in case.
2 *to carry* ◇ *El periódico trae un artículo sobre la Reina.* The newspaper carries an article on the Queen.
3 *to wear* ◇ *Traía un vestido nuevo.* She was wearing a new dress.

el/la **traficante** SUSTANTIVO
dealer ◇ *traficantes de armas* arms dealers

el **tráfico** SUSTANTIVO
traffic ◇ *A esta hora hay mucho tráfico.* There's a lot of traffic at this time.
◆ **un accidente de tráfico** a road accident
◆ **tráfico de drogas** drug-trafficking

tragar* VERBO
to swallow (comida, pastilla)
◆ **Nadie se va a tragar esa historia.** Nobody is going to swallow that story.
◆ **No la trago.** I can't stand her. (coloquial)

la **tragedia** SUSTANTIVO
tragedy (PL *tragedies*)

trágico ADJETIVO
tragic

el **trago** SUSTANTIVO
drink ◇ *¿Te apetece un trago?* Do you fancy a drink?
◆ **de un trago** in one gulp

la **traición** SUSTANTIVO (PL las **traiciones**)
1 *betrayal* (engaño)
2 *treason* (contra el Estado)

traicionar VERBO
to betray

traicionero ADJETIVO
treacherous

el **traidor**, la **traidora** SUSTANTIVO
traitor

traigo VERBO *ver* **traer**

el **tráiler** SUSTANTIVO (PL los **tráilers**)
1 *trailer* (de película, de vehículo)
2 *articulated lorry* (camión)

T

el **traje** SUSTANTIVO

   [1] *suit* (*de hombre*) ◇ *Luis llevaba un traje negro.* Luis was wearing a black suit.

◆ **un traje de chaqueta** a suit

◆ **un traje de buzo** a diving suit

   [2] *dress* (*vestido de mujer*) (PL *dresses*)
◇ *un traje de noche* an evening dress

◆ **el traje de novia** the bridal gown

◆ **un traje de baño (1)** (*de hombre*) a pair of swimming trunks

◆ **Se puso el traje de baño y bajó a la piscina.** He put on his swimming trunks and went down to the pool.

◆ **un traje de baño (2)** (*de mujer*) a swimsuit

la **trama** SUSTANTIVO

   plot (*de obra*)

tramitar VERBO

◆ **Estoy tramitando un préstamo con el banco.** I'm negotiating a loan with the bank.

◆ **Estamos tramitando el divorcio.** We are going through the divorce proceedings.

el **tramo** SUSTANTIVO

   [1] *section* (*de carretera*)
   [2] *flight* (*de escalera*)

la **trampa** SUSTANTIVO

   trap ◇ *caer en la trampa* to fall into the trap

◆ **Les tendió una trampa.** He set a trap for them.

◆ **hacer trampa** to cheat

el **trampolín** SUSTANTIVO (PL los **trampolines**)

   [1] *diving board* (*en piscina*) ◇ *Se tiró desde el trampolín.* He plunged from the diving board.

   [2] *trampoline* (*en gimnasia*)

el **tramposo**, la **tramposa** SUSTANTIVO

   cheat

tranquilamente ADVERBIO

   calmly

◆ **Háblale tranquilamente.** Speak to him calmly.

◆ **Yo estaba sentado tranquilamente viendo la tele.** I was sitting peacefully watching TV.

la **tranquilidad** SUSTANTIVO

   peace and quiet ◇ *Necesito un poco de tranquilidad.* I need a little peace and quiet.

◆ **Respondió con tranquilidad.** He answered calmly.

◆ **Llévatelo a casa y léelo con tranquilidad.** Take it home with you and read it at your leisure.

◆ **¡Qué tranquilidad! ¡Ya se han acabado los exámenes!** What a relief! The exams are over at last!

tranquilizar* VERBO

   to calm down ◇ *¡Tranquilízate!* Calm down!

◆ **Las palabras del médico me tranquilizaron.** The doctor's words reassured me.

tranquilo ADJETIVO

   [1] *calm* ◇ *El día del examen estaba bastante tranquilo.* On the day of the exam I was quite calm.

   [2] *peaceful* (*pueblo, lugar*)

el **transatlántico** SUSTANTIVO

   ocean liner

el **transbordador** SUSTANTIVO

   ferry (PL *ferries*)

◆ **el transbordador espacial** the space shuttle

el **transbordo** SUSTANTIVO

◆ **Hay que hacer transbordo en París.** You have to change trains in Paris.

transcurrir VERBO

   to pass ◇ *Transcurrieron dos años.* Two years passed.

el/la **transeúnte** SUSTANTIVO

   passer-by (PL *passers-by*)

la **transferencia** SUSTANTIVO

   transfer ◇ *transferencia bancaria* bank transfer

la **transformación** SUSTANTIVO (PL las **transformaciones**)

   transformation

transformar VERBO

   to transform (*lugar, país*) ◇ *La cirugía estética le ha transformado completamente.* Plastic surgery has completely transformed him.

◆ **Hemos transformado el garaje en sala de estar.** We've converted the garage into a living room.

◆ **El príncipe se transformó en un monstruo.** The prince turned into a monster.

la **transfusión** SUSTANTIVO (PL las **transfusiones**)

◆ **Me hicieron una transfusión de sangre.** They gave me a blood transfusion.

la **transición** SUSTANTIVO

   transition

el **transistor** SUSTANTIVO

   transistor

transitivo ADJETIVO

   transitive

el **tránsito** SUSTANTIVO

   traffic ◇ *A esta hora no hay mucho tránsito.* There isn't much traffic at this time.

◆ **los pasajeros en tránsito para Moscú** transfer passengers to Moscow

la **transmisión** SUSTANTIVO (PL las **transmisiones**)

   broadcast ◇ *una transmisión en directo* a live broadcast

transmitir VERBO

   [1] *to transmit* (*señal, sonido*)
   [2] *to broadcast* (*programa*)

transparente ADJETIVO

   transparent

la **transpiración** SUSTANTIVO

   perspiration

transportar VERBO

   to carry ◇ *El camión transportaba medicamentos.* The lorry was carrying medicines.

el **transporte** SUSTANTIVO

   transport

◆ **el transporte público** public transport

---

la **transportista** SUSTANTIVO
carrier

el **tranvía** SUSTANTIVO
tram

el **trapo** SUSTANTIVO
cloth ⋄ *Lo limpié con un trapo.* I wiped it with a cloth.
+ **un trapo de cocina** a dishcloth
+ **Pásale un trapo al espejo.** Give the mirror a wipe over.
+ **el trapo del polvo** the duster

la **tráquea** SUSTANTIVO
windpipe

tras PREPOSICIÓN
after ⋄ *Salimos corriendo tras ella.* We ran out after her. ⋄ *semana tras semana* week after week ⋄ *uno tras otro* one after the other

trasero ADJETIVO
back ⋄ *la rueda trasera de la bici* the back wheel of the bike

el **trasero** SUSTANTIVO
bottom

trasladar VERBO
[1] *to move* (oficina, tienda) ⋄ *Mañana nos trasladamos al piso.* We're moving to the flat tomorrow.
[2] *to transfer* (empleado, preso) ⋄ *Me quieren trasladar a otra sucursal.* They want to transfer me to another branch.

el **traslado** SUSTANTIVO
move (mudanza)
+ **He pedido traslado a Barcelona.** I've asked for a transfer to Barcelona.
+ **los gastos de traslado de la oficina** the office's relocation expenses

el **trasluz** SUSTANTIVO
+ **al trasluz** against the light

trasnochar VERBO
to stay up late

traspapelarse VERBO
to get mislaid

traspasar VERBO
[1] *to go through* ⋄ *La bala traspasó el sofá.* The bullet went through the sofa.
[2] *to transfer* (empleado, jugador, dinero)
[3] *to sell* (tienda)

el **traspié** SUSTANTIVO (PL los **traspiés**)
+ **dar un traspié** to trip

trasplantar VERBO
to transplant

el **trasplante** SUSTANTIVO
transplant

el **trastero** SUSTANTIVO
storage room

ɔs **trastes** SUSTANTIVO
Mexico
pots and pans
+ **lavar los trastes** to do the dishes

el **trasto** SUSTANTIVO
piece of junk ⋄ *El coche que se ha comprado es un trasto.* The car he's bought is a piece of junk.
+ **El desván está lleno de trastos.** The loft is full of junk.

trastornado ADJETIVO
disturbed (mentalmente)

el **trastorno** SUSTANTIVO
disruption ⋄ *La huelga ha causado muchos trastornos.* The strike has caused a lot of disruption.
+ **trastornos mentales** mental disorders

el **tratado** SUSTANTIVO
treaty (PL *treaties*)

el **tratamiento** SUSTANTIVO
treatment
+ **Está en tratamiento médico.** He's having medical treatment.
+ **tratamiento de datos** data processing
+ **tratamiento de textos** word processing

tratar VERBO
[1] *to treat* ⋄ *Su novio la trata muy mal.* Her boyfriend treats her very badly.
[2] *to deal with* ⋄ *Trataremos este tema en la reunión.* We'll deal with this subject in the meeting.
+ **Trato con todo tipo de gente.** I deal with all sorts of people.
+ **tratar de hacer algo** to try to do something ⋄ *Trataré de llegar pronto.* I'll try to arrive early.
+ **¿De qué se trata?** What's it about?
+ **La película trata de un adolescente en Nueva York.** The film is about a teenager in New York.

el **trato** SUSTANTIVO
deal ⋄ *hacer un trato* to make a deal
+ **¡Trato hecho!** It's a deal!
+ **No tengo mucho trato con él.** I don't have much to do with him.
+ **recibir malos tratos de alguien** to be treated badly by somebody

el **trauma** SUSTANTIVO
trauma

través PREPOSICIÓN
+ **a través de** (de lado a lado) across ⋄ *Nadó a través del río.* He swam across the river.
through (por medio de) ⋄ *Se enteraron a través de un amigo.* They found out through a friend.

la **travesía** SUSTANTIVO
[1] *crossing* (viaje en barco)
[2] *side-street* (calle) ⋄ *una travesía del Paseo de Gracia* a side-street of the Paseo de Gracia

la **travesura** SUSTANTIVO
prank
+ **hacer travesuras** to get up to mischief

travieso ADJETIVO
naughty

el **trayecto** SUSTANTIVO
[1] *journey* (viaje) (PL *journeys*)
[2] *way* (ruta) (PL *ways*)
+ **¿Qué trayecto hace el 34?** What way does the 34 go?

trazar* VERBO
[1] *to draw* (línea, mapa)
[2] *to draw up* (plan)

T

el **trébol** SUSTANTIVO
clover
- **tréboles** (*en la baraja*) clubs

trece ADJETIVO, PRONOMBRE
thirteen ◇ *Tengo trece años.* I'm thirteen.
- **el trece de enero** the thirteenth of January

treinta ADJETIVO, PRONOMBRE
thirty ◇ *Tiene treinta años.* He's thirty.
- **el treinta aniversario** the thirtieth anniversary

tremendo ADJETIVO
1. *terrible* (*dolor, ruido, fracaso*) ◇ *Tenía un tremendo dolor de cabeza.* I had a terrible headache.
- **Hacía un frío tremendo.** It was terribly cold.
2. *tremendous* (*diferencia, velocidad, éxito*) ◇ *La película tuvo un éxito tremendo.* The film was a tremendous success.

el **tren** SUSTANTIVO
train
- **viajar en tren** to travel by train
- **Tomé un tren directo.** I took a through train.
- **con este tren de vida** with such a hectic life

la **trenza** SUSTANTIVO
plait
- **Le hice una trenza.** I plaited her hair.

la **trepadora** SUSTANTIVO
climber (*planta*)

trepar VERBO
to climb
- **trepar a un árbol** to climb a tree

tres ADJETIVO, PRONOMBRE
three
- **Son las tres.** It's three o'clock.
- **el tres de febrero** the third of February

trescientos ADJETIVO, PRONOMBRE (FEM **trescientas**)
three hundred

el **tresillo** SUSTANTIVO
three-seater sofa (*sofá*)

el **triángulo** SUSTANTIVO
triangle

la **tribu** SUSTANTIVO
tribe

la **tribuna** SUSTANTIVO
1. *platform* (*para orador*)
2. *stand* (*para espectadores*)

el **tribunal** SUSTANTIVO
1. *court* (*de justicia*)
2. *board of examiners* (*de examen*)

el **triciclo** SUSTANTIVO
tricycle

tridimensional ADJETIVO
three-dimensional

el **trigo** SUSTANTIVO
wheat

trillar VERBO
to thresh

los **trillizos,** las **trillizas** SUSTANTIVO
triplets

trimestral ADJETIVO
quarterly (*revista*)

- **los exámenes trimestrales** the end-of-term exams

el **trimestre** SUSTANTIVO
term (*escolar*)

trinchar VERBO
to carve

la **trinchera** SUSTANTIVO
trench

el **trineo** SUSTANTIVO
1. *sledge* (*para niños*)
2. *sleigh* (*tirado por perros*)

la **Trinidad** SUSTANTIVO
the Trinity (*deidad*)

el **trío** SUSTANTIVO
trio

la **tripa** SUSTANTIVO
gut (*intestino*)

el **triple** SUSTANTIVO
- **Esta habitación es el triple de grande.** This room is three times as big.
- **Gastan el triple que nosotros.** They spend three times as much as we do.

triplicar* VERBO
to treble

la **tripulación** SUSTANTIVO (PL las **tripulaciones**)
crew

triste ADJETIVO
1. *sad* ◇ *Me puse muy triste cuando me enteré de la noticia.* I was very sad when I heard the news.
- **El invierno me pone triste.** Winter makes me miserable.
2. *gloomy* (*color, paisaje*)

la **tristeza** SUSTANTIVO
sadness

triturar VERBO
1. *to crush* (*ajos*)
2. *to grind* (*nueces*)

triunfar VERBO
to triumph ◇ *Los socialistas triunfaron en las elecciones.* The socialists triumphed in the elections.
- **triunfar en la vida** to succeed in life

el **triunfo** SUSTANTIVO
triumph (*victoria*)

trivial ADJETIVO
trivial

las **trizas** SUSTANTIVO
- **hacer algo trizas** (*documento, tela*) to tear something to shreds

trocear VERBO
to cut up ◇ *trocear las zanahorias* to cut up the carrots

el **trofeo** SUSTANTIVO
trophy (PL *trophies*)

el **trombón** SUSTANTIVO (PL los **trombones**)
trombone

la **trompa** SUSTANTIVO
1. *trunk* (*de elefante*)
2. *horn* (*instrumento musical*)
- **coger una trompa** to get plastered (*coloquial*)

la **trompeta** SUSTANTIVO

trumpet ◇ *Mi hermana toca la trompeta.* My sister plays the trumpet.

tronar* VERBO
to thunder ◇ *Ha estado tronando toda la noche.* It has been thundering all night.

troncharse VERBO
+ **Yo me tronchaba de risa.** I was killing myself laughing.

el **tronco** SUSTANTIVO
① *trunk* (*de árbol*)
② *log* (*leño*)
+ **dormir como un tronco** to sleep like a log

el **trono** SUSTANTIVO
throne

s **tropas** SUSTANTIVO
troops

tropezar* VERBO
to trip ◇ *Tropecé y me caí.* I tripped and fell.
+ **tropezar con una piedra** to trip on a stone
+ **tropezar contra un árbol** to bump into a tree
+ **Me tropecé con Juan en el banco.** I bumped into Juan in the bank.

el **tropezón** SUSTANTIVO (PL los **tropezones**)
trip
+ **dar un tropezón** to trip

tropical ADJETIVO
tropical

el **trópico** SUSTANTIVO
tropic

tropiece VERBO *ver* **tropezar**

trotar VERBO
to trot

el **trote** SUSTANTIVO
+ **El abuelo ya no está para estos trotes.** Grandad is not up to that sort of thing any more.

el **trozo** SUSTANTIVO
piece ◇ *un trozo de madera* a piece of wood ◇ *Dame un trocito sólo.* Just give me a small piece.
+ **Vi la película a trozos.** I saw bits of the film.

la **trucha** SUSTANTIVO
trout

el **truco** SUSTANTIVO
trick
+ **Ya le he cogido el truco.** I've got the hang of it already.

truena VERBO *ver* **tronar**

el **trueno** SUSTANTIVO
+ **Oímos un trueno.** We heard a clap of thunder.
+ **Me despertaron los truenos.** The thunder woke me up.

la **trufa** SUSTANTIVO
truffle

tu ADJETIVO
your ◇ *tu coche* your car ◇ *tus familiares* your relations

tú PRONOMBRE
you ◇ *Cuando tú quieras.* Whenever you like. ◇ *Llegamos antes que tú.* We arrived

before you.

la **tuberculosis** SUSTANTIVO
tuberculosis

la **tubería** SUSTANTIVO
pipe ◇ *Ha reventado una tubería.* A pipe has burst. ◇ *Hay que cambiar toda la tubería.* All the pipes have to be changed.

el **tubo** SUSTANTIVO
① *pipe* ◇ *el tubo de escape* the exhaust pipe
+ **el tubo de desagüe** the drainpipe
② *tube* ◇ *un tubo de crema para las manos* a tube of hand cream

la **tuerca** SUSTANTIVO
nut

tuerto ADJETIVO
+ **Es tuerto.** He's blind in one eye.

tuerzo VERBO *ver* **torcer**

el **tuétano** SUSTANTIVO
marrow

el **tufo** SUSTANTIVO
stench

el **tulipán** SUSTANTIVO (PL los **tulipanes**)
tulip

la **tumba** SUSTANTIVO
① *grave* (*en la tierra*)
② *tomb* ◇ *una tumba egipcia* an Egyptian tomb

tumbar VERBO
to knock down ◇ *El perro me tumbó.* The dog knocked me down.
+ **tumbarse** to lie down ◇ *Me tumbé en el sofá.* I lay down on the sofa.

el **tumbo** SUSTANTIVO
+ **El borracho iba dando tumbos.** The drunk staggered along.

la **tumbona** SUSTANTIVO
deck chair

el **tumor** SUSTANTIVO
tumour

el **túnel** SUSTANTIVO
tunnel
+ **un túnel de lavado** a car wash

Túnez SUSTANTIVO MASC
① *Tunisia* (*país*)
② *Tunis* (*ciudad*)

tupido ADJETIVO
① *dense* (*bosque, vegetación*)
② *close-woven* (*tela*)
③ *bushy* (*cejas*)

el **turbante** SUSTANTIVO
turban

la **turbina** SUSTANTIVO
turbine

turbio ADJETIVO
cloudy (*agua*)

turbulento ADJETIVO
turbulent

turco ADJETIVO
Turkish

el **turco**, la **turca** SUSTANTIVO
Turk (*persona*)

el **turco** SUSTANTIVO
Turkish (*idioma*)

T

el **turismo** SUSTANTIVO

[1] *tourism* (industria) ◇ *El turismo es importante para nuestra economía.* Tourism is important for our economy.

[2] *tourists* PL (turistas) ◇ *En verano hay mucho turismo.* In summer there are a lot of tourists.

[3] *car* (coche)

◆ **la oficina de turismo** the tourist office

el/la **turista** SUSTANTIVO
tourist

turístico ADJETIVO
tourist (lugar, folleto)

turnarse VERBO
to take it in turns ◇ *Nos turnamos para fregar los platos.* We take it in turns to do the washing-up.

el **turno** SUSTANTIVO

[1] *turn* ◇ *cuando me tocó el turno* when it was my turn

[2] *shift* ◇ *Hago el turno de tarde.* I do the afternoon shift. ◇ *el turno de día* the day shift ◇ *el turno de noche* the night shift

◆ **Me ha tocado el turno de tarde.** I've got the afternoon shift.

classes in the afternoons.

la **turquesa** ADJETIVO, SUSTANTIVO
turquoise ◇ *un anorak turquesa* a turquoise anorak

Turquía SUSTANTIVO FEM
Turkey

el **turrón** SUSTANTIVO (PL los **turrones**)

Turrón is a kind of nougat traditionally eaten at Christmas.

tutear VERBO

To address somebody using the familiar "tú" form rather than the more formal "usted" form.
◇ *Se tutean con el jefe.* They address the boss in familiar terms.

el **tutor**, la **tutora** SUSTANTIVO

[1] *tutor* (profesor)

[2] *guardian* (de un menor de edad)

tuve VERBO *ver* **tener**

tuyo ADJETIVO, PRONOMBRE (FEM **tuya**)
yours ◇ *¿Es tuyo este abrigo?* Is this coat yours? ◇ *La tuya está en el armario.* Yours is in the cupboard. ◇ *mis amigos y los tuyos* my friends and yours

◆ **un amigo tuyo** a friend of yours

U

u CONJUNCIÓN
or

u is used instead of o before words starting with o- or ho-.
◇ *¿Minutos u horas?* Minutes or hours?

Ud. ABREVIATURA (= *usted*)

Uds. ABREVIATURA (= *ustedes*)

la **UE** ABREVIATURA (= *Unión Europea*)
EU

uf INTERJECCIÓN

[1] *phew!* (expresión de cansancio)

[2] *ugh!* (expresión de asco)

la **úlcera** SUSTANTIVO
ulcer

últimamente ADVERBIO
recently ◇ *Últimamente hemos tenido mucho trabajo.* We've had a lot of work recently.

el **ultimátum** SUSTANTIVO (PL los **ultimátums**)
ultimatum (PL *ultimatums*)

último ADJETIVO

[1] *last* (en el tiempo) ◇ *la última vez que hablé con ella* the last time I spoke to her

[2] *top* (más alto) ◇ *No llego al último estante.* I can't reach the top shelf.

[3] *back* (más al fondo) ◇ *Nos sentamos en la última fila.* We sat in the back row.

◆ **la última moda** the latest fashion

◆ **a última hora** at the last minute ◇ *A última hora decidió acompañarme.* He decided to come with me at the last minute.

◆ **llegar en último lugar** to arrive last

el **último**, la **última** SUSTANTIVO
the last one

◆ **a últimos de mes** towards the end of the month

◆ **por último** lastly

el/la **ultra** SUSTANTIVO
right-wing extremist

ultrasónico ADJETIVO
ultrasonic

ultravioleta ADJETIVO
ultraviolet

un, **una** ARTÍCULO

[1] *a* ◇ *una silla* a chair

[2] *an* ◇ *un paraguas* an umbrella

[3] *some* (en plural) ◇ *Fui con unos amigos.* I went with some friends. ◇ *Hay unas cervezas en la nevera.* There are some beers in the fridge.

◆ **Tiene unas uñas muy largas.** He has very long nails.

◆ **Había unas 20 personas.** There were about 20 people.

◆ **Me he comprado unos zapatos de tacón.** I have bought a pair of high-heels.

unánime ADJETIVO
unanimous

undécimo, **undécima** ADJETIVO, PRONOMBRE
eleventh ◇ *Vivo en el undécimo piso.* I live on the eleventh floor.

únicamente ADVERBIO
only ◇ *Me encargo únicamente de cuidar a los niños.* I'm only in charge of looking after the children.

el **único**, la **única** ADJETIVO, SUSTANTIVO
1 *only* ◇ *el único día que tengo libre* the only day I have free
- **Soy hija única.** I'm an only child.
2 *the only one* ◇ *el único que me queda* the only one I've got left
- **Lo único que no me gusta...** The only thing I don't like...
- **una colección de sellos única** a unique stamp collection

la **unidad** SUSTANTIVO
1 *unit* ◇ *una unidad de peso* a unit of weight
- **unidad de cuidados intensivos** intensive care unit
2 *unity* (*armonía*) ◇ *falta de unidad en la familia* lack of family unity

unido ADJETIVO
close (*familia, grupo*) ◇ *una familia muy unida* a very close family

uniforme ADJETIVO
even ◇ *una superficie uniforme* an even surface

el **uniforme** SUSTANTIVO
uniform ◇ *Llevaba el uniforme del colegio.* He was wearing his school uniform.

la **unión** SUSTANTIVO (PL las **uniones**)
union
- **la Unión Europea** the European Union

unir VERBO
1 *to link* ◇ *Este pasaje une los dos edificios.* This passage links the two buildings.
2 *to join* ◇ *Unió los dos extremos con una cuerda.* He joined the two ends with some string.
3 *to unite* ◇ *Los unió en matrimonio.* He united them in marriage.
4 *to bring together* ◇ *La enfermedad de la madre ha unido a los hijos.* The mother's illness has brought the children together.
5 *to merge* ◇ *Los dos bancos se han unido.* The two banks have merged.
- **unirse a algo** to join something ◇ *Andrés se unió a la expedición.* Andrés joined the expedition.
- **Más adelante los dos caminos se unen.** The two paths join further on.

universal ADJETIVO
universal

la **universidad** SUSTANTIVO
university (PL *universities*) ◇ *El año que viene voy a la universidad.* I'm going to university next year.
- **universidad a distancia** open university

La **Open University** *imparte cursos a distancia con el apoyo de programas de radio y televisión emitidos por la BBC.*

- **universidad laboral** technical college

universitario ADJETIVO
university

university *en este caso va siempre delante del sustantivo.*

◇ *estudiantes universitarios* university students

el **universitario**, la **universitaria** SUSTANTIVO
1 *university student* (*estudiante*)
2 *graduate* (*licenciado*)

el **universo** SUSTANTIVO
universe

uno, una ADJETIVO, PRONOMBRE
one ◇ *Vivo en el número uno.* I live at number one. ◇ *Uno de ellos era mío.* One of them was mine.
- **unos pocos** a few ◇ *¿Vendiste muchos? -Unos pocos.* Did you sell many? – A few.
- **uno mismo** oneself
- **Entraron uno a uno.** They came in one by one.
- **unas diez personas** about ten people
- **el uno de abril** the first of April
- **Es la una.** It's one o'clock.
- **Unos querían ir, otros no.** Some of them wanted to go, others didn't.
- **Se miraron uno al otro.** They looked at each other.

untar VERBO
- **untar algo con algo** to spread something on something ◇ *Primero hay que untar el pan con mantequilla.* First you have to spread the butter on the bread.
- **Te has untado las manos de crema.** You've got cream all over your hands.
- **unta el molde con aceite** grease the baking dish with oil

la **uña** SUSTANTIVO
1 *nail* (*de dedo*)
2 *claw* (*de gato*)

el **uranio** SUSTANTIVO
uranium

la **urbanización** SUSTANTIVO (PL las **urbanizaciones**)
housing estate (*zona residencial*)

la **urgencia** SUSTANTIVO
emergency (*emergencia*) (PL *emergencies*) ◇ *en caso de urgencia* in an emergency ◇ *los servicios de urgencia* the emergency services
- **urgencias** (*en hospital*) accident and emergency
- **Tuvimos que ir a urgencias.** We had to go to casualty.
- **con urgencia** urgently

urgente ADJETIVO
urgent (*mensaje, trabajo*)
- **Lo mandé por correo urgente.** I sent it express.

la **urna** SUSTANTIVO
ballot box (*para votar*)

Uruguay SUSTANTIVO MASC
Uruguay

el **uruguayo**, la **uruguaya** ADJETIVO, SUSTANTIVO

Uruguayan

usado ADJETIVO

  [1] *secondhand* (de segunda mano) ◇ *una tienda de ropa usada* a secondhand clothes shop

  [2] *worn* (viejo) ◇ *Estas zapatillas están ya muy usadas.* These slippers are very worn now.

usar VERBO

  [1] *to use* ◇ *Uso una afeitadora eléctrica.* I use an electric razor.

  [2] *to wear* (perfume, zapatillas) ◇ *¿Qué número de zapato usas?* What size shoe do you take?

el **uso** SUSTANTIVO

  use ◇ *instrucciones de uso* instructions for use

usted PRONOMBRE

  you ◇ *Quisiera hablar con usted en privado.* I'd like to speak to you in private.

ustedes PRONOMBRE PL

  you ◇ *Quisiera hablar con ustedes en privado.* I'd like to speak to you in private.

usual ADJETIVO

  usual

el **usuario**, la **usuaria** SUSTANTIVO

  user

el **utensilio** SUSTANTIVO

  utensil ◇ *utensilios de cocina* kitchen utensils

el **útero** SUSTANTIVO

  uterus

útil ADJETIVO

  useful

utilizar* VERBO

  to use

la **uva** SUSTANTIVO

  grape ◇ *No le gustan las uvas.* He doesn't like grapes.

  ◆ **estar de mala uva** to be in a bad mood

V

va VERBO ver **ir**

la **vaca** SUSTANTIVO

  [1] *cow* (animal)

  [2] *beef* (carne) ◇ *No como carne de vaca.* I don't eat beef.

las **vacaciones** SUSTANTIVO

  holidays

  ◆ **las vacaciones de Navidad** the Christmas holidays

  ◆ **La secretaria está de vacaciones.** The secretary is on holiday.

  ◆ **En Agosto me voy de vacaciones.** I'm going on holiday in August.

vacante ADJETIVO

  [1] *vacant* (puesto)

  [2] *unoccupied* (piso, habitación)

la **vacante** SUSTANTIVO

  vacancy (PL *vacancies*) ◇ *En nuestro departamento hay una vacante.* There's a vacancy in our department.

vaciar* VERBO

  to empty ◇ *Vacié la nevera para limpiarla.* I emptied the fridge to clean it.

vacilar VERBO

  to hesitate ◇ *Vaciló unos instantes antes de responder.* He hesitated for a moment or two before answering.

  ◆ **sin vacilar** without hesitating

vacío ADJETIVO

  empty

el **vacío** SUSTANTIVO

  void (precipicio) ◇ *Se arrojó al vacío.* He hurled himself into the void.

  ◆ **envasado al vacío** vacuum-packed

la **vacuna** SUSTANTIVO

  vaccine ◇ *la vacuna de la hepatitis* the hepatitis vaccine

  ◆ **¿Te has puesto la vacuna?** Have they given you the vaccination?

vacunar VERBO

  to vaccinate

  ◆ **Mi abuelo se vacuna contra la gripe.** My grandfather has flu vaccinations.

el **vado** SUSTANTIVO

  ◆ **"vado permanente"** "no parking – in constant use"

la **vaga** SUSTANTIVO

  layabout

la **vagabunda** SUSTANTIVO

  tramp

vagabundo ADJETIVO

  stray (perro)

el **vagabundo** SUSTANTIVO

  tramp

vagar* VERBO

  to wander

la **vagina** SUSTANTIVO

  vagina

vago ADJETIVO

  [1] *lazy* (persona)

  [2] *vague* (recuerdo, explicación)

el **vago** SUSTANTIVO

  layabout

  ◆ **hacer el vago** to laze around

el **vagón** SUSTANTIVO (PL los **vagones**)

  carriage

  ◆ **vagón cama** sleeper

  ◆ **vagón restaurante** restaurant car

el **vaho** SUSTANTIVO

  steam (vapor)

vainilla SUSTANTIVO
vanilla ◇ *un helado de vainilla* a vanilla
ice cream
vajilla SUSTANTIVO
dishes PL ◇ *La vajilla está en el lavaplatos.*
The dishes are in the dishwasher.
+ **Me regaló una vajilla de porcelana.** She
gave me a china dinner service.
vale SUSTANTIVO
[1] *voucher* ◇ *un vale-regalo* a gift
voucher
+ **un vale de descuento** a money-off coupon
[2] *credit note* (de compra)
valenciano, la **valenciana** ADJETIVO,
SUSTANTIVO
Valencian
+ **Hablan valenciano.** They speak Valencian.
valentía SUSTANTIVO
bravery
+ **con valentía** bravely
valer* VERBO
[1] *to cost* ◇ *El vuelo solo ya vale 100.000
pesetas.* The flight alone costs 100,000
pesetas. ◇ *¿Cuánto vale?* How much does it
cost?
[2] *to be worth* ◇ *El terreno vale más que
la casa.* The land is worth more than the
house.
+ **No vale mirar.** You're not allowed to look.
+ **¡Eso no vale!** That's not fair!
+ **vale la pena** it's worth it
+ **Vale la pena hacer el esfuerzo.** It's worth
the effort.
+ **no vale la pena** it's not worth it
+ **No vale la pena gastar tanto dinero.** It's
not worth spending that much money.
+ **Este cuchillo no vale para nada.** This knife
is useless.
+ **Yo no valdría para enfermera.** I'd make a
hopeless nurse.
+ **¿Vale?** OK?
+ **¿Vamos a tomar algo? -¡Vale!** Shall we go
for a drink?–OK!
+ **Más vale que te lleves el abrigo.** You'd
better take your coat.
+ **No puede valerse por sí mismo.** He can't
look after himself.
válido ADJETIVO
valid
valiente ADJETIVO
brave
valija SUSTANTIVO
suitcase River Plate
+ **valija diplomática** diplomatic bag
valioso ADJETIVO
valuable
valla SUSTANTIVO
fence
+ **valla publicitaria** hoarding
+ **los cien metros vallas** the hundred metre
hurdles
valle SUSTANTIVO
valley (PL *valleys*)
valor SUSTANTIVO

[1] *value* ◇ *valor sentimental* sentimental
value
+ **una pulsera de gran valor** an extremely
valuable bracelet
[2] *courage* (valentía) ◇ *armarse de valor*
to pluck up courage
+ **objetos de valor** valuables
+ **valor adquisitivo** purchasing power
valorar VERBO
to value (joya, amistad)
el **vals** SUSTANTIVO
waltz
+ **bailar un vals** to waltz
la **válvula** SUSTANTIVO
valve
la **vampira** SUSTANTIVO
vampire
el **vampiro** SUSTANTIVO
vampire
el **vandalismo** SUSTANTIVO
vandalism
la **vanguardia** SUSTANTIVO
avant-garde
+ **de vanguardia** avant-garde ◇ *teatro de
vanguardia* avant-garde theatre
la **vanidad** SUSTANTIVO
vanity
vanidoso ADJETIVO
vain
vano ADJETIVO
vain ◇ *un intento vano* a vain attempt
+ **en vano** in vain ◇ *Traté en vano de
disuadirla.* I tried in vain to dissuade her.
el **vapor** SUSTANTIVO
steam
+ **plancha de vapor** steam iron
+ **al vapor** steamed
vaquero ADJETIVO
denim

denim *en este caso va siempre delante del
sustantivo.*

◇ *una falda vaquera* a denim skirt
el **vaquero** SUSTANTIVO
cowboy (PL *cowboys*)
+ **una película de vaqueros** a western
+ **vaqueros** jeans ◇ *Llevaba unos vaqueros
negros.* He was wearing black jeans.
variable ADJETIVO
variable (velocidad, ánimo)
+ **El tiempo es muy variable.** The weather is
very changeable.
variado ADJETIVO
varied ◇ *Prefiero un trabajo más variado.*
I prefer a more varied job.
variar* VERBO
to vary ◇ *Los precios varían según las
tallas.* Prices vary according to size.
+ **Decidí ir en tren, para variar.** I decided to
go by train for a change.
la **varicela** SUSTANTIVO
chicken pox ◇ *Yo no he pasado la
varicela.* I've never had chicken pox.
la **variedad** SUSTANTIVO
variety (PL *varieties*) ◇ *una nueva*

V

variedad de clavel a new variety of carnation

la **varilla** SUSTANTIVO
rod
- **la varilla del aceite** the dipstick

varios ADJETIVO, PRONOMBRE (FEM **varias**)
several ◇ *Estuve enfermo varios días.* I was ill for several days. ◇ *Le hicimos un regalo entre varios.* Several of us clubbed together to get him a present.

la **variz** (PL **las varices**) SUSTANTIVO
varicose vein

varón ADJETIVO (PL **varones**)
male ◇ *los herederos varones* the male heirs

el **varón** SUSTANTIVO (PL los **varones**) ◇ *Tiene dos hembras y un varón.* She has two girls and a boy.
- **Sexo: varón.** Sex: male.

Varsovia SUSTANTIVO FEM
Warsaw

el **vasco**, la **vasca** ADJETIVO, SUSTANTIVO
Basque
- **Hablamos vasco.** We speak Basque.
- **el País Vasco** the Basque Country

la **vasija** SUSTANTIVO
vessel (*cacharro*) ◇ *una vasija fenicia* a Phoenician vessel

el **vaso** SUSTANTIVO
glass (PL *glasses*) ◇ *Bebí un vaso de leche.* I drank a glass of milk.
- **un vaso de plástico** a plastic cup
- **un vaso sanguíneo** a blood vessel

el **váter** SUSTANTIVO
loo (*coloquial*)

el **Vaticano** SUSTANTIVO
Vatican

el **vatio** SUSTANTIVO
watt

vaya VERBO *ver* **ir**

Vd. ABREVIATURA (= *usted*)

Vds. ABREVIATURA (= *ustedes*)

ve VERBO *ver* **ir, ver**

la **vecina** SUSTANTIVO
1 *neighbour* (*de la misma calle*)
2 *inhabitant* (*habitante*)

el **vecindario** SUSTANTIVO
neighbourhood (*barrio*)

vecino ADJETIVO
neighbouring ◇ *las ciudades vecinas* the neighbouring towns

el **vecino** SUSTANTIVO
1 *neighbour* (*de la misma calle*) ◇ *los vecinos de al lado* the next door neighbours
2 *inhabitant* (*habitante*) ◇ *todos los vecinos de Torrevieja* all the inhabitants of Torrevieja

la **vegetación** SUSTANTIVO (PL **las vegetaciones**)
vegetation (*de plantas*)
- **vegetaciones** (*en la nariz*) adenoids

el **vegetal** ADJETIVO, SUSTANTIVO
vegetable ◇ *aceite vegetal* vegetable oil

el **vegetariano**, la **vegetariana** ADJETIVO, SUSTANTIVO
vegetarian ◇ *Es vegetariano.* He's vegetarian.

el **vehículo** SUSTANTIVO
vehicle

veinte ADJETIVO, PRONOMBRE
twenty ◇ *Tiene veinte años.* He's twenty.
- **el veinte de enero** the twentieth of January
- **el siglo veinte** the twentieth century

la **vejez** SUSTANTIVO
old age

la **vejiga** SUSTANTIVO
bladder

la **vela** SUSTANTIVO
1 *candle* ◇ *Encendimos una vela.* We lit a candle.
2 *sail* (*de barco*)
3 *sailing* (*deporte*)
- **un barco de vela** a yacht
- **Pasé la noche en vela.** I had a sleepless night.
- **estar a dos velas** to be broke (*coloquial*)

velarse VERBO
- **Se han velado las fotos.** The photos got exposed by accident.

el **velero** SUSTANTIVO
yacht

el **vello** SUSTANTIVO
1 *hair* (*en el cuerpo*) ◇ *Tiene mucho vello.* He's very hairy.
2 *down* (*en la cara*)

el **velo** SUSTANTIVO
veil

la **velocidad** SUSTANTIVO
1 *speed* ◇ *Pasó una moto a toda velocidad.* A motorbike went past at full speed. ◇ *¿A qué velocidad ibas?* How fast were you going?
2 *gear* (*marcha*) ◇ *cambiar de velocidad* to change gear

el **velocímetro** SUSTANTIVO
speedometer

el/la **velocista** SUSTANTIVO
sprinter

el **velódromo** SUSTANTIVO
cycle track

veloz ADJETIVO (PL **veloces**)
swift

ven VERBO *ver* **ir, ver**

la **vena** SUSTANTIVO
vein

vencedor ADJETIVO (FEM **vencedora**)
winning ◇ *el equipo vencedor* the winning team

el **vencedor**, la **vencedora** SUSTANTIVO
the winner

vencer* VERBO
1 *to defeat* (*derrotar*)
2 *to overcome* (*miedo, obstáculo*)
3 *to expire* (*expirar*) ◇ *El pasaporte me vence mañana.* My passport expires tomorrow.

vencido ADJETIVO

◆ **darse por vencido** to give up

venda SUSTANTIVO

[1] *bandage* (*para herida, lesión*)

◆ **Me pusieron una venda en el brazo.** They bandaged my arm.

[2] *blindfold* (*para los ojos*)

◆ **poner una venda en los ojos a alguien** to blindfold someone

vendar VERBO

to bandage ◇ *Me vendaron el codo.* They bandaged my elbow.

◆ **vendar los ojos a alguien** to blindfold someone

vendedor SUSTANTIVO

salesman (PL *salesmen*)

◆ **vendedor ambulante** pedlar

◆ **vendedor de periódicos** newspaper seller

vendedora SUSTANTIVO

saleswoman (PL *saleswomen*)

vender VERBO

to sell ◇ *He vendido el coche.* I've sold the car.

◆ **Venden la oficina de arriba.** The office upstairs is for sale.

◆ **"se vende"** "for sale"

◆ **venderse por** to sell for ◇ *El cuadro se vendió por cuatro millones de pesetas.* The painting sold for four million pesetas.

vendimia SUSTANTIVO

grape harvest

vendré VERBO *ver* **venir**

veneno SUSTANTIVO

[1] *poison* (*tóxico*)

[2] *venom* (*de serpiente*)

venenoso ADJETIVO

poisonous

venezolano, la venezolana ADJETIVO, SUSTANTIVO

Venezuelan

Venezuela SUSTANTIVO FEM

Venezuela

venganza SUSTANTIVO

revenge

vengarse* VERBO

to take revenge

◆ **vengarse de alguien** to take revenge on someone

◆ **vengarse de algo** to avenge something

vengo VERBO *ver* **venir**

venida SUSTANTIVO

arrival (*llegada*)

◆ **La venida la hicimos en autobús.** We came by bus on the way here.

venir* VERBO

[1] *to come* ◇ *Vino en taxi.* He came by taxi. ◇ *Vinieron a verme al hospital.* They came to see me in hospital. ◇ *Viene en varios colores.* It comes in several colours. ◇ *¡Ven aquí!* Come here! ◇ *Enseguida vengo.* I'll be back in a minute.

[2] *to be* ◇ *La noticia venía en el periódico.* The news was in the paper. ◇ *Esta palabra no viene en el diccionario.* This word isn't in the dictionary.

◆ **¡Venga, vámonos!** Come on, let's go!

◆ **La casa se está viniendo abajo.** The house is falling apart.

◆ **Mañana me viene mal.** Tomorrow isn't good for me.

◆ **¿Te viene bien el sábado?** Is Saturday alright for you?

◆ **el año que viene** next year

◆ **¡Venga ya!** Come off it! (*coloquial*)

la venta SUSTANTIVO

sale

◆ **estar en venta** to be for sale

la ventaja SUSTANTIVO

advantage ◇ *Tiene la ventaja de que está cerca de casa.* It has the advantage of being close to home.

◆ **llevar ventaja a alguien** to have an advantage over someone

◆ **jugar con ventaja** to be at an advantage

la ventana SUSTANTIVO

window

la ventanilla SUSTANTIVO

[1] *window* (*de coche, banco*) ◇ *Baja la ventanilla.* Open the window. ◇ *la ventanilla de venta de billetes* the ticket window

[2] *box office* (*en cine, teatro*)

la ventilación SUSTANTIVO

ventilation

◆ **El sótano tiene poca ventilación.** The basement is poorly ventilated.

ventilar VERBO

to air (*habitación, ropa*)

la ventisca SUSTANTIVO

[1] *gale force winds* (*viento fuerte*)

[2] *blizzard* (*con nieve*)

ver* VERBO

[1] *to see* ◇ *Te vi en el parque.* I saw you in the park. ◇ *¡Cuánto tiempo sin verte!* I haven't seen you for ages! ◇ *No he visto esa película.* I haven't seen that film. ◇ *El médico todavía no la ha visto.* The doctor hasn't seen her yet. ◇ *¿Ves? Ya te lo dije.* See? I told you so.

◆ **Voy a ver si está en su despacho.** I'll see if he's in his office.

◆ **Quedamos en vernos en la estación.** We arranged to meet at the station.

◆ **¡Luego nos vemos!** See you later!

◆ **Eso no tiene nada que ver.** That has nothing to do with it.

◆ **¡No la puede ver!** He can't stand her!

◆ **A ver...** Let's see...

◆ **Se ve que no tiene idea de informática.** It's clear he's got no idea about computers.

[2] *to watch* (*televisión*)

veranear VERBO

to spend the summer holidays ◇ *Veraneamos en Calpe.* We spend our summer holidays in Calpe.

el veraneo SUSTANTIVO

◆ **lugar de veraneo** summer resort

◆ **No pudimos ir de veraneo el año pasado.** We couldn't go on holiday last summer.

el verano SUSTANTIVO

summer   ◦ *En verano hace mucho calor.*
It's very hot in summer. ◦ *las vacaciones de
verano* the summer holidays

veraz ADJETIVO (PL **veraces**)
truthful

la **verbena** SUSTANTIVO
open-air dance (*baile*)

◆ **la verbena de San Roque** the festival of San
Roque

el **verbo** SUSTANTIVO
verb

la **verdad** SUSTANTIVO
truth ◦ *Les dije la verdad.* I told them the
truth.

◆ **¡Es verdad!** It's true!
◆ **La verdad es que no tengo ganas.** I don't
really feel like it.
◆ **¿De verdad?** Really?
◆ **De verdad que yo no dije eso.** I didn't say
that, honestly.
◆ **No era un policía de verdad.** He wasn't a
real policeman.
◆ **Es bonito, ¿verdad?** It's pretty, isn't it?
◆ **No te gusta, ¿verdad?** You don't like it, do
you?

verdadero ADJETIVO
real ◦ *Su apellido verdadero es
Rodríguez.* His real surname is Rodríguez.
◦ *Es un verdadero caballero.* He's a real
gentleman.

el **verde** ADJETIVO, SUSTANTIVO

[1] *green* ◦ *Tiene los ojos verdes.* She has
green eyes. ◦ *Estos plátanos están todavía
verdes.* These bananas are still green.
[2] *dirty* (*coloquial: obsceno*) ◦ *un chiste
verde* a dirty joke

◆ **los verdes** (*grupo político*) the Green Party

el **verdugo** SUSTANTIVO
[1] *executioner* (*en la guillotina*)
[2] *hangman* (*en la horca*)

la **verdulería** SUSTANTIVO
greengrocer's (PL *greengrocers' shops*)

la **verdura** SUSTANTIVO
vegetables PL ◦ *Comemos mucha
verdura.* We eat a lot of vegetables.

la **vereda** SUSTANTIVO
[1] *path* (*camino*)
[2] *pavement* (*acera*) Chile, River Plate

vergonzoso ADJETIVO
[1] *shy* ◦ *Es muy vergonzosa.* She is very
shy.
[2] *disgraceful* ◦ *Es vergonzoso cómo los
trataron.* It's disgraceful the way they were
treated.

la **vergüenza** SUSTANTIVO
[1] *embarrassment* ◦ *Casi me muero de
vergüenza.* I almost died of embarrassment.
[2] *shame* (*decencia*) ◦ *No tienen
vergüenza.* They have no shame.

◆ **¡Qué vergüenza!** How embarrassing!
◆ **Le da vergüenza pedírselo.** He's
embarrassed to ask her.
◆ **¡Es una vergüenza!** It's disgraceful!

verídico ADJETIVO
true

verificar* VERBO
to check

la **verja** SUSTANTIVO
[1] *railings* PL (*cerca*)
[2] *gate* (*puerta*)

el **vermut** SUSTANTIVO
vermouth

la **verruga** SUSTANTIVO
[1] *wart* (*en manos, cara*)
[2] *verruca* (*en pies*)

la **versión** SUSTANTIVO (PL las **versiones**)
version

◆ **una película francesa en versión original** a
film in the original French version

el **verso** SUSTANTIVO
[1] *line* (*línea de poema*)
[2] *verse* (*estilo poético*)

la **vértebra** SUSTANTIVO
vertebra (PL *vertebrae*)

verter* VERBO
[1] *to pour* ◦ *Vertió un poco de leche en el
cazo.* He poured a little milk into the
saucepan.
[2] *to dump* (*basura, residuos radiactivos*)

vertical ADJETIVO
vertical

◆ **Ponlo vertical.** Put it upright.

el **vértigo** SUSTANTIVO
vertigo ◦ *Tengo vértigo.* I've got vertigo.
◆ **Me da vértigo.** It makes me dizzy.

la **Vespa** ® SUSTANTIVO
scooter

vespertino ADJETIVO
evening

evening *en este caso va siempre delante del
sustantivo.*
◦ *un diario vespertino* an evening paper

el **vestíbulo** SUSTANTIVO
[1] *hall* (*de casa*)
[2] *foyer* (*de teatro*)

vestido ADJETIVO
◆ **Iba vestida de negro.** She was dressed in
black.
◆ **Yo iba vestido de payaso.** I was dressed as
a clown.
◆ **un hombre bien vestido** a well-dressed man

el **vestido** SUSTANTIVO
dress (*de mujer*) (PL *dresses*)
◆ **el vestido de novia** the bridal gown

vestir* VERBO
to wear (*llevar puesto*) ◦ *Vestía pantalones
vaqueros y una camiseta.* He was wearing
jeans and a T-shirt.

◆ **vestir a alguien** to dress someone
◦ *Estaba vistiendo a los niños.* I was
dressing the children.
◆ **vestir bien** to dress well
◆ **vestirse** to get dressed ◦ *Se está
vistiendo.* He's getting dressed.
◆ **Se vistió de princesa.** She dressed up as a
princess.

+ **ropa de vestir** smart clothes PL

el **vestón** (PL los **vestones**) SUSTANTIVO
  jacket (para hombres) Chile, River Plate

el **vestuario** SUSTANTIVO
  ☐1 *changing room* (en piscina, gimnasio)
  ☐2 *wardrobe* (de película, obra teatral)

el **veterinario**, la **veterinaria** SUSTANTIVO
  vet

la **vez** SUSTANTIVO (PL las **veces**)
  time ◇ la próxima vez next time
  ◇ ¿Cuántas veces al año? How many times
  a year?
+ **a la vez** at the same time
+ **a veces** sometimes
+ **cada vez más** more and more
+ **cada vez menos** less and less
+ **de una vez** once and for all
+ **de vez en cuando** from time to time
+ **en vez de** instead of
+ **¿La has visto alguna vez?** Have you ever
  seen her?
+ **otra vez** again
+ **tal vez** maybe
+ **una vez** once
+ **dos veces** twice ◇ La veo una vez a la
  semana. I see her once a week.
+ **una y otra vez** again and again

vi VERBO ver **ver**

la **vía** SUSTANTIVO
  ☐1 *track* (raíl)
  ☐2 *platform* (andén) ◇ Nuestro tren sale
  por la vía dos. Our train leaves from
  platform two.
+ **por vía aérea** by airmail
+ **Madrid-Berlín vía París** Madrid-Berlin via
  Paris

viajar VERBO
  to travel ◇ viajar en autocar to travel by
  coach

el **viaje** SUSTANTIVO
  ☐1 *trip*
+ **¡Buen viaje!** Have a good trip!
+ **un viaje de negocios** a business trip
  ☐2 *journey* (trayecto) ◇ Es un viaje muy
  largo. It's a very long journey.
+ **estar de viaje** to be away ◇ Mi padre está
  de viaje. My father's away.
+ **salir de viaje** to go away
+ **una agencia de viajes** a travel agency
+ **el viaje de novios** honeymoon

el **viajero**, la **viajera** SUSTANTIVO
  passenger

la **víbora** SUSTANTIVO
  viper

la **vibración** SUSTANTIVO (PL las **vibraciones**)
  vibration

vibrar VERBO
  to vibrate

la **vicepresidenta** SUSTANTIVO
  ☐1 *vice president* (de gobierno)
  ☐2 *chairwoman* (de empresa, comité) (PL
  chairwomen)

el **vicepresidente** SUSTANTIVO
  ☐1 *vice president* (de gobierno)

  ☐2 *chairman* (de empresa, comité) (PL
  chairmen)

viceversa ADVERBIO
  vice versa

viciarse VERBO
  to deteriorate
+ **viciarse con las drogas** to become addicted
  to drugs

el **vicio** SUSTANTIVO
  vice ◇ El tabaco es mi único vicio.
  Smoking is my only vice.
+ **Tengo el vicio de morderme las uñas.** I
  bite my nails; I know it's a bad habit.

la **víctima** SUSTANTIVO
  victim

la **victoria** SUSTANTIVO
  victory (PL *victories*) ◇ la victoria del
  partido conservador the conservative party
  victory
+ **su primera victoria fuera de casa** their first
  away win

la **vid** SUSTANTIVO
  vine

la **vida** SUSTANTIVO
  life (PL *lives*) ◇ He vivido aquí toda mi
  vida. I've lived here all my life. ◇ Llevan
  una vida muy tranquila. They lead a very
  quiet life. ◇ ¡Esto sí que es vida! This is the
  life!
+ **la media de vida de un televisor** the
  average life span of a television set
+ **vida nocturna** nightlife
+ **estar con vida** to be alive
+ **salir con vida** to escape alive
+ **Se gana la vida haciendo traducciones.** He
  earns his living by translating.
+ **¡Vida mía!** My darling!

el **video** SUSTANTIVO
  Latin America
  video

el **vídeo** SUSTANTIVO
  video ◇ Tengo la película en vídeo. I've
  got the film on video.
+ **cinta de vídeo** videotape

la **videocámara** SUSTANTIVO
  video camera

la **vidriera** SUSTANTIVO
  ☐1 *stained glass window* (en iglesia)
  ☐2 *shop window* (escaparate) Latin America

el **vidrio** SUSTANTIVO
  ☐1 *glass* (material) ◇ botellas de vidrio
  glass bottles
+ **Me corté el dedo con un vidrio.** I cut my
  finger on a piece of glass.
  ☐2 *windowpane* (de ventana)

la **vieja** SUSTANTIVO
  old woman (PL *old women*) ◇ Había una
  viejecita sentada a mi lado. There was an old
  woman sitting next to me.

viejo ADJETIVO
  old ◇ un viejo amigo mío an old friend of
  mine ◇ Estos zapatos ya están muy viejos.
  These shoes are very old now.
+ **hacerse viejo** to get old

V

el **viejo** SUSTANTIVO
  old man (PL *old men*)
  ◆ **los viejos** old people
  ◆ **llegar a viejo** to reach old age
viene VERBO *ver* **venir**
el **viento** SUSTANTIVO
  wind
  ◆ **Hace mucho viento.** It's very windy.
el **vientre** SUSTANTIVO
  stomach ◇ *Me duele el vientre.* My
  stomach hurts.
  ◆ **hacer de vientre** to go to the toilet
el **viernes** SUSTANTIVO (PL los **viernes**)
  Los días de la semana se escriben con mayúscula.
  Friday ◇ *La vi el viernes.* I saw her on
  Friday. ◇ *todos los viernes* every Friday
  ◇ *el viernes pasado* last Friday ◇ *el viernes*
  que viene next Friday ◇ *Jugamos los*
  viernes. We play on Fridays.
  ◆ **Viernes Santo** Good Friday
vierta VERBO *ver* **verter**
el/la **vietnamita** ADJETIVO, SUSTANTIVO
  Vietnamese
  ◆ **los vietnamitas** the Vietnamese
la **viga** SUSTANTIVO
  [1] *beam* (de madera)
  [2] *girder* (de acero)
la **vigilancia** SUSTANTIVO
  [1] *surveillance* ◇ *bajo vigilancia policial*
  under police surveillance
  [2] *vigilance* (cuidado) ◇ *El paciente*
  necesita vigilancia constante. The patient
  needs constant vigilance.
  ◆ **patrulla de vigilancia** security patrol
el/la **vigilante** SUSTANTIVO
  [1] *security guard* (en banco, edificio público)
  [2] *store detective* (en tienda)
  ◆ **vigilante jurado** security guard
  ◆ **vigilante nocturno** night watchman (PL
  night watchmen)
vigilar VERBO
  [1] *to guard* (frontera, tienda, cuadro) ◇ *Un*
  policía vigilaba al preso. A policeman was
  guarding the prisoner.
  [2] *to watch* (persona) ◇ *Nos vigilan.*
  They're watching us.
  [3] *to keep an eye on* (cuidar) ◇ *¿Me*
  vigilas el bolso un momento? Can you keep
  an eye on my bag for a minute?
VIH ABREVIATURA (= *virus de inmunodeficiencia*
  humana)
  HIV
la **villa** SUSTANTIVO
  [1] *town* (población)
  [2] *villa* (chalé)
el **villancico** SUSTANTIVO
  carol
el **vinagre** SUSTANTIVO
  vinegar
el **vínculo** SUSTANTIVO
  bond
vine VERBO *ver* **venir**
viniendo VERBO *ver* **venir**

el **vino** SUSTANTIVO
  wine
  ◆ **vino blanco** white wine
  ◆ **vino tinto** red wine
  ◆ **vino de la casa** house wine
la **viña** SUSTANTIVO
  vineyard
el **viñedo** SUSTANTIVO
  vineyard
la **violación** SUSTANTIVO (PL las **violaciones**)
  [1] *rape* (de persona)
  [2] *violation* (de ley, acuerdo)
el **violador,** la **violadora** SUSTANTIVO
  rapist
violar VERBO
  [1] *to rape* (persona)
  [2] *to violate* (ley, acuerdo)
la **violencia** SUSTANTIVO
  violence
violento ADJETIVO
  [1] *violent* ◇ *La película contiene algunas*
  escenas violentas. The film contains some
  violent scenes.
  [2] *embarrassing* ◇ *Era una situación*
  violenta. It was an embarrassing situation.
  ◆ **Me resulta violento decírselo.** I'm
  embarrassed to tell him.
el **violeta** ADJETIVO, SUSTANTIVO
  purple (color) ◇ *unas cortinas violeta*
  some purple curtains
la **violeta** SUSTANTIVO
  violet (flor)
el **violín** SUSTANTIVO (PL los **violines**)
  violin
el/la **violinista** SUSTANTIVO
  violinist
el **violón** SUSTANTIVO (PL los **violones**)
  double bass (PL *double basses*)
el/la **violonchelista** SUSTANTIVO
  cellist
el **violonchelo** SUSTANTIVO
  cello (PL *cellos*)
virgen ADJETIVO (PL **vírgenes**)
  [1] *virgin* (persona, selva)
  ◆ **ser virgen** to be a virgin
  [2] *blank* (cinta)
la **virgen** (PL las **vírgenes**) SUSTANTIVO
  virgin
  ◆ **la Virgen** the Virgin
Virgo SUSTANTIVO MASC
  Virgo
  ◆ **Soy Virgo.** I'm Virgo.
viril ADJETIVO
  virile
la **virilidad** SUSTANTIVO
  virility
la **virtud** SUSTANTIVO
  virtue
la **viruela** SUSTANTIVO
  smallpox ◇ *Tiene la viruela.* He has
  smallpox.
el **virus** SUSTANTIVO (PL los **virus**)
  virus (PL *viruses*)

visa SUSTANTIVO
Latin America
visa

visado SUSTANTIVO
visa

visera SUSTANTIVO
[1] *peak* (en gorra)
[2] *visor* (transparente)

visibilidad SUSTANTIVO
visibility ◇ *Había muy poca visibilidad.*
Visibility was very poor.

visible ADJETIVO
visible

visillo SUSTANTIVO
net curtain

visión SUSTANTIVO (PL las **visiones**)
[1] *vision* ◇ *la visión nocturna* night vision
[2] *view* (enfoque) ◇ *una visión pesimista
de la vida* a pessimistic view of life
* **Tú estás viendo visiones.** You're seeing
things.

visita SUSTANTIVO
[1] *visit*
* **hacer una visita a alguien** to visit someone
[2] *visitor* (visitante) ◇ *¿Tienes visita?*
Have you got visitors?
* **horario de visita** visiting hours PL
* **tarjeta de visita** business card

visitante SUSTANTIVO
visitor

visitar VERBO
to visit ◇ *Fuimos a visitar a mis tíos.* We
went to visit my aunt and uncle. ◇ *5.000
personas han visitado ya la exposición.*
5,000 people have already visited the
exhibition.

viso SUSTANTIVO
slip (prenda)
* **visos** signs ◇ *La situación no tiene visos
de mejorar.* The situation shows no signs of
improving.
* **esta tela hace visos** this material is
two-tone

visón SUSTANTIVO (PL los **visones**)
mink
* **un abrigo de visón** a mink coat

víspera SUSTANTIVO
the day before ◇ *la víspera de la boda*
the day before the wedding
* **la víspera de Navidad** Christmas Eve

vista SUSTANTIVO
[1] *sight* (sentido)
[2] *view* (panorama) ◇ *una habitación con
vistas al mar* a room with a sea view
* **a primera vista** at first glance
* **alzar la vista** to look up
* **bajar la vista** to look down
* **perder la vista** to lose one's sight
* **volver la vista** to look back
* **conocer a alguien de vista** to know
someone by sight
* **hacer la vista gorda** to turn a blind eye
* **¡Hasta la vista!** See you!

vistazo SUSTANTIVO

* **echar un vistazo a algo** to have a look at
something

vistiendo VERBO *ver* **vestir**

visto (1) VERBO *ver* **ver**

visto (2) ADJETIVO
* **Está visto que...** It's clear that...
* **Hurgarse la nariz está mal visto.** Picking
your nose is frowned upon.
* **por lo visto** apparently
* **dar el visto bueno a algo** to give something
one's approval

vistoso ADJETIVO
showy

vital ADJETIVO
vital

la **vitalidad** SUSTANTIVO
vitality

la **vitamina** SUSTANTIVO
vitamin

vitorear VERBO
to cheer

la **vitrina** SUSTANTIVO
[1] *glass cabinet* (en casa)
[2] *shop window* (escaparate) *Latin America*

viuda ADJETIVO
* **Es viuda.** She's a widow.
* **quedarse viuda** to be widowed

la **viuda** SUSTANTIVO
widow

viudo ADJETIVO
* **Es viudo.** He's a widower.
* **Se quedó viudo a los 50 años.** He was
widowed at 50.

el **viudo** SUSTANTIVO
widower

vivaracho ADJETIVO
lively (persona)

los **víveres** SUSTANTIVO
provisions PL

el **vivero** SUSTANTIVO
nursery (de plantas) (PL *nurseries*)

vivir VERBO
[1] *to live* ◇ *¿Dónde vives?* Where do you
live? ◇ *Viven juntos.* They live together.
[2] *to be alive* ◇ *¿Todavía vive?* Is he still
alive?
* **vivir de algo** to live on something ◇ *Viven
de su pensión.* They live on his pension.
* **¡Viva!** Hurray!

vivo ADJETIVO
[1] *alive* (con vida) ◇ *Estaba vivo.* He was
alive.
[2] *bright* (color, ojos)
* **en vivo** live ◇ *una retransmisión en vivo* a
live broadcast

el **vocabulario** SUSTANTIVO
vocabulary

la **vocación** SUSTANTIVO (PL las **vocaciones**)
vocation ◇ *Su vocación era la música.*
Music was her vocation.

la **vocal** SUSTANTIVO
vowel

el **vodka** SUSTANTIVO
vodka

V

el **volante** SUSTANTIVO
  1 *steering wheel* (*de coche*)
  2 *shuttlecock* (*de bádminton*)
  3 *referral note* (*para médico*)
- **volantes** flounce SING (*de vestido, colcha*)

volar* VERBO
  1 *to fly* ◇ *El helicóptero volaba muy bajo.* The helicopter was flying very low. ◇ *¡Cómo vuela el tiempo!* Doesn't time fly! ◇ *Se me pasó la semana volando.* The week just flew by.
  2 *to blow up* ◇ *Volaron el puente.* They blew up the bridge.
- **Tuvimos que ir volando al hospital.** We had to rush to the hospital.

el **volcán** SUSTANTIVO (PL los **volcanes**)
  volcano (PL *volcanoes*)

volcar* VERBO
  1 *to knock over* (*tumbar*) ◇ *El perro volcó el cubo de la basura.* The dog knocked the dustbin over.
  2 *to capsize* (*barco*)
  3 *to overturn* (*coche*)

el **voleibol** SUSTANTIVO
  volleyball

el **voltaje** SUSTANTIVO
  voltage

la **voltereta** SUSTANTIVO
  1 *forward roll* (*sobre el suelo*)
- **dar una voltereta** to do a forward roll
  2 *somersault* (*en el aire*)

el **voltio** SUSTANTIVO
  volt

el **volumen** SUSTANTIVO (PL los **volúmenes**)
  volume
- **bajar el volumen** to turn the volume down
- **subir el volumen** to turn the volume up

la **voluntad** SUSTANTIVO
  1 *will* (*deseo*) ◇ *Lo hizo contra mi voluntad.* He did it against my will.
  2 *willpower* (*fuerza de voluntad*) ◇ *Le cuesta, pero tiene mucha voluntad.* It's difficult for him, but he has a lot of willpower.

la **voluntaria** SUSTANTIVO
  volunteer

voluntario ADJETIVO
  voluntary
- **ofrecerse voluntario para algo** to volunteer for something

el **voluntario** SUSTANTIVO
  volunteer

volver* VERBO
  1 *to come back* (*a donde se está*)
  2 *to go back* (*a donde se estaba*)
  3 *to turn* (*colcha, cabeza, esquina*) ◇ *Me volvió la espalda.* He turned away from me.
- **Me volví para ver quién era.** I turned round to see who it was.
  4 *to become* (*convertirse*)
- **Se ha vuelto muy cariñoso.** He's become very affectionate.
- **volver a hacer algo** to do something again

◇ *Me he vuelto a equivocar.* I've made a mistake again.
- **volver en sí** to come round

vomitar VERBO
  to be sick ◇ *Ha vomitado dos veces.* He's been sick twice.
- **Vomitó todo lo que había comido.** He threw up everything he'd eaten.

vos PRONOMBRE
  River Plate
  you

vosotros PRONOMBRE PL (FEM **vosotras**)
  you ◇ *Vosotros vendréis conmigo.* You'll come with me.
- **Hacedlo vosotros mismos.** Do it yourselves.

la **votación** SUSTANTIVO (PL las **votaciones**)
- **Hicimos una votación.** We took a vote.
- **Salió elegida por votación.** She was voted in.

votar VERBO
  to vote ◇ *Voté por Alcántara.* I voted for Alcántara.
- **Votaron a los socialistas.** They voted for the Socialists.

voy VERBO *ver* **ir**

la **voz** SUSTANTIVO (PL las **voces**)
  voice ◇ *No tengo buena voz.* I don't have a very good voice.
- **hablar en voz alta** to speak loudly
- **dar voces** to shout

vuelco VERBO *ver* **volcar**

el **vuelco** SUSTANTIVO
- **dar un vuelco** (*coche*) to overturn
  to capsize (*barco*)
- **Me dio un vuelco el corazón.** My heart missed a beat.

vuelo VERBO *ver* **volar**

el **vuelo** SUSTANTIVO
  flight ◇ *Mi vuelo sale a las cuatro.* My flight leaves at four o'clock.
- **vuelo chárter** charter flight
- **vuelo regular** scheduled flight
- **Las gaviotas levantaron el vuelo.** The seagulls flew away.

la **vuelta** SUSTANTIVO
  1 *return* (*regreso*) ◇ *un billete de ida y vuelta* a return ticket
  2 *lap* (*en circuito*) ◇ *Di tres vueltas a la pista.* I did three laps of the track.
  3 *change* (*cambio*) ◇ *Quédese con la vuelta.* Keep the change.
- **a vuelta de correo** by return of post
- **Vive a la vuelta de la esquina.** He lives round the corner.
- **El coche dio la vuelta.** The car turned round.
- **Dimos una vuelta de campana.** We overturned completely.
- **dar la vuelta a la página** to turn the page
- **Ahora le han dado la vuelta a la tortilla.** Now they've completely changed their tune.
- **dar la vuelta al mundo** to go round the

world

+ **No le des más vueltas a lo que dijo.** Stop worrying about what he said.
+ **dar una vuelta (1)** (*a pie*) to go for a walk
+ **dar una vuelta (2)** (*en coche*) to go for a drive
+ **dar media vuelta** to turn round
+ **estar de vuelta** to be back
+ **vuelta ciclista** cycle race

vuelto VERBO *ver* **volver**

I **vuelto** SUSTANTIVO
Latin America
change

vuelvo VERBO *ver* **volver**

vuestro ADJETIVO, PRONOMBRE (FEM **vuestra**)
  [1] *your*   ◦ *vuestra casa* your house
  ◦ *vuestros amigos* your friends
+ **un amigo vuestro** a friend of yours
  [2] *yours*   ◦ *¿Son vuestros?* Are they yours?
+ **¿Es ésta la vuestra?** Is this one yours?
+ **¿Y los bocadillos? – Los vuestros están aquí.** Where are the sandwiches? – Yours are over here.

vulgar ADJETIVO
vulgar (*no refinado*)

W

I **walkie-talkie** SUSTANTIVO (PL los walkie-talkies)
walkie-talkie

I **walkman** ® (PL los **walkmans**) SUSTANTIVO
Walkman ®

I **wáter** SUSTANTIVO
loo (*coloquial*)

el **western** SUSTANTIVO (PL los **westerns**)
western

el **whisky** SUSTANTIVO (PL los **whiskys**)
whisky (PL *whiskies*)

el **windsurf** SUSTANTIVO
  [1] *windsurfing* (*deporte*)
  [2] *windsurf* (*tabla*)

X

xenófobo ADJETIVO
xenophobic

el **xilófono** SUSTANTIVO
xylophone

Y

y CONJUNCIÓN
and   ◦ *Andrés y su novia.* Andrés and his girlfriend.
+ **Yo quiero una ensalada. ¿Y tú?** I'd like a salad. What about you?
+ **¡Y yo!** Me too!
+ **¿Y qué?** So what?
+ **Son las tres y cinco.** It's five minutes past three.

ya ADVERBIO
already   ◦ *Ya se han ido.* They've already left.   ◦ *¿Ya has terminado?* Have you finished already?
+ **ya no** any more   ◦ *Ya no salimos juntos.* We're not going out any more.
+ **Estos zapatos ya me están pequeños.** These shoes are too small for me now.
+ **ya que** since

+ **Ya lo sé.** I know.
+ **Ya veremos.** We'll see.
+ **Rellena el impreso y ya está.** Fill in the form and that's it.
+ **¡Ya voy!** I'm coming!

el **yacimiento** SUSTANTIVO
site (*arqueológico*)
+ **un yacimiento petrolífero** an oilfield

el/la **yanqui** ADJETIVO, SUSTANTIVO (MASC PL los yanquis)
Yank (*coloquial*)

el **yate** SUSTANTIVO
  [1] *pleasure cruiser* (*con motor*)
  [2] *yacht* (*de vela*)

la **yedra** SUSTANTIVO
ivy

la **yegua** SUSTANTIVO
mare

V
W
X
Y

la **yema** SUSTANTIVO
  1 *yolk* (*de huevo*)
  2 *fingertip* (*del dedo*)
yendo VERBO *ver* **ir**
el **yerno** SUSTANTIVO
  son-in-law (PL *sons-in-law*)
el **yeso** SUSTANTIVO
  plaster
yo PRONOMBRE
  1 *I* ◇ *Carlos y yo no fuimos.* Carlos and I didn't go.
  2 *me* ◇ *¿Quién ha visto la película? – Ana y yo.* Who's seen the film? – Ana and me.
  ◇ *Es más alta que yo.* She's taller than me.

◇ *Soy yo, María.* It's me, María.
• **¡Yo también!** Me too!
• **yo mismo** myself ◇ *Lo hice yo misma.* I did it myself.
• **yo que tú** if I were you
el **yoga** SUSTANTIVO
  yoga
el **yogur** SUSTANTIVO
  yoghurt
el **yudo** SUSTANTIVO
  judo
Yugoslavia SUSTANTIVO FEM
  Yugoslavia ◇ *en la antigua Yugoslavia* in the former Yugoslavia

Z

el **zafiro** SUSTANTIVO
  sapphire
zambullirse* VERBO
  to dive underwater (*sumergirse*)
zamparse VERBO
  to wolf down (*coloquial*) ◇ *Se zampó todo un paquete de galletas.* He wolfed down a whole packet of biscuits.
la **zanahoria** SUSTANTIVO
  carrot
la **zancadilla** SUSTANTIVO
• **poner la zancadilla a alguien** to trip someone up
el **zancudo** SUSTANTIVO
  Latin America
  mosquito (PL *mosquitos*)
la **zanja** SUSTANTIVO
  ditch (PL *ditches*)
zanjar VERBO
  to settle (*deuda, diferencias*)
la **zapatera** SUSTANTIVO
  shoemaker
la **zapatería** SUSTANTIVO
  1 *shoe shop* (*tienda*)
  2 *shoe repairer's* (*para reparaciones*)
el **zapatero** SUSTANTIVO
  shoemaker
la **zapatilla** SUSTANTIVO
  slipper (*pantufla*) ◇ *En casa llevo zapatillas.* I wear slippers at home.
• **zapatillas de ballet** ballet shoes
• **zapatillas de deporte** training shoes
el **zapato** SUSTANTIVO
  shoe
• **zapatos de tacón** high-heeled shoes
• **zapatos planos** flat shoes
la **zarpa** SUSTANTIVO
  paw
zarpar VERBO
  to set sail
la **zarza** SUSTANTIVO

  bramble
la **zarzamora** SUSTANTIVO
  blackberry bush
el **zigzag** SUSTANTIVO
  zigzag
• **una carretera en zigzag** a winding road
Zimbabue SUSTANTIVO MASC
  Zimbabwe
el **zinc** SUSTANTIVO
  zinc
el **zíper** SUSTANTIVO
  Latin America (PL los **zípers**)
  zip
el **zócalo** SUSTANTIVO
  1 *skirting board* (*rodapié*)
  2 *main square* Latin America
el **zodíaco** SUSTANTIVO
  zodiac ◇ *los signos del zodíaco* the signs of the zodiac
la **zona** SUSTANTIVO
  area ◇ *Viven en una zona muy tranquila.* They live in a very quiet area.
• **Fue declarada zona neutral.** It was declared a neutral zone.
• **zona verde** green space
• **zona industrial** industrial park
el **zoo** SUSTANTIVO
  zoo
la **zoóloga** SUSTANTIVO
  zoologist
la **zoología** SUSTANTIVO
  zoology
el **zoológico** SUSTANTIVO
  zoological
el **zoólogo** SUSTANTIVO
  zoologist
el **zoom** SUSTANTIVO (PL los **zooms**)
  zoom lens (PL *zoom lenses*)
zoquete ADJETIVO
  dim (*coloquial*)
el/la **zoquete** SUSTANTIVO

---

* Verbs marked with this symbol are irregular. See pages 332–333 for further details

blockhead (coloquial)

el **zorro** SUSTANTIVO

fox (PL *foxes*) ◇ *piel de zorro* fox fur

el **zueco** SUSTANTIVO

clog

zumbar VERBO

to buzz (*abeja, oídos*) ◇ *Me zumban los oídos.* My ears are buzzing.

◆ **salir zumbando** to whizz off (*coloquial*)

el **zumo** SUSTANTIVO

juice ◇ *zumo de naranja* orange juice

zurcir* VERBO

to darn

zurdo ADJETIVO

1 *left-handed* (*de la mano*)

2 *left-footed* (*del pie*)

zurrar VERBO

to thrash

Z

JUEGOS

Introducción

Los pasatiempos de las páginas siguientes están pensados para ayudarte a manejar tu diccionario de una forma práctica. Para ello te conviene leer la sección "Cómo usar este diccionario" del principio antes de empezar y, aunque es mejor que intentes resolverlos sin mirar la solución, si te quedas atascado puedes mirar al final de la sección.

GAMES

Introduction

The wordgames on the following pages have been designed to give you practice in using your dictionary. Make sure you read the "How to use your dictionary" section at the front of this book before you start. Don't worry, there are answers at the end of the wordgames in case you get really stuck!

JUEGO 1

ARTÍCULOS DEL DICCIONARIO

Completa este crucigrama con las traducciones en inglés de la lista de palabras españolas.
Hay un pequeño inconveniente: todas estas palabras españolas tienen más de un
significado en inglés y sólo una de las traducciones encaja en las casillas del crucigrama.
Por lo tanto tienes que fijarte en todos los distintos significados y elegir el que encaje en
las casillas.
(Recuerda que, si tienes que insertar un verbo en infinitivo no es necesario que escribas
'to', como en 'to go', que sería sólo 'go'.)

1. RESISTIR	7. DISCO
2. ACIERTO	8. DOBLARSE
3. MAÑANA	9. VASO
4. PICADURA	10. MALICIA
5. COPA	11. SEGURO
6. LEVANTAR	12. SUBIR

JUEGO 2

PARTES DE LA ORACIÓN

Indica con una cruz la función gramatical que tienen las palabras señaladas en cada una de las siguientes oraciones.

ORACIÓN	SUST	ADJ	ADV	VERBO
1. Are you going to wash your car?				
2. Hand me the hammer, please.				
3. Your dress is not very clean.				
4. Shall we go for a drive?				
5. We arrived just in time.				
6. The garage serviced my car last week.				
7. My foot is very sore.				
8. Are we having stew for dinner?.				
9. They live in Manchester.				
10. He switched off the light.				

291 JUEGOS/GAMES

DAMERO

En las siguientes casillas las letras de diez palabras inglesas han sido substituidos por números. Cada dígito representa siempre la misma letra.
Intenta descifrar el código para encontrar las diez palabras. Puedes recurrir a tu diccionario si necesitas ayuda.
Aquí tienes una pista: Todas las palabras están relacionadas con EL TRANSPORTE.

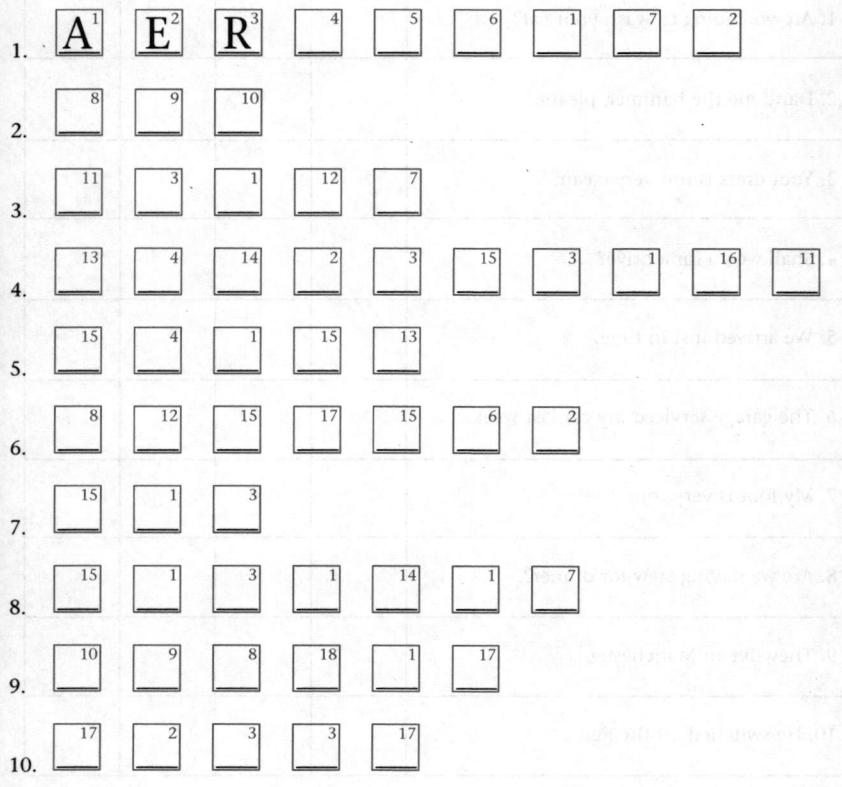

1. A^1 E^2 R^3 $\boxed{}^4$ $\boxed{}^5$ $\boxed{}^6$ $\boxed{}^1$ $\boxed{}^7$ $\boxed{}^2$

2. $\boxed{}^8$ $\boxed{}^9$ $\boxed{}^{10}$

3. $\boxed{}^{11}$ $\boxed{}^3$ $\boxed{}^1$ $\boxed{}^{12}$ $\boxed{}^7$

4. $\boxed{}^{13}$ $\boxed{}^4$ $\boxed{}^{14}$ $\boxed{}^2$ $\boxed{}^3$ $\boxed{}^{15}$ $\boxed{}^3$ $\boxed{}^1$ $\boxed{}^{16}$ $\boxed{}^{11}$

5. $\boxed{}^{15}$ $\boxed{}^4$ $\boxed{}^1$ $\boxed{}^{15}$ $\boxed{}^{13}$

6. $\boxed{}^8$ $\boxed{}^{12}$ $\boxed{}^{15}$ $\boxed{}^{17}$ $\boxed{}^{15}$ $\boxed{}^6$ $\boxed{}^2$

7. $\boxed{}^{15}$ $\boxed{}^1$ $\boxed{}^3$

8. $\boxed{}^{15}$ $\boxed{}^1$ $\boxed{}^3$ $\boxed{}^1$ $\boxed{}^{14}$ $\boxed{}^1$ $\boxed{}^7$

9. $\boxed{}^{10}$ $\boxed{}^9$ $\boxed{}^8$ $\boxed{}^{18}$ $\boxed{}^1$ $\boxed{}^{17}$

10. $\boxed{}^{17}$ $\boxed{}^2$ $\boxed{}^3$ $\boxed{}^3$ $\boxed{}^{17}$

WORDGAME 4

ANTONYMS

Complete the crossword by supplying ANTONYMS (i.e. opposites) in Spanish of the words below. Use your dictionary to help.

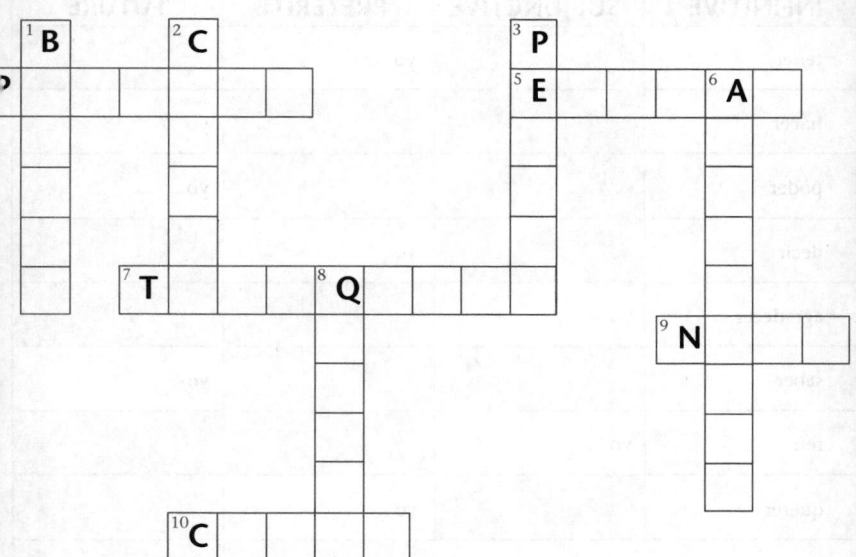

1. FEO
2. ABRIR
3. LIGERO
4. RIQUEZA
5. SALIR

6. ENGORDAR
7. INQUIETO
8. PONER
9. TODO
10. OSCURO

WORDGAME 5

VERB TENSES

Use your dictionary to help you fill in the blanks in the table below.

INFINITIVE	PRESENT SUBJUNCTIVE	PRETERITE	FUTURE
tener		yo	
hacer			yo
poder			yo
decir		yo	
agradecer	yo		
saber			yo
reír	yo		
querer		yo	
caber	yo		
ir	yo		
salir			yo
ser		yo	

WORDGAME 6

Here is a list of Spanish words for things you will find in the kitchen. Unfortunately, they have all been jumbled up. Try to work out what each word is and put the word in the boxes on the right. You will see that there are seven shaded boxes below. With the seven letters in the shaded boxes make up <u>another</u> Spanish word for an object you can find in the kitchen.

1. azta   ¿Quieres una _____ de café?

2. eanevr   ¡Meta la mantequilla en la _____ !

3. asme   ¡La comida está en la _____ !

4. zoac   Su madre está calentando la leche en el _____

5. roegcanldo   ¡No saques el helado del _____ todavía!

6. uclclohi   ¿Dónde has puesto el _____ del queso?

7. rgoif   ¿Puedes cerrar ya el _____ del agua caliente?

The word you are looking for is:

SOLUCIONES/ANSWERS

JUEGO 1

1. (to) last
2. skill
3. morning
4. sting
5. top
6. (to) clear
7. record
8. (to) bend
9. tumbler
10. wickedness
11. safe
12. (to) board

JUEGO 2

1. Verbo
2. Verbo
3. Adjetivo
4. Sustantivo
5. Adverbio
6. Verbo
7. Adjetivo
8. Sustantivo
9. Verbo
10. Sustantivo

JUEGO 3

1. aeroplane
2. bus
3. train
4. hovercraft
5. coach
6. bicycle
7. car
8. caravan
9. subway
10. ferry

WORDGAME 4

1. bonito
2. cerrar
3. pesado
4. pobreza
5. entrar
6. adelgazar
7. tranquilo
8. quitar
9. nada
10. claro

WORDGAME 5

tuve	ría
haré	quise
podré	quepa
dije	vaya
agradezca	saldré
sabré	fui

WORDGAME 6

1. taza
2. nevera
3. mesa
4. cazo
5. congelador
6. cuchillo
7. grifo

Missing word –
ARMARIO

LA CONJUGACIÓN INGLESA

ÍNDICE

LA CONJUGACIÓN INGLESA

Esta sección muestra la conjugación de los ocho verbos más importantes en inglés y está dividida en verbos regulares, auxiliares e irregulares, por lo que es conveniente reconocer a qué grupo pertenece cada uno.

En la parte superior de cada modelo aparecen las formas de infinitivo, gerundio y participio, así como algunos ejemplos del uso de cada verbo, tales como la forma de pretérito perfecto y el futuro simple y perfecto, de cuya conjugación se puede deducir el resto de las formas correspondientes a cada una de las personas verbales. Los propios modelos de conjugación muestran los verbos en sus distintas personas en presente y en pasado.

PRESENTE	**I make** o **I am making**
PRETÉRITO PERFECTO	**I have made** o **I have been making**
PASADO	**I made** o **I was making**
FUTURO	**I will make** o **I will be making**

En presente, los verbos ingleses cambian de forma solamente en la tercera persona del singular:

he say**s**, she speak**s** English, the dog bark**s**

En los verbos que acaban en **-y**, ésta se transforma generalmente en **-ies**:

to try - he tr**ies**, to marry - she marr**ies**

Aunque hay excepciones: to betray - he betrays

El pasado se forma en inglés, por regla general, añadiendo la terminación **-ed** a la base del verbo:

to laugh - he laugh**ed**, to shout - they shout**ed**

Si un verbo acaba en **-e**, se añade solamente **-d**:

to love - we love**d**, to dare - she dare**d**

La terminación **-y** se transforma en pasado en **-ied**:

to cry - she cr**ied**, to worry - we worr**ied**

Aunque también hay excepciones: to play - they played

El pretérito perfecto se compone de la forma conjugada del verbo **to have** y del participio del verbo principal:

I have worked, they **have returned**

Hay que tener en cuenta que el pretérito perfecto inglés tiene usos que no se corresponden exactamente con el español, ya que se refiere a una acción que todavía continúa en el presente:

I have always liked Scotland

Para la formación del futuro se necesita la ayuda del verbo auxiliar **will** precediendo a la base del verbo que estamos conjugando:

will read
they **will work**

Al igual que en español, en inglés existen también verbos irregulares. Los más importantes
se encuentran en los modelos de conjugación, al final de los que hay una lista con más
verbos irregulares. Así, si al traducir del inglés al español nos encontramos con una forma
verbal poco frecuente, en primer lugar necesitamos reconocer por el contexto que se trata
de una variante de uno de los verbos irregulares y de este modo podremos consultar el
verbo en la tabla de conjugación verbal o en la lista de verbos irregulares. Para facilitar la
localización de la forma base del verbo, las formas verbales irregulares aparecen dentro de
la lista de palabras de la parte inglés-español, en orden alfabético y haciendo una remisión
a la forma base.

FORMAS SIMPLES Y CONTINUAS

Las formas continuas se componen del verbo **to be** y del gerundio del verbo conjugado:

 am walking
 have been walking
 was walking
 will be walking

El uso de las formas continuas tiene lugar principalmente cuando la acción de la que se
habla ocurre al mismo tiempo que otra:

Don't distract him, he **is preparing** for his exam.
This time tomorrow, she **will be travelling** up north.
When he entered the room, I **was watching** TV.

Las formas continuas también se utilizan para mostrar que una acción no ha terminado o
que una situación es sólo temporal:

The doorbell rang while I **was having** a shower.
I **am working** with Jim and Craig at the moment.

Las formas simples se emplean para referirse a acciones habituales:

I **visited** my grandmother regularly.
I **get up** at seven every morning.

Compárense las siguientes oraciones fijándose en el uso de las formas verbales simples y
continuas:

I **was speaking** to my friend when the phone rang.
I **spoke** to my friend and then rang my mother.

John **reads** the paper at the breakfast table every morning.
John **is** just **reading** the paper.

to **love**

amar

GERUNDIO

loving

EJEMPLOS

I **love** *you.* Te amo.
She **has** *always* **loved** *chocolate.*
Siempre le ha encantado el
chocolate.
They **loved** *their mum.* Querían
mucho a su madre.

PARTICIPIO

loved

PRETÉRITO PERFECTO

have/has loved

FUTURO

will love

FUTURO CONTINUO

will be loving

PRESENTE SIMPLE

I	love
you	love
he	loves
we	love
you	love
they	love

PRESENTE CONTINUO

I	am loving
you	are loving
he	is loving
we	are loving
you	are loving
they	are loving

PASADO SIMPLE

I	loved
you	loved
he	loved
we	loved
you	loved
they	loved

PASADO CONTINUO

I	was loving
you	were loving
he	was loving
we	were loving
you	were loving
they	were loving

GERUNDIO

crying

EJEMPLOS

*She **cries** easily.* Llora con facilidad.
*They **cried** when their dog died.*
Lloraron cuando murió su perro.
*I always **cry** at sad films.* Siempre
lloro con las películas tristes.

PARTICIPIO

cried

PRETÉRITO PERFECTO

have/has cried

FUTURO SIMPLE

will cry

FUTURO CONTINUO

will be crying

PRESENTE SIMPLE

I	cry
you	cry
he	cries
we	cry
you	cry
they	cry

PRESENTE CONTINUO

I	am crying
you	are crying
he	is crying
we	are crying
you	are crying
they	are crying

PASADO SIMPLE

I	cried
you	cried
he	cried
we	cried
you	cried
they	cried

PASADO CONTINUO

I	was crying
you	were crying
he	was crying
we	were crying
you	were crying
they	were crying

to **be**

ser

GERUNDIO

being

EJEMPLOS

*How **are** you?* ¿Cómo estás?
*She **is** thirteen years old.*
Tiene trece años.
It's cold today. Hace frío hoy.
*I'**m** hungry.* Tengo hambre.

PARTICIPIO

been

PRETÉRITO PERFECTO

have/has been

FUTURO SIMPLE

will be

FUTURO CONTINUO

will be being

PRESENTE SIMPLE

I	am
you	are
he	is
we	are
you	are
they	are

PRESENTE CONTINUO

I	am being
you	are being
he	is being
we	are being
you	are being
they	are being

PASADO SIMPLE

I	was
you	were
he	was
we	were
you	were
they	were

PASADO CONTINUO

I	was being
you	were being
he	was being
we	were being
you	were being
they	were being

can

poder, saber

EJEMPLOS

he **can** *swim well.* Sabe nadar bien.
can*'t speak French.* No sé hablar francés.
We **could***n't get tickets.* No pudimos conseguir entradas.

PRESENTE SIMPLE	PRESENTE CONTINUO
I can	I could
you can	you could
he can	he could
we can	we could
you can	you could
they can	they could

to **do**

hacer

GERUNDIO

doing

EJEMPLOS

What shall we do now?
¿Ahora qué hacemos?
How do you do? ¡Encantado
de conocerlo!
He's doing his homework.
Está haciendo la tarea.

PARTICIPIO

done

PRETÉRITO PERFECTO

have/has done

FUTURO SIMPLE

will do

FUTURO CONTINUO

will be doing

PRESENTE SIMPLE

I	do
you	do
he	does
we	do
you	do
they	do

PRESENTE CONTINUO

I	am doing
you	are doing
he	is doing
we	are doing
you	are doing
they	are doing

PASADO SIMPLE

I	did
you	did
he	did
we	did
you	did
they	did

PASADO CONTINUO

I	was doing
you	were doing
he	was doing
we	were doing
you	were doing
they	were doing

to **get**

conseguir, recibir

GERUNDIO

getting

EJEMPLOS

I **got** *top marks in the English exam.*
Tuve muy buenas notas en el
examen de inglés.
She's **got** *a cold.* Está resfriada.
Have *you* **got** *any pets?* Tienes
algún animal en casa?

PARTICIPIO

got

PRETÉRITO PERFECTO

have/has got

FUTURO SIMPLE

will get

FUTURO CONTINUO

will be getting

PRESENTE SIMPLE

I	get
you	get
he	gets
we	get
you	get
they	get

PRESENTE CONTINUO

I	am getting
you	are getting
he	is getting
we	are getting
you	are getting
they	are getting

PASADO SIMPLE

I	got
you	got
he	got
we	got
you	got
they	got

PASADO CONTINUO

I	was getting
you	were getting
he	was getting
we	were getting
you	were getting
they	were getting

to **go**

ir

GERUNDIO

going

EJEMPLOS

Where **are** *you* **going**? ¿Dónde vas?
We **went** *to the cinema.* Fuimos
al cine.
We'll **go** *shopping tomorrow.*
Mañana iremos de compras.

PARTICIPIO

gone

PRETÉRITO PERFECTO

have/has gone

FUTURO SIMPLE

will go

FUTURO CONTINUO

will be going

PRESENTE SIMPLE

I	go
you	go
he	goes
we	go
you	go
they	go

PRESENTE CONTINUO

I	am	going
you	are	going
he	is	going
we	are	going
you	are	going
they	are	going

PASADO SIMPLE

I	went
you	went
he	went
we	went
you	went
they	went

PASADO CONTINUO

I	was	going
you	were	going
he	was	going
we	were	going
you	were	going
they	were	going

to **have**

tener

GERUNDIO

having

EJEMPLOS

She **has** *brown hair.* Tiene el pelo moreno.
I **had** *sandwiches for lunch.* He tomado unos emparedados para comer.
We're having *a party tonight.* Esta noche vamos a celebrar una fiesta.

PARTICIPIO

had

PRETÉRITO PERFECTO

have/has had

FUTURO

will have

FUTURO CONTINUO

will be having

PRESENTE SIMPLE

I	have
you	have
he	has
we	have
you	have
they	have

PRESENTE CONTINUO

I	am having
you	are having
he	is having
we	are having
you	are having
they	are having

PASADO SIMPLE

I	had
you	had
he	had
we	had
you	had
they	had

PASADO CONTINUO

I	was having
you	were having
he	was having
we	were having
you	were having
they	were having

VERBOS IRREGULARES EN INGLÉS

present	pt	pp	present	pt	pp
arise	arose	arisen	forget	forgot	forgotten
awake	awoke	awoken	forgive	forgave	forgiven
be (am, is, are; being)	was, were	been	freeze	froze	frozen
			get	got	got, (US) gotten
bear	bore	born(e)	give	gave	given
beat	beat	beaten	go (goes)	went	gone
become	became	become	grind	ground	ground
begin	began	begun	grow	grew	grown
bend	bent	bent	hang	hung	hung
bet	bet, betted	bet, betted	hang (execute)	hanged	hanged
bid (at auction)	bid	bid			
			have	had	had
bind	bound	bound	hear	heard	heard
bite	bit	bitten	hide	hid	hidden
bleed	bled	bled	hit	hit	hit
blow	blew	blown	hold	held	held
break	broke	broken	hurt	hurt	hurt
breed	bred	bred	keep	kept	kept
bring	brought	brought	kneel	knelt, kneeled	knelt, kneeled
build	built	built			
burn	burnt, burned	burnt, burned	know	knew	known
			lay	laid	laid
burst	burst	burst	lead	led	led
buy	bought	bought	lean	leant, leaned	leant, leaned
can	could	(been able)			
cast	cast	cast	leap	leapt, leaped	leapt, leaped
catch	caught	caught	learn	learnt, learned	learnt, learned
choose	chose	chosen			
cling	clung	clung	leave	left	left
come	came	come	lend	lent	lent
cost	cost	cost	let	let	let
creep	crept	crept	lie (lying)	lay	lain
cut	cut	cut	light	lit, lighted	lit, lighted
deal	dealt	dealt	lose	lost	lost
dig	dug	dug	make	made	made
do (does)	did	done	may	might	–
draw	drew	drawn	mean	meant	meant
dream	dreamed, dreamt	dreamed, dreamt	meet	met	met
			mistake	mistook	mistaken
drink	drank	drunk	mow	mowed	mown, mowed
drive	drove	driven			
eat	ate	eaten	must	(had to)	(had to)
fall	fell	fallen	pay	paid	paid
feed	fed	fed	put	put	put
feel	felt	felt	quit	quit, quitted	quit, quitted
fight	fought	fought	read	read	read
find	found	found	rid	rid	rid
fling	flung	flung	ride	rode	ridden
fly	flew	flown	ring	rang	rung
forbid	forbad(e)	forbidden	rise	rose	risen
forecast	forecast	forecast	run	ran	run

present	pt	pp	present	pt	pp
saw	sawed	sawed sawn	spit	spat	spat
say	said	said	spoil	spoiled, spoilt	spoiled, spoilt
see	saw	seen	spread	spread	spread
sell	sold	sold	spring	sprang	sprung
send	sent	sent	stand	stood	stood
set	set	set	steal	stole	stolen
sew	sewed	sewn	stick	stuck	stuck
shake	shook	shaken	sting	stung	stung
shear	sheared	shorn, sheared	stink	stank	stunk
			stride	strode	stridden
shed	shed	shed	strike	struck	struck
shine	shone	shone	swear	swore	sworn
shoot	shot	shot	sweep	swept	swept
show	showed	shown	swell	swelled	swollen, swelled
shrink	shrank	shrunk			
shut	shut	shut	swim	swam	swum
sing	sang	sung	swing	swung	swung
sink	sank	sunk	take	took	taken
sit	sat	sat	teach	taught	taught
sleep	slept	slept	tear	tore	torn
slide	slid	slid	tell	told	told
sling	slung	slung	think	thought	thought
slit	slit	slit	throw	threw	thrown
smell	smelt, smelled	smelt, smelled	thrust	thrust	thrust
			tread	trod	trodden
sow	sowed	sown, sowed	wake	woke, waked	woken, waked
speak	spoke	spoken			
speed	sped, speeded	sped, speeded	wear	wore	worn
			weave	wove	woven
spell	spelt, spelled	spelt, spelled	weep	wept	wept
			win	won	won
spend	spent	spent	wind	wound	wound
spill	spilt, spilled	spilt, spilled	wring	wrung	wrung
spin	spun	spun	write	wrote	written

SPANISH VERBS

CONTENTS

SPANISH VERB TABLES

This section contains 16 tables of very important Spanish verbs that you need to learn and 3 pages of other types of irregular verbs.
Spanish verbs fall into two main categories – **regular** and **irregular** – and it is important to learn which verbs fall into which category.

The tables are arranged in the following order:

1. Regular verbs – **hablar, comer, vivir** and **lavarse**

2. The most basic irregular verbs

3. Other types of irregular verb

At the top of each full-page table you will find the infinitive, the imperative, the past participle, and the gerund. The lower section of the table shows you how to form six tenses of the verb:

PRESENT
IMPERFECT
PRETERITE
PRESENT SUBJUNCTIVE
FUTURE
CONDITIONAL

1. REGULAR VERBS

There are three groups of regular verbs:

1. "-AR" verbs = verbs that end in **-ar** like **hablar** and **lavarse** on p313 and p316.
2. "-ER" verbs = verbs that end in **-er** like **comer** on p314.
3. "-IR" verbs = verbs that end in **-ir** like **vivir** on p315.

They are called regular verbs because they follow one of three set patterns. When you have learnt these patterns, you will be able to form any regular verb.

The subject pronouns like *yo, tú, él* will appear in brackets because they are not always necessary in Spanish, when I, **you**, he are in English.

HOW TO FORM A REGULAR VERB

. a) To form the present, imperfect, preterite, present subjunctive and past subjunctive tenses, take the infinitive minus the last two letters. This is called the **stem** e.g. *hablar* → **habl-**, *comer* → **com-**, and *vivir* → **viv-**.

b) To form the future or conditional tense, the stem is the whole **infinitive** for all three verb types e.g. *hablar* → **hablar**, *comer* → **comer** and *vivir* → **vivir**.

i. Next add the appropriate ending. You need to ask yourself three questions:

a) **What sort of** verb am I using (-AR, -ER, -IR)?
b) **Who** is doing the verb? (yo, tú, él *etc*)?
c) **When** are they doing it (in the present, the past or the future)?

Look at the verb tables for **hablar, comer** and **vivir**. The verb endings are in colour. These endings can be added onto the stem of any regular verb.

2. THE MOST COMMON IRREGULAR VERBS

Many Spanish verbs are irregular and this means you have to learn them individually. There are full-page tables of the most important irregular verbs such as **tener**, **ser** and **estar** in this section. When you are translating from Spanish and meet an unfamiliar verb form, you may be able to guess from the context that it comes from one of these verbs, and you can use the verb tables to check. Irregular verb parts are listed on the Spanish side of the dictionary, so you could also look there.

HOW TO USE THE VERB TABLES

You will find some useful examples at the top of each verb table, but if you can't find what you need to say or write in Spanish there, use the verb table itself to help you. Imagine that you want to find the Spanish for "he wants". Here's how to do it:

a) Look up **want** on the English-Spanish side of the dictionary to find the Spanish translation
b) Spanish translation = **querer**
c) Turn to the verb tables section of your dictionary and find **querer**
d) When does he want it? He wants it *now*, so look for the heading *PRESENT*
e) Who wants it? **He** does. The Spanish for "he" is **él** so look for **él** under the *PRESENT* heading
f) The Spanish for "he wants" is "**quiere**"

3. OTHER IRREGULAR VERBS

On pages 332 and 333 there is an alphabetical list of all irregular verbs, each of which is followed by a number. These numbers refer to the pattern which these verbs follow, and if you look on pages 329-331 you will see these patterns shown in summary form.

hablar

to speak

EXAMPLE PHRASES

No **hablo** francés. I don't speak French
Ayer **hablé** con tu hermano. I spoke
to your brother yesterday.
Esta tarde **hablaré** con ella por
teléfono. I'll speak to her on the
phone tonight.

PAST PARTICIPLE

hablado

GERUND

hablando

PRESENT

(yo)	hablo
(tú)	hablas
(él)	habla
(nosotros)	hablamos
(vosotros)	habláis
(ellos)	hablan

IMPERFECT

(yo)	hablaba
(tú)	hablabas
(él)	hablaba
(nosotros)	hablábamos
(vosotros)	hablabais
(ellos)	hablaban

PRETERITE

(yo)	hablé
(tú)	hablaste
(él)	habló
(nosotros)	hablamos
(vosotros)	hablasteis
(ellos)	hablaron

PRESENT SUBJUNCTIVE

(yo)	hable
(tú)	hables
(él)	hable
(nosotros)	hablemos
(vosotros)	habléis
(ellos)	hablen

FUTURE

(yo)	hablaré
(tú)	hablarás
(él)	hablará
(nosotros)	hablaremos
(vosotros)	hablaréis
(ellos)	hablarán

CONDITIONAL

(yo)	hablaría
(tú)	hablarías
(él)	hablaría
(nosotros)	hablaríamos
(vosotros)	hablarías
(ellos)	hablarían

comer

to eat

IMPERATIVE

come
comed

EXAMPLE PHRASES

*No **como** carne.* I don't eat meat.
*Aún no **hemos comido**.* We haven't eaten yet.
*Ayer **comimos** en un restaurante.* Yesterday we ate in a restaurant.

PAST PARTICIPLE

comido

GERUND

comiendo

PRESENT

(yo) como
(tú) comes
(él) come
(nosotros) comemos
(vosotros) coméis
(ellos) comen

PRETERITE

(yo) comí
(tú) comiste
(él) comió
(nosotros) comimos
(vosotros) comisteis
(ellos) comieron

FUTURE

(yo) comeré
(tú) comerás
(él) comerá
(nosotros) comeremos
(vosotros) comeréis
(ellos) comerán

IMPERFECT

(yo) comía
(tú) comías
(él) comía
(nosotros) comíamos
(vosotros) comíais
(ellos) comían

PRESENT SUBJUNCTIVE

(yo) coma
(tú) comas
(él) coma
(nosotros) comamos
(vosotros) comáis
(ellos) coman

CONDITIONAL

(yo) comería
(tú) comerías
(él) comería
(nosotros) comeríamos
(vosotros) comerías
(ellos) comerían

vivir

to live

vive
vivid

EXAMPLE PHRASES

Vive en esta calle. He lives in this street.
Antes **vivía** en Madrid. He used to live in Madrid.
En verano **viviremos** en el piso nuevo. In summer we'll live in the new flat.

PAST PARTICIPLE

vivido

GERUND

viviendo

PRESENT

(yo)	vivo
(tú)	vives
(él)	vive
(nosotros)	vivimos
(vosotros)	vivís
(ellos)	viven

IMPERFECT

(yo)	vivía
(tú)	vivías
(él)	vivía
(nosotros)	vivíamos
(vosotros)	vivíais
(ellos)	vivían

PRETERITE

(yo)	viví
(tú)	viviste
(él)	vivió
(nosotros)	vivimos
(vosotros)	vivisteis
(ellos)	vivieron

PRESENT SUBJUNCTIVE

(yo)	viva
(tú)	vivas
(él)	viva
(nosotros)	vivamos
(vosotros)	viváis
(ellos)	vivan

FUTURE

(yo)	viviré
(tú)	vivirás
(él)	vivirá
(nosotros)	viviremos
(vosotros)	viviréis
(ellos)	vivirán

CONDITIONAL

(yo)	viviría
(tú)	vivirías
(él)	viviría
(nosotros)	viviríamos
(vosotros)	viviríais
(ellos)	vivirían

lavarse

to wash oneself

EXAMPLE PHRASES

Se lava *todos los días.* He washes every day.
Ayer **me lavé** *el pelo.* I washed my hair yesterday.
En verano **nos lavaremos** *con agua fría.* In summer we'll wash in cold water.

PAST PARTICIPLE

lavado

GERUND

lavándose

PRESENT

(yo)	me lavo
(tú)	te lavas
(él)	se lava
(nosotros)	nos lavamos
(vosotros)	os laváis
(ellos)	se lavan

IMPERFECT

(yo)	me lavaba
(tú)	te lavabas
(él)	se lavaba
(nosotros)	nos lavábamos
(vosotros)	os lavabais
(ellos)	se lavaban

FUTURE

(yo)	me lavaré
(tú)	te lavarás
(él)	se lavará
(nosotros)	nos lavaremos
(vosotros)	os lavaréis
(ellos)	se lavarán

CONDITIONAL

(yo)	me lavaría
(tú)	te lavarías
(él)	se lavaría
(nosotros)	nos lavaríamos
(vosotros)	os lavaríais
(ellos)	se lavarían

PRETERITE

(yo)	me lavé
(tú)	te lavaste
(él)	se lavó
(nosotros)	nos lavamos
(vosotros)	os lavasteis
(ellos)	se lavaron

PRESENT SUBJUNCTIVE

(yo)	me lave
(tú)	te laves
(él)	se lave
(nosotros)	nos lavemos
(vosotros)	os lavéis
(ellos)	se laven

dar

to give

IMPERATIVE

da

dad

EXAMPLE PHRASES

*Mi tía siempre nos **da** caramelos.* My aunt always gives us sweets.
*Me **dio** un libro.* He gave me a book.
*El lunes me **darán** las notas.* They will give me my marks on Monday.

PAST PARTICIPLE

dado

GERUND

dando

PRESENT

(yo) doy
(tú) das
(él) da
(nosotros) damos
(vosotros) dais
(ellos) dan

FUTURE

(yo) daré
(tú) darás
(él) dará
(nosotros) daremos
(vosotros) daréis
(ellos) darán

IMPERFECT

(yo) daba
(tú) dabas
(él) daba
(nosotros) dábamos
(vosotros) dabais
(ellos) daban

PRESENT SUBJUNCTIVE

(yo) dé
(tú) des
(él) dé
(nosotros) demos
(vosotros) deis
(ellos) den

CONDITIONAL

(yo) daría
(tú) darías
(él) daría
(nosotros) daríamos
(vosotros) daríais
(ellos) darían

PRETERITE

(yo) di
(tú) diste
(él) dio
(nosotros) dimos
(vosotros) disteis
(ellos) dieron

decir

to say

IMPERATIVE

di

decid

EXAMPLE PHRASES

*Siempre **dice** lo que piensa.* He always says what he thinks.
*Me **dijo** una mentira.* He told me a lie.
*Se lo **diré** a todo el mundo.* I'll tell everyone about it.

PAST PARTICIPLE

dicho

GERUND

diciendo

PRESENT

(yo)	digo
(tú)	dices
(él)	dice
(nosotros)	decimos
(vosotros)	decís
(ellos)	dicen

FUTURE

(yo)	diré
(tú)	dirás
(él)	dirá
(nosotros)	diremos
(vosotros)	diréis
(ellos)	dirán

IMPERFECT

(yo)	decía
(tú)	decías
(él)	decía
(nosotros)	decíamos
(vosotros)	decíais
(ellos)	decían

PRESENT SUBJUNCTIVE

(yo)	diga
(tú)	digas
(él)	diga
(nosotros)	digamos
(vosotros)	digáis
(ellos)	digan

CONDITIONAL

(yo)	diría
(tú)	dirías
(él)	diría
(nosotros)	diríamos
(vosotros)	diríais
(ellos)	dirían

PRETERITE

(yo)	dije
(tú)	dijiste
(él)	dijo
(nosotros)	dijimos
(vosotros)	dijisteis
(ellos)	dijeron

estar

to be

IMPERATIVE

está
estad

EXAMPLE PHRASES

Estoy enfermo. I'm ill.
Estaba muy enfadada contigo. She was very angry with you.
Mañana **estaré** en casa todo el día. I'll be at home all day tomorrow.

PAST PARTICIPLE

estado

GERUND

estando

PRESENT

(yo)	estoy
(tú)	estás
(él)	está
(nosotros)	estamos
(vosotros)	estáis
(ellos)	están

FUTURE

(yo)	estaré
(tú)	estarás
(él)	estará
(nosotros)	estaremos
(vosotros)	estaréis
(ellos)	estarán

IMPERFECT

(yo)	estaba
(tú)	estabas
(él)	estaba
(nosotros)	estábamos
(vosotros)	estabais
(ellos)	estaban

PRESENT SUBJUNCTIVE

(yo)	esté
(tú)	estés
(él)	esté
(nosotros)	estemos
(vosotros)	estéis
(ellos)	estén

CONDITIONAL

(yo)	estaría
(tú)	estarías
(él)	estaría
(nosotros)	estaríamos
(vosotros)	estaríais
(ellos)	estarían

PRETERITE

(yo)	estuve
(tú)	estuviste
(él)	estuvo
(nosotros)	estuvimos
(vosotros)	estuvisteis
(ellos)	estuvieron

haber

to have *(auxiliary)*

IMPERATIVE

not used

EXAMPLE PHRASES

*¿**Hay** alguien en la oficina?* Is there anyone in the office?
***Había** mucha gente en la fiesta.* There were a lot of people at the party.
*El domingo **habrá** una manifestación.* There will be a demonstration on Sunday.

PAST PARTICIPLE

habido

GERUND

habiendo

PRESENT		PRESENT SUBJUNCTIVE	
(yo)	he	(yo)	haya
(tú)	has	(tú)	hayas
(él)	ha	(él)	haya
(nosotros)	hemos	(nosotros)	hayamos
(vosotros)	habéis	(vosotros)	hayáis
(ellos)	han	(ellos)	hayan

FUTURE		CONDITIONAL	
(yo)	habré	(yo)	habría
(tú)	habrás	(tú)	habrías
(él)	habrá	(él)	habría
(nosotros)	habremos	(nosotros)	habríamos
(vosotros)	habréis	(vosotros)	habríais
(ellos)	habrán	(ellos)	habrían

IMPERFECT		PRETERITE	
(yo)	había	(yo)	hube
(tú)	habías	(tú)	hubiste
(él)	había	(él)	hubo
(nosotros)	habíamos	(nosotros)	hubimos
(vosotros)	habíais	(vosotros)	hubisteis
(ellos)	habían	(ellos)	hubieron

hacer

to do, to make

IMPERATIVE

haz
haced

EXAMPLE PHRASES

¿Qué **haces**? What are you doing?
He hecho las camas. I've made the beds.
Ayer no **hicimos** nada. We didn't do anything yesterday.

PAST PARTICIPLE

hecho

GERUND

haciendo

PRESENT

(yo)	hago
(tú)	haces
(él)	hace
(nosotros)	hacemos
(vosotros)	hacéis
(ellos)	hacen

PRESENT SUBJUNCTIVE

(yo)	haga
(tú)	hagas
(él)	haga
(nosotros)	hagamos
(vosotros)	hagáis
(ellos)	hagan

FUTURE

(yo)	haré
(tú)	harás
(él)	hará
(nosotros)	haremos
(vosotros)	haréis
(ellos)	harán

CONDITIONAL

(yo)	haría
(tú)	harías
(él)	haría
(nosotros)	haríamos
(vosotros)	haríais
(ellos)	harían

IMPERFECT

(yo)	hacía
(tú)	hacías
(él)	hacía
(nosotros)	hacíamos
(vosotros)	hacíais
(ellos)	hacían

PRETERITE

(yo)	hice
(tú)	hiciste
(él)	hizo
(nosotros)	hicimos
(vosotros)	hicisteis
(ellos)	hicieron

ir

to go

IMPERATIVE

ve

id

EXAMPLE PHRASES

Van al colegio en autobús. They go to school by bus.
Fui a España con mi familia. I went to Spain with my family.
Mañana no **iré** a trabajar. I'm not going to work tomorrow.

PAST PARTICIPLE

ido

GERUND

yendo

PRESENT

(yo)	voy
(tú)	vas
(él)	va
(nosotros)	vamos
(vosotros)	vais
(ellos)	van

FUTURE

(yo)	iré
(tú)	irás
(él)	irá
(nosotros)	iremos
(vosotros)	iréis
(ellos)	irán

IMPERFECT

(yo)	iba
(tú)	ibas
(él)	iba
(nosotros)	íbamos
(vosotros)	ibais
(ellos)	iban

PRESENT SUBJUNCTIVE

(yo)	vaya
(tú)	vayas
(él)	vaya
(nosotros)	vayamos
(vosotros)	vayáis
(ellos)	vayan

CONDITIONAL

(yo)	iría
(tú)	irías
(él)	iría
(nosotros)	iríamos
(vosotros)	iríais
(ellos)	irían

PRETERITE

(yo)	fui
(tú)	fuiste
(él)	fue
(nosotros)	fuimos
(vosotros)	fuisteis
(ellos)	fueron

poner

to put

IMPERATIVE

pon

poned

EXAMPLE PHRASES

*Cada día **pongo** la mesa.* I set the table every day.
***Puse** el despertador para las cinco.* I set the alarm clock for five o'clock.
***Pondremos** la tele después de cenar.* We'll put the TV on after dinner.

PAST PARTICIPLE

puesto

GERUND

poniendo

PRESENT

(yo)	pongo
(tú)	pones
(él)	pone
(nosotros)	ponemos
(vosotros)	ponéis
(ellos)	ponen

FUTURE

(yo)	pondré
(tú)	pondrás
(él)	pondrá
(nosotros)	pondremos
(vosotros)	pondréis
(ellos)	pondrán

IMPERFECT

(yo)	ponía
(tú)	ponías
(él)	ponía
(nosotros)	poníamos
(vosotros)	poníais
(ellos)	ponían

PRESENT SUBJUNCTIVE

(yo)	ponga
(tú)	pongas
(él)	ponga
(nosotros)	pongamos
(vosotros)	pongáis
(ellos)	pongan

CONDITIONAL

(yo)	pondría
(tú)	pondrías
(él)	pondría
(nosotros)	pondríamos
(vosotros)	pondríais
(ellos)	pondrían

PRETERITE

(yo)	puse
(tú)	pusiste
(él)	puso
(nosotros)	pusimos
(vosotros)	pusisteis
(ellos)	pusieron

querer

to want

quiere

quered

*¿**Quieres** beber algo?* Do you want something to drink?
*No **querían** irse a dormir.* We didn't want to go to sleep.
*¿**Querrás** venir al cine?* Would you like to come to the cinema?

PAST PARTICIPLE

querido

GERUND

queriendo

PRESENT

(yo) quiero
(tú) quieres
(él) quiere
(nosotros) queremos
(vosotros) queréis
(ellos) quieren

FUTURE

(yo) querré
(tú) querrás
(él) querrá
(nosotros) querremos
(vosotros) querréis
(ellos) querrán

IMPERFECT

(yo) quería
(tú) querías
(él) quería
(nosotros) queríamos
(vosotros) queríais
(ellos) querían

PRESENT SUBJUNCTIVE

(yo) quiera
(tú) quieras
(él) quiera
(nosotros) queramos
(vosotros) queráis
(ellos) quieran

CONDITIONAL

(yo) querría
(tú) querrías
(él) querría
(nosotros) querríamos
(vosotros) querríais
(ellos) querrían

PRETERITE

(yo) quise
(tú) quisiste
(él) quiso
(nosotros) quisimos
(vosotros) quisisteis
(ellos) quisieron

saber

to know

IMPERATIVE

sabe
sabed

EXAMPLE PHRASES

*No lo **sé**.* I don't know.
*No **sabía** nada.* I didn't know anything.
*El martes **sabremos** los resultados.* We'll know the results on Tuesday.

PAST PARTICIPLE

sabido

GERUND

sabiendo

PRESENT

(yo) sé
(tú) sabes
(él) sabe
(nosotros) sabemos
(vosotros) sabéis
(ellos) saben

FUTURE

(yo) sabré
(tú) sabrás
(él) sabrá
(nosotros) sabremos
(vosotros) sabréis
(ellos) sabrán

IMPERFECT

(yo) sabía
(tú) sabías
(él) sabía
(nosotros) sabíamos
(vosotros) sabíais
(ellos) sabían

PRESENT SUBJUNCTIVE

(yo) sepa
(tú) sepas
(él) sepa
(nosotros) sepamos
(vosotros) sepáis
(ellos) sepan

CONDITIONAL

(yo) sabría
(tú) sabrías
(él) sabría
(nosotros) sabríamos
(vosotros) sabríais
(ellos) sabrían

PRETERITE

(yo) supe
(tú) supiste
(él) supo
(nosotros) supimos
(vosotros) supisteis
(ellos) supieron

ser

to be

IMPERATIVE

sé
sed

EXAMPLE PHRASES

Es *inglesa.* She's English.
La película **era** *malísima.* The film was awful.
Seremos *más de cuarenta en la fiesta.* There will be more than forty of us at the party.

PAST PARTICIPLE

sido

GERUND

siendo

PRESENT

(yo)	soy
(tú)	eres
(él)	es
(nosotros)	somos
(vosotros)	sois
(ellos)	son

FUTURE

(yo)	seré
(tú)	serás
(él)	será
(nosotros)	seremos
(vosotros)	seréis
(ellos)	serán

IMPERFECT

(yo)	era
(tú)	eras
(él)	era
(nosotros)	éramos
(vosotros)	erais
(ellos)	eran

PRESENT SUBJUNCTIVE

(yo)	sea
(tú)	seas
(él)	sea
(nosotros)	seamos
(vosotros)	seáis
(ellos)	sean

CONDITIONAL

(yo)	sería
(tú)	serías
(él)	sería
(nosotros)	seríamos
(vosotros)	seríais
(ellos)	serían

PRETERITE

(yo)	fui
(tú)	fuiste
(él)	fue
(nosotros)	fuimos
(vosotros)	fuisteis
(ellos)	fueron

tener

to have

IMPERATIVE

ten
tened

EXAMPLE PHRASES

*¿**Tienes** hambre?* Are you hungry?
*El niño **tenía** diez años.* The boy
was ten years old.
*Mañana **tendremos** mucho trabajo.*
We'll have a lot of work tomorrow.

PAST PARTICIPLE

tenido

GERUND

teniendo

PRESENT

(yo)	tengo
(tú)	tienes
(él)	tiene
(nosotros)	tenemos
(vosotros)	tenéis
(ellos)	tienen

PRESENT SUBJUNCTIVE

(yo)	tenga
(tú)	tengas
(él)	tenga
(nosotros)	tengamos
(vosotros)	tengáis
(ellos)	tengan

FUTURE

(yo)	tendré
(tú)	tendrás
(él)	tendrá
(nosotros)	tendremos
(vosotros)	tendréis
(ellos)	tendrán

CONDITIONAL

(yo)	tendría
(tú)	tendrías
(él)	tendría
(nosotros)	tendríamos
(vosotros)	tendríais
(ellos)	tendrían

IMPERFECT

(yo)	tenía
(tú)	tenías
(él)	tenía
(nosotros)	teníamos
(vosotros)	teníais
(ellos)	tenían

PRETERITE

(yo)	tuve
(tú)	tuviste
(él)	tuvo
(nosotros)	tuvimos
(vosotros)	tuvisteis
(ellos)	tuvieron

venir

to come

ven

venid

EXAMPLE PHRASES

¿De dónde vienes? Where do you come from?
Vino en tren. He came by train.
Mi padre vendrá a las cuatro. My father is coming at four.

PAST PARTICIPLE

venido

GERUND

viniendo

PRESENT

(yo) vengo
(tú) vienes
(él) viene
(nosotros) venimos
(vosotros) venís
(ellos) vienen

FUTURE

(yo) vendré
(tú) vendrás
(él) vendrá
(nosotros) vendremos
(vosotros) vendréis
(ellos) vendrán

IMPERFECT

(yo) venía
(tú) venías
(él) venía
(nosotros) veníamos
(vosotros) veníais
(ellos) venían

PRESENT SUBJUNCTIVE

(yo) venga
(tú) vengas
(él) venga
(nosotros) vengamos
(vosotros) vengáis
(ellos) vengan

CONDITIONAL

(yo) vendría
(tú) vendrías
(él) vendría
(nosotros) vendríamos
(vosotros) vendríais
(ellos) vendrían

PRETERITE

(yo) vine
(tú) viniste
(él) vino
(nosotros) vinimos
(vosotros) vinisteis
(ellos) vinieron

SPANISH IRREGULAR VERB FORMS

The following list is a summary of the main forms of other irregular verbs that you are likely to come across. The infinitive appears in blue and is followed by a series of numbers from 1 to 6. These tell you which tenses are listed:

1 = present   **4** = future
2 = past participle   **5** = present subjunctive
3 = preterite   **6** = gerund

Group 1
marcar 3 marqué, marcaste, marcó, marcamos, marcasteis, marcaron **5** marque, marques, marque, marquemos, marquéis, marquen

Group 2
pagar 3 pagué, pagaste, pagó, pagamos, pagasteis, pagaron **5** pague, pagues, pague, paguemos, paguéis, paguen

Group 3
abrazar 3 abracé, abrazaste, abrazó, abrazamos, abrazasteis, abrazaron **5** abrace, abraces, abrace, abracemos, abracéis, abracen

Group 4
empezar 1 empiezo, empiezas, empieza, empezamos, empezáis, empiezan **3** empecé, empezaste, empezó, empezamos, empezasteis, empezaron **5** empiece, empieces, empiece, empecemos, empecéis, empiecen

Group 5
encontrar 1 encuentro, encuentras, encuentra, encontramos, encontráis, encuentran **5** encuentre, encuentres, encuentre, encontremos, encontréis, encuentren

Group 6
pensar 1 pienso, piensas, piensa, pensamos, pensáis, piensan **5** piense, pienses, piense, pensemos, penséis, piensen

Group 7
negar 1 niego, niegas, niega, negamos, negáis niegan **3** negué, negaste, negó, negamos,negasteis,negaron **5** niegue, niegues, niegue, neguemos, neguéis, nieguen

Group 8
colgar 1 cuelgo, cuelgas, cuelga, colgamos, colgáis, cuelgan **3** colgué, colgaste, colgó, colgamos, colgasteis, colgaron **5** cuelgue, cuelgues, cuelgue, colguemos, colguéis, cuelguen

Group 9
almorzar 1 almuerzo, almuerzas, almuerza, almorzamos, almorzáis, almuerzan **3** almorcé, almorzaste, almorzó, almorzamos, almorzasteis, almorzaron **5** almuerce, almuerces, almuerce, almorcemos, almorcéis, almuercen

Group 10
continuar 1 continúo, continúas, continúa, continuamos, continuáis, continúan **5** continúe, continúes, continúe, continuemos, continuéis, continúen

Group 11
jugar 1 juego, juegas, juega, jugamos, jugáis, juegan **3** jugué, jugaste, jugó, jugamos, jugasteis, jugaron **5** juegue, juegues, juegue, juguemos, juguéis, jueguen

Group 12
enviar 1 envío, envías, envía, enviamos, enviáis, envían **5** envíe, envíes, envíe, enviemos, enviéis, envíen

Group 13
andar 3 anduve, anduviste, anduvo, anduvimos, anduvisteis, anduvieron

Group 14
vencer 1 venzo, vences, vence, vencemos, vencéis, vencen **5** venza, venzas, venza, venzamos, venzáis, venzan

Group 15
conocer 1 conozco, conoces, conoce, conocemos, conocéis, conocen **5** conozca, conozcas, conozca, conozcamos, conozcáis, conozcan

Group 16
coger 1 cojo, coges, coge, cogemos, cogéis, cogen **5** coja, cojas, coja, cojamos, cojáis, cojan

Group 17
entender 1 entiendo, entiendes, entiende, entendemos, entendéis, entienden **5** entienda, entiendas, entienda, entendamos,

entendáis, entiendan

Group 18
mover **1** muevo, mueves, mueve, movemos, movéis, mueven **5** mueva, muevas, mueva, movamos, mováis, muevan

Group 19
torcer **1** tuerzo, tuerces, tuerce, torcemos, torcéis, tuercen **5** tuerza, tuerzas, tuerza, torzamos, torzáis, tuerzan

Group 20
volver **1** vuelvo, vuelves, vuelve, volvemos, volvéis, vuelven **2** vuelto **5** vuelva, vuelvas, vuelva, volvamos, volváis, vuelvan

Group 21
oler **1** huelo, hueles, huele, olemos, oléis, huelen **5** huela, huelas, huela, olamos, oláis, huelan

Group 22
creer **3** creí, creíste, creyó, creímos, creísteis, creyeron **2** creído **6** creyendo

Group 23
caber **1** quepo, cabes, cabe, cabemos, cabéis, caben **3** cupe, cupiste, cupo, cupimos, cupisteis, cupieron **4** cabré, cabrás, cabrá, cabremos, cabréis, cabrán **5** quepa, quepas, quepa, quepamos, quepáis, quepan

Group 24
caer **1** caigo, caes, cae, caemos, caéis, caen **2** caído **3** caí, caíste, cayó, caímos, caísteis, cayeron **5** caiga, caigas, caiga, caigamos, caigáis, caigan **6** cayendo

Group 25
poder **1** puedo, puedes, puede, podemos, podéis, pueden **3** pude, pudiste, pudo, pudimos, pudisteis, pudieron **4** podré, podrás, podrá, podremos, podréis, podrán **5** pueda, puedas, pueda, podamos, podáis, puedan

Group 26
traer **1** traigo, traes, trae, traemos, traéis, traen **2** traído **3** traje, trajiste, trajo, trajimos, trajisteis, trajeron **5** traiga, traigas, traiga, traigamos, traigáis, traigan **6** trayendo

Group 27
valer **1** valgo, vales, vale, valemos, valéis, valen **4** valdré, valdrás, valdrá, valdremos, valdréis, valdrán **5** valga, valgas, valga, valgamos, valgáis, valgan

Group 28
ver **1** veo, ves, ve, vemos, veis, ven **2** visto **3** vi, viste, vio, vimos, visteis, vieron **5** vea, veas, vea, veamos, veáis, vean **6** viendo

Group 29
romper **2** roto

Group 30
extinguir **1** extingo, extingues, extingue, extinguimos, extinguís, extinguen **5** extinga, extingas, extinga, extingamos, extingáis, extingan

Group 31
producir **1** produzco, produces, produce, producimos, producís, producen **3** produje, produjiste, produjo, produjimos, produjisteis, produjeron **5** produzca, produzcas, produzca, produzcamos, produzcáis, produzcan

Group 32
dirigir **1** dirijo, diriges, dirige, dirigimos, dirigís, dirigen **5** dirija, dirijas, dirija, dirijamos, dirijáis, dirijan

Group 33
corregir **1** corrijo, corriges, corrige, corregimos, corregís, corrigen **3** corregí, corregiste, corrigió, corregimos, corregisteis, corrigieron **5** corrija, corrijas, corrija, corrijamos, corrijáis, corrijan

Group 34
sentir **1** siento, sientes, siente, sentimos, sentís, sienten **3** sentí, sentiste, sintió, sentimos, sentisteis, sintieron **5** sienta, sientas, sienta, sintamos, sintáis, sientan **6** sintiendo

Group 35
adquirir **1** adquiero, adquieres, adquiere, adquirimos, adquirís, adquieren **5** adquiera, adquieras, adquiera, adquiramos, adquiráis, adquieran

Group 36
pedir **1** pido, pides, pide, pedimos, pedís, piden **3** pedí, pediste, pidió, pedimos, pedisteis, pidieron **5** pida, pidas, pida, pidamos, pidáis, pidan

Group 37
dormir **1** duermo, duermes, duerme, dormimos, dormís, duermen **3** dormí, dormiste, durmió, dormimos, dormisteis, durmieron **5** duerma, duermas, duerma, durmamos, durmáis, duerman **6** durmiendo

Group 38
reír **1** río, ríes, ríe, reímos, reís, ríen **2** reído **3** reí, reíste, rió, reímos, reísteis, rieron **4** reiré, reirás, reirá, reiremos, reiréis, reirán **5** ría, rías, ría, riamos, riáis, rían **6** riendo

Group 39
construir **1** construyo, construyes, construye, construimos, construís, construyen **2** construido **3** construí, construiste, construyó, construimos, construisteis, construyeron **5** construya, construyas, construya, construyamos, construyáis, construyan **6** construyendo

Group 40
prohibir **1** prohíbo, prohíbes, prohíbe, prohibimos, prohibís, prohíben **5** prohíba, prohíbas, prohíba, prohibamos, prohibáis, prohíban

Group 41
oír **1** oigo, oyes, oye, oímos, oís, oyen **2** oído **3** oí, oíste, oyó, oímos, oísteis, oyeron **5** oiga, oigas, oiga, oigamos, oigáis, oigan **6** oyendo

Group 42
salir **1** salgo, sales, sale, salimos, salís, salen **3** salí, saliste, salió, salimos, salisteis, salieron **4** saldré, saldrás, saldrá, saldremos, saldréis, saldrán **5** salga, salgas, salga, salgamos, salgáis, salgan

Group 43
seguir **1** sigo, sigues, sigue, seguimos, seguís, siguen **3** seguí, seguiste, siguió, seguimos, seguisteis, siguieron **5** siga, sigas, siga, sigamos, sigáis, sigan **6** siguiendo

Group 44
abrir **2** abierto

Group 45
escribir **2** escrito

Group 46
freír **1** frío, fríes, fríe, freímos, freís, fríen **2** frito **3** freí, freíste, frió, freímos, freísteis, frieron **4** freiré, freirás, freirá, freiremos, freiréis, freirán **5** fría, frías, fría, friamos, friáis, frían **6** friendo

Group 47
morir **1** muero, mueres, muere, morimos, morís, mueren **2** muerto **3** morí, moriste, murió, morimos, moristeis, murieron **5** muera, mueras, muera, muramos, muráis, mueran **6** muriendo

Group 48
reunir **1** reúno, reúnes, reúne, reunimos, reunís, reúnen **5** reúna, reúnas, reúna, reunamos, reunáis, reúnan

Group 49
reñir **1** riño, riñes, riñe, reñimos, reñís, riñen **3** reñí, reñiste, riñó, reñimos, reñisteis, riñeron **5** riña, riñas, riña, riñamos, riñáis, riñan **6** riñendo

Group 50
gruñir **3** gruñí, gruñiste, gruñó, gruñimos, gruñisteis, gruñeron **6** gruñendo

Group 51
lucir **1** luzco, luces, luce, lucimos, lucís, lucen **5** luzca, luzcas, luzca, luzcamos, luzcáis, luzcan

Group 52
imprimir **2** impreso
NB

averiguar, amortiguar: like **hablar** except **u** of the stem is written **ü** before **e**:
1st person preterite **averigüe**, and all the present subjunctive **averigüe**, **averigües**, **averigüe**, **averigüemos**, **averigüéis**, **averigüen**
fruncir like **vivir** except stem consonant **c** is written **z** before **a** and **o**: 1st person present **zurzo**, 1st/3rd person subjunctive **zurza**

OTHER IRREGULAR VERBS

The numbers on this list refer to model numbers shown on pages 329–331. Verbs described as FULL PAGE are treated in detail on pages 313-328.

abastecer	15	chirriar	12	destacar	1
abrazar	3	chocar	1	desteñir	49
abrigar	2	clasificar	1	destrozar	3
abrir	44	cocer	19	destruir	39
abstenerse	see TENER	coger	16	desviar	12
acentuarse	10	colgar	8	detener	see TENER
acercar	1	colocar	1	devolver	20
acertar	6	colonizar	3	dialogar	2
acoger	16	compenzar	17	digerir	34
acordar	5	compadecer	15	diluir	39
acostarse	5	competir	36	dirigir	32
actuar	10	complacer	15	discar	1
acurrucarse	1	complicar	1	disfrazarse	3
adelgazar	3	componer	see PONER	disminuir	39
adquirir	35	comprobar	5	disolver	20
advertir	34	comunicar	1	disponer	see PONER
agradecer	15	concertar	6	distinguir	30
ahogarse	2	conducir	31	distraer	26
ahorcar	1	confesar	6	distribuir	39
alargar	2	confiar	12	divertir	34
alcanzar	3	conmover	18	divulgar	2
aliarse	12	conocer	15	doler	18
almorzar	9	conseguir	43	dormir	37
alzar	3	consentir	34	drogar	2
amanecer	15	consolar	5	economizar	3
amargar	2	construir	39	edificar	1
amenazar	3	contar	5	educar	1
amortiguar	see NB	contener	see TENER	efectuar	10
ampliar	12	continuar	10	ejercer	14
analizar	3	contradecir	see DECIR	elegir	33
andar	13	contraer	26	embarcar	1
anochecer	15	contribuir	39	empezar	4
apagar	2	convencer	14	encabezar	3
aparcar	1	convenir	see VENIR	encargar	2
aparecer	15	convertir	34	encender	17
apetecer	15	convocar	1	encoger	16
aplazar	3	corregir	33	encontrar	5
aplicar	1	costar	5	enderezar	3
apostar	5	crecer	15	endulzar	3
apretar	6	creer	22	endurecer	15
aprobar	5	criar	12	enfocar	1
arrancar	1	criticar	1	enfriarse	12
arrepentirse	34	cruzar	3	enlazar	3
arriesgarse	2	cubrir	44	enloquecer	15
arrugarse	2	dar	FULL PAGE	enmarcar	1
ascender	17	decir	FULL PAGE	enriquecerse	15
atacar	1	dedicar	1	enroscar	1
atardecer	15	deducir	31	entender	17
atender	17	defender	17	enterrar	6
aterrizar	3	demostrar	5	entregar	2
atracar	1	derretir	36	entretener	see TENER
atraer	26	desafiar	12	envejecer	15
atravesar	6	desahogarse	2	enviar	12
autorizar	3	desaparecer	15	envolver	20
avanzar	3	descalzarse	3	equivaler	27
aventar	6	descargar	2	equivocarse	1
avergonzar	3+5	descender	17	escabullirse	50
averiarse	12	descolgar	8	escandalizarse	3
averiguar	See NB	descomponerse	see PONER	escocer	19
barnizar	3	desconcertar	6	escoger	16
bendecir	see DECIR	desconfiar	12	escribir	45
bostezar	3	descontar	5	esculcar	1
brincar	1	describir	45	esforzarse	9
buscar	1	descubrir	44	especializarse	3
caber	23	desembarcar	1	espiar	12
caducar	1	desembocar	1	esquiar	12
caer	24	desempacar	1	establecer	15
cagar	2	desenroscar	1	estar	FULL PAGE
calcar	1	desenvoler	20	evacuar	10
calentar	6	deshacer	see HACER	evaluar	10
calificar	1	deslizarse	3	excluir	39
cargar	2	desobedecer	15	exigir	32
cascar	1	despedir	36	explicar	1
castigar	2	despegar	2	exponer	see PONER
cazar	3	desperezarse	3	extender	17
cerrar	6	despertar	6	extinguir	30
checar	1	desplegar	7	extraer	26

extraviar 12	ofrecer 15	retorcer 19
fabricar 1	oír 41	reunir 48
fallecer 15	oler 21	reventar 6
falsificar 1	oponerse see PONER	revolver 20
favorecer 15	organizar 3	rezar 3
fiar 12	oscurecer 15	ridiculizar 3
fingir 32	padecer 15	rizar 3
fisgar 2	pagar 2	rociar 12
fluir 39	parecer 15	rodar 5
forzar 9	pecar 1	rogar 2+5
fregar 7	pedir 36	romper 29
freír 46	pegar 2	roncar 1
fruncir see NB	pellizcar 1	rozar 3
fugarse 2	pensar 6	ruborizarse 3
garantizar 3	perder 17	rugir 32
generalizar 3	perjudicar 1	saber FULL PAGE
gobernar 6	permanecer 15	sacar 1
granizar 3	perseguir 43	salir 42
gruñir 50	pertenecer 15	salpicar 1
guiar 12	pescar 1	secar 1
haber FULL PAGE	piar 12	segar 7
hacer FULL PAGE	picar 1	seguir 43
halagar 2	planificar 1	sembrar 6
helar 6	platicar 1	señalizar 3
herir 34	plegar 2+7	sentar 6
hervir 34	poder 25	sentir 34
huir 39	poner FULL PAGE	ser FULL PAGE
hurgar 2	poseer 22	serrar 6
identificar 1	posponer see PONER	servir 36
impedir 36	practicar 1	significar 1
imponer see PONER	predecir see DECIR	soler 18
imprimir 52	predicar 1	sollozar 3
incluir 39	preferir 34	soltar 5
indemnizar 3	prevenir see VENIR	sonar 5
independizarse 3	prever 28	soñar 5
indicar 1	privatizar 3	sonreír 38
influir 39	probar 5	sostener see TENER
inscribirse 45	producir 31	sugerir 34
insinuar 10	prohibir 40	suplicar 1
interrogar 2	prolongar 2	suponer see PONER
introducir 31	pronosticar 1	surgir 32
ir FULL PAGE	propagarse 2	sustituir 39
izar 3	proponer see PONER	tapizar 3
jugar 11	proteger 16	tatuar 10
juzgar 2	provocar 1	temblar 6
lanzar 3	publicar 1	tender 17
leer 22	puntuar 12	tener FULL PAGE
liar 12	quebrar 6	tentar 6
ligar 2	querer FULL PAGE	teñir 49
llegar 2	rascar 1	tocar 1
llover 18	rasgar 2	torcer 19
localizar 3	realizar 3	tostar 5
lucir 51	recalcar 1	traducir 31
machacar 1	recargar 2	traer 26
madrugar 2	rechazar 3	tragar 2
manifestarse 6	recoger 16	tranquilizar 3
mantener see TENER	recomendar 6	trazar 3
marcar 1	reconocer 15	triplicar 1
masticar 1	reconstruir 39	tronar 5
medir 36	recordar 5	tropezar 3
memorizar 3	recostarse 5	utilizar 3
mentir 34	reducir 31	vaciar 12
merecer 15	reemplazar 3	vagar 2
merendar 6	referirse 34	valer 27
modernizar 3	refrescar 1	variar 12
modificar 1	regar 7	vencer 14
moler 18	rehacer see HACER	vengarse 2
morder 18	reír 38	venir FULL PAGE
morir 47	relucir 51	ver 28
mostrar 5	remolcar 1	verificar 1
mover 18	remover 18	verter 17
multiplicar 1	rendir 36	vestir 36
nacer 15	reñir 49	volar 5
navegar 2	renovar 5	volcar 5+1
negar 7	repetir 36	volver 20
nevar 6	reprobar 5	zambullirse 50
notificar 1	reproducirse 31	zurcir 51
obedecer 15	resfriarse 12	
obligar 2	resolver 20	
obtener see TENER	restregar 2+6	

LOS NÚMEROS

NUMBERS

uno	1	one	1
dos	2	two	2
tres	3	three	3
cuatro	4	four	4
cinco	5	five	5
seis	6	six	6
siete	7	seven	7
ocho	8	eight	8
nueve	9	nine	9
diez	10	ten	10
once	11	eleven	11
doce	12	twelve	12
trece	13	thirteen	13
catorce	14	fourteen	14
quince	15	fifteen	15
dieciséis	16	sixteen	16
diecisiete	17	seventeen	17
dieciocho	18	eighteen	18
diecinueve	19	nineteen	19
veinte	20	twenty	20
veintiuno	21	twenty-one	21
treinta	30	thirty	30
treinta y uno	31	thirty-one	31
cuarenta	40	forty	40
cuarenta y uno	41	forty-one	41
cincuenta	50	fifty	50
sesenta	60	sixty	60
setenta	70	seventy	70
ochenta	80	eighty	80
noventa	90	ninety	90
cien	100	a hundred	100
ciento uno	101	a hundred and one	101
doscientos	200	two hundred	200
doscientos uno	201	two hundred and one	201
mil	1000	a thousand	1000
mil uno	1001	a thousand and one	1001
un millón	1,000,000	a million	1,000,000

EJEMPLOS

EXAMPLES

en la página diecinueve
en el capítulo siete
en una escala del uno al quince

on page nineteen
in chapter seven
on the scale one to fifteen

LOS NÚMEROS

NUMBERS

primero	1°	first	1st
segundo	2°	second	2nd
tercero	3°	third	3rd
cuarto	4°	fourth	4th
quinto	5°	fifth	5th
sexto	6°	sixth	6th
séptimo	7°	seventh	7th
octavo	8°	eighth	8th
noveno	9°	ninth	9th
décimo	10°	tenth	10th
decimoprimero	11°	eleventh	11th
decimosegundo	12°	twelfth	12th
decimotercero	13°	thirteenth	13th
decimocuarto	14°	fourteenth	14th
decimoquinto	15°	fifteenth	15th
decimosexto	16°	sixteenth	16th
decimoséptimo	17°	seventeenth	17th
decimoctavo	18°	eighteenth	18th
decimonoveno	19°	nineteenth	19th
vigésimo	20°	twentieth	20th
vigésimo primero	21°	twenty-first	21st
trigésimo	30°	thirtieth	30th
centésimo	100°	hundredth	100th
centésimo primero	101°	hundred-and-first	101st
milésimo	1000°	thousandth	1000th

Las fracciones etc

Fractions etc

un medio	$\frac{1}{2}$	a half	$\frac{1}{2}$
un tercio	$\frac{1}{3}$	a third	$\frac{1}{3}$
un cuarto	$\frac{1}{4}$	a quarter	$\frac{1}{4}$
un quinto	$\frac{1}{5}$	a fifth	$\frac{1}{5}$
cero coma cinco	0,5	(nought) point five	0.5
tres coma cuatro	3,4	three point four	3.4
seis coma ochenta y nueve	6,89	six point eight nine	6.89
diez por ciento	10%	ten per cent	10%
cien por cien	100%	a hundred per cent	100%

EJEMPLOS

EXAMPLES

vive en el quinto piso
llegó el tercero
un cuarto del pastel

he lives on the fifth floor
he came in third
a quarter of the cake

LA FECHA

DATE

lunes	Monday
martes	Tuesday
miércoles	Wednesday
jueves	Thursday
viernes	Friday
sábado	Saturday
domingo	Sunday

el lunes	on Monday
los lunes	on Mondays
todos los lunes	every Monday
el martes pasado	last Tuesday
el próximo viernes	next Friday
el sábado de la semana que viene	a week on Saturday
el sábado de dentro de dos semanas	two weeks on Saturday

enero	January
febrero	February
marzo	March
abril	April
mayo	May
junio	June
julio	July
agosto	August
se(p)tiembre	September
octubre	October
noviembre	November
diciembre	December

en febrero	in February
el uno de diciembre de 1998	on December 1st o first 1998
en mil novecientos noventa y siete	in nineteen ninety-seven

¿Qué día es hoy?	What day is it?
Es...	It's...
lunes, vientiseis de mayo	Monday, the 26th May o
	Monday, the twenty-sixth of May

VOCABULARIO ÚTIL

USEFUL VOCABULARY

¿Cuándo?

When?

hoy	today
esta mañana	this morning
esta tarde	this afternoon
esta tarde	this evening
esta noche	tonight

Con qué frecuencia?

todos los días
cada dos días
una vez a la semana
dos veces a la semana
una vez al mes

Cuándo pasó?

por la mañana
por la tarde
ayer
ayer por la tarde
antes de ayer *or* anteayer
la semana pasada
hace dos semanas
el año pasado

Cuándo va a pasar?

mañana
mañana por la mañana
pasado mañana
en dos días *or* dentro de dos días
en una semana *or* dentro de una semana
en dos semanas *or* dentro de dos semanas
el mes que viene
el año que viene

How often?

every day
every other day
once a week
twice a week
once a month

When did it happen?

in the morning
in the evening
yesterday
yesterday evening
the day before yesterday
a week ago
two weeks ago
last year

When is it going to happen?

tomorrow
tomorrow morning
the day after tomorrow
in two days
in a week
in two weeks
next month
next year

LA HORA

THE TIME

¿Qué hora es?

What time is it?
What's the time?

Es la una

It's one o'clock

Es la una y diez

It's ten past one

Es la una y cuarto

It's quarter past one

Es la una y media

It's half past one

Son las dos menos veinte

It's twenty to two

Son las dos menos cuarto

It's quarter to two

¿A qué hora?
a medianoche

At what time?
at midnight

al mediodía

at midday

a la una (de la tarde)

at one o'clock (in the afternoon)

a las once (de la noche)

at eleven o'clock (in the evening)

El sistema digital
las 11:15 *or* las once quince

The twenty–four hour clock
11.15 *o* eleven fifteen

las 20:45 *or*
    las veinte cuarenta y cinco

8.45 *o* eight forty–five

en veinte minutos
hace diez minutos

in twenty minutes
ten minutes ago

ENGLISH-SPANISH DICTIONARY

DICCIONARIO INGLÉS-ESPAÑOL

A

a INDEFINITE ARTICLE

Use **un** *for masculine nouns,* **una** *for feminine nouns.*

[1] *un* MASC ◇ *a book* un libro
[2] *una* FEM ◇ *an apple* una manzana

Sometimes a *is not translated, particularly if referring to professions.*

◇ *He's a butcher.* Es carnicero. ◇ *I haven't got a car.* No tengo coche. ◇ *a year ago* hace un año

- **a hundred pounds** cien libras
- **once a week** una vez a la semana
- **70 kilometres an hour** 70 kilómetros por hora
- **30 pence a kilo** 30 peniques el kilo

abandon VERB
abandonar

abbey NOUN
la *abadía*

abbreviation NOUN
la *abreviatura*

ability NOUN
(PL **abilities**)
la *capacidad*

- **to have the ability to do something** tener* la capacidad de hacer algo

able ADJECTIVE

- **to be able to do something** poder* hacer algo ◇ *Will you be able to come on Saturday?* ¿Puedes venir el sábado?

abolish VERB
*abolir**

abortion NOUN
el *aborto*

- **to have an abortion** abortar

about PREPOSITION, ADVERB

[1] *sobre* ◇ *a book about London* un libro sobre Londres ◇ *I don't know anything about it.* No sé nada sobre eso.

- **I'm phoning you about tomorrow's meeting.** Te llamo por lo de la reunión de mañana.

- **What's it about?** ¿De qué trata?

[2] *unos* (approximately) (FEM **unas**) ◇ *It takes about 10 hours.* Se tarda unas 10 horas.

- **at about 11 o'clock** sobre las 11

[3] *por* ◇ *to walk about the town* caminar por la ciudad

- **What about me?** ¿Y yo?

- **to be about to do something** estar* a punto de hacer algo ◇ *I was about to go out.* Estaba a punto de salir*.

- **How about going to the cinema?** ¿Qué tal si vamos al cine?

above PREPOSITION, ADVERB

When something is located above something, use **encima de**. *When there is movement involved, use* **por encima de**.

[1] *encima de* ◇ *There was a picture above the fireplace.* Había un cuadro encima de la chimenea.

[2] *por encima de* ◇ *He put his hands above his head.* Puso las manos por encima de la cabeza.

- **the flat above** el piso de arriba
- **above all** sobre todo

[3] *más de* (more than) ◇ *above 40 degrees* más de 40 grados

abroad ADVERB

- **to go abroad** ir* al extranjero
- **to live abroad** vivir en el extranjero

abrupt ADJECTIVE

[1] *brusco* ◇ *He was a bit abrupt with me.* Fue un poco brusco conmigo.

[2] *repentino* ◇ *His abrupt departure aroused suspicion.* Su repentina marcha levantó sospechas.

abruptly ADVERB
de repente ◇ *He got up abruptly.* Se levantó de repente.

absence NOUN

[1] la *ausencia* (of people)
[2] la *falta* (of things)

- **absence from school** la falta de asistencia a clase

absent ADJECTIVE
ausente

absent-minded ADJECTIVE
distraído

absolutely ADVERB
totalmente ◇ *I absolutely refuse to do it.* Me niego totalmente a hacerlo.

- **Jill's absolutely right.** Jill tiene toda la razón.
- **It's absolutely delicious!** ¡Está riquísimo!
- **They did absolutely nothing to help him.** No hicieron absolutamente nada para ayudarle.
- **Do you think it's a good idea? – Absolutely!** ¿Te parece una buena idea? – ¡Desde luego!

absorbed ADJECTIVE

- **to be absorbed in something** estar* absorto en algo

absurd ADJECTIVE
absurdo

abuse NOUN
see also **abuse** VERB
el *abuso* (of power)

- **to shout abuse at somebody** insultar a alguien

to **abuse** VERB
see also **abuse** NOUN
maltratar ◇ *abused children* niños maltratados

abusive ADJECTIVE

- **He became abusive.** Se puso a insultar.

academic ADJECTIVE
académico ◇ *the academic year* el año académico

academy NOUN
(PL **academies**)
la *academia* ◇ *a military academy* una academia militar

- **an academy of music** un conservatorio

to **accelerate** VERB
   acelerar
accelerator NOUN
   el *acelerador*
accent NOUN
   el *acento* ◇ *He's got a Spanish accent.*
   Tiene acento español.
to **accept** VERB
   aceptar ◇ *She accepted the offer.* Aceptó
   la oferta.
◆ **to accept responsibility for something**
   asumir la responsabilidad de algo
◆ **This telephone accepts 10 pence coins
   only.** Este teléfono sólo admite monedas de
   10 peniques.
acceptable ADJECTIVE
   aceptable
access NOUN
   el *acceso* ◇ *He has access to confidential
   information.* Tiene acceso a información
   reservada.
◆ **Her ex-husband has access to the children.**
   Su ex marido puede ver a los niños.
accessible ADJECTIVE
   accesible
accessory NOUN
   (PL **accessories**)
   el *accesorio* ◇ *fashion accessories* los
   accesorios de moda
accident NOUN
   el *accidente* ◇ *to have an accident* sufrir
   un accidente
◆ **by accident (1)** por casualidad ◇ *They
   made the discovery by accident.* Lo
   descubrieron por casualidad.
◆ **by accident (2)** sin querer* ◇ *The burglar
   killed him by accident.* El ladrón lo mató sin
   querer.
accidental ADJECTIVE
◆ **I didn't do it deliberately, it was accidental.**
   No lo hice adrede, fue sin querer*.
◆ **accidental death** la muerte por accidente
to **accommodate** VERB
   alojar
accommodation NOUN
   el *alojamiento*
to **accompany** VERB
   (**accompanied, accompanied**)
   acompañar
accord NOUN
◆ **of his own accord** por su cuenta
accordingly ADVERB
   en consecuencia (*consequently*)
according to PREPOSITION
   según ◇ *According to him, everyone had
   gone.* Según él, todos se habían ido.
account NOUN
   1 la *cuenta* ◇ *a bank account* una cuenta
   bancaria
◆ **to do the accounts** llevar la contabilidad
   2 el *informe* ◇ *He gave a detailed account
   of what happened.* Dio un informe detallado
   de lo ocurrido.

◆ **to take something into account** tener* algo
   en cuenta
◆ **by all accounts** a decir* de todos
◆ **on account of** a causa de ◇ *We couldn't go
   out on account of the bad weather.* No
   pudimos salir* a causa del mal tiempo.
to **account for** VERB
   *explicar** ◇ *If she was ill, that would
   account for her poor results.* Si estuviera
   enferma, se explicarían sus malos resultados.
accountable ADJECTIVE
◆ **to be accountable to someone** responder
   ante alguien
accountancy NOUN
   la *contabilidad*
accountant NOUN
   el/la *contable* ◇ *She's an accountant.* Es
   contable.
accuracy NOUN
   la *exactitud*
accurate ADJECTIVE
   exacto
accurately ADVERB
   con exactitud
accusation NOUN
   la *acusación* (PL las *acusaciones*)
to **accuse** VERB
◆ **to accuse somebody of something** acusar a
   alguien de algo ◇ *The police are accusing
   her of murder.* La policía la acusa de
   asesinato.
ace NOUN
   el *as* ◇ *the ace of hearts* el as de corazones
ache NOUN
   see also **ache** VERB
   el *dolor* ◇ *stomach ache* dolor de
   estómago
to **ache** VERB
   see also **ache** NOUN
◆ **My leg's aching.** Me duele la pierna.
to **achieve** VERB
   *conseguir**
achievement NOUN
   el *logro* ◇ *That was quite an achievement.*
   Aquello fue todo un logro.
acid NOUN
   el *ácido*
acid rain NOUN
   la *lluvia ácida*
acne NOUN
   el *acné*
to **acquit** VERB
   *absolver**
acre NOUN
   el *acre*
   Equivale a 4.047 metros cuadrados.
acrobat NOUN
   el/la *acróbata*
across PREPOSITION, ADVERB
   1 *al otro lado de* ◇ *He lives across the
   river.* Vive al otro lado del río.
   2 *a través de* ◇ *an expedition across the
   Sahara* una expedición a través del Sahara

A

- **the shop across the road** la tienda en la acera de enfrente
- **to run across the road** cruzar* la calle corriendo
- **across from** frente a ◇ *He sat down across from her.* Se sentó frente a ella.

act VERB
  see also act NOUN
  *actuar** ◇ *The police acted quickly.* La policía actuó con rapidez. ◇ *He acts really well.* Actúa muy bien.
- **She's acting the part of Juliet.** Interpreta el papel de Julieta.
- **She acts as his interpreter.** Ella le hace de intérprete.

act NOUN
  see also act VERB
  el *acto* ◇ *in the first act* en el primer acto
- **It was all an act.** Era todo un cuento.
- **an Act of Parliament** una ley parlamentaria

action NOUN
  la *acción* (PL las *acciones*) ◇ *The film was full of action.* Era una película con mucha acción.
- **to take firm action against** tomar severas medidas contra

active ADJECTIVE
  activo ◇ *He's a very active person.* Es una persona muy activa.
- **an active volcano** un volcán en actividad

activity NOUN
  (PL **activities**)
  la *actividad* ◇ *outdoor activities* actividades al aire libre

actor NOUN
  el *actor*

actress NOUN
  (PL **actresses**)
  la *actriz* (PL las *actrices*)

actual ADJECTIVE
  real ◇ *The film is based on actual events.* La película está basada en hechos reales.

actually ADVERB
  [1] *realmente* ◇ *Did it actually happen?* ¿Ocurrió realmente?
- **You only pay for the electricity you actually use.** Sólo pagas la electricidad que consumes.
  [2] *de hecho* ◇ *I was so bored I actually fell asleep!* ¡Me aburría tanto que de hecho me quedé dormido!
- **Fiona's awful, isn't she? – Actually, I quite like her.** Fiona es una antipática, ¿verdad? – Pues a mí me cae bien.
- **Actually, I don't know him at all.** La verdad es que no lo conozco de nada.

ad NOUN
  el *anuncio*

AD ABBREVIATION (= Anno Domini)
  d.C. (= después de Cristo) ◇ *in 800 AD* en el año 800 d.C.

adapt VERB
  adaptar ◇ *His novel was adapted for television.* Su novela fue adaptada para la televisión.

- **to adapt to something** adaptarse a algo ◇ *He adapted to his new school very quickly.* Se adaptó a su nuevo colegio muy rápidamente.

adaptor NOUN
  [1] el *ladrón* (for several plugs) (PL los *ladrones*)
  [2] el *adaptador* (for different types of plugs)

to add VERB
  añadir ◇ *Add more flour to the dough.* Añada más harina a la masa.

to add up VERB
  sumar ◇ *Add up the figures.* Suma las cifras.

addict NOUN
  el *adicto*
  la *adicta*
- **a drug addict** un drogadicto ◇ *She's a drug addict.* Es drogadicta.
- **Martin's a football addict.** Martin es un fanático del fútbol.

addicted ADJECTIVE
- **to be addicted to drugs** ser* drogadicto
- **She's addicted to heroin.** Es heroinómana.
- **She's addicted to soaps.** Es una apasionada de las telenovelas.

addition NOUN
- **in addition** además ◇ *He's bought a new car and, in addition, a motorbike.* Se ha comprado un coche nuevo y además una moto.
- **in addition to** además de ◇ *In addition to the price of the cassette, there's a charge for postage.* Además del precio del casete, hay un recargo por los gastos de envío.

address NOUN
  (PL **addresses**)
  la *dirección* (PL las *direcciones*)

adjective NOUN
  el *adjetivo*

to adjust VERB
  [1] *regular* (temperature, height) ◇ *You can adjust the height of the chair.* Se puede regular la altura de la silla.
  [2] *ajustar* (mechanism) ◇ *It can be easily adjusted using a screwdriver.* Se ajusta fácilmente con un destornillador.
- **to adjust to something** adaptarse a algo ◇ *He adjusted to his new school very quickly.* Se adaptó a su nuevo colegio muy rápidamente.

adjustable ADJECTIVE
  regulable

administration NOUN
  la *administración*

admiral NOUN
  el *almirante*

to admire VERB
  admirar

admission NOUN
  la *entrada* ◇ *"admission free"* "entrada gratuita"

to admit VERB
  *reconocer** ◇ *I must admit that I've never*

heard of him. Tengo que reconocer que nunca he oído hablar de él. ◇ *He admitted that he'd done it.* Reconoció que lo había hecho.

adolescent NOUN
el/la *adolescente*

to **adopt** VERB
adoptar

adopted ADJECTIVE
adoptivo

adoption NOUN
la *adopción* (PL las *adopciones*)

to **adore** VERB
adorar

adult NOUN
el *adulto*
la *adulta*

◆ **adult education** la educación de adultos

to **advance** VERB
see also advance NOUN
avanzar* ◇ *The troops are advancing.* Las tropas avanzan. ◇ *Technology has advanced a lot.* La tecnología ha avanzado mucho.

advance NOUN
see also advance VERB
◆ **in advance** con antelación ◇ *They bought the tickets a month in advance.* Compraron los billetes con un mes de antelación.

advance booking NOUN
◆ **Advance booking is essential.** Es indispensable reservar con antelación.

advanced ADJECTIVE
avanzado

advantage NOUN
la *ventaja* ◇ *Going to university has many advantages.* Ir* a la universidad tiene muchas ventajas.

◆ **to take advantage of something** aprovechar algo ◇ *He took advantage of his day off to have a rest.* Aprovechó su día libre para descansar.

◆ **to take advantage of somebody** aprovecharse de alguien ◇ *The company was taking advantage of its employees.* La compañía se aprovechaba de sus empleados.

adventure NOUN
la *aventura*

adverb NOUN
el *adverbio*

advert NOUN
el *anuncio*

to **advertise** VERB
anunciar ◇ *Jobs are advertised in the papers.* Las ofertas de empleo se anuncian en los periódicos.

advertisement NOUN
el *anuncio*

advertising NOUN
la *publicidad*

advice NOUN
el *consejo* ◇ *to ask for advice* pedir* consejo ◇ *I'd like to ask your advice.* Quería pedirte consejo.

◆ **to give somebody advice** aconsejar a alguien

◆ **a piece of advice** un consejo ◇ *He gave me a good piece of advice.* Me ha dado un buen consejo.

to **advise** VERB
aconsejar ◇ *He advised me to wait.* Me aconsejó que esperara. ◇ *He advised me not to go there.* Me aconsejó que no fuera.

aconsejar que has to be followed by a verb in the subjunctive.

aerial NOUN
la *antena*

aerobics NOUN
aerobic MASC ◇ *I do aerobics.* Hago aerobic.

aeroplane NOUN
el *avión* (PL los *aviones*)

aerosol NOUN
el *aerosol*

affair NOUN
[1] la *aventura* ◇ *to have an affair with somebody* tener* una aventura con alguien
[2] el *asunto* ◇ *The government has mishandled the affair.* El gobierno ha llevado mal el asunto.

to **affect** VERB
afectar

affectionate ADJECTIVE
cariñoso

to **afford** VERB
permitirse ◇ *I can't afford a new pair of jeans.* No puedo permitirme comprar otros vaqueros.

◆ **We can't afford to go on holiday.** No podemos permitirnos el lujo de ir de vacaciones.

afraid ADJECTIVE
◆ **to be afraid of something** tener* miedo de algo ◇ *I'm afraid of spiders.* Tengo miedo de las arañas.

◆ **I'm afraid I can't come.** Me temo que no puedo ir.

◆ **I'm afraid so.** Me temo que sí.

◆ **I'm afraid not.** Me temo que no.

Africa NOUN
África FEM

African ADJECTIVE
africano

African NOUN
el *africano*
la *africana*

after PREPOSITION, CONJUNCTION, ADVERB
[1] *después de* ◇ *after the match* después del partido ◇ *After watching the television I went to bed.* Después de ver* la televisión me fuí a la cama. ◇ *After I'd had a rest I went for a walk.* Después de descansar me fuí a dar un paseo.
[2] *después de que*
When there's a change of subject in an **after** clause, use **después de que** with a verb in an appropriate tense instead of **después de** + infinitive.

○ *I met her after she had left the company.* La conocí después de que dejó la empresa.

después de que *has to be followed by a verb in the subjunctive when referring to an event in the future.*

○ *I'll help you after we've finished this.* Te ayudaré después de que terminemos esto.

○ *She said she'd phone after her mother had gone out.* Dijo que me llamaría después de que se marchara su madre.

+ **after dinner** después de cenar
+ **He ran after me.** Corrió detrás de mí.
+ **after all** después de todo
+ **soon after** poco después

afternoon NOUN

la *tarde* ○ *in the afternoon* por la tarde ○ *3 o'clock in the afternoon* las 3 de la tarde ○ *on Saturday afternoon* el sábado por la tarde

afters NOUN

el *postre* ○ *What's for afters?* ¿Qué hay de postre?

aftershave NOUN

el *after shave*

afterwards ADVERB

después ○ *She left not long afterwards.* Se marchó poco después.

again ADVERB

otra vez ○ *They're friends again.* Ya son amigos otra vez. ○ *I'd like to hear it again.* Me gustaría escucharlo otra vez.

In Spanish you often use the verb **volver a** *and an infinitive to talk about doing something* **again.**

○ *I'd like to hear it again.* Me gustaría volver a escucharlo. ○ *I won't tell you again!* ¡No te lo vuelvo a repetir!

+ **Can you tell me again?** ¿Me lo puedes repetir?
+ **not...again** no...más ○ *I won't go there again.* No volveré más por allí.
+ **Do it again!** ¡Vuelve a hacerlo!
+ **again and again** una y otra vez

against PREPOSITION

1 *contra* ○ *He leant against the wall.* Se apoyó contra la pared.
2 *en contra de* ○ *I'm against nuclear testing.* Estoy en contra de las pruebas nucleares.

age NOUN

la *edad* ○ *an age limit* un límite de edad

+ **at the age of sixteen** a los dieciséis años
+ **I haven't been to the cinema for ages.** Hace siglos que no voy al cine.

aged ADJECTIVE

+ **aged 10** de 10 años

agenda NOUN

el *orden del día*

agent NOUN

el/la *agente* ○ *an estate agent* un agente inmobiliario

+ **She's a travel agent.** Es empleada de una agencia de viajes.

aggressive ADJECTIVE

agresivo

ago ADVERB

+ **two days ago** hace dos días
+ **not long ago** no hace mucho
+ **How long ago did it happen?** ¿Cuánto hace que ocurrió?

agony NOUN

(PL **agonies**)

+ **to be in agony** sufrir mucho dolor
+ **It was agony!** ¡Fue un suplicio!

to **agree** VERB

estar* de acuerdo ○ *I don't agree!* ¡No estoy de acuerdo! ○ *I agree with Carol.* Estoy de acuerdo con Carol.

+ **to agree to do something (1)** (*when someone requests*) aceptar hacer algo ○ *He agreed to go with her.* Aceptó acompañarla.
+ **to agree to do something (2)** (*arrange*) acordar* hacer algo ○ *They agreed to meet again next week.* Acordaron volver a reunirse la semana próxima.
+ **to agree that...** reconocer* que... ○ *I agree it's difficult.* Reconozco que es difícil.
+ **Garlic doesn't agree with me.** El ajo no me sienta bien.

agreed ADJECTIVE

acordado ○ *at the agreed time* a la hora acordada

agreement NOUN

el *acuerdo*

+ **to be in agreement** estar* de acuerdo

agricultural ADJECTIVE

agrícola

agriculture NOUN

la *agricultura*

ahead ADVERB

delante ○ *She looked straight ahead.* Miró hacia delante.

+ **ahead of time** con antelación
+ **to plan ahead** hacer* planes con antelación
+ **The Spanish are five points ahead.** Los españoles llevan cinco puntos de ventaja.
+ **Go ahead! Help yourself!** ¡Venga! ¡Sírvete!

aid NOUN

la *ayuda*

+ **in aid of children** a beneficio de la infancia

to **aim** VERB

see also **aim** NOUN

+ **to aim at** apuntar a ○ *He aimed a gun at me.* Me apuntó con una pistola.
+ **The film is aimed at children.** La película está dirigida a los niños.
+ **to aim to do something** pretender hacer algo

aim NOUN

see also **aim** VERB

el *propósito*

air NOUN

el *aire* ○ *to get some fresh air* tomar un poco el aire

+ **by air** en avión

air-conditioned ADJECTIVE

con aire acondicionado

air conditioning NOUN

el *aire acondicionado*

Air Force NOUN

el *ejército del aire*

air hostess NOUN
(PL **air hostesses**)
la *azafata* ◇ She's an air hostess. Es
azafata.

airline NOUN
la *línea aérea*

airmail NOUN
- **by airmail** por correo aéreo

airplane NOUN US
el *avión* (PL los *aviones*)

airport NOUN
el *aeropuerto*

aisle NOUN
el *pasillo* (in plane, cinema)

alarm NOUN
la *alarma*
- **a fire alarm** una alarma contra incendios

alarm clock NOUN
el *despertador*

album NOUN
el *álbum*

alcohol NOUN
el *alcohol*

alcoholic NOUN
see also **alcoholic** ADJECTIVE
el *alcohólico*
la *alcohólica*

alcoholic ADJECTIVE
see also **alcoholic** NOUN
alcohólico ◇ alcoholic drinks bebidas
alcohólicas

alert ADJECTIVE
[1] *despierto* ◇ He's a very alert baby. Es
un bebé muy despierto.
[2] *atento* ◇ We must stay alert. Hay que
estar* atentos.

A levels PL NOUN
Under the reformed Spanish Educational System, if
students stay on at school after the age of 16, they
can do a two-year course – **bachillerato.** *In order*
to get in to university, they sit an entrance
exam – **la selectividad** *– in the subjects they have*
been studying for the **bachillerato.**

alike ADVERB
- **to look alike** parecerse* ◇ The two sisters
look alike. Las dos hermanas se parecen.

alive ADJECTIVE
vivo

all ADJECTIVE, PRONOUN, ADVERB
todo ◇ That's all I can remember. Eso es
todo lo que recuerdo. ◇ I ate all of it. Me lo
comí todo. ◇ all day todo el día ◇ all the
apples todas las manzanas
- **All of us went.** Fuimos todos.
- **all alone** completamente solo
- **not at all** en absoluto ◇ I'm not at all tired.
No estoy en absoluto cansado.
- **Thank you. – Not at all.** Gracias. – De nada.
- **She talks all the time.** No para de hablar.
- **The score is five all.** El marcador es de
empate a cinco.

allergic ADJECTIVE
alérgico ◇ to be allergic to something ser*

alérgico a algo

alley NOUN
la *callejuela*

to **allow** VERB
- **to allow somebody to do something** dejar a
alguien hacer* algo ◇ His mum allowed him
to go out. Su madre le dejó salir*. ◇ He's not
allowed to go out at night. No le dejan salir
por la noche.
- **Smoking is not allowed.** Está prohibido
fumar.

all right ADVERB, ADJECTIVE
bien ◇ Everything turned out all right. Todo
salió bien. ◇ Are you all right? ¿Estás bien?
- **Is that all right with you?** ¿Te parece bien?
- **The film was all right.** La película no estuvo
mal.
- **We'll talk about it later.- All right.** Lo
hablamos después. – Vale.

almond NOUN
la *almendra*

almost ADVERB
casi ◇ I've almost finished. Ya casi he
terminado.

alone ADJECTIVE, ADVERB
solo ◇ She lives alone. Vive sola.
- **to leave somebody alone** dejar en paz a
alguien ◇ Leave her alone! ¡Déjala en paz!
- **to leave something alone** no tocar* algo
◇ Leave my things alone! ¡No toques mis
cosas!

along PREPOSITION, ADVERB
por ◇ Chris was walking along the beach.
Chris paseaba por la playa.
- **all along (1)** a lo largo de ◇ There were
bars all along the street. Había bares a lo
largo de toda la calle.
- **all along (2)** desde el principio ◇ He was
lying to me all along. Me había mentido desde
el principio.

aloud ADVERB
en voz alta

alphabet NOUN
el *alfabeto*

already ADVERB
ya ◇ Liz had already gone. Liz ya se había
ido.

also ADVERB
también

altar NOUN
el *altar*

to **alter** VERB
cambiar

alternate ADJECTIVE
- **on alternate days** en días alternos

alternative NOUN
see also **alternative** ADJECTIVE
la *alternativa* ◇ You have no alternative.
No tienes otra alternativa.
- **Fruit is a healthy alternative to chocolate.**
La fruta es una opción más sana que el
chocolate.
- **There are several alternatives.** Hay varias

posibilidades.

alternative ADJECTIVE

see also alternative NOUN

otro ◇ *They made alternative plans.* Hicieron otros planes.

◆ **an alternative solution** otra solución

◆ **alternative medicine** la medicina alternativa

alternatively ADVERB

◆ **Alternatively, we could just stay at home.** Si no, podemos simplemente quedarnos en casa.

although CONJUNCTION

aunque ◇ *Although she was tired, she stayed up late.* Aunque estaba cansada, se quedó levantada hasta tarde.

altogether ADVERB

1 *en total* (in total) ◇ *You owe me £20 altogether.* En total me debes 20 libras.

2 *del todo* (completely) ◇ *I'm not altogether happy with your work.* No estoy del todo satisfecho con tu trabajo.

aluminium NOUN

(US **aluminum**)

el *aluminio*

always ADVERB

siempre ◇ *He's always moaning.* Siempre está quejándose.

am VERB see **be**

a.m. ABBREVIATION

de la mañana ◇ *at 4 a.m.* a las 4 de la mañana

amateur NOUN

el/la *amateur* (PL los/las *amateurs*)

amazed ADJECTIVE

asombrado ◇ *I was amazed that I managed to do it.* Estaba asombrado de haberlo conseguido.

amazing ADJECTIVE

1 *asombroso* ◇ *That's amazing news!* ¡Es una noticia asombrosa!

2 *extraordinario* ◇ *Vivian's an amazing cook.* Vivian es una cocinera extraordinaria.

ambassador NOUN

el *embajador*

la *embajadora*

amber ADJECTIVE

◆ **an amber light** (when driving) un semáforo en ámbar

ambition NOUN

la *ambición* (PL las *ambiciones*)

ambitious ADJECTIVE

ambicioso

ambulance NOUN

la *ambulancia*

amenities PL NOUN

◆ **The hotel has very good amenities.** El hotel tiene excelentes servicios e instalaciones.

◆ **The town has many amenities.** La ciudad ofrece gran variedad de servicios.

America NOUN

1 los *Estados Unidos* MASC PL (United States)

2 *América* FEM (continent)

American ADJECTIVE

see also American NOUN

norteamericano

American NOUN

see also American ADJECTIVE

el *norteamericano*

la *norteamericana*

◇ *the Americans* los norteamericanos

among PREPOSITION

entre

amount NOUN

la *cantidad* ◇ *a huge amount of rice* una cantidad enorme de arroz

◆ **a large amount of money** una alta suma de dinero

amp NOUN

1 el *amplificador* (amplifier)

2 el *amperio* (ampere)

amplifier NOUN

el *amplificador*

to **amuse** VERB

1 *divertir** ◇ *The thought seemed to amuse him.* La idea parecía divertirle.

2 *entretener** ◇ *He was most amused by the story.* El cuento le entretuvo mucho.

amusement arcade NOUN

el *salón de juegos*

an INDEFINITE ARTICLE see **a**

to **analyse** VERB

*analizar**

analysis NOUN

(PL **analyses**)

el *análisis* (PL los *análisis*)

to **analyze** VERB US

*analizar**

ancestor NOUN

el *antepasado*

anchor NOUN

el *ancla* FEM

Although it's a feminine noun, remember that you use el and un with ancla.

ancient ADJECTIVE

antiguo ◇ *ancient Greece* la antigua Grecia

◆ **an ancient monument** un monumento histórico

and CONJUNCTION

y ◇ *Mary and Jane.* Mary y Jane.

Use e to translate and before words beginning with "i" or "hi" but not "hie".

◇ *Miguel and Ignacio.* Miguel e Ignacio.

and is not translated when linking numbers.

◇ *two hundred and fifty* doscientos cincuenta

◆ **Please try and come!** ¡Procura venir*!

◆ **He talked and talked.** No paraba de hablar.

◆ **better and better** cada vez mejor

angel NOUN

el *ángel*

anger NOUN

el *enfado*

angle NOUN

el *ángulo*

angler NOUN

el *pescador*

la *pescadora*

angling NOUN

◆ **His hobby is angling.** Su hobby es la pesca.

angry ADJECTIVE
enfadado ◇ *to be angry with somebody*
estar* enfadado con alguien ◇ *Your father
looks very angry.* Tu padre parece estar muy
enfadado.
◆ **to get angry** enfadarse

animal NOUN
el *animal*

ankle NOUN
el *tobillo* ◇ *I've twisted my ankle.* Me he
torcido el tobillo.

anniversary NOUN
(PL **anniversaries**)
el *aniversario* ◇ *wedding anniversary*
aniversario de bodas

to **announce** VERB
anunciar

announcement NOUN
el *anuncio*

to **annoy** VERB
molestar ◇ *Make a note of the things that
annoy you.* Haz una lista de las cosas que te
molestan.
◆ **He's really annoying me.** Me está
fastidiando de verdad.
◆ **to be annoyed with somebody** estar*
molesto con alguien
◆ **to get annoyed** enfadarse ◇ *Don't get
annoyed!* ¡No te enfades!

annoying ADJECTIVE
molesto ◇ *the most annoying problem* el
problema más molesto
◆ **I find it very annoying.** Me molesta mucho.

annual ADJECTIVE
anual

anorak NOUN
el *anorak* (PL los *anoraks*)

another ADJECTIVE, PRONOUN
otro ◇ *Have you got another skirt?* ¿Tienes
otra falda?
◆ **Another two kilometres.** Dos kilómetros
más.

to **answer** VERB
see also **answer** NOUN
responder ◇ *Can you answer my
question?* ¿Puedes contestar a mi pregunta?
◆ **to answer the phone** contestar al teléfono
◆ **to answer the door** abrir* la puerta ◇ *Can
you answer the door please?* ¿Puedes ir a
abrir la puerta?

answer NOUN
see also **answer** VERB
[1] la *respuesta* (to question)
[2] la *solución* (to problem) (PL las *soluciones*)

answering machine NOUN
el *contestador automático*

ant NOUN
la *hormiga*

Antarctic NOUN
◆ **the Antarctic** el Antártico

anthem NOUN
◆ **the national anthem** el himno nacional

antibiotic NOUN

el *antibiótico*

antique NOUN
la *antigüedad*

antique shop NOUN
la *tienda de antigüedades*

antiseptic NOUN
el *antiséptico*

any ADJECTIVE, ADVERB
see also **any** PRONOUN
In questions and negative sentences **any** is usually
not translated.
◇ *Have you got any change?* ¿Tienes
cambio? ◇ *Are there any beans left?*
¿Quedan alubias? ◇ *He hasn't got any friends.*
No tiene amigos.
Use **algún/alguna** + singular noun in questions
and **ningún/ninguna** + singular noun in
negatives where **any** is used with plural nouns and
the number of items is important.
◇ *Do you speak any foreign languages?*
¿Hablas algún idioma extranjero? ◇ *I haven't
got any books by Cervantes.* No tengo
ningún libro de Cervantes.
Use **cualquier** in affirmative sentences.
◇ *Any teacher will tell you.* Cualquier profesor
te lo dirá.
◆ **Come any time you like.** Ven cuando quieras.
◆ **Would you like any more coffee?** ¿Quieres
más café?
◆ **I don't love him any more.** Ya no le quiero.

any PRONOUN
see also **any** ADJECTIVE, ADVERB
[1] *alguno* (in questions) (FEM *alguna*) ◇ *I
need a stamp. Have you got any left?*
Necesito un sello. ¿Te queda alguno?
Only use **alguno/alguna** if **any** refers to a
countable noun. Otherwise don't translate it.
◇ *I fancy some soup. Have we got any?* Me
apetece sopa. ¿Tenemos?
[2] *ninguno* (in negatives) (FEM *ninguna*)
◇ *I don't like any of them.* No me gusta
ninguno.
Only use **ninguno/ninguna** if **any** refers to a
countable noun. Otherwise don't translate it.
◇ *Did you buy the oranges? – No, there
weren't any.* ¿Compraste las naranjas? – No,
no había.

anybody PRONOUN
[1] *alguien*
Use **alguien** in questions.
◇ *Has anybody got a pen?* ¿Tiene alguien un
bolígrafo?
[2] *nadie*
Use **nadie** in negative sentences.
◇ *I can't see anybody.* No veo a nadie.
[3] *cualquiera*
Use **cualquiera** in affirmative sentences.
◇ *Anybody can learn to swim.* Cualquiera
puede aprender a nadar.

anyhow ADVERB
de todas maneras ◇ *He doesn't want to
go out and anyhow he's not allowed.* No
quiere salir* y de todas maneras no le dejan.

A

anyone PRONOUN
1 *alguien*
Use **alguien** in questions.
◇ *Has anyone got a pen?* ¿Tiene alguien un bolígrafo?
2 *nadie*
Use **nadie** in negative sentences.
◇ *I can't see anyone.* No veo a nadie.
3 *cualquiera*
Use **cualquiera** in affirmative sentences.
◇ *Anyone can learn to swim.* Cualquiera puede aprender a nadar.

anything PRONOUN
1 *algo*
Use **algo** in questions.
◇ *Do you need anything?* ¿Necesitas algo?
◇ *Would you like anything to eat?* ¿Quieres algo de comer?
2 *nada*
Use **nada** in negative sentences.
◇ *I can't hear anything.* No oigo nada.
3 *cualquier cosa*
Use **cualquier cosa** in affirmative sentences.
◇ *Anything could happen.* Puede pasar cualquier cosa.

anyway ADVERB
de todas maneras ◇ *He doesn't want to go out and anyway he's not allowed.* No quiere salir* y de todas maneras no le dejan.

anywhere ADVERB
1 *en algún sitio*
Use **en** or **a algún sitio** in questions.
◇ *Have you seen my coat anywhere?* ¿Has visto mi abrigo en algún sitio? ◇ *Are we going anywhere?* ¿Vamos a algún sitio?
2 *en ningún sitio*
Use **en** or **a ningún sitio** in negative sentences.
◇ *I can't find it anywhere.* No lo encuentro en ningún sitio. ◇ *I can't go anywhere.* No puedo ir* a ningún sitio.
3 *en cualquier sitio*
Use **en cualquier sitio** in affirmative sentences.
◇ *You can buy stamps almost anywhere.* Se pueden comprar sellos casi en cualquier sitio.
◆ **You can sit anywhere you like.** Siéntate donde quieras.

apart ADVERB
◆ **The two towns are 10 kilometres apart.** Los dos pueblos están a 10 kilómetros el uno del otro.
◆ **It was the first time we had been apart.** Era la primera vez que estábamos separados.
◆ **apart from** aparte de ◇ *Apart from that, everything's fine.* Aparte de eso, todo va bien.

apartment NOUN
el *piso*

to **apologize** VERB
disculparse ◇ *He apologized for being late.* Se disculpó por llegar* tarde.
◆ **I apologize!** ¡Lo siento!

apology NOUN
(PL apologies)
la *disculpa* ◇ *I owe you an apology.* Te debo una disculpa.

apostrophe NOUN
el *apóstrofo*

apparatus NOUN
(PL apparatus or apparatuses)
los *aparatos*

apparent ADJECTIVE
1 *aparente* ◇ *for no apparent reason* sin razón aparente
2 *claro* ◇ *It was apparent that he disliked me.* Estaba claro que no le caigo bien.

apparently ADVERB
por lo visto
◆ **Apparently he was abroad when it happened.** Por lo visto estaba en el extranjero cuando ocurrió.

to **appeal** VERB
see also appeal NOUN
1 *hacer* un llamamiento* ◇ *They appealed for help.* Hicieron un llamamiento de ayuda.
2 *atraer** ◇ *Greece doesn't appeal to me.* Grecia no me atrae.

appeal NOUN
see also appeal VERB
el *llamamiento* ◇ *They have launched an appeal for unity.* Han hecho un llamamiento a la unidad.

to **appear** VERB
1 *aparecer** ◇ *The bus appeared around the corner.* El autobús apareció por la esquina.
◆ **to appear on TV** salir* en la tele
2 *parecer** ◇ *She appeared to be asleep.* Parecía estar dormida.

appearance NOUN
el *aspecto* ◇ *She takes great care over her appearance.* Cuida mucho su aspecto.
◆ **to make an appearance** aparecer*

appendicitis NOUN
la *apendicitis* ◇ *She's got appendicitis.* Tiene apendicitis.

appetite NOUN
el *apetito*

to **applaud** VERB
aplaudir

applause NOUN
los *aplausos*

apple NOUN
la *manzana*
◆ **an apple tree** un manzano

applicant NOUN
el *candidato*
la *candidata*

application NOUN
◆ **a job application** una solicitud de empleo

application form NOUN
el *impreso de solicitud*

to **apply** VERB
(applied, applied)
◆ **to apply for a job** solicitar un empleo
◆ **to apply to** afectar a ◇ *This rule doesn't apply to us.* Esta norma no nos afecta.

appointment NOUN
la *cita* ◇ *to make an appointment with someone* concertar* una cita con alguien

P

- **I've got a dental appointment.** Tengo hora con el dentista.
to **appreciate** VERB
agradecer* ◇ *I really appreciate your help.* Agradezco de veras tu ayuda.
apprentice NOUN
el *aprendiz* (PL los *aprendices*)
la *aprendiza*
to **approach** VERB
[1] *acercarse* a* ◇ *He approached the house.* Se acercó a la casa.
[2] *abordar* ◇ *to approach a problem* abordar un problema
appropriate ADJECTIVE
apropiado ◇ *That dress isn't very appropriate for an interview.* Ese vestido no es muy apropiado para una entrevista.
- **Tick the appropriate box.** Marque la casilla que corresponda.
approval NOUN
la *aprobación*
to **approve** VERB
- **I don't approve of his choice.** No me parece bien su elección.
- **They didn't approve of his girlfriend.** No veían con buenos ojos a su novia.
approximate ADJECTIVE
aproximado
apricot NOUN
el *albaricoque*
April NOUN
abril MASC ◇ *in April* en abril ◇ *on 4 April* el 4 de abril
- **April Fool's Day** el día de los Santos Inocentes (*1 de abril*)
In Spanish-speaking countries **el día de los Santos Inocentes** *falls on the 28th of December. People play practical jokes in the same way as they do on April Fool's Day.*
apron NOUN
el *delantal*
Aquarius NOUN
el *Acuario* (sign) ◇ *I'm Aquarius.* Soy Acuario.
- **an Aquarius** un/una Acuario
Arab ADJECTIVE
see also Arab NOUN
árabe
Arab NOUN
see also Arab ADJECTIVE
el/la *árabe* ◇ *the Arabs* los árabes
Arabic ADJECTIVE
árabe
arch NOUN
(PL **arches**)
el *arco*
archaeologist NOUN
el *arqueólogo*
la *arqueóloga*
◇ *He's an archaeologist.* Es arqueólogo.
archaeology NOUN
la *arqueología*
archbishop NOUN

el *arzobispo*
archeologist NOUN [US]
el *arqueólogo*
la *arqueóloga*
◇ *He's an archaeologist.* Es arqueólogo.
archeology NOUN [US]
la *arqueología*
architect NOUN
el *arquitecto*
la *arquitecta*
◇ *She's an architect.* Es arquitecta.
architecture NOUN
la *arquitectura*
Arctic NOUN
- **the Arctic** el Ártico
are VERB *see* **be**
area NOUN
[1] la *zona* ◇ *a mountainous area of Spain* una zona montañosa de España
[2] la *superficie* ◇ *The field has an area of 1500 m2.* El terreno tiene una superficie de 1500 m2.
[3] el *área* FEM (in football)
Although it's a feminine noun, remember that you use **el** *and* **un** *with* **área**.
Argentina NOUN
Argentina FEM
to **argue** VERB
discutir ◇ *They never stop arguing.* Siempre están discutiendo.
argument NOUN
la *discusión* (PL las *discusiones*) ◇ *to have an argument* discutir
Aries NOUN
el *Aries* (sign) ◇ *I'm Aries.* Soy Aries.
- **an Aries** un/una Aries
arm NOUN
el *brazo* ◇ *I burnt my arm.* Me quemé el brazo.
armchair NOUN
el *sillón* (PL los *sillones*)
armour NOUN
(US **armor**)
la *armadura*
army NOUN
(PL **armies**)
el *ejército*
around PREPOSITION, ADVERB
[1] *alrededor de* ◇ *She wore a scarf around her neck.* Llevaba una bufanda alrededor del cuello. ◇ *It costs around £100.* Cuesta alrededor de 100 libras.
- **She ignored the people around her.** Ignoró a la gente que estaba a su alrededor.
- **Shall we meet at around 8 o'clock?** ¿Quedamos sobre las 8?
[2] *por* ◇ *I've been walking around the town.* He estado paseando por la ciudad.
- **We walked around for a while.** Paseamos por ahí durante un rato.
- **around here** por aquí ◇ *Is there a chemist's around here?* ¿Hay alguna farmacia por aquí?

to **arrange** VERB
*organizar** ⬦ *to arrange a party* organizar una fiesta
+ **to arrange to do something** quedar en hacer* algo ⬦ *They arranged to go out together on Friday.* Quedaron en salir* juntos el viernes.
arrangement NOUN
+ **to make an arrangement to do something** quedar en hacer* algo
+ **a flower arrangement** un arreglo floral
+ **arrangements** los preparativos ⬦ *Pamela is in charge of the travel arrangements.* Pamela se encarga de los preparativos para el viaje.
+ **They made arrangements to go out on Friday night.** Hicieron planes de salir* el viernes por la noche.
to **arrest** VERB
⟦see also arrest NOUN⟧
*detener**
arrest NOUN
⟦see also to arrest VERB⟧
la *detención* (PL las *detenciones*)
+ **You're under arrest!** ¡Queda detenido!
arrival NOUN
la *llegada* ⬦ *the airport arrivals hall* la sala de llegadas del aeropuerto
to **arrive** VERB
*llegar** ⬦ *I arrived at 5 o'clock.* Llegué a las 5.
arrow NOUN
la *flecha*
art NOUN
el *arte*
+ **works of art** las obras de arte
+ **art school** la escuela de Bellas Artes
artery NOUN
(PL **arteries**)
la *arteria*
art gallery NOUN
(PL **art galleries**)
⟦1⟧ el *museo* (state-owned)
⟦2⟧ la *galería de arte* (private)
article NOUN
el *artículo*
artificial ADJECTIVE
artificial
artist NOUN
el/la *artista* ⬦ *She's an artist.* Es artista.
artistic ADJECTIVE
artístico
as CONJUNCTION, ADVERB
⟦1⟧ *cuando* ⬦ *He came in as I was leaving.* Entró cuando yo me iba.
⟦2⟧ *mientras* ⬦ *All the jury's eyes were on him as he continued.* Todo el jurado le observaba mientras él proseguía.
⟦3⟧ *como* ⬦ *As it's Sunday, you can have a lie-in.* Como es domingo, puedes quedarte en la cama hasta tarde.
⟦4⟧ *de* ⬦ *He works as a waiter in the holidays.* En vacaciones trabaja de camarero.
+ **as...as** tan...como ⬦ *Peter's as tall as Michael.* Peter es tan alto como Michael.

+ **as much...as** tanto...como ⬦ *I haven't got as much energy as you.* No tengo tanta energía como tú. ⬦ *Her coat cost twice as much as mine.* Su abrigo costó el doble que el mío.
+ **as soon as possible** cuanto antes
+ **as from tomorrow** a partir de mañana
+ **as if** como si
⟦como si *has to be followed by a verb in the subjunctive.*⟧
⬦ *She acted as if she hadn't seen me.* Hizo como si no me hubiese visto.
+ **as though** como si ⬦ *She acted as though she hadn't seen me.* Hizo como si no me hubiese visto.
asap ABBREVIATION (= as soon as possible)
cuanto antes
ashamed ADJECTIVE
+ **to be ashamed** estar* avergonzado ⬦ *I'm ashamed of myself for shouting at you.* Estoy avergonzado de gritarte.
+ **You should be ashamed of yourself!** ¡Debería darte vergüenza!
ashtray NOUN
el *cenicero*
Asia NOUN
Ásia FEM
Asian ADJECTIVE
⟦see also Asian NOUN⟧
asiático
Asian NOUN
⟦see also Asian ADJECTIVE⟧
el *asiático*
la *asiática*
to **ask** VERB
⟦1⟧ *preguntar* ⬦ *"Have you finished?" she asked.* "¿Has terminado?" preguntó.
+ **to ask somebody something** preguntar algo a alguien
+ **to ask about something** preguntar por algo ⬦ *I asked about train times to Leeds.* Pregunté por el horario de trenes a Leeds.
+ **to ask somebody a question** hacer* una pregunta a alguien
⟦2⟧ *pedir** ⬦ *She asked him to do the shopping.* Le pidió que hiciera la compra.
⟦pedir que *has to be followed by a verb in the subjunctive.*⟧
+ **to ask for something** pedir algo ⬦ *He asked for a cup of tea.* Pidió una taza de té.
+ **Peter asked her out.** Peter le pidió que saliera con él.
⟦3⟧ *invitar* ⬦ *Have you asked Matthew to the party?* ¿Has invitado a Matthew a la fiesta?
asleep ADJECTIVE
+ **to be asleep** estar* dormido
+ **to fall asleep** quedarse dormido
asparagus NOUN
los *espárragos*
aspect NOUN
el *aspecto*
asset NOUN
la *ventaja* ⬦ *Her experience will be an*

asset to the firm. Su experiencia supondrá
una ventaja para la empresa.

assignment NOUN
la *tarea* (at school)

assistance NOUN
la *ayuda*

assistant NOUN
① (in shop)
el *dependiente*
la *dependienta*
② (helper)
el/la *ayudante*

association NOUN
la *asociación* (PL las *asociaciones*)

assortment NOUN
el *surtido*

to **assume** VERB
*suponer** ◇ *I assume she won't be coming.*
Supongo que no vendrá.

to **assure** VERB
asegurar ◇ *He assured me he was
coming.* Me aseguró que venía.

asthma NOUN
el *asma* FEM
*Although it's a feminine noun, remember that you
use* **el** *and* **un** *with* **asma**.
◇ *He's got asthma.* Tiene asma.

to **astonish** VERB
pasmar

astrology NOUN
la *astrología*

astronaut NOUN
el/la *astronauta*

astronomy NOUN
la *astronomía*

at PREPOSITION
① *en* ◇ *at home* en casa ◇ *at school* en la
escuela ◇ *at the office* en la oficina ◇ *at
work* en el trabajo
② *a* ◇ *at 50 km/h* a 50 km/h
◆ **two at a time** de dos en dos
◆ **at 4 o'clock** a las 4
◆ **at night** por la noche
◆ **at Christmas** en Navidad
◆ **What are you doing at the weekend?** ¿Qué
haces este fin de semana?

ate VERB *see* **eat**

Athens NOUN
Atenas FEM

athlete NOUN
el/la *atleta*

athletic ADJECTIVE
atlético

athletics NOUN
el *atletismo* ◇ *I enjoy watching the athletics
on television.* Me gusta ver* el atletismo en la
televisión.

Atlantic NOUN
el *Atlántico*

atlas NOUN
(PL **atlases**)
el *atlas* (PL los *atlas*)

atmosphere NOUN

la *atmósfera*

atom NOUN
el *átomo*

atomic ADJECTIVE
atómico

to **attach** VERB
atar ◇ *They attached a rope to the car.*
Ataron una cuerda al coche.
◆ **Please find attached a cheque for £10.** Se
adjunta cheque de 10 libras.

attached ADJECTIVE
◆ **to be attached to somebody** tener* cariño a
alguien

to **attack** VERB
see also **attack** NOUN
*atacar**

attack NOUN
see also **attack** VERB
el *ataque*
◆ **to be under attack** ser* atacado

attempt NOUN
see also **attempt** VERB
el *intento*

to **attempt** VERB
see also **attempt** NOUN
◆ **to attempt to do something** intentar hacer
algo ◇ *I attempted to write a song.* Intenté
escribir una canción.

to **attend** VERB
asistir a ◇ *to attend a meeting* asistir a una
reunión

attention NOUN
la *atención*
◆ **to pay attention to** prestar atención a ◇ *He
didn't pay attention to what I was saying.* No
prestó atención a lo que estaba diciendo.
◆ **Don't pay any attention to him!** ¡No le hagas
caso!

attic NOUN
el *desván* (PL los *desvanes*)

attitude NOUN
la *actitud*

attorney NOUN [US]
el *abogado*
la *abogada*

to **attract** VERB
*atraer** ◇ *The Lake District attracts lots of
tourists.* La Región de los Lagos atrae a
muchos turistas.

attraction NOUN
la *atracción* (PL las *atracciones*) ◇ *a tourist
attraction* una atracción turística

attractive ADJECTIVE
atractivo

aubergine NOUN
la *berenjena*

auction NOUN
la *subasta*

audience NOUN
el *público*

audition NOUN
la *prueba*

August NOUN

agosto MASC ◇ *in August* en agosto ◇ *on 13 August* el 13 agosto

aunt NOUN
la ***tía***
- **my aunt and uncle** mis tíos

aunty NOUN
(PL **aunties**)
la ***tía***

au pair NOUN
la ***au pair*** (PL las ***au pairs***)

Australia NOUN
Australia FEM

Australian ADJECTIVE
see also Australian NOUN
australiano

Australian NOUN
see also Australian ADJECTIVE
el ***australiano***
la ***australiana***
◇ *the Australians* los australianos

Austria NOUN
Austria FEM

Austrian ADJECTIVE
see also Austrian NOUN
austríaco

Austrian NOUN
see also Austrian ADJECTIVE
el ***austríaco***
la ***austríaca***
◇ *the Austrians* los austríacos

author NOUN
el ***autor***
la ***autora***
◇ *the author of the book* el autor del libro
◇ *a famous author* un escritor famoso

autobiography NOUN
(PL **autobiographies**)
la ***autobiografía***

autograph NOUN
el ***autógrafo***

automatic ADJECTIVE
automático

automatically ADVERB
automáticamente

autumn NOUN
el ***otoño*** ◇ *in autumn* en el otoño

availability NOUN
la ***disponibilidad***

available ADJECTIVE
disponible ◇ *According to the available information, it can't be done.* De acuerdo con la información disponible, no se puede hacer*.
- **Free brochures are available on request.** Disponemos de folletos gratuitos para quien los solicite.
- **Is Mr Cooke available today?** ¿Está libre el señor Cooke hoy?

avalanche NOUN
el ***alud***

avenue NOUN
la ***avenida***

average NOUN
see also average ADJECTIVE

la ***media*** ◇ *on average* de media

average ADJECTIVE
see also average NOUN
medio ◇ *the average price* el precio medio

avocado NOUN
(PL **avocados**)
el ***aguacate***

to **avoid** VERB
evitar ◇ *Avoid going out on your own at night.* Evite salir* solo por la noche.

awake ADJECTIVE
- **to be awake** estar* despierto

award NOUN
el ***premio*** ◇ *the award for the best actor* el premio al mejor actor

away ADJECTIVE, ADVERB
- **It's two kilometres away.** Está a dos kilómetros de distancia.
- **The coast is two hours away by car.** La costa está a dos horas en coche.
- **The holiday was two weeks away.** Faltaban dos semanas para las vacaciones.
- **to be away** estar* fuera ◇ *Jason was away on a business trip.* Jason estaba fuera en viaje de negocios.
- **He's away for a week.** Se ha ido una semana.
- **Go away!** ¡Vete!
- **away from** lejos de ◇ *away from family and friends* lejos de la familia y los amigos
- **It's 30 miles away from town.** Está a 30 millas de la ciudad.

away *se emplea a veces para recalcar la continuidad o reiteración de la acción del verbo.*
◇ *He was still working away in the library.* Seguía trabajando sin parar en la biblioteca.

away match NOUN
(PL **away matches**)
- **It is their last away match.** Es el último partido que juegan fuera.

awful ADJECTIVE
horrible ◇ *The weather's awful.* Hace un tiempo horrible.
- **I feel awful.** Me siento fatal.
- **We met and I thought he was awful.** Nos conocimos y me cayó fatal.
- **an awful lot of work** un montón de trabajo

awfully ADVERB
- **I'm awfully sorry.** Lo siento muchísimo.

awkward ADJECTIVE
1 ***incómodo*** ◇ *It was awkward to carry.* Era incómodo de llevar. ◇ *an awkward situation* una situación incómoda
- **Mike's being awkward about letting me have the car.** Mike no hace más que ponerme pegas para dejarme el coche.
- **It's a bit awkward for me to come and see you.** Me viene un poco mal pasar a verte.
2 ***torpe*** ◇ *an awkward gesture* un gesto torpe

axe NOUN
el ***hacha*** FEM
Although it's a feminine noun, remember that you use el *and* un *with* hacha.

B

BA ABBREVIATION (= *Bachelor of Arts*)
la *licenciatura en Letras*
- **a BA in French** una licenciatura en Filología Francesa
- **She's got a BA in History.** Es licenciada en Historia.

baby NOUN
(PL **babies**)
el/la *bebé* (PL los/las *bebés*)

to **babysit** VERB
(babysat, babysat)
hacer* de canguro

babysitter NOUN
el/la *canguro*

babysitting NOUN
- **I don't like babysitting.** No me gusta hacer* de canguro.

bachelor NOUN
el *soltero*

back NOUN
see also **back** ADJECTIVE, ADVERB, VERB
1 la *espalda* (*of person*) ◇ *He's got a bad back.* Tiene problemas de espalda.
2 el *lomo* (*of animal*)
- **the back of a chair** el respaldo de una silla
- **on the back of the cheque** al dorso del cheque
- **at the back of the house** en la parte de atrás de la casa
- **in the back of the car** en la parte trasera del coche
- **at the back of the class** al fondo de la clase

back ADJECTIVE, ADVERB
see also **back** NOUN, VERB
trasero ◇ *the back seat* el asiento trasero
- **the back door** la puerta de atrás
- **He's not back yet.** Todavía no ha vuelto.
- **to get back** volver* ◇ *What time did you get back?* ¿A qué hora volviste? ◇ *We went there by bus and walked back.* Fuimos allí en autobús y volvimos a pie.
- **to call somebody back** volver* a llamar a alguien
- **I'll call back later.** Volveré a llamar más tarde.

to **back** VERB
see also **back** NOUN, ADJECTIVE
respaldar ◇ *The union is backing his claim for compensation.* El sindicato respalda su demanda de compensación.
- **to back a horse** apostar* por un caballo
- **She backed into the parking space.** Aparcó dando marcha atrás.

to **back out** VERB
echarse para atrás ◇ *They promised to help us and then backed out.* Prometieron ayudarnos y luego se echaron para atrás.

to **back up** VERB
respaldar ◇ *She complained, and her colleagues backed her up.* Presentó una queja y sus colegas la respaldaron.

backache NOUN
el *dolor de espalda* ◇ *to have backache* tener* dolor de espalda

backbone NOUN
la *columna vertebral*

to **backfire** VERB
tener* el efecto contrario (*go wrong*)

background NOUN
el *fondo* (*of picture*) ◇ *a house in the background* una casa en el fondo
- **background noise** ruido de fondo
- **his family background** su historial familiar

backhand NOUN
el *revés* (PL los *reveses*)

backing NOUN
el *apoyo* ◇ *They promised their backing.* Prometieron su apoyo.

backpack NOUN
la *mochila*

backpacker NOUN
el *mochilero*
la *mochilera*

backside NOUN
el *trasero*

backstroke NOUN
la *espalda*

backup NOUN
el *apoyo* ◇ *We have extensive computer backup.* Tenemos amplio apoyo informático.
- **They've got a generator as an emergency backup.** Tienen un generador de reserva para emergencias.
- **a backup file** una copia de seguridad

backwards ADVERB
hacia atrás ◇ *to take a step backwards* dar* un paso hacia atrás
- **to fall backwards** caerse* de espaldas

back yard NOUN
el *patio trasero*

bacon NOUN
el *bacon* ◇ *bacon and eggs* los huevos fritos con bacon

bad ADJECTIVE
1 *malo* ◇ *You bad boy!* ¡Malo!
Use **mal** before a masculine singular noun.
◇ *bad weather* mal tiempo
- **to be in a bad mood** estar* de mal humor
- **to be bad at something** ser* malo para algo ◇ *I'm really bad at maths.* Soy muy malo para las matemáticas.
2 *grave* (*serious*) ◇ *a bad accident* un accidente grave
- **to go bad** (*food*) echarse a perder
- **I feel bad about it.** (*guilty*) Me siento un poco culpable.
- **How are you? – Not bad.** ¿Cómo estás? – Bien
- **That's not bad at all.** No está nada mal.
- **bad language** las palabrotas

badge NOUN

1 la *chapa* (metal, plastic)
2 el *escudo* (cloth)

badly ADVERB
  mal ◇ *badly paid* mal pagado
◆ **badly wounded** gravemente herido
◆ **He badly needs a rest.** Le hace muchísima
  falta un descanso.

badminton NOUN
  el *bádminton* ◇ *to play badminton* jugar*
  al bádminton

bad-tempered ADJECTIVE
◆ **to be bad-tempered (1)** (by nature) tener*
  mal genio ◇ *He's a really bad-tempered
  person.* Es una persona con muy mal genio.
◆ **to be bad-tempered (2)** (temporarily) estar*
  de mal humor ◇ *He was really
  bad-tempered yesterday.* Ayer estaba de muy
  mal humor.

to **baffle** VERB
  *desconcertar**

bag NOUN
  la *bolsa*

baggage NOUN
  el *equipaje*

baggage reclaim NOUN
  la *recogida de equipajes*

baggy ADJECTIVE
  ancho (trousers)

bagpipes PL NOUN
  la *gaita* SING

to **bake** VERB
◆ **to bake bread** hacer* pan
◆ **She loves to bake.** Le gusta cocinar al
  horno.

baked beans PL NOUN
  las *alubias blancas en salsa de tomate*

baker NOUN
  el *panadero*
  la *panadera*
  ◇ *He's a baker.* Es panadero. ◇ *at the baker's*
  en la panadería

bakery NOUN
  (PL **bakeries**)
  la *panadería*

baking ADJECTIVE
◆ **It's baking in here!** ¡Aquí hace un calor
  insoportable!

balance NOUN
  see also balance VERB
  el *equilibrio* ◇ *to lose one's balance*
  perder* el equilibrio

to **balance** VERB
  see also balance NOUN
  mantener el equilibrio* ◇ *I balanced on
  the window ledge.* Mantenía el equilibrio en
  el poyo de la ventana.
◆ **She balanced on one leg.** Se mantenía a la
  pata coja.
◆ **The boxes were carefully balanced.** Las
  cajas estaban cuidadosamente contrapesadas.

balanced ADJECTIVE
  equilibrado

balcony NOUN
  (PL **balconies**)

el *balcón* (PL los *balcones*)

bald ADJECTIVE
  calvo

ball NOUN
  1 la *pelota* (for tennis, basketball, rugby)
  2 el *balón* (for football) (PL los *balones*)
  ◇ *a golf ball* una pelota de golf

ballet NOUN
  el *ballet* (PL los *ballets*) ◇ *We went to a
  ballet.* Fuimos a ver un ballet.
◆ **ballet lessons** las clases de ballet

ballet dancer NOUN
  el *bailarín* (PL los *bailarines*)
  la *bailarina*

ballet shoes PL NOUN
  las *zapatillas de ballet*

balloon NOUN
  el *globo*
◆ **a hot-air balloon** un globo aerostático

ballpoint pen NOUN
  el *bolígrafo*

ballroom dancing NOUN
  el *baile de salón*

ban NOUN
  see also ban VERB
  la *prohibición* (PL las *prohibiciones*)

to **ban** VERB
  see also ban NOUN
  *prohibir**

banana NOUN
  el *plátano* ◇ *a banana skin* una piel de
  plátano

band NOUN
  1 el *grupo* (pop, rock)
  2 la *banda* (military)
  3 la *orquesta* (at a dance)

bandage NOUN
  see also bandage VERB
  la *venda*

to **bandage** VERB
  see also bandage NOUN
  vendar ◇ *The nurse bandaged his arm.* La
  enfermera le vendó el brazo.

bandit NOUN
  el *bandido*

bang NOUN
  see also bang VERB
  1 el *estallido* (noise) ◇ *I heard a loud
  bang.* Oí un fuerte estallido.
  2 el *golpe* (blow) ◇ *a bang on the head*
  un golpe en la cabeza

to **bang** VERB
  see also bang NOUN
  golpear ◇ *I banged my head.* Me golpeé la
  cabeza.
◆ **to bang on the door** aporrear la puerta
◆ **to bang the door** dar* un portazo

banger NOUN
  la *salchicha* (informal) ◇ *bangers and
  mash* las salchichas con puré de patatas

bank NOUN
  1 el *banco* (financial)
  2 la *orilla* (of river, lake)

to **bank on** VERB

B

contar* con ◇ *I was banking on your coming today.* Contaba con que vendrías hoy.
+ **I wouldn't bank on it.** Yo no me confiaría demasiado.

bank account NOUN
la *cuenta bancaria*

banker NOUN
el *banquero*
la *banquera*
◇ *He's a banker.* Es banquero.

bank holiday NOUN
el *día festivo*

banknote NOUN
el *billete de banco*

bar NOUN
1 el *bar* (*pub*)
2 la *barra* (*counter*)
+ **a bar of chocolate**
una tableta de chocolate (*large*)
una chocolatina (*small*)
+ **a bar of soap** una pastilla de jabón

barbaric ADJECTIVE
bárbaro

barbecue NOUN
la *barbacoa* ◇ *to have a barbecue* hacer* una barbacoa

barber NOUN
el *barbero* ◇ *He's a barber.* Es barbero.
◇ *at the barber's* en la barbería

bare ADJECTIVE
desnudo

barefoot ADJECTIVE, ADVERB
descalzo ◇ *The children go around barefoot.* Los niños van descalzos.

barely ADVERB
apenas ◇ *I could barely hear what she was saying.* Apenas oía lo que estaba diciendo.

bargain NOUN
la *ganga* ◇ *It was a bargain!* ¡Era una ganga!

barge NOUN
la *barcaza*

to **bark** VERB
ladrar

barmaid NOUN
la *camarera* ◇ *She's a barmaid.* Es camarera.

barman NOUN
(PL **barmen**)
el *barman* (PL los *barmans*) ◇ *He's a barman.* Es barman.

barn NOUN
el *granero*

barrel NOUN
1 el *barril* (*container*)
2 el *cañón* (*of gun*) (PL los *cañones*)

barrier NOUN
la *barrera*

base NOUN
la *base*

baseball NOUN
el *béisbol* ◇ *to play baseball* jugar* al béisbol

+ **a baseball cap** una gorra de béisbol

based ADJECTIVE
+ **based on** basado en

basement NOUN
el *sótano* ◇ *a basement flat* un apartamento en el sótano

to **bash** VERB
see also **bash** NOUN
golpear con fuerza

bash NOUN
see also **bash** VERB
+ **I'll have a bash at it.** Lo intentaré.

basic ADJECTIVE
básico ◇ *It's a basic model.* Es un modelo básico.
+ **The accommodation was pretty basic.** El alojamiento tenía sólo lo imprescindible.

basically ADVERB
básicamente ◇ *They are basically the same thing.* Son básicamente lo mismo.
+ **Basically, I just don't like him.** Simplemente, no me gusta.

basics PL NOUN
los *principios básicos*

basil NOUN
la *albahaca*

basin NOUN
1 el *lavabo* (*washbasin*)
2 el *cuenco* (*for cooking, mixing food*)

basis NOUN
la *base* ◇ *On the basis of what you've said.* En base a lo que has dicho.
+ **on a daily basis** diariamente
+ **on a regular basis** regularmente

basket NOUN
el *cesto*

basketball NOUN
el *baloncesto* ◇ *to play basketball* jugar* al baloncesto

bass NOUN
(PL **basses**)
el *bajo* (*voice*)
+ **a bass guitar** un bajo
+ **a double bass** un contrabajo

bass drum NOUN
el *bombo*

bassoon NOUN
el *fagot* (PL los *fagots*)

bastard NOUN
el *cabrón* (*rude*) (PL los *cabrones*) ◇ *You bastard!* ¡Cabrón!

bat NOUN
1 el *bate* (*for baseball, cricket*)
2 la *raqueta* (*for table tennis*)
3 el *murciélago* (*animal*)

bath NOUN
1 el *baño*
+ **a hot bath** un baño caliente
+ **to have a bath** bañarse
2 la *bañera* (*bathtub*)

to **bathe** VERB
bañarse

bathroom NOUN

el *cuarto de baño*

baths PL NOUN
+ **swimming baths** la piscina
+ **Turkish baths** los baños turcos

bath towel NOUN
la *toalla de baño*

batter NOUN
la *masa para rebozar*

battery NOUN
(PL batteries)
1 la *pila* (for torch, toy)
2 la *batería* (for car)

battle NOUN
la *batalla* ◇ the Battle of Hastings la batalla de Hastings
+ **It was a battle, but we managed in the end.** Fue muy difícil, pero al final lo conseguimos.

battleship NOUN
el *acorazado*

bay NOUN
la *bahía*

BC ABBREVIATION (= before Christ)
a.C. (= antes de Cristo)

be VERB
(is, was, been)

There are two basic verbs to translate be into Spanish: estar and ser. estar is used to form continuous tenses; to talk about where something is; and with adjectives describing a temporary state. It is also used with past participles used adjectivally even if these describe a permanent state.

1 *estar** ◇ What are you doing? ¿Qué estás haciendo? ◇ Edinburgh is in Scotland. Edinburgo está en Escocia. ◇ I've never been to Madrid. No he estado nunca en Madrid. ◇ I'm very happy. Estoy muy contento. ◇ The window is broken. La ventana está rota. ◇ Is he hurt? ¿Está herido? ◇ He's dead. Está muerto.
+ **You're late.** Llegas tarde.

ser is used to talk about the time and date; with adjectives describing permanent or inherent states such as nationality and colour; with nouns to say what somebody or something is; and to form the passive.

2 *ser** ◇ It's four o'clock. Son las cuatro. ◇ It's the 28th of October today. Hoy es 28 de octubre. ◇ She's English. Es inglesa. ◇ He's a doctor. Es médico. ◇ Paris is the capital of France. París es la capital de Francia. ◇ He's very tall. Es muy alto. ◇ The house was destroyed by an earthquake. La casa fue destruida por un terremoto.

Passive constructions are not as common in Spanish as in English. Either the active or a reflexive construction are preferred.

◇ He was killed by a terrorist. Lo mató un terrorista. ◇ These cars are produced in Spain. Estos coches se fabrican en España.

When referring to the weather, use hacer.

+ **It's a nice day, isn't it?** Hace buen día, ¿verdad?
+ **It's cold.** Hace frío.
+ **It's too hot.** Hace demasiado calor.

With certain adjectives, such as cold, hot, hungry, and thirsty, use tener* with a noun.

+ **I'm cold.** Tengo frío.
+ **I'm hungry.** Tengo hambre.

When saying how old somebody is, use tener.

+ **I'm fourteen.** Tengo catorce años.
+ **How old are you?** ¿Cuántos años tienes?

beach NOUN
(PL beaches)
la *playa*

bead NOUN
la *cuenta*

beak NOUN
el *pico*

beam NOUN
el *rayo* (of light)

beans PL NOUN
las *alubias*
+ **beans on toast** las alubias blancas en salsa de tomate sobre una tostada
+ **green beans** las judías verdes

bean sprouts PL NOUN
los *brotes de soja*

bear NOUN
see also to bear VERB
el *oso*

to **bear** VERB
(bore, borne)
see also bear NOUN
aguantar ◇ I can't bear it! ¡No lo aguanto!

to **bear with** VERB
+ **If you would bear with me for a moment...** Tenga la bondad de esperar un momento...

beard NOUN
la *barba*
+ **He's got a beard.** Lleva barba.
+ **a man with a beard** un hombre con barba

bearded ADJECTIVE
con barba

beat NOUN
see also beat VERB
el *ritmo*

to **beat** VERB
(beat, beaten)
see also beat NOUN
ganar ◇ We beat them three-nil. Les ganamos tres a cero.
+ **Beat it!** ¡Lárgate! (informal)

to **beat up** VERB
dar* una paliza a

beautiful ADJECTIVE
precioso

beauty NOUN
(PL beauties)
la *belleza*

beauty spot NOUN
el *lugar pintoresco* (place)

became VERB *see* **become**

because CONJUNCTION
porque
+ **because of** a causa de

to **become** VERB
(became, become)
llegar* a ser

bed NOUN
la *cama*
- **to go to bed** acostarse*
- **to go to bed with somebody** irse* a la cama
con alguien

bed and breakfast NOUN
la *pensión* (PL las *pensiones*) ◇ *We stayed
in a bed and breakfast.* Nos quedamos en una
pensión.
- **How much is it for bed and breakfast?**
¿Cuánto es la habitación con desayuno?

bedclothes PL NOUN
la *ropa de cama*

bedding NOUN
la *ropa de cama*

bedroom NOUN
el *dormitorio*
- **a three-bedroom house** una casa de tres
dormitorios

bedsit NOUN
Un **bedsit** *es una habitación amueblada, cuyo
alquiler incluye cocina y baño comunes. Este
sistema de alojamiento es muy común en Gran
Bretaña entre estudiantes, jóvenes profesionales, etc.*

bedspread NOUN
la *colcha*

bedtime NOUN
- **Ten o'clock is my usual bedtime.**
Normalmente me voy a la cama a las diez.
- **Bedtime!** ¡A la cama!

bee NOUN
la *abeja*

beef NOUN
la *carne de vaca*
- **roast beef** el rosbif

beefburger NOUN
la *hamburguesa*

been VERB *see* **be**

beer NOUN
la *cerveza*

beetle NOUN
el *escarabajo*

beetroot NOUN
la *remolacha*

before PREPOSITION, CONJUNCTION, ADVERB
[1] *antes de* ◇ *before Tuesday* antes del
martes ◇ *Before opening the packet, read the
instructions.* Antes de abrir el paquete, lea las
instrucciones. ◇ *I'll phone before I leave.*
Llamaré antes de salir.
[2] *antes de que*
antes de que *has to be followed by a verb in the
subjunctive.*
◇ *I'll call her before she leaves.* La llamaré
antes de que se vaya.
- **I've seen this film before.** Esta película ya la
he visto.
- **the week before** la semana anterior

beforehand ADVERB
con antelación

to **beg** VERB
[1] *mendigar** (*for money, food*)
[2] *suplicar**

suplicar que *has to be followed by a verb in the
subjunctive.*
◇ *He begged me to stop.* Me suplicó que
parara.

began VERB *see* **begin**

beggar NOUN
el *mendigo*
la *mendiga*

to **begin** VERB
(began, begun)
*empezar**
- **to begin doing something** empezar a hacer
algo

beginner NOUN
el/la *principiante*

beginning NOUN
el *comienzo*
- **in the beginning** al principio

begun VERB *see* **begin**

behalf NOUN
- **on behalf of somebody** de parte de alguien

to **behave** VERB
comportarse ◇ *He behaved like an idiot.*
Se comportó como un idiota.
- **to behave oneself** portarse bien ◇ *Did the
children behave themselves?* ¿Se portaron
bien los niños?
- **Behave!** ¡Compórtate!

behaviour NOUN
(US **behavior**)
el *comportamiento*

behind PREPOSITION, ADVERB
see also behind NOUN
detrás de ◇ *behind the television* detrás de
la televisión
- **to be behind** (*late*) ir* atrasado ◇ *I'm
behind with my work.* Voy atrasado con mi
trabajo.

behind NOUN
see also behind PREPOSITION, ADVERB
el *trasero*

beige ADJECTIVE
beige MASC, FEM, PL
Pronounce this word like the English word base.

Belgian ADJECTIVE
see also Belgian NOUN
belga ◇ *He's Belgian.* Es belga.

Belgian NOUN
see also Belgian ADJECTIVE
el/la *belga* ◇ *the Belgians* los belgas

Belgium NOUN
Bélgica FEM

to **believe** VERB
*creer** ◇ *I don't believe you.* No te creo.
- **I don't believe it!** ¡No me lo creo!
- **to believe in something** creer* en algo
◇ *Do you believe in ghosts?* ¿Crees en los
fantasmas?

bell NOUN
[1] el *timbre* (*of door, in school*) ◇ *The bell
goes at half past three.* El timbre suena a las
tres y media.
[2] la *campana* (*of church*) ◇ *the church bell*

la campana de la iglesia

[3] el *cascabel* (of toy, on animal) ◇ *Our cat has a bell on its collar.* Nuestro gato lleva un cascabel en el collar.

belly NOUN
(PL **bellies**)
la *barriga*

◇ **belong** VERB
- **to belong to somebody** pertenecer* a alguien ◇ *This ring belonged to my grandmother.* Este anillo pertenecía a mi abuela.
- **Who does it belong to?** ¿De quién es?
- **That belongs to me.** Eso es mío.
- **Do you belong to any clubs?** ¿Eres miembro de algún club?
- **Where does this belong?** ¿Dónde va esto?

belongings PL NOUN
- **I collected my belongings and left.** Recogí mis cosas y me marché.
- **personal belongings** los efectos personales

below PREPOSITION, ADVERB
[1] *debajo de* ◇ *the apartment directly below ours* el apartamento que está justo debajo del nuestro
[2] *abajo* ◇ *seen from below* visto desde abajo ◇ *on the floor below* en el piso de abajo
- **ten degrees below freezing** diez grados bajo cero

belt NOUN
el *cinturón* (PL los *cinturones*)

bench NOUN
(PL **benches**)
el *banco*

bend NOUN
see also bend VERB
la *curva*

◇ **bend** VERB
(**bent, bent**)
see also bend NOUN
[1] *doblar* ◇ *I can't bend my arm.* No puedo doblar el brazo.
[2] *torcerse**
- **It bends easily.** Se tuerce fácilmente.

◇ **bend down** VERB
agacharse

◇ **bend over** VERB
inclinarse

beneath PREPOSITION
bajo

benefit NOUN
see also benefit VERB
el *beneficio*
- **unemployment benefit** el subsidio de desempleo
- **state benefits** los subsidios estatales

◇ **benefit** VERB
see also benefit NOUN
beneficiar ◇ *This will benefit us all.* Esto nos beneficiará a todos.
- **He'll benefit from the change.** Se beneficiará con el cambio.

bent VERB *see* bend
bent ADJECTIVE

torcido ◇ *a bent fork* un tenedor torcido
- **to be bent on doing something** estar* empeñado en hacer algo

beret NOUN
la *boina*

berserk ADJECTIVE
- **to go berserk** ponerse* hecho una fiera

berth NOUN
la *litera* (*bunk*)

beside PREPOSITION
al lado de ◇ *beside the television* al lado de la televisión
- **He was beside himself.** Estaba fuera de sí.
- **That's beside the point.** Eso no viene al caso.

besides ADVERB
además ◇ *Besides, it's too expensive.* Además, es demasiado caro.
- **...and much more besides.** ...y mucho más todavía.

best ADJECTIVE, ADVERB
mejor ◇ *He's the best player in the team.* Es el mejor jugador del equipo. ◇ *Janet's the best at maths.* Janet es la mejor en matemáticas. ◇ *Emma sings best.* Emma es la que canta mejor.
- **That's the best I can do.** No puedo hacer* más.
- **to do one's best** hacer* todo lo posible ◇ *It's not perfect, but I did my best.* No es perfecto, pero he hecho todo lo posible.
- **You'll just have to make the best of it.** Tendrás que arreglártelas con lo que hay.

best man NOUN
el *padrino de boda*

bet NOUN
see also bet VERB
la *apuesta*

to **bet** VERB
(**bet, bet**)
see also bet NOUN
*apostar** ◇ *I bet you he won't come.* Te apuesto a que no viene.

to **betray** VERB
traicionar

better ADJECTIVE, ADVERB
mejor ◇ *This one's better than that one.* Éste es mejor que aquél. ◇ *Are you feeling better now?* ¿Te sientes mejor ahora?
- **That's better!** ¡Así está mejor!
- **better still** mejor todavía
- **to get better (1)** mejorar (*improve*) ◇ *I hope the weather gets better soon.* Espero que el tiempo mejore pronto.
- **to get better (2)** mejorarse (*from illness*) ◇ *I hope you get better soon.* Espero que te mejores pronto.
- **You'd better do it straight away.** Más vale hacerlo enseguida.
- **I'd better go home.** Tengo que irme a casa.

betting shop NOUN
la *casa de apuestas*

between PREPOSITION
entre ◇ *between 15 and 20 minutes* entre

15 y 20 minutos

to **beware** VERB
- **Beware of the dog!** ¡Cuidado con el perro!

bewildered ADJECTIVE
desconcertado

beyond PREPOSITION, ADVERB
al otro lado de ⋄ *There is a lake beyond the mountains.* Hay un lago al otro lado de las montañas.
- **We have no plans beyond the year 2000.** No tenemos planes para después del año 2000.
- **the wheat fields and the mountains beyond** los campos de trigo y las montañas al fondo
- **it's beyond me** no lo entiendo
- **beyond belief** increíble
- **beyond repair** irreparable

biased ADJECTIVE
parcial

Bible NOUN
la *Biblia*

bicycle NOUN
la *bicicleta*

bifocals PL NOUN
las *gafas bifocales*

big ADJECTIVE
grande ⋄ *a big house* una casa grande ⋄ *a big car* un coche grande
Use **gran** *before a singular noun.*
⋄ *it's a big business* es un gran negocio
- **my big brother** mi hermano mayor
- **He's a big guy.** Es un tipo grandote.
- **Big deal!** ¡Vaya cosa!

bigheaded ADJECTIVE
- **to be bigheaded** ser* engreído

bike NOUN
1 la *bici* (*bicycle*) ⋄ *by bike* en bici
2 la *moto* (*motorbike*)
Although **moto** *ends in* -o, *it is actually a feminine noun.*

bikini NOUN
el *bikini*

bilingual ADJECTIVE
bilingüe

bill NOUN
1 la *cuenta* (*in restaurant*) ⋄ *Can we have the bill, please?* ¿Nos trae la cuenta, por favor?
2 la *factura* (*for gas, electricity, telephone*) ⋄ *the gas bill* la factura del gas
3 el *billete* US ⋄ *a five-dollar bill* un billete de cinco dólares

billion NOUN
los *mil millones* ⋄ *two billion dollars* dos mil millones de dólares

bin NOUN
1 el *cubo de la basura* (*in kitchen*)
2 la *papelera* (*for paper*)

bingo NOUN
el *bingo*

binoculars PL NOUN
los *prismáticos*
- **a pair of binoculars** unos prismáticos

biochemistry NOUN

la *bioquímica*

biography NOUN
(PL **biographies**)
la *biografía*

biology NOUN
la *biología*

bird NOUN
el *pájaro*

birdwatching NOUN
- **He likes to go birdwatching on Sundays.** Los domingos le gusta ir a ver pájaros.

Biro ® NOUN
el *bolígrafo*

birth NOUN
el *nacimiento* ⋄ *date of birth* la fecha de nacimiento

birth certificate NOUN
la *partida de nacimiento*

birth control NOUN
el *control de natalidad*

birthday NOUN
el *cumpleaños* (PL los *cumpleaños*) ⋄ *a birthday cake* un pastel de cumpleaños ⋄ *a birthday party* una fiesta de cumpleaños ⋄ *When's your birthday?* ¿Cuándo es tu cumpleaños?

biscuit NOUN
la *galleta*

bishop NOUN
el *obispo*

bit VERB *see* **bite**

bit NOUN
el *trozo* ⋄ *Would you like another bit?* ¿Quieres otro trozo?
- **a bit** un poco ⋄ *He's a bit mad.* Está un poco loco. ⋄ *Wait a bit!* ¡Espera un poco!
- **a bit of (1)** un trozo de ⋄ *a bit of cake* un trozo de pastel
- **a bit of (2)** un poco de ⋄ *a bit of music* un poco de música
- **It's a bit of a nuisance.** Es un poco fastidioso.
- **to fall to bits** caerse* a pedazos
- **to take something to bits** desmontar algo
- **bit by bit** poco a poco

bitch NOUN
(PL **bitches**)
1 la *perra* (*female dog*)
2 la *bruja* (*rude: woman*)

to **bite** VERB
(**bit, bitten**)
see also **bite** NOUN
1 *morder** (*person, dog*) ⋄ *My dog's never bitten anyone.* Mi perro nunca ha mordido a nadie.
2 *picar** (*insect*) ⋄ *I got bitten by mosquitoes.* Me picaron los mosquitos.
- **to bite one's nails** morderse* las uñas

bite NOUN
see also **bite** VERB
1 la *picadura* (*insect bite*)
2 el *mordisco* (*animal bite*)
- **to have a bite to eat** comer alguna cosa

bitter ADJECTIVE

B

see also bitter NOUN
1 *amargo* ◇ *It tastes bitter.* Sabe amargo.
2 *glacial* ◇ *It's bitter today.* Hoy hace un frío glacial.

bitter NOUN
see also bitter ADJECTIVE
La cerveza británica a base de lúpulos.

black ADJECTIVE
negro ◇ *a black jacket* una chaqueta negra
◇ *She's black.* Es negra.
+ **black and white** blanco y negro

blackberry NOUN
(PL **blackberries**)
la *mora*

blackbird NOUN
el *mirlo*

blackboard NOUN
la *pizarra*

black coffee NOUN
el *café solo*

blackcurrant NOUN
la *grosella negra*

blackmail NOUN
see also blackmail VERB
el *chantaje*

blackmail VERB
see also blackmail NOUN
chantajear

blackout NOUN
el *apagón* (*power cut*) (PL los *apagones*)
+ **to have a blackout** (*faint*) sufrir un desvanecimiento

black pudding NOUN
la *morcilla*

blacksmith NOUN
el *herrero* ◇ *He's a blacksmith.* Es herrero.

blade NOUN
la *hoja*

blame VERB
echar la culpa a ◇ *Don't blame me!* ¡No me eches la culpa a mí!
+ **He blamed it on my sister.** Le echó la culpa a mi hermana.

blank ADJECTIVE
see also blank NOUN
1 *en blanco* (*sheet of paper*)
2 *virgen* (*cassette*) (PL *vírgenes*)
+ **My mind went blank.** Me quedé en blanco.

blank NOUN
see also blank ADJECTIVE
el *espacio en blanco* ◇ *Fill in the blanks.*
Rellene los espacios en blanco.

blank cheque NOUN
el *cheque en blanco*

blanket NOUN
la *manta*

blast NOUN
+ **a bomb blast** una explosión

blatant ADJECTIVE
flagrante

blaze NOUN
el *incendio*

blazer NOUN
el *blazer* (PL los *blazers*)

bleach NOUN
(PL **bleaches**)
la *lejía*

bleached hair NOUN
el *cabello decolorado*

bleak ADJECTIVE
poco prometedor ◇ *The future looks bleak.* Se presenta un futuro poco prometedor.

to **bleed** VERB
(bled, bled)
sangrar
+ **to bleed to death** morir* desangrado
+ **My nose is bleeding.** Me sangra la nariz.

bleeper NOUN
el *busca*
Although **busca** *ends in* -a, *it is actually a masculine noun.*

blender NOUN
la *licuadora*

to **bless** VERB
*bendecir**
+ **Bless you!** ¡Jesús! (*after sneezing*)

blew VERB *see* **blow**

blind ADJECTIVE
see also blind NOUN
ciego

blind NOUN
see also blind ADJECTIVE
la *persiana* (*for window*)

blindfold NOUN
see also blindfold VERB
la *venda*

to **blindfold** VERB
see also blindfold NOUN
+ **to blindfold somebody** vendar los ojos a alguien

to **blink** VERB
parpadear

bliss NOUN
+ **It was bliss!** ¡Era la gloria!

blister NOUN
la *ampolla*

blizzard NOUN
la *ventisca de nieve*

blob NOUN
la *gota* ◇ *a blob of glue* una gota de pegamento

block NOUN
see also block VERB
el *bloque* ◇ *He lives in our block.* Vive en nuestro bloque. ◇ *a block of flats* un bloque de apartamentos

to **block** VERB
see also block NOUN
bloquear

blockage NOUN
la *obstrucción* (PL las *obstrucciones*)

bloke NOUN
el *tío* (*informal*)

blonde ADJECTIVE
rubio ◇ *She's got blonde hair.* Tiene el pelo rubio.

blood NOUN

la *sangre*

blood pressure NOUN
la *presión sanguínea* ◇ *to have high blood pressure* tener* la tensión alta

blood sports PL NOUN
los *deportes sangrientos*

blood test NOUN
el *análisis de sangre* (PL los *análisis de sangre*)

bloody ADJECTIVE
- **that bloody television** esa maldita televisión
- **Bloody hell!** ¡Me cago en la mar!
- **The exam was bloody difficult.** El examen fue difícil con ganas.

blouse NOUN
la *blusa*

blow NOUN
see also blow VERB
el *golpe*

to **blow** VERB
(blew, blown)
see also blow NOUN
soplar ◇ *A cold wind was blowing.* Soplaba un viento frío. ◇ *He blew on his fingers.* Se sopló los dedos.
- **They were one-all when the whistle blew.** Iban uno a uno cuando sonó el pito.
- **to blow one's nose** sonarse* la nariz

to **blow out** VERB
apagar* ◇ *Blow out the candles!* ¡Apaga las velas!

to **blow up** VERB
1 *volar** ◇ *They blew up a plane.* Volaron un avión.
2 *inflar* ◇ *We've blown up the balloons.* Hemos inflado los globos.
3 *saltar por los aires* ◇ *The house blew up.* La casa saltó por los aires.

blow-dry NOUN
el *secado con secador de mano*
- **Cut and blow-dry.** Corte y secado a mano.

blue ADJECTIVE
azul ◇ *a blue dress* un vestido azul
- **a blue movie** una película porno
- **out of the blue** en el momento menos pensado

blues PL NOUN
el *blues* (music) (PL los *blues*)

to **bluff** VERB
see also bluff NOUN
farolear

bluff NOUN
see also bluff VERB
el *farol*

blunder NOUN
la *metedura de pata*

blunt ADJECTIVE
1 *directo* (person)
2 *desafilado* (knife)

to **blush** VERB
ruborizarse*

board NOUN
1 la *tabla* (plank)

2 la *pizarra* (blackboard)
3 el *tablón de anuncios* (noticeboard) (PL los *tablones de anuncios*)
4 el *trampolín* (for diving) (PL los *trampolines*)
5 el *tablero* (for games)
- **a chopping board** una tabla de picar
- **on board** a bordo
- **"full board"** "pensión completa"

boarder NOUN
el *interno*
la *interna*

board game NOUN
el *juego de mesa*

boarding card NOUN
la *tarjeta de embarque*

boarding school NOUN
el *internado*

to **boast** VERB
alardear
- **to boast about something** alardear de algo
- **Stop boasting!** ¡Deja ya de presumir!

boat NOUN
el *barco*

body NOUN
(PL bodies)
1 el *cuerpo* ◇ *the human body* el cuerpo humano
2 el *cadáver* (corpse)

bodybuilding NOUN
el *culturismo*

bodyguard NOUN
el *guardaespaldas* (PL los *guardaespaldas*) ◇ *He's a bodyguard.* Es guardaespaldas.

bog NOUN
la *ciénaga* (marsh)

boil NOUN
see also boil VERB
el *furúnculo*

to **boil** VERB
see also boil NOUN
hervir* ◇ *to boil some water* hervir* un poco de agua ◇ *The water's boiling.* El agua está hirviendo.
- **to boil an egg** cocer* un huevo

to **boil over** VERB
salirse*

boiled ADJECTIVE
hervido
- **a boiled egg** un huevo pasado por agua

boiling ADJECTIVE
- **It's boiling in here!** ¡Aquí dentro se asa uno!
- **a boiling hot day** un día asfixiante de calor

bolt NOUN
1 el *cerrojo* (on door, window)
2 el *tornillo* (type of screw)

bomb NOUN
see also bomb VERB
la *bomba*

to **bomb** VERB
see also bomb NOUN
bombardear

bomber NOUN

el *bombardero* (plane)

bombing NOUN
el *bombardeo*

bond NOUN
el *vínculo* ⋄ *the bond between mother and child* el vínculo entre la madre y el hijo

bone NOUN
[1] el *hueso* (of human, animal)
[2] la *espina* (of fish)

bone dry ADJECTIVE
completamente seco

bonfire NOUN
la *hoguera*

bonnet NOUN
el *capó* (of car)

bonus NOUN
[1] el *plus* (extra payment)
[2] la *ventaja* (added advantage)

book NOUN
see also book VERB
el *libro*

book VERB
see also book NOUN
reservar
◆ **We haven't booked.** No hemos hecho reserva.

bookcase NOUN
la *librería*

booklet NOUN
el *folleto*

bookshelf NOUN
(PL bookshelves)
la *estantería*

bookshop NOUN
la *librería*

boost VERB
◆ **The win boosted the team's morale.** La victoria levantó la moral del equipo.
◆ **They're trying to boost the economy.** Intentan dar un empuje a la economía.

boot NOUN
[1] el *maletero* (of car)
[2] la *bota* (fashion boots)
[3] el *borceguí* (for hiking) (PL los *borceguíes*)
◆ **football boots** las botas de fútbol

booze NOUN
la *bebida*

border NOUN
la *frontera*

bore VERB see **bear**

bored ADJECTIVE
aburrido ⋄ *to be bored* estar* aburrido
◆ **to get bored** aburrirse

boredom NOUN
el *aburrimiento*

boring ADJECTIVE
aburrido ⋄ *It's boring.* Es aburrido.

born ADJECTIVE
◆ **to be born** nacer* ⋄ *I was born in 1982.* Nací en 1982.

borne VERB see **bear**

borrow VERB
pedir prestado*
◆ **to borrow something from somebody**

pedir* algo prestado a alguien ⋄ *I borrowed some money from a friend.* Le pedí dinero prestado a un amigo.
◆ **Can I borrow your pen?** ¿Me prestas el bolígrafo?

Bosnia NOUN
la *Bosnia*

Bosnian ADJECTIVE
bosnio

boss NOUN
(PL bosses)
el *jefe*
la *jefa*

to **boss around** VERB
◆ **to boss somebody around** mandonear a alguien

bossy ADJECTIVE
mandón (PL *mandones*, FEM *mandona*)

both ADJECTIVE, PRONOUN, ADVERB
los dos ⋄ *We both went.* Fuimos los dos.
⋄ *Both of your answers are wrong.* Tus respuestas están las dos mal. ⋄ *Both of them play the piano.* Los dos tocan el piano.
◆ **Both Emma and Jane went.** Fueron Emma y Jane.
◆ **He has houses in both France and in Spain.** Tiene casas tanto en Francia como en España.

to **bother** VERB
see also bother NOUN
[1] *preocupar* (worry) ⋄ *What's bothering you?* ¿Qué es lo que te preocupa?
[2] *molestar* (disturb) ⋄ *I'm sorry to bother you.* Siento molestarle.
◆ **Don't bother!** ¡No te preocupes!
◆ **to bother to do something** tomarse la molestia de hacer algo ⋄ *He didn't bother to tell me about it.* Ni se tomó la molestia de decírmelo.

bother NOUN
see also bother VERB
la *molestia* ⋄ *no bother* no es ninguna molestia

bottle NOUN
la *botella*

bottle bank NOUN
el *contenedor del vidrio*

bottle-opener NOUN
el *abrebotellas* (PL los *abrebotellas*)

bottom NOUN
see also bottom ADJECTIVE
[1] el *fondo* (of container, bag, sea)
◆ **at the bottom of the page** al final de la página
◆ **He was always bottom of the class.** Siempre era el último de la clase.
[2] el *trasero* (buttocks)

bottom ADJECTIVE
see also bottom NOUN
de abajo ⋄ *the bottom shelf* el estante de abajo

bought VERB see **buy**

to **bounce** VERB
rebotar

bouncer NOUN

B

el *gorila*
> Although **gorila** ends in -a, it is actually a masculine noun in this case.

bound ADJECTIVE
- **He's bound to fail.** Seguro que suspende.
- **She's bound to come.** Es seguro que vendrá.

boundary NOUN
(PL **boundaries**)
el *límite*

bow NOUN
> see also **bow** VERB

1 el *lazo* (knot) ◇ *to tie a bow* hacer* un lazo
2 el *arco* ◇ *a bow and arrow* un arco y flecha

to **bow** VERB
> see also **bow** NOUN
hacer una reverencia*

bowels PL NOUN
los *intestinos*

bowl NOUN
> see also **bowl** VERB

1 el *tazón* (for soup, cereals) (PL los *tazones*)
2 el *cuenco* (for cooking, mixing food)

to **bowl** VERB
> see also **bowl** NOUN
lanzar la pelota*

bowler NOUN
el *lanzador*
la *lanzadora*

bowling NOUN
los *bolos*
- **to go bowling** jugar* a los bolos
- **a bowling alley** una bolera

bowls PL NOUN
> Juego parecido a la petanca que se juega en césped.

bow tie NOUN
la *pajarita*

box NOUN
(PL **boxes**)
1 la *caja* ◇ *a box of matches* una caja de cerillas
- **a cardboard box** una caja de cartón
2 la *casilla* (on form)

boxer NOUN
el *boxeador*

boxer shorts PL NOUN
los *bóxers*
- **a pair of boxer shorts** unos bóxers

boxing NOUN
el *boxeo*

Boxing Day NOUN
el *26 de diciembre*

boy NOUN
1 el *muchacho* (young man) ◇ *a boy of fifteen* un muchacho de quince años
2 el *niño* (child) ◇ *a boy of seven* un niño de siete años
- **She has two boys and a girl.** Tiene dos niños y una niña.
- **a baby boy** un niño

boyfriend NOUN
el *novio* ◇ *Have you got a boyfriend?*

¿Tienes novio?

bra NOUN
el *sostén* (PL los *sostenes*)

brace NOUN
el *aparato* (on teeth) ◇ *Richard wears a brace.* Richard lleva un aparato.

bracelet NOUN
la *pulsera*

brackets PL NOUN
- **in brackets** entre paréntesis

brain NOUN
el *cerebro*

brainy ADJECTIVE
inteligente

brake NOUN
> see also **brake** VERB
el *freno*

to **brake** VERB
> see also **brake** NOUN
frenar

branch NOUN
(PL **branches**)
1 la *rama* (of tree)
2 la *sucursal* (of bank)

brand NOUN
la *marca* ◇ *a well-known brand of coffee* una marca de café muy conocida

brand name NOUN
la *marca*

brand-new ADJECTIVE
flamante

brandy NOUN
(PL **brandies**)
el *coñac* (PL los *coñacs*)

brass NOUN
el *latón* (metal)
- **the brass section** los bronces

brass band NOUN
la *banda de música*

brat NOUN
el *mocoso*
la *mocosa*
◇ *He's a spoiled brat.* Es un mocoso consentido.

brave ADJECTIVE
valiente

Brazil NOUN
el *Brasil*

bread NOUN
el *pan*
- **bread and butter** el pan con mantequilla

break NOUN
> see also **break** VERB
1 la *pausa* (rest) ◇ *to take a break* hacer* una pausa
2 el *recreo* (at school)
- **the Christmas break** las vacaciones de Navidad
- **Give me a break!** ¡Déjame en paz!

to **break** VERB
(broke, broken)
> see also **break** NOUN
1 *romper** ◇ *Careful, you'll break*

B

something! ¡Cuidado, que vas a romper algo!
- **I broke my leg.** Me rompí la pierna.
  [2] *romperse** ◇ *Careful, it'll break!* ¡Ten cuidado, que se va a romper!
- **to break a promise** faltar a una promesa
- **to break a record** batir un récord

break down VERB
  *averiarse**
- **the car broke down** el coche se averió

break in VERB
- **The thief had broken in through a window.** El ladrón había entrado por una ventana.

break into VERB
  entrar en ◇ *Thieves broke into the house.* Los ladrones entraron en la casa.

break off VERB
  desprenderse (come free)

break out VERB
  [1] *estallar* (war)
  [2] *desencadenarse* (fire, fighting)
  [3] *escaparse* (prisoner)
- **He broke out in a rash.** Le salió un sarpullido.

break up VERB
  [1] *disolver** ◇ *Police broke up the demonstration.* La policía disolvió la demostración.
  [2] *dispersarse* (crowd)
  [3] *fracasar* (marriage) ◇ *More and more marriages break up.* Cada día fracasan más matrimonios.
  [4] *romper** (two lovers) ◇ *Richard and Marie have broken up.* Richard y Marie han roto.
- **to break up a fight** poner* fin a una pelea
- **We break up next Wednesday.** El miércoles que viene empezamos las vacaciones.

breakdown NOUN
  [1] la *crisis nerviosa* (PL las *crisis nerviosas*) ◇ *He had a breakdown because of the stress.* Sufrió una crisis nerviosa debida al estrés.
  [2] la *avería* (in vehicle) ◇ *to have a breakdown* tener* una avería

breakdown van NOUN
  la *grúa*

breakfast NOUN
  el *desayuno*
- **to have breakfast** desayunar

break-in NOUN
- **There have been a lot of break-ins in my area.** Han entrado a robar en muchas casas de mi barrio.

breast NOUN
  el *pecho*
- **chicken breast** la pechuga de pollo

breast-feed VERB
  (breast-fed, breast-fed)
  amamantar

breaststroke NOUN
  la *braza*

breath NOUN
  el *aliento* ◇ *He's got bad breath.* Tiene mal aliento.
- **I'm out of breath.** Estoy sin aliento.

- **to get one's breath back** recobrar el aliento

to **breathe** VERB
  respirar

to **breathe in** VERB
  aspirar

to **breathe out** VERB
  espirar

to **breed** VERB
  (bred, bred)
  see also breed NOUN
  *reproducirse** (reproduce)
- **to breed dogs** criar* perros

breed NOUN
  see also breed VERB
  la *raza*

breeze NOUN
  la *brisa*

brewery NOUN
  (PL breweries)
  la *fábrica de cerveza*

bribe NOUN
  el *soborno*

brick NOUN
  el *ladrillo*

bricklayer NOUN
  el *albañil* ◇ *he's a bricklayer* es albañil

bride NOUN
  la *novia*

bridegroom NOUN
  el *novio*

bridesmaid NOUN
  la *dama de honor*

bridge NOUN
  [1] el *puente* ◇ *a suspension bridge* un puente colgante
  [2] el *bridge* (card game) ◇ *to play bridge* jugar* al bridge

brief ADJECTIVE
  breve

briefcase NOUN
  el *maletín* (PL los *maletines*)

briefly ADVERB
  brevemente

briefs PL NOUN
  los *calzoncillos*
- **a pair of briefs** unos calzoncillos

bright ADJECTIVE
  [1] *vivo* ◇ *a bright colour* un color vivo
- **bright red** rojo vivo
  [2] *brillante* (light)
  [3] *listo* ◇ *He's not very bright.* No es muy listo.

brilliant ADJECTIVE
  [1] *estupendo*
- **We had a brilliant time!** ¡Lo pasamos estupendo!
  [2] *genial* ◇ *a brilliant scientist* un científico genial

to **bring** VERB
  (brought, brought)
  *traer** ◇ *Bring warm clothes.* Trae ropa de abrigo. ◇ *Can I bring a friend?* ¿Puedo traer a un amigo?

to **bring about** VERB

*provocar**

to **bring back** VERB
*devolver** (book)
- **That song brings back memories.** Esa canción me trae recuerdos.

to **bring forward** VERB
adelantar ◇ *The meeting was brought forward.* La reunión se adelantó.

to **bring up** VERB
*criar**
- **She brought up five children on her own.** Crió a cinco hijos ella sola.

Britain NOUN
la *Gran Bretaña*

British ADJECTIVE
británico
- **the British** los británicos
- **the British Isles** las Islas Británicas
- **She's British.** Es británica.

broad ADJECTIVE
ancho
- **in broad daylight** a plena luz del día

broad bean NOUN
el *haba* FEM
Although it's a feminine noun, remember that you use **el** *and* **un** *with* **haba.**

broadcast NOUN
see also broadcast VERB
la *emisión* (PL las *emisiones*)

to **broadcast** VERB
(broadcast, broadcast)
see also broadcast NOUN
emitir ◇ *The interview was broadcast all over the world.* La entrevista se emitió a todo el mundo.
- **to broadcast live** emitir en directo

broad-minded ADJECTIVE
- **He's very broad-minded.** Tiene una mentalidad muy abierta.

broccoli NOUN
el *brécol*

brochure NOUN
el *folleto*

broke VERB *see* **break**

broke ADJECTIVE
- **to be broke** estar* sin blanca (informal)

broken VERB *see* **break**

broken ADJECTIVE
roto ◇ *It's broken.* Está roto.
- **He's got a broken arm.** Tiene un brazo roto.

bronchitis NOUN
la *bronquitis*

bronze NOUN
el *bronce* ◇ *the bronze medal* la medalla de bronce

brooch NOUN
(PL **brooches**)
el *broche*

broom NOUN
la *escoba*

brother NOUN
el *hermano*

brother-in-law NOUN

(PL **brothers-in-law**)
el *cuñado*

brought VERB *see* **bring**

brown ADJECTIVE
1 *marrón* (clothes) (FEM *marrón*, PL *marrones*)
2 *castaño* (hair, eyes)
3 *moreno* (tanned)
- **brown bread** el pan integral

Brownie NOUN
la *guía*
Un miembro joven de las **Girl Guides** *– la versión femenina de los* **Boy Scouts.**

bruise NOUN
el *moretón* (PL los *moretones*)

brush NOUN
(PL **brushes**)
see also brush VERB
1 el *cepillo* (for hair, teeth)
2 el *pincel* (paintbrush)

to **brush** VERB
see also brush NOUN
cepillar
- **to brush one's hair** cepillarse el pelo
- **to brush one's teeth** cepillarse los dientes
◇ *I brush my teeth every night.* Me cepillo los dientes todas las noches.

Brussels NOUN
la *Bruselas*

Brussels sprouts PL NOUN
las *coles de Bruselas*

brutal ADJECTIVE
brutal

BSc ABBREVIATION (= Bachelor of Science)
la *licenciatura en Ciencias*
- **a BSc in Mathematics** una licenciatura en Matemáticas
- **She's got a BSc in Chemistry.** Es licenciada en Química.

bubble NOUN
1 la *pompa* (of soap)
2 la *burbuja* (of air, gas)

bubble bath NOUN
el *baño de espuma*

bubble gum NOUN
el *chicle*

bucket NOUN
el *cubo*

buckle NOUN
la *hebilla* (on belt, watch, shoe)

Buddhism NOUN
el *budismo*

Buddhist ADJECTIVE
budista

budget NOUN
see also budget VERB
el *presupuesto*

to **budget** VERB
see also budget NOUN
- **I'm learning how to budget.** Estoy aprendiendo a administrar el dinero. ◇ *They budgeted $10 million for advertising.* Asignaron 10 millones de dólares para la

publicidad.
budgie NOUN
  el *periquito*
buffet NOUN
  el *buffet*
buffet car NOUN
  el *coche restaurante*
bug NOUN
  [1] el *insecto* (insect)
  [2] el *virus* (illness, in computer) (PL los *virus*)
  ◇ There's a bug going round. Hay un virus en el ambiente.
+ **a stomach bug** una gastroenteritis
bugged ADJECTIVE
+ **The phone was bugged.** El teléfono estaba pinchado.
build VERB
  (built, built)
  *construir** ◇ They're going to build houses here. Van a construir viviendas aquí.
build up VERB
  [1] *acumular* ◇ He has built up a huge collection of stamps. Ha ido acumulando una gran colección de sellos.
  [2] *acumularse* ◇ Our debts are building up. Nuestras deudas se están acumulando.
builder NOUN
  [1] el/la *contratista* (contractor)
  [2] el *albañil* (worker)
building NOUN
  el *edificio*
built VERB see **build**
bulb NOUN
  [1] la *bombilla* (electric)
  [2] el *bulbo* (of flower)
bull NOUN
  el *toro*
bullet NOUN
  la *bala*
bullfighting NOUN
+ **Do you like bullfighting?** ¿Te gustan los toros?
bully NOUN
  (PL **bullies**)
  see also bully VERB
  el *matón* (PL los *matones*) ◇ He's a big bully. Es un matón.
bully VERB
  (bullied, bullied)
  see also bully NOUN
  intimidar
bum NOUN
  el *culo* (informal)
bum bag NOUN
  la *riñonera*
bump NOUN
  see also bump VERB
  [1] el *chichón* (on head) (PL los *chichones*)
  [2] el *bulto* (on surface)
  [3] el *bache* (on road)
  [4] el *golpe* (minor accident)
+ **We had a bump.** Nos dimos un golpe.
bump VERB
  see also bump NOUN

◇ I bumped my head on the wall. Me di con la cabeza en la pared.
to **bump into** VERB
  [1] *tropezarse** con* ◇ I bumped into Paul yesterday. Me tropecé con Paul ayer.
  [2] *darse** contra* ◇ We bumped into a tree. Nos dimos contra un árbol.
bumper NOUN
  el *parachoques* (PL los *parachoques*)
bumpy ADJECTIVE
  lleno de baches (road)
bun NOUN
  el *bollo* (bread)
bunch NOUN
  (PL **bunches**)
+ **a bunch of flowers** un ramo de flores
+ **a bunch of grapes** un racimo de uvas
+ **a bunch of keys** un manojo de llaves
bunches PL NOUN
  las *coletas* ◇ She has her hair in bunches. Lleva coletas.
bungalow NOUN
  el *bungalow*
bunk NOUN
  la *litera*
burger NOUN
  la *hamburguesa*
burglar NOUN
  el *ladrón* (PL los *ladrones*)
  la *ladrona*
burglary NOUN
  (PL **burglaries**)
  el *robo* (con allanamiento de morada)
burn NOUN
  see also burn VERB
  la *quemadura*
to **burn** VERB
  (burned or burnt, burned or burnt)
  see also burn NOUN
  quemar (rubbish, documents) ◇ I burned the rubbish. Quemé la basura.
+ **I burned the cake.** Se me quemó el pastel.
+ **to burn oneself** quemarse
+ **I've burned my hand.** Me quemé la mano.
to **burn down** VERB
  quedar reducido a cenizas ◇ The factory burned down. La fábrica quedó reducida a cenizas.
to **burst** VERB
  (burst, burst)
  *reventarse** ◇ The balloon burst. El globo se reventó.
+ **to burst a balloon** reventar* un globo
+ **to burst out laughing** echarse a reír
+ **to burst into tears** romper* a llorar
+ **to burst into flames** incendiarse
to **bury** VERB
  (buried, buried)
  *enterrar**
bus NOUN
  (PL **buses**)
  el *autobús* (PL los *autobuses*) ◇ by bus en autobús
+ **the school bus** el autocar escolar

B

◆ **a bus ticket** un billete de autobús

bush NOUN
(PL **bushes**)
el *arbusto*

business NOUN
(PL **businesses**)
1 el *negocio* (*firm*)   ◇ He's got his own business. Tiene su propio negocio.
2 los *negocios*   ◇ He's away on business. Está en un viaje de negocios.
◆ **a business trip** un viaje de negocios
◆ **It's none of my business.** No es asunto mío.

businessman NOUN
(PL **businessmen**)
el *hombre de negocios*

businesswoman NOUN
(PL **businesswomen**)
la *mujer de negocios*

busker NOUN
el *músico callejero*
la *música callejera*

bus pass NOUN
el *bonobús* (PL los *bonobuses*)

bus station NOUN
la *estación de autobuses* (PL las *estaciones de autobuses*)

bus stop NOUN
la *parada de autobús*

bust NOUN
el *busto*

busy ADJECTIVE
1 *ocupado* (*person, telephone line*)   ◇ She's a very busy woman. Es una mujer muy ocupada.
2 *ajetreado* (*day, week*)   ◇ It's been a very busy day. Ha sido un día muy ajetreado.
3 *concurrido* (*street, shop*)

but PREPOSITION, CONJUNCTION
1 *pero*
◆ **I'd like to come, but I'm busy.** Me gustaría venir*, pero tengo trabajo.
2 *sino*
Use **sino** when you want to correct a previous negative statement.
◇ He's not English but French. No es inglés sino francés.
3 *menos*
◆ **They won all but two of their matches.** Ganaron todos los partidos menos dos.
◆ **the last but one** el penúltimo

butcher NOUN
el *carnicero*
la *carnicera*

◆ **He's a butcher.** Es carnicero.   ◇ *at the butcher's* en la carnicería

butter NOUN
la *mantequilla*

butterfly NOUN
(PL **butterflies**)
la *mariposa* (*insect, swimming*)   ◇ Her favourite stroke is the butterfly. Su estilo favorito es mariposa.

buttocks PL NOUN
las *nalgas*

button NOUN
el *botón* (PL los *botones*)

to **buy** VERB
(**bought, bought**)
see also **buy** NOUN
comprar
◆ **He bought me an ice cream.** Me compró un helado.
◆ **to buy something from somebody** comprar algo a alguien   ◇ I bought a watch from him. Le compré un reloj.

buy NOUN
see also **buy** VERB
◆ **It was a good buy.** Fue una buena compra.

by PREPOSITION
1 *por*   ◇ The thieves were caught by the police. Los ladrones fueron capturados por la policía.
2 *de*   ◇ a painting by Picasso un cuadro de Picasso
3 *en*   ◇ by car en coche
◆ **by train** en tren
◆ **by bus** en autobús
4 *junto a*   ◇ Where's the bank? – It's by the post office. ¿Dónde está el banco? – Está junto a la oficina de correos.
5 *para*   ◇ We have to be there by 4 o'clock. Tenemos que estar* allí para las cuatro.
◆ **by the time...** cuando   ◇ By the time I got there it was too late. Cuando llegué allí ya era demasiado tarde.   ◇ It'll be ready by the time you get back. Estará listo para cuando regreses.
◆ **That's fine by me.** Por mí no hay problema.
◆ **all by himself** él solo
◆ **I did it all by myself.** Lo hice yo solo.
◆ **by the way** a propósito

bye EXCLAMATION
¡adiós!

bypass NOUN
(PL **bypasses**)
la *carretera de circunvalación* (*road*)

C

cab NOUN
el *taxi* ◇ *I'll go by cab.* Iré en taxi.

cabbage NOUN
la *berza*

cabin NOUN
[1] el *camarote* (*on ship*)
[2] la *cabina* (*on aeroplane*)

cabinet NOUN
- **a bathroom cabinet** un armario de cuarto de baño
- **a drinks cabinet** un mueble-bar

cable NOUN
el *cable*

cable car NOUN
el *teleférico*

cable television NOUN
la *televisión por cable*

cadet NOUN
el/la *cadete* ◇ *a police cadet* un cadete de policía

café NOUN
la *cafetería*

cage NOUN
la *jaula*

cagoule NOUN
el *canguro* (*chubasquero*)

cake NOUN
el *pastel*

to calculate VERB
calcular

calculation NOUN
el *cálculo*

calculator NOUN
la *calculadora*

calendar NOUN
el *calendario*

calf NOUN
(PL **calves**)
[1] el *ternero* (*of cow*)
[2] la *pantorrilla* (*of leg*)

call NOUN
see also call VERB
la *llamada* ◇ *Thanks for your call.* Gracias por su llamada. ◇ *a phone call* una llamada telefónica
- **to be on call** (*doctor*) estar* de guardia

to call VERB
see also call NOUN
llamar ◇ *We called the police.* Llamamos a la policía. ◇ *I'll tell him you called.* Le diré que has llamado.
- **to be called** llamarse ◇ *He's called Fluffy.* Se llama Fluffy. ◇ *What's she called?* ¿Cómo se llama?

to call back VERB
volver a llamar ◇ *I'll call back later.* Volveré a llamar más tarde.
- **Can I call you back?** ¿Puedo llamarte más tarde?

to call for VERB
[1] *pasar a recoger* ◇ *Shall I call for you at* seven thirty? ¿Paso a recogerte a las siete y media?
[2] *requerir** ◇ *This job calls for strong nerves.* Este trabajo requiere nervios de acero.
- **This calls for a drink!** ¡Esto hay que celebrarlo!

to call off VERB
suspender ◇ *The match was called off.* El partido se suspendió.

call box NOUN
(PL **call boxes**)
la *cabina telefónica*

calm ADJECTIVE
tranquilo

to calm down VERB
calmarse ◇ *Calm down!* ¡Cálmate!

Calor gas ® NOUN
el *butano*

calorie NOUN
la *caloría*

calves PL NOUN *see* **calf**

camcorder NOUN
la *videocámara*

came VERB *see* **come**

camel NOUN
el *camello*

camera NOUN
la *cámara*

cameraman NOUN
(PL **cameramen**)
el *cámara*

to camp VERB
see also camp NOUN
acampar

camp NOUN
see also camp VERB
el *campamento* ◇ *a summer camp* un campamento de verano
- **a refugee camp** un campo de refugiados

campaign NOUN
see also campaign VERB
la *campaña*

to campaign VERB
see also campaign NOUN
*hacer** campaña ◇ *They are campaigning for a change in the law.* Están haciendo campaña a favor de un cambio legislativo.

camp bed NOUN
la *cama plegable*

camper NOUN
el/la *campista*
- **a camper van** una caravana

camping NOUN
- **to go camping** ir* de camping

camping gas ® NOUN
el *camping gas* ®

campsite NOUN
el *camping* (PL los *campings*)

campus NOUN
(PL **campuses**)
el *campus* (PL los *campus*)

can NOUN
see also **can** VERB
la *lata* ◇ *a can of peas* una lata de guisantes ◇ *a can of beer* una lata de cerveza
+ **a can of petrol** un bidón de gasolina

can VERB
(**could**)
see also **can** NOUN
⊡ *poder** (*be able to, be allowed to*) ◇ *Can I use your phone?* ¿Puedo usar el teléfono? ◇ *I can't do that.* No puedo hacer eso. ◇ *I'll do it as soon as I can.* Lo haré tan pronto como pueda. ◇ *That can't be true!* ¡No puede ser cierto! ◇ *You could hire a bike.* Podrías alquilar una bici. ◇ *He couldn't concentrate because of the noise.* No se podía concentrar a causa del ruido.
⊡ *saber** (*know how to*) ◇ *I can swim.* Sé nadar. ◇ *He can't drive.* No sabe conducir.
can is sometimes not translated.
◇ *I can't hear you.* No te oigo. ◇ *I can't remember.* No me acuerdo. ◇ *Can you speak French?* ¿Hablas francés?
+ **You could be right.** Es posible que tengas razón.

Canada NOUN
el *Canadá*

Canadian ADJECTIVE
see also **Canadian** NOUN
canadiense

Canadian NOUN
see also **Canadian** ADJECTIVE
el/la *canadiense*

canal NOUN
el *canal*

Canaries NOUN
+ **the Canaries** las Canarias

canary NOUN
(PL **canaries**)
el *canario*
+ **the Canary Islands** las islas Canarias

to **cancel** VERB
cancelar ◇ *I had to cancel my appointment.* Tuve que cancelar la cita. ◇ *Our flight was cancelled.* Cancelaron nuestro vuelo.

cancellation NOUN
la *cancelación* (PL las *cancelaciones*)

cancer NOUN
el *cáncer* ◇ *He's got cancer.* Tiene cáncer.
+ **I'm Cancer.** Soy Cáncer.
+ **a Cancer** un/una Cáncer

candidate NOUN
el *candidato*
la *candidata*

candle NOUN
⊡ la *vela*
⊡ el *cirio* (*in church*)

candy NOUN US
(PL **candies**)
los *dulces* ◇ *I love candy.* Me encantan los dulces.
+ **a candy** un caramelo

candyfloss NOUN
el *algodón de azúcar*

cannabis NOUN
el *cannabis*

canned ADJECTIVE
en lata MASC, FEM, PL (*food*)

cannot VERB = **can not**

canoe NOUN
la *canoa*

canoeing NOUN
+ **We went canoeing.** Fuimos a hacer piragüismo.

can-opener NOUN
el *abrelatas* (PL los *abrelatas*)

can't VERB = **can not**

canteen NOUN
la *cantina*

canvas NOUN
(PL **canvases**)
la *lona*

cap NOUN
⊡ el *tapón* (*of bottle, tube*) (PL los *tapones*)
⊡ la *gorra* (*hat*)

capable ADJECTIVE
capaz
+ **to be capable of doing something** ser* capaz de hacer algo ◇ *She's capable of doing much more.* Es capaz de hacer mucho más.

capacity NOUN
(PL **capacities**)
la *capacidad* ◇ *The tank has a 40-litre capacity.* El depósito tiene una capacidad de 40 litros. ◇ *He has a capacity for hard work.* Tiene mucha capacidad de trabajo.

capital NOUN
⊡ la *capital* ◇ *Cardiff is the capital of Wales.* Cardiff es la capital del país de Gales.
⊡ la *mayúscula* (*letter*) ◇ *in capitals* en mayúsculas

capitalism NOUN
el *capitalismo*

capital punishment NOUN
la *pena capital*

Capricorn NOUN
el *Capricornio* (*sign*) ◇ *I'm Capricorn.* Soy Capricornio.
+ **a Capricorn** un/una Capricornio

to **capsize** VERB
*volcar**

captain NOUN
el *capitán* (PL los *capitanes*)
la *capitana*

caption NOUN
la *leyenda*

to **capture** VERB
capturar

car NOUN
el *coche*
+ **to go by car** ir* en coche ◇ *We went by car.* Fuimos en coche.
+ **a car crash** un accidente de coche

caramel NOUN
el *caramelo* ◇ *a box of caramels* una caja

de caramelos

caravan NOUN
la *caravana* ⋄ *a caravan site* un cámping de caravanas

card NOUN
[1] la *tarjeta* ⋄ *I got lots of cards and presents on my birthday.* Recibí muchas tarjetas y regalos por mi cumpleaños.
[2] la *carta*
* **a card game** un juego de cartas

cardboard NOUN
el *cartón* ⋄ *a cardboard box* una caja de cartón

cardigan NOUN
la *chaqueta de punto*

cardphone NOUN
el *teléfono de tarjeta*

care NOUN
see also **care** VERB
el *cuidado* ⋄ *with care* con cuidado
* **to take care of** cuidar a ⋄ *I take care of the children on Saturdays.* Yo cuido a los niños los sábados.
* **Take care! (1)** (*be careful!*) ¡Ten cuidado!
* **Take care! (2)** (*look after yourself!*) ¡Cuídate!

to **care** VERB
see also **care** NOUN
* **to care about** preocuparse por ⋄ *a company that cares about the environment* una empresa que se preocupa por el medio ambiente ⋄ *They don't care about their image.* No se preocupan por su imagen.
* **I don't care!** ¡No me importa!
* **Who cares?** ¿Y a quién le importa?

to **care for** VERB
[1] *preocuparse por* ⋄ *He wanted me to know he still cared for me.* Quería que supiera que todavía se preocupaba por mí.
[2] *cuidar* ⋄ *They employed a nurse to care for her.* Emplearon a una enfermera para cuidarla.

career NOUN
la *carrera*

careful ADJECTIVE
* **Be careful!** ¡Ten cuidado!

carefully ADVERB
con cuidado (*cautiously*) ⋄ *Drive carefully!* ¡Conduce con cuidado!
* **Think carefully!** ¡Piénsalo bien!
* **She carefully avoided talking about it.** Tuvo mucho cuidado de no hablar del tema.

careless ADJECTIVE
[1] *poco cuidado* (*work*)
* **a careless mistake** un error de descuido
[2] *poco cuidadoso* (*person*) ⋄ *She's very careless.* Es muy poco cuidadosa.
* **a careless driver** un conductor imprudente

caretaker NOUN
el/la *conserje*
* **school caretaker** el bedel

car ferry NOUN
(PL **car ferries**)
el *ferry* (PL los *ferrys*)

cargo NOUN

(PL **cargoes**)
el *cargamento*

car hire NOUN
el *alquiler de coches*

Caribbean ADJECTIVE
see also **Caribbean** NOUN
caribeño

Caribbean NOUN
see also **Caribbean** ADJECTIVE
* **We're going to the Caribbean.** Vamos al Caribe.
* **the Caribbean** (*sea*) el mar Caribe

caring ADJECTIVE
bondadoso
* **the caring professions** las profesiones de vocación social

carnation NOUN
el *clavel*

carnival NOUN
el *carnaval*

carol NOUN
* **a Christmas carol** un villancico

car park NOUN
el *aparcamiento*

carpenter NOUN
el *carpintero*
la *carpintera*
* **He's a carpenter.** Es carpintero.

carpet NOUN
[1] la *moqueta* (*fitted*)
[2] la *alfombra* ⋄ *a Persian carpet* una alfombra persa

car phone NOUN
el *teléfono de coche*

carriage NOUN
el *vagón* (*of train*) (PL los *vagones*)

carrier bag NOUN
la *bolsa de plástico*

carrot NOUN
la *zanahoria*

to **carry** VERB
(**carried, carried**)
[1] *llevar* ⋄ *I'll carry your bag.* Te llevo la bolsa.
[2] *transportar* ⋄ *a plane carrying 100 passengers* un avión que transporta 100 pasajeros

to **carry on** VERB
*seguir** ⋄ *She carried on talking.* Siguió hablando.
* **Carry on!** ¡Sigue! ⋄ *Am I boring you? – No, carry on!* ¿Te estoy aburriendo? – ¡No, sigue!

to **carry out** VERB
[1] *cumplir* (*orders*)
[2] *llevar a cabo* (*threat, task, instructions*)

carrycot NOUN
el *moisés* (PL los *moisés*)

cart NOUN
el *carro*

carton NOUN
el *cartón* (*of milk, fruit juice*) (PL los *cartones*)

cartoon NOUN
[1] los *dibujos animados* (*film*)
[2] el *chiste* (*in newspaper*)

◆ **a strip cartoon** una tira cómica
cartridge NOUN
  el *cartucho*
to **carve** VERB
  trinchar ◇ *Dad carved the roast.* Papá
  trinchó el asado.
◆ **a carved oak chair** una silla de roble tallado
case NOUN
  ① la *maleta* ◇ *I've packed my case.* He
  hecho mi maleta.
  ② el *caso* ◇ *in some cases* en algunos
  casos ◇ *The police are investigating the case.*
  La policía está investigando el caso.
◆ **in case it rains** por si llueve
◆ **just in case** por si acaso ◇ *Take some
  money with you, just in case.* Llévate algo de
  dinero por si acaso.
cash NOUN
  el *dinero* ◇ *I'm a bit short of cash.* Ando
  un poco justo de dinero.
◆ **in cash** en efectivo ◇ *£200 in cash* 200
  libras esterlinas en efectivo
◆ **to pay cash** pagar* al contado
cash card NOUN
  la *tarjeta de cajero automático*
cash desk NOUN
  la *caja*
cash dispenser NOUN
  el *cajero automático*
cashew nut NOUN
  el *anacardo*
cashier NOUN
  el *cajero*
  la *cajera*
cashmere NOUN
  el *cachemir* ◇ *a cashmere sweater* un
  suéter de cachemir
cash register NOUN
  la *caja registradora*
casino NOUN
  (PL **casinos**)
  el *casino*
casserole NOUN
  el *guiso* ◇ *to make a casserole* hacer* un
  guiso
◆ **a casserole dish** una cazuela
cassette NOUN
  el *casete*
◆ **a cassette player** un casete
◆ **a cassette recorder** un casete
cast NOUN
  el *reparto* ◇ *The cast of the film includes
  many famous actors.* El reparto de la película
  incluye a muchos actores famosos.
◆ **After the play, we met the cast.** Cuando
  terminó la obra charlamos con los actores.
castle NOUN
  el *castillo*
casual ADJECTIVE
  ① *informal* ◇ *I prefer casual clothes.*
  Prefiero la ropa informal.
  ② *despreocupado* ◇ *a casual attitude*
  una actitud despreocupada

③ *eventual* ◇ *It's just a casual job.* Es sólo
  un trabajo eventual.
◆ **a casual remark** un comentario hecho de
  pasada
casually ADVERB
◆ **to dress casually** vestir* informal
casualty NOUN
  (PL **casualties**)
  ① *urgencias* FEM PL (*hospital department*)
  ◇ *He was taken to casualty after the accident.*
  Lo llevaron a urgencias después del accidente.
  ② la *víctima* ◇ *The casualties include a
  young boy.* Entre las víctimas se encuentra un
  niño.
cat NOUN
  el *gato*
  la *gata*
catalogue NOUN
  el *catálogo*
catalytic converter NOUN
  el *catalizador*
catarrh NOUN
  el *catarro*
catastrophe NOUN
  la *catástrofe*
to **catch** VERB
  (**caught, caught**)
  ① *coger**
  Be very careful with the verb **coger***: in most of
  Latin America this is an extremely rude word that
  should be avoided. However, in Spain this verb is
  common and not rude at all.*
  ◇ *They caught the thief.* Cogieron al ladrón.
  ◇ *We caught the last train.* Cogimos el último
  tren.
◆ **My cat catches birds.** Mi gato caza pájaros.
  ② *agarrar* ◇ *He caught her arm.* La agarró
  del brazo.
◆ **to catch a cold** resfriarse*
◆ **I didn't catch his name.** No me enteré de su
  nombre.
◆ **He caught her stealing.** La pilló robando.
◆ **If they catch you smoking you'll be in
  trouble.** Si te pillan fumando te la vas a
  cargar.
to **catch up** VERB
  ① *ponerse* al día* ◇ *I've got to catch up
  on my work.* Tengo que ponerme al día con el
  trabajo.
  ② *alcanzar** ◇ *She caught me up.* Me
  alcanzó.
catching ADJECTIVE
  contagioso ◇ *Don't worry, it's not catching!*
  ¡No te preocupes, no es contagioso!
catering NOUN
◆ **The hotel did all the catering for the
  wedding.** El hotel se encargó de organizar el
  banquete de bodas.
cathedral NOUN
  la *catedral*
Catholic ADJECTIVE
  see also Catholic NOUN
  católico

Catholic NOUN
  see also Catholic ADJECTIVE
  el *católico*
  la *católica*
  ◇ *I'm a Catholic.* Soy católico.

cattle PL NOUN
  el *ganado*

caught VERB *see* **catch**

cauliflower NOUN
  la *coliflor*

cause NOUN
  see also cause VERB
  la *causa*

to **cause** VERB
  see also cause NOUN
  causar

cautious ADJECTIVE
  prudente

cautiously ADVERB
  con cautela

cave NOUN
  la *cueva*

caviar NOUN
  el *caviar*

CD NOUN
  el *CD* (PL los *CDs*)

CD player NOUN
  el *reproductor de CD*

CD-ROM NOUN
  el *CD-ROM*

ceasefire NOUN
  el *alto el fuego*

ceiling NOUN
  el *techo*

to **celebrate** VERB
  celebrar

celebrity NOUN
  (PL **celebrities**)
  la *celebridad*

celery NOUN
  el *apio*

cell NOUN
  [1] la *celda* ◇ *Prisoners spend many hours in their cells.* Los prisioneros pasan muchas horas en sus celdas.
  [2] la *célula* (*in biology*)

cellar NOUN
  el *sótano*
◆ **a wine cellar** una bodega

cello NOUN
  (PL **cellos**)
  el *violonchelo*

cement NOUN
  el *cemento*

cemetery NOUN
  (PL **cemeteries**)
  el *cementerio*

cent NOUN
  el *centavo*

centenary NOUN
  (PL **centenaries**)
  el *centenario*

center NOUN [US]
  el *centro*

centigrade ADJECTIVE
  centígrado ◇ *20 degrees centigrade* 20 grados centígrados

centimetre NOUN
  (US **centimeter**)
  el *centímetro*

central ADJECTIVE
  central

central heating NOUN
  la *calefacción central*

centre NOUN
  el *centro*

century NOUN
  (PL **centuries**)
  el *siglo* ◇ *the twentieth century* el siglo veinte

cereal NOUN
  los *cereales* ◇ *I have cereal for breakfast.* Desayuno cereales.

ceremony NOUN
  (PL **ceremonies**)
  la *ceremonia*

certain ADJECTIVE
  [1] *cierto* (*particular*) ◇ *a certain person* cierta persona
  [2] *seguro* (*definite*) ◇ *I am certain he's not coming.* Estoy seguro de que no viene.
◆ **for certain** con certeza
◆ **to make certain** cerciorarse ◇ *I made certain the door was locked.* Me cercioré de que la puerta estaba cerrada con llave.

certainly ADVERB
  por supuesto ◇ *I shall certainly be there.* Por supuesto que estaré allí. ◇ *Certainly not!* ¡Por supuesto que no!
◆ **So it was a surprise? – It certainly was!** ¿Así que fue una sorpresa? – ¡Ya lo creo!

certificate NOUN
  el *certificado*

chain NOUN
  la *cadena* ◇ *a gold chain* una cadena de oro

chair NOUN
  [1] la *silla* ◇ *a table and four chairs* una mesa y cuatro sillas
  [2] el *sillón* (*armchair*) (PL los *sillones*)

chairlift NOUN
  el *telesilla*
  Although **telesilla** *ends in* **-a**, *it is actually a masculine noun.*

chairman NOUN
  (PL **chairmen**)
  el *presidente*
  la *presidenta*

chalet NOUN
  el *chalet* (PL los *chalets*)

chalk NOUN
  la *tiza*
◆ **a piece of chalk** una tiza

challenge NOUN
  see also challenge VERB
  el *reto*

to **challenge** VERB
  see also challenge NOUN

C

retar   ◇ *She challenged me to a race.* Me
retó a echar una carrera.

challenging ADJECTIVE
estimulante   ◇ *a challenging job* un
trabajo estimulante

champagne NOUN
el *champán*

champion NOUN
el *campeón* (PL los *campeones*)
la *campeona*

championship NOUN
el *campeonato*

chance NOUN
[1] la *posibilidad*   ◇ *The team's chances of
winning are very good.* El equipo tiene
muchas posibilidades de ganar.
[2] la *oportunidad*   ◇ *I had the chance of
working in Brazil.* Tuve la oportunidad de
trabajar en Brasil.
+ **I'll write when I get the chance.** Te escribiré
cuando tenga un momento.
+ **by chance** por casualidad
+ **No chance!** ¡Ni en broma!
+ **to take a chance** arriesgarse*   ◇ *I'm taking
no chances!* ¡No me quiero arriesgar!

Chancellor of the Exchequer NOUN
el *Ministro de Economía y Hacienda*
la *Ministra de Economía y Hacienda*

to **change** VERB
see also change NOUN
[1] *cambiar*   ◇ *The town has changed a lot.*
La ciudad ha cambiado mucho. ◇ *I'd like to
change £50.* Quisiera cambiar 50 libras
esterlinas. ◇ *I'd like to change this jumper, it's
too small.* Me gustaría cambiar este jersey, es
demasiado pequeño.
[2] *cambiar de*   ◇ *He wants to change his
job.* Quiere cambiar de trabajo. ◇ *I'm going
to change my shoes.* Voy a cambiarme de
zapatos.
+ **to get changed** cambiarse
+ **to change one's mind** cambiar de idea

change NOUN
see also change VERB
[1] el *cambio*   ◇ *There's been a change of
plan.* Ha habido un cambio de planes.
+ **a change of clothes** una muda
+ **for a change** para variar
[2] el *dinero suelto*   ◇ *I haven't got any
change.* No tengo dinero suelto.
+ **Can you give me change for a pound?** ¿Me
puede cambiar una libra?
+ **There's your change.** Aquí tiene el cambio.

changeable ADJECTIVE
variable

changing room NOUN
[1] el *probador* (in shop)
[2] el *vestuario* (for sport)

channel NOUN
el *canal* (TV)
+ **the English Channel** el Canal de la Mancha
+ **the Channel Islands** las islas del Canal de la
Mancha

+ **the Channel Tunnel** el túnel del Canal de la
Mancha

chaos NOUN
el *caos*

chap NOUN
el *tipo* (informal)

chapel NOUN
la *capilla*

chapter NOUN
el *capítulo*

character NOUN
[1] el *carácter*   ◇ *Can you give me some
idea of his character?* ¿Puede describirme un
poco su carácter?
[2] el *personaje* (in film, book)
+ **She's quite a character.** Es todo un
personaje.

characteristic NOUN
la *característica*

charcoal NOUN
[1] el *carbón vegetal* (for barbecue)
[2] el *carboncillo* (for drawing)

charge NOUN
see also charge VERB
+ **Is there a charge for delivery?** ¿Cobran por
el envío?
+ **an extra charge** un suplemento
+ **free of charge** gratuito
+ **I'd like to reverse the charges.** Quisiera
llamar a cobro revertido.
+ **to be in charge** ser* el responsable   ◇ *She
was in charge of the group.* Ella era la
responsable del grupo.

to **charge** VERB
see also charge NOUN
[1] *cobrar*   ◇ *How much did he charge you?*
¿Cuánto te cobró?
[2] *acusar* (with crime)   ◇ *The police have
charged him with murder.* La policía lo ha
acusado de asesinato.

charity NOUN
(PL **charities**)
la *organización benéfica* (organization) (PL
las *organizaciones benéficas*)   ◇ *He gave
the money to charity.* Donó el dinero a una
organización benéfica.
+ **to collect for charity** recaudar dinero para
obras benéficas
+ **charity shop**
Charity shops *son tiendas de artículos de
segunda mano baratos. Los beneficios de las ventas
se destinan enteramente a obras benéficas.*

charm NOUN
el *encanto*

charming ADJECTIVE
encantador (FEM *encantadora*)

chart NOUN
el *gráfico*   ◇ *The chart shows the rise of
unemployment.* El gráfico muestra el aumento
del desempleo.
+ **the charts** la lista de éxitos   ◇ *His record
has been in the charts for 10 weeks.* Su disco
ha estado en la lista de éxitos durante 10

semanas.

charter flight NOUN
el *vuelo chárter*

to **chase** VERB
see also chase NOUN
1 *perseguir** ◇ *The policeman chased the thief along the road.* El policía persiguió al ladrón a lo largo de la calle.
2 *ir* detrás de* ◇ *He's always chasing the girls.* Siempre va detrás de las chicas.

chase NOUN
see also chase VERB
la *persecución* (PL las *persecuciones*) ◇ *a car chase* una persecución en coche

chat NOUN
la *charla*
◆ **to have a chat** charlar

chat show NOUN
el *programa de entrevistas*
Although **programa** *ends in* **-a**, *it is actually a masculine noun.*

cheap ADJECTIVE
barato ◇ *a cheap T-shirt* una camiseta barata ◇ *It's cheaper by bus.* Es más barato en autobús.
◆ **a cheap flight** un vuelo económico

to **cheat** VERB
see also cheat NOUN
1 *hacer* trampa* (at cards) ◇ *You're cheating!* ¡Estás haciendo trampa!
2 *copiar* (in exam)

cheat NOUN
see also cheat VERB
el *tramposo*
la *tramposa*

check NOUN
see also check VERB
1 el *control* ◇ *a security check* un control de seguridad
2 el *cheque* US ◇ *to write a check* extender* un cheque
3 la *cuenta* US ◇ *The waiter brought us the check.* El camarero nos trajo la cuenta.

to **check** VERB
see also check NOUN
*comprobar** ◇ *Could you check the oil, please?* ¿Podría comprobar el aceite, por favor?
◆ **to check with somebody** preguntarle a alguien ◇ *I'll check with the driver what time the bus leaves.* Le preguntaré al conductor a qué hora sale el autobús.

to **check in** VERB
1 *facturar* (at airport)
2 *registrarse* (in hotel)

to **check out** VERB
dejar el hotel

checked ADJECTIVE
a cuadros MASC, FEM, PL

check-in NOUN
(PL **check-ins**)
la *facturación de equipajes*

checkout NOUN
la *caja*

check-up NOUN
(PL **check-ups**)
el *reconocimiento*

cheek NOUN
la *mejilla* ◇ *He kissed her on the cheek.* La besó en la mejilla.
◆ **What a cheek!** ¡Qué cara!

cheeky ADJECTIVE
descarado ◇ *Don't be cheeky!* ¡No seas descarado!
◆ **a cheeky smile** una sonrisilla maliciosa

cheer NOUN
see also cheer VERB
◆ **Three cheers for the winner!** ¡Viva el ganador!
◆ **Cheers! (1)** (when drinking) ¡Salud!
◆ **Cheers! (2)** (thank you) ¡Gracias!

to **cheer** VERB
see also cheer NOUN
vitorear
◆ **to cheer somebody up** levantar el ánimo a alguien ◇ *I was trying to cheer him up.* Estaba intentando levantarle el ánimo.
◆ **Cheer up!** ¡Anímate!

cheerful ADJECTIVE
alegre

cheerio EXCLAMATION
¡hasta luego!

cheese NOUN
el *queso*

chef NOUN
el/la *chef* (PL los/las *chefs*)

chemical NOUN
la *sustancia química*

chemist NOUN
1 (dispenser)
el *farmacéutico*
la *farmacéutica*
2 (shop)
la *farmacia* ◇ *You get it from the chemist.* Se compra en la farmacia.
Chemist's shops in Spain are identified by a special green cross outside the shop.
3 (scientist)
el *químico*
la *química*

chemistry NOUN
la *química* ◇ *the chemistry lab* el laboratorio de química

cheque NOUN
el *cheque* ◇ *to write a cheque* extender* un cheque ◇ *to pay by cheque* pagar* con cheque

chequebook NOUN
el *talonario de cheques*

cherry NOUN
(PL **cherries**)
la *cereza*

chess NOUN
el *ajedrez* ◇ *He likes playing chess.* Le gusta jugar al ajedrez.

chessboard NOUN
el *tablero de ajedrez*

chest NOUN

el *pecho* ◇ *I've got a pain in my chest.*
Tengo un dolor en el pecho.
chestnut NOUN
  la *castaña*
chest of drawers NOUN
  la *cómoda*
to **chew** VERB
  *masticar**
chewing gum NOUN
  el *chicle*
◆ **a piece of chewing gum** un chicle
chick NOUN
  el *polluelo* ◇ *a hen and her chicks* una
  gallina y sus polluelos
chicken NOUN
  ① la *gallina* (animal)
  ② el *pollo* (food)
chickenpox NOUN
  la *varicela* ◇ *I've got chickenpox.* Tengo la
  varicela.
chickpeas PL NOUN
  los *garbanzos*
chief NOUN
  see also chief ADJECTIVE
  el *jefe*
  la *jefa*
  ◇ *the chief of security* el jefe de seguridad
chief ADJECTIVE
  see also chief NOUN
  principal ◇ *His chief reason for resigning
  was the low pay.* El motivo principal de su
  dimisión fue el sueldo bajo.
child NOUN
  (PL **children**)
  ① el *niño*
  la *niña*
  ◇ *a child of six* un niño de seis años
  ② el *hijo*
  la *hija*
  ◇ *Susan is our eldest child.* Susan es nuestra
  hija mayor. ◇ *They've got three children.*
  Tienen tres hijos.
childish ADJECTIVE
  infantil
child minder NOUN
  la *niñera*
children PL NOUN see **child**
Chile NOUN
  Chile MASC
to **chill** VERB
  see also chill NOUN
  *poner** a enfriar* (drink, food)
◆ **Serve chilled.** Sírvase bien frío.
chill NOUN
  see also chill VERB
◆ **to catch a chill** resfriarse*
chilli NOUN
  el *chile*
◆ **chilli con carne** el chile con carne
chilly ADJECTIVE
  frío
chimney NOUN
  la *chimenea*

chin NOUN
  la *barbilla*
◆ **Keep your chin up!** ¡No pierdas el ánimo!
china NOUN
  la *porcelana* ◇ *a china plate* un plato de
  porcelana
China NOUN
  China FEM
Chinese ADJECTIVE
  see also Chinese NOUN
  chino
◆ **a Chinese man** un chino
◆ **a Chinese woman** una china
Chinese NOUN
  see also Chinese ADJECTIVE
  el *chino* (language)
◆ **the Chinese** los chinos
chip NOUN
  ① la *patata frita* (food)
  ② el *chip* (in computer) (PL los *chips*)
chiropodist NOUN
  el *podólogo*
  la *podóloga*
  ◇ *He's a chiropodist.* Es podólogo.
chives PL NOUN
  los *cebollinos*
chocolate NOUN
  ① el *chocolate* ◇ *a chocolate cake* un
  pastel de chocolate ◇ *a cup of hot chocolate*
  una taza de chocolate
  ② el *bombón* (PL los *bombones*) ◇ *a box
  of chocolates* una caja de bombones
choice NOUN
  la *elección* (PL las *elecciones*)
◆ **I had no choice.** No tenía otro remedio.
choir NOUN
  el *coro*
to **choke** VERB
  atragantarse (on food)
to **choose** VERB
  (**chose, chosen**)
  *elegir**
to **chop** VERB
  see also chop NOUN
  ① *picar** (onion, herbs)
  ② *cortar en trozos pequeños* (meat)
chop NOUN
  see also chop VERB
  la *chuleta* ◇ *a pork chop* una chuleta de
  cerdo
chopsticks PL NOUN
  los *palillos*
chose, chosen VERB see **choose**
Christ NOUN
  Cristo MASC
christening NOUN
  el *bautismo*
Christian NOUN
  see also Christian ADJECTIVE
  el *cristiano*
  la *cristiana*
Christian ADJECTIVE
  see also Christian NOUN

cristiano
Christian name NOUN
 el *nombre de pila*
Christmas NOUN
 la *Navidad* ◇ *Happy Christmas!* ¡Feliz Navidad!
- **Christmas Day** el día de Navidad
- **on Christmas Day** el día de Navidad
- **Christmas Eve** Nochebuena
- **a Christmas tree** un árbol de Navidad
- **Christmas dinner** la comida de Navidad

 As well as lunch on Christmas Day, Spaniards also have a special supper on Christmas Eve.
- **a Christmas present** un regalo de Navidad

 In Spain Christmas presents are traditionally given on 6th January although more and more people are exchanging gifts on Christmas Eve.
- **Christmas pudding**

 Christmas pudding *es un pudding de frutas confitadas que se come el día de Navidad. Antes de servir, se riega con coñac y se flamea.*
- **Christmas card** la tarjeta de Navidad
- **at Christmas** en Navidad

to **chuck out** VERB
 tirar a la basura ◇ *You'll need to chuck out some of these books.* Tendrás que tirar a la basura alguno de estos libros.
chunk NOUN
 el *pedazo* ◇ *Cut the meat into chunks.* Córtese la carne en pedazos.
church NOUN
 (PL **churches**)
 la *iglesia*
- **the Church of England** la Iglesia Anglicana
cider NOUN
 la *sidra*
cigar NOUN
 el *puro*
cigarette NOUN
 el *cigarrillo*
cigarette lighter NOUN
 el *mechero*
cinema NOUN
 el *cine*
cinnamon NOUN
 la *canela*
circle NOUN
 el *círculo*
circular ADJECTIVE
 circular
circulation NOUN
 1 la *circulación* ◇ *She has poor circulation.* Tiene mala circulación.
 2 la *tirada* ◇ *The newspaper has a circulation of around 8000.* El periódico tiene una tirada de unos 8.000 ejemplares.
circumstances PL NOUN
 las *circunstancias* ◇ *in the circumstances* dadas las circunstancias
- **under no circumstances** bajo ningún concepto
circus NOUN
 (PL **circuses**)
 el *circo*

citizen NOUN
 el *ciudadano*
 la *ciudadana*
city NOUN
 (PL **cities**)
 la *ciudad* ◇ *the city centre* el centro de la ciudad
civilization NOUN
 la *civilización* (PL las *civilizaciones*)
civil servant NOUN
 el *funcionario*
 la *funcionaria*
 ◇ *He's a civil servant.* Es funcionario.
civil war NOUN
 la *guerra civil*
to **claim** VERB
 see also **claim** NOUN
 1 *asegurar* ◇ *He claims he found the money.* Asegura haber encontrado el dinero.
 2 *reclamar* ◇ *He's claiming compensation from the company.* Reclama una indemnización por parte de la empresa.
 3 *cobrar* ◇ *She's claiming unemployment benefit.* Cobra subsidio de desempleo.
- **We claimed on our insurance.** Reclamamos al seguro.
claim NOUN
 see also **claim** VERB
 1 la *reclamación* (on insurance policy) (PL las *reclamaciones*)
- **to make a claim** reclamar al seguro
 2 la *afirmación* (PL las *afirmaciones*)
 ◇ *The manufacturer's claims are obviously untrue.* Las afirmaciones del fabricante son obviamente falsas.
to **clap** VERB
 aplaudir
- **to clap one's hands** dar* palmadas
clarinet NOUN
 el *clarinete*
to **clash** VERB
 1 *desentonar* (colours) ◇ *Red clashes with orange.* El rojo desentona con el naranja.
 2 *coincidir* (events) ◇ *The party clashes with the meeting.* La fiesta coincide con la reunión.
clasp NOUN
 el *cierre* (of necklace, handbag)
class NOUN
 (PL **classes**)
 la *clase* ◇ *We're in the same class.* Estamos en la misma clase. ◇ *I go to dancing classes.* Voy a clases de baile.
classic ADJECTIVE
 see also **classic** NOUN
 clásico ◇ *a classic example* un ejemplo clásico
classic NOUN
 see also **classic** ADJECTIVE
 el *clásico*
classical ADJECTIVE
 clásico ◇ *classical music* la música clásica
classmate NOUN

C

el *compañero de clase*
la *compañera de clase*

classroom NOUN
la *clase*

clause NOUN
1 la *cláusula* (in legal document)
2 la *oración* (in grammar) (PL las *oraciones*)

claw NOUN
1 la *garra* (of lion, eagle)
2 la *uña* (of cat, parrot)
3 la *pinza* (of crab, lobster)

clean ADJECTIVE
see also **clean** VERB
limpio

to **clean** VERB
see also **clean** ADJECTIVE
limpiar
* **I clean my teeth after every meal.** Me lavo los dientes después de cada comida.

cleaner NOUN
1 (person)
el *hombre de la limpieza*
la *mujer de la limpieza*
2 (substance)
el *producto de limpieza*

cleaner's NOUN
la *tintorería* ◇ He took his coat to the cleaner's. Llevó el abrigo a la tintorería.

cleaning lady NOUN
la *mujer de la limpieza*

cleansing lotion NOUN
la *leche limpiadora*

clear ADJECTIVE
see also **clear** VERB
1 *claro* ◇ a clear explanation una explicación clara ◇ It's clear you don't believe me. Está claro que no me crees.
* **Have I made myself clear?** ¿Me explico?
2 *despejado* ◇ Wait till the road is clear. Espera hasta que la carretera esté despejada. ◇ a clear day un día despejado
3 *transparente* ◇ It comes in a clear plastic bottle. Viene en una botella de plástico transparente.

to **clear** VERB
see also **clear** ADJECTIVE
1 *despejar* ◇ They are clearing the road. Están despejando la carretera.
2 *despejarse* (fog, mist)
* **She was cleared of murder.** La absolvieron del cargo de asesinato.
* **to clear the table** quitar la mesa

to **clear off** VERB
largarse* ◇ Clear off and leave me alone! ¡Lárgate y déjame en paz!

to **clear up** VERB
1 *ordenar* ◇ Who's going to clear all this up? ¿Quién va a ordenar todo esto?
2 *resolver** ◇ I'm sure we can clear up this problem right away. Estoy seguro de que podemos resolver este problema enseguida.
* **I think it's going to clear up.** (weather) Creo que va a despejar.

clearly ADVERB
claramente ◇ to speak clearly hablar claramente
* **Clearly this project will cost money.** Evidentemente este proyecto costará dinero.

to **clench** VERB
apretar* ◇ She clenched her fists. Apretó los puños.

clerk NOUN
el *empleado*
la *empleada*
◇ She's a clerk. Es empleada.

clever ADJECTIVE
1 *listo* ◇ She's very clever. Es muy lista.
2 *ingenioso* ◇ a clever system un sistema ingenioso
* **What a clever idea!** ¡Qué idea más genial!

client NOUN
el *cliente*
la *clienta*

cliff NOUN
el *acantilado*

climate NOUN
el *clima*
Although **clima** ends in -a, it is actually a masculine noun.

to **climb** VERB
1 *escalar* ◇ Her ambition is to climb Mount Everest. Su ambición es escalar el Monte Everest.
2 *trepar a* ◇ They climbed a tree. Treparon a un árbol.
* **to climb the stairs** subir las escaleras

climber NOUN
el *escalador*
la *escaladora*

climbing NOUN
el *montañismo*
* **to go climbing** hacer* montañismo
◇ We're going climbing in Scotland. Vamos a hacer montañismo en Escocia.

cling film NOUN
el *plástico para envolver alimentos*

clinic NOUN
1 el *consultorio* (in NHS hospital)
2 la *clínica* (private hospital)

clip NOUN
1 la *horquilla* (for hair)
2 la *secuencia* ◇ some clips from Kevin Costner's latest film unas secuencias de la última película de Kevin Costner

clippers PL NOUN
* **nail clippers** el cortauñas (PL los cortauñas)

cloakroom NOUN
1 el *guardarropa* (for coats)
Although **guardarropa** ends in -a, it is actually a masculine noun.
2 los *servicios* (toilet)

clock NOUN
el *reloj*
* **an alarm clock** un despertador
* **a clock radio** un radio-despertador

clockwork NOUN

C

- **to go like clockwork** ir* sobre ruedas

close ADJECTIVE, ADVERB

see also **close** VERB

[1] *cerca* ◇ *The shops are very close.* Las tiendas están muy cerca. ◇ *The hotel is close to the station.* El hotel está cerca de la estación.
- **Come closer.** Acércate más.
- **She was close to tears.** Estaba a punto de llorar.

[2] *cercano* ◇ *We have only invited close relations.* Sólo hemos invitado a parientes cercanos.

[3] *íntimo* ◇ *She's a close friend of mine.* Es amiga íntima mía.
- **I'm very close to my sister.** Estoy muy unida a mi hermana.

[4] *reñido* ◇ *It was a very close contest.* Fue un concurso muy reñido.
- **It's close this afternoon.** Hace bochorno esta tarde.

to **close** VERB

see also **close** ADJECTIVE

[1] *cerrar** ◇ *The shops close at five thirty.* Las tiendas cierran a las cinco y media. ◇ *Please close the door.* Cierra la puerta, por favor.

[2] *cerrarse** ◇ *The doors close automatically.* Las puertas se cierran automáticamente.

closed ADJECTIVE
cerrado

closely ADVERB
de cerca (look, examine)
- **This will be a closely fought race.** Será una carrera muy reñida.

cloth NOUN
la *tela* ◇ *I would like five metres of this cloth, please.* Quisiera cinco metros de esta tela, por favor.
- **a cloth** un trapo ◇ *Wipe it with a damp cloth.* Límpialo con un trapo húmedo.

clothes PL NOUN
la *ropa*
- **clothes horse** el tendedero plegable
- **clothes line** la cuerda de tender
- **clothes peg** la pinza para tender la ropa

cloud NOUN
la *nube*

cloudy ADJECTIVE
nublado

clove NOUN
- **a clove of garlic** un diente de ajo

clown NOUN
el *payaso*

club NOUN

[1] el *club* ◇ *a golf club* un club de golf ◇ *the youth club* el club juvenil

[2] la *discoteca* ◇ *We had dinner and went on to a club.* Cenamos y fuimos a una discoteca.
- **clubs** (at cards) los tréboles ◇ *the ace of clubs* el as de tréboles

to **club together** VERB

hacer una colecta* ◇ *We clubbed together to buy her a present.* Hicimos una colecta para comprarle un regalo.

clue NOUN
la *pista* ◇ *an important clue* una pista clave
- **I haven't a clue.** No tengo ni idea.

clumsy ADJECTIVE
torpe

clutch NOUN

see also **clutch** VERB
el *embrague* (of car)

to **clutch** VERB

see also **clutch** NOUN
agarrar ◇ *She clutched my arm and begged me not to go.* Me agarró el brazo y me suplicó que no me marchara.

coach NOUN

(PL **coaches**)

[1] el *autobús* ◇ *by coach* en autobús ◇ *the coach station* la estación de autobuses ◇ *a coach trip* una excursión en autobús

[2] (trainer)
el *entrenador*
la *entrenadora*
- **the Spanish coach** el entrenador del equipo español

coal NOUN
el *carbón*
- **a coal mine** una mina de carbón
- **a coal miner** un minero de carbón

coarse ADJECTIVE

[1] *basto* ◇ *The bag was made of coarse black cloth.* La bolsa estaba hecha de una tela basta de color negro.

[2] *grueso* ◇ *The sand is very coarse on that beach.* La arena es muy gruesa en esa playa.

coast NOUN
la *costa* ◇ *It's on the west coast of Scotland.* Está en la costa oeste de Escocia.

coastguard NOUN
el *guardacostas* (PL los *guardacostas*)

coat NOUN
el *abrigo* ◇ *a woollen coat* un abrigo de lana
- **a coat of paint** una mano de pintura

coat hanger NOUN
la *percha*

cobweb NOUN
la *telaraña*

cocaine NOUN
la *cocaína*

cockerel NOUN
el *gallo*

cocoa NOUN
el *cacao*
- **a cup of cocoa** una taza de chocolate

coconut NOUN
el *coco*

cod NOUN
el *bacalao*

code NOUN

[1] la *clave* ◇ *It's written in code.* Está escrito en clave.

2 el *prefijo* (for telephone)　◇ *What is the code for London?* ¿Cuál es el prefijo de Londres?

coffee NOUN
el *café* (PL los *cafés*)　◇ *a cup of coffee* una taza de café
◆ **A cup of coffee, please.** Un café, por favor.

coffeepot NOUN
la *cafetera*

coffee table NOUN
la *mesa de centro*

coffin NOUN
el *ataúd*

coin NOUN
la *moneda*　◇ *a 20p coin* una moneda de 20 peniques

coincidence NOUN
la *coincidencia*

Coke ® NOUN
la *Coca-Cola* ®

colander NOUN
el *colador*

cold ADJECTIVE
see also cold NOUN
frío　◇ *The water's cold.* El agua está fría.
◇ *It's cold.* Hace frío.　◇ *Are you cold?* ¿Tienes frío?

cold NOUN
see also cold ADJECTIVE
1 el *frío*　◇ *I can't stand the cold.* No soporto el frío.
2 el *resfriado* (illness)
◆ **to catch a cold** resfriarse*
◆ **to have a cold** estar* resfriado

cold sore NOUN
la *calentura*

coleslaw NOUN
Ensalada de col, zanahoria, cebolla y mayonesa.

to **collapse** VERB
1 *venirse* abajo
◆ **The bridge collapsed during the storm.** El puente se vino abajo en medio de la tormenta.
2 *sufrir un colapso*　◇ *He collapsed while playing tennis.* Sufrió un colapso mientras jugaba al tenis.

collar NOUN
1 el *cuello* (of coat, shirt)
2 el *collar* (for animal)

collarbone NOUN
la *clavícula*

colleague NOUN
el/la *colega*

to **collect** VERB
1 *recoger**　◇ *The teacher collected the exercise books.* El maestro recogió los cuadernos.　◇ *Their mother collects them from school.* Su madre los recoge del colegio.
2 *coleccionar*　◇ *He collects stamps.* Colecciona sellos.
3 *hacer* una colecta*　◇ *I'm collecting for UNICEF.* Estoy haciendo una colecta para la UNICEF.

collection NOUN
1 la *colección* (PL las *colecciones*)　◇ *my CD collection* mi colección de CDs
2 la *colecta*　◇ *a collection for charity* una colecta para obras benéficas

collector NOUN
el/la *coleccionista*

college NOUN
la *universidad* (university)

*Aparte de significar "universidad", **college** se refiere también a un centro de educación superior para jóvenes que han terminado la educación obligatoria, **secondary school**. Algunos ofrecen cursos de especialización en materias técnicas, artísticas o comerciales. Otros ofrecen carreras universitarias.*

to **collide** VERB
*chocar**

collision NOUN
la *colisión* (PL las *colisiones*)

colonel NOUN
el/la *coronel*

colour NOUN
(US **color**)
el *color*　◇ *What colour is it?* ¿De qué color es?
◆ **a colour TV** una televisión en color

colourful NOUN
(US **colorful**) ADJECTIVE
de colores muy vistosos

colouring NOUN
(US **coloring**)
el *colorante* (for food)

comb NOUN
see also comb VERB
el *peine*

to **comb** VERB
see also comb NOUN
◆ **You haven't combed your hair.** No te has peinado.

combination NOUN
la *combinación* (PL las *combinaciones*)

to **combine** VERB
1 *combinar*　◇ *The film combines humour with suspense.* La película combina el humor con el suspense.
2 *compaginar*　◇ *It's difficult to combine a career with a family.* Es difícil compaginar la profesión con la vida familiar.

to **come** VERB
(came, come)
1 *venir**　◇ *Helen came with me.* Helen vino conmigo.　◇ *Come home.* Ven a casa.
◇ *Come and see us soon.* Ven a vernos pronto.
◆ **Where do you come from?** ¿De dónde eres?
2 *llegar**　◇ *They came late.* Llegaron tarde.　◇ *The letter came this morning.* La carta llegó esta mañana.
◆ **I'm coming!** ¡Ya voy!

to **come across (1)** VERB
*encontrarse**　◇ *I came across a dress that I hadn't worn for years.* Me encontré un

vestido que hacía años que no me ponía.

o **come across (2)** VERB
- **She comes across as a nice girl.** Da la impresión de ser una chica simpática.

o **come back** VERB
*volver** ◇ My brother is coming back tomorrow. Mi hermano vuelve mañana.

o **come down** VERB
bajar

o **come in** VERB
entrar ◇ Come in! ¡Entra!

o **come on** VERB
- **Come on!**
¡Venga! (expressing encouragement, urging haste)
¡Venga ya! (expressing disbelief)

o **come out** VERB
☐1 *salir** ◇ We came out of the cinema at 10. Salimos del cine a las 10. ◇ Her book comes out in May. Su libro sale en mayo.
- **None of my photos came out.** No salió ninguna de mis fotos.
☐2 *irse** ◇ I don't think this stain will come out. No creo que esta mancha se vaya a quitar.

o **come round** VERB
*volver** en sí* (after faint, operation) ◇ He came round after about 10 minutes. Volvió en sí después de unos 10 minutos.

o **come up** VERB
☐1 *subir* ◇ Come up here! ¡Sube aquí!
☐2 *surgir** ◇ Something's come up so I'll be late home. Ha surgido algo, así es que llegaré tarde a casa.
- **to come up to somebody** acercarse a alguien ◇ She came up to me and kissed me. Se me acercó y me besó.

comedian NOUN
el *cómico*
la *cómica*

comedy NOUN
(PL comedies)
la *comedia*

comfortable ADJECTIVE
☐1 *cómodo* ◇ comfortable shoes zapatos cómodos ◇ Make yourself comfortable! ¡Ponte cómodo!
☐2 *confortable* (house, room) ◇ Their house is small but comfortable. Su casa es pequeña pero confortable.

comic NOUN
el *comic* (PL los *comics*)

comic strip NOUN
la *tira cómica*

coming ADJECTIVE
próximo ◇ In the coming weeks, we will all have to work hard. En las próximas semanas, todos tendremos que trabajar duro.

comma NOUN
la *coma*

command NOUN
la *orden* (PL las *órdenes*)

comment NOUN
see also comment VERB
el *comentario* ◇ He made no comment.

No hizo ningún comentario.
- **No comment!** ¡Sin comentarios!

to **comment** VERB
see also comment NOUN
*hacer** comentarios* ◇ The police have not commented on these rumours. La policía no ha hecho comentarios sobre estos rumores.

commentary NOUN
(PL commentaries)
la *crónica*

commentator NOUN
el/la *comentarista*

commercial NOUN
see also commercial ADJECTIVE
el *spot publicitario* (PL los *spots publicitarios*)

commercial ADJECTIVE
see also commercial NOUN
comercial

commission NOUN
la *comisión* (PL las *comisiones*) ◇ The bank charges 1% commission. El banco cobra un 1% de comisión. ◇ to work on commission trabajar a comisión

to **commit** VERB
- **to commit a crime** cometer un crimen
- **to commit suicide** suicidarse
- **I don't want to commit myself.** No quiero comprometerme.

committee NOUN
el *comité*

common ADJECTIVE
see also common NOUN
común (PL *comunes*) ◇ "Smith" is a very common surname. "Smith" es un apellido muy común.
- **in common** en común ◇ We've got a lot in common. Tenemos mucho en común.

common NOUN
see also common ADJECTIVE
el *campo comunal* ◇ We went for a walk on the common. un paseo por el campo comunal

Commons PL NOUN
- **the House of Commons** la Cámara de los Comunes

common sense NOUN
el *sentido común*

to **communicate** VERB
*comunicar**

communication NOUN
la *comunicación* (PL las *comunicaciones*)

communion NOUN
la *comunión* (PL las *comuniones*)

communism NOUN
el *comunismo*

communist NOUN
see also communist ADJECTIVE
el/la *comunista*

communist ADJECTIVE
see also communist NOUN
comunista

community NOUN
(PL communities)

la *comunidad*   ◇ the local community el
vecindario
+ **community service**
  *El **community service** es un trabajo comunitario
  prestado en lugar de cumplir una pena de prisión.*

to **commute** VERB   ◇ She commutes between
  Oxford and London. Para ir al trabajo se
  desplaza diariamente de Oxford a Londres.

compact disc NOUN
  el *disco compacto*
+ **compact disc player** el lector de discos
  compactos

companion NOUN
  el *compañero*
  la *compañera*

company NOUN
  (PL **companies**)
  ① la *empresa* ◇ He works for a big
  company. Trabaja para una empresa grande.
  ② la *compañía* ◇ an insurance company
  una compañía de seguros ◇ a theatre
  company una compañía de teatro
+ **to keep somebody company** hacerle*
  compañía a alguien

comparatively ADVERB
  relativamente

to **compare** VERB
  comparar ◇ They compared his work to
  that of Joyce. Compararon su obra a la de
  Joyce. ◇ People always compare him with his
  brother. La gente siempre lo compara con su
  hermano.
+ **compared with** en comparación a ◇ Oxford
  is small compared with London. Oxford es
  pequeño en comparación a Londres.

comparison NOUN
  la *comparación* (PL las *comparaciones*)

compartment NOUN
  el *compartimento*

compass NOUN
  (PL **compasses**)
  la *brújula*

compensation NOUN
  la *indemnización* ◇ They got £2000
  compensation. Recibieron 2.000 libras
  esterlinas de indemnización.

compere NOUN
  el *presentador*
  la *presentadora*

to **compete** VERB
+ **to compete in** competir* en ◇ I'm
  competing in the marathon. Compito en el
  maratón.
+ **to compete for something** competir* por
  algo ◇ There are 50 students competing for
  6 places. Hay 50 estudiantes compitiendo
  por 6 puestos.

competent ADJECTIVE
  competente

competition NOUN
  ① el *concurso* ◇ a singing competition un
  concurso de canto
  ② la *competencia* ◇ Competition in the

computer sector is fierce. La competencia en
el sector de la informática es muy intensa.

competitive ADJECTIVE
  competitivo

competitor NOUN
  ① el/la *concursante* (contestant)
  ② el/la *rival*

to **complain** VERB
  ① *reclamar* ◇ We're going to complain to
  the manager. Vamos a reclamar al director.
  ② *quejarse* ◇ She's always complaining
  about her husband. Siempre se está quejando
  de su marido.

complaint NOUN
  la *queja*

complete ADJECTIVE
  completo

completely ADVERB
  completamente

complexion NOUN
  el *cutis* (PL los *cutis*)

complicated ADJECTIVE
  complicado

compliment NOUN
  ⎯see also compliment VERB⎯
  el *cumplido*
+ **to pay somebody a compliment** hacerle* un
  cumplido a alguien

to **compliment** VERB
  ⎯see also compliment NOUN⎯
  felicitar
+ **They complimented me on my Spanish.** Me
  felicitaron por mi español.

to **compose** VERB
  *componer** (music)
+ **to be composed of** componerse* de

composer NOUN
  el *compositor*
  la *compositora*

comprehension NOUN
  el *ejercicio de comprensión* (school
  exercise)

comprehensive school NOUN
  el *instituto*

compromise NOUN
  el *arreglo* ◇ We reached a compromise.
  Llegamos a un arreglo.

compulsory ADJECTIVE
  obligatorio

computer NOUN
  el *ordenador*

computer game NOUN
  el *juego de ordenador*

computer programmer NOUN
  el *programador*
  la *programadora*

computer science NOUN
  la *informática*

computing NOUN
  la *informática*

to **concentrate** VERB
  concentrarse ◇ I couldn't concentrate. No
  me podía concentrar. ◇ I was concentrating

on my homework. Me estaba concentrando en los deberes.

concentration NOUN
la *concentración*

concerned ADJECTIVE
preocupado ⋄ *His mother is concerned about him.* Su madre está preocupada por él.
- **as far as the new project is concerned...** en lo que respecta al nuevo proyecto...
- **As far as I'm concerned, you can come any time you like.** Por mí, puedes venir cuando quieras.
- **It's a stressful situation for everyone concerned.** Es una situación estresante para todos los involucrados.

concert NOUN
el *concierto*

concrete NOUN
el *hormigón*

condemn VERB
condenar

condition NOUN
la *condición* (PL las *condiciones*) ⋄ *I'll do it, on one condition.* Lo haré, con una condición.
- **in good condition** en buen estado

conditional NOUN
el *condicional*

conditioner NOUN
el *suavizante* (for hair)

condom NOUN
el *preservativo*

conduct VERB
dirigir* (orchestra)

conductor NOUN
[1] (of orchestra)
el *director de orquesta*
la *directora de orquesta*
[2] (on bus)
el *cobrador*
la *cobradora*

cone NOUN
[1] el *cucurucho* ⋄ *an ice cream cone* un cucurucho
[2] el *cono* (geometric shape)
- **a traffic cone** un cono para señalizar el tráfico

conference NOUN
la *conferencia*

confess VERB
confesar* ⋄ *He confessed to the murder.* Confesó haber cometido el asesinato.

confession NOUN
la *confesión* (PL las *confesiones*)

confidence NOUN
[1] la *confianza* ⋄ *I've got a lot of confidence in him.* Tengo mucha confianza en él.
[2] la *confianza en sí mismo* ⋄ *She lacks confidence.* Le falta confianza en sí misma.
- **I told you that story in confidence.** Te conté esa historia de manera confidencial.

confident ADJECTIVE
[1] *seguro* (sure of something) ⋄ *I'm*

confident everything will be okay. Estoy seguro de que todo saldrá bien.
[2] *seguro de sí mismo* (self-assured)
⋄ *She seems quite confident.* Parece muy segura de sí misma.

confidential ADJECTIVE
confidencial

confirm VERB
confirmar

confirmation NOUN
la *confirmación* (PL las *confirmaciones*)

conflict NOUN
el *conflicto*

confuse VERB
confundir

confused ADJECTIVE
confuso (person)

confusing ADJECTIVE
poco claro ⋄ *The traffic signs are confusing.* Las señales de tráfico están poco claras.

confusion NOUN
la *confusión*

congratulate VERB
felicitar ⋄ *My friends congratulated me on passing my test.* Mis amigos me felicitaron por aprobar el examen.

congratulations PL NOUN
la *enhorabuena* ⋄ *Congratulations on your new job!* ¡Enhorabuena por tu nuevo empleo!

conjurer NOUN
el *prestidigitador*
la *prestidigitadora*

connection NOUN
[1] la *conexión* (PL las *conexiones*)
⋄ *There's no connection between the two events.* No hay ninguna conexión entre los dos sucesos.
[2] el *enlace* ⋄ *We missed our connection.* Perdimos el enlace.
- **There's a loose connection.** Hay un hilo suelto.

conquer VERB
[1] *conquistar* (country)
[2] *vencer** (enemy, fear)

conscience NOUN
la *conciencia*
- **to have a guilty conscience** tener* remordimientos de conciencia

conscious ADJECTIVE
consciente ⋄ *He was still conscious when the doctor arrived.* Estaba todavía consciente cuando llegó el médico. ⋄ *She was conscious of Max looking at her.* Era consciente de que Max la miraba.
- **He made a conscious decision to tell nobody.** Tomó la firme decisión de no decírselo a nadie.

consciousness NOUN
el *conocimiento* ⋄ *I lost consciousness.* Perdí el conocimiento.

consequence NOUN
la *consecuencia*

consequently ADVERB

C

por consiguiente

conservation NOUN
la *conservación*

• **energy conservation** la conservación de la energía

conservative ADJECTIVE
see also conservative NOUN
conservador (FEM *conservadora*)

• **the Conservative Party** el partido Conservador

Conservative NOUN
see also conservative ADJECTIVE
el *conservador*
la *conservadora*

• **to vote Conservative** votar a favor del partido Conservador

conservatory NOUN
(PL **conservatories**)
el *invernadero*

to **consider** VERB
1 *considerar* ◇ He considers it a waste of time. Lo considera una pérdida de tiempo.
2 *pensar* en*

• **We considered cancelling our holiday.** Pensamos en cancelar nuestras vacaciones.

considerate ADJECTIVE
considerado

considering PREPOSITION
1 *teniendo en cuenta* ◇ Considering we were there for a month we did not spend too much money. Teniendo en cuenta que estuvimos allí durante un mes no nos gastamos mucho dinero.
2 *después de todo* ◇ I got a good mark, considering. Saqué buena nota, después de todo.

to **consist** VERB
• **to consist of** consistir en

consonant NOUN
la *consonante*

constant ADJECTIVE
constante

constantly ADVERB
constantemente

constipated ADJECTIVE
estreñido ◇ I'm constipated. Estoy estreñido.

to **construct** VERB
construir*

construction NOUN
la *construcción* (PL las *construcciones*)

to **consult** VERB
consultar

consumer NOUN
el *consumidor*
la *consumidora*

contact NOUN
see also contact VERB
el *contacto* ◇ I'm in contact with her. Estoy en contacto con ella.

to **contact** VERB
see also contact NOUN
ponerse* en contacto con ◇ Where can

we contact you? ¿Dónde podemos ponernos en contacto contigo?

contact lenses PL NOUN
las *lentillas*

to **contain** VERB
contener*

container NOUN
el *recipiente*

contempt NOUN
el *desprecio*

contents PL NOUN
el *contenido*

contest NOUN
la *competición* (PL las *competiciones*) ◇ a fishing contest una competición de pesca

• **a beauty contest** un concurso de belleza

contestant NOUN
el/la *concursante*

context NOUN
el *contexto*

continent NOUN
el *continente*

• **the Continent** el continente europeo

continental breakfast NOUN
el *desayuno continental*

continental quilt NOUN
el *edredón* (PL los *edredones*)

to **continue** VERB
continuar* ◇ She continued talking to her friend. Continuó hablando con su amiga.
◇ We continued working after lunch. Continuamos trabajando después de la comida.

continuous ADJECTIVE
continuo

• **continuous assessment** la evaluación continua

contraceptive NOUN
el *anticonceptivo*

contract NOUN
el *contrato*

to **contradict** VERB
contradecir*

contrary NOUN
• **on the contrary** al contrario

contrast NOUN
el *contraste*

to **contribute** VERB
• **to contribute to** contribuir* a ◇ Everyone contributed to the success of the play. Todos contribuyeron al éxito de la obra. ◇ She contributed £10 to the collection. Contribuyó 10 libras esterlinas a la colecta.

contribution NOUN
la *contribución* (PL las *contribuciones*)

control NOUN
see also control VERB
el *control*

• **to lose control** perder* el control (of vehicle)

• **the controls** los mandos (of machine)

• **He always seems to be in control.** Parece que siempre está en control la situación.

• **She can't keep control of the class.** No sabe

controlar a la clase.

→ **out of control** fuera de control ⋄ *That boy is out of control.* Ese muchacho está fuera de control.

control VERB

see also control NOUN

controlar ⋄ *He can't control the class.* No sabe controlar a la clase. ⋄ *I couldn't control the horse.* No pude controlar al caballo. ⋄ *Please control yourself, everyone's looking at us.* Por favor contrólate, todos nos están mirando.

controversial ADJECTIVE

polémico ⋄ *Euthanasia is a controversial subject.* La eutanasia es un tema polémico.

convenient ADJECTIVE

bien situado (*place*) ⋄ *The hotel's convenient for the airport.* El hotel está bien situado con respecto al aeropuerto.

→ **It's not a convenient time for me.** A esa hora no me va bien.

→ **Would Monday be convenient for you?** ¿Te iría bien el lunes?

conventional ADJECTIVE

convencional

conversation NOUN

las *conversación* (PL las *conversaciones*) ⋄ *We had a long conversation.* Tuvimos una larga conversación.

convert VERB

convertir* ⋄ *We've converted the loft into a bedroom.* Hemos convertido el desván en un dormitorio.

convict VERB

see also convict NOUN

declarar culpable ⋄ *He was convicted of the murder.* Fue declarado culpable del asesinato.

convict NOUN

see also convict VERB

el *presidiario*
la *presidiaria*

convince VERB

convencer*

→ **I'm not convinced.** No me convence.

cook VERB

see also cook NOUN

1 *cocinar* ⋄ *I can't cook.* No sé cocinar.

→ **The chicken isn't cooked.** El pollo no está hecho.

2 *preparar* ⋄ *She's cooking lunch.* Está preparando el almuerzo.

cook NOUN

see also cook VERB

el *cocinero*
la *cocinera*

⋄ *She is a cook in a hotel.* Es cocinera en un hotel.

→ **Maria's an excellent cook.** María es una cocinera excelente.

cookbook NOUN

el *libro de cocina*

cooker NOUN

la *cocina* (*aparato*) ⋄ *a gas cooker* una

cocina de gas

cookery NOUN

la *cocina* (*gastronomía*)

cooking NOUN

la *cocina* (*gastronomía*) ⋄ *French cooking* la cocina francesa

→ **I like cooking.** Me gusta cocinar.

cool ADJECTIVE

fresco ⋄ *a cool place* un lugar fresco

→ **to stay cool** mantenerse en calma (*keep calm*) ⋄ *He stayed cool throughout the crisis.* Se mantuvo en calma durante toda la crisis.

cooperation NOUN

la *cooperación*

cop NOUN

el/la *poli* (*informal*)

to **cope** VERB

arreglárselas ⋄ *It was hard, but we coped.* Fue difícil, pero nos las arreglamos.

→ **She's got a lot of problems to cope with.** Tiene muchos problemas a los que hacer frente.

copper NOUN

1 el *cobre* ⋄ *a copper bracelet* un brazalete de cobre

2 el/la *poli* (*informal*) (*policeman*)

copy NOUN

(PL **copies**)

see also copy VERB

1 la *copia* (*of letter, document*)

2 el *ejemplar* (*of book*)

to **copy** VERB

(**copied, copied**)

see also copy NOUN

copiar

core NOUN

el *corazón* (*of fruit*) (PL los *corazones*)

cork NOUN

el *corcho*

corkscrew NOUN

el *sacacorchos* (PL los *sacacorchos*)

corn NOUN

1 el *trigo* (*wheat*)

2 el *maíz* (*sweetcorn*)

→ **corn on the cob** la mazorca de maíz

corner NOUN

1 la *esquina* ⋄ *the shop on the corner* la tienda de la esquina ⋄ *He lives just round the corner.* Vive a la vuelta de la esquina.

2 el *rincón* (PL los *rincones*) ⋄ *in a corner of the room* en un rincón de la habitación

3 el *saque de esquina* (*in football*)

cornet NOUN

1 la *corneta* (*instrument*)

2 el *cucurucho* (*ice cream*)

cornflakes PL NOUN

los *copos de maíz*

Cornwall NOUN

el *Cornualles*

corporal NOUN

el *cabo*

corporal punishment NOUN

el *castigo corporal*

corpse NOUN

el *cadáver*

correct ADJECTIVE

see also correct VERB

correcto ◇ *That's correct.* ¡Correcto!

→ **the correct answer** la respuesta correcta

→ **You're absolutely correct.** Tienes toda la razón.

to **correct** VERB

see also correct ADJECTIVE

corregir*

correction NOUN

la *corrección* (PL las *correcciones*)

correctly ADVERB

correctamente

corridor NOUN

el *pasillo*

corruption NOUN

la *corrupción*

cosmetics PL NOUN

los *productos de belleza*

to **cost** VERB

(cost, cost)

see also cost NOUN

costar* ◇ *The meal cost £20.* La comida costó 20 libras esterlinas. ◇ *How much does it cost?* ¿Cuánto cuesta?

cost NOUN

see also cost VERB

el *coste* ◇ *the cost of living* el coste de vida

→ **at all costs** a toda costa

costume NOUN

el *traje*

cosy ADJECTIVE

acogedor (FEM *acogedora*) ◇ *a cosy room* una habitación acogedora

cot NOUN

la *cuna*

cottage NOUN

el *chalet* (PL los *chalets*)

cottage cheese NOUN

el *requesón*

cotton NOUN

el *algodón* ◇ *a cotton shirt* una camisa de algodón

cotton wool NOUN

el *algodón*

couch NOUN

(PL couches)

el *sofá* (PL los *sofás*)

couchette NOUN

la *litera*

to **cough** VERB

see also cough NOUN

toser

cough NOUN

see also cough VERB

la *tos* ◇ *I've got a cough.* Tengo tos.

→ **cough mixture** el jarabe para la tos

could VERB *see* **can**

council NOUN

el *ayuntamiento* (in town) ◇ *He's on the council.* Es concejal del ayuntamiento.

→ **a council estate** un barrio de viviendas de protección oficial

→ **a council house** una casa de protección oficial

councillor NOUN

el *concejal*

la *concejala*

to **count** VERB

contar*

to **count on** VERB

contar* con ◇ *You can count on me.* Puedes contar conmigo.

counter NOUN

1 el *mostrador* (in shop)

2 la *ventanilla* (in bank, post office)

3 la *ficha* (in game)

country NOUN

(PL **countries**)

1 el *país* ◇ *the border between the two countries* la frontera entre los dos países

2 el *campo* ◇ *I live in the country.* Vivo en el campo.

→ **country dancing** la danza folklórica

countryside NOUN

el *campo*

county NOUN

(PL **counties**)

el *condado*

The nearest Spanish equivalent of a county would be a **provincia**.

→ **county council** una corporación administrativa que gobierna un condado

The nearest Spanish equivalent of a county council would be a **diputación provincial**.

couple NOUN

1 la *pareja* ◇ *the couple who live next door* la pareja que vive al lado

2 el *par* ◇ *a couple of hours* un par de horas

courage NOUN

el *valor*

courgette NOUN

el *calabacín* (PL los *calabacines*)

courier NOUN

1 el/la *guía* (for tourists)

2 el *servicio de mensajero* (delivery service) ◇ *They sent it by courier.* Lo enviaron por servicio de mensajero.

course NOUN

1 el *curso* ◇ *a Spanish course* un curso de español ◇ *to go on a course* hacer* un curso

2 el *plato* ◇ *the main course* el segundo plato ◇ *the first course* el primer plato

3 el *campo* ◇ *a golf course* un campo de golf

→ **of course** por supuesto ◇ *Do you love me?–Of course I do!* ¿Me quieres?–¡Por supuesto que te quiero!

court NOUN

el *tribunal* (of law)

→ **a tennis court** una pista de tenis

courtyard NOUN

el *patio*

cousin NOUN
el *primo*
la *prima*

cover NOUN
see also cover VERB
1 la *tapa* (of book)
2 la *funda* (of duvet)

cover VERB
see also cover NOUN
cubrir* ◇ *My face was covered with mosquito bites.* Tenía la cara cubierta de picaduras de mosquito. ◇ *Our insurance didn't cover it.* Nuestro seguro no lo cubría.

cover up VERB
ocultar ◇ *The government tried to cover up the details of the accident.* El gobierno trató de ocultar los detalles del accidente.

cow NOUN
la *vaca*

coward NOUN
el/la *cobarde*

cowardly ADJECTIVE
cobarde

cowboy NOUN
el *vaquero*

crab NOUN
el *cangrejo*

crack NOUN
see also crack VERB
1 la *grieta* (in wall)
2 la *raja* (in cup, window)
3 el *crack* (drug)
◆ **He opened the door a crack.** Abrió la puerta un poquito.
◆ **I'll have a crack at it.** Lo intentaré.

crack VERB
see also crack NOUN
cascar* (nut, egg)
◆ **He cracked his head on the pavement.** Se dio con la cabeza en la acera.
◆ **I think we've cracked it!** ¡Creo que lo hemos resuelto!
◆ **to crack a joke** contar* un chiste

crack down on VERB
tomar medidas severas contra ◇ *The police are cracking down on motorists who drive too fast.* La policía está tomando medidas severas contra los automovilistas que exceden el límite de velocidad.

cracked ADJECTIVE
1 *rajado* (cup, window)
2 *resquebrajado* (wall)

cracker NOUN
la *galleta salada* (biscuit)
◆ **Christmas cracker**
Es un cilindro de cartón que al abrirlo hace estallar un pequeño petardo. Contiene un regalo sorpresa y una corona de papel que cada comensal se pone durante la comida de Navidad.

cradle NOUN
la *cuna*

craft NOUN
la *artesanía*
◆ **a craft shop** una tienda de objetos de

artesanía

craftsman NOUN
(PL **craftsmen**)
el *artesano*

to **cram** VERB
◆ **We crammed our stuff into the boot.** Apretamos nuestras cosas dentro del maletero.
◆ **She crammed her bag with books.** Abarrotó su bolso de libros.
◆ **to cram for an exam** empollar a última hora para un examen (*informal*)

crane NOUN
la *grúa* (*machine*)

to **crash** VERB
see also crash NOUN
chocar* ◇ *The two cars crashed.* Los dos coches chocaron.
◆ **He's crashed his car.** Ha tenido un accidente con el coche.
◆ **The plane crashed.** El avión se estrelló.

crash NOUN
(PL **crashes**)
see also crash VERB
el *accidente*
◆ **a crash helmet** un casco protector
◆ **a crash course** un curso intensivo

to **crawl** VERB
see also crawl NOUN
gatear (*baby*)

crawl NOUN
see also crawl VERB
el *crol*
◆ **to do the crawl** nadar estilo crol

crazy ADJECTIVE
loco

cream ADJECTIVE
see also cream NOUN
de color crema MASC, FEM, PL ◇ *a cream silk blouse* una blusa de seda de color crema

cream NOUN
see also cream ADJECTIVE
1 la *nata* ◇ *strawberries and cream* fresas con nata ◇ *a cream cake* un pastel de nata
◆ **cream cheese** el queso cremoso
2 la *crema* (for skin) ◇ *sun cream* la crema solar

crease NOUN
1 la *arruga* (in clothes, paper)
2 la *raya* (in trousers)

creased ADJECTIVE
arrugado

to **create** VERB
crear

creation NOUN
la *creación* (PL las *creaciones*)

creative ADJECTIVE
creativo

creature NOUN
la *criatura*

crèche NOUN
la *guardería infantil*

credit NOUN
el *crédito* ◇ *on credit* a crédito
◆ **He's a credit to his family.** Hace honor a su

familia.

credit card NOUN
la *tarjeta de crédito*

cress NOUN
el *berro*

crew NOUN
la *tripulación* (of plane, boat) (PL las *tripulaciones*)
- **a film crew** un equipo de rodaje

crew cut NOUN
el *pelo cortado al rape*

cricket NOUN
[1] el *críquet* ◇ *I play cricket.* Juego al críquet.
[2] el *grillo* (insect)

crime NOUN
[1] el *delito* (offence) ◇ *He committed a crime.* Cometió un delito. ◇ *the scene of the crime* el lugar del delito
[2] el *crimen* (very serious) (PL los *crímenes*) ◇ *a crime against humanity* un crimen contra la humanidad
[3] la *delincuencia* (activity) ◇ *Crime is rising.* La delincuencia va en aumento.

criminal NOUN
see also criminal ADJECTIVE
el/la *delincuente*

criminal ADJECTIVE
see also criminal NOUN
- **It's a criminal offence.** Constituye un delito.
- **to have a criminal record** tener* antecedentes penales

crippled ADJECTIVE
- **He was crippled in an accident.** Quedó lisiado en un accidente.
- **He was crippled with arthritis.** La artritis lo tenía paralizado.

crisis NOUN
(PL **crises**)
la *crisis* (PL las *crisis*)

crisp ADJECTIVE
crujiente (food)

crisps PL NOUN
las *patatas fritas* ◇ *a bag of crisps* una bolsa de patatas fritas

criterion NOUN
(PL **criteria**)
el *criterio* ◇ *the selection criteria* los criterios de selección
- **Only one candidate met all the criteria.** Sólo uno de los candidatos cumplía todos los requisitos.

critic NOUN
el *crítico*
la *crítica*

critical ADJECTIVE
crítico

criticism NOUN
la *crítica*

to **criticize** VERB
*criticar**

Croatia NOUN
Croacia FEM

to **crochet** VERB
[1] *hacer* ganchillo* ◇ *She enjoys crocheting.* Le gusta hacer ganchillo.
[2] *a ganchillo* ◇ *I crocheted a hat.* Un gorro a ganchillo.

crocodile NOUN
el *cocodrilo*

crook NOUN
el/la *sinvergüenza*

crop NOUN
la *cosecha* ◇ *a good crop of apples* una buena cosecha de manzanas

cross NOUN
(PL **crosses**)
see also cross ADJECTIVE, VERB
la *cruz* (PL las *cruces*)

cross ADJECTIVE
see also cross NOUN, VERB
enfadado ◇ *He was cross about something.* Estaba enojado por algo.

to **cross** VERB
see also cross NOUN, ADJECTIVE
*cruzar** (road, river)

to **cross out** VERB
tachar

cross-country NOUN
- **a cross-country race** un cross (PL *unos cross*)
- **cross-country skiing** el esquí de fondo

crossing NOUN
[1] la *travesía* ◇ *a 10-hour crossing* una travesía de 10 horas
[2] el *paso de peatones* (for pedestrians)

crossroads NOUN
el *cruce*

crossword NOUN
el *crucigrama*
Although **crucigrama** *ends in -a, it is actually a masculine noun.*

to **crouch down** VERB
agacharse

crow NOUN
el *cuervo*

crowd NOUN
[1] la *muchedumbre*
[2] el *público* (at sports match)

crowded ADJECTIVE
abarrotado de gente

crown NOUN
la *corona*

crucifix NOUN
(PL **crucifixes**)
el *crucifijo*

crude ADJECTIVE
vulgar ◇ *crude language* lenguaje vulgar
- **crude oil** el petróleo en crudo

cruel ADJECTIVE
cruel

cruise NOUN
el *crucero*

crumb NOUN
la *miga*

to **crush** VERB

1 *aplastar* (*box, fingers*)
2 *machacar** ◇ *Crush two cloves of garlic.* Machacar dos dientes de ajo.

crutch NOUN
(PL **crutches**)
la *muleta*

cry VERB
(**cried, cried**)
1 *llorar* ◇ *The baby's crying.* El bebé está llorando.
2 *gritar* ◇ *"You're wrong", he cried.* "No es cierto", gritó.

crystal NOUN
el *cristal*

cub NOUN
1 el *cachorro* (*animal*)
2 el *lobato* (*scout*)

cube NOUN
1 el *cubo* (*geometric shape*)
2 el *dado* ◇ *Cut the meat into cubes.* Cortar la carne en dados.
3 el *terrón* (*of sugar*) (PL los *terrones*)

cubic ADJECTIVE
→ **a cubic metre** un metro cúbico

cucumber NOUN
el *pepino*

cuddle VERB
*abrazar**

cue NOUN
el *taco* (*for snooker, pool*)

culottes PL NOUN
la *falda pantalón* (PL las *faldas pantalón*)

culture NOUN
la *cultura*

cunning ADJECTIVE
1 *astuto* (*person*)
2 *ingenioso* ◇ *a cunning plan* un plan ingenioso

cup NOUN
1 la *taza* ◇ *a china cup* una taza de porcelana
→ **a cup of coffee** un café
2 la *copa* (*trophy*)

cupboard NOUN
el *armario*

cure VERB
see also cure NOUN
curar

cure NOUN
see also cure VERB
la *cura* ◇ *There is no simple cure for the common cold.* No hay una cura sencilla para el catarro común.

curious ADJECTIVE
curioso
→ **to be curious about something** sentir* curiosidad por algo

curl NOUN
el *rizo*

curly ADJECTIVE
rizado

currant NOUN
la *pasa*

currency NOUN

(PL **currencies**)
la *moneda* ◇ *foreign currency* la moneda extranjera

current NOUN
see also current ADJECTIVE
la *corriente* ◇ *The current is very strong.* La corriente es muy fuerte.

current ADJECTIVE
see also current NOUN
1 *actual* ◇ *the current situation* la situación actual
2 *presente* ◇ *the current financial year* el presente año financiero

current account NOUN
la *cuenta corriente*

current affairs PL NOUN
los *temas de actualidad*

curriculum NOUN
(PL **curricula**)
el *plan de estudios*

curriculum vitae NOUN
(PL **curriculum vitaes**)
el *currículum vitae*

curry NOUN
(PL **curries**)
el *curry* (PL los *curries*)

curse NOUN
la *maldición* (PL las *maldiciones*)

curtain NOUN
la *cortina*

cushion NOUN
el *cojín* (PL los *cojines*)

custard NOUN
las *natillas*

custody NOUN
la *custodia* ◇ *The mother has custody of the children.* La madre tiene la custodia de los hijos.
→ **to be remanded in custody** estar* detenido

custom NOUN
la *costumbre* ◇ *It's an old custom.* Es una vieja costumbre.

customer NOUN
el *cliente*
la *clienta*

customs PL NOUN
la *aduana*
→ **to go through customs** pasar por la aduana

customs officer NOUN
el/la *oficial de aduanas*

cut NOUN
see also cut VERB
1 el *corte* ◇ *He's got a cut on his forehead.* Tiene un corte en la frente.
2 la *reducción* (*in price, spending*) (PL las *reducciones*)

to **cut** VERB
(**cut, cut**)
see also cut NOUN
1 *cortar* ◇ *I'll cut some bread.* Voy a cortar pan. ◇ *I cut my foot on a piece of glass.* Me corté el pie con un cristal.
→ **to cut oneself** cortarse
2 *reducir** (*price, spending*)

C

to **cut down (1)** VERB
  cortar (tree)

to **cut down (2)** VERB
  ◆ **I'm cutting down on coffee and cigarettes.**
  Estoy intentando tomar menos café y fumar
  menos.

to **cut off** VERB
  cortar ◇ *The electricity has been cut off.*
  Han cortado la electricidad. ◇ *We've been*
  cut off. Se ha cortado la comunicación.

to **cut up** VERB
  picar* (vegetables, meat)

cutback NOUN
  el *recorte* ◇ *Over the past year there have*
  been large cutbacks in public services. En
  este último año ha habido grandes recortes en
  los servicios públicos.

cutlery NOUN
  la *cubertería*

CV NOUN
  el *currículum vitae*

to **cycle** VERB
  see also cycle NOUN
  ir* en bicicleta ◇ *I cycle to school.* Voy al
  colegio en bicicleta.

cycle NOUN
  see also cycle VERB
  la *bicicleta* ◇ *a cycle ride* un paseo en
  bicicleta
  ◆ **cycle path** el camino para bicicletas

cycling NOUN
  el *ciclismo*
  ◆ **The roads round here are ideal for cycling.**
  Las carreteras de por aquí son ideales para ir
  en bicicleta.

cyclist NOUN
  el/la *ciclista*

cylinder NOUN
  el *cilindro*

Cyprus NOUN
  Chipre FEM

Czech NOUN
  see also Czech ADJECTIVE
  1 (person)
  el *checo*
  la *checa*
  ◇ *the Czechs* los checos
  2 (language)
  el *checo*

Czech ADJECTIVE
  see also Czech NOUN
  checo
  ◆ **the Czech Republic** la República Checa

D

dad NOUN
  1 el *padre* ◇ *my dad* mi padre
  2 *papá* ◇ *I'll ask Dad.* Se lo preguntaré a
  papá.

daddy NOUN
  papá

daffodil NOUN
  el *narciso*

daft ADJECTIVE
  estúpido

daily ADJECTIVE, ADVERB
  1 *diario* ◇ *daily life* la vida diaria
  ◆ **It's part of my daily routine.** Forma parte de
  mi rutina diaria.
  ◆ **a daily paper** un periódico
  2 *todos los días* ◇ *The pool is open daily.*
  La piscina abre todos los días.

dairy NOUN
  (PL **dairies**)
  la *lechería*

dairy products PL NOUN
  los *productos lácteos*

daisy NOUN
  (PL **daisies**)
  la *margarita*

dam NOUN
  la *presa*

damage NOUN
  see also damage VERB
  los *daños* ◇ *The storm did a lot of damage.*
  La tormenta provocó muchos daños.

to **damage** VERB
  see also damage NOUN
  dañar

damn NOUN
  see also damn ADJECTIVE
  ◆ **I don't give a damn!** ¡Me importa un rábano!
  (informal)
  ◆ **Damn!** ¡Maldita sea! (informal)

damn ADJECTIVE
  see also damn NOUN
  ◆ **It's a damn nuisance!** ¡Es una verdadera lata!
  (informal)

damp ADJECTIVE
  húmedo

dance NOUN
  see also dance VERB
  el *baile*

to **dance** VERB
  see also dance NOUN
  bailar

dancer NOUN
  1 el *bailador*
  la *bailadora*
  ◆ **He is not a very good dancer.** No baila muy
  bien.

D

[2] (*professional*)
el *bailarín* (PL los *bailarines*)
la *bailarina*

dancing NOUN
- **to go dancing** ir* a bailar

dandruff NOUN
la *caspa*

Dane NOUN
el *danés* (PL los *daneses*)
la *danesa*
- **the Danes** los daneses

danger NOUN
el *peligro*
- **in danger** en peligro
- **We were in danger of missing the plane.**
Corríamos el riesgo de perder el avión.

dangerous ADJECTIVE
peligroso

Danish ADJECTIVE
see also Danish NOUN
danés (FEM *danesa*)

Danish NOUN
see also Danish ADJECTIVE
el *danés* (*language*)

dare VERB
atreverse ◇ *I didn't dare to tell my parents.*
No me atrevía a decírselo a mis padres.
- **I dare say it'll be okay.** Yo diría que va a
salir bien.
- **Don't you dare!** ¡Ni se te ocurra!
- **I dare you!** ¡A que no te atreves!

daring ADJECTIVE
atrevido

dark ADJECTIVE
see also dark NOUN
oscuro ◇ *a dark green sweater* un jersey
verde oscuro ◇ *It's dark in here.* Está oscuro
aquí dentro.
- **She's got dark hair.** Tiene el pelo oscuro.
- **He's got dark skin.** Tiene la piel morena.
- **It's getting dark.** Está oscureciendo.

dark NOUN
see also dark ADJECTIVE
la *oscuridad* ◇ *I'm afraid of the dark.* Me
da miedo la oscuridad.
- **after dark** después del anochecer

darkness NOUN
la *oscuridad* ◇ *in the darkness* en la
oscuridad
- **The room was in darkness.** La habitación
estaba a oscuras.

darling NOUN
cariño ◇ *Thank you, darling.* Gracias,
cariño.

dart NOUN
el *dardo* ◇ *to play darts* jugar* a los dardos

dash VERB
see also dash NOUN
ir corriendo* ◇ *Everyone dashed to the
window.* Todos fueron corriendo a la ventana.
- **I've got to dash!** ¡Tengo que salir pitando!

dash NOUN
see also dash VERB
[1] el *chorrito* ◇ *a dash of vinegar* un

chorrito de vinagre
[2] la *raya* (*punctuation mark*)

dashboard NOUN
el *salpicadero*

data PL NOUN
los *datos*

database NOUN
la *base de datos*

date NOUN
[1] la *fecha* ◇ *my date of birth* mi fecha de
nacimiento
- **What's the date today?** ¿A qué estamos hoy?
- **He's got a date with his girlfriend.** Ha
quedado con su novia.
- **out of date (1)** (*document*) caducado ◇ *My
passport's out of date.* Tengo el pasaporte
caducado.
- **out of date (2)** (*technology, idea*) anticuado
[2] el *dátil* (*fruit*)

daughter NOUN
la *hija*

daughter-in-law NOUN
(PL **daughters-in-law**)
la *nuera*

dawn NOUN
el *amanecer* ◇ *at dawn* al amanecer

day NOUN
el *día*
Although **día** *ends in* -a, *it is actually a masculine
noun.*
◇ *during the day* por el día ◇ *It's a lovely
day.* Hace un día precioso. ◇ *every day*
todos los días
- **the day after tomorrow** pasado mañana
- **the day before yesterday** anteayer
- **a day off** un día libre
- **a day return** un billete de ida y vuelta para el
día

dead ADJECTIVE
see also dead ADVERB
muerto ◇ *He was dead.* Estaba muerto.
- **He was shot dead.** Lo mataron de un tiro.

dead ADVERB
see also dead ADJECTIVE
- **You're dead right!** ¡Tienes toda la razón!
- **It was dead easy.** Fue facilísimo.
- **dead centre** justo en el centro
- **dead on time** a la hora exacta

dead end NOUN
el *callejón sin salida*

deadline NOUN
- **October is the deadline for applications.** El
plazo para presentar las solicitudes se acaba en
octubre.
- **We're going to miss the deadline.** No
vamos a poder cumplir con el plazo.

deaf ADJECTIVE
sordo

deafening ADJECTIVE
ensordecedor (FEM *ensordecedora*)

deal NOUN
see also deal VERB
el *trato* ◇ *It's a good deal.* Es un buen
trato. ◇ *He made a deal with the kidnappers.*

Hizo un trato con los secuestradores.
- **It's a deal!** ¡Trato hecho!
- **Big deal!** ¡Vaya cosa!
- **It's no big deal.** No pasa nada.
- **a great deal** mucho ◇ *a great deal of money* mucho dinero

to **deal**   VERB
(dealt, dealt)
see also deal NOUN
dar* cartas ◇ *It's your turn to deal.* Te toca dar cartas.

to **deal with**   VERB
ocuparse de ◇ *He promised to deal with it immediately.* Prometió ocuparse de ello enseguida.

dealer   NOUN
- **a drug dealer** un traficante de drogas (FEM *una traficante de drogas*)
- **an antique dealer** un anticuario (FEM *una anticuaria*)

dealt   VERB *see* **deal**

dear   ADJECTIVE
1 *querido* ◇ *Dear Paul* Querido Paul
- **Dear Mrs Smith** Estimada señora Smith
- **Dear Sir** Muy señor mío
- **Dear Madam** Estimada señora
- **Dear Sir/Madam** (in a circular) Estimados Sres.
- **Oh dear! I've spilled my coffee.** ¡Oh, no! He derramado el café.
2 *caro* (expensive) ◇ *These shoes are too dear.* Estos zapatos son demasiado caros.

death   NOUN
la *muerte* ◇ *after his death* después de su muerte
- **I was bored to death.** Estaba aburrido como una ostra.

debate   NOUN
see also debate VERB
el *debate*

to **debate**   VERB
see also debate NOUN
discutir

debt   NOUN
la *deuda* ◇ *heavy debts* grandes deudas
- **to be in debt** estar* endeudado

decade   NOUN
la *década*

decaffeinated   ADJECTIVE
descafeinado

decay   NOUN
- **tooth decay** la caries

to **deceive**   VERB
engañar

December   NOUN
diciembre   MASC
- **in December** en diciembre
- **on 22 December** el 22 de diciembre

decent   ADJECTIVE
decente

to **decide**   VERB
1 *decidir* ◇ *I decided to write to her.* Decidí escribirle. ◇ *I decided not to go.* Decidí no ir.

2 *decidirse* ◇ *Haven't you decided yet?* ¿Aún no te has decidido?

to **decide on**   VERB
decidirse por

decimal   ADJECTIVE
decimal ◇ *the decimal system* el sistema decimal
- **decimal point** la coma decimal

decision   NOUN
la *decisión* (PL las *decisiones*)
- **to make a decision** tomar una decisión

decisive   ADJECTIVE
decidido (person)

deck   NOUN
1 la *cubierta* (of ship)
- **on deck** en cubierta
2 el *piso* (of bus)
- **a deck of cards** una baraja

deckchair   NOUN
la *tumbona*

to **declare**   VERB
declarar

to **decline**   VERB
disminuir* ◇ *The birth rate has declined by five per cent.* La tasa de natalidad ha disminuido un cinco por ciento.

to **decorate**   VERB
1 *decorar* ◇ *I decorated the cake with glacé cherries.* Decoré el pastel con guindas confitadas.
2 *pintar* (paint)
3 *empapelar* (wallpaper)

decrease   NOUN
see also decrease VERB
la *disminución* (PL las *disminuciones*)
◇ *There has been a decrease in the number of unemployed people.* Ha habido una disminución del número de desempleados.

to **decrease**   VERB
see also decrease NOUN
disminuir*

dedicated   ADJECTIVE
- **a very dedicated teacher** un maestro totalmente entregado a su trabajo
- **dedicated followers of classical music** devotos seguidores de la música clásica

to **deduct**   VERB
descontar*

deep   ADJECTIVE
1 *profundo*
- **a hole four metres deep** un agujero de cuatro metros de profundidad
- **How deep is the lake?** ¿Qué profundidad tiene el lago?
2 *espeso* ◇ *a deep layer of snow* una espesa capa de nieve
3 *grave* ◇ *He's got a deep voice.* Tiene la voz grave.
- **to take a deep breath** respirar hondo
- **to be deep in debt** estar* hasta el cuello de deudas

deeply   ADVERB
profundamente ◇ *deeply grateful*

---

* Verbs marked with this symbol are irregular. See pages 332–333 for further details

profundamente agradecido

deer NOUN
(PL **deer**)
el *ciervo*

defeat NOUN
see also defeat VERB
la *derrota*

○ **defeat** VERB
see also defeat NOUN
derrotar

defect NOUN
el *defecto*

defence NOUN
la *defensa*

○ **defend** VERB
*defender**

defender NOUN
[1] (*of person, ideas*)
el *defensor*
la *defensora*
[2] (*in sports*)
el/la *defensa*

defense NOUN US
la *defensa*

○ **define** VERB
definir

definite ADJECTIVE
[1] *concreto* ◇ *I haven't got any definite plans.* No tengo planes concretos.
[2] *definitivo* ◇ *It's too soon to give a definite answer.* Es pronto aún para dar una respuesta definitiva.
[3] *seguro* ◇ *Maybe we'll go to Spain, but it's not definite.* Quizá vayamos a España, pero no es seguro.
◆ **He was definite about it.** Fue rotundo acerca de esto.
[4] *claro* ◇ *It's a definite improvement.* Es una clara mejoría.

definitely ADVERB
sin duda ◇ *He's definitely the best player.* Es sin duda el mejor jugador.
◆ **He's the best player. – Definitely!** Es el mejor jugador. – ¡Desde luego!
◆ **Are you going out with him? – Definitely not!** ¿Vas a salir con él? – ¡En absoluto!

definition NOUN
la *definición* (PL las *definiciones*)

degree NOUN
[1] el *grado* ◇ *a temperature of 30 degrees* una temperatura de 30 grados
[2] la *licenciatura* ◇ *a degree in English* una licenciatura en filología inglesa
◆ **She's got a degree in English.** Es licenciada en filología inglesa.

○ **delay** VERB
see also delay NOUN
retrasar ◇ *We decided to delay our departure.* Decidimos retrasar la salida.
◆ **Don't delay!** ¡No pierdas tiempo!
◆ **to be delayed** retrasarse ◇ *Our flight was delayed.* Nuestro vuelo se retrasó.

delay NOUN
see also delay VERB

el *retraso* ◇ *The tests have caused some delay.* Las pruebas han ocasionado algún retraso.
◆ **without delay** enseguida

to **delete** VERB
suprimir

deliberate ADJECTIVE
intencionado

deliberately ADVERB
a propósito

delicate ADJECTIVE
delicado

delicatessen NOUN
la *charcutería*
En un **delicatessen** *se venden productos de charcutería, mantequería, etc., de alta calidad.*

delicious ADJECTIVE
delicioso

delight NOUN
el *placer*

delighted ADJECTIVE
encantado ◇ *He'll be delighted to see you.* Estará encantado de verte.

delightful ADJECTIVE
encantador (FEM *encantadora*)

to **deliver** VERB
[1] *repartir* ◇ *I deliver newspapers.* Reparto periódicos.
[2] *entregar** ◇ *The package was delivered in the morning.* Entregaron el paquete por la mañana.
◆ **Doctor Hamilton delivered the twins.** El Doctor Hamilton asistió en el parto de los gemelos.

delivery NOUN
(PL **deliveries**)
[1] la *entrega* ◇ *Allow 28 days for delivery.* La entrega se realizará en un plazo de 28 días.
[2] el *parto* (*of baby*)

to **demand** VERB
see also demand NOUN
*exigir** ◇ *I demand an explanation.* Exijo una explicación.

demand NOUN
see also demand VERB
[1] la *petición* (*firm request*) (PL las *peticiones*) ◇ *His demand for compensation was rejected.* Rechazaron su petición de indemnización.
[2] la *reivindicación* (*of trade union*) (PL las *reivindicaciones*) ◇ *They met to discuss the union's demands.* Se reunieron para discutir las reivindicaciones del sindicato.
[3] la *demanda* ◇ *Demand for coal is down.* Ha bajado la demanda de carbón.

demanding ADJECTIVE
◆ **It's a very demanding job.** Es un trabajo que exige mucho.
◆ **a demanding child** un niño exigente

demo NOUN
(PL **demos**)
la *manifestación* (PL las *manifestaciones*)

democracy NOUN
la *democracia*

D

democratic ADJECTIVE
democrático

to **demolish** VERB
derribar

to **demonstrate** VERB
[1] *demostrar** ◇ *You have to demonstrate that you are reliable.* Tienes que demostrar que se puede confiar en ti.
♦ **She demonstrated the technique.** Hizo una demostración de la técnica.
[2] *manifestarse** ◇ *They demonstrated outside the court.* Se manifestaron a las puertas del tribunal.

demonstration NOUN
[1] la *demostración* (*of method, product*) (PL las *demostraciones*)
[2] la *manifestación* (*protest*) (PL las *manifestaciones*)

demonstrator NOUN
el/la *manifestante*

denial NOUN
♦ **an official denial** un desmentido oficial

denim NOUN
♦ **a denim jacket** una cazadora vaquera

denims PL NOUN
los *vaqueros*

Denmark NOUN
Dinamarca FEM

dense ADJECTIVE
[1] *denso* (*smoke, fog*)
[2] *espeso* (*vegetation*)
♦ **He's so dense!** ¡Mira que es corto! (*informal*)

dent NOUN
see also dent VERB
la *abolladura*

to **dent** VERB
see also dent NOUN
abollar

dental ADJECTIVE
dental ◇ *dental treatment* el tratamiento dental
♦ **a dental appointment** una cita con el dentista
♦ **dental floss** la seda dental

dentist NOUN
el/la *dentista* ◇ *Catherine is a dentist.* Catherine es dentista. ◇ *at the dentist's* en el dentista

to **deny** VERB
(**denied, denied**)
*negar** ◇ *She denied everything.* Lo negó todo.

deodorant NOUN
el *desodorante*

to **depart** VERB
[1] *partir** (*person*) ◇ *He departed at three o'clock precisely.* Partió a las tres en punto.
[2] *salir** ◇ *Trains depart for the airport every half hour.* Los trenes salen para el aeropuerto cada media hora.

department NOUN
[1] la *sección* (PL las *secciones*) ◇ *the toy department* la sección de juguetes
[2] el *departamento* ◇ *the English*

department el departamento de inglés

department store NOUN
los *grandes almacenes*

departure NOUN
la *salida* ◇ *The departure of this flight has been delayed.* Se ha retrasado la salida de este vuelo.
♦ **His sudden departure worried us.** Su marcha repentina nos dejó preocupados.

departure lounge NOUN
la *sala de embarque*

to **depend** VERB
♦ **to depend on** depender de ◇ *The price depends on the quality.* El precio depende de la calidad.
♦ **You can depend on him.** Puedes confiar* en él.
♦ **depending on** según
 según *has to be followed by a verb in the subjunctive.*
 ◇ *depending on the weather* según el tiempo que haga
♦ **It depends.** Depende.

to **deport** VERB
deportar

deposit NOUN
[1] el *depósito* (*on hired goods*) ◇ *You get the deposit back when you return the bike.* Al devolver la bici te devuelven el depósito.
[2] la *señal* (*advance payment*) ◇ *You have to pay a deposit when you book.* Se paga una señal al hacer la reserva.
[3] la *entrada* (*in house buying*) ◇ *He paid a £2000 deposit on the house.* Dio una entrada de 2.000 libras para la casa.

depressed ADJECTIVE
deprimido ◇ *I'm feeling depressed.* Estoy deprimido.

depressing ADJECTIVE
deprimente

depth NOUN
la *profundidad* ◇ *14 feet in depth* 14 pies de profundidad
♦ **to deal with a subject in depth** tratar un tema a fondo

deputy head NOUN
el *subdirector*
la *subdirectora*

to **descend** VERB
*descender** ◇ *They descended from the roof slowly.* Descendieron con cuidado del tejado.

to **describe** VERB
*describir**

description NOUN
la *descripción* (PL las *descripciones*)

desert NOUN
el *desierto*

desert island NOUN
la *isla desierta*

to **deserve** VERB
*merecer**

design NOUN

see also design VERB

1 el *diseño* ⋄ *The design of the plane makes it safer.* El diseño del avión lo hace más seguro. ⋄ *a design fault* un fallo en el diseño

2 el *motivo* ⋄ *a geometric design* un motivo geométrico

◆ **fashion design** diseño de modas

design VERB

see also design NOUN

1 *diseñar* ⋄ *She designed the dress herself.* Ella misma diseñó el vestido.

2 *elaborar* ⋄ *We will design an exercise plan specially for you.* Elaboraremos un programa de ejercicios especial para ti.

designer NOUN
el/la *modista* (*of clothes*)

◆ **designer clothes** la ropa de diseño

desire NOUN
see also desire VERB
el *deseo*

desire VERB
see also desire NOUN
desear

desk NOUN

1 el *escritorio* (*in office*)

2 el *pupitre* (*for pupil*)

3 el *mostrador* (*in hotel, at airport*)

despair NOUN
la *desesperación* ⋄ *a feeling of despair* un sentimiento de desesperación

◆ **to be in despair** estar* desesperado

desperate ADJECTIVE
desesperado ⋄ *a desperate situation* una situación desesperada

◆ **I was starting to get desperate.** Estaba empezando a desesperarme.

desperately ADVERB

1 *tremendamente* ⋄ *We're desperately worried.* Estamos tremendamente preocupados.

2 *desesperadamente* ⋄ *He was desperately trying to persuade her.* Intentaba desesperadamente convencerla.

despise VERB
despreciar

despite PREPOSITION
a pesar de

dessert NOUN
el *postre* ⋄ *for dessert* de postre

destination NOUN
el *destino*

destroy VERB
*destruir**

destruction NOUN
la *destrucción*

detached house NOUN
la *casa no adosada*

detail NOUN
el *detalle* ⋄ *I can't remember the details.* No recuerdo los detalles.

◆ **in detail** detalladamente

detailed ADJECTIVE
detallado

detective NOUN
el/la *detective* ⋄ *He's a detective.* Es detective. ⋄ *a private detective* un detective privado

◆ **a detective story** una novela policíaca

detention NOUN

◆ **to get a detention** quedarse castigado después de clase

detergent NOUN
el *detergente*

determined ADJECTIVE
decidido ⋄ *She's determined to succeed.* Está decidida a triunfar.

detour NOUN
el *desvío*

devaluation NOUN
la *devaluación*

devastating ADJECTIVE
devastador (*flood, storm*) (FEM *devastadora*) ⋄ *Unemployment has a devastating effect on people.* El desempleo tiene efectos devastadores en la gente.

◆ **She received some devastating news.** Recibió unas noticias desoladoras.

to **develop** VERB

1 *desarrollar* (*idea, quality*) ⋄ *I developed his original idea.* Yo desarrollé su idea original.

2 *desarrollarse* ⋄ *Girls develop faster than boys.* Las chicas se desarrollan más rápido que los chicos.

3 *revelar* ⋄ *to get a film developed* revelar un carrete

◆ **to develop into** convertirse* en ⋄ *The argument developed into a fight.* La discusión se convirtió en una pelea.

developing ADJECTIVE

◆ **a developing country** un país en vías de desarrollo

development NOUN
el *desarrollo* ⋄ *Economic development in Pakistan.* El desarrollo económico de Pakistán.

◆ **the latest developments** los últimos acontecimientos

device NOUN
el *dispositivo*

devil NOUN
el *diablo*

to **devise** VERB
idear

devoted ADJECTIVE
leal (*friend*)

◆ **a devoted wife** una abnegada esposa

◆ **He's completely devoted to her.** Está totalmente entregado a ella.

diabetes NOUN
la *diabetes*

diabetic ADJECTIVE
diabético ⋄ *I'm diabetic.* Soy diabético.

◆ **diabetic chocolate** el chocolate para diabéticos

diagonal ADJECTIVE
diagonal

diagram NOUN

D

el *diagrama*
Although **diagrama** *ends in* **-a**, *it is actually a masculine noun.*

to **dial** VERB
marcar*

dialling tone NOUN
la *señal de marcar*

dialogue NOUN
el *diálogo*

diamond NOUN
el *diamante* ◇ *a diamond ring* un anillo de diamantes
◆ **diamonds** (*at cards*) los diamantes ◇ *the ace of diamonds* el as de diamantes

diaper NOUN US
el *pañal*

diarrhoea NOUN
la *diarrea* ◇ *to have diarrhoea* tener* diarrea

diary NOUN
(PL **diaries**)
1 la *agenda* ◇ *I've got her phone number in my diary.* Tengo su número de teléfono en la agenda.
2 el *diario* ◇ *I keep a diary.* Estoy escribiendo un diario.

dice NOUN
(PL **dice**)
el *dado*

dictation NOUN
el *dictado*

dictator NOUN
el *dictador*

dictionary NOUN
(PL **dictionaries**)
el *diccionario*

did VERB *see* **do**
didn't = **did not**

to **die** VERB
morir* ◇ *He died last year.* Murió el año pasado. ◇ *She's dying.* Se está muriendo.
◆ **to be dying to do something** morirse* de ganas de hacer algo

to **die down** VERB
amainar ◇ *The wind is dying down.* El viento está amainando.

diesel NOUN
1 el *gasoil* (*fuel*)
2 el *coche diesel* (*car*)

diet NOUN
see also **diet** VERB
1 la *dieta* ◇ *a healthy diet* una dieta sana
2 el *régimen* (PL los *regímenes*) ◇ *I'm on a diet.* Estoy a régimen.
◆ **a diet Coke** ® una Coca-Cola light ®

to **diet** VERB
see also **diet** NOUN
hacer* régimen ◇ *I've been dieting for two months.* Llevo dos meses haciendo régimen.

difference NOUN
la *diferencia* ◇ *There's not much difference in age between us.* No hay mucha diferencia de edad entre nosotros.

◆ **Good weather makes all the difference.** Con buen tiempo la cosa cambia mucho.
◆ **It makes no difference.** Da lo mismo.

different ADJECTIVE
distinto

difficult ADJECTIVE
difícil ◇ *It was difficult to choose.* Era difícil escoger. ◇ *It was a difficult decision to make.* Era una decisión difícil de tomar.

difficulty NOUN
(PL **difficulties**)
la *dificultad* ◇ *What's the difficulty?* ¿Cuál es la dificultad?
◆ **to have difficulty doing something** tener* dificultades para hacer algo

to **dig** VERB
(**dug, dug**)
1 *cavar* ◇ *They're digging a hole in the road.* Están cavando un hoyo en la calle.
◇ *Dad's out digging the garden.* Papá está fuera cavando en el jardín.
2 *escarbar* ◇ *The dog dug a hole in the sand.* El perro escarbó un agujero en la arena.

to **dig up** VERB
1 *arrancar** ◇ *The cat's dug up my plants.* El gato me ha arrancado las plantas.
2 *desenterrar** ◇ *The police have dug up a body.* La policía ha desenterrado un cadáver.

digestion NOUN
la *digestión*

digger NOUN
la *excavadora*

digital watch NOUN
(PL **digital watches**)
el *reloj digital* (PL los *relojes digitales*)

dim ADJECTIVE
1 *tenue* (*light*)
2 *lerdo* (*person*)

dimension NOUN
la *dimensión* (PL las *dimensiones*)

to **diminish** VERB
disminuir*

din NOUN
1 el *estruendo* (*of traffic, machinery*)
2 el *jaleo* (*of crowd, voices*)

dinghy NOUN
(PL **dinghies**)
◆ **a rubber dinghy** una lancha neumática
◆ **a sailing dinghy** una embarcación de vela ligera

dining car NOUN
el *vagón restaurante* (PL los *vagones restaurante*)

dining room NOUN
el *comedor*

dinner NOUN
1 la *comida* (*at midday*)
2 la *cena* (*in the evening*)
◆ **The children have dinner at school.** Los niños comen en la escuela.

dinner jacket NOUN
el *esmoquin* (los *esmóquines*) PL

dinner party NOUN
(PL **dinner parties**)
la *cena*

dinner time NOUN
1 la *hora de la comida* (*at midday*)
2 la *hora de la cena* (*in the evening*)

dinosaur NOUN
el *dinosaurio*

dip
see also dip VERB NOUN
la *salsa* ◇ *a spicy dip* una salsa picante
* **to go for a dip** ir* a darse un chapuzón

to **dip** VERB
see also dip NOUN
mojar ◇ *He dipped a biscuit into his tea.*
Mojó una galleta en el té.

diploma NOUN
el *diploma*
Although **diploma** *ends in* **-a**, *it is actually a masculine noun.*

diplomat NOUN
el *diplomático*
la *diplomática*

diplomatic ADJECTIVE
diplomático

direct ADJECTIVE, ADVERB
see also direct VERB
directo ◇ *the most direct route* el camino más directo
* **You can't fly to Manchester direct from Seville.** No hay vuelos directos a Manchester desde Sevilla.

to **direct** VERB
see also direct ADJECTIVE
*dirigir**

direction NOUN
la *dirección* (PL las *direcciones*) ◇ *We're going in the wrong direction.* Vamos en la dirección equivocada.
* **to ask somebody for directions** preguntar el camino a alguien

director NOUN
el *director*
la *directora*

directory NOUN
(PL **directories**)
1 la *guía telefónica* (*telephone*)
* **directory enquiries** información telefónica
2 el *directorio* (*in computing*)

dirt NOUN
la *suciedad*

dirty ADJECTIVE
sucio ◇ *It's dirty.* Está sucio.
* **to get dirty** ensuciarse
* **to get something dirty** ensuciarse algo
◇ *He got his hands dirty.* Se ensució las manos.
* **a dirty joke** un chiste verde

disabled ADJECTIVE, NOUN
minusválido
* **disabled people** los minusválidos

disadvantage NOUN
la *desventaja*
* **to be at a disadvantage** estar* en desventaja

to **disagree** VERB
* **We always disagree.** Nunca estamos de acuerdo.
* **He disagrees with me.** No está de acuerdo conmigo.

disagreement NOUN
el *desacuerdo*

to **disappear** VERB
*desaparecer**

disappearance NOUN
la *desaparición* (PL las *desapariciones*)

disappointed ADJECTIVE
decepcionado ◇ *I'm disappointed.* Estoy decepcionado.

disappointing ADJECTIVE
decepcionante ◇ *It's disappointing.* Es decepcionante.

disappointment NOUN
la *decepción* (PL las *decepciones*)

disaster NOUN
el *desastre*

disastrous ADJECTIVE
desastroso

disc NOUN
el *disco*

discipline NOUN
la *disciplina*

disc jockey NOUN
el/la *discjokey* (PL los/las *discjokeys*) ◇ *he's a disc jockey* es discjokey

disco NOUN
(PL **discos**)
1 la *discoteca* (*place*)
2 el *baile* ◇ *There's a disco at school tonight.* Esta noche hay baile en la escuela.

to **disconnect** VERB
desconectar (*appliance*)
* **to disconnect the water supply** cortar el agua

discount NOUN
el *descuento* ◇ *a 20% discount* un descuento del 20 por ciento

to **discourage** VERB
desanimar
* **to get discouraged** desanimarse

to **discover** VERB
*descubrir**

discrimination NOUN
la *discriminación* ◇ *racial discrimination* la discriminación racial

to **discuss** VERB
1 *discutir* ◇ *I'll discuss it with my parents.* Lo discutiré con mis padres.
2 *discutir sobre* (*topic*) ◇ *We discussed the topic at length.* Discutimos sobre el tema largo y tendido.

discussion NOUN
la *discusión* (PL las *discusiones*)

disease NOUN
la *enfermedad*

disgraceful ADJECTIVE
vergonzoso

disguise NOUN
el *disfraz* (PL los *disfraces*)

D

◆ **in disguise** disfrazado

disguised ADJECTIVE
◆ **He was disguised as a policeman.** Iba disfrazado de policía.

disgusted ADJECTIVE
　indignado
◆ **I was completely disgusted.** Estaba totalmente indignado.

disgusting ADJECTIVE
　[1] *asqueroso* (food, smell) ◇ It looks disgusting. Tiene un aspecto asqueroso.
　[2] *indignante* (disgraceful) ◇ That's disgusting! ¡Es indignante!

dish NOUN
　(PL **dishes**)
　el *plato* ◇ a china dish un plato de porcelana ◇ a vegetarian dish un plato vegetariano
◆ **to do the dishes** fregar* los platos
◆ **a satellite dish** una antena parabólica

dishonest ADJECTIVE
　poco honrado

dishwasher NOUN
　el *lavaplatos* (PL los *lavaplatos*)

disinfectant NOUN
　el *desinfectante*

disk NOUN
　el *disco*
◆ **the hard disk** el disco duro

diskette NOUN
　el *disquete*

to **dislike** VERB
　[see also dislike NOUN]
◆ **I dislike it.** No me gusta.

dislike NOUN
　[see also dislike VERB]
◆ **to take a dislike to somebody** coger* antipatía a alguien
　Be very careful with the verb **coger**: *in most of Latin America this is an extremely rude word that should be avoided. However, in Spain this verb is common and not rude at all.*
◆ **my likes and dislikes** lo que me gusta y lo que no

to **dismiss** VERB
　*despedir** (employee)

disobedient ADJECTIVE
　desobediente

display NOUN
　[see also display VERB]
◆ **The assistant took the watch out of the display.** El dependiente sacó el reloj de la vitrina.
◆ **There was a lovely display of fruit in the window.** Había un estupendo surtido de fruta en el escaparate.
◆ **to be on display** estar* expuesto
◆ **a firework display** fuegos artificiales

to **display** VERB
　[see also display NOUN]
　[1] *mostrar** ◇ She proudly displayed her medal. Mostró con orgullo su medalla.
　[2] *exponer** (in shop window)

disposable ADJECTIVE
　desechable
◆ **a disposable razor** una maquinilla desechable

to **disqualify** VERB
　(disqualified, disqualified)
　*descalificar**
◆ **to be disqualified** ser* descalificado ◇ They were disqualified from the competition. Fueron descalificados del campeonato.
◆ **He was disqualified from driving.** Le retiraron el carnet de conducir.

to **disrupt** VERB
　interrumpir ◇ The meeting was disrupted by protesters. La reunión fue interrumpida por unos manifestantes.
◆ **Train services are being disrupted by the strike.** El servicio ferroviario se está viendo alterado por la huelga.

dissatisfied ADJECTIVE
　insatisfecho
◆ **We were dissatisfied with the service.** Estábamos insatisfechos con el servicio.

to **dissolve** VERB
　*disolver**

distance NOUN
　la *distancia* ◇ a distance of forty kilometres una distancia de cuarenta kilómetros
◆ **It's within walking distance.** Se puede ir* andando.
◆ **in the distance** a lo lejos

distant ADJECTIVE
　lejano ◇ in the distant future en un futuro lejano

distinction NOUN
　[1] la *distinción* (PL las *distinciones*) ◇ to make a distinction between two things hacer* una distinción entre dos cosas
　[2] la *matrícula de honor* ◇ I got a distinction in Spanish. Saqué una matrícula de honor en lengua española.

distinctive ADJECTIVE
　característico

to **distract** VERB
　*distraer**

to **distribute** VERB
　*distribuir**

district NOUN
　[1] el *barrio* (of town)
　[2] la *región* (of country) (PL las *regiones*)

to **disturb** VERB
　molestar ◇ I'm sorry to disturb you. Siento molestarte.

ditch NOUN
　(PL **ditches**)
　[see also ditch VERB]
　la *zanja*

to **ditch** VERB
　[see also ditch NOUN]
　dejar ◇ She's just ditched her boyfriend. Acaba de dejar al novio.

dive NOUN
　[see also dive VERB]

---

* Verbs marked with this symbol are irregular. See pages 332–333 for further details

☐ el *salto de cabeza* (into water)
☐ el *buceo* (under water)
to **dive** VERB
see also dive NOUN
☐ *tirarse de cabeza* (into water)
☐ *bucear* (under water)
diver NOUN
el/la *buzo*
diversion NOUN
el *desvío* (for traffic)
to **divide** VERB
☐ *dividir* ⋄ Divide the pastry in half.
Divide la masa en dos.
◆ **12 divided by 3 is 4.** 12 dividido entre 3 es 4.
☐ *dividirse* ⋄ We divided into two groups.
Nos dividimos en dos grupos.
diving NOUN
☐ el *buceo* ⋄ diving equipment equipo de
buceo
☐ el *salto de trampolín* ⋄ a diving
competition una competición de saltos de
trampolín
diving board NOUN
el *trampolín* (PL los *trampolines*)
division NOUN
la *división* (PL las *divisiones*)
divorce NOUN
el *divorcio*
divorced ADJECTIVE
divorciado ⋄ My parents are divorced.
Mis padres están divorciados.
◆ **to get divorced** divorciarse
DIY NOUN
el *bricolaje* ⋄ to do DIY hacer* bricolaje
⋄ a DIY shop una tienda de bricolaje
dizzy ADJECTIVE
◆ **I feel dizzy.** Estoy mareado.
DJ NOUN
el/la *discjokey* (PL los/las *discjokeys*) ⋄ he's
a DJ es discjokey
to **do** VERB
(does, did, done)
☐ *hacer** ⋄ What are you doing this
evening? ¿Qué vas a hacer esta noche?
⋄ She did it by herself. Lo hizo ella sola. ⋄ I'll
do my best. Haré todo lo que pueda. ⋄ I
want to do physics at university. Quiero hacer
física en la universidad.
◆ **What does your father do?** ¿A qué se dedica
tu padre?
☐ *ir** ⋄ She's doing well at school. Va bien
en el colegio.
◆ **How are you doing?** ¿Qué tal?
◆ **How do you do?** Mucho gusto.
☐ *valer** ⋄ It's not very good, but it'll do.
No es muy bueno, pero valdrá. ⋄ Will £10
do? ¿Valdrá con diez libras?
◆ **That'll do, thanks.** Así está bien, gracias.
Do is not translated when used to form questions.
⋄ Do you speak English? ¿Hablas inglés?
⋄ Do you like reading? ¿Te gusta leer*?
⋄ Where does he live? ¿Dónde vive?
⋄ Where did you go for your holidays?
¿Dónde te fuiste de vacaciones?

Use **no** in negative sentences for don't.
⋄ I don't understand. No entiendo. ⋄ You
didn't tell me anything. No me dijiste nada.
⋄ He didn't come. No vino. ⋄ Why didn't you
come? ¿Por qué no viniste?
Do is not translated when it is used in place of
another verb.
⋄ I hate maths. – So do I. Odio las
matemáticas. – Yo también. ⋄ I didn't like the
film. – Neither did I. No me gustó la
película. – A mí tampoco. ⋄ Do you speak
English? – Yes, I do. ¿Hablas inglés? – Sí.
⋄ Do you like horses? – No, I don't. ¿Te
gustan los caballos? – No.
Use **¿no?** or **¿verdad?** to check information.
⋄ You go swimming on Fridays, don't you?
Los viernes vas a nadar, ¿no? ⋄ It doesn't
matter, does it? No importa, ¿verdad?
to **do up** VERB
☐ *atarse* (shoes) ⋄ Do up your shoes!
¡Átate los zapatos!
☐ *abrocharse* (shirt, cardigan, coat) ⋄ Do
your coat up. Abróchate el abrigo.
◆ **Do up your zip!** ¡Súbete la cremallera!
☐ *reformar* (house, room)
to **do with** VERB
◆ **I could do with a holiday.** Me vendrían bien
unas vacaciones.
to **do without** VERB
pasar sin ⋄ I can't do without my computer.
Yo no puedo pasar sin el ordenador.
dock NOUN
el *muelle*
doctor NOUN
el *médico*
la *médica*
⋄ He's a doctor. Es médico. ⋄ at the doctor's
en el médico
document NOUN
el *documento*
documentary NOUN
(PL documentaries)
el *documental*
to **dodge** VERB
esquivar (attacker, blow)
dodgems PL NOUN
los *coches de choque*
does VERB *see* **do**
doesn't = does not
dog NOUN
el *perro* ⋄ Have you got a dog? ¿Tienes
perro?
do-it-yourself NOUN
el *bricolaje*
dole NOUN
el *subsidio de paro*
◆ **He's on the dole.** Está parado.
◆ **to go on the dole** quedarse parado
doll NOUN
la *muñeca*
dollar NOUN
el *dólar*
dolphin NOUN
el *delfín* (PL los *delfines*)

D

domestic ADJECTIVE
+ **a domestic flight** un vuelo nacional

dominoes PL NOUN
+ **to have a game of dominoes** echar una partida al dominó

to **donate** VERB
donar

done VERB *see* **do**

done ADJECTIVE
listo ◇ *Is the pasta done?* ¿Está lista la pasta?
+ **How do you like your steak? – Well done.** ¿Cómo quieres el filete? – Muy hecho.

donkey NOUN
el *burro*

donor NOUN
el/la *donante*

don't = **do not**

door NOUN
la *puerta*

doorbell NOUN
el *timbre*

doorman NOUN
(PL **doormen**)
el *portero*

doorstep NOUN
el *peldaño de la puerta*
+ **on my doorstep** en mi puerta

dormitory NOUN
(PL **dormitories**)
el *dormitorio*

dose NOUN
la *dosis* (PL las *dosis*)

dosh NOUN
la *pasta* (informal)

dot NOUN
el *punto*
+ **on the dot** en punto ◇ *He arrived at nine on the dot.* Llegó a las nueve en punto.

to **double** VERB
see also **double** ADJECTIVE, ADVERB
[1] *doblar* ◇ *They doubled their prices.* Doblaron los precios.
[2] *doblarse* ◇ *The number of attacks has doubled.* El número de agresiones se ha doblado.

double ADJECTIVE, ADVERB
see also **double** VERB
doble ◇ *a double helping* una ración doble
◇ *to cost double* costar* el doble
+ **double bed** la cama de matrimonio
+ **a double room** una habitación doble

double bass NOUN
(PL **double basses**)
el *contrabajo*

double-decker bus NOUN
el *autobús de dos pisos*

double glazing NOUN
el *doble acristalamiento*

doubles PL NOUN
dobles MASC PL (in tennis) ◇ *to play mixed doubles* jugar* un partido de dobles mixtos

doubt NOUN
see also **doubt** VERB
la *duda* ◇ *I have my doubts.* Tengo mis dudas.
+ **no doubt** sin duda ◇ *as you no doubt know* como sin duda sabrá

to **doubt** VERB
see also **doubt** NOUN
dudar ◇ *I doubt it.* Lo dudo.
Use the subjunctive after **dudar que.**
◇ *I doubt that he'll agree.* Dudo que vaya a estar de acuerdo.

doubtful ADJECTIVE
dudoso ◇ *It's doubtful.* Es dudoso.
+ **to be doubtful about doing something** no estar* seguro de hacer algo ◇ *I'm doubtful about going by myself.* No estoy seguro de ir solo.
+ **You sound doubtful.** No pareces muy convencido.

dough NOUN
la *masa*

doughnut NOUN
el *buñuelo* ◇ *a jam doughnut* un buñuelo de mermelada

down ADJECTIVE, ADVERB, PREPOSITION
[1] *abajo* ◇ *His office is down on the first floor.* Su despacho está abajo en el primer piso. ◇ *It's down there.* Está allí abajo.
[2] *al suelo* ◇ *He threw down his racket.* Tiró la raqueta al suelo.
+ **They live just down the road.** Viven más adelante en esta calle.
+ **to feel down** estar* desanimado
+ **The computer's down.** El ordenador no funciona.

downpour NOUN
el *chaparrón* (PL los *chaparrones*)

downstairs ADVERB, ADJECTIVE
[1] *abajo* ◇ *The bathroom's downstairs.* El baño está abajo.
+ **to go downstairs** bajar
[2] *de abajo* ◇ *the downstairs bathroom* el baño de abajo
+ **the neighbours downstairs** los vecinos de abajo

to **doze** VERB
dormitar

to **doze off** VERB
quedarse dormido

dozen NOUN
la *docena* ◇ *a dozen eggs* una docena de huevos ◇ *two dozen* dos docenas
+ **I've told you that dozens of times.** Te lo he dicho cientos de veces.

drab ADJECTIVE
triste (clothes)

draft NOUN US
la *corriente de aire*

to **drag** VERB
see also **drag** NOUN
arrastrar (thing, person)

drag NOUN
see also **drag** VERB

◆ **It's a real drag!** ¡Es una verdadera lata!
(*informal*)
dragon NOUN
el *dragón* (PL los *dragones*)
drain NOUN
see also drain VERB
1 el *desagüe* (*of house*)
2 la *alcantarilla* (*in street*)
○ **drain** VERB
see also drain NOUN
escurrir (*vegetables, pasta*)
draining board NOUN
el *escurridero*
drainpipe NOUN
el *tubo de desagüe*
drama NOUN
1 el *drama*
Although **drama** *ends in* -a, *it is actually a masculine noun.*
◇ *a TV drama* un drama para televisión
2 el *teatro* ◇ *Greek drama* el teatro griego
◇ *Drama is my favourite subject.* Mi
asignatura favorita es teatro.
◆ **drama school** la escuela de arte dramático
dramatic ADJECTIVE
espectacular ◇ *a dramatic improvement*
una espectacular mejoría
◆ **dramatic news** noticias sensacionales
drank VERB *see* drink
drastic ADJECTIVE
drástico ◇ *to take drastic action* tomar
medidas drásticas
draught NOUN
la *corriente de aire* ◇ *There's a draught
from the window.* Entra corriente por la
ventana.
◆ **draught beer** la cerveza de barril
draughts NOUN
las *damas* ◇ *to play draughts* jugar* a las
damas
draw NOUN
see also draw VERB
1 el *empate* ◇ *The game ended in a draw.*
El partido terminó en empate.
2 el *sorteo* ◇ *The draw takes place on
Saturday.* El sorteo es el sábado.
○ **draw** VERB
(**drew**, **drawn**)
see also draw NOUN
1 *dibujar* (*a scene, a person*)
◆ **to draw a picture** hacer* un dibujo
◆ **to draw a picture of somebody** hacer* un
retrato de alguien
◆ **to draw a line** trazar* una línea
2 *empatar* ◇ *We drew two all.*
Empatamos a dos.
◆ **to draw the curtains (1)** (*open*) descorrer las
cortinas
◆ **to draw the curtains (2)** (*close*) correr las
cortinas
○ **draw on** VERB
recurrir a ◇ *He drew on his own
experience to write the book.* Recurrió a su
propia experiencia para escribir el libro.

to **draw up** VERB
pararse ◇ *The car drew up in front of the
house.* El coche se paró delante de la casa.
drawback NOUN
el *inconveniente*
drawer NOUN
el *cajón* (PL los *cajones*)
drawing NOUN
el *dibujo*
◆ **He's good at drawing.** Se le da bien dibujar.
drawing pin NOUN
la *chincheta*
drawn VERB *see* **draw**
dreadful ADJECTIVE
1 *terrible* ◇ *a dreadful mistake* un terrible
error
2 *horrible* ◇ *The weather was dreadful.*
Hizo un tiempo horrible.
◆ **You look dreadful.** Tienes muy mal aspecto.
◆ **I feel dreadful about not having phoned.**
Me siento muy mal por no haber llamado.
to **dream** VERB
(**dreamt**, **dreamt**)
see also dream NOUN
*soñar** ◇ *Do you dream every night?*
¿Sueñas todas las noches?
◆ **She dreamt about her baby.** Soñó con su
bebé.
dream NOUN
see also dream VERB
el *sueño*
to **drench** VERB
◆ **I got drenched.** Me puse empapado.
dress NOUN
(PL **dresses**)
see also dress VERB
el *vestido*
to **dress** VERB
see also dress NOUN
*vestirse** ◇ *I got up, dressed, and went
downstairs.* Me levanté, me vestí y bajé.
◆ **to dress somebody** vestir* a alguien
◆ **to get dressed** vestirse*
to **dress up** VERB
*disfrazarse** ◇ *I dressed up as a ghost.*
Me disfracé de fantasma.
dressed ADJECTIVE
vestido ◇ *I'm not dressed yet.* Aún no
estoy vestido. ◇ *How was she dressed?*
¿Cómo iba vestida? ◇ *She was dressed in
white.* Iba vestida de blanco.
◆ **She was dressed in a green sweater and
jeans.** Llevaba un jersey verde y vaqueros.
dresser NOUN
el *aparador* (*furniture*)
dressing NOUN
el *aliño* (*for salad*)
dressing gown NOUN
la *bata*
dressing table NOUN
el *tocador*
drew VERB *see* **draw**
dried ADJECTIVE
seco

D

- **dried milk** la leche en polvo
- **dried fruits** las frutas pasas

drier = dryer

drift NOUN
see also drift VERB
- **a snow drift** el ventisquero

to **drift** VERB
see also drift NOUN
1. *ir* a la deriva* (*boat*)
2. *amontonarse* (*snow*)

drill NOUN
see also drill VERB
la *taladradora*

to **drill** VERB
see also drill NOUN
taladrar
- **He drilled a hole in the wall.** Hizo un agujero en la pared.

to **drink** VERB
(drank, drunk)
see also drink NOUN
beber ◇ *What would you like to drink?* ¿Qué te apetece beber? ◇ *She drank three cups of tea.* Se bebió tres tazas de té. ◇ *He had been drinking.* Había bebido.

drink NOUN
see also drink VERB
1. la *bebida* ◇ *a cold drink* una bebida fría
2. la *copa* (*alcoholic*) ◇ *They've gone out for a drink.* Han salido a tomar una copa.
- **to have a drink** tomar algo ◇ *Would you like a drink?* ¿Quieres tomar algo?

drinking water NOUN
el *agua potable* FEM
Although it's a feminine noun, remember that you use el *with* agua.

drive NOUN
see also drive VERB
1. el *paseo en coche* ◇ *to go for a drive* ir* a dar un paseo en coche
- **We've got a long drive tomorrow.** Mañana nos espera un largo viaje en coche.
2. el *camino de entrada a la casa* ◇ *He parked his car in the drive.* Aparcó el coche en el camino de entrada a la casa.
- **disk drive** la unidad de disco

to **drive** VERB
(drove, driven)
see also drive NOUN
1. *conducir** (*a car*) ◇ *Can you drive?* ¿Sabes conducir?
2. *ir* en coche* (*go by car*) ◇ *We never drive into the town centre.* Nunca vamos en coche al centro.
3. *llevar en coche* (*transport*) ◇ *My mother drives me to school.* Mi madre me lleva al colegio en coche.
- **to drive somebody home** acercar* a alguien a su casa en coche
- **to drive somebody mad** volver* loco a alguien ◇ *He drives her mad.* La vuelve loca.

driver NOUN

el *conductor*
la *conductora*
◇ *He's a bus driver.* Es conductor de autobús.
- **She's an excellent driver.** Conduce muy bien.

driver's license NOUN US
el *permiso de conducir*

driving instructor NOUN
el *profesor de autoescuela*
la *profesora de autoescuela*
◇ *He's a driving instructor.* Es profesor de autoescuela.

driving lesson NOUN
la *clase de conducir*

driving licence NOUN
el *permiso de conducir*

driving test NOUN
- **to take one's driving test** hacer* el examen de conducir
- **She's just passed her driving test.** Acaba de sacarse el carnet de conducir.

drizzle NOUN
la *llovizna*

drop NOUN
see also drop VERB
1. la *gota* (*of liquid*) ◇ *Would you like some milk? – Just a drop.* ¿Quieres leche? – Una gota nada más.
2. la *bajada* ◇ *a drop in temperature* una bajada de las temperaturas

to **drop** VERB
see also drop NOUN
1. *bajar* ◇ *The temperature will drop tonight.* La temperatura bajará esta noche.
2. *soltar** ◇ *The cat dropped the mouse at my feet.* El gato soltó al ratón junto a mis pies.
- **I dropped the glass.** Se me cayó el vaso.
3. *dejar* ◇ *Could you drop me at the station?* ¿Me puedes dejar en la estación?
- **I'm going to drop chemistry.** No voy a dar más química.

drought NOUN
la *sequía*

drove VERB *see* **drive**

to **drown** VERB
ahogarse* ◇ *A boy drowned here yesterday.* Un chico se ahogó ayer aquí.

drug NOUN
1. el *medicamento* ◇ *They need food and drugs.* Necesitan comida y medicamentos.
2. la *droga* ◇ *hard drugs* drogas duras ◇ *soft drugs* drogas blandas
- **to take drugs** drogarse*
- **a drug addict** un drogadicto
- **a drug pusher** un camello (*informal*)
- **a drug smuggler** un narcotraficante
- **the drugs squad** la brigada antidroga

drugstore NOUN US
Tienda donde se venden artículos muy variados como medicinas, prensa, cosméticos y comida rápida.

drum NOUN

el *tambor* ◇ *an African drum* un tambor africano
- **a drum kit** una batería
- **to play the drums** tocar* la batería

drummer NOUN
el/la *batería* (*in rock group*)

drunk VERB *see* **drink**

drunk ADJECTIVE
see also drunk NOUN
borracho ◇ *He was drunk.* Estaba borracho.
- **to get drunk** emborracharse

drunk NOUN
see also drunk ADJECTIVE
el *borracho*
la *borracha*

dry ADJECTIVE
see also dry VERB
seco ◇ *The paint isn't dry yet.* Aún no está seca la pintura. ◇ *It's been exceptionally dry this spring.* Esta primavera ha sido extraordinariamente seca.
- **a long dry period** un largo periodo sin lluvia

to **dry** VERB
(dried, dried)
see also dry ADJECTIVE
1 *secar** ◇ *to dry the dishes* secar los platos ◇ *There's nowhere to dry clothes here.* Aquí no hay un sitio para poner a secar la ropa.
2 *secarse** ◇ *The washing will dry quickly in the sun.* La colada se secará rápido al sol.
- **to dry one's hair** secarse* el pelo

dry-cleaner's NOUN
la *tintorería*

dryer NOUN
- **a tumble dryer** una secadora
- **a hair dryer** un secador

dubbed ADJECTIVE
doblado ◇ *The film was dubbed into Spanish.* La película estaba doblada al español.

dubious ADJECTIVE
- **My parents were a bit dubious about it.** Mis padres tenían sus dudas sobre el tema.

duck NOUN
el *pato*

due ADJECTIVE, ADVERB
- **He's due to arrive tomorrow.** Debe llegar mañana.
- **The plane's due in half an hour.** El avión llegará en media hora.
- **When's the baby due?** ¿Para cuándo nacerá el niño?
- **due to** debido a ◇ *The trip was cancelled due to bad weather.* El viaje se suspendió debido al mal tiempo.

dug VERB *see* **dig**

dull ADJECTIVE
1 *soso* ◇ *He's nice, but a bit dull.* Es simpático, pero un poco soso.
2 *gris* ◇ *It's always dull and wet.* El tiempo está siempre gris y lluvioso.

dumb ADJECTIVE

1 *mudo*
- **She's deaf and dumb.** Es sordomuda.
2 *bobo* ◇ *Don't be so dumb!* ¡No seas bobo!
- **That was a really dumb thing I did!** ¡Lo que hice fue una verdadera bobada!

dummy NOUN
(PL **dummies**)
el *chupete* (*for baby*)

dump NOUN
see also dump VERB
- **It's a real dump!** ¡Es una auténtica pocilga!
- **a rubbish dump** un vertedero

to **dump** VERB
see also dump NOUN
verter* (*waste*) ◇ *"No dumping."* "Prohibido verter basuras."

dungarees PL NOUN
el *mono*

dungeon NOUN
la *mazmorra*

duration NOUN
la *duración* ◇ *Courses are of two years' duration.* Los cursos tienen una duración de dos años.
- **for the duration of the trial** durante todo el juicio

during PREPOSITION
durante

dusk NOUN
el *anochecer*
- **at dusk** al anochecer

dust NOUN
see also dust VERB
el *polvo*

to **dust** VERB
see also dust NOUN
limpiar el polvo de ◇ *I dusted the shelves.* Limpié el polvo de las estanterías.

dustbin NOUN
el *cubo de la basura*

dustman NOUN
(PL **dustmen**)
el *basurero*

dusty ADJECTIVE
polvoriento

Dutch ADJECTIVE
see also Dutch NOUN
holandés (FEM *holandesa*) ◇ *She's Dutch.* Es holandesa.

Dutch NOUN
see also Dutch ADJECTIVE
el *holandés* (*language*)
- **the Dutch** los holandeses

Dutchman NOUN
(PL **Dutchmen**)
el *holandés*

Dutchwoman NOUN
(PL **Dutchwomen**)
la *holandesa*

duty NOUN
(PL **duties**)
el *deber* ◇ *It was his duty to tell the police.* Su deber era decírselo a la policía.

D

- to be on duty (1) (*policeman*) estar* de servicio
- to be on duty (2) (*doctor, nurse*) estar* de guardia

duty-free ADJECTIVE
libre de impuestos

duvet NOUN
el *edredón* (PL los *edredones*)

dwarf NOUN
(PL dwarves)
el *enano*
la *enana*

dynamic ADJECTIVE
dinámico

E

each ADJECTIVE, PRONOUN
[1] *cada* (FEM *cada*) ◇ each day cada día
- Each house has its own garden. Todas las casas tienen jardín.
[2] *cada uno* (FEM *cada una*) ◇ They have 10 points each. Tienen 10 puntos cada uno.
◇ The plates cost £5 each. Los platos cuestan 5 libras cada uno. ◇ He gave each of us £10. Nos dio 10 libras a cada uno.
Use a reflexive verb to translate each other.
◇ They hate each other. Se odian. ◇ We write to each other. Nos escribimos. ◇ They don't know each other. No se conocen.

eager ADJECTIVE
- He was eager to tell us about his experiences. Estaba impaciente por contarnos sus experiencias.

ear NOUN
la *oreja*

earache NOUN
- to have earache tener* dolor de oídos

earlier ADVERB
[1] *antes* ◇ I saw him earlier. Lo vi antes.
[2] *más temprano* (in the morning) ◇ I ought to get up earlier. Debería levantarme más temprano.

early ADVERB, ADJECTIVE
[1] *temprano* ◇ I have to get up early. Tengo que levantarme temprano.
- to have an early night irse* a la cama temprano
[2] *pronto* (ahead of time) ◇ I came early to avoid the heavy traffic. Vine pronto para evitar el tráfico denso.

to earn VERB
ganar ◇ She earns £5 an hour. Gana 5 libras esterlinas a la hora.

earnings PL NOUN
los *ingresos* ◇ Average earnings rose two percent last year. Los ingresos medios aumentaron un dos por ciento el año pasado.

earring NOUN
el *pendiente*

earth NOUN
la *tierra*
- What on earth are you doing here? ¿Qué diablos haces aquí?

earthquake NOUN
el *terremoto*

easily ADVERB
fácilmente

east ADJECTIVE, ADVERB
see also east NOUN
- an east wind un viento del este
- the east coast la costa oriental
- east of al este de ◇ It's east of London. Está al este de Londres.
- hacia el este ◇ We were travelling east. Viajábamos hacia el este.

east NOUN
see also east ADJECTIVE, ADVERB
el *este* (direction, region) ◇ in the east of the country al este del país

Easter NOUN
la *Pascua*
- Easter egg el huevo de Pascua
- the Easter holidays las vacaciones de Semana Santa

eastern ADJECTIVE
oriental ◇ the eastern part of the island la parte oriental de la isla
- Eastern Europe la Europa del Este

easy ADJECTIVE
fácil

easy chair NOUN
el *sillón* (PL los *sillones*)

easy-going ADJECTIVE
- to be easy-going ser* una persona de trato fácil ◇ She's very easy-going and gets on well with everybody. Es una persona de trato fácil y se lleva bien con todos.

to eat VERB
(ate, eaten)
comer ◇ Would you like something to eat? ¿Quieres comer algo?

EC NOUN (= European Community)
la *CE* (= la Comunidad Europea)

eccentric ADJECTIVE
excéntrico

echo NOUN
(PL echoes)
el *eco*

ecology NOUN
la *ecología*

economic ADJECTIVE
[1] *económico* (growth, development, policy)

2 *rentable* (*profitable*)

economical ADJECTIVE
económico ◇ *My car is very economical to run.* Mi coche me sale muy económico.

economics NOUN
la *economía* ◇ *the economics of the third world countries* la economía de los países tercermundistas
◆ **He's doing economics at university.** Estudia económicas en la universidad.

economize VERB
*economizar**
◆ **to economize on something** economizar en algo

economy NOUN
(PL **economies**)
la *economía*

ecstasy NOUN
el *éxtasis* (*drug*)
◆ **to be in ecstasy** estar* en éxtasis

ecu NOUN (= European Currency Unit)
el *ecu*

eczema NOUN
el *eczema*
Although **eczema** ends in -a, it is actually a masculine noun.
◇ *She's got eczema.* Tiene eczema.

edge NOUN
1 el *borde* ◇ *on the edge of the desk* en el borde del escritorio
◆ **They live on the edge of the town.** Viven en los límites de la ciudad.
2 la *orilla* (*of lake*)
◆ **to be on the edge of tears** estar* a punto de llorar

edgy ADJECTIVE
nervioso

Edinburgh NOUN
Edimburgo MASC

editor NOUN
1 (*of newspaper, magazine*)
el *director*
la *directora*
2 el *redactor*
la *redactora*
◇ *the sports editor* el redactor de la sección de deportes

educated ADJECTIVE
culto

education NOUN
1 la *educación* ◇ *There should be more investment in education.* Debería invertirse más dinero en educación.
2 la *enseñanza* (*teaching*) ◇ *She works in education.* Trabaja en la enseñanza.

educational ADJECTIVE
1 *educativo* (*toy*)
2 *instructivo* (*experience, film*)

EEC NOUN (= European Economic Community)
la *CEE* (= la Comunidad Económica Europea)

effect NOUN
el *efecto* ◇ *special effects* los efectos especiales

effective ADJECTIVE

eficaz (PL *eficaces*)

efficient ADJECTIVE
1 *eficiente* ◇ *His secretary is very efficient.* Su secretaria es muy eficiente.
2 *eficaz* (PL *eficaces*) ◇ *It's a very efficient system.* Es un sistema muy eficaz.

effort NOUN
el *esfuerzo*
◆ **to make an effort to do something** esforzarse* en hacer algo

e.g. ABBREVIATION
p.ej.

egg NOUN
el *huevo* ◇ *a hard-boiled egg* un huevo duro ◇ *a soft-boiled egg* un huevo pasado por agua ◇ *a fried egg* un huevo frito ◇ *scrambled eggs* los huevos revueltos

egg cup NOUN
la *huevera*

Egypt NOUN
Egipto MASC

eight NUMERAL
ocho ◇ *She's eight.* Tiene ocho años.

eighteen NUMERAL
dieciocho ◇ *She's eighteen.* Tiene dieciocho años.

eighth ADJECTIVE
octavo ◇ *the eighth floor* el octavo piso
◆ **the eighth of August** el ocho de agosto

eighty NUMERAL
ochenta ◇ *He's eighty.* Tiene ochenta años.

Eire NOUN
Eire MASC

either ADJECTIVE, CONJUNCTION, PRONOUN, ADVERB
tampoco ◇ *I don't like milk, and I don't like eggs either.* No me gusta la leche, y tampoco me gustan los huevos. ◇ *I've never been to Spain. – I haven't either.* No he estado nunca en España. – Yo tampoco.
◆ **either...or...** o...o... ◇ *You can have either ice cream or yoghurt.* Puedes tomar o helado o yogur.
◆ **either of them** uno u otro ◇ *I don't like either of them.* No me gusta cualquiera de los dos.
◆ **Choose either of them.** elige cualquiera de los dos
◆ **on either side of the road** a ambos lados de la carretera

elastic NOUN
el *elástico*

elastic band NOUN
la *goma elástica*

elbow NOUN
el *codo*

elder ADJECTIVE
mayor ◇ *my elder sister* mi hermana mayor

elderly ADJECTIVE
anciano
◆ **an elderly man** un anciano
◆ **the elderly** los ancianos

eldest ADJECTIVE, NOUN

E

mayor ◇ *my eldest sister* mi hermana mayor
- **He's the eldest.** Él es el mayor.

to **elect** VERB
*elegir**

election NOUN
la *elección* (PL las *elecciones*)

electric ADJECTIVE
eléctrico ◇ *an electric fire* una estufa eléctrica ◇ *an electric guitar* una guitarra eléctrica ◇ *an electric blanket* una manta eléctrica

electrical ADJECTIVE
eléctrico ◇ *electrical engineering* la ingeniería eléctrica
- **an electrical engineer** un ingeniero en electrónica

electrician NOUN
el/la *electricista* ◇ *He's an electrician.* Es electricista.

electricity NOUN
la *electricidad*

electronic ADJECTIVE
electrónico

electronics NOUN
la *electrónica*

elegant ADJECTIVE
elegante

elephant NOUN
el *elefante*

elevator NOUN US
el *ascensor*

eleven NUMERAL
once ◇ *She's eleven.* Tiene once años.

eleventh ADJECTIVE
undécimo
- **the eleventh floor** el piso once
- **the eleventh of August** el once de agosto

else ADVERB
- **somebody else** otra persona
- **nobody else** nadie más
- **something else** otra cosa
- **nothing else** nada más
- **somewhere else** en algún otro sitio
- **Did you look anywhere else?** ¿Miraste en otro sitio?
- **I would be happy anywhere else.** Estaría contento en cualquier otro sitio.
- **I didn't look anywhere else.** No miré en ningún otro sitio.
- **Would you like anything else?** ¿Desea alguna otra cosa?
- **I don't want anything else.** No quiero nada más.
- **Arrive on time or else!** ¡Llega a tiempo o si no...!

e-mail NOUN
el *correo electrónico*

embankment NOUN
el *terraplén* (*of railway*) (PL los *terraplenes*)

embarrassed ADJECTIVE
- **I was really embarrassed.** Me dio mucha vergüenza.

embarrassing ADJECTIVE
embarazoso (*mistake, situation*)
- **It was so embarrassing.** Fue una situación muy violenta.
- **How embarrassing!** ¡Qué vergüenza!

embassy NOUN
(PL **embassies**)
la *embajada*

to **embroider** VERB
bordar

embroidery NOUN
el *bordado*
- **I do embroidery in the afternoon.** Bordo por las tardes.

emergency NOUN
(PL **emergencies**)
la *emergencia* ◇ *This is an emergency!* ¡Es una emergencia!
- **in an emergency** en caso de emergencia
- **an emergency exit** una salida de emergencia
- **an emergency landing** un aterrizaje forzoso
- **the emergency services** los servicios de urgencia

to **emigrate** VERB
emigrar

emotion NOUN
la *emoción* (PL las *emociones*)

emotional ADJECTIVE
emotivo ◇ *She's very emotional.* Es una persona muy emotiva.
- **He got very emotional at the farewell party.** Se emocionó mucho en la fiesta de despedida.

emperor NOUN
el *emperador*

to **emphasize** VERB
*recalcar** ◇ *He emphasized the importance of the issue.* Recalcó la importancia de la cuestión.
- **to emphasize that** subrayar que

empire NOUN
el *imperio*

to **employ** VERB
emplear ◇ *The factory employs 600 people.* La fábrica emplea a 600 trabajadores.
- **Thousands of people are employed in tourism.** Miles de personas trabajan en el sector de turismo.

employee NOUN
el *empleado*
la *empleada*

employer NOUN
el *empresario*
la *empresaria*

employment NOUN
el *empleo*

empty ADJECTIVE
see also empty VERB
vacío

to **empty** VERB
(**emptied, emptied**)
see also empty ADJECTIVE
*vaciar**
- **to empty something out** vaciar algo

encourage VERB
animar ◇ *to encourage somebody to do something* animar a alguien a hacer algo
encouragement NOUN
el *estímulo*
encyclopedia NOUN
la *enciclopedia*
end NOUN
see also end VERB
1 el *final* ◇ *the end of the film* el final de la película ◇ *the end of the holidays* el final de las vacaciones
◆ **in the end** al final ◇ *In the end I decided to stay at home.* Al final decidí quedarme en casa. ◇ *It turned out all right in the end.* Al final resultó bien.
2 el *extremo* ◇ *at the other end of the table* al otro extremo de la mesa
◆ **at the end of the street** al final de la calle
◆ **for hours on end** durante horas enteras
end VERB
see also end NOUN
terminar ◇ *What time does the film end?* ¿A qué hora termina la película?
◆ **to end up doing something** terminar haciendo algo ◇ *I ended up walking home.* Terminé yendo a casa andando.
ending NOUN
el *final* ◇ *a happy ending* un final feliz
endless ADJECTIVE
interminable ◇ *The journey seemed endless.* El viaje parecía interminable.
enemy NOUN
(PL **enemies**)
el *enemigo*
la *enemiga*
energetic ADJECTIVE
activo ◇ *She's very energetic.* Es muy activa.
energy NOUN
la *energía*
engaged ADJECTIVE
1 *ocupado* (telephone, toilet)
2 *prometido* ◇ *Brian and Mary are engaged.* Brian y Mary están prometidos.
◆ **to get engaged** prometerse
engagement NOUN
compromiso ◇ *They announced their engagement yesterday.* Anunciaron su compromiso ayer.
◆ **The engagement lasted 10 months.** El noviazgo duró 10 meses.
◆ **engagement ring** anillo de compromiso
engine NOUN
1 el *motor* (of vehicle)
2 la *locomotora* (of train)
engineer NOUN
el *ingeniero*
la *ingeniera*
◇ *He's an engineer.* Es ingeniero.
◆ **service engineer** el técnico
engineering NOUN
la *ingeniería*
England NOUN

Inglaterra FEM
English ADJECTIVE
see also English NOUN
inglés (PL *ingleses*, FEM *inglesa*)
English NOUN
see also English ADJECTIVE
el *inglés* (language) ◇ *the English teacher* el profesor de inglés
◆ **the English** (people) los ingleses
Englishman NOUN
(PL **Englishmen**)
el *inglés* (PL los *ingleses*)
Englishwoman NOUN
(PL **Englishwomen**)
la *inglesa*
to **enjoy** VERB
◆ **Did you enjoy the film?** ¿Te gustó la película?
◆ **to enjoy oneself** divertirse* ◇ *Did you enjoy yourselves at the party?* ¿Os divertisteis en la fiesta?
enjoyable ADJECTIVE
agradable
enlargement NOUN
la *ampliación* (of photo) (PL las *ampliaciones*)
enormous ADJECTIVE
enorme
enough ADJECTIVE, PRONOUN, ADVERB
bastante ◇ *I didn't have enough money.* No tenía bastante dinero. ◇ *Have you got enough?* ¿Tienes bastante?
◆ **big enough** suficientemente grande
◆ **I've had enough!** ¡Ya estoy harto!
◆ **That's enough!** ¡Ya basta!
to **enquire** VERB
◆ **to enquire about something** informarse acerca de algo
enquiry NOUN
(PL **enquiries**)
la *investigación* (official investigation) (PL las *investigaciones*)
to **enter** VERB
entrar en ◇ *He entered the room and sat down.* Entró en la habitación y se sentó.
◆ **to enter a competition** presentarse a un concurso
to **entertain** VERB
recibir (guests)
entertainer NOUN
el *animador*
la *animadora*
entertaining ADJECTIVE
entretenido (book, movie)
enthusiasm NOUN
el *entusiasmo*
enthusiast NOUN
el/la *entusiasta* ◇ *She's a DIY enthusiast.* Es una entusiasta del bricolaje.
enthusiastic ADJECTIVE
entusiasta (response, welcome)
◆ **She didn't seem very enthusiastic about your idea.** No pareció muy entusiasmada con tu idea.
entire ADJECTIVE

entero ◇ *the entire world* el mundo entero

entirely ADVERB
completamente ◇ *an entirely new approach* un enfoque completamente nuevo
◆ **I agree entirely.** Estoy totalmente de acuerdo.

entrance NOUN
la *entrada*
◆ **an entrance exam** un examen de ingreso
◆ **entrance fee** la cuota de entrada

entry NOUN
(PL **entries**)
la *entrada*
◆ **"no entry" (1)** (*on door*) "prohibido el paso"
◆ **"no entry" (2)** (*on road sign*) "dirección prohibida"
◆ **an entry form** un impreso de inscripción

entry phone NOUN
el *portero automático*

envelope NOUN
el *sobre*

envious ADJECTIVE
envidioso

environment NOUN
el *entorno* (*surroundings*) ◇ *She adjusted to the changes in her environment.* Se adaptó a los cambios en su nuevo entorno.
◆ **the environment** el medio ambiente ◇ *We are fighting pollution to protect the environment.* Estamos combatiendo la contaminación para proteger el medio ambiente.

environmental ADJECTIVE
medioambiental ◇ *environmental pollution* contaminación ambiental
◆ **environmental groups** grupos ecologistas

environment-friendly ADJECTIVE
ecológico

envy NOUN
see also envy VERB
la *envidia*

to **envy** VERB
(**envied, envied**)
see also envy NOUN
envidiar

epileptic NOUN
el *epiléptico*
la *epiléptica*

episode NOUN
el *episodio*

equal ADJECTIVE
igual ◇ *The cake was divided into 12 equal parts.* El pastel se dividió en 12 partes iguales.
◆ **Women demand equal rights at work.** Las mujeres exigen igualdad de derechos en el trabajo.

equality NOUN
la *igualdad*

to **equalize** VERB
empatar (*in sport*)

equator NOUN
el *ecuador*

equipment NOUN

el *equipo* ◇ *skiing equipment* el equipo de esquí

equipped ADJECTIVE
equipado ◇ *This caravan is equipped for four people.* Esta caravana está equipada para cuatro personas.
◆ **equipped with** provisto de ◇ *All rooms are equipped with phones, computers and faxes.* Todas las habitaciones están provistas de teléfonos, ordenadores y fax.
◆ **He was well equipped for the job.** Estaba bien preparado para el puesto.

equivalent ADJECTIVE
see also equivalent NOUN
equivalente
◆ **to be equivalent to something** equivaler* a algo

equivalent NOUN
see also equivalent ADJECTIVE
el *equivalente*

error NOUN
el *error*

escalator NOUN
la *escalera mecánica*

escape NOUN
see also escape VERB
la *fuga* (*from prison*)
◆ **We had a narrow escape.** Nos salvamos por muy poco.

to **escape** VERB
see also escape NOUN
escaparse ◇ *A lion has escaped.* Se ha escapado un león.
◆ **The passengers escaped unhurt.** Los pasajeros salieron ilesos.
◆ **to escape from prison** fugarse* de la cárcel

escort NOUN
la *escolta* ◇ *a police escort* una escolta policial

Eskimo NOUN
(PL **Eskimos**)
el/la *esquimal*

especially ADVERB
especialmente ◇ *It's very hot there, especially in the summer.* Allí hace mucho calor, especialmente en verano.

essay NOUN
el *trabajo* ◇ *a history essay* un trabajo de historia

essential ADJECTIVE
esencial ◇ *It's essential to bring warm clothes.* Es esencial traer ropa de abrigo.

estate NOUN
[1] la *urbanización* (PL las *urbanizaciones*)
◇ *I live on an estate.* Vivo en una urbanización.
[2] la *finca* ◇ *He's got a large estate in the country.* Tiene una finca grande en el campo.

estate agent NOUN
el *agente inmobiliario*
la *agente inmobiliaria*
◇ *She's an estate agent.* Es agente inmobiliaria.

estate car NOUN
la _ranchera_

estimate VERB
calcular ◇ _They estimated it would take three weeks._ Calcularon que llevaría tres semanas.

etc ABBREVIATION (= et cetera)
etc.

Ethiopia NOUN
Etiopía FEM

ethnic ADJECTIVE
1 _étnico_ ◇ _an ethnic minority_ una minoría étnica
* **ethnic cleansing** la limpieza étnica
2 _exótico_ (restaurant, food)

EU NOUN (= European Union)
la _UE_

Eurocheque NOUN
el _eurocheque_

Europe NOUN
Europa FEM

European ADJECTIVE
see also European NOUN
europeo

European NOUN
see also European ADJECTIVE
el _europeo_
la _europea_

evacuate VERB
evacuar*

eve NOUN
* **Christmas Eve** la Nochebuena
* **New Year's Eve** la Nochevieja

even ADVERB
see also even ADJECTIVE
incluso ◇ _I like all animals, even snakes._ Me gustan todos los animales, incluso las serpientes.
* **not even** ni siquiera ◇ _He didn't even say hello._ Ni siquiera saludó.
* **even if** aunque
Use the subjunctive after **aunque** _when translating_ even if.
◇ _I'd never do that, even if you asked me._ Nunca haría eso, aunque me lo pidieras.
* **even though** aunque ◇ _He's never got any money, even though his parents are quite rich._ Nunca tiene dinero aunque sus padres son bastante ricos.
* **even more** aún más ◇ _I liked Granada even more than Seville._ Me gustó Granada aún más que Sevilla.

even ADJECTIVE
see also even ADVERB
uniforme ◇ _an even layer of snow_ una capa de nieve uniforme
* **an even surface** una superficie lisa
* **an even number** un número par
* **to get even with somebody** vengarse en alguien

evening NOUN
1 la _tarde_ (before dark)
2 la _noche_ (after dark) ◇ _in the evening_ por la tarde/noche

* **Good evening!** ¡Buenas tardes/noches!
* **evening class** la clase nocturna

event NOUN
1 el _acontecimiento_ ◇ _It was one of the most important events in his life._ Fue uno de los acontecimientos más importantes de su vida.
* **a sporting event** un acontecimiento deportivo
2 la _prueba_ ◇ _She took part in two events at the last Olympic Games._ Participó en dos pruebas en los últimos Juegos Olímpicos.
* **in the event of** en caso de ◇ _in the event of an accident_ en caso de accidente

eventful ADJECTIVE
lleno de incidentes (race, journey)

eventually ADVERB
finalmente

ever ADVERB
* **Have you ever been to Portugal?** ¿Has estado alguna vez en Portugal?
* **Have you ever seen her?** ¿La has visto alguna vez?
* **the best I've ever seen** el mejor que he visto
* **I haven't ever done that.** Jamás he hecho eso.
* **It will become ever more complex.** Irá siendo cada vez más complicado.
* **for the first time ever** por primera vez
* **ever since** desde que ◇ _ever since I met him_ desde que lo conozco
* **ever since then** desde entonces
* **It's ever so kind of you.** Es muy amable de su parte.

every ADJECTIVE
cada (FEM _cada_) ◇ _every pupil_ cada alumno ◇ _every time_ cada vez
* **every day** todos los días
* **every now and then** de vez en cuando

everybody PRONOUN
todo el mundo ◇ _Everybody makes mistakes._ Todo el mundo se equivoca.
* **Everybody had a good time.** Todos se lo pasaron bien.

everyone PRONOUN
todo el mundo ◇ _Everyone makes mistakes._ Todo el mundo se equivoca.
* **Everyone had a good time.** Todos se lo pasaron bien.

everything PRONOUN
todo ◇ _You've thought of everything!_ ¡Has pensado en todo! ◇ _Money isn't everything._ El dinero no lo es todo.

everywhere ADVERB
en todas partes ◇ _I looked everywhere, but I couldn't find it._ Miré en todas partes, pero no lo encontré.
* **I see him everywhere I go.** Lo veo dondequiera que vaya.
dondequiera has to be followed by a verb in the subjunctive.

evil ADJECTIVE
1 _malvado_ (person)
2 _maligno_ (plan, spirit)

ex- PREFIX

ex-   ◇ *his ex-wife* su ex-esposa

exact ADJECTIVE
exacto

exactly ADVERB
exactamente ◇ *exactly the same*
exactamente igual

- **It's exactly 10 o'clock.** Son las 10 en punto.

to **exaggerate** VERB
exagerar

exaggeration NOUN
la *exageración* (PL las *exageraciones*)

exam NOUN
el *examen* (PL los *exámenes*) ◇ *a French
exam* un examen de francés ◇ *the exam
results* los resultados de los exámenes

examination NOUN
el *examen* (PL los *exámenes*)

to **examine** VERB
examinar ◇ *He examined her passport.* Le
examinó el pasaporte. ◇ *The doctor examined
him.* El médico lo examinó.

examiner NOUN
el *examinador*
la *examinadora*

example NOUN
el *ejemplo* ◇ *for example* por ejemplo

excellent ADJECTIVE
excelente

except PREPOSITION
excepto ◇ *everyone except me* todos
excepto yo

- **except for** excepto
- **except that** salvo que ◇ *The weather was
great, except that it was a bit cold.* El tiempo
fue estupendo, salvo que hizo un poco de frío.
  > **salvo que** *may be followed by a verb in
  subjunctive.*

exception NOUN
la *excepción* (PL las *excepciones*) ◇ *to
make an exception* hacer* una excepción

exceptional ADJECTIVE
excepcional

excess baggage NOUN
el *exceso de equipaje*

to **exchange** VERB
> *see also* **exchange** NOUN
cambiar ◇ *I exchanged the book for a CD.*
Cambié el libro por un CD.

exchange NOUN
> *see also* **exchange** VERB
el *intercambio* ◇ *I'd like to do an
exchange with an English student.* Me
gustaría hacer un intercambio con un
estudiante inglés.

- **in exchange for** a cambio de

exchange rate NOUN
el *tipo de cambio*

excited ADJECTIVE
entusiasmado

exciting ADJECTIVE
emocionante

exclamation mark NOUN
el *signo de admiración*

excuse NOUN
> *see also* **excuse** VERB
la *excusa*

to **excuse** VERB
> *see also* **excuse** NOUN

- **Excuse me! (1)** (*to attract attention, apologize*)
¡Perdón!
- **Excuse me! (2)** (*when you want to get past*)
¡Con permiso!

ex-directory ADJECTIVE

- **She's ex-directory.** Su nombre no aparece
en la guía.

to **execute** VERB
ejecutar

execution NOUN
la *ejecución* (PL las *ejecuciones*)

executive NOUN
el *ejecutivo*
la *ejecutiva*
◇ *He's an executive.* Es ejecutivo.

exercise NOUN
el *ejercicio* ◇ *page ten, exercise three*
página diez, ejercicio tres ◇ *to take some
exercise* hacer* un poco de ejercicio

- **exercise book** el cuaderno
- **an exercise bike** una bicicleta estática

exhaust NOUN
el *tubo de escape*

exhausted ADJECTIVE
agotado

exhaust fumes PL NOUN
los *gases de escape*

exhaust pipe NOUN
el *tubo de escape*

exhibition NOUN
la *exposición* (PL las *exposiciones*)

to **exist** VERB
existir

exit NOUN
la *salida*

exotic ADJECTIVE
exótico

to **expect** VERB
1 *esperar* ◇ *I'm expecting him for dinner.*
Lo espero para cenar. ◇ *She's expecting a
baby.* Está esperando un bebé. ◇ *I didn't
expect that from him.* No me esperaba eso de
él.
2 *imaginarse* ◇ *I expect he'll be late.* Me
imagino que llegará tarde.

- **I expect so.** Me imagino que sí.

expedition NOUN
la *expedición* (PL las *expediciones*)

to **expel** VERB

- **to get expelled** ser* expulsado (*from school*)

expenses PL NOUN
los *gastos*

expensive ADJECTIVE
caro

experience NOUN
la *experiencia*

experienced ADJECTIVE

- **an experienced teacher** un maestro con

---

* *Verbs marked with this symbol are irregular. See pages 332–333 for further details*

experiencia
* **She's very experienced in looking after children.** Tiene mucha experiencia en cuidar niños.

experiment NOUN
el *experimento*

expert NOUN
see also expert ADJECTIVE
el *experto*
la *experta*
◇ *He's a computer expert.* Es un experto en informática.

expert ADJECTIVE
see also expert NOUN
experto
* **He's an expert cook.** Es un experto cocinero.

expire VERB
caducar ◇ *My passport has expired.* Mi pasaporte ha caducado.

explain VERB
*explicar**

explanation NOUN
la *explicación* (PL las *explicaciones*)

explode VERB
estallar

exploit VERB
explotar

exploitation NOUN
la *explotación*

explore VERB
explorar (*place*)

explorer NOUN
el *explorador*
la *exploradora*

explosion NOUN
la *explosión* (PL las *explosiones*)

explosive ADJECTIVE
see also explosive NOUN
explosivo

explosive NOUN
see also explosive ADJECTIVE
el *explosivo*

express VERB
expresar
* **to express oneself** expresarse ◇ *It's not easy to express oneself in a foreign language.* No es fácil expresarse en un idioma extranjero.

expression NOUN
la *expresión* (PL las *expresiones*) ◇ *It's an English expression.* Es una expresión inglesa.

extension NOUN
1 la *ampliación* (*of building*) (PL las *ampliaciones*)
2 la *extensión* (*telephone*) (PL las *extensiones*) ◇ *Extension three one three seven, please.* Con la extensión tres uno tres siete, por favor.

extensive ADJECTIVE
1 *extenso* ◇ *The hotel is situated in extensive grounds.* El hotel está situado en medio de extensos jardines.
2 *amplio* ◇ *My brother has an extensive knowledge of this subject.* Mi hermano tiene amplio conocimiento sobre esta materia.
* **extensive damage** daños de consideración

extent NOUN
* **to some extent** hasta cierto punto

exterior ADJECTIVE
exterior

extinct ADJECTIVE
extinto ◇ *to be extinct* estar* extinto
◇ *Dinosaurs are extinct.* Los dinosaurios están extintos.
* **to become extinct** extinguirse*

extinguisher NOUN
el *extintor*

extortionate ADJECTIVE
exorbitante

extra ADJECTIVE, ADVERB
* **He gave me an extra blanket.** Me dio una manta más.
* **to pay extra** pagar* un suplemento
* **Breakfast is extra.** El desayuno no está incluido.
* **Be extra careful!** ¡Ten muchísimo cuidado!

extraordinary ADJECTIVE
extraordinario

extravagant ADJECTIVE
derrochador (*person*) (FEM *derrochadora*)

extreme ADJECTIVE
extremo
* **with extreme caution** con sumo cuidado

extremely ADVERB
sumamente

extremist NOUN
el/la *extremista*

eye NOUN
el *ojo* ◇ *I've got green eyes.* Tengo los ojos verdes.
* **to keep an eye on something** vigilar algo

eyebrow NOUN
la *ceja*

eyelash NOUN
(PL eyelashes)
la *pestaña*

eyelid NOUN
el *párpado*

eyeliner NOUN
el *lápiz de ojos* (PL los *lápices de ojos*)

eye shadow NOUN
la *sombra de ojos*

eyesight NOUN
la *vista* ◇ *to have good eyesight* tener* buena vista

E

F

fabric NOUN
la *tela*

fabulous ADJECTIVE
fabuloso

face NOUN
see also **face** VERB
[1] la *cara* ◇ He was red in the face. Tenía la cara colorada. ◇ the north face of the mountain la cara norte de la montaña
[2] la *esfera* (of clock)
♦ **on the face of it** a primera vista
♦ **in the face of these difficulties** en vista de estas dificultades
♦ **face to face** cara a cara

to **face** VERB
see also **face** NOUN
[1] *estar* frente a* ◇ They stood facing each other. Estaban de pie el uno frente al otro.
♦ **The garden faces south.** El jardín da al sur.
[2] *enfrentarse a* ◇ They face serious problems. Se enfrentan a graves problemas.
♦ **Let's face it, we're lost.** Admitámoslo, estamos perdidos.

to **face up to** VERB
afrontar ◇ He refuses to face up to his responsibilities. Se niega a afrontar sus responsabilidades.

face cloth NOUN
la *toallita para lavarse*

facilities PL NOUN
las *instalaciones* ◇ This school has excellent facilities. Esta escuela tiene unas instalaciones magníficas.
♦ **The youth hostel has cooking facilities.** El albergue juvenil dispone de cocina.

fact NOUN
♦ **the fact that...** el hecho de que...
Use the subjunctive after **el hecho de que**.
◇ The fact that you are very busy is of no interest to me. El hecho de que estés muy ocupado no me interesa.
♦ **facts and figures** datos y cifras
♦ **in fact** de hecho

factory NOUN
(PL **factories**)
la *fábrica*

to **fade** VERB
[1] *desteñirse** ◇ My jeans have faded. Se me han desteñido los vaqueros.
[2] *apagarse** ◇ The light was fading fast. La luz se apagaba con rapidez. ◇ The noise gradually faded. El ruido se fue apagando.

fag NOUN
el *cigarro*

to **fail** VERB
see also **fail** NOUN
[1] *suspender* ◇ He failed his driving test. Suspendió el examen de conducir.
[2] *fallar* ◇ The lorry's brakes failed. Al camión le fallaron los frenos.
[3] *fracasar* ◇ The plan failed. El plan fracasó.
♦ **to fail to do something** no lograr hacer algo ◇ They failed to reach the quarter finals. No lograron alcanzar los cuartos de final.
♦ **The bomb failed to explode.** La bomba no llegó a estallar.

fail NOUN
see also **fail** VERB
el *suspenso* ◇ D is a pass, E is a fail. D es un aprobado, E es un suspenso.
♦ **without fail** sin falta

failure NOUN
[1] el *fracaso* ◇ The attempt was a complete failure. El intento fue un completo fracaso.
[2] el *fallo* ◇ a mechanical failure un fallo mecánico
♦ **I feel a failure.** Me siento un fracasado.

faint ADJECTIVE
see also **faint** VERB
débil ◇ His voice was very faint. Tenía la voz muy débil.
♦ **to feel faint** sentir* mareo

to **faint** VERB
see also **faint** ADJECTIVE
desmayarse

fair ADJECTIVE
see also **fair** NOUN
[1] *justo* ◇ That's not fair. Eso no es justo.
♦ **I paid more than my fair share.** Pagué más de lo que me correspondía.
[2] *rubio* ◇ He's got fair hair. Tiene el pelo rubio.
[3] *blanco* ◇ people with fair skin la gente con la piel blanca
♦ **I have a fair chance of winning.** Tengo bastantes posibilidades de ganar.
[4] *considerable* ◇ That's a fair distance. Esa es una distancia considerable.
[5] *bueno* (weather) ◇ The weather was fair. El tiempo era bueno.
Use **buen** before a masculine singular noun.

fair NOUN
see also **fair** ADJECTIVE
[1] la *feria* (travelling funfair)
[2] el *parque de atracciones* (on permanent site)
♦ **a trade fair** una feria de muestras

fair-haired ADJECTIVE
rubio

fairly ADVERB
[1] *equitativamente* ◇ The cake was divided fairly. La tarta se repartió equitativamente.
[2] *bastante* ◇ My car is fairly new. Mi coche es bastante nuevo. ◇ The weather was fairly good. El tiempo estuvo bastante bien.

fairy NOUN

(PL **fairies**)
la *hada*
fairy tale NOUN
el *cuento de hadas*
faith NOUN
1 la *confianza* ◇ *People have lost faith in the government.* La gente ha perdido la confianza en el gobierno.
2 la *fe* ◇ *the Catholic faith* la fe católica
faithful ADJECTIVE
fiel
faithfully ADVERB
◆ **Yours faithfully...** (*in letter*) Le saluda atentamente...
fake NOUN
see also **fake** ADJECTIVE
la *falsificación* (PL las *falsificaciones*)
◇ *The painting was a fake.* El cuadro era una falsificación.
fake ADJECTIVE
see also **fake** NOUN
falso ◇ *a fake banknote* un billete falso
◆ **a fake fur coat** un abrigo de piel sintética
fall NOUN
see also **fall** VERB
1 la *caída* ◇ *She had a nasty fall.* Tuvo una mala caída.
◆ **a fall of snow** una nevada
◆ **Niagara Falls** las cataratas del Niágara
2 el *otoño* (*autumn*) US
o **fall** VERB
(**fell, fallen**)
see also **fall** NOUN
1 *caer** ◇ *Bombs fell on the town.* Las bombas caían sobre la ciudad.
When the action of falling is not deliberate, use **caerse**.
◇ *He tripped and fell.* Tropezó y se cayó.
◇ *The book fell off the shelf.* El libro se cayó de la estantería.
◆ **to fall in love with someone** enamorarse de alguien
2 *bajar* ◇ *Prices are falling.* Están bajando los precios.
o **fall apart** VERB
*romperse** ◇ *The book fell apart when he opened it.* El libro se rompió cuando lo abrió.
o **fall down** VERB
*caerse** ◇ *She's fallen down.* Se ha caído.
◇ *The house is slowly falling down.* La casa se cae poco a poco.
o **fall for** VERB
1 *tragarse** ◇ *They fell for it!* ¡Se lo tragaron!
2 *enamorarse de* ◇ *She fell for him immediately.* Se enamoró de él en el acto.
o **fall out** VERB
*reñir** ◇ *Sarah's fallen out with her boyfriend.* Sarah ha reñido con su novio.
o **fall through** VERB
fracasar ◇ *Our plans have fallen through.* Nuestros planes han fracasado.
false ADJECTIVE
falso

◆ **a false alarm** una falsa alarma
◆ **false teeth** la dentadura postiza
fame NOUN
la *fama*
familiar ADJECTIVE
familiar ◇ *The name sounded familiar to me.* El nombre me sonaba familiar.
◆ **a familiar face** un rostro conocido
◆ **to be familiar with something** conocer* bien algo ◇ *I'm familiar with his work.* Conozco bien su obra.
family NOUN
(PL **families**)
la *familia* ◇ *the Cooke family* la familia Cooke
famine NOUN
la *hambruna*
famous ADJECTIVE
famoso
fan NOUN
1 el/la *hincha* ◇ *the England fans* los hinchas ingleses
2 el/la *fan* (PL los/las *fans*) ◇ *the Oasis fan club* el club de fans de Oasis
◆ **I'm one of his greatest fans.** Soy uno de sus mayores admiradores.
3 el *aficionado*
la *aficionada*
◇ *a rap music fan* un aficionado al rap
4 el *abanico* ◇ *a silk fan* un abanico de seda
◆ **an electric fan** un ventilador
fanatic NOUN
el *fanático*
la *fanática*
to **fancy** VERB
(**fancied, fancied**)
*apetecer** ◇ *I fancy an ice cream.* Me apetece un helado. ◇ *What do you fancy doing?* ¿Qué te apetece hacer?
apetecer que has to be followed by a verb in the subjunctive.
◇ *Do you fancy going to the cinema sometime?* ¿Te apetece que vayamos al cine algún día?
◆ **He fancies her.** Le gusta ella.
fancy dress NOUN
el *disfraz* (PL los *disfraces*)
◆ **a fancy dress ball** un baile de disfraces
fantastic ADJECTIVE
fantástico
far ADJECTIVE, ADVERB
lejos ◇ *Is it far?* ¿Está lejos? ◇ *It's not far from London.* No está lejos de Londres.
◆ **How far is it to Madrid?** ¿A qué distancia está Madrid?
◆ **It's far from easy.** No es nada fácil.
◆ **How far have you got?** ¿Hasta dónde has llegado?
◆ **at the far end of the swimming pool** al otro extremo de la piscina
◆ **far better** mucho mejor
◆ **as far as I know** por lo que yo sé
◆ **so far** hasta ahora

F

fare NOUN
la *tarifa* ◇ *Rail fares are very high in Britain.*
Las tarifas de tren son muy altas en Gran
Bretaña. ◇ *The air fare was very reasonable.*
La tarifa del vuelo fue bastante razonable.
- **He didn't have the bus fare, so he had to walk.** No tenía dinero para el autobús, así que tuvo que andar.
- **full fare** el precio del billete completo
- **Children pay half fare on the bus.** Los niños pagan la mitad en el autobús.

Far East NOUN
- **the Far East** el Extremo Oriente

farm NOUN
la *granja*

farmer NOUN
el *granjero*
la *granjera*
◇ *He's a farmer.* Es granjero.

farmhouse NOUN
el *caserío*

farming NOUN
la *agricultura* ◇ *organic farming*
agricultura biológica
- **dairy farming** la ganadería (*especializada en producción de leche*)

fascinating ADJECTIVE
fascinante

fashion NOUN
la *moda*
- **to be in fashion** estar* de moda
- **to go out of fashion** pasar de moda

fashionable ADJECTIVE
de moda MASC, FEM, PL ◇ *That colour is very fashionable.* Ese color está muy de moda.
- **Jane wears fashionable clothes.** Jane viste a la moda.

fast ADJECTIVE, ADVERB
rápido ◇ *a fast car* un coche rápido
◇ *They work very fast.* Trabajan muy rápido.
- **That clock's fast.** Ese reloj va adelantado.
- **He's fast asleep.** Está profundamente dormido.

fat ADJECTIVE
see also fat NOUN
gordo ◇ *She thinks she's too fat.* Piensa que está demasiado gorda.

fat NOUN
see also fat ADJECTIVE
[1] la *grasa* (*on meat, in food*) ◇ *It's very high in fat.* Es muy rico en grasas.
[2] la *manteca* (*used for cooking*)

fatal ADJECTIVE
[1] *mortal* ◇ *a fatal accident* un accidente mortal
[2] *fatal* ◇ *a fatal mistake* un error fatal

father NOUN
el *padre*
- **my father and mother** mis padres
- **Father Christmas** Papá Noel

father-in-law NOUN
(PL **fathers-in-law**)
el *suegro*

faucet NOUN US
el *grifo*

fault NOUN
[1] la *culpa* ◇ *It wasn't my fault.* No fue culpa mía.
[2] el *defecto* ◇ *He has his faults, but I still like him.* Tiene sus defectos, aun así me gusta.
- **a mechanical fault** un fallo mecánico

faulty ADJECTIVE
defectuoso

favour NOUN
(US **favor**)
el *favor* (PL los *favores*) ◇ *Could you do me a favour?* ¿Me harías un favor?
- **to be in favour of something** estar* a favor de algo

favourite ADJECTIVE
(US **favorite**)
see also favourite NOUN
favorito ◇ *Blue's my favourite colour.* El azul es mi color favorito.

favourite NOUN
(US **favorite**)
see also favourite ADJECTIVE
el *favorito*
la *favorita*
◇ *Liverpool are favourites to win the Cup.* El Liverpool es el favorito para ganar la Copa.

fawn ADJECTIVE
beige MASC, FEM, PL
Pronounce this word like the English word base.

fax NOUN
el *fax* (PL los *faxes*)

fear NOUN
see also fear VERB
el *miedo*

to **fear** VERB
see also fear NOUN
temer ◇ *You have nothing to fear.* No tienes nada que temer.

feather NOUN
la *pluma*

feature NOUN
la *característica* ◇ *an important feature* una característica importante

February NOUN
febrero MASC ◇ *in February* en febrero
◇ *on 18 February* el 18 de febrero

fed VERB see **feed**

fed up ADJECTIVE
- **to be fed up with something** estar* harto de algo

to **feed** VERB
(**fed, fed**)
dar de comer a* ◇ *Have you fed the cat?*
¿Le has dado de comer al gato? ◇ *He worked hard to feed his family.* Trabajaba duro para dar de comer a su familia.

to **feel** VERB
(**felt, felt**)
[1] *sentir** ◇ *I didn't feel much pain.* No sentí mucho dolor.
[2] *sentirse** ◇ *I don't feel well.* No me

siento bien. ◇ *I felt lonely.* Me sentía solo.
- **I was feeling hungry.** Tenía hambre.
- **I was feeling cold, so I went inside.** Tenía frío, así que pasé dentro.

[3] *tocar** ◇ *The doctor felt his forehead.* El médico le tocó la frente.
- **to feel like doing something** tener* ganas de hacer algo ◇ *I don't feel like going out tonight.* No tengo ganas de salir esta noche.
- **Do you feel like an ice cream?** ¿Te apetece un helado?

feeling NOUN
[1] la *sensación* (PL las *sensaciones*) ◇ *a burning feeling* una sensación de escozor
[2] el *sentimiento* ◇ *He was afraid of hurting my feelings.* Tenía miedo de herir mis sentimientos.
- **What are your feelings about it?** ¿Tú qué opinas de ello?

feet PL NOUN *see* **foot**

fell VERB *see* **fall**

fellow ADJECTIVE
- **fellow students** los compañeros de clase
- **fellow workers** los compañeros de trabajo

felt VERB *see* **feel**

felt-tip pen NOUN
el *rotulador*

female ADJECTIVE
see also female NOUN
[1] *hembra* MASC, FEM, PL ◇ *a female bat* un murciélago hembra
[2] *femenino* ◇ *the female sex* el sexo femenino

female NOUN
see also female ADJECTIVE
la *hembra* (*animal*)

feminine ADJECTIVE
femenino

feminist NOUN
el/la *feminista*

fence NOUN
la *valla*

fern NOUN
el *helecho*

ferocious ADJECTIVE
feroz (PL *feroces*)

ferry NOUN
(PL **ferries**)
el *ferry*

fertile ADJECTIVE
fértil

fertilizer NOUN
el *abono*

festival NOUN
el *festival* ◇ *a jazz festival* un festival de jazz

to **fetch** VERB
[1] *ir* a por* ◇ *Fetch the bucket.* Ve a por el cubo.
- **to fetch something for someone** traer* algo a alguien ◇ *Fetch me a glass of water.* Tráeme un vaso de agua.
[2] *venderse por* ◇ *His painting fetched £5000.* Su cuadro se vendió por 5.000 libras

esterlinas.

fever NOUN
la *fiebre*

few ADJECTIVE, PRONOUN
[1] *pocos* ◇ *He has few friends.* Tiene pocos amigos.
- **a few** unos ◇ *She was silent for a few seconds.* Se quedó unos segundos callada.
[2] *algunos* ◇ *a few of them* algunos de ellos
- **quite a few people** bastante gente

fewer ADJECTIVE
menos ◇ *There were fewer people than yesterday.* Había menos gente que ayer.

fiancé NOUN
el *novio* (*prometido*)

fiancée NOUN
la *novia* (*prometida*)

fiction NOUN
la *narrativa* (*novels*)

field NOUN
el *campo* ◇ *a field of wheat* un campo de trigo ◇ *a football field* un campo de fútbol ◇ *He's an expert in his field.* Es un experto en su campo.

fierce ADJECTIVE
[1] *feroz* (PL *feroces*) ◇ *a fierce Alsatian* un pastor alemán feroz
[2] *encarnizado* ◇ *There's fierce competition between the companies.* Existe una encarnizada competencia entre las empresas.
[3] *violento* ◇ *a fierce attack* un violento ataque

fifteen NUMERAL
quince ◇ *I'm fifteen.* Tengo quince años.

fifth ADJECTIVE
quinto ◇ *the fifth floor* el quinto piso
- **the fifth of August** el cinco de agosto

fifty NUMERAL
cincuenta ◇ *He's fifty.* Tiene cincuenta años.

fifty-fifty ADJECTIVE, ADVERB
a medias ◇ *They split the prize money fifty-fifty.* Se repartieron a medias el dinero del premio.
- **a fifty-fifty chance** un cincuenta por ciento de posibilidades

fight NOUN
see also fight VERB
[1] la *pelea* ◇ *There was a fight in the pub.* Hubo una pelea en el pub.
- **She had a fight with her best friend.** Se peleó con su mejor amiga.
[2] la *lucha* ◇ *the fight against cancer* la lucha contra el cáncer

to **fight** VERB
(**fought, fought**)
see also fight NOUN
[1] *pelearse* ◇ *The fans started fighting.* Los hinchas empezaron a pelearse.
[2] *luchar* ◇ *She has fought against racism all her life.* Ha luchado toda su vida contra el racismo. ◇ *The demonstrators fought with the*

police. Los manifestantes lucharon con la policía.

◆ **The doctors tried to fight the disease.** Los médicos intentaron combatir la enfermedad.

to **fight back** VERB
defenderse*

fighting NOUN
1 la **pelea** ◇ *Fighting broke out outside the pub.* Se desencadenó una pelea a las puertas del pub.
2 los **combates** ◇ *Many people have died in the fighting.* Ha muerto mucha gente en los combates.

figure NOUN
1 la **cifra** ◇ *Can you give me the exact figures?* ¿Me puedes dar las cifras exactas?
2 la **silueta** ◇ *Helen saw the figure of a man on the bridge.* Helen vio la silueta de un hombre en el puente.

◆ **She's got a good figure.** Tiene buen tipo.
◆ **I have to watch my figure.** Tengo que mantener la línea.
3 la **figura** ◇ *She's an important political figure.* Es una importante figura política.

to **figure out** VERB
1 **calcular** ◇ *I'll try to figure out how much it'll cost.* Intentaré calcular lo que va a costar.
2 **llegar* a comprender** ◇ *I couldn't figure out what it meant.* No llegué a comprender lo que significaba.

file NOUN
see also **file** VERB
1 el **expediente** ◇ *There was stuff in that file that was private.* Había cosas privadas en ese expediente.

◆ **The police have a file on him.** Está fichado por la policía.
2 la **carpeta** ◇ *She put the photocopy into her file.* Metió la fotocopia en su carpeta.
3 la **lima** ◇ *a nail file* una lima de uñas
4 el **fichero** (on computer)

to **file** VERB
see also **file** NOUN
1 **archivar** ◇ *You have to file all these documents.* Tienes que archivar estos documentos.
2 **limarse** ◇ *She was filing her nails.* Se estaba limando las uñas.

to **fill** VERB
llenar ◇ *She filled the glass with water.* Llenó el vaso de agua.

to **fill in** VERB
1 **rellenar** ◇ *Can you fill in this form, please?* Rellene este impreso, por favor.
2 **llenar** ◇ *He filled the hole in with soil.* Llenó el agujero de tierra.

to **fill up** VERB
llenar ◇ *He filled the cup up to the brim.* Llenó la taza hasta el borde.

◆ **Fill it up, please.** (at petrol station) Llénemelo, por favor.

film NOUN
1 la **película** (movie)

2 el **carrete** ◇ *I need a 36 exposure film.* Quería un carrete de 36.

film star NOUN
la **estrella del cine**

filthy ADJECTIVE
mugriento

final ADJECTIVE
see also **final** NOUN
1 **último** ◇ *a final attempt* un último intento
2 **definitivo** ◇ *a final decision* una decisión definitiva

◆ **I'm not going and that's final.** He dicho que no voy y se acabó.

final NOUN
see also **final** ADJECTIVE
la **final** ◇ *Boris Becker is in the final.* Boris Becker ha llegado a la final.

finally ADVERB
1 **por último** ◇ *Finally, I would like to say thank you to all of you.* Por último me gustaría darles las gracias a todos.
2 **al final** ◇ *They finally decided to leave on Saturday.* Al final decidieron salir* el sábado.

to **find** VERB
(found, found)
encontrar* ◇ *I can't find the exit.* No encuentro la salida.

to **find out** VERB
averiguar* ◇ *I found out what happened.* Averigüé lo que ocurrió.

◆ **to find out about** enterarse de ◇ *Try to find out about the cost of a hotel.* Intenta enterarte de lo que costaría un hotel. ◇ *Find out as much as possible about the town.* Entérate de todo lo que puedas sobre la ciudad.

fine ADJECTIVE, ADVERB
see also **fine** NOUN
1 **estupendo** ◇ *He's a fine musician.* Es un músico estupendo.

◆ **How are you? – I'm fine.** ¿Qué tal estás? – Bien.
◆ **I feel fine.** Me siento bien.
◆ **It'll be ready tomorrow. – That's fine, thanks.** Mañana estará listo. – Muy bien, gracias.
◆ **The weather is fine today.** Hoy hace muy buen tiempo.
2 **fino** ◇ *She's got very fine hair.* Tiene el pelo muy fino.

fine NOUN
see also **fine** ADJECTIVE
la **multa** ◇ *I got a fine for driving through a red light.* Me pusieron una multa por saltarme un semáforo en rojo.

finger NOUN
el **dedo**

◆ **my little finger** el meñique ◇ *I hurt my little finger.* Me hice daño en el meñique.

fingernail NOUN
la **uña**

finish NOUN
see also finish VERB
[1] el *fin* ⋄ *from start to finish* de principio a fin
[2] la *llegada* ⋄ *We saw the finish of the London Marathon.* Vimos la llegada del maratón de Londres.

finish VERB
see also finish NOUN
terminar ⋄ *I've finished!* ¡Ya he terminado! ⋄ *to finish doing something* terminar de hacer algo ⋄ *Have you finished eating?* ¿Has terminado de comer?

Finland NOUN
Finlandia FEM

Finn NOUN
el *finlandés* (PL los *finlandeses*)
la *finlandesa*
⋄ *the Finns* los finlandeses

Finnish ADJECTIVE
see also Finnish NOUN
finlandés (PL *finlandeses*, FEM *finlandesa*)

Finnish NOUN
see also Finnish ADJECTIVE
el *finlandés* (*language*)

fir NOUN
el *abeto*

fire NOUN
see also fire VERB
[1] el *fuego* (*flames*) ⋄ *The fire spread quickly.* El fuego avanzó rápidamente.
[2] el *incendio* (*blaze*) ⋄ *The house was destroyed by a fire.* La casa fue destruida por un incendio.
[3] la *hoguera* ⋄ *He made a fire to warm himself up.* Encendió una hoguera para calentarse.
[4] la *estufa* ⋄ *an electric fire* una estufa eléctrica
◆ **to be on fire** estar* ardiendo

fire VERB
see also fire NOUN
disparar ⋄ *She fired at him.* Le disparó.
◆ **to fire a gun** disparar
◆ **to fire somebody** despedir* a alguien ⋄ *He was fired from his job.* Le despidieron del trabajo.

fire alarm NOUN
la *alarma contra incendios*

fire brigade NOUN
el *cuerpo de bomberos*

fire engine NOUN
el *coche de bomberos*

fire escape NOUN
la *escalera de incendios*

fire extinguisher NOUN
el *extintor*

fireman NOUN
(PL **firemen**)
el *bombero* ⋄ *He's a fireman.* Es bombero.

fireplace NOUN
la *chimenea*

fire station NOUN
el *parque de bomberos*

fireworks PL NOUN
los *fuegos artificiales*

firm ADJECTIVE
see also firm NOUN
[1] *firme* ⋄ *to be firm with somebody* mostrarse* firme con alguien
[2] *duro* ⋄ *a firm mattress* un colchón duro

firm NOUN
see also firm ADJECTIVE
la *empresa*

first ADJECTIVE, NOUN, ADVERB
[1] *primero* ⋄ *for the first time* por primera vez
Use **primer** *before a masculine singular noun.*
⋄ *my first job* mi primer trabajo ⋄ *Rachel came first in the race.* Rachel quedó primera en la carrera. ⋄ *She was the first to arrive.* Fue la primera en llegar.
◆ **the first of September** el uno de septiembre
◆ **at first** al principio
[2] *antes* ⋄ *I want to get a job, but first I have to pass my exams.* Quiero conseguir* un trabajo, pero antes tengo que aprobar los exámenes.
◆ **first of all** ante todo

first aid NOUN
los *primeros auxilios*
◆ **a first aid kit** un botiquín

first-class ADJECTIVE
[1] *de primera clase* MASC, FEM, PL ⋄ *a first-class ticket* un billete de primera clase
[2] *de primera* MASC, FEM, PL ⋄ *a first-class meal* una comida de primera
◆ **a first-class stamp** un sello para correo urgente
In Spain there is no first-class or second-class postage. If you want your mail to arrive fast, you must have it sent express – urgente – from a post office.

firstly ADVERB
en primer lugar

fish NOUN
(PL **fish**)
see also fish VERB
[1] el *pez* (*animal*) (PL los *peces*) ⋄ *I caught three fish.* Pesqué tres peces.
[2] el *pescado* (*food*) ⋄ *I don't like fish.* No me gusta el pescado. ⋄ *fish and chips* el pescado rebozado con patatas fritas
*Es el plato por excelencia de la comida rápida británica; se compra en las **chip shops** o **fish and chip shops** donde es servido en envases de plástico o cartón.*

fish VERB
see also fish NOUN
pescar*
◆ **to go fishing** ir* de pesca

fisherman NOUN
(PL **fishermen**)
el *pescador* ⋄ *He's a fisherman.* Es pescador.

fish fingers PL NOUN
los *palitos de pescado*

fishing NOUN

F

la *pesca* ◇ I enjoy fishing. Me gusta la pesca.
- **a fishing boat** un barco pesquero
- **fishing rod** la caña de pescar

fishing tackle NOUN
los *aparejos de pesca*

fishmonger's NOUN
la *pescadería*

fish sticks PL NOUN US
los *palitos de pescado*

fist NOUN
el *puño*

fit ADJECTIVE
see also fit VERB, NOUN
en forma ◇ He felt relaxed and fit after his holiday. Se sentía relajado y en forma tras las vacaciones.
- **Will he be fit to play next Saturday?** ¿Estará en condiciones de jugar el próximo sábado?

fit NOUN
see also fit ADJECTIVE, VERB
- **to have a fit (1)** sufrir un ataque de epilepsia (epileptic)
- **to have a fit (2)** (be angry) ponerse* hecho una furia ◇ My Mum will have a fit when she sees the carpet! ¡Mi madre se va a poner hecha una furia cuando vea la moqueta!

to **fit** VERB
see also fit ADJECTIVE, NOUN
1 *caber** (go into a space) ◇ It's small enough to fit into your pocket. Es lo bastante pequeño como para que te quepa en el bolsillo.
2 *encajar* ◇ Make sure the cork fits well into the bottle. Asegúrese de que el corcho encaja bien en la botella.
3 *instalar* (install) ◇ He fitted an alarm in his car. Instaló una alarma en el coche.
4 *poner** (attach) ◇ She fitted a plug to the hair dryer. Le puso un enchufe al secador.
- **to fit somebody** estar* bien a alguien ◇ These trousers don't fit me. Estos pantalones no me están bien.
- **Does it fit?** ¿Te está bien?

to **fit in** VERB
1 *encajar* ◇ That story doesn't fit in with what he told us. Esa historia no encaja con lo que él nos contó.
2 *adaptarse* ◇ She fitted in well at her new school. Se adaptó bien al nuevo colegio.

fitted carpet NOUN
la *moqueta*

fitted kitchen NOUN
la *cocina amueblada*

fitting room NOUN
el *probador* (PL los *probadores*)

five NUMERAL
cinco ◇ He's five. Tiene cinco años.

to **fix** VERB
1 *arreglar* ◇ Can you fix my bike? ¿Me puedes arreglar la bici?
2 *fijar* ◇ Let's fix a date for the party. Vamos a fijar una fecha para la fiesta.

fixed ADJECTIVE
fijo ◇ at a fixed time a una hora fija
- **My parents have very fixed ideas.** Mis padres son de ideas fijas.

fizzy ADJECTIVE
gaseoso

flabby ADJECTIVE
fofo

flag NOUN
la *bandera*

flame NOUN
la *llama*

flamingo NOUN
(PL flamingos or flamingoes)
el *flamenco* (pájaro)

flan NOUN
1 la *tarta* (sweet) ◇ a raspberry flan una tarta de frambuesa
2 el *pastel* (savoury) ◇ a cheese and onion flan un pastel de queso y cebolla

flannel NOUN
la *toallita para lavarse* (for face)

to **flap** VERB
- **The bird flapped its wings.** El pájaro aleteó.

flash NOUN
(PL flashes)
see also flash VERB
el *flash* (of camera)
- **a flash of lightning** un relámpago
- **in a flash** en un abrir y cerrar de ojos

to **flash** VERB
see also flash NOUN
- **A lorry driver flashed him.** Un camionero le hizo señales con los faros.
- **They flashed a torch in his face.** Le enfocaron con una linterna en la cara.

flat ADJECTIVE
see also flat NOUN
llano ◇ a flat surface una superficie llana
- **flat shoes** zapatos bajos
- **I've got a flat tyre.** Tengo una rueda desinflada.

flat NOUN
see also flat ADJECTIVE
el *piso*

flattered ADJECTIVE
halagado

flavour NOUN
el *sabor* (PL los *sabores*) ◇ a very strong flavour un sabor muy fuerte ◇ Which flavour of ice cream would you like? ¿De qué sabor quieres el helado?

flavouring NOUN
el *condimento*

flew VERB see **fly**

flexible ADJECTIVE
flexible ◇ flexible working hours un horario de trabajo flexible

to **flick** VERB ◇ She flicked the switch to turn the light on. Apretó el interruptor para encender* la luz. ◇ to flick through a book hojear* un libro

to **flicker** VERB

parpadear (light)

flight NOUN
el *vuelo* ◇ What time is the flight to Paris?
¿A qué hora es el vuelo para París?
• **a flight of stairs** un tramo de escaleras

flight attendant NOUN
el/la *auxiliar de vuelo*

to **fling** VERB
(flung, flung)
arrojar ◇ He flung the dictionary onto the
floor. Arrojó el diccionario al suelo.

to **float** VERB
flotar

flock NOUN
• **a flock of sheep** un rebaño de ovejas
• **a flock of birds** una bandada de pájaros

flood NOUN
see also flood VERB
la *inundación* (PL las *inundaciones*) ◇ The
rain has caused many floods. La lluvia ha
provocado muchas inundaciones.
• **He received a flood of letters.** Recibió un
aluvión de cartas.

to **flood** VERB
see also flood NOUN
inundar ◇ The river has flooded the village.
El río ha inundado el pueblo.

flooding NOUN
la *inundación*

floor NOUN
1 el *suelo* ◇ a tiled floor un suelo
embaldosado
• **the dance floor** la pista de baile
2 el *piso* ◇ the first floor el primer piso
◇ on the first floor en el primer piso

flop NOUN
el *fracaso* ◇ The film was a flop. La
película fue un fracaso.

floppy disk NOUN
el *disquete*

florist NOUN
el/la *florista*

flour NOUN
la *harina*

to **flow** VERB
*fluir** ◇ The river flows through the valley.
El río fluye por el valle.
• **Traffic is now flowing normally.** El tráfico ya
fluye con normalidad.
• **Water was flowing from the pipe.** El agua
brotaba de la tubería.

flower NOUN
see also flower VERB
la *flor* (PL las *flores*)

to **flower** VERB
see also flower NOUN
*florecer**

flown VERB see **fly**

flu NOUN
la *gripe* ◇ I've got flu. Tengo gripe.

fluent ADJECTIVE
• **He speaks fluent Spanish.** Habla español
con fluidez.

flung VERB see **fling**

to **flush** VERB
• **to flush the toilet** tirar de la cadena

flute NOUN
la *flauta*

fly NOUN
(PL **flies**)
see also fly VERB
la *mosca*

to **fly** VERB
(flew, flown)
see also fly NOUN
*volar** ◇ He flew from London to Glasgow.
Voló de Londres a Glasgow. ◇ The bird flew
away. El pájaro salió volando.

foal NOUN
el *potro*

focus NOUN
(PL **focuses**)
see also focus VERB
el *centro* ◇ He was the focus of attention.
Era el centro de atención.
• **to be out of focus** estar* desenfocado

to **focus** VERB
see also focus NOUN
*enfocar** ◇ Try to focus the binoculars.
Procura enfocar los prismáticos.
• **to focus on something (1)** enfocar* algo
(with camera, telescope) ◇ The cameraman
focused on the bird. El cámara enfocó al
pájaro.
• **to focus on something (2)** centrarse en algo
(concentrate on)

fog NOUN
la *niebla*

foggy ADJECTIVE
• **It's foggy.** Hay niebla.
• **a foggy day** un día de niebla

foil NOUN
el *papel de aluminio* (kitchen foil)

fold NOUN
see also fold VERB
el *pliegue*

to **fold** VERB
see also fold NOUN
doblar ◇ He folded the newspaper in half.
Dobló el periódico por la mitad.
• **to fold one's arms** cruzarse* de brazos

to **fold up** VERB
*plegar** ◇ She folded the chair up and
walked off. Plegó la silla y se marchó.

folder NOUN
la *carpeta*

folding ADJECTIVE
plegable (bed, chair)

to **follow** VERB
*seguir** ◇ You go first and I'll follow. Ve tú
primero y yo te sigo. ◇ He followed my
advice. Siguió mi consejo.

following ADJECTIVE
siguiente ◇ the following day al día
siguiente

fond ADJECTIVE
• **to be fond of somebody** tener* cariño a
alguien ◇ I'm very fond of her. Le tengo

F

mucho cariño.

food NOUN
la *comida*   ◇ cat food comida para gatos
◆ **We need to buy some food.** Hay que comprar cosas de comer.

food processor NOUN
el *robot de cocina*   (PL los *robots de cocina*)

fool NOUN
el/la *idiota*

foot NOUN
(PL **feet**)
1 el *pie* (of person)   ◇ My feet are aching. Me duelen los pies.
◆ **on foot** a pie

In Spain measurements are in metres and centimetres rather than feet and inches. A foot is about 30 centimetres.

◇ Dave is six foot tall. Dave mide un metro ochenta.
2 la *pata* (of animal)

football NOUN
1 el *fútbol*   ◇ I like playing football. Me gusta jugar* al fútbol.
2 el *balón*   (PL los *balones*)   ◇ Paul threw the football over the fence. Paul tiró el balón por encima de la valla.

footballer NOUN
el/la *futbolista*

football player NOUN
el/la *futbolista*

footpath NOUN
el *sendero*

footprint NOUN
la *pisada*   ◇ He saw some footprints in the sand. Vio algunas pisadas en la arena.

footstep NOUN
el *paso*   ◇ I can hear footsteps on the stairs. Oigo pasos en la escalera.

for PREPOSITION

There are three basic ways of translating for *into Spanish:* **para**, **por** *and* **durante**. *Check the boxes at the beginning of each translation to find the meaning or example you need. If you can't find it look at the phrases at the end of the entry.*

1 *para*

para *is used to indicate destination, employment, intention and purpose.*

◇ a present for me un regalo para mí ◇ the train for London el tren para Londres ◇ He works for the government. Trabaja para el gobierno. ◇ What for? ¿Para qué? ◇ What's it for? ¿Para qué es?

2 *por*

por *is used to indicate reason or cause. Use it also when talking about amounts of money.*

◇ for fear of being criticized por temor a ser* criticado ◇ Oxford is famous for its university. Oxford es famoso por su universidad. ◇ I'll do it for you. Lo haré por ti. ◇ I'm sorry for Steve, but it's his own fault. Lo siento por Steve, pero es culpa suya. ◇ I sold it for £5. Lo vendí por 5 libras. ◇ What did he do that for? ¿Por qué ha hecho eso?

3 *durante*

When referring to periods of time, use **durante** *to refer to the future and completed actions in the past. Note that it can often be omitted, as in the next two examples.*

◇ She will be away for a month. Estará fuera (durante) un mes. ◇ He worked in Spain for two years. Trabajó (durante) dos años en España.

Use **hace...que** *and the present to describe actions and states that started in the past and are still going on. Alternatively use the present and* **desde hace**. *Another option is* **llevar** *and an* **-ando/ -iendo** *form.*

◇ He has been learning French for two years. Hace dos años que estudia francés. ◇ I haven't seen her for two years. No la veo desde hace dos años. ◇ She's been learning German for four years. Lleva cuatro años estudiando alemán.

See how the tenses change when talking about something that had *happened or had been happening* for *a time.*

◇ He had been learning French for two years. Hacía dos años que estudiaba francés. ◇ I hadn't seen her for two years. No la veía desde hacía dos años. ◇ She had been learning German for four years. Llevaba cuatro años estudiando alemán.

◆ **There are road works for three kilometres.** Hay obras por tres kilómetros.
◆ **What's the English for "león"?** ¿Cómo se dice "león" en inglés?
◆ **It's time for lunch.** Es la hora de comer.
◆ **Can you do it for tomorrow?** ¿Puedes hacerlo para mañana?
◆ **Are you for or against the idea?** ¿Estás a favor o en contra de la idea?

to **forbid** VERB
(forbade, forbidden)
*prohibir**
◆ **to forbid somebody to do something** prohibir a alguien hacer algo

force NOUN
la *fuerza*   ◇ the force of the explosion la fuerza de la explosión
◆ **UN forces** las fuerzas de la ONU
◆ **in force** (law, rules) en vigor

to **force** VERB
*obligar**   ◇ They forced him to open the safe. Le obligaron a abrir la caja fuerte.

forecast NOUN
◆ **the weather forecast** el pronóstico del tiempo

foreground NOUN
el *primer plano*   ◇ in the foreground en primer plano

forehead NOUN
la *frente*

foreign ADJECTIVE
1 *extranjero*   ◇ a foreign language una lengua extranjera
2 *exterior*   ◇ US foreign policy la política

exterior estadounidense

foreigner NOUN
el *extranjero*
la *extranjera*

to **foresee** VERB
(foresaw, foreseen)
prever*

forest NOUN
el *bosque*

forever ADVERB
[1] *para siempre* ◇ He's gone forever. Se
ha ido para siempre.
[2] *siempre* ◇ She's forever complaining.
Siempre se está quejando.

forgave VERB *see* **forgive**

to **forge** VERB
falsificar* ◇ She forged his signature.
Falsificó su firma.

to **forget** VERB
(forgot, forgotten)
olvidar ◇ I've forgotten his name. He
olvidado su nombre.
+ **to forget to do something** olvidarse de hacer
algo ◇ I forgot to close the window. Me
olvidé de cerrar la ventana.
+ **I'm sorry, I had completely forgotten!** ¡Lo
siento, se me había olvidado por completo!
+ **Forget it!** ¡No importa!

to **forgive** VERB
(forgave, forgiven)
perdonar ◇ I forgive you. Te perdono.
+ **to forgive somebody for doing something**
perdonar a alguien por haber hecho algo

forgot, forgotten VERB *see* **forget**

fork NOUN
[1] el *tenedor* (for eating)
[2] la *horca* ◇ He was piling up hay with a
fork. Apilaba heno con una horca.
[3] la *bifurcación* (in road) (PL las
bifurcaciones)

form NOUN
[1] el *impreso*
+ **to fill in a form** rellenar un impreso
[2] la *forma* ◇ I'm against hunting in any
form. Estoy en contra de cualquier forma de
caza.
+ **in top form** en plena forma
+ **She's in the first form.** Está haciendo
primero de secundaria.

formal ADJECTIVE
[1] *oficial* ◇ a formal occasion un acto
oficial
+ **a formal dinner** una cena de gala
+ **formal clothes** la ropa de etiqueta
[2] *formal* ◇ In English, "residence" is a
formal term. En inglés, "residence" es un
término formal.
+ **He's got no formal education.** No tiene
formación académica.

former ADJECTIVE
antiguo
Put **antiguo** before the noun when translating
former.
◇ a former pupil un antiguo alumno

formerly ADVERB
antiguamente

fort NOUN
el *fuerte*

forth ADVERB
+ **to go back and forth** ir* de acá para allá
+ **and so forth** y cosas por el estilo

fortnight NOUN
+ **a fortnight** quince días ◇ I'm going on
holiday for a fortnight. Me voy quince días de
vacaciones.

fortunate ADJECTIVE
+ **He was extremely fortunate to survive.**
Tuvo la gran suerte de sobrevivir.
+ **It's fortunate that I remembered the map.**
Menos mal que me acordé de traer el mapa.

fortunately ADVERB
afortunadamente

fortune NOUN
la *fortuna* ◇ He made his fortune in car
sales. Amasó su fortuna con la venta de
coches.
+ **Kate earns a fortune!** ¡Kate gana un dineral!
+ **to tell somebody's fortune** decir* la
buenaventura a alguien

forty NUMERAL
cuarenta ◇ He's forty. Tiene cuarenta
años.

forward ADVERB
see also forward VERB
hacia delante ◇ to look forward mirar
hacia delante
+ **to move forward** avanzar*

to **forward** VERB
see also forward ADVERB
remitir (letter)

to **foster** VERB
acoger* ◇ She has fostered more than
fifteen children. Ha acogido a más de quince
niños.

foster child NOUN
(PL foster children)
el *niño en acogimiento familiar*

fought VERB *see* **fight**

foul ADJECTIVE
see also foul NOUN
[1] *horrible* ◇ The weather was foul. El
tiempo era horrible.
[2] *asqueroso* ◇ It smells foul. Huele
asqueroso.
+ **Brenda is in a foul mood.** Brenda está de
muy mal humor.

foul NOUN
see also foul ADJECTIVE
la *falta* (in sports)

found VERB *see* **find**

to **found** VERB
fundar

foundations PL NOUN
los *cimientos*

fountain NOUN
la *fuente*

fountain pen NOUN
la *pluma estilográfica*

F

four NUMERAL
cuatro ◇ *She's four.* Tiene cuatro años.

fourteen NUMERAL
catorce ◇ *I'm fourteen.* Tengo catorce años.

fourth ADJECTIVE
cuarto ◇ *the fourth floor* el cuarto piso
◆ **the fourth of July** el cuatro de julio

fox NOUN
(PL **foxes**)
el *zorro*

fragile ADJECTIVE
frágil

frame NOUN
el *marco* ◇ *a silver frame* un marco de plata
◆ **glasses with plastic frames** gafas con montura de plástico

France NOUN
Francia FEM

frantic ADJECTIVE
frenético ◇ *There was frantic activity backstage on the opening night.* Había una actividad frenética entre bastidores la noche del estreno. ◇ *I was going frantic.* Me estaba poniendo frenético.
◆ **to be frantic with worry** estar* muerto de preocupación

fraud NOUN
[1] el *fraude* ◇ *He was jailed for fraud.* Lo encarcelaron por fraude.
[2] el *impostor*
la *impostora*
◇ *You're a fraud!* ¡Eres un impostor!

freckles PL NOUN
las *pecas*

free ADJECTIVE
see also **free** VERB
[1] *gratuito* ◇ *a free brochure* un folleto gratuito
◆ **You can get it for free.** Se puede conseguir* gratis.
[2] *libre* ◇ *Is this seat free?* ¿Está libre este asiento? ◇ *Are you free after school?* ¿Estás libre después de clase?

to **free** VERB
see also **free** ADJECTIVE
liberar

freedom NOUN
la *libertad*

to **freeze** VERB
(**froze, frozen**)
[1] *congelar* ◇ *She froze the rest of the raspberries.* Congeló el resto de las frambuesas.
[2] *helarse** ◇ *The water had frozen.* El agua se había helado.

freezer NOUN
el *congelador*

freezing ADJECTIVE
◆ **It's freezing!** ¡Hace un frío que pela! (*informal*)
◆ **I'm freezing!** ¡Me estoy congelando!

◆ **three degrees below freezing** tres grados bajo cero

freight NOUN
las *mercancías* (*goods*)
◆ **a freight train** un tren de mercancías

French ADJECTIVE
see also **French** NOUN
francés (PL *franceses*, FEM *francesa*)

French NOUN
see also **French** ADJECTIVE
el *francés* (*language*) ◇ *the French teacher* el profesor de francés
◆ **the French** los franceses

French beans PL NOUN
las *judías verdes*

French fries PL NOUN
las *patatas fritas*

French horn NOUN
la *trompa de llaves*

French loaf NOUN
(PL **French loaves**)
la *barra de pan*

Frenchman NOUN
(PL **Frenchmen**)
el *francés* (PL los *franceses*)

French windows PL NOUN
la *puerta ventana*

Frenchwoman NOUN
(PL **Frenchwomen**)
la *francesa*

frequent ADJECTIVE
frecuente

fresh ADJECTIVE
fresco ◇ *I always buy fresh fish.* Siempre compro pescado fresco.
◆ **I need some fresh air.** Necesito tomar el aire.

to **freshen up** VERB
refrescarse*

to **fret** VERB
preocuparse

Friday NOUN
el *viernes* (PL los *viernes*) ◇ *I saw her on Friday.* La vi el viernes. ◇ *every Friday* todos los viernes ◇ *last Friday* el viernes pasado ◇ *next Friday* el viernes que viene ◇ *on Fridays* los viernes

fridge NOUN
la *nevera*

fried ADJECTIVE
frito ◇ *a fried egg* un huevo frito

friend NOUN
el *amigo*
la *amiga*

friendly ADJECTIVE
simpático ◇ *She's really friendly.* Es muy simpática.
◆ **Liverpool is a friendly city.** Liverpool es una ciudad acogedora.
◆ **a friendly match** un partido amistoso

friendship NOUN
la *amistad*

fright NOUN

---

el *susto* ◇ *She gave us a fright.* Nos dio un susto. ◇ *to get a fright* llevarse un susto

to **frighten** VERB
asustar ◇ *She was trying to frighten him.* Intentaba asustarlo.
* **Horror films frighten him.** Le dan miedo las películas de terror.

frightened ADJECTIVE
* **to be frightened** tener* miedo ◇ *I'm frightened!* ¡Tengo miedo!
* **Anna's frightened of spiders.** A Anna le dan miedo las arañas.

frightening ADJECTIVE
aterrador (FEM *aterradora*)

fringe NOUN
el *flequillo* ◇ *She's got a fringe.* Lleva flequillo.

fro ADVERB
* **to go to and fro** ir* de acá para allá

frog NOUN
la *rana*

from PREPOSITION
[1] *de* ◇ *Where do you come from?* ¿De dónde eres? ◇ *a letter from my sister* una carta de mi hermana ◇ *The hotel is one kilometre from the beach.* El hotel está a un kilómetro de la playa. ◇ *The price was reduced from £10 to £5.* Rebajaron el precio de 10 a 5 libras esterlinas.
[2] *desde* ◇ *Breakfast is available from 6 a.m.* Se puede desayunar desde las 6 de la mañana. ◇ *I can't see anything from here.* Desde aquí no veo nada.
In the following phrases de and desde are interchangeable. Use a to translate to if you have chosen de and hasta if you have opted for desde.
* **He flew from London to Bilbao.** Voló de Londres a Bilbao.
* **from one o'clock to three** desde la una hasta las tres
* **She works from nine to five.** Trabaja de nueve a cinco.
* **from...onwards** a partir de... ◇ *We'll be at home from seven o'clock onwards.* Estaremos en casa a partir de las siete.

front NOUN
see also front ADJECTIVE
la *parte delantera* ◇ *The switch is at the front of the vacuum cleaner.* El interruptor está en la parte delantera de la aspiradora.
* **the front of the dress** el delantero del vestido
* **the front of the house** la fachada de la casa
* **I was sitting in the front.** *(of car)* Yo iba sentado delante.
* **at the front of the train** al principio del tren
* **in front** delante ◇ *the car in front* el coche de delante
* **in front of** delante de ◇ *Irene sits in front of me in class.* Irene se sienta delante de mí en clase.

front ADJECTIVE
see also front NOUN
[1] *primero* ◇ *the front row* la primera fila
Use primer before a masculine singular noun.

[2] *delantero* ◇ *the front seats of the car* los asientos delanteros del coche
* **the front door** la puerta principal

frontier NOUN
la *frontera*

frost NOUN
la *helada* ◇ *There was a frost last night.* Anoche cayó una helada.

frosty ADJECTIVE
* **It's frosty today.** Hoy ha helado.

to **frown** VERB
fruncir el ceño

froze, frozen VERB see **freeze**

frozen ADJECTIVE
congelado

fruit NOUN
la *fruta*
* **fruit juice** el zumo de fruta
* **fruit salad** la macedonia

frustrated ADJECTIVE
frustrado

to **fry** VERB
(fried, fried)
*freír**

frying pan NOUN
la *sartén* (PL las *sartenes*)

fuel NOUN
el *combustible* ◇ *We've run out of fuel.* Nos hemos quedado sin combustible.

to **fulfil** VERB
*realizar** ◇ *He fulfilled his dream to visit China.* Realizó su sueño de viajar a China.
* **to fulfil a promise** cumplir una promesa

full ADJECTIVE
[1] *lleno* ◇ *The tank's full.* El depósito está lleno.
* **I'm full.** Estoy lleno.
* **There was a full moon.** Había luna llena.
[2] *completo* ◇ *He asked for full information on the job.* Solicitó información completa sobre el trabajo.
* **My full name is Ian John Marr.** Mi nombre completo es Ian John Marr.
* **full board** la pensión completa
* **at full speed** a toda velocidad

full stop NOUN
el *punto* (*signo de puntuación*)

full-time ADJECTIVE, ADVERB
* **She's got a full-time job.** Tiene un trabajo de jornada completa.
* **She works full-time.** Trabaja la jornada completa.

fully ADVERB
completamente ◇ *He hasn't fully recovered from his illness.* No se ha recuperado completamente de su enfermedad.

fumes PL NOUN
el *humo* ◇ *exhaust fumes* el humo de los tubos de escape

fun ADJECTIVE
see also fun NOUN
divertido ◇ *She's a fun person.* Es una persona divertida.

fun NOUN

see also fun ADJECTIVE

- **to have fun** divertirse*
- **It's fun!** ¡Es divertido!
- **Have fun!** ¡Que te diviertas!
- **for fun** por gusto
- **to make fun of somebody** reírse* de alguien

funds PL NOUN
los *fondos* ◇ *to raise funds* recaudar fondos

funeral NOUN
el *funeral*

funfair NOUN
1 la *feria* (*travelling fair*)
2 el *parque de atracciones* (*fair on permanent site*)

funny ADJECTIVE
1 *gracioso* ◇ *a funny joke* un chiste gracioso
2 *raro* ◇ *There's something funny about him.* Hay algo raro en él.

fur NOUN
1 la *piel*
- **a fur coat** un abrigo de pieles
2 el *pelaje* ◇ *the cat's fur* el pelaje del gato

furious ADJECTIVE
furioso

furniture NOUN
los *muebles*
- **a piece of furniture** un mueble

further ADVERB, ADJECTIVE
1 *más lejos* ◇ *London is further from here*

than Paris. Londres está más lejos de aquí que París.
- **I can't walk any further.** No puedo andar* más.
- **How much further is it?** ¿Cuánto queda todavía?
2 *más* ◇ *Please write to us if you need any further information.* No dude en escribirnos si necesita más información.

further education NOUN
Son cursos de formación no universitaria que se ofrecen después de la etapa de educación obligatoria.

fuse NOUN
el *fusible* ◇ *The fuse has blown.* Se ha fundido el fusible.

fuss NOUN
el *jaleo* ◇ *What's all the fuss about?* ¿A qué viene tanto jaleo?
- **He's always making a fuss about nothing.** Siempre monta el número por cualquier tontería. (*informal*)

fussy ADJECTIVE
quisquilloso ◇ *She is very fussy about her food.* Es muy quisquillosa con la comida.

future NOUN
el *futuro* ◇ *What are your plans for the future?* ¿Qué planes tienes para el futuro?
- **in future** de ahora en adelante ◇ *Be more careful in future.* De ahora en adelante ten más cuidado.

G

to **gain** VERB
ganar ◇ *What do you hope to gain from this?* ¿Qué esperas ganar con esto?
- **to gain speed** adquirir* velocidad
- **to gain weight** engordar

gallery NOUN
(PL galleries)
1 el *museo de arte* (*state-owned*)
2 una *galería de arte* (*private*)

to **gamble** VERB
jugarse* ◇ *He gambled £100 at the casino.* Se jugó 100 libras en el casino.

gambler NOUN
el *jugador*
la *jugadora*

gambling NOUN
el *juego* (*de azar*)

game NOUN
1 el *juego* ◇ *The children were playing a game.* Los niños jugaban a un juego.
2 el *partido* ◇ *a game of football* un partido de fútbol
- **a game of cards** una partida de cartas

- **We have games on Thursdays.** Tenemos deporte los jueves.

gang NOUN
1 la *banda* (*of thieves, troublemakers*)
2 la *pandilla* (*of friends*)

gangster NOUN
el *gángster*

gap NOUN
1 el *hueco* ◇ *There's a gap in the hedge.* Hay un hueco en el seto.
2 el *intervalo* ◇ *a gap of four years* un intervalo de cuatro años

garage NOUN
1 el *garaje* (*for keeping the car*)
2 el *taller* (*for car repairs*)

garbage NOUN
la *basura* ◇ *the garbage can* el cubo de la basura
- **That's garbage!** ¡Eso son tonterías!

garden NOUN
el *jardín* (PL los *jardines*)

gardener NOUN
el *jardinero*

la *jardinera*
◇ *He's a gardener.* Es jardinero.

gardening NOUN
la *jardinería* ◇ *Margaret loves gardening.*
A Margaret le encanta la jardinería.

gardens PL NOUN
el *parque*

garlic NOUN
el *ajo*

garment NOUN
la *prenda de vestir*

gas NOUN
1 el *gas*
◆ **a gas cooker** una cocina de gas
◆ **a gas cylinder** una bombona de gas
◆ **a gas fire** una estufa de gas
◆ **a gas leak** un escape de gas
2 la *gasolina* (petrol) US

gate NOUN
1 la *puerta* (made of wood)
2 la *verja* (made of metal)
◆ **Please go to gate seven.** Diríjanse a la puerta siete.

gateau NOUN
(PL **gateaux**)
la *tarta*

to **gather** VERB
1 *reunirse** ◇ *We gathered around the fireplace.* Nos reunimos en torno a la chimenea.
2 *reunir** ◇ *We gathered enough firewood to last the night.* Reunimos leña suficiente para toda la noche. ◇ *to gather information* reunir información
◆ **to gather speed** adquirir* velocidad ◇ *The train gathered speed.* El tren adquirió velocidad.

gave VERB *see* **give**

gay ADJECTIVE
gay

to **gaze** VERB
◆ **to gaze at** mirar fijamente ◇ *He was gazing at her.* La miraba fijamente.

GCSE NOUN = **General Certificate of Secondary Education**
*In Spain, under the reformed educational system, if you leave school at the age of 16, you get a **Título de Graduado en Educación Secundaria**.*

gear NOUN
1 la *marcha* ◇ *to change gear* cambiar de marcha ◇ *He left the car in gear.* Dejó el coche con una marcha metida.
◆ **in first gear** en primera
2 el *equipo* ◇ *camping gear* el equipo de acampada
◆ **sports gear** la ropa de deporte

gear lever NOUN
la *palanca de cambio*

geese PL NOUN *see* **goose**

gel NOUN
el *gel*
◆ **hair gel** el fijador

gem NOUN
la *gema*

Gemini NOUN
el *Géminis* (sign) ◇ *I'm Gemini.* Soy Géminis.
◆ **a Gemini** un/una Géminis

general NOUN
see also **general** ADJECTIVE
el *general*

general ADJECTIVE
see also **general** NOUN
general
◆ **in general** en general

general election NOUN
las *elecciones generales*

general knowledge NOUN
la *cultura general*

generally ADVERB
generalmente ◇ *I generally go shopping on Saturdays.* Generalmente voy de compras los sábados.

generation NOUN
la *generación* (PL las *generaciones*) ◇ *the younger generation* la nueva generación

generator NOUN
el *generador*

generous ADJECTIVE
generoso ◇ *That's very generous of you.* Es muy generoso de tu parte.

Geneva NOUN
Ginebra FEM

genius NOUN
(PL **geniuses**)
el *genio* ◇ *She's a genius.* Es un genio.

gentle ADJECTIVE
1 *dulce* (person, voice)
2 *suave* (wind, touch)

gentleman NOUN
(PL **gentlemen**)
el *caballero*

gently ADVERB
1 *dulcemente* (to say, smile)
2 *suavemente* (to touch)

gents NOUN
el *servicio de caballeros* ◇ *Can you tell me where the gents is, please?* ¿El servicio de caballeros, por favor?
◆ **"gents"** (on sign) "caballeros"

genuine ADJECTIVE
1 *auténtico* ◇ *These are genuine diamonds.* Estos son diamantes auténticos.
2 *sincero* ◇ *She's a very genuine person.* Es una persona muy sincera.

geography NOUN
la *geografía*

germ NOUN
el *microbio*

German ADJECTIVE
see also **German** NOUN
alemán (PL *alemanes*, FEM *alemana*)

German NOUN
see also **German** ADJECTIVE
1 (person)
el *alemán* (PL los *alemanes*)
la *alemana*
◇ *the Germans* los alemanes

2 (language)
el **alemán** ◇ our German teacher nuestro profesor de alemán

German measles NOUN
la **rubéola** ◇ to have German measles tener* rubéola

Germany NOUN
Alemania FEM

gesture NOUN
el **gesto**

to **get** VERB
(got, got)

There are several ways of translating **get.** *Scan the examples to find one that is similar to what you want to say.*

1 **recibir** (have, receive) ◇ I got a letter from him. Recibí una carta de él.
◆ **I got lots of presents.** Me hicieron muchos regalos.

2 **conseguir*** (obtain) ◇ He had trouble getting a hotel room. Tuvo dificultades para conseguir una habitación de hotel.
◆ **to get something for somebody** conseguir algo a alguien ◇ The librarian got the book for me. El bibliotecario me consiguió el libro.
◆ **Jackie got good exam results.** Jackie sacó buenas notas en los exámenes.

3 **ir* a buscar** (fetch) ◇ Quick, get help! ¡Rápido, ve a buscar ayuda!

4 **coger*** Spain (catch, take)

Be very careful with the verb **coger:** *in most of Latin America this is an extremely rude word that should be avoided. However, in Spain this verb is common and not rude at all.*

◇ They've got the thief. Han cogido al ladrón. ◇ I'm getting the bus into town. Voy a coger el autobús al centro.

5 **entender*** (understand) ◇ I don't get the joke. No entiendo el chiste.

6 **llegar*** (arrive) ◇ He should get here soon. Debería llegar pronto. ◇ How do you get to the cinema? ¿Cómo se llega al cine?
◆ **to get angry** enfadarse
◆ **to get tired** cansarse

For other phrases with **get** *and an adjective, such as "to get old, to get drunk", you should look under the word* **old, drunk,** *etc.*

◆ **to get something done** mandar hacer algo ◇ I'm getting my car fixed. He mandado arreglar el coche.
◆ **I got my hair cut.** Me corté el pelo.
◆ **I'll get it! (1)** (telephone) ¡Yo contesto!
◆ **I'll get it! (2)** (door) ¡Ya voy yo!

to **get away** VERB
escapar ◇ One of the burglars got away. Uno de los ladrones escapó.

to **get away with** VERB
◆ **You'll never get away with it.** Esto no te lo van a consentir*.

to **get back** VERB
1 **volver*** ◇ What time did you get back? ¿A qué hora volvisteis?
2 **recuperar** ◇ He got his money back.

Recuperó su dinero.

to **get down** VERB
bajar ◇ Get down from there! ¡Baja de ahí!

to **get in** VERB
llegar* ◇ What time did you get in last night? ¿A qué hora llegaste anoche?

to **get into** VERB
entrar en ◇ How did you get into the house? ¿Cómo entraste en la casa?
◆ **Sharon got into the car.** Sharon subió al coche.
◆ **Get into bed!** ¡Métete en la cama!

to **get off** VERB
1 **bajarse de** ◇ Isobel got off the train. Isobel se bajó del tren.
2 **salir*** ◇ He managed to get off early from work yesterday. Logró salir de trabajar pronto ayer.

to **get on** VERB
1 **subirse a** ◇ Phyllis got on the bus. Phyllis se subió al autobús.
2 **llevarse bien** ◇ We got on really well. Nos llevábamos muy bien. ◇ He doesn't get on with his parents. No se lleva bien con sus padres.
◆ **How are you getting on?** ¿Cómo te va?

to **get out** VERB
1 **salir*** ◇ Get out! ¡Sal!
◆ **She got out of the car.** Se bajó del coche.
2 **sacar*** ◇ She got the map out. Sacó el mapa.

to **get over** VERB
1 **recuperarse de** ◇ It took her a long time to get over the illness. Tardó mucho tiempo en recuperarse de la enfermedad.
2 **superar** ◇ He managed to get over the problem. Logró superar el problema.

to **get round to** VERB
encontrar* tiempo para ◇ I'll get round to it eventually. Ya encontraré tiempo para hacerlo.

to **get together** VERB
reunirse* ◇ Could we get together this evening? ¿Podemos reunirnos esta tarde?

to **get up** VERB
levantarse ◇ What time do you get up? ¿A qué hora te levantas?

ghetto blaster NOUN
el **radiocasete portátil** (muy grande)

ghost NOUN
el **fantasma**

Although **fantasma** *ends in* **-a,** *it is actually a masculine noun.*

giant ADJECTIVE
see also **giant** NOUN
enorme

giant NOUN
see also **giant** ADJECTIVE
1 el **gigante**
2 la **giganta**

gift NOUN
el **regalo**
◆ **to have a gift for something** tener* dotes

para algo ◇ *Dave's got a gift for painting.*
Dave tiene dotes para la pintura.

gifted ADJECTIVE
de talento ◇ *Janice is a gifted dancer.*
Janice es una bailarina de talento.
+ **He's one of this country's most gifted
artists.** Es uno de los artistas con más dotes
de este país.

gift shop NOUN
la *tienda de regalos*

gift token NOUN
el *vale-regalo*

gigantic ADJECTIVE
gigantesco

to **giggle** VERB
soltar* una risilla tonta

gin NOUN
la *ginebra*

ginger NOUN
see also ginger ADJECTIVE
el *jengibre*

ginger ADJECTIVE
see also ginger NOUN
+ **She's got ginger hair.** Es pelirroja.

gipsy NOUN
(PL **gipsies**)
el *gitano*
la *gitana*

giraffe NOUN
la *jirafa*

girl NOUN
1 la *niña* (young) ◇ *a five-year old girl* una
niña de cinco años ◇ *They've got a girl and
two boys.* Tienen una niña y dos niños.
2 la *chica* (older) ◇ *a sixteen-year old girl*
una chica de dieciséis años

girlfriend NOUN
1 la *novia* ◇ *Paul's girlfriend is called
Janice.* La novia de Paul se llama Janice.
2 la *amiga* ◇ *She often went out with her
girlfriends.* Solía salir* con sus amigas.

to **give** VERB
(**gave, given**)
dar*
+ **to give something to somebody** dar algo a
alguien ◇ *He gave me £10.* Me dio 10
libras.
+ **to give somebody a present** hacer* un
regalo a alguien
+ **to give way** (in car) ceder el paso

to **give away** VERB
regalar
+ **She gave away all her money.** Dió todo su
dinero.

to **give back** VERB
devolver* ◇ *I gave the book back to him.*
Le devolví el libro.

to **give in** VERB
rendirse* ◇ *I give in!* ¡Me rindo!

to **give out** VERB
repartir ◇ *He gave out the exam papers.*
Repartió las hojas de examen.

to **give up** VERB
darse* por vencido ◇ *I couldn't do it, so I*

gave up. No podía hacerlo, así que me di por
vencido.
+ **to give oneself up** entregarse* ◇ *She gave
herself up.* Se entregó.
+ **to give up doing something** dejar de hacer
algo ◇ *He gave up smoking.* Dejó de fumar.

glad ADJECTIVE
contento ◇ *She's glad she's done it.* Está
contenta de haberlo hecho.
+ **I'm glad you're here.** Me alegro de que estés
aquí.
*alegrarse de que has to be followed by a verb in
the subjunctive.*

glamorous ADJECTIVE
atractivo

to **glance** VERB
see also glance NOUN
+ **to glance at something** echar una mirada a
algo ◇ *Peter glanced at his watch.* Peter
echó una mirada al reloj.

glance NOUN
see also glance VERB
la *mirada* ◇ *We exchanged a glance.*
Intercambiamos una mirada.
+ **at first glance** a primera vista

to **glare** VERB
+ **to glare at somebody** lanzar* una mirada de
odio a alguien ◇ *She glared at him.* Le
lanzó una mirada de odio.

glaring ADJECTIVE
+ **a glaring mistake** un error patente

glass NOUN
(PL **glasses**)
1 el *vaso* (without stem) ◇ *a glass of milk*
un vaso de leche
2 la *copa* (with stem) ◇ *a glass of
champagne* una copa de champán
3 el *vidrio* (substance) ◇ *a glass door* una
puerta de vidrio

glasses PL NOUN
las *gafas*

to **gleam** VERB
brillar ◇ *Her eyes gleamed with
excitement.* Los ojos le brillaban de emoción.

glider NOUN
el *planeador*

to **glitter** VERB
relucir*

global ADJECTIVE
mundial ◇ *on a global scale* a escala
mundial
+ **a global view** una visión global

global warming NOUN
el *calentamiento del planeta*

globe NOUN
el *globo terráqueo*

gloomy ADJECTIVE
oscuro ◇ *He lives in a small gloomy flat.*
Vive en un piso pequeño y oscuro.
+ **She's been feeling very gloomy recently.**
Últimamente está muy desanimada.

glorious ADJECTIVE
espléndido

glove NOUN

G

el **guante**

glove compartment NOUN
la **guantera**

to **glow** VERB
brillar ◇ He bought a watch which glows in the dark. Se compró un reloj que brilla en la oscuridad.

glue NOUN
see also glue VERB
el **pegamento**

to **glue** VERB
see also glue NOUN
pegar*

+ **to glue something together** pegar algo

go NOUN
see also go VERB

+ **to have a go at doing something** probar* a hacer algo ◇ He had a go at making a cake. Probó a hacer una tarta.

+ **Whose go is it?** ¿A quién le toca?

+ **It's your go.** Te toca a ti.

to **go** VERB
(went, gone)
see also go NOUN

1 **ir*** ◇ Where are you going? ¿Adónde vas? ◇ I'm going to the cinema tonight. Voy al cine esta noche.

2 **irse*** (leave, go away) ◇ Where's Judy?–She's gone. ¿Dónde está Judy?–Se ha ido. ◇ I'm going now. Yo me voy ya. ◇ We went home. Nos fuimos a casa.

3 **funcionar** (work) ◇ My car won't go. El coche no funciona.

+ **to go home** irse a casa

+ **to go into** entrar en ◇ She went into the kitchen. Entró en la cocina.

+ **to go for a walk** ir a dar un paseo

+ **How did the exam go?** ¿Cómo te fue en el examen?

+ **I'm going to do it tomorrow.** Lo voy a hacer mañana.

+ **It's going to be difficult.** Va a ser difícil.

to **go after** VERB
perseguir* ◇ Quick, go after them! ¡Rápido, persíguelos!

to **go ahead** VERB
seguir* adelante ◇ We'll go ahead with your suggestion. Seguiremos adelante con su propuesta.

to **go around** VERB
correr ◇ There's a rumour going around that they're getting married. Corre el rumor de que se van a casar.

to **go away** VERB
irse* ◇ Go away! ¡Vete!

to **go back** VERB
volver* ◇ We went back to the same place. Volvimos al mismo sitio. ◇ He's gone back home. Ha vuelto a casa.

to **go by** VERB
pasar ◇ Two policemen went by. Pasaron dos policías.

to **go down** VERB

1 **bajar** ◇ He went down the stairs. Bajó las escaleras. ◇ The price of computers has gone down. Ha bajado el precio de los ordenadores.

2 **desinflarse** ◇ My airbed's gone down. Mi colchoneta se ha desinflado.

+ **My brother's gone down with flu.** Mi hermano ha pillado la gripe.

to **go for** VERB
ir* a por ◇ Suddenly the dog went for me. De pronto el perro fue a por mí.

+ **Go for it!** ¡Adelante!

+ **I don't go for it much.** No me gusta mucho.

to **go in** VERB
entrar ◇ He knocked on the door and went in. Llamó a la puerta y entró.

to **go off** VERB

1 **marcharse** ◇ They went off after lunch. Se marcharon después de comer.

2 **estallar** ◇ The bomb went off at 10 o'clock. La bomba estalló a las 10.

+ **The gun went off by accident.** El arma se disparó accidentalmente.

3 **sonar*** ◇ My alarm goes off at seven. Mi despertador suena a las siete.

4 **echarse a perder*** ◇ This milk has gone off. Esta leche se ha echado a perder.

5 **apagarse*** ◇ All the lights went off. Se apagaron todas las luces.

+ **I've gone off that idea.** Ya no me gusta la idea.

to **go on** VERB

1 **pasar** ◇ What's going on? ¿Qué pasa?

2 **seguir***

+ **to go on doing** seguir* haciendo ◇ He went on reading. Siguió leyendo.

3 **durar** ◇ The concert went on until 11 o'clock at night. El concierto duró hasta las 11 de la noche.

+ **to go on at somebody** dar* la lata a alguien ◇ They're always going on at me. Están siempre dándome la lata.

+ **Go on!** ¡Venga! ◇ Go on, tell me what the problem is! ¡Venga, dime cuál es el problema!

to **go out** VERB

1 **salir*** ◇ Are you going out tonight? ¿Vas a salir esta noche? ◇ I went out with Steven last night. Ayer por la noche salí con Steven. ◇ They went out for a meal. Salieron a comer.

+ **Are you going out with him?** ¿Estás saliendo con él?

2 **apagarse*** ◇ Suddenly the lights went out. De pronto se apagaron las luces.

to **go round** VERB
visitar ◇ We want to go round the museum today. Hoy queremos visitar el museo.

+ **I love going round the shops.** Me encanta ir de tiendas.

+ **to go round to somebody's house** ir* a casa de alguien ◇ We're all going round to Linda's house tonight. Esta noche vamos todos a casa de Linda.

+ **There's a bug going round.** Hay un virus

Verbs marked with this symbol are irregular. See pages 332–333 for further details

por ahí rondando.
- **Is there enough food to go round?** ¿Hay comida suficiente para todos?

go through VERB
1 *atravesar** ◇ *We went through London to get to Brighton.* Atravesamos Londres para llegar a Brighton.
2 *pasar por* ◇ *I know what you're going through.* Sé por lo que estás pasando.
3 *repasar* ◇ *They went through the plan again.* Repasaron de nuevo el plan.
4 *registrar* ◇ *Someone had gone through her things.* Alguien había registrado sus cosas.

go up VERB
subir ◇ *She went up the stairs.* Subió las escaleras. ◇ *The price has gone up.* El precio ha subido.
- **to go up in flames** arder en llamas

go with VERB
*pegar** con* ◇ *Does this blouse go with that skirt?* ¿Pega esta blusa con la falda?

goal NOUN
1 el *gol* ◇ *He scored the first goal.* Él metió el primer gol.
2 el *objetivo* ◇ *His goal is to become the world champion.* Su objetivo es ser* campeón del mundo.

goalkeeper NOUN
el *portero*

goat NOUN
la *cabra*
- **goat's cheese** el queso de cabra

god NOUN
el *dios* ◇ *I believe in God.* Creo en Dios.

goddaughter NOUN
la *ahijada*

godfather NOUN
el *padrino*

godmother NOUN
la *madrina*

godson NOUN
el *ahijado*

goggles PL NOUN
las *gafas protectoras*

gold NOUN
el *oro* ◇ *a gold necklace* un collar de oro ◇ *the gold medal* la medalla de oro

goldfish NOUN
(PL **goldfish**)
el *pez de colores* (PL los *peces de colores*)

gold-plated ADJECTIVE
chapado en oro

golf NOUN
el *golf*
- **a golf club (1)** (*stick*) un palo de golf
- **a golf club (2)** (*place*) un club de golf
- **a golf course** un campo de golf

gone VERB *see* **go**

good ADJECTIVE
1 *bueno*
Use **buen** before a masculine singular noun.
◇ *It's a very good film.* Es una película muy buena. ◇ *a good day* un buen día ◇ *Be good!* ¡Sé bueno! ◇ *The soup is very good*

here. Aquí la sopa es muy buena.
2 *amable* (*kind*) ◇ *That's very good of you.* Es muy amable de tu parte.
- **They were very good to me.** Se portaron muy bien conmigo.
- **Have a good journey!** ¡Buen viaje!
- **Good!** ¡Bien!
- **Good morning!** ¡Buenos días!
- **Good afternoon!** ¡Buenas tardes!
- **Good evening!** ¡Buenas noches!
- **Good night!** ¡Buenas noches!
- **I'm feeling really good today.** Hoy me siento realmente bien.
- **to be good for somebody** hacer* bien a alguien ◇ *Vegetables are good for you.* La verdura te hace bien.
- **Jane's very good at maths.** A Jane se le dan muy bien las matemáticas.
- **for good** definitivamente ◇ *One day he left for good.* Un día se marchó definitivamente.
- **It's no good complaining.** De nada sirve quejarse.

goodbye EXCLAMATION
¡*adiós*!

Good Friday NOUN
el *Viernes Santo*

good-looking ADJECTIVE
guapo

good-natured ADJECTIVE
bueno
Use **buen** before a masculine singular noun.

goods PL NOUN
los *productos* ◇ *They sell a wide range of goods.* Venden una amplia gama de productos.
- **a goods train** un tren de mercancías

goose NOUN
(PL **geese**)
la *oca*

gorgeous ADJECTIVE
1 *guapísimo* ◇ *She's gorgeous!* ¡Es guapísima!
2 *estupendo* ◇ *The weather was gorgeous.* El tiempo fue estupendo.

gorilla NOUN
el *gorila*
Although **gorila** ends in -**a**, it is actually a masculine noun.

gospel NOUN
el *evangelio*

gossip NOUN
see also **gossip** VERB
1 el *cotilleo* ◇ *Tell me the gossip!* ¡Cuéntame el cotilleo!
2 el/la *cotilla* ◇ *What a gossip!* ¡Menudo cotilla!

to **gossip** VERB
see also **gossip** NOUN
cotillear ◇ *They were always gossiping.* Siempre estaban cotilleando.

got VERB
- **to have got** tener* (*own*) ◇ *How many have you got?* ¿Cuántos tienes?
- **to have got to do something** tener que

G

hacer algo   ◇ *I've got to tell him.* Tengo que
decírselo.

government NOUN
el *gobierno*

GP NOUN = **General Practitioner**
el *médico de cabecera*
la *médica de cabecera*

to **grab** VERB
agarrar   ◇ *He grabbed my arm.* Me agarró
el brazo.

graceful ADJECTIVE
elegante

grade NOUN
la *nota*   ◇ *He got good grades in his exams.*
Sacó buenas notas en los exámenes.

gradual ADJECTIVE
gradual

gradually ADVERB
gradualmente

graduate NOUN
see also **graduate** VERB
(from university)
1 el *licenciado*
la *licenciada* *(from US high school)*
2 *el/la bachiller*

to **graduate** VERB
see also **graduate** NOUN
licenciarse

graffiti PL NOUN
las *pintadas*

grain NOUN
1 el *grano*   ◇ *a grain of rice* un grano de
arroz
2 los *cereales*   ◇ *She only eats grain and
pulses.* Sólo come cereales y legumbres.

gram NOUN
el *gramo*

grammar NOUN
la *gramática*
◆ **a grammar exercise** un ejercicio de
gramática

grammar school NOUN
En Gran Bretaña **grammar school** es un colegio
selectivo, estatal o privado, de enseñanza
secundaria para alumnos de 11 a 18 años.

grammatical ADJECTIVE
gramatical

gramme NOUN
el *gramo*

grand ADJECTIVE
grandioso   ◇ *Her house is very grand.* Su
casa es grandiosa.

grandchildren PL NOUN
los *nietos*

granddad NOUN
el *abuelo*

granddaughter NOUN
la *nieta*

grandfather NOUN
el *abuelo*

grandma NOUN
la *abuela*

grandmother NOUN

la *abuela*

grandpa NOUN
el *abuelo*

grandparents PL NOUN
los *abuelos*

grandson NOUN
el *nieto*

granny NOUN
(PL **grannies**)
la *abuelita*

grant NOUN
1 la *beca* *(for study)*
2 la *subvención* *(for industry, organization)*
(PL las *subvenciones*)

grape NOUN
la *uva*

grapefruit NOUN
el *pomelo*

graph NOUN
el *gráfico*

to **grasp** VERB
agarrar

grass NOUN
1 la *hierba*   ◇ *The grass is long.* La hierba
está alta.
2 el *césped* *(lawn)*   ◇ *"Keep off the grass"*
"Prohibido pisar el césped"
◆ **to cut the grass** cortar el césped

grasshopper NOUN
el *saltamontes* (PL los *saltamontes*)

to **grate** VERB
rallar   ◇ *grated cheese* el queso rallado

grateful ADJECTIVE
agradecido

grave NOUN
la *tumba*

gravel NOUN
la *grava*

graveyard NOUN
el *cementerio*

gravy NOUN
el *jugo de carne*

grease NOUN
1 la *grasa* *(in hair, on skin)*
2 el *aceite* *(for cars, machines)*

greasy ADJECTIVE
1 *aceitoso*   ◇ *The food was very greasy.*
La comida estaba muy aceitosa.
2 *graso*   ◇ *He has greasy hair.* Tiene el
pelo graso.

great ADJECTIVE
1 *estupendo*   ◇ *That's great!* ¡Estupendo!
2 *grande*
Use **gran** before a singular noun.
◇ *a great oak tree* un gran roble ◇ *a greatest
hits album* un disco de grandes éxitos

Great Britain NOUN
Gran Bretaña FEM

great-grandfather NOUN
el *bisabuelo*

great-grandmother NOUN
la *bisabuela*

Greece NOUN

Grecia FEM

greedy ADJECTIVE
1 *glotón* (PL glotones, FEM *glotona*)
◇ *Don't be greedy, you've already had three doughnuts.* No seas glotón, ya te has comido tres donuts.
2 *codicioso* ◇ *She is greedy and selfish.* Es codiciosa y egoísta.

Greek ADJECTIVE
see also Greek NOUN
griego

Greek NOUN
see also Greek ADJECTIVE
1 (person)
el *griego*
la *griega*
◇ *the Greeks* los griegos
2 (language)
el *griego* ◇ *our Greek teacher* nuestro profesor de griego

green ADJECTIVE
see also green NOUN
verde ◇ *a green car* un coche verde ◇ *a green light* (at traffic lights) un semáforo en verde
◆ **the Green Party** el Partido Verde

green NOUN
see also green ADJECTIVE
el *verde* ◇ *a dark green* un verde oscuro
◆ **greens** (vegetables) la verdura
◆ **the Greens** (party) los verdes

greengrocer's NOUN
la *verdulería*

greenhouse NOUN
el *invernadero*
◆ **the greenhouse effect** el efecto invernadero

to **greet** VERB
saludar ◇ *He greeted me with a kiss.* Me saludó con un beso.

greetings PL NOUN
◆ **Greetings from London!** ¡Saludos desde Londres!
◆ **Season's greetings** Felices Fiestas

greetings card NOUN
la *tarjeta de felicitación*

grew VERB see **grow**

grey ADJECTIVE
gris ◇ *They wore grey suits.* Llevaban trajes grises.
◆ **He's going grey.** Le están saliendo canas.
◆ **grey hair** las canas

grey-haired ADJECTIVE
canoso

grid NOUN
1 la *cuadrícula* (in road, on map)
2 la *red* (of electricity)

grief NOUN
la *pena*

grill NOUN
see also grill VERB
1 el *grill* (of cooker)
In Spain the grill is always inside the oven, if there is one at all. They are not as common as they are in Britain.

2 la *parrilla* (for barbecue)
◆ **a mixed grill** una parrillada mixta

to **grill** VERB
see also grill NOUN
1 *hacer* al grill* (in cooker)
2 *asar a la parrilla* (barbecue)

grim ADJECTIVE
deprimente ◇ *The outskirts of the city are very grim.* Las afueras de la ciudad son muy deprimentes.

to **grin** VERB
see also grin NOUN
sonreír ampliamente* ◇ *Dave grinned at me.* Dave me sonrió ampliamente.

grin NOUN
see also grin VERB
la *amplia sonrisa*

to **grind** VERB
(ground, ground)
1 *moler** (coffee, pepper)
2 *picar* (meat) US

to **grip** VERB
agarrar

gripping ADJECTIVE
emocionante

grit NOUN
la *gravilla*

to **groan** VERB
see also groan NOUN
*gemir** ◇ *He groaned with pain.* Gimió de dolor.

groan NOUN
see also groan VERB
el *gemido*

grocer NOUN
1 el *tendero*
2 la *tendera*

groceries PL NOUN
los *comestibles*
◆ **I'll get some groceries.** Traeré* algunas provisiones.

grocer's NOUN
la *tienda de ultramarinos*

groom NOUN
el *novio* ◇ *the groom and his best man* el novio y su padrino de boda

to **grope** VERB
◆ **to grope for something** buscar* algo a tientas ◇ *He groped for the light switch.* Buscó a tientas el interruptor.

gross ADJECTIVE
1 *horrible* (revolting)
◆ **That's gross!** ¡Qué asco!
2 *bruto* ◇ *gross income* ingresos brutos

grossly ADVERB
enormemente ◇ *It's grossly unfair.* Es enormemente injusto.
◆ **We're grossly underpaid.** Estamos tremendamente mal pagados.

ground NOUN
see also ground VERB
1 el *suelo* ◇ *The ground's wet.* El suelo está húmedo.
2 el *campo* ◇ *a football ground* un campo

G

de fútbol

3 el *motivo* ◇ We've got grounds for complaint. Tenemos motivos para quejarnos.

◆ **on the ground** en el suelo ◇ We sat on the ground. Nos sentamos en el suelo.

ground VERB see **grind**
see also ground NOUN

ground coffee NOUN
el *café molido*

ground floor NOUN
la *planta baja*

group NOUN
el *grupo*

to **grow** VERB
(grew, grown)

1 *crecer** ◇ Haven't you grown! ¡Cómo has crecido!

2 *aumentar* ◇ The number of unemployed has grown. Ha aumentado el número de desempleados.

3 *cultivar* ◇ He grew vegetables in his garden. Cultivaba hortalizas en su jardín.

◆ **He's grown out of his jacket.** La chaqueta se le ha quedado pequeña.

◆ **to grow a beard** dejarse barba ◇ I'm growing a beard. Me estoy dejando barba.

◆ **He grew a moustache.** Se dejó bigote.

to **grow up** VERB
*criarse** ◇ I grew up in Rome. Me crié en Roma.

◆ **Oh, grow up!** ¡No seas crío!

to **growl** VERB
*gruñir**

grown VERB see **grow**

growth NOUN
el *crecimiento* ◇ economic growth crecimiento económico

grub NOUN
la *manduca* (informal)

grudge NOUN ◇ to bear a grudge against somebody guardar rencor a alguien ◇ He's always had a grudge against me. Siempre me ha guardado rencor.

gruesome ADJECTIVE
horroroso

guarantee NOUN
see also guarantee VERB
la *garantía* ◇ a five-year guarantee una garantía de cinco años ◇ It's still under guarantee. Todavía tiene garantía.

to **guarantee** VERB
see also guarantee NOUN
*garantizar** ◇ I can't guarantee he'll come. No puedo garantizar que venga.

to **guard** VERB
see also guard NOUN
vigilar ◇ The police were guarding the entrance. La policía vigilaba la entrada.

guard NOUN
see also guard VERB
1 el/la *guardia* (person)
2 el *jefe de tren* (on train)

◆ **a security guard** un guarda jurado

guard dog NOUN
el *perro guardián*

to **guess** VERB
see also guess NOUN
adivinar ◇ Can you guess what it is? A ver si adivinas qué es.

◆ **to guess wrong** equivocarse*

◆ **Guess what!** ¿Sabes qué?

guess NOUN
(PL guesses)
see also guess VERB
la *suposición* (PL las *suposiciones*) ◇ It's just a guess. Sólo es una suposición.

◆ **Have a guess!** ¡Adivina!

guest NOUN
1 el *invitado*
la *invitada*
◇ We have guests staying with us. Tenemos invitados en casa.
2 el/la *huésped* (in hotel)

guesthouse NOUN
la *pensión* (PL las *pensiones*)

guide NOUN
1 la *guía* ◇ We bought a guide to Granada. Compramos una guía de Granada.
2 el/la *guía* ◇ The guide showed us around the castle. El guía nos enseñó el castillo.
3 la *exploradora* (girl guide)

guidebook NOUN
la *guía*

guide dog NOUN
el *perro lazarillo*

guilty ADJECTIVE
culpable ◇ She was found guilty. Fue declarada culpable. ◇ He felt guilty about lying to her. Se sentía culpable por haberle mentido.

◆ **He has a guilty conscience.** Tiene remordimientos de conciencia.

guinea pig NOUN
el *cobayo* ◇ She's got a guinea pig. Tiene un cobayo.

guitar NOUN
la *guitarra*

gum NOUN
el *chicle* (chewing gum)

◆ **a piece of gum** un chicle

◆ **gums** (in mouth) las encías

gun NOUN
1 la *pistola* (small)
2 el *fusil* (rifle)

gunpoint NOUN
◆ **at gunpoint** a punta de pistola

gust NOUN
◆ **a gust of wind** una ráfaga de viento

guts PL NOUN
◆ **He's certainly got guts.** Desde luego tiene agallas.

◆ **I hate his guts.** Lo odio con toda mi alma.

guy NOUN
1 el *tío* (informal) Spain
The word **tío** in this sense is confined to Spain. In Latin America, the equivalent is **tipo**.

---

* Verbs marked with this symbol are irregular. See pages 332–333 for further details

2 el *tipo* ◇ *Who's that guy?* ¿Quién es ese tío? ◇ *He's a nice guy.* Es un tío simpático.

gym NOUN
el *gimnasio* ◇ *I go to the gym every day.* Voy al gimnasio todos los días.
- **gym classes** las clases de gimnasia

gymnast NOUN

gymnastics NOUN
la *gimnasia*

gypsy NOUN
(PL gypsies)
el *gitano*
la *gitana*

el/la *gimnasta*

H

habit NOUN
la *costumbre*

had VERB *see* **have**

haddock NOUN
(PL haddock)
el *abadejo*

hadn't = had not

hail NOUN
el *granizo*

hail VERB
*granizar**

hair NOUN
el *pelo* ◇ *She's got long hair.* Tiene el pelo largo. ◇ *I'm allergic to cat hair.* Soy alérgico al pelo de los gatos.
- **to have one's hair cut** cortarse el pelo
- **grey hair** las canas
- **to brush one's hair** cepillarse el pelo
- **to wash one's hair** lavarse la cabeza

hairbrush NOUN
(PL hairbrushes)
el *cepillo* (para el pelo)

haircut NOUN
el *corte de pelo* ◇ *You need a haircut.* Necesitas un corte de pelo.
- **to have a haircut** cortarse el pelo

hairdresser NOUN
el *peluquero*
la *peluquera*
◇ *He's a hairdresser.* Es peluquero.
- **at the hairdresser's** en la peluquería

hair dryer NOUN
el *secador de pelo*

hair gel NOUN
el *fijador*

hairgrip NOUN
la *horquilla*

hair spray NOUN
la *laca*

hairstyle NOUN
el *peinado*

hairy ADJECTIVE
peludo ◇ *He's very hairy.* Es muy peludo.
- **He's got hairy legs.** Tiene mucho pelo en las piernas.

half NOUN
(PL halves)
see also half ADJECTIVE
1 la *mitad* ◇ *half of the cake* la mitad de la tarta
- **to cut something in half** cortar algo por la mitad
2 el *billete para niños* (ticket) ◇ *One and two halves, please.* Un billete normal y dos para niños, por favor.
- **two and a half** dos y medio
- **half a kilo** medio kilo
- **half an hour** media hora
- **half past ten** las diez y media

half ADJECTIVE, ADVERB
see also half NOUN
medio ◇ *a half chicken* medio pollo
When you use **medio** *before an adjective, it does not change.*
◇ *She was half asleep.* Estaba medio dormida. ◇ *They were half drunk.* Estaban medio borrachos.

half-price ADJECTIVE, ADVERB
a mitad de precio ◇ *I bought it half-price.* Lo compré a mitad de precio.

half-term NOUN
las *vacaciones de mitad de trimestre*
En Gran Bretaña los colegios dan unos días de vacaciones hacia la mitad de cada trimestre.

half-time NOUN
el *descanso* (del partido)

halfway ADVERB
1 *a medio camino* ◇ *Reading is halfway between Oxford and London.* Reading está a medio camino entre Oxford y Londres.
2 *a la mitad* ◇ *halfway through the film* a la mitad de la película

hall NOUN
1 el *vestíbulo* (in house)
2 la *sala* ◇ *a lecture hall* una sala de conferencias
- **a concert hall** un auditorio
- **a sports hall** un gimnasio
- **village hall** el salón de actos municipal

hall of residence NOUN
el *colegio mayor*

Hallowe'en NOUN
la *víspera de Todos los Santos*
La tradición dice que Hallowe'en, *la noche del 31 de octubre, es la noche de las brujas. Los niños, disfrazados de fantasmas y portando faroles hechos con calabazas vacías, van de casa en casa pidiendo golosinas o un aguinaldo.*

G
H

hallway NOUN
el *vestíbulo*

halt NOUN
- **to come to a halt** pararse

halves PL NOUN *see* **half**

ham NOUN
el *jamón* (PL los *jamones*)
In Spain there are two basic kinds of ham in the shops: jamón serrano, which is cured and similar to Parma ham, and jamón de York or jamón dulce, which is boiled and similar to British ham.

hamburger NOUN
la *hamburguesa*

hammer NOUN
el *martillo*

hamster NOUN
el *hámster*

hand NOUN
see also **hand** VERB
[1] la *mano* (of person)
Although mano ends in -o it is actually a feminine noun.
[2] la *manecilla* (of clock)
- **to give someone a hand** echar una mano a alguien ◇ *Can you give me a hand?* ¿Me echas una mano?
- **on the one hand..., on the other hand...** por un lado..., por otro...

to hand VERB
see also **hand** NOUN
pasar ◇ *He handed me the book.* Me pasó el libro.

to hand in VERB
entregar* ◇ *Martin handed in his exam paper.* Martin entregó su examen.

to hand out VERB
repartir ◇ *The teacher handed out the books.* El profesor repartió los libros.

to hand over VERB
entregar* ◇ *She handed the keys over to me.* Me entregó las llaves.

handbag NOUN
el *bolso*

handbook NOUN
el *manual*

handcuffs PL NOUN
las *esposas*

handkerchief NOUN
(PL **handkerchieves**)
el *pañuelo*

handle NOUN
see also **handle** VERB
[1] el *picaporte* (of door)
[2] la *asa* (of cup, briefcase)
[3] el *mango* (of knife, saucepan)

to handle VERB
see also **handle** NOUN
[1] *encargarse* de* ◇ *Kath handled the travel arrangements.* Kath se encargó de organizar el viaje.
[2] *manejar* ◇ *It was a difficult situation, but he handled it well.* Era una situación difícil, pero él supo manejarla bien.

[3] *tratar* ◇ *She's good at handling children.* Sabe tratar a los niños.
- **"handle with care"** "frágil"

handlebars PL NOUN
el *manillar*

handmade ADJECTIVE
hecho a mano (FEM *hecha a mano*)

handsome ADJECTIVE
guapo ◇ *My father's very handsome.* Mi padre es muy guapo.

handwriting NOUN
la *letra* ◇ *His handwriting is terrible.* Tiene una letra horrible.

handy ADJECTIVE
[1] *práctico* ◇ *This knife's very handy.* Este cuchillo es muy práctico.
[2] *a mano* ◇ *Have you got a pen handy?* ¿Tienes un bolígrafo a mano?

to hang VERB
(hung, hung)
[1] *colgar** ◇ *Mike hung the painting on the wall.* Mike colgó el cuadro en la pared.
◇ *There was a bulb hanging from the ceiling.* Una bombilla colgaba del techo.
[2] *ahorcar**
Se usa hanged para el pasado y participio pasado de este sentido de to hang.
◇ *In the past criminals were hanged.* Antiguamente se ahorcaba a los criminales.

to hang around VERB
pasar el rato ◇ *On Saturdays we hang around in the park.* Los sábados pasamos el rato en el parque.

to hang on VERB
esperar ◇ *Hang on a minute please.* Espera un momento, por favor.

to hang up VERB
colgar* (clothes, phone) ◇ *Don't hang up!* ¡No cuelgues! ◇ *He hung up on me.* Me colgó.

hanger NOUN
la *percha*

hang-gliding NOUN
el *ala delta*
Although ala ends in -a, it is actually a feminine noun.
◇ *to go hang-gliding* hacer* ala delta

hangover NOUN
la *resaca* ◇ *I woke up with a hangover.* Me desperté con resaca.

to happen VERB
pasar ◇ *What happened?* ¿Qué pasó?
- **As it happens, I do know him.** Da la casualidad de que lo conozco.
- **Do you happen to know if she's at home?** ¿Por casualidad sabes si está en casa?

happily ADVERB
[1] *alegremente* ◇ *"Don't worry!", he said happily.* "¡No te preocupes!" dijo alegremente.
[2] *felizmente* ◇ *He's happily married.* Está felizmente casado.
- **And they lived happily ever after.** Y vivieron felices y comieron perdices.

---

* Verbs marked with this symbol are irregular. See pages 332–333 for further details

③ *afortunadamente* ◇ *Happily,
everything went well.* Afortunadamente todo
fue bien.

happiness NOUN
la *felicidad*

happy ADJECTIVE
feliz (PL *felices*) ◇ *Janet looks happy.* Janet
parece feliz.
* **to be happy with something** estar* contento
con algo ◇ *I'm very happy with your work.*
Estoy muy contento con tu trabajo.
* **Happy birthday!** ¡Feliz cumpleaños!
* **a happy ending** un final feliz

harbour NOUN
(US **harbor**)
el *puerto*

hard ADJECTIVE, ADVERB
① *duro* ◇ *This cheese is very hard.* Este
queso está muy duro. ◇ *to work hard* trabajar
duro
② *difícil* ◇ *The exam was very hard.* El
examen fue muy difícil.

hard disk NOUN
el *disco duro*

hardly ADVERB
apenas ◇ *I hardly know you.* Apenas te
conozco.
* **I've got hardly any money.** Casi no tengo
dinero.
* **hardly ever** casi nunca
* **hardly anything** casi nada

hard up ADJECTIVE
* **to be hard up** estar* sin un duro (*informal*)

hare NOUN
la *liebre*

harm VERB
* **to harm somebody** hacer* daño a alguien
◇ *I didn't mean to harm you.* No quería
hacerte daño.
* **to harm something** dañar algo
◇ *Chemicals harm the environment.* Los
productos químicos dañan el medio
ambiente.

harmful ADJECTIVE
perjudicial ◇ *harmful to the environment*
perjudicial para el medio ambiente

harmless ADJECTIVE
inofensivo

harsh ADJECTIVE
① *severo* ◇ *He deserves a harsh
punishment for what he did.* Merece un severo
castigo por lo que ha hecho.
② *áspero* ◇ *She's got a very harsh voice.*
Tiene una voz muy áspera.

has VERB *see* **have**

hasn't = **has not**

hat NOUN
el *sombrero*

hate VERB
odiar

hatred NOUN
el *odio*

haunted ADJECTIVE
* **a haunted house** una casa embrujada

to **have** VERB
(**had**, **had**)
> Use the verb **haber** *to form the perfect tenses.*
① *haber* ◇ *I've already seen that film.* Ya
he visto esa película. ◇ *Has he gone?* ¿Se ha
ido? ◇ *If you had phoned me I would have
come around.* Si me hubieras llamado habría
venido.
> If you are using have *in question tags to confirm a
statement use* ¿**no**? *or* ¿**verdad**?.
◇ *You've done it, haven't you?* Lo has hecho,
¿verdad? ◇ *They've arrived, haven't they?* Ya
han llegado, ¿no?
> Have *is not translated when giving simple negative
or positive answers to questions.*
◇ *Have you read that book? – Yes, I have.*
¿Has leído el libro? – Sí. ◇ *Has he told
you? – No, he hasn't.* ¿Te lo ha dicho? – No.
② *tener* ◇ *I have a terrible cold.* Tengo
un resfriado horrible. ◇ *She had a baby last
year.* Tuvo un niño el año pasado. ◇ *Do you
have any brothers or sisters?* ¿Tienes
hermanos?
③ *tomar* ◇ *I'll have a coffee.* Tomaré un
café. ◇ *Shall we have a drink?* ¿Tomamos
algo de beber?
* **to have a shower** ducharse
* **to have one's hair cut** cortarse el pelo

haven't = **have not**

hay NOUN
el *heno*

hay fever NOUN
la *alergia al polen*

hazelnut NOUN
la *avellana*

he PRONOUN
él
> he *generally isn't translated unless it is emphatic.*
◇ *He is very tall.* Es muy alto.
> Use **él** *for emphasis.*
◇ *He did it but she didn't.* Él lo hizo, pero ella
no.

head NOUN
> *see also* **head** VERB
① la *cabeza* ◇ *Mind your head!* ¡Cuidado
con la cabeza! ◇ *The wine went to my head.*
El vino se me subió a la cabeza. ◇ *He lost his
head and started screaming.* Perdió la cabeza
y empezó a gritar.
② (*of school*)
el *director*
la *directora*
③ (*leader*)
el *jefe*
la *jefa*
◇ *a head of state* un jefe de Estado
* **I've got no head for figures.** No se me dan
bien los números.
* **Heads or tails? – Heads.** ¿Cara o
cruz? – Cara.

to **head** VERB
> *see also* **head** NOUN
* **to head for** dirigirse* a ◇ *They headed for
the church.* Se dirigieron a la iglesia.

H

headache NOUN
el *dolor de cabeza* ◦ *I've got a headache.*
Tengo dolor de cabeza.

headlight NOUN
el *faro* (*de coche*)

headline NOUN
el *titular*

headmaster NOUN
el *director*

headmistress NOUN
(PL **headmistresses**)
la *directora*

headphones PL NOUN
los *auriculares*

headquarters PL NOUN
el *cuartel general* (*of army*)
+ **The bank's headquarters are in London.** La
oficina central del banco está en Londres.

headteacher NOUN
el *director*
la *directora*

to **heal** VERB
curar

health NOUN
la *salud* ◦ *She's in good health.* Tiene
buena salud.

healthy ADJECTIVE
sano ◦ *She's very healthy.* Es muy sana.
◦ *a healthy diet* una dieta sana

heap NOUN
el *montón* (PL los *montones*)

to **hear** VERB
(**heard, heard**)
oír* ◦ *We heard the dog bark.* Oímos
ladrar al perro. ◦ *She can't hear very well.*
No oye bien.
+ **I heard she was ill.** Me han dicho que estaba
enferma.
+ **to hear about something** enterarse de algo
◦ *I've heard about your new job.* Me he
enterado de que tienes un nuevo trabajo.
◦ *Did you hear the good news?* ¿Te has
enterado de la buena noticia?
+ **to hear from somebody** tener* noticias de
alguien ◦ *I haven't heard from him recently.*
Últimamente no tengo noticias de él.

heart NOUN
el *corazón* (PL los *corazones*)
+ **hearts** (*at cards*) los corazones ◦ *the ace of
hearts* el as de corazones
+ **to learn something by heart** aprenderse algo
de memoria

heart attack NOUN
el *infarto*

heartbroken ADJECTIVE
+ **to be heartbroken** tener* el corazón partido

heat NOUN
┌─────────────────┐
│ *see also* **heat** VERB │
└─────────────────┘
el *calor*

to **heat** VERB
┌─────────────────┐
│ *see also* **heat** NOUN │
└─────────────────┘
calentar* ◦ *Heat gently for five minutes.*
Caliente a fuego lento durante cinco minutos.

to **heat up** VERB
[1] *calentar** ◦ *He heated the soup up.*
Calentó la sopa.
[2] *calentarse** (*water, oven*) ◦ *The water is
heating up.* El agua se está calentando.

heater NOUN
el *calentador* ◦ *a water heater* un
calentador de agua
+ **an electric heater** una estufa eléctrica
+ **Could you put on the heater?** (*in car*)
¿Puedes poner la calefacción?

heating NOUN
la *calefacción*

heaven NOUN
el *cielo*
+ **to go to heaven** ir* al cielo

heavily ADVERB
+ **It rained heavily in the night.** Llovió con
fuerza por la noche.
+ **He's a heavily built man.** Es un hombre
corpulento.
+ **He drinks heavily.** Bebe demasiado.

heavy ADJECTIVE
pesado ◦ *a heavy load* una carga pesada
+ **This bag's very heavy.** Esta bolsa pesa
mucho.
+ **heavy rain** fuerte lluvia
+ **he's a heavy drinker** es un bebedor
empedernido

he'd = he would, he had

hedge NOUN
el *seto*

hedgehog NOUN
el *erizo*

heel NOUN
[1] el *tacón* (*of shoe*) (PL los *tacones*)
[2] el *talón* (*of foot*) (PL los *talones*)

height NOUN
[1] la *estatura* (*of person*)
[2] la *altura* (*of object, mountain*)

heir NOUN
el *heredero*

heiress NOUN
(PL **heiresses**)
la *heredera*

held VERB *see* **hold**

helicopter NOUN
el *helicóptero*

hell NOUN
el *infierno*
+ **Hell!** ¡Maldita sea!

he'll = he will, he shall

hello EXCLAMATION
[1] ¡*hola!* (*when you see somebody*)
[2] ¡*dígame!* (*on the phone*)

helmet NOUN
el *casco*

to **help** VERB
┌─────────────────┐
│ *see also* **help** NOUN │
└─────────────────┘
ayudar ◦ *Can you help me?* ¿Puedes
ayudarme?
+ **Help!** ¡Socorro!
+ **Help yourself!** ¡Sírvete!

---

* Verbs marked with this symbol are irregular. See pages 332–333 for further details

◆ **I couldn't help laughing.** No pude evitar
reírme.

help NOUN
see also help VERB
la *ayuda* ◇ *Do you need any help?*
¿Necesitas ayuda?

helpful ADJECTIVE
◆ **You've been very helpful!** ¡Muchas gracias
por su ayuda!
útil ◇ *He gave me some helpful advice.* Me
dio algunos consejos útiles.

hen NOUN
la *gallina*

her ADJECTIVE
see also her PRONOUN
su (PL *sus*) ◇ *her father* su padre ◇ *her
house* su casa ◇ *her two best friends* sus dos
mejores amigos ◇ *her sisters* sus hermanas
her is usually translated by the definite article el/
los *or* la/las *when it's clear from the sentence who
the possessor is or when referring to clothing or
parts of the body.*
◇ *They stole her car.* Le robaron el coche.
◇ *She took off her coat.* Se quitó el abrigo.
◇ *She's washing her hair.* Se está lavando la
cabeza.

her PRONOUN
see also her ADJECTIVE
[1] *la*
Use la *when* her *is the direct object of the verb in
the sentence.*
◇ *I saw her.* La vi. ◇ *Look at her!* ¡Mírala!
[2] *le*
Use le *when* her *means* to her.
◇ *I gave her a book.* Le di un libro. ◇ *You
have to tell her the truth.* Tienes* que decirle
la verdad.
[3] *se*
Use se *not* le *when* her *is used in combination
with a direct-object pronoun.*
◇ *Give it to her.* Dáselo.
[4] *ella*
Use ella *after prepositions, in comparisons, and
with the verb* to be.
◇ *I'm going with her.* Voy con ella. ◇ *I'm
older than her.* Soy mayor que ella. ◇ *It must
be her.* Debe de ser ella.
◆ **She was carrying it on her.** Lo llevaba
consigo.

herb NOUN
la *hierba* (medicinal o aromática)

here ADVERB
aquí ◇ *I live here.* Vivo aquí. ◇ *Here he is!*
¡Aquí está! ◇ *Here are the books.* Aquí están
los libros.
◆ **Here's your coffee.** Aquí tienes el café.
◆ **Have you got my pen? – Here you are.**
¿Tienes mi boli? – Aquí tienes.
◆ **Here are the papers you asked for.** Aquí
tienes los papeles que pediste.

hero NOUN
(PL *heroes*)
el *héroe*

heroin NOUN

la *heroína*
◆ **a heroin addict** un heroinómano

heroine NOUN
la *heroína*

hers PRONOUN
[1] *el suyo* MASC (PL *los suyos*) ◇ *Is this her
coat? – No, hers is black.* ¿Es éste su
abrigo? – No, el suyo es negro. ◇ *my parents
and hers* mis padres y los suyos
[2] *la suya* FEM (PL *las suyas*) ◇ *Is this her
scarf? – No, hers is red.* ¿Es ésta su
bufanda? – No, la suya es roja. ◇ *my sisters
and hers* mis hermanas y las suyas
[3] *suyo* MASC (PL *suyos*) ◇ *Is that car hers?*
¿Es suyo ese coche?
[4] *suya* FEM (PL *suyas*) ◇ *Is that wallet
hers?* ¿Es suya esa cartera?
◆ **Isobel is a friend of hers.** Isobel es amiga
suya.
Use de ella *instead of* suyo *if you want to avoid
confusion with "his", "theirs", etc.*
◇ *Whose is this? – It's hers.* ¿De quién es
esto? – Es de ella.

herself PRONOUN
[1] *se* (reflexive) ◇ *She's hurt herself.* Se ha
hecho daño.
[2] *sí misma* (after preposition) ◇ *She talked
mainly about herself.* Habló principalmente
de sí misma.
[3] *ella misma* (for emphasis) ◇ *She did it
herself.* Lo hizo ella misma.
◆ **by herself** (alone) sola ◇ *She came by
herself.* Vino sola.

he's = he is, he has

to **hesitate** VERB
dudar ◇ *Don't hesitate to ask.* No dudes
en preguntar.

heterosexual ADJECTIVE
heterosexual

hi EXCLAMATION
¡hola!

hiccup NOUN
el *hipo* ◇ *The baby's got hiccups.* El bebé
tiene hipo.

to **hide** VERB
(hid, hidden)
[1] *esconder* ◇ *Paula hid the present.*
Paula escondió el regalo.
[2] *esconderse* ◇ *He hid behind a bush.* Se
escondió detrás de un arbusto.

hide-and-seek NOUN
◆ **to play hide-and-seek** jugar* al escondite

hideous ADJECTIVE
horroroso

hi-fi NOUN
el *equipo de alta fidelidad*

high ADJECTIVE, ADVERB
[1] *alto* ◇ *The gate's too high.* La verja es
demasiado alta. ◇ *Prices are higher in
Germany.* Los precios están más altos en
Alemania. ◇ *It's very high in fat.* Tiene un
alto contenido en grasas. ◇ *The plane flew
high over the mountains.* El avión volaba alto
sobre las montañas.

H

- **How high is the wall?** ¿Cómo es de alto el muro?
- **The wall's two metres high.** El muro tiene dos metros de altura.

  [2] *agudo* ◇ *She's got a very high voice.* Tiene la voz muy aguda.

- **at high speed** a gran velocidad
- **to be high** (*on drugs*) estar* colocado (*informal*)
- **to get high** (*on drugs*) colocarse* (*informal*)

higher education NOUN
la *enseñanza superior*

high-heeled ADJECTIVE
- **high-heeled shoes** los zapatos de tacón alto

high jump NOUN
el *salto de altura*

highlight NOUN
see also highlight VERB
el *punto culminante* ◇ *the highlight of the evening* el punto culminante de la velada

to **highlight** VERB
see also highlight NOUN
poner* de relieve

highlighter NOUN
el *rotulador*

high-rise NOUN
la *torre de pisos*

high school NOUN
el *instituto*

to **hijack** VERB
secuestrar

hijacker NOUN
el *secuestrador*
la *secuestradora*

hike NOUN
la *caminata* (*por el campo*)

hiking NOUN
- **to go hiking** ir* de excursión al campo

hilarious ADJECTIVE
graciosísimo

hill NOUN
[1] la *colina* ◇ *a house at the top of a hill* una casa en lo alto de una colina
[2] la *cuesta* ◇ *I climbed the hill up to the office.* Subí la cuesta hasta la oficina.

hill-walking NOUN
el *senderismo* ◇ *to go hill-walking* hacer* senderismo

him PRONOUN
[1] *lo*
> Use **lo** when him is the direct object of the verb in the sentence.

  ◇ *I saw him.* Lo vi. ◇ *Look at him!* ¡Míralo!
[2] *le*
> Use **le** when him means to him.

  ◇ *I gave him a book.* Le di un libro. ◇ *You have to tell him the truth.* Tienes* que decirle la verdad.
[3] *se*
> Use **se** not **le** when him is used in combination with a direct-object pronoun.

  ◇ *Give it to him.* Dáselo.
[4] *él*

> Use **él** after prepositions, in comparisons and with the verb to be.

  ◇ *I'm going with him.* Voy con él. ◇ *I'm older than him.* Soy mayor que él. ◇ *It must be him.* Debe de ser él.
- **He was carrying it on him.** Lo llevaba consigo.

himself PRONOUN
[1] *se* (*reflexive*) ◇ *He's hurt himself.* Se ha hecho daño.
[2] *sí mismo* (*after preposition*) ◇ *He talked mainly about himself.* Habló principalmente de sí mismo.
[3] *él mismo* (*for emphasis*) ◇ *He did it himself.* Lo hizo él mismo.
- **by himself** (*alone*) solo ◇ *He came by himself.* Vino solo.

Hindu ADJECTIVE
hindú (PL *hindúes*)

hint NOUN
see also hint VERB
la *indirecta*
- **to drop a hint** soltar* una indirecta
- **to take a hint** captar una indirecta

to **hint** VERB
see also hint NOUN
insinuar* ◇ *He hinted that I had a good chance of getting the job.* Insinuó que tenía muchas posibilidades de conseguir el trabajo.

hip NOUN
la *cadera* ◇ *She put her hands on her hips.* Se puso las manos en las caderas.

hippie NOUN
el/la *hippy* (PL los *hippies*)

hippo NOUN
(PL *hippos*)
el *hipopótamo*

to **hire** VERB
see also hire NOUN
[1] *alquilar* ◇ *We hired a car.* Alquilamos un coche.
[2] *contratar* ◇ *They hired a lawyer.* Contrataron a un abogado.

hire NOUN
see also hire VERB
el *alquiler* ◇ *car hire* el alquiler de coches
- **"for hire"** "se alquila"

hire car NOUN
el *coche de alquiler*

his ADJECTIVE
see also his PRONOUN
su (PL *sus*) ◇ *his father* su padre ◇ *his house* su casa ◇ *his two best friends* sus dos mejores amigos ◇ *his sisters* sus hermanas
> his is usually translated by the definite article **el/ los** or **la/las** when it's clear from the sentence who the possessor is or when referring to clothing or parts of the body.

  ◇ *They stole his car.* Le robaron el coche.
  ◇ *He took off his coat.* Se quitó el abrigo.
  ◇ *He's washing his hair.* Se está lavando la cabeza.

his PRONOUN

see also his ADJECTIVE

1 **el suyo** MASC (PL **los suyos**) ◇ *Is this his coat? — No, his is black.* ¿Es éste su abrigo? — No, el suyo es negro. ◇ *my parents and his* mis padres y los suyos

2 **la suya** FEM (PL **las suyas**) ◇ *Is this his scarf? — No, his is red.* ¿Es ésta su bufanda? — No, la suya es roja. ◇ *my sisters and his* mis hermanas y las suyas

3 **suyo** MASC (PL **suyos**) ◇ *Is that car his?* ¿Es suyo ese coche?

4 **suya** FEM (PL **suyas**) ◇ *Is that wallet his?* ¿Es suya esa cartera?

✦ **Isobel is a friend of his.** Isobel es amiga suya.

Use de él *instead of* suyo *if you want to avoid confusion with "hers", "theirs", etc.*

◇ *Whose is this? — It's his.* ¿De quién es esto? — Es de él.

history NOUN
la **historia**

hit VERB
(hit, hit)
see also hit NOUN

1 **pegar*** ◇ *He hit the ball.* Le pegó a la bola. ◇ *Andrew hit him.* Andrew le pegó.

2 **chocar* con** ◇ *The car hit a road sign.* El coche chocó con una señal de tráfico.

✦ **He was hit by a car.** Le pilló un coche.

✦ **to hit the target** dar* en el blanco

✦ **to hit it off with somebody** hacer* buenas migas con alguien

hit NOUN
see also hit VERB
el **éxito** ◇ *Sting's latest hit.* El último éxito de Sting. ◇ *The film was a massive hit.* La película fue un éxito enorme.

hitch NOUN
(PL **hitches**)
el **contratiempo** ◇ *There's been a slight hitch.* Ha habido un pequeño contratiempo.

hitchhike VERB
hacer* autoestop

hitchhiker NOUN
el/la **autoestopista**

hitchhiking NOUN
el **autoestop**

hit man NOUN
(PL **hit men**)
el **asesino a sueldo**

HIV NOUN (= *human immunodeficiency virus*)
el **VIH**

HIV-positive ADJECTIVE
seropositivo

hobby NOUN
(PL **hobbies**)
la **afición** (PL las **aficiones**)

hockey NOUN
el **hockey** ◇ *I like playing hockey.* Me gusta jugar* al hockey.

hold VERB
(held, held)
1 **tener*** ◇ *He was holding her in his arms.* La tenía entre sus brazos.

2 **sujetar** ◇ *Hold the ladder.* Sujeta la escalera.

3 **contener*** ◇ *This bottle holds one litre.* Esta botella contiene un litro.

✦ **to hold a meeting** celebrar una reunión

✦ **Hold the line!** (*on telephone*) ¡No cuelgue!

✦ **Hold it!** ¡Espera!

✦ **to get hold of something** hacerse* con algo

to hold on VERB
1 **agarrar** (keep hold) ◇ *The cliff was slippery but he managed to hold on.* El acantilado se escurría, pero logró agarrarse.

✦ **to hold on to something** agarrarse a algo

2 **esperar** (wait) ◇ *Hold on, I'm coming!* ¡Espera que ya voy!

✦ **Hold on!** (*on telephone*) ¡No cuelgue!

to hold up VERB
1 **levantar** ◇ *Peter held up his hand.* Peter levantó la mano.

2 **retrasar** ◇ *We were held up by the traffic.* Nos retrasamos por culpa del tráfico.

3 **atracar*** ◇ *to hold up a bank* atracar un banco

✦ **I was held up at the office.** Me entretuvieron en la oficina.

hold-up NOUN
1 el **atraco** ◇ *A bank clerk was injured in the hold-up.* Un empleado del banco resultó herido en el atraco.

2 el **retraso** ◇ *No-one explained the reason for the hold-up.* Nadie explicó el motivo del retraso.

3 el **embotellamiento** ◇ *a hold-up on the motorway* un embotellamiento en la autopista

hole NOUN
1 el **agujero** (in general) ◇ *a hole in the wall* un agujero en la pared

2 el **hoyo** (in the ground, in golf)

✦ **to dig a hole** cavar un hoyo

holiday NOUN
1 las **vacaciones** ◇ *the school holidays* las vacaciones escolares ◇ *on holiday* de vacaciones ◇ *to go on holiday* irse* de vacaciones ◇ *to be on holiday* estar* de vacaciones

2 el **día festivo** ◇ *Next Monday is a holiday.* El lunes que viene es día festivo.

✦ **He took a day's holiday.** Se tomó un día libre.

holiday camp NOUN
la **colonia de veraneo**

Holland NOUN
Holanda FEM

hollow ADJECTIVE
hueco

holly NOUN
el **acebo**

holy ADJECTIVE
1 **santo** ◇ *the Holy Spirit* el Espíritu Santo

2 **sagrado** ◇ *a holy place* un lugar sagrado

home NOUN
see also home ADVERB
la **casa** ◇ *at home* en casa

H

◆ **Make yourself at home.** Estás* en tu casa.

◆ **an old people's home** una residencia de ancianos

home ADVERB

see also home NOUN

[1] *en casa* ◇ I'll be home at five o'clock. Estaré* en casa a las cinco.

[2] *a casa*

◆ **to get home** llegar* a casa

home address NOUN

el *domicilio*

homeless ADJECTIVE, NOUN

sin hogar

◆ **homeless people** los sin techo

home match NOUN

el *partido en casa*

homesick ADJECTIVE

◆ **to be homesick** tener* morriña

homework NOUN

los *deberes* ◇ Have you done your homework? ¿Has hecho los deberes? ◇ my geography homework mis deberes de geografía

homosexual ADJECTIVE

homosexual

honest ADJECTIVE

[1] *honrado* ◇ She's a very honest person. Es una persona muy honrada.

[2] *sincero* ◇ Tell me your honest opinion. Dame tu sincera opinión.

◆ **To be honest, I don't like the idea.** La verdad es que no me gusta la idea.

honestly ADVERB

francamente ◇ I honestly don't know. Francamente no lo sé.

honesty NOUN

la *honradez*

honey NOUN

la *miel*

honeymoon NOUN

la *luna de miel*

◆ **to go on honeymoon** irse* de luna de miel

honour NOUN

(US honor)

el *honor*

hood NOUN

[1] la *capucha* (on coat)

[2] el *capó* (bonnet of car) US

hook NOUN

[1] el *gancho* ◇ The jacket hung from a hook. La chaqueta estaba colgada de un gancho.

[2] la *alcayata* ◇ He hung the painting on the hook. Colgó el cuadro de la alcayata.

[3] el *anzuelo* ◇ He felt a fish pull at his hook. Notó que un pez tiraba del anzuelo.

◆ **to take the phone off the hook** descolgar* el teléfono

hooligan NOUN

el *gamberro*

la *gamberra*

hooray EXCLAMATION

¡hurra!

Hoover ® NOUN

la *aspiradora*

to **hoover** VERB

pasar la aspiradora por ◇ He hoovered the lounge. Pasó la aspiradora por el salón.

to **hop** VERB

[1] *brincar** (animal)

[2] *ir* a pata coja* (person)

to **hope** VERB

see also hope NOUN

esperar

Use the subjunctive after **esperar que**.

◇ I hope he comes. Espero que venga.

◆ **I hope so.** Espero que sí.

◆ **I hope not.** Espero que no.

hope NOUN

see also hope VERB

la *esperanza*

◆ **to give up hope** perder* la esperanza

hopeful ADJECTIVE

prometedor (FEM prometedora) ◇ The prospects look hopeful. Las perspectivas parecen prometedoras.

◆ **He's hopeful of winning.** Tiene esperanzas de ganar.

◆ **How did the interview go? – I'm hopeful.** ¿Cómo fue la entrevista? – Tengo esperanzas.

◆ **We're hopeful everything will go okay.** Confiamos en que todo irá bien.

hopefully ADVERB

◆ **Hopefully, he'll make it in time.** Esperemos que llegue a tiempo.

Use the subjunctive after **esperar que**.

hopeless ADJECTIVE

◆ **She's hopeless at maths.** Es una negada para las matemáticas.

horizon NOUN

el *horizonte*

horizontal ADJECTIVE

horizontal

horn NOUN

[1] el *claxon* ◇ He sounded the horn. Tocó el claxon.

[2] la *trompa* ◇ He plays the horn. Toca la trompa.

[3] el *cuerno* ◇ a bull's horns los cuernos de un toro

horoscope NOUN

el *horóscopo*

horrible ADJECTIVE

horrible ◇ What a horrible dress! ¡Qué vestido tan horrible!

to **horrify** VERB

horrorizar*

horror NOUN

el *horror* ◇ To my horror I discovered I was locked out. Descubrí con horror que me había dejado las llaves dentro.

horror film NOUN

la *película de terror*

horse NOUN

el *caballo*

horse-racing NOUN

---

* Verbs marked with this symbol are irregular. See pages 332–333 for further details

las *carreras de caballos*

horseshoe NOUN
la *herradura*

hose NOUN
la *manguera*

hosepipe NOUN
la *manguera*

hospital NOUN
el *hospital* ◇ to go into hospital ingresar en el hospital

hospitality NOUN
la *hospitalidad*

host NOUN
el *anfitrión* (PL los *anfitriones*)
la *anfitriona*

hostage NOUN
el *rehén* (PL los *rehenes*)
◆ **to take somebody hostage** tomar como rehén a alguien

hostile ADJECTIVE
hostil

hot ADJECTIVE
1 *caliente* ◇ a hot bath un baño caliente
2 *caluroso* ◇ a hot country un país caluroso

When you are talking about a person being hot, you use **tener* calor.**
◇ I'm hot. Tengo calor.

When you talk about the weather being hot, you use **hacer* calor.**
◇ It's hot today. Hoy hace calor.

3 *picante* ◇ Mexican food's too hot. La comida mejicana es demasiado picante.

hot dog NOUN
el *perrito caliente*

hotel NOUN
el *hotel*

hour NOUN
la *hora* ◇ She always takes hours to get ready. Siempre se tira horas para arreglarse.
◆ **a quarter of an hour** un cuarto de hora
◆ **two and a half hours** dos horas y media
◆ **half an hour** media hora

hourly ADJECTIVE, ADVERB
◆ **There are hourly buses.** Hay autobuses cada hora.
◆ **She's paid hourly.** Le pagan por horas.

house NOUN
la *casa* ◇ at his house en su casa

housewife NOUN
(PL housewives)
el *ama de casa* (PL las *amas de casa*)
◆ **She's a housewife.** Es ama de casa.

housework NOUN
las *tareas de la casa*

hovercraft NOUN
el *aerodeslizador*

how ADVERB
1 *cómo* ◇ How are you? ¿Cómo estás?
2 *qué* ◇ How strange! ¡Qué raro!
◆ **He told them how happy he was.** Les dijo lo feliz que era.
◆ **How many?** ¿Cuántos?
◆ **How much?** ¿Cuánto? ◇ How much is it?

¿Cuánto es? ◇ How much sugar do you want? ¿Cuánto azúcar quieres?
◆ **How old are you?** ¿Cuántos años tienes?
◆ **How far is it to Edinburgh?** ¿Qué distancia hay de aquí a Edimburgo?
◆ **How long have you been here?** ¿Cuánto tiempo llevas aquí?
◆ **How long does it take?** ¿Cuánto se tarda?
Remember the accents on question and exclamation words **cómo, qué** *and* **cuánto.**

however CONJUNCTION
sin embargo ◇ This, however, isn't true. Esto, sin embargo, no es cierto.

to **howl** VERB
aullar* ◇ The dog howled all night. El perro estuvo aullando toda la noche. ◇ He howled with pain. Aullaba de dolor.

to **hug** VERB
see also hug NOUN
abrazar* ◇ They hugged each other. Se abrazaron.

hug NOUN
see also hug VERB
el *abrazo* ◇ to give somebody a hug dar* un abrazo a alguien

huge ADJECTIVE
enorme

to **hum** VERB
tararear

human ADJECTIVE
humano ◇ the human body el cuerpo humano

human being NOUN
el *ser humano*

humble ADJECTIVE
humilde

humour NOUN
(US **humor**)
el *humor*
◆ **to have a sense of humour** tener* sentido del humor

hundred NUMERAL
Use **cien** *before nouns or before another number that is being multiplied by a hundred.*
◆ **a hundred** cien ◇ a hundred people cien personas ◇ a hundred thousand cien mil
Use **ciento** *before a number that is not multiplied but simply added to a hundred.*
◇ a hundred and one ciento uno
When hundred *follows another number, use the compound forms, which must agreee with the noun.*
◇ three hundred trescientos ◇ five hundred people quinientas personas ◇ five hundred and one quinientos uno
◆ **hundreds of people** cientos de personas

hung VERB see **hang**

Hungary NOUN
Hungría FEM

hunger NOUN
el *hambre* FEM
Although it's a feminine noun, remember that you use **el** *and* **un** *with* **hambre.**

hungry ADJECTIVE
◆ **to be hungry** tener* hambre ◇ I'm very

hungry. Tengo mucha hambre.

to **hunt** VERB

  [1] *cazar** ◦ *They hunt foxes.* Cazan zorros.

  [2] *buscar** ◦ *The police are hunting the killer.* La policía está buscando al asesino.

  ◆ **to go hunting** ir* de caza

  ◆ **to hunt for something** buscar* algo ◦ *I've hunted everywhere for that book.* He buscado ese libro por todas partes.

hunting NOUN

  la *caza* ◦ *fox-hunting* la caza del zorro

hurricane NOUN

  el *huracán* (PL los *huracanes*)

to **hurry** VERB

  (hurried, hurried)

  see also hurry NOUN

  *darse** prisa ◦ *Hurry up!* ¡Date prisa!

  ◆ **Sharon hurried back home.** Sharon volvió a casa a toda prisa.

hurry NOUN

  see also hurry VERB

  ◆ **to be in a hurry** tener* prisa

  ◆ **to do something in a hurry** hacer* algo a toda prisa

  ◆ **There's no hurry.** No hay prisa.

to **hurt** VERB

(hurt, hurt)

see also hurt ADJECTIVE

  [1] *hacer** daño a ◦ *You're hurting me!* ¡Me haces daño! ◦ *Have you hurt yourself?* ¿Te has hecho daño?

  [2] *doler** ◦ *My leg hurts.* Me duele la pierna.

  ◆ **Hey! That hurts!** ¡Hey! ¡Que me haces daño!

  [3] *herir** ◦ *His remarks really hurt me.* Sus comentarios me hirieron mucho.

hurt ADJECTIVE

  see also hurt VERB

  herido ◦ *Is he badly hurt?* ¿Está herido de gravedad? ◦ *Luckily, nobody got hurt.* Por suerte, nadie salió herido.

  ◆ **I was hurt by what he said.** Me hirió lo que dijo.

husband NOUN

  el *marido*

hut NOUN

  la *cabaña*

hymn NOUN

  el *himno* (religioso)

hypermarket NOUN

  el *hipermercado*

hyphen NOUN

  el *guión* (PL los *guiones*)

I PRONOUN

  yo ◦ *Ann and I.* Ann y yo.

  I *generally isn't translated unless it is emphatic.* ◦ *I speak Spanish.* Hablo español.

  Use **yo** for emphasis. ◦ *He was frightened but I wasn't.* Él estaba asustado, pero yo no.

ice NOUN

  el *hielo*

iceberg NOUN

  el *iceberg* (PL los *icebergs*)

ice cream NOUN

  el *helado* ◦ *vanilla ice cream* el helado de vainilla

ice cube NOUN

  el *cubito de hielo*

ice hockey NOUN

  el *hockey sobre hielo* ◦ *I like playing ice hockey.* Me gusta jugar* al hockey sobre hielo.

Iceland NOUN

  Islandia FEM

ice lolly NOUN

  (PL ice lollies)

  el *polo*

ice rink NOUN

  la *pista de patinaje sobre hielo*

ice-skating NOUN

  el *patinaje sobre hielo*

  ◆ **Yesterday we went ice-skating.** Ayer fuimos a patinar sobre hielo.

icing NOUN

  el *glaseado* (on cake)

  ◆ **icing sugar** el azúcar glas

icy ADJECTIVE

  helado ◦ *an icy wind* un viento helado ◦ *The roads are icy.* Las carreteras están heladas.

I'd = I had, I would

idea NOUN

  la *idea* ◦ *Good idea!* ¡Buena idea!

ideal ADJECTIVE

  ideal

identical ADJECTIVE

  idéntico

identification NOUN

  la *identificación* (PL las *identificaciones*)

to **identify** VERB

  (identified, identified)

  *identificar**

identity card NOUN

  el *carnet de identidad*

idiom NOUN

  el *modismo*

idiot NOUN

  el/la *idiota*

---

idiotic ADJECTIVE
idiota

idle ADJECTIVE
- **It's just idle gossip.** No es más que cotilleo.
- **I asked out of idle curiosity.** Lo pregunté por pura curiosidad.
- **to be idle** (*worker*) estar* sin trabajo

i.e. ABBREVIATION
es decir

if CONJUNCTION
si ◇ *You can go if you like.* Puedes ir si quieres. ◇ *He asked me if I had eaten.* Me preguntó si había comido. ◇ *If it's fine we'll go swimming.* Si hace bueno, iremos a nadar.

Use **si** with a past subjunctive to translate if followed by a past tense when talking about conditions.

◇ *If you studied harder you would pass your exams.* Si estudiaras más aprobarías los exámenes.
- **if only** ojalá

ojalá has to be followed by a verb in the subjunctive.

◇ *If only I had more money!* ¡Ojalá tuviera más dinero!
- **if not** si no ◇ *Are you coming? If not, I'll go with Mark.* ¿Vienes? Si no, iré con Mark.
- **if so** si es así ◇ *Are you coming? If so, I'll wait.* ¿Vienes? Si es así te espero.
- **If I were you I would go to Spain.** Yo que tú iría a España.

ignorant ADJECTIVE
ignorante

to ignore VERB
- **to ignore something** hacer* caso omiso de algo ◇ *She ignored my advice.* Hizo caso omiso de mi consejo.
- **to ignore somebody** ignorar a alguien ◇ *She saw me, but she ignored me.* Me vió, pero me ignoró completamente.
- **Just ignore him!** ¡No le hagas caso!

ill ADJECTIVE
enfermo ◇ *She was taken ill.* Se puso enferma.

I'll = I will

illegal ADJECTIVE
ilegal

illegible ADJECTIVE
ilegible

illness NOUN
(PL **illnesses**)
la *enfermedad*

illusion NOUN
la *ilusión* (PL las *ilusiones*) ◇ *an optical illusion* una ilusión óptica
- **He was under the illusion that he would win.** Se creía que iba a ganar.

illustration NOUN
la *ilustración* (PL las *ilustraciones*)

I'm = I am

image NOUN
la *imagen* (PL las *imágenes*) ◇ *The company has changed its image.* La empresa ha cambiado de imagen.

imagination NOUN
la *imaginación* (PL las *imaginaciones*)
◇ *She lets her imagination run away with her.* Se deja llevar por su imaginación. ◇ *It's only your imagination.* Son imaginaciones tuyas.

to imagine VERB
imaginarse ◇ *You can imagine how I felt!* ¡Imagínate cómo me sentí! ◇ *Is he angry? - I imagine so!* ¿Está enfadado? - ¡Me imagino que sí!

to imitate VERB
imitar

imitation NOUN
la *imitación* (PL las *imitaciones*)
- **imitation leather** el cuero de imitación

immediate ADJECTIVE
inmediato ◇ *We need an immediate answer.* Necesitamos una respuesta inmediata.

immediately ADVERB
inmediatamente

immigrant NOUN
el/la *inmigrante*

immigration NOUN
la *inmigración* (PL las *inmigraciones*)

immoral ADJECTIVE
inmoral

immune ADJECTIVE
- **to be immune to something** ser* inmune a algo ◇ *She is immune to measles.* Es inmune al sarampión.

impartial ADJECTIVE
imparcial

impatience NOUN
la *impaciencia*

impatient ADJECTIVE
impaciente
- **to get impatient** impacientarse ◇ *People are getting impatient.* La gente se está impacientando.

impatiently ADVERB
con impaciencia

impersonal ADJECTIVE
impersonal

to implement VERB
llevar a cabo ◇ *It'll take a few months to implement the plan.* Se tardarán unos cuantos meses en llevar a cabo el plan.

to imply VERB
insinuar* ◇ *Are you implying I did it on purpose?* ¿Insinúas que lo hice adrede?

importance NOUN
la *importancia*

important ADJECTIVE
importante

impossible ADJECTIVE
imposible

to impress VERB
impresionar ◇ *She's trying to impress you.* Está tratando de impresionarte.

impressed ADJECTIVE
impresionado
- **I'm very impressed!** ¡Estoy impresionado!

impression NOUN

I

la *impresión* (PL las *impresiones*) ◇ *I was under the impression that you were going out.* Tenía la impresión de que te ibas.

impressive ADJECTIVE
impresionante

to **improve** VERB
mejorar ◇ *They have improved the service.* Han mejorado el servicio. ◇ *The weather is improving.* El tiempo está mejorando.

improvement NOUN
1 la *mejora* (in situation, design)
* **There's been an improvement in his French.** Su francés ha mejorado.
2 la *mejoría* (in health)

in PREPOSITION, ADVERB
There are several ways of translating in. *Scan the examples to find one that is similar to what you want to say. For other expressions with* in, *see the verbs* go, come, get, give, *etc.*

1 *en* ◇ *in the house* en casa ◇ *in my bag* en mi bolsa ◇ *in the country* en el campo ◇ *in town* en la ciudad ◇ *in Spain* en España ◇ *in school* en el colegio ◇ *in hospital* en el hospital ◇ *in London* en Londres ◇ *in spring* en primavera ◇ *in May* en Mayo ◇ *in 1996* en mil novecientos noventa y seis ◇ *I did it in three hours.* Lo hice en tres horas. ◇ *in French* en francés ◇ *in a loud voice* en voz alta ◇ *in good condition* en buen estado
2 *de* ◇ *the best pupil in the class* el mejor alumno de la clase ◇ *at two o'clock in the afternoon* a las dos de la tarde ◇ *at six in the morning* a las seis de la mañana ◇ *the boy in the blue shirt* el muchacho de la camisa azul
3 *dentro de* ◇ *I'll see you in three weeks.* Te veré dentro de tres semanas. ◇ *I'll be back in one hour.* Volveré dentro de una hora.
4 *por* ◇ *I've got an exam in the morning.* Tengo un examen por la mañana. ◇ *I always feel sleepy in the afternoon.* Siempre tengo sueño por la tarde.
* **in the sun** al sol
* **in the rain** bajo la lluvia
* **It was written in pencil.** Estaba escrito a lápiz.
* **in here** aquí dentro ◇ *It's hot in here.* Aquí dentro hace calor.
* **one person in ten** una persona de cada diez
* **to be in** (at home, work) estar* ◇ *He wasn't in.* No estaba.
* **in writing** por escrito

inaccurate ADJECTIVE
inexacto

incentive NOUN
el *incentivo* ◇ *There's no incentive to work.* No hay incentivo para trabajar.

inch NOUN
(PL **inches**)
la *pulgada*
In Spain measurements are in metres and centimetres rather than feet and inches. An inch is about 2.5 centimetres.
◇ *6 inches* 15 centímetros

incident NOUN

el *incidente*

inclined ADJECTIVE
* **to be inclined to do something** tener* tendencia a hacer algo ◇ *He's inclined to arrive late.* Tiene tendencia a llegar tarde.

to **include** VERB
*incluir** ◇ *Service is not included.* El servicio no está incluido.

including PREPOSITION
* **It will be two hundred pounds, including tax.** Son doscientas libras esterlinas con impuestos incluidos.

inclusive ADJECTIVE
* **The inclusive price is two hundred pounds.** Son doscientas libras esterlinas con todo incluido.
* **inclusive of VAT** con el IVA incluido

income NOUN
los *ingresos* ◇ *his main source of income* su principal fuente de ingresos

income tax NOUN
el *impuesto sobre la renta*

incompetent ADJECTIVE
incompetente

incomplete ADJECTIVE
incompleto

inconvenience NOUN
la *molestia* ◇ *I don't want to cause any inconvenience.* No quiero causar molestia.

inconvenient ADJECTIVE
* **It's a bit inconvenient at the moment.** Me viene un poco mal en este momento.

incorrect ADJECTIVE
incorrecto

increase NOUN
see also **increase** VERB
el *aumento* ◇ *an increase in road accidents* un aumento de accidentes de tráfico

to **increase** VERB
see also **increase** NOUN
aumentar ◇ *Traffic on motorways has increased.* El tráfico en las autopistas ha aumentado. ◇ *They have increased his salary.* Le han aumentado el sueldo.
* **to increase in size** aumentar de tamaño

incredible ADJECTIVE
increíble

indecisive ADJECTIVE
indeciso (person)

indeed ADVERB
realmente ◇ *It's very hard indeed.* Es realmente difícil.
* **Know what I mean? – Indeed I do.** ¿Me comprendes? – Por supuesto que sí.
* **Thank you very much indeed!** ¡Muchísimas gracias!

independence NOUN
la *independencia*

independent ADJECTIVE
independiente
* **an independent school** un colegio privado

index NOUN

(PL **indexes**)
el *índice alfabético* (*in book*)

index finger NOUN
el *dedo índice*

India NOUN
la *India*

Indian ADJECTIVE
see also **Indian** NOUN
indio

Indian NOUN
see also **Indian** ADJECTIVE
el *indio*
la *india*
◇ *the Indians* los indios
+ **American Indian** el indio americano (FEM la *india americana*)

to **indicate** VERB
1 *indicar** ◇ *The report indicates that changes are needed.* El informe indica que se necesitan cambios.
2 *señalizar** (*when driving*) ◇ *He indicated right and turned into the Gran Vía.* Señalizó hacia la derecha y torció a la Gran Vía.

indicator NOUN
el *intermitente* (*in car*)

indigestion NOUN
la *indigestión* (PL las *indigestiones*) ◇ *I've got indigestion.* Tengo indigestión.

individual ADJECTIVE
see also **individual** NOUN
individual

individual NOUN
see also **individual** ADJECTIVE
el *individuo*

indoor ADJECTIVE
+ **an indoor swimming pool** una piscina cubierta

indoors ADVERB
dentro ◇ *They're indoors.* Están dentro.
+ **We'd better go indoors.** Es mejor que entremos.

industrial ADJECTIVE
industrial

industrial estate NOUN
la *zona industrial*

industry NOUN
(PL **industries**)
la *industria* ◇ *the oil industry* la industria petrolífera ◇ *I'd like to work in industry.* Me gustaría trabajar en la industria.
+ **the tourist industry** el turismo

inefficient ADJECTIVE
ineficiente

inevitable ADJECTIVE
inevitable

inexpensive ADJECTIVE
económico

inexperienced ADJECTIVE
inexperto

infant school NOUN
el *colegio*

infection NOUN
la *infección* (PL las *infecciones*) ◇ *an ear infection* una infección de oído

infectious ADJECTIVE
contagioso

infinitive NOUN
el *infinitivo*

infirmary NOUN
(PL **infirmaries**)
el *hospital*

inflatable ADJECTIVE
inflable (*mattress, dinghy*)

inflation NOUN
la *inflación* (las *inflaciones*)

influence NOUN
see also **influence** VERB
la *influencia* ◇ *He's a bad influence on her.* Ejerce mala influencia sobre ella.

to **influence** VERB
see also **influence** NOUN
influenciar

influenza NOUN
la *gripe* ◇ *to have influenza* tener* gripe

to **inform** VERB
informar ◇ *Nobody informed me of the change of plan.* Nadie me informó del cambio de planes.

informal ADJECTIVE
+ **informal language** el lenguaje coloquial
+ **an informal visit** una visita informal
+ **"informal dress"** "no se requiere traje de etiqueta"

information NOUN
la *información* (PL las *informaciones*)
◇ *Could you give me some information about trains to Barcelona?* ¿Podría darme información sobre trenes a Barcelona?
+ **a piece of information** un dato

information office NOUN
la *oficina de información*

infuriating ADJECTIVE
exasperante

ingredient NOUN
el *ingrediente*

inhabitant NOUN
el/la *habitante*

to **inherit** VERB
heredar ◇ *She inherited her father's house.* Heredó la casa de su padre.

initials PL NOUN
las *iniciales* ◇ *Her initials are CDT.* Sus iniciales son CDT.

initiative NOUN
la *iniciativa*

to **inject** VERB
inyectar ◇ *They injected me with antibiotics.* Me inyectaron antibióticos.

injection NOUN
la *inyección* (PL las *inyecciones*) ◇ *The doctor gave me an injection.* El médico me puso una inyección.

to **injure** VERB
herir* ◇ *He injured his leg.* Se hirió la pierna.

injured ADJECTIVE
herido

injury NOUN

(PL **injuries**)
la *lesión* (PL las *lesiones*)
injury time NOUN
el *tiempo de descuento*
injustice NOUN
la *injusticia*
ink NOUN
la *tinta*
in-laws PL NOUN
los *suegros*
inn NOUN
el *hostal*
inner ADJECTIVE
interior
- **the inner city** los núcleos urbanos deprimidos
inner tube NOUN
la *cámara de aire*
innocent ADJECTIVE
inocente
inquest NOUN
la *investigación judicial* (PL las *investigaciones judiciales*)
to **inquire** VERB
- **to inquire about something** informarse acerca de algo
inquiry NOUN
(PL **inquiries**)
la *investigación* (*official investigation*) (PL las *investigaciones*)
inquisitive ADJECTIVE
curioso
insane ADJECTIVE
loco
inscription NOUN
la *inscripción* (PL las *inscripciones*)
insect NOUN
el *insecto*
insect repellent NOUN
la *loción anti-insectos* (PL las *lociones anti-insectos*)
insensitive ADJECTIVE
insensible
to **insert** VERB
*introducir**   ◇ *I inserted the coin into the slot.* Introducí la moneda en la ranura.
inside NOUN
see also **inside** PREPOSITION, ADVERB
el *interior*
inside ADVERB, PREPOSITION
see also **inside** NOUN
dentro   ◇ *inside the house* dentro de la casa ◇ *He opened the envelope and read what was inside.* Abrió el sobre y leyó lo que había dentro.
- **Come inside!** ¡Entra!
- **Let's go inside, it's starting to rain.** Entremos, está empezando a llover.
- **inside out** al revés   ◇ *He put his jumper on inside out.* Se puso el jersey al revés.
insincere ADJECTIVE
falso
to **insist** VERB

insistir   ◇ *I didn't want to, but he insisted.* Yo no quería, pero él insistió. ◇ *He insisted he was innocent.* Insistía en que era inocente.
- **to insist on doing something** insistir en hacer algo   ◇ *She insisted on paying.* Insistió en pagar.
inspector NOUN
el *inspector*
la *inspectora*
to **install** VERB
instalar
instalment NOUN
1 el *plazo* (*of payment*)   ◇ *to pay in instalments* pagar* a plazos
2 el *episodio* (*of TV, radio serial*)
3 el *fascículo* (*of publication*)
instance NOUN
- **for instance** por ejemplo
instant ADJECTIVE
see also **instant** NOUN
inmediato   ◇ *It was an instant success.* Fue un éxito inmediato.
- **instant coffee** el café instantáneo
instant NOUN
see also **instant** ADJECTIVE
el *instante*
instantly ADVERB
al instante
instead PREPOSITION, ADVERB
- **instead of** en lugar de   ◇ *We played tennis instead of going swimming.* Jugamos al tenis en lugar de ir a nadar. ◇ *She went instead of Peter.* En lugar de ir Peter, fue ella.
- **The pool was closed, so we played tennis instead.** La piscina estaba cerrada, así que jugamos al tenis.
instinct NOUN
el *instinto*
institute NOUN
el *instituto*
institution NOUN
la *institución* (PL las *instituciones*)
to **instruct** VERB
- **to instruct somebody to do something** ordenar a alguien que haga algo
ordenar que *has to be followed by a verb in the subjunctive.*
  ◇ *She instructed us to wait outside.* Nos ordenó que esperáramos fuera.
instructions PL NOUN
las *instrucciones*
instructor NOUN
el *instructor*
la *instructora*
  ◇ *skiing instructor* el instructor de esquí
  ◇ *driving instructor* el instructor de autoescuela
instrument NOUN
el *instrumento*   ◇ *Do you play an instrument?* ¿Tocas algún instrumento?
insufficient ADJECTIVE
insuficiente
insulin NOUN

la *insulina*

insult NOUN
see also insult VERB
el *insulto*

insult VERB
see also insult NOUN
insultar

insurance NOUN
el *seguro* ○ *his car insurance* su seguro de automóvil
+ **an insurance policy** una póliza de seguros

intelligent ADJECTIVE
inteligente

intend VERB
+ **to intend to do something** tener* la intención de hacer algo ○ *I intend to do languages at university.* Tengo la intención de estudiar idiomas en la universidad.

intense ADJECTIVE
intenso

intensive ADJECTIVE
intensivo

intention NOUN
la *intención* (PL las *intenciones*)

intercom NOUN
el *interfono*

interest NOUN
see also interest VERB
[1] el *interés* (PL los *intereses*) ○ *to show an interest in something* mostrar* interés en algo
[2] la *afición* (PL las *aficiones*) ○ *My main interest is music.* Mi mayor afición es la música.
+ **It's in your own interest to study hard.** Te conviene estudiar mucho.

interest VERB
see also interest NOUN
interesar ○ *It doesn't interest me.* No me interesa.
+ **to be interested in something** estar* interesado en algo ○ *I'm very interested in what you're telling me.* Estoy muy interesado en lo que me dices.
+ **Are you interested in politics?** ¿Te interesa la política?

interesting ADJECTIVE
interesante

interior NOUN
el *interior*

interior designer NOUN
el *diseñador de interiores*
la *diseñadora de interiores*

intermediate ADJECTIVE
intermedio

internal ADJECTIVE
interno

international ADJECTIVE
internacional

Internet NOUN
la *Internet* ○ *on the Internet* en Internet

interpret VERB
hacer de intérprete* ○ *Steve couldn't speak Spanish so his friend interpreted.* Steve no hablaba español, así que su amigo hizo de

intérprete.

interpreter NOUN
el/la *intérprete*

interrupt VERB
interrumpir

interruption NOUN
la *interrupción* (PL las *interrupciones*)

interval NOUN
el *intervalo*

interview NOUN
see also interview VERB
la *entrevista*

interview VERB
see also interview NOUN
entrevistar ○ *I was interviewed on the radio.* Me entrevistaron en la radio.

interviewer NOUN
el *entrevistador*
la *entrevistadora*

intimate ADJECTIVE
íntimo

into PREPOSITION
[1] *a* ○ *I'm going into town.* Voy a la ciudad. ○ *Translate it into Spanish.* Tradúcelo al español. ○ *He got into the car.* Subió al coche. ○ *to get into bed* meterse a la cama
[2] *en* ○ *I poured the milk into a cup.* Vertí la leche en una taza. ○ *They divided into two groups.* Se dividieron en dos grupos.
+ **to walk into a lamppost** tropezar* con una farola

introduce VERB
presentar ○ *He introduced me to his parents.* Me presentó a sus padres.

introduction NOUN
la *introducción* (in book) (PL las *introducciones*)

intruder NOUN
el *intruso*
la *intrusa*

intuition NOUN
la *intuición* (PL las *intuiciones*)

invade VERB
invadir

invalid NOUN
el *inválido*
la *inválida*

invent VERB
inventar

invention NOUN
el *invento*

inventor NOUN
el *inventor*
la *inventora*

investigation NOUN
la *investigación* (PL las *investigaciones*)

investment NOUN
la *inversión* (PL las *inversiones*)

invisible ADJECTIVE
invisible

invitation NOUN
la *invitación* (PL las *invitaciones*)

invite VERB
invitar ○ *Michael's not invited.* Michael no

está invitado. ◇ *You're invited to a party at Claire's house.* Estás invitado a una fiesta en casa de Claire.

to **involve** VERB
suponer* ◇ *It involves a lot of work.* Supone mucho trabajo.

- **He wasn't involved in the robbery.** No estuvo implicado en el robo.
- **She was involved in politics.** Estaba metida en política.
- **to be involved with somebody** tener una relación con alguien ◇ *She was involved with a married man.* Tenía una relación con un hombre casado.
- **I don't want to get involved in the argument.** No quiero meterme en la discusión.

IQ ABBREVIATION (= *intelligence quotient*)
el **CI** (= el coeficiente intelectual)

Iran NOUN
Irán MASC

Iraq NOUN
Iraq MASC

Ireland NOUN
Irlanda FEM

Irish NOUN
see also **Irish** ADJECTIVE
el **irlandés** (*language*)
- **the Irish** (*people*) los irlandeses

Irish ADJECTIVE
see also **Irish** NOUN
irlandés (PL irlandeses, FEM irlandesa)

Irishman NOUN
(PL **Irishmen**)
el **irlandés** (PL los irlandeses)

Irishwoman NOUN
(PL **Irishwomen**)
la **irlandesa**

iron NOUN
see also **iron** VERB
1 la **plancha** (for clothes)
2 el **hierro** (metal)

to **iron** VERB
see also **iron** NOUN
planchar

ironic ADJECTIVE
irónico

ironing NOUN
- **to do the ironing** planchar
- **I hate ironing.** No me gusta nada planchar.

ironing board NOUN
la **tabla de planchar**

ironmonger's NOUN
la **ferretería**

irrelevant ADJECTIVE
irrelevante ◇ *That's irrelevant.* Eso es irrelevante.

irresponsible ADJECTIVE
irresponsable ◇ *That was irresponsible of him.* Eso fue irresponsable por su parte.

irritating ADJECTIVE
irritante

is VERB see **be**

Islam NOUN
el **Islam**

Islamic ADJECTIVE
islámico ◇ *Islamic law* la ley islámica

island NOUN
la **isla**

isle NOUN
- **the Isle of Man** la Isla de Man
- **the Isle of Wight** la Isla de Wight

isn't= **is not**

isolated ADJECTIVE
aislado

Israel NOUN
Israel MASC

issue NOUN
see also **issue** VERB
1 el **tema**
Although **tema** *ends in* -**a**, *it is actually a masculine noun.*
◇ *a controversial issue* un tema polémico
2 el **número** (*magazine*) ◇ *a back issue* un número atrasado

to **issue** VERB
see also **issue** NOUN
1 **hacer* público** ◇ *The minister issued a statement yesterday.* El ministro hizo pública una declaración ayer.
2 **proporcionar** (*equipment, supplies*)

it PRONOUN
When it *is the subject of a sentence it is practically never translated.*
◇ *Where's my book?–It's on the table.* ¿Dónde está mi libro?–Está sobre la mesa.
◇ *It's raining.* Está lloviendo. ◇ *It's six o'clock.* Son las seis. ◇ *It's Friday tomorrow.* Mañana es viernes. ◇ *It's expensive.* Es caro.
◇ *Who is it?–It's me.* ¿Quién es?–Soy yo.
When it *is the direct object of the verb in a sentence, use* lo *if it stands for a masculine noun or* la *if it stands for a feminine noun.*
◇ *There's a croissant left. Do you want it?* Queda un croissant. ¿Lo quieres? ◇ *I doubt it.* Lo dudo. ◇ *It's a good film. Have you seen it?* Es una buena película. ¿La has visto?
Use le *when it is the indirect object of the verb in the sentence.*
◇ *Give it another coat of paint.* Dale otra mano de pintura.
For general concepts use the word ello.
◇ *I spoke to him about it.* Hablé con él sobre ello. ◇ *I'm against it.* Estoy en contra de ello.

Italian ADJECTIVE
see also **Italian** NOUN
italiano

Italian NOUN
see also **Italian** ADJECTIVE
1 (*person*)
el **italiano**
la **italiana**
◇ *the Italians* los italianos
2 (*language*)
el **italiano**

italics PL NOUN

la *cursiva* ◇ *in italics* en cursiva
Italy NOUN
Italia FEM
to **itch** VERB
picar* ◇ *It itches.* Me pica. ◇ *My head is itching.* Me pica la cabeza.
it'd = **it had**, **it would**
item NOUN
[1] la *pieza* ◇ *a collector's item* una pieza de colección
[2] el *artículo* ◇ *The first item he bought was an alarm clock.* El primer artículo que compró fue un despertador.
[3] la *partida* ◇ *He checked the items on his bill.* Comprobó las partidas de su factura.
[4] el *punto* ◇ *The next item on the agenda is...* El siguiente punto del orden del día es...
◆ **an item of news** una noticia
itinerary NOUN
(PL *itineraries*)
el *itinerario*

it'll = **it will**
its ADJECTIVE
su (PL *sus*) ◇ *Everything in its place.* Cada cosa en su sitio. ◇ *It has its advantages.* Tiene sus ventajas.
| *Its* is usually translated by the definite article **el/los** or **la/las** when it's clear from the sentence who the possessor is or when referring to clothing or parts of the body. |
◇ *The dog is losing its hair.* El perro está perdiendo el pelo. ◇ *The bird was in its cage.* El pájaro estaba en la jaula.
it's = **it is**, **it has**
itself PRONOUN
se (reflexive) ◇ *The heating switches itself off.* La calefacción se apaga sola. ◇ *The dog scratched itself.* El perro se rascó.
◆ **The lesson itself was easy but the homework was very difficult.** La clase en sí fue fácil, pero les deberes eran difíciles.
I've = **I have**

J

jab NOUN
la *inyección* (PL las *inyecciones*)
jack NOUN
[1] el *gato* ◇ *The jack's in the boot.* El gato está en el maletero.
[2] la *jota* (in ordinary pack of cards)
[3] la *sota* (in Spanish pack of cards)
jacket NOUN
la *chaqueta*
◆ **jacket potatoes** las patatas asadas con piel
jackpot NOUN
el *premio gordo* ◇ *to win the jackpot* sacarse* el premio gordo
jail NOUN
see also **jail** VERB
la *cárcel* ◇ *to go to jail* ir* a la cárcel
to **jail** VERB
see also **jail** NOUN
◆ **He was jailed for ten years.** Lo condenaron a diez años de cárcel.
jam NOUN
la *mermelada* ◇ *strawberry jam* la mermelada de fresas
◆ **a traffic jam** un atasco
jammed ADJECTIVE
atascado ◇ *The window's jammed.* La ventana está atascada.
jam-packed ADJECTIVE
atestado ◇ *The room was jam-packed.* La habitación estaba atestada.
janitor NOUN
el/la *conserje* ◇ *He's a janitor.* Es conserje.
January NOUN
enero MASC ◇ *in January* en enero ◇ *the January sales* las rebajas de enero

Japan NOUN
el *Japón*
Japanese ADJECTIVE
see also **Japanese** NOUN
japonés (PL *japoneses*, FEM *japonesa*)
Japanese NOUN
(PL **Japanese**)
see also **Japanese** ADJECTIVE
[1] (person)
el *japonés*
la *japonesa*
◇ *the Japanese* los japoneses
[2] (language)
el *japonés*
jar NOUN
el *tarro* ◇ *a jar of honey* un tarro de miel
jaundice NOUN
la *ictericia* ◇ *He's got jaundice.* Tiene ictericia.
javelin NOUN
la *jabalina*
jaw NOUN
la *mandíbula*
jazz NOUN
el *jazz*
jealous ADJECTIVE
celoso ◇ *to be jealous* estar* celoso
jeans PL NOUN
los *vaqueros* ◇ *a pair of jeans* unos vaqueros
Jehovah's Witness NOUN
(PL **Jehovah's Witnesses**)
el/la *testigo de Jehová* ◇ *She's a Jehovah's Witness.* Es testigo de Jehová.
jelly NOUN

(PL **jellies**)
la *gelatina*

jellyfish NOUN
(PL **jellyfish**)
la *medusa*

jersey NOUN
el *jersey* (PL los *jerseys*)

Jesus NOUN
Jesús MASC

jet NOUN
el *reactor*

jet lag NOUN
* **to be suffering from jet lag** tener* jet lag

jetty NOUN
(PL **jetties**)
el *embarcadero*

Jew NOUN
el *judío*
la *judía*

jewel NOUN
la *joya*

jeweller NOUN
(US **jeweler**)
el *joyero*
la *joyera*
◇ *She's a jeweller.* Es joyera.

jeweller's shop NOUN
(US **jeweler's shop**)
la *joyería*

jewellery NOUN
(US **jewelry**)
las *joyas*

Jewish ADJECTIVE
judío

jigsaw NOUN
el *rompecabezas* (PL los *rompecabezas*)

job NOUN
el *trabajo* ◇ *a part-time job* un trabajo de media jornada
* **You've done a good job.** Lo has hecho muy bien.

job centre NOUN
la *oficina de empleo*

jobless ADJECTIVE
desempleado

jockey NOUN
el/la *jockey* (PL los/las *jockeys*)

to **jog** VERB
hacer* footing

jogging NOUN
el *footing* ◇ *to go jogging* hacer* footing

to **join** VERB
hacerse* socio de ◇ *I'm going to join the ski club.* Voy a hacerme socio del club de esquí.
* **I'll join you later if I can.** Yo iré luego si puedo.
* **If you're going for a walk, do you mind if I join you?** Si vais a dar un paseo, ¿os importa que os acompañe?

to **join in** VERB
* **He doesn't join in with what we do.** No participa en lo que hacemos.

* **She started singing, and the audience joined in.** Empezó a cantar, y el público se unió a ella.

joiner NOUN
el *carpintero*
la *carpintera*
◇ *He's a joiner.* Es carpintero.

joint NOUN
⬚1 la *articulación* (PL las *articulaciones*)
◇ *I've got pains in my joints.* Me duelen las articulaciones.
⬚2 el *porro* (drugs) (informal)
* **We had a joint of lamb for lunch.** Comimos asado de cordero.

joke NOUN
see also **joke** VERB
⬚1 la *broma* ◇ *Don't get upset, it was only a joke.* No te enfades, era sólo una broma.
* **to play a joke on somebody** gastarle una broma a alguien
⬚2 el *chiste*
* **to tell a joke** contar* un chiste

to **joke** VERB
see also **joke** NOUN
bromear
* **You must be joking!** ¡Estás de broma!

jolly ADJECTIVE
alegre

Jordan NOUN
Jordania FEM

to **jot down** VERB
apuntar

jotter NOUN
el *bloc* (PL los *blocs*)

journalism NOUN
el *periodismo*

journalist NOUN
el/la *periodista* ◇ *I'm a journalist.* Soy periodista.

journey NOUN
el *viaje* ◇ *to go on a journey* hacer* un viaje
* **The journey to school takes about half an hour.** Se tarda una media hora en ir al colegio.

joy NOUN
la *alegría*

joystick NOUN
el *mando* (for computer games)

judge NOUN
see also **judge** VERB
el/la *juez* (PL los/las *jueces*)

to **judge** VERB
see also **judge** NOUN
juzgar*

judo NOUN
el *judo* ◇ *My favourite sport is judo.* Mi deporte favorito es el judo.

jug NOUN
la *jarra*

juggler NOUN
el/la *malabarista*

juice NOUN
el *zumo* ◇ *orange juice* el zumo de naranja

July NOUN
julio MASC ◇ *in July* en julio

jumble sale NOUN
> Un **jumble sale** *es un mercadillo con fines benéficos donde se venden objetos de segunda mano a precios baratos.*

to **jump** VERB
saltar ◇ *They jumped over the wall.* Saltaron el muro. ◇ *He jumped out of the window.* Saltó por la ventana. ◇ *He jumped off the roof.* Saltó del tejado.
+ **You made me jump!** ¡Qué susto me has dado!

jumper NOUN
el *jersey* (PL los *jerseys*)

junction NOUN
el *cruce* (of roads)

June NOUN
junio MASC ◇ *in June* en junio

jungle NOUN
la *selva*

junior school NOUN
el *colegio*

junk NOUN
los *trastos viejos* ◇ *The attic's full of junk.* El desván está lleno de trastos viejos.
+ **to eat junk food** comer porquerías

+ **junk shop** la tienda de objetos usados

jury NOUN
(PL **juries**)
el *jurado*

just ADVERB
[1] *justo* ◇ *just in time* justo a tiempo ◇ *just after Christmas* justo después de Navidad. ◇ *We had just enough money.* Teníamos el dinero justo.
+ **He's just arrived.** Acaba de llegar.
+ **I did it just now.** Lo acabo de hacer.
+ **I'm rather busy just now.** Ahora mismo estoy bastante ocupada.
+ **I'm just coming!** ¡Ya voy!
+ **just here** aquí mismo
[2] *sólo* ◇ *It's just a suggestion.* Es sólo una sugerencia.
+ **I just thought that you would like it.** Yo pensé que te gustaría.
+ **Just a minute!** ¡Un momento!
+ **just about** casi ◇ *It's just about finished.* Está casi terminado.

justice NOUN
la *justicia*

to **justify** VERB
(**justified, justified**)
justificar*

J

K

K

kangaroo NOUN
el *canguro*

karate NOUN
el *kárate* ◇ *My favourite sport is karate.* Mi deporte favorito es el kárate.

kebab NOUN
el *pincho moruno*

keen ADJECTIVE
entusiasta ◇ *a keen supporter* un hincha entusiasta
+ **He doesn't seem very keen.** No parece muy entusiasmado.
+ **She's a keen student.** Es una alumna aplicada.
+ **I'm not very keen on maths.** No me gustan mucho las matemáticas.
+ **He's keen on her.** Ella le gusta.
+ **to be keen on doing something** tener* ganas de hacer algo ◇ *I'm not very keen on going.* No tengo muchas ganas de ir.

to **keep** VERB
(**kept, kept**)
[1] *quedarse con* ◇ *You can keep the watch.* Puedes quedarte con el reloj.
+ **You can keep it.** Puedes quedártelo.
[2] *mantenerse** (remain) ◇ *to keep fit* mantenerse en forma
+ **Keep still!** ¡Estáte quieto!
+ **Keep quiet!** ¡Cállate!

[3] *seguir** ◇ *Keep straight on.* Siga recto.
+ **I keep forgetting my keys.** Siempre me olvido las llaves.
+ **"keep out"** "prohibida la entrada"
+ **"keep off the grass"** "prohibido pisar el césped"

to **keep on** VERB
continuar* ◇ *He kept on reading.* Continuó leyendo.
+ **The car keeps on breaking down.** El coche no deja de averiarse.

to **keep up** VERB
+ **Matthew walks so fast I can't keep up.** Matthew camina tan rápido que no puedo seguirle el ritmo.

keep-fit NOUN
la *gimnasia* ◇ *I go to keep-fit classes.* Voy a clases de gimnasia.

kennel NOUN
la *caseta del perro* (in garden)
+ **a kennels** una residencia canina

kept VERB *see* **keep**

kettle NOUN
el *hervidor*

key NOUN
la *llave*

keyboard NOUN
el *teclado*

keyring NOUN

el *llavero*

kick NOUN

see also kick VERB

la *patada*

to **kick** VERB

see also kick NOUN

- **to kick somebody** dar* una patada a alguien ◇ *He kicked me.* Me dio una patada.
- **He kicked the ball hard.** Le dio un puntapié fuerte al balón.
- **to kick off** hacer* el saque inicial *(in football)*

kick-off NOUN

el *saque inicial*

- **The kick-off is at 10 o'clock.** El partido empieza a las diez.

kid NOUN

see also kid VERB

(informal)

el *crío*

la *cría*

- **the kids** los críos

to **kid** VERB

see also kid NOUN

bromear ◇ *I'm not kidding, it's snowing.* No estoy bromeando, está nevando.

- **I'm just kidding.** Es una broma.

to **kidnap** VERB

secuestrar

kidney NOUN

el *riñón* (PL los *riñones*) ◇ *He's got kidney trouble.* Tiene problemas de riñón. ◇ *I don't like kidneys.* No me gustan los riñones.

to **kill** VERB

matar ◇ *She killed her husband.* Mató a su marido.

- **to be killed** morir* ◇ *He was killed in a car accident.* Murió en un accidente de coche.
- **to kill oneself** suicidarse ◇ *He killed himself.* Se suicidó.

killer NOUN

1 *(murderer)*

el *asesino*

la *asesina*

◇ *The police are searching for the killer.* La policía está buscando al asesino.

2 *(hired killer)*

el *asesino a sueldo*

la *asesina a sueldo*

- **Meningitis can be a killer.** La meningitis puede ser mortal.

kilo NOUN

(PL *kilos*)

el *kilo* ◇ *at £5 a kilo* a 5 libras esterlinas el kilo

kilometre NOUN

(US **kilometer**)

el *kilómetro*

kilt NOUN

la *falda escocesa*

kind ADJECTIVE

see also kind NOUN

amable ◇ *to be kind to somebody* ser* amable con alguien

- **Thank you for being so kind.** Gracias por su amabilidad.

kind NOUN

see also kind ADJECTIVE

el *tipo* ◇ *It's a kind of sausage.* Es un tipo de salchicha.

kindergarten NOUN

el *jardín de infancia* (PL los *jardines de infancia*)

kindness NOUN

la *amabilidad*

king NOUN

el *rey*

- **the King and Queen** los reyes

kingdom NOUN

el *reino*

kiosk NOUN

el *quiosco* *(stall)*

- **a telephone kiosk** una cabina telefónica

kipper NOUN

el *arenque ahumado*

kiss NOUN

(PL *kisses*)

see also kiss VERB

el *beso*

to **kiss** VERB

see also kiss NOUN

1 *besar* ◇ *He kissed her passionately.* La besó apasionadamente.

2 *besarse* ◇ *They kissed.* Se besaron.

kit NOUN

el *equipo* ◇ *I've forgotten my gym kit.* Me he olvidado el equipo de gimnasia.

- **a tool kit** un juego de herramientas
- **a sewing kit** un costurero
- **a first-aid kit** un botiquín
- **a puncture repair kit** un juego de reparación de pinchazos
- **a drum kit** una batería

kitchen NOUN

la *cocina* ◇ *a fitted kitchen* una cocina amueblada

- **the kitchen units** los armarios de cocina
- **a kitchen knife** un cuchillo de cocina

kite NOUN

la *cometa*

kitten NOUN

el *gatito*

la *gatita*

knee NOUN

la *rodilla* ◇ *to be on one's knees* estar* de rodillas

to **kneel** VERB

(**knelt** o **kneeled**, **knelt** o **kneeled**)

arrodillarse

to **kneel down** VERB

arrodillarse

knew VERB see **know**

knickers PL NOUN

las *bragas*

- **a pair of knickers** unas bragas

knife NOUN

(PL *knives*)

el *cuchillo*
- **a kitchen knife** un cuchillo de cocina
- **a sheath knife** un cuchillo de monte
- **a penknife** una navaja

knit VERB
hacer* punto ⋄ *I like knitting.* Me gusta hacer punto.
- **She is knitting a jumper.** Está haciendo un jersey a punto.

knives PL NOUN *see* **knife**

knob NOUN
1 el *pomo* (*on door*)
2 el *dial* (*on radio, TV*)

knock VERB
see also knock NOUN
llamar ⋄ *Someone's knocking at the door.* Alguien llama a la puerta.
- **to knock somebody down** atropellar a alguien ⋄ *She was knocked down by a car.* La atropelló un coche.
- **to knock somebody out (1)** (*defeat*) eliminar a alguien ⋄ *They were knocked out early in the tournament.* Fueron eliminados al poco de iniciarse el torneo.
- **to knock somebody out (2)** (*stun*) dejar sin sentido a alguien ⋄ *They knocked out the watchman.* Dejaron al vigilante sin sentido.

knock NOUN
see also knock VERB
el *golpe*

knot NOUN
el *nudo* ⋄ *to tie a knot in something* hacer* un nudo en algo

know VERB
(knew, known)
Use **saber** for knowing facts, **conocer** for knowing people and places.
1 *saber** ⋄ *Yes, I know.* Sí, ya lo sé. ⋄ *I don't know.* No sé. ⋄ *I don't know any*

German. No sé nada de alemán.
- **to know that** saber* que ⋄ *I didn't know that your Dad was a policeman.* No sabía que tu padre era policía.
2 *conocer** ⋄ *I know her.* La conozco. ⋄ *I know Paris well.* Conozco bien París.
- **to know about something (1)** (*be aware of*) estar* enterado de algo ⋄ *Do you know about the meeting this afternoon?* ¿Estás enterado de la reunión de esta tarde?
- **to know about something (2)** (*be knowledgeable about*) saber* de algo ⋄ *He knows a lot about cars.* Sabe mucho de coches. ⋄ *I don't know much about computers.* No sé mucho de ordenadores.
- **to get to know somebody** llegar* a conocer a alguien
- **How should I know?** ¿Y yo qué sé?
- **You never know!** ¡Nunca se sabe!

know-all NOUN
el/la *sabelotodo* ⋄ *He's such a know-all!* ¡Es un sabelotodo!

know-how NOUN
la *pericia*

knowledge NOUN
el *conocimiento* ⋄ *scientific knowledge* el conocimiento científico
- **my knowledge of French** mis conocimientos de francés

knowledgeable ADJECTIVE
- **to be knowledgeable about something** saber* mucho de algo

Koran NOUN
el *Corán*

Korea NOUN
Corea FEM

kosher ADJECTIVE
kosher

L

lab NOUN
el *laboratorio* ⋄ *a lab technician* un técnico de laboratorio

label NOUN
la *etiqueta*

labor NOUN US
- **to be in labor** estar* de parto
- **the labor market** el mercado de trabajo

laboratory NOUN
(PL **laboratories**)
el *laboratorio*

Labour NOUN
los *laboristas* ⋄ *My parents vote Labour.* Mis padres votan a los laboristas.
- **the Labour Party** el Partido Laborista

labour NOUN
- **to be in labour** estar* de parto

- **the labour market** el mercado de trabajo

labourer NOUN
el *peón* (PL los *peones*)
- **farm labourer** el jornalero

lace NOUN
1 el *cordón* (*of shoe*) (PL los *cordones*)
2 el *encaje* ⋄ *a lace collar* un cuello de encaje

lack NOUN
la *falta* ⋄ *He got the job, despite his lack of experience.* Consiguió el empleo, a pesar de su falta de experiencia.

lacquer NOUN
la *laca*

lad NOUN
el *muchacho*

ladder NOUN

la *escalera* *(de mano)*

lady NOUN
(PL **ladies**)
la *señora*

◆ **Ladies and gentlemen...** Damas y caballeros...

◆ **the ladies'** los servicios de señoras

◆ **a young lady** una señorita

ladybird NOUN
la *mariquita*

to **lag behind** VERB
quedarse atrás

lager NOUN
la *cerveza rubia*

laid VERB *see* **lay**

laid-back ADJECTIVE
relajado *(informal)*

lain VERB *see* **lie**

lake NOUN
el *lago* ◦ *Lake Michigan* el Lago Michigan

lamb NOUN
el *cordero* ◦ *a lamb chop* una chuleta de cordero

lame ADJECTIVE
cojo ◦ *to be lame* estar* cojo ◦ *The accident left her lame.* Se quedó coja después del accidente.

◆ **My pony is lame.** Mi pony cojea.

lamp NOUN
la *lámpara*

lamppost NOUN
la *farola*

lampshade NOUN
la *pantalla*

land NOUN
| *see also* **land** VERB |
la *tierra* ◦ *We have a lot of land.* Tenemos mucha tierra.

◆ **to work on the land** trabajar la tierra

◆ **a piece of land** un terreno

to **land** VERB
| *see also* **land** NOUN |
*aterrizar** ◦ *The plane landed at five o'clock.* El avión aterrizó a las cinco.

landing NOUN
1 el *aterrizaje* *(of plane)*
2 el *rellano* *(of staircase)*

landlady NOUN
(PL **landladies**)
1 la *casera* *(of rented property)*
2 la *patrona* *(of pub)*

landlord NOUN
1 el *casero* *(of rented property)*
2 el *patrón* *(of pub)* (PL los *patrones*)

landmark NOUN
el *punto de referencia* ◦ *Big Ben is one of London's landmarks.* El Big Ben es uno de los puntos de referencia de Londres.

landowner NOUN
el/la *terrateniente*

landscape NOUN
el *paisaje*

lane NOUN

1 el *camino* ◦ *a country lane* un camino rural

2 el *carril* ◦ *the outside lane* (in the UK) el carril de la derecha ◦ *the outside lane* (on the Continent) el carril de la izquierda

language NOUN
el *idioma*
| *Although* **idioma** *ends in* **-a**, *it is actually a masculine noun.* |

◦ *Greek is a difficult language.* El griego es un idioma difícil.

◆ **to use bad language** decir* palabrotas

language laboratory NOUN
(PL **language laboratories**)
el *laboratorio de idiomas*

lap NOUN
la *vuelta* ◦ *I ran 10 laps.* Corrí 10 vueltas.

◆ **Andrew was sitting on his mother's lap.** Andrew estaba sentado en el regazo de su madre.

laptop NOUN
el *ordenador portátil*

larder NOUN
la *despensa*

large ADJECTIVE
grande ◦ *a large house* una casa grande ◦ *a large dog* un perro grande
| *Use* **gran** *before a singular noun.* |
◦ *a large number of people* un gran número de personas

largely ADVERB
en gran parte

laser NOUN
el *láser*

lass NOUN
(PL **lasses**)
la *muchacha*

last ADJECTIVE, ADVERB
| *see also* **last** VERB |
1 *pasado* ◦ *last Friday* el viernes pasado
2 *último* ◦ *the last time* la última vez
3 *por última vez* ◦ *I've lost my bag. – When did you last see it?* He perdido el bolso. – ¿Cuándo lo viste por última vez?
4 *en último lugar* ◦ *the team which finished last* el equipo que quedó en último lugar

◆ **He arrived last.** Llegó el último.

◆ **last night** anoche ◦ *I got home at midnight last night.* Anoche llegué a casa a medianoche. ◦ *I couldn't sleep last night.* Anoche no pude dormir.

◆ **at last** por fin

to **last** VERB
| *see also* **last** ADJECTIVE, ADVERB |
durar ◦ *The concert lasts two hours.* El concierto dura dos horas.

lastly ADVERB
por último

late ADJECTIVE, ADVERB
tarde ◦ *Hurry up or you'll be late!* ¡Date prisa o llegarás tarde! ◦ *I'm often late for school.* A menudo llego tarde al colegio. ◦ *I*

went to bed late. Me fuí a la cama tarde. ◇ *to arrive late* llegar* tarde
◆ **The flight will be one hour late.** El vuelo llegará con una hora de retraso.
◆ **in the late afternoon** al final de la tarde
◆ **in late May** a finales de mayo
◆ **the late Mr Philips** el difunto Sr. Philips

lately ADVERB
últimamente ◇ *I haven't seen him lately.* No lo he visto últimamente.

later ADVERB
más tarde ◇ *I'll do it later.* Lo haré más tarde.
◆ **See you later!** ¡Hasta luego!

latest ADJECTIVE
último ◇ *their latest album* su último álbum
◆ **at the latest** como muy tarde ◇ *by 10 o'clock at the latest* a las 10 como muy tarde

Latin NOUN
el *latín* ◇ *I do Latin.* Estudio latín.

Latin America NOUN
América Latina FEM

Latin American ADJECTIVE
see also Latin American NOUN
latinoamericano

Latin American NOUN
see also Latin American ADJECTIVE
el *latinoamericano*
la *latinoamericana*

laugh NOUN
see also laugh VERB
la *risa*
◆ **It was a good laugh.** Fue muy divertido.

to **laugh** VERB
see also laugh NOUN
reírse*
◆ **to laugh at something** reírse de algo ◇ *He laughed at my accent.* Se rió de mi acento.
◆ **to laugh at somebody** reírse de alguien ◇ *They laughed at her.* Se rieron de ella.

to **launch** VERB
lanzar* (*product, rocket*)

Launderette ® NOUN
la *lavandería automática*

laundry NOUN
la *colada* ◇ *She does my laundry.* Me hace la colada.

lavatory NOUN
(PL **lavatories**)
el *servicio*

lavender NOUN
la *lavanda*

law NOUN
[1] la *ley* ◇ *strict laws* leyes severas
◆ **It's against the law.** Es ilegal.
[2] el *derecho* ◇ *My sister's studying law.* Mi hermana estudia derecho.

lawn NOUN
el *césped*

lawnmower NOUN
el *cortacésped*

lawyer NOUN
el *abogado*

la *abogada*
◇ *My mother's a lawyer.* Mi madre es abogada.

to **lay** VERB
(**laid, laid**)
poner* ◇ *She laid the baby in his cot.* Puso al bebé en la cuna. ◇ *to lay the table* poner* la mesa

to **lay off** VERB
despedir* ◇ *My father's been laid off.* Han despedido a mi padre.

to **lay on** VERB
[1] *proporcionar* (*provide*) ◇ *They laid on extra buses.* Proporcionaron más autobuses.
[2] *preparar* (*prepare*) ◇ *They laid on a special meal.* Prepararon una comida especial.

lay-by NOUN
el *área de descanso*
Although it's a feminine noun, remember that you use **el** *and* **un** *with* **área**.

layer NOUN
la *capa*

lazy ADJECTIVE
perezoso

lead NOUN
see also lead VERB
This word has two pronunciations. Make sure you choose the right translation.
[1] el *cable* (*cable*)
[2] la *correa* ◇ *Dogs must be kept on a lead.* Los perros deben llevarse siempre sujetos con una correa.
◆ **to be in the lead** ir* en cabeza
[3] el *plomo* (*metal*) ◇ *a lead pipe* una tubería de plomo

to **lead** VERB
(**led, led**)
see also lead NOUN
llevar ◇ *the street that leads to the station* la calle que lleva a la estación ◇ *It could lead to a civil war.* Podría llevar a una guerra civil.
◆ **to lead the way** ir* delante

to **lead away** VERB
llevarse ◇ *The police led the man away.* La policía se llevó al hombre.

leaded petrol NOUN
la *gasolina con plomo*

leader NOUN
el/la *líder*

lead-free petrol NOUN
la *gasolina sin plomo*

lead singer NOUN
el/la *cantante principal*

leaf NOUN
(PL **leaves**)
la *hoja*

leaflet NOUN
el *folleto*

league NOUN
la *liga* ◇ *They are at the top of the league.* Están a la cabeza de la liga.
◆ **the Premier League** la primera división

leak NOUN

L

see also leak VERB

1 el *escape*   ◇ *a gas leak* un escape de gas   ◇ *a leak in the pipe* un escape en la tubería

2 la *gotera*   ◇ *a leak in the roof* una gotera en el tejado

to **leak**   VERB

see also leak NOUN

1 *tener* un agujero* (bucket, pipe)

2 *tener* goteras* (roof)

3 *salirse** (water, gas)

to **lean**   VERB

(leaned or leant, leaned or leant)

apoyar   ◇ *to lean something against the wall* apoyar algo contra la pared

◆ **to lean on something** apoyarse en algo   ◇ *He leant on the table.* Se apoyó en la mesa.

◆ **to be leaning against something** estar* apoyado contra algo   ◇ *The ladder was leaning against the wall.* La escalera estaba apoyada contra la pared.

to **lean forward**   VERB

inclinarse hacia adelante

to **lean out**   VERB

asomarse   ◇ *She leant out of the window.* Se asomó a la ventana.

to **lean over**   VERB

inclinarse   ◇ *Don't lean over too far.* No te inclines demasiado.

to **leap**   VERB

(leaped or leapt, leaped or leapt)

saltar

◆ **He leapt out of his chair when his team scored.** Dio un salto de la silla cuando su equipo marcó.

leap year   NOUN

el *año bisiesto*

to **learn**   VERB

(learned or learnt, learned or learnt)

aprender   ◇ *I'm learning to ski.* Estoy aprendiendo a esquiar.

learner   NOUN

◆ **She's a quick learner.** Aprende con mucha rapidez.

◆ **Spanish learners** los estudiantes de español

learner driver   NOUN

el *conductor en prácticas*

la *conductora en prácticas*

learnt   VERB *see* **learn**

least   ADJECTIVE, PRONOUN, ADVERB

1 *menor*   ◇ *I haven't the least idea.* No tengo la menor idea.

2 *menos*   ◇ *Go for the ones with least fat.* Escoge los que tengan menos grasa.   ◇ *the least expensive hotel* el hotel menos caro   ◇ *It takes the least time.* Es lo que menos tiempo lleva.   ◇ *It's the least I can do.* Es lo menos que puedo hacer.   ◇ *Maths is the subject I like the least.* Las matemáticas es la asignatura que menos me gusta.   ◇ *That's the least of my worries.* Eso es lo que menos me preocupa.

◆ **at least** por lo menos   ◇ *It'll cost at least £200.* Costará por lo menos 200 libras

esterlinas.

◆ **There was a lot of damage but at least nobody was hurt.** Hubo muchos daños pero al menos nadie resultó herido.

◆ **It's very unfair, at least that's my opinion.** Es muy injusto, al menos eso pienso yo.

leather   NOUN

el *cuero*   ◇ *a black leather jacket* una chaqueta de cuero negra

leave   NOUN

see also leave VERB

el *permiso* (from job, army)   ◇ *My brother is on leave for a week.* Mi hermano está de permiso durante una semana.

to **leave**   VERB

(left, left)

see also leave NOUN

1 *dejar*   ◇ *Don't leave your camera in the car.* No dejes la cámara en el coche.

2 *salir**   ◇ *The bus leaves at eight.* El autobús sale a las ocho.

3 *salir* de*   ◇ *We leave London at six o'clock.* Salimos de Londres a las seis.

4 *irse**   ◇ *They left yesterday.* Se fueron ayer.   ◇ *She left home when she was sixteen.* Se fue de casa a los dieciséis años.

◆ **to leave somebody alone** dejar a alguien en paz   ◇ *Leave me alone!* ¡Déjame en paz!

to **leave behind**   VERB

dejarse   ◇ *I left my umbrella behind in the shop.* Me dejé el paraguas en la tienda.

to **leave out**   VERB

excluir*   ◇ *Not knowing the language I felt really left out.* Al no saber el idioma me sentía muy excluido.

leaves   PL NOUN *see* **leaf**

Lebanon   NOUN

Líbano   MASC

lecture   NOUN

see also lecture VERB

1 la *clase* (at university)

2 la *conferencia* (public)

to **lecture**   VERB

see also lecture NOUN

1 *dar* clases*   ◇ *She lectures at the technical college.* Da clases en la escuela politécnica.

2 *sermonear*   ◇ *He's always lecturing us.* Siempre nos está sermoneando.

lecturer   NOUN

el *profesor universitario*

la *profesora universitaria*

◆ **She's a lecturer in German.** Es profesora de alemán en la universidad.

led   VERB *see* **lead**

leek   NOUN

el *puerro*

left   VERB *see* **leave**

left   ADJECTIVE, ADVERB

see also left NOUN

1 *izquierdo*   ◇ *my left hand* mi mano izquierda

2 *a la izquierda*   ◇ *Turn left at the traffic*

---

* Verbs marked with this symbol are irregular. See pages 332–333 for further details

lights. Doble a la izquierda al llegar al semáforo.
* **I haven't got any money left.** No me queda nada de dinero.
* **Is there any ice cream left?** ¿Queda algo de helado?

left NOUN
see also **left** ADJECTIVE
la *izquierda* ◇ *on the left* a la izquierda

left-hand ADJECTIVE
* **the left-hand side** la izquierda ◇ *It's on the left-hand side.* Está a la izquierda.

left-handed ADJECTIVE
zurdo

left-luggage office NOUN
la *consigna*

leg NOUN
la *pierna* ◇ *She's broken her leg.* Se ha roto la pierna.
* **a chicken leg** un muslo de pollo
* **a leg of lamb** una pierna de cordero

legal ADJECTIVE
legal

leggings NOUN
las *mallas*

leisure NOUN
el *tiempo libre* ◇ *What do you do in your leisure time?* ¿Qué haces en tu tiempo libre?

leisure centre NOUN
el *centro recreativo*

lemon NOUN
el *limón* (PL los *limones*)

lemonade NOUN
la *gaseosa*

lend VERB
(lent, lent)
prestar ◇ *I can lend you some money.* Te puedo prestar algo de dinero.

length NOUN
la *longitud*
* **It's about a metre in length.** Mide aproximadamente un metro de largo.

lens NOUN
(PL lenses)
[1] la *lentilla* (contact lens)
[2] el *cristal* (of spectacles)
[3] el *objetivo* (of camera)

Lent NOUN
la *Cuaresma*

lent VERB see **lend**

lentil NOUN
la *lenteja*

Leo NOUN
el *Leo* (sign) ◇ *I'm Leo.* Soy Leo.
* **a Leo** un/una Leo

leotard NOUN
el *leotardo*

lesbian NOUN
la *lesbiana*

less ADJECTIVE, PRONOUN, ADVERB
menos ◇ *A bit less, please.* Un poco menos, por favor. ◇ *It's less than a kilometre from here.* Está a menos de un kilómetro de aquí. ◇ *less than half* menos de la mitad

◇ *I've got less than you.* Tengo menos que tú.
◇ *It cost less than we thought.* Costó menos de lo que pensábamos.
* **less and less** cada vez menos

lesson NOUN
[1] la *clase* ◇ *an English lesson* una clase de inglés ◇ *The lessons last forty minutes.* Las clases duran cuarenta minutos.
[2] la *lección* (in textbook) (PL las *lecciones*)

to **let** VERB
(let, let)
[1] *dejar*
* **to let somebody do something** dejar a alguien hacer algo ◇ *Let me have a look.* Déjame ver.
* **Let me go!** ¡Suéltame!
* **to let somebody know something** informar a alguien de algo ◇ *We must let him know that we are coming to stay.* Tenemos que informarle de que venimos a quedarnos.
* **When can you come to dinner? – I'll let you know.** ¿Cuándo puedes venir a cenar? – Ya te lo diré.
* **to let in** dejar entrar ◇ *They wouldn't let me in because I was under 18.* No me dejaron entrar porque tenía menos de 18 años.

To make suggestions using let's, *you can ask questions using* **por qué no**.
◇ *Let's go to the cinema!* ¿Por qué no vamos al cine?
* **Let's have a break! – Yes, let's.** Vamos a descansar un poco. – ¡Buena idea!
[2] *alquilar* ◇ *"to let"* "se alquila"

to **let down** VERB
defraudar ◇ *I won't let you down.* No te defraudaré.

letter NOUN
[1] la *carta* ◇ *She wrote me a long letter.* Me escribió una carta larga.
[2] la *letra* ◇ *A is the first letter of the alphabet.* La "a" es la primera letra del alfabeto.

letterbox NOUN
(PL letterboxes)
el *buzón* (PL los *buzones*)

lettuce NOUN
la *lechuga*

leukaemia NOUN
la *leucemia* ◇ *He suffers from leukaemia.* Tiene leucemia.

level ADJECTIVE
see also **level** NOUN
llano ◇ *a level surface* una superficie llana

level NOUN
see also **level** ADJECTIVE
el *nivel* ◇ *The level of the river is rising.* El nivel del río está subiendo.
* **"A" levels**

Under the reformed Spanish educational system, if students stay on at school after the age of 16, they can do a two-year course – **bachillerato**. *In order to get in to university, they sit an entrance exam –* **la selectividad** *– in the subjects they have been studying for the* **bachillerato**.

L

level crossing NOUN
el *paso a nivel*

lever NOUN
la *palanca*

liable ADJECTIVE
+ **He's liable to panic.** Tiene tendencia a dejarse llevar por el pánico.

liar NOUN
el *mentiroso*
la *mentirosa*

liberal ADJECTIVE
liberal (view, system)
+ **the Liberal Democrats** los demócratas liberales

liberation NOUN
la *liberación*

Libra NOUN
la *Libra* (sign) ◇ *I'm Libra.* Soy Libra.
+ **a Libra** un/una Libra

librarian NOUN
el *bibliotecario*
la *bibliotecaria*
◇ *I'm a librarian.* Soy bibliotecaria.

library NOUN
(PL **libraries**)
la *biblioteca*

Libya NOUN
Libia FEM

licence NOUN
(US **license**)
el *permiso*
+ **a driving licence** un carnet de conducir
+ **a television licence**

En el Reino Unido, para tener un aparato de televisión es necesario poseer una licencia. El dinero recaudado va a parar a los fondos de la BBC.

to **lick** VERB
lamer

lid NOUN
la *tapa*

lie NOUN
see also **lie** VERB
la *mentira*
+ **to tell a lie** mentir*

to **lie** VERB
see also **lie** NOUN
1 *mentir* ◇ *I know she's lying.* Sé que está mintiendo. ◇ *You lied to me!* ¡Me mentiste!
2 *tumbarse*

*Se usa **lay** para el pasado y **lain** para el participio pasado de este sentido de **lie**.*

◇ *I lay on the floor.* Me tumbé en el suelo.
+ **He was lying on the sofa.** Estaba tumbado en el sofá.

to **lie down** VERB
acostarse ◇ *Why not go and lie down for a bit?* ¿Por qué no vas a acostarte un rato?
+ **to be lying down** estar* tendido

lie-in NOUN
+ **to have a lie-in** quedarse en la cama hasta tarde

lieutenant NOUN

el/la *teniente*

life NOUN
(PL **lives**)
la *vida*

lifebelt NOUN
el *salvavidas* (PL los *salvavidas*)

lifeboat NOUN
el *bote salvavidas* (PL los *botes salvavidas*)

lifeguard NOUN
el/la *socorrista*

life jacket NOUN
el *chaleco salvavidas* (PL los *chalecos salvavidas*)

life-saving NOUN
el *socorrismo* ◇ *I've done a course in life-saving.* He hecho un curso de socorrismo.

lifestyle NOUN
el *estilo de vida*

to **lift** VERB
levantar ◇ *It's too heavy, I can't lift it.* Pesa mucho, no lo puedo levantar.

lift NOUN
el *ascensor* ◇ *The lift isn't working.* El ascensor no funciona.
+ **He gave me a lift to the cinema.** Me acercó al cine en coche.
+ **Would you like a lift?** ¿Quieres que te lleve en coche?

light ADJECTIVE
see also **light** NOUN, VERB
1 *ligero* (not heavy) ◇ *a light jacket* una chaqueta ligera ◇ *a light meal* una comida ligera
2 *claro* (colour) ◇ *a light blue sweater* un jersey azul claro

light NOUN
see also **light** ADJECTIVE, VERB
la *luz* (PL las *luces*) ◇ *He switched on the light.* Encendió la luz. ◇ *He switched off the light.* Apagó la luz.
+ **the traffic lights** el semáforo
+ **Have you got a light?** ¿Tienes fuego?

to **light** VERB
(lit, lit)
see also **light** ADJECTIVE, NOUN
*encender**

light bulb NOUN
la *bombilla*

lighter NOUN
el *mechero*

lighthouse NOUN
el *faro*

lightning NOUN
el *relámpago* ◇ *thunder and lightning* truenos y relámpagos ◇ *a flash of lightning* un relámpago

to **like** VERB
see also **like** PREPOSITION

*The most common translation for to **like** when talking about things and activities is **gustar**. Remember that the construction is the opposite of English, with the thing you like being the subject of the sentence.*

◇ *I don't like mustard.* No me gusta la mostaza. ◇ *Do you like apples?* ¿Te gustan las manzanas? ◇ *I like riding.* Me gusta montar a caballo.
◆ **I like him.** Me cae bien.
◆ **I'd like...** quería... ◇ *I'd like this blouse in size 10, please.* Quería esta blusa en la talla 10, por favor.
◆ **I'd like an orange juice, please.** Un zumo de naranja, por favor.
◆ **I'd like to...** Me gustaría... ◇ *I'd like to go to China.* Me gustaría ir a China.

> *To ask someone if they would like something, or like to do something, use **querer**.*

◇ *Would you like some coffee?* ¿Quieres café? ◇ *Would you like to go for a walk?* ¿Quieres ir a dar un paseo?
◆ **...if you like** ...si quieres

like PREPOSITION
see also **like** VERB
como ◇ *a city like Paris* una ciudad como París

> *When asking questions, use **cómo** instead of* **como**.

◇ *What was his house like?* ¿Cómo era su casa?
◆ **What's the weather like?** ¿Qué tiempo hace?
◆ **It's a bit like salmon.** Se parece un poco al salmón.
◆ **It's fine like that.** Así está bien.
◆ **Do it like this.** Hazlo así.
◆ **something like that** algo así

likely ADJECTIVE
probable ◇ *That's not very likely.* Es poco probable.

> **es probable que** *has to be followed by a verb in the subjunctive.*

◇ *She's likely to come.* Es probable que venga. ◇ *She's not likely to come.* Es probable que no venga.

lilo ®
(PL **lilos**) NOUN
la *colchoneta inflable*

lime NOUN
la *lima* (fruit)

limit NOUN
el *límite* ◇ *the speed limit* el límite de velocidad

limousine NOUN
la *limusina*

limp VERB
cojear

line NOUN
① la *línea* ◇ *a straight line* una línea recta ◇ *He wrote a few lines.* Escribió unas cuantas líneas. ◇ *to draw a line* trazar* una línea
② la *fila* ◇ *a line of people* una fila de gente
◆ **railway line** la vía férrea
◆ **Hold the line, please.** No cuelgue, por favor.
◆ **It's a very bad line.** Se oye muy mal.

linen NOUN
el *lino* ◇ *a linen jacket* una chaqueta de lino

liner NOUN

el *transatlántico*

link NOUN
see also **link** VERB
la *relación* (PL las *relaciones*) ◇ *the link between smoking and cancer* la relación entre el tabaco y el cáncer
◆ **cultural links** los lazos culturales

to **link** VERB
see also **link** NOUN
① *asociar* (facts)
② *conectar* (towns, terminals)

lino NOUN
el *linóleo*

lion NOUN
el *león* (PL los *leones*)

lioness NOUN
(PL **lionesses**)
la *leona*

lip NOUN
el *labio*

to **lip-read** VERB
(**lip-read**, **lip-read**)
leer los labios*

lip salve NOUN
la *crema protectora para los labios*

lipstick NOUN
el *lápiz de labios* (PL los *lápices de labios*)

liqueur NOUN
el *licor*

liquid NOUN
el *líquido*

liquidizer NOUN
la *licuadora*

Lisbon NOUN
Lisboa FEM

list NOUN
see also **list** VERB
la *lista*

to **list** VERB
see also **list** NOUN
① *hacer* una lista de* (in writing)
② *enumerar* (verbally)

to **listen** VERB
escuchar ◇ *Listen to this!* ¡Escucha esto! ◇ *Listen to me!* ¡Escúchame!

listener NOUN
el/la *oyente*

lit VERB *see* **light**

liter NOUN US
el *litro*

literally ADVERB
literalmente ◇ *It was literally impossible to find a seat.* Era literalmente imposible encontrar un asiento. ◇ *to translate literally* traducir* literalmente

literature NOUN
la *literatura*

litre NOUN
el *litro*

litter NOUN
la *basura*

litter bin NOUN
el *cubo de la basura*

little ADJECTIVE, PRONOUN

L

pequeño ◇ *a little girl* una niña pequeña
- **a little** un poco ◇ *How much would you like?–Just a little.* ¿Cuánto quiere?–Sólo un poco.
- **very little** muy poco ◇ *We've got very little time.* Tenemos muy poco tiempo.
- **little by little** poco a poco

live ADJECTIVE
> see also live VERB

vivo ◇ *I'm against tests on live animals.* Estoy en contra de los experimentos en animales vivos.
- **a live broadcast** una emisión en directo
- **a live concert** un concierto en vivo

to **live** VERB
> see also live ADJECTIVE

vivir ◇ *I live with my grandmother.* Vivo con mi abuela. ◇ *Where do you live?* ¿Dónde vives? ◇ *I live in Edinburgh.* Vivo en Edimburgo.

to **live together** VERB
vivir juntos

lively ADJECTIVE
- **She's got a lively personality.** Tiene un carácter muy alegre.

liver NOUN
el *hígado*

lives PL NOUN *see* **life**

living NOUN
- **to make a living** ganarse la vida
- **What does she do for a living?** ¿A qué se dedica?

living room NOUN
la *sala de estar*

lizard NOUN
1. la *lagartija* (*small*)
2. el *lagarto* (*big*)

load NOUN
> see also load VERB

- **loads of** un montón de (*informal*) ◇ *They've got loads of money.* Tienen un montón de dinero.
- **You're talking a load of rubbish!** ¡Lo que dices es una estupidez!

to **load** VERB
> see also load NOUN

*cargar** ◇ *a trolley loaded with luggage* un carrito cargado de equipaje

loaf NOUN
(PL **loaves**)
el *pan*
- **a loaf of bread (1)** (*French bread*) una barra de pan
- **a loaf of bread (2)** (*baked in tin*) un pan de molde

loan NOUN
> see also loan VERB

el *préstamo*

to **loan** VERB
> see also loan NOUN

prestar

to **loathe** VERB
detestar ◇ *I loathe her.* La detesto.

loaves PL NOUN *see* **loaf**

lobster NOUN
la *langosta*

local ADJECTIVE
local ◇ *the local paper* el periódico local
- **a local call** una llamada urbana

loch NOUN
el *lago*

lock NOUN
> see also lock VERB

la *cerradura*

to **lock** VERB
> see also lock NOUN

cerrar con llave ◇ *Make sure you lock your door.* No te olvides de cerrar tu puerta con llave.

to **lock out** VERB
- **The door slammed and I was locked out.** La puerta se cerró de golpe y me quedé fuera sin llaves.

locker NOUN
la *taquilla* ◇ *left-luggage lockers* las taquillas de consigna
- **locker room** el vestuario

locket NOUN
el *relicario*

lodger NOUN
el *inquilino*
la *inquilina*

loft NOUN
el *desván* (PL los *desvanes*)

log NOUN
el *leño*

logical ADJECTIVE
lógico

lollipop NOUN
el *pirulí* (PL los *pirulís*)

lolly NOUN
(PL **lollies**)
- **ice lolly** el polo

London NOUN
Londres MASC

Londoner NOUN
el/la *londinense*

loneliness NOUN
la *soledad*

lonely ADJECTIVE
solo ◇ *I sometimes feel lonely.* A veces me siento solo.
- **a lonely cottage** una casita aislada

long ADJECTIVE, ADVERB
> see also long VERB

largo ◇ *She's got long hair.* Tiene el pelo largo. ◇ *The room is six metres long.* La habitación tiene seis metros de largo.
- **a long time** mucho tiempo ◇ *It takes a long time.* Lleva mucho tiempo. ◇ *I've been waiting a long time.* Llevo esperando mucho tiempo.
- **How long?** (*time*) ¿Cuánto tiempo? ◇ *How long have you been here?* ¿Cuánto tiempo llevas aquí? ◇ *How long will it take?* ¿Cuánto tiempo llevará?

- **How long is the flight?** ¿Cuánto dura el vuelo?
- **as long as** siempre que

  siempre que *has to be followed by a verb in the subjunctive.*
  ◇ *I'll come as long as it's not too expensive.* Iré siempre que no sea demasiado caro.

long VERB

see also long ADJECTIVE

- **to long to do something** estar* deseando hacer algo

long-distance ADJECTIVE

- **a long-distance call** una llamada de larga distancia

longer ADVERB

see also long ADJECTIVE

- **They're no longer going out together.** Ya no salen juntos.
- **I can't stand it any longer.** Ya no lo aguanto más.

long jump NOUN
el *salto de longitud*

loo NOUN
el *wáter*

look NOUN

see also look VERB

- **Have a look at this!** ¡Echale una ojeada a esto!
- **I don't like the look of it.** No me gusta nada.

look VERB

see also look NOUN

1 *mirar* ◇ *Look!* ¡Mira!
- **to look at something** mirar algo ◇ *Look at the picture.* Mira la foto.
- **Look out!** ¡Cuidado!

2 *parecer* ◇ *She looks surprised.* Parece sorprendida.
- **That cake looks nice.** Ese pastel tiene buena pinta.
- **to look like somebody** parecerse* a alguien ◇ *He looks like his brother.* Se parece a su hermano.
- **What does she look like?** ¿Cómo es físicamente?

look after VERB
cuidar ◇ *I look after my little sister.* Cuido a mi hermana pequeña.

look for VERB
*buscar** ◇ *I'm looking for my passport.* Estoy buscando mi pasaporte.

look forward to VERB
tener muchas ganas de* ◇ *to look forward to doing something* tener muchas ganas de hacer algo ◇ *I'm looking forward to meeting you.* Tengo muchas ganas de conocerte.
- **I'm really looking forward to the holidays.** Estoy deseando que lleguen las vacaciones.
- **Looking forward to hearing from you...** A la espera de sus noticias...

look round VERB
1 *volverse** ◇ *I called him and he looked round.* Lo llamé y se volvió.
2 *mirar* ◇ *I'm just looking round.* Sólo

estoy mirando.
- **to look round an exhibition** visitar una exposición
- **I like looking round the shops.** Me gusta ir a ver tiendas.

to **look up** VERB
*buscar** ◇ *If you don't know a word, look it up in the dictionary.* Si no conoces una palabra, búscala en el diccionario.

loose ADJECTIVE
holgado ◇ *a loose shirt* una camisa holgada
- **a loose screw** un tornillo flojo
- **loose change** dinero suelto

lord NOUN
el *señor* (*feudal*)
- **the House of Lords** la Cámara de los Lores
- **the Lord** el Señor (*God*)
- **Good Lord!** ¡Dios mío!

lorry NOUN
(PL **lorries**)
el *camión* (PL los *camiones*)

lorry driver NOUN
el *camionero*
la *camionera*
◇ *He's a lorry driver.* Es camionero.

to **lose** VERB
(**lost, lost**)
*perder** ◇ *I've lost my purse.* He perdido el monedero.
- **to get lost** perderse* ◇ *I was afraid of getting lost.* Tenía miedo de perderme.

loss NOUN
(PL **losses**)
la *pérdida*

lost VERB see **lose**

lost ADJECTIVE
perdido

lost property office NOUN
la *oficina de objetos perdidos*

lot NOUN
- **a lot** mucho ◇ *She talks a lot.* Habla mucho. ◇ *Do you like football? – Not a lot.* ¿Te gusta el fútbol? – No mucho.
- **a lot of** mucho ◇ *I drink a lot of coffee.* Bebo mucho café. ◇ *We saw a lot of interesting things.* Vimos muchas cosas interesantes. ◇ *He's got lots of friends.* Tiene muchos amigos. ◇ *She's got lots of self-confidence.* Tiene mucha confianza en sí misma.
- **That's the lot.** Eso es todo.

lottery NOUN
(PL **lotteries**)
la *lotería* ◇ *to win the lottery* ganar la lotería

loud ADJECTIVE
fuerte ◇ *The television is too loud.* La televisión está muy fuerte.

loudly ADVERB
fuerte

loudspeaker NOUN
el *altavoz* (PL los *altavoces*)

lounge NOUN

L

la *sala de estar*

lousy ADJECTIVE
asqueroso (*informal*) ◇ *It was a lousy meal.* Fue una comida asquerosa.
- **I feel lousy.** Me siento fatal.

love NOUN
see also love VERB
el *amor*
- **to be in love** estar* enamorado ◇ *She's in love with Paul.* Está enamorada de Paul.
- **to make love** hacer* el amor
- **Give Gloria my love.** Dale recuerdos a Gloria de mi parte.
- **Love, Rosemary.** Un abrazo, Rosemary.

to **love** VERB
see also love NOUN
*querer** ◇ *Everybody loves her.* Todos la quieren. ◇ *I love you.* Te quiero.
- **I love chocolate.** Me encanta el chocolate.
- **Would you like to come? – Yes, I'd love to.** ¿Te gustaría venir? – Sí, me encantaría.

lovely ADJECTIVE
[1] *encantador* (*person*) (FEM *encantadora*) ◇ *She's a lovely person.* Es una persona encantadora.
[2] *precioso* ◇ *They've got a lovely house.* Tienen una casa preciosa.
- **What a lovely surprise!** ¡Qué sorpresa tan agradable!
- **It's a lovely day.** Hace un tiempo estupendo.
- **Is your meal okay? – Yes, it's lovely.** ¿Está bueno? – Sí, buenísimo.
- **Have a lovely time!** ¡Que lo paséis bien!

low ADJECTIVE, ADVERB
bajo ◇ *low prices* los bajos precios ◇ *That plane is flying very low.* Ese avión vuela muy bajo. ◇ *in the low season* en temporada baja

to **lower** VERB
see also lower ADJECTIVE
bajar ◇ *He was so tall that the dentist had to lower the chair.* Era tan alto que el dentista tuvo que bajar la silla.

lower ADJECTIVE
see also lower VERB
inferior

low-fat ADJECTIVE
[1] *de bajo contenido graso* (*margarine, cheese*)
[2] *desnatado* (*milk, yoghurt*)

loyalty NOUN
(PL **loyalties**)
la *lealtad*

L-plate NOUN
la *L*
En el Reino Unido, la L roja indica que el conductor está aprendiendo a conducir. Una vez aprobado el examen, la L verde, que es opcional, se lleva durante un año.

luck NOUN

la *suerte* ◇ *She hasn't had much luck.* No ha tenido mucha suerte.
- **Bad luck!** ¡Mala suerte!
- **Good luck!** ¡Suerte!

luckily ADVERB
afortunadamente

lucky ADJECTIVE
afortunado ◇ *I consider myself lucky.* Me considero afortunado.
- **to be lucky** tener* suerte (*fortunate*) ◇ *He's lucky, he's got a job.* Tiene suerte de tener trabajo.
- **That was lucky!** ¡Qué suerte!
- **Black cats are lucky in Britain.** En Gran Bretaña los gatos negros traen buena suerte.
- **a lucky horseshoe** una herradura de la suerte

luggage NOUN
el *equipaje*

lukewarm ADJECTIVE
tibio

lump NOUN
[1] el *trozo* ◇ *a lump of butter* un trozo de mantequilla
[2] el *chichón* (*swelling*) (PL los *chichones*) ◇ *He's got a lump on his forehead.* Tiene un chichón en la frente.

lunatic NOUN
el *loco*
la *loca*
◇ *He's an absolute lunatic.* Está loco perdido.

lunch NOUN
(PL **lunches**)
el *almuerzo*
- **to have lunch** almorzar* ◇ *We have lunch at half past twelve.* Almorzamos a las doce y media.

luncheon voucher NOUN
el *tíquet restaurante* (PL los *tíquets restaurante*)

lung NOUN
el *pulmón* (PL los *pulmones*) ◇ *lung cancer* el cáncer de pulmón

luscious ADJECTIVE
exquisito

lush ADJECTIVE
exuberante

lust NOUN
la *lujuria*

Luxembourg NOUN
Luxemburgo MASC

luxurious ADJECTIVE
lujoso

luxury NOUN
(PL **luxuries**)
el *lujo* ◇ *It was luxury!* ¡Era un lujo! ◇ *a luxury hotel* un hotel de lujo

lyrics PL NOUN
la *letra*

M

mac NOUN
  el *impermeable*
macaroni NOUN
  los *macarrones*
machine NOUN
  la *máquina* ◇ *It's a complicated machine.*
  Es una máquina complicada.
+ **I put my clothes in the machine.** Puse mi
  ropa en la lavadora.
machine gun NOUN
  la *ametralladora*
machinery NOUN
  la *maquinaria*
mackerel NOUN
  (PL **mackerel**)
  la *caballa*
mad ADJECTIVE
  ① *loco* ◇ *You're mad!* ¡Estás loco! ◇ *Have
  you gone mad?* ¿Te has vuelto loco?
  ② *furioso* ◇ *She'll be mad when she finds
  out.* Se pondrá furiosa cuando se entere.
+ **He's mad about football.** Está loco por el
  fútbol.
+ **She's mad about horses.** Le encantan los
  caballos.
madam NOUN
  la *señora* ◇ *How may I help you, Madam?*
  ¿Qué desea la señora?
made VERB *see* **make**
madly ADVERB
+ **They're madly in love.** Están locamente
  enamorados.
madman NOUN
  (PL **madmen**)
  el *loco*
madness NOUN
  la *locura* ◇ *It's absolute madness.* Es una
  locura.
magazine NOUN
  la *revista*
maggot NOUN
  el *gusano*
magic NOUN
  see also **magic** ADJECTIVE
  la *magia* ◇ *My hobby is magic.* Mi hobby
  es la magia.
magic ADJECTIVE
  see also **magic** NOUN
  mágico ◇ *a magic wand* una varita mágica
+ **It was magic!** ¡Fue fantástico! (*brilliant*)
magician NOUN
  el *mago*
  la *maga*
  ◇ *There was a magician at the party.* Había
  un mago en la fiesta.
magnet NOUN
  el *imán* (PL los *imanes*)
magnificent ADJECTIVE
  espléndido ◇ *a magnificent view* una vista
  espléndida
+ **It was a magnificent effort on their part.**

Fue un esfuerzo extraordinario por su parte.
magnifying glass NOUN
  la *lupa*
maid NOUN
  ① la *sirvienta* (*servant*)
  ② la *camarera* (*in hotel*)
+ **an old maid** una solterona (*spinster*)
maiden name NOUN
  el *apellido de soltera*
  When women marry in Spain they don't usually
  take the name of their husband but keep their own
  instead. If the couple have children they take both
  their father's and mother's surnames.
mail NOUN
  ① el *correo*
+ **by mail** por correo
  ② la *correspondencia* (*letters*) ◇ *We
  receive a lot of mail.* Recibimos mucha
  correspondencia.
main ADJECTIVE
  principal ◇ *the main suspect* el principal
  sospechoso ◇ *The main thing is to get it
  finished.* Lo principal es terminarlo.
mainly ADVERB
  principalmente
main road NOUN
  la *carretera principal*
to **maintain** VERB
  *mantener** ◇ *Teachers try hard to maintain
  standards.* Los maestros se esfuerzan por
  mantener el nivel educativo. ◇ *Old houses
  are expensive to maintain.* Las casas viejas
  son costosas de mantener.
maintenance NOUN
  ① el *mantenimiento* ◇ *car maintenance*
  el mantenimiento del coche
  ② la *pensión alimenticia* ◇ *£30 a week
  in maintenance* 30 libras esterlinas a la
  semana en concepto de pensión alimenticia
maize NOUN
  el *maíz*
majesty NOUN
  (PL **majesties**)
  la *majestad*
+ **Your Majesty** su Majestad
major ADJECTIVE
  muy importante ◇ *a major factor* un
  factor muy importante
+ **Drugs are a major problem.** La droga es un
  grave problema.
+ **in C major** en do mayor
majority NOUN
  (PL **majorities**)
  la *mayoría*
make NOUN
  see also **make** VERB
  la *marca* ◇ *What make is it?* ¿De qué
  marca es?
to **make** VERB
  (**made**, **made**)
  see also **make** NOUN

M

1 *hacer** ◇ *I'm going to make a cake.* Voy a hacer un pastel. ◇ *I'd like to make a phone call.* Quisiera hacer una llamada. ◇ *I make my bed every morning.* Me hago la cama cada mañana. ◇ *It's well made.* Está bien hecho.
- **She's making lunch.** Está preparando el almuerzo.
- **Two and two make four.** Dos y dos son cuatro.

2 *fabricar** ◇ *"made in Spain"* "fabricado en España"

3 *ganar** ◇ *He makes a lot of money.* Gana mucho dinero.
- **to make somebody do something** hacer* a alguien hacer algo ◇ *My mother makes me eat vegetables.* Mi madre me hace comer verduras.
- **You'll have to make do with a cheaper car.** Tendrás que conformarte con un coche más barato.
- **What time do you make it?** ¿Qué hora tienes?

to **make out** VERB

1 *descifrar* ◇ *I can't make out the address on the label.* No consigo descifrar la dirección que viene en la etiqueta.

2 *comprender* ◇ *I can't make her out at all.* No la comprendo en absoluto.

3 *dar** a entender* ◇ *They're making out it was my fault.* Están dando a entender que fue culpa mía.
- **to make a cheque out to somebody** hacer* un cheque a favor de alguien

to **make up** VERB

1 *componer** ◇ *Women make up thirty per cent of the police force.* Las mujeres componen el treinta por ciento del cuerpo de policía.

2 *inventarse* ◇ *He made up the whole story.* Se inventó toda la historia.

3 *hacer* las paces* ◇ *They had a quarrel, but soon made up.* Riñeron, pero poco después hicieron las paces.

4 *maquillarse* ◇ *She spends hours making herself up.* Pasa horas maquillándose.

maker NOUN
el/la *fabricante* ◇ *Spain's biggest car maker.* El mayor fabricante de automóviles de España.

make-up NOUN
el *maquillaje*
- **She put on her make-up.** Se maquilló.

male ADJECTIVE
see also male NOUN

1 *macho* (animal, plant) ◇ *a male kitten* un gatito macho

2 *varón* (person) (PL *varones*) ◇ *Sex: Male* Sexo: Varón
- **Most football players are male.** La mayoría de los futbolistas son hombres.
- **a male nurse** un enfermero
- **a male chauvinist** un machista

male NOUN

see also male ADJECTIVE
el *macho* (animal)

Malta NOUN
Malta FEM

mammoth NOUN
see also mammoth ADJECTIVE
el *mamut*

mammoth ADJECTIVE
see also mammoth NOUN
colosal (project, building)
- **a mammoth task** una obra de titanes

man NOUN
(PL **men**)
el *hombre*

to **manage** VERB

1 *arreglárselas* ◇ *We haven't got much money, but we manage.* No tenemos mucho dinero, pero nos las arreglamos.

2 *dirigir** ◇ *She manages a big store.* Dirige una tienda grande. ◇ *He manages our football team.* Dirige nuestro equipo de fútbol.
- **to manage to do something** conseguir* hacer algo ◇ *Luckily I managed to pass the exam.* Por suerte, conseguí aprobar el examen.
- **Can you manage a bit more?** ¿Te pongo un poco más? (food)
- **Can you manage with that suitcase?** ¿Puedes con la maleta?

manageable ADJECTIVE
factible (task, goal)

management NOUN
la *dirección* ◇ *He's responsible for the management of the project.* Es responsable de la dirección del proyecto. ◇ *management and workers* la dirección y los trabajadores

manager NOUN

1 (of company, department, performer)
el *director*
la *directora*
◇ *I complained to the manager.* Fui a reclamar al director.

2 (of restaurant, store)
el/la *gerente*

3 (of team)
el *entrenador*
la *entrenadora*
◇ *the England manager* el entrenador de la selección inglesa

manageress NOUN
(PL **manageresses**)
la *gerente* (of restaurant, store)

mandarin NOUN
la *mandarina*

mango NOUN
(PL **mangos** or **mangoes**)
el *mango*

maniac NOUN
el *maníaco*
la *maníaca*
- **He drives like a maniac.** Conduce como un loco.

to **manipulate** VERB
manipular

man-made ADJECTIVE
sintético (fibre)

manner NOUN
la *manera* ◇ *She was behaving in an odd manner.* Se comportaba de una manera extraña.
◆ **He has a confident manner.** Se muestra seguro de sí mismo.

manners PL NOUN
los *modales* ◇ *Her manners are appalling.* Tiene muy malos modales.
◆ **good manners** la buena educación
◆ **It's bad manners to speak with your mouth full.** Es de mala educación hablar con la boca llena.

manpower NOUN
la *mano de obra*
Although **mano** *ends in* -o, **mano de obra** *is actually a feminine noun.*

mansion NOUN
la *mansión* (PL las *mansiones*)

mantelpiece NOUN
la *repisa de la chimenea*

manual NOUN
el *manual*

manufacture VERB
*fabricar**

manufacturer NOUN
el/la *fabricante*

manure NOUN
el *estiércol*

manuscript NOUN
el *manuscrito*

many ADJECTIVE, PRONOUN
muchos (FEM *muchas*) ◇ *He hasn't got many friends.* No tiene muchos amigos.
◇ *Were there many people at the concert? – Not many.* ¿Había mucha gente en el concierto? – No mucha.
◆ **very many** muchos (FEM *muchas*) ◇ *I haven't got very many CDs.* No tengo muchos CDs.
◆ **How many?** ¿cuántos? (FEM ¿*cuántas?*) ◇ *How many hours a week do you work?* ¿Cuántas horas trabajas a la semana?
◆ **too many** demasiados (FEM *demasiadas*) ◇ *Sixteen people? That's too many.* ¿Dieciséis personas? Son demasiadas.
◆ **so many** tantos (FEM *tantas*) ◇ *He told so many lies!* ¡Dijo tantas mentiras!

map NOUN
[1] el *mapa* (of country, region)
Although **mapa** *ends in* -a, *it is actually a masculine noun.*
[2] el *plano* (of town, city)

marathon NOUN
el *maratón* (PL los *maratones*)

marble NOUN
el *mármol* ◇ *a marble statue* una estatua de mármol
◆ **a marble** una canica

March NOUN
marzo MASC ◇ *in March* en marzo ◇ *on 9 March* el 9 de marzo

to **march** VERB
see also **march** NOUN
desfilar ◇ *The troops marched past the King.* Las tropas desfilaron delante del Rey.

march NOUN
(PL **marches**)
see also **march** VERB
la *marcha* ◇ *a peace march* una marcha por la paz

mare NOUN
la *yegua*

margarine NOUN
la *margarina*

margin NOUN
el *margen* (PL los *márgenes*) ◇ *She wrote a note in the margin.* Escribió una nota al margen.

marijuana NOUN
la *marihuana*

marital status NOUN
el *estado civil*

mark NOUN
see also **mark** VERB
[1] la *nota* ◇ *I get good marks for French.* Saco buenas notas en francés.
[2] la *mancha* ◇ *There were red marks all over his back.* Tenía manchas rojas por toda la espalda. ◇ *You've got a mark on your shirt.* Tienes una mancha en la camisa.
[3] el *marco* (German currency) ◇ *30 million marks* 30 millones de marcos

to **mark** VERB
see also **mark** NOUN
[1] *corregir** ◇ *The teacher hasn't marked my homework yet.* El maestro no me ha corregido los deberes todavía.
[2] *señalar* ◇ *Mark its position on the map.* Señala su posición en el mapa.

market NOUN
el *mercado*

marketing NOUN
el *márketing*

marmalade NOUN
la *mermelada de naranja*

maroon ADJECTIVE
granate MASC, FEM, PL

marriage NOUN
el *matrimonio*

married ADJECTIVE
casado ◇ *They are not married.* No están casados.
◆ **a married couple** un matrimonio
◆ **to get married** casarse

marrow NOUN
el *calabacín grande* (vegetable) (PL los *calabacines grandes*)
◆ **bone marrow** la médula

to **marry** VERB
(married, married)
[1] *casarse* ◇ *They married in June.* Se casaron en junio.
[2] *casarse con* ◇ *He wants to marry her.* Quiere casarse con ella.
◆ **to get married** casarse ◇ *My brother's*

M

getting married in March. Mi hermano se casa en marzo.

marvellous ADJECTIVE
(US **marvelous**)
estupendo ⋄ *The weather was marvellous.* Hacía un tiempo estupendo. ⋄ *That's a marvellous idea!* ¡Es una idea estupenda!

marzipan NOUN
el *mazapán*

mascara NOUN
el *rímel*

masculine ADJECTIVE
masculino

mashed potatoes PL NOUN
el *puré de patatas*

mask NOUN
la *máscara*

mass NOUN
(PL **masses**)
① el *montón* (PL los *montones*) ⋄ *a mass of books and papers* un montón de libros y papeles
② la *misa* ⋄ *We go to mass on Sunday.* Vamos a misa los domingos.
◆ **the mass media** los medios de comunicación de masas

massage NOUN
el *masaje*

massive ADJECTIVE
enorme

master NOUN
see also master VERB
① el *maestro* (at primary school)
② el *profesor* (at secondary school)

to **master** VERB
see also master NOUN
dominar ⋄ *Students need to master a second language.* Los estudiantes tienen que dominar un segundo idioma.

masterpiece NOUN
la *obra maestra* (PL las *obras maestras*)

mat NOUN
el *felpudo* (doormat)
◆ **a table mat** un mantel individual

match NOUN
(PL **matches**)
see also match VERB
① el *partido* ⋄ *a football match* un partido de fútbol
② la *cerilla* ⋄ *a box of matches* una caja de cerillas

to **match** VERB
see also match NOUN
① *hacer* juego con* ⋄ *The jacket matches the trousers.* La chaqueta hace juego con los pantalones.
② *hacer* juego* ⋄ *These colours don't match.* Estos colores no hacen juego.

matching ADJECTIVE
a juego ⋄ *My bedroom has matching wallpaper and curtains.* Mi habitación tiene el papel y las cortinas a juego.

mate NOUN

el *amigo*
la *amiga*
⋄ *He always goes on holiday with his mates.* Siempre va de vacaciones con sus amigos.

material NOUN
① el *tejido* ⋄ *The curtains are made of a thin material.* Las cortinas están hechas de un tejido fino.
② el *material* ⋄ *I'm collecting material for my project.* Estoy recogiendo material para mi proyecto.

mathematics NOUN
las *matemáticas*

maths NOUN
las *matemáticas*

matron NOUN
la *enfermera jefe* (in hospital)

matter NOUN
see also matter VERB
el *asunto* ⋄ *It's a matter of life and death.* Es un asunto de vida o muerte.
◆ **What's the matter?** ¿Qué pasa?
◆ **as a matter of fact** de hecho

to **matter** VERB
see also matter NOUN
importar ⋄ *I can't give you the money today. – It doesn't matter.* No te puedo dar el dinero hoy. – No importa.
◆ **Shall I phone today or tomorrow? – Whenever, it doesn't matter.** ¿Telefoneo hoy o mañana? – Cuando quieras, da igual.
◆ **It matters a lot to me.** Significa mucho para mí.

mattress NOUN
(PL **mattresses**)
el *colchón* (PL los *colchones*)

mature ADJECTIVE
maduro

maximum NOUN
see also maximum ADJECTIVE
el *máximo* ⋄ *a maximum of two years in prison* un máximo de dos años de cárcel

maximum ADJECTIVE
see also maximum NOUN
máximo ⋄ *The maximum speed is 100 km/ h.* La velocidad máxima permitida es 100km/ h.

May NOUN
mayo MASC ⋄ *in May* en mayo ⋄ *on 7 May* el 7 de mayo
◆ **May Day** el Primero de Mayo

may VERB
poder* ⋄ *The police may come and catch us here.* La policía puede venir y pillarnos aquí. ⋄ *May I smoke?* ¿Puedo fumar?
Puede que has to be followed by a verb in the subjunctive.
⋄ *I may go.* Puede que vaya. ⋄ *It may rain.* Puede que llueva.
A lo mejor can also be used but it is a more colloquial alternative.
⋄ *Are you going to the party? – I don't know, I*

M

may. ¿Vas a ir a la fiesta? – No sé, a lo mejor.

maybe ADVERB
a lo mejor ⋄ *Maybe she's at home.* A lo mejor está en casa.
+ *Maybe he'll change his mind.* A lo mejor cambia de idea.

mayonnaise NOUN
la *mayonesa*

mayor NOUN
el *alcalde*
la *alcaldesa*

maze NOUN
el *laberinto*

me PRONOUN

Use **me** *to translate* me *when it is the direct object of the verb in the sentence, or when it means* to me.

me ⋄ *Look at me!* ¡Mírame! ⋄ *Could you lend me your pen?* ¿Me prestas tu bolígrafo?

Use **yo** *after the verb* to be *and in comparisons.*
⋄ *It's me.* Soy yo. ⋄ *He's older than me.* Es mayor que yo.

Use **mí** *after prepositions.*
⋄ *without me* sin mí

Remember that with me *translates as* **conmigo.**
⋄ *He was with me.* Estaba conmigo.

meal NOUN
la *comida*
+ **Enjoy your meal!** ¡Que aproveche!

mealtime NOUN
+ **at mealtimes** a las horas de comer

to **mean** VERB
(meant, meant)

see also mean ADJECTIVE

[1] *significar** ⋄ *What does "alcalde" mean?* ¿Qué significa "alcalde"? ⋄ *I don't know what it means.* No sé lo que significa.
[2] *querer* decir* ⋄ *That's not what I meant.* Eso no es lo que quería decir.
[3] *referirse* a* ⋄ *Which one did he mean?* ¿A cuál se refería? ⋄ *Do you mean me?* ¿Te refieres a mí?
+ **to mean to do something** querer* hacer algo ⋄ *I didn't mean to hurt you.* No quería hacerte daño.
+ **Do you really mean it?** ¿Lo dices en serio?
+ **He means what he says.** Habla en serio.

mean ADJECTIVE

see also mean VERB

[1] *tacaño* ⋄ *He's too mean to buy presents.* Es demasiado tacaño para comprar regalos.
[2] *mezquino* ⋄ *You're being mean to me.* Estás siendo mezquino conmigo.
+ **That's a really mean thing to say!** ¡Parece mentira que digas eso!

meaning NOUN
el *significado*

means NOUN
el *medio* ⋄ *a means of transport* un medio de transporte ⋄ *He'll do it by any possible means.* Lo hará por todos los medios.
+ **by means of** por medio de ⋄ *They reached agreement by means of secret negotiations.*

Llegaron a un acuerdo por medio de negociaciones secretas.
+ **Can I come in? – By all means!** ¿Puedo entrar? – ¡Claro que sí!

meant VERB *see* **mean**

meanwhile ADVERB
mientras tanto

measles NOUN
el *sarampión* ⋄ *I've got measles.* Tengo el sarampión.

to **measure** VERB
*medir**

measurements PL NOUN
las *medidas* ⋄ *Are you sure the measurements are correct?* ¿Estás seguro de que las medidas son correctas?

meat NOUN
la *carne*

Mecca NOUN
La Meca

mechanic NOUN
el *mecánico*
la *mecánica*
⋄ *He's a mechanic.* Es mecánico.

mechanical ADJECTIVE
mecánico

medal NOUN
la *medalla*

media PL NOUN
+ **the media** los medios de comunicación

medical ADJECTIVE

see also medical NOUN

médico ⋄ *medical treatment* el tratamiento médico
+ **medical insurance** el seguro médico
+ **to have medical problems** tener* problemas de salud
+ **She's a medical student.** Es una estudiante de medicina.

medical NOUN

see also medical ADJECTIVE

+ **He had a medical last week.** Se hizo un chequeo la semana pasada.

medicine NOUN
[1] la *medicina* (*science*) ⋄ *I want to study medicine.* Quiero estudiar medicina.
+ **alternative medicine** la medicina alternativa
[2] el *medicamento* (*medication*) ⋄ *I need some medicine.* Necesito un medicamento.

Mediterranean ADJECTIVE

see also Mediterranean NOUN

mediterráneo

Mediterranean NOUN

see also Mediterranean ADJECTIVE

+ **the Mediterranean** el Mediterráneo

medium ADJECTIVE
mediano ⋄ *a man of medium height* un hombre de estatura mediana

medium-sized ADJECTIVE
+ **a medium-sized town** una ciudad de tamaño mediano

to **meet** VERB
(met, met)
[1] *encontrarse* con* (*by chance*) ⋄ *I met*

Paul in town. Me encontré con Paul en el centro.

- **We met by chance in the supermarket.** Nos encontramos por casualidad en el supermercado.

[2] *reunirse** *(by arrangement)* ◇ *The committee met at two o'clock.* El comité se reunió a las dos.

- **Where shall we meet?** ¿Dónde quedamos?
- **I'm going to meet my friends at the swimming pool.** He quedado con mis amigos en la piscina.
- **I'll meet you at the station.** Te voy a buscar a la estación.

[3] *conocer** *(get to know)* ◇ *He met Tim at a party.* Conoció a Tim en una fiesta.

- **Have you met her before?** ¿La conoces?

meeting NOUN
[1] el *encuentro* *(socially)* ◇ *their first meeting* su primer encuentro
[2] la *reunión* *(for work)* (PL las *reuniones*)
◇ *a business meeting* una reunión de trabajo

mega ADJECTIVE
- **He's mega rich.** Es super rico. *(informal)*

melody NOUN
(PL **melodies**)
la *melodía*

melon NOUN
el *melón* (PL los *melones*)

to **melt** VERB
[1] *derretir** ◇ *Melt 100 grams of butter in a saucepan.* Derrita 100 gramos de mantequilla en una sartén.
[2] *derretirse** ◇ *The snow is melting.* La nieve se está derritiendo.

member NOUN
el/la *miembro*
- **"members only"** "reservado para los socios"
- **a Member of Parliament** un diputado (FEM *una diputada*)

membership NOUN
la *afiliación* *(of party, union)* (PL las *afiliaciones*)
- **I'm going to apply for membership of the club.** Voy a solicitar el ingreso al club.

membership card NOUN
el *carnet de socio* (PL los *carnets de socio*)

memento NOUN
(PL **mementos** or **mementoes**)
el *recuerdo*

memorial NOUN
- **a war memorial** un monumento a los caídos

to **memorize** VERB
memorizar*

memory NOUN
(PL **memories**)
[1] la *memoria* ◇ *I've got a terrible memory.* Tengo una memoria espantosa.
[2] el *recuerdo* ◇ *happy memories* los recuerdos felices

men PL NOUN *see* **man**

to **mend** VERB
arreglar

meningitis NOUN
la *meningitis* ◇ *Her daughter's got meningitis.* Su hija tiene meningitis.

mental ADJECTIVE
mental ◇ *mental illness* la enfermedad mental
- **mental hospital** el hospital psiquiátrico

to **mention** VERB
mencionar ◇ *He didn't mention it to me.* No me lo mencionó.
- **I mentioned she might come later.** Dije que a lo mejor vendría más tarde.
- **Thank you! – Don't mention it!** ¡Gracias! – ¡No hay de qué!

menu NOUN
[1] la *carta* ◇ *Could I have the menu please?* ¿Me trae la carta por favor?
[2] el *menú* *(on computer)* (PL los *menús*)

merchant NOUN
el/la *comerciante*
- **a wine merchant** un vinatero

mercy NOUN
la *compasión*

mere ADJECTIVE
- **a mere five percent** sólo un cinco por ciento
- **It's a mere formality.** No es más que una formalidad.

meringue NOUN
el *merengue*

merry ADJECTIVE
- **Merry Christmas!** ¡Feliz Navidad!

merry-go-round NOUN
el *tiovivo*

mess NOUN
el *desorden*
- **My hair's a mess, it needs cutting.** Tengo el pelo hecho un desastre; tengo que cortármelo.
- **I'll be in a mess if I fail the exam.** Voy a tener problemas si suspendo el examen.

to **mess about** VERB
- **I didn't do much at the weekend, just messed about with some friends.** No hice mucho el fin de semana; estuve ganduleando con unos amigos.
- **Stop messing about with my computer!** ¡Deja de toquetear mi ordenador!

to **mess up** VERB
estropear ◇ *You've messed up my cassettes!* ¡Me has estropeado los casetes!
- **I messed up my chemistry exam.** Metí la pata en el examen de química.

message NOUN
el *mensaje* ◇ *a secret message* un mensaje secreto
- **Would you like to leave him a message?** ¿Quiere dejarle un recado?

messenger NOUN
el *mensajero*
la *mensajera*

messy ADJECTIVE
desordenado ◇ *Your room is really messy.* Tu habitación está muy desordenada. ◇ *She's so messy!* ¡Es más desordenada!

---

* Verbs marked with this symbol are irregular. See pages 332–333 for further details

◆ **a really messy job** un trabajo muy sucio
◆ **Her writing is very messy.** Tiene muy mala letra.

met VERB *see* **meet**

metal NOUN
el *metal*

meter NOUN
1 el *contador* (for gas, electricity)
2 el *taxímetro* (for taxi)
3 el *parquímetro* (parking meter)
4 el *metro* (unit of measurement) US

method NOUN
el *método*

Methodist NOUN
el/la *metodista*   ◇ *He's a Methodist.* Es metodista.

metre NOUN
el *metro*

metric ADJECTIVE
métrico

Mexico NOUN
Méjico MASC

to **miaow** VERB
*maullar**

mice PL NOUN *see* **mouse**

microchip NOUN
el *microchip* (PL los *microchips*)

microphone NOUN
el *micrófono*

microscope NOUN
el *microscopio*

microwave NOUN
el *microondas* (PL los *microondas*)

mid ADJECTIVE
◆ **in mid May** a mediados de mayo
◆ **He's in his mid twenties.** Tiene unos veinticinco años.

midday NOUN
el *mediodía*   ◇ *at midday* al mediodía

middle NOUN
see also middle ADJECTIVE
el *medio*   ◇ *The car was in the middle of the road.* El coche estaba en medio de la carretera.
◆ **in the middle of May** a mediados de mayo
◆ **I woke up in the middle of the morning.** Me desperté a media mañana.
◆ **She was in the middle of her exams.** Estaba en plenos exámenes.

middle ADJECTIVE
see also middle NOUN
del medio MASC, FEM, PL   ◇ *the middle seat* el asiento del medio

middle-aged ADJECTIVE
de mediana edad MASC, FEM, PL

Middle Ages PL NOUN
◆ **the Middle Ages** la Edad Media

middle-class ADJECTIVE
de clase media MASC, FEM, PL

Middle East NOUN
◆ **the Middle East** el Oriente Medio

middle name NOUN
el *segundo nombre*

midge NOUN
el *mosquito*

midnight NOUN
la *medianoche*   ◇ *at midnight* a medianoche

midwife NOUN
(PL **midwives**)
la *comadrona*   ◇ *She's a midwife.* Es comadrona.

might VERB
*poder**   ◇ *The teacher might come at any moment.* El profesor podría venir en cualquier momento.
Puede que *has to be followed by a verb in the subjunctive.*
◇ *He might come later.* Puede que venga más tarde.   ◇ *She might not have understood.* Puede que no haya entendido.
A lo mejor *can also be used but it is a more colloquial alternative.*
◇ *We might go to Spain next year.* A lo mejor vamos a España el año que viene.

migraine NOUN
la *jaqueca*   ◇ *I've got a migraine.* Tengo jaqueca.

mike NOUN
el *micro*

mild ADJECTIVE
suave   ◇ *a mild flavour* un sabor suave
◆ **The winters are quite mild.** Los inviernos son bastante suaves.
◆ **mild soap** el jabón suave

mile NOUN
la *milla*
In Spain distances are expressed in kilometres. A mile is about 1.6 kilometres.
◇ *It's five miles from here.* Está a unas cinco millas de aquí.   ◇ *at 50 miles per hour* a 50 millas por hora
◆ **We walked for miles!** ¡Caminamos kilómetros y kilómetros!

military ADJECTIVE
militar

milk NOUN
see also milk VERB
la *leche*

to **milk** VERB
see also milk NOUN
ordeñar

milk chocolate NOUN
el *chocolate con leche*

milkman NOUN
(PL **milkmen**)
el *lechero*
In Spain milk is not delivered to people's homes.

milk shake NOUN
el *batido*

mill NOUN
el *molino* (for grain)

millimetre NOUN
(US **millimeter**)
el *milímetro*

million NOUN
el *millón* (PL los *millones*)   ◇ *two million pounds* dos millones de libras esterlinas

millionaire NOUN

M

el *millonario*
la *millonaria*

to **mimic** VERB
(mimicked, mimicked)
imitar

mince NOUN
la *carne picada*

mince pie NOUN
*En Navidad es tradicional comer **mince pies**, que son pequeños pastelitos de fruta confitada.*

to **mind** VERB
see also mind NOUN
[1] *cuidar* (look after) ◇ *Could you mind the baby this afternoon?* ¿Podrías cuidar al niño esta tarde? ◇ *Could you mind my bags for a few minutes?* ¿Me cuidas las bolsas un momento?
[2] *importar* (matter) ◇ *Do you mind if I open the window? – No, I don't mind.* ¿Le importa que abra la ventana? – No, no me importa.
◆ **I don't mind the noise.** No me molesta el ruido.
◆ **Never mind! (1)** (don't worry) ¡No te preocupes!
◆ **Never mind! (2)** (it's not important) ¡No importa!
◆ **Mind you don't fall.** Ten cuidado, no te vayas a caer.
◆ **Mind the step!** ¡Cuidado con el escalón!

mind NOUN
see also mind VERB
la *mente* ◇ *What have you got in mind?* ¿Qué tienes en mente?
◆ **I haven't made up my mind yet.** No me he decidido todavía.
◆ **He's changed his mind.** Ha cambiado de idea.
◆ **Are you out of your mind?** ¿Estás loco?

mine PRONOUN
see also mine NOUN
[1] *el mío* MASC (PL *los míos*) ◇ *Is this your coat? – No, mine is black.* ¿Es éste tu abrigo? – No, el mío es negro. ◇ *your parents and mine* tus padres y los míos
[2] *la mía* FEM (PL *las mías*) ◇ *Is this your scarf? – No, mine is red.* ¿Es ésta tu bufanda? – No, la mía es roja. ◇ *her sisters and mine* sus hermanas y las mías
[3] *mío* MASC (PL *míos*) ◇ *That car is mine.* Ese coche es mío.
[4] *mía* FEM (PL *mías*) ◇ *Sorry, that beer is mine.* Disculpa, esa cerveza es mía. ◇ *Isabel is a friend of mine.* Isabel es amiga mía.

mine NOUN
see also mine PRONOUN
la *mina* ◇ *a coal mine* una mina de carbón ◇ *a land mine* una mina

miner NOUN
el *minero*
la *minera*
◇ *My father was a miner.* Mi padre era minero.

mineral water NOUN
el *agua mineral* FEM
*Although it's a feminine noun, remember that you use **el** and **un** with **agua mineral**.*

miniature ADJECTIVE
en miniatura

minibus NOUN
(PL minibuses)
el *microbús* (PL los *microbuses*)

minicab NOUN
el *taxi*
*El **minicab** es un taxi que se pide por teléfono y que no se puede parar por la calle.*

minimum NOUN
see also minimum ADJECTIVE
el *mínimo*

minimum ADJECTIVE
see also minimum NOUN
mínimo ◇ *The minimum age for driving is 17.* La edad mínima para poder conducir es 17 años. ◇ *minimum wage* salario mínimo

miniskirt NOUN
la *minifalda*

minister NOUN
[1] el *ministro*
la *ministra*
◇ *the Minister for Education* el Ministro de Educación
[2] (of church)
el *pastor*
la *pastora*

ministry NOUN
(PL ministries)
el *ministerio* (in politics)

minor ADJECTIVE
secundario ◇ *a minor problem* un problema secundario
◆ **a minor operation** una operación de poca importancia
◆ **in D minor** en re menor

minority NOUN
(PL minorities)
la *minoría*

mint NOUN
[1] el *caramelo de menta* (sweet)
[2] la *menta* (plant) ◇ *mint sauce* salsa de menta

minus PREPOSITION
menos ◇ *sixteen minus three* dieciséis menos tres ◇ *I got a B minus for my French.* Me pusieron un notable bajo en francés.
◆ **minus two degrees** dos grados bajo cero

minute NOUN
see also minute ADJECTIVE
el *minuto* ◇ *Wait a minute!* ¡Espera un minuto!

minute ADJECTIVE
see also minute NOUN
minúsculo ◇ *Her flat is minute.* Su apartamento es minúsculo.

miracle NOUN
el *milagro*

mirror NOUN

[1] el *espejo* ◇ *She looked at herself in the mirror.* Se miró en el espejo.
[2] el *retrovisor* ◇ *She got in the car and adjusted the mirror.* Entró en el coche y ajustó el retrovisor.

misbehave VERB
portarse mal

mischief NOUN
* **She's always up to mischief.** Siempre está haciendo travesuras.
* **full of mischief** travieso

mischievous ADJECTIVE
travieso

miser NOUN
el *avaro*
la *avara*

miserable ADJECTIVE
infeliz (PL *infelices*) ◇ *a miserable life* una vida infeliz
* **I'm feeling miserable.** Me siento deprimido.
* **miserable weather** un tiempo deprimente

misfortune NOUN
la *desgracia*

mishap NOUN
el *contratiempo* ◇ *without mishap* sin contratiempos

misjudge VERB
juzgar* mal ◇ *I may have misjudged him.* A lo mejor lo juzgué mal.
* **The driver misjudged the bend.** El conductor no calculó bien la curva.

mislay VERB
(mislaid, mislaid)
* **I've mislaid my glasses.** No sé dónde he puesto las gafas.

misleading ADJECTIVE
engañoso

misprint NOUN
el *error de imprenta*

Miss NOUN
[1] *señorita* FEM ◇ *Miss Peters wants to see you.* La señorita Peters quiere verte.
[2] *Srta.* (*in address*)

miss VERB
perder* ◇ *Hurry or you'll miss the bus.* Date prisa o perderás el autobús.
* **It's too good an opportunity to miss.** Es una oportunidad demasiado buena para dejarla pasar.
* **He missed the target.** No dio en el blanco.
* **I miss my family.** Echo de menos a mi familia.
* **You've missed a page.** Te has saltado una página.

missing ADJECTIVE
perdido ◇ *the missing link* el eslabón perdido
* **to be missing** faltar ◇ *Two members of the group are missing.* Faltan dos miembros del grupo.
* **a missing person** una persona desaparecida

missionary NOUN
(PL missionaries)
el *misionero*

la *misionera*

mist NOUN
la *neblina*

mistake NOUN
see also mistake VERB
el *error* ◇ *There must be some mistake.* Debe de haber algún error.
* **a spelling mistake** una falta de ortografía
* **to make a mistake (1)** (*in speaking*) cometer un error ◇ *He makes a lot of mistakes when he speaks English.* Comete muchos errores cuando habla inglés.
* **to make a mistake (2)** (*get mixed up*) equivocarse* ◇ *I'm sorry, I made a mistake.* Lo siento, me equivoqué.
* **by mistake** por error

to mistake VERB
(mistook, mistaken)
see also mistake NOUN
confundir ◇ *He mistook me for my sister.* Me confundió con mi hermana.

mistaken ADJECTIVE
* **to be mistaken** estar* equivocado ◇ *If you think I'm going to pay, you're mistaken.* Estás equivocado si piensas que voy a pagar.

mistletoe NOUN
el *muérdago*

mistook VERB see **mistake**

mistress NOUN
(PL mistresses)
[1] la *maestra* (*in primary school*)
[2] la *profesora* (*in secondary school*) ◇ *our English mistress* nuestra profesora de inglés
[3] la *amante* ◇ *He's got a mistress.* Tiene una amante.

to mistrust VERB
desconfiar* de

misty ADJECTIVE
neblinoso ◇ *a misty morning* una mañana neblinosa

to misunderstand VERB
(misunderstood, misunderstood)
entender* mal ◇ *Sorry, I misunderstood you.* Lo siento, te entendí mal.

misunderstanding NOUN
el *malentendido*

misunderstood VERB see **misunderstand**

mix NOUN
(PL mixes)
see also mix VERB
la *mezcla* ◇ *The film is a mix of science fiction and comedy.* La película es una mezcla de ciencia ficción y comedia.
* **a cake mix** un preparado para pastel

to mix VERB
see also mix NOUN
mezclar ◇ *Mix the flour with the sugar.* Mezcle la harina con el azúcar. ◇ *He's mixing business with pleasure.* Está mezclando los negocios con el placer.
* **I like mixing with all sorts of people.** Me gusta tratar con todo tipo de gente.
* **He doesn't mix much.** No se relaciona mucho.

M

to **mix up** VERB
confundir ◇ *He mixed up their names.*
Confundió sus nombres. ◇ *The travel agent
mixed up the bookings.* La agencia de viajes
confundió las reservas.
+ **I'm getting mixed up.** Me estoy
confundiendo.
mixed ADJECTIVE
mixto ◇ *a mixed salad* una ensalada mixta
◇ *a mixed school* un colegio mixto
+ **I've got mixed feelings about it.** No sé qué
pensar de ello.
mixer NOUN
la *batidora* (for food)
mixture NOUN
la *mezcla* ◇ *a mixture of spices* una
mezcla de especias
mix-up NOUN
la *confusión* (PL las *confusiones*)
to **moan** VERB
quejarse ◇ *She's always moaning about
something.* Siempre se está quejando de algo.
mobile home NOUN
la *caravana fija*
mobile phone NOUN
el *teléfono portátil*
to **mock** VERB
see also mock ADJECTIVE
*ridiculizar**
mock ADJECTIVE
see also mock VERB
+ **a mock exam** un examen de práctica
mod cons PL NOUN
+ **with all mod cons** con todas las
comodidades
model NOUN
see also model ADJECTIVE
① el *modelo* ◇ *His car is the latest model.*
Su coche es el último modelo.
② la *maqueta* ◇ *a model of the castle* una
maqueta del castillo
③ el/la *modelo* ◇ *She's a famous model.*
Es una modelo famosa.
model ADJECTIVE
see also model NOUN
+ **a model railway** una vía férrea en miniatura
+ **a model plane** una maqueta de avión
+ **He's a model pupil.** Es un alumno modelo.
modem NOUN
el *módem* (PL los *módems*)
moderate ADJECTIVE
moderado ◇ *His views are quite moderate.*
Tiene opiniones bastante moderadas.
+ **I do a moderate amount of exercise.** Hago
un poco de gimnasia.
modern ADJECTIVE
moderno
to **modernize** VERB
*modernizar**
modest ADJECTIVE
modesto
to **modify** VERB
(**modified, modified**)

*modificar**
moist ADJECTIVE
húmedo ◇ *Sow the seeds in moist
compost.* Plantar las semillas en abono
húmedo.
moisture NOUN
la *humedad*
moisturizer NOUN
la *crema hidratante*
moldy ADJECTIVE US
mohoso
mole NOUN
① el *lunar* ◇ *I've got a mole on my back.*
Tengo un lunar en la espalda.
② el *topo* (animal)
moment NOUN
el *momento* ◇ *Just a moment!* ¡Un
momento! ◇ *at the moment* en este
momento ◇ *any moment now* de un
momento a otro
monarch NOUN
el/la *monarca*
monarchy NOUN
(PL **monarchies**)
la *monarquía*
monastery NOUN
(PL **monasteries**)
el *monasterio*
Monday NOUN
el *lunes* (PL los *lunes*) ◇ *I saw her on
Monday.* La vi el lunes. ◇ *every Monday*
todos los lunes ◇ *last Monday* el lunes
pasado ◇ *next Monday* el lunes que viene
◇ *on Mondays* los lunes
money NOUN
el *dinero* ◇ *I need to change some money.*
Tengo que cambiar dinero. ◇ *to make money*
ganar dinero
mongrel NOUN
el *perro mestizo*
+ **My dog's a mongrel.** Mi perro es mestizo.
monitor NOUN
el *monitor* (on computer)
monk NOUN
el *monje*
monkey NOUN
el *mono*
la *mona*
monster NOUN
el *monstruo*
month NOUN
el *mes* ◇ *this month* este mes ◇ *next month*
el mes que viene ◇ *last month* el mes pasado
◇ *at the end of the month* a fin de mes
monthly ADJECTIVE
mensual
monument NOUN
el *monumento*
mood NOUN
el *humor* ◇ *to be in a good mood* estar* de
buen humor ◇ *to be in a bad mood* estar* de
mal humor
moody ADJECTIVE

malhumorado (*in a bad mood*)
- **to be moody** tener* un humor cambiante (*temperamental*)

moon NOUN
la *luna* ◇ *There's a full moon tonight.* Esta noche hay luna llena.
- **She's over the moon about it.** Está en el séptimo cielo de contenta.

moor NOUN
see also **moor** VERB
el *páramo*

to **moor** VERB
see also **moor** NOUN
amarrar

mop NOUN
la *fregona*

moped NOUN
el *ciclomotor*

moral NOUN
la *moraleja* ◇ *the moral of the story is...* la moraleja de la historia es...
- **morals** la moral

morale NOUN
la *moral* ◇ *Morale was at an all-time low.* La moral estaba más baja que nunca.

more ADJECTIVE, PRONOUN, ADVERB
más ◇ *It costs a lot more.* Cuesta mucho más. ◇ *There isn't any more.* Ya no hay más. ◇ *A bit more?* ¿Un poco más? ◇ *Is there any more?* ¿Hay más? ◇ *It'll take a few more days.* Llevará unos cuantos días más.
- **more than** más que

Use **más que** *when comparing two things or people and* **más de** *when talking about quantities.*
◇ *He's more intelligent than me.* Es más inteligente que yo. ◇ *I spent more than £10.* Yo gasté más de 10 libras esterlinas. ◇ *more than 20 people* más de 20 personas
- **more or less** más o menos
- **more than ever** más que nunca
- **more and more** cada vez más

moreover ADVERB
además

morning NOUN
la *mañana* ◇ *in the morning* por la mañana ◇ *at 7 o'clock in the morning* a las 7 de la mañana ◇ *on Saturday morning* el sábado por la mañana ◇ *tomorrow morning* mañana por la mañana
- **the morning papers** los periódicos de la mañana

Morocco NOUN
Marruecos MASC

mortgage NOUN
la *hipoteca*

Moscow NOUN
Moscú MASC

Moslem NOUN
el *musulmán* (PL los *musulmanes*)
la *musulmana*
◇ *He's a Moslem.* Es musulmán.

mosque NOUN
la *mezquita*

mosquito NOUN

(PL **mosquitoes**)
el *mosquito*
- **a mosquito bite** una picadura de mosquito

most ADJECTIVE, PRONOUN, ADVERB
más ◇ *the thing she feared most* lo que más temía ◇ *He's the one who talks the most.* Es el que más habla. ◇ *the most expensive restaurant* el restaurante más caro
- **most of** la mayor parte de ◇ *most of the time* la mayor parte del tiempo ◇ *I did most of the work alone.* Hice la mayor parte del trabajo solo.
- **most of them** la mayoría ◇ *Most of them have cars.* La mayoría tienen coches. ◇ *Most people go out on Friday nights.* La mayoría de la gente sale los viernes por la noche.
- **He won the most votes.** Fue el que sacó más votos.
- **at the most** como mucho ◇ *two hours at the most* dos horas como mucho
- **to make the most of something** aprovechar algo al máximo ◇ *He made the most of his holiday.* Aprovechó sus vacaciones al máximo.

mostly ADVERB
- **The teachers are mostly quite nice.** La mayoría de los profesores son bastante simpáticos.

moth NOUN
[1] la *mariposa nocturna*
[2] la *polilla* (*clothes moth*)

mother NOUN
la *madre*
- **my mother and father** mis padres
- **mother tongue** la lengua materna

mother-in-law NOUN
(PL **mothers-in-law**)
la *suegra*

Mother's Day NOUN
el *Día de la Madre*

motionless ADJECTIVE
inmóvil

motivated ADJECTIVE
- **He is highly motivated.** Está muy motivado.

motivation NOUN
la *motivación* (PL las *motivaciones*)

motive NOUN
[1] el *motivo* ◇ *the motive for the killing* el motivo del homicidio
[2] la *intención* (PL las *intenciones*) ◇ *for the best of motives* con la mejor de las intenciones

motor NOUN
el *motor*

motorbike NOUN
la *moto*
Although **moto** *ends in* **-o**, *it is actually a feminine noun.*

motorboat NOUN
la *lancha motora*

motorcycle NOUN
la *motocicleta*

motorcyclist NOUN
el/la *motociclista*

M

motorist NOUN
el *conductor*
la *conductora*

motor mechanic NOUN
el *mecánico*
la *mecánica*

motor racing NOUN
las *carreras de coches*

motorway NOUN
la *autopista* ◇ *I had an accident on the motorway.* Tuve un accidente en la autopista.

mouldy ADJECTIVE
mohoso

mountain NOUN
la *montaña* ◇ *in the mountains* en la montaña
→ **a mountain bike** una bicicleta de montaña

mountaineer NOUN
el/la *alpinista*

mountaineering NOUN
el *alpinismo* ◇ *I go mountaineering.* Hago alpinismo.

mountainous ADJECTIVE
montañoso

mouse NOUN
(PL **mice**)
el *ratón* (also for computer) (PL los *ratones*)

mousse NOUN
[1] la *mousse* ◇ *chocolate mousse* la mousse de chocolate
[2] la *espuma* (for hair)

moustache NOUN
el *bigote* ◇ *He's got a moustache.* Tiene bigote.

mouth NOUN
la *boca*

mouthful NOUN
[1] el *bocado* (of food)
[2] el *trago* (of drink)

mouth organ NOUN
la *armónica*

mouthwash NOUN
el *elixir bucal*

move NOUN
see also move VERB
[1] el *paso* ◇ *That was a good move!* ¡Ese fue un paso bien dado!
→ **It's your move.** Te toca jugar.
[2] la *mudanza* ◇ *our move from Oxford to Luton* nuestra mudanza de Oxford a Luton
→ **Get a move on!** ¡Date prisa!

to **move** VERB
see also move NOUN
[1] *moverse** ◇ *Don't move!* ¡No te muevas!
[2] *mover** ◇ *He can't move his arm.* No puede mover el brazo.
→ **Could you move your stuff please?**
¿Podrías quitar tus cosas de aquí, por favor?
[3] *avanzar** ◇ *The car was moving very slowly.* El coche avanzaba muy lentamente.
[4] *conmover** ◇ *I was very moved by the film.* La película me conmovió mucho.

→ **to move house** mudarse de casa ◇ *We're moving in July.* Nos mudamos en julio.

to **move forward** VERB
*avanzar**

to **move in** VERB
→ **When are the new tenants moving in?**
¿Cuándo vienen los nuevos inquilinos?

to **move over** VERB
correrse ◇ *Could you move over a bit, please?* ¿Te podrías correr un poco, por favor?

movement NOUN
el *movimiento*

movie NOUN
la *película*
→ **the movies** el cine

moving ADJECTIVE
[1] *en movimiento* ◇ *a moving bus* un autobús en movimiento
[2] *conmovedor* (FEM *conmovedora*) ◇ *a moving story* una historia conmovedora

to **mow** VERB
(**mowed**, **mowed** or **mown**)
cortar ◇ *I sometimes mow the lawn.* A veces corto el césped.

mower NOUN
el *cortacésped*

mown VERB see mow

MP ABBREVIATION
el *diputado*
la *diputada*

Mr ABBREVIATION
[1] *señor* MASC ◇ *Mr Jones wants to see you.* El señor Jones quiere verte.
[2] *Sr.* (in address)

Mrs ABBREVIATION
[1] *señora* FEM ◇ *Mrs Philips wants to see you.* La señora Philips quiere verte.
[2] *Sra.* (in address)

Ms ABBREVIATION
[1] *señora* FEM ◇ *Ms Brown wants to see you.* La señora Brown quiere verte.
[2] *Sra.* (in address)
There isn't a direct equivalent of **Ms** *in Spanish. If you are writing to a woman and don't know whether she is married, use* **Señora**.

much ADJECTIVE, PRONOUN, ADVERB
mucho ◇ *I feel much better now.* Ahora me siento mucho mejor. ◇ *I haven't got much money.* No tengo mucho dinero. ◇ *Have you got a lot of luggage? – No, not much.* ¿Tienes mucho equipaje? – No, no mucho.
→ **very much** mucho ◇ *I enjoyed myself very much.* Me divertí mucho.
→ **Thank you very much.** Muchas gracias.
→ **How much?** ¿cuánto? ◇ *How much time have you got?* ¿Cuánto tiempo tienes? ◇ *How much is it?* ¿Cuánto es?
→ **too much** demasiado ◇ *That's too much!* ¡Eso es demasiado! ◇ *They give us too much homework.* Nos ponen* demasiados deberes.
→ **so much** tanto ◇ *I didn't think it would cost so much.* No pensé* que costaría tanto.

○ *I've never seen so much rain.* Nunca había visto tanta lluvia.
▪ **What's on TV? – Not much.** ¿Qué ponen* en la tele? – Nada especial.

mud NOUN
el *barro*

muddle NOUN
▪ **to be in a muddle** estar* todo revuelto
○ *The photos are in a muddle.* Las fotos están* todas revueltas.

to **muddle up** VERB
confundir ○ *He muddles me up with my sister.* Me confunde con mi hermana.
▪ **to get muddled up** hacerse* un lío (*informal*)
○ *I'm getting muddled up.* Me estoy haciendo un lío.

muddy ADJECTIVE
lleno de barro

muesli NOUN
el *muesli*

mug NOUN
see also **mug** VERB
la *taza alta* ○ *Do you want a cup or a mug?* ¿Quieres una taza normal o una taza alta?
▪ **a beer mug** una jarra de cerveza

to **mug** VERB
see also **mug** NOUN
*atracar** ○ *He was mugged in the city centre.* Lo atracaron en el centro de la ciudad.

mugger NOUN
el *atracador*
la *atracadora*

mugging NOUN
el *atraco*

muggy ADJECTIVE
▪ **It's muggy today.** Hoy hace bochorno.

multiple sclerosis NOUN
la *esclerosis múltiple* ○ *She's got multiple sclerosis.* Tiene esclerosis múltiple.

to **multiply** VERB
(multiplied, multiplied)
*multiplicar** ○ *to multiply six by three* multiplicar seis por tres

multi-storey car park NOUN
el *aparcamiento de varias plantas*

mum NOUN
mamá FEM ○ *I'll ask Mum.* Le preguntaré a mamá. ○ *my mum* mi mamá

mummy NOUN
(PL **mummies**)
1 *mamá* FEM ○ *Mummy says I can go.* Mamá dice que puedo ir.
2 la *momia* (*Egyptian*)

mumps NOUN
las *paperas* ○ *My brother's got mumps.* Mi hermano tiene paperas.

murder NOUN
see also **murder** VERB
el *asesinato*

to **murder** VERB
see also **murder** NOUN
asesinar ○ *He was murdered.* Fue asesinado.

murderer NOUN
el *asesino*
la *asesina*

muscle NOUN
el *músculo*

muscular ADJECTIVE
musculoso ○ *He's got muscular legs.* Tiene piernas musculosas.

museum NOUN
el *museo*

mushroom NOUN
el *champiñón* (PL los *champiñones*)

music NOUN
la *música*

musical ADJECTIVE
musical
▪ **I'm not musical.** No tengo aptitudes para la música.

musical NOUN
el *musical*

music centre NOUN
el *equipo de música*

musician NOUN
el *músico*
la *música*
○ *He's a musician.* Es músico.

Muslim NOUN
el *musulmán* (PL *musulmanes*)
la *musulmana*
○ *She's a Muslim.* Es musulmana.

mussel NOUN
el *mejillón* (PL los *mejillones*)

must VERB
1 *tener* que* (it's necessary) ○ *I must do it.* Tengo que hacerlo. ○ *I must buy some presents.* Tengo que comprar unos regalos.
○ *I really must go now.* De verdad que me tengo que ir ya. ○ *You must come again next year.* Tienes que volver el año que viene.
▪ **You mustn't forget to send her a card.** No te vayas a olvidar de mandarle una tarjeta.
2 *deber de* (I suppose) ○ *There must be some problem.* Debe de haber algún problema. ○ *You must be tired.* Debes de estar cansada.

mustard NOUN
la *mostaza*

mustn't VERB = **must not**

to **mutter** VERB
mascullar

mutual ADJECTIVE
mutuo ○ *The feeling was mutual.* El sentimiento era mutuo.
▪ **a mutual friend** un amigo común

my ADJECTIVE
mi (PL *mis*) ○ *my father* mi padre ○ *my house* mi casa ○ *my two best friends* mis dos mejores amigos ○ *my sisters* mis hermanas

My is usually translated by the definite article **el/ los** *or* **la/las** *when it's clear from the sentence who the possessor is or when referring to clothing or parts of the body.*
○ *They stole my car.* Me robaron el coche.

M

○ *I took off my coat.* Me quité el abrigo.
○ *I'm washing my hair.* Me estoy lavando la cabeza.

myself PRONOUN
  [1] *me* (*reflexive*)   ○ *I've hurt myself.* Me he hecho daño.
  [2] *mí mismo* (*after preposition*) (FEM *mí misma*)   ○ *I talked mainly about myself.* Hablé principalmente de mí mismo.
+ **a beginner like myself** un principiante como yo
  [3] *yo mismo* (*for emphasis*) (FEM *yo misma*)   ○ *I made it myself.* Lo hice yo misma.

+ **by myself** solo (FEM *sola*)   ○ *I don't like travelling by myself.* No me gusta viajar solo.

mysterious ADJECTIVE
  misterioso

mystery NOUN
  (PL **mysteries**)
  el *misterio*
+ **a murder mystery** una novela policíaca

myth NOUN
  el *mito*   ○ *a Greek myth* un mito griego
  ○ *That's a myth.* Eso es un mito. (*untrue story*)

mythology NOUN
  la *mitología*

N

naff ADJECTIVE
  hortera

to **nag** VERB
  dar* la lata   ○ *She's always nagging me.* Siempre me está dando la lata.

nail NOUN
  [1] la *uña*   ○ *She bites her nails.* Se muerde las uñas.
  [2] el *clavo* (*made of metal*)

nailbrush NOUN
  (PL **nailbrushes**)
  el *cepillo de uñas*

nailfile NOUN
  la *lima para las uñas*

nail scissors PL NOUN
  las *tijeras para las uñas*

nail varnish NOUN
  (PL **nail varnishes**)
  el *esmalte de uñas*
+ **nail varnish remover** el quitaesmaltes

naked ADJECTIVE
  desnudo

name NOUN
  el *nombre*
+ **What's your name?** ¿Cómo te llamas?

nanny NOUN
  (PL **nannies**)
  la *niñera* (*nursemaid*)

nap NOUN
  la *siesta*   ○ *She likes to have a nap in the afternoon.* Le gusta echarse una siesta por la tarde.

napkin NOUN
  la *servilleta*

nappy NOUN
  (PL **nappies**)
  el *pañal*

narrow ADJECTIVE
  estrecho

narrow-minded ADJECTIVE
  estrecho de miras

nasty ADJECTIVE
  [1] *malo*
  Use **mal** before a masculine singular noun.
  ○ *Don't be nasty.* No seas malo. ○ *What nasty weather!* ¡Qué tiempo más malo!
  [2] *desagradable*   ○ *a nasty smell* un olor desagradable
+ **He gave me a nasty look.** Me miró de mala manera.

nation NOUN
  la *nación* (PL las *naciones*)

national ADJECTIVE
  nacional

national anthem NOUN
  el *himno nacional*

National Health Service NOUN
  el *servicio sanitario de la Seguridad Social*

nationalism NOUN
  el *nacionalismo*

nationalist NOUN
  el/la *nacionalista*

nationality NOUN
  (PL **nationalities**)
  la *nacionalidad*

national park NOUN
  el *parque nacional*

native ADJECTIVE
  natal   ○ *my native country* mi país natal
+ **his native language** su lengua materna

natural ADJECTIVE
  natural   ○ *Helping him seemed the natural thing to do.* Ayudarlo parecía lo más natural.

naturalist NOUN
  el/la *naturalista*

naturally ADVERB
  naturalmente   ○ *Naturally, we were very disappointed.* Naturalmente, estábamos muy decepcionados.

nature NOUN
  la *naturaleza*   ○ *the wonders of nature* las maravillas de la naturaleza
+ **It's not in his nature to behave like that.**

Comportarse así no es propio de él.

naughty ADJECTIVE
travieso ⋄ *Naughty girl!* ¡Qué traviesa!

navy NOUN
(PL **navies**)
la *armada* ⋄ *He's in the navy.* Está en la armada.

navy-blue ADJECTIVE
azul marino MASC, FEM, PL ⋄ *a navy-blue skirt* una falda azul marino

near ADJECTIVE
see also **near** PREPOSITION, ADVERB
[1] *cerca* ⋄ *It's fairly near.* Está bastante cerca. ⋄ *My house is near enough to walk.* Mi casa está muy cerca, se puede ir andando.
[2] *cercano* ⋄ *Where's the nearest service station?* ¿Dónde está la gasolinera más cercana?
◆ **in the near future** en un futuro cercano

near PREPOSITION, ADVERB
see also **near** ADJECTIVE
[1] *cerca* ⋄ *Is there a bank near here?* ¿Hay algún banco por aquí cerca?
[2] *cerca de* ⋄ *I live near Liverpool.* Vivo cerca de Liverpool.
◆ **near to** cerca de ⋄ *It's very near to the school.* Está muy cerca del colegio.

nearby ADJECTIVE
see also **nearby** ADVERB
cercano ⋄ *a nearby village* un pueblo cercano

nearby ADVERB
see also **nearby** ADJECTIVE
cerca ⋄ *There's a supermarket nearby.* Hay un supermercado cerca.

nearly ADVERB
casi ⋄ *Dinner's nearly ready.* La cena está casi lista. ⋄ *I'm nearly fifteen.* Tengo casi quince años.
◆ **I nearly missed the train.** Por poco pierdo el tren.

neat ADJECTIVE
ordenado ⋄ *My flatmate's not very neat.* Mi compañero de piso no es muy ordenado.
◆ **He always looks very neat.** Siempre está muy pulcro.

neatly ADVERB
◆ **neatly folded** cuidadosamente doblado
◆ **neatly dressed** bien vestido

necessarily ADVERB
◆ **not necessarily** no necesariamente

necessary ADJECTIVE
necesario

necessity NOUN
(PL **necessities**)
la *necesidad* ⋄ *A car is a necessity, not a luxury.* Un coche es una necesidad, no un lujo.

neck NOUN
el *cuello* ⋄ *a V-neck sweater* un jersey de cuello en pico
◆ **She had a stiff neck.** Tenía tortícolis.
◆ **the back of your neck** la nuca

necklace NOUN
el *collar*

to **need** VERB
see also **need** NOUN
necesitar ⋄ *I need a bigger size.* Necesito una talla más grande. ⋄ *I need to change some money.* Necesito cambiar dinero.
◆ **You don't need to go.** No tienes por qué ir.

need NOUN
see also **need** VERB
◆ **There's no need to book.** No hace falta hacer reserva.

hace falta que has to be followed by a verb in the subjunctive.

⋄ *There's no need for you to do that.* No hace falta que hagas eso.

needle NOUN
la *aguja*

negative NOUN
see also **negative** ADJECTIVE
el *negativo* (photo)

negative ADJECTIVE
see also **negative** NOUN
negativo ⋄ *He's got a very negative attitude.* Tiene una actitud muy negativa.

neglected ADJECTIVE
abandonado ⋄ *The garden is neglected.* El jardín está abandonado.

to **negotiate** VERB
negociar

negotiations PL NOUN
las *negociaciones*

neighbour NOUN
(US **neighbor**)
el *vecino*
la *vecina*

neighbourhood NOUN
(US **neighborhood**)
el *barrio*

neither ADJECTIVE, CONJUNCTION, PRONOUN
[1] *ninguno de los dos* (FEM *ninguna de las dos*) ⋄ *Carrots or peas? – Neither, thanks.* ¿Zanahorias o guisantes? – Ninguno de los dos, gracias. ⋄ *Neither of them is coming.* No viene ninguno de los dos. ⋄ *Neither woman looked happy.* Ninguna de las dos parecía contenta.
[2] *tampoco* ⋄ *I don't like him. – Neither do I!* No me cae bien. – ¡A mí tampoco! ⋄ *I've never been to Spain. – Neither have we.* No he estado nunca en España. – Nosotros tampoco.
◆ **neither...nor...** ni...ni... ⋄ *Neither Sarah nor Tamsin is coming to the party.* No vienen ni Sarah ni Tamsin a la fiesta.

neon NOUN
el *neón* ⋄ *a neon light* una lámpara de neón

nephew NOUN
el *sobrino*

nerve NOUN
el *nervio* ⋄ *That noise really gets on my nerves.* Ese ruido me pone los nervios de punta.
◆ **He's got a nerve!** ¡Qué cara tiene!

N

◆ **I wouldn't have the nerve to do that!** ¡Yo no me atrevería a hacer eso!

nerve-racking ADJECTIVE
angustioso

nervous ADJECTIVE
nervioso ◇ *I bite my nails when I'm nervous.* Cuando estoy nervioso me muerdo las uñas. ◇ *I'm a bit nervous about the exams.* Estoy un poco nervioso por los exámenes.

nest NOUN
el *nido*

net NOUN
la *red* ◇ *a fishing net* una red de pesca

netball NOUN
Netball *es un deporte parecido al baloncesto, que juegan especialmente las niñas en los colegios.*

Netherlands PL NOUN
◆ **the Netherlands** los Países Bajos

network NOUN
la *red*

neurotic ADJECTIVE
neurótico

never ADVERB
nunca ◇ *Have you ever been to Argentina?–No, never.* ¿Has estado alguna vez en Argentina?–No, nunca. ◇ *Never leave valuables in your car.* No dejen nunca objetos de valor en el coche.
When **nunca** *comes before the verb in Spanish it is not necessary to use* no *as well.*
◇ *I never believed him.* Yo nunca le creí.

◆ **Never again!** ¡Nunca más!
◆ **Never, ever do that again!** ¡No vuelvas a hacer eso nunca jamás!
◆ **Never mind.** No importa.

new ADJECTIVE
nuevo ◇ *her new boyfriend* su nuevo novio

newborn ADJECTIVE
◆ **a newborn baby** un bebé recién nacido

newcomer NOUN
◆ **They were newcomers to the area.** Eran nuevos en la zona.

news NOUN
[1] las *noticias* ◇ *good news* buenas noticias ◇ *I watch the news every evening.* Veo las noticias todas las noches.
◆ **It was nice to have your news.** Me dio alegría saber de ti.
[2] la *noticia* ◇ *That's wonderful news!* ¡Qué buena noticia!
◆ **an interesting piece of news** una noticia interesante

newsagent NOUN
la *tienda de periódicos*
En Gran Bretaña, los **newsagents** *son tiendas en las que se venden periódicos y revistas; y también dulces, cigarrillos y productos de papelería.*

newspaper NOUN
el *periódico*

newsreader NOUN
[1] (*on TV*)
el *presentador*

la *presentadora*
[2] (*on radio*)
el *locutor*
la *locutora*

New Year NOUN
el *Año Nuevo* ◇ *to celebrate New Year* celebrar el Año Nuevo
◆ **Happy New Year!** ¡Feliz Año Nuevo!
◆ **New Year's Day** el día de Año Nuevo
◆ **New Year's Eve** Nochevieja
◆ **a New Year's Eve party** una fiesta de Fin de Año

New Zealand NOUN
Nueva Zelanda FEM

New Zealander NOUN
el *neozelandés* (PL los *neozelandeses*)
la *neozelandesa*

next ADJECTIVE, ADVERB, PREPOSITION
[1] *próximo* ◇ *next Saturday* el próximo sábado ◇ *the next time I see you* la próxima vez que te vea
[2] *siguiente* ◇ *Next please!* ¡El siguiente, por favor! ◇ *The next day we visited Gerona.* Al día siguiente visitamos Gerona.
[3] *luego* ◇ *What did you do next?* ¿Qué hiciste luego?
◆ **next to** al lado de ◇ *next to the bank* al lado del banco
◆ **next door** al lado ◇ *They live next door.* Viven al lado.
◆ **the next-door neighbours** los vecinos de al lado
◆ **the next room** la habitación de al lado

NHS ABBREVIATION (= *National Health Service*)
el *servicio sanitario de la Seguridad Social*

nice ADJECTIVE
[1] *simpático* (*friendly*) ◇ *Your parents are very nice.* Tus padres son muy simpáticos.
[2] *amable* (*kind*) ◇ *She was always very nice to me.* Siempre fue muy amable conmigo. ◇ *It was nice of you to remember my birthday.* Fue muy amable de tu parte que te acordaras de mi cumpleaños.
[3] *bonito* (*pretty*) ◇ *That's a nice dress!* ¡Qué vestido más bonito! ◇ *Segovia is a nice town.* Segovia es una ciudad bonita.
[4] *bueno* (*good*)
Use **buen** *before a masculine singular noun.*
◇ *nice weather* buen tiempo ◇ *It's a nice day.* Hace buen día. ◇ *This paella is very nice.* Esta paella está muy buena. ◇ *a nice cup of coffee* una buena taza de café
◆ **Have a nice time!** ¡Que te diviertas!

nickname NOUN
el *apodo*

niece NOUN
la *sobrina*

night NOUN
la *noche* ◇ *I want a single room for two nights.* Quiero una habitación individual para dos noches.
◆ **at night** por la noche

- **Good night!** ¡Buenas noches!
- **last night** anoche ◇ *We went to a party last night.* Anoche fuimos a una fiesta.

night club NOUN
la *sala de fiestas*

nightdress NOUN
el *camisón* (PL los *camisones*)

nightie NOUN
el *camisón* (PL los *camisones*)

nightlife NOUN
la *vida nocturna* ◇ *There's plenty of nightlife in Madrid.* Hay mucha vida nocturna en Madrid.

nightmare NOUN
la *pesadilla* ◇ *to have nightmares* tener* pesadillas ◇ *The whole trip was a nightmare.* El viaje entero fue una pesadilla.

nightshift NOUN
el *turno de noche*

nil NOUN
el *cero* ◇ *We won one-nil.* Ganamos uno a cero.

nine NUMERAL
nueve
- **She's nine.** Tiene nueve años.

nineteen NUMERAL
diecinueve
- **She's nineteen.** Tiene diecinueve años.

ninety NUMERAL
noventa ◇ *He's ninety.* Tiene noventa años.

ninth ADJECTIVE
noveno ◇ *on the ninth floor* en el noveno piso
- **on 9th August** el 9 de agosto

no ADVERB, ADJECTIVE
no ◇ *Are you coming? – No.* ¿Vienes? – No. ◇ *Would you like some more? – No thank you.* ¿Quieres un poco más? – No, gracias. ◇ *There's no hot water.* No hay agua caliente.
- **I've got no idea.** No tengo ni idea.
- **I have no questions.** No tengo ninguna pregunta.
- **No way!** ¡Ni hablar!
- **"no smoking"** "prohibido fumar"

nobody PRONOUN
nadie ◇ *Who's going with you? – Nobody.* ¿Quién va contigo? – Nadie. ◇ *There was nobody in the office.* No había nadie en la oficina..
- **I've got nobody to play with.** No tengo a nadie con quien jugar.

When nobody *goes before a verb in English it can be translated by either* **nadie...** *or* **no...nadie.**
◇ *Nobody likes him.* No le cae bien a nadie.
◇ *Nobody saw me.* Nadie me vio.

to **nod** VERB
[1] *asentir* con la cabeza (in agreement)
[2] *saludar con la cabeza* (as greeting)

noise NOUN
el *ruido*
- **to make a noise** hacer* ruido

noisy ADJECTIVE
ruidoso ◇ *the noisiest city in the world* la ciudad más ruidosa del mundo
- **It's very noisy here.** Hay mucho ruido aquí.

to **nominate** VERB
nombrar ◇ *She was nominated for the post.* La nombraron para el cargo.
- **He was nominated for an Oscar.** Le nominaron para un Oscar.

none PRONOUN

When none *refers to something you can count, such as sisters or friends, Spanish uses* **ninguno** *with a singular verb. When it refers to something you cannot count, such as wine, Spanish uses* **nada.**

[1] *ninguno* (FEM *ninguna*) ◇ *How many sisters have you got? – None.* ¿Cuántas hermanas tienes? – Ninguna. ◇ *None of my friends wanted to come.* Ninguno de mis amigos quiso venir. ◇ *There are none left.* No queda ninguno.
[2] *nada* ◇ *There's none left.* No queda nada.

nonsense NOUN
las *tonterías* PL ◇ *She talks a lot of nonsense.* Dice muchas tonterías.
- **Nonsense!** ¡Tonterías!

non-smoker NOUN
el *no fumador*
la *no fumadora*
- **He's a non-smoker.** No fuma.

non-smoking ADJECTIVE
- **a non-smoking area** un área reservada para no fumadores

Although it's a feminine noun, remember that you use **el** *and* **un** *with* **área.**

- **a non-smoking carriage** un vagón para no fumadores

non-stop ADJECTIVE, ADVERB
[1] *directo* ◇ *a non-stop flight* un vuelo directo
- **We flew non-stop.** Tomamos un vuelo directo.
[2] *sin parar* ◇ *He talks non-stop.* Habla sin parar.

noodles PL NOUN
los *fideos*

noon NOUN
las *doce del mediodía*
- **at noon** a las doce del mediodía

no one PRONOUN
nadie ◇ *Who's going with you? – No one.* ¿Quién va contigo? – Nadie. ◇ *There was no one in the office.* No había nadie en la oficina.
- **I've got no one to play with.** No tengo a nadie con quien jugar.

When nobody *goes before a verb in English it can be translated by either* **nadie...** *or* **no...nadie.**
◇ *No one likes him.* No le cae bien a nadie.
◇ *No one saw me.* Nadie me vio.

nor CONJUNCTION
tampoco ◇ *I didn't like the film. – Nor did I.* No me gustó la película. – A mí tampoco. ◇ *We haven't seen him. – Nor have we.* No lo hemos visto. – Nosotros tampoco.
- **neither...nor** ni...ni ◇ *neither the cinema*

N

nor the swimming pool ni el cine ni la piscina

normal ADJECTIVE
normal

normally ADVERB
[1] *normalmente* (*usually*) ◇ *I normally arrive at nine o'clock.* Normalmente llego a las nueve.
[2] *con normalidad* (*as normal*) ◇ *In spite of the strike, airports are working normally.* A pesar de la huelga, los aeropuertos funcionan con normalidad.

north NOUN
see also north ADJECTIVE, ADVERB
el *norte* ◇ *in the north of Spain* en el norte de España

north ADJECTIVE, ADVERB
see also north NOUN
[1] el *norte* ◇ *North London* el norte de Londres
[2] *hacia el norte* ◇ *We were travelling north.* Viajábamos hacia el norte.
• **north of** al norte de ◇ *It's north of London.* Está al norte de Londres.
• **the north coast** la costa septentrional

North America NOUN
América del Norte FEM

northbound ADJECTIVE
• **Northbound traffic is moving very slowly.** El tráfico en dirección norte se mueve muy despacio.

northeast NOUN
el *noreste*
• **in the northeast** al noreste

northern ADJECTIVE
del norte ◇ *Northern Europe* Europa del Norte
• **the northern part of the island** la zona norte de la isla

Northern Ireland NOUN
Irlanda del Norte FEM

North Pole NOUN
• **the North Pole** el Polo Norte

North Sea NOUN
• **the North Sea** el Mar del Norte

northwest NOUN
el *noroeste*
• **in the northwest** al noroeste

Norway NOUN
Noruega FEM

Norwegian ADJECTIVE
see also Norwegian NOUN
noruego

Norwegian NOUN
see also Norwegian ADJECTIVE
[1] (*person*)
el *noruego*
la *noruega*
◇ *the Norwegians* los noruegos
[2] (*language*)
el *noruego*

nose NOUN
la *nariz* (PL las *narices*)

nosebleed NOUN

• **I often get nosebleeds.** Me sangra la nariz a menudo.

nosy ADJECTIVE
fisgón (FEM *fisgona*)

not ADVERB
no ◇ *I'm not sure.* No estoy seguro. ◇ *Are you coming or not?* ¿Vienes o no? ◇ *Did you like it? – Not really.* ¿Te gustó? – No mucho.
• **Thank you very much. – Not at all.** Muchas gracias. – De nada.
• **not yet** todavía no ◇ *They haven't arrived yet.* Todavía no han llegado.

note NOUN
[1] la *nota* ◇ *I'll drop her a note.* Le dejaré una nota.
• **Remember to take notes.** Acuérdate de tomar apuntes.
• **to make a note of something** tomar nota de algo
[2] el *billete* ◇ *a five pound note* un billete de cinco libras

to **note down** VERB
anotar

notebook NOUN
el *cuaderno*

notepad NOUN
el *bloc de notas* (PL los *blocs de notas*)

notepaper NOUN
el *papel de cartas*

nothing NOUN
nada ◇ *What's wrong? – Nothing.* ¿Qué pasa? – Nada. ◇ *What are you doing tonight? – Nothing special.* ¿Qué haces esta noche? – Nada especial. ◇ *He does nothing.* No hace nada.
• **He does nothing but sleep.** No hace nada más que dormir.
• **There's nothing to do.** No hay nada que hacer.
When *nothing goes before a verb in English it can be translated by either* **nada...** *or* **no...nada**.
◇ *Nothing frightens him.* Nada lo asusta.
◇ *Nothing will happen.* No pasará nada.

notice NOUN
see also notice VERB
[1] el *letrero* (*physical object*) ◇ *There was a notice outside the house.* Había un letrero fuera de la casa.
[2] el *aviso* (*information*) ◇ *There's a notice on the board about the trip.* Hay un aviso en el tablón sobre el viaje.
• **a warning notice** un aviso
• **He was transferred without notice.** Lo trasladaron sin previo aviso.
• **until further notice** hasta nuevo aviso
• **Don't take any notice of him!** ¡No le hagas caso!

to **notice** VERB
see also notice NOUN
• **to notice something** darse* cuenta de algo
◇ *Don't worry. He won't notice the mistake.* No te preocupes. No se dará cuenta del error.

notice board NOUN

el *tablón de anuncios* (PL los *tablones de anuncios*)

nought NOUN
cero MASC

noun NOUN
el *nombre*

novel NOUN
la *novela*

novelist NOUN
el/la *novelista*

November NOUN
noviembre MASC ◇ *in November* en noviembre ◇ *on 7th November* el 7 de noviembre

now ADVERB
ahora ◇ *What are you doing now?* ¿Qué haces ahora?
◆ **just now** en este momento ◇ *I'm rather busy just now.* En este momento estoy muy ocupado.
◆ **I did it just now.** Lo acabo de hacer*.
◆ **It should be ready by now.** Ya debería estar listo.
◆ **from now on** de ahora en adelante
◆ **now and then** de vez en cuando

nowhere ADVERB
a ninguna parte ◇ *Where are you going for your holidays? – Nowhere.* ¿Adónde vas en vacaciones? – A ninguna parte.
◆ **nowhere else** a ninguna otra parte ◇ *You can go to the shops but nowhere else.* Puedes ir a las tiendas pero a ninguna otra parte.
◆ **The children were nowhere to be seen.** No se podía ver a los niños por ninguna parte.
◆ **There was nowhere to play.** No se podía jugar en ninguna parte.

nuclear ADJECTIVE
nuclear ◇ *nuclear power* la energía nuclear

nude NOUN
see also nude ADJECTIVE
◆ **in the nude** desnudo

nude ADJECTIVE
see also nude NOUN
desnudo

nudist NOUN
el/la *nudista*

nuisance NOUN
fastidio ◇ *It's a nuisance having to clean the car.* Es un fastidio tener que limpiar el coche.
◆ **Sorry to be a nuisance.** Siento molestarle.
◆ **You're a nuisance!** ¡Eres un pesado!

numb ADJECTIVE
◆ **numb with cold** helado de frío

number NOUN
el *número* ◇ *I can't read the second number.* No puedo leer el segundo número.
◇ *They live at number five.* Viven en el número cinco. ◇ *You've got the wrong number.* Se ha equivocado de número.
◆ **a large number of people** un gran número de gente
◆ **What's your number?** (*telephone*) ¿Cuál es tu teléfono?

number plate NOUN
la *matrícula*

nun NOUN
la *monja*

nurse NOUN
el *enfermero*
la *enfermera*
◆ **She's a nurse.** Es enfermera.

nursery NOUN
(PL **nurseries**)
1 la *guardería infantil* (*for children*)
2 el *vivero* (*for plants*)

nursery school NOUN
el *preescolar*

nursery slope NOUN
la *pista para principiantes*

nut NOUN
1 la *almendra* (*almond*)
2 el *cacahuete* (*peanut*)
3 la *avellana* (*hazelnut*)
4 la *nuez* (*walnut*) (PL las *nueces*)
◆ **I don't like nuts.** No me gustan los frutos secos.
5 la *tuerca* (*made of metal*)

nutmeg NOUN
la *nuez moscada*

nutritious ADJECTIVE
nutritivo

nuts ADJECTIVE
◆ **He's nuts.** Está chiflado. (*informal*)

nutter NOUN
◆ **He's a nutter.** Es un chiflado. (*informal*)

nylon NOUN
nylon

N

O

oak NOUN
el *roble* ◇ *an oak barrel* un barril de roble

oar NOUN
el *remo*

oats PL NOUN
la *avena*

obedient ADJECTIVE
obediente

to **obey** VERB
obedecer*
* **to obey the rules** (*in game*) atenerse a las reglas del juego

object NOUN
el *objeto*

objection NOUN
la *objeción* (PL las *objeciones*) ◇ *There were no objections to the plan.* No hubo objeciones al plan.

objective NOUN
see also objective ADJECTIVE
el *objetivo*

objective ADJECTIVE
see also objective NOUN
objetivo

oblong ADJECTIVE
rectangular

oboe NOUN
el *oboe*

obscene ADJECTIVE
obsceno

observant ADJECTIVE
observador (FEM *observadora*)

to **observe** VERB
observar

obsessed ADJECTIVE
obsesionado ◇ *He's obsessed with trains.* Está obsesionado con los trenes.

obsession NOUN
la *obsesión* (PL las *obsesiones*) ◇ *Football's an obsession of mine.* El fútbol es una obsesión mía.

obsolete ADJECTIVE
obsoleto

obstacle NOUN
el *obstáculo*

obstinate ADJECTIVE
terco

to **obstruct** VERB
bloquear ◇ *A lorry was obstructing the traffic.* Un camión bloqueaba el tráfico.

to **obtain** VERB
obtener*

obvious ADJECTIVE
obvio

obviously ADVERB
claro ◇ *Do you want to pass the exam?–Obviously!* ¿Quieres aprobar el examen?–¡Claro! ◇ *It was obviously impossible.* Estaba claro que era imposible.
* **Obviously not!** ¡Claro que no!

occasion NOUN
la *ocasión* (PL las *ocasiones*) ◇ *a special occasion* una ocasión especial
* **on several occasions** en varias ocasiones

occasionally ADVERB
de vez en cuando

occupation NOUN
el *empleo*

to **occupy** VERB
(occupied, occupied)
ocupar ◇ *The toilet was occupied.* El lavabo estaba ocupado.

to **occur** VERB
ocurrir ◇ *The accident occurred yesterday.* El accidente ocurrió ayer.
* **It suddenly occurred to me that...** De repente se me ocurrió que...

ocean NOUN
el *océano*

o'clock ADVERB
* **at four o'clock** a las cuatro
* **It's one o'clock.** Es la una.
* **It's five o'clock.** Son las cinco.

October NOUN
octubre MASC ◇ *in October* en octubre
◇ *on 12 October* el 12 de octubre

octopus NOUN
(PL **octopuses**)
el *pulpo*

odd ADJECTIVE
[1] *raro* ◇ *That's odd!* ¡Qué raro!
[2] *impar* ◇ *an odd number* un número impar
* **odd socks** calcetines desparejados

of PREPOSITION
de ◇ *a boy of 10* un niño de 10 años ◇ *a kilo of oranges* un kilo de naranjas ◇ *It's made of wood.* Es de madera. ◇ *a glass of wine* un vaso de vino
de + el changes to del.
◇ *the wheels of the car* las ruedas del coche
* **There were three of us.** Éramos tres.
* **a friend of mine** un amigo mío
* **That's very kind of you.** Es muy amable de su parte.

off ADJECTIVE, ADVERB, PREPOSITION
For other expressions with off, see the verbs get, take, turn etc.
[1] *apagado* (*heater, light, TV*) ◇ *All the lights are off.* Todas las luces están apagadas.
[2] *cerrado* (*tap, gas*) ◇ *Are you sure the tap is off?* ¿Seguro que el grifo está cerrado?
[3] *cortado* (*milk*)
[4] *estropeado* (*meat*)
* **to be off sick** estar* ausente por enfermedad
* **a day off** un día libre ◇ *She took a day off work to go to the wedding.* Se tomó un día libre para ir* a la boda.
* **I've got tomorrow off.** Mañana tengo el día libre.

◆ She's off school today. Hoy no ha ido al colegio.

◆ I must be off now. Me tengo que ir ahora.

◆ I'm off. Me voy.

◆ The match is off. El partido se ha suspendido.

offence NOUN
(US **offense**)
el *delito* (crime)

offensive ADJECTIVE
ofensivo

offer NOUN
see also offer VERB
1 la *oferta* (of money, job)
2 el *ofrecimiento* (of help)

◆ There was a special offer on tapes. Las cintas estaban de oferta.

◆ offer VERB
see also offer NOUN
*ofrecer** ◇ He offered me a cigarette. Me ofreció un cigarrillo.

◆ He offered to help me. Se ofreció a ayudarme.

office NOUN
la *oficina*

◆ during office hours en horas de oficina

officer NOUN
el/la *oficial* (in the army)

◆ police officer el/la agente de policía

official ADJECTIVE
oficial

off-licence NOUN
la *tienda de bebidas alcohólicas*

off-peak ADJECTIVE

◆ off-peak calls llamadas de tarifa reducida

offside ADJECTIVE
fuera de juego

often ADVERB
a menudo ◇ It often rains. Llueve a menudo.

◆ How often do you go to the gym? ¿Cada cuánto vas al gimnasio?

oil NOUN
see also oil VERB
1 el *aceite* (for lubrication, cooking)
2 el *petróleo* (crude oil)

◆ an oil painting una pintura al óleo

◆ oil VERB
see also oil NOUN
engrasar

oil rig NOUN
la *plataforma petrolífera*

oil slick NOUN
la *marea negra*

ointment NOUN
la *pomada*

okay EXCLAMATION, ADVERB
1 *de acuerdo* (more formally) ◇ Your appointment's at six o'clock. – Okay. Su cita es a las seis. – De acuerdo.
2 *vale* (less formally) ◇ I'll meet you at six o'clock, okay? Te veré a las seis, ¿vale?

◆ Are you okay? ¿Estás bien?

◆ I'll do it tomorrow, if that's okay with you. Lo haré mañana, si te parece bien.

◆ The film was okay. La película no estuvo mal.

old ADJECTIVE
1 *viejo* ◇ an old house una casa vieja ◇ an old man un viejo
When talking about people it is more polite to use **anciano** instead of **viejo**.
◇ old people los ancianos
2 *antiguo* (former) ◇ my old English teacher mi antiguo profesor de inglés

◆ How old are you? ¿Cuántos años tienes?

◆ How old is the baby? ¿Cuánto tiempo tiene el bebé?

◆ a twenty-year-old woman una mujer de veinte años

◆ He's ten years old. Tiene diez años.

◆ older mayor ◇ my older brother mi hermano mayor ◇ my older sister mi hermana mayor ◇ She's two years older than me. Es dos años mayor que yo.

◆ I'm the oldest in the family. Soy el mayor de la familia.

old age pensioner NOUN
el/la *pensionista*

old-fashioned ADJECTIVE
anticuado ◇ My parents are rather old-fashioned. Mis padres son bastante anticuados.

olive NOUN
la *aceituna*

olive oil NOUN
el *aceite de oliva*

olive tree NOUN
el *olivo*

Olympic ADJECTIVE
olímpico

◆ the Olympics las Olimpiadas

omelette NOUN
la *tortilla francesa*

on PREPOSITION, ADVERB
see also on ADJECTIVE
There are several ways of translating on. Scan the examples to find one that is similar to what you want to say. For other expressions with on, see the verbs go, put, turn etc.
1 *en* ◇ on an island en una isla ◇ on the wall en la pared ◇ It's on Channel four. Lo dan en el Canal cuatro. ◇ on TV en la tele ◇ on the 2nd floor en el segundo piso ◇ I go to school on my bike. Voy al colegio en bicicleta. ◇ We went on the train. Fuimos en tren.
2 *sobre* (on top of, about) ◇ on the table sobre la mesa ◇ a book on Ghandi un libro sobre Ghandi
With days and dates, the definite article – **el**, **los** – is used in Spanish instead of a preposition.
◇ on Friday el viernes ◇ on Fridays los viernes ◇ on 20 June el 20 de junio

◆ on the left a la izquierda

◆ on holiday de vacaciones

◆ It's about 10 minutes on foot. Está a unos 10 minutos andando.

O

◆ **She was on antibiotics for a week.** Estuvo una semana tomando antibióticos.

◆ **The coffee is on the house.** Al café invita la casa.

◆ **The drinks are on me.** Invito yo.

◆ **What is he on about?** ¿De qué está hablando?

on ADJECTIVE

see also **on** PREPOSITION, ADVERB

[1] *encendido* (heater, light, TV) ◇ *I think I left the light on.* Me parece que he dejado la luz encendida.

[2] *abierto* (tap, gas) ◇ *Leave the tap on.* Deja el grifo abierto.

[3] *en marcha* ◇ *Is the dishwasher on?* ¿Está en marcha el lavavajillas?

◆ **What's on at the cinema?** ¿Qué echan en el cine?

◆ **Is the party still on?** ¿Todavía se va a hacer* la fiesta?

◆ **I've got a lot on this weekend.** Tengo mucho que hacer este fin de semana.

once ADVERB

una vez ◇ *once a week* una vez a la semana ◇ *once more* una vez más ◇ *I've been to Italy once before.* Ya he estado una vez en Italia.

◆ **Once upon a time...** Érase una vez...

◆ **once in a while** de vez en cuando

◆ **once and for all** de una vez por todas

◆ **at once** enseguida

one NUMERAL, PRONOUN

uno (FEM *una*)

Use *un* before a masculine noun.

◇ *I've got one brother and one sister.* Tengo un hermano y una hermana. ◇ *I need a smaller one.* Necesito uno más pequeño.

◆ **one by one** uno a uno

◆ **One never knows.** Nunca se sabe.

◆ **one another** unos a otros ◇ *They all looked at one another.* Se miraron todos unos a otros.

oneself PRONOUN

[1] *se* (reflexive) ◇ *to hurt oneself* hacerse* daño ◇ *to wash oneself* lavarse

[2] *uno mismo* (after preposition, for emphasis) (FEM *una misma*) ◇ *It's quicker to do it oneself.* Es más rápido si lo hace uno mismo.

one-way ADJECTIVE

◆ **a one-way street** una calle de sentido único

◆ **a one-way ticket** un billete de ida

onion NOUN

la *cebolla*

only ADVERB

see also **only** ADJECTIVE, CONJUNCTION

sólo ◇ *How much was it? – Only £10.* ¿Cuánto valía? – Sólo 10 libras. ◇ *We only want to stay for one night.* Sólo queremos quedarnos una noche. ◇ *It's only a game!* ¡Es sólo un juego!

only ADJECTIVE

see also **only** ADVERB, CONJUNCTION

único ◇ *She's an only child.* Es hija única.

◇ *Monday is the only day I'm free.* El lunes es el único día que tengo libre.

only CONJUNCTION

see also **only** ADJECTIVE, ADVERB

pero

◆ **I'd like the same sweater, only in black.** Quería el mismo jersey, pero en negro.

onwards ADVERB

en adelante ◇ *from July onwards* de julio en adelante

open ADJECTIVE

see also **open** VERB

abierto ◇ *The shop's open on Sunday mornings.* La tienda está abierta los domingos por la mañana.

◆ **Are you open tomorrow?** ¿Abre mañana?

◆ **in the open air** al aire libre

to **open** VERB

see also **open** ADJECTIVE

[1] *abrir** ◇ *What time do the shops open?* ¿A qué hora abren las tiendas? ◇ *Can I open the window?* ¿Puedo abrir la ventana?

[2] *abrirse** ◇ *The door opens automatically.* La puerta se abre automáticamente.

opening hours PL NOUN

el *horario de apertura*

opera NOUN

la *ópera*

to **operate** VERB

operar (machine)

◆ **to operate on someone** operar a alguien

operation NOUN

la *operación* (PL las *operaciones*)

◆ **I've never had an operation.** Nunca me han operado.

operator NOUN

el *operador*

la *operadora*

opinion NOUN

la *opinión* (PL las *opiniones*) ◇ *in my opinion* en mi opinión

◆ **What's your opinion?** ¿Tú qué opinas?

opinion poll NOUN

el *sondeo de opinión*

opponent NOUN

el *adversario*

la *adversaria*

opportunity NOUN

(PL **opportunities**)

la *oportunidad* ◇ *I've never had the opportunity to go to Spain.* No he tenido nunca la oportunidad de ir* a España.

opposed ADJECTIVE

◆ **to be opposed to something** oponerse a algo ◇ *I've always been opposed to violence.* Siempre me he opuesto a la violencia.

opposing ADJECTIVE

contrario ◇ *the opposing team* el equipo contrario

opposite ADJECTIVE, ADVERB, PREPOSITION

[1] *contrario* ◇ *It's in the opposite direction.*

Está en dirección contraria.

[2] *opuesto* ◇ *the opposite sex* el sexo opuesto

[3] *enfrente* ◇ *They live opposite.* Viven enfrente.

[4] *frente a* ◇ *the girl sitting opposite me* la chica sentada frente a mí

opposition NOUN
la *oposición* ◇ *There is a lot of opposition to the new law.* Hay una fuerte oposición a la nueva ley.

optician NOUN
el *óptico*
la *óptica*
- **He's gone to the optician's.** Ha ido a la óptica.

optimist NOUN
el/la *optimista*

optimistic ADJECTIVE
optimista

option NOUN
[1] la *opción* (PL las *opciones*) ◇ *I've got no option.* No tengo otra opción.
[2] la *asignatura optativa* (at school) ◇ *I'm doing geology as my option.* Tengo geología como asignatura optativa.

optional ADJECTIVE
[1] *optativo* (subject) ◇ *Biology was optional at my school.* La biología era optativa en mi colegio.
[2] *opcional* (feature) ◇ *Fog lights are available as optional extras.* Los faros antiniebla son opcionales.

or CONJUNCTION
[1] *o* ◇ *Would you like tea or coffee?* ¿Quieres té o café?
Use **u** *before words beginning with "o" or "ho".*
◇ *six or eight* seis u ocho ◇ *men or women* mujeres u hombres
- **Hurry up or you'll miss the bus.** Date prisa, que vas a perder* el autobús.
[2] *ni* ◇ *I don't eat meat or fish.* No como carne ni pescado. ◇ *She can't dance or sing.* No sabe bailar ni cantar.

oral ADJECTIVE
see also oral NOUN
oral ◇ *an oral exam* un examen oral

oral NOUN
see also oral ADJECTIVE
el *examen oral* (PL los *exámenes orales*)
◇ *I've got my Spanish oral soon.* Tengo el examen oral de español pronto.

orange NOUN
see also orange ADJECTIVE
la *naranja*
- **orange juice** el zumo de naranja

orange ADJECTIVE
see also orange NOUN
naranja MASC, FEM, PL

orchard NOUN
el *huerto*

orchestra NOUN
la *orquesta*

order NOUN

see also order VERB
[1] el *orden* (arrangement) ◇ *in alphabetical order* por orden alfabético
[2] la *orden* (command) (PL las *órdenes*)
◇ *to obey an order* obedecer* una orden
- **The waiter took our order.** El camarero tomó nota de lo que íbamos a comer.
- **in order to** para ◇ *He does it in order to earn money.* Lo hace para ganar dinero.
- **"out of order"** "averiado"

to **order** VERB
see also order NOUN
*pedir** ◇ *We ordered steak and chips.* Pedimos un filete con patatas fritas. ◇ *Are you ready to order?* ¿Han decidido qué van a pedir?

to **order about** VERB
dar órdenes a* ◇ *She was fed up with being ordered about.* Estaba harta de que le dieran órdenes.

ordinary ADJECTIVE
normal y corriente ◇ *He's an ordinary man.* Es un hombre normal y corriente. ◇ *an ordinary day* un día normal y corriente

organ NOUN
el *órgano* (instrument)

organic ADJECTIVE
biológico (fruit, vegetables)

organization NOUN
la *organización* (PL las *organizaciones*)

to **organize** VERB
*organizar**

origin NOUN
el *origen* (PL los *orígenes*)

original ADJECTIVE
original

originally ADVERB
al principio

Orkneys PL NOUN
- **the Orkneys** las Islas Órcadas

ornament NOUN
el *adorno*

orphan NOUN
el *huérfano*
la *huérfana*

ostrich NOUN
(PL ostriches)
el *avestruz* (PL los *avestruces*)

other ADJECTIVE, PRONOUN
otro (FEM otra) ◇ *Have you got these jeans in other colours?* ¿Tienen estos vaqueros en otros colores? ◇ *on the other side of the street* al otro lado de la calle
- **the other one** el otro (FEM la otra) ◇ *This one? – No, the other one.* ¿Éste? – No, el otro.
- **the others** los demás (FEM las demás)
◇ *The others are going but I'm not.* Los demás van, pero yo no.

otherwise ADVERB, CONJUNCTION
[1] *si no* (if not) ◇ *Note down the number, otherwise you'll forget it.* Apúntate el número, si no se te olvidará.
[2] *por lo demás* (in other ways) ◇ *I'm tired, but otherwise I'm fine.* Estoy cansado, pero

O

por lo demás estoy bien.

ought VERB

> To translate ought to *use the conditional tense of* **deber**.

◇ *I ought to phone my parents.* Debería llamar a mis padres. ◇ *You ought not to do that.* No deberías hacer* eso. ◇ *He ought to win.* Debería ganar.

> For ought to have *use the conditional tense of* **deber** *plus* **haber** *or the imperfect of* **deber**.

◇ *You ought to have warned me.* Me deberías haber avisado. ◇ *He ought to have known.* Debía saberlo.

ounce NOUN

la *onza*

> *In Spain measurements are in grams and kilograms. One ounce is about 28 grams.*

our ADJECTIVE

nuestro ◇ *our house* nuestra casa ◇ *Our neighbours are very nice.* Nuestros vecinos son muy simpáticos.

> Our *is usually translated by the definite article* **el/ los** *or* **la/las** *when it's clear from the sentence who the possessor is or when referring to clothing or parts of the body.*

◇ *We took off our coats.* Nos quitamos los abrigos. ◇ *They stole our car.* Nos robaron el coche.

ours PRONOUN

[1] *el nuestro* MASC (PL *los nuestros*)
◇ *Your car is much bigger than ours.* Vuestro coche es mucho más grande que el nuestro.
◇ *Our teachers are strict.–Ours are too.* Nuestros profesores son estrictos.–Los nuestros también.

[2] *la nuestra* FEM (PL *las nuestras*) ◇ *Your house is very different from ours.* Vuestra casa es muy distinta a la nuestra.

[3] *nuestro* MASC (PL *nuestros*) ◇ *Is this ours?* ¿Esto es nuestro? ◇ *a friend of ours* un amigo nuestro

[4] *nuestra* FEM (PL *nuestras*) ◇ *Sorry, that table is ours.* Disculpen, esa mesa es nuestra.
◇ *Isabel is a close friend of ours.* Isabel es muy amiga nuestra.

ourselves PRONOUN

[1] *nos* (*reflexive*) ◇ *We really enjoyed ourselves.* Nos divertimos mucho.

[2] *nosotros mismos* (*after preposition, for emphasis*) (FEM *nosotras mismas*) ◇ *Let's not talk about ourselves any more.* No hablemos más de nosotros mismos. ◇ *We built our garage ourselves.* Nos construimos el garaje nosotros mismos.

◆ **by ourselves** solos (FEM *solas*) ◇ *We prefer to be by ourselves.* Preferimos estar* solos.

out PREPOSITION, ADVERB

> see also **out** ADJECTIVE

> *There are several ways of translating* out*. Scan the examples to find one that is similar to what you want to say. For other expressions with* out, *see the verbs* go, put, turn *etc.*

fuera ◇ *It's cold out.* Fuera hace frío. ◇ *It's*

dark out there. Está oscuro ahí fuera.

◆ **She's out.** Ha salido.

◆ **She's out for the afternoon.** No estará en toda la tarde.

◆ **to go out** salir* ◇ *I'm going out tonight.* Voy a salir esta noche.

◆ **to go out with somebody** salir* con alguien ◇ *I've been going out with him for two months.* Llevo dos meses saliendo con él.

◆ **a night out with my friends** una noche por ahí con mis amigos

◆ **"way out"** "salida"

◆ **out of town** fuera de la ciudad ◇ *He lives out of town.* Vive fuera de la ciudad.

◆ **three kilometres out of town** a tres kilómetros de la ciudad

◆ **to take something out of your pocket** sacar* algo del bolsillo

◆ **out of curiosity** por curiosidad

◆ **We're out of milk.** Se nos ha acabado la leche.

◆ **in nine cases out of ten** en nueve de cada diez casos

out ADJECTIVE

> see also **out** PREPOSITION, ADVERB

[1] *apagado* (lights, fire) ◇ *All the lights are out.* Todas las luces están apagadas.

[2] *eliminado* (eliminated)

◆ **That's it, Liverpool are out.** Ya está, Liverpool queda eliminado.

◆ **The film is now out on video.** La película ya ha salido en vídeo.

outbreak NOUN

[1] la *epidemia* ◇ *a salmonella outbreak* una epidemia de salmonelosis

[2] el *comienzo* ◇ *the outbreak of war* el comienzo de la guerra

outcome NOUN

el *resultado*

outdoor ADJECTIVE

al aire libre ◇ *an outdoor swimming pool* una piscina al aire libre

outdoors ADVERB

al aire libre

outfit NOUN

el *traje* ◇ *a cowboy outfit* un traje de vaquero

outgoing ADJECTIVE

extrovertido

outing NOUN

la *excursión* (PL las *excursiones*) ◇ *to go on an outing* ir* de excursión

outline NOUN

[1] el *esquema* (summary)

> *Although* **esquema** *ends in* -a, *it is actually a masculine noun.*

◇ *This is an outline of the plan.* Aquí tienen un esquema del plan.

[2] el *contorno* (shape) ◇ *We could see the outline of the mountain.* Veíamos el contorno de la montaña.

outlook NOUN

[1] la *actitud* (attitude)

[2] las *perspectivas* (prospects)

outrageous ADJECTIVE
[1] *escandaloso* (behaviour)
[2] *exorbitante* (price)
[3] *extravagante* (clothes)

outset NOUN
+ at the outset al principio

outside NOUN, ADJECTIVE
see also outside PREPOSITION, ADVERB
[1] el *exterior* ◇ the outside of the house el exterior de la casa
[2] *exterior* ◇ the outside walls las paredes exteriores

outside PREPOSITION, ADVERB
see also outside NOUN, ADJECTIVE
[1] *fuera* ◇ It's very cold outside. Hace mucho frío fuera.
[2] *fuera de* ◇ outside the school fuera del colegio ◇ outside school hours fuera del horario escolar

outsize ADJECTIVE
+ outsize clothes ropa de tallas muy grandes

outskirts PL NOUN
las *afueras* ◇ on the outskirts of town en las afueras de la ciudad

outstanding ADJECTIVE
excepcional

oval ADJECTIVE
ovalado

oven NOUN
el *horno*

over ADJECTIVE, ADVERB, PREPOSITION
When something is located over something, use **encima de***. When there is movement over something, use* **por encima de***.*
[1] *encima de* ◇ There's a mirror over the washbasin. Encima del lavabo hay un espejo.
[2] *por encima de* ◇ The ball went over the wall. La pelota pasó por encima de la pared.
+ a bridge over the Thames un puente sobre el Támesis
[3] *más de* ◇ It's over 20 kilos. Pesa más de 20 kilos.
+ The temperature was over 30 degrees. La temperatura superaba los 30 grados.
[4] *durante* ◇ over the holidays durante las vacaciones ◇ over Christmas durante las Navidades
[5] *terminado*
+ I'll be happy when the exams are over. Estaré feliz cuando se hayan terminado los exámenes.
+ over here aquí
+ It's over there. Está por allí.
+ all over Scotland en toda Escocia
+ The shop is over the road. La tienda está al otro lado de la calle.
+ I spilled coffee over my shirt. Me manché la camisa de café.

overall ADJECTIVE
see also overall ADVERB
general ◇ What was your overall impression? ¿Cuál fue tu impresión general?

overall ADVERB
see also overall ADJECTIVE
en general ◇ Overall, we played very well. En general jugamos muy bien.

overalls PL NOUN
el *mono* (for work)

overcast ADJECTIVE
cubierto ◇ The sky was overcast. El cielo estaba cubierto.

to **overcharge** VERB
cobrar de más ◇ They overcharged us for the meal. Nos cobraron de más por la comida.

overcoat NOUN
el *abrigo*

overdone ADJECTIVE
[1] *recocido* (vegetables)
[2] *demasiado hecho* (steak)

overdose NOUN
la *sobredosis* (PL las *sobredosis*)

overdraft NOUN
el *descubierto*

to **overestimate** VERB
sobreestimar ◇ We overestimated how long it would take. Sobreestimamos el tiempo que se tardaría.

overhead projector NOUN
el *retroproyector*

to **overlook** VERB
[1] *tener* vistas a* ◇ The hotel overlooked the beach. El hotel tenía vistas a la playa.
[2] *pasar por alto* ◇ He had overlooked one important problem. Había pasado por alto un problema importante.

overseas ADVERB
en el extranjero (live, work) ◇ I'd like to work overseas. Me gustaría trabajar en el extranjero.

oversight NOUN
el *descuido*

to **oversleep** VERB
(overslept, overslept)
quedarse dormido ◇ I overslept this morning. Me quedé dormido esta mañana.

to **overtake** VERB
(overtook, overtaken)
adelantar

overtime NOUN
las *horas extras*
+ to work overtime trabajar* horas extras

overweight ADJECTIVE
+ to be overweight tener* exceso de peso

to **owe** VERB
deber ◇ How much do I owe you? ¿Cuánto te debo?

owing to PREPOSITION
debido a ◇ owing to bad weather debido al mal tiempo

owl NOUN
el *búho*

own ADJECTIVE, PRONOUN
see also own VERB
propio ◇ This is my own recipe. Ésta es mi propia receta. ◇ I wish I had a room of my own. Me gustaría tener mi propia habitación.
+ on his own él solo ◇ on her own ella sola

O

   ◇ **on our own** nosotros solos

to **own** VERB

> *see also* own ADJECTIVE

tener*

to **own up** VERB

confesarse* culpable

◆ **to own up to something** confesar* algo

owner NOUN

---

el *proprietario*
la *propietaria*

oxygen NOUN
   el *oxígeno*

oyster NOUN
   la *ostra*

ozone layer NOUN
   la *capa de ozono*

P

PA NOUN (= *personal assistant*)
   el *secretario de dirección*
   la *secretaria de dirección*
   ◇ **She's a PA.** Es secretaria de dirección.

◆ **the PA system** (*public address*) la megafonía

pace NOUN
   el *ritmo*   ◇ **the frantic pace of life in London**
   el frenético ritmo de vida de Londres

Pacific NOUN

◆ **the Pacific** el Pacífico

to **pack** VERB

> *see also* pack NOUN

hacer* las maletas   ◇ **I'll help you pack.**
Te ayudaré a hacer las maletas.

◆ **I've already packed my case.** Ya he hecho
mi maleta.

◆ **Pack it in!** ¡Vale ya!

pack NOUN

> *see also* pack VERB

el *paquete*   ◇ **a pack of cigarettes** un
paquete de tabaco

◆ **a pack of cards** una baraja

package NOUN
   el *paquete*

◆ **a package holiday** unas vacaciones
organizadas

packed ADJECTIVE
   abarrotado   ◇ **The cinema was packed.** El
cine estaba abarrotado.

packed lunch NOUN
   (PL **packed lunches**)

◆ **I take a packed lunch to school.** Me llevo la
comida al colegio.

packet NOUN
   el *paquete*   ◇ **a packet of cigarettes** un
paquete de tabaco

◆ **a packet of crisps** una bolsa de patatas fritas

pad NOUN
   el *bloc*

to **paddle** VERB

> *see also* paddle NOUN

  1 *chapotear* (*swim*)
  2 *remar*   ◇ **to paddle a canoe** remar en
canoa

paddle NOUN

> *see also* paddle VERB

la *pala*

◆ **to go for a paddle** mojase los pies

padlock NOUN
   el *candado*

page NOUN

> *see also* page VERB

la *página*   ◇ **on page 13** en la página 13

to **page** VERB

> *see also* page NOUN

◆ **to page somebody** llamar a alguien al busca

pager NOUN
   el *busca*

> Although **busca** ends in **-a**, it is actually a
> masculine noun.

paid VERB *see* **pay**

paid ADJECTIVE
  1 *remunerado*   ◇ **to do paid work**
realizar* trabajo remunerado
  2 *pagado*   ◇ **three weeks' paid holiday** tres
semanas de vacaciones pagadas

pail NOUN
   el *cubo*

pain NOUN
   el *dolor*   ◇ **a terrible pain** un dolor
tremendo

◆ **I've got a pain in my stomach.** Me duele el
estómago.

◆ **She's in a lot of pain.** Tiene muchos dolores.

◆ **He's a real pain.** Es un auténtico pelmazo.
(*informal*)

painful ADJECTIVE

> **doloroso** *is used when talking about what causes*
> *pain, and* **dolorido** *for the person or thing that*
> *feels pain.*

  1 *doloroso*   ◇ **a painful injury** una herida
dolorosa
  2 *dolorido*   ◇ **Her feet were swollen and**
painful. Tenía los pies hinchados y doloridos.

◆ **Is it painful?** ¿Te duele?

painkiller NOUN
   el *analgésico*

paint NOUN

> *see also* paint VERB

la *pintura*

to **paint** VERB

> *see also* paint NOUN

pintar   ◇ **to paint something green** pintar
algo de verde

paintbrush NOUN
(PL **paintbrushes**)
[1] el *pincel* (for an artist)
[2] la *brocha* (for decorating)

painter NOUN
el *pintor*
la *pintora*
◇ *The painters made a real mess of the windows.* Los pintores dejaron las ventanas hechas un desastre.

painting NOUN
[1] el *cuadro* ◇ *a painting by Picasso* un cuadro de Picasso
[2] la *pintura* ◇ *My hobby is painting.* Mi hobby es la pintura.

pair NOUN
el *par* ◇ *a pair of shoes* un par de zapatos
• **a pair of scissors** unas tijeras
• **a pair of trousers** unos pantalones
• **in pairs** por parejas

pajamas PL NOUN
el *pijama*
Although **pijama** *ends in* -a, *it is actually a masculine noun.*
◇ *my pajamas* mi pijama
• **a pair of pajamas** un pijama

Pakistan NOUN
Paquistán MASC

Pakistani ADJECTIVE
see also Pakistani NOUN
paquistaní (PL *paquistaníes*)

Pakistani NOUN
see also Pakistani ADJECTIVE
el/la *paquistaní* (PL los *paquistaníes*)

pal NOUN
el *amiguete*
la *amigueta*

palace NOUN
el *palacio*

pale ADJECTIVE
[1] *pálido* ◇ *She still looks very pale.* Está todavía muy pálida.
• **to turn pale** ponerse* pálido
[2] *claro* ◇ *pale green* verde claro
• **pale pink** rosa pálido
• **pale blue** azul celeste

Palestine NOUN
Palestina FEM

Palestinian ADJECTIVE
see also Palestinian NOUN
palestino

Palestinian NOUN
see also Palestinian ADJECTIVE
el *palestino*
la *palestina*

palm NOUN
la *palma* ◇ *the palm of your hand* la palma de la mano
• **a palm tree** una palmera

pamphlet NOUN
el *folleto*

pan NOUN
[1] la *cacerola* (saucepan)
[2] la *sartén* (frying pan) (PL las *sartenes*)

pancake NOUN
la *crepe*

panic NOUN
see also panic VERB
el *pánico* ◇ *The shouting caused quite a panic.* El griterío provocó el pánico.

to **panic** VERB
see also panic NOUN
• **He panicked as soon as he saw the blood.** Le entró pánico en cuanto vio la sangre.
• **Don't panic!** ¡Tranquilo!

panther NOUN
la *pantera*

panties PL NOUN
las *bragas*

pantomime NOUN
Pantomime *es una obra de teatro musical para niños representada por Navidad, que suele narrar un cuento tradicional en clave de humor, con mucha participación del público.*

pants PL NOUN
[1] las *bragas* (for women)
[2] los *calzoncillos* (for men)

paper NOUN
[1] el *papel* ◇ *a paper bag* una bolsa de papel
• **a piece of paper** un papel
• **an exam paper** un examen
[2] el *periódico* ◇ *I saw an advert in the paper.* Vi un anuncio en el periódico.

paperback NOUN
el *libro de bolsillo*

paper boy NOUN
el *repartidor de periódicos*
En Gran Bretaña los periódicos se reparten a domicilio a petición. Generalmente, los repartidores son niños y niñas de hasta unos quince años.

paper clip NOUN
el *clip* (PL los *clips*)

paper round NOUN
• **to do a paper round** repartir los periódicos a domicilio

paperweight NOUN
el *pisapapeles* (PL los *pisapapeles*)

paperwork NOUN
el *papeleo* ◇ *I've got a lot of paperwork to do.* Tengo un montón de papeleo que hacer.

parachute NOUN
el *paracaídas* (PL los *paracaídas*)

parade NOUN
el *desfile*

paradise NOUN
el *paraíso*

paraffin NOUN
el *queroseno*
• **a paraffin lamp** una lámpara de petróleo

paragraph NOUN
el *párrafo*

parallel ADJECTIVE
paralelo

paralysed ADJECTIVE
paralizado

paramedic NOUN
el *auxiliar sanitario*

P

la *auxiliar sanitaria*

parcel NOUN
el *paquete*

pardon NOUN
- **Pardon?** ¿Cómo?

parents PL NOUN
los *padres*

Paris NOUN
París MASC

park NOUN
see also **park** VERB
el *parque*
- **a national park** un parque nacional
- **a theme park** un parque temático
- **a car park** un aparcamiento

to **park** VERB
see also **park** NOUN
*aparcar** ◇ *Where can I park my car?*
¿Dónde puedo aparcar el coche?
- **"no parking"** "prohibido aparcar"

parking lot NOUN US
el *aparcamiento*

parking meter NOUN
el *parquímetro*

parking ticket NOUN
la *multa de aparcamiento*

parliament NOUN
el *parlamento*
- **the Spanish Parliament** las Cortes

parole NOUN
- **on parole** en libertad condicional

parrot NOUN
el *loro*

parsley NOUN
el *perejil*

part NOUN
see also **part** VERB
[1] la *parte* ◇ *The first part of the play was boring.* La primera parte de la obra fue aburrida.
[2] el *papel* ◇ *She had a small part in the film.* Tenía un pequeño papel en la película.
[3] la *pieza* ◇ *spare parts* piezas de repuesto
- **to take part in something** participar en algo ◇ *Thousands of people took part in the demonstration.* Miles de personas participaron en la manifestación.

to **part** VERB
see also **part** NOUN
- **to part with something** desprenderse de algo ◇ *I hate to part with this lamp.* Me fastidia tener que desprenderme de esta lámpara.

particular ADJECTIVE
[1] *concreto* (*definite*) ◇ *I can't remember that particular film.* No recuerdo esa película concreta.
[2] *especial* (*special*) ◇ *He showed a particular interest in the subject.* Mostró un interés especial en el tema.
- **in particular** en concreto ◇ *Are you looking for anything in particular?* ¿Busca algo en concreto? ◇ *nothing in particular* nada en concreto

particularly ADVERB
especialmente ◇ *a particularly boring lecture* una clase especialmente aburrida

parting NOUN
la *raya*

partly ADVERB
en parte ◇ *It was partly my own fault.* En parte fue culpa mía.

partner NOUN
[1] el *socio*
la *socia*
◇ *He's a partner in a law firm.* Es socio de un bufete de abogados.
[2] la *pareja* ◇ *That doesn't mean you don't love your partner.* Eso no significa que no quieras a tu pareja. ◇ *my dancing partner* mi pareja de baile

part-time ADJECTIVE, ADVERB
a tiempo parcial ◇ *a part-time job* un trabajo a tiempo parcial ◇ *She works part-time.* Trabaja a tiempo parcial.

party NOUN
(PL **parties**)
[1] la *fiesta* ◇ *a birthday party* una fiesta de cumpleaños
[2] el *partido* ◇ *the Conservative Party* el partido conservador
[3] el *grupo* ◇ *a party of tourists* un grupo de turistas

pass NOUN
(PL **passes**)
see also **pass** VERB
[1] el *pase* (*in football*) ◇ *a short pass* un pase en corto
[2] el *puerto* ◇ *The pass was blocked with snow.* El puerto estaba bloqueado por la nieve.
[3] el *aprobado* ◇ *She got a pass in her piano exam.* Sacó un aprobado en el examen de piano.
- **a bus pass** un abono para el autobús

to **pass** VERB
see also **pass** NOUN
[1] *pasar* ◇ *Could you pass me the salt, please?* ¿Me pasas la sal, por favor? ◇ *The time has passed quickly.* El tiempo ha pasado rápido.
[2] *adelantar* ◇ *We were passed by a huge lorry.* Nos adelantó un camión enorme.
[3] *pasar por delante de* ◇ *I pass his house on my way to school.* Paso por delante de su casa de camino al colegio.
[4] *aprobar** ◇ *Did you pass?* ¿Has aprobado? ◇ *to pass an exam* aprobar un examen

to **pass out** VERB
desmayarse

passage NOUN
[1] el *pasaje* ◇ *Read the passage carefully.* Lea el pasaje con atención.
[2] el *pasillo* ◇ *a narrow passage* un estrecho pasillo

passenger NOUN

el *pasajero*
la *pasajera*

passion NOUN
la *pasión* (PL las *pasiones*) ◇ *Football is a passion of his.* El fútbol es una de sus pasiones.

passive ADJECTIVE
pasivo
* **a passive smoker** un fumador pasivo

Passover NOUN
la *Pascua judía*

passport NOUN
el *pasaporte* ◇ *passport control* el control de pasaportes

password NOUN
la *contraseña*

past ADJECTIVE, ADVERB, PREPOSITION
see also past NOUN
pasado ◇ *This past year has been very difficult.* Este año pasado ha sido muy difícil.
* **The school is 100 metres past the traffic lights.** El colegio está a unos 100 metros pasado el semáforo.
* **to go past** pasar ◇ *The bus went past without stopping.* El autobús pasó sin parar.
* **It's half past ten.** Son las diez y media.
* **It's a quarter past nine.** Son las nueve y cuarto.
* **It's ten past eight.** Son las ocho y diez.
* **It's past midnight.** Es pasada la medianoche.

past NOUN
see also past ADJECTIVE, ADVERB, PREPOSITION
el *pasado* ◇ *I try not to think of the past.* Intento no pensar en el pasado.
* **This was common in the past.** Antiguamente esto era normal.

pasta NOUN
la *pasta*

paste NOUN
el *engrudo* (glue)

pasteurized ADJECTIVE
pasteurizado

pastime NOUN
el *pasatiempo*

pastry NOUN
1 la *masa* (dough)
2 el *pastel* (cake)

patch NOUN
(PL **patches**)
el *parche* ◇ *a patch of material* un parche de tela
* **He's got a bald patch.** Tiene una calva incipiente.
* **They're going through a bad patch.** Están pasando una mala racha.

patched ADJECTIVE
* **a pair of patched jeans** unos vaqueros con remiendos

pâté NOUN
el *paté*

path NOUN
el *sendero*

pathetic ADJECTIVE
penoso ◇ *That was a pathetic excuse.* Fue

una excusa penosa.

patience NOUN
1 la *paciencia* ◇ *He hasn't got much patience.* No tiene mucha paciencia.
2 el *solitario* (game) ◇ *She was playing patience.* Estaba haciendo un solitario.

patient NOUN
see also patient ADJECTIVE
el/la *paciente*

patient ADJECTIVE
see also patient NOUN
paciente

patio NOUN
(PL **patios**)
el *patio*

patriotic ADJECTIVE
patriótico

patrol NOUN
la *patrulla*
* **to be on patrol** estar* de patrulla

patrol car NOUN
el *coche patrulla* (PL los *coches patrulla*)

pattern NOUN
1 el *motivo* (design) ◇ *a geometric pattern* un motivo geométrico
2 el *patrón* (for sewing)

pause NOUN
la *pausa*

pavement NOUN
la *acera*

paw NOUN
la *pata*

pay NOUN
see also pay VERB
el *sueldo* ◇ *a pay rise* un aumento de sueldo

to **pay** VERB
(paid, paid)
see also pay NOUN
*pagar** ◇ *They pay me more on Sundays.* Me pagan más los domingos. ◇ *Can I pay by cheque?* ¿Puedo pagar con cheque?
* **to pay money into an account** ingresar dinero en una cuenta
* **I'll pay you back tomorrow.** Mañana te devuelvo el dinero.
* **to pay for something** pagar* algo ◇ *I paid for my ticket.* Pagué el billete.
* **I paid £50 for it.** Me costó 50 libras.
* **Does your current account pay interest?** ¿Le rinde intereses su cuenta corriente?
* **to pay somebody a visit** ir* a ver a alguien ◇ *Paul paid us a visit last night.* Paul vino a vernos anoche.

payable ADJECTIVE
* **Who's the cheque payable to?** ¿A nombre de quién extiendo el cheque?

payment NOUN
el *pago* ◇ *mortgage payments* los pagos de la hipoteca

payphone NOUN
el *teléfono público*

PC NOUN (= personal computer)
el *PC*

P

PE NOUN (= *physical education*)
la *educación física* ◇ *We do PE twice a week.* Tenemos educación física dos veces a la semana.

pea NOUN
el *guisante*

peace NOUN
la *paz*
- **peace talks** conversaciones de paz
- **a peace treaty** un tratado de paz

peaceful ADJECTIVE
1 *pacífico* (*non-violent*) ◇ *a peaceful protest* una manifestación pacífica
2 *apacible* (*restful*) ◇ *a peaceful afternoon* una tarde apacible

peach NOUN
(PL *peaches*)
el *melocotón* (PL los *melocotones*)

peacock NOUN
el *pavo real*

peak NOUN
1 la *cumbre* ◇ *the snow-covered peaks* las cumbres nevadas
2 el *apogeo* ◇ *She's at the peak of her career.* Está en el apogeo de su carrera profesional.
- **in peak season** en temporada alta

peak rate NOUN
la *tarifa máxima* ◇ *You pay peak rate for calls before one.* Si llamas antes de la una pagas la tarifa máxima.

peanut NOUN
el *cacahuete*

peanut butter NOUN
la *crema de cacahuete*

pear NOUN
la *pera*

pearl NOUN
la *perla*

pebble NOUN
el *guijarro*

peckish ADJECTIVE
- **to feel a bit peckish** tener* un poquito de hambre

peculiar ADJECTIVE
raro ◇ *He's a peculiar person.* Es una persona rara. ◇ *It tastes peculiar.* Sabe raro.

pedal NOUN
el *pedal*

pedestrian NOUN
el *peatón* (PL los *peatones*)

pedestrian crossing NOUN
el *paso de peatones*

pedestrianized ADJECTIVE
- **a pedestrianized street** una calle peatonal

pedigree ADJECTIVE
de raza ◇ *a pedigree dog* un perro de raza ◇ *a pedigree labrador* un labrador de pura raza

pee NOUN
- **to have a pee** hacer* pis

peek NOUN
- **to have a peek at something** echar una

ojeada a algo ◇ *I had a peek at your dress and it's lovely.* Le eché una ojeada a tu vestido y es muy mono.

peel NOUN
see also peel VERB
la *piel*

to **peel** VERB
see also peel NOUN
pelar ◇ *Shall I peel the potatoes?* ¿Pelo las patatas?
- **My nose is peeling.** Se me está pelando la nariz.

peg NOUN
1 el *gancho* (*for coats*)
2 la *pinza* (*clothes peg*)
3 la *estaca* (*tent peg*)

Pekinese NOUN
el *pequinés* (PL los *pequineses*)

pellet NOUN
el *perdigón* (*for gun*) (PL los *perdigones*)

pelvis NOUN
(PL *pelvises*)
la *pelvis* (PL las *pelvis*)

pen NOUN
1 el *bolígrafo* (*ballpoint pen*)
2 la *pluma* (*fountain pen*)
3 el *rotulador* (*felt-tip pen*)

penalty NOUN
(PL *penalties*)
1 la *pena* ◇ *The penalty for this offence is life imprisonment.* La pena por este delito es cadena perpetua.
- **the death penalty** la pena de muerte
2 el *penalty* (*in football*) (PL los *penaltys*)
3 el *golpe de castigo* (*in rugby*)
- **a penalty shoot-out** una tanda de penaltys

pence PL NOUN
(SING **penny**)
- **24 pence** 24 peniques

pencil NOUN
el *lápiz* (PL los *lápices*)
- **to write in pencil** escribir* a lápiz

pencil case NOUN
el *estuche*

pencil sharpener NOUN
el *sacapuntas* (PL los *sacapuntas*)

penfriend NOUN
el *amigo por correspondencia*
la *amiga por correspondencia*

penguin NOUN
el *pingüino*

penicillin NOUN
la *penicilina*

penis NOUN
(PL *penises*)
el *pene*

penknife NOUN
(PL *penknives*)
la *navaja*

penny NOUN
(PL *pence*)
el *penique*

pension NOUN
la *pensión* (PL las *pensiones*)

pensioner NOUN
el/la *pensionista*

pentathlon NOUN
el *pentatlón*

people PL NOUN
1 la *gente* ◇ *The people were nice.* La gente era simpática. ◇ *a lot of people* mucha gente
2 las *personas* ◇ *six people* seis personas ◇ *several people* varias personas
◆ **People say that...** Dicen que...
◆ **How many people are there in your family?** ¿Cuántos sois en tu familia?
◆ **Spanish people** los españoles

pepper NOUN
1 la *pimienta* ◇ *Pass the pepper, please.* ¿Me pasas la pimienta?
2 el *pimiento* ◇ *a green pepper* un pimiento verde

peppermill NOUN
el *molinillo de pimienta*

peppermint NOUN
el *caramelo de menta*
◆ **peppermint chewing gum** el chicle de menta

per PREPOSITION
por ◇ *per person* por persona ◇ *30 miles per hour* 30 millas por hora
◆ **per day** al día
◆ **per week** a la semana

per cent ADVERB
por ciento ◇ *50 per cent* 50 por ciento

percentage NOUN
el *porcentaje*

percolator NOUN
la *cafetera de filtro*

percussion NOUN
la *percusión* ◇ *I play percussion.* Toco la percusión.

perfect ADJECTIVE
perfecto ◇ *Dave speaks perfect Spanish.* Dave habla un español perfecto.

perfectly ADVERB
◆ **You know perfectly well what happened.** Sabes perfectamente lo que ocurrió.
◆ **a perfectly normal child** un niño completamente normal

to **perform** VERB
representar (*a play*) ◇ *to perform Hamlet* representar Hamlet
◆ **The team performed brilliantly.** El equipo tuvo una brillante actuación.

performance NOUN
1 el *espectáculo* ◇ *The performance lasts two hours.* El espectáculo dura dos horas.
2 la *interpretación* (PL las *interpretaciones*) ◇ *his performance as Hamlet* su interpretación de Hamlet

perfume NOUN
el *perfume*

perhaps ADVERB
quizás ◇ *Perhaps they were tired.* Quizás estaban cansados.

> Use the present subjunctive after **quizás** to refer to the future.

◇ *Perhaps he'll come tomorrow.* Quizás venga mañana.
◆ **perhaps not** quizás no

period NOUN
1 el *periodo* ◇ *for a limited period* por un periodo limitado
2 la *clase* ◇ *Each period lasts forty minutes.* Cada clase dura cuarenta minutos.
3 la *época* ◇ *the Victorian period* la época victoriana
4 la *regla* ◇ *I'm having my period.* Estoy con la regla.

perm NOUN
la *permanente* ◇ *She's got a perm.* Lleva permanente.

permanent ADJECTIVE
1 *permanente* ◇ *a permanent state of tension* un estado permanente de tensión
2 *fijo* ◇ *a permanent job* un trabajo fijo

permission NOUN
el *permiso* ◇ *Could I have permission to leave early?* ¿Tengo permiso para salir antes?

permit NOUN
el *permiso* ◇ *a work permit* un permiso de trabajo

Persian ADJECTIVE
◆ **a Persian cat** un gato persa

persistent ADJECTIVE
persistente

person NOUN
la *persona* ◇ *She's a very nice person.* Es muy buena persona.
◆ **in person** en persona

personal ADJECTIVE
personal ◇ *Those letters are personal.* Son cartas personales. ◇ *he's a personal friend of mine* es amigo íntimo mío

personal column NOUN
la *sección de anuncios personales*

personality NOUN
(PL **personalities**)
la *personalidad*

personally ADVERB
personalmente ◇ *Personally I don't agree.* Yo personalmente no estoy de acuerdo.
◆ **I don't know him personally.** No lo conozco en persona.
◆ **Don't take it personally.** No te lo tomes como algo personal.

personal stereo NOUN
el *walkman* ®

personnel NOUN
el *personal*

perspiration NOUN
la *transpiración*

to **persuade** VERB
*convencer**

> Use the subjunctive after **convencer de que** when translating "to persuade somebody to do something".

◇ *to persuade somebody to do something* convencer a alguien de que haga algo ◇ *She*

P

persuaded me to go with her. Me convenció de que fuera con ella.

Peru NOUN
Perú MASC

Peruvian ADJECTIVE
see also Peruvian NOUN
peruano

Peruvian NOUN
see also Peruvian ADJECTIVE
el *peruano*
la *peruana*

pessimist NOUN
el/la *pesimista*

pessimistic ADJECTIVE
pesimista ◇ *Don't be so pessimistic!* ¡No seas tan pesimista! ◇ *a pessimistic forecast* un pronóstico pesimista

pest NOUN
el *pesado*
la *pesada*
◇ *He's a real pest!* ¡Es un pesado!

to **pester** VERB
dar* la lata a ◇ *He's always pestering me.* Siempre me está dando la lata.

pet NOUN
el *animal doméstico*
- **Have you got a pet?** ¿Tenéis algún animal en casa?
- **She's the teacher's pet.** Es la enchufada del profesor.

petition NOUN
la *petición* (PL las *peticiones*)

petrified ADJECTIVE
- **She's petrified of spiders.** Las arañas le dan terror.

petrol NOUN
la *gasolina*
- **unleaded petrol** gasolina sin plomo
- **4-star petrol** gasolina súper

petrol station NOUN
la *gasolinera*

petrol tank NOUN
el *depósito de gasolina*

phantom NOUN
el *fantasma*
Although **fantasma** ends in **-a**, it is actually a masculine noun.

pharmacy NOUN
(PL **pharmacies**)
la *farmacia*
Pharmacies in Spain are identified by a special green cross outside the shop.

pheasant NOUN
el *faisán* (PL los *faisanes*)

philosophy NOUN
la *filosofía*

phobia NOUN
la *fobia*

phone NOUN
see also phone VERB
el *teléfono*
- **by phone** por teléfono
- **to be on the phone (1)** (talking) estar* al

teléfono ◇ *She's on the phone at the moment.* Ahora mismo está al teléfono.
- **to be on the phone (2)** (to have a phone) tener* teléfono ◇ *We're not on the phone.* No tenemos teléfono.
- **Can I use the phone, please?** ¿Puedo hacer una llamada?

to **phone** VERB
see also phone NOUN
llamar ◇ *I'll phone you tomorrow.* Mañana te llamo. ◇ *Could you phone me a taxi, please?* ¿Me puedes llamar a un taxi, por favor?

phone bill NOUN
la *factura del teléfono*

phone book NOUN
la *guía telefónica*

phone box NOUN
(PL **phone boxes**)
la *cabina telefónica*

phone call NOUN
la *llamada de teléfono*
- **There's a phone call for you.** Tienes una llamada.
- **to make a phone call** hacer* una llamada

phonecard NOUN
la *tarjeta telefónica*

phone number NOUN
el *número de teléfono*

photo NOUN
(PL **photos**)
la *foto*
Although **foto** ends in **-o**, it is actually a feminine noun.
- **to take a photo** hacer* una foto ◇ *I took a photo of the bride and groom.* Les hice una foto a los novios.

photocopier NOUN
la *fotocopiadora*

photocopy NOUN
(PL **photocopies**)
see also photocopy VERB
la *fotocopia*

to **photocopy** VERB
(photocopied, photocopied)
see also photocopy NOUN
fotocopiar

photograph NOUN
see also photograph VERB
la *fotografía*
- **to take a photograph** hacer* una fotografía ◇ *I took a photograph of the bride and groom.* Les hice una fotografía a los novios.

to **photograph** VERB
see also photograph NOUN
fotografiar*

photographer NOUN
el *fotógrafo*
la *fotógrafa*
◇ *She's a photographer.* Es fotógrafa.

photography NOUN
la *fotografía* ◇ *My hobby is photography.* Mi hobby es la fotografía.

phrase NOUN
la *frase*

phrase book NOUN
el *manual de conversación*

physical ADJECTIVE
físico

physicist NOUN
el *físico*
la *física*
◇ *a nuclear physicist* un físico nuclear

physics NOUN
la *física* ◇ *She teaches physics.* Enseña física.

physiotherapist NOUN
el/la *fisioterapeuta*

physiotherapy NOUN
la *fisioterapia*

pianist NOUN
el/la *pianista*

piano NOUN
(PL **pianos**)
el *piano* ◇ *I play the piano.* Toco el piano.

pick NOUN
see also pick VERB
+ **Take your pick!** ¡Elige el que quieras!
  Replace el que *with* la que, los que *or* las que *as appropriate to agree with the thing or things you can take your pick of.*

○ **pick** VERB
see also pick NOUN
[1] *elegir** (*choose*) ◇ *I picked the biggest piece.* Elegí el trozo más grande.
[2] *seleccionar* (*for team*) ◇ *I've been picked for the team.* Me han seleccionado para el equipo.
[3] *recoger** (*fruit, flowers*)
+ **to pick on somebody** meterse con alguien ◇ *She's always picking on me.* Siempre se está metiendo conmigo.

○ **pick out** VERB
*escoger** ◇ *I like them all – it's difficult to pick one out.* Todos me gustan, es difícil escoger uno.

○ **pick up** VERB
[1] *recoger** ◇ *We'll come to the airport to pick you up.* Iremos a recogerte al aeropuerto. ◇ *Could you help me pick up the toys?* ¿Me ayudas a recoger los juguetes?
[2] *aprender* ◇ *I picked up some Spanish during my holiday.* Aprendí un poco de español en las vacaciones.

pickpocket NOUN
el/la *carterista*

picnic NOUN
el *picnic* (PL los *picnics*)
+ **to have a picnic** irse* de picnic

picture NOUN
[1] la *ilustración* (PL las *ilustraciones*)
◇ *Children's books have lots of pictures.* Los libros para niños tienen muchas ilustraciones.
[2] la *foto*
Although foto *ends in -o, it is actually a feminine noun.*
◇ *My picture was in the paper.* Mi foto salió

en el periódico.
[3] el *cuadro* (*painting*) ◇ *a picture by Picasso* un cuadro de Picasso
+ **a picture of his wife** un retrato de su mujer
[4] el *dibujo* (*drawing*)
+ **to draw a picture of something** dibujar algo
+ **to paint a picture of something** pintar algo
+ **the pictures** el cine ◇ *Shall we go to the pictures?* ¿Vamos al cine?

picturesque ADJECTIVE
pintoresco

pie NOUN
[1] la *tarta* (*sweet*) ◇ *an apple pie* una tarta de manzana
[2] el *pastel* (*of meat*) ◇ *a meat pie* un pastel de carne

piece NOUN
[1] el *trozo* ◇ *a piece of cake* un trozo de tarta
+ **A small piece, please.** Un trocito, por favor.
[2] *pieza* (*individual*) ◇ *a 500-piece jigsaw* un puzzle de 500 piezas
[3] *pedazo* (*of something larger*) ◇ *A piece of plaster fell from the roof.* Un pedazo de yeso se cayó del tejado.
+ **a piece of furniture** un mueble
+ **a piece of advice** un consejo
+ **a 10p piece** una moneda de 10 peniques

pier NOUN
el *muelle*

pierced ADJECTIVE
+ **I've got pierced ears.** Tengo los agujeros hechos en las orejas.

pig NOUN
el *cerdo*

pigeon NOUN
la *paloma*

piggyback NOUN
+ **to give somebody a piggyback** llevar a alguien a cuestas

piggy bank NOUN
la *hucha*

pigtail NOUN
la *trenza*

pile NOUN
[1] el *montón* (*untidy heap*) (PL los *montones*)
◇ *a pile of dirty laundry* un montón de ropa sucia
[2] la *pila* (*tidy stack*)
+ **Put your books in a pile on my desk.** Apilad vuestros cuadernos en mi mesa.

piles PL NOUN
las *almorranas*

pile-up NOUN
el *accidente en cadena*

pill NOUN
la *píldora*
+ **to be on the pill** tomar la píldora

pillar NOUN
el *pilar*

pillar box NOUN
el *buzón* (PL los *buzones*)

pillow NOUN
la *almohada*

P

pilot NOUN
el/la *piloto* ◇ *He's a pilot.* Es piloto.

pimple NOUN
el *grano*

pin NOUN
el *alfiler*

◆ **pins and needles** el hormigueo ◇ *I've got pins and needles.* Tengo hormigueo.

PIN NOUN (= *personal identification number*)
el *número secreto*

pinafore NOUN
el *pichi*

pinball NOUN
la *máquina de bolas*

◆ **They're playing pinball.** Juegan a la máquina.

to **pinch** VERB
1 *pellizcar** ◇ *He pinched me!* ¡Me ha pellizcado!
2 *birlar** (*informal*) ◇ *Who's pinched my pen?* ¿Quién me ha birlado el bolígrafo?

pine NOUN
el *pino* ◇ *a pine table* una mesa de pino

pineapple NOUN
la *piña*

pink ADJECTIVE
rosa MASC, FEM, PL

pint NOUN
la *pinta*

In Spain measurements are in litres and centilitres. A pint is about 0.6 litres.

◆ **to have a pint** tomarse una cerveza ◇ *He's gone out for a pint.* Ha salido a tomarse una cerveza.

pipe NOUN
1 la *tubería* ◇ *The pipes froze.* Se helaron las tuberías.
2 la *pipa* ◇ *He smokes a pipe.* Fuma en pipa.

◆ **the pipes** la gaita ◇ *He plays the pipes.* Toca la gaita.

pirate NOUN
el/la *pirata*

pirated ADJECTIVE
pirata MASC, FEM, PL ◇ *a pirated video* un vídeo pirata

Pisces NOUN
el *Piscis* (*sign*) ◇ *I'm Pisces.* Soy Piscis.

◆ **a Pisces** un/una Piscis

pissed ADJECTIVE
mamado (*rude*)

pistol NOUN
la *pistola*

pitch NOUN
(PL **pitches**)
see also pitch VERB
el *campo* ◇ *a football pitch* un campo de fútbol

to **pitch** VERB
see also pitch NOUN
montar ◇ *We pitched our tent near the beach.* Montamos la tienda cerca de la playa.

pity NOUN

see also pity VERB
la *compasión* ◇ *They showed no pity.* No demostraron ninguna compasión.

◆ **What a pity!** ¡Qué pena!

to **pity** VERB
(**pitied**)
see also pity NOUN
compadecer ◇ *I don't hate him, I pity him.* No lo odio, lo compadezco.

pizza NOUN
la *pizza*

place NOUN
see also place VERB
1 el *lugar* ◇ *It's a quiet place.* Es un lugar tranquilo.
2 la *plaza* ◇ *Book your place for the trip now.* Reserve ya su plaza para el viaje. ◇ *a university place* una plaza en la universidad
3 el *puesto* (*in sports*) ◇ *Britain won third place in the games.* Gran Bretaña consiguió el tercer puesto en los juegos.

◆ **a parking place** un sitio para aparcar
◆ **to change places** cambiarse de sitio
◆ **to take place** tener* lugar ◇ *Elections will take place on November 25th.* Las elecciones tendrán lugar el 25 de noviembre.
◆ **at your place** en tu casa ◇ *Shall we meet at your place?* ¿Nos vemos en tu casa?
◆ **Do you want to come round to my place?** ¿Quieres venir a mi casa?

to **place** VERB
see also place NOUN
*colocar** ◇ *He placed his hand on hers.* Colocó su mano sobre la de ella.

plain ADJECTIVE, ADVERB
see also plain NOUN
1 *liso* (*not patterned*) ◇ *a plain tie* una corbata lisa
2 *sencillo* (*not fancy*) ◇ *a plain white blouse* una blusa blanca sencilla

◆ **It was plain to see.** Era obvio.

plain NOUN
see also plain ADJECTIVE, ADVERB
la *llanura*

plain chocolate NOUN
el *chocolate amargo*

plait NOUN
la *trenza* ◇ *She wears her hair in plaits.* Lleva trenzas.

plan NOUN
see also plan VERB
1 el *plan* ◇ *What are your plans for the holidays?* ¿Qué planes tienes para las vacaciones?

◆ **to make plans** hacer* planes
◆ **Everything went according to plan.** Todo fue según lo previsto.
2 el *plano* ◇ *a plan of the campsite* un plano del camping

◆ **my essay plan** el esquema de mi trabajo

to **plan** VERB
see also plan NOUN
1 *planear* (*make plans for*) ◇ *We're*

planning a trip to France. Estamos planeando
hacer un viaje a Francia.
[2] *planificar** (*schedule*) ⋄ *Plan your
revision carefully.* Tienes que planificar bien
el repaso.
+ **to plan to do something** tener* la intención
de hacer algo ⋄ *I'm planning to get a job in
the holidays.* Tengo la intención de encontrar
un trabajo para las vacaciones.
plane NOUN
el *avión* (PL los *aviones*) ⋄ *by plane* en
avión
planet NOUN
el *planeta*
Although **planeta** *ends in* **-a**, *it is actually a
masculine noun.*
planning NOUN
+ **The trip needs careful planning.** Hay que
planear bien el viaje.
+ **family planning** la planificación familiar
plant NOUN
see also plant VERB
la *planta* ⋄ *I water my plants every week.*
Riego las plantas todas las semanas.
+ **a chemical plant** una planta química
to **plant** VERB
see also plant NOUN
plantar ⋄ *We planted fruit trees and
vegetables.* Plantamos árboles frutales y
hortalizas.
plant pot NOUN
la *maceta*
plaque NOUN
[1] la *placa conmemorativa* (*to famous
person, event*)
[2] el *sarro* (*on teeth*)
plaster NOUN
[1] la *tirita* ⋄ *Have you got a plaster, by any
chance?* ¿No tendrás una tirita, por
casualidad?
[2] la *escayola*
+ **Her leg's in plaster.** Lleva la pierna
escayolada.
plastic NOUN
see also plastic ADJECTIVE
el *plástico* ⋄ *It's made of plastic.* Es de
plástico.
plastic ADJECTIVE
see also plastic NOUN
de plástico ⋄ *a plastic bag* una bolsa de
plástico
plate NOUN
el *plato*
platform NOUN
[1] el *andén* (PL los *andenes*)
[2] el *estrado* (*for speaker, performer*)
play NOUN
see also play VERB
la *obra de teatro*
+ **a play by Shakespeare** una obra de
Shakespeare
+ **to put on a play** montar una obra
to **play** VERB
see also play NOUN

[1] *jugar** ⋄ *He's playing with his friends.*
Está jugando con sus amigos.
[2] *jugar contra* ⋄ *Spain will play Scotland
next month.* España juega contra Escocia el
mes que viene.
[3] *jugar a* ⋄ *Can you play pool?* ¿Sabes
jugar al billar americano?
[4] *tocar** ⋄ *I play the guitar.* Toco la
guitarra. ⋄ *What sort of music do they play?*
¿Qué clase de música tocan?
[5] *poner** ⋄ *She's always playing that
record.* Siempre está poniendo ese disco.
[6] *hacer* de* ⋄ *I would love to play
Cleopatra.* Me encantaría hacer de Cleopatra.
to **play down** VERB
quitar importancia a ⋄ *He tried to play
down his illness.* Trató de quitarle
importancia a su enfermedad.
to **play up** VERB
+ **The engine's playing up again.** El motor
está haciendo de las suyas otra vez.
player NOUN
[1] el *jugador*
la *jugadora*
⋄ *a game for four players* un juego para
cuatro jugadores
+ **a football player** un futbolista
[2] (*musician*)
el *músico*
la *música*
+ **a piano player** un pianista
+ **a saxophone player** un saxofonista
playful ADJECTIVE
juguetón (FEM *juguetona*)
playground NOUN
[1] el *patio de recreo* (*at school*)
[2] los *columpios* (*in park*)
playgroup NOUN
la *guardería*
playing card NOUN
el *naipe*
playing field NOUN
el *campo de deportes*
playtime NOUN
el *recreo*
playwright NOUN
el *dramaturgo*
la *dramaturga*
pleasant ADJECTIVE
agradable ⋄ *We had a very pleasant
evening.* Pasamos una tarde muy agradable.
please EXCLAMATION
por favor ⋄ *Two coffees, please.* Dos
cafés, por favor.
por favor *is not as common as* **please** *and can
be omitted in many cases. Spanish speakers may
show their politeness by their intonation, or by
using* **usted***.*
+ **Can we have the bill please?** ¿Nos puede
traer la cuenta?
+ **Please come in.** Pase.
+ **Would you please be quiet?** ¿Quieres hacer
el favor de callarte?
pleased ADJECTIVE

P

◆ **My mother's not going to be very pleased.**
A mi madre no le va a hacer mucha gracia.
◆ **It's beautiful: she'll be very pleased with it.**
Es precioso: le va a gustar mucho.
◆ **Pleased to meet you!** ¡Encantado!

pleasure NOUN
el *placer* ◇ *I read for pleasure.* Leo por placer.

plenty PRONOUN
◆ **Fifteen minutes is plenty.** Quince minutos es más que suficiente.
◆ **I've got plenty.** Tengo de sobra.
◆ **That's plenty, thanks.** Así está bien, gracias.
◆ **I've got plenty to do.** Tengo un montón de cosas que hacer.
◆ **plenty of (1)** (*lots of*) mucho ◇ *He's got plenty of energy.* Tiene mucha energía.
◆ **plenty of (2)** (*more than enough*) de sobra ◇ *We've got plenty of time.* Tenemos tiempo de sobra.

pliers NOUN
los *alicates*

plot NOUN
see also plot VERB
1 el *argumento* (*of story, play*)
2 el *complot* (*conspiracy*) (PL los *complots*) ◇ *a plot against the president* un complot contra el presidente
3 el *huerto* (*for vegetables*)

to **plot** VERB
see also plot NOUN
conspirar

plug NOUN
1 el *enchufe* (*electrical*)
2 el *tapón* (*for sink*) (PL los *tapones*)

to **plug in** VERB
enchufar ◇ *Is the iron plugged in?* ¿Está enchufada la plancha?

plum NOUN
la *ciruela*

plumber NOUN
el *fontanero*
la *fontanera*
◇ *He's a plumber.* Es fontanero.

plump ADJECTIVE
rechoncho

to **plunge** VERB
*zambullirse** ◇ *He plunged into the water.* Se zambulló en el agua.

plural NOUN
el *plural*

plus PREPOSITION, ADJECTIVE
más ◇ *4 plus 3 equals 7.* 4 más 3 son 7.
◆ **three children plus a dog** tres niños y un perro
◆ **I got a B plus.** Saqué un notable alto.

p.m. ABBREVIATION
◆ **at 2 p.m.** a las dos de la tarde
◆ **at 9 p.m.** a las nueve de la noche
Use **de la tarde** if it's light and **de la noche** if it's dark.

pneumonia NOUN
la *pulmonía*

to **poach** VERB
◆ **a poached egg** un huevo escalfado

pocket NOUN
el *bolsillo* ◇ *He had his hands in his pockets.* Tenía las manos en los bolsillos.

pocket calculator NOUN
la *calculadora de bolsillo*

pocket money NOUN
la *paga* ◇ *How much pocket money do you get?* ¿Cuánto te dan de paga?

poem NOUN
el *poema*
Although **poema** ends in -a, it is actually a masculine noun.

poet NOUN
el *poeta*
la *poetisa*

poetry NOUN
la *poesía*

point NOUN
see also point VERB
1 el *punto* ◇ *a point on the horizon* un punto en el horizonte ◇ *They scored five points.* Sacaron cinco puntos.
2 el *momento* ◇ *At that point, we decided to leave.* En aquel momento decidimos marcharnos.
3 la *punta* ◇ *a pencil with a sharp point* un lápiz con la punta afilada
4 el *comentario* ◇ *He made some interesting points.* Hizo algunos comentarios de interés.
◆ **They were on the point of finding it.** Estaban a punto de encontrarlo.
◆ **Sorry, I don't get the point.** Perdona, pero no lo entiendo.
◆ **a point of view** un punto de vista
◆ **That's a good point!** ¡Tiene razón!
◆ **That's not the point.** Eso no tiene nada que ver.
◆ **There's no point.** No tiene sentido.
◇ *There's no point in waiting.* No tiene sentido esperar.
◆ **What's the point?** ¿Para qué? ◇ *What's the point of leaving so early?* ¿Para qué salir tan pronto?
◆ **Punctuality isn't my strong point.** La puntualidad no es mi fuerte.
◆ **two point five (2.5)** dos coma cinco (2,5)

to **point** VERB
see also point NOUN
señalar con el dedo ◇ *Don't point!* ¡No señales con el dedo!
◆ **to point at somebody** señalar a alguien con el dedo ◇ *She pointed at Anne.* Señaló a Anne con el dedo.
◆ **to point a gun at somebody** apuntar a alguien con una pistola

to **point out** VERB
1 *señalar* ◇ *The guide pointed out the Alhambra to us.* El guía nos señaló la Alhambra.
2 *indicar** ◇ *I should point out that...* Me

gustaría indicar que...

pointless ADJECTIVE
inútil ◇ *It's pointless arguing.* Es inútil discutir.

poison NOUN
see also poison VERB
el *veneno*

to **poison** VERB
see also poison NOUN
envenenar

poisonous ADJECTIVE
[1] *venenoso* (*animal, plant*)
[2] *tóxico* (*chemical*) ◇ *poisonous gases* gases tóxicos

to **poke** VERB
◆ *He poked me in the eye.* Me metió un dedo en el ojo.

poker NOUN
el *póker* ◇ *I play poker.* Juego al póker.

Poland NOUN
Polonia FEM

polar bear NOUN
el *oso polar*

Pole NOUN
(*person*)
el *polaco*
la *polaca*

pole NOUN
el *poste* ◇ *a telegraph pole* un poste de telégrafos
◆ *a tent pole* un mástil de tienda
◆ *a ski pole* un bastón de esquí
◆ *the North Pole* el Polo Norte
◆ *the South Pole* el Polo Sur

pole vault NOUN
◆ *the pole vault* el salto con pértiga

police PL NOUN
la *policía* ◇ *We called the police.* Llamamos a la policía.

police car NOUN
el *coche de policía*

policeman NOUN
(PL **policemen**)
el *policía*

police station NOUN
la *comisaría*

policewoman NOUN
(PL **policewomen**)
la *policía*

polio NOUN
la *polio*
*Although **polio** ends in **-o**, it is actually a feminine noun.*

Polish ADJECTIVE
see also Polish NOUN
polaco

Polish NOUN
see also Polish ADJECTIVE
el *polaco* (*language*)

polish NOUN
(PL **polishes**)
see also polish VERB
[1] el *betún* (*for shoes*)
[2] la *cera* (*for furniture*)

to **polish** VERB
see also polish NOUN
limpiar (*shoes, glass*)
◆ *to polish the furniture* sacar* brillo a los muebles

polite ADJECTIVE
educado ◇ *a polite child* un niño educado
◆ *It's not polite to point.* Es de mala educación señalar con el dedo.

political ADJECTIVE
político

politician NOUN
el *político*
la *política*

politics NOUN
la *política* ◇ *I'm not interested in politics.* No me interesa la política.

poll NOUN
el *sondeo de opinión*

pollen NOUN
el *polen*

to **pollute** VERB
contaminar

pollution NOUN
la *contaminación*

polo-necked sweater NOUN
el *suéter de cuello alto*

polo shirt NOUN
el *polo*

polythene bag NOUN
la *bolsa de plástico*

pond NOUN
[1] la *charca* (*natural*)
[2] el *estanque* (*artificial*)

pony NOUN
(PL **ponies**)
el *poney*

ponytail NOUN
la *coleta* ◇ *He's got a ponytail.* Lleva coleta.

pony trekking NOUN
◆ *to go pony trekking* ir* de excursión en poney

poodle NOUN
el *caniche*

pool NOUN
[1] el *estanque* (*pond*)
[2] la *piscina* (*swimming pool*)
[3] el *billar americano* (*game*)
◆ *a pool table* una mesa de billar
◆ *the pools* las quinielas ◇ *I do the pools every week.* Juego a las quinielas todas las semanas.

poor ADJECTIVE
[1] *pobre*
pobre *goes after the noun when it means that someone has not got very much money. It goes before the noun when you want to show that you feel sorry for someone.*
◇ *a poor family* una familia pobre ◇ *Poor David, he's very unlucky!* ¡Pobre David, tiene muy mala suerte!
◆ *the poor* los pobres
[2] *malo*

P

*Use **mal** before a masculine singular noun.*
◇ *He's a poor actor.* Es un mal actor. ◇ *a poor mark* una mala nota

poorly ADJECTIVE ◇ *She's feeling a bit poorly.* No se siente muy bien.

pop ADJECTIVE
pop MASC, FEM, PL ◇ *pop music* la música pop ◇ *a pop star* una estrella pop
- *a pop group* un grupo de música pop

to **pop in** VERB
entrar un momento

to **pop out** VERB
salir* un momento

to **pop round** VERB
- *I'm just popping round to John's.* Voy a pasarme por casa de John.

popcorn NOUN
las *palomitas de maíz*

Pope NOUN
- *the Pope* el Papa
*Although **Papa** ends in -a, it is actually a masculine noun.*

poppy NOUN
(PL poppies)
la *amapola*

popular ADJECTIVE
popular ◇ *Football is the most popular game in this country.* El fútbol es el deporte más popular de este país.
- *She's a very popular girl.* Es una chica que cae bien a todo el mundo.
- *This is a very popular style.* Este estilo está muy de moda.

population NOUN
la *población* (PL las *poblaciones*)

porch NOUN
(PL porches)
el *porche de entrada*

pork NOUN
la *carne de cerdo*
- *a pork chop* una chuleta de cerdo

porn NOUN
see also porn ADJECTIVE
el *porno*

porn ADJECTIVE
see also porn NOUN
porno MASC, FEM, PL ◇ *a porn film* una película porno

pornographic ADJECTIVE
pornográfico ◇ *a pornographic magazine* una revista pornográfica

pornography NOUN
la *pornografía*

porridge NOUN
las *gachas de avena*

port NOUN
el *puerto* ◇ *a fishing port* un puerto pesquero

portable NOUN
portátil ◇ *a portable TV* un televisor portátil

porter NOUN
[1] (*in hotel*)
el *portero*
la *portera*
[2] (*at station*)
el *mozo de equipajes*
la *moza de equipajes*

portion NOUN
[1] la *ración* (*of food*) (PL las *raciones*) ◇ *a large portion of chips* una ración grande de patatas fritas
[2] la *porción* (*part*) (PL las *porciones*) ◇ *a small portion of your salary* una pequeña porción de tu salario

portrait NOUN
el *retrato*

Portugal NOUN
Portugal MASC

Portuguese ADJECTIVE
see also Portuguese NOUN
portugués (PL *portugueses*, FEM *portuguesa*)

Portuguese NOUN
see also Portuguese ADJECTIVE
el *portugués* (*language*)
- *the Portuguese* los portugueses

posh ADJECTIVE
de lujo ◇ *a posh car* un coche de lujo

position NOUN
la *posición* (PL las *posiciones*) ◇ *an uncomfortable position* una posición incómoda

positive ADJECTIVE
[1] *positivo* ◇ *a positive attitude* una actitud positiva
[2] *seguro* (*sure*) ◇ *I'm positive.* Estoy completamente seguro.

to **possess** VERB
poseer* ◇ *She lost everything she possessed.* Perdió todo lo que poseía.

possession NOUN
- *Have you got all your possessions?* ¿Tienes todas tus pertenencias?

possibility NOUN
(PL possibilities)
la *posibilidad* ◇ *There were several possibilities.* Había varias posibilidades.

possible ADJECTIVE
posible
- *as soon as possible* lo antes posible
es posible que has to be followed by a verb in the subjunctive.
- *It's possible that he's gone away.* Es posible que se haya ido.

possibly ADVERB
tal vez ◇ *Are you coming to the party?—Possibly.* ¿Vas a venir a la fiesta?—Tal vez.
- *...if you possibly can.* ...si es que puedes.
- *I can't possibly go.* Me es del todo imposible ir.

post NOUN
see also post VERB
[1] el *correo* ◇ *Has the post arrived yet?* ¿Ha llegado ya el correo?

- **by post** por correo
- **Is there any post for me?** ¿Tengo alguna carta?

  2 el *poste* ◇ *The ball hit the post.* El balón dio en el poste.

◇ **post** VERB

  see also post NOUN
  mandar por correo ◇ *You could post it.* Puedes mandarlo por correo.
- **I've got some cards to post.** Tengo que mandar algunas postales.
- **Would you post this letter for me?** ¿Me echas esta carta al correo?

postage NOUN
  el *franqueo*

postbox NOUN
  (PL postboxes)
  el *buzón* (PL los *buzones*)

postcard NOUN
  la *postal*

postcode NOUN
  el *código postal*

poster NOUN
  1 el *cartel* (public) ◇ *There are posters all over town.* Hay carteles por toda la ciudad.
  2 el *póster* (personal) (PL los *pósters*)
  ◇ *I've got posters on my bedrooms walls.* Tengo pósters en las paredes de mi cuarto.

postman NOUN
  (PL postmen)
  el *cartero* ◇ *He's a postman.* Es cartero.

postmark NOUN
  el *matasellos* (PL los *matasellos*)

post office NOUN
  la *oficina de correos* ◇ *Where's the post office, please?* ¿Sabe dónde está la oficina de correos?
- **She works for the post office.** Trabaja en correos.

◇ **postpone** VERB
  *aplazar** ◇ *The match has been postponed.* El partido ha sido aplazado.

postwoman NOUN
  (PL postwomen)
  la *cartera* ◇ *She's a postwoman.* Es cartera.

pot NOUN
  1 el *tarro* ◇ *a pot of jam* un tarro de mermelada
- **a pot of paint** un bote de pintura
  2 la *tetera* (teapot)
- **a coffee pot** una cafetera
  3 la *maría* (informal) ◇ *to smoke pot* fumar maría
- **the pots and pans** las cacerolas

potato NOUN
  (PL potatoes)
  la *patata*
- **mashed potatoes** el puré de patatas
- **a baked potato** una patata asada

potential NOUN
- **He has great potential.** Promete mucho.

potential ADJECTIVE
  posible ◇ *a potential problem* un posible problema

pothole NOUN
  el *bache*

pot plant NOUN
  la *planta de interior*

pottery NOUN
  la *cerámica*

pound NOUN
  see also pound VERB
  1 la *libra*
  In Spain measurements are in grams and kilograms. One pound is about 450 grams.
  ◇ *a pound of carrots* una libra de zanahorias
  2 la *libra esterlina*
- **20 pounds** 20 libras
- **a pound coin** una moneda de una libra

to **pound** VERB
  see also pound NOUN
  latir con fuerza ◇ *My heart was pounding.* El corazón me latía con fuerza.

to **pour** VERB
  1 *echar* ◇ *She poured some water into the pan.* Echó un poco de agua en la olla.
  2 *llover* a cántaros* ◇ *It's pouring.* Está lloviendo a cántaros.
- **in the pouring rain** bajo una lluvia torrencial

poverty NOUN
  la *pobreza*

powder NOUN
  el *polvo*
- **a fine white powder** un polvillo blanco

power NOUN
  1 la *corriente* (electrical) ◇ *The power's off.* Se ha ido la corriente.
  2 la *energía* ◇ *nuclear power* la energía nuclear ◇ *solar power* la energía solar
  3 el *poder* ◇ *They were in power for 18 years.* Estuvieron 18 años en el poder.
- **a power point** un enchufe

power cut NOUN
  el *apagón* (PL los *apagones*)

powerful ADJECTIVE
  1 *poderoso* (person, organization) ◇ *the most powerful country in the world* el país más poderoso del mundo
  2 *potente* (machine, substance) ◇ *a powerful computer system* un potente sistema informático

power station NOUN
  la *central eléctrica*

practical ADJECTIVE
  práctico ◇ *a practical suggestion* un consejo práctico ◇ *She's very practical.* Es muy práctica.

practically ADVERB
  prácticamente ◇ *It's practically impossible.* Es prácticamente imposible.

practice NOUN
  1 la *práctica* ◇ *You'll get better with practice.* Mejorarás con la práctica.
- **in practice** en la práctica
- **It's normal practice in our school.** Es lo normal en nuestro colegio.
  2 el *entrenamiento* ◇ *football practice*

P

entrenamiento de fútbol
+ **I'm out of practice.** Estoy desentrenado.
+ **I've got to do my piano practice.** Tengo que hacer los ejercicios de piano.
+ **a medical practice** una consulta médica

to **practise** VERB
(US **practice**)

[1] *practicar** ◇ *I ought to practise more.* Debería practicar más. ◇ *I practise the flute every evening.* Practico flauta todas las tardes. ◇ *I practised my Spanish when we were on holiday.* Practiqué el español cuando estuvimos de vacaciones.

[2] *entrenarse* (train) ◇ *The team practises on Thursdays.* El equipo se entrena los jueves.

practising ADJECTIVE
practicante ◇ *She's a practising Catholic.* Es católica practicante.

to **praise** VERB
elogiar ◇ *Everyone praises her cooking.* Todo el mundo elogia cómo cocina.

pram NOUN
el *cochecito de niño*

prawn NOUN
la *gamba*

prawn cocktail NOUN
el *cóctel de gambas*

to **pray** VERB
rezar* ◇ *to pray for something* rezar por algo

prayer NOUN
la *oración* (PL las *oraciones*)

precaution NOUN
la *precaución* (PL las *precauciones*)
+ **to take precautions** tomar precauciones

preceding ADJECTIVE
anterior

precinct NOUN
+ **a shopping precinct** un centro comercial
+ **a pedestrian precinct** una zona peatonal

precious ADJECTIVE
precioso ◇ *a precious stone* una piedra preciosa

precise ADJECTIVE
preciso ◇ *at that precise moment* en aquel preciso instante
+ **to be precise** para ser exacto

precisely ADVERB
precisamente ◇ *That is precisely what it's meant for.* Para eso precisamente está hecho.
+ **Precisely!** ¡Exactamente!
+ **at 10 a.m. precisely** a las diez en punto de la mañana

to **predict** VERB
predecir*

predictable ADJECTIVE
previsible

prefect NOUN
Alumno que está en el último curso de la escuela y tiene a su cargo mantener la disciplina entre los pequeños.

to **prefer** VERB

to **prefer*** ◇ *Which would you prefer?* ¿Tú cuál prefieres? ◇ *I prefer chemistry to maths.* Prefiero la química a las matemáticas.

preference NOUN
la *preferencia*

pregnant ADJECTIVE
embarazada ◇ *She's six months pregnant.* Está embarazada de seis meses.

prehistoric ADJECTIVE
prehistórico

prejudice NOUN
el *prejuicio* ◇ *That's just a prejudice.* Eso no es más que un prejuicio.
+ **There's a lot of racial prejudice.** Hay muchos prejuicios raciales.

prejudiced ADJECTIVE
+ **to be prejudiced against somebody** tener* prejuicios contra alguien

premature ADJECTIVE
prematuro ◇ *a premature baby* un bebé prematuro

Premier League NOUN
la *primera división*

premises PL NOUN
el *local* ◇ *They're moving to new premises.* Se cambian de local.

premonition NOUN
el *presentimiento*

preoccupied ADJECTIVE
preocupado

prep NOUN
los *deberes* ◇ *history prep* los deberes de historia

preparations PL NOUN
los *preparativos* ◇ *Preparations are being made for the visit of the Queen.* Se están realizando los preparativos para la visita de la reina.

to **prepare** VERB
preparar ◇ *He was preparing dinner.* Estaba preparando la cena.
+ **to prepare for something** hacer* los preparativos para algo ◇ *We're preparing for our holiday.* Estamos haciendo los preparativos para las vacaciones.

prepared ADJECTIVE
+ **to be prepared to do something** estar* dispuesto a hacer algo ◇ *I'm prepared to help you.* Estoy dispuesto a ayudarte.

prep school NOUN
el *colegio privado* (de enseñanza primaria)

Presbyterian ADJECTIVE
see also Presbyterian NOUN
presbiteriano

Presbyterian NOUN
see also Presbyterian ADJECTIVE
el *presbiteriano*
la *presbiteriana*

to **prescribe** VERB
recetar ◇ *The doctor prescribed a course of antibiotics for me.* El doctor me recetó antibióticos.

prescription NOUN

la _receta_   ◇ _a prescription for penicillin_ una receta de penicilina
+ **on prescription** con receta médica
presence NOUN
la _presencia_
+ **presence of mind** presencia de ánimo
present ADJECTIVE
‖ see also **present** NOUN, VERB ‖
　① _presente_   ◇ _He wasn't present at the meeting._ No estuvo presente en la reunión.
　② _actual_   ◇ _the present situation_ la situación actual
+ **the present tense** el presente
present NOUN
‖ see also **present** ADJECTIVE, VERB ‖
　① el _regalo_
+ **to give somebody a present** hacer* un regalo a alguien   ◇ _He gave me a lovely present._ Me hizo un precioso regalo.
　② el _presente_   ◇ _to live in the present_ vivir el presente
+ **at present** actualmente
+ **for the present** por el momento
+ **up to the present** hasta el momento presente
to **present** VERB
‖ see also **present** ADJECTIVE, NOUN ‖
+ **to present somebody with something** entregar* algo a alguien   ◇ _The Mayor presented the winner with a medal._ El alcalde le entregó una medalla al vencedor.
+ **He agreed to present the show.** Aceptó presentar el espectáculo.
presenter NOUN
el _presentador_
la _presentadora_
presently ADVERB
　① _enseguida_   ◇ _You'll feel better presently._ Enseguida te sentirás mejor.
　② _actualmente_   ◇ _They're presently on tour._ Actualmente están de gira.
president NOUN
el _presidente_
la _presidenta_
press NOUN
‖ see also **press** VERB ‖
la _prensa_   ◇ _The story appeared in the press last week._ La historia salió en la prensa la semana pasada.
to **press** VERB
‖ see also **press** NOUN ‖
apretar*   ◇ _Don't press too hard!_ ¡No aprietes muy fuerte!
+ **He pressed the accelerator.** Pisó el acelerador.
press conference NOUN
la _rueda de prensa_
pressed ADJECTIVE
+ **We are pressed for time.** Andamos mal de tiempo.
press-up NOUN
+ **to do press-ups** hacer* flexiones
pressure NOUN
la _presión_ (PL las _presiones_)
+ **a pressure group** un grupo de presión

+ **to be under pressure** estar* presionado
　◇ _She was under pressure from the management._ Estaba presionada por la dirección.
+ **He's been under a lot of pressure recently.** Últimamente ha estado muy agobiado.
to **pressurize** VERB
+ **to pressurize somebody to do something** presionar a alguien para que haga algo   ◇ _My parents are pressurizing me to stay on at school._ Mis padres me están presionando para que siga estudiando.
prestige NOUN
el _prestigio_
prestigious ADJECTIVE
prestigioso
presumably ADVERB
+ **Presumably she already knows what's happened.** Supongo que ya sabe lo que ha pasado.
to **presume** VERB
suponer*   ◇ _I presume so._ Supongo que sí.
　◇ _I presume he'll come._ Supongo que vendrá.
to **pretend** VERB
+ **to pretend to do something** fingir* hacer algo
+ **to pretend to be asleep** hacerse* el dormido
pretty ADJECTIVE, ADVERB
　① _bonito_   ◇ _She wore a pretty dress._ Llevaba un vestido bonito.
　② _guapo_   ◇ _She's very pretty._ Es muy guapa.
　③ _bastante_   ◇ _That film was pretty bad._ La película era bastante mala.
+ **The weather was pretty awful.** Hacía un tiempo horroroso.
+ **It's pretty much the same.** Es más o menos lo mismo.
to **prevent** VERB
evitar   ◇ _Every effort had been made to prevent the accident._ Se había hecho todo lo posible para evitar el accidente.
‖ **evitar que** _has to be followed by a verb in the subjunctive._ ‖
　◇ _to prevent something happening_ evitar que pase algo   ◇ _I want to prevent this happening again._ Quiero evitar que esto se repita.
‖ **impedir a alguien que** _has to be followed by a verb in the subjunctive._ ‖
　◇ _to prevent somebody from doing something_ impedir* a alguien que haga algo   ◇ _My only idea was to prevent him from speaking._ Mi única idea era impedirle que hablara.
previous ADJECTIVE
anterior   ◇ _the previous night_ la noche anterior
+ **He has no previous experience.** No tiene experiencia previa.
previously ADVERB
antes
prey NOUN
la _presa_
+ **a bird of prey** un ave rapaz
price NOUN

P

el *precio*   ◇ What price is this painting?
¿Qué precio tiene este cuadro?
◆ **to go up in price** subir de precio
◆ **to come down in price** bajar de precio
price list NOUN
　la *lista de precios*
to **prick** VERB
　pinchar   ◇ I've pricked my finger. Me he
　pinchado un dedo.
pride NOUN
　el *orgullo*
priest NOUN
　el *sacerdote*
primary school NOUN
　la *escuela primaria*
prime minister NOUN
　el *primer ministro*
　la *primera ministra*
primitive ADJECTIVE
　primitivo
prince NOUN
　el *príncipe*   ◇ the Prince of Wales el
　príncipe de Gales
princess NOUN
　(PL princesses)
　la *princesa*   ◇ Princess Victoria. La
　princesa Victoria.
principal ADJECTIVE
　see also principal NOUN
　principal
principal NOUN
　see also principal ADJECTIVE
　el *director*
　la *directora*
principle NOUN
　el *principio*   ◇ the basic principles of
　physics los principios básicos de física
◆ **in principle** en principio
◆ **on principle** por principio
print NOUN
　1 la *foto*
　Although **foto** ends in **-o**, it is actually a feminine
　noun.
　◇ colour prints fotos a color
　2 la *letra*   ◇ in small print en letra pequeña
　3 la *huella*   ◇ The policeman took his
　prints. El policía le tomó las huellas.
　4 el *grabado*   ◇ a framed print un grabado
　enmarcado
printer NOUN
　la *impresora*
print-out NOUN
　la *copia impresa*
priority NOUN
　(PL priorities)
　la *prioridad*   ◇ My family takes priority over
　my work. Mi familia tiene prioridad sobre mi
　trabajo.
prison NOUN
　la *cárcel*   ◇ to send somebody to prison for
　5 years condenar a alguien a 5 años de cárcel
◆ **in prison** en la cárcel
prisoner NOUN

　1 (in prison)
　el *preso*
　la *presa*
　2 (captive)
　el *prisionero*
　la *prisionera*
◆ **to take somebody prisoner** hacer*
　prisionero a alguien
prison officer NOUN
　el *funcionario de prisiones*
　la *funcionaria de prisiones*
privacy NOUN
　la *intimidad*   ◇ in privacy en la intimidad
private ADJECTIVE
　1 *privado*   ◇ a private school un colegio
　privado
◆ **private life** la vida privada
◆ **private property** la propiedad privada
　2 *particular* (for one person only)   ◇ private
　lessons clases particulares   ◇ She has a
　private secretary. Tiene secretaria particular.
◆ **a private bathroom** un baño individual
◆ **"private"** "confidencial" (on envelope)
◆ **in private** en privado
to **privatize** VERB
　privatizar
privilege NOUN
　el *privilegio*
prize NOUN
　el *premio*   ◇ to win a prize ganar un
　premio
prize-giving NOUN
　la *entrega de premios*
prizewinner NOUN
　el *premiado*
　la *premiada*
pro NOUN
　(PL pros)
◆ **the pros and cons** los pros y los contras
probable ADJECTIVE
　probable
probably ADVERB
　probablemente   ◇ He'll probably come
　tomorrow. Probablemente vendrá mañana.
problem NOUN
　el *problema*
　Although **problema** ends in **-a**, it is actually a
　masculine noun.
　◇ the drug problem el problema de la droga
◆ **No problem! (1)** ¡Por supuesto!   ◇ Can you
　repair it? – No problem! ¿Lo puedes
　arreglar? – ¡Por supuesto!
◆ **No problem! (2)** ¡No importa!   ◇ I'm sorry
　about that – No problem! Lo siento – ¡No
　importa!
◆ **What's the problem?** ¿Qué pasa?
proceeds PL NOUN
　la *recaudación*   ◇ All proceeds will go to
　charity. Toda la recaudación se destinará a
　obras benéficas.
process NOUN
　(PL processes)
　el *proceso*   ◇ the peace process el proceso

de paz
+ **We're in the process of painting the
kitchen.** Ahora mismo estamos pintando la
cocina.
procession NOUN
la *procesión* (PL las *procesiones*)
produce VERB
[1] *producir** (*manufacture, create*)
[2] *montar* (*on stage*)
producer NOUN
[1] (*of film, record, TV programme*)
el *productor*
la *productora*
[2] (*of play, show*)
el *director*
la *directora*
product NOUN
el *producto*
production NOUN
[1] la *producción* (PL las *producciones*)
◇ *They're increasing production of luxury
models.* Están aumentando la producción de
modelos de lujo.
[2] el *montaje* ◇ *a production of "Hamlet"*
un montaje de "Hamlet"
profession NOUN
la *profesión* (PL las *profesiones*)
professional NOUN
see also professional ADJECTIVE
el/la *profesional*
professional ADJECTIVE
see also professional NOUN
profesional ◇ *a professional musician* un
músico profesional ◇ *a very professional
piece of work* un trabajo muy profesional
professionally ADVERB
+ **She sings professionally.** Es cantante
profesional.
professor NOUN
el *catedrático*
la *catedrática*
profit NOUN
los *beneficios* ◇ *to make a profit* sacar**
beneficios ◇ *a profit of £10,000* unos
beneficios de 10.000 libras
profitable ADJECTIVE
rentable
program NOUN
see also program VERB
el *programa*
Although **programa** *ends in* -a, *it is actually a
masculine noun.*
◇ *a computer program* un programa
informático
+ **a TV program** US un programa de televisión
program VERB
see also program NOUN
programar
programme NOUN
el *programa*
Although **programa** *ends in* -a, *it is actually a
masculine noun.*
◇ *a TV programme* un programa de
televisión

programmer NOUN
el *programador*
la *programadora*
◇ *She's a programmer.* Es programadora.
progress NOUN
el *progreso* ◇ *You're making progress!*
¡Estás haciendo progresos!
to **prohibit** VERB
*prohibir** ◇ *Smoking is prohibited.* Está
prohibido fumar.
project NOUN
[1] el *proyecto* ◇ *an international project*
un proyecto internacional
[2] el *trabajo* (*research*) ◇ *I'm doing a
project on the greenhouse effect.* Estoy
haciendo un trabajo sobre el efecto
invernadero.
projector NOUN
el *proyector*
promenade NOUN
el *paseo marítimo*
promise NOUN
see also promise VERB
la *promesa* ◇ *He made me a promise.* Me
hizo una promesa.
+ **That's a promise!** ¡Lo prometo!
to **promise** VERB
see also promise NOUN
prometer ◇ *He didn't do what he promised.*
No hizo lo que prometió.
+ **She promised to write.** Prometió que
escribiría.
+ **I'll write, I promise!** ¡Escribiré, lo prometo!
promising ADJECTIVE
prometedor (FEM *prometedora*) ◇ *a
promising tennis player* un tenista
prometedor
to **promote** VERB
*ascender** (*employee, team*) ◇ *She was
promoted six months later.* La ascendieron
seis meses después.
promotion NOUN
el *ascenso*
prompt ADJECTIVE, ADVERB
[1] *rápido* ◇ *a prompt reply* una rápida
respuesta
[2] *puntual* ◇ *He's always very prompt.*
Siempre es muy puntual.
+ **at eight o'clock prompt** a las ocho en punto
promptly ADVERB
[1] *puntualmente* (*on time*) ◇ *We left
promptly at seven.* Nos marchamos
puntualmente a las siete.
[2] *enseguida* (*immediately*) ◇ *He sat down
and promptly fell asleep.* Se sentó y se quedó
dormido enseguida.
pronoun NOUN
el *pronombre*
to **pronounce** VERB
pronunciar ◇ *How do you pronounce that
word?* ¿Cómo se pronuncia esa palabra?
pronunciation NOUN
la *pronunciación* (PL las *pronunciaciones*)
proof NOUN

P

la *prueba*
- **I've got proof that he did it.** Tengo pruebas de que lo hizo.

proper ADJECTIVE
1 *de verdad* (genuine) ◇ *It's difficult to get a proper job.* Es difícil conseguir un trabajo de verdad.
2 *adecuado* (suitable) ◇ *You have to have the proper equipment.* Tienes que tener el equipo adecuado.
- **If you had come at the proper time...** Si hubieras llegado a tu hora...

properly ADVERB
correctamente ◇ *You're not doing it properly.* No lo estás haciendo correctamente.
◇ *Dress properly for your interview.* Vaya correctamente vestido a la entrevista.

property NOUN
la *propiedad*
- **"private property"** "propiedad privada"
- **stolen property** objetos robados

proportional ADJECTIVE
proporcional ◇ *proportional representation* la representación proporcional

proposal NOUN
la *propuesta*

to **propose** VERB
*proponer** ◇ *I propose a new plan.* Propongo un cambio de planes. ◇ *What do you propose to do?* ¿Qué te propones hacer?
proponer que *has to be followed by a verb in the subjunctive.*
◇ *He proposed that we stay at home.* Propuso que nos quedáramos en casa.
- **to propose to somebody** (for marriage) declararse a alguien

to **prosecute** VERB
- **They were prosecuted for murder.** Les procesaron por asesinato.

prospect NOUN
la *perspectiva* ◇ *His future prospects are good.* Tiene buenas perspectivas de futuro.

prospectus NOUN
(PL **prospectuses**)
el *prospecto*

prostitute NOUN
la *prostituta*
- **a male prostitute** un prostituto

to **protect** VERB
*proteger**

protection NOUN
la *protección*

protein NOUN
la *proteína*

protest NOUN
see also **protest** VERB
la *protesta* ◇ *He ignored their protests.* Ignoró sus protestas.
- **a protest march** una manifestación

to **protest** VERB
see also **protest** NOUN
protestar

Protestant NOUN

see also **Protestant** ADJECTIVE
el/la *protestante* ◇ *I'm a Protestant.* Soy protestante.

Protestant ADJECTIVE
see also **Protestant** NOUN
protestante

protester NOUN
el/la *manifestante*

proud ADJECTIVE
orgulloso ◇ *Her parents are proud of her.* Sus padres están orgullosos de ella.

to **prove** VERB
*probar** ◇ *The police couldn't prove it.* La policía no pudo probarlo.

proverb NOUN
el *proverbio* ◇ *a Chinese proverb* un proverbio chino
- **a Spanish proverb** un refrán español

to **provide** VERB
proporcionar
- **to provide somebody with something** proporcionar algo a alguien ◇ *They provided us with maps.* Nos proporcionaron mapas.

to **provide for** VERB
*mantener** ◇ *He can't provide for his family any more.* Ya no puede mantener a su familia.

provided CONJUNCTION
siempre que
siempre que *has to be followed by a verb in the subjunctive.*
◇ *He'll play in the next match provided he's fit.* Jugará el próximo partido siempre que esté en condiciones.

prowler NOUN
el *merodeador*
la *merodeadora*

prune NOUN
la *ciruela pasa*

to **pry** VERB
*inmiscuirse** ◇ *He's always prying into other people's affairs.* Siempre está inmiscuyéndose en asuntos ajenos.

pseudonym NOUN
el *seudónimo*

psychiatrist NOUN
el/la *psiquiatra*

psychoanalyst NOUN
el/la *psicoanalista*

psychological ADJECTIVE
psicológico

psychologist NOUN
el *psicólogo*
la *psicóloga*

psychology NOUN
la *psicología*

PTO ABBREVIATION (= *please turn over*)
sigue

pub NOUN
el *bar*

public NOUN
see also **public** ADJECTIVE

Verbs marked with this symbol are irregular. See pages 332–333 for further details

the public el público ◇ *open to the public*
abierto al público

in public en público

public ADJECTIVE

see also public NOUN

público

a public holiday un día festivo

public opinion la opinión pública

the public address system la megafonía

to be in the public eye ser* un personaje
público

publican NOUN

He's a publican. Es dueño de un pub.

publicity NOUN

la *publicidad*

public school NOUN

el *colegio privado*

public transport NOUN

el *transporte público*

publish VERB

*publicar**

publisher NOUN

[1] (*person*)

el *editor*

la *editora*

[2] (*company*)

la *editorial*

pudding NOUN

el *postre* ◇ *What's for pudding?* ¿Qué hay
de postre?

rice pudding el arroz con leche

black pudding la morcilla

puddle NOUN

el *charco*

puff pastry NOUN

el *hojaldre*

pull VERB

[1] *tirar* (*to make something move*) ◇ *Pull as*
hard as you can. Tira con todas tus fuerzas.

[2] *tirar de* (*to tug at something*) ◇ *She*
pulled my hair. Me tiró del pelo.

He pulled the trigger. Apretó el gatillo.

I pulled a muscle when I was training. Me
dio un tirón mientras entrenaba.

You're pulling my leg! ¡Me estás tomando el
pelo!

Pull yourself together! ¡Tranquilízate!

pull down VERB

echar abajo ◇ *The old school was pulled*
down last year. El año pasado echaron abajo
la vieja escuela.

pull out VERB

[1] *sacar** (*remove*) ◇ *to pull a tooth out*
sacar una muela

[2] *echarse a un lado* (*car*) ◇ *The car*
pulled out to overtake. El coche se echó a un
lado para adelantar.

[3] *retirarse* (*from competition*) ◇ *She pulled*
out of the tournament. Se retiró del torneo.

pull through VERB

recuperarse ◇ *They think he'll pull through.*
Creen que se recuperará.

pull up VERB

parar (*car*) ◇ *A black car pulled up beside*
me. Un coche negro paró a mi lado.

pullover NOUN

el *jersey* (PL los *jerseys*)

pulse NOUN

el *pulso* ◇ *The nurse took his pulse.* La
enfermera le tomó el pulso.

pulses PL NOUN

las *legumbres*

pump NOUN

see also pump VERB

[1] la *bomba* ◇ *a bicycle pump* una bomba
de bicicleta

a petrol pump un surtidor de gasolina

[2] la *zapatilla* (*de deporte*) ◇ *She was*
wearing a black leotard and black pumps.
Llevaba malla y zapatillas negras.

pump VERB

see also pump NOUN

bombear

to pump up a tyre inflar una rueda

pumpkin NOUN

la *calabaza*

punch NOUN

(PL **punches**)

see also punch VERB

[1] el *puñetazo* (*blow*)

[2] el *ponche* (*drink*)

punch VERB

see also punch NOUN

dar un puñetazo a* ◇ *He punched me!*
¡Me ha dado un puñetazo!

punch-up NOUN

la *pelea*

punctual ADJECTIVE

puntual

punctuation NOUN

la *puntuación*

puncture NOUN

el *pinchazo* ◇ *I had a puncture on the*
motorway. Tuve un pinchazo en la autopista.

punish VERB

*castigar** ◇ *They were severely punished*
for their disobedience. Les castigaron
severamente por su desobediencia.

to punish somebody for doing something
castigar a alguien por haber hecho algo

punishment NOUN

el *castigo*

punk NOUN

el/la *punki*

a punk rock band un grupo punk

pupil NOUN

el *alumno*

la *alumna*

puppet NOUN

el *títere*

puppy NOUN

(PL **puppies**)

el *cachorro*

purchase VERB

*adquirir**

pure ADJECTIVE

puro ◇ *He's doing pure maths.* Estudia
matemáticas puras.

P

purple ADJECTIVE
morado

purpose NOUN
el *objetivo* ◇ What is the purpose of these changes? ¿Cuál es el objetivo de estos cambios?
- **his purpose in life** su meta en la vida
- **It's being used for military purposes.** Se está usando con fines militares.
- **on purpose** a propósito ◇ He did it on purpose. Lo hizo a propósito.

to **purr** VERB
ronronear

purse NOUN
[1] el *monedero* (for money)
[2] el *bolso* (handbag) US

pursuit NOUN
la *actividad* ◇ outdoor pursuits actividades al aire libre

push NOUN
(PL pushes)
see also push VERB
el *empujón* (PL los *empujones*)
- **to give somebody a push** dar* un empujón a alguien

to **push** VERB
see also push NOUN
empujar ◇ Don't push! ¡No empujes!
- **to push a button** pulsar un botón
- **to push drugs** pasar droga
- **I'm pushed for time today.** Hoy ando fatal de tiempo.
- **Push off!** ¡Lárgate!
- **Don't push your luck!** ¡No tientes a la suerte!

to **push around** VERB
dar órdenes a* ◇ He likes pushing people around. Le gusta dar órdenes a la gente.

to **push on** VERB
*seguir** ◇ There's a lot to do, so I must push on now. Hay mucho que hacer, así que ahora tengo que seguir.

to **push through** VERB
- **I pushed my way through.** Me abrí camino a empujones.

pushchair NOUN
la *silla de paseo*

pusher NOUN
el *camello* (of drugs)

to **put** VERB
(put, put)
*poner** ◇ Where shall I put my things? ¿Dónde pongo mis cosas? ◇ Don't forget to put your name on the paper. No te olvides de poner tu nombre en la hoja.
- **She's putting the baby to bed.** Está acostando al niño.

to **put across** VERB
*comunicar** ◇ He finds it hard to put his ideas across. Le cuesta comunicar sus ideas.

to **put aside** VERB
apartar ◇ Can you put this aside for me till tomorrow? ¿Me lo puede apartar hasta mañana?

to **put away** VERB
[1] *guardar* ◇ Can you put the dishes away, please? ¿Guardas los platos?
[2] *encerrar** (in prison) ◇ I hope they put him away for a long time. Espero que lo encierren por muchos años.

to **put back** VERB
[1] *poner* en su sitio* (in place) ◇ Put it back when you've finished with it. Ponlo en su sitio cuando hayas terminado.
[2] *aplazar** (postpone) ◇ The meeting has been put back till 2 o'clock. La reunión ha sido aplazada hasta las 2.

to **put down** VERB
[1] *soltar** ◇ I'll put these bags down for a minute. Voy a soltar estas bolsas un momento.
[2] *apuntar* (note) ◇ I've put down a few ideas. He apuntado algunas ideas.
- **to have an animal put down** sacrificar* a un animal ◇ We had to have our dog put down. Tuvimos que sacrificar a nuestro perro.
- **to put the phone down** colgar*

to **put forward** VERB
adelantar (clock)

to **put in** VERB
*poner** (install) ◇ We're going to get central heating put in. Vamos a poner calefacción central.
- **He has put in a lot of work on this project.** Ha dedicado mucho trabajo a este proyecto.
- **I've put in for a new job.** He solicitado otro empleo.

to **put off** VERB
[1] *apagar** (light, TV) ◇ Shall I put the light off? ¿Apago la luz?
[2] *aplazar** (delay) ◇ I keep putting it off. No hago más que aplazarlo.
[3] *distraer** (distract) ◇ Stop putting me off! ¡Deja ya de distraerme!
[4] *desanimar* (discourage) ◇ He's not easily put off. No es de los que se desaniman fácilmente.

to **put on** VERB
[1] *ponerse** (clothes, lipstick) ◇ I put my coat on. Me puse el abrigo.
[2] *poner** (tape, record) ◇ Put on some music. Pon algo de música.
[3] *encender** (light, TV) ◇ Shall I put the heater on? ¿Enciendo el radiador?
[4] *representar* (play, show) ◇ We're putting on "Bugsy Malone". Estamos representando "Bugsy Malone".
- **I'll put the potatoes on.** Voy a poner a hacer las patatas.
- **to put on weight** engordar ◇ He has put on a lot of weight. Ha engordado mucho.
- **She's not ill: she's just putting it on.** No está enferma: es puro teatro.

to **put out** VERB
*apagar** ◇ It took them five hours to put out the fire. Tardaron cinco horas en apagar el incendio.

Verbs marked with this symbol are irregular. See pages 332–333 for further details

+ **He's a bit put out that nobody came.** Le sentó mal que no viniera nadie.
- **put through** VERB

  poner* ◇ _Can you put me through to the manager?_ ¿Me pone con el director? ◇ _I'm putting you through._ Le pongo.
- **put up** VERB

  [1] _colgar*_ (_on wall_) ◇ _The poster's great. I'll put it up on my wall._ El póster es genial. Lo colgaré en la pared.

  [2] _montar_ ◇ _We put up our tent in a field._ Montamos la tienda en un prado.

  [3] _subir_ ◇ _They've put up the price._ Han subido el precio.
+ **My friend will put me up for the night.** Me quedaré a dormir en casa de mi amigo.
+ **to put one's hand up** levantar la mano ◇ _If you have any questions, put your hand up._ Quien tenga alguna pregunta que levante la mano.
+ **to put up with something** aguantar algo ◇ _I'm not going to put up with it any longer._ No pienso aguantarlo más.
+ **to put something up for sale** poner* algo en venta ◇ _They're going to put their house up for sale._ Van a poner la casa en venta.

puzzle NOUN

el _rompecabezas_ (PL los _rompecabezas_)

puzzled ADJECTIVE

perplejo ◇ _You look puzzled!_ ¡Te has quedado perplejo!

puzzling ADJECTIVE

desconcertante

pyjamas PL NOUN

el _pijama_

> _Although_ **pijama** _ends in_ **-a**, _it is actually a masculine noun._

◇ _my pyjamas_ mi pijama
+ **a pair of pyjamas** un pijama

pyramid NOUN

la _pirámide_

Pyrenees PL NOUN
+ **the Pyrenees** los Pirineos

Q

quaint ADJECTIVE

pintoresco (_house, village_)

qualification NOUN

el _título_ ◇ _He left school without any qualifications._ Dejó la escuela sin sacarse ningún título. ◇ _vocational qualifications_ los títulos de formación profesional ◇ _a teaching qualification_ un título de profesor

qualified ADJECTIVE

[1] _cualificado_ ◇ _a qualified driving instructor_ un profesor de autoescuela cualificado

[2] _titulado_ ◇ _a qualified teacher_ un profesor titulado
+ **She was well qualified for the position.** Estaba suficientemente capacitada para el puesto.

qualify VERB

(_qualified, qualified_)

[1] _sacarse* el título_ ◇ _She qualified as a teacher last year._ Se sacó el título de profesora el año pasado.

[2] _clasificarse*_ ◇ _Our team didn't qualify for the finals._ Nuestro equipo no se clasificó para la final.

quality NOUN

(PL **qualities**)

[1] la _calidad_ ◇ _a good quality of life_ una buena calidad de vida ◇ _good-quality paper_ el papel de calidad

[2] la _cualidad_ ◇ _She's got lots of good qualities._ Tiene un montón de buenas cualidades.

quantity NOUN

(PL **quantities**)

la _cantidad_

quarantine NOUN

la _cuarentena_ ◇ _in quarantine_ en cuarentena

quarrel NOUN

see also quarrel VERB

la _pelea_ (_discusión_) ◇ _We had a quarrel._ Nos peleamos.

to **quarrel** VERB

see also quarrel NOUN

pelearse (_discutir_)

quarry NOUN

(PL **quarries**)

la _cantera_ (_for stone_)

quarter NOUN

el _cuarto_
+ **three quarters** tres cuartos
+ **a quarter of an hour** un cuarto de hora
+ **a quarter past ten** las diez y cuarto
+ **a quarter to eleven** las once menos cuarto

quarter-finals PL NOUN

los _cuartos de final_

quartet NOUN

el _cuarteto_ ◇ _a string quartet_ un cuarteto de cuerda

quay NOUN

el _muelle_ (_embarcadero_)

queasy ADJECTIVE
+ **I feel queasy.** Tengo náuseas.

queen NOUN

[1] la _reina_ ◇ _Queen Elizabeth_ la reina Isabel

[2] la _dama_ ◇ _the queen of hearts_ la dama

P

Q

de corazones
- **the Queen Mother** la reina madre

query NOUN
(PL **queries**)
see also query VERB
la *pregunta*

to **query** VERB
see also query NOUN
poner* en duda ◇ *No one queried my decision.* Nadie puso en duda mi decisión.
- **They queried the bill.** Pidieron explicaciones sobre la factura.

question NOUN
see also question VERB
[1] la *pregunta* ◇ *Can I ask a question?* ¿Puedo hacer* una pregunta?
[2] la *cuestión* (PL las *cuestiones*) ◇ *That's a difficult question.* Ésa es una cuestión complicada. ◇ *It's just a question of...* Tan sólo es cuestión de...
- **It's out of the question.** Es imposible.

to **question** VERB
see also question NOUN
interrogar* ◇ *He was questioned by the police.* Lo interrogó la policía.

question mark NOUN
el *signo de interrogación*

questionnaire NOUN
el *cuestionario*

queue NOUN
see also queue VERB
la *cola* ◇ *People were standing in a queue outside the cinema.* La gente hacía cola a las puertas del cine.

to **queue** VERB
see also queue NOUN
hacer* cola ◇ *We had to queue for tickets.* Tuvimos que hacer cola para comprar los billetes.

quick ADJECTIVE, ADVERB
rápido ◇ *a quick lunch* un almuerzo rápido ◇ *It's quicker by train.* Se va más rápido en tren.
- **She's a quick learner.** Aprende rápido.
- **Quick, phone the police!** ¡Rápido, llama a la policía!
- **Be quick!** ¡Date prisa!

quickly ADVERB
rápidamente ◇ *It was all over very quickly.* Se acabó todo muy rápidamente.

quiet ADJECTIVE
[1] *callado* ◇ *You're very quiet today.* Estás muy callado hoy. ◇ *She's a very quiet girl.* Es una chica muy callada.
[2] *silencioso* ◇ *The engine's very quiet.* El motor es muy silencioso.
[3] *tranquilo* ◇ *a quiet little town* un pueblecito tranquilo ◇ *a quiet weekend* un fin de semana tranquilo
- **Be quiet!** ¡Cállate!
- **Quiet!** ¡Silencio!

quietly ADVERB

[1] *en voz baja* ◇ *She's dead. – He said quietly.* Está muerta. – Dijo en voz baja.
[2] *sin hacer ruido* ◇ *He quietly opened the door.* Abrió la puerta sin hacer ruido.

quilt NOUN
el *edredón* (PL los *edredones*)

to **quit** VERB
[1] *dejar* ◇ *I quit my job last week.* Dejé mi trabajo la semana pasada.
[2] *marcharse* ◇ *I've been given notice to quit.* Me han dado el aviso para que me marche.

quite ADVERB
[1] *bastante* ◇ *It's quite warm today.* Hoy hace bastante calor. ◇ *It's quite a long way.* Está bastante lejos. ◇ *I quite liked the film, but it was too long.* La película me gustó bastante, pero fue demasiado larga.
- **How was the film? – Quite good.** ¿Qué tal la película? – No está mal.
[2] *totalmente* ◇ *It's quite different.* Es totalmente distinto. ◇ *I quite agree with you.* Estoy totalmente de acuerdo contigo.
- **It's quite clear that this plan won't work.** Está clarísimo que este plan no va a funcionar.
- **not quite...** no del todo... ◇ *I'm not quite sure.* No estoy del todo seguro.
- **It's not quite the same.** No es exactamente lo mismo.
- **quite a...** todo un ◇ *It was quite a shock.* Fue todo un susto. ◇ *That's quite an experience.* Eso es toda una experiencia.
- **quite a lot** bastante ◇ *I've been there quite a lot.* He estado allí bastante. ◇ *quite a lot of money* bastante dinero ◇ *It costs quite a lot to go abroad.* Es bastante caro ir* al extranjero.
- **There were quite a few people there.** Había bastante gente allí.

quiz NOUN
(PL **quizzes**)
el *concurso* (de preguntas) ◇ *a quiz show* un programa concurso

quota NOUN
el *cupo*

quotation NOUN
la *cita* ◇ *a quotation from Shakespeare* una cita de Shakespeare

quotation marks PL NOUN
las *comillas*

quote NOUN
see also quote VERB
[1] la *cita* ◇ *a Shakespeare quote* una cita de Shakespeare
[2] el *presupuesto* ◇ *Can you give me a quote for the work?* ¿Puede darme un presupuesto por el trabajo?
- **quotes** las comillas ◇ *in quotes* entre comillas

to **quote** VERB
see also quote NOUN
citar

R

rabbi NOUN
el *rabino*
la *rabina*

rabbit NOUN
el *conejo*
- **rabbit hutch** la conejera

rabies NOUN
la *rabia* ◇ a dog with rabies un perro rabioso

race NOUN
see also race VERB
[1] la *carrera*
- **a cycle race** una carrera ciclista
[2] la *raza*
- **race relations** las relaciones interraciales
- **the human race** el género humano

race VERB
see also race NOUN
[1] *correr* ◇ We raced to get there on time. Corrimos para llegar allí a tiempo.
[2] *echarle una carrera a*
- **I'll race you!** ¡Te echo una carrera!

racecourse NOUN
el *hipódromo*

racehorse NOUN
el *caballo de carreras*

racer NOUN
la *bicicleta de carreras*

racetrack NOUN
[1] el *circuito* (for cars)
[2] el *velódromo* (for cycles)

racial ADJECTIVE
racial ◇ racial discrimination la discriminación racial

racing car NOUN
el *coche de carreras*

racing driver NOUN
el/la *piloto de carreras*

racism NOUN
el *racismo*

racist ADJECTIVE
see also racist NOUN
racista

racist NOUN
see also racist ADJECTIVE
el/la *racista* ◇ He's a racist. Es racista.

rack NOUN
el *portaequipajes* (for luggage) (PL los portaequipajes)

racket NOUN
[1] la *raqueta* (for sport) ◇ my tennis racket mi raqueta de tenis
[2] el *jaleo* (informal: noise) ◇ They're making a terrible racket. Están armando muchísimo jaleo.

racquet NOUN
la *raqueta*

radar NOUN
el *radar*

radiation NOUN
la *radiación*

radiator NOUN
el *radiador*

radio NOUN
(PL **radios**)
la *radio*
Although **radio** ends in **-o**, it is actually a feminine noun.
- **on the radio** por la radio
- **a radio station** una emisora de radio

radioactive ADJECTIVE
radiactivo

radio cassette NOUN
el *radiocasete*

radio-controlled ADJECTIVE
teledirigido

radish NOUN
(PL **radishes**)
el *rábano*

RAF ABBREVIATION (= Royal Air Force)
las *fuerzas aéreas británicas* ◇ He's in the RAF. Está en las fuerzas aéreas británicas.

raffle NOUN
la *rifa* ◇ a raffle ticket una papeleta de rifa

raft NOUN
la *balsa*

rag NOUN
el *trapo* ◇ a piece of rag un trapo
- **dressed in rags** cubierto de harapos

rage NOUN
rabia ◇ mad with rage loco de rabia
- **to be in a rage** estar* furioso
- **It's all the rage.** Es el último grito.

raid NOUN
see also raid VERB
[1] el *asalto* ◇ a bank raid un asalto de banco
[2] la *redada* ◇ a police raid una redada policial

to **raid** VERB
see also raid NOUN
[1] *asaltar* (bank)
[2] *hacer* una redada en* ◇ The police raided a club in Soho. La policía hizo una redada en un club del Soho.

rail NOUN
[1] la *barandilla* (on stairs, bridge, balcony)
[2] el *riel* (for curtains)
- **by rail** por ferrocarril
- **railcard** la tarjeta de descuento para viajes en tren

railway NOUN
el *ferrocarril*
- **railway line** la línea ferroviaria
- **railway station** la estación de ferrocarril

rain NOUN
see also rain VERB
la *lluvia* ◇ in the rain bajo la lluvia ◇ It looks like rain. Parece que va a llover.

to **rain** VERB
see also rain NOUN
*llover** ◇ It rains a lot here. Aquí llueve

R

mucho.
- **It's raining.** Está lloviendo.

rainbow NOUN
el *arco iris* (PL los *arco iris*)

raincoat NOUN
el *impermeable*

rainfall NOUN
las *precipitaciones*

rainforest NOUN
la *selva tropical*

rainy ADJECTIVE
lluvioso

to **raise** VERB
1 *levantar* ◇ *He raised his hand.* Levantó la mano.
2 *mejorar* ◇ *They want to raise standards in schools.* Quieren mejorar el nivel escolar.
3 *aumentar* ◇ *to raise interest rates* aumentar los tipos de interés
- **to raise money** recaudar fondos ◇ *The school is raising money for a new gym.* El colegio está recaudando fondos para un gimnasio nuevo.

raisin NOUN
la *pasa*

rake NOUN
el *rastrillo*

rally NOUN
(PL **rallies**)
1 la *concentración* (*of people*) (PL las *concentraciones*) ◇ *There was rally in Trafalgar Square.* Hubo una concentración en Trafalgar Square.
2 el *rally* (*sport*) (PL los *rallys*) ◇ *a rally driver* un piloto de rally
3 el *peloteo* (*in tennis*)

to **ram** VERB
embestir* contra ◇ *The thieves rammed a police car.* Los ladrones embistieron contra un coche de la policía.

ramble NOUN
- **to go for a ramble** ir* de excursión (*de marcha*)

rambler NOUN
el/la *excursionista*

ramp NOUN
la *rampa*

ran VERB *see* **run**

ranch NOUN
(PL **ranches**)
el *rancho*

random ADJECTIVE
- **a random selection** una selección hecha al azar
- **at random** al azar ◇ *We picked the number at random.* Elegimos el número al azar.

rang VERB *see* **ring**

range NOUN
| *see also* range VERB |
la *variedad* ◇ *There's a wide range of colours.* Hay una gran variedad de colores.
- **It's out of my price range.** Está fuera de mis posibilidades.

- **a range of mountains** una cadena montañosa

to **range** VERB
| *see also* range NOUN |
- **to range from...to...** oscilar entre...y...
  ◇ *Temperatures in summer range from 20 to 35 degrees.* En verano las temperaturas oscilan entre los 20 y los 35 grados.
- **Tickets range from £2 to £20.** El precio de las entradas va de 2 a 20 libras esterlinas.

rank NOUN
| *see also* rank VERB |
- **a taxi rank** una parada de taxis

to **rank** VERB
| *see also* rank NOUN |
- **He's ranked third in the United States.** Está clasificado tercero en los Estados Unidos.

ransom NOUN
el *rescate*

rap NOUN
el *rap*

rape NOUN
| *see also* rape VERB |
la *violación* (PL las *violaciones*)

to **rape** VERB
| *see also* rape NOUN |
violar

rapist NOUN
el *violador*

rare ADJECTIVE
1 *raro* (*unusual*)
2 *poco hecho* (*steak*)

rash NOUN
(PL **rashes**)
| *see also* rash ADJECTIVE |
el *sarpullido* ◇ *I've got a rash on my chest.* Tengo un sarpullido en el pecho.

rash ADJECTIVE
| *see also* rash NOUN |
precipitado

rasher NOUN
- **a rasher of bacon** una loncha de bacon

raspberry NOUN
(PL **raspberries**)
la *frambuesa*

rat NOUN
la *rata*

rate NOUN
| *see also* rate VERB |
1 la *tarifa* ◇ *There are reduced rates for students.* Hay tarifas reducidas para estudiantes.
2 el *tipo* ◇ *a high rate of interest* un tipo de interés elevado ◇ *the divorce rate* el porcentaje de divorcios ◇ *the birth rate* la tasa de natalidad

to **rate** VERB
| *see also* rate NOUN |
considerar ◇ *He was rated the best.* Era considerado el mejor.

rather ADVERB
bastante ◇ *I was rather disappointed.* Quedé bastante decepcionado. ◇ *£20! That's*

rather a lot! ¡20 libras esterlinas! ¡Es bastante caro!
- **rather a lot of** mucho ◇ *I've got rather a lot of homework to do.* Tengo muchos deberes que hacer*.
- **I'd rather...** Preferiría... ◇ *Would you like a sweet? – I'd rather have an apple.* ¿Quieres un caramelo? – Preferiría una manzana. ◇ *I'd rather stay in tonight.* Preferiría no salir esta noche.

> **preferiría que** *has to be followed by a verb in the subjunctive.*

◇ *I'd rather he didn't come to the party.* Preferiría que no viniera a la fiesta.
- **rather than...** en lugar de... ◇ *We decided to camp, rather than stay at a hotel.* Decidimos acampar, en lugar de quedarnos en un hotel.

rattle NOUN
el *sonajero*

rave VERB
poner* por las nubes
- **They raved about the film.** Pusieron la película por las nubes.

raven NOUN
el *cuervo*

raving ADJECTIVE
- **to be raving mad** estar* loco como una cabra

raw ADJECTIVE
crudo (*food*)
- **raw material** la materia prima

razor NOUN
la *maquinilla de afeitar*
- **razor blade** la hoja de afeitar

RE ABBREVIATION (= *Religious Education*)
la *religión*

reach NOUN
see also reach VERB
- **out of reach** fuera del alcance ◇ *Keep medicine out of reach of children.* Guárdense los medicamentos fuera del alcance de los niños.
- **within easy reach of** a poca distancia de ◇ *The hotel is within easy reach of the town centre.* El hotel está a poca distancia del centro de la ciudad.

reach VERB
see also reach NOUN
[1] *llegar* a* ◇ *We reached the hotel at seven o'clock.* Llegamos al hotel a las siete. ◇ *We hope to reach the final.* Esperamos llegar a la final. ◇ *Eventually they reached a decision.* Finalmente llegaron a una decisión.
[2] *ponerse* en contacto con* (*get in touch*) ◇ *How can I reach you?* ¿Cómo puedo ponerme en contacto contigo?

react VERB
reaccionar

reaction NOUN
la *reacción* (PL las *reacciones*)

reactor NOUN
el *reactor*
- **a nuclear reactor** un reactor nuclear

to read VERB
(read, read)
leer* ◇ *I don't read much.* No leo mucho.
◇ *Read the text out loud.* Lee el texto en voz alta.

to read out VERB
leer* (*en voz alta*) ◇ *I was reading it out to the children.* Se lo estaba leyendo a los niños.

reader NOUN
(*person*)
el *lector*
la *lectora*

reading NOUN
la *lectura* ◇ *I'll see you in the reading room.* Te veo en la sala de lectura.
- **I like reading.** Me gusta leer.

ready ADJECTIVE
preparado ◇ *The meal is ready.* La comida está preparada.
- **She's nearly ready.** Está casi lista.
- **He's always ready to help.** Siempre está dispuesto a ayudar.
- **to get ready** prepararse
- **to get something ready** preparar algo ◇ *He's getting the dinner ready.* Está preparando la cena.

real ADJECTIVE
[1] *verdadero* ◇ *the real reason* el verdadero motivo ◇ *It was a real nightmare.* Fue una verdadera pesadilla.
- **In real life these things don't happen.** Estas cosas no pasan en la vida real.
[2] *auténtico* ◇ *It's real leather.* Es piel auténtica.

realistic ADJECTIVE
realista

reality NOUN
la *realidad*

to realize VERB
- **to realize that...** darse* cuenta de que... ◇ *We realized that something was wrong.* Nos dimos cuenta de que algo iba mal.

really ADVERB
de verdad ◇ *I'm learning German. – Really?* Estoy aprendiendo alemán. – ¿De verdad?
- **Do you really think so?** ¿Tú crees?
- **She's really nice.** Es muy simpática.
- **Do you want to go? – Not really.** ¿Quieres ir*? – La verdad es que no.

rear ADJECTIVE
see also rear NOUN
trasero ◇ *the rear wheel* la rueda trasera

rear NOUN
see also rear ADJECTIVE
la *parte trasera* ◇ *at the rear of the train* en la parte trasera del tren

reason NOUN
la *razón* (PL las *razones*) ◇ *There's no reason to think that he's dangerous.* No hay razón para pensar que es peligroso.
- **for security reasons** por motivos de seguridad
- **That was the main reason I went.** Fui mayormente por eso.

R

reasonable ADJECTIVE
  1 *razonable* ◇ Be reasonable! ¡Sé razonable!
  2 *bastante aceptable* ◇ He wrote a reasonable essay. Escribió una redacción bastante aceptable.
reasonably ADVERB
  bastante ◇ The team played reasonably well. El equipo jugó bastante bien.
  ◆ **reasonably priced accommodation** alojamiento a precios razonables
to **reassure** VERB
  tranquilizar*
reassuring ADJECTIVE
  tranquilizador
rebel NOUN
  el/la *rebelde*
rebellious ADJECTIVE
  rebelde
receipt NOUN
  el *recibo*
to **receive** VERB
  recibir
receiver NOUN
  el *auricular*
  ◆ **to pick up the receiver** descolgar*
recent ADJECTIVE
  reciente ◇ recent scientific discoveries los recientes descubrimientos científicos
  ◆ **in recent weeks** en las últimas semanas
recently ADVERB
  últimamente ◇ I haven't seen him recently. No lo he visto últimamente. ◇ I've been doing a lot of training recently. Últimamente he estado entrenando mucho.
  ◆ **until recently** hasta hace poco
reception NOUN
  la *recepción* (PL las *recepciones*) ◇ Please leave your key at reception. Por favor dejen la llave en recepción. ◇ The reception will be at a big hotel. La recepción tendrá lugar en un gran hotel.
receptionist NOUN
  el/la *recepcionista* ◇ She's a receptionist in a hotel. Es recepcionista en un hotel.
recession NOUN
  la *recesión* (PL las *recesiones*)
recipe NOUN
  la *receta*
to **reckon** VERB
  creer* ◇ What do you reckon? ¿Tú qué crees?
reclining ADJECTIVE
  ◆ **a reclining seat** un asiento reclinable
recognizable ADJECTIVE
  reconocible
to **recognize** VERB
  reconocer*
to **recommend** VERB
  recomendar* ◇ What do you recommend? ¿Qué me recomienda?
to **reconsider** VERB
  reconsiderar

record NOUN
  see also record VERB
  1 el *disco*
  2 el *récord* (PL los *récords*) ◇ the world record el récord mundial
  ◆ **in record time** en un tiempo récord
  ◆ **criminal record** los antecedentes penales ◇ He's got a criminal record. Tiene antecedentes penales.
  ◆ **There is no record of your booking.** No tenemos constancia de su reserva.
  ◆ **records** los archivos ◇ I'll check in the records. Miraré en los archivos.
to **record** VERB
  see also record NOUN
  grabar ◇ They've just recorded their new album. Acaban de grabar su nuevo álbum.
recorded delivery NOUN
  ◆ **to send something recorded delivery** enviar* algo por correo certificado
recorder NOUN
  la *flauta dulce* (musical instrument)
  ◆ **cassette recorder** el cassette
  ◆ **video recorder** el vídeo
recording NOUN
  la *grabación* (PL las *grabaciones*)
record player NOUN
  el *tocadiscos* (PL los *tocadiscos*)
to **recover** VERB
  recuperarse
  ◆ **He's recovering from a knee injury.** Se está recuperando de una lesión de rodilla.
recovery NOUN
  la *mejora*
  ◆ **Best whishes for a speedy recovery!** ¡Que te mejores pronto!
rectangle NOUN
  el *rectángulo*
rectangular ADJECTIVE
  rectangular
to **recycle** VERB
  reciclar
recycling NOUN
  el *reciclaje*
red ADJECTIVE
  rojo ◇ a red rose una rosa roja ◇ red meat la carne roja
  ◆ **Gavin's got red hair.** Gavin es pelirrojo.
  ◆ **to go through a red light** saltarse un semáforo en rojo
  ◆ **red wine** vino tinto
Red Cross NOUN
  la *Cruz Roja*
redcurrant NOUN
  la *grosella*
to **redecorate** VERB
  1 *volver* a pintar* (with paint)
  2 *volver* a empapelar* (with wallpaper)
red-haired ADJECTIVE
  pelirrojo
red-handed ADJECTIVE
  ◆ **to catch somebody red-handed** coger* a alguien con las manos en la masa

Be very careful with the verb **coger**: *in most of Latin America this is an extremely rude word that should be avoided. However, in Spain this verb is common and not rude at all.*

redhead NOUN
  el *pelirrojo*
  la *pelirroja*

to **redo** VERB
  (**redid, redone**)
  *rehacer**

to **reduce** VERB
  *reducir** ◇ *at a reduced price* a precio reducido
  ◆ **"reduce speed now"** "disminuya la velocidad"

reduction NOUN
  la *reducción* (PL las *reducciones*)
  ◆ **a five per cent reduction** un descuento del cinco por ciento
  ◆ **"huge reductions!"** "¡grandes rebajas!"

redundancy NOUN
  (PL **redundancies**)
  el *despido* ◇ *a redundancy payment* una indemnización por despido

redundant ADJECTIVE
  ◆ **to be made redundant** ser* despedido

reed NOUN
  el *junco*

reel NOUN
  el *carrete* (*of thread*)

to **refer** VERB
  ◆ **to refer to** referirse* a ◇ *What are you referring to?* ¿A qué te refieres?

referee NOUN
  el *árbitro*
  la *árbitra*

reference NOUN
  [1] la *referencia* ◇ *He made no reference to the murder.* No hizo referencia al homicidio.
  [2] las *referencias* ◇ *Would you please give me a reference?* ¿Me podría facilitar referencias?
  ◆ **a reference book** un libro de consulta

to **refill** VERB
  volver a llenar* ◇ *He refilled my glass.* Volvió a llenarme el vaso.

refinery NOUN
  (PL **refineries**)
  la *refinería*

to **reflect** VERB
  [1] *reflejar* (*image*)
  [2] *reflexionar* (*think*)

reflection NOUN
  el *reflejo* (*image*)

reflex NOUN
  (PL **reflexes**)
  el *reflejo*

reflexive ADJECTIVE
  reflexivo ◇ *a reflexive verb* un verbo reflexivo

refresher course NOUN
  el *curso de reciclaje*

refreshing ADJECTIVE
  [1] *refrescante* ◇ *a refreshing drink* una bebida refrescante
  [2] *estimulante* ◇ *It was a refreshing change.* Fue un cambio estimulante.

refreshments PL NOUN
  el *refrigerio*

refrigerator NOUN
  el *frigorífico*

to **refuel** VERB
  repostar ◇ *The plane stops in Boston to refuel.* El avión hace escala en Boston para repostar.

refuge NOUN
  el *refugio*

refugee NOUN
  el *refugiado*
  la *refugiada*

refund NOUN
  see also **refund** VERB
  el *reembolso*

to **refund** VERB
  see also **refund** NOUN
  reembolsar

refusal NOUN
  la *negativa* ◇ *her refusal to accept money* su negativa a aceptar dinero

to **refuse** VERB
  see also **refuse** NOUN
  *negarse**
  ◆ **He refused to comment.** Se negó a hacer comentarios.

refuse NOUN
  see also **refuse** VERB
  la *basura*
  ◆ **refuse collection** la recogida de basuras

to **regain** VERB
  ◆ **to regain consciousness** recobrar el conocimiento

regard NOUN
  see also **regard** VERB
  ◆ **with regard to** con respecto a
  ◆ **Give my regards to Alice.** Dale recuerdos a Alice.
  ◆ **"with kind regards"** "un cordial saludo"

to **regard** VERB
  see also **regard** NOUN
  ◆ **They regarded it as unfair.** Lo consideraron injusto.
  ◆ **as regards...** en lo que se refiere a...

regarding PREPOSITION
  referente a ◇ *the laws regarding the export of animals* las leyes referentes a la exportación de animales
  ◆ **Regarding John,...** En cuanto a John,...

regardless ADVERB
  ◆ **to carry on regardless** continuar* como si nada

regiment NOUN
  el *regimiento*

region NOUN
  la *región* (PL las *regiones*)

regional ADJECTIVE
  regional

register NOUN

R

see also register VERB
el *registro* (in hotel)
+ **to call the register** pasar lista
to **register** VERB
see also register NOUN
inscribirse* (to enrol)
+ **The car was registered in his wife's name.** El coche estaba matriculado a nombre de su esposa.
registered ADJECTIVE
+ **a registered letter** una carta certificada
registration NOUN
el *número de matrícula*
+ **Registration starts at 8.30.** La inscripción empieza a las ocho y media.
regret NOUN
see also regret VERB
+ **I've got no regrets.** No me arrepiento.
to **regret** VERB
see also regret NOUN
arrepentirse* ◇ Try it, you won't regret it! ¡Pruébalo! ¡No te arrepentirás!
+ **to regret doing something** arrepentirse de haber hecho algo ◇ I regret saying that. Me arrepiento de haber dicho eso.
regular ADJECTIVE
1 *regular* ◇ at regular intervals a intervalos regulares
+ **to take regular exercise** hacer* ejercicio con regularidad
2 *normal* ◇ a regular portion of fries una porción normal de patatas fritas
regularly ADVERB
con regularidad
regulations PL NOUN
el *reglamento* ◇ It's against the regulations. Va en contra del reglamento.
+ **safety regulations** las normas de seguridad
rehearsal NOUN
el *ensayo*
+ **dress rehearsal** el ensayo general
to **rehearse** VERB
ensayar
reindeer NOUN
el *reno*
reins PL NOUN
las *riendas*
to **reject** VERB
1 *rechazar** (proposal, invitation)
2 *desechar* (idea, advice)
+ **I applied but they rejected me.** Presenté una solicitud, pero no me aceptaron.
relapse NOUN
la *recaída*
+ **to have a relapse** tener* una recaída
related ADJECTIVE
+ **We're related.** Somos parientes.
+ **Are you related to her?** ¿Eres pariente suyo?
+ **The two events are not related.** Los dos sucesos no están relacionados.
relation NOUN
1 el/la *pariente* ◇ He's a distant relation. Es un pariente lejano mío.

2 la *relación* (PL las *relaciones*) ◇ It has no relation to reality. No guarda ninguna relación con la realidad.
+ **in relation to** con relación a
relationship NOUN
la *relación* (PL las *relaciones*) ◇ Their relationship is over. Su relación ha acabado.
+ **We have a good relationship.** Tenemos una buena relación.
+ **I'm not in a relationship at the moment.** No tengo relaciones sentimentales con nadie en este momento.
relative NOUN
el/la *pariente*
relatively ADVERB
relativamente
to **relax** VERB
relajarse ◇ I relax listening to music. Me relajo escuchando música.
+ **Relax! Everything's fine.** ¡Tranquilo! No pasa nada.
relaxation NOUN
el *esparcimiento*
+ **I don't have much time for relaxation.** No tengo muchos momentos de esparcimiento.
relaxed ADJECTIVE
relajado
relaxing ADJECTIVE
relajante ◇ Having a bath is very relaxing. Darse* un baño es muy relajante.
+ **I find cooking relaxing.** Cocinar me relaja.
relay NOUN
+ **a relay race** una carrera de relevos
to **release** VERB
see also release NOUN
1 *poner* en libertad* (prisoner)
2 *hacer* público* (report, news)
3 *sacar* a la venta* (record, video)
release NOUN
see also release VERB
la *puesta en libertad* ◇ the release of Nelson Mandela la puesta en libertad de Nelson Mandela
+ **the band's latest release** el último trabajo del grupo
relegated ADJECTIVE
+ **to be relegated** bajar de división (sport)
relevant ADJECTIVE
pertinente (documents)
+ **That's not relevant.** Eso no viene al caso.
+ **to be relevant to something** guardar relación con algo ◇ Education should be relevant to real life. La educación debería guardar relación con la vida real.
reliable ADJECTIVE
fiable ◇ a reliable car un coche fiable ◇ He's not very reliable. No es una persona muy fiable.
relief NOUN
el *alivio* ◇ That's a relief! ¡Es un alivio! ◇ Much to my relief she made no objection. Para mi gran alivio, no hizo objeción alguna.
to **relieve** VERB

aliviar ◇ *This injection will relieve the pain.*
Esta inyección le aliviará el dolor.
relieved ADJECTIVE
◆ **to be relieved** sentir* un gran alivio ◇ *I
was relieved to hear he was better.* Sentí un
gran alivio al saber que estaba mejor.
religion NOUN
la *religión* (PL las *religiones*) ◇ *What
religion are you?* ¿De qué religión eres?
religious ADJECTIVE
religioso ◇ *I'm not religious.* No soy
religioso.
reluctant ADJECTIVE
reacio
◆ **to be reluctant to do something** ser* reacio
a hacer algo ◇ *They were reluctant to help
us.* Eran reacios a ayudarnos.
reluctantly ADVERB
de mala gana ◇ *She reluctantly accepted.*
Aceptó de mala gana.
to **rely on** VERB
confiar en* ◇ *I'm relying on you.* Confío
en ti.
to **remain** VERB
*permanecer** ◇ *to remain silent*
permanecer callado
remaining ADJECTIVE
restante ◇ *the remaining ingredients* los
ingredientes restantes
remains PL NOUN
los *restos* ◇ *the remains of the picnic* los
restos de la merienda ◇ *human remains*
restos humanos
◆ **Roman remains** los restos romanos
remake NOUN
la *nueva versión*
remark NOUN
el *comentario*
remarkable ADJECTIVE
extraordinario
remarkably ADVERB
extraordinariamente
to **remarry** VERB
(remarried, remarried)
volver a casarse* ◇ *She remarried three
years ago.* Se volvió a casar hace tres años.
remedy NOUN
(PL **remedies**)
el *remedio* ◇ *a good remedy for a sore
throat* un buen remedio para el dolor de
garganta
to **remember** VERB
[1] *acordarse** ◇ *I don't remember.* No me
acuerdo.
[2] *acordarse* de* ◇ *I can't remember his
name.* No me acuerdo de su nombre. ◇ *I
don't remember saying that.* No me acuerdo
de haber dicho eso.
In Spanish you often say **no te olvides**–*don't
forget*–*instead of* remember.
◇ *Remember your passport!* ¡No te olvides
del pasaporte! ◇ *Remember to write your
name on the form.* No te olvides de escribir tu
nombre en el impreso.

Remembrance Day NOUN
*En Gran Bretaña, domingo de Noviembre en que se
conmemora la firma del armisticio de 1918, y se
recuerda a todos aquellos que murieron en las dos
guerras mundiales.*
to **remind** VERB
*recordar** ◇ *The scenery here reminds me
of Scotland.* Este paisaje me recuerda a
Escocia.
*When talking about reminding someone to do
something,* **recordar a alguien que** *has to be
followed by a verb in the subjunctive.*
◇ *Remind me to speak to Daniel.* Recuérdame
que hable con Daniel.
remorse NOUN
el *remordimiento* ◇ *He showed no
remorse.* No tenía ningún remordimiento.
remote ADJECTIVE
remoto ◇ *a remote village* un pueblo
remoto
remote control NOUN
el *mando a distancia*
removable ADJECTIVE
separable
removal NOUN
la *mudanza*
◆ **a removal van** un camión de mudanzas
to **remove** VERB
quitar ◇ *Please remove your bag from my
seat.* Por favor, quite su bolsa de mi asiento.
◇ *Did you remove the stain?* ¿Quitaste la
mancha?
rendezvous NOUN
la *cita*
to **renew** VERB
*renovar** (passport, licence)
renewable ADJECTIVE
renovable
to **renovate** VERB
*renovar** ◇ *The building's been renovated.*
Han renovado el edificio.
renowned ADJECTIVE
renombrdo
rent NOUN
see also rent VERB
el *alquiler*
to **rent** VERB
see also rent NOUN
alquilar ◇ *We rented a car.* Alquilamos un
coche.
rental NOUN
el *alquiler* ◇ *Car rental is included in the
price.* El alquiler del coche está incluído en el
precio.
to **reorganize** VERB
*reorganizar**
rep NOUN (= representative)
el/la *representante*
to **repair** VERB
see also repair NOUN
reparar ◇ *Can you repair this for me?* ¿Me
puede reparar esto? ◇ *I got the washing
machine repaired.* Me repararon la lavadora.
repair NOUN

R

see also repair VERB
la *reparación* (PL las *reparaciones*)

to **repay** VERB
(**repaid, repaid**)
devolver* (*money*)
+ **I don't know how I can ever repay you.** No
sé cómo podré devolverle el favor.

repayment NOUN
el *pago*   ◇ mortgage repayments los pagos
de la hipoteca

to **repeat** VERB
see also repeat NOUN
repetir*

repeat NOUN
see also repeat VERB
la *reposición* (PL las *reposiciones*)   ◇ There
are too many repeats on TV. Hay demasiadas
reposiciones en la tele.

repeatedly ADVERB
repetidamente

repellent NOUN
+ **insect repellent** la loción anti-insectos

repetitive ADJECTIVE
repetitivo

to **replace** VERB
1 *sustituir**   ◇ Computers have replaced
typewriters. Los ordenadores han sustituído a
las máquinas de escribir.
2 *cambiar* (*batteries*)

replay NOUN
see also replay VERB
+ **There will be a replay on Friday.** El partido
se volverá a jugar el viernes.

to **replay** VERB
see also replay NOUN
1 *volver* a jugar* (*match*)
2 *volver* a poner* (*tape*)

replica NOUN
la *réplica*

reply NOUN
(PL **replies**)
see also reply VERB
la *respuesta*

to **reply** VERB
(**replied, replied**)
see also reply NOUN
responder

report NOUN
see also report VERB
1 el *informe* (*of event*)
2 el *reportaje* (*news report*)   ◇ a report in
the paper un reportaje en el periódico
3 las *notas* (*at school*)
+ **I got a good report this term.** He sacado
buenas notas este trimestre.

to **report** VERB
see also report NOUN
1 *dar* parte de*   ◇ I reported the theft to
the police. Di parte del robo a la policía.
2 *presentarse*   ◇ Report to reception when
you arrive. Preséntese en recepción cuando
llegue.
+ **I'll report back as soon as I hear anything.**

En cuanto tenga noticias, te lo haré saber*.

reporter NOUN
el/la *periodista*

to **represent** VERB
1 *representar a* (*client, country*)
2 *representar* (*change, achievement*)

representative ADJECTIVE
representativo

reproduction NOUN
la *reproducción* (PL las *reproducciones*)

reptile NOUN
el *reptil*

republic NOUN
la *república*

repulsive ADJECTIVE
repugnante

reputable ADJECTIVE
acreditado

reputation NOUN
la *reputación* (PL las *reputaciones*)

request NOUN
see also request VERB
la *petición* (PL las *peticiones*)

to **request** VERB
see also request NOUN
solicitar

to **require** VERB
requerir*   ◇ Her job requires a lot of
patience. Su trabajo requiere mucha
paciencia.

requirement NOUN
el *requisito*   ◇ What are the requirements
for the job? ¿Cuáles son los requisitos para el
puesto?
+ **entry requirements** (*for university*) los
requisitos para el acceso

to **rescue** VERB
see also rescue NOUN
rescatar

rescue NOUN
see also rescue VERB
el *rescate*   ◇ a rescue operation una
operación de rescate   ◇ a mountain rescue
team un equipo de rescate de montaña
+ **to come to somebody's rescue** ir* en
auxilio de alguien

research NOUN
la *investigación* (PL las *investigaciones*)
◇ He's doing research. Realiza trabajos de
investigación.
+ **She's doing some research in the library.**
Está investigando en la biblioteca.

resemblance NOUN
el *parecido*

to **resent** VERB
+ **I resent being dependent on her.** Me
molesta tener que depender de ella.

reservation NOUN
la *reserva*   ◇ I've got a reservation for two
nights. Tengo una reserva para dos noches.
◇ I'd like to make a reservation for this
evening. Quisiera hacer* una reserva para esta
tarde.

◆ **I've got reservations about the idea.** Tengo mis reservas al respecto.

reserve NOUN

see also reserve VERB

[1] la *reserva* (place) ◇ *a nature reserve* una reserva natural

[2] el/la *suplente* (person) ◇ *I was reserve in the game last Saturday.* Yo era suplente en el partido del sábado.

to **reserve** VERB

see also reserve NOUN

reservar ◇ *I'd like to reserve a table for tomorrow evening.* Quisiera reservar una mesa para mañana por la noche.

reserved ADJECTIVE

reservado ◇ *a reserved seat* un asiento reservado ◇ *He's quite reserved.* Es bastante reservado.

reservoir NOUN

el *embalse*

resident NOUN

el *vecino*

la *vecina*

◇ *local residents* los vecinos del lugar

residential ADJECTIVE

residencial ◇ *a residential area* una zona residencial

to **resign** VERB

dimitir

resistance NOUN

la *resistencia*

to **resit** VERB

(resat, resat)

volver* a presentarse a ◇ *I'm resitting the exam in December.* Me vuelvo a presentar al examen en diciembre.

resolution NOUN

el *propósito* ◇ *Have you made any New Year's resolutions?* ¿Has hecho algún buen propósito para el Año Nuevo?

resort NOUN

el *centro turístico* ◇ *a resort on the Costa del Sol* un centro turístico en la Costa del Sol

◆ **a ski resort** una estación de esquí

◆ **as a last resort** como último recurso

resource NOUN

el *recurso*

respect NOUN

see also respect VERB

el *respeto*

◆ **in some respects** en algunos aspectos

to **respect** VERB

see also respect NOUN

respetar

respectable ADJECTIVE

[1] *respetable* ◇ *a respectable family* una familia respetable

[2] *decente* ◇ *My marks were quite respectable.* Mis notas eran bastante decentes.

respectively ADVERB

respectivamente ◇ *Spain and France came third and fourth respectively.* España y Francia llegaron en tercero y cuarto lugar

respectivamente.

responsibility NOUN

(PL responsibilities)

la *responsabilidad*

responsible ADJECTIVE

responsable ◇ *You should be more responsible!* ¡Deberías ser más responsable!

◆ **to be responsible for something** ser* responsable de algo ◇ *He's responsible for booking the tickets.* Es responsable de reservar las entradas.

◆ **It's a responsible job.** Es un puesto de responsabilidad.

rest NOUN

see also rest VERB

[1] el *descanso* ◇ *five minutes' rest* cinco minutos de descanso

◆ **to have a rest** descansar ◇ *We stopped to have a rest.* Nos paramos a descansar.

[2] el *resto* ◇ *I'll do the rest.* Yo haré el resto. ◇ *the rest of the money* el resto del dinero

◆ **the rest of them** los demás ◇ *The rest of them went swimming.* Los demás fueron a nadar.

to **rest** VERB

see also rest NOUN

[1] *descansar* ◇ *She's resting in her room.* Está descansando en su habitación.

◆ **He has to rest his knee.** Tiene que descansar la rodilla.

[2] *apoyar* ◇ *I rested my bike against the window.* Apoyé la bicicleta en la ventana.

restaurant NOUN

el *restaurante* ◇ *We don't often go to restaurants.* No solemos ir a restaurantes.

◆ **restaurant car** el vagón restaurante

restful ADJECTIVE

plácido

restless ADJECTIVE

inquieto

restoration NOUN

la *restauración*

to **restore** VERB

restaurar (building, painting)

to **restrict** VERB

limitar

rest room NOUN US

los *servicios*

result NOUN

el *resultado* ◇ *my exam results* los resultados de mis exámenes ◇ *The result was one-nil.* El resultado fue uno a cero.

to **retire** VERB

jubilarse

retired ADJECTIVE

jubilado ◇ *She's retired.* Está jubilada. ◇ *a retired teacher* un maestro jubilado

retirement NOUN

◆ **since his retirement** desde que se jubiló

to **retrace** VERB

◆ **I retraced my steps.** Volví sobre mis pasos.

return NOUN

see also return VERB

R

1 el *regreso* ◇ *his sudden return home* su repentino regreso a casa
- **the return journey** el viaje de vuelta
- **a return match** un partido de vuelta

2 el *billete de ida y vuelta* ◇ *A return to Bilbao, please.* Un billete de ida y vuelta a Bilbao, por favor.
- **in return** a cambio ◇ *She helps me and I help her in return.* Me ayuda y yo la ayudo a cambio.
- **in return for** a cambio de
- **Many happy returns!** ¡Que cumplas muchos más!

to **return** VERB
see also return NOUN
1 *volver** ◇ *I've just returned from holiday.* Acabo de volver de vacaciones. ◇ *He returned to Spain the following year.* Volvió a España al año siguiente.
2 *devolver** ◇ *She borrows my things and doesn't return them.* Toma prestadas mis cosas y no las devuelve.

reunion NOUN
la *reunión* (PL las *reuniones*) ◇ *We had a big family reunion at Christmas.* Tuvimos una gran reunión familiar en Navidad.

to **reuse** VERB
reutilizar*

to **reveal** VERB
revelar

revenge NOUN
la *venganza* ◇ *in revenge* como venganza
- **to take revenge** vengarse* ◇ *They planned to take revenge on him.* Planearon vengarse de él.

to **reverse** VERB
see also reverse ADJECTIVE
dar* marcha atrás (car) ◇ *He reversed without looking.* Dio marcha atrás sin mirar.
- **to reverse the charges** llamar a cobro revertido

reverse ADJECTIVE
see also reverse VERB
inverso ◇ *in reverse order* en orden inverso
- **in reverse gear** en marcha atrás
- **reverse charge call** llamada a cobro revertido

review NOUN
1 la *revisión* (of policy, salary) (PL las *revisiones*)
2 el *repaso* (of subject)

to **revise** VERB
estudiar para un examen ◇ *I haven't started revising yet.* Todavía no he empezado a estudiar para el examen.
- **I've revised my opinion.** He cambiado de opinión.

revision NOUN
- **Have you done a lot of revision?** ¿Has estudiado mucho para el examen?

to **revive** VERB
resucitar ◇ *The nurses tried to revive him.* Las enfermeras intentaron resucitarlo.

revolting ADJECTIVE
repugnante

revolution NOUN
la *revolución* (PL las *revoluciones*)

revolutionary ADJECTIVE
revolucionario

revolver NOUN
el *revólver*

reward NOUN
la *recompensa*

rewarding ADJECTIVE
gratificante ◇ *a rewarding job* un trabajo gratificante

to **rewind** VERB
(rewound, rewound)
rebobinar ◇ *to rewind a cassette* rebobinar una cinta

rheumatism NOUN
el *reumatismo* ◇ *I've got rheumatism.* Tengo reumatismo.

rhinoceros NOUN
el *rinoceronte*

rhubarb NOUN
el *ruibarbo*

rhythm NOUN
el *ritmo*

rib NOUN
la *costilla*

ribbon NOUN
la *cinta*

rice NOUN
el *arroz*
- **rice pudding** el arroz con leche

rich ADJECTIVE
rico
- **the rich** los ricos

to **rid** VERB
- **to get rid of** deshacerse* de ◇ *I want to get rid of some old clothes.* Quiero deshacerme de algunas ropas viejas.

ridden VERB *see* **ride**

ride NOUN
see also ride VERB
- **to go for a ride (1)** (on horse) montar a caballo
- **to go for a ride (2)** (on bike) dar* un paseo en bicicleta ◇ *We went for a bike ride.* Fuimos a dar un paseo en bicicleta.
- **It's a short bus ride to the town centre.** El centro de la ciudad queda cerca en autobús.

to **ride** VERB
(rode, ridden)
see also ride NOUN
montar a caballo ◇ *I'm learning to ride.* Estoy aprendiendo a montar a caballo.
- **to ride a bike** ir* en bicicleta ◇ *Can you ride a bike?* ¿Sabes ir en bicicleta?

rider NOUN
1 el *jinete* ◇ *She's a good rider.* Ella monta muy bien a caballo.
2 el/la *ciclista* (cyclist)

ridiculous ADJECTIVE
ridículo

riding NOUN

la *equitación* (as sport) ◇ *a riding school* una escuela de equitación

◆ **to go riding** montar a caballo

rifle NOUN

el *rifle*

rig NOUN

◆ **oil rig** la plataforma petrolífera

right ADJECTIVE, ADVERB

see also right NOUN

There are several ways of translating right. *Scan the examples to find one that is similar to what you want to say.*

[1] *correcto* ◇ *the right answer* la respuesta correcta

[2] *adecuado* (place, time) ◇ *We're on the right train.* Estamos en el tren adecuado. ◇ *It isn't the right size.* Ésta no es la talla adecuada.

◆ **Is this the right road for Ávila?** ¿Vamos bien por aquí para Ávila?

◆ **to be right (1)** (person) tener* razón ◇ *You were right!* ¡Tenías razón!

◆ **to be right (2)** (statement, opinion) ser* verdad ◇ *That's right!* ¡Es verdad!

◆ **Do you have the right time?** ¿Tienes hora?

[3] *bien* ◇ *It's not right to behave like that.* No está bien comportarse así. ◇ *Am I pronouncing it right?* ¿Lo pronuncio bien?

◆ **I think you did the right thing.** Creo que hiciste bien.

[4] *derecho* (not left) ◇ *my right hand* mi mano derecha

[5] *a la derecha* (turn, look) ◇ *Turn right at the traffic lights.* Cuando llegues al semáforo dobla a la derecha.

◆ **Right! Let's get started!** ¡Bueno! ¡Empecemos!

◆ **right away** enseguida ◇ *I'll do it right away.* Lo haré enseguida.

right NOUN

see also right ADJECTIVE

[1] el *derecho* ◇ *You've got no right to do that.* No tienes derecho de hacer* eso.

[2] la *derecha*

◆ **on the right** a la derecha ◇ *on the right of Mr. Yates* a la derecha del Sr. Yates

◆ **right of way** la prioridad ◇ *We had right of way.* Teníamos prioridad.

right-hand ADJECTIVE

◆ **the right-hand side** la derecha

◆ **It's on the right-hand side.** Está a la derecha.

right-handed ADJECTIVE

diestro

rim NOUN

la *montura* ◇ *glasses with metal rims* las gafas con montura metálica

ring NOUN

see also ring VERB

[1] el *anillo* ◇ *a gold ring* un anillo de oro

◆ **a wedding ring** una alianza

[2] el *círculo* ◇ *to stand in a ring* formar un círculo

[3] el *timbrazo* (at door)

◆ **After three or four rings the door was opened.** Después de tres o cuatro timbrazos la puerta se abrió.

◆ **There was a ring at the door.** Se oyó el timbre de la puerta.

◆ **to give somebody a ring** llamar a alguien por teléfono

◆ **ring binder** la carpeta de anillas

◆ **ring road** la carretera de circunvalación

to **ring** VERB

(rang, rung)

see also ring NOUN

[1] *llamar* ◇ *Your mother rang this morning.* Tu madre llamó esta mañana.

◆ **to ring somebody** llamar a alguien

[2] *sonar** ◇ *The phone's ringing.* El teléfono está sonando.

◆ **to ring the bell** tocar* el timbre

◆ **to ring back** volver* a llamar ◇ *I'll ring back later.* Volveré a llamar más tarde.

◆ **to ring up** llamar por teléfono

rink NOUN

[1] la *pista de hielo* (for ice-skating)

[2] la *pista de patinaje* (for roller-skating)

to **rinse** VERB

*enjuagar**

riot NOUN

see also riot VERB

el *disturbio*

to **riot** VERB

see also riot NOUN

causar disturbios

to **rip** VERB

*rasgar** ◇ *I've ripped my jeans.* Me he rasgado los vaqueros. ◇ *My shirt's ripped.* Mi camisa está rasgada.

to **rip off** VERB

timar (informal) ◇ *The hotel ripped us off.* En el hotel nos timaron.

to **rip up** VERB

hacer pedazos* ◇ *He read the note and then ripped it up.* Leyó la nota y la hizo pedazos.

ripe ADJECTIVE

maduro

rip-off NOUN

◆ **It's a rip-off!** ¡Es un timo! (informal)

rise NOUN

see also rise VERB

[1] la *subida* (in prices, temperature) ◇ *a sudden rise in temperature* una repentina subida de las temperaturas

[2] el *aumento* (pay rise)

to **rise** VERB

(rose, risen)

see also rise NOUN

[1] *subir* (increase) ◇ *Prices are rising.* Los precios están subiendo.

[2] *salir** ◇ *The sun rises early in June.* En junio el sol sale temprano.

riser NOUN

◆ **to be an early riser** ser* madrugador

risk NOUN

see also risk VERB

el *riesgo*

R

- **to take risks** correr riesgos
- **It's at your own risk.** Es a tu propia cuenta y riesgo.

to **risk** VERB
see also **risk** NOUN
arriesgarse* ◇ *You risk getting a fine.* Te arriesgas a que te multen. ◇ *I wouldn't risk it if I were you.* Yo en tu lugar no me arriesgaría.

risky ADJECTIVE
arriesgado

rival NOUN
see also **rival** ADJECTIVE
el/la *rival*

rival ADJECTIVE
see also **rival** NOUN
[1] *rival* ◇ *a rival gang* una banda rival
[2] *competidor* (FEM *competidora*) ◇ *a rival company* una empresa competidora

rivalry NOUN
la *rivalidad*

river NOUN
el *río*
- **the river Tagus** el río Tajo

Riviera NOUN
- **the French Riviera** la Costa Azul
- **the Italian Riviera** la Riviera

road NOUN
[1] la *carretera* ◇ *There's a lot of traffic on the roads.* Hay mucho tráfico en las carreteras. ◇ *a road accident* un accidente de carretera
[2] la *calle* ◇ *They live across the road.* Viven al otro lado de la calle.

road map NOUN
el *mapa de carreteras*
Although **mapa** *ends in* **-a***, it is actually a masculine noun.*

road sign NOUN
la *señal de tráfico*

roadworks PL NOUN
las *obras* ◇ *There are roadworks on the motorway.* Hay obras en la autopista.

roast ADJECTIVE
asado ◇ *roast chicken* pollo asado
- **roast pork** el asado de cerdo
- **roast beef** el rosbif

to **rob** VERB
- **to rob somebody** robar a alguien ◇ *I've been robbed.* Me han robado.
- **to rob somebody of something** robar algo a alguien ◇ *He was robbed of his wallet.* Le robaron la cartera.
- **to rob a bank** asaltar un banco

robber NOUN
el *ladrón*
la *ladrona*
- **a bank-robber** un asaltante de bancos (FEM *una asaltante de bancos*)

robbery NOUN
(PL **robberies**)
el *robo*
- **a bank robbery** un asalto a un banco
- **an armed robbery** un asalto a mano armada

robin NOUN
el *petirrojo*

robot NOUN
el *robot* (PL los *robots*)

rock NOUN
see also **rock** VERB
[1] la *roca* ◇ *They tunnelled through the rock.* Abrieron un túnel a través de la roca. ◇ *I sat on a rock.* Me senté encima de una roca.
[2] la *piedra* ◇ *The crowd started to throw rocks.* La multitud empezó a lanzar piedras.
[3] el *rock* ◇ *a rock concert* un concierto de rock
- **rock and roll** el rock and roll
- **a stick of rock** una barra de caramelo

to **rock** VERB
see also **rock** NOUN
[1] *mecer* ◇ *to rock a baby* (*in one's arms*) acunar a un bebé
[2] *sacudir* ◇ *The explosion rocked the building.* La explosión sacudió el edificio.

rocket NOUN
el *cohete* (*spacecraft, firework*)

rocking chair NOUN
la *mecedora*

rocking horse NOUN
el *caballo de balancín*

rod NOUN
la *caña de pescar* (*for fishing*)

rode VERB see **ride**

role NOUN
el *papel* ◇ *to play a role* hacer* un papel

roll NOUN
see also **roll** VERB
[1] el *rollo* ◇ *a toilet roll* un rollo de papel higiénico
- **a roll of film** un carrete de fotos
[2] el *panecillo* ◇ *a cheese roll* un panecillo de queso
- **Roll call is at 8.30.** Pasan lista a las ocho y media.

to **roll** VERB
see also **roll** NOUN
rodar* (*ball, bottle*)

to **roll out** VERB
extender* (*pastry*)

roller NOUN
el *rulo* (*for hair*)

rollercoaster NOUN
la *montaña rusa*

roller skates PL NOUN
los *patines de ruedas*

roller-skating NOUN
el *patinaje sobre ruedas*
- **to go roller-skating** ir* a patinar (*sobre ruedas*)

rolling pin NOUN
el *rodillo*

Roman ADJECTIVE, NOUN
romano ◇ *the Roman empire* el imperio romano
- **the Romans** los romanos

Roman Catholic NOUN
el *católico*
la *católica*
⋄ He's a Roman Catholic. Es católico.

romance NOUN
[1] las *novelas románticas* (novels) ⋄ I read a lot of romance. Leo muchas novelas románticas.
[2] el *romanticismo* ⋄ the romance of Paris el romanticismo de París
◆ a holiday romance un romance de verano

Romania NOUN
Rumania FEM

Romanian ADJECTIVE
rumano

romantic ADJECTIVE
romántico

roof NOUN
el *techo*

roof rack NOUN
la *baca*

room NOUN
[1] la *habitación* (PL las *habitaciones*)
⋄ She's in her room. Está en su habitación.
◆ a single room una habitación individual
◆ a double room una habitación doble
[2] *sala* (in school) ⋄ the music room la sala de música
[3] el *espacio* ⋄ There's no room for that box. No hay espacio para esa caja.

roommate NOUN
el *compañero de cuarto*
la *compañera de cuarto*

root NOUN
la *raíz* (PL las *raíces*)

rope NOUN
la *cuerda*

rose VERB see **rise**

rose NOUN
la *rosa* (flower)

rot VERB
*pudrirse** ⋄ As far as I'm concerned he can rot in jail. Por mí, que se pudra en la cárcel.
◆ The wood had rotted. La madera se había podrido.
◆ Sugar rots your teeth. El azúcar pica los dientes.

rotten ADJECTIVE
podrido ⋄ a rotten apple una manzana podrida
◆ rotten weather un tiempo asqueroso
◆ That's a rotten thing to do! ¡Eso está fatal!
◆ to feel rotten sentirse* fatal

rough ADJECTIVE, ADVERB
[1] *áspero* ⋄ My hands are rough. Tengo las manos ásperas.
[2] *violento* ⋄ Rugby's a rough sport. El rugby es un deporte violento.
[3] *peligroso* ⋄ It's a rough area. Es una zona peligrosa.
[4] *agitado* ⋄ The sea was rough. El mar estaba agitado.
[5] *aproximado* ⋄ I've got a rough idea.

Tengo una idea aproximada.
◆ to feel rough sentirse* mal
◆ to sleep rough dormir* en la calle ⋄ A lot of people sleep rough in London. Mucha gente duerme en la calle en Londres.

roughly ADVERB
aproximadamente
◆ It weighs roughly 20 kilos. Pesa aproximadamente 20 kilos.

round ADJECTIVE, ADVERB, PREPOSITION
see also round NOUN
[1] *redondo* ⋄ a round table una mesa redonda
[2] *alrededor de* ⋄ We were sitting round the table. Estábamos sentados alrededor de la mesa. ⋄ She wore a scarf round her neck. Llevaba una bufanda alrededor del cuello.
◆ It's just round the corner. Está a la vuelta de la esquina.
◆ to go round to somebody's house ir* a casa de alguien
◆ to have a look round echar un vistazo ⋄ We had a look round the record section. Echamos un vistazo a la sección de discos.
◆ to go round a museum visitar un museo
◆ round here por aquí cerca ⋄ He lives round here. Vive aquí cerca. ⋄ Is there a chemist's round here? ¿Hay alguna farmacia por aquí cerca?
◆ all round por todos lados ⋄ There were vineyards all round. Había viñedos por todos lados.
◆ all year round todo el año
◆ round about alrededor de ⋄ It costs round about £100. Cuesta alrededor de 100 libras esterlinas.
◆ round about eight o'clock hacia las ocho

round NOUN
see also round ADJECTIVE, ADVERB, PREPOSITION
[1] la *vuelta* (of tournament)
[2] el *round* (of boxing match) (PL los *rounds*)
◆ a round of golf una vuelta de golf
◆ a round of drinks una ronda de bebidas ⋄ He bought them a round of drinks. Les invitó a una ronda de bebidas.
◆ I think it's my round. Creo que me toca pagar.

roundabout NOUN
[1] la *rotonda* (at junction)
[2] el *tiovivo* (at funfair)

route NOUN
el *itinerario* ⋄ We are planning our route. Estamos planeando el itinerario.
◆ bus route el recorrido del autobús

routine NOUN
la *rutina* ⋄ my daily routine mi rutina diaria

row NOUN
see also ROW VERB
This word has two pronunciations. Make sure you choose the right translation.
[1] la *hilera* ⋄ a row of houses una hilera de casas
[2] la *fila* (of people, seats) ⋄ in the front row

R

en primera fila
* **five times in a row** cinco veces seguidas
  ③ el *jaleo* ◇ *What's that terrible row?* ¿Qué es ese jaleo tan tremendo?
  ④ la *pelea*
* **to have a row** pelearse ◇ *They've had a row.* Se han peleado.

to **row** VERB
> see also row NOUN
  remar

rowboat NOUN US
  la *barca de remos*

rowing NOUN
  el *remo* ◇ *My hobby is rowing.* My hobby es el remo.
* **rowing boat** la barca de remos

royal ADJECTIVE
  real ◇ *the royal family* la familia real

to **rub** VERB
  ① *frotar* (stain)
  ② *restregarse** (part of body) ◇ *Don't rub your eyes.* No te restriegues los ojos.

to **rub out** VERB
  borrar

rubber NOUN
  ① la *goma* ◇ *rubber soles* suelas de goma
  ② la *goma de borrar* (eraser) ◇ *Can I borrow your rubber?* ¿Me prestas la goma?
* **a rubber band** una goma elástica

rubbish NOUN
> see also rubbish ADJECTIVE
  ① la *basura* ◇ *When do they collect the rubbish?* ¿Cuándo recogen la basura? ◇ *They sell a lot of rubbish at the market.* Venden mucha basura en el mercado.
* **That magazine is rubbish!** ¡Esa revista es una porquería! (informal)
  ② las *estupideces* ◇ *Don't talk rubbish!* ¡No digas estupideces!
* **That's a load of rubbish!** ¡Son puras tonterías!
* **rubbish bin** el cubo de la basura
* **rubbish dump** el vertedero

rubbish ADJECTIVE
> see also rubbish NOUN
* **They're a rubbish team!** ¡Es un equipo que no vale nada!

rucksack NOUN
  la *mochila*

rude ADJECTIVE
  grosero ◇ *He was very rude to me.* Fue muy grosero conmigo.
* **It's rude to interrupt.** Es de mala educación interrumpir.
* **a rude joke** un chiste verde
* **a rude word** una palabrota

rug NOUN
  ① la *alfombra* (carpet)
  ② la *manta de viaje* (travelling rug)

rugby NOUN
  el *rugby* ◇ *He enjoys playing rugby.* Le gusta jugar* al rugby.

ruin NOUN

> see also ruin VERB
  la *ruina* ◇ *the ruins of the castle* las ruinas del castillo
* **in ruins** en ruinas

to **ruin** VERB
> see also ruin NOUN
  ① *estropear* ◇ *You'll ruin your shoes.* Te vas a estropear los zapatos. ◇ *It ruined our holiday.* Nos estropeó las vacaciones.
  ② *arruinar* (financially)

rule NOUN
> see also rule VERB
  ① la *regla* ◇ *the rules of grammar* las reglas de la gramática
* **as a rule** por regla general
  ② la *norma* ◇ *It's against the rules.* Va en contra de las normas.

to **rule** VERB
> see also rule NOUN
  gobernar*

to **rule out** VERB
  descartar (possibility)

ruler NOUN
  la *regla*

rum NOUN
  el *ron*

rumour NOUN
  (US rumor)
  el *rumor* ◇ *It's just a rumour.* Es sólo un rumor.

run NOUN
> see also run VERB
* **to go for a run** salir* a correr ◇ *I go for a run every morning.* Salgo a correr todas las mañanas.
* **I did a 10-kilometre run.** Corrí 10 kilómetros.
* **The criminals are still on the run.** Los delincuentes están todavía en fuga.
* **in the long run** a la larga

to **run** VERB
  (ran, run)
> see also run NOUN
  ① *correr*
* **I ran five kilometres.** Corrí cinco kilómetros.
* **to run a marathon** correr un maratón
  ② *dirigir** ◇ *He runs a large company.* Dirige una gran empresa.
  ③ *organizar** ◇ *They run music courses in the holidays.* Organizan cursos de música en las vacaciones.
  ④ *llevar* (by car) ◇ *I can run you to the station.* Te puedo llevar a la estación.
* **Don't leave the tap running.** No dejen el grifo abierto.
* **to run a bath** llenar la bañera
* **The buses stop running at midnight.** Los autobuses dejan de funcionar a medianoche.

to **run away** VERB
  huir* ◇ *They ran away before the police came.* Huyeron antes de que llegara la policía.

to **run out** VERB
* **to run out of something** quedarse sin algo

* Verbs marked with this symbol are irregular. See pages 332–333 for further details

- **Time is running out.** Queda poco tiempo.
- **We ran out of money.** Nos quedamos sin dinero.

run over VERB
atropellar
- **to get run over** ser* atropellado

rung VERB *see* ring

runner NOUN
el *corredor*
la *corredora*

runner beans PL NOUN
las *judías verdes*

runner-up NOUN
(PL **runners-up**)
el *subcampeón* (PL los *subcampeones*)
la *subcampeona*

running NOUN
el *footing*
- **Running is my favourite sport.** El footing es mi deporte favorito.   ◇ *to go running* hacer* footing

runway NOUN
la *pista de aterrizaje*

rural ADJECTIVE
rural

rush NOUN
see also rush VERB
la *prisa*   ◇ *I'm in a rush.* Tengo prisa.
◇ *There's no rush.* No corre prisa.
- **to do something in a rush** hacer* algo deprisa

to rush VERB
see also rush NOUN
1 *correr*   ◇ *Everyone rushed outside.*
Todos corrieron hacia fuera.
2 *precipitarse*   ◇ *There's no need to rush.*
No hay por qué precipitarse.

rush hour NOUN
la *hora punta*

Russia NOUN
la *Rusia*

Russian ADJECTIVE
see also Russian NOUN
ruso

Russian NOUN
see also Russian ADJECTIVE
1 (*person*)
el *ruso*
la *rusa*
◇ *the Russians* los rusos
2 (*language*)
el *ruso*

rust NOUN
el *óxido*

rusty ADJECTIVE
oxidado

ruthless ADJECTIVE
despiadado

rye NOUN
el *centeno*
- **rye bread** el pan de centeno

S

sack NOUN
see also sack VERB
el *saco*   ◇ *a sack of potatoes* un saco de patatas
- **to give somebody the sack** despedir* a alguien
- **He got the sack.** Lo despidieron.

sack VERB
see also sack NOUN
- **to sack somebody** despedir* a alguien
◇ *He was sacked.* Lo despidieron.

sacred ADJECTIVE
sagrado   ◇ *sacred places* lugares sagrados
- **sacred music** música sacra

sacrifice NOUN
el *sacrificio*

sad ADJECTIVE
triste

saddle NOUN
1 la *silla de montar* (*for horse*)
2 el *sillín* (*on bike*)

saddlebag NOUN
1 la *cartera* (*on bike*)
2 la *alforja* (*for horse*)

sadly ADVERB

1 *con tristeza*   ◇ *"She's gone", he said sadly.* "Se ha ido" dijo con tristeza.
2 *desgraciadamente*   ◇ *Sadly, it was too late.* Desgraciadamente, era ya demasiado tarde.

safe NOUN
see also safe ADJECTIVE
la *caja fuerte* (PL las *cajas fuertes*)

safe ADJECTIVE
see also safe NOUN
1 *seguro*   ◇ *This car isn't safe.* Este coche no es seguro.
2 *a salvo*   ◇ *You're safe now.* Ya estás a salvo.
- **to feel safe** sentirse* protegido
- **Is the water safe to drink?** ¿Es agua potable?
- **Don't worry, it's perfectly safe.** No te preocupes, no tiene el menor peligro.
- **safe sex** el sexo sin riesgo

safety NOUN
la *seguridad*
- **safety belt** el cinturón de seguridad
- **safety pin** el imperdible

Sagittarius NOUN
el *Sagitario* (*sign*)   ◇ *I'm Sagittarius.* Soy

R
S

Sagitario.
- **a Sagittarius** un/una Sagitario

Sahara NOUN
- **the Sahara Desert** el Sáhara

said VERB *see* **say**

sail NOUN

> *see also* sail VERB

  la *vela*
- **to set sail** zarpar

to **sail** VERB

> *see also* sail NOUN

  [1] *navegar** ◇ *to sail around the world*
dar* la vuelta al mundo navegando
  [2] *zarpar* ◇ *The boat sails at eight o'clock.*
El barco zarpa a las ocho.

sailing NOUN
  la *vela* (*sport*)
- **to go sailing** hacer* vela
- **sailing boat** el barco de vela
- **sailing ship** el velero

sailor NOUN
  el *marinero* ◇ *He's a sailor.* Es marinero.

saint NOUN
  el *santo*
  la *santa*

> *When used before a man's name, the word* **Santo**
> *is shortened to* **San**, *the exceptions being* **Santo**
> **Tomás** *and* **Santo Domingo.**

  ◇ *Saint John* San Juan

sake NOUN
- **for the sake of argument** pongamos por caso
- **for the sake of the children** por el bien de
los niños
- **For goodness sake!** ¡Por el amor de Dios!

salad NOUN
  la *ensalada*
- **salad cream** la mayonesa
- **salad dressing** el aliño para la ensalada

salami NOUN
  el *salami*

salary NOUN
  (PL **salaries**)
  el *sueldo*

sale NOUN
  [1] las *rebajas* ◇ *There's a sale on at
Harrods.* En Harrods están de rebajas. ◇ *the
January sales* las rebajas de enero
  [2] la *venta* ◇ *Newspaper sales have fallen.*
Ha descendido la venta de periódicos.
- **on sale** a la venta
- **The house is for sale.** La casa está en venta.
- **"for sale"** "se vende"

sales assistant NOUN
  el *dependiente*
  la *dependienta*

salesman NOUN
  (PL **salesmen**)
  [1] el *representante* (*commercial*) ◇ *an
insurance salesman* un representante de
seguros
  [2] el *dependiente* (*sales assistant*)
- **a car salesman** un vendedor de coches

sales rep NOUN

el/la *representante*

saleswoman NOUN
  (PL **saleswomen**)
  [1] la *representante* (*commercial*) ◇ *an
insurance saleswoman* una representant de
seguros
  [2] la *dependienta* (*sales assistant*)

salmon NOUN
  el *salmón* (PL los *salmones*)

salon NOUN
  el *salón* (PL los *salones*) ◇ *hair salon* salón
de peluquería ◇ *beauty salon* salón de
belleza

saloon car NOUN
  el *turismo*

salt NOUN
  la *sal*

salty ADJECTIVE
  salado

to **salute** VERB
  saludar

Salvation Army NOUN
  el *Ejército de Salvación*

same ADJECTIVE
  mismo ◇ *the same model* el mismo
modelo
- **It's not the same.** No es lo mismo.
- **They're exactly the same.** Son exactamente
iguales.
- **The house is still the same.** La casa sigue
igual.

sample NOUN
  la *muestra* ◇ *a free sample of perfume*
una muestra gratuita de perfume

sand NOUN
  la *arena*

sandal NOUN
  la *sandalia* ◇ *a pair of sandals* unas
sandalias

sandwich NOUN
  (PL **sandwiches**)
  [1] el *sandwich* (*with sliced bread*) (PL los
sandwiches)
  [2] el *bocadillo* (*with French bread*)

sandwich course NOUN

> *Curso que alterna periodos de estudio teórico con
> periodos de formación práctica en empresas o
> fábricas.*

sang VERB *see* **sing**

sanitary napkin NOUN
  la *compresa*

sanitary towel NOUN
  la *compresa*

sank VERB *see* **sink**

Santa Claus NOUN
  Papá Noel MASC

sarcastic ADJECTIVE
  sarcástico

sat VERB *see* **sit**

satchel NOUN
  la *cartera*

satellite NOUN
  el *satélite* ◇ *by satellite* vía satélite

Verbs marked with this symbol are irregular. See pages 332–333 for further details

- **a satellite dish** una antena parabólica
- **satellite television** la televisión vía satélite

satisfactory ADJECTIVE
satisfactorio

satisfied ADJECTIVE
satisfecho

Saturday NOUN
el *sábado* (PL los *sábados*) ◇ *I saw her on Saturday.* La vi el sábado. ◇ *every Saturday* todos los sábados ◇ *last Saturday* el sábado pasado ◇ *next Saturday* el sábado que viene ◇ *on Saturdays* los sábados
- **I've got a Saturday job.** Tengo un trabajo los sábados.

sauce NOUN
1 la *salsa* ◇ *tomato sauce* salsa de tomate
2 la *crema* ◇ *chocolate sauce* crema de chocolate

saucepan NOUN
el *cazo*

saucer NOUN
el *platillo*

Saudi Arabia NOUN
Arabia Saudí FEM

sauna NOUN
la *sauna*

sausage NOUN
la *salchicha*
- **a sausage roll** un pastelito de salchicha

save VERB
1 *ahorrar* ◇ *I saved money by staying in youth hostels.* Ahorré dinero yendo a albergues juveniles. ◇ *I've saved £50 already.* Ya llevo ahorradas 50 libras. ◇ *It saved us time.* Nos ahorró tiempo.
- **We went in a taxi to save time.** Para ganar tiempo fuimos en taxi.
2 *salvar* ◇ *Doctors saved her from cancer.* Los médicos la salvaron del cáncer.
- **Luckily, all the passengers were saved.** Afortunadamente, todos los pasajeros se salvaron.
3 *guardar* ◇ *I saved the file onto a diskette.* Guardé el archivo en un disquete.

save up VERB
ahorrar ◇ *I'm saving up for a new bike.* Estoy ahorrando para una bici nueva.

savings PL NOUN
los *ahorros* ◇ *She spent all her savings on a computer.* Se gastó todos sus ahorros en un ordenador.

savoury ADJECTIVE
salado ◇ *Is it sweet or savoury?* ¿Es dulce o salado?

saw VERB *see* **see**

saw NOUN
la *sierra*

sax NOUN
(PL **saxes**)
el *saxo*

saxophone NOUN
el *saxofón* (PL los *saxofones*)

say VERB
(**said, said**)

decir* ◇ *to say yes* decir que sí ◇ *What did he say?* ¿Qué dijo él?
- **Could you say that again?** ¿Podrías repetir eso?
- **The clock said four minutes past eleven.** El reloj marcaba las once y cuatro minutos.
- **It goes without saying that...** Ni que decir tiene que...

saying NOUN
el *dicho*

scale NOUN
la *escala* ◇ *a large-scale map* un mapa a gran escala
- **He underestimated the scale of the problem.** Ha subestimado la envergadura del problema.

scales PL NOUN
1 el *peso* (*in kitchen*)
2 la *báscula* (*in shop*)
- **bathroom scales** la báscula de baño

scampi PL NOUN
las *gambas rebozadas*

scandal NOUN
1 el *escándalo* (*outrage*) ◇ *It caused a scandal.* Causó escándalo.
2 las *habladurías* (*gossip*) ◇ *It's just scandal.* No son más que habladurías.

scar NOUN
la *cicatriz* (PL las *cicatrices*)

scarce ADJECTIVE
escaso ◇ *scarce resources* recursos escasos
- **Jobs are scarce.** Escasean los trabajos.

scarcely ADVERB
apenas ◇ *I scarcely knew him.* Apenas lo conocía.

scare NOUN
see also **scare** VERB
el *susto* ◇ *We got a bit of a scare.* Nos pegamos un susto.
- **a bomb scare** una amenaza de bomba

to **scare** VERB
see also **scare** NOUN
asustar ◇ *You scared me!* ¡Me has asustado!

scarecrow NOUN
el *espantapájaros* (PL los *espantapájaros*)

scared ADJECTIVE
- **to be scared** tener* miedo ◇ *Are you scared of him?* ¿Le tienes miedo?
- **I was scared stiff.** Estaba muerto de miedo.

scarf NOUN
(PL **scarfs** or **scarves**)
1 la *bufanda* (*woollen*)
2 el *pañuelo* (*light*)

scary ADJECTIVE
- **It was really scary.** Daba verdadero miedo.
- **a scary film** una película de miedo

scene NOUN
1 la *escena* ◇ *love scenes* las escenas de amor ◇ *It was an amazing scene.* Era una escena asombrosa.
2 el *lugar* ◇ *at the scene of the crime* en el lugar del crimen ◇ *The police were soon on the scene.* La policía no tardó en acudir al

S

lugar de los hechos.
- **to make a scene** montar el número

scenery NOUN
el *paisaje*

scent NOUN
el *perfume*

schedule NOUN
el *programa*
> Although **programa** ends in **-a**, it is actually a masculine noun.

◇ *a production schedule* un programa de producción
- **There's a tight schedule for this project.** Este proyecto tiene un calendario muy justo.
- **a busy schedule** una agenda muy apretada
- **on schedule** sin retraso
- **to be behind schedule** ir* con retraso

scheduled flight NOUN
el *vuelo regular*

scheme NOUN
el *plan* ◇ *a road-widening scheme* un plan de ensanchamiento de calzadas ◇ *a crazy scheme he dreamed up* un plan descabellado que se le ocurrió

scholarship NOUN
la *beca*

school NOUN
[1] el *colegio* (for children) ◇ *at school* en el colegio ◇ *to go to school* ir* al colegio
- **after school** después de clase
[2] la *facultad* (at university) ◇ *art school* la facultad de bellas artes

schoolbook NOUN
el *libro de texto*

schoolboy NOUN
el *colegial*

schoolchildren PL NOUN
los *colegiales*

schoolgirl NOUN
la *colegiala*

science NOUN
la *ciencia*

science fiction NOUN
la *ciencia ficción*

scientific ADJECTIVE
científico

scientist NOUN
el *científico*
la *científica*

scissors PL NOUN
las *tijeras* ◇ *a pair of scissors* unas tijeras

to **scoff** VERB
[1] *mofarse* ◇ *My friends scoffed at the idea.* Mis amigos se mofaron de la idea.
[2] *zamparse* (informal) ◇ *My brother scoffed all the sandwiches.* Mi hermano se zampó todos los sandwiches.

scooter NOUN
[1] la *Vespa* ® (motorcycle)
[2] el *patinete* (child's toy)

score NOUN
> see also **score** VERB
[1] la *puntuación* (PL las *puntuaciones*)

◇ *the highest score by an English batsman* la puntuación más alta de un bateador inglés
[2] el *resultado* ◇ *The score was three nil.* El resultado fue de tres a cero.
- **What's the score?** ¿Cómo van?

to **score** VERB
> see also **score** NOUN
[1] *marcar** ◇ *to score a goal* marcar un gol
- **to score a point** anotar un punto
- **to score six out of ten** sacar* una puntuación de seis sobre diez
[2] *llevar el tanteo* ◇ *Who's going to score?* ¿Quién va a llevar el tanteo?

Scorpio NOUN
el *Escorpión* (sign) ◇ *I'm Scorpio.* Soy Escorpión.
- **a Scorpio** un/una Escorpión

Scot NOUN
(person)
el *escocés*
la *escocesa*

Scotland NOUN
Escocia FEM

Scots ADJECTIVE
escocés (FEM *escocesa*) ◇ *a Scots accent* un acento escocés

Scotsman NOUN
(PL **Scotsmen**)
el *escocés* (PL los *escoceses*)

Scotswoman NOUN
(PL **Scotswomen**)
la *escocesa*

Scottish ADJECTIVE
escocés (PL *escoceses*, FEM *escocesa*) ◇ *a Scottish accent* un acento escocés

scout NOUN
el *boy scout*
la *girl scout*

scrambled eggs PL NOUN
los *huevos revueltos*

scrap NOUN
> see also **scrap** VERB
[1] el *trocito* ◇ *a scrap of paper* un trocito de papel
[2] la *pelea* ◇ *There was a scrap outside the pub.* Hubo una pelea a la salida del pub.
- **scrap iron** la chatarra

to **scrap** VERB
> see also **scrap** NOUN
desechar ◇ *In the end the plan was scrapped.* Al final se desechó el plan.

scrapbook NOUN
el *álbum de recortes* (PL los *álbumes de recortes*)

to **scratch** VERB
> see also **scratch** NOUN
[1] *rascarse** (when itchy) ◇ *Stop scratching!* ¡Deja de rascarte!
[2] *arañar* (cut) ◇ *He scratched his arm on the bushes.* Se arañó el brazo con las zarzas.
[3] *rayar* (scrape) ◇ *You'll scratch the worktop with that knife.* Vas a rayar la

encimera con ese cuchillo.

scratch NOUN

(PL **scratches**)

see also scratch VERB

el *arañazo* (on skin, floor)

* **to start from scratch** partir de cero
* **a scratch card** una tarjeta de "rasque y gane"

scream NOUN

see also scream VERB

el *grito*

scream VERB

see also scream NOUN

gritar

screen NOUN

la *pantalla*

screw NOUN

el *tornillo*

screwdriver NOUN

el *destornillador*

scribble VERB

garabatear

scrub VERB

fregar*

sculpture NOUN

la *escultura*

sea NOUN

el *mar*

The word **mar** *is masculine in most cases, but in some set expressions it is feminine.*

◇ *by sea* por mar ◇ *a house by the sea* una casa junto al mar

* **The fishermen put to sea.** Los pescadores se hicieron a la mar.

seafood NOUN

el *marisco* ◇ *I don't like seafood.* No me gusta el marisco.

* **a seafood restaurant** una marisquería

seagull NOUN

la *gaviota*

seal NOUN

see also seal VERB

[1] la *foca* (animal)

[2] el *sello* (on letter)

seal VERB

see also seal NOUN

sellar

seaman NOUN

(PL **seamen**)

el *marinero*

search VERB

see also search NOUN

[1] *buscar** ◇ *They're searching for the missing climbers.* Están buscando a los alpinistas desaparecidos.

[2] *registrar* ◇ *The police searched him for drugs.* La policía lo registró en busca de drogas.

* **They searched the woods for the little girl.** Rastrearon el bosque en busca de la niña.

search NOUN

(PL **searches**)

see also search VERB

[1] la *búsqueda* ◇ *The search was abandoned.* Se abandonó la búsqueda.

* **to go in search of** ir* en busca de

[2] el *registro* ◇ *a search of the building* un registro del edificio

search party NOUN

(PL **search parties**)

el *equipo de búsqueda*

seashore NOUN

la *orilla del mar* ◇ *on the seashore* a la orilla del mar

seasick ADJECTIVE

* **to be seasick** marearse en barco

seaside NOUN

la *playa*

* **a seaside resort** un lugar de veraneo en la playa

season NOUN

la *estación* (PL las *estaciones*) ◇ *What's your favourite season?* ¿Cuál es tu estación preferida?

* **out of season** fuera de temporada
* **during the holiday season** en la temporada de vacaciones
* **a season ticket** un abono

seat NOUN

[1] el *asiento* ◇ *I was sitting in the back seat.* Yo iba sentada en el asiento trasero.

* **Are there any seats left?** ¿Quedan localidades?

[2] el *escaño* ◇ *to win a seat at the election* conseguir* un escaño en las elecciones

seat belt NOUN

el *cinturón de seguridad* (PL los *cinturones de seguridad*)

seaweed NOUN

el *alga marina* FEM

Although it's a feminine noun, remember that you use **el** *and* **un** *with* **alga**.

second ADJECTIVE, ADVERB

see also second NOUN

segundo ◇ *the second time* la segunda vez

* **to come second** llegar* en segundo lugar
* **to travel second class** viajar en segunda
* **the second of March** el dos de marzo

second NOUN

see also second ADJECTIVE, ADVERB

el *segundo* ◇ *It'll only take a second.* Es un segundo nada más.

secondary school NOUN

[1] el *instituto* (state)

[2] el *colegio* (private)

second-class ADJECTIVE, ADVERB

de segunda clase (ticket, compartment)

* **to travel second-class** viajar en segunda
* **second-class postage**

In Spain there is no first-class or second-class postage. If you want your mail to arive fast, you must have it sent express – **urgente** *– from a post office.*

secondhand ADJECTIVE

de segunda mano

secondly ADVERB

en segundo lugar

secret ADJECTIVE

see also NOUN

S

secreto ◇ *a secret mission* una misión
secreta
secret NOUN
see also ADJECTIVE
el *secreto* ◇ *Can you keep a secret?* ¿Me
guardas un secreto?
➤ **in secret** en secreto
secretary NOUN
(PL **secretaries**)
el *secretario*
la *secretaria*
secretly ADVERB
en secreto
section NOUN
la *sección* (PL las *secciones*)
security NOUN
la *seguridad* ◇ *They are trying to improve
airport security.* Intentan mejorar las medidas
de seguridad en el aeropuerto. ◇ *They have
no job security.* No tienen seguridad en el
empleo.
➤ **security guard** el/la guarda jurado
to **see** VERB
(**saw, seen**)
ver* ◇ *I can't see.* No veo nada. ◇ *I saw
him yesterday.* Lo vi ayer.
➤ **You need to see a doctor.** Tienes que ir a
ver a un médico.
➤ **See you!** ¡Hasta luego!
➤ **See you soon!** ¡Hasta pronto!
to **see to** VERB
encargarse* de ◇ *The shower isn't
working. Can you see to it please?* La ducha
se ha estropeado. ¿Podrías encargarte de eso?
seed NOUN
la *semilla* ◇ *poppy seeds* semillas de
amapola
➤ **sunflower seeds** pipas de girasol
to **seem** VERB
parecer* ◇ *She seems tired.* Parece
cansada. ◇ *That seems like a good idea.* Me
parece una buena idea.
➤ **The shop seemed to be closed.** Parecía que
la tienda estaba cerrada.
➤ **It seems that...** Parece que... ◇ *It seems
you have no alternative.* Parece que no tienes
otra opción.
➤ **It seems she's getting married.** Por lo visto
se casa.
➤ **There seems to be a problem.** Parece que
hay un problema.
seen VERB see **see**
seesaw NOUN
el *balancín* (PL los *balancines*)
see-through ADJECTIVE
transparente
seldom ADVERB
rara vez
to **select** VERB
seleccionar
selection NOUN
[1] la *selección* (PL las *selecciones*) ◇ *a
selection test* una prueba de selección

[2] el *surtido* ◇ *the widest selection on the
market* el más amplio surtido del mercado
self-assured ADJECTIVE
seguro de sí mismo (FEM *segura de sí
misma*)
self-catering ADJECTIVE
➤ **self-catering apartment** el apartamento
self-centred ADJECTIVE
(US **self-centered**)
egocéntrico
self-confidence NOUN
la *confianza en uno mismo* ◇ *I lost all
my self-confidence.* Perdí toda la confianza
en mí mismo.
self-conscious ADJECTIVE
[1] *cohibido* ◇ *She was really
self-conscious at first.* Al principio estaba
muy cohibida.
[2] *acomplejado* ◇ *She was self-conscious
about her height.* Estaba acomplejada por su
estatura.
self-contained ADJECTIVE
independiente
self-control NOUN
el *autocontrol*
self-defence NOUN
(US **self-defense**)
la *defensa personal* ◇ *self-defence
classes* clases de defensa personal
➤ **She killed him in self-defence.** Lo mató en
defensa propia.
self-discipline NOUN
la *autodisciplina*
self-employed ADJECTIVE
autónomo
➤ **to be self-employed** ser* autónomo
➤ **the self-employed** los trabajadores
autónomos
selfish ADJECTIVE
egoísta
self-respect NOUN
el *amor propio*
self-service ADJECTIVE
de autoservicio
to **sell** VERB
(**sold, sold**)
vender ◇ *He sold it to me.* Me lo vendió.
to **sell off** VERB
liquidar
to **sell out** VERB
➤ **The tickets sold out in three hours.** Las
entradas se agotaron en tres horas.
sell-by date NOUN
la *fecha de caducidad*
selling price NOUN
el *precio de venta*
Sellotape ® NOUN
el *celo*
semi NOUN
la *casa adosada*
semicircle NOUN
el *semicírculo*
semicolon NOUN

el *punto y coma* (PL los *punto y coma*)
semi-final NOUN
la *semifinal*
semi-skimmed milk NOUN
la *leche semidesnatada*
send VERB
(sent, sent)
mandar ◇ *She sent me a birthday card.*
Me mandó una tarjeta de cumpleaños. ◇ *He was sent to London.* Lo mandaron a Londres.
send back VERB
*devolver**
send off VERB
[1] *enviar* por correo* ◇ *We sent off your order yesterday.* Le enviamos el pedido por correo ayer.
[2] *expulsar* ◇ *He was sent off.* Lo expulsaron.
send off for VERB
[1] *escribir* pidiendo* (free) ◇ *I've sent off for a brochure.* He escrito pidiendo un folleto.
[2] *pedir* por correo* (paid for) ◇ *She sent off for the book.* Pidió el libro por correo.
send out VERB
*enviar**
send out for VERB
pedir por teléfono* ◇ *Let's send out for a pizza.* Vamos a pedir una pizza por teléfono.
sender NOUN
el/la *remitente*
senior ADJECTIVE, NOUN
alto ◇ *senior officials in the British government* altos cargos del gobierno británico ◇ *senior management* los altos directivos
♦ **She's five years my senior.** Es cinco años mayor que yo.
♦ **senior school** el instituto de enseñanza secundaria
♦ **senior pupils** los alumnos más mayores
senior citizen NOUN
la *persona de la tercera edad*
sensational ADJECTIVE
sensacional
sense NOUN
el *sentido* ◇ *the five senses* los cinco sentidos ◇ *Use your common sense!* ¡Usa el sentido común!
♦ **It makes sense.** Tiene sentido.
♦ **It doesn't make sense.** No tiene sentido.
♦ **a keen sense of smell** un olfato finísimo
♦ **sense of humour** sentido del humor
senseless ADJECTIVE
[1] *sin sentido* ◇ *senseless violence* violencia sin sentido ◇ *It is senseless to protest.* No tiene sentido protestar.
[2] *inconsciente* ◇ *He was lying senseless on the floor.* Yacía inconsciente en el suelo.
sensible ADJECTIVE
sensato ◇ *Be sensible!* ¡Sé sensato! ◇ *It would be sensible to check first.* Lo más sensato sería comprobarlo antes.
sensitive ADJECTIVE
sensible

sensuous ADJECTIVE
sensual
sent VERB *see* **send**
sentence NOUN
⟨*see also* sentence VERB⟩
[1] la *oración* (PL las *oraciones*) ◇ *What does this sentence mean?* ¿Qué significa esta oración?
[2] la *sentencia* ◇ *to pass sentence* dictar sentencia
[3] la *condena* ◇ *a sentence of 10 years* una condena de 10 años
♦ **the death sentence** la pena de muerte
♦ **He got a life sentence.** Fue condenado a cadena perpetua.
to **sentence** VERB
⟨*see also* sentence NOUN⟩
♦ **to sentence somebody to life imprisonment** condenar a alguien a cadena perpetua
♦ **to sentence somebody to death** condenar a muerte a alguien
sentimental ADJECTIVE
sentimental
separate ADJECTIVE
⟨*see also* separate VERB⟩
distinto ◇ *Men and women have separate exercise rooms.* Los hombres y las mujeres tienen salas de ejercicios distintas.
♦ **The children have separate rooms.** Los niños tienen cada uno su habitación.
♦ **I wrote it on a separate sheet.** Lo escribí en una hoja aparte.
♦ **on separate occasions** en diversas ocasiones
to **separate** VERB
⟨*see also* separate ADJECTIVE⟩
[1] *separar* ◇ *Police moved in to separate the two groups.* La policía intervino para separar a los dos grupos.
[2] *separarse* ◇ *Her parents separated last year.* Sus padres se separaron el año pasado.
separately ADVERB
por separado
separation NOUN
la *separación* (PL las *separaciones*)
September NOUN
septiembre MASC ◇ *in September* en septiembre ◇ *on 23 September* el 23 de septiembre
sequel NOUN
la *continuación* (PL las *continuaciones*)
sequence NOUN
[1] la *serie* ◇ *a sequence of events* una serie de acontecimientos
[2] el *orden* (PL los *órdenes*) ◇ *in sequence* en orden
[3] la *secuencia* ◇ *the best sequence in the film* la mejor secuencia de la película
sergeant NOUN
[1] el/la *sargento* (army)
[2] el/la *oficial de policía* (police)
serial NOUN
[1] el *serial* (on TV, radio)
[2] la *novela por entregas* (in magazine)
series NOUN

S

la *serie*
serious ADJECTIVE
  [1] *serio* ◇ *You're looking very serious.*
  Estás muy serio.
◆ **Are you serious?** ¿Lo dices en serio?
  [2] *grave* ◇ *a serious illness* una grave
  enfermedad
seriously ADVERB
  en serio ◇ *No, but seriously...* No, pero ya
  en serio... ◇ *to take somebody seriously*
  tomar en serio a alguien
◆ **seriously injured** gravemente herido
◆ **Seriously?** ¿De verdad?
sermon NOUN
  el *sermón* (PL los *sermones*)
servant NOUN
  el *criado*
  la *criada*
to **serve** VERB
  see also serve NOUN
  [1] *servir** ◇ *Dinner is served.* La cena está
  servida.
◆ **It's Agassi's turn to serve.** Al servicio Agassi.
◆ **Are you being served?** ¿Le atienden ya?
  [2] *cumplir* ◇ *to serve a life sentence*
  cumplir cadena perpetua
◆ **to serve time** cumplir condena
◆ **It serves you right.** Te está bien empleado.
serve NOUN
  see also serve VERB
  el *servicio*
to **service** VERB
  see also service NOUN
  revisar (car, washing machine)
service NOUN
  see also service VERB
  [1] el *servicio* ◇ *Service is included.* El
  servicio está incluido. ◇ *the postal service* el
  servicio de correos
◆ **a bus service** una línea de autobús
  [2] la *revisión* (PL las *revisiones*) ◇ *The car
  needs a service.* Al coche le hace falta una
  revisión.
  [3] el *oficio religioso* ◇ *a memorial service*
  un oficio religioso conmemorativo
◆ **the armed services** las fuerzas armadas
service area NOUN
  el *área de servicios* FEM
  *Although it's a feminine noun, remember that you
  use* **el** *and* **un** *with* **área**.
service charge NOUN
  el *servicio* ◇ *There's no service charge.* El
  servicio va incluido.
serviceman NOUN
  (PL **servicemen**)
  el *militar*
service station NOUN
  la *estación de servicio* (PL las *estaciones de
  servicio*)
serviette NOUN
  la *servilleta*
session NOUN
  la *sesión* (PL las *sesiones*)

set NOUN
  see also set VERB
  [1] el *juego* (of objects, tools) ◇ *a set of keys*
  un juego de llaves
◆ **The sofa and chairs are only sold as a set.**
  El sofá y los sillones no se venden por
  separado.
◆ **a chess set** un ajedrez
◆ **a train set** un tren eléctrico
  [2] el *conjunto* (of ideas, actions) ◇ *a set of
  calculations* un conjunto de cálculos
  [3] el *set* (in tennis) (PL los *sets*) ◇ *She was
  leading 5-1 in the first set.* Iba ganando 5 a 1
  en el primer set.
to **set** VERB
  (set, set)
  see also set NOUN
  [1] *poner** ◇ *I set the alarm for seven
  o'clock.* Puse el despertador a las siete.
  [2] *establecer** ◇ *The world record was set
  last year.* El récord mundial se estableció el
  año pasado.
  [3] *ponerse** ◇ *The sun was setting.* Se
  estaba poniendo el sol.
◆ **The film is set in Morocco.** La película se
  desarrolla en Marruecos.
◆ **to set something on fire** prender fuego a algo
◆ **to set sail** zarpar
◆ **to set the table** poner* la mesa
to **set off** VERB
  salir* ◇ *We set off for London at nine
  o'clock.* Salimos para Londres a las nueve.
to **set out** VERB
  salir* ◇ *We set out for London at nine
  o'clock.* Salimos para Londres a las nueve.
settee NOUN
  el *sofá* (PL los *sofás*)
to **settle** VERB
  [1] *zanjar* ◇ *That should settle the problem.*
  Esto debería zanjar el problema.
  [2] *pagar** ◇ *I'll settle the bill tomorrow.*
  Mañana pagaré la cuenta.
to **settle down** VERB
  calmarse
to **settle in** VERB
  adaptarse
to **settle on** VERB
  decidirse por
seven NUMERAL
  siete ◇ *She's seven.* Tiene siete años.
seventeen NUMERAL
  diecisiete ◇ *He's seventeen.* Tiene
  diecisiete años.
seventh ADJECTIVE
  séptimo ◇ *the seventh floor* el séptimo piso
◆ **the seventh of August** el siete de agosto
seventy NUMERAL
  setenta ◇ *She's seventy.* Tiene setenta
  años.
several ADJECTIVE, PRONOUN
  varios ◇ *several schools* varios colegios
  ◇ *several times* varias veces
to **sew** VERB

(sewed, sewn)
coser

sew up VERB
coser

sewing NOUN
la *costura* ◇ *I like sewing.* Me gusta la costura.
♦ **sewing machine** la máquina de coser

sewn VERB *see* **sew**

sex NOUN
el *sexo* ◇ *the opposite sex* el sexo opuesto
♦ **to have sex with somebody** tener* relaciones sexuales con alguien
♦ **sex education** la educación sexual

sexism NOUN
el *sexismo*

sexist ADJECTIVE
sexista

sexual ADJECTIVE
sexual ◇ *sexual discrimination* la discriminación sexual ◇ *sexual harassment* el acoso sexual

sexuality NOUN
la *sexualidad*

sexy ADJECTIVE
sexy (PL *sexy*)

shabby ADJECTIVE
andrajoso (person, clothes)

shade NOUN
[1] la *sombra* ◇ *It was 35 degrees in the shade.* Hacía 35 grados a la sombra.
[2] el *tono* ◇ *a beautiful shade of blue* un tono de azul muy bonito

shadow NOUN
la *sombra*

shake VERB
(shook, shaken)
[1] *sacudir* ◇ *She shook the rug.* Sacudió la alfombra.
♦ **"Shake well before use"** "Agítese bien antes de usarse"
[2] *temblar** ◇ *He was shaking with cold.* Temblaba de frío.
♦ **Donald shook his head.** Donald negó con la cabeza.
♦ **to shake hands with somebody** dar* la mano a alguien ◇ *They shook hands.* Se dieron la mano.

shaken ADJECTIVE
afectado ◇ *I was feeling a bit shaken.* Estaba un poco afectado.

shaky ADJECTIVE
tembloroso (hand, voice)
♦ **I was feeling a bit shaky.** Estaba un poco débil.

shall VERB
♦ **Shall I shut the window?** ¿Cierro la ventana?
♦ **Shall we ask him to come with us?** ¿Le pedimos que venga con nosotros?
> **pedir que** has to be followed by a verb in the subjunctive.

shallow ADJECTIVE
poco profundo

shambles NOUN

el *desastre* ◇ *It's a complete shambles.* Es un desastre total.

shame NOUN
la *vergüenza* ◇ *I'd die of shame!* ¡Me moriría de vergüenza!
♦ **What a shame!** ¡Qué pena!
♦ **It's a shame that...** Es una pena que...
> **es una pena que** *has to be followed by a verb in the subjunctive.*
◇ *It's a shame he isn't here.* Es una pena que no esté aquí.

shampoo NOUN
el *champú* (PL los *champús*) ◇ *a bottle of shampoo* un bote de champú

shandy NOUN
(PL **shandies**)
la *clara* (de cerveza con gaseosa)

shan't = shall not

shape NOUN
la *forma* ◇ *in the shape of a star* en forma de estrella
♦ **to be in good shape** estar* en buena forma

share NOUN
> *see also* share VERB
[1] la *acción* (PL las *acciones*) ◇ *They've got shares in many companies.* Tienen acciones en muchas empresas.
[2] la *parte* ◇ *He refused to pay his share of the bill.* Se negó a pagar su parte de la factura.

to **share** VERB
> *see also* share NOUN
compartir ◇ *to share a room with somebody* compartir habitación con alguien

to **share out** VERB
repartir ◇ *They shared the sweets out among the children.* Repartieron los caramelos entre los niños.

shark NOUN
el *tiburón* (PL los *tiburones*)

sharp ADJECTIVE, ADVERB
[1] *afilado* ◇ *Be careful, that knife's sharp!* ¡Cuidado con ese cuchillo que está afilado!
[2] *puntiagudo* (point, spike)
[3] *listo* (intelligent) ◇ *She's very sharp.* Es muy lista.
♦ **at two o'clock sharp** a las dos en punto

to **shave** VERB
afeitarse ◇ *He took a bath and shaved.* Se dio un baño y se afeitó.
♦ **to shave one's legs** depilarse las piernas

shaver NOUN
♦ **electric shaver** la maquinilla de afeitar eléctrica

shaving cream NOUN
la *crema de afeitar*

shaving foam NOUN
la *espuma de afeitar*

she PRONOUN
ella
> she *generally isn't translated unless it's emphatic.*
◇ *She's very nice.* Es muy maja.
> *Use* **ella** *for emphasis.*
◇ *She did it but he didn't.* Ella lo hizo, pero él no.

S

shed NOUN
el *cobertizo*

she'd = she had, she would

sheep NOUN
(PL **sheep**)
la *oveja*

sheepdog NOUN
el *perro pastor* (PL los *perros pastores*)

sheer ADJECTIVE
puro ◇ *It's sheer greed.* Es pura codicia.

sheet NOUN
la *sábana* ◇ *to change the sheets* cambiar las sábanas
◆ **a sheet of paper** una hoja de papel

shelf NOUN
(PL **shelves**)
[1] el *estante* (*on wall, in shop*)
[2] la *parrilla* (*in oven*)

shell NOUN
[1] la *concha* (*on beach, of tortoise, snail*)
[2] la *cáscara* (*of egg, nut*)
[3] el *obús* (*explosive*) (PL los *obuses*)

she'll = she will

shellfish NOUN
el *marisco*

shell suit NOUN
el *chándal de nylon* (PL los *chándals de nylon*)

shelter NOUN
el *refugio* ◇ *a bomb shelter* un refugio antiaéreo
◆ **to take shelter** refugiarse
◆ **bus shelter** la marquesina de autobús

shelves PL NOUN SEE **shelf**

shepherd NOUN
el *pastor*

sheriff NOUN
el *sheriff*

sherry NOUN
el *jerez*

she's = she is, she has

shield NOUN
el *escudo*

shift NOUN
see also **shift** VERB
el *turno* ◇ *the night shift* el turno de noche
◇ *His shift starts at eight o'clock.* Su turno empieza a las ocho.
◆ **to do shift work** trabajar por turnos

to **shift** VERB
see also **shift** NOUN
trasladar ◇ *I couldn't shift the wardrobe on my own.* No podía trasladar el armario yo solo.
◆ **Shift yourself!** ¡Quita de ahí! (*informal*)

shifty ADJECTIVE
sospechoso ◇ *He looked shifty.* Tenía una pinta sospechosa.
◆ **He has shifty eyes.** Tiene una mirada furtiva.

shin NOUN
la *espinilla*

to **shine** VERB
(**shone, shone**)
brillar ◇ *The sun was shining.* Brillaba el sol.

shiny ADJECTIVE
brillante

ship NOUN
el *barco* ◇ *by ship* en barco
◆ **a merchant ship** un buque mercante

shipbuilding NOUN
la *construcción naval*

shipwreck NOUN
el *naufragio*

shipwrecked ADJECTIVE
◆ **to be shipwrecked** naufragar*

shipyard NOUN
el *astillero*

shirt NOUN
la *camisa*

shit EXCLAMATION
¡*Mierda*! (*rude*)

to **shiver** VERB
tiritar ◇ *to shiver with cold* tiritar de frío

shock NOUN
see also **shock** VERB
[1] la *conmoción* (PL las *conmociones*)
◇ *The news came as a shock.* La noticia causó conmoción.
[2] el *calambre* ◇ *I got a shock when I touched the switch.* Me dio calambre al tocar el interruptor.
◆ **an electric shock** una descarga eléctrica

to **shock** VERB
see also **shock** NOUN
[1] *horrorizar** (*upset*) ◇ *They were shocked by the tragedy.* Quedaron horrorizados por la tragedia.
[2] *escandalizar** (*scandalize*) ◇ *Nothing shocks me any more.* Ya nada me escandaliza.

shocking ADJECTIVE
escandaloso ◇ *It's shocking!* ¡Es escandaloso!

shoe NOUN
el *zapato* ◇ *a pair of shoes* un par de zapatos

shoelace NOUN
el *cordón* (PL los *cordones*)

shoe polish NOUN
el *betún*

shoe shop NOUN
la *zapatería*

shone VERB SEE **shine**

shook VERB SEE **shake**

to **shoot** VERB
(**shot, shot**)
[1] *disparar* (*fire a shot*) ◇ *Don't shoot!* ¡No disparen!
◆ **to shoot at somebody** disparar contra alguien
◆ **He shot himself with a revolver.** Se pegó un tiro con un revólver.
◆ **He was shot dead by the police.** Murió de un disparo de la policía.

2 *fusilar* (*execute*) ◇ *He was shot at dawn.*
Lo fusilaron al amanecer.
3 *rodar** ◇ *The film was shot in Prague.*
La película se rodó en Praga.
4 *chutar* (*in football*)
shooting NOUN
1 los *disparos* ◇ *They heard shooting.*
Oyeron disparos.
+ **a shooting** un tiroteo
2 la *caza* ◇ *to go shooting* ir* de caza
shop NOUN
la *tienda* ◇ *a sports shop* una tienda de
deportes
shop assistant NOUN
el *dependiente*
la *dependienta*
shopkeeper NOUN
el/la *comerciante* (*tendero*)
shoplifting NOUN
el *hurto en las tiendas*
shopping NOUN
la *compra* ◇ *Can you get the shopping
from the car?* ¿Puedes sacar la compra del
coche?
+ **to go shopping (1)** (*for food*) ir* a hacer la
compra
+ **to go shopping (2)** (*for pleasure*) ir* de
compras
+ **I love shopping.** Me encanta ir de compras.
+ **shopping bag** la bolsa de la compra
+ **shopping centre** el centro comercial
shop window NOUN
el *escaparate*
shore NOUN
la *orilla* ◇ *on the shores of the lake* a
orillas del lago
+ **on shore** en tierra
short ADJECTIVE
1 *corto* ◇ *a short skirt* una falda corta
◇ *short hair* pelo corto ◇ *a short walk* un
paseo corto ◇ *It was a great holiday, but too
short.* Fueron unas vacaciones estupendas,
pero demasiado cortas.
+ **a short break** un pequeño descanso
+ **a short time ago** hace poco
2 *bajo* ◇ *She's quite short.* Es bastante
baja.
+ **to be short of something** andar* escaso de
algo
+ **at short notice** con poco tiempo de
antelación
+ **In short, the answer is no.** En una palabra,
la respuesta es no.
shortage NOUN
la *escasez* ◇ *a water shortage* escasez de
agua
short cut NOUN
el *atajo*
shorthand NOUN
la *taquigrafía*
shortly ADVERB
dentro de poco ◇ *I'll be there shortly.*
Estaré allí dentro de poco.
+ **She arrived shortly after midnight.** Llegó

poco después de la medianoche.
shorts PL NOUN
los *pantalones cortos* ◇ *a pair of shorts*
unos pantalones cortos
short-sighted ADJECTIVE
miope
short story NOUN
el *cuento*
shot VERB *see* **shoot**
shot NOUN
1 el *tiro* ◇ *to fire a shot* disparar un tiro
◇ *a shot at goal* un tiro a puerta
2 la *foto*
Although **foto** *ends in -a, it is actually feminine
noun.*
◇ *a shot of Edinburgh castle* una foto del
castillo de Edimburgo
3 la *inyección* (*vaccination*) (PL las
inyecciones)
shotgun NOUN
la *escopeta*
should VERB
When should *means "ought to", use the
conditional tense of* **deber.**
deber ◇ *You should take more exercise.*
Deberías hacer más ejercicio. ◇ *He should be
there by now.* Ya debería estar allí. ◇ *That
shouldn't be too hard.* Eso no debería ser muy
difícil.
tener que* *is also a very common way to
translate* should.
◇ *I should have told you before.* Tendría que
habértelo dicho antes.
When should *means "would", use the conditional
tense.*
+ **I should go if I were you.** Yo que tú, iría.
+ **I should be so lucky!** ¡Ojalá!
shoulder NOUN
el *hombro* ◇ *I looked over my shoulder.*
Miré por encima del hombro.
+ **shoulder bag** el bolso de bandolera
shouldn't = **should not**
to **shout** VERB
see also shout NOUN
gritar ◇ *Don't shout!* ¡No grites!
shout NOUN
see also shout VERB
el *grito*
shovel NOUN
la *pala*
show NOUN
see also show VERB
1 el *espectáculo* ◇ *to stage a show*
montar un espectáculo
2 el *programa*
Although **programa** *ends in -a, it is actually a
masculine noun.*
◇ *a radio show* un programa de radio
+ **fashion show** el pase de modelos
+ **motor show** el salón del automóvil
to **show** VERB
(**shown**, **shown**)
see also show NOUN
1 *enseñar*

S

◆ **to show somebody something** enseñar algo a alguien ◇ *Have I shown you my hat?* ¿Te he enseñado ya mi sombrero?
　　[2] *demostrar** ◇ *She showed great courage.* Demostró gran valentía.
◆ **It shows.** Se nota. ◇ *I've never been riding before. – It shows.* Nunca había montado a caballo antes. – Se nota.

to **show off** VERB
　presumir

to **show up** VERB
　presentarse ◇ *He showed up late as usual.* Se presentó tarde, como de costumbre.

shower NOUN
　[1] la *ducha*
◆ **to have a shower** ducharse
　　[2] el *chubasco* ◇ *scattered showers* chubascos dispersos

showerproof ADJECTIVE
　impermeable

showing NOUN
　el *pase* (of a film) ◇ *a private showing* un pase privado

shown VERB *see* **show**

show-off NOUN
　el *fantasmón* (PL los *fantasmones*)
　la *fantasmona*

shrank VERB *see* **shrink**

to **shriek** VERB
　chillar

shrimps PL NOUN
　los *camarones*

to **shrink** VERB
　(shrank, shrunk)
　encogerse* (clothes, fabric)

Shrove Tuesday NOUN
　el *martes de carnaval*
　*En este día es tradición preparar crepes – **pancakes**.*

to **shrug** VERB
◆ **to shrug one's shoulders** encogerse* de hombros

shrunk VERB *see* **shrink**

to **shudder** VERB
　estremecerse*

to **shuffle** VERB
◆ **to shuffle the cards** barajar las cartas

to **shut** VERB
　(shut, shut)
　cerrar* ◇ *What time do you shut?* ¿A qué hora cierran? ◇ *What time do the shops shut?* ¿A qué hora cierran las tiendas?

to **shut down** VERB
　cerrar* ◇ *The cinema shut down last year.* El cine cerró el año pasado.

to **shut up** VERB
　callarse ◇ *Shut up!* ¡Cállate!

shutters PL NOUN
　las *contraventanas*

shuttle NOUN
◆ **space shuttle** el transbordador espacial
◆ **I'll get the shuttle.** Tomaré el puente aéreo.

shuttlecock NOUN

el *volante* (de bádminton)

shy ADJECTIVE
　tímido

Sicily NOUN
　Sicilia FEM

sick ADJECTIVE
　[1] *enfermo* ◇ *She looks after her sick mother.* Cuida de su madre enferma.
　[2] *de mal gusto* ◇ *That's really sick!* ¡Eso es de muy mal gusto!
◆ **to be sick** devolver* ◇ *I was sick twice last night.* Anoche devolví dos veces.
◆ **I feel sick.** Tengo ganas de devolver.
◆ **to be sick of something** estar* harto de algo ◇ *I'm sick of your jokes.* Estoy harto de tus bromas.

sickening ADJECTIVE
　repugnante

sick leave NOUN
　la *baja por enfermedad*

sickness NOUN
　la *enfermedad*

sick note NOUN
　[1] el *justificante de ausencia* (from parents)
　[2] la *baja médica* (from doctor)

sick pay NOUN
　la *prestación por enfermedad* (FEM las prestaciones por enfermedad)

side NOUN
　[1] el *lado* (of object, building, car) ◇ *He was driving on the wrong side of the road.* Iba por el lado contrario de la carretera.
◆ **a house on the side of a mountain** una casa en la ladera de una montaña
◆ **We sat side by side.** Nos sentamos uno al lado del otro.
　　[2] el *borde* (of pool, bed, road) ◇ *The car was abandoned at the side of the road.* El coche estaba abandonado al borde de la carretera.
◆ **by the side of the lake** a la orilla del lago
　　[3] la *cara* (of paper, record, tape) ◇ *Play side A.* Pon la cara A.
　　[4] el *equipo* (team) ◇ *He's on my side.* Está en mi equipo.
◆ **I'm on your side.** Yo estoy de tu parte.
◆ **to take somebody's side** ponerse* de parte de alguien
◆ **to take sides** tomar partido
◆ **the side entrance** la entrada lateral

sideboard NOUN
　el *aparador*

side-effect NOUN
　el *efecto secundario*

side street NOUN
　la *calle lateral*

sidewalk NOUN [US]
　la *acera*

sideways ADVERB
◆ **to look sideways** mirar de reojo
◆ **to move sideways** moverse* de lado
◆ **sideways on** de perfil

sieve NOUN

⊡ el *colador* (for liquids)
⊡ la *criba* (for solids)

sigh NOUN
see also sigh VERB
el *suspiro*

sigh VERB
see also sigh NOUN
suspirar

sight NOUN
⊡ la *vista* ◇ *I'm losing my sight.* Estoy perdiendo la vista.
◆ **at first sight** a primera vista
◆ **to know somebody by sight** conocer* a alguien de vista
◆ **in sight** a la vista
⊡ el *espectáculo* ◇ *It was an amazing sight.* Era un espectáculo asombroso.
◆ **Keep out of sight!** ¡Que no te vean!
◆ **the sights** las atracciones turísticas
◆ **to see the sights of London** hacer* turismo por Londres

sightseeing NOUN
◆ **to go sightseeing** hacer* turismo

sign NOUN
see also sign VERB
⊡ el *letrero* ◇ *There was a big sign saying "private".* Había un gran letrero que ponía "privado".
⊡ la *señal* ◇ *She made a sign to the waiter.* Le hizo una señal al camarero.
◇ *There's no sign of improvement.* No hay señales de mejoría.
◆ **road sign** la señal de tráfico
◆ **What sign are you?** ¿De qué signo eres?

sign VERB
see also sign NOUN
firmar

sign on VERB
apuntarse al paro

sign on for VERB
matricularse en ◇ *I've signed on for a driving course.* Me he matriculado en la autoescuela.

signal NOUN
see also signal VERB
la *señal*

signal VERB
see also signal NOUN
◆ **to signal to somebody** hacer* señas a alguien

signalman NOUN
el *guardavía*
Although **guardavía** ends in -a, it is actually a masculine noun.

signature NOUN
la *firma*

significance NOUN
la *importancia*

significant ADJECTIVE
significativo

sign language NOUN
el *lenguaje por señas*

signpost NOUN
la *señal*

silence NOUN
el *silencio*

silent ADJECTIVE
⊡ *silencioso* (place) ◇ *a silent room* una habitación silenciosa
⊡ *callado* (person)
◆ **to be silent (1)** estar* callado ◇ *He was silent during the visit.* Estuvo callado durante la visita.
◆ **to be silent (2)** ser* callado ◇ *He was a serious, silent man.* Era un hombre serio y callado.

silicon chip NOUN
el *chip de silicio* (PL los *chips de silicio*)

silk NOUN
la *seda* ◇ *a silk scarf* un pañuelo de seda

silky ADJECTIVE
sedoso

silly ADJECTIVE
tonto

silver NOUN
la *plata* ◇ *a silver medal* una medalla de plata

similar ADJECTIVE
parecido
◆ **similar to** parecido a

simple ADJECTIVE
⊡ *sencillo* ◇ *It's very simple.* Es muy sencillo.
⊡ *simple* ◇ *He's a bit simple.* Es un poco simple.

simply ADVERB
sencillamente

simultaneous ADJECTIVE
simultáneo

sin NOUN
see also sin VERB
el *pecado*

to **sin** VERB
see also sin NOUN
*pecar**

since PREPOSITION, ADVERB, CONJUNCTION
⊡ *desde* ◇ *since Christmas* desde Navidad ◇ *since then* desde entonces
◆ **I haven't seen him since.** Desde entonces no lo he vuelto a ver.
⊡ *desde que* ◇ *I haven't seen her since she left.* No la he visto desde que se fue.
◆ **It's a few years since I've seen them.** Hace varios años que no los veo.
⊡ *como* ◇ *Since you're tired, let's stay at home.* Como estás cansado podemos quedarnos en casa.

sincere ADJECTIVE
sincero

sincerely ADVERB
◆ **Yours sincerely...** Atentamente...

to **sing** VERB
(sang, sung)
cantar

singer NOUN
el/la *cantante*

singing NOUN
el *canto* ◇ *singing lessons* clases de canto

S

◆ **flamenco singing** el cante flamenco
single ADJECTIVE

> see also single NOUN

[1] *individual* ◇ *a single room* una habitación individual ◇ *a single bed* una cama individual
[2] *soltero* ◇ *a single mother* una madre soltera
[3] *solo* ◇ *She hadn't said a single word.* No había dicho una sola palabra.
◆ **not a single thing** nada de nada
single NOUN

> see also single ADJECTIVE

[1] el *billete de ida*
[2] el *single* ◇ *a CD single* un single en CD
single parent NOUN
◆ **She's a single parent.** Es madre soltera.
◆ **a single parent family** una familia monoparental
singles PL NOUN
los *individuales* (in tennis) ◇ *the women's singles* los individuales femeninos
singular NOUN
singular ◇ *in the singular* en singular
sinister ADJECTIVE
siniestro
sink NOUN

> see also sink VERB

[1] el *fregadero* (in the kitchen)
[2] el *lavabo* (in the bathroom)
to **sink** VERB
(sank, sunk)

> see also sink NOUN

[1] *hundir* ◇ *We sank the enemy's ship.* Hundimos el buque enemigo.
[2] *hundirse* ◇ *The boat was sinking fast.* El barco se hundía rápidamente.
sir NOUN
el *señor* ◇ *Yes sir.* Sí, señor.
siren NOUN
la *sirena*
sister NOUN
[1] la *hermana* ◇ *my little sister* mi hermana pequeña
[2] la *enfermera jefe* (nurse)
sister-in-law NOUN
(PL sisters-in-law)
la *cuñada*
to **sit** VERB
(sat, sat)
sentarse* ◇ *He sat in front of the TV.* Se sentó frente a la tele.
◆ **to be sitting** estar* sentado ◇ *He was sitting in front of the TV.* Estaba sentado frente a la tele.
◆ **to sit an exam** presentarse a un examen
to **sit down** VERB
sentarse* ◇ *He sat down at his desk.* Se sentó en su escritorio.
sitcom NOUN
la *telecomedia*
site NOUN
[1] el *lugar* ◇ *the site of the accident* el

lugar del accidente
[2] el *camping* (campsite) (PL los *campings*)
◆ **building site** la obra
sitting room NOUN
la *sala de estar* (PL las *salas de estar*)
situated ADJECTIVE
◆ **to be situated...** estar* situado...
situation NOUN
la *situación* (PL las *situaciones*)
six NUMERAL
seis ◇ *He's six.* Tiene seis años.
sixteen NUMERAL
dieciséis ◇ *He's sixteen.* Tiene dieciséis años.
sixth ADJECTIVE
sexto ◇ *the sixth floor* el sexto piso
◆ **the sixth of August** el seis de agosto
sixty NUMERAL
sesenta ◇ *She's sixty.* Tiene sesenta años.
size NOUN
[1] el *tamaño* (of object, place) ◇ *plates of various sizes* platos de varios tamaños

> *Spain uses the European system for clothing and shoe sizes.*

[2] la *talla* (of clothing) ◇ *What size do you take?* ¿Qué talla usas?
[3] el *número* (of shoes)
◆ **I take size five.** Calzo un treinta y ocho.
to **skate** VERB
patinar
skateboard NOUN
el *monopatín* (PL los *monopatines*)
skateboarding NOUN
◆ **to go skateboarding** montar en monopatín
skates PL NOUN
los *patines*
skating NOUN
el *patinaje* ◇ *to go skating* ir* a patinar
◆ **skating rink** la pista de patinaje
skeleton NOUN
el *esqueleto*
sketch NOUN
(PL sketches)

> see also sketch VERB

el *boceto*
to **sketch** VERB

> see also sketch NOUN

esbozar*
to **ski** VERB

> see also ski NOUN

esquiar*
ski NOUN

> see also ski VERB

el *esquí* ◇ *a pair of skis* unos esquís
◆ **ski boots** las botas de esquí
◆ **ski lift** el telesilla

> *Although* **telesilla** *ends in* -a, *it is actually a masculine noun.*

◆ **ski pants** los pantalones de esquí
◆ **ski pole** el bastón de esquí (PL *los bastones de esquí*)
◆ **ski slope** la pista de esquí
◆ **ski suit** el traje de esquí

skid VERB
patinar

skiing NOUN
el *esquí* ◇ *I love skiing.* Me encanta el esquí.
+ **to go skiing** ir* a esquiar
+ **to go on a skiing holiday** irse* de vacaciones a esquiar

skilful ADJECTIVE
hábil

skill NOUN
la *habilidad* ◇ *It requires a lot of skill.* Requiere mucha habilidad.

skilled ADJECTIVE
+ **a skilled worker** un trabajador cualificado

skimmed milk NOUN
la *leche desnatada*

skimpy ADJECTIVE
1 *mínimo* (clothes)
2 *escaso* (meal)

skin NOUN
la *piel*
+ **skin cancer** el cáncer de piel

skinhead NOUN
el/la *cabeza rapada* (PL los/las *cabezas rapadas*)

skinny ADJECTIVE
flaco

skin-tight ADJECTIVE
muy ajustado

skip NOUN
see also skip VERB
el *contenedor de basuras*

skip VERB
see also skip NOUN
saltarse ◇ *You should never skip breakfast.* No debes saltarte nunca el desayuno.
+ **to skip school** hacer* novillos

skirt NOUN
la *falda*

skittles PL NOUN
los *bolos*

skive VERB
escaquearse (informal)
+ **to skive off school** hacer* novillos

skull NOUN
1 la *calavera* (of corpse)
2 el *cráneo* (in anatomy)

sky NOUN
(PL **skies**)
el *cielo*

skyscraper NOUN
el *rascacielos* (PL los *rascacielos*)

slack ADJECTIVE
1 *flojo* (rope)
2 *descuidado* (person)

slag off VERB
poner verde a* (informal)

slam VERB
cerrar de un portazo* ◇ *She slammed the door.* Cerró la puerta de un portazo.
+ **The door slammed.** La puerta se cerró de un portazo.

slang NOUN
el *argot*

slap NOUN
see also slap VERB
la *bofetada*

slap VERB
see also slap NOUN
dar una bofetada a*

slate NOUN
la *teja de pizarra*

sledge NOUN
el *trineo*

sledging NOUN
+ **to go sledging** ir* en trineo

sleep NOUN
see also sleep VERB
el *sueño* ◇ *lack of sleep* falta de sueño
+ **I need some sleep.** Necesito dormir.
+ **to go to sleep** dormirse*

sleep VERB
(slept, slept)
see also sleep NOUN
*dormir** ◇ *I couldn't sleep last night.* Anoche no podía dormir.

sleep around VERB
irse a la cama con cualquiera*

sleep in VERB
dormir hasta tarde*

sleep together VERB
acostarse juntos*

sleep with VERB
acostarse con*

sleeping bag NOUN
el *saco de dormir*

sleeping car NOUN
el *coche cama* (PL los *coches cama*)

sleeping pill NOUN
el *somnífero*

sleepy ADJECTIVE
+ **to feel sleepy** tener* sueño
+ **a sleepy little village** un pueblecito tranquilo

sleet NOUN
see also sleet VERB
el *aguanieve* FEM
Although it's a feminine noun, remember that you use el with aguanieve.

sleet VERB
see also sleet NOUN
+ **It's sleeting.** Está cayendo aguanieve.

sleeve NOUN
la *manga* (of shirt, coat)

sleigh NOUN
el *trineo*

slept VERB see **sleep**

slice NOUN
see also slice VERB
1 la *rebanada* (of bread)
2 el *trozo* (of cake)
3 la *rodaja* (of lemon, pineapple)
4 la *loncha* (of ham, cheese)

slice VERB
see also slice NOUN
cortar

slick NOUN

S

see also **slick** ADJECTIVE
- **oil slick** la marea negra

slick ADJECTIVE
see also **slick** NOUN
impecable ⋄ *a slick performance* una actuación impecable

slide NOUN
see also **slide** VERB
[1] el *tobogán* (*in playground*) (PL los *toboganes*)
[2] la *diapositiva* (*photo*)
[3] el *pasador* (*hair slide*)

to **slide** VERB
(slid, slid)
see also **slide** NOUN
deslizarse* ⋄ *Tears were sliding down his cheeks.* Las lágrimas se deslizaban por sus mejillas.
- **She slid the door open.** Corrió la puerta.

slight ADJECTIVE
ligero ⋄ *a slight improvement* una ligera mejoría
- **a slight problem** un pequeño problema

slightly ADVERB
ligeramente ⋄ *They are slightly more expensive.* Son ligeramente más caros.

slim ADJECTIVE
see also **slim** VERB
delgado

to **slim** VERB
see also **slim** ADJECTIVE
adelgazar* ⋄ *I'm trying to slim.* Estoy intentando adelgazar.
- **I'm slimming.** Estoy a régimen.

sling NOUN
el *cabestrillo* ⋄ *She had her arm in a sling.* Llevaba el brazo en cabestrillo.

slip NOUN
see also **slip** VERB
[1] el *desliz* (*mistake*) (PL los *deslices*)
[2] la *combinación* (*underskirt*) (PL las *combinaciones*)
- **a slip of paper** un papelito
- **a slip of the tongue** un lapsus

to **slip** VERB
see also **slip** NOUN
resbalar ⋄ *He slipped on the ice.* Resbaló en el hielo.

to **slip up** VERB
equivocarse*

slipper NOUN
la *zapatilla*

slippery ADJECTIVE
resbaladizo

slip-up NOUN
el *desliz* (PL los *deslices*)

slope NOUN
[1] la *cuesta* (*surface*) ⋄ *The street was on a slope.* La calle era en cuesta.
[2] la *pendiente* (*angle*) ⋄ *a slope of 10 degrees* una pendiente del 10 por ciento

sloppy ADJECTIVE
descuidado

slot NOUN
la *ranura*

slot machine NOUN
[1] la *máquina tragaperras* (*for gambling*) (PL las *máquinas tragaperras*)
[2] la *máquina expendedora* (*vending machine*)

slow ADJECTIVE, ADVERB
lento ⋄ *He's a bit slow.* Es un poco lento.
⋄ *to go slow* ir* lento
- **Drive slower!** ¡Conduce más despacio!
- **My watch is slow.** Mi reloj se atrasa.

to **slow down** VERB
reducir* la velocidad ⋄ *The car slowed down.* El coche redujo la velocidad.

slowly ADVERB
lentamente

slug NOUN
la *babosa*

slum NOUN
el *barrio bajo*

slush NOUN
la *nieve medio derretida*

sly ADJECTIVE
astuto ⋄ *She's very sly.* Es muy astuta.
- **a sly smile** una sonrisa maliciosa

smack NOUN
see also **smack** VERB
el *cachete*

to **smack** VERB
see also **smack** NOUN
dar* un cachete a

small ADJECTIVE
pequeño ⋄ *two small children* dos niños pequeños
- **small change** el dinero suelto

smart ADJECTIVE
[1] *elegante* ⋄ *a smart navy blue suit* un elegante traje azul marino
[2] *listo* ⋄ *He thinks he's smarter than Sarah.* Se cree más listo que Sarah.

smash NOUN
(PL **smashes**)
see also **smash** VERB
el *accidente de coche*

to **smash** VERB
see also **smash** NOUN
[1] *romper** ⋄ *They smashed windows.* Rompieron ventanas.
[2] *romperse** ⋄ *The glass smashed into tiny pieces.* El vaso se rompió en pedazos.

smashing ADJECTIVE
estupendo ⋄ *That's a smashing idea.* Me parece una idea estupenda.

smell NOUN
see also **smell** VERB
el *olor* ⋄ *a smell of lemon* un olor a limón
- **the sense of smell** el olfato

to **smell** VERB
(smelled o smelt, smelled o smelt)
see also **smell** NOUN
oler* ⋄ *That dog smells!* ¡Cómo huele ese perro! ⋄ *I can't smell anything.* No huelo

nada.
- **I can smell gas.** Me huele a gas.
- **to smell of something** oler a algo ◇ *It smells of petrol.* Huele a gasolina.

smelly ADJECTIVE
maloliente ◇ *The pub was dirty and smelly.* El pub era sucio y maloliente.
- **He's got smelly feet.** Le huelen los pies.

smile NOUN
see also smile VERB
la *sonrisa*

to **smile** VERB
see also smile NOUN
sonreír*

smoke NOUN
see also smoke VERB
el *humo*

to **smoke** VERB
see also smoke NOUN
fumar ◇ *I don't smoke.* No fumo.

smoker NOUN
el *fumador*
la *fumadora*

smoking NOUN
- **to stop smoking** dejar de fumar
- **Smoking is bad for you.** Fumar es malo para la salud.
- **"no smoking"** "prohibido fumar"

smooth ADJECTIVE
liso ◇ *a smooth surface* una superficie lisa

smudge NOUN
el *borrón* (PL los *borrones*)

smug ADJECTIVE
engreído

to **smuggle** VERB
- **to smuggle in** meter de contrabando
- **to smuggle out** sacar* de contrabando

smuggler NOUN
el/la *contrabandista*

smuggling NOUN
el *contrabando*

smutty ADJECTIVE
- **smutty jokes** chistes verdes

snack NOUN
- **to have a snack** picar* algo

snack bar NOUN
la *cafetería*

snail NOUN
el *caracol*

snake NOUN
la *serpiente*

to **snap** VERB
partirse ◇ *The branch snapped.* La rama se partió.
- **to snap one's fingers** chasquear los dedos

snapshot NOUN
la *foto*
Although foto *ends in* -o, *it is actually a feminine noun.*

to **snarl** VERB
gruñir*

to **snatch** VERB
arrebatar
- **to snatch something from somebody**

arrebatar algo a alguien ◇ *He snatched the keys from my hand.* Me arrebató las llaves de la mano.
- **My bag was snatched.** Me robaron el bolso.

to **sneak** VERB
- **to sneak in** entrar a hurtadillas
- **to sneak out** salir* a hurtadillas
- **to sneak up on somebody** acercarse* sigilosamente a alguien

to **sneeze** VERB
estornudar

to **sniff** VERB
[1] *sorberse la nariz* ◇ *Stop sniffing!* ¡Deja de sorberte la nariz!
[2] *olfatear* ◇ *The dog sniffed my hand.* El perro me olfateó la mano.
- **to sniff glue** esnifar pegamento

snob NOUN
el/la *esnob* (PL los/las *esnobs*)

snooker NOUN
el *billar*

snooze NOUN
la *cabezadita* (informal) ◇ *to have a snooze* echar una cabezadita

to **snore** VERB
roncar*

snow NOUN
see also snow VERB
la *nieve*

to **snow** VERB
see also snow NOUN
nevar* ◇ *It's snowing.* Está nevando.

snowball NOUN
la *bola de nieve*

snowflake NOUN
el *copo de nieve*

snowman NOUN
(PL snowmen)
el *muñeco de nieve* ◇ *to build a snowman* hacer* un muñeco de nieve

so CONJUNCTION, ADVERB
[1] *así que* (therefore) ◇ *The shop was closed, so I went home.* La tienda estaba cerrada, así que me fui a casa. ◇ *So, have you always lived in London?* Así que, ¿siempre has vivido en Londres?
- **So what?** ¿Y qué?
[2] *para que* (so that)
para que has to be followed by a verb in the subjunctive.
◇ *He took her upstairs so they wouldn't be overheard.* La subió al piso de arriba para que nadie los oyera.
[3] *tan* (very, as) ◇ *He was talking so fast I couldn't understand.* Hablaba tan rápido que no lo entendía. ◇ *He's like his sister but not so clever.* Es como su hermana pero no tan listo.
- **It was so heavy!** ¡Pesaba tanto!
- **How's your father? – Not so good.** ¿Cómo está tu padre? – No muy bien.
- **so much** tanto ◇ *I love you so much.* Te quiero tanto. ◇ *She's got so much energy.* Tiene tanta energía.

S

◆ **so many** tantos ◇ *I've got so many things to do today.* Tengo tantas cosas que hacer hoy.

◆ **That's not so.** No es así.

④ *también* (*also*)

◆ **so do I** y yo también ◇ *I work a lot. – So do I.* Trabajo mucho. – Y yo también.

◆ **I love horses. – So do I.** Me encantan los caballos. – A mí también.

◆ **so have we** y nosotros también ◇ *I've been waiting for ages! – So have we.* ¡Llevo esperando un siglo! – Y nosotros también.

◆ **I think so.** Creo que sí.

◆ **...or so** ...o así ◇ *at five o'clock or so* a las cinco o así ◇ *ten or so people* diez personas o así

to **soak** VERB

① *poner* en remojo* ◇ *Soak the beans for two hours.* Ponga las judías en remojo dos horas.

② *empapar* ◇ *Water had soaked his jacket.* El agua le había empapado la chaqueta.

soaked ADJECTIVE

◆ **to get soaked** empaparse

soaking ADJECTIVE

empapado ◇ *By the time we got back we were soaking.* Cuando regresamos estábamos empapados.

◆ **Your shoes are soaking wet.** Tienes los zapatos calados.

soap NOUN
el *jabón*

soap opera NOUN
la *telenovela*

soap powder NOUN
el *detergente en polvo*

to **sob** VERB
sollozar*

sober ADJECTIVE
sobrio

to **sober up** VERB

◆ **He sobered up.** Se le pasó la borrachera.

soccer NOUN
el *fútbol* ◇ *to play soccer* jugar* al fútbol

◆ **soccer player** el/la futbolista

social ADJECTIVE
social ◇ *social problems* problemas sociales

◆ **I have a good social life.** Tengo mucha vida social.

socialism NOUN
el *socialismo*

socialist ADJECTIVE, NOUN
socialista

social security NOUN
la *seguridad social*

◆ **to be on social security** cobrar de la seguridad social

social worker NOUN
el *asistente social*
la *asistenta social*

society NOUN
(PL **societies**)

① la *sociedad* ◇ *a multi-cultural society* una sociedad pluricultural

② la *asociación* (PL las *asociaciones*) ◇ *a drama society* una asociación de amigos del teatro

sociology NOUN
la *sociología*

sock NOUN
el *calcetín* (PL los *calcetines*)

socket NOUN
el *enchufe*

soda NOUN
la *soda*

sofa NOUN
el *sofá* (PL los *sofás*)

soft ADJECTIVE

① *suave* ◇ *a soft towel* una toalla suave

② *blando* ◇ *The mattress is too soft.* El colchón es demasiado blando.

◆ **to be soft on somebody** ser* blando con alguien

◆ **soft cheeses** los quesos tiernos

◆ **a soft drink** un refresco

◆ **soft drugs** las drogas blandas

◆ **soft option** la alternativa fácil

software NOUN
el *software*

soggy ADJECTIVE

① *revenido* (*bread, biscuits*)

② *pasado* (*salad*)

soil NOUN
la *tierra*

solar power NOUN
la *energía solar*

sold VERB see **sell**

sold out ADJECTIVE
agotado ◇ *The tickets are all sold out.* Están agotadas todas las entradas.

soldier NOUN
el *soldado*

solicitor NOUN

① (*for lawsuits*)
el *abogado*
la *abogada*

② (*for wills, property*)
el *notario*
la *notaria*

solid ADJECTIVE
sólido ◇ *a solid wall* un muro sólido

◆ **solid gold** oro macizo

◆ **for three solid hours** durante tres horas seguidas

solo NOUN
el *solo* ◇ *a guitar solo* un solo de guitarra

solution NOUN
la *solución* (PL las *soluciones*)

to **solve** VERB
resolver*

some ADJECTIVE, PRONOUN

> When **some** refers to something you can't count, it usually isn't translated.

◇ *Would you like some bread?* ¿Quieres pan?
◇ *Have you got some mineral water?* ¿Tiene

agua mineral? ◇ *Would you like some coffee?–No thanks, I've got some.* ¿Quiere café?–No gracias, ya tengo.
- **I only want some of it.** Sólo quiero un poco.

When some refers to something you can count, use alguno, which is shortened to algún before a masculine singular noun.

◇ *some day* algún día ◇ *some books* algunos libros ◇ *You have to be careful with mushrooms: some are poisonous.* Cuidado con las setas: algunas son venenosas.
- **I'm going to buy some stamps. Do you want some too?** Voy a por sellos. ¿Quieres que te traiga?
- **some day next week** un día de la semana que viene
- **Some people say that...** Hay gente que dice que...
- **some of them** algunos ◇ *I only sold some of them.* Sólo vendí algunos.

somebody PRONOUN
alguien ◇ *I need somebody to help me.* Necesito que me ayude alguien.

somehow ADVERB
de alguna manera
- **I'll do it somehow.** De alguna manera lo haré.
- **Somehow I don't think he believed me.** Por alguna razón me parece que no me creyó.

someone PRONOUN
alguien ◇ *I need someone to help me.* Necesito que me ayude alguien.

something PRONOUN
algo ◇ *something special* algo especial ◇ *Wear something warm.* Ponte algo que abrigue.
- **It cost £100, or something like that.** Costó 100 libras, o algo así.
- **His name is Peter or something.** Se llama Peter o algo por el estilo.

sometime ADVERB
algún día ◇ *You must come and see us sometime.* Tienes que venir* a vernos algún día.
- **sometime last month** el mes pasado

sometimes ADVERB
a veces ◇ *Sometimes I drink beer.* A veces bebo cerveza.

somewhere ADVERB
en algún sitio ◇ *I left my keys somewhere.* Me he dejado las llaves en algún sitio.
- **I'd like to go on holiday, somewhere exotic.** Me gustaría irme de vacaciones, a algún sitio exótico.

son NOUN
el *hijo*

song NOUN
la *canción* (PL las *canciones*)

son-in-law NOUN
(PL *sons-in-law*)
el *yerno*

soon ADVERB
pronto ◇ *very soon* muy pronto
- **soon afterwards** poco después
- **as soon as possible** cuanto antes

sooner ADVERB
antes ◇ *Can't you come a bit sooner?* ¿No puedes venir* un poco antes?
- **sooner or later** tarde o temprano
- **the sooner the better** cuanto antes mejor

soot NOUN
el *hollín*

soppy ADJECTIVE
sentimentaloide

soprano NOUN
la *soprano*

Although soprano ends in -o, it is actually a feminine noun.

sore ADJECTIVE
see also sore NOUN
- **It's sore.** Me duele.
- **I have a sore throat.** Me duele la garganta.
- **That's a sore point.** Ése es un tema delicado.

sore NOUN
see also sore ADJECTIVE
la *llaga*

sorry ADJECTIVE
- **I'm sorry.** Lo siento. ◇ *I'm very sorry.* Lo siento mucho. ◇ *I'm sorry, I haven't got any change.* Lo siento, no tengo cambio.
- **I'm sorry I'm late.** Siento llegar tarde.
- **Sorry!** ¡Perdón!
- **Sorry?** ¿Cómo?
- **I'm sorry about the noise.** Perdón por el ruido.
- **You'll be sorry!** ¡Te arrepentirás!
- **to feel sorry for somebody** sentir* pena por alguien

sort NOUN
el *tipo* ◇ *What sort of bike have you got?* ¿Qué tipo de bicicleta tienes?
- **all sorts of...** todo tipo de...

to **sort out** VERB
[1] *ordenar* ◇ *Sort out all your books.* Ordena todos tus libros.
[2] *arreglar* ◇ *They have sorted out their problems.* Han arreglado sus problemas.

so-so ADVERB
así así ◇ *How are you feeling?–So-so.* ¿Cómo te encuentras?–Así así.

soul NOUN
[1] el *alma* FEM

Although it's a feminine noun, remember that you use el and un with alma.

[2] el *soul* ◇ *a soul singer* una cantante de soul

sound NOUN
see also sound VERB, ADJECTIVE
[1] el *ruido* ◇ *Don't make a sound!* ¡No hagas ruido! ◇ *the sound of footsteps* el ruido de pasos
[2] el *sonido* ◇ *at the speed of sound* a la velocidad del sonido
- **Can I turn the sound down?** ¿Puedo bajar el volumen?

to **sound** VERB
see also sound NOUN, ADJECTIVE
*sonar** ◇ *That sounds interesting.* Eso suena interesante.

S

◆ **It sounds as if she's doing well at school.**
Parece que le va bien en el colegio.

◆ **That sounds like a good idea.** Eso me
parece buena idea.

sound ADJECTIVE, ADVERB

☐ *see also* **sound** NOUN, VERB

válido　◇ *His reasoning is perfectly sound.*
Su argumentación es perfectamente válida.

◆ **Julian gave me some sound advice.** Julian
me dio un buen consejo.

◆ **sound asleep** profundamente dormido

soundtrack NOUN
la *banda sonora*

soup NOUN
la *sopa*

sour ADJECTIVE
agrio

south ADJECTIVE, ADVERB

☐ *see also* **south** NOUN

[1] *del sur*　◇ *a south wind* un viento del sur

◆ **the south coast** la costa meridional

[2] *hacia el sur*　◇ *We were travelling south.*
Viajábamos hacia el sur.

◆ **south of** al sur de　◇ *It's south of London.*
Está al sur de Londres.

south NOUN

☐ *see also* **south** ADJECTIVE

el *sur*　◇ *the South of France* el sur de
Francia

South Africa NOUN
Sudáfrica FEM

South America NOUN
Sudamérica FEM

South American ADJECTIVE

☐ *see also* **South American** NOUN

sudamericano

South American NOUN

☐ *see also* **South American** ADJECTIVE

el *sudamericano*
la *sudamericana*
◇ *South Americans* los sudamericanos

south-east NOUN
el *sudeste*

◆ **south-east England** el sudeste de Inglaterra

southern ADJECTIVE

◆ **the southern hemisphere** el hemisferio sur

◆ **Southern England** el sur de Inglaterra

◆ **southern cuisine** la cocina sureña

South Pole NOUN
el *Polo Sur*

South Wales NOUN
Gales del Sur MASC

south-west NOUN
el *sudoeste*

souvenir NOUN
el *recuerdo*　◇ *souvenir shop* la tienda de
recuerdos

soya NOUN
la *soja*

soy sauce NOUN
la *salsa de soja*

space NOUN
el *espacio*　◇ *There isn't enough space.* No

hay espacio suficiente.　◇ *in space* en el
espacio

◆ **a parking space** un sitio para aparcar

spacecraft NOUN
la *nave espacial*

spade NOUN
la *pala*

◆ **spades** (*at cards*) las picas　◇ *the ace of
spades* el as de picas

Spain NOUN
España FEM

Spaniard NOUN
(*person*)
el *español*
la *española*

spaniel NOUN
el *perro de aguas*

Spanish ADJECTIVE

☐ *see also* **Spanish** NOUN

español

Spanish NOUN

☐ *see also* **Spanish** ADJECTIVE

el *español*

*The official name for the Spanish language in Spain
and Latin America is* **el castellano** *and is also
the term many Spanish speakers prefer to use.
Despite controversies, both* **español** *and*
castellano *are perfectly acceptable.*
◇ *Spanish lessons* las clases de español

◆ **the Spanish** los españoles

to **spank** VERB
zurrar

spanner NOUN
la *llave inglesa*

spare ADJECTIVE

☐ *see also* **spare** VERB, NOUN

[1] *de repuesto*　◇ *Take a few spare
batteries.* Llévate unas pilas de repuesto.
◇ *spare wheel* la rueda de repuesto

[2] *de sobra*　◇ *Have you got a spare
pencil?* ¿Tienes un lápiz de sobra?

◆ **spare part** el repuesto

◆ **spare room** el cuarto de los huéspedes

◆ **spare time** el tiempo libre

to **spare** VERB

☐ *see also* **spare** ADJECTIVE, NOUN

◆ **Can you spare a moment?** ¿Tienes un
momento?

◆ **I can't spare the time.** No tengo tiempo.

◆ **They've got no money to spare.** No les
sobra el dinero.

◆ **We arrived with time to spare.** Llegamos
con tiempo de sobra.

spare NOUN

☐ *see also* **spare** ADJECTIVE, VERB

◆ **I've lost my key.** – **Have you got a spare?**
He perdido la llave. – ¿Tienes una de sobra?

sparkling ADJECTIVE
con gas　◇ *a sparkling drink* una bebida
con gas　◇ *sparkling water* agua con gas

◆ **sparkling wine** vino espumoso

sparrow NOUN
el *gorrión* (PL los *gorriones*)

spat VERB *see* **spit**

to **speak** VERB
(spoke, spoken)
hablar
+ **Do you speak English?** ¿Hablas inglés?
  ◇ *Have you spoken to him?* ¿Has hablado con él? ◇ *She spoke to him about it.* Habló de ello con él.
+ **Could I speak to Alison? – Speaking!**
  ¿Podría hablar con Alison? – ¡Soy yo!

to **speak up** VERB
hablar más alto ◇ *You'll need to speak up – we can't hear you.* Habla más alto que no te oímos.

speaker NOUN
[1] el *altavoz* (loudspeaker) (PL los *altavoces*)
[2] (at conference)
el *orador*
la *oradora*
+ **French speakers** los hablantes de francés

special ADJECTIVE
especial

specialist NOUN
el/la *especialista*

speciality NOUN
(PL **specialities**)
la *especialidad*

to **specialize** VERB
especializarse* ◇ *She specialized in Russian.* Se especializó en ruso.
+ **We specialize in skiing equipment.** Estamos especializados en material de esquí.

specially ADVERB
especialmente ◇ *It can be very cold here, specially in winter.* Llega a hacer mucho frío aquí, especialmente en invierno. ◇ *It's specially designed for teenagers.* Está especialmente pensado para adolescentes.
◇ *Do you like opera? – Not specially.* ¿Te gusta la ópera? – No especialmente.

species NOUN
la *especie*

specific ADJECTIVE
[1] *específico* ◇ *certain specific issues* ciertos temas específicos
[2] *concreto* ◇ *Could you be more specific?* ¿Podrías ser más concreto?

specifically ADVERB
[1] *específicamente* ◇ *It's specifically designed for teenagers.* Está específicamente pensado para adolescentes.
[2] *concretamente* ◇ *in Britain, or more specifically in England* en Gran Bretaña, o más concretamente en Inglaterra
+ **I specifically said that...** Especifiqué claramente que...

specs, spectacles PL NOUN
las *gafas*

spectacular ADJECTIVE
espectacular

spectator NOUN
el *espectador*
la *espectadora*

speech NOUN

(PL **speeches**)
el *discurso* ◇ *to make a speech* dar* un discurso

speechless ADJECTIVE
+ **I was speechless.** Me quedé sin habla.

speed NOUN
la *velocidad* ◇ *at top speed* a toda velocidad
+ **a three-speed bike** una bicicleta de tres marchas

to **speed up** VERB
acelerar

speedboat NOUN
la *lancha motora*

speeding NOUN
el *exceso de velocidad* ◇ *He was fined for speeding.* Lo multaron por exceso de velocidad.

speed limit NOUN
el *límite de velocidad*
+ **to break the speed limit** saltarse el límite de velocidad

speedometer NOUN
el *velocímetro*

to **spell** VERB
(spelled *or* spelt, spelled *or* spelt)
see also **spell** NOUN
deletrear ◇ *Can you spell that please?* ¿Me lo deletrea, por favor?
+ **How do you spell "library"?** ¿Cómo se escribe "library"?
+ **I can't spell.** Cometo faltas de ortografía.

spell NOUN
see also **spell** VERB
el *hechizo* ◇ *to be under somebody's spell* estar* bajo el hechizo de alguien
+ **to cast a spell on somebody** hechizar* a alguien

spelling NOUN
la *ortografía* ◇ *My spelling is terrible.* Cometo muchas faltas de ortografía.
+ **a spelling mistake** una falta de ortografía

to **spend** VERB
(spent, spent)
[1] *gastar* ◇ *They spend enormous amounts of money on advertising.* Gastan cantidades enormes de dinero en publicidad.
[2] *dedicar** ◇ *He spends a lot of time and money on his hobbies.* Dedica mucho tiempo y dinero a sus aficiones.
[3] *pasar* ◇ *He spent a month in France.* Pasó un mes en Francia.

spice NOUN
la *especia*

spicy ADJECTIVE
picante

spider NOUN
la *araña*

to **spill** VERB
(spilled *or* spilt, spilled *or* spilt)
+ **You've spilled coffee on your shirt.** Se te ha caído café en la camisa.

spinach NOUN
las *espinacas*

S

spin drier   NOUN
la *centrifugadora*

spine   NOUN
la *columna vertebral*

spinster   NOUN
la *solterona*

spire   NOUN
la *aguja*

spirit   NOUN
1 el *espíritu*   ◇ *a youthful spirit* un espíritu joven
2 el *valor*   ◇ *Everyone admired her spirit.* Todos admiraban su valor.
3 el *brío*   ◇ *They played with great spirit.* Jugaron con mucho brío.

spirits   PL NOUN
los *licores*   ◇ *I don't drink spirits.* No bebo licores.
◆ **to be in good spirits** estar* de buen ánimo

spiritual   ADJECTIVE
espiritual

spit   NOUN
see also spit VERB
la *saliva*

to **spit**   VERB
(spat, spat)
see also spit NOUN
escupir

to **spit out**   VERB
escupir   ◇ *I spat it out.* Lo escupí.

spite   NOUN
see also spite VERB
◆ **in spite of** a pesar de
◆ **out of spite** por despecho

to **spite**   VERB
see also spite NOUN
fastidiar   ◇ *He just did it to spite me.* Lo hizo sólo para fastidiarme.

spiteful   ADJECTIVE
1 *rencoroso* (person)
2 *malintencionado* (action)

to **splash**   VERB
see also splash NOUN
salpicar*   ◇ *Don't splash me!* ¡No me salpiques!
◆ **He splashed water on his face.** Se echó agua en la cara.

splash   NOUN
(PL **splashes**)
see also splash VERB
el *chapoteo*   ◇ *I heard a splash.* Oí un chapoteo.
◆ **a splash of colour** una mancha de color

splendid   ADJECTIVE
espléndido

splint   NOUN
la *tablilla*

splinter   NOUN
la *astilla*

to **split**   VERB
(split, split)
1 *partir*   ◇ *He split the wood with an axe.* Partió la madera con un hacha.

2 *partirse*   ◇ *The ship hit a rock and split in two.* El barco chocó con una roca y se partió en dos.
3 *dividir*   ◇ *a decision that will split the party* una decisión que dividirá al partido
◆ **They decided to split the profits.** Decidieron repartir los beneficios.

to **split up**   VERB
separarse

to **spoil**   VERB
(spoiled or spoilt, spoiled or spoilt)
1 *estropear*   ◇ *It spoiled our holiday.* Nos estropeó las vacaciones.
2 *mimar*   ◇ *Grandparents like to spoil their grandchildren.* A los abuelos les encanta mimar a los nietos.

spoiled   ADJECTIVE
mimado   ◇ *a spoiled child* un niño mimado

spoilsport   NOUN
el/la *aguafiestas* (PL los/las *aguafiestas*)

spoke   VERB see **speak**

spoke   NOUN
el *radio*

spoken   VERB see **speak**

spokesman   NOUN
(PL **spokesmen**)
el *portavoz* (PL los *portavoces*)

spokeswoman   NOUN
(PL **spokeswomen**)
la *portavoz* (PL las *portavoces*)

sponge   NOUN
la *esponja*
◆ **sponge bag** la bolsa de aseo
◆ **sponge cake** el bizcocho

sponsor   NOUN
see also sponsor VERB
el *patrocinador*
la *patrocinadora*

to **sponsor**   VERB
see also sponsor NOUN
patrocinar   ◇ *The tournament was sponsored by local firms.* El torneo fue patrocinado por empresas locales.

spontaneous   ADJECTIVE
espontáneo

spooky   ADJECTIVE
◆ **The house is really spooky at night.** La casa te pone los pelos de punta de noche.

spoon   NOUN
la *cuchara*

spoonful   NOUN
◆ **a spoonful** una cucharada

sport   NOUN
el *deporte*
◆ **sports bag** la bolsa de deporte
◆ **sports car** el coche deportivo
◆ **sports jacket** la chaqueta de sport

sportsman   NOUN
(PL **sportsmen**)
el *deportista*

sportswear   NOUN
la *ropa de deporte*

---

sportswoman NOUN
(PL **sportswomen**)
la *deportista*

sporty ADJECTIVE
deportista ◇ *I'm not very sporty.* No soy muy deportista.

spot NOUN
see also spot VERB
[1] la *mancha* ◇ *There's a spot on your shirt.* Tienes una mancha en la camisa.
[2] el *lunar* ◇ *a red dress with white spots* un vestido rojo con lunares blancos
[3] el *grano* ◇ *He's covered in spots.* Está lleno de granos.
[4] el *sitio* ◇ *It's a lovely spot for a picnic.* Es un sitio precioso para un picnic.
◆ **on the spot (1)** en el acto ◇ *They gave her the job on the spot.* Le dieron el trabajo en el acto.
◆ **on the spot (2)** en el mismo sitio ◇ *Luckily they were able to mend the car on the spot.* Afortunadamente consiguieron arreglar el coche en el mismo sitio.

spot VERB
see also spot NOUN
notar ◇ *I spotted a mistake.* Noté un error.

spotless ADJECTIVE
inmaculado

spotlight NOUN
el *foco*

spotty ADJECTIVE
con granos

spouse NOUN
el/la *cónyuge*

sprain VERB
see also sprain NOUN
torcerse* ◇ *She's sprained her ankle.* Se ha torcido el tobillo.

sprain NOUN
see also sprain VERB
la *torcedura*

spray NOUN
see also spray VERB
el *spray* (*spray can*) (PL los *sprays*)

spray VERB
see also spray NOUN
[1] *rociar** ◇ *She sprayed perfume on my hand.* Me roció perfume en la mano.
[2] *fumigar** ◇ *to spray against insects* fumigar contra los insectos
◆ **There was graffiti sprayed on the wall.** Había pintadas de spray en la pared.

spread NOUN
see also spread VERB
◆ **cheese spread** el queso para untar
◆ **chocolate spread** la crema de chocolate

spread VERB
(spread, spread)
see also spread NOUN
[1] *extender** ◇ *She spread a towel on the sand.* Extendió una toalla sobre la arena.
[2] *untar* ◇ *Spread the top of the cake with whipped cream.* Unte la parte superior de la tarta con nata montada.

[3] *propagarse** ◇ *The news spread rapidly.* La noticia se propagó rápidamente.

to **spread out** VERB
[1] *dispersarse* ◇ *The soldiers spread out across the field.* Los soldados se dispersaron por el campo.
[2] *desplegar** ◇ *He spread the map out on the table.* Desplegó el mapa sobre la mesa.

spreadsheet NOUN
la *hoja de cálculo*

spring NOUN
[1] la *primavera* ◇ *in spring* en primavera
[2] el *muelle* (*metal*)
[3] el *manantial* (*of water*)
◆ **spring onion** la cebolleta

spring-cleaning NOUN
la *limpieza general*

springtime NOUN
la *primavera*

sprinkler NOUN
el *aspersor*

sprint NOUN
see also sprint VERB
la *carrera de velocidad*
◆ **the women's 100 metres sprint** los cien metros lisos femeninos

to **sprint** VERB
see also sprint NOUN
correr a toda velocidad ◇ *She sprinted for the bus.* Corrió a toda velocidad para coger el autobús.
Be very careful with the verb coger: in most of Latin America this is an extremely rude word that should be avoided. However, in Spain this verb is common and not rude at all.

sprinter NOUN
el/la *velocista*

sprouts PL NOUN
◆ **Brussels sprouts** las coles de Bruselas

spy NOUN
(PL **spies**)
el/la *espía*

to **spy on** VERB
espiar*

spying NOUN
el *espionaje*

to **squabble** VERB
reñir* ◇ *Stop squabbling!* ¡Vale ya de reñir!

square NOUN
see also square ADJECTIVE
[1] el *cuadrado* ◇ *a square and a triangle* un cuadrado y un triángulo
[2] la *plaza* ◇ *the town square* la plaza mayor

square ADJECTIVE
see also square NOUN
cuadrado ◇ *two square metres* dos metros cuadrados
◆ **It's two metres square.** Mide dos por dos.

squash NOUN
see also squash VERB
el *squash* (*sport*)
◆ **squash court** la cancha de squash

S

- **squash racket** la raqueta de squash
- **orange squash** la naranjada
- **lemon squash** la limonada

to **squash** VERB

see also squash NOUN

aplastar ◇ *You're squashing me.* Me estás aplastando.

to **squeak** VERB

[1] *chillar* (mouse, child)
[2] *chirriar** (door, wheel)
[3] *crujir* (shoes)

to **squeeze** VERB

[1] *exprimir* ◇ *Squeeze two large lemons.* Exprima dos limones grandes.
[2] *apretar** ◇ *She squeezed my hand.* Me apretó la mano.

- **The thieves squeezed through a tiny window.** Los ladrones se colaron por una pequeña ventana.

to **squeeze in** VERB

hacer* un hueco a ◇ *I can squeeze you in at two o'clock.* Te puedo hacer un hueco a las dos.

squint NOUN

el *estrabismo*

- **He has a squint.** Es estrábico.

squirrel NOUN

la *ardilla*

to **stab** VERB

apuñalar

stable NOUN

see also stable ADJECTIVE

la *cuadra*

stable ADJECTIVE

see also stable NOUN

estable ◇ *a stable relationship* una relación estable

stack NOUN

la *pila* ◇ *There were stacks of books on the table.* Había pilas de libros sobre la mesa.

- **They've got stacks of money.** Tienen cantidad de dinero.

stadium NOUN

el *estadio*

staff NOUN

[1] el *personal* (in company)
[2] el *profesorado* (in school)

stage NOUN

[1] la *etapa* ◇ *in stages* por etapas

- **at this stage in the negotiations** a estas alturas de las negociaciones
[2] el *escenario* ◇ *The band came on stage late.* El grupo salió tarde al escenario.

- **I always wanted to go on the stage.** Siempre quise dedicarme al teatro.

to **stagger** VERB

tambalearse

stain NOUN

see also stain VERB

la *mancha*

to **stain** VERB

see also stain NOUN

manchar

stainless steel NOUN

el *acero inoxidable*

stain remover NOUN

el *quitamanchas* (PL los *quitamanchas*)

stair NOUN

el *escalón* (PL los *escalones*)

staircase NOUN

la *escalera*

stairs PL NOUN

las *escaleras*

stale ADJECTIVE

- **stale bread** el pan duro

stalemate NOUN

el *punto muerto* ◇ *to reach a stalemate* llegar* a un punto muerto

- **The game ended in stalemate.** (in chess) La partida terminó en tablas.

stall NOUN

el *puesto* ◇ *He's got a market stall.* Tiene un puesto en el mercado.

- **the stalls** la platea (in theatre)

stamina NOUN

la *resistencia física*

stammer NOUN

el *tartamudeo*

- **He's got a stammer.** Es tartamudo.

stamp NOUN

see also stamp VERB

el *sello* ◇ *My hobby is stamp collecting.* Mi afición es coleccionar sellos.

- **stamp album** el álbum de sellos (PL los *álbumes de sellos*)

to **stamp** VERB

see also stamp NOUN

sellar ◇ *The file was stamped "confidential".* El archivo iba sellado como "confidencial".

- **The audience stamped their feet.** El público pateaba.

to **stand** VERB

(stood, stood)

[1] *estar* de pie* ◇ *He was standing by the door.* Estaba de pie junto a la puerta.

- **What are you standing there for?** ¿Qué haces ahí de pie?

- **They all stood when I came in.** Se pusieron de pie cuando entré.
[2] *soportar* ◇ *I can't stand all this noise.* No soporto todo este ruido.

to **stand for** VERB

[1] *significar** ◇ *"EU" stands for "European Union".* "EU" significa "European Union".
[2] *consentir** ◇ *I won't stand for it any more!* ¡No pienso consentirlo más!

to **stand in for** VERB

sustituir*

to **stand out** VERB

destacar*

to **stand up** VERB

[1] *ponerse* de pie* ◇ *I stood up and walked out.* Me puse de pie y me fui.
[2] *estar* de pie* ◇ *She has to stand up all day.* Tiene que estar todo el día de pie.

to **stand up for** VERB

---

* Verbs marked with this symbol are irregular. See pages 332–333 for further details

defender* ◇ *Stand up for your rights!* ¡Defiende tus derechos!

standard ADJECTIVE
see also standard NOUN
normal ◇ *the standard procedure* el procedimiento normal
- **standard equipment** el equipamiento de serie

standard NOUN
see also standard ADJECTIVE
el *nivel* ◇ *The standard is very high.* El nivel es muy alto.
- **She's got high standards.** Es muy exigente.
- **standard of living** el nivel de vida

stand-by ticket NOUN
el *billete en lista de espera*

standpoint NOUN
el *punto de vista*

stands PL NOUN
la *tribuna* SING

stank VERB see **stink**

staple NOUN
see also staple ADJECTIVE
la *grapa*

staple ADJECTIVE
see also staple NOUN
básico ◇ *their staple food* su alimento básico

stapler NOUN
la *grapadora*

star NOUN
see also star VERB
la *estrella* ◇ *a TV star* una estrella de televisión
- **the stars** el horóscopo

star VERB
see also star NOUN
- **to star in a film** protagonizar* una película
- **The film stars Sharon Stone.** La protagonista de la película es Sharon Stone.
- **...starring Johnny Depp** ...con Johnny Depp

stare VERB
mirar fijamente ◇ *Andy stared at him.* Andy lo miraba fijamente.

stark ADVERB
- **stark naked** en cueros

start NOUN
see also start VERB
[1] el *principio* ◇ *at the start of the film* al principio de la película ◇ *from the start* desde el principio
- **for a start** para empezar
- **Shall we make a start on the washing-up?** ¿Nos ponemos a fregar los platos?
[2] la *salida* (of race)

start VERB
see also start NOUN
[1] *empezar** ◇ *What time does it start?* ¿A qué hora empieza?
- **to start doing something** empezar a hacer algo ◇ *I started learning Spanish two years ago.* Empecé a aprender español hace dos años.
[2] *montar* (business, organization, campaign)

◇ *He wants to start his own business.* Quiere montar su propio negocio.
[3] *arrancar** ◇ *He couldn't start the car.* No conseguía arrancar el coche. ◇ *The car wouldn't start.* El coche no arrancaba.

to start off VERB
ponerse* en camino ◇ *We started off first thing in the morning.* Nos pusimos en camino pronto por la mañana.

starter NOUN
el *primer plato* (first course)

to starve VERB
morirse* de hambre ◇ *People are starving.* La gente se muere de hambre.
- **I'm starving!** ¡Me muero de hambre!

state NOUN
see also state VERB
el *estado* ◇ *It's an independent state.* Es un estado independiente. ◇ *She was in a state of depression.* Se encontraba en un estado de depresión.
- **He wasn't in a fit state to drive.** No estaba en condiciones de conducir.
- **Tim was in a real state.** Tim estaba de los nervios.
- **the States** Estados Unidos MASC

to state VERB
see also state NOUN
declarar ◇ *He stated his intention to resign.* Declaró que tenía intención de dimitir.
- **Please state your name and address.** Por favor indique su nombre y dirección.

stately home NOUN
la *casa señorial*

statement NOUN
[1] la *declaración* (PL las *declaraciones*)
◇ *statements by witnesses* las declaraciones de testigos
[2] la *afirmación* (PL las *afirmaciones*)
◇ *Andrew now disowns the statement he made.* Ahora Andrew desmiente la afirmación que hizo.
- **a bank statement** un extracto de cuenta

station NOUN
la *estación* (PL las *estaciones*)
- **bus station** la estación de autobuses
- **police station** la comisaría
- **radio station** la emisora de radio

stationer's NOUN
la *papelería*

statue NOUN
la *estatua*

stay NOUN
see also stay VERB
la *estancia* ◇ *my stay in Spain* mi estancia en España

to stay VERB
see also stay NOUN
quedarse ◇ *Stay here!* ¡Quédate aquí! ◇ *I'm going to be staying with friends.* Me voy a quedar en casa de unos amigos.
- **Where are you staying? In a hotel?** ¿Dónde estás? ¿En un hotel?
- **to stay the night** pasar la noche

S

◆ **We stayed in Belgium for a few days.**
Pasamos unos días en Bélgica.

to **stay in** VERB
  quedarse en casa

to **stay up** VERB
  quedarse levantado ◇ *We stayed up till midnight.* Nos quedamos levantados hasta las doce.

steady ADJECTIVE
  [1] *fijo* ◇ *a steady job* un trabajo fijo
◆ **a steady boyfriend** un novio formal
  [2] *firme* ◇ *a steady hand* un pulso firme
  [3] *constante* ◇ *a steady pace* un ritmo constante
◆ **Steady on!** ¡Calma!

steak NOUN
  el *filete*

to **steal** VERB
  (stole, stolen)
  robar

steam NOUN
  el *vapor* ◇ *a steam engine* una máquina de vapor

steel NOUN
  el *acero*

steep ADJECTIVE
  empinado

steeple NOUN
  la *aguja*

steering wheel NOUN
  el *volante*

step NOUN
  see also step VERB
  [1] el *paso* ◇ *He took a step forward.* Dio un paso adelante.
  [2] el *peldaño* ◇ *She tripped over the step.* Tropezó con el peldaño.

to **step** VERB
  see also step NOUN
  dar* un paso ◇ *I tried to step forward.* Traté de dar un paso adelante.
◆ **Step this way, please.** Pase por aquí, por favor.

to **step aside** VERB
  hacerse* a un lado

to **step back** VERB
  retroceder

stepbrother NOUN
  el *hermanastro*

stepdaughter NOUN
  la *hermanastra*

stepfather NOUN
  el *padrastro*

stepladder NOUN
  la *escalera de tijera*

stepmother NOUN
  la *madrastra*

stepsister NOUN
  la *hijastra*

stepson NOUN
  el *hijastro*

stereo NOUN
  (PL **stereos**)

el *equipo de música*

sterling ADJECTIVE
◆ **pound sterling** la libra esterlina
◆ **one hundred pounds sterling** cien libras esterlinas

stew NOUN
  el *estofado*

steward NOUN
  [1] el *auxiliar de vuelo* (on plane)
  [2] el *camarero* (on ship)

stick NOUN
  see also stick VERB
  el *palo*
◆ **a walking stick** un bastón (PL *unos bastones*)

to **stick** VERB
  (stuck, stuck)
  see also stick NOUN
  [1] *pegar** ◇ *Stick the stamps on the envelope.* Pegue los sellos en el sobre.
  [2] *pegarse** ◇ *The rice stuck to the pan.* El arroz se pegó a la olla.
  [3] *meter* ◇ *He picked up the papers and stuck them in his briefcase.* Recogió los papeles y los metió en el maletín.
◆ **I can't stick it any longer.** Ya no lo aguanto más.

to **stick out** VERB
  sacar* ◇ *The little girl stuck out her tongue.* La niña sacó la lengua.

sticker NOUN
  la *pegatina*

sticky ADJECTIVE
  [1] *pegajoso* ◇ *to have sticky hands* tener* las manos pegajosas
  [2] *adhesivo* ◇ *a sticky label* una etiqueta adhesiva

stiff ADJECTIVE, ADVERB
  rígido
◆ **to have a stiff neck** tener* tortícolis
◆ **to feel stiff** estar* agarrotado
◆ **to be bored stiff** estar* aburrido como una ostra
◆ **to be frozen stiff** estar* tieso de frío
◆ **to be scared stiff** estar* muerto de miedo

still ADVERB
  see also still ADJECTIVE
  [1] *todavía* ◇ *I still haven't finished.* No he terminado todavía. ◇ *Are you still in bed?* ¿Todavía estás en la cama?
◆ **Do you still live in Glasgow?** ¿Sigues viviendo en Glasgow?
◆ **better still** mejor aún
  [2] *aun así* (even so) ◇ *She knows I don't like it, but she still does it.* Sabe que no me gusta, pero aun así lo hace.
  [3] *en fin* (after all) ◇ *Still, it's the thought that counts.* En fin, la intención es lo que cuenta.

still ADJECTIVE
  see also still ADVERB
  quieto ◇ *He stood still.* Se quedó quieto.
◆ **Keep still!** ¡No te muevas!

sting NOUN

see also sting VERB

la **picadura** ◇ *a bee sting* una picadura de abeja

sting VERB

(stung, stung)

see also sting NOUN

picar*

stingy ADJECTIVE

tacaño

stink VERB

(stank, stunk)

see also stink NOUN

apestar ◇ *You stink of garlic!* ¡Apestas al ajo!

stink NOUN

see also stink VERB

el **tufo** ◇ *the stink of beer* el tufo a cerveza

stir VERB

agitar

stitch VERB

see also stitch NOUN

coser

stitch NOUN

(PL **stitches**)

see also stitch VERB

1 la **puntada** (in sewing)

2 el **punto** (in knitting, in wound) ◇ *I had five stitches.* Me pusieron cinco puntos.

stock NOUN

see also stock VERB

1 la **reserva** ◇ *stocks of ammunition* reservas de munición

2 las **existencias** ◇ *the shop's stock* las existencias de la tienda

◆ **Yes, we've got your size in stock.** Sí, nos quedan existencias de su número.

◆ **out of stock** agotado ◇ *I'm sorry, they're both out of stock.* Lo siento, están los dos agotados.

3 el **caldo** ◇ *chicken stock* caldo de pollo

stock VERB

see also stock NOUN

vender ◇ *Do you stock camping stoves?* ¿Venden infiernillos?

stock up VERB

abastecerse* ◇ *to stock up with something* abastecerse de algo

stock cube NOUN

la **pastilla de caldo**

stocking NOUN

la **media**

stole VERB *see* steal

stolen VERB *see* steal

stomach NOUN

el **estómago**

stomach ache NOUN

el **dolor de estómago**

◆ **I have a stomach ache.** Me duele el estómago.

stone NOUN

1 la **piedra** ◇ *a stone wall* un muro de piedra

2 el **hueso** ◇ *an apricot stone* un hueso

de albaricoque

In Spain measurements are in grams and kilograms. One stone is about 6.3 kg.

◆ **I weigh eight stone.** Peso unos cincuenta kilos.

stood VERB *see* stand

stool NOUN

el **taburete**

to **stop** VERB

see also stop NOUN

1 **parar** ◇ *The bus doesn't stop there.* El autobús no para allí.

2 **pararse** ◇ *The music stopped.* Se paró la música.

◆ **This has got to stop!** ¡Esto se tiene que acabar!

◆ **I think the rain's going to stop.** Creo que va a dejar de llover.

◆ **to stop doing something** dejar de hacer algo ◇ *to stop smoking* dejar de fumar

3 **acabar con** ◇ *a campaign to stop whaling* una campaña para acabar con la caza de ballenas

◆ **to stop somebody doing something** impedir* que alguien haga algo

impedir que *has to be followed by a verb in the subjunctive.*

◇ *She would have liked to stop us seeing each other.* Le hubiera gustado impedir que nos siguiéramos viendo.

◆ **Stop!** ¡Alto!

stop NOUN

see also stop VERB

la **parada** ◇ *a bus stop* una parada de autobús

◆ **This is my stop.** Yo me bajo aquí.

stopwatch NOUN

(PL **stopwatches**)

el **cronómetro**

store NOUN

see also store VERB

1 la **tienda** ◇ *a furniture store* una tienda de muebles

2 el **almacén** (PL los **almacenes**) ◇ *a grain store* un almacén de grano

to **store** VERB

see also store NOUN

1 **guardar** ◇ *They store potatoes in the cellar.* Guardan patatas en el sótano.

2 **almacenar** ◇ *to store information* almacenar información

storey NOUN

la **planta** ◇ *a three-storey building* un edificio de tres plantas

storm NOUN

la **tormenta**

stormy ADJECTIVE

tormentoso

story NOUN

(PL **stories**)

1 el **cuento** (tale)

2 la **historia** (account)

stove NOUN

1 la **cocina** (in kitchen)

S

2 el *infiernillo* (camping stove)

straight ADJECTIVE, ADVERB
1 *recto* ◇ a straight line una línea recta
2 *liso* ◇ straight hair pelo liso
3 *heterosexual* (not gay)
* **He looked straight at me.** Me miró directamente a los ojos.
* **straight away** enseguida
* **I'll come straight back.** Vuelvo enseguida.
* **Keep straight on.** Siga todo recto.

straightforward ADJECTIVE
1 *sencillo* ◇ It's very straightforward. Es muy sencillo.
2 *sincero* ◇ She's very straightforward. Es muy sincera.

strain NOUN
see also strain VERB
la *tensión* (PL las *tensiones*)
* **It was a strain.** Fue muy estresante.

to **strain** VERB
see also strain NOUN
* **to strain one's eyes** forzar* la vista
* **I strained my back.** Me dio un tirón en la espalda.
* **to strain a muscle** sufrir un tirón muscular

strained ADJECTIVE
* **a strained muscle** una distensión muscular

stranded ADJECTIVE
* **We were stranded on the motorway.** Nos quedamos tirados en la autopista.

strange ADJECTIVE
raro ◇ That's strange! ¡Qué raro!
es raro que has to be followed by a verb in the subjunctive.
◇ It's strange that she doesn't talk to us anymore. Es raro que ya no nos hable.

stranger NOUN
el *desconocido*
la *desconocida*
No confundir stranger con **extranjero**, que a su vez se traduce como foreigner.
◇ Don't talk to strangers. No hables con desconocidos.
* **I'm a stranger here.** Yo no soy de aquí.

to **strangle** VERB
estrangular

strap NOUN
1 el *tirante* (of bra, dress)
2 la *correa* (of watch, camera, suitcase)
3 el *asa* FEM (of bag)
Although it's a feminine noun, remember that you use el and un with asa.

straw NOUN
1 la *paja* ◇ a straw hat un sombrero de paja
2 la *pajita* ◇ He was drinking his lemonade through a straw. Se bebía la gaseosa con pajita.
* **That's the last straw!** ¡Eso es la gota que colma el vaso!

strawberry NOUN
(PL **strawberries**)
la *fresa*

stray ADJECTIVE
extraviado ◇ a stray cat un gato extraviado

stream NOUN
el *riachuelo*

street NOUN
la *calle*

streetlamp NOUN
la *farola*

street plan NOUN
el *plano de la ciudad*

streetwise ADJECTIVE
* **to be streetwise** sabérselas* todas
* **a streetwise kid** un pillo

strength NOUN
la *fuerza* ◇ with all his strength con todas sus fuerzas

to **stress** VERB
see also stress NOUN
*recalcar** ◇ I would like to stress that... Me gustaría recalcar que...

stress NOUN
see also stress VERB
el *estrés* ◇ She's under a lot of stress. Está pasando mucho estrés.

to **stretch** VERB
1 *estirarse* ◇ The dog woke up and stretched. El perro se despertó y se estiró.
* **I went out to stretch my legs.** Salí a estirar las piernas.
* **My jumper stretched after I washed it.** Se me dio de sí el jersey al lavarlo.
2 *tender** ◇ They stretched a rope between two trees. Tendieron una cuerda entre dos árboles.

to **stretch out** VERB
tumbarse ◇ They stretched out on the beach. Se tumbaron en la playa.
* **to stretch out one's arms** extender* los brazos

stretcher NOUN
la *camilla*

stretchy ADJECTIVE
elástico

strict ADJECTIVE
estricto

strike NOUN
(struck, struck)
see also strike VERB
la *huelga*
* **to be on strike** estar* en huelga
* **to go on strike** hacer* huelga

to **strike** VERB
see also strike NOUN
golpear ◇ She struck him across the mouth. Le golpeó en la boca.
* **The clock struck three.** El reloj dio las tres.
* **to strike a match** encender* una cerilla

striker NOUN
1 el/la *huelguista* (person on strike)
2 (footballer)
el *delantero*
la *delantera*

striking ADJECTIVE
 [1] *asombroso* ⋄ *a striking resemblance*
un parecido asombroso
 [2] *en huelga* ⋄ *striking miners* mineros en
huelga
string NOUN
la *cuerda*
 • **a piece of string** una cuerda
strip VERB
 see also strip NOUN
desnudarse
strip NOUN
 see also strip VERB
la *tira*
 • **strip cartoon** la tira cómica
stripe NOUN
la *franja*
striped ADJECTIVE
a rayas
 • **a striped skirt** una falda de rayas
stripper NOUN
el/la *artista de striptease*
stripy ADJECTIVE
de rayas
stroke VERB
 see also stroke NOUN
acariciar
stroke NOUN
 see also stroke VERB
el *derrame cerebral* ⋄ *to have a stroke*
sufrir un derrame cerebral
 • **a stroke of luck** un golpe de suerte
stroll NOUN
 • **to go for a stroll** ir* a dar un paseo
strong ADJECTIVE
fuerte
strongly ADVERB
 • **We strongly advise you to...** Te aconsejamos
encarecidamente que...
 • **He smelt strongly of tobacco.** Olía mucho a
tabaco.
 • **strongly built** corpulento
 • **I don't feel strongly about it.** Me da un poco
igual.
struggle VERB
 see also struggle NOUN
forcejear ⋄ *He struggled, but he couldn't
escape.* Forcejeó, pero no pudo escapar.
 • **to struggle to do something (1)** (*fight*)
luchar por hacer algo ⋄ *He struggled to get
custody of his daughter.* Luchó por conseguir
la custodia de su hija.
 • **to struggle to do something (2)** (*have
difficulty*) pasar apuros para hacer algo
 ⋄ *They struggle to pay their bills.* Pasan
apuros para pagar las facturas.
struggle NOUN
 see also struggle VERB
la *lucha* ⋄ *a struggle for survival* una lucha
por la supervivencia
 • **It was a struggle.** Nos costó mucho.
stub NOUN
la *colilla*
stubborn ADJECTIVE

terco
to **stub out** VERB
apagar*
stuck VERB see **stick**
stuck ADJECTIVE
atascado ⋄ *This lid is stuck.* La tapadera
está atascada.
 • **to get stuck** quedarse atascado
 • **We got stuck in a traffic jam.** Nos metimos
en un atasco.
stuck-up ADJECTIVE
creído (*informal*)
stud NOUN
 [1] el *pendiente* (*earring*)
 [2] el *taco* (*on football boots*)
student NOUN
el/la *estudiante*
studio NOUN
el *estudio* ⋄ *a TV studio* un estudio de
televisión
 • **a studio flat** un estudio
to **study** VERB
 (**studied, studied**)
estudiar
stuff NOUN
las *cosas* ⋄ *Have you got all your stuff?*
¿Tienes todas tus cosas? ⋄ *There's some stuff
on the table for you.* En la mesa hay unas
cosas para ti.
 • **I need some stuff for hay fever.** Me hace
falta algo para la alergia al polen.
stuffy ADJECTIVE
 • **a stuffy room** una habitación mal
ventilada
 • **It's stuffy in here.** Hay un ambiente muy
cargado aquí.
to **stumble** VERB
tropezar*
stung VERB see **sting**
stunned ADJECTIVE
pasmado ⋄ *I was stunned.* Me quedé
pasmado.
stunning ADJECTIVE
pasmoso
stunt NOUN
 • **It's a publicity stunt.** Es un truco
publicitario.
stuntman NOUN
 (PL **stuntmen**)
el *especialista*
stupid ADJECTIVE
estúpido
to **stutter** VERB
 see also stutter NOUN
tartamudear
stutter NOUN
 see also stutter VERB
el *tartamudeo*
 • **He's got a stutter.** Es tartamudo.
style NOUN
el *estilo* ⋄ *That's not his style.* No es su
estilo.
subject NOUN
 [1] el *tema*

S

Although **tema** *ends in* **-a**, *it is actually a masculine noun.*

◇ *The subject of my project is the Internet.* El tema de mi trabajo es Internet.

[2] la *asignatura* ◇ *What's your favourite subject?* ¿Cuál es tu asignatura preferida?

[3] el *sujeto* ◇ *"I" is the subject in "I love you".* "I" es el sujeto en "I love you".

submarine NOUN
el *submarino*

subscription NOUN
la *suscripción* (*to paper, magazine*) (PL las *suscripciones*)
+ **to take out a subscription to** suscribirse* a

subsequently ADVERB
posteriormente

to **subsidize** VERB
subvencionar

subsidy NOUN
(PL **subsidies**)
la *subvención* (PL las *subvenciones*)

substance NOUN
la *sustancia*

substitute NOUN
see also substitute VERB
[1] (*replacement*)
el *sustituto*
la *sustituta*
[2] (*in football, rugby*)
el/la *suplente*

to **substitute** VERB
see also substitute NOUN
*sustituir** ◇ *to substitute A for B* sustituir a B por A

subtitled ADJECTIVE
subtitulado

subtitles PL NOUN
los *subtítulos* ◇ *a Spanish film with English subtitles* una película española con subtítulos en inglés

subtle ADJECTIVE
sutil

to **subtract** VERB
restar ◇ *to subtract 3 from 5* restar 3 a 5

suburb NOUN
el *barrio residencial* ◇ *a London suburb* un barrio residencial de Londres
+ **They live in the suburbs.** Viven en las afueras.

suburban ADJECTIVE
+ **a suburban train** un tren de cercanías
+ **a suburban shopping centre** un centro comercial de las afueras

subway NOUN
[1] el *metro* (*underground*)
[2] el *paso subterráneo* (*underpass*)

to **succeed** VERB
[1] *tener* éxito* ◇ *to succeed in business* tener éxito en los negocios
[2] *salir* bien* ◇ *The plan did not succeed.* El plan no salió bien.
+ **to succeed in doing something** lograr hacer algo

success NOUN
(PL **successes**)
el *éxito*

successful ADJECTIVE
de éxito ◇ *a successful lawyer* un abogado de éxito
+ **a successful attempt** un intento fructífero
+ **to be successful** tener* éxito
+ **to be successful in doing something** lograr hacer algo

successfully ADVERB
con éxito

successive ADJECTIVE
consecutivo ◇ *He was the winner for a second successive year.* Fue el ganador por segundo año consecutivo.

such ADJECTIVE, ADVERB
[1] *tan* ◇ *such clever people* gente tan lista ◇ *such a long journey* un viaje tan largo
[2] *tal* ◇ *I wouldn't dream of doing such a thing.* No se me ocurriría hacer tal cosa. ◇ *The pain was such that...* El dolor era tal que...
+ **such a lot** tanto ◇ *such a lot of work* tanto trabajo ◇ *such a long time ago* hace tanto tiempo
+ **such as** como ◇ *a hot country, such as India...* un país caluroso, como la India...
+ **as such** propiamente dicho ◇ *She's not an expert as such, but...* No es una experta propiamente dicha, pero...
+ **There's no such thing.** Eso no existe.
◇ *There's no such thing as the yeti.* El yeti no existe.

such-and-such ADJECTIVE
tal ◇ *such-and-such a place* tal lugar

to **suck** VERB
chupar
+ **to suck one's thumb** chuparse el pulgar

sudden ADJECTIVE
repentino ◇ *a sudden change* un cambio repentino
+ **all of a sudden** de repente

suddenly ADVERB
de repente

suede NOUN
el *ante* ◇ *a suede jacket* una chaqueta de ante

to **suffer** VERB
sufrir ◇ *She was really suffering.* Sufría de verdad.
+ **to suffer from something** padecer* de algo
◇ *I suffer from hay fever.* Padezco de alergia al polen.

to **suffocate** VERB
*ahogarse**

sugar NOUN
el *azúcar*

to **suggest** VERB
[1] *sugerir**
Use the subjunctive after **sugerir que**.
◇ *She suggested going out for a pizza.* Sugirió que saliéramos a tomar una pizza.

2 *aconsejar*
Use the subjunctive after **aconsejar que.**
◇ *I suggested they set off early.* Yo les aconsejé que salieran pronto.
◆ **What are you trying to suggest?** ¿Qué insinúas?

suggestion NOUN
la *sugerencia* ◇ *to make a suggestion* hacer* una sugerencia

suicide NOUN
el *suicidio*
◆ **to commit suicide** suicidarse

suit NOUN
see also suit VERB
1 el *traje* (man's)
2 el *traje de chaqueta* (woman's)

suit VERB
see also suit NOUN
1 *venir* bien a* ◇ *What time would suit you?* ¿Qué hora te vendría bien?
◆ **That suits me fine.** Eso me viene estupendamente.
2 *sentar* bien a* ◇ *That dress really suits you.* Ese vestido te sienta la mar de bien.
◆ **Suit yourself!** ¡Haz lo que te parezca!

suitable ADJECTIVE
1 *conveniente* ◇ *a suitable time* una hora conveniente
2 *apropiado* ◇ *suitable clothing* ropa apropiada

suitcase NOUN
la *maleta*

suite NOUN
la *suite* ◇ *a suite at the Paris Hilton* una suite en el Hilton de París
◆ **a bedroom suite** un dormitorio completo
◆ **three-piece suite** un tresillo

sulk VERB
estar* de mal humor

sulky ADJECTIVE
malhumorado

sultana NOUN
la *pasa de Esmirna*

sum NOUN
la *suma* ◇ *to do sums* hacer* sumas ◇ *a sum of money* una suma de dinero

summarize VERB
resumir

summary NOUN
(PL **summaries**)
el *resumen* (PL los *resúmenes*)

summer NOUN
el *verano* ◇ *summer clothes* ropa de verano ◇ *the summer holidays* las vacaciones de verano

summertime NOUN
el *verano*

summit NOUN
la *cumbre* ◇ *the NATO summit* la cumbre de la OTAN ◇ *the summit of Mount Everest* la cumbre del Everest

sum up VERB
resumir
◆ **To sum up...** Resumiendo...

sun NOUN
el *sol* ◇ *in the sun* al sol

to **sunbathe** VERB
tomar el sol

sunblock NOUN
la *crema solar de protección total*

sunburn NOUN
la *quemadura*

sunburnt ADJECTIVE
quemado por el sol
◆ **Mind you don't get sunburnt!** ¡Cuidado de quemarte con el sol!

Sunday NOUN
el *domingo* (PL los *domingos*) ◇ *I saw her on Sunday.* La vi el domingo. ◇ *every Sunday* todos los domingos ◇ *last Sunday* el domingo pasado ◇ *next Sunday* el domingo que viene ◇ *on Sundays* los domingos

Sunday school NOUN
la *catequesis*
The Spanish equivalent of Sunday school *takes place during the week after school rather than on a Sunday.*

sunflower NOUN
el *girasol*

sung VERB *see* **sing**

sunglasses PL NOUN
las *gafas de sol*

sunk VERB *see* **sink**

sunlight NOUN
la *luz del sol*

sunny ADJECTIVE
soleado ◇ *a sunny morning* una mañana soleada
◆ **It's sunny.** Hace sol.
◆ **a sunny day** un día de sol

sunrise NOUN
la *salida del sol*

sunroof NOUN
el *techo corredizo*

sunscreen NOUN
el *protector solar*

sunset NOUN
la *puesta de sol*

sunshine NOUN
el *sol* ◇ *in the sunshine* al sol

sunstroke NOUN
la *insolación* (PL las *insolaciones*)

suntan NOUN
el *bronceado*
◆ **suntan lotion** la crema bronceadora
◆ **suntan oil** el aceite bronceador

super ADJECTIVE
estupendo

superb ADJECTIVE
magnífico

supermarket NOUN
el *supermercado*

supernatural ADJECTIVE
sobrenatural

superstitious ADJECTIVE
supersticioso

to **supervise** VERB

S

supervisar

supervisor NOUN
el *supervisor*
la *supervisora*

supper NOUN
la *cena*

supplement NOUN
el *suplemento*

supplies PL NOUN
las *provisiones*
- **medical supplies** material médico

to **supply** VERB
(supplied, supplied)
see also supply NOUN
suministrar
- **to supply somebody with something**
suministrar algo a alguien   ◇ *The centre supplied us with all the equipment.* El centro nos suministró todo el material.

supply NOUN
(PL **supplies**)
see also supply VERB
el *suministro*   ◇ *the water supply* el suministro de agua
- **a supply of paper** una remesa de papel

supply teacher NOUN
el *profesor interino*
la *profesora interina*

to **support** VERB
see also support NOUN
1 *apoyar*   ◇ *My mum has always supported me.* Mi madre siempre me ha apoyado.
2 *mantener**   ◇ *She had to support five children on her own.* Tenía que mantener a cinco niños ella sola.
- **What team do you support?** ¿De qué equipo eres?

support NOUN
see also support VERB
el *apoyo*

supporter NOUN
1 el/la *hincha*   ◇ *a Liverpool supporter* un hincha del Liverpool
2 el *partidario*
la *partidaria*
◇ *a supporter of the Labour Party* un partidario del partido laborista

to **suppose** VERB
*suponer**   ◇ *I suppose he'll be late.* Supongo que llegará tarde.   ◇ *Suppose you win the lottery...* Supón que te toca la lotería...
- **I suppose so.** Supongo que sí.
- **You're supposed to show your passport.** Tienes que enseñar el pasaporte.
- **You're not supposed to smoke in the toilet.** No está permitido fumar en el servicio.
- **It's supposed to be the best hotel in the city.** Dicen que es el mejor hotel de la ciudad.

supposing CONJUNCTION
- **Supposing you won the lottery...** Suponiendo que te tocara la lotería...

suponiendo que *has to be followed by a verb in the subjunctive.*

surcharge NOUN
el *recargo*

sure ADJECTIVE
seguro   ◇ *Are you sure?* ¿Estás seguro?
- **Sure!** ¡Claro!
- **to make sure that...** asegurarse de que...
◇ *I'm going to make sure the door's locked.* Voy a asegurarme de que la puerta está cerrada con llave.

surely ADVERB
- **Surely you don't believe that?** ¿No te creerás eso, no?

surf NOUN
see also surf VERB
la *espuma de las olas*

to **surf** VERB
see also surf NOUN
hacer surf*

surface NOUN
la *superficie*

surfboard NOUN
la *tabla de surf*

surfing NOUN
el *surf*   ◇ *to go surfing* hacer* surf

surgeon NOUN
el *cirujano*
la *cirujana*

surgery NOUN
(PL **surgeries**)
1 el *consultorio médico* (room)
2 la *cirugía* (treatment)
- **surgery hours** las horas de consulta

surname NOUN
el *apellido*

surprise NOUN
la *sorpresa*

surprised ADJECTIVE
- **I was surprised to see him.** Me sorprendió verlo.
- **I'm not surprised that...** No me sorprende que...

surprising ADJECTIVE
sorprendente

to **surrender** VERB
*rendirse**

to **surround** VERB
rodear   ◇ *surrounded by trees* rodeado de árboles

surroundings PL NOUN
el *entorno*   ◇ *a hotel in beautiful surroundings* un hotel en un hermoso entorno

survey NOUN
la *encuesta*   ◇ *They did a survey of a thousand students.* Hicieron una encuesta a mil estudiantes.

surveyor NOUN
1 (of buildings)
el *perito tasador*
la *perito tasadora*
2 (of land)

el *agrimensor*
la *agrimensora*
survivor NOUN
el/la *superviviente* ◇ *There were no survivors.* No hubo supervivientes.
▸ **suspect** VERB
[see also suspect NOUN]
sospechar
suspect NOUN
[see also suspect VERB]
el *sospechoso*
la *sospechosa*
▸ **suspend** VERB
[1] *expulsar temporalmente* (from school)
[2] *excluir** (from team)
[3] *suspender* (from job)
suspense NOUN
[1] la *incertidumbre* ◇ *The suspense was terrible.* La incertidumbre era terrible.
[2] el *suspense* ◇ *a film with lots of suspense* una película llena de suspense
suspension NOUN
[1] la *expulsión temporal* (from school)
[2] la *exclusión* (from team)
[3] la *suspensión* (from job)
suspicious ADJECTIVE
[1] *receloso* (mistrustful) ◇ *He was suspicious at first.* Al principio estaba receloso.
[2] *sospechoso* (suspicious looking) ◇ *a suspicious person* un individuo sospechoso
▸ **swallow** VERB
tragar*
swam VERB *see* **swim**
swan NOUN
el *cisne*
▸ **swap** VERB
cambiar ◇ *to swap A for B* cambiar A por B
◆ **Do you want to swap?** ¿Quieres que cambiemos?
▸ **swat** VERB
aplastar
▸ **sway** VERB
balancearse
▸ **swear** VERB
(swore, sworn)
[1] *jurar* ◇ *to swear allegiance to* jurar fidelidad a
[2] *decir* palabrotas* ◇ *It's wrong to swear.* No se deben decir palabrotas.
swearword NOUN
la *palabrota*
sweat NOUN
[see also sweat VERB]
el *sudor*
▸ **sweat** VERB
[see also sweat NOUN]
sudar
sweater NOUN
el *jersey* (PL los *jerseys*)
sweaty ADJECTIVE
[1] *sudoroso* (hands, face)
[2] *sudado* (clothes)
Swede NOUN

(person)
el *sueco*
la *sueca*
swede NOUN
el *nabo*
Sweden NOUN
Suecia FEM
Swedish ADJECTIVE, NOUN
sueco
to **sweep** VERB
(swept, swept)
barrer ◇ *to sweep the floor* barrer el suelo
sweet NOUN
[see also sweet ADJECTIVE]
[1] el *caramelo* ◇ *a bag of sweets* una bolsa de caramelos
[2] el *postre* ◇ *Are you going to have a sweet?* ¿Vas a tomar postre?
sweet ADJECTIVE
[see also sweet NOUN]
[1] *dulce* ◇ *a sweet wine* un vino dulce
[2] *amable* ◇ *That was really sweet of you.* Fue muy amable de tu parte.
◆ **sweet and sour pork** el cerdo agridulce
sweetcorn NOUN
el *maíz dulce*
sweltering ADJECTIVE
◆ **It was sweltering.** Hacía un calor asfixiante.
swept VERB *see* **sweep**
to **swerve** VERB
girar bruscamente ◇ *I swerved to avoid the cyclist.* Giré bruscamente para esquivar al ciclista.
swim NOUN
[see also swim VERB]
◆ **to go for a swim** ir* a nadar
to **swim** VERB
(swam, swum)
[see also swim NOUN]
nadar ◇ *Can you swim?* ¿Sabes nadar?
◆ **She swam across the river.** Cruzó el río a nado.
swimmer NOUN
el *nadador*
la *nadadora*
swimming NOUN
la *natación* ◇ *swimming lessons* clases de natación
◆ **Do you like swimming?** ¿Te gusta nadar?
◆ **to go swimming** ir a nadar
◆ **swimming cap** el gorro de baño
◆ **swimming costume** el traje de baño
◆ **swimming pool** la piscina
◆ **swimming trunks** el bañador
swimsuit NOUN
el *traje de baño*
swing NOUN
el *columpio*
Swiss ADJECTIVE, NOUN
suizo
◆ **the Swiss** los suizos
switch NOUN
(PL **switches**)
[see also switch VERB]

S

el *interruptor*

to **switch** VERB
see also switch NOUN
cambiar de ◇ We switched partners.
Cambiamos de pareja.

to **switch off** VERB
apagar* (TV, machine, engine)

to **switch on** VERB
encender* (TV, machine, engine)

Switzerland NOUN
Suiza FEM

swollen ADJECTIVE
hinchado ◇ My ankle is very swollen.
Tengo el tobillo muy hinchado.

to **swop** VERB
cambiar ◇ to swop A for B cambiar A por B
◆ **Do you want to swop?** ¿Quieres que
cambiemos?

sword NOUN
la *espada*

swore VERB see **swear**
sworn VERB see **swear**
swum VERB see **swim**
swung VERB see **swing**
syllabus NOUN
(PL syllabuses)
el *programa de estudios*

Although **programa** *ends in* -a, *it is actually a
masculine noun.*

symbol NOUN
el *símbolo*

sympathetic ADJECTIVE
comprensivo

No confundir sympathetic *con* **simpático**, *que se
traduce como* nice.

to **sympathize** VERB
◆ **to sympathize with somebody (1)** (feel sorry
for) compadecerse* de alguien
◆ **to sympathize with somebody (2)**
(understand) comprender a alguien

sympathy NOUN
1 la *compasión* (sorrow)
2 la *comprensión* (understanding)

symptom NOUN
el *síntoma*

Although **síntoma** *ends in* -a, *it is actually a
masculine noun.*

syringe NOUN
la *jeringuilla*

system NOUN
el *sistema*

Although **sistema** *ends in* -a, *it is actually a
masculine noun.*

T

table NOUN
la *mesa*
◆ **to lay the table** poner* la mesa

tablecloth NOUN
el *mantel*

tablespoon NOUN
la *cuchara de servir*

tablespoonful NOUN
◆ **a tablespoonful of sugar** una cucharada
grande de azúcar

tablet NOUN
la *pastilla*

table tennis NOUN
el *tenis de mesa* ◇ to play table tennis
jugar* al tenis de mesa

tabloid NOUN
◆ **the tabloids** la prensa amarilla

tackle NOUN
see also tackle VERB
1 la *entrada* (in football)
2 el *placaje* (in rugby)
◆ **fishing tackle** el equipo de pesca

to **tackle** VERB
see also tackle NOUN
◆ **to tackle somebody (1)** entrar a alguien (in
football)
◆ **to tackle somebody (2)** placar* a alguien (in
rugby)

◆ **to tackle a problem** abordar un problema

tact NOUN
el *tacto*

tactful ADJECTIVE
diplomático

tactics PL NOUN
la *táctica* SING

tactless ADJECTIVE
poco diplomático ◇ He's so tactless! ¡Es
tan poco diplomático!
◆ **a tactless remark** un comentario con poco
tacto

tadpole NOUN
el *renacuajo*

tag NOUN
la *etiqueta* (label)

tail NOUN
1 la *cola* (of horse, bird, fish)
2 el *rabo* (of dog, bull, ox)
◆ **Heads or tails?** ¿Cara o cruz?

tailor NOUN
el *sastre* ◇ He's a tailor. Es sastre.

to **take** VERB
(took, taken)
1 *tomar* ◇ Do you take sugar? ¿Tomas
azúcar?
◆ **He took a plate out of the cupboard.** Sacó
un plato del armario.

2 **llevar** ◇ *He goes to London every week, but he never takes me.* Va a Londres todas las semanas, pero nunca me lleva. ◇ *Don't forget to take your camera.* No te olvides de llevarte la cámara. ◇ *It takes about one hour.* Se tarda más o menos una hora. ◇ *It won't take long.* No tardará mucho tiempo.
- **That takes a lot of courage.** Hace falta mucho valor para eso.
- **It takes a lot of money to do that.** Hace falta mucho dinero para hacer eso.

3 **soportar** ◇ *He can't take being criticized.* No soporta que le critiquen.

4 **hacer*** ◇ *Have you taken your driving test yet?* ¿Ya has hecho el examen de conducir? ◇ *I decided to take French instead of German.* Decidí hacer francés en vez de alemán.

5 **aceptar** ◇ *We take credit cards.* Aceptamos tarjetas de crédito.

▸ **take after** VERB
parecerse* a ◇ *She takes after her mother.* Se parece a su madre.

▸ **take apart** VERB
- **to take something apart** desmontar algo

▸ **take away** VERB
1 **llevarse** ◇ *They took away all his belongings.* Se llevaron todas sus pertenencias.
2 **quitar** ◇ *She was afraid her children would be taken away from her.* Tenía miedo de que le quitaran a los niños.
- **hot meals to take away** platos calientes para llevar

▸ **take back** VERB
devolver* ◇ *I took it back to the shop.* Lo devolví a la tienda.
- **I take it all back!** ¡Retiro lo dicho!

▸ **take down** VERB
quitar ◇ *She took down the painting.* Quitó el cuadro.

▸ **take in** VERB
1 **comprender** ◇ *I didn't really take it in.* La verdad es que no lo comprendí.
2 **engañar** ◇ *They were taken in by his story.* Se dejaron engañar por la historia que les contó.

▸ **take off** VERB
1 **despegar*** ◇ *The plane took off 20 minutes late.* El avión despegó con 20 minutos de retraso.
2 **quitar** ◇ *Take your coat off.* Quítate el abrigo.

▸ **take out** VERB
sacar* ◇ *He opened his wallet and took out some money.* Abrió la cartera y sacó dinero.
- **He took her out to the theatre.** La invitó al teatro.

▸ **take over** VERB
hacerse* cargo de ◇ *He took over the running of the company last year.* Se hizo cargo del control de la empresa el año pasado.
- **to take over from somebody (1)** sustituir* a alguien (*replace*)

- **to take over from somebody (2)** relevar a alguien (*in shift work*)

takeaway NOUN
la **comida para llevar** (*meal*)
> **a takeaway** *es también un establecimiento que vende comida para llevar.*

takeoff NOUN
el **despegue** (*of plane*)

talcum powder NOUN
los **polvos de talco**

tale NOUN
el **cuento**

talent NOUN
el **talento** ◇ *He's got a lot of talent.* Tiene mucho talento.
- **to have a talent for something** tener* talento para algo
- **He's got a real talent for languages.** Tiene verdadera facilidad para los idiomas.

talented ADJECTIVE
- **She's a talented pianist.** Es una pianista de talento.

talk NOUN
see also talk VERB
1 la **conversación** (PL las *conversaciones*) ◇ *We had a long talk about her problems.* Tuvimos una larga conversación acerca de sus problemas.
- **I had a talk with my Mum about it.** Hablé sobre eso con mi madre.
- **to give a talk on something** dar* una charla sobre algo ◇ *She gave a talk on ancient Egypt.* Dio una charla sobre el antiguo Egipto.
2 las **habladurías** (*gossip*) ◇ *It's just talk.* Son sólo habladurías.

to **talk** VERB
see also talk NOUN
hablar ◇ *What did you talk about?* ¿De qué hablasteis?
- **to talk to somebody** hablar con alguien
- **to talk to oneself** hablar consigo mismo
- **to talk something over with somebody** discutir algo con alguien

talkative ADJECTIVE
hablador (FEM *habladora*)

tall ADJECTIVE
alto
- **to be two metres tall** medir* two metros

tame ADJECTIVE
domesticado (*animal*)

tampon NOUN
el **tampón** (PL los *tampones*)

tan NOUN
el **bronceado**

tangerine NOUN
la **mandarina**

tank NOUN
1 el **depósito** (*for water, petrol*)
2 la **cisterna** (*on truck*)
3 el **tanque** (*military*)
- **a fish tank** un acuario

tanker NOUN
1 el **petrolero** (*ship*)

T

&boxed;2& el *camión cisterna* (*truck*) (PL los camiones cisterna)
- **an oil tanker** un petrolero
- **a petrol tanker** un camión cisterna

tap NOUN
&boxed;1& el *grifo* (*for water*) ◇ *the hot tap* el grifo de agua caliente
&boxed;2& el *golpecito* (*gentle knock*) ◇ *I heard a tap on the window.* Oí un golpecito en la ventana.
- **There was a tap on the door.** Llamaron a la puerta.

tap-dancing NOUN
el *claqué* ◇ *I do tap-dancing.* Bailo claqué.

to **tape** VERB
&boxed;see also tape NOUN&
grabar ◇ *Did you tape that film last night?* ¿Grabaste la película de anoche?

tape NOUN
&boxed;see also tape VERB&
&boxed;1& la *cinta* ◇ *a tape of Sinead O'Connor* una cinta de Sinead O'Connor
&boxed;2& la *cinta adhesiva* (*sticky tape*)

tape deck NOUN
la *pletina*

tape measure NOUN
la *cinta métrica*

tape recorder NOUN
&boxed;1& el *casete* (*large*)
&boxed;2& la *grabadora* (*hand-held*)

target NOUN
&boxed;1& la *diana* (*board*)
&boxed;2& el *objetivo* (*goal*)

Tarmac ® NOUN
el *asfalto* (*on road*)

tart NOUN
la *tarta* ◇ *an apple tart* una tarta de manzana

tartan ADJECTIVE
escocés (PL *escoceses*, FEM *escocesa*) ◇ *a tartan scarf* una bufanda escocesa

task NOUN
la *tarea*

taste NOUN
&boxed;see also taste VERB&
&boxed;1& el *sabor* ◇ *It's got a really strange taste.* Tiene un sabor muy extraño.
&boxed;2& el *gusto* ◇ *His joke was in bad taste.* Su broma fue de mal gusto.
- **Would you like a taste?** ¿Quiere probarlo?

to **taste** VERB
&boxed;see also taste NOUN&
*probar** ◇ *Would you like to taste it?* ¿Quiere probarlo?
- **to taste of something** saber* a algo ◇ *It tastes of fish.* Sabe a pescado.
- **You can taste the garlic in it.** Se le nota el sabor a ajo.

tasteful ADJECTIVE
de buen gusto MASC, FEM, PL

tasteless ADJECTIVE
&boxed;1& *soso* (*food*)
&boxed;2& *de mal gusto* MASC, FEM, PL (*in bad taste*)

◇ *a tasteless remark* un comentario de mal gusto

tasty ADJECTIVE
sabroso

tattoo NOUN
el *tatuaje*

taught VERB see **teach**

Taurus NOUN
el *Tauro* (*sign*) ◇ *I'm Taurus.* Soy Tauro.
- **a Taurus** un/una Tauro

tax NOUN
(PL **taxes**)
los *impuestos* ◇ *I pay a lot of tax.* Pago muchos impuestos.
- **income tax** el impuesto sobre la renta

taxi NOUN
el *taxi*
- **a taxi driver** un/una taxista

taxi rank NOUN
la *parada de taxis*

TB ABBREVIATION (= *tuberculosis*)
la *tuberculosis* ◇ *He's got TB.* Tiene tuberculosis.

tea NOUN
&boxed;1& *té* ◇ *Would you like some tea?* ¿Te apetece un té?
- **a cup of tea** una taza de té
&boxed;2& la *merienda* (*afternoon tea*)
- **to have tea** merendar* ◇ *We had tea at the Savoy.* Merendamos en el Savoy.
&boxed;3& la *cena* (*evening meal*)
- **to have tea** cenar ◇ *We're having sausages and beans for tea.* Vamos a cenar salchichas con alubias.

tea bag NOUN
la *bolsita de té*

to **teach** VERB
(**taught**, **taught**)
&boxed;1& *enseñar* ◇ *My sister taught me to swim.* Mi hermana me enseñó a nadar.
&boxed;2& *dar* clases de* (*subject*) ◇ *She teaches physics.* Da clases de física.
- **That'll teach you!** ¡Así aprenderás!

teacher NOUN
&boxed;1& (*in secondary school*)
el *profesor*
la *profesora*
◇ *a maths teacher* un profesor de matemáticas ◇ *She's a teacher.* Es profesora.
&boxed;2& (*in primary school*)
el *maestro*
la *maestra*
◇ *He's a primary school teacher.* Es maestro.

team NOUN
el *equipo* ◇ *a football team* un equipo de fútbol

teapot NOUN
la *tetera*

tear NOUN
&boxed;see also tear VERB&
la *lágrima*
- **She was in tears.** Estaba llorando.

to **tear** VERB

(tore, torn)
see also **tear** NOUN
1 *romper** ◇ *Be careful or you'll tear the page.* Ten cuidado que vas a romper la página.
- **He tore his jacket.** Se rasgó la chaqueta.
- **Your shirt is torn.** Tu camisa está rota.
2 *romperse** ◇ *It won't tear, it's very strong.* No se rompe, es muy resistente.

tear up VERB
hacer pedazos* ◇ *He tore up the letter.* Hizo pedazos la carta.

tear gas NOUN
el *gas lacrimógeno*

tease VERB
1 *atormentar* ◇ *Stop teasing that poor animal!* ¡Deja de atormentar al pobre animal!
2 *tomar el pelo a* ◇ *He's teasing you.* Te está tomando el pelo.
- **I was only teasing.** Lo decía en broma.

teaspoon NOUN
la *cucharita*

teaspoonful NOUN
- **a teaspoonful of sugar** una cucharita de azúcar

teatime NOUN
la *hora de cenar* (in evening) ◇ *It was nearly teatime.* Era casi la hora de cenar.
- **Teatime!** ¡A la mesa!

tea towel NOUN
el *paño de cocina*

technical ADJECTIVE
técnico
- **a technical college** el centro de formación profesional

technician NOUN
el *técnico*
la *técnica*

technique NOUN
la *técnica*

techno NOUN
el *tecno*

technological ADJECTIVE
tecnológico

technology NOUN
(PL **technologies**)
la *tecnología*

teddy bear NOUN
el *osito de peluche*

teenage ADJECTIVE
- **a teenage magazine** una revista para adolescentes
- **She has two teenage daughters.** Tiene dos hijas adolescentes.

teenager NOUN
el/la *adolescente*

teens PL NOUN
- **She's in her teens.** Es adolescente.

tee-shirt NOUN
la *camiseta*

teeth PL NOUN *see* **tooth**

teethe VERB
echar los dientes

teetotal ADJECTIVE
abstemio

telecommunications PL NOUN
las *telecomunicaciones*

telephone NOUN
el *teléfono* ◇ *on the telephone* al teléfono
- **a telephone box** una cabina telefónica
- **a telephone call** una llamada telefónica
- **a telephone directory** una guía telefónica
- **a telephone number** un número de teléfono

telescope NOUN
el *telescopio*

television NOUN
la *televisión* ◇ *The match is on television tonight.* Ponen el partido en televisión esta noche.
- **television licence**
  En el Reino Unido, para tener derecho a recibir los canales de la BBC hay que pagar una licencia anual.

to **tell** VERB
(told, told)
*decir**
- **to tell somebody something** decir* algo a alguien ◇ *Did you tell your mother?* ¿Se lo has dicho a tu madre? ◇ *I told him I was going on holiday.* Le dije que me iba de vacaciones.
- **to tell somebody to do something** decir* a alguien que haga algo
  Use the subjunctive after **decir a alguien que** *when translating "to tell somebody to do something".*
  ◇ *He told me to wait a moment.* Me dijo que esperara un momento.
- **to tell lies** decir* mentiras
- **to tell a story** contar* un cuento
- **I can't tell the difference between them.** No puedo distinguirlos.
- **You can tell he's not serious.** Se nota que no se lo toma en serio.

to **tell off** VERB
regañar

telly NOUN
(informal)
(PL **tellies**)
la *tele* ◇ *to watch telly* ver* la tele ◇ *on telly* en la tele

temper NOUN
el *genio* ◇ *He's got a terrible temper.* Tiene muy mal genio.
- **to be in a temper** estar* de mal humor
- **to lose one's temper** perder* los estribos

temperature NOUN
la *temperatura*
- **to have a temperature** tener* fiebre

temple NOUN
1 el *templo* (building)
2 la *sien* (on head)

temporary ADJECTIVE
temporal

to **tempt** VERB
*tentar** ◇ *I'm very tempted!* ¡Tienta mucho!
- **to tempt somebody to do something** tentar* a alguien a hacer algo

T

temptation NOUN
la *tentación* (PL las *tentaciones*)

tempting ADJECTIVE
tentador (FEM *tentadora*)

ten NUMERAL
diez ◇ She's ten. Tiene diez años.

tenant NOUN
el *inquilino*
la *inquilina*

to **tend** VERB
* **to tend to do something** tener* tendencia a hacer algo ◇ He tends to arrive late. Tiene tendencia a llegar tarde.

tender ADJECTIVE
tierno

tennis NOUN
el *tenis* ◇ to play tennis jugar* al tenis
* **a tennis ball** una pelota de tenis
* **a tennis court** una pista de tenis
* **a tennis racket** una raqueta de tenis

tennis player NOUN
el/la *tenista* ◇ He's a tennis player. Es tenista.

tenor NOUN
el *tenor*

tenpin bowling NOUN
los *bolos* ◇ to go tenpin bowling jugar* a los bolos

tense ADJECTIVE
see also tense NOUN
tenso

tense NOUN
see also tense ADJECTIVE
el *tiempo*
* **the present tense** el presente
* **the future tense** el futuro

tension NOUN
la *tensión* (PL las *tensiones*)

tent NOUN
la *tienda de campaña*
* **a tent peg** una estaquilla
* **a tent pole** un mástil de tienda

tenth ADJECTIVE
décimo ◇ the tenth floor el décimo piso
* **the tenth of August** el diez de agosto

term NOUN
1 el *trimestre* (at school) ◇ It's nearly the end of term. Ya casi es final de trimestre.
2 el *plazo* ◇ in the long term a largo plazo
* **to come to terms with something** aceptar algo ◇ He hasn't yet come to terms with his disability. Todavía no ha aceptado su invalidez.

terminal ADJECTIVE
see also terminal NOUN
terminal (illness, patient)

terminal NOUN
see also terminal ADJECTIVE
el *terminal* (of computer)
* **airport terminal** la terminal del aeropuerto
* **bus terminal** la terminal de autobuses
* **oil terminal** la terminal petrolera

terminally ADVERB

* **to be terminally ill** estar* en fase terminal

terrace NOUN
1 la *terraza* (patio) ◇ We were sitting on the terrace. Estábamos sentados en la terraza.
2 la *hilera de casas adosadas* (row of houses)
* **the terraces** (in stadium) las gradas

terraced ADJECTIVE
* **a terraced house** una casa adosada

terrible ADJECTIVE
espantoso ◇ This coffee is terrible. Este café es espantoso.
* **I feel terrible.** Me siento fatal.

terrier NOUN
el/la *terrier* (PL los/las *terriers*)

terrific ADJECTIVE
estupendo (wonderful) ◇ That's terrific! ¡Estupendo!
* **You look terrific!** ¡Estás guapísima!

terrified ADJECTIVE
aterrorizado ◇ I was terrified! ¡Estaba aterrorizado!

terrorism NOUN
el *terrorismo*

terrorist NOUN
el/la *terrorista*
* **a terrorist attack** un atentado terrorista

test NOUN
see also test VERB
1 la *prueba* ◇ a spelling test una prueba de ortografía ◇ nuclear tests pruebas nucleares
2 el *análisis* (on blood, urine) (PL los *análisis*) ◇ a blood test un análisis de sangre
* **an eye test** un examen de la vista
3 el *examen de conducir* (driving test) ◇ He's just passed his test. Acaba de aprobar el examen de conducir.

to **test** VERB
see also test NOUN
*probar**
* **to test something out** probar* algo
* **He tested us on the new vocabulary.** Nos hizo una prueba del vocabulario nuevo.
* **She was tested for drugs.** Le hicieron la prueba antidoping.

test match NOUN
(PL test matches)
el *partido internacional*

test tube NOUN
la *probeta*

tetanus NOUN
el *tétano*
* **a tetanus injection** una inyección contra el tétano

textbook NOUN
el *libro de texto* ◇ a Spanish textbook un libro de texto de español

textiles NOUN
los *tejidos*

Thames NOUN
el *Támesis*

than CONJUNCTION

1 *que* ⋄ *She's taller than me.* Es más alta que yo. ⋄ *I've got more CDs than tapes.* Tengo más CDs que cintas.

2 *de* ⋄ *more than once* en más de una ocasión ⋄ *more than 10 years* más de 10 años

:o **thank** VERB

dar* las gracias a ⋄ *Don't forget to write and thank them.* Acuérdate de escribirles y darles las gracias.

◆ **thank you** gracias

◆ **thank you very much** muchas gracias

thanks EXCLAMATION

¡Gracias!

◆ **thanks to** gracias a ⋄ *Thanks to him, everything went OK.* Gracias a él, todo salió bien.

that ADJECTIVE

see also **that** PRONOUN, CONJUNCTION, ADVERB

1 *ese* MASC (FEM *esa*) ⋄ *that man* ese hombre ⋄ *that road* esa carretera

To refer to something more distant, use **aquel** *and* **aquella**.

2 *aquel* MASC (FEM *aquella*) ⋄ *Look at that car over there!* ¡Mira aquel coche! ⋄ *THAT road there* aquella carretera

◆ **that one** ése MASC (FEM *ésa*) ⋄ *This man? – No, that one.* ¿Este hombre? – No, ése. ⋄ *Do you like this photo? – No, I prefer that one.* ¿Te gusta esta foto? – No, prefiero ésa.

To refer to something more distant, use **aquél** *and* **aquélla**.

3 *aquél* MASC (FEM *aquélla*) ⋄ *That one over there is cheaper.* Aquél es más barato. ⋄ *Which woman? – That one over there.* ¿Qué mujer? – Aquélla.

that PRONOUN

see also **that** ADJECTIVE, CONJUNCTION, ADVERB

1 *ése* MASC (FEM *ésa*, NEUTER *eso*)

◆ **Who's that?** (*who is that man*) ¿Quién es ése?

◆ **Who's that?** (*who is that woman*) ¿Quién es ésa?

◆ **Who's that?** (*on the telephone*) ¿Con quién hablo? ⋄ *That's impossible.* Eso es imposible. ⋄ *What's that?* ¿Qué es eso?

To refer to something more distant, use **aquél**, **aquélla** *and* **aquello**.

2 *aquél* MASC (FEM *aquélla*, NEUTER *aquello*) ⋄ *That's my French teacher over there.* Aquél es mi profesor de francés. ⋄ *That's my sister over by the window.* Aquélla de la ventana es mi hermana. ⋄ *That was a silly thing to do.* Aquello fue una tontería.

◆ **Is that you?** ¿Eres tú?

3 *que* (*in relative clauses*) ⋄ *the man that saw us* el hombre que nos vio ⋄ *the dog that she bought* el perro que ella compró ⋄ *the man that we saw* el hombre que vimos

After a preposition **que** *becomes* **el que**, **la que**, **los que**, **las que** *to agree with the noun.*

⋄ *the man that we spoke to* el hombre con el que hablamos ⋄ *the women that she was chatting to* las mujeres con las que estaba hablando

that CONJUNCTION

see also **that** ADJECTIVE, PRONOUN, ADVERB

que ⋄ *He thought that Henry was ill.* Creía que Henry estaba enfermo. ⋄ *I know that she likes chocolate.* Sé que le gusta el chocolate.

that ADVERB

see also **that** ADJECTIVE, PRONOUN, CONJUNCTION

◆ **It was that big.** Era así de grande.

◆ **It's about that high.** Es más o menos así de alto.

◆ **It's not that difficult.** No es tan difícil.

thatched ADJECTIVE

◆ **a thatched cottage** una casita con tejado de paja

the DEFINITE ARTICLE

1 *el* MASC (PL *los*) ⋄ *the boy* el niño ⋄ *the cars* los coches

a + el changes to **al** *and de + el changes to* **del**.

⋄ *They went to the theatre.* Fueron al teatro. ⋄ *the soup of the day* la sopa del día

2 *la* FEM (PL *las*) ⋄ *the woman* la mujer ⋄ *the chairs* las sillas

theatre NOUN

(US **theater**)

el *teatro*

theft NOUN

el *robo*

their ADJECTIVE

su (PL *sus*) ⋄ *their father* su padre ⋄ *their house* su casa ⋄ *their parents* sus padres ⋄ *their sisters* sus hermanas

Their is usually translated by the definite article **el/los** *or* **la/las** *when it's clear from the sentence who the possessor is, particularly when referring to clothing or parts of the body.*

⋄ *They took off their coats.* Se quitaron los abrigos. ⋄ *after washing their hands* después de lavarse las manos ⋄ *Someone stole their car.* Alguien les robó el coche.

theirs PRONOUN

1 *el suyo* MASC (PL *los suyos*) ⋄ *Is this their car? – No, theirs is red.* ¿Es éste su coche? – No, el suyo es rojo. ⋄ *my parents and theirs* mis padres y los suyos

2 *la suya* FEM (PL *las suyas*) ⋄ *Is this their house? – No, theirs is white.* ¿Es ésta su casa? – No, la suya es blanca. ⋄ *my sisters and theirs* mis hermanas y las suyas

Use **de ellos** (*masculine*) *or* **de ellas** (*feminine*) *instead of* **suyo** *if you want to be specific about a masculine or feminine group.*

⋄ *It's not our car, it's theirs.* No es nuestro coche, es suyo. ⋄ *The suitcase is theirs.* La maleta es suya. ⋄ *Whose is this? – It's theirs.* ¿De quién es esto? – Es de ellos.

◆ **Isobel is a friend of theirs.** Isobel es amiga suya.

them PRONOUN

1 *los* MASC (FEM *las*)

Use **los** *or* **las** *when them is the direct object of the verb in the sentence.*

⋄ *I didn't know them.* No los conocía. ⋄ *Have you seen my slippers? I'd left them here.* ¿Has visto mis zapatillas? Las había dejado aquí.

T

◇ *Look at them!* ¡Míralos! ◇ *I had to give them to her.* Tuve que dárselos.

2 *les*

Use **les** when them means to them.

◇ *I gave them some brochures.* Les di unos folletos. ◇ *You have to tell them the truth.* Tienes que decirles la verdad.

3 *se*

Use **se** not **les** when them is used in combination with a direct-object pronoun.

◇ *Give it to them.* Dáselo.

4 *ellos* MASC (FEM *ellas*)

Use **ellos** or **ellas** after prepositions, in comparisons, and·with the verb to be.

◇ *It's for them.* Es para ellos. ◇ *My sisters didn't go. My mother stayed with them.* Mis hermanas no fueron. Mi madre se quedó con ellas. ◇ *We are older than them.* Somos mayores que ellos. ◇ *It must be them.* Deben de ser ellos.

◆ **They were carrying them on them.** Los llevaban consigo.

theme NOUN
el *tema*

Although **tema** ends in -a, it is actually a masculine noun.

theme park NOUN
el *parque temático*

themselves PRONOUN

1 *se* (reflexive) ◇ *Did they hurt themselves?* ¿Se hicieron daño?

2 *sí mismos* (after preposition) (FEM *sí mismas*) ◇ *They talked mainly about themselves.* Hablaron sobre todo de sí mismos.

3 *ellos mismos* (for emphasis) (FEM *ellas mismas*) ◇ *They built it themselves.* Lo construyeron ellos mismos.

◆ **by themselves** por sí mismos (FEM *por sí mismas*) ◇ *The girls did it all by themselves.* Las chicas lo hicieron todo por sí mismas.

then ADVERB, CONJUNCTION

1 *después* (next) ◇ *I get dressed. Then I have breakfast.* Me visto. Después desayuno.

2 *pues* (in that case) ◇ *My pen's run out. – Use a pencil then!* Se me ha acabado el bolígrafo. – ¡Pues usa un lápiz!

3 *en aquella época* (in those days) ◇ *There was no electricity then.* En aquella época no había electricidad.

◆ **now and then** de vez en cuando ◇ *Do you play chess? – Now and then.* ¿Juegas al ajedrez? – De vez en cuando.

◆ **By then it was too late.** Para entonces ya era demasiado tarde.

therapy NOUN
(PL **therapies**)
la *terapia*

there ADVERB
ahí ◇ *Put it there, on the table.* Ponlo ahí, en la mesa.

◆ **over there** allí

◆ **in there** ahí dentro

◆ **on there** ahí encima

◆ **up there** ahí arriba

◆ **down there** ahí abajo

◆ **There he is!** ¡Ahí está!

◆ **there is** hay ◇ *There's a factory near my house.* Hay una fábrica cerca de mi casa.

◆ **there are** hay ◇ *There are 20 children in my class.* Hay 20 niños en mi clase.

◆ **There has been an accident.** Ha habido un accidente.

therefore ADVERB
por lo tanto

there's = there is, there has

thermometer NOUN
el *termómetro*

Thermos ® NOUN
el *termo*

these ADJECTIVE

see also **these** PRONOUN

estos MASC (FEM *estas*) ◇ *these shoes* estos zapatos ◇ *THESE shoes* estos zapatos de aquí ◇ *these houses* estas casas

these PRONOUN

see also **these** ADJECTIVE

éstos MASC (FEM *éstas*) ◇ *I want these!* ¡Quiero éstos! ◇ *I'm looking for some sandals. – Can I try these?* Quiero unas sandalias. – ¿Puedo probarme éstas?

they PRONOUN
ellos MASC (FEM *ellas*)

they generally isn't translated unless it's emphatic. ◇ *They're fine, thank you.* Están bien, gracias.

Use **ellos** or **ellas** as appropriate for emphasis. ◇ *We went to the cinema but they didn't.* Nosotros fuimos al cine pero ellos no. ◇ *I spoke to my sisters. THEY agree with me.* Hablé con mis hermanas. Ellas estaban de acuerdo conmigo.

◆ **They say that...** Dicen que... ◇ *They say that the house is haunted.* Dicen que la casa está embrujada.

they'd = they had, they would

they'll = they will

they're = they are

they've = they have

thick ADJECTIVE

1 *grueso* (wall, slice) ◇ *Give him a thick slice.* Dále una rebanada gruesa.

◆ **The walls are one metre thick.** Las paredes tienen un metro de grosor.

2 *espeso* (soup) ◇ *My soup turned out too thick.* La sopa me quedó demasiado espesa.

3 *corto* (informal: stupid)

thief NOUN
(PL **thieves**)
el *ladrón* (PL los *ladrones*)
la *ladrona*

thigh NOUN
el *muslo*

thin ADJECTIVE

1 *fino* ◇ *a thin slice* una rebanada fina

2 *delgado* ◇ *She's very thin.* Está muy delgada.

thing NOUN
la *cosa* ◇ *beautiful things* cosas bonitas
◇ *Where shall I put my things?* ¿Dónde
pongo mis cosas?
✦ **How's things?** ¿Qué tal?
✦ **What's that thing called?** ¿Cómo se llama
eso?
✦ **You poor thing!** ¡Pobrecito!
✦ **The best thing would be to leave it.** Lo
mejor sería dejarlo.

to **think** VERB
(thought, thought)
[1] *pensar** ◇ *What do you think about it?*
¿Qué piensas? ◇ *Think carefully before you*
reply. Piénsalo bien antes de responder.
◇ *What are you thinking about?* ¿En qué estás
pensando?
✦ **I'll think it over.** Lo pensaré.
[2] *creer** ◇ *I think you're wrong.* Creo que
estás equivocado.
✦ **I think so.** Creo que sí.
✦ **I don't think so.** Creo que no.
[3] *imaginar* ◇ *Think what life would be like*
without cars. Imagínate cómo sería la vida sin
coches.

third ADJECTIVE, ADVERB
see also third NOUN
tercero
Use **tercer** *before a masculine singular noun.*
◇ *the third prize* el tercer premio ◇ *the third*
time la tercera vez ◇ *Rachel came third in the*
race. Rachel quedó la tercera en la carrera.
✦ **the third of March** el tres de marzo

third NOUN
see also third ADJECTIVE, ADVERB
el *tercio* *(fraction)*
✦ **a third of the population** una tercera parte
de la población

thirdly ADVERB
en tercer lugar

Third World NOUN
el *Tercer Mundo*

thirst NOUN
la *sed*

thirsty ADJECTIVE
✦ **to be thirsty** tener* sed

thirteen NUMERAL
trece ◇ *I'm thirteen.* Tengo trece años.

thirty NUMERAL
treinta ◇ *He's thirty.* Tiene treinta años.

this ADJECTIVE
see also this PRONOUN
este MASC (FEM *esta*) ◇ *this boy* este niño
◇ *this road* esta carretera
✦ **this one** éste MASC (FEM *ésta*) ◇ *Pass me*
that pen. – This one? Acércame ese bolígrafo.
¿Éste? ◇ *This is my room and this one's my*
sister's. Ésta es mi habitación y ésta es la de
mi hermana.

this PRONOUN
see also this ADJECTIVE
éste MASC (FEM *ésta*, NEUTER *esto*) ◇ *This is*
my office and this is the meeting room. Éste es
mi despacho y ésta es la sala de reuniones.

◇ *What's this?* ¿Qué es esto?
✦ **This is my mother.** *(introduction)* Te presento
a mi madre.
✦ **This is Gavin speaking.** *(on the phone)* Soy
Gavin.

thistle NOUN
el *cardo*

thorough ADJECTIVE
minucioso ◇ *a thorough check* un control
minucioso
✦ **She's very thorough.** Es muy meticulosa.

thoroughly ADVERB
minuciosamente ◇ *I checked the car*
thoroughly. Revisé el coche minuciosamente.
✦ **Mix the ingredients thoroughly.** Mézclense
bien los ingredientes.
✦ **I thoroughly enjoyed myself.** Me divertí
muchísimo.

those ADJECTIVE
see also those PRONOUN
[1] *esos* MASC (FEM *esas*) ◇ *those shoes*
esos zapatos ◇ *those girls* esas chicas
To refer to something more distant, use **aquellos**
and **aquellas**.
[2] *aquellos* MASC (FEM *aquellas*) ◇ *THOSE*
shoes aquellos zapatos ◇ *those houses over*
there aquellas casas

those PRONOUN
see also those ADJECTIVE
[1] *ésos* MASC (FEM *ésas*) ◇ *I want those!*
¡Quiero ésos!
To refer to something more distant, use **aquéllos**.
[2] *aquéllos* MASC (FEM *aquéllas*) ◇ *Ask*
those children. – Those over there?
Pregúntales a esos niños. – ¿A aquéllos?

though CONJUNCTION, ADVERB
aunque ◇ *Though she was tired she*
stayed up late. Aunque estaba cansada, se
quedó levantada hasta muy tarde.
✦ **It's difficult, though, to put into practice.**
Pero es difícil llevarlo a la práctica.

thought VERB *see* **think**

thought NOUN
la *idea* ◇ *I've just had a thought.* Se me
ocurre una idea.
✦ **He kept his thoughts to himself.** No le dijo
a nadie lo que pensaba.
✦ **It was a nice thought, thank you.** Fue muy
amable de tu parte, gracias.

thoughtful ADJECTIVE
[1] *pensativo* *(deep in thought)* ◇ *You look*
thoughtful. Pareces pensativo.
[2] *considerado* *(considerate)* ◇ *She's very*
thoughtful. Es muy considerada.

thoughtless ADJECTIVE
desconsiderado ◇ *She's very thoughtless.*
Es muy desconsiderada.
✦ **It was thoughtless of her to mention it.** Fue
una falta de consideración por su parte
mencionarlo.

thousand NUMERAL
✦ **a thousand** mil ◇ *a thousand pesetas* mil
pesetas
✦ **two thousand pounds** dos mil libras

T

◆ **thousands of people** miles de personas
thread NOUN
  el *hilo*
threat NOUN
  la *amenaza*
to **threaten** VERB
  *amenazar** ◇ *He threatened me.* Me
  amenazó.
◆ **to threaten to do something** amenazar con
  hacer algo (*person*)
three NUMERAL
  tres ◇ *She's three.* Tiene tres años.
three-dimensional ADJECTIVE
  tridimensional
three-piece suite NOUN
  el *tresillo*
threw VERB *see* **throw**
thrifty ADJECTIVE
  ahorrativo
thrill NOUN
  la *emoción* (PL las *emociones*) ◇ *I
  remember the thrill of Christmas as a child.*
  Recuerdo la emoción que sentía de niño en
  Navidades.
◆ **It was a great thrill to see my team win.** Fue
  muy emocionante ver ganar a mi equipo.
thrilled ADJECTIVE
◆ **I was thrilled.** Estaba emocionada.
thriller NOUN
  ① la *película de suspense* (*film*)
  ② la *novela de suspense* (*novel*)
thrilling ADJECTIVE
  emocionante
throat NOUN
  la *garganta* ◇ *I have a sore throat.* Me
  duele la garganta.
to **throb** VERB
◆ **My arm's throbbing.** Tengo un dolor
  punzante en el brazo.
◆ **a throbbing pain** un dolor punzante
throne NOUN
  el *trono*
through ADJECTIVE, ADVERB, PREPOSITION
  ① *a través de* ◇ *to look through a
  telescope* mirar a través de un telescopio ◇ *I
  know her through my sister.* La conozco a
  través de mi hermana.
◆ **I saw him through the crowd.** Lo vi entre la
  multitud.
◆ **The window was dirty and I couldn't see
  through.** La ventana estaba sucia y no podía
  ver nada.
  ② *por* ◇ *The thief got in through the kitchen
  window.* El ladrón entró por la ventana de la
  cocina. ◇ *to go through Birmingham* pasar
  por Birmingham ◇ *to walk through the woods*
  pasear por el bosque
◆ **to go through a tunnel** atravesar* un túnel
◆ **He went straight through to the dining
  room.** Pasó directamente al comedor.
◆ **a through train** un tren directo
◆ **"no through road"** "calle sin salida"
◆ **all through the night** durante toda la noche

◆ **from May through to September** desde
  mayo hasta septiembre
throughout PREPOSITION
◆ **throughout Britain** en toda Gran Bretaña
◆ **throughout the year** durante todo el año
to **throw** VERB
  (threw, threw)
  tirar ◇ *He threw the ball to me.* Me tiró la
  pelota.
◆ **to throw a party** dar* una fiesta
◆ **That really threw him.** Eso lo desconcertó
  por completo.
to **throw away** VERB
  ① *tirar* (*rubbish*)
  ② *desperdiciar* (*chance*)
to **throw out** VERB
  ① *tirar* (*throw away*)
  ② *echar* (*person*) ◇ *I threw him out.* Lo
  eché.
to **throw up** VERB
  *devolver**
thug NOUN
  el *matón* (PL los *matones*)
thumb NOUN
  el *pulgar*
to **thump** VERB
◆ **to thump somebody** pegar* un puñetazo a
  alguien
thunder NOUN
  los *truenos*
thunderstorm NOUN
  la *tormenta*
thundery ADJECTIVE
  tormentoso
Thursday NOUN
  el *jueves* (PL los *jueves*) ◇ *I saw her on
  Thursday.* La vi el jueves. ◇ *every Thursday*
  todos los jueves ◇ *last Thursday* el jueves
  pasado ◇ *next Thursday* el jueves que viene
  ◇ *on Thursdays* los jueves
thyme NOUN
  el *tomillo*
tick NOUN
  see also **tick** VERB
  ① la *señal* ◇ *Place a tick in the appropriate
  box.* Marque con una señal la casilla
  correspondiente.
  ② el *tictac* ◇ *The clock has a loud tick.* El
  reloj tiene un tictac muy fuerte.
◆ **in a tick** en un instante
to **tick** VERB
  see also **tick** NOUN
  ① *marcar** ◇ *Tick the appropriate box.*
  Marque la casilla correspondiente.
  ② *hacer* tictac* (*clock*)
to **tick off** VERB
  ① *marcar** (*on form, list*) ◇ *The teacher
  ticked the names off in the register.* El
  profesor marcó los nombres de la lista con
  una señal.
  ② *regañar* (*scold*) ◇ *He was ticked off for
  being late.* Le regañaron por llegar tarde.
ticket NOUN

Verbs marked with this symbol are irregular. See pages 332–333 for further details

[1] el *billete* (*for bus, train, tube, plane*)
[2] la *entrada* (*for cinema, theatre, concert, museum*)
[3] el *ticket* (*for baggage, coat, parking*) (PL los tickets)
+ **a parking ticket** (*fine*) una multa por estacionamiento indebido

ticket inspector NOUN
el *revisor*
la *revisora*

ticket office NOUN
la *taquilla*

o **tickle** VERB
hacer* cosquillas a ◇ *She enjoyed tickling the baby.* Le gustaba hacer cosquillas al niño.

ticklish ADJECTIVE
+ **to be ticklish** tener* cosquillas

tide NOUN
la *marea*
+ **high tide** la marea alta
+ **low tide** la marea baja

tidy ADJECTIVE
see also tidy VERB
ordenado ◇ *Your room is very tidy.* Tu habitación está muy ordenada. ◇ *She's very tidy.* Es muy ordenada.

o **tidy** VERB
(tidied, tidied)
see also tidy ADJECTIVE
ordenar (*room*)

o **tidy up** VERB
recoger* (*toys*) ◇ *Don't forget to tidy up afterwards.* No os olvidéis de recoger las cosas después.

tie NOUN
see also tie VERB
[1] la *corbata* (*necktie*)
[2] el *empate* (*in sport*)

o **tie** VERB
see also tie NOUN
[1] *atar* (*shoelaces, parcel*)
+ **to tie a knot in something** hacer* un nudo en algo
[2] *empatar* ◇ *They tied three all.* Empataron a tres.

o **tie up** VERB
[1] *atar* (*person, shoelaces, parcel*)
[2] *atracar** (*boat*)

tiger NOUN
el *tigre*

tight ADJECTIVE
[1] *ceñido* (*fitting*) ◇ *tight jeans* vaqueros ceñidos
[2] *estrecho* (*too small*) ◇ *This dress is a bit tight.* Este vestido es un poco estrecho.

o **tighten** VERB
[1] *tensar* (*rope*)
[2] *apretar** (*screw*)

tightly ADVERB
+ **tightly closed** fuertemente cerrado
+ **She held his hand tightly.** Le agarró la mano con fuerza.

tights PL NOUN

las *medias* ◇ *a pair of tights* unas medias

tile NOUN
[1] la *teja* (*on roof*)
[2] el *azulejo* (*for wall*)
[3] la *baldosa* (*for floor*)

tiled ADJECTIVE
[1] *de tejas* (*roof*)
[2] *alicatado* (*wall*)
[3] *de baldosas* (*floor*)

till NOUN
see also till PREPOSITION, CONJUNCTION
la *caja*

till PREPOSITION, CONJUNCTION
see also till NOUN
[1] *hasta* ◇ *I waited till 10 o'clock.* Esperé hasta las 10.
+ **till now** hasta ahora
+ **till then** hasta entonces
+ **It won't be ready till next week.** No estará listo la semana que viene.
[2] *hasta que* ◇ *We stayed there till the doctor came.* Nos quedamos allí hasta que vino el médico.

hasta que has to be followed by a verb in the subjunctive when referring to an event in the future.
◇ *Don't go till I arrive.* No te vayas hasta que llegue yo. ◇ *Wait till I come back.* Espera hasta que yo vuelva.

time NOUN
[1] la *hora* ◇ *What time is it?* ¿Qué hora es? ◇ *What time do you get up?* ¿A qué hora te levantas? ◇ *It was two o'clock, Spanish time.* Eran las dos, hora española.
+ **on time** a la hora ◇ *He never arrives on time.* Nunca llega a la hora.
[2] el *tiempo* ◇ *I'm sorry, I haven't got time.* Lo siento, no tengo tiempo. ◇ *We waited a long time.* Esperamos mucho tiempo. ◇ *Have you lived here for a long time?* ¿Hace mucho tiempo que vives aquí?
+ **from time to time** de vez en cuando
+ **in time** a tiempo ◇ *We arrived in time for lunch.* Llegamos a tiempo para el almuerzo.
+ **just in time** justo a tiempo
[3] el *momento* ◇ *This isn't a good time to ask him.* Éste no es buen momento para preguntarle.
+ **for the time being** por el momento
+ **in no time** en un momento ◇ *It was ready in no time.* Estuvo listo en un momento.
[4] la *vez* (PL las veces) ◇ *this time* esta vez ◇ *How many times?* ¿Cuántas veces?
+ **at times** a veces
+ **two at a time** de dos en dos
+ **in a week's time** dentro de una semana
+ **Come and see us any time.** Ven a vernos cuando quieras.
+ **to have a good time** pasarlo bien ◇ *Did you have a good time?* ¿Lo pasaste bien?
+ **two times two is four** dos por dos son cuatro

time bomb NOUN
la *bomba de relojería*

time off NOUN
el *tiempo libre*

T

timer NOUN

el *reloj automático* (of video, oven)
- **an egg timer** reloj de arena

time-share NOUN
- **a time-share apartment** un apartamento en multipropiedad

timetable NOUN

[1] el *horario* (for train, bus, school)
[2] el *programa* (schedule of events)

Although **programa** ends in **-a**, it is actually a masculine noun.

time zone NOUN

el *huso horario*

tin NOUN

[1] la *lata* ◇ *a tin of beans* una lata de alubias ◇ *a biscuit tin* una lata de galletas
[2] el *estaño* (metal)

tinned ADJECTIVE

enlatado (food) ◇ *tinned products* productos enlatados
- **tinned peaches** melocotones en lata

tin opener NOUN

el *abrelatas* (PL los *abrelatas*)

tinsel NOUN

el *espumillón*

tinted ADJECTIVE

ahumado (glasses, window)

tiny ADJECTIVE

minúsculo

tip NOUN

see also tip VERB

[1] la *propina* (money) ◇ *to leave a tip* dejar propina
[2] el *consejo* (advice) ◇ *a useful tip* un consejo práctico
[3] la *punta* (end) ◇ *It's on the tip of my tongue.* Lo tengo en la punta de la lengua.
- **a rubbish tip** un vertedero de basuras
- **This place is a complete tip!** ¡Esto es una pocilga!

to **tip** VERB

see also tip NOUN

dar* una propina a ◇ *Don't forget to tip the waiter.* No te olvides de darle una propina al camarero.

tiptoe NOUN
- **on tiptoe** de puntillas

tired ADJECTIVE

cansado ◇ *I'm tired.* Estoy cansado.
- **to be tired of something** estar* harto de algo

tiring ADJECTIVE

cansado

tissue NOUN

el *Kleenex* ® (PL los *Kleenex*)

title NOUN

el *título* (of novel, film)

title role NOUN

el *papel principal*

to PREPOSITION

[1] *a*

a + el *changes to* **al.**

◇ *to go to school* ir* al colegio ◇ *to go to the doctor's* ir* al médico ◇ *Let's go to Anne's*

house. Vamos a casa de Anne. ◇ *to go to Portugal* ir* a Portugal ◇ *I sold it to a friend.* Se lo vendí a un amigo. ◇ *the answer to the question* la respuesta a la pregunta ◇ *the train to London* el tren a Londres
- **from...to...** de...a... ◇ *from nine o'clock to half past three* de las nueve a las tres y media

[2] *de* ◇ *It's easy to do.* Es fácil de hacer*. ◇ *something to drink* algo de beber ◇ *the key to the front door* la llave de la puerta principal
- **It's difficult to say.** Es difícil saberlo.
- **It's easy to criticize.** Criticar* es muy fácil.
- **I've never been to Valencia.** Nunca he estado en Valencia.
- **ten to nine** las nueve menos diez

[3] *hasta* ◇ *to count to ten* contar* hasta diez

[4] *para* (in order to) ◇ *I did it to help you.* Lo hice para ayudarte. ◇ *She's too young to go to school.* Es muy pequeña para ir al colegio. ◇ *ready to go* listo para irse ◇ *ready to eat* listo para comer

[5] *con* ◇ *to be kind to somebody* ser* amable con alguien ◇ *They were very kind to me.* Fueron muy amables conmigo.
- **Give it to her!** ¡Dáselo!
- **That's what he said to me.** Eso fue lo que me dijo.
- **I've got things to do.** Tengo cosas que hacer.

toad NOUN

el *sapo*

toadstool NOUN

la *seta venenosa*

toast NOUN

[1] el *pan tostado* (bread)
- **a piece of toast** una tostada
[2] el *brindis* (speech) (PL los *brindis*)
- **to drink a toast to somebody** brindar por alguien

toaster NOUN

la *tostadora*

tobacco NOUN

el *tabaco*

tobacconist's NOUN

el *estanco*

toboggan NOUN

el *trineo*

tobogganing NOUN
- **to go tobogganing** deslizarse* en trineo

today ADVERB

hoy

toddler NOUN

(que empieza a caminar)
el *niño pequeño*
la *niña pequeña*

toe NOUN

el *dedo del pie* (PL los *dedos de los pies*)
◇ *The dog bit my big toe.* El perro me mordió el dedo gordo del pie.

toffee NOUN

el *caramelo*

together ADVERB

[1] *juntos* ◇ *Are they still together?*

---

* Verbs marked with this symbol are irregular. See pages 332–333 for further details

¿Todavía están juntos?
2 *a la vez* (*at the same time*) ◇ *Don't all speak together!* ¡No habléis todos a la vez!
◆ **together with** junto con
toilet NOUN
1 los *servicios* (*in public place*)
2 el *wáter* (*in house*)
toilet paper NOUN
el *papel higiénico*
toiletries PL NOUN
los *artículos de perfumería*
toilet roll NOUN
el *rollo de papel higiénico*
token NOUN
◆ **a gift token** un cheque-regalo (PL los cheques-regalo)
told VERB *see* **tell**
tolerant ADJECTIVE
tolerante
toll NOUN
el *peaje* (*on bridge, motorway*)
tomato NOUN
(PL **tomatoes**)
el *tomate* ◇ *tomato soup* sopa de tomate
tomboy NOUN
el *marimacho*
tomorrow ADVERB
mañana ◇ *tomorrow morning* mañana por la mañana ◇ *tomorrow night* mañana por la noche
◆ **the day after tomorrow** pasado mañana
ton NOUN
la *tonelada* ◇ *a ton of coal* una tonelada de carbón
◆ **That old bike weighs a ton.** Esa bici vieja pesa una tonelada.
tongue NOUN
la *lengua*
◆ **to say something tongue in cheek** decir* algo en plan de broma
tonic NOUN
la *tónica*
◆ **a gin and tonic** un gin-tonic
tonight ADVERB
esta noche ◇ *Are you going out tonight?* ¿Vas a salir* esta noche? ◇ *I'll sleep well tonight.* Esta noche dormiré bien.
tonsillitis NOUN
la *amigdalitis* ◇ *She's got tonsillitis.* Tiene amigdalitis.
tonsils PL NOUN
las *amígdalas*
too ADVERB
1 *también* (*as well*) ◇ *My sister came too.* Mi hermana también vino.
2 *demasiado* (*excessively*) ◇ *The water's too hot.* El agua está demasiado caliente. ◇ *We arrived too late.* Llegamos demasiado tarde.
◆ **too much** demasiado ◇ *too much noise* demasiado ruido ◇ *too much butter* demasiada mantequilla ◇ *At Christmas we always eat too much.* En Navidades siempre comemos demasiado. ◇ *£50? – That's too*

much. ¿50 libras? – Eso es demasiado.
◆ **too many** demasiados (FEM *demasiadas*)
◇ *too many problems* demasiados problemas
◇ *too many chairs* demasiadas sillas
◆ **Too bad!** ¡Qué pena! (*what a pity*)
took VERB *see* **take**
tool NOUN
la *herramienta*
◆ **a tool box** una caja de herramientas
tooth NOUN
(PL **teeth**)
el *diente*
toothache NOUN
el *dolor de muelas* ◇ *These pills are good for toothache.* Estas pastillas son buenas para el dolor de muelas.
◆ **I've got toothache.** Me duele una muela.
toothbrush NOUN
(PL **toothbrushes**)
el *cepillo de dientes*
toothpaste NOUN
el *dentífrico*
top NOUN
see also top ADJECTIVE
1 la *parte de arriba* ◇ *at the top of the page* en la parte de arriba de la página
2 la *cima* (*of mountain*)
3 la *tapa* (*of box, jar*)
4 el *tapón* (*of bottle*) (PL los *tapones*)
◆ **a bikini top** la parte de arriba del bikini
◆ **the top of the table** el tablero de la mesa
◆ **on top of the cupboard** encima del armario
◆ **There's a surcharge on top of that.** Hay un recargo, además.
◆ **from top to bottom** de arriba abajo ◇ *I searched the house from top to bottom.* Busqué en la casa de arriba abajo.
top ADJECTIVE
see also top NOUN
1 *de arriba* (*shelf*) ◇ *it's on the top shelf* está en la estantería de arriba
◆ **the top layer of skin** la capa superior de la piel
◆ **the top floor** el último piso
2 *eminente* ◇ *a top surgeon* un eminente cirujano
◆ **a top model** un top model
◆ **a top hotel** un hotel de primera
◆ **He always gets top marks in French.** Siempre saca excelentes notas en francés.
◆ **at top speed** a máxima velocidad
topic NOUN
el *tema*
Although **tema** *ends in -a, it is actually a masculine noun.*
◇ *The essay can be on any topic.* La redacción puede ser sobre cualquier tema.
topical ADJECTIVE
de actualidad MASC, FEM, PL ◇ *a topical issue* un tema de actualidad
topless ADJECTIVE
topless MASC, FEM, PL
◆ **to go topless** ir* en topless
top-secret ADJECTIVE

T

de alto secreto MASC, FEM, PL ◇ *top-secret documents* documentos de alto secreto

torch NOUN
(PL **torches**)
la *linterna* (*electric*)

tore, torn VERB *see* **tear**

tortoise NOUN
la *tortuga*

torture NOUN
see also torture VERB
la *tortura* ◇ *It was pure torture.* Fué una tortura.

to **torture** VERB
see also torture NOUN
torturar ◇ *Stop torturing that poor animal!* ¡Deja de torturar al pobre animal!

Tory ADJECTIVE
(PL **Tories**)
see also Tory NOUN
conservador (FEM *conservadora*) ◇ *the Tory government* el gobierno conservador

Tory NOUN
(PL **Tories**)
see also Tory ADJECTIVE
el *conservador*
la *conservadora*
◇ *the Tories* los conservadores

to **toss** VERB
♦ **to toss pancakes** dar* la vuelta a las crepes en el aire
♦ **Shall we toss for it?** ¿Nos lo jugamos a cara o cruz?

total ADJECTIVE
see also total NOUN
total ◇ *The total cost was very high.* El coste total fue muy alto.
♦ **the total amount** el total

total NOUN
see also total ADJECTIVE
el *total*
♦ **the grand total** la suma total

totally ADVERB
totalmente

touch NOUN
see also touch VERB
♦ **to get in touch with somebody** ponerse* en contacto con alguien
♦ **to keep in touch with somebody** mantenerse* en contacto con alguien
♦ **Keep in touch! (1)** ¡Escribe de vez en cuando! (*write*)
♦ **Keep in touch! (2)** ¡Llama de vez en cuando! (*phone*)
♦ **to lose touch** perder* el contacto
♦ **to lose touch with somebody** perder* el contacto con alguien

to **touch** VERB
see also touch NOUN
*tocar** ◇ *Don't touch that!* ¡No toques eso!

touchdown NOUN
el *aterrizaje* (*of plane*)

touched ADJECTIVE
emocionado ◇ *I was really touched.*

Estaba muy emocionada.

touching ADJECTIVE
conmovedor (FEM *conmovedora*)

touchy ADJECTIVE
susceptible ◇ *She's a bit touchy today.* Hoy está un poco susceptible.

tough ADJECTIVE
1 *difícil* ◇ *It was tough, but I managed okay.* Fue difícil, pero me las arreglé.
♦ **It's a tough job.** Es un trabajo duro.
2 *duro* ◇ *The meat is tough.* La carne está dura.
3 *resistente* ◇ *tough leather gloves* guantes de cuero resistentes
♦ **He thinks he's a tough guy.** Le gusta hacerse el duro.
♦ **Tough luck!** ¡Mala suerte!

tour NOUN
see also tour VERB
1 el *recorrido turístico* ◇ *We went on a tour of the city.* Hicimos un recorrido turístico por la ciudad.
♦ **a package tour** un viaje organizado
♦ **a bus tour** un viaje en autobús
2 la *visita* (*of building, exhibition*)
3 la *gira*
♦ **to go on tour** ir* de gira

to **tour** VERB
see also tour NOUN
♦ **Paul Weller is touring Europe.** Paul Weller está haciendo una gira por Europa.

tour guide NOUN
el *guía turístico*
la *guía turística*

tourism NOUN
el *turismo*

tourist NOUN
el/la *turista*
♦ **tourist information office** la oficina de información y turismo

tournament NOUN
el *torneo*

tour operator NOUN
el *operador turístico* (PL los *operadores turísticos*)

towards PREPOSITION
hacia ◇ *He came towards me.* Vino hacia mí. ◇ *my feelings towards him* mis sentimientos hacia él

towel NOUN
la *toalla*

tower NOUN
la *torre*

tower block NOUN
1 el *bloque de pisos* (*of flats*)
2 el *bloque de oficinas* (*of offices*)

town NOUN
la *ciudad* ◇ *a town plan* un plano de la ciudad ◇ *the town centre* el centro de la ciudad

town hall NOUN
el *ayuntamiento*

toy NOUN

el *juguete*
+ **a toy shop** una juguetería
+ **a toy car** un coche de juguete

trace NOUN
see also **trace** VERB
el *rastro* ◇ *There was no trace of the robbers.* No había rastro de los ladrones.

to trace VERB
see also **trace** NOUN
1. *trazar** (*draw*)
2. *encontrar** (*locate*)

tracing paper NOUN
el *papel de calco*

track NOUN
1. el *camino* (*dirt road*) ◇ *a mountain track* un camino de montaña
2. la *vía* (*railway line*) ◇ *A woman fell onto the tracks.* Una mujer se cayó a la vía.
3. la *pista* (*in sport*) ◇ *two laps of the track* dos vueltas a la pista
4. la *canción* (*song*) (PL las *canciones*) ◇ *This is my favourite track.* Ésta es mi canción preferida.
5. la *huella* (*trail*) ◇ *They followed the tracks for miles.* Siguieron las huellas durante millas.

to track down VERB
*encontrar** ◇ *The police never tracked down the killer.* La policía nunca encontró al asesino.

tracksuit NOUN
el *chándal* (PL los *chándals*)

tractor NOUN
el *tractor*

trade NOUN
el *oficio* ◇ *to learn a trade* aprender un oficio

trade union NOUN
el *sindicato*

trade unionist NOUN
el/la *sindicalista*

tradition NOUN
la *tradición* (PL las *tradiciones*)

traditional ADJECTIVE
tradicional

traffic NOUN
el *tráfico* ◇ *There was a lot of traffic.* Había mucho tráfico.

traffic jam NOUN
el *atasco*

traffic lights PL NOUN
el *semáforo*

traffic warden NOUN
el/la *guardia de tráfico* ◇ *I'm a traffic warden.* Soy guardia de tráfico.

tragedy NOUN
(PL **tragedies**)
la *tragedia*

tragic ADJECTIVE
trágico

trailer NOUN
1. el *remolque* (*for luggage, boat*)
2. el *tráiler* (*of film*) (PL los *tráilers*)

train NOUN
see also **train** VERB
el *tren*

to train VERB
see also **train** NOUN
entrenar ◇ *to train for a race* entrenar para una carrera
+ **to train as a teacher** estudiar magisterio
+ **to train an animal to do something** enseñar a un animal a hacer* algo

trained ADJECTIVE
cualificado ◇ *highly trained workers* los trabajadores altamente cualificados
+ **She's a trained nurse.** Es enfermera diplomada.

trainee NOUN
(*apprentice*)
el *aprendiz* (PL los *aprendices*)
la *aprendiza*
◇ *He's a trainee plumber.* Es aprendiz de fontanero.
+ **She's a trainee teacher.** Es profesora de prácticas.

trainer NOUN
1. (*sports*)
el *entrenador*
la *entrenadora*
2. (*of animals*)
el *amaestrador*
la *amaestradora*

trainers PL NOUN
las *zapatillas de deporte*

training NOUN
1. la *formación* ◇ *a training course* un curso de formación
2. el *entrenamiento* (*in sport*)
+ **He strained a muscle in training.** Se hizo un esguince entrenando.

tram NOUN
el *tranvía*
Although **tranvía** *ends in* -a, *it is actually a masculine noun.*

tramp NOUN
el *vagabundo*
la *vagabunda*

trampoline NOUN
la *cama elástica*

tranquillizer NOUN
el *sedante* ◇ *She's on tranquillizers.* Está tomando sedantes.

transfer NOUN
1. la *transferencia* ◇ *a bank transfer* una transferencia bancaria
2. la *calcomanía* (*sticker*)

transfusion NOUN
la *transfusión* (PL las *transfusiones*)

transistor NOUN
el *transistor*

to translate VERB
*traducir** ◇ *to translate something into English* traducir* algo al inglés

translation NOUN
la *traducción* (PL las *traducciones*)

translator NOUN
el *traductor*

T

la *traductora*
◇ *Anita's a translator.* Anita es traductora.

transparent ADJECTIVE
transparente

transplant NOUN
el *trasplante* ◇ *a heart transplant* un trasplante de corazón

transport NOUN
see also transport VERB
el *transporte* ◇ *public transport* el transporte público

to **transport** VERB
see also transport NOUN
transportar

trap NOUN
la *trampa*

trash NOUN US
la *basura*
◆ **the trash can** el cubo de la basura

trashy ADJECTIVE
malísimo ◇ *a trashy film* una película malísima

traumatic ADJECTIVE
traumático ◇ *It was a traumatic experience.* Fue una experiencia traumática.

travel NOUN
see also travel VERB
◆ **Air travel is relatively cheap.** Viajar en avión es relativamente barato.

to **travel** VERB
see also travel NOUN
viajar ◇ *I prefer to travel by train.* Prefiero viajar en tren.
◆ **I'd like to travel round the world.** Me gustaría dar la vuelta al mundo.
◆ **We travelled over 800 kilometres.** Hicimos más de 800 kilómetros.
◆ **News travels fast!** ¡Las noticias vuelan!

travel agency NOUN
(PL **travel agencies**)
la *agencia de viajes*

travel agent NOUN
◆ **She's a travel agent.** Es empleada de una agencia de viajes.

traveller NOUN
(US **traveler**)
el *viajero*
la *viajera*

traveller's cheque NOUN
(US **traveler's check**)
el *cheque de viaje* (PL los *cheques de viaje*)

travelling NOUN
(US **traveling**)
◆ **I love travelling.** Me encanta viajar.

travel sickness NOUN
el *mareo*

tray NOUN
la *bandeja*

to **tread** VERB
(**trod, trodden**)
pisar
◆ **to tread on something** pisar algo ◇ *He trod on her foot.* Le pisó el pie.

treasure NOUN
el *tesoro*

treat NOUN
see also treat VERB
◆ **As a birthday treat, I'll take you out to dinner.** Como es tu cumpleaños, te invito a cenar.
◆ **She bought a special treat for the children.** Les compró algo especial a los niños.
◆ **I'm going to give myself a treat.** Me voy a dar un gusto.

to **treat** VERB
see also treat NOUN
tratar ◇ *The hostages were well treated.* Los rehenes fueron tratados bien.
◆ **She was treated for a minor head wound.** La atendieron de una leve herida en la cabeza.
◆ **to treat somebody to something** invitar a alguien a algo ◇ *I'll treat you!* ¡Te invito yo!

treatment NOUN
1 el *tratamiento* (*medical*) ◇ *an effective treatment for eczema* un tratamiento efectivo contra el eccema
2 el *trato* (*of person*) ◇ *We don't want any special treatment.* No queremos ningún trato especial.

to **treble** VERB
triplicarse* ◇ *The cost of living has trebled.* El coste de la vida se ha triplicado.

tree NOUN
el *árbol*

to **tremble** VERB
temblar*

trend NOUN
1 la *tendencia* ◇ *There's a trend towards part-time employment.* Existe una tendencia hacia el empleo a tiempo parcial.
2 la *moda* (*fashion*) ◇ *the latest trend* la última moda

trendy ADJECTIVE
moderno

trial NOUN
el *juicio* (*in law*)

triangle NOUN
el *triángulo*

tribe NOUN
la *tribu*

trick NOUN
see also trick VERB
1 la *broma* ◇ *to play a trick on somebody* gastar una broma a alguien
2 el *truco* ◇ *It's not easy: there's a trick to it.* No es fácil: tiene un truco.

to **trick** VERB
see also trick NOUN
◆ **to trick somebody** engañar a alguien

tricky ADJECTIVE
peliagudo (*problem*)

tricycle NOUN
el *triciclo*

trifle NOUN
el *bizcocho borracho*

to **trim** VERB

see also trim NOUN
recortar

trim NOUN
see also trim VERB
+ **to have a trim** cortarse las puntas

trip NOUN
see also trip VERB
el *viaje* ◇ *to go on a trip* ir* de viaje
◇ *Have a good trip!* ¡Buen viaje!
+ **a day trip** una excursión de un día

trip VERB
see also trip NOUN
tropezarse* (*stumble*) ◇ *He tripped on the stairs.* Se tropezó en las escaleras.
+ **to trip up** tropezarse*
+ **to trip somebody up** poner* la zancadilla a alguien

triple ADJECTIVE
triple

triplets PL NOUN
los *trillizos* (FEM las *trillizas*)

trivial ADJECTIVE
insignificante

trod, trodden VERB *see* **tread**

trolley NOUN
el *carrito*

trombone NOUN
el *trombón* (PL los *trombones*)

troops PL NOUN
las *tropas*

trophy NOUN
(PL **trophies**)
el *trofeo*

tropical ADJECTIVE
tropical

trot VERB
trotar

trouble NOUN
el *problema*
> Although **problema** ends in -a, it is actually a masculine noun.
◇ *The trouble is, it's too expensive.* El problema es que es demasiado caro.
+ **What's the trouble?** ¿Qué pasa?
+ **to be in trouble** tener* problemas
+ **stomach trouble** problemas de estómago
+ **to take a lot of trouble over something** poner* mucho cuidado en algo
+ **Don't worry, it's no trouble.** No te preocupes, no importa.

troublemaker NOUN
el *alborotador*
la *alborotadora*

trousers PL NOUN
los *pantalones* ◇ *a pair of trousers* unos pantalones

trout NOUN
(PL **trout**)
la *trucha*

truant NOUN
+ **to play truant** hacer* novillos

truck NOUN
el *camión* (PL los *camiones*)

truck driver NOUN

el *camionero*
la *camionera*
◇ *He's a truck driver.* Es camionero.

true ADJECTIVE
verdadero (*love, courage*)
+ **It's true.** Es verdad.
+ **to come true** hacerse* realidad ◇ *I hope my dream will come true.* Espero que mi sueño se haga realidad.

trumpet NOUN
la *trompeta*

trunk NOUN
1 el *tronco* (*of tree*)
2 la *trompa* (*of elephant*)
3 el *baúl* (*luggage*)
4 el *maletero* (*of car*) US

trunks PL NOUN
+ **swimming trunks** el traje de baño

trust NOUN
see also trust VERB
la *confianza* ◇ *to have trust in somebody* tener* confianza en alguien

to trust VERB
see also trust NOUN
+ **Don't you trust me?** ¿No tienes confianza en mí?
+ **Trust me!** ¡Confía en mí!
+ **I don't trust him.** No me fío de él.

trusting ADJECTIVE
confiado

truth NOUN
la *verdad*

truthful ADJECTIVE
1 *sincero* (*person*) ◇ *She's a very truthful person.* Es una persona muy sincera.
2 *verídico* (*account*)

try NOUN
(PL **tries**)
see also try VERB
el *intento* ◇ *his third try* su tercer intento
+ **to give something a try** intentar algo
+ **It's worth a try.** Vale la pena intentarlo.
+ **Have a try!** ¡Inténtalo!

to try VERB
(**tried, tried**)
see also try NOUN
1 *intentar* ◇ *to try to do something* intentar hacer algo
+ **to try again** volver* a intentar
2 *probar** ◇ *Would you like to try some?* ¿Quieres probar un poco?

to try on VERB
probarse* (*clothes*)

to try out VERB
probar* (*product, machine*)

T-shirt NOUN
la *camiseta*

tube NOUN
el *tubo*
+ **the Tube** el Metro (*underground*)

tuberculosis NOUN
la *tuberculosis* ◇ *He's got tuberculosis.* Tiene tuberculosis.

Tuesday NOUN

T

el *martes* (PL los *martes*) ◇ *I saw her on Tuesday.* La vi el martes. ◇ *every Tuesday* todos los martes ◇ *last Tuesday* el martes pasado ◇ *next Tuesday* el martes que viene ◇ *on Tuesdays* los martes

tug-of-war NOUN
el *juego de la cuerda*

tuition NOUN
las *clases* ◇ *private tuition* clases particulares

tulip NOUN
el *tulipán* (PL los *tulipanes*)

tumble dryer NOUN
la *secadora*

tummy NOUN
(PL **tummies**)
la *tripa* (informal)
+ **he has a tummy ache** le duele la tripa

tuna NOUN
(PL **tuna** or **tunas**)
el *atún* (PL los *atunes*)

tune NOUN
la *melodía* (melody)
+ **to play in tune** tocar* bien
+ **to sing out of tune** desafinar

tunnel NOUN
el *túnel*

Turk NOUN
el *turco*
la *turca*
◇ *the Turks* los turcos

turkey NOUN
el *pavo*

Turkey NOUN
Turquía FEM

Turkish ADJECTIVE
see also Turkish NOUN
turco

Turkish NOUN
see also Turkish ADJECTIVE
el *turco* (language)

turn NOUN
see also turn VERB
la *curva* (bend in road)
+ **"no left turn"** "prohibido girar a la izquierda"
+ **to take turns** turnarse
+ **It's my turn!** ¡Me toca a mí!

to **turn** VERB
see also turn NOUN
[1] *girar* ◇ *Turn right at the lights.* Gira a la derecha al llegar al semáforo.
[2] *ponerse** (become) ◇ *When he's drunk he turns nasty.* Cuando se emborracha se pone desagradable.
+ **The weather turned cold.** Empezó a hacer frío.
+ **to turn into something** convertirse* en algo ◇ *The holiday turned into a nightmare.* Las vacaciones se convirtieron en una pesadilla.

to **turn back** VERB
volver hacia atrás* ◇ *We turned back.* Volvimos hacia atrás.

to **turn down** VERB

[1] *rechazar** ◇ *He turned down the offer.* Rechazó la oferta.
[2] *bajar* ◇ *Shall I turn the heating down?* ¿Bajo la calefacción?

to **turn off** VERB
[1] *apagar** (light, radio)
[2] *cerrar** (tap)
[3] *parar* (engine)

to **turn on** VERB
[1] *encender** (light, radio)
[2] *abrir** (tap)
[3] *poner* en marcha* (engine)

to **turn out** VERB
resultar ◇ *It turned out to be a mistake.* Resultó ser un error. ◇ *It turned out that she was right.* Resultó que ella tenía razón.

to **turn round** VERB
[1] *dar* la vuelta* (car)
[2] *darse* la vuelta* (person)

to **turn up** VERB
[1] *aparecer** ◇ *She never turned up.* No apareció. ◇ *The lost dog turned up in the next village.* El perro extraviado apareció en el pueblo vecino.
[2] *subir* ◇ *Could you turn up the radio?* ¿Puedes subir la radio?

turning NOUN
+ **We took the wrong turning. (1)** (in the country) Nos equivocamos de carretera.
+ **We took the wrong turning. (2)** (in the city) Nos equivocamos de bocacalle.

turnip NOUN
el *nabo*

turquoise ADJECTIVE
turquesa MASC, FEM, PL

turtle NOUN
la *tortuga de mar*

tutor NOUN
(private teacher)
el *profesor particular*
la *profesora particular*

tuxedo NOUN US
(PL **tuxedos**)
el *esmoquin* (PL los *esmóquines*)

TV NOUN
la *tele*

tweezers PL NOUN
las *pinzas* ◇ *a pair of tweezers* unas pinzas

twelfth ADJECTIVE
duodécimo ◇ *the twelfth floor* el duodécimo piso
+ **the twelfth of August** el doce de agosto

twelve NUMERAL
doce ◇ *She's twelve.* Tiene doce años.
+ **twelve o'clock** las doce

twenty NUMERAL
veinte ◇ *He's twenty.* Tiene veinte años.

twice ADVERB
dos veces ◇ *He had to repeat it twice.* Tuvo que repetirlo dos veces.
+ **twice as much** el doble ◇ *He gets twice as much pocket money as me.* Le dan el doble de paga que a mí.

---

twin NOUN
el *mellizo*
la *melliza*
  ◇ *my twin brother* mi hermano mellizo ◇ *her twin sister* su hermana melliza
- **identical twins** gemelos
- **a twin room** una habitación con dos camas

twinned ADJECTIVE
hermanado ◇ *Nottingham is twinned with Minsk.* Nottingham está hermanada con Minsk.

twist VERB
1 *torcer**
- **He's twisted his ankle.** Se ha torcido el tobillo.
2 *tergiversar** ◇ *You're twisting my words.* Estás tergiversando lo que he dicho.

twit NOUN
el/la *imbécil* (*informal*)

two NUMERAL
dos ◇ *She's two.* Tiene dos años.
- **The two of them can sing.** Los dos saben cantar.

type NOUN
see also type VERB
el *tipo* ◇ *What type of camera have you got?* ¿Qué tipo de cámara tienes?

to **type** VERB
see also type NOUN
escribir* a máquina ◇ *Can you type?* ¿Sabes escribir a máquina? ◇ *to type a letter* escribir* una carta a máquina

typewriter NOUN
la *máquina de escribir*

typical ADJECTIVE
típico ◇ *That's just typical!* ¡Típico!

tyre NOUN
el *neumático*
- **tyre pressure** la presión de los neumáticos

U

UFO ABBREVIATION (= *Unidentified Flying Object*) (PL **UFOs**)
el *OVNI* (= el Objeto Volador No Identificado)

ugh EXCLAMATION
¡puf!

ugly ADJECTIVE
feo

UK ABBREVIATION (= *United Kingdom*)
el *RU* (= el Reino Unido)

ulcer NOUN
la *úlcera*
- **a mouth ulcer** una llaga en la boca

Ulster NOUN
el *Ulster*

ultimate ADJECTIVE
máximo ◇ *the ultimate challenge* el máximo desafío
- **the ultimate in luxury** el no va más del lujo

ultimately ADVERB
a fin de cuentas ◇ *Ultimately, it's your decision.* A fin de cuentas, es tu decisión.

umbrella NOUN
el *paraguas* (PL los *paraguas*)

umpire NOUN
el *árbitro*
la *árbitra*

UN ABBREVIATION (= *United Nations*)
la *ONU* (= la Organización de las Naciones Unidas)

unable ADJECTIVE
- **to be unable to do something** no poder* hacer algo ◇ *Unfortunately, he was unable to come.* Desafortunadamente, no ha podido venir.

unacceptable ADJECTIVE
inaceptable

unanimous ADJECTIVE
unánime

unattended ADJECTIVE
- **Please do not leave your luggage unattended.** Por favor, no abandonen su equipaje.

unavoidable ADJECTIVE
inevitable

unaware ADJECTIVE
- **I was unaware of the regulations.** Ignoraba el reglamento.
- **She was unaware that she was being filmed.** No se había dado cuenta de que la estaban filmando.

unbearable ADJECTIVE
insoportable

unbeatable ADJECTIVE
inmejorable (*quality, price*)

unbelievable ADJECTIVE
increíble

unborn ADJECTIVE
- **the unborn child** el feto

unbreakable ADJECTIVE
irrompible

uncanny ADJECTIVE
extraño ◇ *That's uncanny!* ¡Es extraño!
- **an uncanny resemblance** un asombroso parecido

uncertain ADJECTIVE
incierto ◇ *The future is uncertain.* El futuro es incierto.
- **to be uncertain about something** no estar* seguro de algo
- **She was uncertain how to begin.** No sabía muy bien cómo empezar.

T
U

uncivilized ADJECTIVE
  poco civilizado (*behaviour*)
uncle NOUN
  el *tío*
+ **my uncle and aunt** mis tíos
uncomfortable ADJECTIVE
  incómodo
unconscious ADJECTIVE
  inconsciente
unconventional ADJECTIVE
  poco convencional
under PREPOSITION
  When something is located under something, use **debajo de.** *When there is movement involved, use* **por debajo de.**
  [1] *debajo de* ◇ *The cat's under the table.* El gato está debajo de la mesa. ◇ *The tunnel goes under the Channel.* El túnel pasa por debajo del Canal.
+ **under there** ahí debajo ◇ *What's under there?* ¿Qué hay ahí debajo?
  [2] *menos de* ◇ *under 20 people* menos de 20 personas
+ **children under 10** niños menores de 10 años
underage ADJECTIVE
+ **He's underage.** Es menor de edad.
undercover ADJECTIVE, ADVERB
  secreto ◇ *an undercover agent* un agente secreto ◇ *She was working undercover for the FBI.* Trabajaba como agente secreto para el FBI.
to **underestimate** VERB
  subestimar ◇ *You shouldn't underestimate her.* No la subestimes.
to **undergo** VERB
  (**underwent, undergone**)
  someterse a (*operation*)
underground ADJECTIVE
  see also underground ADVERB, NOUN
  subterráneo ◇ *an underground car park* un parking subterráneo
underground ADVERB
  see also underground ADJECTIVE, NOUN
  bajo tierra ◇ *Moles live underground.* Los topos viven bajo tierra.
underground NOUN
  see also underground ADJECTIVE, ADVERB
  el *metro* ◇ *Is there an underground in Barcelona?* ¿Hay metro en Barcelona?
to **underline** VERB
  subrayar
underneath PREPOSITION, ADVERB
  When something is located underneath something, use **debajo de.** *When there is movement involved, use* **por debajo de.**
  [1] *debajo de* ◇ *underneath the carpet* debajo de la moqueta ◇ *I got out of the car and looked underneath.* Bajé del coche y miré debajo.
  [2] *por debajo de* ◇ *I walked underneath a ladder.* Pasé por debajo de una escalera.
underpaid ADJECTIVE
  mal pagado ◇ *Teachers are underpaid.*

Los profesores están mal pagados.
underpants PL NOUN
  los *calzoncillos* ◇ *a pair of underpants* unos calzoncillos
underpass NOUN
  (PL **underpasses**)
  el *paso subterráneo*
undershirt NOUN US
  la *camiseta*
underskirt NOUN
  las *enaguas*
to **understand** VERB
  (**understood, understood**)
  *entender** ◇ *Do you understand?* ¿Entiendes? ◇ *I don't understand the question.* No entiendo la pregunta.
+ **Is that understood?** ¿Está claro?
understanding ADJECTIVE
  comprensivo ◇ *She's very understanding.* Es muy comprensiva.
understood VERB see **understand**
undertaker NOUN
  el *empleado de una funeraria*
  la *empleada de una funeraria*
+ **the undertaker's** la funeraria
underwater ADJECTIVE, ADVERB
  [1] *subacuático* ◇ *underwater photography* fotografía subacuática
  [2] *bajo el agua* ◇ *This sequence was filmed underwater.* Esta secuencia se filmó bajo el agua.
underwear NOUN
  la *ropa interior*
underwent VERB see **undergo**
to **undo** VERB
  (**undid, undone**)
  [1] *desabrochar* (*button, blouse*)
  [2] *desatar* (*knot, parcel, shoe laces*)
  [3] *abrir** (*zipper*)
to **undress** VERB
  desnudarse (*get undressed*) ◇ *The doctor told me to undress.* El médico me dijo que me desnudase.
uneconomic ADJECTIVE
+ **an uneconomic factory** una fábrica poco rentable
+ **It's uneconomic to put on courses for so few students.** No es rentable organizar cursos para tan pocos alumnos.
unemployed ADJECTIVE
  parado
+ **He's been unemployed for a year.** Lleva parado un año.
+ **the unemployed** los parados
unemployment NOUN
  el *desempleo*
unexpected ADJECTIVE
  inesperado ◇ *an unexpected visitor* una visita inesperada
unexpectedly ADVERB
  de improviso
unfair ADJECTIVE
  injusto ◇ *This law is unfair to women.* Esta

ley es injusta para las mujeres.

unfamiliar ADJECTIVE
desconocido   ◇ *I heard an unfamiliar voice.*
Oí una voz desconocida.

unfashionable ADJECTIVE
pasado de moda

unfit ADJECTIVE
◆ **I'm unfit at the moment.** En este momento
no estoy en forma.

unfold VERB
desplegar*   ◇ *She unfolded the map.*
Desplegó el mapa.

unforgettable ADJECTIVE
inolvidable

unfortunately ADVERB
desafortunadamente

unfriendly ADJECTIVE
antipático   ◇ *The waiters are a bit
unfriendly.* Los camareros son un poco
antipáticos.

ungrateful ADJECTIVE
desagradecido

unhappy ADJECTIVE
infeliz (PL *infelices*)   ◇ *He was very
unhappy as a child.* De niño fue muy infeliz.
◆ **to look unhappy** parecer* triste

unhealthy ADJECTIVE
1. *malo para la salud* (food)
2. *con mala salud* (ill)
3. *malsano* (atmosphere)

uniform NOUN
el *uniforme*
◆ **school uniform** el uniforme de colegio

uninhabited ADJECTIVE
1. *deshabitado* (house)
2. *despoblado* (island)

union NOUN
el *sindicato* (trade union)

Union Jack NOUN
la *bandera del Reino Unido*

unique ADJECTIVE
único

unit NOUN
la *unidad*   ◇ *a unit of measurement* una
unidad de medida
◆ **a kitchen unit** un módulo de cocina

United Kingdom NOUN
el *Reino Unido*

United Nations NOUN
las *Naciones Unidas*

United States NOUN
los *Estados Unidos*

universe NOUN
el *universo*

university NOUN
(PL *universities*)
la *universidad*   ◇ *She's at university.* Está
en la universidad.   ◇ *Do you want to go to
university?* ¿Quieres ir a la universidad?
◇ *Lancaster University* la Universidad de
Lancaster

unleaded petrol NOUN
la *gasolina sin plomo*

unless CONJUNCTION

a no ser que
> *a no ser que* has to be followed by a verb in the
> subjunctive.

◇ *I won't come unless you phone me.* No
vendré a no ser que me llames.
◆ **Unless I am mistaken, we're lost.** Si no me
equivoco, estamos perdidos.

unlike PREPOSITION
a diferencia de   ◇ *Unlike him, I really enjoy
flying.* A diferencia de él, a mí me encanta
viajar en avión.

unlikely ADJECTIVE
poco probable   ◇ *That's possible, but
unlikely.* Es posible pero poco probable.
◇ *He's unlikely to come.* Es poco probable
que venga.
> *es poco probable que* has to be followed by a
> verb in the subjunctive.

unlisted ADJECTIVE US
◆ **an unlisted number** un número que no
figura en la guía telefónica

to unload VERB
descargar*   ◇ *We unloaded the furniture.*
Descargamos los muebles.

to unlock VERB
abrir*   ◇ *He unlocked the door of the car.*
Abrió la puerta del coche.

unlucky ADJECTIVE
◆ **to be unlucky (1)** (be unfortunate)
1. *tener* mala suerte*   ◇ *Did you
win? – No, I was unlucky.* ¿Ganaste? – No, tuve
mala suerte.
◆ **to be unlucky (2)** (bring bad luck)
2. *traer* mala suerte*   ◇ *They say thirteen
is an unlucky number.* Dicen que el número
trece trae mala suerte.

unmarried ADJECTIVE
soltero   ◇ *an unmarried mother* una madre
soltera
◆ **an unmarried couple** una pareja no casada

unnatural ADJECTIVE
poco natural

unnecessary ADJECTIVE
innecesario

unofficial ADJECTIVE
no oficial

to unpack VERB
deshacer*   ◇ *I unpacked my suitcase.*
Deshice la maleta.   ◇ *I went to my room to
unpack. (1)* (one suitcase) Fuí a mi habitación
a deshacer la maleta.   ◇ *I went to my room to
unpack. (2)* (more than one suitcase) Fuí a mi
habitación a deshacer las maletas.
◆ **I haven't unpacked my clothes yet.** Todavía
no he sacado la ropa de la maleta.

unpleasant ADJECTIVE
desagradable

to unplug VERB
desenchufar

unpopular ADJECTIVE
impopular   ◇ *It was an unpopular decision.*
Fue una decisión impopular.
◆ **She's an unpopular child.** Tiene muy pocos
amigos.

U

unpredictable ADJECTIVE
  imprevisible

unreal ADJECTIVE
  increíble   ◇ *It was unreal!* ¡Fue increíble!

unrealistic ADJECTIVE
  poco realista

unreasonable ADJECTIVE
  poco razonable   ◇ *I think her attitude is unreasonable.* Creo que su actitud es poco razonable.

unreliable ADJECTIVE
  poco fiable   ◇ *The car was slow and unreliable.* El coche era lento y poco fiable.
- **He's completely unreliable.** Es muy informal.

to **unroll** VERB
  desenrollar

unsatisfactory ADJECTIVE
  insatisfactorio

to **unscrew** VERB
  1 *destornillar* (screw)
  2 *desenroscar** (lid)

unshaven ADJECTIVE
  sin afeitar

unskilled ADJECTIVE
- **an unskilled worker** un trabajador no cualificado (FEM *una trabajadora no cualificada*)

unstable ADJECTIVE
  inestable

unsteady ADJECTIVE
  1 *inestable* (chair)
  2 *vacilante* (walk, voice)
- **He was unsteady on his feet.** Caminaba con paso vacilante.

unsuccessful ADJECTIVE
  fallido (attempt)
- **to be unsuccessful in doing something** no conseguir* hacer algo
- **an unsuccessful artist** un artista sin éxito

unsuitable ADJECTIVE
  inapropiado (clothes, equipment)

untidy ADJECTIVE
  1 *desordenado* (disorganized)   ◇ *Your bedroom is really untidy.* Tu cuarto está muy desordenado.
  2 *descuidado* (writing)
- **She always looks so untidy.** Siempre va tan desaliñada.

to **untie** VERB
  1 *deshacer** (knot, parcel)
  2 *desatar* (shoelace, animal)

until PREPOSITION, CONJUNCTION
  1 *hasta*   ◇ *I waited until 10 o'clock.* Esperé hasta las 10.   ◇ *It won't be ready until next week.* No estará listo hasta la semana que viene.
- **until now** hasta ahora   ◇ *It's never been a problem until now.* Hasta ahora nunca ha sido un problema.
- **until then** hasta entonces   ◇ *Until then I'd never been to Italy.* Hasta entonces no había estado nunca en Italia.

  2 *hasta que*   ◇ *We stayed there until the doctor came.* Nos quedamos allí hasta que vino el médico.

  hasta que *has to be followed by a verb in the subjunctive when referring to a future event.*
  ◇ *Don't go until I arrive.* No te vayas hasta que llegue yo.   ◇ *Wait until I come back.* Espera hasta que yo vuelva.

unusual ADJECTIVE
  1 *poco común*   ◇ *an unusual shape* una forma poco común
  2 *raro*

  es raro que *has to be followed by a verb in the subjunctive.*
  ◇ *It's unusual to get snow at this time of year.* Es raro que nieve en esta época del año.

unwilling ADJECTIVE
- **He was unwilling to help me.** No estaba dispuesto a ayudarme.

to **unwind** VERB
  (unwound, unwound)
  relajarse (relax)

unwise ADJECTIVE
  imprudente   ◇ *That was unwise of you.* Lo que hiciste fue imprudente.

unwound VERB *see* **unwind**

to **unwrap** VERB
  abrir*   ◇ *After the meal we unwrapped the presents.* Después de comer abrimos los regalos.

up PREPOSITION, ADVERB
  For other expressions with up, *see the verbs* come, put, turn *etc.*
  arriba   ◇ *up on the hill* arriba de la colina
  ◇ *up here* aquí arriba   ◇ *up there* allí arriba
- **up north** en el norte
- **They live up the road.** Viven en esta calle, un poco más allá.
- **to be up** estar* levantado   ◇ *We were up at six.* A las seis estábamos levantados.   ◇ *He's not up yet.* Todavía no se ha levantado.
- **What's up?** ¿Qué hay?
- **What's up with her?** ¿Qué le pasa?
- **to go up** subir   ◇ *The bus went up the hill.* El autobús subió la colina.
- **to go up to somebody** acercarse* a alguien   ◇ *She came up to me.* Se me acercó.
- **up to** hasta   ◇ *to count up to 50* contar* hasta 50   ◇ *up to three hours* hasta tres horas   ◇ *up to now* hasta ahora
- **It's up to you.** Depende de ti.

upbringing NOUN
  la *educación*

uphill ADJECTIVE
- **It was an uphill struggle.** Fue una tarea muy difícil.

upright ADJECTIVE
- **to stand upright** tenerse* derecho

upset NOUN
  see also **upset** ADJECTIVE, VERB
- **I had a stomach upset.** Tenía mal el estómago.

upset ADJECTIVE

see also upset NOUN, VERB
disgustado ◇ She's still a bit upset.
Todavía está un poco disgustada.
◆ **Don't get upset.** No te enfades.
◆ **I had an upset stomach.** Tenía mal el
estómago.

upset VERB
(upset, upset)
see also upset NOUN, ADJECTIVE
◆ **to upset somebody** disgustar a alguien
◆ **Don't upset yourself.** No te enfades.

upside down ADVERB
al revés ◇ The painting was hung upside
down. El cuadro estaba colgado al revés.

upstairs ADVERB
arriba ◇ Where's your coat? – It's upstairs.
¿Dónde está tu abrigo? – Está arriba.
◆ **the people upstairs** los de arriba
◆ **He went upstairs to bed.** Subió para irse a la
cama.

uptight ADJECTIVE
tenso ◇ She's very uptight today. Está muy
tensa hoy.

up-to-date ADJECTIVE
[1] *moderno* (car, stereo)
[2] *actualizado* ◇ an up-to-date timetable
un horario actualizado
◆ **to bring somebody up-to-date on
something** poner* a alguien al corriente de
algo
◆ **to bring something up-to-date** actualizar
algo

upwards ADVERB
hacia arriba ◇ to look upwards mirar
hacia arriba

urgent ADJECTIVE
urgente

urine NOUN
la *orina*

US ABBREVIATION (= United States)
los *EEUU* (= los Estados Unidos)

us PRONOUN
[1] *nos*
Use **nos** to translate us when it is the direct object
of the verb in the sentence, or when it means to us.
◇ They helped us. Nos ayudaron. ◇ Look at
us! ¡Míranos! ◇ They gave us some
brochures. Nos dieron unos folletos.
[2] *nosotros* (FEM *nosotras*)
Use **nosotros** or **nosotras** after prepositions, in
comparisons, and with the verb to be.
◇ Why don't you come with us? ¿Por qué no
vienes con nosotras? ◇ They are older than
us. Son mayores que nosotros. ◇ It's us.
Somos nosotros.

USA ABBREVIATION (= United States of America)

los *EEUU* (= los Estados Unidos)

use NOUN
see also use VERB
el *uso* ◇ "directions for use" "modo de
empleo"
◆ **It's no use shouting, she's deaf.** Es inútil
gritar, es sorda.
◆ **It's no use, I can't do it.** No hay manera, no
puedo hacerlo.
◆ **to make use of something** usar algo

to **use** VERB
see also use NOUN
usar ◇ Can I use your phone? ¿Puedo usar
tu teléfono?
◆ **I used to go camping as a child.** De
pequeño solía ir de acampada.
◆ **I didn't use to like maths, but now I love it.**
Antes no me gustaban las matemáticas, pero
ahora me encantan.
◆ **to be used to something** estar*
acostumbrado a algo ◇ He wasn't used to
driving on the right. No estaba acostumbrado
a conducir por la derecha. ◇ Don't worry, I'm
used to it. No te preocupes, estoy
acostumbrado.
◆ **a used car** un coche de segunda mano

to **use up** VERB
◆ **We've used up all the paint.** Hemos acabado
toda la pintura.

useful ADJECTIVE
útil

useless ADJECTIVE
inútil ◇ a piece of useless information una
información inútil
◆ **You're useless!** ¡Eres un inútil!
◆ **This computer is useless.** Este ordenador
no sirve para nada.
◆ **It's useless asking her.** No sirve de nada
preguntarle.

user NOUN
el *usuario*
la *usuaria*

user-friendly ADJECTIVE
fácil de usar

usual ADJECTIVE
habitual
◆ **as usual** como de costumbre

usually ADVERB
normalmente ◇ I usually get to school at
about half past eight. Normalmente llego al
colegio sobre las ocho y media.

U-turn NOUN
el *cambio de sentido*
◆ **to do a U-turn** cambiar de sentido
◆ **"No U-turns"** "Prohibido cambiar de sentido"

U

V

vacancy NOUN
(PL **vacancies**)
1 la *vacante* (job)
2 la *habitación libre* (in hotel)
* **"no vacancies"** "completo"

vacant ADJECTIVE
libre ◇ a vacant seat un asiento libre

to **vaccinate** VERB
vacunar

to **vacuum** VERB
pasar la aspiradora ◇ to vacuum the hall
pasar la aspiradora por el vestíbulo

vacuum cleaner NOUN
la *aspiradora*

vagina NOUN
la *vagina*

vague ADJECTIVE
1 *vago* ◇ I've only got a vague idea what
he means. Tengo sólo una vaga idea de lo
que quiere decir.
2 *distraído* ◇ He's getting a bit vague in
his old age. Se está poniendo un poco
distraído en su vejez.

vain ADJECTIVE
vanidoso ◇ He's so vain! ¡Es más vanidoso!
* **in vain** en vano

Valentine card NOUN
la *tarjeta del día de los enamorados*

Valentine's Day NOUN
el *día de los enamorados* (el 14 de febrero,
día de San Valentín)

valid ADJECTIVE
válido ◇ a valid passport un pasaporte
válido
* **This ticket is valid for three months.** Este
billete tiene una validez de tres meses.

valley NOUN
el *valle*

valuable ADJECTIVE
1 *de valor* MASC, FEM, PL ◇ a valuable
painting un cuadro de valor
2 *valioso* ◇ valuable help una valiosa
ayuda

valuables PL NOUN
los *objetos de valor*

value NOUN
el *valor*

van NOUN
la *furgoneta*

vandal NOUN
el *vándalo*

vandalism NOUN
el *vandalismo*

to **vandalize** VERB
*destrozar**

vanilla NOUN
la *vainilla* ◇ a vanilla ice cream un helado
de vainilla

to **vanish** VERB
*desaparecer**

* **to vanish into thin air** esfumarse

variable ADJECTIVE
variable

varied ADJECTIVE
variado

variety NOUN
(PL **varieties**)
la *variedad*

various ADJECTIVE
varios ◇ We visited various villages in the
area. Visitamos varias aldeas de la zona.

to **vary** VERB
(**varied, varied**)
*variar**

vase NOUN
el *jarrón* (PL los *jarrones*)

VAT NOUN
el *IVA*

Although **IVA** ends in **-A**, it is actually a masculine
noun.

VCR NOUN (= video cassette recorder)
el *vídeo* (aparato)

VDU NOUN (= visual display unit)
el *monitor*

veal NOUN
la *carne de ternera*

vegan NOUN
el *vegetariano estricto*
la *vegetariana estricta*

vegetable NOUN
1 la *verdura* (to be cooked) ◇ vegetable
soup sopa de verduras
2 la *hortaliza* (for salads) ◇ peppers,
tomatoes and other vegetables pimientos,
tomates y otras hortalizas

vegetarian ADJECTIVE
see also vegetarian NOUN
el *vegetariano*
la *vegetariana*
◇ I'm a vegetarian. Soy vegetariano.

vegetarian NOUN
see also vegetarian ADJECTIVE
◇ vegetarian lasagne lasaña vegetariana

vehicle NOUN
vehículo

vein NOUN
la *vena*

velvet NOUN
el *terciopelo*

vending machine NOUN
la *máquina expendedora*

Venetian blind NOUN
la *persiana*

verb NOUN
el *verbo*

verdict NOUN
el *veredicto*

vertical ADJECTIVE
vertical

vertigo NOUN

el *vértigo* ◇ *I get vertigo.* Tengo vértigo.

very ADVERB

see also very ADJECTIVE

muy ◇ *very tall* muy alto

* **It's very cold.** Hace mucho frío.
* **not very interesting** no demasiado interesante
* **very much** muchísimo
* **We were thinking the very same thing.** Estábamos pensando exactamente lo mismo.

very ADJECTIVE

see also very ADVERB

mismo ◇ *in this very house* en esta misma casa ◇ *That's the very book I was talking about.* Ese es justamente el libro del que hablaba.

* **The very idea!** ¡Cómo se te ocurre!

vest NOUN

1 la *camiseta* (*underclothing*)
2 el *chaleco* (*waistcoat*) US

vet NOUN

el *veterinario*
la *veterinaria*
◇ *She's a vet.* Es veterinaria.

via PREPOSITION

1 *por* ◇ *We drove to Lisbon via Salamanca.* Fuimos a Lisboa por Salamanca.
2 *vía* ◇ *a flight via Brussels* un vuelo vía Bruselas

vicar NOUN

el *párroco*

vice NOUN

el *tornillo de banco* (*tool*)

vice versa ADVERB

viceversa

vicious ADJECTIVE

1 *brutal* ◇ *a vicious attack* una brutal agresión
2 *feroz* ◇ *a vicious dog* un perro feroz

* **He was a vicious man.** Era un hombre despiadado.
* **a vicious circle** un círculo vicioso

victim NOUN

la *víctima* ◇ *He was the victim of a mugging.* Fue víctima de un atraco.

victory NOUN

(PL **victories**)
la *victoria*

video VERB

see also video NOUN

grabar en vídeo ◇ *They videoed the whole wedding.* Grabaron en vídeo toda la boda.

video NOUN

(PL **videos**)
see also video VERB

el *vídeo* ◇ *to watch a video* ver* un vídeo
◇ *It's out on video.* Ha salido en vídeo.

* **a video camera** una videocámara
* **a video cassette** una cinta de vídeo
* **a video game** un videojuego
* **a video recorder** un vídeo
* **a video shop** un videoclub

view NOUN

1 la *vista* ◇ *There's an amazing view.* La vista es magnífica.
2 la *opinión* (PL las *opiniones*) ◇ *in my view* en mi opinión

viewer NOUN

el *telespectador*
la *telespectadora*

viewpoint NOUN

el *punto de vista*

vile ADJECTIVE

repugnante

villa NOUN

el *chalet*

village NOUN

1 el *pueblo* (*large*)
2 la *aldea* (*small*)

villain NOUN

1 el/la *maleante* (*criminal*)
2 (*in film*)
el *malo*
la *mala*

vine NOUN

1 la *vid* (*trailing*)
2 la *parra* (*climbing*)

vinegar NOUN

el *vinagre*

vineyard NOUN

el *viñedo*

viola NOUN

la *viola*

violence NOUN

la *violencia*

violent ADJECTIVE

violento

violin NOUN

el *violín* (PL los *violines*)

violinist NOUN

el/la *violinista*

virgin NOUN

la *virgen* (PL las *vírgenes*) ◇ *to be a virgin* ser* virgen

Virgo NOUN

el *Virgo* (*sign*) ◇ *I'm Virgo.* Soy Virgo.

* **a Virgo** un/una Virgo

virtual reality NOUN

la *realidad virtual*

virus NOUN

(PL **viruses**)
el *virus* (PL los *virus*)

visa NOUN

el *visado*

visible ADJECTIVE

visible

visit NOUN

see also visit VERB

la *visita* ◇ *my last visit to my grandmother* la última visita que le hice a mi abuela

* **I saw him on my latest visit to Spain.** Lo vi la última vez que estuve en España.

to **visit** VERB

see also visit NOUN

visitar

visitor NOUN

1 el/la *visitante* (*tourist*)

V

2 la *visita* (guest) ◇ *to have a visitor* tener*
visita

visual ADJECTIVE
visual

to **visualize** VERB
imaginar

vital ADJECTIVE
vital

vitamin NOUN
la *vitamina*

vivid ADJECTIVE
vivo ◇ *vivid colours* colores vivos
* **to have a vivid imagination** tener* una
imaginación desbordante

vocabulary NOUN
(PL **vocabularies**)
el *vocabulario*

vocational ADJECTIVE
* **a vocational course** un curso de formación
profesional

vodka NOUN
el *vodka*
> Although **vodka** *ends in* -a, *it is actually a
masculine noun.*

voice NOUN
la *voz* (PL las *voces*)

volcano NOUN
(PL **volcanoes**)
el *volcán* (PL los *volcanes*)

volleyball NOUN
el *voleibol*

volt NOUN
el *voltio*

voltage NOUN
el *voltaje*

voluntary ADJECTIVE
voluntario
* **to do voluntary work** hacer* voluntariado

volunteer NOUN
> see also **volunteer** VERB
el *voluntario*
la *voluntaria*

to **volunteer** VERB
> see also **volunteer** NOUN
* **to volunteer to do something** ofrecerse* a
hacer algo

to **vomit** VERB
vomitar

to **vote** VERB
> see also **vote** NOUN
votar ◇ *Who did you vote for?* ¿A quién
votaste?

vote NOUN
> see also **vote** VERB
el *voto*

voucher NOUN
el *vale* ◇ *a gift voucher* un vale de regalo

vowel NOUN
la *vocal*

vulgar ADJECTIVE
vulgar

W

wafer NOUN
el *barquillo*

wage NOUN
la *paga* ◇ *He collected his wages.* Recogió
la paga.

waist NOUN
la *cintura*

waistcoat NOUN
el *chaleco*

to **wait** VERB
esperar ◇ *I'll wait for you.* Te esperaré.
◇ *Wait a minute!* ¡Espera un momento!
* **to keep somebody waiting** hacer* esperar a
alguien ◇ *They kept us waiting for hours.*
Nos hicieron esperar durante horas.
* **I can't wait for the holidays.** Estoy deseando
que lleguen las vacaciones.
* **I can't wait to see him again.** Me muero de
ganas de verlo otra vez.

to **wait up** VERB
esperar levantado ◇ *My mum always
waits up till I get in.* Mi madre siempre espera
levantada hasta que llego.

waiter NOUN
el *camarero*

waiting list NOUN
la *lista de espera*

waiting room NOUN
la *sala de espera*

waitress NOUN
(PL **waitresses**)
la *camarera*

to **wake up** VERB
(**woke up**, **woken up**)
*despertarse** ◇ *I woke up at six o'clock.*
Me desperté a las seis.
* **to wake somebody up** despertar* a alguien
◇ *Please would you wake me up at seven
o'clock?* ¿Podría despertarme a las siete, por
favor?

Wales NOUN
Gales MASC
* **the Prince of Wales** el Príncipe de Gales
* **I'm from Wales.** Soy de Gales.

to **walk** VERB
> see also **walk** NOUN
1 *andar** ◇ *Don't walk so fast!* ¡No andes
tan deprisa! ◇ *We walked 10 kilometres.*

Anduvimos 10 kilómetros.

[2] *ir* a pie* (go on foot)   ◇ *Are you walking or going by bus?* ¿Vas a ir a pie o en autobús?

[3] *pasear* (for fun)   ◇ *I like walking through the park.* Me gusta pasear por el parque.

◆ **to walk the dog** pasear al perro

walk NOUN

see also walk VERB

el *paseo*

◆ **to go for a walk** ir* a pasear

◆ **It's 10 minutes' walk from here.** Está a 10 minutos de aquí a pie.

walkie-talkie NOUN

el *walkie-talkie*

walking NOUN

el *senderismo*   ◇ *I did some walking in the Alps last summer.* El verano pasado hice senderismo por los Alpes.   ◇ *Walking is good for your health.* Andar es bueno para la salud.

walking stick NOUN

el *bastón* (PL los *bastones*)

Walkman ®

(PL **Walkmans**) NOUN

el *walkman* ®

wall NOUN

[1] la *pared* (of room, building)

[2] el *muro* (freestanding)

[3] la *muralla* (of castle, city)

wallet NOUN

la *cartera*

wallpaper NOUN

el *papel pintado*

walnut NOUN

la *nuez* (PL las *nueces*)

wander around VERB

pasear   ◇ *I just wandered around for a while.* Estuve paseando un poco.

want VERB

querer*   ◇ *Do you want some cake?* ¿Quieres un poco de pastel?

◆ **to want to do something** querer hacer algo   ◇ *What do you want to do tomorrow?* ¿Qué quieres hacer mañana?

◆ **to want somebody to do something** querer que alguien haga algo   ◇ *They want us to wait here.* Quieren que esperemos aquí.

querer que has to be followed by a verb in the subjunctive.

war NOUN

la *guerra*

◆ **to be at war** estar* en guerra

ward NOUN

la *sala* (de un hospital)

warden NOUN

(of youth hostel)

el *encargado*

la *encargada*

wardrobe NOUN

el *armario*

warehouse NOUN

el *almacén* (PL los *almacenes*)

warm ADJECTIVE

[1] *caliente*   ◇ *warm water* agua caliente

[2] *caluroso*   ◇ *a warm day* un día caluroso

◇ *a warm welcome* una calurosa bienvenida

◆ **warm clothing** ropa de abrigo

◆ **This jumper is very warm.** Este jersey es muy calentito.

◆ **He's a very warm person.** Es una persona muy afectuosa.

◆ **It's warm in here.** Aquí dentro hace calor.

◆ **I'm too warm.** Tengo demasiado calor.

to **warm up** VERB

[1] *hacer* ejercicios de calentamiento* (for sport)

[2] *calentar** (food)

to **warn** VERB

advertir*   ◇ *Well, I warned you!* ¡Ya te lo había advertido!

◆ **to warn somebody to do something** aconsejar a alguien que haga algo

Use the subjunctive after **aconsejar a alguien que**.

warning NOUN

la *advertencia*

Warsaw NOUN

Varsovia FEM

wart NOUN

la *verruga*

was VERB *see* be

wash NOUN

see also wash VERB

◆ **to have a wash** lavarse

◆ **to give something a wash** lavar algo

◆ **The car needs a wash.** Al coche le hace falta un lavado.

to **wash** VERB

see also wash NOUN

[1] *lavar*   ◇ *to wash the car* lavar el coche

[2] *lavarse* (have a wash)   ◇ *Every morning I get up, wash and get dressed.* Todas las mañanas me levanto, me lavo y me visto.

◆ **to wash one's hands** lavarse las manos

◆ **to wash up** lavar los platos

washbasin NOUN

el *lavabo*

washing NOUN

la *ropa lavada* (clean laundry)

◆ **to do the washing** lavar la ropa

◆ **dirty washing** la ropa para lavar

◆ **Have you got any washing?** ¿Tienes ropa para lavar?

washing machine NOUN

la *lavadora*

washing powder NOUN

el *detergente*

washing-up NOUN

◆ **to do the washing-up** lavar los platos

washing-up liquid NOUN

wasn't = was not

wasp NOUN

la *avispa*

waste NOUN

see also waste VERB

[1] el *desperdicio*   ◇ *It's such a waste!* ¡Qué desperdicio!

◆ **It's a waste of time.** Es una pérdida de tiempo.

W

[2] los *residuos* PL   ◇ *nuclear waste*
residuos radiactivos

to **waste** VERB
see also waste NOUN
desperdiciar   (food, space, opportunity)
+ **to waste time** perder* el tiempo   ◇ *There's no time to waste.* No hay tiempo que perder.
+ **I don't like wasting money.** No me gusta malgastar el dinero.

wastepaper basket NOUN
la *papelera*

watch NOUN
(PL **watches**)
see also watch VERB
el *reloj*

to **watch** VERB
see also watch NOUN
[1] *mirar*
+ **Watch me!** ¡Mírame!
[2] *ver**   ◇ *to watch TV* ver la tele
[3] *vigilar*   ◇ *The police were watching the house.* La policía vigilaba la casa.

to **watch out** VERB
tener cuidado*
+ **Watch out!** ¡Cuidado!

water NOUN
see also water VERB
el *agua* FEM
Although it's a feminine noun, remember that you use el with agua.

to **water** VERB
see also water NOUN
*regar**   ◇ *He was watering his tulips.* Estaba regando los tulipanes.

waterfall NOUN
la *cascada*

watering can NOUN
la *regadera*

watermelon NOUN
la *sandía*

waterproof ADJECTIVE
impermeable
+ **a waterproof watch** un reloj sumergible

water-skiing NOUN
el *esquí acuático*   ◇ *to go water-skiing* hacer* esquí acuático

wave NOUN
see also wave VERB
la *ola*

to **wave** VERB
see also wave NOUN
+ **to wave to somebody (1)** (say hello) saludar a alguien con la mano
+ **to wave to somebody (2)** (say goodbye) hacer* adiós con la mano

wavy ADJECTIVE
ondulado   ◇ *He's got wavy hair.* Tiene el pelo ondulado.

wax NOUN
la *cera*

way NOUN
[1] la *manera*   ◇ *She looked at me in a strange way.* Me miró de manera extraña.

+ **This book tells you the right way to do it.** Este libro explica cómo hay que hacerlo.
+ **You're doing it the wrong way.** Lo estás haciendo mal.
+ **in a way...** en cierto sentido...
+ **a way of life** un estilo de vida
[2] el *camino* (route)   ◇ *I don't know the way.* No sé el camino. ◇ *We stopped for lunch on the way.* Paramos a comer en el camino.
+ **Which way is it?** ¿Por dónde es?
+ **The supermarket is this way.** El supermercado es por aquí.
+ **Do you know the way to the hotel?** ¿Sabes cómo llegar al hotel?
+ **He's on his way.** Está de camino.
+ **It's a long way.** Está lejos.   ◇ *It's a long way from the hotel.* Está lejos del hotel.
+ **"way in"** "entrada"
+ **"way out"** "salida"
+ **by the way...** a propósito...

we PRONOUN
nosotros (FEM *nosotras*)
we generally isn't translated unless it is emphatic.
◇ *We were in a hurry.* Teníamos prisa.
Use nosotros or nosotras as appropriate for emphasis.
◇ *They went but we didn't.* Ellos fueron pero nosotros no.

weak ADJECTIVE
[1] *débil*
[2] *poco cargado* (tea, coffee)

wealthy ADJECTIVE
rico

weapon NOUN
el *arma* FEM
Although it's a feminine noun, remember that you use el and un with arma.

to **wear** VERB
(**wore, worn**)
llevar   ◇ *She was wearing a hat.* Llevaba un sombrero.
+ **She was wearing black.** Iba vestida de negro.

weather NOUN
el *tiempo*   ◇ *What's the weather like?* ¿Qué tiempo hace?

weather forecast NOUN
el *pronóstico del tiempo*

we'd = we had, we would

wedding NOUN
la *boda*
+ **wedding anniversary** el aniversario de boda
+ **wedding dress** el vestido de novia

Wednesday NOUN
el *miércoles* (PL los *miércoles*)   ◇ *I saw her on Wednesday.* La vi el miércoles. ◇ *every Wednesday* todos los miércoles ◇ *last Wednesday* el miércoles pasado ◇ *next Wednesday* el miércoles que viene ◇ *on Wednesdays* los miércoles

weed NOUN
el *hierbajo*   ◇ *The garden's full of weeds.*

El jardín está lleno de hierbajos.

week NOUN
la _semana_   ◇ **in a week's time** dentro de una semana
- **a week on Friday** el viernes de la semana que viene
- **during the week** durante la semana

weekday NOUN
el _día entre semana_
> Although **día** ends in -a, it is actually a masculine noun.
- **on weekdays** los días entre semana

weekend NOUN
el _fin de semana_
- **next weekend** el próximo fin de semana

weigh VERB
pesar   ◇ **How much do you weigh?** ¿Cuánto pesas?
- **to weigh oneself** pesarse

weight NOUN
el _peso_
- **to lose weight** adelgazar*
- **to put on weight** engordar

weightlifter NOUN
el _levantador de pesas_
la _levantadora de pesas_

weightlifting NOUN
el _levantamiento de pesas_

weird ADJECTIVE
raro

welcome NOUN
> see also welcome VERB
la _bienvenida_   ◇ **They gave her a warm welcome.** Le dieron una calurosa bienvenida.
- **Welcome!** ¡Bienvenido!
> If you're addressing a woman remember to use the feminine form: ¡**Bienvenida!** If you're addressing more than one person use the plural form ¡**Bienvenidos!** or ¡**Bienvenidas!**.

welcome VERB
> see also welcome NOUN
- **to welcome somebody** dar* la bienvenida a alguien
- **Thank you! – You're welcome!** ¡Gracias! – ¡De nada!

well ADJECTIVE, ADVERB
> see also well NOUN
1 _bien_   ◇ **You did that really well.** Lo hiciste realmente bien.
- **She's doing really well at school.** Le va muy bien en el colegio.
- **to be well** estar* bien   ◇ **I'm not very well at the moment.** No estoy muy bien en este momento.
- **Get well soon!** ¡Que te mejores!
- **Well done!** ¡Muy bien!
2 _bueno_   ◇ **It's enormous! Well, quite big anyway.** ¡Es enorme! Bueno, digamos que bastante grande.
- **as well** también   ◇ **We worked hard, but we had some fun as well.** Trabajamos mucho, pero también nos divertimos.
- **as well as** además de   ◇ **We went to Gerona as well as Sitges.** Fuimos a Gerona, además

de Sitges.

well NOUN
> see also well ADJECTIVE, ADVERB
el _pozo_

we'll = we will

well-behaved ADJECTIVE
- **to be well-behaved** portarse bien

well-dressed ADJECTIVE
bien vestido

wellingtons PL NOUN
las _botas de agua_

well-known ADJECTIVE
conocido   ◇ **a well-known film star** un conocido actor de cine

well-off ADJECTIVE
adinerado

Welsh ADJECTIVE
> see also Welsh NOUN
galés (FEM _galesa_)

Welsh NOUN
> see also Welsh ADJECTIVE
el _galés_ (language)
- **the Welsh** los galeses

Welshman NOUN
(PL **Welshmen**)
el _galés_ (PL los _galeses_)

Welshwoman NOUN
(PL **Welshwomen**)
la _galesa_

went VERB see **go**

were VERB see **be**

we're = we are

weren't = were not

west NOUN
> see also west ADJECTIVE, ADVERB
el _oeste_

west ADJECTIVE, ADVERB
> see also west NOUN
1 _occidental_   ◇ **the west coast** la costa occidental
- **west of** al oeste de   ◇ **Stroud is west of Oxford.** Stroud está al oeste de Oxford.
2 _hacia el oeste_   ◇ **We were travelling west.** Viajábamos hacia el oeste.
- **the West Country** el sudoeste de Inglaterra

western NOUN
> see also western ADJECTIVE
el _western_

western ADJECTIVE
> see also western NOUN
occidental   ◇ **the western part of the island** la parte occidental de la isla
- **Western Europe** Europa Occidental

West Indian ADJECTIVE
> see also West Indian NOUN
antillano
- **She's West Indian.** Es antillana.

West Indian NOUN
> see also West Indian ADJECTIVE
el _antillano_
la _antillana_

West Indies PL NOUN
- **the West Indies** las Antillas

wet ADJECTIVE

mojado ⋄ *wet clothes* ropa mojada
* **to get wet** mojarse
* **dripping wet** chorreando
* **wet weather** el tiempo lluvioso
* **It was wet all week.** Llovió toda la semana.

wetsuit NOUN
el *traje de buzo*

we've = **we have**

whale NOUN
la *ballena*

what ADJECTIVE, PRONOUN
1 *qué*

> *Use* **qué** *(with an accent) in direct and indirect questions and exclamations.*

⋄ *What subjects are you studying?* ¿Qué asignaturas estudias? ⋄ *What colour is it?* ¿De qué color es? ⋄ *What's the matter?* ¿Qué te pasa? ⋄ *What's it for?* ¿Para qué es? ⋄ *I don't know what to do.* No sé qué hacer. ⋄ *What a mess!* ¡Qué desorden!

> *Only translate* what is *by* **qué es** *if asking for a definition or explanation.*

⋄ *What is it?* ¿Qué es? ⋄ *What's a tractor, Daddy?* ¿Qué es un tractor, papá? ⋄ *I asked him what DNA was.* Le pregunté qué era el ADN.

2 *cuál* (FEM *cuál*, PL *cuáles*)

> *Translate* what is *by* **cuál es** *when not asking for a definition or explanation.*

⋄ *What's the capital of Finland?* ¿Cuál es la capital de Finlandia? ⋄ *What's her telephone number?* ¿Cuál es su número de teléfono?

3 *lo que*

> *Use* **lo que** *(no accent) when* what *isn't a question word.*

⋄ *I saw what happened.* Vi lo que pasó. ⋄ *I heard what he said.* Oí lo que dijo.
* **What? (1)** ¿Cómo? *(what did you say?)*
* **What? (2)** ¿Qué? *(shocked)*
* **What's your name?** ¿Cómo te llamas?

wheat NOUN
el *trigo*

wheel NOUN
la *rueda*
* **steering wheel** el volante

wheelchair NOUN
la *silla de ruedas*

when ADVERB
> see also **when** CONJUNCTION

cuándo

> *Remember the accent on* **cuándo** *in direct and indirect questions.*

⋄ *When did he go?* ¿Cuándo se fue? ⋄ *I asked her when the next bus was.* Le pregunté cuándo salía el próximo autobús.

when CONJUNCTION
> see also **when** ADVERB

cuando ⋄ *She was reading when I came in.* Cuando entré ella estaba leyendo.

> **cuando** *has to be followed by a verb in the subjunctive when referring to an event in the future.*

⋄ *Call me when you get there.* Llámame cuando llegues.

where ADVERB
> see also **where** CONJUNCTION

dónde

> *Remember the accent on* **dónde** *in direct and indirect questions.*

⋄ *Where do you live?* ¿Dónde vives? ⋄ *Where are you from?* ¿De dónde eres? ⋄ *She asked me where I had bought it.* Me preguntó dónde lo había comprado.
* **Where are you going?** ¿Adónde vas?

where CONJUNCTION
> see also **where** ADVERB

donde ⋄ *a shop where you can buy coffee* una tienda donde se puede comprar café

whether CONJUNCTION
si ⋄ *I don't know whether to go or not.* No sé si ir o no.

which ADJECTIVE, PRONOUN
1 *cuál* (FEM *cuál*, PL *cuáles*)

> *Remember the accent on* **cuál** *and* **cuáles** *in direct and indirect questions.*

⋄ *I know his sister. – Which one?* Conozco a su hermana. – ¿A cuál? ⋄ *Which would you like?* ¿Cuál quieres? ⋄ *Of the five pairs, which were sold?* De los cinco pares, ¿cuáles se vendieron?

2 *qué*

> *Use* **qué** *(with an accent) before nouns.*

⋄ *Which flavour do you want?* ¿Qué sabor quieres?

3 *que* ⋄ *It's an illness which causes nerve damage.* Es una enfermedad que daña los nervios. ⋄ *This is the skirt which Daphne gave me.* Ésta es la falda que me dio Daphne. ⋄ *Our uniform, which is green, is quite nice.* Nuestro uniforme, que es verde, está bastante bien.

> *After a preposition* **que** *becomes* **el que, la que, los que, las que** *to agree with the noun.*

⋄ *That's the film which I was telling you about.* Ésa es la película de la que te hablaba.

4 *lo cual* ⋄ *The cooker isn't working, which is a nuisance.* La cocina no funciona, lo cual es un fastidio.

while CONJUNCTION
> see also **while** NOUN

1 *mientras* ⋄ *You hold the torch while I look inside.* Aguanta la linterna mientras yo miro por dentro.

2 *mientras que* ⋄ *Isobel is very dynamic, while Kay is more laid-back.* Isobel es muy dinámica, mientras que Kay es más tranquila.

while NOUN
> see also **while** CONJUNCTION

* **a while** un rato ⋄ *after a while* después de un rato
* **a while ago** hace un momento ⋄ *He was here a while ago.* Hace un momento estaba aquí.
* **for a while** durante un tiempo ⋄ *I lived in London for a while.* Viví en Londres durante un tiempo.
* **quite a while** mucho tiempo ⋄ *I haven't*

seen him for quite a while. Hace mucho tiempo que no lo veo.

whip NOUN

see also whip VERB

la *fusta* (for horse)

whip VERB

see also whip NOUN

[1] *fustigar** (animal)

[2] *azotar* (person)

[3] *batir* (eggs, cream)

whipped cream NOUN

la *nata montada*

whisk NOUN

el *batidor*

whiskers PL NOUN

los *bigotes* (of animal)

whisky NOUN

(PL **whiskies**)

el *whisky* (PL los *whiskys*)

whisper VERB

susurrar

whistle NOUN

see also whistle VERB

el *silbato* ◇ The referee blew his whistle. El árbitro tocó el silbato.

whistle VERB

see also whistle NOUN

[1] *pitar* (with a whistle)

[2] *silbar* (with mouth)

white ADJECTIVE

blanco ◇ He's got white hair. Tiene el cabello blanco.

- **white wine** el vino blanco
- **white bread** el pan blanco
- **white coffee** el café con leche
- **a white man** un hombre blanco
- **white people** los blancos

Whitsun NOUN

Pentecostés MASC

who PRONOUN

[1] *quién* (PL *quiénes*)

Remember the accent on **quién** and **quiénes** in direct and indirect questions.

◇ Who said that? ◇ Who is it? ¿Quién es? ◇ We don't know who broke the window. No sabemos quién rompió la ventana.

[2] *que* ◇ the people who know us las personas que nos conocen

After a preposition **que** becomes **el que, la que, los que, las que** to agree with the noun.

◇ the women who she was chatting with las mujeres con las que estaba hablando

Note that **a + el que** becomes **al que**.

◇ the boy who I gave it to el chico al que se lo di

whole ADJECTIVE

see also whole NOUN

entero ◇ the whole class la clase entera

◇ two whole days dos días enteros

- **the whole afternoon** toda la tarde
- **the whole world** todo el mundo

whole NOUN

see also whole ADJECTIVE

- **The whole of Wales was affected.** Todo Gales se vio afectado.
- **on the whole** en general

wholemeal ADJECTIVE

integral ◇ wholemeal bread pan integral

whom PRONOUN

[1] *quién* (PL *quiénes*)

Remember the accent on **quién** and **quiénes** in direct and indirect questions.

◇ With whom did you go? ¿Con quién fuiste?

◇ Whom did you call? ¿A quién llamaste?

[2] *quien* ◇ the man whom I saw el hombre a quien vi ◇ the woman to whom I spoke la mujer con quien hablé

whose ADJECTIVE

see also whose PRONOUN

[1] *de quién* (in questions) (PL *de quiénes*)

Remember the accent on **quién** and **quiénes** in direct and indirect questions.

◇ Whose books are these? ¿De quiénes son estos libros? ◇ Do you know whose jacket this is? ¿Sabes de quién es esta chaqueta?

[2] *cuyo* (relative) ◇ the girl whose picture was in the paper la muchacha cuya foto venía en el periódico ◇ a neighbour whose sons go to that school un vecino cuyos hijos van a ese colegio

whose PRONOUN

see also whose ADJECTIVE

de quién (PL *de quiénes*)

Remember the accent on **quién** and **quiénes** in direct and indirect questions.

◇ Whose is this? ¿De quién es esto? ◇ I know whose they are. Yo sé de quiénes son.

why ADVERB

por qué

Remember to write **por qué** as two words with an accent on **qué** when translating why.

◇ Why did you do that? ¿Por qué hiciste eso?

- **Why not?** ¿Por qué no?
- **That's why he did it.** Por eso lo hizo.

wicked ADJECTIVE

[1] *malvado* (evil)

[2] *sensacional* (really great)

wicket NOUN

los *palos* (stumps)

wide ADJECTIVE, ADVERB

ancho ◇ a wide road una carretera ancha

◇ How wide is the room? – It's five metres wide. ¿Cómo es de ancha la habitación? – Tiene cinco metros de ancho.

- **wide open** abierto de par en par ◇ The door was wide open. La puerta estaba abierta de par en par.
- **wide awake** completamente despierto

widow NOUN

la *viuda* ◇ She's a widow. Es viuda.

widower NOUN

el *viudo* ◇ He's a widower. Es viudo.

width NOUN

la *anchura*

wife NOUN

(PL **wives**)

la *esposa*

wig NOUN
la _peluca_

wild ADJECTIVE
1 _salvaje_ ◇ _a wild animal_ un animal salvaje
2 _silvestre_ ◇ _wild flowers_ flores silvestres
3 _loco_ ◇ _She's a bit wild._ Es un poco loca.

wildlife NOUN
la _flora y fauna_

will NOUN
see also will VERB
el _testamento_ (_document_)

will VERB
see also will NOUN

will _can often be translated by the present tense, as in the following examples._
◇ _Come on, I'll help you._ Venga, te ayudo.
◇ _We'll talk about it later._ Hablamos luego.
◇ _Will you help me?_ ¿Me ayudas?

Use **voy a, va a,** _etc + the infinitive to talk about plans and intentions._
◇ _What will you do?_ ¿Qué vas a hacer?
◇ _We'll be having lunch late._ Vamos a comer tarde.

Use the future tense when guessing what will happen or when making a supposition.
◇ _It won't take long._ No llevará mucho tiempo. ◇ _We'll probably go out later._ Seguramente saldremos luego. ◇ _I'll always love you._ Te querré siempre. ◇ _That will be the postman._ Será el cartero.

Use **querer** _for "to be willing" in emphatic requests, and invitations._
◇ _Tom won't help me._ Tom no me quiere ayudar. ◇ _Will you be quiet!_ ¿Te quieres callar? ◇ _Will you have some tea?_ ¿Quieres tomar un té?

willing ADJECTIVE
→ **to be willing to do something** estar* dispuesto a hacer algo

to **win** VERB
(won, won)
see also win NOUN
ganar ◇ _Did you win?_ ¿Ganaste? ◇ _to win a prize_ ganar un premio

win NOUN
see also win VERB
la _victoria_

to **wind** VERB
(wound, wound)
see also wind NOUN
enrollar (_rope, wire_)

wind NOUN
see also wind VERB
el _viento_
→ **a wind instrument** un instrumento de viento
→ **wind power** la energía eólica

windmill NOUN
el _molino de viento_

window NOUN
1 la _ventana_ (_of building_)
2 la _ventanilla_ (_in car, train_)
→ **a shop window** un escaparate

3 el _cristal_ (_window pane_) ◇ _to break a window_ romper* un cristal

windscreen NOUN
el _parabrisas_ (PL los _parabrisas_)

windscreen wiper NOUN
el _limpiaparabrisas_ (PL los _limpiaparabrisas_)

windshield NOUN US
el _parabrisas_ (PL los _parabrisas_)

windshield wiper NOUN US
el _limpiaparabrisas_ (PL los _limpiaparabrisas_)

windy ADJECTIVE
→ **a windy day** un día de viento
→ **Edinburgh's a very windy city.** En Edimburgo hace mucho viento.
→ **It's windy.** Hace viento.

wine NOUN
el _vino_ ◇ _white wine_ el vino blanco ◇ _red wine_ el vino tinto
→ **a wine bar** un bar especializado en vinos
→ **a wine glass** una copa de vino
→ **the wine list** la carta de vinos

wing NOUN
el _ala_ FEM
Although it's a feminine noun, remember that you use **el** _and_ **un** _with_ **ala.**

to **wink** VERB
→ **to wink at somebody** guiñar el ojo a alguien

winner NOUN
el _ganador_
la _ganadora_

winning ADJECTIVE
vencedor (FEM _vencedora_) ◇ _the winning team_ el equipo vencedor
→ **the winning goal** el gol de la victoria

winter NOUN
el _invierno_

winter sports PL NOUN
los _deportes de invierno_

to **wipe** VERB
limpiar
→ **to wipe one's feet** limpiarse los zapatos (_en el felpudo_)
→ **to wipe one's nose** limpiarse la nariz
→ **Did you wipe up that water you spilled?** ¿Recogiste el agua que derramaste?

wire NOUN
el _alambre_
→ **copper wire** el hilo de cobre
→ **the telephone wire** el cable del teléfono

wisdom tooth NOUN
(PL wisdom teeth)
la _muela del juicio_

wise ADJECTIVE
sabio

to **wish** VERB
see also wish NOUN
→ **to wish for something** desear algo ◇ _What more could you wish for?_ ¿Qué más podrías desear?
→ **to wish to do something** desear hacer algo
◇ _I wish to make a complaint._ Deseo hacer

una reclamación.
- **I wish you were here!** ¡Ojalá estuvieras aquí!
- **I wish you'd told me!** ¡Me lo podrías haber dicho!
- **to wish somebody happy birthday** desear a alguien un feliz cumpleaños

wish NOUN

(PL **wishes**)

see also wish VERB

el *deseo* ◇ *to make a wish* pedir* un deseo
- **"best wishes"** (*on birthday card*) "felicidades"
- **"with best wishes, Kathy"** "un abrazo, Kathy"

wit NOUN
el *ingenio*

with PREPOSITION

☐1 *con* ◇ *He walks with a stick.* Camina con un bastón. ◇ *Come with me.* Ven conmigo.

☐2 *de* ◇ *a woman with blue eyes* una mujer de ojos azules ◇ *green with envy* muerto de envidia ◇ *to shake with fear* temblar* de miedo ◇ *Fill the jug with water.* Llena la jarra de agua.
- **We stayed with friends.** Nos quedamos en casa de unos amigos.

within PREPOSITION

dentro de ◇ *I want it back within three days.* Quiero que me lo devuelvas dentro de tres días.
- **The police arrived within minutes.** La policía llegó a los pocos minutos.
- **The shops are within easy reach.** Las tiendas están cerca.

without PREPOSITION

sin ◇ *without a coat* sin abrigo ◇ *without speaking* sin hablar

witness NOUN

(PL **witnesses**)

el/la *testigo* ◇ *There were no witnesses.* No había testigos.

witty ADJECTIVE
ingenioso

wives PL NOUN *see* **wife**

woke up VERB *see* **wake up**

woken up VERB *see* **wake up**

wolf NOUN

(PL **wolves**)

el *lobo*

woman NOUN

(PL **women**)

la *mujer* ◇ *a woman doctor* una doctora

won VERB *see* **win**

to **wonder** VERB

preguntarse ◇ *I wonder why she said that.* Me pregunto por qué dijo eso.
- **I wonder where Caroline is.** ¿Dónde estará Caroline?

wonderful ADJECTIVE
maravilloso

won't = will not

wood NOUN

☐1 la *madera* ◇ *It's made of wood.* Es de madera.

☐2 la *leña* (*for fire*)

☐3 el *bosque* ◇ *We went for a walk in the wood.* Fuimos a pasear por el bosque.

wooden ADJECTIVE

de madera ◇ *a wooden chair* una silla de madera

woodwork NOUN
la *carpintería*

wool NOUN
la *lana* ◇ *It's made of wool.* Es de lana.

word NOUN
la *palabra*
- **What's the word for "shop" in Spanish?** ¿Cómo se dice "shop" en español?
- **in other words** en otras palabras
- **to have a word with somebody** hablar con alguien ◇ *Can I have a word with you?* ¿Puedo hablar contigo?
- **the words** la letra (*lyrics*)

word processing NOUN
el *procesamiento de textos*

word processor NOUN
el *procesador de textos*

wore VERB *see* **wear**

work NOUN

see also work VERB

el *trabajo* ◇ *She's looking for work.* Está buscando trabajo.
- **It's hard work.** Es duro.
- **at work** en el trabajo ◇ *He's at work until five o'clock.* Está en el trabajo hasta las cinco.
- **He's off work today.** Hoy tiene el día libre.
- **to be out of work** estar* sin trabajo

to **work** VERB

see also work NOUN

☐1 *trabajar* ◇ *She works in a shop.* Trabaja en una tienda. ◇ *to work hard* trabajar mucho

☐2 *funcionar* ◇ *The heating isn't working.* La calefacción no funciona. ◇ *My plan worked perfectly.* Mi plan funcionó a la perfección.

to **work out** VERB

☐1 *hacer* ejercicio* (*exercise*) ◇ *I work out twice a week.* Hago ejercicio dos veces a la semana.

☐2 *salir** (*turn out*) ◇ *I hope it will work out well.* Espero que salga bien.

☐3 *calcular* (*calculate*) ◇ *I worked it out in my head.* Lo calculé en mi cabeza.

☐4 *entender** (*understand*) ◇ *I just couldn't work it out.* No lograba entenderlo.
- **It works out at £10 each.** Sale a 10 libras esterlinas por persona.

worker NOUN
el *trabajador*
la *trabajadora*
 ◇ *She's a good worker.* Trabaja bien.

work experience NOUN
- **I'm going to do my work experience in a factory.** Voy a hacer las prácticas en una fábrica.

working-class ADJECTIVE
de clase obrera ◇ *a working-class family*

W

una familia de clase obrera

works NOUN
la *fábrica*

workshop NOUN
el *taller* ◇ *a drama workshop* un taller de teatro

workstation NOUN
la *terminal de trabajo*

world NOUN
el *mundo*
- **the world champion** el campeón mundial
- **the World Cup** la Copa del Mundo

worm NOUN
el *gusano*

worn VERB *see* **wear**

worn ADJECTIVE
gastado ◇ *The carpet is a bit worn.* La moqueta está un poco gastada.
- **worn out** agotado ◇ *We were worn out after the long walk.* Estábamos agotados después de andar tanto.

worried ADJECTIVE
preocupado ◇ *to be worried about something* estar* preocupado por algo ◇ *to look worried* parecer* preocupado

to **worry** VERB
(**worried, worried**)
preocuparse
- **Don't worry!** ¡No te preocupes!

worse ADJECTIVE, ADVERB
peor ◇ *It was even worse than mine.* Era incluso peor que el mío. ◇ *I'm feeling worse.* Me encuentro peor.

to **worship** VERB
adorar

worst ADJECTIVE
see also worst NOUN
peor ◇ *the worst student in the class* el peor alumno de la clase ◇ *my worst enemy* mi peor enemigo
- **Maths is my worst subject.** Las matemáticas es la asignatura que peor se me da.

worst NOUN
see also worst ADJECTIVE
- **The worst of it is that...** Lo peor es que...
- **at worst** en el peor de los casos
- **if the worst comes to the worst** en el peor de los casos

worth ADJECTIVE
- **to be worth** valer* ◇ *It's worth a lot of money.* Vale mucho dinero. ◇ *How much is it worth?* ¿Cuánto vale?
- **It's worth it.** Vale la pena.

would VERB
The conditional is often used to translate would + *verb.*
◇ *I said I would do it.* Dije que lo haría. ◇ *If you asked him he'd do it.* Si se lo pidieras, lo haría. ◇ *If you had asked him he would have done it.* Si se lo hubieras pedido, lo habría hecho.
When would you *is used to make requests, translate using* **poder** *in the present.*

◇ *Would you close the door please?* ¿Puedes cerrar la puerta, por favor?
- **I'd like... (1)** Me gustaría... ◇ *I'd like to go to China.* Me gustaría ir a China.
- **I'd like... (2)** Quería... ◇ *I'd like three tickets please.* Quería tres entradas.
- **Would you like a biscuit?** ¿Quieres una galleta? ◇ *Would you like me to iron your jeans for you?* ¿Quieres que te planche los pantalones?
Use the subjunctive after **querer que.**
- **Would you like to go to the cinema?** ¿Quieres ir al cine?

wouldn't = **would not**

wound NOUN
see also wound VERB
la *herida*

to **wound** VERB
see also wound NOUN
*herir** ◇ *He was wounded in the leg.* Fue herido en la pierna.

to **wrap** VERB
*envolver** ◇ *She's wrapping her Christmas presents.* Está envolviendo los regalos de Navidad. ◇ *Can you wrap it for me please?* ¿Me lo puede envolver en papel de regalo, por favor?

to **wrap up** VERB
[1] *envolver** (*parcel*)
[2] *abrigarse** (*put on warm clothes*)

wrapping paper NOUN
el *papel de regalo*

wreck NOUN
see also wreck VERB
el *cacharro* ◇ *That car is a wreck!* ¡Ese coche es un cacharro!
- **After the exams I was a complete wreck.** Después de los exámenes estaba hecho polvo.

to **wreck** VERB
see also wreck NOUN
[1] *destruir** ◇ *The explosion wrecked the whole house.* La explosión destruyó toda la casa.
[2] *destrozar** (*car*)
[3] *echar por tierra* ◇ *The bad weather wrecked our plans.* El mal tiempo echó por tierra nuestros planes.

wreckage NOUN
[1] los *restos* (*of vehicle*)
[2] las *ruinas* (*of buildings*)

wrestler NOUN
el *luchador*
la *luchadora*

wrestling NOUN
la *lucha libre*

wrinkled ADJECTIVE
arrugado

wrist NOUN
la *muñeca*

to **write** VERB
(**wrote, written**)
*escribir** ◇ *to write a letter* escribir* una carta

to **write down** VERB
anotar ◇ *I wrote down her address.* Anoté su dirección. ◇ *Can you write it down for me, please?* ¿Me lo puedes anotar, por favor?
writer NOUN
el *escritor*
la *escritora*
writing NOUN
la *letra* ◇ *I can't read your writing.* No entiendo tu letra.
◆ **in writing** por escrito
written VERB *see* **write**
wrong ADJECTIVE, ADVERB
[1] *incorrecto* ◇ *The information they gave us was wrong.* La información que nos dieron era incorrecta. ◇ *the wrong answer* la respuesta incorrecta
◆ **You've got the wrong number.** Se ha equivocado de número.
[2] *mal* ◇ *I think hunting is wrong.* Opino que está mal cazar. ◇ *You've done it wrong.* Lo has hecho mal.
◆ **to go wrong** (*plan*) ir* mal ◇ *The robbery went wrong and they got caught.* El atraco fue mal y los pillaron.
◆ **to be wrong** estar* equivocado ◇ *You're wrong about that.* En eso estás equivocado.
◆ **What's wrong?** ¿Qué pasa? ◇ *What's wrong with her?* ¿Qué le pasa?
wrote VERB *see* **write**

X

to **X-ray** VERB
hacer una radiografía de* ◇ *They X-rayed my arm.* Me hicieron una radiografía del brazo.

X-ray NOUN
la *radiografía* ◇ *I had an X-ray taken.* Me hicieron una radiografía.

Y

yacht NOUN
el *yate*
yard NOUN
[1] la *yarda*
In Spain measurements are in metres and centimetres rather than feet and inches. A yard is about 90 centimetres.
[2] el *patio* (*of school, house*)
to **yawn** VERB
*bostezar**
year NOUN
el *año* ◇ *last year* el año pasado
◆ **to be 15 years old** tener* 15 años
◆ **an eight-year-old child** un niño de ocho años
◆ **She's in the fifth year.** Está en quinto.
to **yell** VERB
gritar
yellow ADJECTIVE
amarillo
yes ADVERB
sí ◇ *Do you like it? – Yes.* ¿Te gusta? – Sí
yesterday ADVERB
ayer ◇ *yesterday morning* ayer por la mañana ◇ *all day yesterday* todo el día de ayer
yet ADVERB
todavía ◇ *Have you eaten? – Not yet.* ¿Ya has comido? – Todavía no. ◇ *It's not finished yet.* Todavía no está terminado. ◇ *There's no news as yet.* Todavía no se tienen noticias.
◆ **Have you finished yet?** ¿Has terminado ya?
yob NOUN
el *gamberro*
yoghurt NOUN
el *yogur*
yolk NOUN
la *yema*
you PRONOUN
There are formal and informal ways of saying you *in Spanish. As you look down the entry, choose the informal options if talking to people your own age or that you know well. Otherwise use the formal options. Note that subject pronouns are used less in Spanish – for emphasis and in comparisons.*
[1] *tú* (*informal: 1 person*) ◇ *What do YOU think about it?* ¿Y tú qué piensas? ◇ *She's younger than you.* Es más joven que tú.
◆ **You don't understand me.** No me entiendes.
[2] *vosotros* MASC PL
vosotras FEM PL (*informal: 2 or more people*) ◇ *You've got kids but we haven't.* Vosotros tenéis hijos pero nosotros no. ◇ *They're younger than you.* Son más jóvenes que vosotros. ◇ *I'd like to speak to you.* (*ie all female*) Quiero hablar con vosotras.
◆ **How are you?** ¿Qué tal estáis?
[3] *usted* (*formal: 1 person*) ◇ *They're younger than you.* Son más jóvenes que

W
X
Y

usted. ◇ *This is for you.* Esto es para usted.
+ **How are you?** ¿Cómo está?
    4 *ustedes* *(formal: 2 or more people)*
    ustedes is always used in Latin America instead of vosotros.
    ◇ *They're younger than you.* Son más jóvenes que ustedes. ◇ *This is for you.* Esto es para ustedes.
+ **How are you?** ¿Cómo están?
    When you means "one" or "people" in general, the impersonal se is often used.
    ◇ *I doubt it, but you never know.* Lo dudo, pero nunca se sabe.
    When you is the object of the sentence, you have to use different forms from the ones above. See translations 5 to 10 below.
    5 *te* *(informal: 1 person)* ◇ *I love you.* Te quiero. ◇ *Shall I give it to you?* ¿Te lo doy?
+ **This is for you.** Esto es para ti.
+ **Can I go with you?** ¿Puedo ir contigo?
    6 *os* *(informal: 2 or more people:)* ◇ *I saw you.* Os vi. ◇ *I gave you the keys.* Os di las llaves.
+ **I gave them to you.** Os los di.
    7 *lo* MASC SING
    la FEM SING *(formal: 1 person – direct object)*
    ◇ *May I help you?* ¿Puedo ayudarlo? ◇ *I saw you, Mrs Jones.* La vi, señora Jones.
    8 *le* *(formal: 1 person – indirect object)*
    Change le to se before another object pronoun.
    ◇ *I gave you the keys.* Le di las llaves.
+ **I gave them to you.** Se las di.
    9 *los* MASC PL
    las FEM PL *(formal: 2 or more people – direct object)*
    ◇ *May I help you?* ¿Puedo ayudarlos?
    10 *les* PL *(formal: 2 or more people – indirect object)*
    Change les to se before another object pronoun.
    ◇ *I gave you the keys.* Les di las llaves.
+ **I gave them to you.** Se las di.

young ADJECTIVE
joven (FEM *joven*, PL *jóvenes*)
+ **young people** los jóvenes
+ **He's younger than me.** Es menor que yo.
+ **my youngest brother** mi hermano pequeño

your ADJECTIVE
Use tu and vuestro/vuestra etc with people your own age or that you know well, and su/sus otherwise.
    1 *tu* *(informal: 1 person)* (PL *tus*)
    Remember there's no accent on tu meaning "your".
    ◇ *your house* tu casa ◇ *your books* tus libros ◇ *your sisters* tus hermanas
    2 *vuestro* *(informal: 2 or more people)*
    Remember to make vuestro agree with the person or thing it describes.
    ◇ *your dog* vuestro perro ◇ *These are your keys.* Éstas son vuestras llaves.
    3 *su* *(formal)* (PL *sus*)
    Use su when talking to one person or to a group of people. su is used in Latin America instead of vuestro.
    ◇ *Can I see your passport, sir?* ¿Me enseña

su pasaporte, señor? ◇ *your wife* su mujer
    ◇ *your uncle and aunt* sus tíos
    Use el, la, los, las as appropriate with parts of the body and to translate your refering to people in general.
    ◇ *Have you washed your hair?* ¿Te has lavado el pelo? ◇ *Would you like to wash your hands?* ¿Queréis lavaros las manos?
+ **It's bad for your health.** Es malo para la salud.

yours PRONOUN
Use tuyo/tuya etc and vuestro/vuestra etc with people your own age or that you know well, and su/ sus otherwise.
    1 *tuyo* *(informal: 1 person)*
    Remember to make tuyo agree with the person or thing it describes.
    ◇ *That's yours.* Eso es tuyo. ◇ *Is that box yours?* ¿Ésa caja es tuya?
    Add the definite article when yours means "your one" or "your ones".
+ **I've lost my pen. Can I use yours?** He perdido el bolígrafo. ¿Puedo usar el tuyo?
+ **These are my keys and those are yours.** Éstas son mis llaves y ésas son las tuyas.
    2 *vuestro* *(informal: 2 or more people)*
    Remember to make vuestro agree with the person or thing it describes.
    ◇ *That's yours.* Eso es vuestro.
    Add the definite article when yours means "your one" or "your ones".
+ **These are my keys and those are yours.** Éstas son mis llaves y ésas son las vuestras.
    3 *suyo* *(formal)*
    Use suyo in more formal situations with one person or a group of people, and remember to make it agree with the person or thing it describes. suyo is always used instead of vuestro in Latin America.
    ◇ *That's yours.* Eso es suyo.
    Add the definite article when yours means "your one" or "your ones".
+ **I've lost my pen. Can I use yours?** He perdido el bolígrafo. ¿Puedo usar el suyo?
+ **These are my keys and those are yours.** Éstas son mis llaves y ésas son las suyas.
+ **Yours sincerely...** Le saluda atentamente...

yourself PRONOUN
Use te, tú mismo and ti mismo when you are talking to someone of your own age or that you know well and se and usted mismo otherwise.
    1 *te* *(reflexive)* ◇ *Have you hurt yourself?* ¿Te has hecho daño?
    2 *tú mismo* *(for emphasis)* (FEM *tú misma*)
    ◇ *Do it yourself!* ¡Hazlo tú mismo!
    3 *ti mismo* *(after a preposition)* (FEM *ti misma*) ◇ *You did it for yourself.* Lo hiciste para ti mismo.
    4 *se* *(reflexive)* ◇ *Have you hurt yourself?* ¿Se ha hecho daño?
    5 *usted mismo* *(after a preposition, for emphasis)* (FEM *usted misma*) ◇ *You did it for yourself.* Lo hizo para usted mismo. ◇ *Do*

it yourself! ¡Hágalo usted mismo!

yourselves PRONOUN

> In Spain use **os** and **vosotros mismos** when talking to people your own age or that you know well, and **se** or **ustedes mismos** otherwise. In Latin America **se** and **ustedes mismos** replace both **os** and **vosotros mismos**.

1 *os* (reflexive) ◇ Did you enjoy yourselves? ¿Os divertisteis?

2 *vosotros mismos* (after a preposition, for emphasis) (FEM *vosotras mismas*) ◇ Did you make it yourselves? ¿Lo habéis hecho vosotros mismos?

3 *se* (reflexive) ◇ Did you enjoy yourselves? ¿Se divirtieron?

4 *ustedes mismos* (after a preposition, for emphasis) (FEM *ustedes mismas*) ◇ Did you make it yourselves? ¿Lo han hecho ustedes mismos?

youth club NOUN
el *club juvenil* (PL los *clubs juveniles*)

youth hostel NOUN
el *albergue juvenil*

Yugoslavia NOUN
Yugoslavia FEM ◇ in the former Yugoslavia en la antigua Yugoslavia

Z

zany ADJECTIVE
estrafalario

zebra NOUN
la *cebra*

zebra crossing NOUN
el *paso de cebra*

zero NOUN
(PL **zeros** or **zeroes**)
el *cero*

Zimbabwe NOUN
Zimbabue MASC

Zimmer frame ® NOUN
el *andador ortopédico*

zip NOUN
la *cremallera*

zip code NOUN US

el *código postal*

zit NOUN
el *grano*

zodiac NOUN
el *zodíaco* ◇ the signs of the zodiac los signos del zodíaco

zone NOUN
la *zona*

zoo NOUN
el *zoo*

zoom lens NOUN
(PL **zoom lenses**)
el *zoom*

zucchini NOUN US
(PL **zucchini** or **zucchinis**)
el *calabacín* (PL los *calabacines*)

Y
Z

La pronunciación del inglés

A	eɪ	**acknowledgement**		**advertise**	ˈædvətaɪz
a	eɪ, ə		ək'nɔlɪdʒmənt	**advertisement**	əd'vəːtɪsmənt
abandon	ə'bændən	**acne**	'æknɪ	**advertising**	'ædvətaɪzɪŋ
abbey	'æbɪ	**acquaintance**	ə'kweɪntəns	**advice**	əd'vaɪs
abbreviate	ə'briːvɪeɪt	**acquire**	ə'kwaɪər	**advise**	əd'vaɪz
abbreviation	əbriːvɪ'eɪʃən	**acquit**	ə'kwɪt	**aerial**	'eərɪəl
ability	ə'bɪlɪtɪ	**acre**	'eɪkər	**aerobics**	eə'rəubɪks
able	'eɪbl	**acrobat**	'ækrəbæt	**aeroplane**	'eərəpleɪn
abolish	ə'bɔlɪʃ	**across**	ə'krɔs	**aerosol**	'eərəsɔl
abominable	ə'bɔmɪnəbl	**act**	ækt	**affair**	ə'feər
abort	ə'bɔːt	**action**	'ækʃən	**affect**	ə'fɛkt
abortion	ə'bɔːʃən	**active**	'æktɪv	**affection**	ə'fɛkʃən
about	ə'baut	**activity**	æk'tɪvɪtɪ	**affectionate**	ə'fɛkʃənɪt
above	ə'bʌv	**actor**	'æktər	**afford**	ə'fɔːd
abroad	ə'brɔːd	**actress**	'æktrɪs	**afraid**	ə'freɪd
abrupt	ə'brʌpt	**actual**	'æktjuəl	**Africa**	'æfrɪkə
abruptly	ə'brʌptlɪ	**actually**	'æktjuəlɪ	**African**	'æfrɪkən
absence	'æbsəns	**AD**	eɪ'diː	**after**	'ɑːftər
absent	'æbsənt	**ad**	æd	**afternoon**	'ɑːftə'nuːn
absent-minded	'æbsənt'maɪndɪd	**adapt**	ə'dæpt	**afters**	'ɑːftəz
absolute	'æbsəluːt	**adaptor**	ə'dæptər	**aftershave**	'ɑːftəʃeɪv
absolutely	æbsə'luːtlɪ	**add**	æd	**afterwards**	'ɑːftəwədz
absorbed	əb'zɔːbd	**added**	'ædɪd	**again**	ə'gen
abstract	'æbstrækt	**addict**	'ædɪkt	**against**	ə'genst
absurd	əb'səːd	**addicted**	ə'dɪktɪd	**age**	eɪdʒ
abuse	ə'bjuːs	**addition**	ə'dɪʃən	**aged**	eɪdʒd
abusive	ə'bjuːsɪv	**additional**	ə'dɪʃənl	**agency**	'eɪdʒənsɪ
academic	ækə'demɪk	**address**	ə'dres	**agenda**	ə'dʒendə
academy	ə'kædəmɪ	**adenoids**	'ædɪnɔɪdz	**agent**	'eɪdʒənt
accelerate	æk'seləreɪt	**adequate**	'ædɪkwɪt	**Ages**	'eɪdʒɪz
accelerator	æk'seləreɪtər	**adhesive**	əd'hiːzɪv	**aggressive**	ə'gresɪv
accent	'æksent	**adjacent**	ə'dʒeɪsənt	**agile**	'ædʒaɪl
accept	ək'sept	**adjective**	'ædʒektɪv	**ago**	ə'gəu
acceptable	ək'septəbl	**adjourn**	ə'dʒəːn	**agony**	'ægənɪ
access	'ækses	**adjust**	ə'dʒʌst	**agree**	ə'griː
accessible	æk'sesəbl	**adjustable**	ə'dʒʌstəbl	**agreed**	ə'griːd
accessory	æk'sesərɪ	**administration**	ədmɪnɪs'treɪʃən	**agreement**	ə'griːmənt
accident	'æksɪdənt	**administrative**	əd'mɪnɪstrətɪv	**agricultural**	ægrɪ'kʌltʃərəl
accidental	æksɪ'dentl	**admiral**	'ædmərəl	**agriculture**	'ægrɪkʌltʃər
accommodate	ə'kɔmədeɪt	**admiration**	ædmə'reɪʃən	**ahead**	ə'hed
accommodation	əkɔmə'deɪʃən	**admire**	əd'maɪər	**aid**	eɪd
accompany	ə'kʌmpənɪ	**admission**	əd'mɪʃən	**AIDS**	eɪdz
accord	ə'kɔːd	**admit**	əd'mɪt	**aim**	eɪm
according	ə'kɔːdɪŋ	**admonition**	ædmə'nɪʃən	**air**	eər
accordingly	ə'kɔːdɪŋlɪ	**adolescence**	ædəu'lesns	**air-conditioned**	'eəkən'dɪʃənd
account	ə'kaunt	**adolescent**	ædəu'lesnt	**airfield**	'eəfiːld
accountable	ə'kauntəbl	**adopt**	ə'dɔpt	**airline**	'eəlaɪn
accountancy	ə'kauntənsɪ	**adopted**	ə'dɔptɪd	**airmail**	'eəmeɪl
accountant	ə'kauntənt	**adoption**	ə'dɔpʃən	**airport**	'eəpɔːt
accuracy	'ækjurəsɪ	**adoptive**	ə'dɔptɪv	**aisle**	aɪl
accurate	'ækjurɪt	**adore**	ə'dɔːr	**alarm**	ə'lɑːm
accurately	'ækjurɪtlɪ	**Adriatic**	eɪdrɪ'ætɪk	**alarming**	ə'lɑːmɪŋ
accusation	ækju'zeɪʃən	**adult**	'ædʌlt	**album**	'ælbəm
accusative	ə'kjuːzətɪv	**advance**	əd'vɑːns	**alcohol**	'ælkəhɔl
accuse	ə'kjuːz	**advanced**	əd'vɑːnst	**alcoholic**	ælkə'hɔlɪk
ace	eɪs	**advantage**	əd'vɑːntɪdʒ	**alert**	ə'ləːt
ache	eɪk	**Advent**	'ædvənt	**algebra**	'ældʒɪbrə
achieve	ə'tʃiːv	**adventure**	əd'ventʃər	**alike**	ə'laɪk
achievement	ə'tʃiːvmənt	**adverb**	'ædvəːb	**alive**	ə'laɪv
acid	'æsɪd	**advert**	'ædvəːt	**all**	ɔːl

all-day	ɔːlˈdeɪ	ancient	ˈeɪnʃənt	appointment	əˈpɔɪntmənt
alleged	əˈledʒd	and	ænd	appreciate	əˈpriːʃɪeɪt
allegedly	əˈledʒɪdlɪ	angel	ˈeɪndʒəl	appreciation	əpriːʃɪˈeɪʃən
allergic	əˈlɜːdʒɪk	anger	ˈæŋɡər	appreciative	əˈpriːʃɪətɪv
allergy	ˈælədʒɪ	angle	ˈæŋgl	apprentice	əˈprentɪs
alley	ˈælɪ	angler	ˈæŋglər	apprenticeship	əˈprentɪsʃɪp
allow	əˈlaʊ	angling	ˈæŋglɪŋ	approach	əˈprəʊtʃ
allowed	əˈlaʊd	angry	ˈæŋgrɪ	appropriate	əˈprəʊprɪɪt
almond	ˈɑːmənd	anguish	ˈæŋgwɪʃ	approval	əˈpruːvəl
almost	ˈɔːlməʊst	animal	ˈænɪməl	approve	əˈpruːv
alone	əˈləʊn	ankle	ˈæŋkl	approximate	əˈprɒksɪmɪt
along	əˈlɒŋ	anniversary	ænɪˈvɜːsərɪ	apricot	ˈeɪprɪkɒt
alongside	əˈlɒŋˈsaɪd	announce	əˈnaʊns	April	ˈeɪprəl
aloud	əˈlaʊd	announcement	əˈnaʊnsmənt	apron	ˈeɪprən
alphabet	ˈælfəbɛt	annoy	əˈnɔɪ	Aquarius	əˈkwɛərɪəs
alphabetical	ælfəˈbetɪkl	annoying	əˈnɔɪɪŋ	Arab	ˈærəb
alpine	ˈælpaɪn	annual	ˈænjʊəl	Arabia	əˈreɪbɪə
already	ɔːlˈredɪ	anorak	ˈænəræk	Arabic	ˈærəbɪk
Alsatian	ælˈseɪʃən	another	əˈnʌðər	arcade	ɑːˈkeɪd
also	ˈɔːlsəʊ	answer	ˈɑːnsər	arch	ɑːtʃ
altar	ˈɔːltər	answering	ˈɑːnsərɪŋ	archaeologist	ɑːkɪˈɒlədʒɪst
alter	ˈɔːltər	ant	ænt	archaeology	ɑːkɪˈɒlədʒɪ
alteration	ɔːltəˈreɪʃən	Antarctic	æntˈɑːktɪk	archbishop	ɑːtʃˈbɪʃəp
alternate	ɒlˈtɜːnɪt	anthem	ˈænθəm	architect	ˈɑːkɪtekt
alternative	ɒlˈtɜːnətɪv	anti-	ˈæntɪ	architecture	ˈɑːkɪtektʃər
alternatively	ɒlˈtɜːnətɪvlɪ	anti-authoritarian		Arctic	ˈɑːktɪk
although	ɔːlˈðəʊ		ˈæntɪɔːˈθɒrɪˈtɛərɪən	are	ɑːr
altogether	ɔːltəˈgeðər	antibiotic	ˈæntɪbaɪˈɒtɪk	area	ˈɛərɪə
aluminium	æljuˈmɪnɪəm	anticipate	ænˈtɪsɪpeɪt	Argentina	ɑːdʒənˈtiːnə
always	ˈɔːlweɪz	antidote	ˈæntɪdəʊt	Argentinian	ɑːdʒənˈtɪnɪən
Alzheimer's	ˈæltshaɪməz	antique	ænˈtiːk	argue	ˈɑːgjuː
a.m.	eɪˈem	antiseptic	æntɪˈseptɪk	argument	ˈɑːgjumənt
am	æm	anxious	ˈæŋkʃəs	Aries	ˈɛərɪz
amateur	ˈæmətər	any	ˈenɪ	arithmetic	əˈrɪθmətɪk
amaze	əˈmeɪz	anybody	ˈenɪbɒdɪ	arm	ɑːm
amazement	əˈmeɪzmənt	anyhow	ˈenɪhaʊ	armaments	ˈɑːməmənts
amazing	əˈmeɪzɪŋ	anyone	ˈenɪwʌn	armchair	ˈɑːmtʃeər
ambassador	æmˈbæsədər	anything	ˈenɪθɪŋ	Armed	ɑːmd
amber	ˈæmbər	anyway	ˈenɪweɪ	armour	ˈɑːmər
ambiguous	æmˈbɪgjuəs	anywhere	ˈenɪwɛər	army	ˈɑːmɪ
ambition	æmˈbɪʃən	apart	əˈpɑːt	around	əˈraʊnd
ambitious	æmˈbɪʃəs	apartment	əˈpɑːtmənt	arrange	əˈreɪndʒ
ambulance	ˈæmbjuləns	apologize	əˈpɒlədʒaɪz	arrangement	əˈreɪndʒmənt
amenities	əˈmiːnɪtɪz	apology	əˈpɒlədʒɪ	arrest	əˈrest
America	əˈmerɪkə	apostrophe	əˈpɒstrəfɪ	arrival	əˈraɪvl
American	əˈmerɪkən	apparatus	æpəˈreɪtəs	arrive	əˈraɪv
ammunition	æmjuˈnɪʃən	apparent	əˈpærənt	arrogant	ˈærəgənt
among	əˈmʌŋ	apparently	əˈpærəntlɪ	arrow	ˈærəʊ
amount	əˈmaʊnt	appeal	əˈpiːl	art	ɑːt
amp	æmp	appear	əˈpɪər	artery	ˈɑːtərɪ
amplifier	ˈæmplɪfaɪər	appearance	əˈpɪərəns	article	ˈɑːtɪkl
amuse	əˈmjuːz	appendicitis	əpendɪˈsaɪtɪs	artificial	ɑːtɪˈfɪʃəl
amusement	əˈmjuːzmənt	appendix	əˈpendɪks	artist	ˈɑːtɪst
amusing	əˈmjuːzɪŋ	appetite	ˈæpɪtaɪt	artistic	ɑːˈtɪstɪk
an	æn, ən	applaud	əˈplɔːd	as	æz, əz
anaesthetic	ænɪsˈθetɪk	applause	əˈplɔːz	asap	eɪeseɪˈpiː
anaesthetize	æˈniːsθətaɪz	apple	ˈæpl	ash	æʃ
analyse	ˈænəlaɪz	appliance	əˈplaɪəns	ashamed	əˈʃeɪmd
analysis	əˈnæləsɪs	applicant	ˈæplɪkənt	ash-blond	ˈæʃblɒnd
ancestor	ˈænsɪstər	application	æplɪˈkeɪʃən	ashtray	ˈæʃtreɪ
anchor	ˈæŋkər	apply	əˈplaɪ	Asia	ˈeɪʃə
anchovy	ˈæntʃəvɪ	appoint	əˈpɔɪnt	Asian	ˈeɪʃən

aside	ə'saɪd	Australian	ɔs'treɪlɪən	balance	'bæləns
ask	ɑːsk	Austria	'ɔstrɪə	balanced	'bælənst
asleep	ə'sliːp	Austrian	'ɔstrɪən	balcony	'bælkənɪ
asparagus	əs'pærəgəs	author	'ɔːθər	bald	bɔːld
aspect	'æspekt	authoritarian	ɔːθɔrɪ'teərɪən	ball	bɔːl
aspirin	'æsprɪn	authority	ɔː'θɔrɪtɪ	ballet	'bæleɪ
assault	ə'sɔːlt	autobiography	ɔːtəbaɪ'ɔgrəfɪ	balloon	bə'luːn
assemble	ə'sembl	autograph	'ɔːtəgrɑːf	ballpoint	'bɔːlpɔɪnt
assembly	ə'semblɪ	automatic	ɔːtə'mætɪk	ballroom dancing	
assess	ə'ses	automatically	ɔːtə'mætɪklɪ		'bɔːlrum'dɑːnsɪŋ
asset	'æset	autumn	'ɔːtəm	bamboo	bæm'buː
assignment	ə'saɪnmənt	autumnal	ɔː'tʌmnəl	ban	bæn
assistance	ə'sɪstəns	availability	əveɪlə'bɪlɪtɪ	banana	bə'nɑːnə
assistant	ə'sɪstənt	available	ə'veɪləbl	band	bænd
association	əsəʊsɪ'eɪʃən	avalanche	'ævəlɑːnʃ	bandage	'bændɪdʒ
assortment	ə'sɔːtmənt	avenue	'ævənjuː	Band-Aid	'bændeɪd
assume	ə'sjuːm	average	'ævərɪdʒ	bandit	'bændɪt
assure	ə'ʃuər	avocado	ævə'kɑːdəʊ	bang	bæŋ
asthma	'æsmə	avoid	ə'vɔɪd	banger	'bæŋər
astonish	ə'stɔnɪʃ	awake	ə'weɪk	bangs	bæŋz
astonished	ə'stɔnɪʃt	award	ə'wɔːd	bank	bæŋk
astonishing	ə'stɔnɪʃɪŋ	away	ə'weɪ	banker	'bæŋkər
astrology	əs'trɔlədʒɪ	awful	'ɔːfəl	banknote	'bæŋknəʊt
astronaut	'æstrənɔːt	awfully	'ɔːfəlɪ	bankrupt	'bæŋkrʌpt
astronomy	əs'trɔnəmɪ	awkward	'ɔːkwəd	bankruptcy	'bæŋkrʌptsɪ
asylum	ə'saɪləm	axe	æks	banned	bænd
at	æt	BA	biː'eɪ	bar	bɑːr
ate	eɪt	baby	'beɪbɪ	barbaric	bɑː'bærɪk
Athens	'æθɪnz	babysit	'beɪbɪsɪt	barbecue	'bɑːbɪkjuː
athlete	'æθliːt	babysitter	'beɪbɪsɪtər	barbed	bɑːbd
athletic	æθ'letɪk	babysitting	'beɪbɪsɪtɪŋ	barber	'bɑːbər
athletics	æθ'letɪks	bachelor	'bætʃələr	bare	beər
Atlantic	ət'læntɪk	back	bæk	barefoot	'beəfut
atlas	'ætləs	backache	'bækeɪk	bargain	'bɑːgɪn
atmosphere	'ætməsfɪər	backbone	'bækbəʊn	barge	bɑːdʒ
atmospheric	ætməs'ferɪk	backcomb	'bækkəʊm	bark	bɑːk
atom	'ætəm	backfire	bæk'faɪər	barley	'bɑːlɪ
atomic	ə'tɔmɪk	background	'bækgraʊnd	barmaid	'bɑːmeɪd
atomizer	'ætəmaɪzər	backhand	'bækhænd	barman	'bɑːmən
attach	ə'tætʃ	backing	'bækɪŋ	barn	bɑːn
attached	ə'tætʃt	backpack	'bækpæk	barracks	'bærəks
attack	ə'tæk	back-pedal	'bækpedl	barrel	'bærəl
attempt	ə'tempt	backside	'bæksaɪd	barrier	'bærɪər
attend	ə'tend	backstroke	'bækstrəʊk	bartender	'bɑːtendər
attention	ə'tenʃən	backup	'bækʌp	base	beɪs
attentive	ə'tentɪv	backwards	'bækwədz	baseball	'beɪsbɔːl
attic	'ætɪk	bacon	'beɪkən	based	beɪst
attitude	'ætɪtjuːd	bad	bæd	basement	'beɪsmənt
attorney	ə'tɜːnɪ	badge	bædʒ	bash	bæʃ
attract	ə'trækt	badly	'bædlɪ	basic	'beɪsɪk
attraction	ə'trækʃən	badminton	'bædmɪntən	basically	'beɪsɪklɪ
attractive	ə'træktɪv	bad-tempered	'bæd'tempəd	basics	'beɪsɪks
aubergine	'əʊbəʒiːn	baffle	'bæfl	*basil	'bæzl
auction	'ɔːkʃən	bag	bæg	basin	'beɪsn
audible	'ɔːdɪbl	baggage	'bægɪdʒ	basis	'beɪsɪs
audience	'ɔːdɪəns	baggy	'bægɪ	basket	'bɑːskɪt
audition	ɔː'dɪʃən	bagpipes	'bægpaɪps	basketball	'bɑːskɪtbɔːl
August	'ɔːgəst	bake	beɪk	bass	beɪs
aunt	ɑːnt	baker	'beɪkər	bassoon	bə'suːn
aunty	'ɑːntɪ	baker's	'beɪkəz	bastard	'bɑːstəd
au pair	'əʊ'peər	bakery	'beɪkərɪ	bat	bæt
Australia	ɔs'treɪlɪə	baking	'beɪkɪŋ	bath	bɑːθ

Word	Phonetic	Word	Phonetic	Word	Phonetic
bathe	beɪð	Belgian	'bɛldʒən	bitch	bɪtʃ
bathing	'beɪðɪŋ	Belgium	'bɛldʒəm	bite	baɪt
bathroom	'bɑːθrum	believe	bɪ'liːv	bitter	'bɪtər
baths	bɑːðz	bell	bel	black	blæk
batter	'bætər	belly	'belɪ	blackberry	'blækbərɪ
battery	'bætərɪ	belong	bɪ'lɒŋ	blackbird	'blækbɜːd
battle	'bætl	belongings	bɪ'lɒŋɪŋz	blackboard	'blækbɔːd
battlefield	'bætlfiːld	below	bɪ'ləu	blackcurrant	'blæk'kʌrənt
battleship	'bætlʃɪp	belt	belt	blackhead	'blækhed
bay	beɪ	beltway	'beltweɪ	blackmail	'blækmeɪl
BC	biː'siː	bench	bentʃ	blackout	'blækaut
be	biː	bend	bend	blacksmith	'blæksmɪθ
beach	biːtʃ	beneath	bɪ'niːθ	bladder	'blædər
bead	biːd	benefit	'benɪfɪt	blade	bleɪd
beak	biːk	bent	bent	blame	bleɪm
beam	biːm	beret	'bereɪ	blancmange	blə'mɒnʒ
bean	biːn	berry	'berɪ	blank	blæŋk
beans	biːnz	berserk	bə'sɜːk	blanket	'blæŋkɪt
bear	beər	berth	bɜːθ	blast	blɑːst
bearable	'beərəbl	beside	bɪ'saɪd	blaster	'blɑːstər
beard	bɪəd	besides	bɪ'saɪdz	blatant	'bleɪtənt
bearded	'bɪədɪd	best	best	blaze	bleɪz
bearings	'beərɪŋz	bet	bet	blazer	'bleɪzər
beat	biːt	betray	bɪ'treɪ	bleach	bliːtʃ
beautiful	'bjuːtɪful	better	'betər	bleached	'bliːtʃt
beautifully	'bjuːtɪflɪ	betting	'betɪŋ	bleak	bliːk
beauty	'bjuːtɪ	between	bɪ'twiːn	bleed	bliːd
became	bɪ'keɪm	beware	bɪ'weər	bleeper	'bliːpər
because	bɪ'kɒz	bewildered	bɪ'wɪldəd	blender	'blendər
become	bɪ'kʌm	beyond	bɪ'jɒnd	bless	bles
bed	bed	biased	'baɪəst	blessing	'blesɪŋ
bedclothes	'bedkləuðz	Bible	'baɪbl	blew	bluː
bedding	'bedɪŋ	bicycle	'baɪsɪkl	blind	blaɪnd
bedroom	'bedrum	bid	bɪd	blindfold	'blaɪndfəuld
bedspread	'bedspred	bifocals	baɪ'fəuklz	blink	blɪŋk
bedsit	'bedsɪt	big	bɪg	bliss	blɪs
bedtime	'bedtaɪm	bigheaded	'bɪg'hedɪd	blissful	'blɪsful
bee	biː	bike	baɪk	blister	'blɪstər
beech	biːtʃ	bikini	bɪ'kiːnɪ	blizzard	'blɪzəd
beef	biːf	bilingual	baɪ'lɪŋgwəl	blob	blɒb
beefburger	'biːfbɜːgər	bill	bɪl	block	blɒk
been	biːn	billiards	'bɪljədz	blockage	'blɒkɪdʒ
beer	bɪər	billion	'bɪljən	bloke	bləuk
beet	biːt	bin	bɪn	blond	blɒnd
beetle	'biːtl	binder	'baɪndər	blonde	blɒnd
beetroot	'biːtruːt	bindings	'baɪndɪŋz	blood	blʌd
before	bɪ'fɔːr	bingo	'bɪŋgəu	bloody	'blʌdɪ
beforehand	bɪ'fɔːhænd	binoculars	bɪ'nɒkjuləz	bloom	bluːm
beg	beg	biochemistry	baɪə'kemɪstrɪ	blossom	'blɒsəm
began	bɪ'gæn	biography	baɪ'ɒgrəfɪ	blouse	blauz
beggar	'begər	biological	baɪə'lɒdʒɪkl	blow	bləu
begin	bɪ'gɪn	biology	baɪ'ɒlədʒɪ	blow-dry	'bləudraɪ
beginner	bɪ'gɪnər	birch	bɜːtʃ	blown	bləun
beginning	bɪ'gɪnɪŋ	bird	bɜːd	blue	bluː
begun	bɪ'gʌn	birdwatching	'bɜːdwɒtʃɪŋ	blueberry	'bluːbərɪ
behalf	bɪ'hɑːf	Biro	'baɪərəu	blues	bluːz
behave	bɪ'heɪv	birth	bɜːθ	bluff	blʌf
behaviour	bɪ'heɪvjər	birthday	'bɜːθdeɪ	blunder	'blʌndər
behind	bɪ'haɪnd	birthplace	'bɜːθpleɪs	blunt	blʌnt
beige	beɪʒ	biscuit	'bɪskɪt	blurred	blɜːd
being	'biːɪŋ	bishop	'bɪʃəp	blush	blʌʃ
belch	beltʃ	bit	bɪt	board	bɔːd

boarder	'bɔːdəʳ	bowler	'bəuləʳ	broad	brɔːd
boarding	'bɔːdɪŋ	bowling	'bəulɪŋ	broadcast	'brɔːdkɑːst
boast	bəust	bowls	bəulz	broadcasting	'brɔːdkɑːstɪŋ
boat	bəut	box	bɔks	broad-minded	'brɔːd'maɪndɪ
body	'bɔdɪ	boxer	'bɔksəʳ	broccoli	'brɔkəlɪ
bodybuilding	'bɔdɪ'bɪldɪŋ	boxing	'bɔksɪŋ	brochure	'brəuʃjuəʳ
bodyguard	'bɔdɪgɑːd	boy	bɔɪ	broil	brɔɪl
bog	bɔg	boyfriend	'bɔɪfrend	broke	brəuk
boil	bɔɪl	bra	brɑː	broken	'brəukn
boiled	bɔɪld	brace	breɪs	bronchitis	brɔŋ'kaɪtɪs
boiling	'bɔɪlɪŋ	bracelet	'breɪslɪt	bronze	brɔnz
bold	bəuld	braces	'breɪsɪz	brooch	brəutʃ
bolt	bəult	bracket	'brækɪt	broom	brum
bomb	bɔm	brackets	'brækɪts	brother	'brʌðəʳ
bomber	'bɔməʳ	brag	bræg	brother-in-law	'brʌðərɪnlɔː
bombing	'bɔmɪŋ	brain	breɪn	brought	brɔːt
bond	bɔnd	brainy	'breɪnɪ	brown	braun
bone	bəun	brake	breɪk	Brownie	'braunɪ
bonfire	'bɔnfaɪəʳ	branch	brɑːntʃ	bruise	bruːz
bonnet	'bɔnɪt	brand	brænd	brush	brʌʃ
bonus	'bəunəs	brand-new	'brænd'njuː	Brussels	'brʌslz
book	buk	brandy	'brændɪ	brutal	'bruːtl
bookcase	'bukkeɪs	brass	brɑːs	BSc	biːɛs'siː
booked	bukt	brat	bræt	BSE	biːɛs'iː
booking	'bukɪŋ	brave	breɪv	bubble	'bʌbl
booklet	'buklɪt	bravery	'breɪvərɪ	bucket	'bʌkɪt
bookshelf	'bukʃelf	Brazil	brə'zɪl	buckle	'bʌkl
bookshop	'bukʃɔp	breach	briːtʃ	Buddhism	'budɪzəm
boost	buːst	bread	bred	Buddhist	'budɪst
boot	buːt	break	breɪk	buddy	'bʌdɪ
booze	buːz	breakdown	'breɪkdaun	budget	'bʌdʒɪt
border	'bɔːdəʳ	breakfast	'brekfəst	budgie	'bʌdʒɪ
bore	bɔːʳ	break-in	'breɪkɪn	buffer	'bʌfəʳ
bored	bɔːd	breast	brest	buffet	'bufeɪ
boredom	'bɔːdəm	breast-feed	'brestfiːd	bug	bʌg
boring	'bɔːrɪŋ	breaststroke	'breststrəuk	bugged	bʌgd
born	bɔːn	breath	breθ	build	bɪld
borne	bɔːn	breathe	briːð	builder	'bɪldəʳ
borrow	'bɔrəu	breed	briːd	building	'bɪldɪŋ
Bosnia	'bɔznɪə	breeze	briːz	built	bɪlt
Bosnian	'bɔznɪən	brewery	'bruːərɪ	bulb	bʌlb
bosom	'buzəm	bribe	braɪb	Bulgaria	bʌl'geərɪə
boss	bɔs	bribery	'braɪbərɪ	bull	bul
bossy	'bɔsɪ	brick	brɪk	bullet	'bulɪt
both	bəuθ	bricklayer	'brɪkleɪəʳ	bullfighting	'bulfaɪtɪŋ
bother	'bɔðəʳ	bride	braɪd	bully	'bulɪ
bottle	'bɔtl	bridegroom	'braɪdgruːm	bum	bʌm
bottleneck	'bɔtlnek	bridesmaid	'braɪdzmeɪd	bumblebee	'bʌmblbiː
bottle-opener	'bɔtləupnəʳ	bridge	brɪdʒ	bump	bʌmp
bottom	'bɔtəm	brief	briːf	bumper	'bʌmpəʳ
bought	bɔːt	briefcase	'briːfkeɪs	bumpy	'bʌmpɪ
bounce	bauns	briefly	'briːflɪ	bun	bʌn
bouncer	'baunsəʳ	briefs	briːfs	bunch	bʌntʃ
bound	baund	brigade	brɪ'geɪd	bunches	'bʌntʃəz
boundary	'baundrɪ	bright	braɪt	bungalow	'bʌŋgələu
boundless	'baundlɪs	brightly-coloured		bunk	bʌŋk
bourgeois	'buəʒwɑː		braɪtlɪ'kʌləd	bunny	'bʌnɪ
bout	baut	brilliant	'brɪljənt	burden	'bɜːdn
bow NOUN	bəu	bring	brɪŋ	burger	'bɜːgəʳ
bow VERB	bau	Britain	'brɪtən	burglar	'bɜːgləʳ
bowels	'bauəlz	British	'brɪtɪʃ	burglarize	'bɜːgləraɪz
bowl	bəul	Briton	'brɪtən	burglary	'bɜːglərɪ

burgle	'bɜːgl	
burn	bɜːn	
burst	bɜːst	
bury	'berɪ	
bus	bʌs	
bush	buʃ	
bushes	'buʃɪz	
business	'bɪznɪs	
businessman	'bɪznɪsmən	
businesswoman	'bɪznɪswumən	
busker	'bʌskər	
bust	bʌst	
busy	'bɪzɪ	
but	bʌt	
butcher	'butʃər	
butcher's	'butʃəz	
butter	'bʌtər	
butterfly	'bʌtəflaɪ	
buttocks	'bʌtəks	
button	'bʌtn	
buy	baɪ	
buyer	'baɪər	
buzz	bʌz	
by	baɪ	
bye	baɪ	
bypass	'baɪpɑːs	
cab	kæb	
cabbage	'kæbɪdʒ	
cabin	'kæbɪn	
cabinet	'kæbɪnɪt	
cable	'keɪbl	
cactus	'kæktəs	
cadet	kə'det	
cadge	kædʒ	
café	'kæfeɪ	
cafeteria	kæfɪ'tɪərɪə	
cage	keɪdʒ	
cagoule	kə'guːl	
cake	keɪk	
calcium	'kælsɪəm	
calculate	'kælkjuleɪt	
calculation	kælkju'leɪʃən	
calculator	'kælkjuleɪtər	
calendar	'kæləndər	
calf	kɑːf	
call	kɔːl	
callbox	'kɔːlbɒks	
called	kɔːld	
callous	'kæləs	
calm	kɑːm	
calmly	'kɑːmlɪ	
calor	'kælər	
calorie	'kælərɪ	
calves	kɑːvz	
camcorder	'kæmkɔːdər	
came	keɪm	
camel	'kæməl	
camera	'kæmərə	
cameraman	'kæmərəmæn	
camomile	'kæməumaɪl	
camp	kæmp	
campaign	kæm'peɪn	

camper	'kæmpər	
camping	'kæmpɪŋ	
campsite	'kæmpsaɪt	
campus	'kæmpəs	
can	kæn	
Canada	'kænədə	
Canadian	kə'neɪdɪən	
canal	kə'næl	
Canaries	kə'neərɪz	
canary	kə'neərɪ	
cancel	'kænsəl	
cancellation	kænsə'leɪʃən	
cancelled	'kænsəld	
Cancer	'kænsər	
cancer	'kænsər	
candidate	'kændɪdeɪt	
candle	'kændl	
candlestick	'kændlstɪk	
candy	'kændɪ	
candyfloss	'kændɪflɒs	
cane	keɪn	
cannabis	'kænəbɪs	
canned	kænd	
cannot	'kænɒt	
canoe	kə'nuː	
canoeing	kə'nuːɪŋ	
can-opener	'kænəupnər	
can't	kɑːnt	
canteen	kæn'tiːn	
canvas	'kænvəs	
cap	kæp	
capable	'keɪpəbl	
capacity	kə'pæsɪtɪ	
capital	'kæpɪtl	
capitalism	'kæpɪtəlɪzəm	
Capricorn	'kæprikɔːn	
capsize	kæp'saɪz	
captain	'kæptɪn	
caption	'kæpʃən	
captivating	'kæptɪveɪtɪŋ	
captivity	kæp'tɪvɪtɪ	
capture	'kæptʃər	
car	kɑːr	
caramel	'kærəməl	
caravan	'kærəvæn	
caraway	'kærəweɪ	
carbohydrate	kɑːbəu'haɪdreɪt	
carbon	'kɑːbən	
carburettor	kɑːbju'retər	
card	kɑːd	
cardboard	'kɑːdbɔːd	
cardigan	'kɑːdɪgən	
cardphone	'kɑːdfəun	
care	keər	
career	kə'rɪər	
careful	'keəful	
carefully	'keəfəlɪ	
careless	'keəlɪs	
carelessness	'keəlɪsnɪs	
caretaker	'keəteɪkər	
cargo	'kɑːgəu	
Caribbean	kærɪ'biːən	

caring	'keərɪŋ	
carnation	kɑː'neɪʃən	
carnival	'kɑːnɪvl	
carol	'kærəl	
carpenter	'kɑːpɪntər	
carpentry	'kɑːpɪntrɪ	
carpet	'kɑːpɪt	
carriage	'kærɪdʒ	
carriageway	'kærɪdʒweɪ	
carrier	'kærɪər	
carrot	'kærət	
carry	'kærɪ	
carrycot	'kærɪkɒt	
cart	kɑːt	
carton	'kɑːtən	
cartoon	kɑː'tuːn	
cartridge	'kɑːtrɪdʒ	
carve	kɑːv	
case	keɪs	
cash	kæʃ	
cashew	kæ'ʃuː	
cashier	kæ'ʃɪər	
cashmere	'kæʃmɪər	
casino	kə'siːnəu	
casserole	'kæsərəul	
cassette	kæ'set	
cast	kɑːst	
castle	'kɑːsl	
castor	'kɑːstər	
casual	'kæʒjul	
casually	'kæʒjulɪ	
casualty	'kæʒjultɪ	
cat	kæt	
catalogue	'kætəlɒg	
catalytic	kætə'lɪtɪk	
catapult	'kætəpʌlt	
catarrh	kə'tɑːr	
catastrophe	kə'tæstrəfɪ	
catastrophic	kætə'strɒfɪk	
catch	kætʃ	
catching	'kætʃɪŋ	
category	'kætɪgərɪ	
cater	'keɪtər	
catering	'keɪtərɪŋ	
cathedral	kə'θiːdrəl	
Catholic	'kæθəlɪk	
cattle	'kætl	
caught	kɔːt	
cauliflower	'kɒlɪflauər	
cause	kɔːz	
caustic	'kɔːstɪk	
caution	'kɔːʃən	
cautious	'kɔːʃəs	
cave	keɪv	
caviar	'kævɪɑːr	
CD	siː'diː	
CD-ROM	siːdiː'rɒm	
ceasefire	'siːsfaɪər	
ceiling	'siːlɪŋ	
celebrate	'selɪbreɪt	
celebration	selɪ'breɪʃən	
celebrity	sɪ'lebrɪtɪ	

celeriac	sə'lɛrɪæk	cheat	tʃiːt	choir	'kwaɪəʳ
celery	'sɛlərɪ	check	tʃɛk	choke	tʃəuk
cell	sɛl	checked	tʃɛkt	choose	tʃuːz
cellar	'sɛləʳ	checkers	'tʃɛkəz	chop	tʃɒp
cello	'tʃɛləu	check-in	'tʃɛkɪn	chopsticks	'tʃɒpstɪks
cement	sə'mɛnt	checking	'tʃɛkɪŋ	chose	tʃəuz
cemetery	'sɛmɪtrɪ	checkout	'tʃɛkaut	chosen	'tʃəuzn
censor	'sɛnsəʳ	check-up	'tʃɛkʌp	Christ	kraɪst
cent	sɛnt	cheek	tʃiːk	christen	'krɪsn
centenary	sɛn'tiːnərɪ	cheeky	'tʃiːkɪ	christening	'krɪsnɪŋ
centigrade	'sɛntɪɡreɪd	cheer	tʃɪəʳ	Christian	'krɪstɪən
centimetre	'sɛntɪmiːtəʳ	cheerful	'tʃɪəful	Christmas	'krɪsməs
central	'sɛntrəl	cheerfulness	'tʃɪəfulnɪs	chronological	krɒnə'lɒdʒɪkl
centre	'sɛntəʳ	cheerio	tʃɪərɪ'əu	chuck out	'tʃʌk'aut
centre-forward	'sɛntə'fɔːwəd	cheers	tʃɪəz	chunk	tʃʌŋk
century	'sɛntʃurɪ	cheese	tʃiːz	church	tʃəːtʃ
cereal	'sɪːrɪəl	cheesecake	'tʃiːzkeɪk	churn	tʃəːn
ceremony	'sɛrɪmənɪ	chef	ʃɛf	cider	'saɪdəʳ
certain	'səːtən	chemical	'kɛmɪkl	cigar	sɪ'ɡɑːʳ
certainly	'səːtənlɪ	chemist	'kɛmɪst	cigarette	sɪɡə'rɛt
certainty	'səːtəntɪ	chemist's	'kɛmɪsts	cigarillo	sɪɡə'rɪləu
certificate	sə'tɪfɪkɪt	chemistry	'kɛmɪstrɪ	cinema	'sɪnəmə
CFC	siːɛf'siː	cheque	tʃɛk	cinnamon	'sɪnəmən
chain	tʃeɪn	chequebook	'tʃɛkbuk	circle	'səːkl
chair	tʃɛəʳ	cherry	'tʃɛrɪ	circular	'səːkjuləʳ
chairlift	'tʃɛəlɪft	chess	tʃɛs	circulation	səːkju'leɪʃən
chairman	'tʃɛəmən	chessboard	'tʃɛsbɔːd	circumference	sə'kʌmfərəns
chalet	'ʃæleɪ	chessman	'tʃɛsmən	circumstance	'səːkəmstəns
chalk	tʃɔːk	chest	tʃɛst	circumstances	'səːkəmstənsɪz
challenge	'tʃælɪndʒ	chestnut	'tʃɛsnʌt	circus	'səːkəs
challenging	'tʃælɪndʒɪŋ	chew	tʃuː	citizen	'sɪtɪzn
chamber	'tʃeɪmbəʳ	chewing	'tʃuːɪŋ	city	'sɪtɪ
champagne	ʃæm'peɪn	chick	tʃɪk	civil	'sɪvɪl
champion	'tʃæmpɪən	chicken	'tʃɪkɪn	civilization	sɪvɪlaɪ'zeɪʃən
championship	'tʃæmpɪənʃɪp	chickenpox	'tʃɪkɪnpɒks	claim	kleɪm
chance	tʃɑːns	chickpeas	'tʃɪkpiːz	clap	klæp
chancellor	'tʃɑːnsələʳ	chicory	'tʃɪkərɪ	clarify	'klærɪfaɪ
change	tʃeɪndʒ	chief	tʃiːf	clarinet	klærɪ'nɛt
changeable	'tʃeɪndʒəbl	child	tʃaɪld	clarity	'klærɪtɪ
changing	'tʃeɪndʒɪŋ	child's	tʃaɪldz	clash	klæʃ
channel	'tʃænl	childhood	'tʃaɪldhud	clasp	klɑːsp
chaos	'keɪɒs	childish	'tʃaɪldɪʃ	class	klɑːs
chaotic	keɪ'ɒtɪk	childlike	'tʃaɪldlaɪk	classes	'klɑːsɪz
chap	tʃæp	children	'tʃɪldrən	classic	'klæsɪk
chapel	'tʃæpl	Chile	'tʃɪlɪ	classical	'klæsɪkl
chapped	tʃæpt	chill	tʃɪl	classmate	'klɑːsmeɪt
chapter	'tʃæptəʳ	chilli	'tʃɪlɪ	classroom	'klɑːsrum
character	'kærɪktəʳ	chilly	'tʃɪlɪ	clause	klɔːz
characteristic	kærɪktə'rɪstɪk	chimney	'tʃɪmnɪ	claw	klɔː
charcoal	'tʃɑːkəul	chimpanzee	tʃɪmpæn'ziː	clean	kliːn
charge	tʃɑːdʒ	chin	tʃɪn	cleaner	'kliːnəʳ
charity	'tʃærɪtɪ	China	'tʃaɪnə	cleaner's	'kliːnəz
charm	tʃɑːm	china	'tʃaɪnə	cleaning	'kliːnɪŋ
charming	'tʃɑːmɪŋ	Chinese	tʃaɪ'niːz	cleanness	'kliːnnɪs
chart	tʃɑːt	chip	tʃɪp	cleansing lotion	'klɛnzɪŋ'ləuʃən
charter	'tʃɑːtəʳ	chips	tʃɪps	clear	klɪəʳ
chase	tʃeɪs	chiropodist	kɪ'rɒpədɪst	clearance	'klɪərəns
chat	tʃæt	chirp	tʃəːp	clearly	'klɪəlɪ
chateau	'ʃætəu	chives	tʃaɪvz	clearness	'klɪənɪs
chatter	'tʃætəʳ	chlorine	'klɔːriːn	clementine	'klɛməntaɪn
chauvinist	'ʃəuvɪnɪst	chocolate	'tʃɒklɪt	clench	klɛntʃ
cheap	tʃiːp	choice	tʃɔɪs	clerk	klɑːk

ver	'klɛvər
ent	'klaɪənt
f	klɪf
mate	'klaɪmɪt
max	'klaɪmæks
mb	klaɪm
mber	'klaɪmər
mbing	'klaɪmɪŋ
ng film	'klɪŋfɪlm
nic	'klɪnɪk
ɔ	klɪp
ppers	'klɪpəz
akroom	'kləʊkrum
ck	klɒk
cking-off	'klɒkɪŋ'ɔf
ckwork	'klɒkwɜːk
g	klɒg
se ADJECTIVE, ADVERB	kləʊs
se VERB	kləʊz
sed	kləʊzd
sely	'kləʊslɪ
ser	'kləʊsər
sing	'kləʊzɪŋ
th	klɒθ
thes	kləʊðz
thing	'kləʊðɪŋ
ud	klaud
udy	'klaudɪ
ve	kləʊv
ver	'kləʊvər
wn	klaun
b	klʌb
e	kluː
msy	'klʌmzɪ
tch	klʌtʃ
ach	kəʊtʃ
al	kəʊl
arse	kɔːs
ast	kəʊst
aster	'kəʊstər
astguard	'kəʊstgɑːd
at	kəʊt
bbler	'kɒblər
bweb	'kɒbwɛb
caine	kə'keɪn
ck	kɒk
ckchafer	'kɒktʃeɪfər
ckerel	'kɒkərl
ckney	'kɒknɪ
cktail	'kɒkteɪl
coa	'kəʊkəʊ
conut	'kəʊkənʌt
d	kɒd
de	kəʊd
ffee	'kɒfɪ
ffeepot	'kɒfɪpɒt
ffin	'kɒfɪn
in	kɔɪn
incidence	kəʊ'ɪnsɪdəns
ke	kəʊk
la	'kəʊlə

colander	'kɒləndər
cold	kəʊld
coldness	'kəʊldnɪs
coleslaw	'kəʊlslɔː
collapse	kə'læps
collar	'kɒlər
collarbone	'kɒləbəʊn
colleague	'kɒliːg
collect	kə'lɛkt
collection	kə'lɛkʃən
collector	kə'lɛktər
college	'kɒlɪdʒ
collide	kə'laɪd
collie	'kɒlɪ
colliery	'kɒlɪərɪ
collision	kə'lɪʒən
colloquial	kə'ləʊkwɪəl
colon	'kəʊlən
colonel	'kɜːnl
colour	'kʌlər
colour-blind	'kʌləblaɪnd
coloured	'kʌləd
colourfast	'kʌləfɑːst
colourful	'kʌləful
colouring	'kʌlərɪŋ
colourless	'kʌləlɪs
column	'kɒləm
comb	kəum
combination	kɒmbɪ'neɪʃən
combine	kəm'baɪn
come	kʌm
comedian	kə'miːdɪən
comedy	'kɒmɪdɪ
comfortable	'kʌmfətəbl
comic	'kɒmɪk
coming	'kʌmɪŋ
comma	'kɒmə
command	kə'mɑːnd
comment	'kɒmɛnt
commentary	'kɒməntərɪ
commentator	'kɒmənteɪtər
commercial	kə'mɜːʃəl
commission	kə'mɪʃən
commit	kə'mɪt
committee	kə'mɪtɪ
common	'kɒmən
communicate	kə'mjuːnɪkeɪt
communication	kəmjuːnɪ'keɪʃən
communion	kə'mjuːnɪən
communism	'kɒmjunɪzəm
communist	'kɒmjunɪst
community	kə'mjuːnɪtɪ
commute	kə'mjuːt
commuter	kə'mjuːtər
compact	kəm'pækt
companion	kəm'pænjən
company	'kʌmpənɪ
comparatively	kəm'pærətɪvlɪ
compare	kəm'peər
comparison	kəm'pærɪsn
compartment	kəm'pɑːtmənt
compass	'kʌmpəs

compatible	kəm'pætɪbl
compensate	'kɒmpənseɪt
compensation	kɒmpən'seɪʃən
compere	'kɒmpeər
compete	kəm'piːt
competent	'kɒmpɪtənt
competition	kɒmpɪ'tɪʃən
competitive	kəm'petɪtɪv
competitor	kəm'petɪtər
compile	kəm'paɪl
complain	kəm'pleɪn
complaint	kəm'pleɪnt
complete	kəm'pliːt
completely	kəm'pliːtlɪ
complexion	kəm'plɛkʃən
complicated	'kɒmplɪkeɪtɪd
compliment NOUN	'kɒmplɪmənt
compliment VERB	'kɒmplɪmɛnt
component	kəm'pəunənt
compose	kəm'pəuz
composed	kəm'pəuzd
composer	kəm'pəuzər
compos mentis	'kɒmpɒs'mɛntɪs
composure	kəm'pəuʒər
compote	'kɒmpəut
comprehensive	kɒmprɪ'hɛnsɪv
compress	'kɒmprɛs
compromise	'kɒmprəmaɪz
compulsion	kəm'pʌlʃən
compulsory	kəm'pʌlsərɪ
computer	kəm'pjuːtər
computing	kəm'pjuːtɪŋ
conceited	kən'siːtɪd
conceivable	kən'siːvəbl
concentrate	'kɒnsəntreɪt
concentration	kɒnsən'treɪʃən
concern	kən'sɜːn
concerned	kən'sɜːnd
concert	'kɒnsət
concerto	kən'tʃɜːtəu
conclude	kən'kluːd
conclusion	kən'kluːʒən
concrete	'kɒŋkriːt
concussion	kən'kʌʃən
condemn	kən'dɛm
condescending	kɒndɪ'sɛndɪŋ
condition	kən'dɪʃən
conditional	kən'dɪʃənl
conditioner	kən'dɪʃənər
conditioning	kən'dɪʃənɪŋ
condom	'kɒndəm
conduct	kən'dʌkt
conductor	kən'dʌktər
cone	kəun
conference	'kɒnfərəns
confess	kən'fɛs
confession	kən'fɛʃən
confidence	'kɒnfɪdns
confident	'kɒnfɪdənt
confidential	kɒnfɪ'dɛnʃəl
confirm	kən'fɜːm

confirmation	kɔnfə'meɪʃən	continuation	kəntɪnju'eɪʃən	cosy	'kəuzɪ
conflict	'kɔnflɪkt	continue	kən'tɪnjuː	cot	kɔt
confuse	kən'fjuːz	continuous	kən'tɪnjuəs	cottage	'kɔtɪdʒ
confused	kən'fjuːzd	contraception	kɔntrə'sepʃən	cotton	'kɔtn
confusing	kən'fjuːzɪŋ	contraceptive	kɔntrə'septɪv	couch	kautʃ
confusion	kən'fjuːʒən	contract	'kɔntrækt	couchette	kuː'ʃet
congratulate	kən'grætjuleɪt	contradict	kɔntrə'dɪkt	cough	kɔf
congratulations		contradiction	kɔntrə'dɪkʃən	could	kud
	kəngrætju'leɪʃənz	contrary	'kɔntrərɪ	council	'kaunsl
conjugate	'kɔndʒugeɪt	contrast	'kɔntrɑːst	councillor	'kaunslə
conjugation	kɔndʒə'geɪʃən	contribute	kən'trɪbjuːt	counsel	'kaunsl
conjunction	kən'dʒʌŋkʃən	contribution	kɔntrɪ'bjuːʃən	count	kaunt
conjurer	'kʌndʒərə	control	kən'trəul	counter	'kauntə
connect	kə'nekt	controller	kən'trəulə	countless	'kauntlɪs
connected	kə'nektɪd	controversial	kɔntrə'vɜːʃl	country	'kʌntrɪ
connection	kə'nekʃən	convenient	kən'viːnɪənt	countryside	'kʌntrɪsaɪd
conquer	'kɔŋkə	convent	'kɔnvənt	county	'kauntɪ
conquest	'kɔŋkwest	conventional	kən'venʃənl	couple	'kʌpl
conscience	'kɔnʃəns	conversation	kɔnvə'seɪʃən	courage	'kʌrɪdʒ
conscientious	kɔnʃɪ'enʃəs	conversion	kən'vɜːʃən	courageous	kə'reɪdʒəs
conscious	'kɔnʃəs	convert	kən'vɜːt	courgette	kuə'ʒet
consciousness	'kɔnʃəsnɪs	converter	kən'vɜːtə	courier	'kurɪə
consent	kən'sent	convict	kən'vɪkt	course	kɔːs
consequently	'kɔnsɪkwəntlɪ	conviction	kən'vɪkʃən	court	kɔːt
conservation	kɔnsə'veɪʃən	convince	kən'vɪns	courtyard	'kɔːtjɑːd
conservative	kən'sɜːvətɪv	convincing	kən'vɪnsɪŋ	cousin	'kʌzn
conservatory	kən'sɜːvətrɪ	cook	kuk	cover	'kʌvə
consider	kən'sɪdə	cookbook	'kukbuk	covered	'kʌvəd
considerable	kən'sɪdərəbl	cooker	'kukə	cow	kau
considerably	kən'sɪdərəblɪ	cookery	'kukərɪ	coward	'kauəd
considerate	kən'sɪdərɪt	cookie	'kukɪ	cowardly	'kauədlɪ
consideration	kɔnsɪdə'reɪʃən	cooking	'kukɪŋ	cowboy	'kaubɔɪ
considering	kən'sɪdərɪŋ	cool	kuːl	coy	kɔɪ
consignment	kən'saɪnmənt	cooperation	kəuɔpə'reɪʃən	crab	kræb
consist	kən'sɪst	cop	kɔp	crack	kræk
consolation	kɔnsə'leɪʃən	cope	kəup	cracked	krækt
console	kən'səul	copper	'kɔpə	cracker	'krækə
consonant	'kɔnsənənt	copy	'kɔpɪ	cradle	'kreɪdl
conspicuous	kən'spɪkjuəs	cord	kɔːd	craft	krɑːft
constant	'kɔnstənt	core	kɔːr	craftsman	'krɑːftsmən
constantly	'kɔnstəntlɪ	cork	kɔːk	crane	kreɪn
constipated	'kɔnstɪpeɪtɪd	corkscrew	'kɔːkskruː	cram	kræm
constipation	kɔnstɪ'peɪʃən	corn	kɔːn	cranberry	'krænbərɪ
constitution	kɔnstɪ'tjuːʃən	corner	'kɔːnə	crash	kræʃ
construct	kən'strʌkt	cornet	'kɔːnɪt	crater	'kreɪtə
construction	kən'strʌkʃən	cornflakes	'kɔːnfleɪks	crawl	krɔːl
consult	kən'sʌlt	cornstarch	'kɔːnstɑːtʃ	crayon	'kreɪən
consumer	kən'sjuːmə	Cornwall	'kɔːnwəl	crazy	'kreɪzɪ
consumption	kən'sʌmpʃən	coronary	'kɔrənərɪ	cream	kriːm
contact	'kɔntækt	corporal	'kɔːpərl	crease	kriːs
contain	kən'teɪn	corpse	kɔːps	creased	kriːst
container	kən'teɪnə	Corpus Christi	'kɔːpəs'krɪstɪ	create	kriː'eɪt
contaminate	kən'tæmɪneɪt	correct	kə'rekt	creation	kriː'eɪʃən
contempt	kən'tempt	correction	kə'rekʃən	creative	kriː'eɪtɪv
content	kən'tent	correctly	kə'rektlɪ	creature	'kriːtʃə
contents	'kɔntents	corridor	'kɔrɪdɔːr	crèche	kreʃ
contest	'kɔntest	corrosive	kə'rəuzɪv	credible	'kredɪbl
contestant	kən'testənt	corrupt	kə'rʌpt	credit	'kredɪt
context	'kɔntekst	corruption	kə'rʌpʃən	creep	kriːp
continent	'kɔntɪnənt	cosmetics	kɔz'metɪks	creepy	'kriːpɪ
continental	kɔntɪ'nentl	cost	kɔst	cremate	krɪ'meɪt
continual	kən'tɪnjuəl	costume	'kɔstjuːm	cress	kres

ew	kru:	cup	kʌp	darkness	'dɑ:knɪs
icket	'krɪkɪt	cupboard	'kʌbəd	darling	'dɑ:lɪŋ
ime	kraɪm	curable	'kjuərəbl	dart	dɑ:t
iminal	'krɪmɪnl	cure	kjuəʳ	dash	dæʃ
ippled	'krɪpld	curiosity	kjuərɪ'ɔsɪtɪ	dashboard	'dæʃbɔ:d
isis	'kraɪsɪs	curious	'kjuərɪəs	data	'deɪtə
isp	krɪsp	curl	kə:l	database	'deɪtəbeɪs
ispbread	'krɪspbred	curler	'kə:ləʳ	date	deɪt
isps	krɪsps	curly	'kə:lɪ	dative	'deɪtɪv
iterion	kraɪ'tɪərɪən	currant	'kʌrnt	daughter	'dɔ:təʳ
itic	'krɪtɪk	currency	'kʌrnsɪ	daughter-in-law	'dɔ:tərɪnlɔ:
itical	'krɪtɪkl	current	'kʌrnt	dawdle	'dɔ:dl
itically	'krɪtɪklɪ	curriculum	kə'rɪkjuləm	dawn	dɔ:n
iticism	'krɪtɪsɪzəm	curriculum vitae	kərɪkjuləm'vi:taɪ	day	deɪ
iticize	'krɪtɪsaɪz	curry	'kʌrɪ	daylight	'deɪlaɪt
oak	krəuk	curse	kə:s	dead	ded
oatia	krəu'eɪʃə	cursor	'kə:səʳ	deadline	'dedlaɪn
ochet	'krəuʃeɪ	curtain	'kə:tn	deadly	'dedlɪ
ocodile	'krɔkədaɪl	curve	kə:v	deaf	def
ook	kruk	cushion	'kuʃən	deafening	'defnɪŋ
ooked	'krukɪd	custard	'kʌstəd	deaf-mute	'defmju:t
op	krɔp	custody	'kʌstədɪ	deafness	'defnɪs
oss	krɔs	custom	'kʌstəm	deal	di:l
oss-country	krɔs'kʌntrɪ	customer	'kʌstəməʳ	dealer	'di:ləʳ
ossing	'krɔsɪŋ	customs	'kʌstəmz	dealt	delt
ossroads	'krɔsrəudz	cut	kʌt	dear	dɪəʳ
ossword	'krɔswə:d	cutback	'kʌtbæk	death	deθ
otchet	'krɔtʃɪt	cutlery	'kʌtlərɪ	debate	dɪ'beɪt
ouch down	'krautʃ'daun	cutting	'kʌtɪŋ	debit	'debɪt
ow	krəu	CV	si:'vi:	debt	det
owd	kraud	cycle	'saɪkl	decade	'dekeɪd
owded	'kraudɪd	cycling	'saɪklɪŋ	decaffeinated	dɪ'kæfɪneɪtɪd
own	kraun	cyclist	'saɪklɪst	decay	dɪ'keɪ
ucifix	'kru:sɪfɪks	cylinder	'sɪlɪndəʳ	deceive	dɪ'si:v
ude	kru:d	Cyprus	'saɪprəs	December	dɪ'sembəʳ
uel	'kruəl	Czech	tʃek	decent	'di:sənt
uelly	'kruəlɪ	dachshund	'dækshund	deception	dɪ'sepʃən
uelty	'kruəltɪ	dad	dæd	deceptive	dɪ'septɪv
uise	kru:z	daddy	'dædɪ	decide	dɪ'saɪd
umb	krʌm	daffodil	'dæfədɪl	decided	dɪ'saɪdɪd
ush	krʌʃ	daft	dɑ:ft	decimal	'desɪməl
ushing	'krʌʃɪŋ	daily	'deɪlɪ	decision	dɪ'sɪʒən
ust	krʌst	dainty	'deɪntɪ	decisive	dɪ'saɪsɪv
utch	krʌtʃ	dairy	'deərɪ	deck	dek
y	kraɪ	daisy	'deɪzɪ	deckchair	'dektʃeəʳ
ystal	'krɪstl	dam	dæm	declare	dɪ'kleəʳ
ıb	kʌb	damage	'dæmɪdʒ	declension	dɪ'klenʃən
ıbe	kju:b	damn	dæm	decline	dɪ'klaɪn
ıbic	'kju:bɪk	damned	dæmd	decorate	'dekəreɪt
ıbicle	'kju:bɪkl	damp	dæmp	decoration	dekə'reɪʃən
ıckoo	'kuku:	damson	'dæmzən	decrease NOUN	'di:kri:s
ıcumber	'kju:kʌmbəʳ	dance	dɑ:ns	decrease VERB	di:'kri:s
ıddle	'kʌdl	dancer	'dɑ:nsəʳ	dedicate	'dedɪkeɪt
ıdgel	'kʌdʒl	dancing	'dɑ:nsɪŋ	dedicated	'dedɪkeɪtɪd
ıe	kju:	dandruff	'dændrəf	deduct	dɪ'dʌkt
ıl-de-sac	'kʌldəsæk	Dane	deɪn	deed	di:d
ılottes	kju:'lɔts	danger	'deɪndʒəʳ	deep	di:p
ılprit	'kʌlprɪt	dangerous	'deɪndʒrəs	deep-freeze	'di:p'fri:z
ıltural	'kʌltʃərəl	Danish	'deɪnɪʃ	deeply	'di:plɪ
ılture	'kʌltʃəʳ	dare	deəʳ	deer	dɪəʳ
ıltured	'kʌltʃəd	daring	'deərɪŋ	defeat	dɪ'fi:t
ınning	'kʌnɪŋ	dark	dɑ:k	defect	'di:fekt

defence	dɪ'fɛns	describe	dɪs'kraɪb	diesel	'di:zl
defend	dɪ'fɛnd	description	dɪs'krɪpʃən	diet	'daɪət
defender	dɪ'fɛndər	desert	'dɛzət	difference	'dɪfrəns
defiance	dɪ'faɪəns	deserted	dɪ'zə:tɪd	different	'dɪfrənt
defiant	dɪ'faɪənt	deserve	dɪ'zə:v	differently	'dɪfrəntlɪ
define	dɪ'faɪn	design	dɪ'zaɪn	difficult	'dɪfɪkəlt
definite	'dɛfɪnɪt	designer	dɪ'zaɪnər	difficulty	'dɪfɪkəltɪ
definitely	'dɛfɪnɪtlɪ	desire	dɪ'zaɪər	dig	dɪg
definition	dɛfɪ'nɪʃən	desk	dɛsk	digest	daɪ'dʒɛst
defraud	dɪ'frɔ:d	despair	dɪs'pɛər	digestible	dɪ'dʒɛstəbl
defrost	di:'frɔst	desperate	'dɛspərɪt	digestion	dɪ'dʒɛstʃən
degrading	dɪ'greɪdɪŋ	despise	dɪs'paɪz	digital	'dɪdʒɪtl
degree	dɪ'gri:	despite	dɪs'paɪt	dilapidated	dɪ'læpɪdeɪtɪd
dejected	dɪ'dʒɛktɪd	dessert	dɪ'zə:t	dilute	daɪ'lu:t
delay	dɪ'leɪ	destination	dɛstɪ'neɪʃən	dim	dɪm
delete	dɪ'li:t	destroy	dɪs'trɔɪ	dimension	daɪ'mɛnʃən
deliberate	dɪ'lɪbərɪt	destruction	dɪs'trʌkʃən	diminish	dɪ'mɪnɪʃ
deliberately	dɪ'lɪbərɪtlɪ	detached	dɪ'tætʃt	dimple	'dɪmpl
delicate	'dɛlɪkɪt	detail	'di:teɪl	din	dɪn
delicatessen	dɛlɪkə'tɛsn	detailed	'di:teɪld	diner	'daɪnər
delicious	dɪ'lɪʃəs	detain	dɪ'teɪn	dinghy	'dɪŋgɪ
delight	dɪ'laɪt	detective	dɪ'tɛktɪv	dining	'daɪnɪŋ
delighted	dɪ'laɪtɪd	detention	dɪ'tɛnʃən	dinner	'dɪnər
delightful	dɪ'laɪtful	deter	dɪ'tə:r	dinosaur	'daɪnəsɔ:r
deliver	dɪ'lɪvər	detergent	dɪ'tə:dʒənt	dioxide	daɪ'ɔksaɪd
delivery	dɪ'lɪvərɪ	deteriorate	dɪ'tɪərɪəreɪt	dip	dɪp
demand	dɪ'mɑ:nd	determined	dɪ'tə:mɪnd	diploma	dɪ'pləumə
demanding	dɪ'mɑ:ndɪŋ	detour	'di:tuər	diplomacy	dɪ'pləuməsɪ
demo	'dɛməu	devaluation	dɪvælju'eɪʃən	diplomat	'dɪpləmæt
democracy	dɪ'mɔkrəsɪ	devalue	'di:'vælju:	diplomatic	dɪplə'mætɪk
democrat	'dɛməkræt	devastated	'dɛvəsteɪtɪd	dipstick	'dɪpstɪk
democratic	dɛmə'krætɪk	devastating	'dɛvəsteɪtɪŋ	direct	daɪ'rɛkt
demolish	dɪ'mɔlɪʃ	develop	dɪ'vɛləp	direction	dɪ'rɛkʃən
demonstrate	'dɛmənstreɪt	developing	dɪ'vɛləpɪŋ	director	dɪ'rɛktər
demonstration	dɛmən'streɪʃən	development	dɪ'vɛləpmənt	directory	dɪ'rɛktərɪ
demonstrator	'dɛmənstreɪtər	device	dɪ'vaɪs	dirt	də:t
denial	dɪ'naɪəl	devil	'dɛvl	dirty	'də:tɪ
denim	'dɛnɪm	devise	dɪ'vaɪz	disabled	dɪs'eɪbld
denims	'dɛnɪmz	devote	dɪ'vəut	disadvantage	dɪsəd'vɑ:ntɪdʒ
Denmark	'dɛnmɑ:k	devoted	dɪ'vəutɪd	disadvantaged	dɪsəd'vɑ:ntɪdʒ
dense	dɛns	devout	dɪ'vaut	disagree	dɪsə'gri:
dent	dɛnt	diabetes	daɪə'bi:ti:z	disagreeable	dɪsə'gri:əbl
dental	'dɛntl	diabetic	daɪə'bɛtɪk	disagreement	dɪsə'gri:mənt
dentist	'dɛntɪst	diagonal	daɪ'ægənl	disappear	dɪsə'pɪər
dentures	'dɛntʃəz	diagonally	daɪ'ægənlɪ	disappearance	dɪsə'pɪərəns
deny	dɪ'naɪ	diagram	'daɪəgræm	disappoint	dɪsə'pɔɪnt
deodorant	di:'əudərənt	dial	'daɪəl	disappointed	dɪsə'pɔɪntɪd
depart	dɪ'pɑ:t	dialect	'daɪəlɛkt	disappointing	dɪsə'pɔɪntɪŋ
department	dɪ'pɑ:tmənt	dialling	'daɪəlɪŋ	disappointment	dɪsə'pɔɪntmən
departure	dɪ'pɑ:tʃər	dialogue	'daɪəlɔg	disapprove	dɪsə'pru:v
depend	dɪ'pɛnd	diameter	daɪ'æmɪtər	disaster	dɪ'zɑ:stər
dependent	dɪ'pɛndənt	diamond	'daɪəmənd	disastrous	dɪ'zɑ:strəs
deport	dɪ'pɔ:t	diaper	'daɪəpər	disc	dɪsk
deposit	dɪ'pɔzɪt	diarrhoea	daɪə'rɪə	discipline	'dɪsɪplɪn
depressed	dɪ'prɛst	diary	'daɪərɪ	disco	'dɪskəu
depressing	dɪ'prɛsɪŋ	dice	daɪs	disconnect	dɪskə'nɛkt
depression	dɪ'prɛʃən	dictate	dɪk'teɪt	discount	'dɪskaunt
depth	dɛpθ	dictation	dɪk'teɪʃən	discourage	dɪs'kʌrɪdʒ
deputy	'dɛpjutɪ	dictionary	'dɪkʃənrɪ	discover	dɪs'kʌvər
derogatory	dɪ'rɔgətərɪ	did	dɪd	discrimination	dɪskrɪmɪ'neɪʃə
derrick	'dɛrɪk	didn't	'dɪdnt	discuss	dɪs'kʌs
descend	dɪ'sɛnd	die	daɪ	discussion	dɪs'kʌʃən

isease	dɪ'ziːz	dock	dɔk	draughty	'drɑːftɪ
isgrace	dɪs'greɪs	doctor	'dɔktər	draw	drɔː
isgraceful	dɪs'greɪsful	document	'dɔkjumənt	drawback	'drɔːbæk
isguise	dɪs'gaɪz	documentary	dɔkju'mentərɪ	drawer	drɔːr
isgust	dɪs'gʌst	dodge	dɔdʒ	drawing	'drɔːɪŋ
isgusted	dɪs'gʌstɪd	dodgems	'dɔdʒəmz	drawn	drɔːn
isgusting	dɪs'gʌstɪŋ	does	dʌz	dreadful	'dredful
ish	dɪʃ	doesn't	'dʌznt	dream	driːm
ishonest	dɪs'ɔnɪst	dog	dɔg	drench	drentʃ
ishwasher	'dɪʃwɔʃər	dog-tired	dɔg'taɪəd	dress	dres
isinclined	dɪsɪn'klaɪnd	do-it-yourself	'duːɪtjɔː'self	dressed	drest
isinfectant	dɪsɪn'fektənt	dole	dəul	dresser	'dresər
isk	dɪsk	doll	dɔl	dressing	'dresɪŋ
iskette	dɪs'ket	dollar	'dɔlər	drew	druː
islike	dɪs'laɪk	dolphin	'dɔlfɪn	dried	draɪd
ismiss	dɪs'mɪs	domestic	də'mestɪk	drier	'draɪər
isobedience	dɪsə'biːdɪəns	dominoes	'dɔmɪnəuz	drift	drɪft
isobedient	dɪsə'biːdɪənt	don	dɔn	drill	drɪl
isorder	dɪs'ɔːdər	donate	də'neɪt	drink	drɪŋk
isparaging	dɪs'pærɪdʒɪŋ	donation	də'neɪʃən	drinkable	'drɪŋkəbl
ispatch	dɪs'pætʃ	done	dʌn	drinking	'drɪŋkɪŋ
ispenser	dɪs'pensər	donkey	'dɔŋkɪ	drive	draɪv
isperse	dɪs'pɔːs	donor	'dəunər	driver	'draɪvər
isplay	dɪs'pleɪ	don't	dəunt	driver's	'draɪvəz
isposable	dɪs'pəuzəbl	door	dɔːr	driving	'draɪvɪŋ
isposal	dɪs'pəuzl	doorbell	'dɔːbel	drizzle	'drɪzl
isposition	dɪspə'zɪʃən	doorman	'dɔːmən	drop	drɔp
isqualify	dɪs'kwɔlɪfaɪ	doorstep	'dɔːstep	drought	draut
isreputable	dɪs'repjutəbl	dormitory	'dɔːmɪtrɪ	drove	drəuv
isrespectful	dɪsrɪ'spektful	dose	dəus	droves	drəuvz
isrupt	dɪs'rʌpt	dosh	dɔʃ	drown	draun
issatisfied	dɪs'sætɪsfaɪd	dosser	'dɔsər	drug	drʌg
issertation	dɪsə'teɪʃən	dot	dɔt	drugstore	'drʌgstɔːr
issolve	dɪ'zɔlv	double	'dʌbl	drum	drʌm
istance	'dɪstns	doubles	'dʌblz	drummer	'drʌmər
istant	'dɪstnt	doubt	daut	drunk	drʌŋk
istillery	dɪs'tɪlərɪ	doubtful	'dautful	drunkenness	'drʌŋkənnɪs
istinction	dɪs'tɪŋkʃən	doubtless	'dautlɪs	dry	draɪ
istinctive	dɪs'tɪŋktɪv	dough	dəu	dry-cleaner's	'draɪ'kliːnəz
istinguish	dɪs'tɪŋgwɪʃ	doughnut	'dəunʌt	dryer	'draɪər
istinguished	dɪs'tɪŋgwɪʃt	dove	dʌv	dryness	'draɪnɪs
istract	dɪs'trækt	Dover	'dəuvər	dubbed	dʌbd
istribute	dɪs'trɪbjuːt	down	daun	dubious	'djuːbɪəs
istrict	'dɪstrɪkt	downpour	'daunpɔːr	duck	dʌk
isturb	dɪs'tɔːb	downstairs	'daun'steəz	due	djuː
isturbed	dɪs'tɔːbd	downtown	'daun'taun	dug	dʌg
isturbing	dɪs'tɔːbɪŋ	doze	dəuz	dull	dʌl
itch	dɪtʃ	dozen	'dʌzn	dumb	dʌm
ive	daɪv	drab	dræb	dumbfounded	dʌm'faundɪd
iver	'daɪvər	drag	dræg	dummy	'dʌmɪ
iversion	daɪ'vɔːʃən	dragon	'drægn	dump	dʌmp
ivert	daɪ'vɔːt	drain	dreɪn	dungarees	dʌŋgə'riːz
ivide	dɪ'vaɪd	drained	dreɪnd	dungeon	'dʌndʒən
ivine	dɪ'vaɪn	draining	'dreɪnɪŋ	durable	'djuərəbl
iving	'daɪvɪŋ	drainpipe	'dreɪnpaɪp	duration	djuə'reɪʃən
ivision	dɪ'vɪʒən	drama	'drɑːmə	during	'djuərɪŋ
ivorce	dɪ'vɔːs	dramatic	drə'mætɪk	dusk	dʌsk
ivorced	dɪ'vɔːst	drank	dræŋk	dust	dʌst
izzy	'dɪzɪ	drapes	dreɪps	dustbin	'dʌstbɪn
J	diː'dʒeɪ	drastic	'dræstɪk	dustman	'dʌstmən
o	duː	draught	drɑːft	dustmen	'dʌstmən
		draughts	drɑːfts	dusty	'dʌstɪ

Dutch	dʌtʃ	eel	iːl	encore	ɔŋ'kɔːr
Dutchman	'dʌtʃmən	effect	ɪ'fɛkt	encourage	ɪn'kʌrɪdʒ
Dutchwoman	'dʌtʃwumən	effective	ɪ'fɛktɪv	encouragement	ɪn'kʌrɪdʒmənt
duty	'djuːtɪ	efficient	ɪ'fɪʃənt	encyclopedia	ɛnsaɪkləu'piːdɪ
duty-free	'djuːtɪ'friː	effort	'ɛfət	end	ɛnd
duvet	'duːveɪ	e.g.	iː'dʒiː	endanger	ɪn'deɪndʒər
dwarf	dwɔːf	egg	ɛg	ending	'ɛndɪŋ
dye	daɪ	eggplant	'ɛgplɑːnt	endive	'ɛndaɪv
dynamic	daɪ'næmɪk	Egypt	'iːdʒɪpt	endless	'ɛndlɪs
dyslexia	dɪs'lɛksɪə	Egyptian	ɪ'dʒɪpʃən	enemy	'ɛnəmɪ
each	iːtʃ	eight	eɪt	energetic	ɛnə'dʒɛtɪk
eager	'iːgər	eighteen	eɪ'tiːn	energy	'ɛnədʒɪ
eagle	'iːgl	eighth	eɪtθ	engaged	ɪn'geɪdʒd
ear	ɪər	eighty	'eɪtɪ	engagement	ɪn'geɪdʒmənt
earache	'ɪəreɪk	Eire	'ɛərə	engine	'ɛndʒɪn
eardrum	'ɪədrʌm	either	'aɪðər	engineer	ɛndʒɪ'nɪər
earlier	'ɜːlɪər	elastic	ɪ'læstɪk	engineering	ɛndʒɪ'nɪərɪŋ
earliest	'ɜːlɪəst	elbow	'ɛlbəu	England	'ɪŋglənd
early	'ɜːlɪ	elder	'ɛldər	English	'ɪŋglɪʃ
earn	ɜːn	elderly	'ɛldəlɪ	Englishman	'ɪŋglɪʃmən
earnings	'ɜːnɪŋz	eldest	'ɛldɪst	Englishwoman	'ɪŋglɪʃwumən
earring	'ɪərɪŋ	elect	ɪ'lɛkt	engraving	ɪn'greɪvɪŋ
earth	ɜːθ	election	ɪ'lɛkʃən	enjoy	ɪn'dʒɔɪ
earthquake	'ɜːθkweɪk	electric	ɪ'lɛktrɪk	enjoyable	ɪn'dʒɔɪəbl
earthworm	'ɜːθwɜːm	electrical	ɪ'lɛktrɪkl	enlarge	ɪn'lɑːdʒ
ease	iːz	electrician	ɪlɛk'trɪʃən	enlargement	ɪn'lɑːdʒmənt
easily	'iːzɪlɪ	electricity	ɪlɛk'trɪsɪtɪ	enormous	ɪ'nɔːməs
east	iːst	electronic	ɪlɛk'trɒnɪk	enough	ɪ'nʌf
Easter	'iːstər	electronics	ɪlɛk'trɒnɪks	enquire	ɪn'kwaɪər
easterly	'iːstəlɪ	elegant	'ɛlɪgənt	enter	'ɛntər
eastern	'iːstən	element	'ɛlɪmənt	enterprise	'ɛntəpraɪz
easy	'iːzɪ	elementary	ɛlɪ'mɛntərɪ	entertain	ɛntə'teɪn
easy-care	'iːzɪkɛər	elephant	'ɛlɪfənt	entertainer	ɛntə'teɪnər
easy-going	'iːzɪ'gəuɪŋ	elevator	'ɛlɪveɪtər	entertaining	ɛntə'teɪnɪŋ
eat	iːt	eleven	ɪ'lɛvn	entertainment	ɛntə'teɪnmənt
eavesdrop	'iːvzdrɒp	eleventh	ɪ'lɛvnθ	enthusiasm	ɪn'θuːzɪæzəm
EC	iː'siː	eligible	'ɛlɪdʒəbl	enthusiast	ɪn'θuːzɪæst
eccentric	ɪk'sɛntrɪk	elk	ɛlk	enthusiastic	ɪnθuːzɪ'æstɪk
echo	'ɛkəu	else	ɛls	entire	ɪn'taɪər
ecological	iːkə'lɒdʒɪkəl	elsewhere	ɛls'wɛər	entirely	ɪn'taɪəlɪ
ecologically	iːkə'lɒdʒɪklɪ	e-mail	'iːmeɪl	entrance	'ɛntrns
ecology	ɪ'kɒlədʒɪ	embankment	ɪm'bæŋkmənt	entrepreneur	'ɒntrəprə'nɜːr
economic	iːkə'nɒmɪk	embarrassed	ɪm'bærəst	entry	'ɛntrɪ
economical	iːkə'nɒmɪkl	embarrassing	ɪm'bærəsɪŋ	envelope	'ɛnvələup
economics	iːkə'nɒmɪks	embassy	'ɛmbəsɪ	enviable	'ɛnvɪəbl
economize	ɪ'kɒnəmaɪz	embroider	ɪm'brɔɪdər	envious	'ɛnvɪəs
economy	ɪ'kɒnəmɪ	embroidery	ɪm'brɔɪdərɪ	environment	ɪn'vaɪərnmənt
ecstasy	'ɛkstəsɪ	emergency	ɪ'mɜːdʒənsɪ	environmental	ɪnvaɪərn'mɛntl
ecu	'eɪkjuː	emigrate	'ɛmɪgreɪt	environmentalist	
eczema	'ɛksɪmə	emotion	ɪ'məuʃən		ɪnvaɪərn'mɛntlɪst
edge	ɛdʒ	emotional	ɪ'məuʃənl	environment-friendly	
edgy	'ɛdʒɪ	emperor	'ɛmpərər		ɪn'vaɪərnmənt'frɛndl
edible	'ɛdɪbl	emphasis	'ɛmfəsɪs	envy	'ɛnvɪ
Edinburgh	'ɛdɪnbərə	emphasize	'ɛmfəsaɪz	epidemic	ɛpɪ'dɛmɪk
editing	'ɛdɪtɪŋ	empire	'ɛmpaɪər	epileptic	ɛpɪ'lɛptɪk
edition	ɪ'dɪʃən	employ	ɪm'plɔɪ	episode	'ɛpɪsəud
editor	'ɛdɪtər	employee	ɪmplɔɪ'iː	equal	'iːkwl
editorial	ɛdɪ'tɔːrɪəl	employer	ɪm'plɔɪər	equality	iː'kwɒlɪtɪ
educated	'ɛdjukeɪtɪd	employment	ɪm'plɔɪmənt	equalize	'iːkwəlaɪz
education	ɛdju'keɪʃən	emptiness	'ɛmptɪnɪs	equation	ɪ'kweɪʃən
educational	ɛdju'keɪʃənl	empty	'ɛmptɪ	equator	ɪ'kweɪtər
EEC	iːiː'siː	enclosed	ɪn'kləuzd	equip	ɪ'kwɪp

quipment	ɪ'kwɪpmənt
quipped	ɪ'kwɪpt
quivalent	ɪ'kwɪvələnt
rgonomics	ɔːgə'nɒmɪks
rotic	ɪ'rɒtɪk
rror	'erər
scalator	'eskəleɪtər
scalope	'eskələp
scape	ɪs'keɪp
scort	'eskɔːt
skimo	'eskɪməu
specially	ɪs'peʃlɪ
ssay	'eseɪ
ssential	ɪ'senʃl
stablish	ɪs'tæblɪʃ
state	ɪs'teɪt
stimate	'estɪmeɪt
tc	ɪt'setrə
ternal	ɪ'tɜːnl
ternity	ɪ'tɜːnɪtɪ
thiopia	iːθɪ'əupɪə
thnic	'eθnɪk
U	iː'juː
urocheque	'juərəutʃek
urope	'juərəp
uropean	juərə'piːən
uthanasia	juːθə'neɪzɪə
vacuate	ɪ'vækjueɪt
valuate	ɪ'væljueɪt
vaporate	ɪ'væpəreɪt
vasive	ɪ'veɪsɪv
ve	iːv
ven	'iːvn
vening	'iːvnɪŋ
vent	ɪ'vent
ventful	ɪ'ventful
ventually	ɪ'ventʃuəlɪ
ver	'evər
very	'evrɪ
verybody	'evrɪbɒdɪ
veryday	'evrɪdeɪ
veryone	'evrɪwʌn
verything	'evrɪθɪŋ
verywhere	'evrɪweər
vil	'iːvl
x-	eks
xact	ɪg'zækt
xactly	ɪg'zæktlɪ
xaggerate	ɪg'zædʒəreɪt
xaggeration	ɪgzædʒə'reɪʃən
xam	ɪg'zæm
xamination	ɪgzæmɪ'neɪʃən
xamine	ɪg'zæmɪn
xaminer	ɪg'zæmɪnər
xample	ɪg'zɑːmpl
xceed	ɪk'siːd
xceedingly	ɪk'siːdɪŋlɪ
xcellent	'eksələnt
xcellently	'eksələntlɪ
xcept	ɪk'sept
xception	ɪk'sepʃən
xceptional	ɪk'sepʃənl
excess	ɪk'ses
excessive	ɪk'sesɪv
exchange	ɪks'tʃeɪndʒ
Exchequer	ɪks'tʃekər
excite	ɪk'saɪt
excited	ɪk'saɪtɪd
excitement	ɪk'saɪtmənt
exciting	ɪk'saɪtɪŋ
exclamation	eksklə'meɪʃən
exclusively	ɪks'kluːsɪvlɪ
excuse NOUN	ɪks'kjuːs
excuse VERB	ɪks'kjuːz
ex-directory	'eksdɪ'rektərɪ
execute	'eksɪkjuːt
execution	eksɪ'kjuːʃən
executive	ɪg'zekjutɪv
exempt	ɪg'zempt
exercise	'eksəsaɪz
exhaust	ɪg'zɔːst
exhausted	ɪg'zɔːstɪd
exhaustion	ɪg'zɔːstʃən
exhibit	ɪg'zɪbɪt
exhibition	eksɪ'bɪʃən
exist	ɪg'zɪst
exit	'eksɪt
exotic	ɪg'zɒtɪk
expansion	ɪks'pænʃən
expect	ɪks'pekt
expected	ɪks'pektɪd
expedition	ekspə'dɪʃən
expel	ɪks'pel
expenditure	ɪks'pendɪtʃər
expenses	ɪks'pensəs
expensive	ɪks'pensɪv
experience	ɪks'pɪərɪəns
experienced	ɪks'pɪərɪənst
experiment	ɪks'perɪmənt
expert	'ekspɜːt
expire	ɪks'paɪər
explain	ɪks'pleɪn
explanation	eksplə'neɪʃən
explicit	ɪks'plɪsɪt
explode	ɪks'pləud
exploit	ɪks'plɔɪt
exploitation	eksplɔɪ'teɪʃən
explore	ɪks'plɔːr
explorer	ɪks'plɔːrər
explosion	ɪks'pləuʒən
explosive	ɪks'pləusɪv
export NOUN	'ekspɔːt
export VERB	ɪks'pɔːt
expose	ɪks'pəuz
exposure	ɪks'pəuʒər
express	ɪks'pres
expression	ɪks'preʃən
expressway	ɪks'presweɪ
extend	ɪks'tend
extension	ɪks'tenʃən
extensive	ɪks'tensɪv
extent	ɪks'tent
exterior	eks'tɪərɪər
external	eks'tɜːnl
extinct	ɪks'tɪŋkt
extinguisher	ɪks'tɪŋgwɪʃər
extort	ɪks'tɔːt
extortionate	ɪks'tɔːʃnɪt
extra	'ekstrə
extraordinary	ɪks'trɔːdnrɪ
extravagant	ɪks'trævəgənt
extreme	ɪks'triːm
extremely	ɪks'triːmlɪ
extremist	ɪks'triːmɪst
exuberant	ɪg'zjuːbərnt
eye	aɪ
eyebrow	'aɪbrau
eyelash	'aɪlæʃ
eyelid	'aɪlɪd
eyeliner	'aɪlaɪnər
eye shadow	'aɪʃædəu
eyesight	'aɪsaɪt
fabric	'fæbrɪk
fabulous	'fæbjuləs
face	feɪs
facilities	fə'sɪlɪtɪz
fact	fækt
factor	'fæktər
factory	'fæktərɪ
factual	'fæktjuəl
faculty	'fækəltɪ
fade	feɪd
fag	fæg
fail	feɪl
failure	'feɪljər
faint	feɪnt
fair	feər
fairground	'feəgraund
fairly	'feəlɪ
fairness	'feənɪs
fairy	'feərɪ
faith	feɪθ
faithful	'feɪθful
faithfully	'feɪθfəlɪ
faithfulness	'feɪθfəlnɪs
fake	feɪk
falcon	'fɔːlkən
fall	fɔːl
false	fɔːls
fame	feɪm
familiar	fə'mɪlɪər
family	'fæmɪlɪ
famine	'fæmɪn
famous	'feɪməs
fan	fæn
fanatic	fə'nætɪk
fancy	'fænsɪ
fantasize	'fæntəsaɪz
fantastic	fæn'tæstɪk
far	fɑːr
fare	feər
farm	fɑːm
farmer	'fɑːmər
farmer's	'fɑːməz
farmhouse	'fɑːmhaus
farming	'fɑːmɪŋ

fascinating	'fæsineitiŋ	field	fi:ld	flannel	'flænl
fashion	'fæʃən	fierce	fiəs	flap	flæp
fashionable	'fæʃnəbl	fifteen	fif'ti:n	flash	flæʃ
fast	fɑːst	fifth	fifθ	flashlight	'flæʃlait
fasten	'fɑːsn	fifty	'fifti	flask	flɑːsk
fastener	'fɑːsnər	fifty-fifty	'fifti'fifti	flat	flæt
fastening	'fɑːsniŋ	fig	fig	flatter	'flætər
fat	fæt	fight	fait	flavour	'fleivər
fatal	'feitl	fighting	'faitiŋ	flavouring	'fleivəriŋ
fate	feit	figurative	'figjurətiv	flea	fli:
father	'fɑːðər	figure	'figər	flee	fli:
father-in-law	'fɑːðərənlɔː	file	fail	flew	flu:
fatherly	'fɑːðəli	fill	fil	flex	fleks
faucet	'fɔːsit	filling	'filiŋ	flexible	'fleksəbl
fault	fɔːlt	film	film	flick	flik
faultless	'fɔːltlis	filter	'filtər	flicker	'flikər
faulty	'fɔːlti	filthy	'filθi	flight	flait
favour	'feivər	fin	fin	flight attendant	'flaitə'tendənt
favourite	'feivrit	final	'fainl	fling	fliŋ
fawn	fɔːn	finally	'fainəli	flip	flip
fax	fæks	finance	fai'næns	flipper	'flipər
fear	fiər	financial	fai'nænʃəl	float	fləut
feasible	'fiːzəbl	find	faind	flock	flɔk
feather	'feðər	fine	fain	flood	flʌd
feature	'fiːtʃər	finger	'fiŋgər	flooding	'flʌdiŋ
February	'februəri	fingernail	'fiŋgəneil	floodlight	'flʌdlait
fed	fed	fingerprint	'fiŋgəprint	floor	flɔːr
Federal	'fedərəl	finish	'finiʃ	flop	flɔp
fee	fi:	finished	'finiʃt	floppy	'flɔpi
feed	fi:d	finishing	'finiʃiŋ	florist	'flɔrist
feel	fi:l	Finland	'finlənd	flounder	'flaundər
feeling	'fiːliŋ	Finn	fin	flour	'flauər
fee-paying	'fiːpeiiŋ	Finnish	'finiʃ	flow	fləu
feet	fi:t	fir	fɜːr	flower	'flauər
feign	fein	fire	faiər	flown	fləun
fell	fel	firearm	'faiərɑːm	flu	flu:
fellow	'feləu	fireman	'faiəmən	fluctuate	'flʌktjueit
felt	felt	fireplace	'faiəpleis	fluent	'fluːənt
felt-tip	'felttip	fireworks	'faiəwɔːks	fluffy	'flʌfi
female	'fiːmeil	firm	fɜːm	flung	flʌŋ
feminine	'feminin	first	fɜːst	fluorine	'fluəriːn
feminist	'feminist	first-aid	fɜːst'eid	flush	flʌʃ
fence	fens	first-class	fɜːst'klɑːs	flute	fluːt
fern	fɜːn	firstly	'fɜːstli	fly	flai
ferocious	fə'rəuʃəs	fish	fiʃ	foal	fəul
ferry	'feri	fisherman	'fiʃəmən	foam	fəum
fertile	'fɜːtail	fishing	'fiʃiŋ	focus	'fəukəs
fertilizer	'fɜːtilaizər	fishmonger's	'fiʃmʌŋgəz	fog	fɔg
festival	'festivəl	fist	fist	foggy	'fɔgi
festive	'festiv	fit	fit	foil	fɔil
festivity	fes'tiviti	fitted	'fitid	fold	fəuld
fetch	fetʃ	fitting	'fitiŋ	folder	'fəuldər
fever	'fiːvər	five	faiv	folding	'fəuldiŋ
few	fju:	fix	fiks	follow	'fɔləu
fewer	'fjuːər	fixed	fikst	following	'fɔləuiŋ
fiancé	fi'ɑːsei	fizzy	'fizi	fond	fɔnd
fiancée	fi'ɑːsei	flabby	'flæbi	fondness	'fɔndnis
fib	fib	flag	flæg	font	fɔnt
fibre	'faibər	flake	fleik	food	fuːd
fiction	'fikʃən	flame	fleim	foodstuffs	'fuːdstʌfs
fiddle	'fidl	flamingo	flə'miŋgəu	fool	fuːl
fidget	'fidʒit	flan	flæn	foolhardy	'fuːlhɑːdi

oolish	'fuːlɪʃ	fracture	'fræktʃər	fumes	fjuːmz
oot	fut	fragile	'frædʒaɪl	fun	fʌn
ootball	'futbɔːl	frame	freɪm	function	'fʌŋkʃən
ootballer	'futbɔːlər	France	frɑːns	fundamental	fʌndə'mentl
ootpath	'futpaːθ	frank	fræŋk	funds	fʌndz
ootprint	'futprɪnt	frantic	'fræntɪk	funeral	'fjuːnərəl
ootstep	'futstep	fraud	frɔːd	funfair	'fʌnfeər
or	fɔːr	freckles	'freklz	funnel	'fʌnl
orbid	fə'bɪd	free	friː	funny	'fʌnɪ
orbidden	fə'bɪdn	freedom	'friːdəm	fur	fəːr
orce	fɔːs	freeway	'friːweɪ	furious	'fjuərɪəs
orces	'fɔːsɪz	freeze	friːz	furnish	'fəːnɪʃ
orecast	'fɔːkɑːst	freeze-dried	'friːzdraɪd	furnishings	'fəːnɪʃɪŋz
oreground	'fɔːgraund	freezer	'friːzər	furniture	'fəːnɪtʃər
orehead	'fɔrɪd	freezing	'friːzɪŋ	further	'fəːðər
oreign	'fɔrɪn	freight	freɪt	fuse	fjuːz
oreigner	'fɔrɪnər	French	frentʃ	fuss	fʌs
oresee	fɔː'siː	Frenchman	'frentʃmən	fussy	'fʌsɪ
oreseeable	fɔː'siːəbl	Frenchwoman	'frentʃwumən	future	'fjuːtʃər
orest	'fɔrɪst	frequent	'friːkwənt	gadget	'gædʒɪt
oretaste	'fɔːteɪst	fresh	freʃ	gain	geɪn
orever	fə'revər	freshen	'freʃən	gallery	'gælərɪ
orfeit	'fɔːfɪt	fret	fret	gamble	'gæmbl
orgave	fə'geɪv	friction	'frɪkʃən	gambler	'gæmblər
orge	fɔːdʒ	Friday	'fraɪdɪ	gambling	'gæmblɪŋ
orged	fɔːdʒd	fridge	frɪdʒ	game	geɪm
orgery	'fɔːdʒərɪ	fried	fraɪd	gang	gæŋ
orget	fə'get	friend	frend	gangster	'gæŋstər
orgetful	fə'getful	friendliness	'frendlɪnɪs	gap	gæp
orget-me-not	fə'getmɪnɒt	friendly	'frendlɪ	garage	'gærɑːʒ
orgive	fə'gɪv	friendship	'frendʃɪp	garbage	'gɑːbɪdʒ
orgiveness	fə'gɪvnɪs	fries	fraɪz	garden	'gɑːdn
orgot	fə'gɒt	fright	fraɪt	gardener	'gɑːdnər
orgotten	fə'gɒtn	frighten	'fraɪtn	gardening	'gɑːdnɪŋ
ork	fɔːk	frightened	'fraɪtnd	gargle	'gɑːgl
orm	fɔːm	frightening	'fraɪtnɪŋ	garlic	'gɑːlɪk
ormal	'fɔːməl	fringe	frɪndʒ	garment	'gɑːmənt
ormat	'fɔːmæt	Frisbee	'frɪzbɪ	gas	gæs
ormation	fɔː'meɪʃən	frizzy	'frɪzɪ	gasoline	'gæsəliːn
ormer	'fɔːmər	fro	frəu	gate	geɪt
ormula	'fɔːmjulə	frog	frɒg	gateau	'gætəu
ormulate	'fɔːmjuleɪt	from	frɒm	gather	'gæðər
ort	fɔːt	front	frʌnt	gauge	geɪdʒ
orth	fɔːθ	front-door	'frʌntdɔːr	gave	geɪv
ortnight	'fɔːtnaɪt	frontier	'frʌntɪər	gawp	gɔːp
ortnightly	'fɔːtnaɪtlɪ	frost	frɒst	gay	geɪ
ortunate	'fɔːtʃənɪt	frosting	'frɒstɪŋ	gaze	geɪz
ortunately	'fɔːtʃənɪtlɪ	frosty	'frɒstɪ	GCSE	dʒiːsiːes'iː
ortune	'fɔːtʃən	frown	fraun	gear	gɪər
orty	'fɔːtɪ	froze	frəuz	gearbox	'gɪəbɒks
orward	'fɔːwəd	frozen	'frəuzn	gearshift	'gɪəʃɪft
oster	'fɒstər	fruit	fruːt	geese	giːs
ought	fɔːt	fruitful	'fruːtful	gel	dʒel
oul	faul	frustrate	frʌs'treɪt	gem	dʒem
ound	faund	frustrated	frʌs'treɪtɪd	Gemini	'dʒemɪnaɪ
oundations	faun'deɪʃənz	fry	fraɪ	gender	'dʒendər
ountain	'fauntɪn	frying	'fraɪɪŋ	gene	dʒiːn
our	fɔːr	fuel	'fjuəl	general	'dʒenərl
ourteen	fɔː'tiːn	fulfil	ful'fɪl	generalize	'dʒenrəlaɪz
ourth	'fɔːθ	full	ful	generally	'dʒenrəlɪ
ox	fɒks	full-time	'ful'taɪm	generation	dʒenə'reɪʃən
action	'frækʃən	fully	'fulɪ	generator	'dʒenəreɪtər

generous	'dʒɛnərəs	goalkeeper	'gəulki:pər	grape	greɪp
genetic	dʒɪ'nɛtɪk	goat	gəut	grapefruit	'greɪpfru:t
Geneva	dʒɪ'ni:və	gob	gɔb	graph	grɑ:f
genius	'dʒi:nɪəs	goblet	'gɔblɪt	graphic	'græfɪk
gentian	'dʒɛnʃən	god	gɔd	graphics	'græfɪks
gentle	'dʒɛntl	godchild	'gɔdtʃaɪld	grasp	grɑ:sp
gentleman	'dʒɛntlmən	goddaughter	'gɔddɔ:tər	grass	grɑ:s
gently	'dʒɛntlɪ	goddess	'gɔdɪs	grasshopper	'grɑ:shɔpər
gents	dʒɛnts	godfather	'gɔdfɑ:ðər	grate	greɪt
genuine	'dʒɛnjuɪn	godmother	'gɔdmʌðər	grateful	'greɪtful
geography	dʒɪ'ɔgrəfɪ	godson	'gɔdsʌn	grave	greɪv
geometry	dʒɪ'ɔmətrɪ	goes	gəuz	gravel	'grævl
germ	dʒɜ:m	goggles	'gɔglz	graveyard	'greɪvjɑ:d
German	'dʒɜ:mən	gold	gəuld	gravy	'greɪvɪ
Germany	'dʒɜ:mənɪ	golden	'gəuldən	grease	gri:s
gesture	'dʒɛstjər	goldfish	'gəuldfɪʃ	greasy	'gri:sɪ
get	gɛt	golf	gɔlf	great	greɪt
get-together	'gɛttəgɛðər	gone	gɔn	great-grandfather	
gherkin	'gɜ:kɪn	good	gud		greɪt'grændfɑ:ðər
ghetto	'gɛtəu	goodbye	gud'baɪ	great-grandmother	
ghost	gəust	good-looking	'gud'lukɪŋ		greɪt'grænmʌðər
giant	'dʒaɪənt	good-natured	'gud'neɪtʃəd	Greece	gri:s
gift	gɪft	goods	'gudz	greed	gri:d
gifted	'gɪftɪd	goose	gu:s	greedy	'gri:dɪ
gigantic	dʒaɪ'gæntɪk	gooseberry	'guzbərɪ	Greek	gri:k
giggle	'gɪgl	gorgeous	'gɔ:dʒəs	green	gri:n
gin	dʒɪn	gorilla	gə'rɪlə	greengrocer's	'gri:ngrəusəz
ginger	'dʒɪndʒər	gospel	'gɔspl	greenhouse	'gri:nhaus
gingerbread	'dʒɪndʒəbrɛd	gossip	'gɔsɪp	Greenland	'gri:nlənd
gipsy	'dʒɪpsɪ	got	gɔt	greet	gri:t
giraffe	dʒɪ'rɑ:f	gotten	'gɔtn	greeting	'gri:tɪŋ
girl	gɜ:l	govern	'gʌvən	grew	gru:
girlfriend	'gɜ:lfrɛnd	government	'gʌvnmənt	grey	greɪ
give	gɪv	gown	gaun	grey-haired	greɪ'hɛəd
given	'gɪvn	GP	dʒi:'pi:	grid	grɪd
glacier	'glæsɪər	grab	græb	grief	gri:f
glad	glæd	graceful	'greɪsful	grill	grɪl
gladly	'glædlɪ	grade	greɪd	grilled	grɪld
glamorous	'glæmərəs	gradient	'greɪdɪənt	grim	grɪm
glance	glɑ:ns	gradual	'grædjuəl	grin	grɪn
gland	glænd	gradually	'grædjuəlɪ	grind	graɪnd
glare	glɛər	graduate	'grædjuɪt	grip	grɪp
glaring	'glɛərɪŋ	graffiti	grə'fi:tɪ	gripping	'grɪpɪŋ
glass	glɑ:s	grain	greɪn	grit	grɪt
glasses	'glɑ:səs	gram	græm	groan	grəun
glazing	'gleɪzɪŋ	grammar	'græmər	grocer	'grəusər
gleam	gli:m	grammatical	grə'mætɪkl	grocer's	'grəusəz
glider	'glaɪdər	gramme	græm	groceries	'grəusərɪz
gliding	'glaɪdɪŋ	grand	grænd	groom	gru:m
glitter	'glɪtər	grandchild	'græntʃaɪld	groove	gru:v
global	'gləubl	grandchildren	'græntʃɪldrən	grope	grəup
globe	gləub	granddad	'grændæd	gross	grəus
gloom	glu:m	granddaughter	'grændɔ:tər	grossly	'grəuslɪ
gloomy	'glu:mɪ	grandfather	'grændfɑ:ðər	grotty	'grɔtɪ
glorious	'glɔ:rɪəs	grandma	'grænmɑ:	ground	graund
glove	glʌv	grandmother	'grænmʌðər	group	gru:p
glow	gləu	grandpa	'grænpɑ:	grovel	'grɔvl
glucose	'glu:kəus	grandparents	'grændpɛərənts	grow	grəu
glue	glu:	grandson	'grænsʌn	growl	graul
gnaw	nɔ:	grandstand	'grændstænd	grown	grəun
go	gəu	granny	'grænɪ	grown-up	grəun'ʌp
goal	gəul	grant	grɑ:nt	growth	grəuθ

grub	grʌb	**handbag**	'hændbæg	**heap**	hi:p
grudge	grʌdʒ	**handball**	'hændbɔ:l	**hear**	hɪər
gruesome	'gru:səm	**handbook**	'hændbuk	**hearing**	'hɪərɪŋ
grumpy	'grʌmpɪ	**handbrake**	'hændbreɪk	**heart**	hɑ:t
grunt	grʌnt	**handcuffs**	'hændkʌfs	**heartbeat**	'hɑ:tbi:t
guarantee	gærən'ti:	**handicap**	'hændɪkæp	**heartbroken**	'hɑ:tbrəukən
guard	gɑ:d	**handkerchief**	'hæŋkətʃɪf	**heartless**	'hɑ:tlɪs
guardian	'gɑ:dɪən	**handle**	'hændl	**heat**	hi:t
guess	ges	**handlebars**	'hændlbɑ:z	**heater**	'hi:tər
guest	gest	**handmade**	'hænd'meɪd	**heather**	'heðər
guesthouse	'gesthaus	**handshake**	'hændʃeɪk	**heating**	'hi:tɪŋ
guide	gaɪd	**handsome**	'hænsəm	**heatstroke**	'hi:tstrəuk
guidebook	'gaɪdbuk	**handwriting**	'hændraɪtɪŋ	**heave**	hi:v
guided	'gaɪdɪd	**handy**	'hændɪ	**heaven**	'hevn
guilt	gɪlt	**hang**	hæŋ	**heavenly**	'hevnlɪ
guilty	'gɪltɪ	**hanger**	'hæŋər	**heavily**	'hevɪlɪ
guinea	'gɪnɪ	**hang-gliding**	'hæŋglaɪdɪŋ	**heavy**	'hevɪ
guitar	gɪ'tɑ:r	**hangover**	'hæŋəuvər	**hectic**	'hektɪk
gulf	gʌlf	**happen**	'hæpən	**he'd**	hi:d
gulp	gʌlp	**happily**	'hæpɪlɪ	**hedge**	hedʒ
gum	gʌm	**happiness**	'hæpɪnɪs	**hedgehog**	'hedʒhɒg
gun	gʌn	**happy**	'hæpɪ	**heel**	hi:l
gunpoint	'gʌnpɔɪnt	**harbour**	'hɑ:bər	**height**	haɪt
gust	gʌst	**hard**	hɑ:d	**heir**	ɛər
guts	gʌts	**hard-boiled**	hɑ:d'bɔɪld	**heiress**	'eəres
guy	gaɪ	**hardly**	'hɑ:dlɪ	**held**	held
gym	dʒɪm	**hard-working**	hɑ:d'wɜ:kɪŋ	**helicopter**	'helɪkɒptər
gymnast	'dʒɪmnæst	**hare**	heər	**hell**	hel
gymnastics	dʒɪm'næstɪks	**harm**	hɑ:m	**he'll**	hi:l
gynaecologist	gaɪnɪ'kɒlədʒɪst	**harmful**	'hɑ:mful	**hello**	hə'ləu
gypsy	'dʒɪpsɪ	**harmless**	'hɑ:mlɪs	**helmet**	'helmɪt
habit	'hæbɪt	**harmonious**	hɑ:'məunɪəs	**help**	help
had	hæd	**harsh**	hɑ:ʃ	**helpful**	'helpful
haddock	'hædək	**harvest**	'hɑ:vɪst	**helpless**	'helplɪs
hadn't	'hædnt	**has**	hæz	**hen**	hen
haggle	'hægl	**hashish**	'hæʃɪʃ	**her**	hə:r
hail	heɪl	**hasn't**	'hæznt	**herb**	hɜ:b
hair	heər	**hasty**	'heɪstɪ	**herd**	hɜ:d
hairbrush	'heəbrʌʃ	**hat**	hæt	**here**	hɪər
haircut	'heəkʌt	**hate**	heɪt	**hereditary**	hɪ'redɪtrɪ
hairdo	'heədu:	**hatred**	'heɪtrɪd	**hernia**	'hɜ:nɪə
hairdresser	'heədresər	**haunted**	'hɔ:ntɪd	**hero**	'hɪərəu
hairdresser's	'heədresəz	**have**	hæv	**heroin**	'herəuɪn
hairgrip	'heəgrɪp	**haven't**	'hævnt	**heroine**	'herəuɪn
hairstyle	'heəstaɪl	**hay**	heɪ	**herring**	'herɪŋ
hairy	'heərɪ	**hazelnut**	'heɪzlnʌt	**hers**	hɜ:z
half	hɑ:f	**he**	hi:	**herself**	hə:'self
half-hour	hɑ:f'auər	**head**	hed	**he's**	hi:z
half-price	'hɑ:f'praɪs	**headache**	'hedeɪk	**hesitate**	'hezɪteɪt
half-time	hɑ:f'taɪm	**heading**	'hedɪŋ	**heterosexual**	'hetərəu'seksjuəl
half-yearly	hɑ:f'jɪəlɪ	**headlamp**	'hedlæmp	**hi**	haɪ
halfway	'hɑ:f'weɪ	**headlight**	'hedlaɪt	**hiccups**	'hɪkʌps
hall	hɔ:l	**headline**	'hedlaɪn	**hidden**	'hɪdn
Hallowe'en	'hæləu'i:n	**headmaster**	hed'mɑ:stər	**hide**	haɪd
hallway	'hɔ:lweɪ	**headmistress**	hed'mɪstrɪs	**hide-and-seek**	'haɪdən'si:k
halt	hɔ:lt	**headphones**	'hedfəunz	**hideous**	'hɪdɪəs
halve	hɑ:v	**headquarters**	'hedkwɔ:təz	**hiding**	'haɪdɪŋ
ham	hæm	**headteacher**	hed'ti:tʃər	**hi-fi**	'haɪfaɪ
hamburger	'hæmbə:gər	**headteacher's**	hed'ti:tʃəz	**high**	haɪ
hammer	'hæmər	**heal**	hi:l	**higher**	'haɪər
hamster	'hæmstər	**health**	helθ	**highest**	'haɪɪst
hand	hænd	**healthy**	'helθɪ	**high-heeled**	haɪ'hi:ld

highlight	'haɪlaɪt	honour	'ɔnəʳ	hunch	hʌntʃ
highlighter	'haɪlaɪtəʳ	hood	hud	hundred	'hʌndrəd
high-rise	'haɪraɪz	hook	huk	hundredweight	'hʌndrɪdweɪt
hijack	'haɪdʒæk	hooligan	'hu:lɪgən	hung	hʌŋ
hijacker	'haɪdʒækəʳ	hoop	hu:p	Hungarian	hʌŋ'geərɪən
hijacking	'haɪdʒækɪŋ	hooray	hu:'reɪ	Hungary	'hʌŋgərɪ
hike	haɪk	Hoover	'hu:vəʳ	hunger	'hʌŋgəʳ
hiking	'haɪkɪŋ	hoover	'hu:vəʳ	hungry	'hʌŋgrɪ
hilarious	hɪ'leərɪəs	hop	hɔp	hunt	hʌnt
hill	hɪl	hope	həup	hunting	'hʌntɪŋ
hill-walking	'hɪlwɔ:kɪŋ	hopeful	'həupful	hurl	hə:l
hilly	'hɪlɪ	hopefully	'həupfulɪ	hurly-burly	'hə:lɪ'bə:lɪ
him	hɪm	hopeless	'həuplɪs	hurricane	'hʌrɪkən
himself	hɪm'self	hops	hɔps	hurry	'hʌrɪ
hinder	'hɪndəʳ	horizon	hə'raɪzn	hurt	hə:t
Hindu	'hɪndu:	horizontal	hɔrɪ'zɔntl	husband	'hʌzbənd
hinge	hɪndʒ	horn	hɔ:n	hush	hʌʃ
hint	hɪnt	horny	'hɔ:nɪ	husky	'hʌskɪ
hip	hɪp	horoscope	'hɔrəskəup	hut	hʌt
hippie	'hɪpɪ	horrible	'hɔrɪbl	hydrogen	'haɪdrədʒən
hippo	'hɪpəu	horrified	'hɔrɪfaɪd	hygienic	haɪ'dʒi:nɪk
hire	'haɪəʳ	horrify	'hɔrɪfaɪ	hymn	hɪm
his	hɪz	horror	'hɔrəʳ	hypermarket	'haɪpəmɑ:kɪt
hiss	hɪs	horse	hɔ:s	hypersensitive	haɪpə'sensɪtɪv
historic	hɪ'stɔrɪk	horsefly	'hɔ:sflaɪ	hyphen	'haɪfn
historical	hɪ'stɔrɪkl	horse-racing	'hɔ:sreɪsɪŋ	hyphenate	'haɪfəneɪt
history	'hɪstərɪ	horseradish	'hɔ:srædɪʃ	hypnotize	'hɪpnətaɪz
hit	hɪt	horseshoe	'hɔ:sʃu:	hysterical	hɪ'sterɪkl
hit-and-run	'hɪtən'rʌn	hose	həuz	I	aɪ
hitch	hɪtʃ	hosepipe	'həuzpaɪp	ice	aɪs
hitchhike	'hɪtʃhaɪk	hospitable	'hɔspɪtəbl	iceberg	'aɪsbə:g
hitchhiker	'hɪtʃhaɪkəʳ	hospital	'hɔspɪtl	icebox	'aɪsbɔks
hitchhiking	'hɪtʃhaɪkɪŋ	hospitality	hɔspɪ'tælɪtɪ	ice-cold	'aɪs'kəuld
HIV	eɪtʃaɪ'vi:	host	həust	ice-cream	'aɪskri:m
HIV-negative	eɪtʃaɪvi:'negətɪv	hostage	'hɔstɪdʒ	Iceland	'aɪslənd
HIV-positive	eɪtʃaɪvi:'pɔsɪtɪv	hostel	'hɔstl	ice-skating	'aɪsskeɪtɪŋ
hoard	hɔ:d	hostess	'həustɪs	icicle	'aɪsɪkl
hoarse	hɔ:s	hostile	'hɔstaɪl	icing	'aɪsɪŋ
hoarseness	'hɔ:snɪs	hostility	hɔ'stɪlɪtɪ	icy	'aɪsɪ
hobby	'hɔbɪ	hot	hɔt	I'd	aɪd
hockey	'hɔkɪ	hot-tempered	'hɔt'tempəd	idea	aɪ'dɪə
hold	həuld	hot-water	hɔt'wɔ:təʳ	ideal	aɪ'dɪəl
hold-up	'həuldʌp	hotel	həu'tel	identical	aɪ'dentɪkl
hole	həul	hour	'auəʳ	identification	aɪdentɪfɪ'keɪʃə
holiday	'hɔlɪdeɪ	hourly	'auəlɪ	identify	aɪ'dentɪfaɪ
Holland	'hɔlənd	house	haus	identity	aɪ'dentɪtɪ
hollow	'hɔləu	housewife	'hauswaɪf	ideological	aɪdɪə'lɔdʒɪkl
holly	'hɔlɪ	housework	'hauswə:k	ideology	aɪdɪ'ɔlədʒɪ
holy	'həulɪ	hovercraft	'hɔvəkrɑ:ft	idiot	'ɪdɪət
home	həum	how	hau	idiotic	ɪdɪ'ɔtɪk
homeland	'həumlænd	however	hau'evəʳ	idle	'aɪdl
homeless	'həumlɪs	howl	haul	i.e.	aɪ'i:
homesick	'həumsɪk	hubbub	'hʌbʌb	if	ɪf
homesickness	'həumsɪknɪs	hug	hʌg	ignorance	'ɪgnərəns
homework	'həumwə:k	huge	hju:dʒ	ignorant	'ɪgnərənt
homosexual	hɔməu'seksjuəl	hullabaloo	'hʌləbə'lu:	ignore	ɪg'nɔ:ʳ
honest	'ɔnɪst	hum	hʌm	I'll	aɪl
honestly	'ɔnɪstlɪ	human	'hju:mən	ill	ɪl
honesty	'ɔnɪstɪ	humble	'hʌmbl	illegal	ɪ'li:gl
honey	'hʌnɪ	humid	'hju:mɪd	illegible	ɪ'ledʒɪbl
honeydew	'hʌnɪdju:	humidity	hju:'mɪdɪtɪ	illness	'ɪlnɪs
honeymoon	'hʌnɪmu:n	humour	'hju:məʳ	illogical	ɪ'lɔdʒɪkl

ill-treat	ɪl'triːt	incompetent	ɪn'kɒmpɪtnt	inhabitant	ɪn'hæbɪtnt
illusion	ɪ'luːʒən	incomplete	ɪnkəm'pliːt	inherit	ɪn'herɪt
illustrate	'ɪləstreɪt	inconceivable	ɪnkən'siːvəbl	inheritance	ɪn'herɪtəns
illustration	ɪlə'streɪʃən	inconsiderate	ɪnkən'sɪdərət	inhibited	ɪn'hɪbɪtɪd
I'm	aɪm	inconsolable	ɪnkən'səuləbl	inhibition	ɪnhɪ'bɪʃən
image	'ɪmɪdʒ	inconvenience	ɪnkən'viːnjəns	initials	ɪ'nɪʃlz
imagination	ɪmædʒɪ'neɪʃən	inconvenient	ɪnkən'viːnjənt	initiative	ɪ'nɪʃətɪv
imaginative	ɪ'mædʒɪnətɪv	incorrect	ɪnkə'rekt	inject	ɪn'dʒekt
imagine	ɪ'mædʒɪn	incorrigible	ɪn'kɒrɪdʒɪbl	injection	ɪn'dʒekʃən
imitate	'ɪmɪteɪt	increase NOUN	'ɪnkriːs	injure	'ɪndʒər
imitation	ɪmɪ'teɪʃən	increase VERB	ɪn'kriːs	injured	'ɪndʒəd
immature	ɪmə'tjuər	incredible	ɪn'kredɪbl	injury	'ɪndʒərɪ
immediate	ɪ'miːdɪət	incredibly	ɪn'kredɪblɪ	injustice	ɪn'dʒʌstɪs
immediately	ɪ'miːdɪətlɪ	incriminate	ɪn'krɪmɪneɪt	ink	ɪŋk
immigrant	'ɪmɪgrənt	incurable	ɪn'kjuərəbl	Inland	ɪn'lænd
immigrate	'ɪmɪgreɪt	indecisive	ɪndɪ'saɪsɪv	in-laws	'ɪnlɔːz
immigration	ɪmɪ'greɪʃən	indeed	ɪn'diːd	inn	ɪn
imminent	'ɪmɪnənt	indefinite	ɪn'defɪnɪt	innards	'ɪnədz
immoral	ɪ'mɒrl	independence	ɪndɪ'pendns	inner	'ɪnər
immune	ɪ'mjuːn	independent	ɪndɪ'pendnt	innocence	'ɪnəsns
impartial	ɪm'pɑːʃl	index	'ɪndeks	innocent	'ɪnəsnt
impatience	ɪm'peɪʃəns	India	'ɪndɪə	inopportune	ɪn'ɒpətjuːn
impatient	ɪm'peɪʃənt	Indian	'ɪndɪən	input	'ɪnput
imperfect	ɪm'pɜːfɪkt	indicate	'ɪndɪkeɪt	inquest	'ɪnkwest
impersonal	ɪm'pɜːsənl	indicator	'ɪndɪkeɪtər	inquire	ɪn'kwaɪər
impertinent	ɪm'pɜːtɪnənt	Indies	'ɪndɪz	inquiries	ɪn'kwaɪərɪz
imply	ɪm'plaɪ	indifferent	ɪn'dɪfrənt	inquiry	ɪn'kwaɪərɪ
impolite	ɪmpə'laɪt	indigestion	ɪndɪ'dʒestʃən	inquisitive	ɪn'kwɪzɪtɪv
import NOUN	'ɪmpɔːt	indistinct	ɪndɪs'tɪŋkt	insane	ɪn'seɪn
import VERB	ɪm'pɔːt	individual	ɪndɪ'vɪdjuəl	inscription	ɪn'skrɪpʃən
importance	ɪm'pɔːtns	indoor	'ɪndɔːr	insect	'ɪnsekt
important	ɪm'pɔːtənt	indoors	ɪn'dɔːz	insecure	ɪnsɪ'kjuər
impossibility	ɪmpɒsə'bɪlɪtɪ	indulgent	ɪn'dʌldʒənt	insensitive	ɪn'sensɪtɪv
impossible	ɪm'pɒsɪbl	industrial	ɪn'dʌstrɪəl	inseparable	ɪn'sepərəbl
impress	ɪm'pres	industry	'ɪndəstrɪ	insert	ɪn'sɜːt
impressed	ɪm'prest	inedible	ɪn'edɪbl	inside	'ɪn'saɪd
impression	ɪm'preʃən	ineffective	ɪnɪ'fektɪv	insincere	ɪnsɪn'sɪər
impressive	ɪm'presɪv	inefficient	ɪnɪ'fɪʃənt	insist	ɪn'sɪst
improper	ɪm'prɒpər	inevitable	ɪn'evɪtəbl	insoluble	ɪn'sɒljubl
improve	ɪm'pruːv	inexpensive	ɪnɪk'spensɪv	inspector	ɪn'spektər
improvement	ɪm'pruːvmənt	inexperienced	ɪnɪk'spɪərɪənst	install	ɪn'stɔːl
improvise	'ɪmprəvaɪz	infant	'ɪnfənt	instalment	ɪn'stɔːlmənt
impudence	'ɪmpjudns	infect	ɪn'fekt	instance	'ɪnstəns
impudent	'ɪmpjudnt	infection	ɪn'fekʃən	instant	'ɪnstənt
in	ɪn	infectious	ɪn'fekʃəs	instantly	'ɪnstəntlɪ
inaccuracy	ɪn'ækjurəsɪ	inferior	ɪn'fɪərɪər	instead	ɪn'sted
inaccurate	ɪn'ækjurət	infinite	'ɪnfɪnɪt	instinct	'ɪnstɪŋkt
inappropriate	ɪnə'prəuprɪət	infinitive	ɪn'fɪnɪtɪv	institute	'ɪnstɪtjuːt
inattentive	ɪnə'tentɪv	infirmary	ɪn'fɜːmərɪ	instinctive	ɪn'stɪŋktɪv
incapable	ɪn'keɪpəbl	inflamed	ɪn'fleɪmd	institution	ɪnstɪ'tjuːʃən
incentive	ɪn'sentɪv	inflammation	ɪnflə'meɪʃən	instruct	ɪn'strʌkt
inch	ɪntʃ	inflatable	ɪn'fleɪtəbl	instruction	ɪn'strʌkʃən
incident	'ɪnsɪdnt	inflate	ɪn'fleɪt	instructions	ɪn'strʌkʃənz
incineration	ɪnsɪnə'reɪʃən	inflation	ɪn'fleɪʃən	instructor	ɪn'strʌktər
incline NOUN	'ɪnklaɪn	influence	'ɪnfluəns	instrument	'ɪnstrumənt
incline VERB	ɪn'klaɪn	influenza	ɪnflu'enzə	insufficient	ɪnsə'fɪʃənt
inclined	ɪn'klaɪnd	inform	ɪn'fɔːm	insulin	'ɪnsjulɪn
include	ɪn'kluːd	informal	ɪn'fɔːml	insult NOUN	'ɪnsʌlt
included	ɪn'kluːdɪd	information	ɪnfə'meɪʃən	insult VERB	ɪn'sʌlt
including	ɪn'kluːdɪŋ	informative	ɪn'fɔːmətɪv	insurance	ɪn'ʃuərəns
inclusive	ɪn'kluːsɪv	infuriating	ɪn'fjuərɪeɪtɪŋ	intellectual	ɪntə'lektjuəl
income	'ɪnkʌm	ingredient	ɪn'griːdɪənt	intelligence	ɪn'telɪdʒəns

intelligent	ɪn'telɪdʒənt	**Irish**	'aɪrɪʃ	**jellyfish**	'dʒelɪfɪʃ
intend	ɪn'tend	**Irishman**	'aɪrɪʃmən	**jersey**	'dʒəːzɪ
intense	ɪn'tens	**Irishwoman**	'aɪrɪʃwumən	**Jesus**	'dʒiːzəs
intensive	ɪn'tensɪv	**iron**	'aɪən	**jet**	dʒet
intention	ɪn'tenʃən	**ironic**	aɪ'rɒnɪk	**jetlag**	'dʒetlæg
intercom	'ɪntəkɒm	**ironing**	'aɪənɪŋ	**jetty**	'dʒetɪ
intercourse	'ɪntəkɔːs	**ironmonger's**	'aɪənmʌŋgəz	**Jew**	dʒuː
interest	'ɪntrɪst	**irony**	'aɪrənɪ	**jewel**	'dʒuːəl
interesting	'ɪntrɪstɪŋ	**irregular**	ɪ'regjulər	**jeweller**	'dʒuːələr
interface	'ɪntəfeɪs	**irrelevant**	ɪ'reləvənt	**jeweller's**	'dʒuːələz
interfere	ɪntə'fɪər	**irresponsible**	ɪrɪ'spɒnsɪbl	**jewellery**	'dʒuːəlrɪ
interference	ɪntə'fɪərəns	**irritable**	'ɪrɪtəbl	**Jewish**	'dʒuːɪʃ
interior	ɪn'tɪərɪər	**irritate**	'ɪrɪteɪt	**jigsaw**	'dʒɪgsɔː
intermediate	ɪntə'miːdɪət	**irritating**	'ɪrɪteɪtɪŋ	**job**	dʒɒb
internal	ɪn'təːnl	**is**	ɪz	**jobless**	'dʒɒblɪs
international	ɪntə'næʃənl	**Islam**	'ɪzlɑːm	**jockey**	'dʒɒkɪ
Internet	'ɪntənet	**Islamic**	ɪz'læmɪk	**jog**	dʒɒg
interpersonal	ɪntə'pəːsnl	**island**	'aɪlənd	**jogging**	'dʒɒgɪŋ
interpret	ɪn'təːprɪt	**isle**	aɪl	**john**	dʒɒn
interpreter	ɪn'təːprɪtər	**isn't**	'ɪznt	**join**	dʒɔɪn
interrogate	ɪn'terəugeɪt	**isolated**	'aɪsəleɪtɪd	**joiner**	'dʒɔɪnər
interrupt	ɪntə'rʌpt	**Israel**	'ɪzreɪl	**joint**	dʒɔɪnt
interruption	ɪntə'rʌpʃən	**Israeli**	ɪz'reɪlɪ	**joke**	dʒəuk
interval	'ɪntəvl	**issue**	'ɪʃjuː	**joker**	'dʒəukər
intervene	ɪntə'viːn	**it**	ɪt	**jolly**	'dʒɒlɪ
interview	'ɪntəvjuː	**Italian**	ɪ'tæljən	**Jordan**	'dʒɔːdən
interviewer	'ɪntəvjuər	**italics**	ɪ'tælɪks	**jot**	dʒɒt
intestine	ɪn'testɪn	**Italy**	'ɪtəlɪ	**jotter**	'dʒɒtər
intimate	'ɪntɪmət	**itch**	ɪtʃ	**journalism**	'dʒəːnəlɪzəm
intimidate	ɪn'tɪmɪdeɪt	**itchy**	'ɪtʃɪ	**journalist**	'dʒəːnəlɪst
into	'ɪntu	**it'd**	'ɪtd	**journey**	'dʒəːnɪ
intolerable	ɪn'tɒlərəbl	**item**	'aɪtəm	**joy**	dʒɔɪ
intransitive	ɪn'trænsɪtɪv	**itinerary**	aɪ'tɪnərərɪ	**joystick**	'dʒɔɪstɪk
introduce	ɪntrə'djuːs	**it'll**	'ɪtl	**judge**	dʒʌdʒ
introduction	ɪntrə'dʌkʃən	**it's**	ɪts	**judo**	'dʒuːdəu
intruder	ɪn'truːdər	**its**	ɪts	**jug**	dʒʌg
intuition	ɪntjuː'ɪʃən	**itself**	ɪt'self	**juggler**	'dʒʌglər
invade	ɪn'veɪd	**I've**	aɪv	**juice**	dʒuːs
invalid NOUN	'ɪnvəlɪd	**jab**	dʒæb	**juicy**	'dʒuːsɪ
invalid ADJECTIVE	ɪn'vælɪd	**jack**	dʒæk	**jukebox**	'dʒuːkbɒks
invalidity	ɪnvə'lɪdɪtɪ	**jacket**	'dʒækɪt	**July**	dʒuː'laɪ
invent	ɪn'vent	**jackpot**	'dʒækpɒt	**jumble sale**	'dʒʌmblseɪl
invention	ɪn'venʃən	**jail**	dʒeɪl	**jump**	dʒʌmp
inventive	ɪn'ventɪv	**jam**	dʒæm	**jumper**	'dʒʌmpər
inventor	ɪn'ventər	**jammed**	dʒæmd	**jumpy**	'dʒʌmpɪ
inverted	ɪn'vəːtɪd	**jam-packed**	dʒæm'pækt	**junction**	'dʒʌŋkʃən
investigation	ɪnvestɪ'geɪʃən	**janitor**	'dʒænɪtər	**June**	dʒuːn
investment	ɪn'vestmənt	**January**	'dʒænjuərɪ	**jungle**	'dʒʌŋgl
invigilator	ɪn'vɪdʒɪleɪtər	**Japan**	dʒə'pæn	**junior**	'dʒuːnɪər
invincible	ɪn'vɪnsɪbl	**Japanese**	dʒæpə'niːz	**junk**	dʒʌŋk
invisible	ɪn'vɪzɪbl	**jar**	dʒɑːr	**jury**	'dʒuərɪ
invitation	ɪnvɪ'teɪʃən	**jaundice**	'dʒɔːndɪs	**just**	dʒʌst
invite	ɪn'vaɪt	**javelin**	'dʒævlɪn	**justice**	'dʒʌstɪs
invoice	'ɪnvɔɪs	**jaw**	dʒɔː	**justification**	dʒʌstɪfɪ'keɪʃən
involve	ɪn'vɒlv	**jazz**	dʒæz	**justify**	'dʒʌstɪfaɪ
iodine	'aɪəudiːn	**jealous**	'dʒeləs	**kangaroo**	kæŋgə'ruː
IQ	aɪ'kjuː	**jealousy**	'dʒeləsɪ	**karate**	kə'rɑːtɪ
Iran	ɪ'rɑːn	**jeans**	dʒiːnz	**kebab**	kə'bæb
Iranian	ɪ'reɪnɪən	**Jehovah's Witness**		**keel**	kiːl
Iraq	ɪ'rɑːk		dʒɪhəuvəz'wɪtnɪs	**keen**	kiːn
Iraqi	ɪ'rɑːkɪ	**jello**	'dʒeləu	**keep**	kiːp
Ireland	'aɪələnd	**jelly**	'dʒelɪ	**keep-fit**	kiːp'fɪt

Word	Phonetic	Word	Phonetic	Word	Phonetic
kennel	'kɛnl	lab	læb	laxative	'læksətɪv
kept	kɛpt	label	'leɪbl	lay	leɪ
kernel	'kɜːnl	labor	'leɪbər	lay-by	'leɪbaɪ
kerosene	'kɛrəsiːn	laboratory	lə'bɔrətərɪ	layer	'leɪər
kettle	'kɛtl	labour	'leɪbər	layman	'leɪmən
kettledrum	'kɛtldrʌm	Labour	'leɪbər	laze	leɪz
key	kiː	labourer	'leɪbərər	laziness	'leɪzɪnɪs
keyboard	'kiːbɔːd	lace	leɪs	lazy	'leɪzɪ
keyring	'kiːrɪŋ	lack	læk	lead VERB, NOUN	liːd
kick	kɪk	lacquer	'lækər	lead NOUN	lɛd
kick-off	'kɪkɔf	lad	læd	leaded	'lɛdɪd
kid	kɪd	ladder	'lædər	leader	'liːdər
kidnap	'kɪdnæp	ladle	'leɪdl	leadership	'liːdəʃɪp
kidney	'kɪdnɪ	lady	'leɪdɪ	lead-free	'lɛdfriː
kill	kɪl	ladybird	'leɪdɪbɜːd	leaf	liːf
killed	kɪld	lag	læg	leaflet	'liːflɪt
killer	'kɪlər	lager	'lɑːgər	league	liːg
kilo	'kiːləu	laid	leɪd	leak	liːk
kilogram	'kɪləugræm	laid-back	leɪd'bæk	lean	liːn
kilometre	'kɪləmiːtər	lain	leɪn	leap	liːp
kilt	kɪlt	lake	leɪk	learn	lɜːn
kind	kaɪnd	lamb	læm	learner	'lɜːnər
kindergarten	'kɪndəgɑːtn	lame	leɪm	learnt	lɜːnt
kindly	'kaɪndlɪ	lamp	læmp	lease	liːs
kindness	'kaɪndnɪs	lamppost	'læmppəust	least	liːst
king	kɪŋ	lampshade	'læmpʃeɪd	leather	'lɛðər
kingdom	'kɪŋdəm	land	lænd	leave	liːv
kiosk	'kiːɔsk	landing	'lændɪŋ	leaves	liːvz
kip	kɪp	landlady	'lændleɪdɪ	Lebanon	'lɛbənən
kipper	'kɪpər	landlord	'lændlɔːd	lecture	'lɛktʃər
kiss	kɪs	landmark	'lændmɑːk	lecturer	'lɛktʃərər
kit	kɪt	landowner	'lændəunər	led	lɛd
kitchen	'kɪtʃɪn	landscape	'lændskeɪp	leek	liːk
kite	kaɪt	lane	leɪn	left	lɛft
kitschy	'kɪtʃɪ	language	'læŋgwɪdʒ	left-hand	'lɛfthænd
kitten	'kɪtn	lantern	'læntən	left-handed	lɛft'hændɪd
kiwi	'kiːwiː	lap	læp	left-luggage	lɛft'lʌgɪdʒ
knack	næk	laptop	'læptɔp	left-over	'lɛftəuvər
knackered	'nækəd	larder	'lɑːdər	leg	lɛg
knee	niː	large	lɑːdʒ	legal	'liːgl
kneel	niːl	largest	'lɑːdʒɪst	legendary	'lɛdʒəndərɪ
knee-length	'niːlɛŋθ	laser	'leɪzər	leggings	'lɛgɪŋz
knew	njuː	lass	læs	legible	'lɛdʒəbl
knickers	'nɪkəz	last	lɑːst	leisure	'lɛʒər
knife	naɪf	late	leɪt	lemon	'lɛmən
knight	naɪt	lately	'leɪtlɪ	lemonade	lɛmə'neɪd
knit	nɪt	later	'leɪtər	lend	lɛnd
knitting	'nɪtɪŋ	latest	'leɪtɪst	length	lɛŋθ
knives	naɪvz	Latin	'lætɪn	lengthen	'lɛŋθn
knob	nɔb	laugh	lɑːf	lengthy	'lɛŋθɪ
knock	nɔk	laughter	'lɑːftər	lenient	'liːnɪənt
knot	nɔt	launch	lɔːntʃ	lens	lɛnz
know	nəu	Launderette	lɔːn'drɛt	lenses	'lɛnzɪz
know-all	'nəuɔːl	Laundromat	'lɔːndrəmæt	Lent	lɛnt
know-how	'nəuhau	laundry	'lɔːndrɪ	lent	lɛnt
knowledge	'nɔlɪdʒ	lavatory	'lævətərɪ	lentil	'lɛntɪl
knowledgeable	'nɔlɪdʒəbl	lavender	'lævəndər	Leo	'liːəu
known	nəun	law	lɔː	leotard	'liːətɑːd
knuckle	'nʌkl	lawful	'lɔːful	lesbian	'lɛzbɪən
Koran	kɔ'rɑːn	lawn	lɔːn	less	lɛs
Korea	kə'rɪə	lawnmower	'lɔːnməuər	lesson	'lɛsn
kosher	'kəuʃər	lawyer	'lɔːjər	let	lɛt

let-down	'lɛtdaun	liquorice	'lɪkərɪs	lose	luːz
lethargic	lɛ'θɑːdʒɪk	lisp	lɪsp	loser	'luːzər
letter	'lɛtər	list	lɪst	loss	lɔs
letterbox	'lɛtəbɔks	listen	'lɪsn	lost	lɔst
lettuce	'lɛtɪs	listener	'lɪsnər	lost-and-found	lɔstən'faund
leukaemia	luː'kiːmɪə	lit	lɪt	lot	lɔt
level	'lɛvl	literal	'lɪtərəl	lotion	'ləuʃən
lever	'liːvər	literally	'lɪtrəlɪ	lottery	'lɔtərɪ
liable	'laɪəbl	literature	'lɪtrɪtʃər	loud	laud
liar	'laɪər	litre	'liːtər	loudly	'laudlɪ
liberal	'lɪbərl	litter	'lɪtər	loudspeaker	laud'spiːkər
liberation	lɪbə'reɪʃən	little	'lɪtl	lounge	laundʒ
liberty	'lɪbətɪ	live ADJECTIVE	laɪv	louse	laus
Libra	'liːbrə	live VERB	lɪv	lousy	'lauzɪ
librarian	laɪ'brɛərɪən	livelihood	'laɪvlɪhud	love	lʌv
library	'laɪbrərɪ	lively	'laɪvlɪ	lovely	'lʌvlɪ
Libya	'lɪbɪə	liver	'lɪvər	loving	'lʌvɪŋ
licence	'laɪsns	lives	laɪvz	low	ləu
license	'laɪsns	living	'lɪvɪŋ	lower	'ləuər
lick	lɪk	lizard	'lɪzəd	low-fat	ləu'fæt
lid	lɪd	load	ləud	lowland	'ləulənd
lie	laɪ	loaded	'ləudɪd	loyalty	'lɔɪəltɪ
lie-in	'laɪɪn	loading	'ləudɪŋ	LP	ɛl'piː
lieutenant	lɛf'tɛnənt	loaf	ləuf	L-plate	'ɛlpleɪt
life	laɪf	loan	ləun	luck	lʌk
lifebelt	'laɪfbɛlt	loathe	ləuð	luckily	'lʌkɪlɪ
lifeboat	'laɪfbəut	loaves	ləuvz	lucky	'lʌkɪ
lifeguard	'laɪfgɑːd	lobster	'lɔbstər	lucrative	'luːkrətɪv
life-saving	'laɪfseɪvɪŋ	local	'ləukl	luggage	'lʌgɪdʒ
lifestyle	'laɪfstaɪl	loch	lɔx	lukewarm	'luːkwɔːm
lift	lɪft	lock	lɔk	lumbago	lʌm'beɪgəu
light	laɪt	locker	'lɔkər	lump	lʌmp
lighter	'laɪtər	locket	'lɔkɪt	lunatic	'luːnətɪk
lighthouse	'laɪthaus	locomotive	ləukə'məutɪv	lunch	lʌntʃ
lightning	'laɪtnɪŋ	lodger	'lɔdʒər	luncheon	'lʌntʃən
like	laɪk	loft	lɔft	lunchtime	'lʌntʃtaɪm
likeable	'laɪkəbl	log	lɔg	lung	lʌŋ
likely	'laɪklɪ	logic	'lɔdʒɪk	luscious	'lʌʃəs
likewise	'laɪkwaɪz	logical	'lɔdʒɪkl	lush	lʌʃ
lilo	'laɪləu	lollipop	'lɔlɪpɔp	lust	lʌst
lily	'lɪlɪ	lolly	'lɔlɪ	Luxembourg	'lʌksəmbɜːg
lime	laɪm	London	'lʌndən	luxurious	lʌg'zjuərɪəs
limit	'lɪmɪt	Londoner	'lʌndənər	luxury	'lʌkʃərɪ
limited	'lɪmɪtɪd	loneliness	'ləunlɪnɪs	lying	'laɪɪŋ
limousine	'lɪməziːn	lonely	'ləunlɪ	lyrics	'lɪrɪks
limp	lɪmp	lonesome	'ləunsəm	mac	mæk
line	laɪn	long	lɔŋ	macaroni	mækə'rəunɪ
linen	'lɪnɪn	long-distance	lɔŋ'dɪstəns	machine	mə'ʃiːn
liner	'laɪnər	longer	'lɔŋgər	machinery	mə'ʃiːnərɪ
linguist	'lɪŋgwɪst	longest	'lɔŋgɪst	mackerel	'mækrl
linguistic	lɪŋ'gwɪstɪk	longing	'lɔŋɪŋ	mad	mæd
lining	'laɪnɪŋ	longish	'lɔŋɪʃ	madam	'mædəm
link	lɪŋk	long-term	'lɔŋtəːm	made	meɪd
lino	'laɪnəu	long-winded	lɔŋ'wɪndɪd	madly	'mædlɪ
lion	'laɪən	loo	luː	madman	'mædmən
lioness	'laɪənɪs	look	luk	madness	'mædnɪs
lip	lɪp	loop	luːp	magazine	mægə'ziːn
lip-read	'lɪpriːd	loose	luːs	maggot	'mægət
lipstick	'lɪpstɪk	loosen	'luːsn	magic	'mædʒɪk
liqueur	lɪ'kjuər	lord	lɔːd	magician	mə'dʒɪʃən
liquid	'lɪkwɪd	Lord's	lɔːdz	magnet	'mægnɪt
liquidizer	'lɪkwɪdaɪzər	lorry	'lɔrɪ	magnetic	mæg'nɛtɪk

magnificent	mæg'nɪfɪsnt	marijuana	mærɪ'wɑːnə	Mecca	'mekə
magnifying	'mægnɪfaɪɪŋ	marital	'mærɪtl	mechanic	mɪ'kænɪk
maid	meɪd	marjoram	'mɑːdʒərəm	mechanical	mɪ'kænɪkl
maiden	'meɪdn	mark	mɑːk	mechanism	'mekənɪzəm
nail	meɪl	market	'mɑːkɪt	medal	'medl
nailbox	'meɪlbɒks	marketing	'mɑːkɪtɪŋ	media	'miːdɪə
nailman	'meɪlmæn	marksman	'mɑːksmən	median	'miːdɪən
nail-order	'meɪlɔːdər	marmalade	'mɑːməleɪd	medical	'medɪkl
nain	meɪn	maroon	mə'ruːn	medicine	'medsɪn
nainland	'meɪnlənd	marriage	'mærɪdʒ	mediocre	miːdɪ'əukər
nainly	'meɪnlɪ	married	'mærɪd	Mediterranean	medɪtə'reɪnɪən
naintain	meɪn'teɪn	marrow	'mærəu	medium	'miːdɪəm
naintenance	'meɪntənəns	marry	'mærɪ	medium-sized	'miːdɪəm'saɪzd
naize	meɪz	marvellous	'mɑːvləs	meet	miːt
najesty	'mædʒɪstɪ	marzipan	'mɑːzɪpæn	meeting	'miːtɪŋ
najor	'meɪdʒər	mascara	mæs'kɑːrə	mega	'megə
Majorca	mə'jɔːkə	masculine	'mæskjulɪn	melody	'melədɪ
najority	mə'dʒɒrɪtɪ	mashed	mæʃt	melon	'melən
nake	meɪk	mask	mɑːsk	melt	melt
nakeshift	'meɪkʃɪft	mass	mæs	member	'membər
nake-up	'meɪkʌp	massage	'mæsɑːʒ	membership	'membəʃɪp
Malaysia	mə'leɪzɪə	masses	'mæsɪz	memento	mə'mentəu
nale	meɪl	massive	'mæsɪv	memorial	mɪ'mɔːrɪəl
nall	mɔːl	mast	mɑːst	memorize	'meməraɪz
nalt	mɔːlt	master	'mɑːstər	memory	'memərɪ
Malta	'mɔːltə	masterpiece	'mɑːstəpiːs	men	men
nammal	'mæml	mat	mæt	mend	mend
nammoth	'mæməθ	match	mætʃ	meningitis	menɪn'dʒaɪtɪs
nan	mæn	matching	'mætʃɪŋ	mental	'mentl
nanage	'mænɪdʒ	mate	meɪt	mentality	men'tælɪtɪ
nanageable	'mænɪdʒəbl	material	mə'tɪərɪəl	mentally	'mentlɪ
nanagement	'mænɪdʒmənt	materialistic	mətɪərɪə'lɪstɪk	mention	'menʃən
nanager	'mænɪdʒər	mathematical	mæθə'mætɪkl	menu	'menjuː
nanageress	mænɪdʒə'res	mathematics	mæθə'mætɪks	merchant	'mɜːtʃənt
nandarin	'mændərɪn	maths	mæθs	mercy	'mɜːsɪ
nango	'mæŋgəu	matron	'meɪtrən	mere	mɪər
nania	'meɪnɪə	matt	mæt	merge	mɜːdʒ
naniac	'meɪnɪæk	matter	'mætər	meringue	mə'ræŋ
nanipulate	mə'nɪpjuleɪt	mattress	'mætrɪs	merry	'merɪ
nankind	mæn'kaɪnd	mature	mə'tjuər	merry-go-round	'merɪgəuraund
nan-made	'mæn'meɪd	maximum	'mæksɪməm	mesh	meʃ
nanner	'mænər	May	meɪ	mess	mes
nanners	'mænəz	may	meɪ	message	'mesɪdʒ
nanpower	'mænpauər	maybe	'meɪbiː	messenger	'mesɪndʒər
nansion	'mænʃən	mayonnaise	meɪə'neɪz	messy	'mesɪ
nantelpiece	'mæntlpiːs	mayor	meər	met	met
nanual	'mænjuəl	maze	meɪz	metal	'metl
nanufacture	mænju'fæktʃər	me	miː	meter	'miːtər
nanufacturer	mænju'fæktʃərər	meadow	'medəu	method	'meθəd
nanure	mə'njuər	meal	miːl	Methodist	'meθədɪst
nanuscript	'mænjuskrɪpt	mealtime	'miːltaɪm	metre	'miːtər
nany	'menɪ	mean	miːn	metric	'metrɪk
nany-sided	menɪ'saɪdɪd	meaning	'miːnɪŋ	Mexico	'meksɪkəu
nap	mæp	meaningless	'miːnɪŋlɪs	miaow	miː'au
naple	'meɪpl	meanness	'miːnnɪs	mice	maɪs
narathon	'mærəθən	means	miːnz	microchip	'maɪkrəutʃɪp
narble	'mɑːbl	meant	ment	microphone	'maɪkrəfəun
March	mɑːtʃ	meanwhile	'miːnwaɪl	microscope	'maɪkrəskəup
narch	mɑːtʃ	measles	'miːzlz	microwave	'maɪkrəuweɪv
nare	meər	measure	'meʒər	mid	mɪd
nargarine	mɑːdʒə'riːn	measurement	'meʒəmənt	midday	mɪd'deɪ
nargin	'mɑːdʒɪn	meat	miːt	middle	'mɪdl

middle-aged	mɪdl'eɪdʒd	mistakenly	mɪs'teɪkənlɪ	mosquito	mɒs'kiːtəu
middle-class	mɪdl'klɑːs	mistletoe	'mɪsltəu	most	məust
midge	mɪdʒ	mistook	mɪs'tuk	mostly	'məustlɪ
midnight	'mɪdnaɪt	mistress	'mɪstrɪs	MOT	ɛməu'tiː
midwife	'mɪdwaɪf	mistrust	mɪs'trʌst	motel	məu'tɛl
might	maɪt	misty	'mɪstɪ	moth	mɒθ
migraine	'miːgreɪn	misunderstand	mɪsʌndə'stænd	mother	'mʌðər
mike	maɪk	misunderstanding		Mother's	'mʌðəz
mild	maɪld		mɪsʌndə'stændɪŋ	mother-in-law	'mʌðərɪnlɔː
mile	maɪl	misunderstood	mɪsʌndə'stud	motion	'məuʃən
military	'mɪlɪtərɪ	mix	mɪks	motionless	'məuʃənlɪs
milk	mɪlk	mixed	mɪkst	motivate	'məutɪveɪt
milkman	'mɪlkmən	mixture	'mɪkstʃər	motivated	'məutɪveɪtɪd
mill	mɪl	mix-up	'mɪksʌp	motivation	məutɪ'veɪʃən
millimetre	'mɪlɪmiːtər	moan	məun	motive	'məutɪv
million	'mɪljən	mobile	'məubaɪl	motor	'məutər
millionaire	mɪljə'nɛər	mock	mɒk	motorbike	'məutəbaɪk
mimic	'mɪmɪk	mod cons	'mɒd'kɒnz	motorboat	'məutəbəut
mince	mɪns	model	'mɒdl	motorcycle	'məutəsaɪkl
mind	maɪnd	modem	'məudɛm	motorcyclist	'məutəsaɪklɪst
minder	'maɪndər	moderate	'mɒdərət	motorist	'məutərɪst
mindless	'maɪndlɪs	modern	'mɒdən	motorway	'məutəweɪ
mine	maɪn	modernize	'mɒdənaɪz	motto	'mɒtəu
miner	'maɪnər	modest	'mɒdɪst	mould	məuld
mineral	'mɪnərəl	modify	'mɒdɪfaɪ	mouldy	'məuldɪ
miniature	'mɪnətʃər	moist	mɔɪst	mountain	'mauntɪn
minibus	'mɪnɪbʌs	moisture	'mɔɪstʃər	mountaineer	mauntɪ'nɪər
minicab	'mɪnɪkæb	moisturizer	'mɔɪstʃəraɪzər	mountaineering	mauntɪ'nɪərɪŋ
minimum	'mɪnɪməm	mole	məul	mountainous	'mauntɪnəs
mining	'maɪnɪŋ	moment	'məumənt	mouse	maus
miniskirt	'mɪnɪskɜːt	momentary	'məuməntərɪ	mousetrap	'maustræp
minister	'mɪnɪstər	monarch	'mɒnək	mousse	muːs
ministry	'mɪnɪstrɪ	monarchy	'mɒnəkɪ	moustache	məs'tɑːʃ
minor	'maɪnər	monastery	'mɒnəstərɪ	mouth	mauθ
minority	maɪ'nɒrɪtɪ	Monday	'mʌndɪ	mouthful	'mauθful
mint	mɪnt	money	'mʌnɪ	mouthwash	'mauθwɒʃ
minus	'maɪnəs	mongrel	'mʌŋgrəl	movable	'muːvəbl
minute NOUN	'mɪnɪt	monitor	'mɒnɪtər	move	muːv
minute ADJECTIVE	maɪ'njuːt	monk	mʌŋk	moved	muːvd
miracle	'mɪrəkl	monkey	'mʌŋkɪ	movement	'muːvmənt
mirror	'mɪrər	monolingual	mɒnə'lɪŋgwəl	movie	'muːvɪ
misbehave	mɪsbɪ'heɪv	monosyllabic	mɒnəsɪ'læbɪk	moving	'muːvɪŋ
mischief	'mɪstʃɪf	monotonous	mə'nɒtənəs	mow	məu
mischievous	'mɪstʃɪvəs	monster	'mɒnstər	mower	'məuər
miscount	mɪs'kaunt	month	mʌnθ	mown	məun
miser	'maɪzər	monthly	'mʌnθlɪ	MP	ɛm'piː
miserable	'mɪzərəbl	monument	'mɒnjumənt	Mr	'mɪstər
misery	'mɪzərɪ	mood	muːd	Mrs	'mɪsɪz
misfortune	mɪs'fɔːtʃən	moody	'muːdɪ	Ms	mɪz
mishap	'mɪshæp	moon	muːn	much	mʌtʃ
misjudge	mɪs'dʒʌdʒ	moor	muər	mud	mʌd
mislay	mɪs'leɪ	mop	mɒp	muddle	'mʌdl
mislead	mɪs'liːd	moped	'məupɛd	muddy	'mʌdɪ
misleading	mɪs'liːdɪŋ	moral	'mɒrl	muesli	'mjuːzlɪ
misprint	'mɪsprɪnt	morale	mɒ'rɑːl	muffler	'mʌflər
Miss	mɪs	more	mɔːr	mug	mʌg
miss	mɪs	morning	'mɔːnɪŋ	mugger	'mʌgər
missing	'mɪsɪŋ	Morocco	mə'rɒkəu	mugging	'mʌgɪŋ
missionary	'mɪʃənrɪ	mortgage	'mɔːgɪdʒ	muggy	'mʌgɪ
mist	mɪst	Moscow	'mɒskəu	multiple sclerosis	mʌltɪplsklɪ'rəus
mistake	mɪs'teɪk	Moslem	'mɒzləm	multiplication	mʌltɪplɪ'keɪʃən
mistaken	mɪs'teɪkən	mosque	mɒsk	multiply	'mʌltɪplaɪ

multi-storey	'mʌltɪ'stɔːrɪ	nearer	'nɪərər	nightie	'naɪtɪ
num	mʌm	nearest	'nɪərəst	nightingale	'naɪtɪŋgeɪl
numble	'mʌmbl	nearly	'nɪəlɪ	nightlife	'naɪtlaɪf
nummy	'mʌmɪ	neat	niːt	nightly	'naɪtlɪ
numps	mʌmps	neatly	'niːtlɪ	nightmare	'naɪtmɛər
municipal	mjuː'nɪsɪpl	necessarily	'nesɪsrɪlɪ	nightshift	'naɪtʃɪft
murder	'mɜːdər	necessary	'nesɪsrɪ	nightshirt	'naɪtʃɜːt
murderer	'mɜːdərər	necessity	nɪ'sesɪtɪ	nil	nɪl
muscle	'mʌsl	neck	nɛk	nimble	'nɪmbl
muscular	'mʌskjulər	necklace	'nɛklɪs	nine	naɪn
museum	mjuː'zɪəm	nectarine	'nɛktərɪn	nineteen	'naɪn'tiːn
mushroom	'mʌʃrum	née	neɪ	ninety	'naɪntɪ
music	'mjuːzɪk	need	niːd	ninth	naɪnθ
musical	'mjuːzɪkl	needle	'niːdl	nitrogen	'naɪtrədʒən
musician	mjuː'zɪʃən	needlework	'niːdlwəːk	no	nəu
Muslim	'mʌzlɪm	negative	'negətɪv	nobility	nəu'bɪlɪtɪ
mussel	'mʌsl	neglect	nɪ'glɛkt	noble	'nəubl
must	mʌst	neglected	nɪ'glɛktɪd	nobody	'nəubədɪ
mustard	'mʌstəd	negligee	'neglɪʒeɪ	nod	nɔd
mutter	'mʌtər	negligent	'neglɪdʒənt	noise	nɔɪz
mutual	'mjuːtʃuəl	negotiate	nɪ'gəuʃɪeɪt	noisily	'nɔɪzɪlɪ
muzzle	'mʌzl	negotiation	nɪgəuʃɪ'eɪʃən	noisy	'nɔɪzɪ
my	maɪ	neighbour	'neɪbər	nominate	'nɔmɪneɪt
myself	maɪ'sɛlf	neighbourhood	'neɪbəhud	nominative	'nɔmɪnətɪv
mysterious	mɪs'tɪərɪəs	neither	'naɪðər	nonalcoholic	nɔnælkə'hɔlɪk
mystery	'mɪstərɪ	neon	'niːɔn	none	nʌn
myth	mɪθ	nephew	'nɛvjuː	nonentity	nɔ'nɛntɪtɪ
mythology	mɪ'θɔlədʒɪ	nerve	nɜːv	nonplussed	nɔn'plʌst
naff	næf	nerve-racking	'nɜːvrækɪŋ	nonreturnable	nɔnrə'tɜːnəbl
nag	næg	nervous	'nɜːvəs	nonsense	'nɔnsəns
nail	neɪl	nervousness	'nɜːvəsnɪs	non-smoker	'nɔn'sməukər
nailbrush	'neɪlbrʌʃ	nest	nɛst	non-smoking	'nɔn'sməukɪŋ
nailfile	'neɪlfaɪl	net	nɛt	non-stop	'nɔn'stɔp
naked	'neɪkɪd	netball	'nɛtbɔːl	nonswimmer	'nɔn'swɪmər
name	neɪm	Netherlands	'nɛðələndz	noodles	'nuːdlz
nanny	'nænɪ	nettle	'nɛtl	noon	nuːn
nap	næp	network	'nɛtwəːk	nor	nɔːr
nape	neɪp	neurotic	njuə'rɔtɪk	normal	'nɔːməl
napkin	'næpkɪn	neuter	'njuːtər	normally	'nɔːməlɪ
nappy	'næpɪ	neutral	'njuːtrəl	north	nɔːθ
narrow	'nærəu	never	'nɛvər	northbound	'nɔːθbaund
narrow-minded	nærəu'maɪndɪd	nevertheless	nɛvəðə'lɛs	northeast	nɔːθ'iːst
narrowness	'nærəunɪs	new	njuː	northerly	'nɔːðəlɪ
nasty	'nɑːstɪ	newborn	'njuːbɔːn	northern	'nɔːðən
nation	'neɪʃən	newcomer	'njuːkʌmər	northwest	nɔːθ'wɛst
national	'næʃənl	newness	'njuːnɪs	Norway	'nɔːweɪ
nationalism	'næʃnəlɪzəm	news	njuːz	Norwegian	nɔː'wiːdʒən
nationalist	'næʃnəlɪst	newsagent	'njuːzeɪdʒənt	nose	nəuz
nationality	næʃə'nælɪtɪ	newspaper	'njuːzpeɪpər	nosebleed	'nəuzbliːd
native	'neɪtɪv	newsreader	'njuːzriːdər	nosey	'nəuzɪ
natter	'nætər	New Zealand	njuː'ziːlənd	nosy	'nəuzɪ
natural	'nætʃrəl	New Zealander	njuː'ziːləndər	not	nɔt
naturalist	'nætʃrəlɪst	next	nɛkst	note	nəut
naturally	'nætʃrəlɪ	NHS	ɛneɪtʃ'ɛs	notebook	'nəutbuk
nature	'neɪtʃər	nibble	'nɪbl	notepad	'nəutpæd
naughty	'nɔːtɪ	nice	naɪs	notepaper	'nəutpeɪpər
nausea	'nɔːsɪə	nickname	'nɪkneɪm	nothing	'nʌθɪŋ
navel	'neɪvl	nicotine	'nɪkətiːn	notice	'nəutɪs
navy	'neɪvɪ	niece	niːs	noticeboard	'nəutɪsbɔːd
navy-blue	neɪvɪ'bluː	Nigeria	naɪ'dʒɪərɪə	notification	nəutɪfɪ'keɪʃən
near	nɪər	night	naɪt	nought	nɔːt
nearby	nɪə'baɪ	nightdress	'naɪtdrɛs	noun	naun

nourishing	'nʌrɪʃɪŋ	ocean	'əuʃən	optimism	'ɔptɪmɪzəm
novel	'nɔvl	o'clock	ə'klɔk	optimist	'ɔptɪmɪst
novelist	'nɔvəlɪst	October	ɔk'təubər	optimistic	ɔptɪ'mɪstɪk
November	nəu'vɛmbər	octopus	'ɔktəpəs	optimum	'ɔptɪməm
now	nau	odd	ɔd	option	'ɔpʃən
nowadays	'nauədeɪz	of	ɔv, əv	optional	'ɔpʃənl
nowhere	'nəuwɛər	off	ɔf	or	ɔːr
nozzle	'nɔzl	offence	ə'fɛns	oral	'ɔːrəl
nuclear	'njuːklɪər	offensive	ə'fɛnsɪv	orally	'ɔːrəlɪ
nuclear-free	'njuːklɪə'friː	offer	'ɔfər	orange	'ɔrɪndʒ
nucleus	'njuːklɪəs	office	'ɔfɪs	orchard	'ɔːtʃəd
nude	njuːd	officer	'ɔfɪsər	orchestra	'ɔːkɪstrə
nudist	'njuːdɪst	official	ə'fɪʃl	order	'ɔːdər
nuisance	'njuːsns	off-licence	'ɔflaɪsns	ordinary	'ɔːdnrɪ
numb	nʌm	off-peak	'ɔf'piːk	ore	ɔːr
number	'nʌmbər	offside	'ɔf'saɪd	organ	'ɔːgən
numeral	'njuːmərəl	often	'ɔfn	organic	ɔː'gænɪk
numerous	'njuːmərəs	oh	əu	organization	ɔːgənaɪ'zeɪʃən
nun	nʌn	oil	ɔɪl	organize	'ɔːgənaɪz
nurse	nɜːs	oil-fired	'ɔɪlfaɪəd	organizer	'ɔːgənaɪzər
nursery	'nɜːsərɪ	oilskins	'ɔɪlskɪnz	Orient	'ɔːrɪənt
nursing	'nɜːsɪŋ	oily	'ɔɪlɪ	oriental	ɔːrɪ'ɛntl
nut	nʌt	ointment	'ɔɪntmənt	origin	'ɔrɪdʒɪn
nutmeg	'nʌtmɛg	okay	əu'keɪ	original	ə'rɪdʒɪnl
nutritious	njuː'trɪʃəs	old	əuld	originally	ə'rɪdʒɪnəlɪ
nutter	'nʌtər	old-fashioned	'əuld'fæʃnd	Orkney	'ɔːknɪ
nylon	'naɪlɔn	olive	'ɔlɪv	ornament	'ɔːnəmənt
oak	əuk	olive-green	ɔlɪv'griːn	orphan	'ɔːfn
oar	ɔːr	Olympic	əu'lɪmpɪk	ostentatious	ɔstɛn'teɪʃəs
oasis	əu'eɪsɪs	omelette	'ɔmlɪt	ostrich	'ɔstrɪtʃ
oath	əuθ	on	ɔn	other	'ʌðər
oats	əuts	once	wʌns	otherwise	'ʌðəwaɪz
obedience	ə'biːdɪəns	oncoming	'ɔnkʌmɪŋ	ouch	autʃ
obedient	ə'biːdɪənt	one	wʌn	ought	ɔːt
obey	ə'beɪ	one-day	wʌn'deɪ	ounce	auns
object	'ɔbdʒɪkt	one-mark	wʌn'mɑːk	our	'auər
objection	əb'dʒɛkʃən	one's	wʌnz	ours	auəz
objective	əb'dʒɛktɪv	oneself	wʌn'sɛlf	ourselves	auə'sɛlvz
objector	əb'dʒɛktər	one-sided	wʌn'saɪdɪd	out	aut
obliging	ə'blaɪdʒɪŋ	one-way	'wʌnweɪ	outbid	aut'bɪd
oblong	'ɔblɔŋ	onion	'ʌnjən	outbreak	'autbreɪk
oboe	'əubəu	only	'əunlɪ	outcome	'autkʌm
obscene	əb'siːn	onwards	'ɔnwədz	outdoor	aut'dɔːr
obscenity	əb'sɛnɪtɪ	open	'əupn	outdoors	aut'dɔːz
observant	əb'zɜːvənt	opener	'əupnər	outer	'autər
observe	əb'zɜːv	opening	'əupnɪŋ	outfit	'autfɪt
obsessed	əb'sɛst	open-minded	əupn'maɪndɪd	outgoing	'autgəuɪŋ
obsession	əb'sɛʃən	opera	'ɔpərə	outing	'autɪŋ
obsolete	'ɔbsəliːt	operate	'ɔpəreɪt	outline	'autlaɪn
obstacle	'ɔbstəkl	operating	'ɔpəreɪtɪŋ	outlook	'autluk
obstinate	'ɔbstɪnɪt	operation	ɔpə'reɪʃən	out-of-date	autəv'deɪt
obstruct	əb'strʌkt	operator	'ɔpəreɪtər	output	'autput
obstruction	əb'strʌkʃən	operetta	ɔpə'rɛtə	outraged	'autreɪdʒd
obtain	əb'teɪn	opinion	ə'pɪnjən	outrageous	aut'reɪdʒəs
obtainable	əb'teɪnəbl	opponent	ə'pəunənt	outset	'autsɛt
obvious	'ɔbvɪəs	opportunity	ɔpə'tjuːnɪtɪ	outside	aut'saɪd
obviously	'ɔbvɪəslɪ	opposed	ə'pəuzd	outsider	aut'saɪdər
occasion	ə'keɪʒən	opposing	ə'pəuzɪŋ	outsize	'autsaɪz
occasionally	ə'keɪʒənəlɪ	opposite	'ɔpəzɪt	outskirts	'autskɜːts
occupation	ɔkjuː'peɪʃən	opposition	ɔpə'zɪʃən	outstanding	aut'stændɪŋ
occupy	'ɔkjupaɪ	optician	ɔp'tɪʃən	outvote	aut'vəut
occur	ə'kɜːr	optics	'ɔptɪks	outward	'autwəd

outwit	aut'wɪt	pain	peɪn	particularly	pə'tɪkjʊləlɪ
oval	'əʊvl	painful	'peɪnful	particulars	pə'tɪkjʊləz
oven	'ʌvn	painkiller	'peɪnkɪlər	parting	'pɑːtɪŋ
over	'əʊvər	paint	peɪnt	partly	'pɑːtlɪ
overall	əʊvər'ɔːl	paintbrush	'peɪntbrʌʃ	partner	'pɑːtnər
overalls	'əʊvərɔːlz	painter	'peɪntər	part-time	'pɑːt'taɪm
overcast	'əʊvəkɑːst	painting	'peɪntɪŋ	party	'pɑːtɪ
overcharge	əʊvə'tʃɑːdʒ	pair	peər	pass	pɑːs
overcoat	'əʊvəkəʊt	Pakistan	pɑːkɪ'stɑːn	passage	'pæsɪdʒ
overcome	əʊvə'kʌm	Pakistani	pɑːkɪ'stɑːnɪ	passageway	'pæsɪdʒweɪ
overcrowded	əʊvə'kraʊdɪd	pal	pæl	passenger	'pæsɪndʒər
overdone	əʊvə'dʌn	palace	'pæləs	passing	'pɑːsɪŋ
overdose	'əʊvədəʊs	pale	peɪl	passion	'pæʃən
overdraft	'əʊvədrɑːft	Palestine	'pælɪstaɪn	passive	'pæsɪv
overdue	əʊvə'djuː	Palestinian	pælɪs'tɪnɪən	Passover	'pɑːsəʊvər
overeager	əʊvər'iːgər	palm	pɑːm	passport	'pɑːspɔːt
overestimate	əʊvər'estɪmeɪt	pamphlet	'pæmflət	password	'pɑːswɜːd
overexert	əʊvərɪg'zɜːt	pan	pæn	past	pɑːst
overhead	'əʊvəhed	pancake	'pænkeɪk	pasta	'pæstə
overjoyed	əʊvə'dʒɔɪd	pane	peɪn	paste	peɪst
overload	əʊvə'ləʊd	panic	'pænɪk	pasteurized	'pæstʃəraɪzd
overlook	əʊvə'luk	pant	pænt	pastime	'pɑːstaɪm
overpowering	əʊvə'paʊərɪŋ	panther	'pænθər	pastry	'peɪstrɪ
overseas	əʊvə'siːz	panties	'pæntɪz	pasture	'pɑːstʃər
oversight	'əʊvəsaɪt	pantomime	'pæntəmaɪm	patch	pætʃ
oversleep	əʊvə'sliːp	pants	pænts	patched	pætʃt
oversubscribed	əʊvəsəb'skraɪbd	pantyhose	'pæntɪhəʊz	pâté	'pæteɪ
overtake	əʊvə'teɪk	paper	'peɪpər	patent	'peɪtnt
overtaking	əʊvə'teɪkɪŋ	paperback	'peɪpəbæk	path	pɑːθ
overthrow	əʊvə'θrəʊ	paperweight	'peɪpəweɪt	pathetic	pə'θetɪk
overtime	'əʊvətaɪm	paperwork	'peɪpəwɜːk	patience	'peɪʃns
overtook	əʊvə'tuk	paprika	'pæprɪkə	patient	'peɪʃnt
overturn	əʊvə'tɜːn	parachute	'pærəʃuːt	patio	'pætɪəʊ
overview	'əʊvəvjuː	parade	pə'reɪd	patriotic	pætrɪ'ɒtɪk
overweight	əʊvə'weɪt	paradise	'pærədaɪs	patrol	pə'trəʊl
overwhelming	əʊvə'welmɪŋ	paraffin	'pærəfɪn	pattern	'pætən
owe	əʊ	paragraph	'pærəgrɑːf	patterned	'pætənd
owing	'əʊɪŋ	parallel	'pærəlel	pause	pɔːz
owl	aʊl	paralyse	'pærəlaɪz	pavement	'peɪvmənt
own	əʊn	paralysed	'pærəlaɪzd	pavilion	pə'vɪlɪən
owner	'əʊnər	paralysis	pə'rælɪsɪs	paving	'peɪvɪŋ
ox	ɒks	paramedic	pærə'medɪk	paw	pɔː
oxygen	'ɒksɪdʒən	paraplegic	pærə'pliːdʒɪk	pawn	pɔːn
oyster	'ɔɪstər	parcel	'pɑːsl	pay	peɪ
ozone	'əʊzəʊn	pardon	'pɑːdn	payable	'peɪəbl
PA	piː'eɪ	parent	'peərənt	payment	'peɪmənt
pace	peɪs	parents-in-law	'peərəntsɪnlɔː	payphone	'peɪfəʊn
Pacific	pə'sɪfɪk	Paris	'pærɪs	PC	piː'siː
pacifier	'pæsɪfaɪər	parish	'pærɪʃ	PE	piː'iː
pack	pæk	Parisian	pə'rɪzɪən	pea	piː
package	'pækɪdʒ	park	pɑːk	peace	piːs
packaging	'pækɪdʒɪŋ	parking	'pɑːkɪŋ	peaceful	'piːsful
packed	pækt	parliament	'pɑːləmənt	peach	piːtʃ
packet	'pækɪt	parlour	'pɑːlər	peacock	'piːkɒk
packing	'pækɪŋ	parole	pə'rəʊl	peak	piːk
pad	pæd	parrot	'pærət	peanut	'piːnʌt
paddle	'pædl	parsley	'pɑːslɪ	pear	peər
padlock	'pædlɒk	part	pɑːt	pearl	pɜːl
page	peɪdʒ	partiality	pɑːʃɪ'ælɪtɪ	peat	piːt
pager	'peɪdʒər	participant	pɑː'tɪsɪpənt	pebble	'pebl
paid	peɪd	participle	'pɑːtɪsɪpl	peckish	'pekɪʃ
pail	peɪl	particular	pə'tɪkjʊlər	peculiar	pɪ'kjuːlɪər

peculiarity	pɪkjuːˈlɪˈærɪtɪ	persuade	pəˈsweɪd	pin	pɪn
pedal	ˈpɛdl	pertinent	ˈpɜːtɪnənt	pinafore	ˈpɪnəfɔːr
pedestrian	pɪˈdɛstrɪən	Peru	pəˈruː	pinball	ˈpɪnbɔːl
pedestrianized	pɪˈdɛstrɪənaɪzd	Peruvian	pəˈruːvjən	pincers	ˈpɪnsəz
pedigree	ˈpɛdɪɡriː	pessimism	ˈpɛsɪmɪzəm	pinch	pɪntʃ
pee	piː	pessimist	ˈpɛsɪmɪst	pine	paɪn
peek	piːk	pessimistic	pɛsɪˈmɪstɪk	pineapple	ˈpaɪnæpl
peel	piːl	pest	pɛst	pink	pɪŋk
peg	pɛg	pester	ˈpɛstər	pint	paɪnt
Pekinese	piːkɪˈniːz	pet	pɛt	pip	pɪp
pellet	ˈpɛlɪt	petition	pəˈtɪʃən	pipe	paɪp
pelvis	ˈpɛlvɪs	petrified	ˈpɛtrɪfaɪd	pirate	ˈpaɪərət
pen	pɛn	petrol	ˈpɛtrəl	pirated	ˈpaɪərətɪd
penalize	ˈpiːnəlaɪz	pewter	ˈpjuːtər	Pisces	ˈpaɪsiːz
penalty	ˈpɛnltɪ	phantom	ˈfæntəm	pissed	pɪst
pence	pɛns	pharmacist	ˈfɑːməsɪst	pistol	ˈpɪstl
pencil	ˈpɛnsl	pharmacy	ˈfɑːməsɪ	pitch	pɪtʃ
pendant	ˈpɛndnt	pheasant	ˈfɛznt	pitiful	ˈpɪtɪful
pendulum	ˈpɛndjuləm	philosophical	fɪləˈsɔfɪkl	pity	ˈpɪtɪ
penfriend	ˈpɛnfrɛnd	philosophy	fɪˈlɔsəfɪ	pizza	ˈpiːtsə
penguin	ˈpɛŋgwɪn	phobia	ˈfəubjə	place	pleɪs
penicillin	pɛnɪˈsɪlɪn	phone	fəun	plaid	plæd
penis	ˈpiːnɪs	phonecard	ˈfəunkɑːd	plain	pleɪn
penitentiary	pɛnɪˈtɛnʃərɪ	phonetic	fəˈnɛtɪk	plait	plæt
penknife	ˈpɛnnaɪf	phonetics	fəˈnɛtɪks	plan	plæn
penny	ˈpɛnɪ	photo	ˈfəutəu	plane	pleɪn
pension	ˈpɛnʃən	photocopier	ˈfəutəukɔpɪər	planet	ˈplænɪt
pensioner	ˈpɛnʃənər	photocopy	ˈfəutəukɔpɪ	planning	ˈplænɪŋ
pensive	ˈpɛnsɪv	photograph	ˈfəutəgræf	plant	plɑːnt
pentathlon	pɛnˈtæθlən	photographer	fəˈtɔgrəfər	plaque	plæk
people	ˈpiːpl	photography	fəˈtɔgrəfɪ	plaster	ˈplɑːstər
pepper	ˈpɛpər	phrase	freɪz	plastered	ˈplɑːstəd
peppercorn	ˈpɛpəkɔːn	physical	ˈfɪzɪkl	plastic	ˈplæstɪk
peppermill	ˈpɛpəmɪl	physicist	ˈfɪzɪsɪst	plate	pleɪt
peppermint	ˈpɛpəmɪnt	physics	ˈfɪzɪks	platform	ˈplætfɔːm
per	pɜːr	physiotherapist	fɪzɪəuˈθɛrəpɪst	play	pleɪ
perceive	pəˈsiːv	physiotherapy	fɪzɪəuˈθɛrəpɪ	player	ˈpleɪər
percentage	pəˈsɛntɪdʒ	pianist	ˈpiːənɪst	playful	ˈpleɪful
percolator	ˈpɜːkəleɪtər	piano	pɪˈænəu	playground	ˈpleɪgraund
percussion	pəˈkʌʃən	pick	pɪk	playgroup	ˈpleɪgruːp
perfect	ˈpɜːfɪkt	pickaxe	ˈpɪkæks	playing	ˈpleɪɪŋ
perfectly	ˈpɜːfɪktlɪ	pickpocket	ˈpɪkpɔkɪt	playtime	ˈpleɪtaɪm
perform	pəˈfɔːm	picnic	ˈpɪknɪk	playwright	ˈpleɪraɪt
performance	pəˈfɔːməns	picture	ˈpɪktʃər	pleasant	ˈplɛznt
perfume	ˈpɜːfjuːm	picturesque	pɪktʃəˈrɛsk	please	pliːz
perhaps	pəˈhæps	pie	paɪ	pleased	pliːzd
period	ˈpɪərɪəd	piece	piːs	pleasure	ˈplɛʒər
perm	pɜːm	pier	pɪər	pleat	pliːt
permanent	ˈpɜːmənənt	pierced	pɪəst	plenty	ˈplɛntɪ
permissible	pəˈmɪsɪbl	pig	pɪg	pliers	ˈplaɪəz
permission	pəˈmɪʃən	pigeon	ˈpɪdʒən	plot	plɔt
permit	ˈpɜːmɪt	pigeonhole	ˈpɪdʒənhəul	plough	plau
persecute	ˈpɜːsɪkjuːt	piggy	ˈpɪgɪ	plug	plʌg
persecution	pɜːsɪˈkjuːʃən	piggyback	ˈpɪgɪbæk	plum	plʌm
Persian	ˈpɜːʃən	pigtail	ˈpɪgteɪl	plumber	ˈplʌmər
persistent	pəˈsɪstənt	pile	paɪl	plump	plʌmp
person	ˈpɜːsn	pill	pɪl	plunge	plʌndʒ
personal	ˈpɜːsnl	pillar	ˈpɪlər	plural	ˈpluərl
personality	pɜːsəˈnælɪtɪ	pillow	ˈpɪləu	plus	plʌs
personally	ˈpɜːsnəlɪ	pilot	ˈpaɪlət	plutonium	pluːˈtəunɪəm
personnel	pɜːsəˈnɛl	pimple	ˈpɪmpl	p.m.	piːˈɛm
perspiration	pɜːspɪˈreɪʃən	PIN	pɪn	pneumonia	njuːˈməunɪə

poached	ˈpəʊtʃt	porous	ˈpɔːrəs	predecessor	ˈpriːdɪsesəʳ
pocket	ˈpɒkɪt	porridge	ˈpɒrɪdʒ	predicate	ˈpredɪkɪt
poem	ˈpəʊɪm	port	pɔːt	predict	prɪˈdɪkt
poet	ˈpəʊɪt	portable	ˈpɔːtəbl	predictable	prɪˈdɪktəbl
poetry	ˈpəʊɪtrɪ	porter	ˈpɔːtəʳ	predominantly	prɪˈdɒmɪnəntlɪ
point	pɔɪnt	portion	ˈpɔːʃən	preface	ˈprefəs
pointed	ˈpɔɪntɪd	portrait	ˈpɔːtreɪt	prefect	ˈpriːfekt
pointer	ˈpɔɪntəʳ	portray	pɔːˈtreɪ	prefer	prɪˈfɜːʳ
pointless	ˈpɔɪntlɪs	Portugal	ˈpɔːtjʊgl	preference	ˈprefrəns
poison	ˈpɔɪzn	Portuguese	pɔːtjuˈgiːz	prefix	ˈpriːfɪks
poisoning	ˈpɔɪznɪŋ	posh	pɒʃ	pregnant	ˈpregnənt
poisonous	ˈpɔɪznəs	position	pəˈzɪʃən	prehistoric	ˈpriːhɪsˈtɒrɪk
poke	pəʊk	positive	ˈpɒzɪtɪv	prejudice	ˈpredʒudɪs
poker	ˈpəʊkəʳ	possess	pəˈzes	prejudiced	ˈpredʒudɪst
poland	ˈpəʊlənd	possession	pəˈzeʃən	premature	ˈpremətʃuəʳ
polar	ˈpəʊləʳ	possessive	pəˈzesɪv	Premier	ˈpremɪəʳ
pole	pəʊl	possibility	pɒsɪˈbɪlɪtɪ	premises	ˈpremɪsɪz
pole	pəʊl	possible	ˈpɒsɪbl	premium	ˈpriːmɪəm
police	pəˈliːs	possibly	ˈpɒsɪblɪ	premonition	preməˈnɪʃən
policeman	pəˈliːsmən	post	pəʊst	preoccupied	priːˈɒkjupaɪd
policewoman	pəˈliːswumən	postage	ˈpəʊstɪdʒ	prep	prep
policy	ˈpɒlɪsɪ	postbox	ˈpəʊstbɒks	preparation	prepəˈreɪʃən
polio	ˈpəʊlɪəʊ	postcard	ˈpəʊstkɑːd	prepare	prɪˈpeəʳ
polish	ˈpəʊlɪʃ	postcode	ˈpəʊstkəʊd	prepared	prɪˈpead
polish	ˈpɒlɪʃ	poste restante	pəʊstˈrestɒnt	preposition	prepəˈzɪʃən
polite	pəˈlaɪt	poster	ˈpəʊstəʳ	prerequisite	priːˈrekwɪzɪt
politely	pəˈlaɪtlɪ	postman	ˈpəʊstmən	Presbyterian	prezbɪˈtɪərɪən
politeness	pəˈlaɪtnɪs	postmark	ˈpəʊstmɑːk	prescribe	prɪˈskraɪb
political	pəˈlɪtɪkl	postpone	pəʊsˈpəʊn	prescription	prɪˈskrɪpʃən
politician	pɒlɪˈtɪʃən	posture	ˈpɒstʃəʳ	presence	ˈprezns
politics	ˈpɒlɪtɪks	postwoman	ˈpəʊstwumən	present NOUN	ˈpreznt
poll	pəʊl	pot	pɒt	present VERB	prɪˈzent
pollen	ˈpɒlən	potato	pəˈteɪtəʊ	presenter	prɪˈzentəʳ
pollute	pəˈluːt	potential	pəˈtenʃl	presently	ˈprezntlɪ
polluted	pəˈluːtɪd	pothole	ˈpɒthəʊl	preserve	prɪˈzɜːv
pollution	pəˈluːʃən	pottery	ˈpɒtərɪ	president	ˈprezɪdənt
polo	ˈpəʊləʊ	poultry	ˈpəʊltrɪ	press	pres
polo-necked	ˈpəʊləʊnekt	pound	paʊnd	pressed	prest
polystyrene	pɒlɪˈstaɪriːn	pour	pɔːʳ	press-up	ˈpresʌp
polythene	ˈpɒlɪθiːn	poverty	ˈpɒvətɪ	pressure	ˈpreʃəʳ
pond	pɒnd	powder	ˈpaʊdəʳ	pressurize	ˈpreʃəraɪz
pony	ˈpəʊnɪ	power	ˈpaʊəʳ	prestige	presˈtiːʒ
ponytail	ˈpəʊnɪteɪl	powerful	ˈpaʊəful	prestigious	presˈtɪdʒəs
poodle	ˈpuːdl	practical	ˈpræktɪkl	presumably	prɪˈzjuːməblɪ
pool	puːl	practically	ˈpræktɪklɪ	presume	prɪˈzjuːm
poor	puəʳ	practice	ˈpræktɪs	pretend	prɪˈtend
poorly	ˈpuəlɪ	practise	ˈpræktɪs	pretext	ˈpriːtekst
pop	pɒp	practising	ˈpræktɪsɪŋ	pretty	ˈprɪtɪ
popcorn	ˈpɒpkɔːn	praise	preɪz	pretzel	ˈpretsəl
pope	pəʊp	pram	præm	prevent	prɪˈvent
poppy	ˈpɒpɪ	prat	præt	prevention	prɪˈvenʃən
popsicle	ˈpɒpsɪkl	prawn	prɔːn	preventive	prɪˈventɪv
popular	ˈpɒpjʊləʳ	pray	preɪ	previous	ˈpriːvɪəs
popularity	pɒpjuˈlærɪtɪ	prayer	preəʳ	previously	ˈpriːvɪəslɪ
population	pɒpjuˈleɪʃən	precaution	prɪˈkɔːʃən	prey	preɪ
porcelain	ˈpɔːslɪn	precede	prɪˈsiːd	price	praɪs
porch	pɔːtʃ	preceding	prɪˈsiːdɪŋ	prick	prɪk
pore	pɔːʳ	precinct	ˈpriːsɪŋkt	pride	praɪd
pork	pɔːk	precious	ˈpreʃəs	priest	priːst
porn	pɔːn	precise	prɪˈsaɪs	primarily	ˈpraɪmərɪlɪ
pornographic	pɔːnəˈgræfɪk	precisely	prɪˈsaɪslɪ	primary	ˈpraɪmərɪ
pornography	pɔːˈnɒgrəfɪ	predator	ˈpredətəʳ	prime	praɪm

primitive	'prɪmɪtɪv	pronunciation	prənʌnsɪ'eɪʃən	pun	pʌn
prince	prɪns	proof	pru:f	punch	pʌntʃ
princess	prɪn'ses	proper	'prɔpər	punch-up	'pʌntʃʌp
principal	'prɪnsɪpl	properly	'prɔpəlɪ	punctual	'pʌŋktjuəl
principle	'prɪnsɪpl	property	'prɔpətɪ	punctuality	pʌŋktju'ælɪtɪ
print	prɪnt	prophet	'prɔfɪt	punctuation	pʌŋktju'eɪʃən
printed	'prɪntɪd	proportion	prə'pɔ:ʃən	puncture	'pʌŋktʃər
printer	'prɪntər	proportional	prə'pɔ:ʃənl	punish	'pʌnɪʃ
printing	'prɪntɪŋ	proposal	prə'pəuzl	punishment	'pʌnɪʃmənt
print-out	'prɪntaut	propose	prə'pəuz	punk	pʌŋk
priority	praɪ'ɔrɪtɪ	prose	prəuz	pupil	'pju:pl
prison	'prɪzn	prosecute	'prɔsɪkju:t	puppet	'pʌpɪt
prisoner	'prɪznər	prospect	'prɔspekt	puppy	'pʌpɪ
privacy	'prɪvəsɪ	prospective	prə'spektɪv	purchase	'pɜːtʃɪs
private	'praɪvɪt	prospectus	prə'spektəs	pure	pjuər
privatize	'praɪvɪtaɪz	prostitute	'prɔstɪtju:t	purée	'pjuəreɪ
privilege	'prɪvɪlɪdʒ	prostitution	prɔstɪ'tju:ʃən	purely	'pjuəlɪ
prize	praɪz	protect	prə'tekt	purify	'pjuərɪfaɪ
prize-giving	'praɪzgɪvɪŋ	protected	prə'tektɪd	purity	'pjuərɪtɪ
prizewinner	'praɪzwɪnər	protection	prə'tekʃən	purple	'pɜːpl
pro	prəu	protein	'prəuti:n	purpose	'pɜːpəs
probability	prɔbə'bɪlɪtɪ	protest NOUN	'prəutest	purr	pɜːr
probable	'prɔbəbl	protest VERB	prə'test	purse	pɜːs
probably	'prɔbəblɪ	Protestant	'prɔtɪstənt	pursue	pə'sju:
problem	'prɔbləm	protester	prə'testər	pursuit	pə'sju:t
proceed	prə'si:d	proud	praud	pus	pʌs
proceedings	prə'si:dɪŋz	prove	pru:v	push	puʃ
proceeds	'prəusi:dz	proverb	'prɔvɜːb	pushchair	'puʃtʃeər
process	'prəuses	provide	prə'vaɪd	pusher	'puʃər
processing	'prəusesɪŋ	provided	prə'vaɪdɪd	push-up	'puʃʌp
procession	prə'seʃən	provisional	prə'vɪʒənl	pushy	'puʃɪ
processor	'prəusesər	provisions	prə'vɪʒənz	put	put
produce VERB	prə'dju:s	provoke	prə'vəuk	puzzle	'pʌzl
produce NOUN	'prɔdju:s	prowler	'praulər	puzzled	'pʌzld
producer	prə'dju:sər	prudently	'pru:dntlɪ	puzzling	'pʌzlɪŋ
product	'prɔdʌkt	prudish	'pru:dɪʃ	pyjamas	pə'dʒɑ:məz
production	prə'dʌkʃən	prune	pru:n	pylon	'paɪlən
profession	prə'feʃən	pry	praɪ	pyramid	'pɪrəmɪd
professional	prə'feʃənl	pseudonym	'sju:dənɪm	Pyrenees	pɪrə'ni:z
professionally	prə'feʃnəlɪ	psychiatrist	saɪ'kaɪətrɪst	quack	kwæk
professor	prə'fesər	psychoanalyst	saɪkəu'ænəlɪst	quaint	kweɪnt
profit	'prɔfɪt	psychological	saɪkə'lɔdʒɪkl	qualification	kwɔlɪfɪ'keɪʃən
profitability	prɔfɪtə'bɪlɪtɪ	psychologist	saɪ'kɔlədʒɪst	qualified	'kwɔlɪfaɪd
profitable	'prɔfɪtəbl	psychology	saɪ'kɔlədʒɪ	qualify	'kwɔlɪfaɪ
program	'prəugræm	psychotherapist	saɪkəu'θerəpɪst	quality	'kwɔlɪtɪ
programme	'prəugræm	PTO	pi:ti:'əu	quantity	'kwɔntɪtɪ
programmer	'prəugræmər	pub	pʌb	quarantine	'kwɔrnti:n
programming	'prəugræmɪŋ	puberty	'pju:bətɪ	quark	kwɑ:k
progress	'prəugres	public	'pʌblɪk	quarrel	'kwɔrl
progressive	prə'gresɪv	publican	'pʌblɪkən	quarry	'kwɔrɪ
prohibit	prə'hɪbɪt	publicity	pʌb'lɪsɪtɪ	quarter	'kwɔːtər
project	'prɔdʒekt	publish	'pʌblɪʃ	quarterly	'kwɔːtəlɪ
projector	prə'dʒektər	publisher	'pʌblɪʃər	quartet	kwɔː'tet
promenade	prɔmə'nɑ:d	pudding	'pudɪŋ	quartz	kwɔːts
promise	'prɔmɪs	puddle	'pʌdl	quay	ki:
promising	'prɔmɪsɪŋ	puff	pʌf	queasy	'kwi:zɪ
promote	prə'məut	pull	pul	queen	kwi:n
promotion	prə'məuʃən	pullover	'puləuvər	query	'kwɪərɪ
prompt	prɔmpt	pulse	pʌls	question	'kwestʃən
promptly	'prɔmptlɪ	pulses	'pʌlsəz	questionnaire	kwestʃə'neər
pronoun	'prəunaun	pump	pʌmp	queue	kju:
pronounce	prə'nauns	pumpkin	'pʌmpkɪn	quick	kwɪk

ickly	'kwɪklɪ	**rampage**	ræm'peɪdʒ	**recent**	'riːsnt
ick-witted	kwɪk'wɪtɪd	**ran**	ræn	**recently**	'riːsntlɪ
iet	'kwaɪət	**ranch**	rɑːntʃ	**reception**	rɪ'sepʃən
ietly	'kwaɪətlɪ	**rancid**	'rænsɪd	**receptionist**	rɪ'sepʃənɪst
ietness	'kwaɪətnɪs	**random**	'rændəm	**recession**	rɪ'seʃən
ilt	kwɪlt	**rang**	ræŋ	**recipe**	'resɪpɪ
it	kwɪt	**range**	reɪndʒ	**reckon**	'rekən
ite	kwaɪt	**rank**	ræŋk	**reclaim**	rɪ'kleɪm
its	kwɪts	**ransom**	'rænsəm	**reclining**	rɪ'klaɪnɪŋ
iz	kwɪz	**rap**	ræp	**recognition**	rekəg'nɪʃən
iota	'kwəʊtə	**rape**	reɪp	**recognizable**	'rekəgnaɪzəbl
iotation	kwəʊ'teɪʃən	**rapids**	'ræpɪdz	**recognize**	'rekəgnaɪz
iote	kwəʊt	**rapist**	'reɪpɪst	**recommend**	rekə'mend
bbi	'ræbaɪ	**rare**	reər	**reconcile**	'rekənsaɪl
bbit	'ræbɪt	**rarely**	'reəlɪ	**reconsider**	riːkən'sɪdər
bies	'reɪbiːz	**rash**	ræʃ	**record** NOUN	'rekɔːd
ce	reɪs	**rasher**	'ræʃər	**record** VERB	rɪ'kɔːd
cecourse	'reɪskɔːs	**raspberry**	'rɑːzbərɪ	**recorded**	rɪ'kɔːdɪd
cehorse	'reɪshɔːs	**rat**	ræt	**recorder**	rɪ'kɔːdər
cer	'reɪsər	**rate**	reɪt	**recording**	rɪ'kɔːdɪŋ
cetrack	'reɪstræk	**rather**	'rɑːðər	**recover**	rɪ'kʌvər
cial	'reɪʃl	**ration**	'ræʃən	**recovery**	rɪ'kʌvərɪ
cing	'reɪsɪŋ	**rationalize**	'ræʃnəlaɪz	**rectangle**	'rektæŋgl
cism	'reɪsɪzəm	**rattle**	'rætl	**rectangular**	rek'tæŋgjulər
cist	'reɪsɪst	**rattlesnake**	'rætlsneɪk	**recycle**	riː'saɪkl
ck	ræk	**rave**	reɪv	**recycling**	riː'saɪklɪŋ
cket	'rækɪt	**raven**	'reɪvən	**red**	red
cquet	'rækɪt	**ravenous**	'rævənəs	**redcurrant**	'redkʌrənt
dar	'reɪdɑːr	**raving**	'reɪvɪŋ	**redecorate**	riː'dekəreɪt
dar-controlled	'reɪdɑːkən'trəʊld	**raw**	rɔː	**red-haired**	red'heəd
diation	reɪdɪ'eɪʃən	**ray**	reɪ	**red-handed**	red'hændɪd
diator	'reɪdɪeɪtər	**razor**	'reɪzər	**redhead**	'redhed
dio	'reɪdɪəʊ	**RE**	ɑːr'iː	**redo**	riː'duː
dioactive	'reɪdɪəʊ'æktɪv	**reach**	riːtʃ	**reduce**	rɪ'djuːs
dioactivity	'reɪdɪəʊæk'tɪvɪtɪ	**react**	riː'ækt	**reduction**	rɪ'dʌkʃən
dio-controlled		**reaction**	riː'ækʃən	**redundancy**	rɪ'dʌndənsɪ
	'reɪdɪəʊkən'trəʊld	**reactionary**	riː'ækʃənrɪ	**redundant**	rɪ'dʌndnt
diotherapy	'reɪdɪəʊ'θerəpɪ	**reactor**	riː'æktər	**reed**	riːd
dish	'rædɪʃ	**read** VERB (present)	riːd	**reel**	riːl
AF	ɑːreɪ'ef	**read** VERB (past)	red	**refer**	rɪ'fɜːr
ffle	'ræfl	**reader**	'riːdər	**referee**	refə'riː
ft	rɑːft	**reading**	'riːdɪŋ	**reference**	'refrəns
g	ræg	**ready**	'redɪ	**refill**	riː'fɪl
ge	reɪdʒ	**real**	rɪəl	**refined**	rɪ'faɪnd
id	reɪd	**realistic**	rɪə'lɪstɪk	**refinery**	rɪ'faɪnərɪ
il	reɪl	**reality**	riː'ælɪtɪ	**reflect**	rɪ'flekt
ilroad	'reɪlrəʊd	**realize**	'rɪəlaɪz	**reflection**	rɪ'flekʃən
ilway	'reɪlweɪ	**really**	'rɪəlɪ	**reflex**	'riːfleks
in	reɪn	**realtor**	'rɪəltɔːr	**reflexive**	rɪ'fleksɪv
inbow	'reɪnbəʊ	**rear**	rɪər	**reform**	rɪ'fɔːm
incoat	'reɪnkəʊt	**rear-view**	'rɪəvjuː	**refresher**	rɪ'freʃər
infall	'reɪnfɔːl	**reason**	'riːzn	**refreshing**	rɪ'freʃɪŋ
inforest	'reɪnfɒrɪst	**reasonable**	'riːznəbl	**refreshments**	rɪ'freʃmənts
iny	'reɪnɪ	**reasonably**	'riːznəblɪ	**refrigerator**	rɪ'frɪdʒəreɪtər
ise	reɪz	**reassure**	riːə'ʃuər	**refuel**	riː'fjuəl
isin	'reɪzn	**reassuring**	riːə'ʃuərɪŋ	**refuge**	'refjuːdʒ
ke	reɪk	**rebel**	'rebl	**refugee**	refju'dʒiː
lly	'rælɪ	**rebellious**	rɪ'beljəs	**refund** NOUN	'riːfʌnd
m	ræm	**recede**	rɪ'siːd	**refund** VERB	rɪ'fʌnd
mble	'ræmbl	**receipt**	rɪ'siːt	**refusal**	rɪ'fjuːzəl
mbler	'ræmblər	**receive**	rɪ'siːv	**refuse** VERB	rɪ'fjuːz
mp	ræmp	**receiver**	rɪ'siːvər	**refuse** NOUN	'refjuːs

regain	rɪ'geɪn	remote	rɪ'məut	resit	riː'sɪt
regard	rɪ'gɑːd	removable	rɪ'muːvəbl	resolute	'rezəluːt
regarding	rɪ'gɑːdɪŋ	removal	rɪ'muːvəl	resolution	rezə'luːʃən
regardless	rɪ'gɑːdlɪs	remove	rɪ'muːv	resort	rɪ'zɔːt
regiment	'redʒɪmənt	remover	rɪ'muːvəʳ	resource	rɪ'zɔːs
region	'riːdʒən	rendezvous	'rɒndɪvuː	respect	rɪs'pekt
regional	'riːdʒənl	renew	rɪ'njuː	respectable	rɪs'pektəbl
register	'redʒɪstəʳ	renewable	rɪ'njuːəbl	respected	rɪs'pektɪd
registered	'redʒɪstəd	renovate	'renəveɪt	respectful	rɪs'pektful
registration	redʒɪs'treɪʃən	renowned	rɪ'naund	respectively	rɪs'pektɪvlɪ
regret	rɪ'gret	rent	rent	respond	rɪs'pɒnd
regrettable	rɪ'gretəbl	rental	'rentl	responsibility	rɪspɒnsɪ'bɪlɪtɪ
regular	'regjuləʳ	rented	'rentɪd	responsible	rɪs'pɒnsɪbl
regularity	regju'lærɪtɪ	reorganize	riː'ɔːgənaɪz	rest	rest
regularly	'regjuləlɪ	rep	rep	restaurant	'restərɒŋ
regulars	'regjuləz	repaid	riː'peɪd	restful	'restful
regulation	regju'leɪʃən	repair	rɪ'peəʳ	restless	'restlɪs
rehearsal	rɪ'hɜːsəl	repay	riː'peɪ	restoration	restə'reɪʃən
rehearse	rɪ'hɜːs	repayment	riː'peɪmənt	restore	rɪ'stɔːʳ
reign	reɪn	repeat	rɪ'piːt	restrict	rɪs'trɪkt
rein	reɪn	repeated	rɪ'piːtɪd	restriction	rɪs'trɪkʃən
reindeer	'reɪndɪəʳ	repeatedly	rɪ'piːtɪdlɪ	result	rɪ'zʌlt
reinforcements	riːɪn'fɔːsmənts	repellent	rɪ'pelənt	résumé	'reɪzjuːmeɪ
reject	rɪ'dʒekt	repetition	repɪ'tɪʃən	retire	rɪ'taɪəʳ
rejoice	rɪ'dʒɔɪs	repetitive	rɪ'petɪtɪv	retired	rɪ'taɪəd
relapse	rɪ'læps	replace	rɪ'pleɪs	retirement	rɪ'taɪəmənt
related	rɪ'leɪtɪd	replay NOUN	'riːpleɪ	retrace	riː'treɪs
relation	rɪ'leɪʃən	replay VERB	riː'pleɪ	retract	rɪ'trækt
relationship	rɪ'leɪʃənʃɪp	replica	'replɪkə	return	rɪ'tɜːn
relative	'relətɪv	reply	rɪ'plaɪ	reunify	riː'juːnɪfaɪ
relatively	'relətɪvlɪ	report	rɪ'pɔːt	reunion	riː'juːnɪən
relax	rɪ'læks	reporter	rɪ'pɔːtəʳ	reuse	riː'juːz
relaxation	riːlæk'seɪʃən	represent	reprɪ'zent	reveal	rɪ'viːl
relaxed	rɪ'lækst	representative	reprɪ'zentətɪv	revenge	rɪ'vendʒ
relaxing	rɪ'læksɪŋ	reprimand	'reprɪmɑːnd	Revenue	'revənjuː
relay	'riːleɪ	reproach	rɪ'prəutʃ	reverse	rɪ'vɜːs
release	rɪ'liːs	reproduction	riːprə'dʌkʃən	review	rɪ'vjuː
relegated	'reləgeɪtɪd	reptile	'reptaɪl	revise	rɪ'vaɪz
relevant	'reləvənt	republic	rɪ'pʌblɪk	revision	rɪ'vɪʒən
reliable	rɪ'laɪəbl	republican	rɪ'pʌblɪkən	revive	rɪ'vaɪv
relief	rɪ'liːf	repulsive	rɪ'pʌlsɪv	revolting	rɪ'vəultɪŋ
relieve	rɪ'liːv	reputable	'repjutəbl	revolution	revə'luːʃən
relieved	rɪ'liːvd	reputation	repju'teɪʃən	revolutionary	revə'luːʃənrɪ
religion	rɪ'lɪdʒən	request	rɪ'kwest	revolver	rɪ'vɒlvəʳ
religious	rɪ'lɪdʒəs	require	rɪ'kwaɪəʳ	reward	rɪ'wɔːd
relish	'relɪʃ	requirement	rɪ'kwaɪəmənt	rewarding	rɪ'wɔːdɪŋ
reluctant	rɪ'lʌktənt	resat	riː'sæt	rewind	riː'waɪnd
reluctantly	rɪ'lʌktəntlɪ	rescue	'reskjuː	rheumatism	'ruːmətɪzəm
rely	rɪ'laɪ	research	rɪ'sɜːtʃ	rhinoceros	raɪ'nɒsərəs
remain	rɪ'meɪn	resemblance	rɪ'zembləns	rhubarb	'ruːbɑːb
remaining	rɪ'meɪnɪŋ	resent	rɪ'zent	rhythm	'rɪðm
remains	rɪ'meɪnz	reservation	rezə'veɪʃən	rib	rɪb
remake	'riːmeɪk	reserve	rɪ'zɜːv	ribbon	'rɪbən
remark	rɪ'mɑːk	reserved	rɪ'zɜːvd	rice	raɪs
remarkable	rɪ'mɑːkəbl	reservoir	'rezəvwɑːʳ	rich	rɪtʃ
remarkably	rɪ'mɑːkəblɪ	reset	riː'set	rid	rɪd
remarry	riː'mærɪ	residence	'rezɪdəns	ridden	'rɪdn
remedy	'remədɪ	resident	'rezɪdənt	ride	raɪd
remember	rɪ'membəʳ	residential	rezɪ'denʃəl	rider	'raɪdəʳ
Remembrance	rɪ'membrəns	resign	rɪ'zaɪn	ridiculous	rɪ'dɪkjuləs
remind	rɪ'maɪnd	resignation	rezɪg'neɪʃən	riding	'raɪdɪŋ
remorse	rɪ'mɔːs	resistance	rɪ'zɪstəns	rifle	'raɪfl

g	rɪg	rotten	'rɔtn	sake	seɪk
ght	raɪt	rough	rʌf	salad	'sæləd
ght-angled	'raɪtæŋld	roughly	'rʌflɪ	salami	sə'lɑːmɪ
ght-hand	'raɪthænd	round	raund	salary	'sælərɪ
ght-handed	raɪt'hændɪd	roundabout	'raundəbaut	sale	seɪl
ght-wing	raɪt'wɪŋ	route	ruːt	salesman	'seɪlzmən
m	rɪm	routine	ruː'tiːn	saleswoman	'seɪlzwumən
nd	raɪnd	row NOUN, VERB	rəu	salmon	'sæmən
ng	rɪŋ	row NOUN	rau	salon	'sælɔn
nk	rɪŋk	rowboat	'rəubəut	saloon	sə'luːn
nse	rɪns	rowing	'rəuɪŋ	salt	sɔːlt
ot	'raɪət	royal	'rɔɪəl	salty	'sɔːltɪ
p	rɪp	rub	rʌb	salute	sə'luːt
pe	raɪp	rubber	'rʌbər	salvation	sæl'veɪʃən
p-off	'rɪpɔf	rubbish	'rʌbɪʃ	salve	sælv
se	raɪz	rubble	'rʌbl	same	seɪm
ser	'raɪzər	rucksack	'rʌksæk	sample	'sɑːmpl
sk	rɪsk	rudder	'rʌdər	sand	sænd
sky	'rɪskɪ	rude	ruːd	sandal	'sændl
ssole	'rɪsəul	rug	rʌg	sandblast	'sændblɑːst
val	'raɪvl	rugby	'rʌgbɪ	sandpit	'sændpɪt
valry	'raɪvlrɪ	ruin	'ruːɪn	sandstone	'sændstəun
ver	'rɪvər	rule	ruːl	sandwich	'sændwɪtʃ
iviera	rɪvɪ'eərə	ruler	'ruːlər	sandy	'sændɪ
ad	rəud	rum	rʌm	sang	sæŋ
adworks	'rəudwəːks	rumour	'ruːmər	sanitary	'sænɪtərɪ
am	rəum	run	rʌn	sank	sæŋk
ar	rɔːr	run-down	rʌn'daun	Santa Claus	sæntə'klɔːz
ast	rəust	rung	rʌŋ	sarcasm	'sɑːkæzm
ob	rɔb	runner	'rʌnər	sarcastic	sɑː'kæstɪk
obber	'rɔbər	runner-up	rʌnər'ʌp	sardine	sɑː'diːn
obbery	'rɔbərɪ	running	'rʌnɪŋ	sat	sæt
obin	'rɔbɪn	runway	'rʌnweɪ	satchel	'sætʃl
obot	'rəubɔt	rural	'ruərl	satellite	'sætəlaɪt
ock	rɔk	rush	rʌʃ	satisfactory	sætɪs'fæktərɪ
ockery	'rɔkərɪ	rusk	rʌsk	satisfied	'sætɪsfaɪd
ocket	'rɔkɪt	Russia	'rʌʃə	satisfy	'sætɪsfaɪ
ocking	'rɔkɪŋ	Russian	'rʌʃən	Saturday	'sætədɪ
od	rɔd	rust	rʌst	sauce	sɔːs
ode	rəud	rusty	'rʌstɪ	saucepan	'sɔːspən
odent	'rəudnt	ruthless	'ruːθlɪs	saucer	'sɔːsər
ole	rəul	rye	raɪ	Saudi	'saudi
oll	rəul	Sabbath	'sæbəθ	sauna	'sɔːnə
oller	'rəulər	sack	sæk	sausage	'sɔsɪdʒ
ollercoaster	'rəuləkəustər	sacred	'seɪkrɪd	save	seɪv
oller-skating	'rəuləskeɪtɪŋ	sacrifice	'sækrɪfaɪs	savings	'seɪvɪŋz
olling	'rəulɪŋ	sad	sæd	savoury	'seɪvərɪ
oman	'rəumən	saddle	'sædl	savoy	sə'vɔɪ
omance	rə'mæns	saddlebag	'sædlbæg	saw	sɔː
omania	rəu'meɪnɪə	sadly	'sædlɪ	sax	sæks
omanian	rəu'meɪnɪən	sadness	'sædnɪs	saxophone	'sæksəfəun
omantic	rə'mæntɪk	safe	seɪf	say	seɪ
omp	rɔmp	safety	'seɪftɪ	saying	'seɪɪŋ
oof	ruːf	sage	seɪdʒ	scald	skɔːld
ook	ruk	Sagittarius	sædʒɪ'teərɪəs	scale	skeɪl
oom	ruːm	Sahara	sə'hɑːrə	scales	skeɪlz
oommate	'ruːmmeɪt	said	sed	scampi	'skæmpɪ
oot	ruːt	sail	seɪl	scandal	'skændl
ope	rəup	sailing	'seɪlɪŋ	Scandinavia	skændɪ'neɪvɪə
ose	rəuz	sailor	'seɪlər	Scandinavian	skændɪ'neɪvɪən
osemary	'rəuzmərɪ	saint	seɪnt	scar	skɑːr
ot	rɔt	Saints'	seɪnts	scarce	skeəs

scarcely	'skɛəslɪ	seasick	'siːsɪk	sensation	sɛn'seɪʃən
scare	skɛər	seaside	'siːsaɪd	sensational	sɛn'seɪʃənl
scarecrow	'skɛəkrəu	season	'siːzn	sense	sɛns
scared	'skɛəd	seasoning	'siːznɪŋ	senseless	'sɛnslɪs
scarf	skɑːf	seat	siːt	sensible	'sɛnsɪbl
scary	'skɛərɪ	seaweed	'siːwiːd	sensitive	'sɛnsɪtɪv
scatter	'skætər	second	'sɛkənd	sensuous	'sɛnsjuəs
scattered	'skætəd	secondary	'sɛkəndərɪ	sent	sɛnt
scene	siːn	second-class	'sɛkənd'klɑːs	sentence	'sɛntns
scenery	'siːnərɪ	secondhand	'sɛkənd'hænd	sentimental	sɛntɪ'mɛntl
scent	sɛnt	secondly	'sɛkəndlɪ	sentry	'sɛntrɪ
schedule	'ʃɛdjuːl	secret	'siːkrɪt	separate ADJECTIVE	'sɛprɪt
scheduled	'ʃɛdjuːld	secretary	'sɛkrətərɪ	separate VERB	'sɛpəreɪt
scheme	skiːm	secretly	'siːkrɪtlɪ	separately	'sɛprɪtlɪ
schilling	'ʃɪlɪŋ	section	'sɛkʃən	separation	sɛpə'reɪʃən
schmaltzy	'ʃmɔːltsɪ	secure	sɪ'kjuər	September	sɛp'tɛmbər
schnapps	ʃnæps	securing	sɪ'kjuərɪŋ	sequel	'siːkwl
scholarship	'skɒləʃɪp	security	sɪ'kjuərɪtɪ	sequence	'siːkwəns
school	skuːl	sedan	sə'dæn	sergeant	'sɑːdʒənt
schoolbook	'skuːlbuk	seduce	sɪ'djuːs	serial	'sɪərɪəl
schoolboy	'skuːlbɔɪ	see	siː	series	'sɪərɪz
schoolchildren	'skuːltʃɪldrən	seed	siːd	serious	'sɪərɪəs
schoolgirl	'skuːlgɜːl	seeing	'siːɪŋ	seriously	'sɪərɪəslɪ
schoolmate	'skuːlmeɪt	seem	siːm	seriousness	'sɪərɪəsnɪs
science	'saɪəns	seen	siːn	sermon	'sɜːmən
scientific	saɪən'tɪfɪk	seesaw	'siːsɔː	servant	'sɜːvənt
scientist	'saɪəntɪst	see-through	'siːθruː	serve	sɜːv
scissors	'sɪzəz	segregation	sɛgrɪ'geɪʃən	service	'sɜːvɪs
scoff	skɒf	seize	siːz	serviceman	'sɜːvɪsmən
scold	skəuld	seldom	'sɛldəm	serviette	sɜːvɪ'ɛt
scooter	'skuːtər	select	sɪ'lɛkt	session	'sɛʃən
score	skɔːr	selection	sɪ'lɛkʃən	set	sɛt
Scorpio	'skɔːpɪəu	self-assured	sɛlfə'ʃuəd	settee	sɛ'tiː
scorpion	'skɔːpɪən	self-catering	sɛlf'keɪtərɪŋ	settle	'sɛtl
Scot	skɒt	self-centred	sɛlf'sɛntəd	settlement	'sɛtlmənt
Scotch	skɒtʃ	self-confidence	sɛlf'kɒnfɪdns	seven	'sɛvn
Scotland	'skɒtlənd	self-confident	sɛlf'kɒnfɪdənt	seventeen	sɛvn'tiːn
Scots	skɒts	self-conscious	sɛlf'kɒnʃəs	seventh	'sɛvnθ
Scotsman	'skɒtsmən	self-contained	sɛlfkən'teɪnd	seventy	'sɛvntɪ
Scotswoman	'skɒtswumən	self-control	sɛlfkən'trəul	several	'sɛvərl
Scottish	'skɒtɪʃ	self-defence	sɛlfdɪ'fɛns	severe	sɪ'vɪər
scout	skaut	self-discipline	sɛlf'dɪsɪplɪn	sew	səu
scrambled	'skræmbld	self-employed	sɛlfɪm'plɔɪd	sewage	'suːɪdʒ
scrap	skræp	selfish	'sɛlfɪʃ	sewing	'səuɪŋ
scrapbook	'skræpbuk	self-respect	sɛlfrɪs'pɛkt	sewn	səun
scratch	skrætʃ	self-service	sɛlf'sɜːvɪs	sex	sɛks
scrawl	skrɔːl	sell	sɛl	sexism	'sɛksɪzəm
scream	skriːm	sell-by	'sɛlbaɪ	sexist	'sɛksɪst
screen	skriːn	selling	'sɛlɪŋ	sexual	'sɛksjuəl
screw	skruː	Sellotape	'sɛləuteɪp	sexuality	sɛksju'ælɪtɪ
screwdriver	'skruːdraɪvər	semester	sɪ'mɛstər	sexually	'sɛksjuəlɪ
scribble	'skrɪbl	semi	'sɛmɪ	sexy	'sɛksɪ
scrub	skrʌb	semicircle	'sɛmɪsɜːkl	shabby	'ʃæbɪ
sculpture	'skʌlptʃər	semicolon	sɛmɪ'kəulən	shade	ʃeɪd
sea	siː	semi-detached	sɛmɪdɪ'tætʃt	shadow	'ʃædəu
seafood	'siːfuːd	semi-final	sɛmɪ'faɪnl	shady	'ʃeɪdɪ
seagull	'siːgʌl	seminar	'sɛmɪnɑːr	shake	ʃeɪk
seal	siːl	semi-skimmed	sɛmɪ'skɪmd	shaken	'ʃeɪkn
seam	siːm	semolina	sɛmə'liːnə	shaky	'ʃeɪkɪ
seaman	'siːmən	send	sɛnd	shall	ʃæl
search	sɜːtʃ	sender	'sɛndər	shallow	'ʃæləu
seashore	'siːʃɔːr	senior	'siːnɪər	shambles	'ʃæmblz

ame	ʃeɪm	shore	ʃɔːr	signpost	'saɪnpəust
ampoo	ʃæm'puː	short	ʃɔːt	silence	'saɪləns
andy	'ʃændɪ	shortage	'ʃɔːtɪdʒ	silencer	'saɪlənsər
an't	ʃɑːnt	shorten	'ʃɔːtn	silent	'saɪlənt
ape	ʃeɪp	shorthand	'ʃɔːthænd	silicon	'sɪlɪkən
are	ʃeər	shortly	'ʃɔːtlɪ	silk	sɪlk
ark	ʃɑːk	shortness	'ʃɔːtnɪs	silky	'sɪlkɪ
arp	ʃɑːp	shorts	ʃɔːts	silly	'sɪlɪ
arpen	'ʃɑːpn	short-sighted	ʃɔːt'saɪtɪd	silver	'sɪlvər
arpener	'ʃɑːpnər	shot	ʃɒt	similar	'sɪmɪlər
ave	ʃeɪv	shotgun	'ʃɒtgʌn	similarity	sɪmɪ'lærɪtɪ
aven	'ʃeɪvn	should	ʃud	simple	'sɪmpl
aver	'ʃeɪvər	shoulder	'ʃəuldər	simplicity	sɪm'plɪsɪtɪ
aving	'ʃeɪvɪŋ	shouldn't	'ʃudnt	simplify	'sɪmplɪfaɪ
e	ʃiː	shout	ʃaut	simply	'sɪmplɪ
ears	'ʃɪəz	shovel	'ʃʌvl	simultaneous	sɪməl'teɪnɪəs
e'd	ʃiːd	show	ʃəu	sin	sɪn
ed	ʃed	shower	'ʃauər	since	sɪns
ep	ʃiːp	showerproof	'ʃauəpruːf	sincere	sɪn'sɪər
eepdog	'ʃiːpdɒg	showing	'ʃəuɪŋ	sincerely	sɪn'sɪəlɪ
eer	ʃɪər	shown	ʃəun	sing	sɪŋ
eet	ʃiːt	show-off	'ʃəuɒf	singer	'sɪŋər
elf	ʃelf	showy	'ʃəuɪ	singing	'sɪŋɪŋ
'll	ʃiːl	shrank	ʃræŋk	single	'sɪŋgl
ell	ʃel	shrewd	ʃruːd	singles	'sɪŋglz
ellfish	'ʃelfɪʃ	shriek	ʃriːk	singular	'sɪŋgjulər
elter	'ʃeltər	shrill	ʃrɪl	sinister	'sɪnɪstər
elves	ʃelvz	shrimps	ʃrɪmps	sink	sɪŋk
epherd	'ʃepəd	shrink	ʃrɪŋk	sir	sɜːr
eriff	'ʃerɪf	shrivel	'ʃrɪvl	siren	'saɪərn
erry	'ʃerɪ	Shrove	ʃrəuv	sister	'sɪstər
e's	ʃiːz	shrug	ʃrʌg	sister-in-law	'sɪstərɪnlɔː
etland	'ʃetlənd	shrunk	ʃrʌŋk	sit	sɪt
eld	ʃiːld	shudder	'ʃʌdər	sitcom	'sɪtkɒm
ft	ʃɪft	shuffle	'ʃʌfl	site	saɪt
fty	'ʃɪftɪ	shut	ʃʌt	sitting	'sɪtɪŋ
n	ʃɪn	shutter	'ʃʌtər	situated	'sɪtjueɪtɪd
ne	ʃaɪn	shutters	'ʃʌtəz	situation	sɪtju'eɪʃən
ning	'ʃaɪnɪŋ	shuttle	'ʃʌtl	six	sɪks
ny	'ʃaɪnɪ	shuttlecock	'ʃʌtlkɒk	sixteen	sɪks'tiːn
p	ʃɪp	shy	ʃaɪ	sixth	sɪksθ
pbuilding	'ʃɪpbɪldɪŋ	Siberia	saɪ'bɪərɪə	sixty	'sɪkstɪ
pping	'ʃɪpɪŋ	Siberian	saɪ'bɪərɪən	size	saɪz
pwreck	'ʃɪprek	Sicily	'sɪsɪlɪ	skate	skeɪt
pwrecked	'ʃɪprekt	sick	sɪk	skateboard	'skeɪtbɔːd
pyard	'ʃɪpjɑːd	sickening	'sɪknɪŋ	skateboarding	'skeɪtbɔːdɪŋ
rt	ʃɜːt	sickness	'sɪknɪs	skates	skeɪts
ver	'ʃɪvər	side	saɪd	skating	'skeɪtɪŋ
ck	ʃɒk	sideboard	'saɪdbɔːd	skeleton	'skelɪtn
cked	ʃɒkt	side-effect	'saɪdɪfekt	sketch	sketʃ
cking	'ʃɒkɪŋ	sidewalk	'saɪdwɔːk	ski	skiː
e	ʃuː	sideways	'saɪdweɪz	skid	skɪd
elace	'ʃuːleɪs	sieve	sɪv	skier	'skiːər
ne	ʃɒn	sigh	saɪ	skiing	'skiːɪŋ
ok	ʃuk	sight	saɪt	skilful	'skɪlful
ot	ʃuːt	sightseeing	'saɪtsiːɪŋ	skill	skɪl
oting	'ʃuːtɪŋ	sign	saɪn	skilled	skɪld
p	ʃɒp	signal	'sɪgnl	skim	skɪm
pkeeper	'ʃɒpkiːpər	signalman	'sɪgnlmən	skimmed	skɪmd
plifting	'ʃɒplɪftɪŋ	signature	'sɪgnətʃər	skimpy	'skɪmpɪ
pping	'ʃɒpɪŋ	significance	sɪg'nɪfɪkəns	skin	skɪn
		significant	sɪg'nɪfɪkənt	skinhead	'skɪnhed

skinny	'skɪnɪ	smelly	'smɛlɪ	solemn	'sɔləm
skin-tight	'skɪntaɪt	smelt	smɛlt	solicitor	sə'lɪsɪtər
skip	skɪp	smile	smaɪl	solid	'sɔlɪd
skirt	skə:t	smoke	sməuk	solo	'səuləu
skittles	'skɪtlz	smoked	sməukt	soluble	'sɔljubl
skive	skaɪv	smoker	'sməukər	solution	sə'lu:ʃən
skull	skʌl	smoking	'sməukɪŋ	solve	sɔlv
sky	skaɪ	smooth	smu:ð	some	sʌm
sky-blue	skaɪ'blu:	smudge	smʌdʒ	somebody	'sʌmbədɪ
skyscraper	'skaɪskreɪpər	smug	smʌg	somehow	'sʌmhau
slack	slæk	smuggle	'smʌgl	someone	'sʌmwʌn
slag	slæg	smuggler	'smʌglər	someplace	'sʌmpleɪs
slam	slæm	smuggling	'smʌglɪŋ	something	'sʌmθɪŋ
slang	slæŋ	smutty	'smʌtɪ	sometime	'sʌmtaɪm
slap	slæp	snack	snæk	sometimes	'sʌmtaɪmz
slash	slæʃ	snail	sneɪl	somewhat	'sʌmwɔt
slate	sleɪt	snake	sneɪk	somewhere	'sʌmwɛər
slaughter	'slɔ:tər	snap	snæp	son	sʌn
slaughterhouse	'slɔ:təhaus	snapshot	'snæpʃɔt	song	sɔŋ
sledge	slɛdʒ	snarl	snɑ:l	son-in-law	'sʌnɪnlɔ:
sledging	'slɛdʒɪŋ	snatch	snætʃ	soon	su:n
sleep	sli:p	sneak	sni:k	sooner	'su:nər
sleeping	'sli:pɪŋ	sneeze	sni:z	soot	sut
sleepy	'sli:pɪ	sniff	snɪf	sooty	'sutɪ
sleet	sli:t	snob	snɔb	soppy	'sɔpɪ
sleeve	sli:v	snooker	'snu:kər	soprano	sə'prɑ:nəu
sleigh	sleɪ	snooze	snu:z	sorcerer	'sɔ:sərər
slept	slɛpt	snore	snɔ:r	sore	sɔ:r
slice	slaɪs	snorkel	'snɔ:kl	sorrow	'sɔrəu
slick	slɪk	snout	snaut	sorry	'sɔrɪ
slide	slaɪd	snow	snəu	sort	sɔ:t
slight	slaɪt	snowball	'snəubɔ:l	so-so	'səusəu
slightly	'slaɪtlɪ	snowflake	'snəufleɪk	soul	səul
slim	slɪm	snowman	'snəumæn	sound	saund
sling	slɪŋ	snowplough	'snəuplau	soundtrack	'saundtræk
slip	slɪp	so	səu	soup	su:p
slipper	'slɪpər	soak	səuk	sour	'sauər
slippery	'slɪpərɪ	soaked	səukt	source	sɔ:s
slip-up	'slɪpʌp	soaking	'səukɪŋ	soured	'sauəd
slit	slɪt	soap	səup	south	sauθ
slogan	'sləugən	sob	sɔb	south-east	sauθ'i:st
slope	sləup	sober	'səubər	southerly	'sʌðəlɪ
sloping	'sləupɪŋ	soccer	'sɔkər	southern	'sʌðən
sloppy	'slɔpɪ	sociable	'səuʃəbl	south-west	sauθ'wɛst
sloshed	slɔʃt	social	'səuʃl	souvenir	su:və'nɪər
slot	slɔt	socialism	'səuʃəlɪzəm	soy	sɔɪ
slow	sləu	socialist	'səuʃəlɪst	soya	'sɔɪə
slowly	'sləulɪ	society	sə'saɪətɪ	space	speɪs
slow-moving	sləu'mu:vɪŋ	sociology	səusɪ'ɔlədʒɪ	spacecraft	'speɪskrɑ:ft
slowness	'sləunɪs	sock	sɔk	spaceship	'speɪsʃɪp
slug	slʌg	socket	'sɔkɪt	spade	speɪd
sluggish	'slʌgɪʃ	soda	'səudə	Spain	speɪn
slum	slʌm	sofa	'səufə	Spaniard	'spænjəd
slush	slʌʃ	soft	sɔft	spaniel	'spænjəl
slushy	'slʌʃɪ	softly	'sɔftlɪ	Spanish	'spænɪʃ
sly	slaɪ	software	'sɔftwɛər	spank	spæŋk
smack	smæk	soggy	'sɔgɪ	spanner	'spænər
small	smɔ:l	soil	sɔɪl	spare	spɛər
smart	smɑ:t	solar	'səulər	spark	spɑ:k
smash	smæʃ	sold	səuld	sparkle	'spɑ:kl
smashing	'smæʃɪŋ	soldier	'səuldʒər	sparkling	'spɑ:klɪŋ
smell	smɛl	sole	səul	sparrow	'spærəu

at	spæt	spoon	spu:n
atial	'speɪʃl	spoonful	'spu:nful
eak	spi:k	sport	spɔːt
eaker	'spi:kər	sportsman	'spɔːtsmən
ecial	'speʃl	sportswear	'spɔːtsweər
ecialist	'speʃəlɪst	sportswoman	'spɔːtswumən
eciality	speʃi'ælɪtɪ	sporty	'spɔːtɪ
ecialize	'speʃəlaɪz	spot	spɔt
ecially	'speʃlɪ	spotless	'spɔtlɪs
ecies	'spi:ʃi:z	spotlight	'spɔtlaɪt
ecific	spə'sɪfɪk	spotted	'spɔtɪd
ecifically	spə'sɪfɪklɪ	spotty	'spɔtɪ
ecimen	'spesɪmən	spouse	spaus
ecs	speks	sprain	spreɪn
ectacles	'spektəklz	spray	spreɪ
ectacular	spek'tækjulər	spread	spred
ectator	spek'teɪtər	spreadsheet	'spredʃi:t
eech	spi:tʃ	spree	spri:
eechless	'spi:tʃlɪs	spring	sprɪŋ
eed	spi:d	springboard	'sprɪŋbɔːd
eedboat	'spi:dbəut	spring-cleaning	sprɪŋ'kli:nɪŋ
eeding	'spi:dɪŋ	springtime	'sprɪŋtaɪm
eedometer	spi'dɔmɪtər	sprinkler	'sprɪŋklər
ell	spel	sprint	sprɪnt
elling	'spelɪŋ	sprinter	'sprɪntər
elt	spelt	sprouts	sprauts
end	spend	spurt	spɜːt
ice	spaɪs	spy	spaɪ
icy	'spaɪsɪ	spying	'spaɪɪŋ
ider	'spaɪdər	squabble	'skwɔbl
ike	spaɪk	squander	'skwɔndər
ill	spɪl	square	skweər
in	spɪn	squared	skweəd
inach	'spɪnɪtʃ	squash	skwɔʃ
inal	'spaɪnl	squeak	skwi:k
ine	spaɪn	squeeze	skwi:z
inster	'spɪnstər	squid	skwɪd
ire	'spaɪər	squint	skwɪnt
irit	'spɪrɪt	squirrel	'skwɪrəl
irits	'spɪrɪts	stab	stæb
iritual	'spɪrɪtjuəl	stable	'steɪbl
it	spɪt	stack	stæk
ite	spaɪt	stadium	'steɪdɪəm
iteful	'spaɪtful	staff	stɑːf
ash	splæʃ	stag	stæg
endid	'splendɪd	stage	steɪdʒ
endour	'splendər	stagger	'stægər
int	splɪnt	stain	steɪn
inter	'splɪntər	stained	steɪnd
it	split	stainless	'steɪnlɪs
oil	spɔɪl	stair	steər
oiled	spɔɪld	staircase	'steəkeɪs
oilsport	'spɔɪlspɔːt	stairs	steəz
oilt	spɔɪlt	stale	steɪl
oke	spəuk	stalemate	'steɪlmeɪt
oken	'spəukn	stall	stɔːl
okesman	'spəuksmən	stamina	'stæmɪnə
okeswoman	'spəukswumən	stammer	'stæmər
onge	spʌndʒ	stamp	stæmp
onsor	'spɔnsər	stamping	'stæmpɪŋ
ontaneous	spɔn'teɪnɪəs	stand	stænd
ooky	'spu:kɪ	standard	'stændəd

stand-by	'stændbaɪ
standpoint	'stændpɔɪnt
stands	stændz
stank	stæŋk
staple	'steɪpl
stapler	'steɪplər
star	stɑːr
stare	steər
stark	stɑːk
start	stɑːt
starter	'stɑːtər
starve	stɑːv
state	steɪt
stately	'steɪtlɪ
statement	'steɪtmənt
state-run	'steɪt'rʌn
States	steɪts
station	'steɪʃən
stationer's	'steɪʃənəz
stationery	'steɪʃnərɪ
statue	'stætju:
status	'steɪtəs
stay	steɪ
steady	'stedɪ
steak	steɪk
steal	sti:l
steam	sti:m
steel	sti:l
steep	sti:p
steeple	'sti:pl
steer	stɪər
steering	'stɪərɪŋ
stem	stem
stench	stentʃ
step	step
stepbrother	'stepbrʌðər
stepchild	'steptʃaɪld
stepdaughter	'stepdɔːtər
stepfather	'stepfɑːðər
stepladder	'steplædər
stepmother	'stepmʌðər
stepsister	'stepsɪstər
stepson	'stepsʌn
stereo	'sterɪəu
sterling	'stɜːlɪŋ
stew	stju:
steward	'stju:əd
stewardess	'stju:ədes
stick	stɪk
sticker	'stɪkər
sticking	'stɪkɪŋ
sticky	'stɪkɪ
stiff	stɪf
still	stɪl
sting	stɪŋ
stinging	'stɪŋɪŋ
stingy	'stɪndʒɪ
stink	stɪŋk
stir	stɜːr
stitch	stɪtʃ
stock	stɔk
stocking	'stɔkɪŋ

stockroom	'stɔkruːm	stub	stʌb	suffocate	'sʌfəkeɪt
stole	stəul	stubborn	'stʌbən	sugar	'ʃugər
stolen	'stəuln	stuck	stʌk	suggest	sə'dʒest
stomach	'stʌmək	stuck-up	stʌk'ʌp	suggestion	sə'dʒestʃən
stone	stəun	stud	stʌd	suggestive	sə'dʒestɪv
stony	'stəunɪ	student	'stjuːdənt	suicide	'suɪsaɪd
stood	stud	studies	'stʌdɪz	suit	suːt
stool	stuːl	studio	'stjuːdɪəu	suitable	'suːtəbl
stop	stɔp	study	'stʌdɪ	suitcase	'suːtkeɪs
stopover	'stɔpəuvər	stuff	stʌf	suite	swiːt
stopwatch	'stɔpwɔtʃ	stuffed	stʌft	suited	'suːtɪd
store	stɔːr	stuffy	'stʌfɪ	sulk	sʌlk
storehouse	'stɔːhaus	stumble	'stʌmbl	sulky	'sʌlkɪ
storey	'stɔːrɪ	stun	stʌn	sullen	'sʌlən
storm	stɔːm	stung	stʌŋ	sulphur	'sʌlfər
stormy	'stɔːmɪ	stunk	stʌŋk	sultana	sʌl'tɑːnə
story	'stɔːrɪ	stunned	stʌnd	sum	sʌm
stove	stəuv	stunning	'stʌnɪŋ	summarize	'sʌməraɪz
straight	streɪt	stunt	stʌnt	summary	'sʌmərɪ
straightforward	streɪt'fɔːwəd	stuntman	'stʌntmæn	summer	'sʌmər
strain	streɪn	stupid	'stjuːpɪd	summertime	'sʌmətaɪm
strained	streɪnd	stupidity	stjuː'pɪdɪtɪ	summery	'sʌmərɪ
strainer	'streɪnər	stupidly	'stjuːpɪdlɪ	summit	'sʌmɪt
stranded	'strændɪd	sturdy	'stɜːdɪ	summon	'sʌmən
strange	streɪndʒ	stutter	'stʌtər	summons	'sʌmənz
stranger	'streɪndʒər	style	staɪl	sun	sʌn
strangle	'stræŋgl	stylish	'staɪlɪʃ	sunbathe	'sʌnbeɪð
strap	stræp	subconscious	sʌb'kɔnʃəs	sunblock	'sʌnblɔk
straw	strɔː	subject	'sʌbdʒɪkt	sunburn	'sʌnbɜːn
strawberry	'strɔːbərɪ	subjunctive	səb'dʒʌŋktɪv	sunburnt	'sʌnbɜːnt
stray	streɪ	submarine	sʌbmə'riːn	sundae	'sʌndeɪ
stream	striːm	subscribe	səb'skraɪb	Sunday	'sʌndɪ
street	striːt	subscription	səb'skrɪpʃən	sunflower	'sʌnflauər
streetcar	'striːtkɑːr	subsequent	'sʌbsɪkwənt	sung	sʌŋ
streetlamp	'striːtlæmp	subsequently	'sʌbsɪkwəntlɪ	sunglasses	'sʌnglɑːsɪz
streetwise	'striːtwaɪz	subsidiary	səb'sɪdɪərɪ	sunk	sʌŋk
strength	streŋθ	subsidize	'sʌbsɪdaɪz	sunlight	'sʌnlaɪt
strengthen	'streŋθn	subsidy	'sʌbsɪdɪ	sunny	'sʌnɪ
stress	stres	substance	'sʌbstəns	sunrise	'sʌnraɪz
stressful	'stresful	substantial	səb'stænʃl	sunroof	'sʌnruːf
stretch	stretʃ	substitute	'sʌbstɪtjuːt	sunscreen	'sʌnskriːn
stretcher	'stretʃər	subtitled	'sʌbtaɪtld	sunset	'sʌnset
stretchy	'stretʃɪ	subtitles	'sʌbtaɪtlz	sunshade	'sʌnʃeɪd
strict	strɪkt	subtle	'sʌtl	sunshine	'sʌnʃaɪn
strike	straɪk	subtract	səb'trækt	sunstroke	'sʌnstrəuk
striker	'straɪkər	suburb	'sʌbɜːb	suntan	'sʌntæn
striking	'straɪkɪŋ	suburban	sə'bɜːbən	super	'suːpər
string	strɪŋ	subway	'sʌbweɪ	superb	suː'pɜːb
stringed	strɪŋd	succeed	sək'siːd	superficial	suːpə'fɪʃəl
strip	strɪp	success	sək'ses	superfluous	suː'pɜːfluəs
stripe	straɪp	successful	sək'sesful	superlative	suː'pɜːlətɪv
striped	straɪpt	successfully	sək'sesfəlɪ	supermarket	'suːpəmɑːkɪt
stripper	'strɪpər	successive	sək'sesɪv	supernatural	suːpə'nætʃərəl
stripy	'straɪpɪ	such	sʌtʃ	supersonic	'suːpə'sɔnɪk
stroke	strəuk	such-and-such	'sʌtʃənsʌtʃ	superstitious	suːpə'stɪʃəs
stroll	strəul	suck	sʌk	supervise	'suːpəvaɪz
stroller	'strəulər	sudden	'sʌdn	supervision	suːpə'vɪʒən
strong	strɔŋ	suddenly	'sʌdnlɪ	supervisor	'suːpəvaɪzər
strongly	'strɔŋlɪ	sue	suː	supper	'sʌpər
struck	strʌk	suede	sweɪd	supple	'sʌpl
structure	'strʌktʃər	suffer	'sʌfər	supplement	'sʌplɪmənt
struggle	'strʌgl	sufficient	sə'fɪʃənt	supplies	sə'plaɪz

supply	sə'plaɪ	swelling	'swelɪŋ	talented	'tæləntɪd
support	sə'pɔːt	sweltering	'sweltərɪŋ	talk	tɔːk
supporter	sə'pɔːtər	swept	swept	talkative	'tɔːkətɪv
suppose	sə'pəʊz	swerve	swɜːv	talking	'tɔːkɪŋ
supposed	sə'pəʊzd	swift	swɪft	tall	tɔːl
supposing	sə'pəʊzɪŋ	swim	swɪm	talon	'tælən
supposition	sʌpə'zɪʃən	swimmer	'swɪmər	tame	teɪm
suppress	sə'pres	swimming	'swɪmɪŋ	tampon	'tæmpɒn
surcharge	'sɜːtʃɑːdʒ	swimsuit	'swɪmsuːt	tan	tæn
sure	ʃʊər	swing	swɪŋ	tangerine	tændʒə'riːn
surely	'ʃʊəlɪ	Swiss	swɪs	tangle	'tæŋgl
surf	sɜːf	switch	swɪtʃ	tank	tæŋk
surface	'sɜːfɪs	switchboard	'swɪtʃbɔːd	tankard	'tæŋkəd
surfboard	'sɜːfbɔːd	Switzerland	'swɪtsələnd	tanker	'tæŋkər
surfing	'sɜːfɪŋ	swollen	'swəʊlən	tanned	tænd
surgeon	'sɜːdʒən	swop	swɒp	tap	tæp
surgery	'sɜːdʒərɪ	sword	sɔːd	tap-dancing	'tæpdɑːnsɪŋ
surname	'sɜːneɪm	swore	swɔːr	tape	teɪp
surpass	sə'pɑːs	sworn	swɔːn	tar	tɑːr
surplus	'sɜːpləs	swot	swɒt	target	'tɑːgɪt
surprise	sə'praɪz	swum	swʌm	Tarmac	'tɑːmæk
surprised	sə'praɪzd	swung	swʌŋ	tarnished	'tɑːnɪʃt
surprising	sə'praɪzɪŋ	syllable	'sɪləbl	tart	tɑːt
surrender	sə'rendər	syllabus	'sɪləbəs	tartan	'tɑːtn
surrogate	'sʌrəgɪt	symbol	'sɪmbl	tartar	'tɑːtər
surround	sə'raʊnd	symmetrical	sɪ'metrɪkl	task	tɑːsk
surroundings	sə'raʊndɪŋz	sympathetic	sɪmpə'θetɪk	taste	teɪst
surveillance	sə'veɪləns	sympathize	'sɪmpəθaɪz	tasteful	'teɪstful
survey	'sɜːveɪ	sympathy	'sɪmpəθɪ	tasteless	'teɪstlɪs
surveyor	sə'veɪər	symptom	'sɪmptəm	tasty	'teɪstɪ
survive	sə'vaɪv	synagogue	'sɪnəgɒg	tattoo	tə'tuː
survivor	sə'vaɪvər	synonym	'sɪnənɪm	taught	tɔːt
susceptible	sə'septəbl	synonymous	sɪ'nɒnɪməs	Taurus	'tɔːrəs
suspect VERB	səs'pekt	synthetic	sɪn'θetɪk	tax	tæks
suspect NOUN	'sʌspekt	syringe	sɪ'rɪndʒ	taxi	'tæksɪ
suspend	səs'pend	system	'sɪstəm	TB	tiː'biː
suspender	səs'pendər	systematic	sɪstə'mætɪk	tea	tiː
suspense	səs'pens	table	'teɪbl	teach	tiːtʃ
suspension	səs'penʃən	tablecloth	'teɪblklɒθ	teacher	'tiːtʃər
suspicion	səs'pɪʃən	tablespoon	'teɪblspuːn	teacher's	'tiːtʃəz
suspicious	səs'pɪʃəs	tablespoonful	'teɪblspuːnful	team	tiːm
swallow	'swɒləʊ	tablet	'tæblɪt	teapot	'tiːpɒt
swam	swæm	tabloid	'tæblɔɪd	tear NOUN	tɪər
swamp	swɒmp	tacitly	'tæsɪtlɪ	tear VERB	teər
swan	swɒn	tack	tæk	tearoom	'tiːruːm
swap	swɒp	tackle	'tækl	tease	tiːz
swarm	swɔːm	tact	tækt	teaspoon	'tiːspuːn
swat	swɒt	tactful	'tæktful	teaspoonful	'tiːspuːnful
sway	sweɪ	tactical	'tæktɪkl	teatime	'tiːtaɪm
swear	sweər	tactics	'tæktɪks	technical	'teknɪkl
swearword	'sweəwɜːd	tactless	'tæktlɪs	technician	tek'nɪʃən
sweat	swet	tadpole	'tædpəʊl	technique	tek'niːk
sweater	'swetər	tag	tæg	techno	'teknəʊ
sweaty	'swetɪ	tail	teɪl	technological	teknə'lɒdʒɪkl
swede	swiːd	tailor	'teɪlər	technology	tek'nɒlədʒɪ
Swede	swiːd	take	teɪk	teddy	'tedɪ
Sweden	'swiːdn	takeaway	'teɪkəweɪ	teenage	'tiːneɪdʒ
Swedish	'swiːdɪʃ	taken	'teɪkən	teenager	'tiːneɪdʒər
sweep	swiːp	takeoff	'teɪkɒf	teens	tiːnz
sweet	swiːt	talcum	'tælkəm	tee-shirt	'tiːʃɜːt
sweetcorn	'swiːtkɔːn	tale	teɪl	teeth	tiːθ
sweetener	'swiːtnər	talent	'tælnt	teethe	tiːð

teetotal	'tiː'təʊtl	theft	θɛft	through	θruː
telecommunications		their	ðɛəʳ	throughout	θruː'aʊt
	'tɛlɪkəmjuːnɪ'keɪʃənz	theirs	ðɛəz	throw	θrəʊ
telegram	'tɛlɪgræm	them	ðɛm, ðəm	thug	θʌg
telephone	'tɛlɪfəʊn	theme	θiːm	thumb	θʌm
telephoto	'tɛlɪ'fəʊtəʊ	themselves	ðəm'sɛlvz	thump	θʌmp
telescope	'tɛlɪskəʊp	then	ðɛn	thunder	'θʌndəʳ
television	'tɛlɪvɪʒən	theorem	'θɪərəm	thunderstorm	'θʌndəstɔːm
tell	tɛl	theoretical	θɪə'rɛtɪkl	thundery	'θʌndərɪ
teller	'tɛləʳ	theory	'θɪərɪ	Thursday	'θəːzdɪ
telly	'tɛlɪ	therapy	'θɛrəpɪ	thyme	taɪm
temper	'tɛmpəʳ	there	ðɛəʳ	tick	tɪk
temperamental	tɛmprə'mɛntl	therefore	'ðɛəfɔːʳ	ticket	'tɪkɪt
temperature	'tɛmprətʃəʳ	there's	'ðɛəz	tickle	'tɪkl
temple	'tɛmpl	thermometer	θə'mɒmɪtəʳ	ticklish	'tɪklɪʃ
temporary	'tɛmpərərɪ	Thermos	'θəːməs	tide	taɪd
tempt	tɛmpt	these	ðiːz	tidy	'taɪdɪ
temptation	tɛmp'teɪʃən	thesis	'θiːsɪs	tie	taɪ
tempting	'tɛmptɪŋ	they	ðeɪ	tiger	'taɪgəʳ
ten	tɛn	they'd	ðeɪd	tight	taɪt
tenant	'tɛnənt	they'll	ðeɪl	tighten	'taɪtn
tend	tɛnd	they're	ðɛəʳ	tightly	'taɪtlɪ
tender	'tɛndəʳ	they've	ðeɪv	tights	taɪts
tennis	'tɛnɪs	thick	θɪk	tile	taɪl
tenor	'tɛnəʳ	thief	θiːf	tiled	taɪld
tenpin	'tɛnpɪn	thigh	θaɪ	till	tɪl
tense	tɛns	thin	θɪn	time	taɪm
tension	'tɛnʃən	thing	θɪŋ	time-consuming	'taɪmkənsjuːmɪ
tent	tɛnt	think	θɪŋk	timer	'taɪməʳ
tenth	tɛnθ	third	θəːd	time-share	'taɪmʃɛəʳ
term	təːm	thirdly	'θəːdlɪ	timetable	'taɪmteɪbl
terminal	'təːmɪnl	thirst	θəːst	timid	'tɪmɪd
terminally	'təːmɪnlɪ	thirsty	'θəːstɪ	tin	tɪn
terminus	'təːmɪnəs	thirteen	θəː'tiːn	tinfoil	'tɪnfɔɪl
terrace	'tɛrəs	thirty	'θəːtɪ	tinned	tɪnd
terraced	'tɛrəst	this	ðɪs	tinsel	'tɪnsl
terrain	tɛ'reɪn	thistle	'θɪsl	tinted	'tɪntɪd
terrible	'tɛrɪbl	thorough	'θʌrə	tiny	'taɪnɪ
terribly	'tɛrɪblɪ	thoroughly	'θʌrəlɪ	tip	tɪp
terrier	'tɛrɪəʳ	those	ðəʊz	tipped	'tɪpt
terrific	tə'rɪfɪk	though	ðəʊ	tipsy	'tɪpsɪ
terrified	'tɛrɪfaɪd	thought	θɔːt	tiptoe	'tɪptəʊ
territory	'tɛrɪtərɪ	thoughtful	'θɔːtful	tired	'taɪəd
terror	'tɛrəʳ	thoughtless	'θɔːtlɪs	tiredness	'taɪədnɪs
terrorism	'tɛrərɪzəm	thousand	'θaʊzənd	tiresome	'taɪəsəm
terrorist	'tɛrərɪst	thread	θrɛd	tiring	'taɪərɪŋ
test	tɛst	threat	θrɛt	tissue	'tɪʃuː
tested	'tɛstɪd	threaten	'θrɛtn	title	'taɪtl
tetanus	'tɛtənəs	three	θriː	to	tuː, tə
text	tɛkst	three-dimensional		toad	təʊd
textbook	'tɛkstbuk		θriːdɪ'mɛnʃənl	toadstool	'təʊdstuːl
textiles	'tɛkstaɪlz	three-quarters	θriː'kwɔːtəz	toast	təʊst
Thames	tɛmz	threw	θruː	toaster	'təʊstəʳ
than	ðæn, ðən	thrifty	'θrɪftɪ	toastie	'təʊstɪ
thank	θæŋk	thrill	θrɪl	toasting	'təʊstɪŋ
thanks	θæŋks	thrilled	θrɪld	tobacco	tə'bækəʊ
that	ðæt, ðət	thriller	'θrɪləʳ	tobacconist's	tə'bækənɪsts
thatched	'θætʃt	thrilling	'θrɪlɪŋ	toboggan	tə'bɒgən
that's	ðæts, ðəts	thrive	θraɪv	tobogganing	tə'bɒgənɪŋ
thaw	θɔː	throat	θrəʊt	today	tə'deɪ
the	ðə, ðiː	throb	θrɒb	today's	tə'deɪz
theatre	'θɪətəʳ	throne	θrəʊn	toddler	'tɒdləʳ

be	təu	towelling	'tauəlɪŋ	tremendous	trɪ'mendəs
offee	'tɒfɪ	tower	'tauər	trend	trend
ɔgether	tə'geðər	town	taun	trendy	'trendɪ
ɔilet	'tɔɪlət	toxic	'tɒksɪk	trial	'traɪəl
ɔiletries	'tɔɪlətrɪz	toy	tɔɪ	triangle	'traɪæŋgl
ɔken	'təukən	trace	treɪs	triangular	traɪ'æŋgjulər
ɔld	təuld	tracing	'treɪsɪŋ	tribe	traɪb
ɔlerant	'tɒlərnt	track	træk	tributary	'trɪbjutərɪ
ɔlerate	'tɒləreɪt	tracksuit	'træksuːt	trick	trɪk
ɔll	təul	tractor	'træktər	tricky	'trɪkɪ
ɔmato	tə'mɑːtəu	trade	treɪd	tricycle	'traɪsɪkl
ɔmboy	'tɒmbɔɪ	tradition	trə'dɪʃən	tried	traɪd
ɔmcat	'tɒmkæt	traditional	trə'dɪʃənl	trifle	'traɪfl
ɔmorrow	tə'mɒrəu	traffic	'træfɪk	trim	trɪm
ɔmorrow's	tə'mɒrəuz	tragedy	'trædʒədɪ	trip	trɪp
ɔn	tʌn	tragic	'trædʒɪk	triple	'trɪpl
ɔne	təun	trail	treɪl	triplets	'trɪplɪts
ɔngue	tʌŋ	trailer	'treɪlər	trivial	'trɪvɪəl
ɔnic	'tɒnɪk	train	treɪn	trod	trɒd
ɔnight	tə'naɪt	trained	treɪnd	trodden	'trɒdn
ɔnsillitis	tɒnsɪ'laɪtɪs	trainee	treɪ'niː	trolley	'trɒlɪ
ɔnsils	'tɒnslz	trainer	'treɪnər	trombone	trɒm'bəun
ɔo	tuː	trainers	'treɪnəz	troops	truːps
ɔok	tuk	training	'treɪnɪŋ	trophy	'trəufɪ
ɔol	tuːl	trait	treɪt	tropical	'trɒpɪkl
ɔoth	tuːθ	tram	træm	tropics	'trɒpɪks
ɔothache	'tuːθeɪk	tramp	træmp	trot	trɒt
ɔothbrush	'tuːθbrʌʃ	trampoline	'træmpəliːn	trouble	'trʌbl
ɔothpaste	'tuːθpeɪst	tranquillizer	'træŋkwɪlaɪzər	troublemaker	'trʌblmeɪkər
ɔothpick	'tuːθpɪk	transfer NOUN	'trænsfər	trousers	'trauzəz
ɔp	tɒp	transfer VERB	træns'fɜːr	trout	traut
ɔpic	'tɒpɪk	transfusion	træns'fjuːʒən	truant	'truənt
ɔpical	'tɒpɪkl	transistor	træn'zɪstər	truck	trʌk
ɔpless	'tɒplɪs	transit	'trænzɪt	trucker	'trʌkər
ɔpmost	'tɒpməust	transition	træn'zɪʃən	true	truː
ɔp-secret	'tɒp'siːkrɪt	translate	trænz'leɪt	trump	trʌmp
ɔrch	tɔːtʃ	translation	trænz'leɪʃən	trumpet	'trʌmpɪt
ɔre	tɔːr	translator	trænz'leɪtər	trumpeter	'trʌmpɪtər
ɔrment	tɔː'ment	transmission	trænz'mɪʃən	truncheon	'trʌntʃən
ɔrn	tɔːn	transmitted	trænz'mɪtɪd	trunk	trʌŋk
ɔrtoise	'tɔːtəs	transparent	træns'pærnt	trunks	trʌŋks
ɔrture	'tɔːtʃər	transplant	'trænsplɑːnt	trust	trʌst
ɔry	'tɔːrɪ	transport NOUN	'trænspɔːt	trusting	'trʌstɪŋ
ɔss	tɒs	transport VERB	træns'pɔːt	trustworthy	'trʌstwɜːðɪ
ɔtal	'təutl	trap	træp	truth	truːθ
ɔtalitarian	təutælɪ'teərɪən	trash	træʃ	truthful	'truːθful
ɔtally	'təutəlɪ	trashy	'træʃɪ	try	traɪ
ɔuch	tʌtʃ	traumatic	trɔː'mætɪk	T-shirt	'tiːʃɜːt
ɔuchdown	'tʌtʃdaun	travel	'trævl	tub	tʌb
ɔuched	tʌtʃt	traveller	'trævlər	tube	tjuːb
ɔuching	'tʌtʃɪŋ	traveller's	'trævləz	tuberculosis	tjubɜːkju'ləusɪs
ɔuchline	'tʌtʃlaɪn	travelling	'trævlɪŋ	tuck	tʌk
ɔuchy	'tʌtʃɪ	tray	treɪ	Tuesday	'tjuːzdɪ
ɔugh	tʌf	tread	tred	tug	tʌg
ɔupee	'tuːpeɪ	treasure	'treʒər	tug-of-war	tʌgəv'wɔːr
ɔur	'tuər	treat	triːt	tuition	tjuː'ɪʃən
ɔurism	'tuərɪzm	treatment	'triːtmənt	tulip	'tjuːlɪp
ɔurist	'tuərɪst	treaty	'triːtɪ	tumble	'tʌmbl
ɔurnament	'tuənəmənt	treble	'trebl	tummy	'tʌmɪ
ɔw	təu	tree	triː	tumour	'tjuːmər
ɔwards	tə'wɔːdz	trekking	'trekɪŋ	tuna	'tjuːnə
ɔwel	'tauəl	tremble	'trembl	tune	tjuːn

tunnel	'tʌnl	uncertainty	ʌn'səːtntɪ	uni	'juːnɪ
Turk	təːk	unchangeable	ʌn'tʃeɪndʒəbl	uniform	'juːnɪfɔːm
Turkey	'təːkɪ	uncivilized	ʌn'sɪvɪlaɪzd	unimaginative	ʌnɪ'mædʒɪnətɪ
turkey	'təːkɪ	uncle	'ʌŋkl	unimportant	ʌnɪm'pɔːtənt
Turkish	'təːkɪʃ	unclear	ʌn'klɪər	uninhabited	ʌnɪn'hæbɪtɪd
turn	təːn	uncomfortable	ʌn'kʌmfətəbl	unintelligible	ʌnɪn'telɪdʒɪbl
turning	'təːnɪŋ	uncommunicative		unintentional	ʌnɪn'tenʃənəl
turnip	'təːnɪp		ʌnkə'mjuːnɪkətɪv	uninteresting	ʌn'ɪntrɪstɪŋ
turnover	'təːnəuvər	unconditional	ʌnkən'dɪʃənl	uninterrupted	ʌnɪntə'rʌptɪd
turquoise	'təːkwɔɪz	unconscious	ʌn'kɒnʃəs	union	'juːnjən
turtle	'təːtl	unconsciousness	ʌn'kɒnʃəsnɪs	unionist	'juːnjənɪst
tutor	'tjuːtər	unconventional	ʌnkən'venʃənl	unique	juː'niːk
tuxedo	tʌk'siːdəu	undecided	ʌndɪ'saɪdɪd	unit	'juːnɪt
TV	tiː'viː	under	'ʌndər	unite	juː'naɪt
tweezers	'twiːzəz	underage	ʌndər'eɪdʒ	United	juː'naɪtɪd
twelfth	twelfθ	undercover	ʌndə'kʌvər	universe	'juːnɪvəːs
twelve	twelv	underestimate	'ʌndər'estɪmeɪt	university	juːnɪ'vəːsɪtɪ
twenty	'twentɪ	undergo	ʌndə'gəu	unjust	ʌn'dʒʌst
twice	twaɪs	underground	'ʌndəgraund	unknown	ʌn'nəun
twin	twɪn	underline	ʌndə'laɪn	unleaded	ʌn'ledɪd
twinkle	'twɪŋkl	underneath	ʌndə'niːθ	unless	ʌn'les
twinned	twɪnd	underpaid	ʌndə'peɪd	unlike	ʌn'laɪk
twist	twɪst	underpants	'ʌndəpænts	unlikely	ʌn'laɪklɪ
twit	twɪt	underpass	'ʌndəpɑːs	unlisted	'ʌn'lɪstɪd
twitch	twɪtʃ	undershirt	'ʌndəʃəːt	unload	ʌn'ləud
two	tuː	underskirt	'ʌndəskəːt	unlock	ʌn'lɒk
two-lane	tuː'leɪn	understand	ʌndə'stænd	unlucky	ʌn'lʌkɪ
type	taɪp	understandable	ʌndə'stændəbl	unmarried	ʌn'mærɪd
typewriter	'taɪpraɪtər	understanding	ʌndə'stændɪŋ	unmistakeable	ʌnmɪs'teɪkəbl
typical	'tɪpɪkl	understood	ʌndə'stud	unnatural	ʌn'nætʃrəl
typing	'taɪpɪŋ	undertaker	'ʌndəteɪkər	unnecessary	ʌn'nesəsərɪ
tyre	'taɪər	underwater	'ʌndə'wɔːtər	unofficial	ʌnə'fɪʃl
UFO	'juːefəu	underwear	'ʌndəweər	unpack	ʌn'pæk
ugh	əːh	underwent	ʌndə'went	unpardonable	ʌn'pɑːdnəbl
ugly	'ʌglɪ	undesirable	ʌndɪ'zaɪərəbl	unpleasant	ʌn'pleznt
UK	juː'keɪ	undisturbed	ʌndɪs'təːbd	unplug	ʌn'plʌg
ulcer	'ʌlsər	undo	ʌn'duː	unpopular	ʌn'pɒpjulər
Ulster	'ʌlstər	undress	ʌn'dres	unpractical	ʌn'præktɪkl
ultimate	'ʌltɪmət	undrinkable	ʌn'drɪŋkəbl	unpredictable	ʌnprɪ'dɪktəbl
ultimately	'ʌltɪmətlɪ	uneconomic	'ʌniːkə'nɒmɪk	unprepared	ʌnprɪ'peəd
ultrasound	'ʌltrəsaund	uneducated	ʌn'edjukeɪtɪd	unreal	ʌn'rɪəl
umbrella	ʌm'brelə	unemployed	ʌnɪm'plɔɪd	unrealistic	'ʌnrɪə'lɪstɪk
umlaut	'umlaut	unemployment	ʌnɪm'plɔɪmənt	unreasonable	ʌn'riːznəbl
umpire	'ʌmpaɪər	uneven	ʌn'iːvn	unreliable	ʌnrɪ'laɪəbl
umpteen	ʌmp'tiːn	unexpected	ʌnɪks'pektɪd	unrest	ʌn'rest
UN	juː'en	unexpectedly	ʌnɪks'pektɪdlɪ	unroll	ʌn'rəul
unable	ʌn'eɪbl	unfair	ʌn'feər	unsatisfactory	'ʌnsætɪs'fæktə
unacceptable	ʌnək'septəbl	unfaithful	ʌn'feɪθful	unsatisfied	ʌn'sætɪsfaɪd
unaccustomed	ʌnə'kʌstəmd	unfamiliar	ʌnfə'mɪlɪər	unscrew	ʌn'skruː
unanimous	juː'nænɪməs	unfashionable	ʌn'fæʃnəbl	unshaven	ʌn'ʃeɪvn
unattended	ʌnə'tendɪd	unfavourable	ʌn'feɪvrəbl	unskilled	ʌn'skɪld
unavoidable	ʌnə'vɔɪdəbl	unfit	ʌn'fɪt	unsolved	ʌn'sɒlvd
unaware	ʌnə'weər	unfold	ʌn'fəuld	unstable	ʌn'steɪbl
unbearable	ʌn'beərəbl	unforgettable	ʌnfə'getəbl	unsteady	ʌn'stedɪ
unbeatable	ʌn'biːtəbl	unfortunate	ʌn'fɔːtʃənət	unsuccessful	ʌnsək'sesful
unbelievable	ʌnbɪ'liːvəbl	unfortunately	ʌn'fɔːtʃənətlɪ	unsuitable	ʌn'suːtəbl
unbiased	ʌn'baɪəst	unfriendliness	ʌn'frendlɪnɪs	unsuspecting	ʌnsəs'pektɪŋ
unborn	ʌn'bɔːn	unfriendly	ʌn'frendlɪ	untidiness	ʌn'taɪdɪnɪs
unbreakable	ʌn'breɪkəbl	ungrateful	ʌn'greɪtful	untidy	ʌn'taɪdɪ
uncalled-for	ʌn'kɔːldfɔːr	unhappy	ʌn'hæpɪ	untie	ʌn'taɪ
uncanny	ʌn'kænɪ	unhealthy	ʌn'helθɪ	until	ən'tɪl
uncertain	ʌn'səːtn	unhitch	ʌn'hɪtʃ	untrue	ʌn'truː

unusual	ʌnˈjuːʒuəl	vanish	ˈvænɪʃ	virus	ˈvaɪərəs
unwilling	ʌnˈwɪlɪŋ	variable	ˈveərɪəbl	visa	ˈviːzə
unwind	ʌnˈwaɪnd	varied	ˈveərɪd	visible	ˈvɪzəbl
unwise	ʌnˈwaɪz	variety	vəˈraɪətɪ	visit	ˈvɪzɪt
unwound	ʌnˈwaund	various	ˈveərɪəs	visitor	ˈvɪzɪtər
unwrap	ʌnˈræp	varnish	ˈvɑːnɪʃ	visual	ˈvɪzjuəl
up	ʌp	vary	ˈveərɪ	visualize	ˈvɪzjuəlaɪz
upbringing	ˈʌpbrɪŋɪŋ	vase	vɑːz	vital	ˈvaɪtl
uphill	ʌpˈhɪl	VAT	væt	vitamin	ˈvɪtəmɪn
upper	ˈʌpər	vault	vɔːlt	vivacious	vɪˈveɪʃəs
upright	ˈʌpraɪt	VCR	viːsiːˈɑːr	vivid	ˈvɪvɪd
upset NOUN	ˈʌpset	VDU	viːdiːˈjuː	vocabulary	vəuˈkæbjulərɪ
upset ADJECTIVE	ʌpˈset	veal	viːl	vocational	vəuˈkeɪʃənl
upside	ʌpˈsaɪd	vegan	ˈviːgən	vodka	ˈvɒdkə
upstairs	ʌpˈsteəz	vegetable	ˈvedʒtəbl	voice	vɔɪs
uptight	ʌpˈtaɪt	vegetarian	vedʒɪˈteərɪən	volcano	vɒlˈkeɪnəu
up-to-date	ˈʌptəˈdeɪt	vehicle	ˈviːɪkl	volleyball	ˈvɒlɪbɔːl
upwards	ˈʌpwədz	vein	veɪn	volt	vəult
urgent	ˈəːdʒənt	velvet	ˈvelvɪt	voltage	ˈvəultɪdʒ
urine	ˈjuərɪn	vending	ˈvendɪŋ	volume	ˈvɒljuːm
US	juːˈes	Venetian	vɪˈniːʃən	voluntary	ˈvɒləntərɪ
us	ʌs	verb	vəːb	volunteer	vɒlənˈtɪər
USA	juːesˈeɪ	verdict	ˈvəːdɪkt	vomit	ˈvɒmɪt
usable	ˈjuːzəbl	verge	vəːdʒ	vote	vəut
use NOUN	juːs	vermin	ˈvəːmɪn	voucher	ˈvautʃər
use VERB	juːz	verse	vəːs	vowel	ˈvauəl
used	juːzd	version	ˈvəːʃən	vulgar	ˈvʌlgər
useful	ˈjuːsful	vertebra	ˈvəːtɪbrə	vulture	ˈvʌltʃər
useless	ˈjuːslɪs	vertical	ˈvəːtɪkl	wafer	ˈweɪfər
user	ˈjuːzər	vertigo	ˈvəːtɪgəu	waffle	ˈwɒfl
usual	ˈjuːʒuəl	very	ˈverɪ	wage	weɪdʒ
usually	ˈjuːʒuəlɪ	vest	vest	wages	ˈweɪdʒɪz
utility	juːˈtɪlɪtɪ	vet	vet	wagon	ˈwægən
utilize	ˈjuːtɪlaɪz	via	ˈvaɪə	wail	weɪl
utmost	ˈʌtməust	vicar	ˈvɪkər	waist	weɪst
utopian	juːˈtəupɪən	vice	vaɪs	waistband	ˈweɪstbænd
U-turn	ˈjuːˈtəːn	vice-chancellor	vaɪsˈtʃɑːnsələr	waistcoat	ˈweɪskəut
vacancy	ˈveɪkənsɪ	vice versa	ˈvaɪsɪˈvəːsə	wait	weɪt
vacant	ˈveɪkənt	vicious	ˈvɪʃəs	waiter	ˈweɪtər
vacate	vəˈkeɪt	victim	ˈvɪktɪm	waiting	ˈweɪtɪŋ
vacation	vəˈkeɪʃən	victory	ˈvɪktərɪ	waitress	ˈweɪtrɪs
vaccinate	ˈvæksɪneɪt	video	ˈvɪdɪəu	wake	weɪk
vaccination	væksɪˈneɪʃən	view	vjuː	Wales	weɪlz
vaccine	ˈvæksiːn	viewer	ˈvjuːər	walk	wɔːk
vacuum	ˈvækjum	viewpoint	ˈvjuːpɔɪnt	walkie-talkie	ˈwɔːkɪˈtɔːkɪ
vagina	vəˈdʒaɪnə	vile	vaɪl	walking	ˈwɔːkɪŋ
vague	veɪg	villa	ˈvɪlə	Walkman	ˈwɔːkmən
vain	veɪn	village	ˈvɪlɪdʒ	wall	wɔːl
Valentine	ˈvæləntaɪn	villain	ˈvɪlən	wallet	ˈwɒlɪt
Valentine's	ˈvæləntaɪnz	vine	vaɪn	wallpaper	ˈwɔːlpeɪpər
valid	ˈvælɪd	vinegar	ˈvɪnɪgər	walnut	ˈwɔːlnʌt
valley	ˈvælɪ	vineyard	ˈvɪnjɑːd	wander	ˈwɒndər
valuable	ˈvæljuəbl	viola	vɪˈəulə	want	wɒnt
valuables	ˈvæljuəblz	violence	ˈvaɪələns	war	wɔːr
value	ˈvæljuː	violent	ˈvaɪələnt	ward	wɔːd
valve	vælv	violet	ˈvaɪələt	warden	ˈwɔːdn
vampire	ˈvæmpaɪər	violin	vaɪəˈlɪn	wardrobe	ˈwɔːdrəub
van	væn	violinist	vaɪəˈlɪnɪst	warehouse	ˈweəhaus
vandal	ˈvændl	virgin	ˈvəːdʒɪn	warm	wɔːm
vandalism	ˈvændəlɪzəm	Virgo	ˈvəːgəu	warming	ˈwɔːmɪŋ
vandalize	ˈvændəlaɪz	virtual	ˈvəːtjuəl	warmth	wɔːmθ
vanilla	vəˈnɪlə	virtue	ˈvəːtjuː	warn	wɔːn

warning	'wɔːnɪŋ	Welshman	'welʃmən	windmill	'wɪndmɪl
Warsaw	'wɔːsɔː	Welshwoman	'welʃwumən	window	'wɪndəu
wart	wɔːt	went	went	windowpane	'wɪndəupeɪn
was	wɒz	we're	wɪəʳ	window-shopping	
wash	wɒʃ	were	wɜːʳ		'wɪndəuʃɒpɪŋ
washable	'wɒʃəbl	weren't	wɜːnt	windscreen	'wɪndskriːn
washbasin	'wɒʃbeɪsn	west	west	windshield	'wɪndʃiːld
washcloth	'wɒʃklɒθ	westerly	'westəlɪ	windy	'wɪndɪ
washing	'wɒʃɪŋ	western	'westən	wine	waɪn
washing-up	wɒʃɪŋ'ʌp	wet	wet	wing	wɪŋ
wasn't	'wɒznt	wetsuit	'wetsuːt	wink	wɪŋk
wasp	wɒsp	we've	wiːv	winner	'wɪnəʳ
waste	weɪst	whale	weɪl	winning	'wɪnɪŋ
wastepaper	'weɪstpeɪpəʳ	what	wɒt	winter	'wɪntəʳ
watch	wɒtʃ	whatever	wɒt'evəʳ	wipe	waɪp
water	'wɔːtəʳ	whatsoever	wɒtsəu'evəʳ	wiper	'waɪpəʳ
watercolour	'wɔːtəkʌləʳ	wheat	wiːt	wire	'waɪəʳ
waterfall	'wɔːtəfɔːl	wheel	wiːl	wisdom	'wɪzdəm
watering	'wɔːtərɪŋ	wheelchair	'wiːltʃeəʳ	wise	waɪz
watermelon	'wɔːtəmelən	when	wen	wish	wɪʃ
waterproof	'wɔːtəpruːf	whenever	wen'evəʳ	wit	wɪt
water-skiing	'wɔːtəskiːɪŋ	where	weəʳ	witch	wɪtʃ
watertight	'wɔːtətaɪt	whereas	weəʳ'æz	with	wɪð, wɪθ
wave	weɪv	whether	'weðəʳ	withdraw	wɪθ'drɔː
wavelength	'weɪvleŋθ	which	wɪtʃ	within	wɪð'ɪn
wavy	'weɪvɪ	while	waɪl	without	wɪð'aut
wax	wæks	whine	waɪn	witness	'wɪtnɪs
way	weɪ	whip	wɪp	witty	'wɪtɪ
we	wiː	whipped	wɪpt	wives	waɪvz
weak	wiːk	whisk	wɪsk	wobbly	'wɒblɪ
weakling	'wiːklɪŋ	whiskers	'wɪskəz	woke	wəuk
weakness	'wiːknɪs	whisky	'wɪskɪ	woken	'wəukn
wealth	welθ	whisper	'wɪspəʳ	wolf	wulf
wealthy	'welθɪ	whistle	'wɪsl	woman	'wumən
weapon	'wepən	white	waɪt	women's	'wɪmɪnz
wear	weəʳ	Whitsun	'wɪtsn	won	wʌn
weather	'weðəʳ	who	huː	wonder	'wʌndəʳ
we'd	wiːd	whole	həul	wonderful	'wʌndəful
wedding	wedɪŋ	wholefood	'həulfuːd	won't	wəunt
wedge	wedʒ	wholemeal	'həulmiːl	wood	wud
Wednesday	'wednzdɪ	wholewheat	'həulwiːt	wooden	'wudn
weed	wiːd	whom	huːm	woodwork	'wudwɜːk
week	wiːk	whooping	'huːpɪŋ	wool	wul
weekday	'wiːkdeɪ	whose	huːz	word	wɜːd
weekend	wiːk'end	why	waɪ	wore	wɔːʳ
weekly	'wiːklɪ	wicked	'wɪkɪd	work	wɜːk
weigh	weɪ	wicket	'wɪkɪt	worker	'wɜːkəʳ
weight	weɪt	wide	waɪd	working	'wɜːkɪŋ
weightlifter	'weɪtlɪftəʳ	widow	'wɪdəu	working-class	'wɜːkɪŋ'klɑːs
weightlifting	'weɪtlɪftɪŋ	widower	'wɪdəuəʳ	works	wɜːks
weird	wɪəd	width	wɪdθ	worksheet	'wɜːkʃiːt
welcome	'welkəm	wife	waɪf	workshop	'wɜːkʃɒp
we'll	wiːl	wig	wɪg	workstation	'wɜːksteɪʃən
well	wel	wild	waɪld	world	wɜːld
well-behaved	'welbɪ'heɪvd	wildlife	'waɪldlaɪf	world-famous	wɜːld'feɪməs
well-dressed	'wel'drest	wilful	'wɪlful	worm	wɜːm
well-groomed	'wel'gruːmd	will	wɪl	worn	wɔːn
wellingtons	'welɪŋtənz	willing	'wɪlɪŋ	worried	'wʌrɪd
well-kept	'wel'kept	win	wɪn	worry	'wʌrɪ
well-known	'wel'nəun	wind VERB	waɪnd	worse	wɜːs
well-off	'wel'ɒf	wind NOUN	wɪnd	worship	'wɜːʃɪp
Welsh	welʃ	windbag	'wɪndbæg	worst	wɜːst